21世纪
高等院校法学系列精品教材

刑法学总论

General Theory of Criminal Law

刘艳红 著

中国人民大学出版社
· 北京 ·

作者简介

刘艳红：中国政法大学副校长，教授，博士研究生导师。教育部“长江学者奖励计划”特聘教授、全国十大杰出青年法学家、享受国务院政府特殊津贴专家、国家“百千万人才工程”入选者暨国家级“有突出贡献中青年专家”。兼任国务院学位委员会学科评议组委员、教育部高等学校法学类专业教学指导委员会委员、中国法学会常务理事、中国刑法学研究会国际刑法学分会副主席、中国法学会检察学研究会副会长等。

主持国家重点研发计划“社会治理与智慧社会科技支撑”重点专项1项；主持国家社会科学基金重大招标项目2项；主持国家社会科学基金一般课题，教育部课题，以及最高人民法院、最高人民检察院、司法部、中国法学会等国家及省部级项目30余项。科研成果相继获教育部第六届和第九届高等学校科学研究优秀成果奖（人文社会科学）一等奖、第八届钱端升法学研究成果奖一等奖、首届韩德培法学奖青年原创奖、首届高铭暄学术奖一等奖等各类奖励20余项。出版学术专著“实质刑法系列”——《开放的犯罪构成要件理论研究》《实质刑法观》《实质犯罪论》《实质出罪论》。作品《网络犯罪的法教义学研究》《刑法的根基与信仰》先后入选“国家哲学社会科学成果文库”，《网络犯罪的法教义学研究》入选2022年度和2023—2024年度国家社科基金中华学术外译项目推荐书目，相继被译为日文和英文出版。在英国劳特利奇出版社（Routledge）出版 *ON SUBSTANTIVE DECRIMINALIZAION*。另出版《企业合规中国化的民行刑体系性立法》《网络暴力治理法治化研究》《法律人的谋生与谋道》《行政刑法的一般理论》《预惩协同型反腐败国家立法体系战略问题研究》《企业管理人员刑事法律风险防控研究》《中西刑法文化与定罪制度之比较》等著作10余部。主编教材《刑法学》（上/下）（北京大学出版社，2023、2024）。

内容提要

本教材是贯彻实质刑法理论的自觉性体系化构建之作。本书构建了以值得刑罚处罚的法益侵害性为基础、以实质犯罪论体系为核心、以形式入罪实质出罪为方法的实质刑法理论的教科书体系。这种体系化构建是自觉的，是基于中国刑法现行立法带来的人权保障机制完善的理论难题而提出的解决方案。它本身充满了理论的实践性，而不是逻辑推演的结果。实质犯罪论的基本主张是，仅从形式上强调罪刑法定原则是不充分的，构成要件符合性的判断，是从实质上判定是否存在值得处罚的法益侵害；违法性与有责性的判断，也必须以法益侵害或威胁为中心进行考虑。实质的犯罪论体系打开了中国刑法定罪原则和封闭定罪体系的一个出罪缺口，它能够从实质上还法官以部分的不定罪权。通过构成要件所内含的“值得科处刑罚的违法性和有责性”概念，可拦截一部分形式上符合构成要件但实质上不具备值得处罚的违法性和有责性的违法行为，从而达到出罪的目的。

此外，本教材紧密结合中国本土判例而展开对刑法理论的体系化构建，反思或者提倡某种理论，都是在中国刑事司法实践基础之上展开的，旨在通过“以案说理”和“以案证理”，生动呈现刑法理论的司法接受和适用程度，发挥一种理论选择和辅助裁判的功能。本教材立足于网络时代科技发展的前沿，尽量做到融入大数据、人工智能等交叉学科的最新知识和学说，体现出鲜明的时代性和作者学术研究的个性。本教材融贯法规范实证分析与法哲学经典说理，既让读者清晰地了解到各理论背后的实质争议内容及迭代理由，又体现了哲学思辨性特征。

实质刑法体系的本土化构建

——构建中国自主知识体系的一次尝试（代前言）

在当下的中国，构建中国哲学社会科学自主知识体系，已成为一个重大时代命题。法学是哲学社会科学的重要组成部分，法治是中国式现代化的重要保障。围绕中国问题与中国现实，法学界诸多学者一直在尝试努力构建中国自主的法学知识体系，刑法学界也一直在为中国刑法学自主知识体系的构建而不断作出自己的贡献。多年来，我国刑法学者围绕中国刑法犯罪论体系、刑法基本原则、但书条款、共同犯罪、行政犯罪、宽严相济的刑事政策等众多领域，作出了扎根于中国刑事法治文化的创新性阐释与理论发展，刑法学在知识体系早成的基础上朝着“中国自主”的方向努力行进。在中国自主的刑法学知识体系这个命题中，毫无疑问，核心关键词是“中国自主”。自主的知识成为体系，才能体现中国刑法学的原创性。为构建中国刑法学自主知识体系这一宏大目标添砖加瓦，正是本书所要作出的最大尝试与努力。虽不能至，心向往之。

一

本书是贯彻实质刑法理论的自觉性体系化构建之作。我专注于实质刑法的理论体系肇始于开放的犯罪构成要件理论研究，后延展至“实质刑法”三部曲，形成了以值得刑罚处罚的法益侵害性为基础、以实质犯罪论体系为核心、以形式入罪实质出罪为方法的实质刑法理论体系。该体系也成为本部刑法学体系书的犯罪论体系。这种体系化构建是自觉的，是基于对我国传统犯罪论体系的反思与改革。

我国传统犯罪论是四要件犯罪构成体系。首先，这种犯罪论体系在1997年现行刑法首次将罪刑法定原则作为我国刑法基本原则后遇到了挑战。罪刑法定原则的法典化地位使我国“在维持旧刑法所固定的传统刑法体系的同时，加入了尊重自由主义或者个人主义的理念”（大谷实）。因此，在犯罪论体系上，我国传统的平面四要件体系所具有的入罪化与主观化缺陷，使具有出罪化与客观化优势的阶层犯罪论体系渐成我国主流犯罪论体系。阶层犯罪论体系遵循了从客观到主观的定罪思路，其背后是刑法客观主义的出罪立场。其对非罪行为的逐步排除过程，能够为行为人的无罪辩护提供广阔的空间。其次，阶层犯罪论体系有形式犯罪论体系与实质犯罪论体系之分，本书主张实质犯罪论体系，即以实质的构成要件为中心，认为符合构成要件的行为具有值得处罚的违法性和有责性，实质性的判断不可避免地渗透在构成要件的解释之中。这种实质性的判断，是指通过坚持对犯罪构成要件进行是否具有可罚性的实质解释来甄别值得处罚的法益侵害行为。最后，阶层犯罪论体系有三阶层和二阶层之分，本书主张实质二阶层犯罪论体系，即客观违法构成要件和主观有责构成要件。构成要件该当性、违法性和有责性的三阶层犯罪论体系，则是以存在纯粹事实判断的构成要件为前提的。然而，从德国贝林时代开始及至当下罗克辛的客观归责理论以及日本前田雅英的实质犯罪论等均表明，构成要件早已不再是纯事实的判断，它不可能与违法性和有责性相分离，构成要件是违法、有责类型，故而犯罪论应为违法构成要件和有责构成要件二阶层体系。

总之，基于中国刑法学自主知识体系构建的自觉意识，针对我国传统的平面四要件犯罪构成体系所存在的问题，本书提倡以形式的、定型的犯罪论体系为前提，以实质的可罚性为内容的实质犯罪论体系，相应地，对刑法规范应从是否达到了值得处罚的程度进行实质解释。这样的实质二阶层犯罪论体系，贯彻于整个犯罪论体系之中，从总论到各论，从共同犯罪到个罪。

二

本书是基于我国犯罪治理实践的原创性本土化尝试之作。晚近以来，我国刑事案件不断增加，虽然重罪有所减少，但是轻罪持续上升，犯罪治理陷入罪名越来越多与治理越来越难的困境。导致这种现状的一个重要原因是我国立法机关和司法机关的入罪思维。基于大国法治的实践需求和中国式现代化的现实要求，当前我国刑法的发展方向应该是防止为了保护社会公共安全而转向严密化的刑事立法和入罪化的刑事司法。基于我国犯罪治理的实践，刑法理论也应当有所作为，而这种作为，必须基于实践性而展开。

首先，本书基于犯罪治理的本土理论实践。我国刑法的社会保护机能应由刑法目的与任务决定，刑法的人权保障机能则应由罪刑法定原则赋予。但是，基于我国《刑法》第 1 条刑法目的、第 2 条刑法任务、第 3 条罪刑法定原则的现行规定，“中国特色”罪刑法定原则使刑法目的、任务与罪刑法定原则各自应承载的刑法机能被混同和单一化为社会保护，并由此导致刑法人权保障机能的先天缺失。针对体现入罪机能的我国罪刑法定原则，应通过犯罪论的实质化对刑法规范和构成要件从实质上进行解释，将刑法虽有明文规定但尚未达到可罚程度的行为排除在刑法处罚范围之外，以建立“有罪不一定罚”的出罪机制，从而实现刑法的人权保障机能并区分刑法目的、任务与原则各自不同的使命。可见，实质犯罪论体系正是基于中国现行刑事立法带来的理论难题的解决方案，因此它的提出本身就充满了理论的实践性，而不是逻辑推演的结果。

实质二阶层犯罪论体系是以形式入罪实质出罪为方法的。除了前已述及阶层论客观主义的出罪立场，从我国刑法目的的规定分析，亦应建立实质的犯罪论体系，以形成弥补中国罪刑法定原则之不足的出罪机制。提倡实质的犯罪论，可以对法律有明文规定的行为是否成立犯罪进行实质可罚性的衡量，对虽具有形式违法性但不具有实质违法性的行为进行出罪解释。如果说，中国的积极罪刑法定原则消减了其本该具有的出罪正当机能，并和消极罪刑法定原则一起构筑了一个封闭的定罪堡垒，那么，实质的犯罪论打开了我国刑法定罪原则和刑法封闭定罪体系的一个出罪缺口，它能够从实质上还法官以部分的不定罪权。通过构成要件所内含的“值得科处刑罚的违法性和有责性”的概念，可以拦截一部分形式上符合构成要件但实质上不具备值得处罚的违法性和有责性的行为，从而达到出罪的功能。此即形式入罪实质出罪。这种功能与《刑法》第 13 条但书部分所具有的出罪功能具有高度的自洽性。但书的功能在于出罪而不是入罪，而社会危害性理论的最大危险正在于可能随意入罪。立足于阶层化体系阐释现行刑法中的犯罪概念，可以有效扬依但书出罪之长，避依第13条前段规定入罪之短。

其次，本书基于犯罪治理的本土司法实践。教材的写作离不开案例，尤其是基于中国本土司法实践的鲜活案例。然而，目前国内的刑法学教材，或者缺乏案例，或者以教学案例为主导。某种理论在司法实践中运用情况究竟如何，以及有无必要提出新的学说和观点，都欠缺实务案例的支撑。实践素材的欠缺使我国刑法学教材看上去并不“中国化”，以刑法上的因果关系为例：中国司法实践究竟支持何种学说，因果关系理论对于指导实务案例是否重要，我国刑法学上的因果关系理论是否需要创新发展等问题，通过对我国司法实践中涉及因果关系各种学说的案例之分析，可以得到和纯粹概念与理论逻辑推演完全不一样的启发。刑法理论与司法实践是一种交互作用、相互促进的关系，刑法学是面向实践的致用之学，而不是概念的堆积与新名词的演绎。在这一思想的指引下，本书的实践性品格尤为突出。本书在论述各类刑法理论时大量援引各类案例，而且所援引的案例都是司法实务中的真实案例。大量司法实务案例穿插于本书刑法教义学的说理之中，使教义更加生动、说理更加鲜活，也给案例增添了理论性。大量司法实务案例的引用，使本书堪称一本案例刑法学教科书。一方面，这些案例中包含数量较多的指导性案例、最高人民法院和最高人民检察院公报选登案例，部分刑法理论的展开也以之作为分析对象。这使本书尤其关注司法实践中的疑难问题和类型性问题，进而具有很强的实践聚焦性。另一方面，这些案例普遍充当的角色是对刑法理论的注释和回应：前者强调“以案说理”，即通过案例的解释和说明来消除刑法理论的晦涩，增强其实操性和可理解性；后者则强调“以案证理”，即以案例的形式呈现刑法理论的司法接受度和适用程度，起到一种理论选择和辅助裁判的功能。本书可以说就是写在祖国大地上、写在司法实践中的刑法学教科书。通过扎根于中国鲜活的司法实践，本书所进行的诸如犯罪论体系、共犯论、罪数论等的探讨，都体现了形式入罪实质出罪方案的原创性。

最后，本书立足于网络时代科技发展前沿实践。自主的中国刑法学知识体系之构建，必须立足于当下时代的中国实践。以往，我国刑法学教材囿于固有的概念理论和问题，对于前沿的网络犯罪、自动驾驶、人脸识别等问题基本上不会涉足，漠视时代的问题只会退缩在理论的原地。本书则基于我对大数据、人工智能、数字犯罪、网络犯罪等诸多前沿问题的研究，在总论部分也尽量融入最新知识和学说。本书从刑法概说到犯罪论，再到责任论的前沿性尤为突出，尽量使之不再是老旧沉闷的理论堆砌，而是新型疑难问题的中国式方案之创立。例如，针对刑法的网络空间适用问题，本书提出结果及与行为关联度标准，从而克服实害关联性或影响关联性等标准在形式和内容上存在的一系列弊端。又如，在犯罪论层面，针对12周岁以下未成年人杀人事件，本书根据英美法系刑法的惯常做法主张引入“恶意补足年龄”规则来解决相关未成年人的处刑难题；针对人工智能时代的“电车难题”，本书认为即便未来能够设计出完全自动驾驶的汽车，智能汽车也因无法自我解释而不具有法律责任的应答能力，相应地，汽车制造者缺乏责任阻却事由，应当首先承担刑事责任；针对风险社会衍生的象征性立法，本书强调自由与人权保障才是刑事法治的核心价值，这种非理性的情绪化立法并非合理的风险抗制手段。再如，在责任论层面，针对“智慧司法”建设中的人工智能量刑方法，本书认为，它虽能实现量刑预测与偏离计算的“智能化”量刑，但在现阶段其针对不同案件而展开的个别化量刑能力仍然阙如，日后还需实现由“弱形式”向“强实质”应用的转型。如此等等，不一而足。毫无疑问，这种立足于网络社会科技发展的时代前沿来撰写刑法学体系书的尝试，使本书体现出非常鲜明的时代性和我本人学术研究的个性。

三

本书是融贯法规范实证分析与法哲学经典说理之作，充分体现了我本人对法哲学的浓厚兴趣和爱好。和以往的教科书不同，本书致力于说理与历史挖掘，对于一种理论或者一种学说的来龙去脉喜欢深挖但同时又尽量做到深入浅出。而在深挖的同时，难免会导出法哲学的根基。如储槐植教授所言，“将刑法现象中蕴含的哲理加以系统化，或者说用哲学观点和方法研究种种刑法现象，就是刑法哲学……它跳出刑法，在刑法之上来俯视刑法……要想进一步发展刑法科学就不能没有哲学思考”。本书对刑法规范的阐释从文义解释到扩大解释或者其他解释，实证分析成为撰写本书的主要方法。然而，本书的撰写并没有停留于法条本身，而是更进一步地溯源刑法理论的法哲学基础，因而具有很强的哲学思辨性。例如，本书在论述刑罚的正当化根据时，尤其注重对报应刑论、预防刑论、并合主义刑罚理论之下各学说的刑罚哲学基础之分析，回顾亚里士多德、黑格尔、康德等各学说代表者的经典论证理由，并据此推导本书的观点。这种写作方法的优势在于，能够让读者清晰地了解到各理论背后的实质争议及迭代理由，进而在纷繁复杂的理论海洋中谋得自己的理论爱好，同时也能够为日后刑法典的整体调整和刑事政策的制定提供坚实的根据，从而使本书兼具解释论意义和一定的立法论意义。诸如行为规范与裁判规范的关系、行为理论、责任论的本质、违法阻却事由的法理等，均体现了本书的哲学思辨性特征。

除此之外，本书还充分体现了我本人对问题的思考与体系的思考之兼顾。本书的写作绝不固执于理论的思考而忽略了问题，更没有一叶障目、只进行问题的思考而忘记了体系。以共犯论为例：本书在讨论共犯论究竟是主观共犯论还是客观共犯论、形式共犯论还是实质共犯论时，从共犯成立的范围等具体问题出发，同时将此问题上升到刑法的犯罪论体系层面，根据违法是共同的、责任是个人的这一刑法法理，将我国传统的平面四要件犯罪论体系所导致的共犯处罚中的漏洞予以揭示，从而得出应该扬弃我国传统犯罪论体系而转向阶层犯罪论体系之结论。这充分体现了问题的思考与体系的思考之兼顾，并以问题的思考撬动体系的思考，以体系的思考回馈问题的解决。

必须说明的是，当今法学界的各种刑法学教材，可谓百花齐放、百舸争流，竞争激烈。在此情形下，我仍然出版自己独著的刑法学教材，无疑充满极大的挑战。早在2004年，我就独立主编了刑法学教材。迄今为止，这本主编的教材经过二十年的时间，经历了2006年版、2014年版、2016年版和最新的2023年版，一直保持着旺盛的生命力。然而，主编的教材终究是集体智慧的结晶，不能充分体现我个人的学术思想。因此，尽早出版自己独著的刑法学教材，成为我多年来孜孜以求的目标。三年前，我动笔写下了“刑法学总论”的第一个字，我以为很快就能完稿，毕竟这么多年我一直在进行学术积累，从刑法基本立场到犯罪论体系，从刑法基本原则到共犯理论，从刑法总论到刑法各论，从刑法理论到司法实践以及“实质刑法”三部曲。然而，写作的过程异常艰辛，这比写一篇篇的文章难度大太多了，简直是超几何级的难度。这个过程如此漫长，以至于中间几次我都想“中止”：刚刚写完一节，又有下一节；刚刚写完一章，还有下一章……似乎永远也写不完。这些章节在我眼里，就像山脉起伏、群山绵延，没有尽头。我感觉，写独著的教材就是在绵延的山脉中翻过一座又一座山，它考验的是我的意志力、耐受力和持久力。到了后期，我心态渐渐平稳，不再着急快点“既遂”，而是享受这个创作的过程，“慢工出细活”，我常常这么安慰自己。终于，在今年的6月初，我完成了本书的初稿，将书稿发给了中国人民大学出版社。那一刻，我深感心有霞光普照，身无挂碍飞扬。

最后，要感谢我可爱的博士生们，储陈城、冀洋、魏超、宗绍昊、张喆锐、刘哲石、龚文博、杨浚泽等：感谢你们或者不厌其烦或者偶尔客串地帮我搜集资料、寻找案例、校对文稿。你们辛苦了，谢谢你们！

感谢中国人民大学出版社，感谢政法分社的编辑，感谢你们不停地敦促和催促书稿，感谢你们不辞辛劳地反复校对，感谢责任编辑（她在今天告诉我，书稿即将付印，于是，我快马加鞭，当晚即完成了这篇前言）。当然，我也要感谢我自己。

2024年12月22日

目　　录

第一编　刑法概论

第二编　犯　罪　论

第三编　责　任　论

细　　目

第一编　刑法概论

第二编　犯　罪　论

第三编 责任论

第一编

刑法概论

第一章　刑法概说

第一节　刑法的概念与分类

一、刑法的概念

刑法是规定犯罪与刑罚的法律，即规定什么行为是犯罪，对犯罪行为给予何种刑罚处罚的法律。外文中对“刑法”一词有不同的称呼：英文中称为 Criminal Law 或 Penal Law 或 Law of Crime and Punishment，德文中称为 Strafrecht，法文中称为 Droit Pénal，意大利文中称为 La Legge Penale。这些用语的不同是观察角度不同使然：Criminal Law 是以犯罪为中心、以事实为重点的“刑法”；Penal Law 是以刑罚为中心的“刑法”；Law of Crime and Punishment 则是犯罪和刑罚并重的“刑法”；Strafrecht、La Legge Penale 是以规范为重点、作为法律规范的“刑法”。事实上，无论是以犯罪为中心还是以事实为中心抑或是以规范为重点的“刑法”，它们在实质上并无不同。因为“无犯罪则无刑罚”“除却刑罚亦无所谓犯罪”，犯罪行为事实是刑罚的前提，而刑罚则是犯罪行为事实的法律效果，二者间密不可分；因为“法无明文规定不为罪”“法无明文规定不为刑”，什么样的行为事实是犯罪事实，作为犯罪事实的行为应该遭受什么样的刑罚处罚，都是而且只能是由刑法规范明文规定的，所以，现代意义的刑法虽然在表述上有异，但是含义是相同的。

二、刑法的分类

1. 狭义刑法与广义刑法

狭义刑法是指系统规定犯罪与刑罚的刑法典。刑法典具有基本法的性质，因而在其他的刑罚法规没有特别规定的情况下，均适用刑法典的规定。在我国，刑法典即 1979 年 7 月 1 日第五届全国人民代表大会第二次会议通过、1997 年 3 月 14 日第八届全国人民代表大会第五次会议修订的《中华人民共和国刑法》。

广义刑法是指一切规定犯罪和刑罚的法律规范的总和。它既包括刑法典，也包括单行刑法和附属刑法规范。单行刑法是指为补充、修改刑法典而由最高立法机关颁布的单行刑法规范。自现行刑法典颁布以来，我国有 3 部单行刑法：1998 年 12 月 29 日《关于惩治骗购外汇、逃汇和非法买卖外汇犯罪的决定》、2015 年 8 月 29 日《关于特赦部分服刑罪犯的决定》、2019 年 6 月 29 日《关于在中华人民共和国成立七十周年之际对部分服刑罪犯予以特赦的决定》。另外，与刑法相关的法律文件有 3 部：1999 年 10 月 30 日《关于取缔邪教组织、防范和惩治邪教活动的决定》、2000 年 12 月 28 日《关于维护互联网安全的决定》(2009 年修正)、2011 年 10 月 29 日《关于加强反恐怖工作有关问题的决定》(已失效)。这 3 部法律文件比较特殊，它们在广义刑法范畴之列，但能否被称为广义的单行刑法，则值得思考。

附属刑法规范，也就是非刑事法律中的刑法规范，即由立法机关颁布的经济法、民事法、行政法中附加规定的有关刑事责任条款。附属刑法规范是世界各国刑事立法的重要组成部分。我国刑事立法中并没有出现过如同外国刑法那样直接设立罪名与法定刑的真正意义上的附属刑法规范，因此，纵然在经济法、民事法、行政法等其他法律中有指示刑事责任的条款，比如"构成犯罪的，依法追究刑事责任"，它们往往只是重申刑法的精神和规定，至多体现了刑法是其他部门法的保障法之属性，而缺乏附属刑法作为刑法规范的特质。因此，我国刑法中并不存在真正意义上的附属刑法规范。就我国刑法而言，附属刑法规范主要是理论上的一种分类，而不是刑法规范的实际状况。

2. 形式刑法与实质刑法

形式刑法是指从外形或名称等形式上即可判断为刑法的法律，例如刑法典或单行刑法。实质刑法是指从外形或名称等形式上判断并不是刑法，但是其内容规定了犯罪与刑罚的法律。这主要是指附属刑法。例如，2021 年 8 月 20 日《个人信息保护法》第 71 条规定，"违反本法规定，构成违反治安管理行为的，依法给予治安管理处罚；构成犯罪的，依法追究刑事责任"。2019 年 4 月 23 日公布的修正后的《行政许可法》第 73 条规定，"行政机关工作人员办理行政许可、实施监督检查，索取或者收受他人财物或者谋取其他利益，构成犯罪的，依法追究刑事责任；尚不构成犯罪的，依法给予行政处分"。这些法律从名称上看并不是刑法而是其他法律，但是其有关条文规定的内容是犯罪与刑罚，所以，有关条文规定即为实质刑法。

3. 刑事刑法与行政刑法

根据古罗马伦理学中对自体恶(mala in se)与禁止恶(mala prohibita)的分类，意大利犯罪学家、刑事实证学派代表人物加罗法洛(Baron Raffaele Garofalo)将犯罪分为自然犯和法定犯。① 自然犯是指违反人类社会与生俱来的恶与善等伦理道德规范，侵犯或者破坏法益的行为，比如杀人、抢劫等犯罪。法定犯是指违反国家行政法规的禁止性规定，情节严重，同时又触犯国家刑律的行为，比如逃税罪。法定犯具有违反"行政法"和"刑事法"之双重违法性，因其违反行政法的特性，法定犯又被称为行政犯。相应地，以规定自然犯为处罚对象的刑法规范为刑事刑法，以规定行政犯为处罚对象的刑法规范则被称为行政刑法。② 比如，我国《刑法》分则第四章侵犯公民人身权利、民主权利罪就是典型的刑事刑法的内容，第三章破坏社会主义市场经济秩序罪则是典型的行政刑法的内容。

4. 普通刑法与特别刑法

普通刑法是指具有普遍适用效力的刑法，实际上就是指刑法典。特别刑法是指在适

① 参见［意］加罗法洛：《犯罪学》，耿伟、王新译，北京，中国大百科全书出版社，1996，55、126 页。

② 参见刘艳红、周佑勇：《行政刑法的一般理论》，2 版，北京，北京大学出版社，2020，3～29 页。

用效力上有所限制的刑法，易言之，只适用于特定的人、特定的时间、特定的地域或特定的犯罪的刑法。一般来说，单行刑法与附属刑法规范均属于特别刑法。

第二节　刑法的创制与完善

一、刑法的创制

刑法的创制，也称刑事立法，是指国家立法机关制定、修改、补充、废止刑事法律规范的活动。

1979 年 7 月 1 日通过并于 1980 年 1 月 1 日施行的《刑法》是新中国成立以来颁布的第一部刑法典，这是新中国刑法规范基本具备的标志。此后至 1997 年修订前近 17 年间，为适应不断出现的新情况新问题和惩治犯罪的实际需要，全国人大常委会陆续颁布了 27 个单行刑法，并在 100 余个非刑事法律中增设了附属刑法规范 300 余条。

（一）刑法创制的原则

（1）合理性原则。刑事立法的合理性，是指刑事立法活动应该根据刑事犯罪的普遍规律和惩治犯罪的基本原则而进行。具体而言，它要求刑事立法所制定的刑法规范应该在内容上符合公平正义之理念，在形式上符合法律规范的外在技术指标。法律是理性的体现，理性是法律的生命和本质。合理性则是从理性中派生出来的概念，它是指合规律性与客观性，因此，刑事立法的合理性也就是指刑事立法要符合客观规律。这种客观规律，当然是指犯罪发生、发展的规律以及人类打击、治理犯罪的现实和原则等。

（2）科学性原则。刑事立法的科学性，是指创制刑事法律规范时要贯穿科学思想，运用科学技术方法，使刑事法律规范内容全面、系统、明确、协调、富有理性。如果说实体的正当性是刑法的灵魂，外在的形式性是刑法的特征，那么可以说科学性是刑法的生命。如果说自由与正义是刑法的灵魂，那么可以说科学就是刑法的生命。随着科学的发展，各种技术手段逐渐被应用于犯罪活动中。为适应惩罚这种犯罪状况之需要，刑法的创制也必须以科学性为原则。2023 年 3 月 13 日第十四届全国人民代表大会第一次会议通过了《关于修改〈中华人民共和国立法法〉的决定》，第二次修正后的《中华人民共和国立法法》第 7 条明确将科学性作为一项立法基本原则，指出："立法应当从实际出发，适应经济社会发展和全面深化改革的要求，科学合理地规定公民、法人和其他组织的权利与义务、国家机关的权力与责任。""法律规范应当明确、具体，具有针对性和可执行性。"

（3）明确性原则。刑事立法的明确性，是指刑事立法活动所制定的刑法规范必须含义明确、内容清晰，以准确划定合法行为与犯罪行为之间的分界线。刑法是划定公民自由界线的法律，在刑法允许的范围内，公民可以自由地选择自己的行动。因此，刑事立法必须尽量做到用语规范、清晰明白，以使公民事先知道什么行为是犯罪、什么行为是其可追求的合法行为。"刑罚规范不应该容许有此种情况，即一个规定有双重的意义，公民也许按照其中一种意思去行事而法院却按照另一种意思来判决，只有当刑罚规范明确地禁止做某种事情，才能对违反这一规定的行为处以刑罚。"①

---

① Connally v. General Constraction Co.，269 U. S.385（1926）.

（二）刑法创制的方法

刑法创制的方法，是指创设刑法规范的方法。它包括两种：一是制定系统规定犯罪与刑罚的刑法典；二是在经济、行政法律法规中规定刑事责任条款，亦即创制附属刑法规范。目前我国采取的是将所有的罪刑规范都规定在一部统一的刑法典中的做法，即使在经济、行政法律法规中设立了所谓的刑事责任条款，也只是要求比附援引刑法典条文来处罚的声明性刑事责任条款，而不是在刑法典之外创设新的罪刑规范。因此，我国目前单一性的刑事立法模式下，并不存在真正意义上的附属刑法规范。也因此，刑法创制的方法，目前主要限于制定和颁布刑法典。而刑法典的创制，必须严格依照立法法规定的程序进行。

二、刑法的渊源与体系

（一）刑法的渊源

1. 刑法典

刑法典是以国家名义颁布的，规定犯罪及其法律后果的法律规范。刑法典又称主刑法，是一国刑事法规范的基础，也是刑法的最主要渊源。新中国成立以来，共有两部刑法典：第一部是 1979 年 7 月 1 日第五届全国人民代表大会第二次会议通过的《中华人民共和国刑法》，这部刑法典从 1980 年 1 月 1 日施行至 1997 年 10 月 1 日；第二部是 1997 年 3 月 14 日第八届全国人民代表大会第五次会议修订，并于 1997 年 10 月 1 日施行至今的《中华人民共和国刑法》。

对刑法典条文进行补充修改或废除的刑法修正案，本身是刑法典的一部分，它们理所当然也是刑法的渊源。现行刑法施行以来，我国立法机关全国人民代表大会常务委员会共颁布了 12 部刑法修正案：《中华人民共和国刑法修正案》（1999 年 12 月 25 日）、《中华人民共和国刑法修正案（二）》（2001 年 8 月 31 日）、《中华人民共和国刑法修正案（三）》（2001 年 12 月 29 日）、《中华人民共和国刑法修正案（四）》（2002 年 12 月 28 日）、《中华人民共和国刑法修正案（五）》（2005 年 2 月 28 日）、《中华人民共和国刑法修正案（六）》（2006 年 6 月 29 日）、《中华人民共和国刑法修正案（七）》（2009 年 2 月 28 日）、《中华人民共和国刑法修正案（八）》（2011 年 2 月 25 日）、《中华人民共和国刑法修正案（九）》（2015 年 8 月 29 日）、《中华人民共和国刑法修正案（十）》（2017 年 11 月 4 日）、《中华人民共和国刑法修正案（十一）》（2020 年 12 月 26 日）、《中华人民共和国刑法修工案（十二）》（2023 年 12 月 29 日）。

2. 单行刑法

单行刑法是指最高立法机关为补充、修改刑法典而就某一具体犯罪颁布的刑法规范。现行刑法施行以来，全国人民代表大会常务委员会共颁布了 3 部单行刑法：1998 年 12 月 29 日《关于惩治骗购外汇、逃汇和非法买卖外汇犯罪的决定》、2015 年 8 月 29 日《关于特赦部分服刑罪犯的决定》、2019 年 6 月 29 日《关于在中华人民共和国成立七十周年之际对部分服刑罪犯予以特赦的决定》。另外，与刑法相关的法律文件有 3 部：1999 年 10 月 30 日《关于取缔邪教组织、防范和惩治邪教活动的决定》、2000 年 12 月 28 日《关于维护互联网安全的决定》（2009 年修正）以及 2011 年 10 月 29 日《关于加强反恐怖二作有关问题的决定》(已失效)。单行刑法是一国刑法的重要渊源。在现行刑法典实施以前，我国曾制定了大量的单行刑法。由于现行刑法典将原来的大部分单行刑法吸收进来，单行刑法的数量也锐减，但它们仍然是补充刑法典的重要法律。

3.附属刑法

附属刑法是指非刑事法律中有关犯罪与刑事责任的规定。这些刑法规范主要规定于刑法典和单行刑法之外的法律如行政法、民法、经济法等的法律责任部分，它们往往是针对行政犯的罪刑规定。附属刑法规范不但补充着刑法典和单行刑法的规定，也是刑法典中空白刑法规范的被指引对象。例如，德国于1931年5月22日颁布、1996年12月26日最后一次修订的《德国税法》第370条第1项规定："对于以下犯罪行为处以五年以下徒刑或罚金：1、向财政管理机构或者其他机构不正确地或者不全面地说明对税收有重大意义的事实；2、违反义务规定，不向财政管理机构或者其他机构说明对税收有重大意义的事实；3、违反义务规定，不使用印花税或者税收印签。"该条创设了《德国刑法典》中所没有的新罪名即偷逃税收罪及其法定刑。这样的附属刑法规范，才是刑法渊源意义上的附属刑法。

我国还没有真正意义上或者说刑法渊源意义上的附属刑法。在立法统一性思想指导之下，所有经济行政犯罪都被统一规定在刑法典之中，非刑事法律并不允许独立创设犯罪及其相应的法定刑。因此，我国的"附属刑法"规范只是对刑法典规定的重复，在表述上往往采取的是"构成犯罪的，依法追究刑事责任"，就是指依据刑法条文的具体规定来追究刑事责任。例如，1992年制定、2015年修订的《中华人民共和国税收征收管理法》第63条第1款规定，"纳税人伪造、变造、隐匿、擅自销毁账簿、记账凭证，或者在账簿上多列支出或者不列、少列收入，或者经税务机关通知申报而拒不申报或者进行虚假的纳税申报，不缴或者少缴应纳税款的，是偷税。对纳税人偷税的，由税务机关追缴其不缴或者少缴的税款、滞纳金，并处不缴或者少缴的税款百分之五十以上五倍以下的罚款；构成犯罪的，依法追究刑事责任。"显然，该条只是表明在成立犯罪的情况下适用《刑法》第201条逃税罪的规定，而并没有在刑法典之外创设新的罪名。所以，我国并没有刑法渊源意义上的附属刑法，有关的"附属刑法规范"并不是刑法的渊源，其所指示适用的刑法条文才是刑法渊源。

将附属刑法规范统一于刑法典之中，杜绝附属刑法的刑事立法权，与当前我国经济行政犯罪种类日益增多、手段日益丰富的趋势并不相适应，其直接的后果就是导致刑法典的频繁修改。因此，在刑事立法进入以经济行政犯罪为主导内容的立法活性时代，允许我国行政法、经济法等非刑事法律创设罪刑规范，将我国的刑法立法模式由单轨制(只能由刑法典和单行刑法规定罪刑规范)转为双轨制(还可由非刑事法律规定罪刑规范)，应成为今后我国刑事立法的发展方向。

(二)刑法的体系

刑法的体系是指刑法的组成和结构。我国刑法的整体框架是总则、分则、附则三个部分。从所规定的内容看主要分布在总则、分则两个部分中。从序列看，总则为第一编，划分为章、节、条、款、项层次；分则为第二编，划分为章，除第三章、第六章分节外，其余章下直接是条、款、项；附则不分编、章、节，仅一个条文。

我国刑法典总则设 5 章，刑法典分则设 10 章；附则作为刑法的第三部分，只包含一个法律条文，分 3 款，分别规定刑法的生效日期和刑法修订前的单行刑法的效力。

三、刑法的完善

对于 1979 年制定的刑法，经过此后 17 年的实践，总的看来，刑法规定的任务和基本原则是正确的，许多具体规定是可行的，对于打击犯罪，保护人民，维护国家的统一和安全，维护社会秩序，维护人民民主专政的政权和社会主义制度，保障社会主义建设事业的顺利进行，发挥了重要的作用。同时，其也存在一些问题：一是制定刑法时对有些犯罪行为的具体分析研究不够，使相关规定不够具体，不好操作，或者执行时随意性较大，如对玩忽职守罪、流氓罪、投机倒把罪三个“口袋罪”，规定得都比较笼统。二是有些犯罪行为到后来已经发展得很严重，如走私犯罪、毒品犯罪，需要相应地加重刑罚。三是随着此后十几年来我国政治、经济和社会生活的发展变化，出现了许多新情况、新问题，发生了一些新的犯罪行为。为了适应与犯罪斗争的实际需要，有必要对刑法进行修订、补充、完善。

我国于 1982 年决定研究修改刑法，于 1988 年提出了初步修改方案，到 1997 年修订工作已经进行了 15 年。在这期间，由于来不及也没有条件对刑法进行全面的、完整的修改，针对需要修改补充的，全国人大常委会陆续作出了 22 个修改、补充规定和决定。另外，在一些民事、经济、行政法律中规定了“依照”“比照”刑法的有关规定追究刑事责任的有 130 条。1997 年立法机关在进行调查研究、广泛征求意见的基础上，会同公、检、法等有关部门和法律专家，认真总结 17 年来 1979 年刑法实施的实践经验，研究国外有关刑事法律规定和现代刑事立法的发展趋势，草拟了刑法修订草案，两次印发各省、自治区、直辖市人大常委会，中央有关部门以及法律院校、法学研究机构征求意见，召开了有中央和省、市、县四级公、检、法机关，中央有关部门、地方人大和刑法专家参加的座谈会，对草案逐条讨论研究修改。①

1997 年 3 月 14 日，第八届全国人民代表大会第五次会议通过了修订后的《中华人民共和国刑法》(以下称为现行刑法)。修订后的刑法典自 1997 年 10 月 1 日起施行。针对 1979 年刑法的缺陷，1997 年修订时确立了以下指导思想：要制定一部统一的、较完备的刑法典；注意保持法律的连续性和稳定性；对一些原来比较笼统、原则的规定，尽量将其犯罪行为研究清楚，作出具体规定。这种指导思想的确立，使现行刑法与以往刑事立法相比，体现出了极大的不同，即以往刑事立法突出刑法的社会保护功能，而现行刑法强调刑法的人权保障功能。刑法基本原则的确立是现行刑法突出其人权保障功能的体现之一，而刑法规范的明确化则是其第二个体现。总之，现行刑法在整体结构设计、犯罪构成要件的规定、罪状的表述，以及法定刑的幅度、处罚情节的规定等方面都有极大的进步。

然而，现行刑法颁布后，陆续出现了很多问题。有的是现行刑法规定不完备，因而

---

① 参见王汉斌：《关于〈中华人民共和国刑法（修订草案）〉的说明》，载《人大工作通讯》，1997 年第 Z1 期，38 页。

出现立法与现实脱节的问题，例如，对于骗购外汇的行为，现行刑法未作规定；对于虐待并使用童工的行为如何适用刑法存在争议。有的是现行刑法规定的新型犯罪的法律适用问题：因以前的刑法理论缺乏研究，现行刑法施行后如何统一认识，最高人民法院、最高人民检察院（以下简称“两高”）及司法实践都存在分歧，例如，关于什么是黑社会性质的组织，虽然《刑法》第294条作了规定，但是“两高”和司法实践对于此种性质的犯罪组织的认定争议很多。有的是刑法规定不够明确，尚需有权机关进一步进行解释的问题，例如自首、立功的认定等。为此，现行刑法颁布后至今，全国人大常委会颁布了3部单行刑法、12部刑法修正案以及13部立法解释，“两高”总共颁布书面司法解释（含司法解释性质文件）608件（其中已废止的有71件），从而使刑法规范从内容到形式、从总则到分则、从定罪到量刑都得到了完善。

（一）刑法完善的原则

（1）合法性原则。这是指刑法的完善必须符合宪法和法律的要求。无论何种主体，也无论采用何种方法来完善刑法，都必须以宪法的规定、精神与价值作为刑法完善的最高标准。在完善刑法过程中，若出现与宪法的规定及其精神不相符合的形式或内容，都应该予以废止。同时，任何刑法完善方法还必须符合罪刑法定主义的形式要求和实质价值诉求。刑法完善必须以现行刑法典的文本为基础，决不能脱离刑法典任意制定新的规范或作出违法解释。合法性原则的主要旨趣在于维护刑法的安定性、稳定性和可预测性。这些旨趣是法治国对一切法律活动的刚性要求，也因此在刑法完善的最基本阶段，就维护着法律的和平、和谐，并对于指导刑法完善发挥着重要作用。

（2）合理性原则。这是指刑法的完善必须要体现刑法的基本理念，尽量做到形式理性与实质理性的统一。首先，刑法的完善要体现平等性。这就要求在刑法的完善中，尤其是针对某种具体情况或某一类具体犯罪进行完善时，一旦对新增设的某一刑法规范作出了解释，就必须对所有同种情况统一适用。在此意义上讲，合理性和合法性并不是截然相分离的，二者关系密切。其次，刑法的完善要求公正和谐，不能偏私、互相矛盾。这体现在刑法规范的制定或解释的效果上则是罪罚相当，刑罚处罚的范围适当，刑法条文之间也必须协调而不矛盾。最后，刑法的完善必须时刻注意正义的要求。在完善刑法时，应尽量实现良法之治的刑事法治国目标，对于不合理的刑法规范尽量完善，使之合理。

（3）及时性原则。这是指刑法的完善应及时针对刑法适用中出现的各种问题作出迅速的调整。刑法的完善不同于刑法的创制。刑法的创制，追求稳定性、可预测性和权威性，因此，它应该建立在对犯罪规律现象等有充分认识的基础上。而刑法的完善，追求及时性、有效性和适用性，因此，应该在发现刑法典规范出现漏洞或者与打击犯罪的实践需要不协调等问题之时就及时而有针对性地作出调整：针对应入罪的行为新增设罪刑规范，将其纳入刑法犯罪圈；当对条文的理解有争执时作出立法或司法解释；对于不应再作为犯罪处理的，进行除罪化；等等。总之，如果不及时针对实践中出现的问题作出反应，刑法的完善就失去了存在的意义。

（二）刑法完善的方法

刑法的完善，可以采用颁布单行刑法、颁布刑法修正案、颁布刑法立法解释或司法解释等方法进行。

1. 颁布单行刑法

通过颁布单行刑法的方法，可以专门针对某一类或某一种犯罪作出规定，从而有效弥补刑法缺陷并满足实践中打击犯罪的需要。从我国现行刑法施行以来颁布的 3 部单行刑法的实施效果来看，单行刑法因其独立于刑法典之外而引人注目，其在所有刑法完善的方法中效力最高。但是，单行刑法的存在破坏了刑法典的完整性和统一性，因此不宜过多使用。

2. 颁布刑法修正案

刑法修正案，是指最高立法机关以修正案的形式对刑法进行补充、修改或者废除所颁布的刑法规范。通过颁布刑法修正案，可以弥补刑法规定与社会现实的不协调之处，从而可使刑法规范更加完备。我国立法机关颁布的 12 部刑法修正案极大弥补了刑法典的缺陷。但是，过于频繁地使用修正案的方式修改刑法，也存在损害刑法典的权威性和稳定性的问题。

3. 颁布立法解释

刑法立法解释，是指最高立法机关根据法定程序对刑法作出的专门性解释文件。通过颁布刑法立法解释，可以针对刑法适用过程中所遇到的条文本身需要进一步说明的问题予以补充说明，从而有利于刑法的实施和稳定。现行刑法施行以来，我国立法机关颁布了 13 部立法解释。此外，我国立法机关还发布了 8 部立法解释性文件，它们实际上也属于广义的立法解释。因此，我国立法机关就现行刑法颁布的立法解释实际上有 21 部。

刑法立法解释对于明确刑法规范补充刑法条文等具有积极效果，但是，我国这种“有权制定法律，就有权解释法律”的立法解释体制不尽合理。立法解释是立法者直接通过自己类似于立法的行为对相关规定进行补充，它体现的是将立法权与法律解释权集于立法机关一身的权力集中制。从其他国家的法律实践看，法律解释主要是一种法官的司法裁量活动，而不是由权力机关行使的一种权力活动，因此，以立法解释的方式完善刑法应该有所限制。

4. 颁布司法解释

刑法司法解释，是指由国家最高司法机关即最高人民法院（以下简称“高法”）和最高人民检察院（以下简称“高检”）针对刑法适用中的问题作出的具有普遍效力的解释。通过颁布司法解释，可以细化刑法条文，明确刑法规范，阐明立法意旨，推动刑法实施。解释形式有书面和口头两种，解释的名称则大致有“解释”“规定”“意见”“批复”“通知”“决定”“解答”，等等。现行刑法施行以来，“两高”根据各自在刑事案件的审判和检察工作中遇到的问题，总共颁布书面刑法司法解释（含司法解释性质文件）共 608 件。这些司法解释对于我国刑事法治的实践起到了不可替代的巨大作用。

例如，2023 年 5 月 24 日最高人民法院、最高人民检察院、公安部、司法部（以下简称“两高两部”）颁布《关于办理性侵害未成年人刑事案件的意见》，针对各地发生的一些影响十分恶劣、群众深恶痛绝的强奸、猥亵未成年人案件，坚持问题导向，直面犯罪线上、线下交织等新问题，织密刑事法网，依法从严惩处，以实现民有所呼、呼有所应。

又如，2022 年 12 月 22 日，“高检”和公安部联合颁布的《关于依法妥善办理轻伤害案件的指导意见》（高检发办字〔2022〕167号），便为全面贯彻习近平法治思想，践行以人民为中心的发展理念，落实宽严相济刑事政策，提升轻伤害案件办案质效，有效化解社会矛盾，促进社会和谐稳定，实现办案政治效果、法律效果和社会效果的统一，作出了积极贡献。

刑法司法解释的大量出台也带来很多问题。一是司法权实质上侵越了立法权。大量的司法解释实际上是一种细则化的刑事立法，是司法权对立法权的实质侵犯和逾越。二是副法体系的产生与刑法统一性的破坏。大量司法解释的出台导致现行刑法典在很大程度上被架空、被虚置，司法机关的刑事审判与其说是适用刑法典，不如说是适用司法解释。三是刑事司法的弱化与变异。大量司法解释限制了法官主观能动性的发挥，桎梏了法官对法律的理解和自由裁量，违背了司法活动裁量争讼的本质，导致刑事司法活动的弱化和变异。因此，刑法完善过程中，能够不使用司法解释方式的，应尽量不予使用。

5. 进行学理解释

刑法学理解释，是指国家宣传机构、社会组织、教学科研单位或者专家学者从学术理论角度对刑法规范的含义进行的阐明。相对于立法解释和司法解释，学理解释因缺乏法律上的授权，故不具有法律的约束力。因此学理解释又被称为“无权解释”，其他两种解释则被称为“有权解释”。学理解释对刑事立法、刑事司法具有重要参考价值，对于提高公民的法律意识水平和促进刑法科学的发展具有重要作用。

（三）刑法完善的现状

现行刑法颁布以后，最高立法机关、司法机关采用了颁布单行刑法、刑法修正案、刑法立法解释、刑法司法解释这四种有效完善刑法的方法，从而形成了刑法典为主体、单行刑法与刑法修正案为两翼、刑法立法解释与司法解释为分支的刑法格局。总体而言，这种现状充分表明了我国刑事立法技术的进步、刑法适用能力的加强。照此方向发展，今后刑法必将愈加完善。不过，在刑法完善的过程中，应该注意克服以下几点，以更好地实现刑法的完善：其一，在颁布修正案时，应尽量将罪名和修正案一起颁布施行，以利于修正案的实施；颁布刑法修正案后，应尽快将修正案纳入整部刑法典之中并重新印发刑法典，以免造成过多的刑法修正案与原刑法典条文分离，不便于刑法典的适用。其二，颁布刑法立法解释时，应尽量避免使用立法解释性文件，例如，2002年7月24日全国人大常委会法制工作委员会《关于已满十四周岁不满十六周岁的人承担刑事责任范围问题的答复意见》（法工委复字〔2002〕12号），就是一个立法解释性文件，而不是正规的刑法立法解释。正规的刑法立法解释所采取的形式应为全国人大常委会《关于……的解释》这种专门形式。其三，颁布刑法司法解释时，尽量避免过分细化，以避免形成刑法典之外的副法体系。

第三节 刑法的解释

刑法解释是法律解释的分支。传统的法解释学发端于对古罗马民法的注释。依此传统，大陆法系各国民法解释学几乎就是法律解释学的代名词，而在大陆法系同样发达的刑法解释则长期不受重视。刑法解释是刑法适用的重要途径，以研究刑法解释各种理论问题为内容的刑法解释学也因此是刑法学的核心内容。刑法学之所以能被称为“学”，就是因为其蕴含着理论上或价值上的研究。这样的研究，从刑法学来讲，就必须通过对刑法规范的解释来实现。

一、刑法解释的概念

刑法解释是指为保证刑法的正确适用而对刑法规范含义的阐明。依据刑法解释的定义以及刑法解释与其他法解释活动的不同，刑法解释具有以下几个重要特征：

（1）刑法解释对象的特定性。刑法解释的对象只能是刑法规范，具体包括以下三类：1）刑法中的刑法规范，也即现行刑法典的规范。2）单行刑法中的刑法规范；3）附属刑法规范，即非刑事法律中有关犯罪与刑事责任的规定。这些刑法规范主要规定于那些非刑事法律（绝大部分是行政法）的法律责任部分。附属刑法规范不但补充着刑法典和单行刑法的规定，而且是刑法典中空白刑法规范的被指引对象，所以，对它所作解释也是刑法解释的重要部分。

（2）刑法解释的价值取向性。任何法律解释，包括刑法解释，都具有一定的价值取向性。主权者为什么要制定刑法？显而易见，是要借助国家机器的强制力量，在社会中实现自己一定的利益。解释刑法是为了理解刑法规范，强烈的价值取向性正是包括刑法规范在内的一切社会规范的本质特征。刑法解释的根本任务是探求刑法规范所要实现的、在整体刑法价值统领下的社会法则，为刑法的实施提供方向和指针。任何解释者都不会否定作为现代刑法基础的罪刑法定原则的价值取向而任意解释，否则绝非真正的刑法解释。

（3）刑法解释的循环性。循环是解释学的传统命题，也是解释学的中心问题。它是指“整体只有通过它的部分才能得到理解，而对部分的理解又只能通过对整体的理解”①。刑法解释过程中，任何解释者要理解刑法规范的任何用语和规定，均以理解该规范所在的制度、刑法章节的规定乃至整个刑法的规定为条件。只有这样才不至于孤立、断章取义地曲解刑法规范。以《刑法》第 23 条关于犯罪未遂的规定为例：该条第 1 款规定，“已经着手实行犯罪，由于犯罪分子意志以外的原因而未得逞的，是犯罪未遂”。已经着手实行犯罪是成立犯罪未遂的一个前提条件，是区别犯罪未遂与预备的标志。着手实行是指开始实行具体犯罪构成的客观方面的行为，已经超出了为实行犯罪准备工具的阶段。行为人实行犯罪的意志已经通过客观实际行为的开始充分表现出来，而不同于在此之前准备实行犯罪的意志。② 可见，理解和解释犯罪未遂，必须结合《刑法》第 22 条关于犯罪预备的规定。反过来，对犯罪预备进行阐明同样不能脱离《刑法》第 23 条关于犯罪未遂的规定。

（4）刑法解释的正当目的性。刑法解释的目的是确保刑法在现实社会中被正确适用。刑法规范的阐明活动正是被要求将刑法上的漏洞、逻辑相左、含混予以补救，从而使刑法因被更为科学和合理地适用而存在和发展着。一言以蔽之，刑法解释的全部意义正在于确保刑法被正确、合理地适用。

---

① 殷鼎：《理解的命运》，北京，生活·读书·新知三联书店，1988，145 页。

② 参见赵秉志：《犯罪未遂的理论与实践》，北京，中国人民大学出版社，1987，73 页。

刑法解释具有阐明刑法规范含义、弥补刑法规范缺漏、促进刑法立法完善、推动刑法机能实现、宣教繁荣刑法理论等功能。

二、刑法解释的分类

刑法的解释根据不同的标准可以划分为不同的类型。

（一）*以解释的效力为标准可以分为立法解释、司法解释和学理解释*

（1）立法解释。我国刑法学界通说认为，刑法的立法解释是指：在刑法中用条文对有关刑法术语所作的解释；在刑法的起草说明或修订说明中所作的解释；在刑法施行中立法机关对发生歧义的刑法规定所作的解释。①

（2）司法解释。它是指最高司法机关对刑法规范含义进行的阐明。在我国，司法解释的权力属于“两高”。全国人大常委会《关于加强法律解释工作的决议》第 2 条明确规定，“凡属于法院审判工作中具体应用法律、法令的问题，由最高人民法院进行解释。凡属于检察院检察工作中具体应用法律、法令的问题，由最高人民检察院进行解释”。显然，司法解释在我国是有法定含义的，即限于“两高”在适用法律、法令过程中所作的解释，而不包括司法工作人员如法官、检察官在刑法适用过程中所作的解释。在司法实践中，“两高”曾针对具体适用刑法中提出的问题作出过许多解释，对于指导司法实务起了很好的作用。但是“两高”颁布的某些司法解释在解释的合法性、科学性、合理性等方面还存在不少问题，需要今后进一步完善。

（3）学理解释。它是指国家宣传机构、社会组织、教学科研单位或者专家学者从学术理论角度对刑法规范含义进行的阐明。相对于立法解释和司法解释，学理解释因缺乏法律上的授权，故不具有法律的约束力。因此学理解释又被称为“无权解释”，其他两种解释则被称为“有权解释”。学理解释对刑事立法、刑事司法具有重要参考价值，对于提高公民的法律意识水平和促进刑法科学的发展具有重要作用。

（二）*以解释的方法为标准划分，可以分为文理解释和论理解释*

（1）文理解释。它又称文义解释，是指对刑法条文的文字字义的解释，包括对条文中的字词、概念、术语的文字字义的解释。例如《刑法》第 91、92 条对公共财产、公民私人所有财产所作的解释即是文理解释。

（2）论理解释。它是指按照立法精神，联系一般法理与社会观念等各种复杂情况，对刑法条文从逻辑上所作的解释。论理解释一般可分为扩张解释和限制解释两种。扩张解释是指根据立法原意，从论理法则出发扩张其范围，引申刑法条文的字面意思，以期符合立法者本意的解释。限制解释是指根据立法原意，对刑法条文作小于字面意思的解释。当然，具体而言，根据论理的不同方法如当然方法、扩张方法、限制方法、系统方法等还可以作更多的划分。

需要说明的是，这里的文理解释、论理解释绝不能等同于刑法解释的文理方法及刑法解释的论理方法。前者是刑法解释分类的结果，后者是刑法解释的两种方法，不可简单等同。

---

① 参见高铭暄、马克昌主编：《刑法学》，10 版，北京，北京大学出版社、高等教育出版社，2022，19～20 页。

（三）以解释的目标为标准划分，可以分为主观解释与客观解释

在法学方法论中，有关法解释的目标一直存在着两种彼此对立的见解，即主观解释论和客观解释论。它所要回答的是，“作为法解释目标的法律意旨，究竟应是立法者制定法律规范时的主观意思，抑或应是存在于法律规范（中）的客观意思”[①]。对于刑法解释而言，根据这种目标的不同，可以分为主观解释与客观解释。

（1）主观解释论（Subjektive Auslegungstheorie）。

主观解释论认为刑法解释的目标是探求立法者在制定刑法时的主观意思，即寻求立法原意，探究立法者在制定法律的当时是何种心理状态，换言之，是“以探究历史上立法者的心理意愿为解释目标的”[②]。它为温特沙伊德（Windscheid）、比尔林（Bierling）等人所倡导，在19世纪和20世纪的西方法解释理论界占支配地位。主观解释论一般为刑事古典学派所采纳，如日本刑法学者佐伯千仞明确指出，“作超出刑法条文之语言原意解释是不行的”[③]。

尹某抢劫案[④]**：**某日尹某在某网吧遇到吴某后，将其带至租房内。尹某用语言威胁吴某拿钱，在遭到拒绝后将吴某踹倒在地，并对吴某进行殴打，从吴某身上抢走现金1 410.5元，以及银行卡、吴某家中钥匙等物。后，尹某押吴某一起去其家中，强行将一台电视机抱走，并以300元的价格作抵押。经鉴定，该电视机价值人民币400元。法院认为，入户抢劫是以图财为目的进入他人住宅，以暴力或胁迫手段劫取被害人钱财的行为。

分析：尹某对吴某的暴力行为发生在户外，入户后尹某对被害人没有施加更为严重的危害行为，将其强行抱走电视机的行为认定为入户抢劫，不符合入户抢劫的立法原意。

主观解释论的缺陷是，“立法原意”是什么并不明确，且刑法一经制定，就与立法者的原意产生距离；刑法必须适应社会的发展，过于恪守原意会导致刑法的生命力枯竭。但是，主观解释论具有其独到的法治价值：1）主观论的依据在于，法律与自然法则不同，它是由人所创造的，它表现出立法者符合社会需要的秩序的意志。2）要求探究立法者的原意，既否定了解释的恣意和专横，同时也限制了司法适用的擅断并维护了刑法的安定性与可预测性，这对罪刑法定原则的坚守极为重要。

（2）客观解释论（Objektive Auslegungstheorie）。

客观解释论认为刑法解释的目标就是阐释刑法条文客观上所表达出来的意思，而非立法者在制定当时赋予法律的主观意思。此也即“以解析法律内存的意义为目标”[⑤]的论调。它强调的是，法律解释的目标不单单在于揭示立法原意，更重要的是从法律中找出适应社会客观现实的法律的现实含义。其代表人物有科勒（Kohler）、卡尔·宾丁（Karl Lorenz Binding）。客观解释论一般为刑事实证学派所倡，如日本泷川幸辰博士认为，“只要社会永远处在不断的发展变化之中，那么所有法律解释，当然刑法也不例外，

---

① 梁慧星：《法解释方法论的基本问题》，载《中外法学》，1993年第1期，20页。

② ［德］卡尔·拉伦茨：《法学方法论》，陈爱娥译，北京，商务印书馆，2004，197页。

③ ［日］中山研一：《刑法的基本思想》，姜伟、毕英达译，北京，国际文化出版公司，1988，97页。

④ 参见（2015）渝五中法刑终字第00721号刑事判决书。

⑤ ［德］卡尔·拉伦茨：《法学方法论》，陈爱娥译，北京，商务印书馆，2004，197页。

就应适应这种新的社会现实”[1]。这是客观解释论的具体体现。

颜某盗窃案[2]：颜某利用工作便利，在公司活动中盗取梁某等三人的个人资料，伪造其身份证，截取其网易通行证号，再以其网络游戏账号的安全码被盗或丢失为由，骗取公司发出新的安全码，再用该安全码登录该游戏，先后盗得梁某等三人的一批游戏装备后转卖给王某等人，非法获利 3 750 元。经估算，被盗装备的价值折合 4 605 元。

分析：对于本案，法院经审理认为：涉案的财物虽是网络游戏中的虚拟财产，但该虚拟财产具有价值和使用价值，并根据现实社会的供求关系于交易过程中体现其经济价值。由于游戏者可以通过售卖、赠与等方式享有对虚拟财产的占有、使用、收益和处分等权利，虚拟财产可以在游戏者之间进行自由流转，为每个游戏者独立控制和占有，因此虚拟财产属于游戏者的私人财产。

客观解释论具有技术上的巨大优势：1）客观解释论可以应对多样且不断变化的社会生活，以使刑法更好地应对客观现实。2）客观论强调了刑法的公平价值和实质正义，与主观论强调的形式正义层面相比，更能够体现刑法防卫社会和保护整个社会的意义。3）通过客观解释可以维护刑法的生命力，从而在动态的社会中维护刑法的相对稳定性。

但是，客观解释论也存在着不可忽视的法治风险：1）否定了立法当时的立法者原意。这是典型的主观任意，而不是实事求是的客观态度。这对于客观解释论者标榜的“客观”来说，极具讽刺意味。2）在否定了立法者的原意后，客观解释论者把刑法解释的目标和现实社会需要联系起来，鼓吹解释的裁量和解释者依主观价值的判断和衡量。但不能忽视的是，无论如何这都摆脱不了解释的恣意性、任意性的问题。这与罪刑法定原则是极为相左的。3）解释者不断地从现实考量出发解释刑法，从而否定了立法的价值。由此，成文的法律仅仅是无用的文字，解释者的意志已经完全取代了法律。

（3）主观的客观解释论即折中论。

主观解释论和客观解释论都有其合理之处，也都有其难以克服的缺陷，所以，在刑法解释目标理论上，对这两者都不可轻易忽视。

刑法解释合理的最终目标应该是，在立法者当初的价值取向和基本意思的最大射程内来探求刑法规范在现时代应具有的规范意义。换言之，即结合立法者的当初意思来具体地探求刑法规范的现代意义，从而达到刑法解释的最终目标。

庞某诈骗案[3]：庞某系山东唱响公司法定代表人，庞某利用该身份，谎称自己系山东电视台的工作人员，在没有取得“两库一馆”项目的任何审批、授权及合作的情况下，私自伪造制作中华文艺体教馆宣传画册，虚构自己“两库一馆”的线下实体负责人身份，在明知自己没有履行能力的前提下，依然使用签订“中华文艺体教馆区域合作合同”的手段骗取被害人缴纳中华文艺体教馆管理责任金或者骗取被害人缴纳房租，对多人实施诈骗。

分析：对于本案，法院经审理认为：合同诈骗罪的立法原意是严厉打击利用经济合

---

① ［日］中山研一：《刑法的基本思想》，姜伟、毕英达译，北京，国际文化出版公司，1988，74 页。

② 参见（2006）穗中法刑二终字第 68 号刑事裁定书。

③ 参见（2019）冀 0303 刑初 166 号刑事判决书。

同实施的诈骗犯罪，行为人必须实施与合同约定相关的经济活动，即具有与签订、履行合同相关的筹备、管理、经营活动。本案中，被告人客观上没有实施与合同内容相关的经济活动，“合同”仅是一个道具，其行为未实质上扰乱市场经济秩序，而仅仅侵犯了他人的财产权利，因此应构成诈骗罪。

刑法乃是刑事立法者的意志的具体化，其中既有主观的想法及意思或目标，也有立法者当时不能全部认识的“客观”目标及现实必然要求。如果想真正解释清楚刑法规范的含义，就要兼顾两者。任何刑法解释者都希望在刑法规范中寻找到解决当代的犯罪与刑事责任问题的答案，这样就必须承认刑法规范的意义和内容因时间的变化而有所变化，同时也要注意将这些意义与立法者当初的意思结合起来考虑，不能将客观存在的立法者在制定刑法当时的意向和价值追求弃之不管，除非立法者当初的意思已经严重与宪法的精神和刑法的基本价值取向相抵触，或者违背了现代法治国要求。

（四）以解释的立场为标准划分，可以分为形式解释论与实质解释论

以刑法的解释立场是形式的还是实质的为标准，可以将刑法解释分为形式解释论与实质解释论。形式解释论是指对犯罪构成要件基于刑法用语可能的含义进行形式的解释，实质解释论是指对犯罪构成要件进行处罚必要性和合理性的实质解释。

自从我国现行刑法于1997年规定了罪刑法定原则之后，我国刑法学界便出现了形式刑法观与实质刑法观的两种不同立场的对立。形式刑法观主张形式的犯罪论和形式的刑法解释论，实质刑法观主张实质的犯罪论和实质的刑法解释论。①

形式解释论以形式的犯罪论为前提，形式的犯罪论即“承认构成要件的独立机能，以社会的一般观念为基础，将构成要件进行类型性地把握的犯罪论”②。形式的犯罪论主张对犯罪构成要件进行形式的解释，即“在构成要件的解释上。在进行处罚的必要性或合理性的实质判断之前，应当从具有通常的判断能力的一般人是否能够得出该种结论的角度出发，进行形式的判断”③。

吕某侵犯通信自由案④：20××年7月10日，吕某以4 500元的价格将自己的QQ号码7××61卖给张某。12日，吕某通过在QQ网站申诉的手段将该QQ号码7××61索回。公安机关接到被害人报案后，于7月27日将吕某抓获，并于当日将4 500元退还被害人张某。

分析：对于本案，法院经审理认为，吕某的行为造成了侵犯公民通信自由和通信秘密的后果，情节严重，其行为已构成侵犯通信自由罪。然而，本书认为，依照我国法律规定，盗窃罪的犯罪对象是公私财产，QQ号码不属于刑法意义上的财产保护对象。

实质解释论以实质的犯罪论为前提，实质的犯罪论认为刑法“将值得处罚的违法行为中能够予以责任非难的行为类型性地列出，就形成了构成要件”⑤，构成要件不是价值中立的客观记述类型，伴随着违法判断。根据实质犯罪论，对于行为“是否该当构成要

① 参见刘艳红：《实质刑法观》，2版，北京，中国人民大学出版社，2019，260～283页。
② ［日］大谷实：《刑法讲义总论》（新版第五版），黎宏、姚培培译，北京，中国人民大学出版社，2023，78页。
③ ［日］大谷实：《刑法讲义总论》（新版第五版），黎宏、姚培培译，北京，中国人民大学出版社，2023，79页。
④ 参见（2011）二七刑初字第201号刑事判决书。
⑤ ［日］前田雅英：《刑法总论讲义》（第六版），曾文科译，北京，北京大学出版社，2017，17页。

件的考虑，必须起到一定的判别机能（犯罪个别化机能）”，因而“构成要件该当性的判断是关于有无值得处罚的违法性的判断”，对它应该从“是否值得处罚”的实质层面进行解释。①

朱某故意毁坏财物案②：朱某于20××年4月29日至5月10日期间，利用事先窃获的被害人夫妇的资金账号和股票交易账户密码，非法侵入并篡改了股票交易账户密码，然后，使用二人的股票和资金采用高进低出的方法进行恶意交易，造成被害人夫妇股票和资金损失达人民币19.7万余元。

分析：法院认为，朱某为泄私愤而非法侵入并修改他人股票交易账户，然后采用高进低出的恶意买卖的手法使他人受到资金损失，数额巨大，其行为已构成故意毁坏财物罪，依法应予惩处。

形式解释论与实质解释论的对峙反映了德日刑法三阶层犯罪论体系中构成要件的发展变化。从人权保障角度出发，对于犯罪行为是否构成犯罪的认定应该优先进行形式解释，但是，对于经过形式解释入罪之后的行为，还应当再进行实质解释，将实质上不具有可罚必要性与合理性的行为排除于构成要件之外，亦即予以出罪，从而弥补我国刑法罪刑法定原则出罪机能的缺失。“必须将字面上符合构成要件、实质上不具有可罚性的行为排除于构成要件之外。”③ 要防止对实质上具备可罚必要性与合理性但是刑法没有明文规定的行为予以刑罚处罚，要防止突破法条的形式规定而通过对实质可罚性的考量入罪。“对于法无明文规定但实质上值得科处刑罚的行为不予处罚，正是实行罪刑法定原则的必要代价。”④

三、刑法解释的方法

要对刑法规范的含义进行阐明且最终达到刑法解释的目标，必须采取适当的方法，否则，即使是出于良好的愿望，也不能得到良好的解释结果。刑法解释方法很多，但从根本上看，主要包括文义解释和论理解释两种方法，其中论理解释方法又分为若干具体方法。

（一）刑法的文义解释方法

刑法的文义解释方法，又被称为刑法的文理解释方法或文法解释方法，是指根据刑法用语的文义以及其通常使用方式阐释刑法规范含义的方法。简而言之，就是从刑法的用语的含义出发进行解释。其显著特点在于，在解释刑法规范的含义时，不考虑与该刑法规范相关联的其他一切因素，严格按照其语词及语法结构来说明其含义，既不扩大也不缩小。文理解释方法虽是一种最基本的刑法解释方法，但并非简单的解释方法。运用该解释方法，不但要根据刑法规范的语词，还要根据一定的文理规则。一般认为，这些根据应当包括如下几个方面：

1. 字面语词

刑法条文是由语词所构成的，进行文理解释时首先要对刑法条文中的单词、概念、

① 参见［日］前田雅英：《刑法总论讲义》（第六版），曾文科译，北京，北京大学出版社，2017，20～21页。
② 参见（2002）静刑初字第146号刑事判决书。
③ 张明楷：《实质解释论的再提倡》，载《中国法学》，2010年第4期，50页。
④ 陈兴良：《形式解释论的再宣示》，载《中国法学》，2010年第4期，35页。

术语等语词进行解释。此即字义解释。这些语词的性质不同，具体解释要求也不同。对于那些与日常生活通用的单词，一般来说直接根据其通常意义进行解释即可。这些常用的单词如飞机、火车、船舶、印章、银行、工厂、仓库、水源、港口、油田、住宅、外汇、邮票、车票、船票等。但要注意，也不排除这些常用的单词在社会发展的情况下含义发生巨大变化，从而需要借助其他解释方法来进行解释。对于那些刑法中有特殊含义的术语，则必须紧紧依照刑法本身的解释性规定来进行理解。如理解刑法中的“故意”一词时，绝不能依其作为一般用语之意来解释。此类术语再如国家工作人员、公共财产、个人私有财产，等等。对于有专门法律含义或技术含义的其他概念，如商标，专利，监护人，公司，有价证券，麻醉药品，珍贵、濒危野生动物，污染等，也不能按一般通常含义解释，只能根据法律或技术性规则赋予的含义来解释。

2. 语法结构

语法结构是根据语法规则排列的，对相同的词语进行不同的排列时，其含义就会发生变化。进行文理解释时，不仅要根据字面语词进行解释，还要根据语法结构进行解释。语法包括词法与句法，立法者按照词法、句法的一般规则排列成刑法的条文规定，所以进行文义解释时必须严格依照这些规则。

3. 标题

标题本身具有含义，从文理的角度看，标题含义制约着标题之下刑法条文的含义。因此，对某一标题之下的刑法条文进行解释时，通常不能超出标题的含义。对标题本身进行解释有助于对标题之下刑法条文的理解。

4. 标点

标点虽不是语词，但对于明确刑法规范的含义至关重要。而且，标点的使用也有特定的规则，立法者使用哪些以及如何使用标点，直接决定着刑法规范的含义。所以进行文义解释时绝不能不顾刑法规范中标点的使用。

（二）刑法的论理解释方法

运用文义解释的方法来阐明刑法规范的含义时，在极其简单的场合是可以得出合理、科学的解释结论的，但在更多情况下未必，此时就要借助论理解释方法了。

刑法的论理解释方法，是指按照立法原意，联系一般法理与社会观念及时代环境等各方面因素，对刑法条文从逻辑上所作的解释。论理解释时往往要参酌刑法规范的产生缘由、理由，制定目的，历史沿革及其他相关事项，按照立法的基本精神，阐明刑法规范的真实含义。其显著特点在于，在解释某一刑法规范时，不拘泥于该规范中的用语的含义，而是联系一切与之有关的因素阐明其真实含义。论理解释方法主要有扩张解释、限制解释、当然解释、反对解释、补正解释、体系解释、历史解释、比较解释、目的解释等。

1. 扩张解释

扩张解释，也称扩大解释、扩充解释，即刑法规范用语的字面含义比真实含义窄，于是扩张字面含义，使其符合真实含义。扩张解释一般采用三种具体形式，即对象扩张、行为扩张和主体扩张。

对象扩张，是指法律为“对象”规定的文义过于狭隘，不能表示立法真意，因而扩张其字面含义，以达到正确适用的目的。例如，将《刑法》第 106 条中的“境外……个人”解释为包括居住在中国境内、不具有中国国籍的人就是一种对象扩张。

行为扩张，是指法律为“行为”所规定的文义过于狭隘，不能表示立法真意，因而扩张其字面含义，以达到正确适用的目的。例如，2000年12月5日“高法”《关于对变造、倒卖变造邮票行为如何适用法律问题的解释》将《刑法》第227条中的伪造邮票的行为解释为包括变造行为，就是一种行为扩张。现行刑法对于针对同一行为对象的伪造和变造行为是分别明示规定的，如果变造行为也构成犯罪的话，如《刑法》第170条的伪造货币罪和第173条的变造货币罪，以及第280条的伪造、变造身份证件罪，等等。换言之，我国刑法中对伪造采取的是狭义说而非包括变造的广义说。前述司法解释将伪造行为解释为包括变造在内，就是一种比现行刑法对伪造含义的界定更为广泛的扩张解释。

主体扩张，是指法律为“主体”所规定的文义过于狭隘，不能表示立法真意，因而扩张其字面含义，以达到正确适用的目的。例如，将《刑法》中的“国家工作人员”解释为包括协助人民政府从事行政管理工作的村民委员会等基层组织人员，就是一种主体的扩张。

扩张解释是对用语字面含义的扩张，不能超出用语可能具有的含义，如果完全超出用语可能具有的含义，则是违反罪刑法定原则的类推解释。应否进行扩张解释，还须考虑处罚的必要性：对于一个行为而言，其处罚的必要性越大，将它解释为犯罪的可能性越大。① 作扩张解释时也不能无限制地扩张而超出立法的目的范围，否则对立法目的的扩张就不是扩张解释，而是目的性扩张。后者是弥补法律漏洞的方法，它超出了刑法用语的可能含义范围。

2. 限制解释

限制解释，也称缩小解释或缩限解释，即刑法规范用语的字面含义比真实含义广，于是限制其字面含义，使其符合真实含义。简言之，就是对刑法用语作出比其字面含义要窄的解释。例如，“暴力”的字面含义是包括了杀害、重伤、轻伤、殴打等在内的一切对人身实施的强力行为，而对《刑法》第246条中“以暴力或者其他方法公然侮辱他人或者捏造事实诽谤他人”中的“暴力”一词只能作程度不超过轻伤的解释，否则就不甚合理。这就是一种限制解释。

限制解释也并非在任何时候都可以采用，尽管这种解释可以维护罪刑法定原则的人权保障机能。例如，将《刑法》第236条中的“妇女”解释为“生活作风良好的妇女”虽是限制解释，但显然违反了罪刑法定原则。对刑法规范用语能否限制解释，以及作何种程度的限制，都需要有合理的根据，如国家的刑事政策和刑法基本原理、刑法规范所规定的内容的性质、刑法法益、刑法的“但书”规定或者其他专门的规定等。

3. 当然解释

当然解释，又称勿论解释或自然解释，即刑法规范虽未明示某一事项，但依形式逻辑、规范目的以及事物属性的当然道理，将该事项解释为包括在该规定的适用范围之内。当然解释的根据有以下三种。

一是形式逻辑。例如，将煽动学生暴力抗拒国家法律、行政法规实施的行为解释为

---

① 参见张明楷：《刑法学》（上），6版，北京，法律出版社，2021，49页。

构成《刑法》第278条的煽动暴力抗拒法律实施罪，就是依形式逻辑进行的当然解释，因为学生和群众是种属逻辑关系。

二是规范的目的。例如，将组织男性向男性卖淫的行为解释为构成《刑法》第358条规定的“组织卖淫罪”，就是根据刑法规范的目的进行的当然解释。刑法规定此种犯罪的目的就是惩罚严重破坏社会伦理秩序和违背一般人正常性观念的行为，组织同性卖淫的行为当然应被刑法所非难。

三是事物属性上的当然道理。唐律中所规定的“其应入罪者，则举轻以明重”就是这个道理。例如，2000年6月19日“高法”《关于审理破坏土地资源刑事案件具体应用法律若干问题的解释》将《刑法》第228条非法转让、倒卖土地使用权罪中的“情节严重”解释为五种情况，其中第五种是，“非法转让、倒卖土地接近上述数量标准并具有其他恶劣情节的，如曾因非法转让、倒卖土地使用权受过行政处罚或者造成严重后果等”。据此规定，行为人曾因非法转让、倒卖土地使用权受过刑事处罚同时又不属于构成累犯的情况的，当然也应该认定为“情节严重”，构成非法转让、倒卖土地使用权罪。这就是根据事物属性的当然道理进行的当然解释。

4.反对解释

反对解释，又称反面解释，即根据刑法规范正面表述的意思，推导其反面含义的解释方法。例如，《刑法》第65条规定，被判处有期徒刑以上刑罚的犯罪分子，刑罚执行完毕或者赦免以后，在5年以内再犯应当判处有期徒刑以上刑罚之罪的，是累犯。据此，如果被判处有期徒刑以上刑罚的犯罪分子，刑罚执行完毕或者赦免以后，在5年以后再犯应当判处有期徒刑以上刑罚之罪的，则不构成累犯。此即反对解释。

反对解释只有在以下两种情况下才能被采用：一是法条所确定的条件为法律效果的全部条件，二是法条所确立的条件为法律效果的必要条件。舍此二者，解释的结果就会大异其趣，甚至谬误重重。例如，《刑法》第17条第1款规定，已满16周岁的人犯罪，应当负刑事责任。若将此解释为未满16周岁的人不应当负刑事责任，就会造成严重的解释错误。

5.补正解释

补正解释，即由于立法者的疏漏，刑法规范的文字发生矛盾、冲突或者错误时，通观刑法全文而加以补正，以阐明刑法规范真实含义的解释方法。例如，《刑法》第20条第2款中的“正当防卫”便不能与其第1款中的“正当防卫”作同意解释，否则便会导致正当防卫和防卫过当这两个不同概念之间的自相矛盾。

补正解释也不能随意而为，其前提是刑法规范的规定发生矛盾、冲突或者错误。补正解释的结论一定要符合刑法的目的，合乎刑法的整体规定和基本精神。绝不能将刑法没有明文规定的行为解释为犯罪，这是罪刑法定原则所决定的。①

6.体系解释

体系解释，又称系统解释，即“就刑法法条在整个法律体系中的地位与关系，包括刑法法条与其他刑法法条，以及刑法法条与其他法律的有关法条的系统关系，而阐释刑

① 参见张明楷：《刑法学》（上），6版，北京，法律出版社，2021，51页。

法条文的法律意义”①。简言之，就是根据刑法条文在整个刑法中的地位，联系相关法条的含义来阐明其内容的解释方法。体系解释的目的在于避免断章取义，以便刑法整体相协调。刑法是存在于法律体系中的一个整体，它不仅要与宪法等协调，而且本身也应是协调的。要通过刑法体现平等、正义，就要对相同的案件作相同的处理，对不同的案件作不同的处理。实际上，任何解释的结论，如果能被刑法的其他规定所支持、证实的话，才可能是正确的、可接受的，否则，就应该放弃该解释结论。

例如，《刑法》第99条规定，“以下”包括本数在内，而《刑法》第63条规定，减轻处罚“应当在法定刑以下判处刑罚”。从第99条规定的“以下”的含义来看，减轻处罚就会和从轻处罚发生交叉，从而造成混乱。此时只能将第63条中的“以下”解释为不包括本数。这就是补正解释。

在遇到刑法规定不甚明确时，应当通过明确的规定来阐释不明确的规定，绝不能以不明确的规定来否定明确的规定。

7. 历史解释

历史解释，也称沿革解释，即根据制定刑法时的历史背景以及刑法的发展演变，阐明刑法规范真实含义的解释方法。作出历史解释一般基于以下两方面依据：一是静态的历史背景，具体包括作出该规定的原因，在起草过程中讨论与修改该规定的情况，立法机关关于作出该规定的说明等情况。二是动态的刑法发展演变，具体是指该规定在刑法立法史上的发展沿革情况。同时应当注意，进行历史解释并不只是探讨立法原意，而是要根据历史参考资料得出符合时代要求的结论。② 同时，进行历史解释时必须要注重刑法发展变化的历史原因。

例如，遗弃罪在1979年刑法中处于妨害婚姻、家庭罪中，后被调整到现行刑法的侵犯公民人身权利、民主权利罪之中。如此一来，解释某些行为如遗弃不负有扶养责任的他人是否构成遗弃罪就要结合公民的人身权利、民主权利法益进行解释，而不能再根据婚姻家庭法益进行解释。

8. 比较解释

比较解释，即在比较参考国外或我国其他法域的立法和判例以及学说的基础上解释刑法规范的方法。比较解释方法的具体形式有两种。

一是将要解释的对象与刑法其他相关规定进行比较。例如，在解释挪用特定款物罪中的“挪用”是否包括挪归个人使用时，可以参照《刑法》第384条关于挪用公款罪的规定，从而得出结论：挪用特定款物罪中的“挪用”不包括挪归个人使用。

二是与境外的相关立法例或判例来比较。例如，在处理公然盗窃行为时，可以参照日本刑法关于盗窃罪行为方式的规定来解释我国刑法中盗窃罪的行为方式，从而把公然盗窃行为包括在盗窃罪之中。

9. 目的解释

目的解释，即根据刑法规范的立法目的阐明刑法规范真实含义的解释方法。在法学

---

① 林山田：《刑法通论》（上册），增订10版，北京，北京大学出版社，2012，86页。

② 参见梁慧星：《论法律解释方法》，载《比较法研究》，1993年第1期，50页。

方法论领域，“目的解释，指以立法目的作为根据，来解释法律的一种解释方法。也就是说，关于某个条文、某个制度，可能有两种解释，各有其理由，则应选择其中符合立法目的的解释，以符合立法目的的解释为准”①。当采用不同刑法解释方法得出的解释结论有冲突时，就应该依照可以认识的刑法规范的立法目的，在与刑法整体意义脉络一致的范围内，选择一种解释结论。刑法分则规定的具体犯罪与刑罚的条文，都表明立法者意欲保护的社会关系，在确定具体犯罪的构成要件时，必须注意利用目的解释方法。

例如，在解释变造货币罪的罪状时，不将为收藏或满足个人爱好而变造货币的行为包括在其中，就是考虑到刑法规定此罪的目的是惩处破坏国家货币发行、管理秩序的行为，为收藏或为满足个人的其他爱好而变造货币的行为是不可能破坏国家的货币发行、管理秩序的，所以这种行为不应当构成变造货币罪。这是典型的目的解释。

以上各种刑法解释方法之间都是相互支持或必须同时采用的，有些解释方法之间界限也并不那么明确。当然，不论采用何种解释方法，都不能违背罪刑法定原则。此外，以上解释方法中，扩张解释与限制解释其实都属于目的解释的范畴，当然解释、反对解释、补正解释其实都属于体系解释。根据罪刑法定原则在形式和实质层面的要求，以及刑法的解释目标，这些不同刑法解释方法之间的位阶关系是：文义解释优先，论理解释在后。在论理解释中，位阶应当是体系解释→历史解释→目的解释。

第四节　刑法的根据、性质与机能

一、刑法的根据

《刑法》是“根据宪法，结合我国同犯罪作斗争的具体经验及实际情况”（第 1 条）而制定的。据此规定，我国刑法的制定根据有法律根据和实践根据。

（一）刑法的法律根据

宪法是国家的根本大法，具有最高的法律效力，是我国一切立法的根据，任何普通法律、法规都不得同宪法的原则和精神相违背。对此，我国《宪法》第 5 条第 3 款规定，“一切法律、行政法规和地方性法规都不得同宪法相抵触”。刑法作为普通法的一种，其制定当然也须以宪法为根据。这不但要求刑法的内容要符合宪法总的精神和原则，还要求刑法的制定和实施为宪法的贯彻实施提供有力的保障。宪法规定了国家制度、社会制度、国家机构的组织与活动原则，以及公民的基本权利、基本义务等等，刑法中一系列关于犯罪、刑事责任与刑罚的具体规范是宪法规定在刑法领域的具体化。

（二）刑法的实践根据

我国的实际情况和同犯罪作斗争的司法实践经验，是我国刑法制定的实践根据。刑法的制定有其自身的发展规律，为此，只有实事求是，深入实际调查研究，总结我国刑事司法实践中同犯罪作斗争的经验以及我国刑事立法经验，结合我国社会经济、政治状况，才能制定出效果良好的刑法。在我国现行刑法的制定过程中，我国立法机关会同司法机关以及有关方面的专家等，系统地总结了 1979 年刑法颁行以来的有关刑法修改、完

① 梁慧星：《裁判的方法》，4 版，北京，法律出版社，2021，181～182 页。

善的资料以及大量的实际案例，总结了司法实践中取得的经验及存在的问题，同时还吸收了境外刑事立法的经验，从而制定出了较符合我国实际情况的现行刑法。

二、刑法的性质

刑法作为国家的基本法律，是通过国家强制力即以刑罚处罚犯罪人来保障国家、社会及个人合法权益的法律，它在整个法律体系中具有如下性质：

（1）刑法是公法。公法和私法的划分是现代法律理论和实践中最重要的划分之一，是罗马法以来法的传统分类。根据现代法学对于公、私法划分标准的通说——生活关系说，凡是规定有关国家组成人员——公民的国家生活关系的法为公法，而规定公民的个人生活关系的法为私法。① 易言之，凡是涉及公共权力、公共关系、公共利益和上下服从关系、管理关系、强制关系的法，即为公法；凡是涉及个人利益、个人权利、自由选择、平权关系的法即为私法。② 刑法是规定国家对犯罪予以刑罚制裁的法律，体现的是国家与犯罪人之间权力服从的强制关系，因此，刑法是公法。

（2）刑法是实体法。实体法是确定人们权利和义务的实际关系的法律，即确定权利和义务的产生、变更、消灭的法。程序法是规定保证权利得到实现和义务得到履行的程序的法律。刑法是规定何种行为是犯罪以及对犯罪处以什么刑罚的法律，而不是规定对犯罪行为的追诉方法与程序的法律，因此，刑法是实体法。

（3）刑法是强行法。依据法的效力，可以将法区分为强行法与任意法。凡法律规定的事项，不问个人意思如何，均须适用的法为强行法；反之，可以根据当事人的意思变更其适用的法为任意法，例如民法。刑法是规定国家对公民的刑罚权的法律，只要行为人的行为构成犯罪——除少数“告诉才处理”的犯罪之外，即应科处刑罚，而不能由当事人依据其意思选择适用与否，所以刑法是强行法。③

（4）刑法是国内法。根据法的创制主体和适用主体进行分类，凡是在一国之内，由特定国家法律创制机关制定，规定一国内部关系且在一国主权所及的范围之内适用的法律，是国内法；由参与国际关系的国家通过协议制定或认可并适用于国家之间的法律，是国际法，如国际条约或国际协议。刑法的效力一般仅及于一国领域之内，因此刑法是国内法。

（5）刑法是司法法。根据所承担的权力功能的不同，国家的法律可分为立法法、司法法与行政法。宪法的主要部分为立法法，因为宪法是所有法律的立法准据。刑法是裁判上所适用的法律，故刑法属于司法法。④

三、刑法的机能

刑法的机能是指刑法作为一个系统所具有的作用与功效。刑法的机能是从刑法的基本理念与目的出发所反映、呈现的法律机能，因此，刑法的机能在理论上与刑法的原理、

---

① 参见潘念之主编：《法学总论》，北京，知识出版社，1981，24页。

② 参见张文显主编：《法理学》，5版，北京，高等教育出版社，2018，92页。

③ 参见周永坤：《法理学——全球视野》，4版，北京，法律出版社，2016，69页。

④ 参见高仰止：《刑法总则之理论与实用》，台北，五南图书出版公司，1986，5页。

准则具有不可分割的结构关系。刑法是以国家强制力为后盾，针对犯罪行为进行制裁的有力手段。但是，刑法不是制止犯罪的决定性手段。要使犯罪从根本上减少，必须考虑根治犯罪的原因。为此，有必要以人道主义为基础，慎重且谦抑地适用刑罚。换言之，刑法不应该以所有的违法行为、所有的有责行为为当然的处罚对象，而应该将自己的处罚范围限制在迫不得已的必要限度以内，即刑法是为了维护社会秩序而不得不采取的必要手段。这就是刑法的谦抑思想。刑法的谦抑思想是贯穿现代刑事法领域的基本理念。现代刑法的思想体系，由刑法谦抑的基本理念出发，发展出三项具体的刑法准则，即罪刑法定主义、法益保护主义与责任主义，配合这三项刑法准则产生了刑法的三个基本机能，即人权保障机能、法益保护机能、行为规制机能。

（一）人权保障机能

它是指刑法通过限制国家刑罚权的发动来保障公民的活动自由不受国家侵犯。刑法是采用最为严厉的制裁措施即刑罚来处罚犯罪行为的，刑罚权的运用不当对公民个人权利造成的侵害当然也是最严重的。因此，犯罪与刑罚必须由刑法明文规定，任何人无权发动刑罚处罚他人，从而保障公民的个人权利不受法律的非法干涉。这体现了刑法对（公民）自由价值的保障。刑法的保障机能通过限制国家刑罚权的发动来实现，体现的是国家权力的自我约束和对法益的保护；在内容上它既体现为对犯罪人权利的保障——因为“破坏人权的人（也）拥有人权”，更体现为对全体公民人权的保障，即保障所有公民的活动自由免受国家刑罚权的非法侵害。由于刑法具有二次性或补充性，即只有在其他法律不能进行充分保护时才能动用刑法，因此，在法律保障体系中，刑法是法律保障人权的最后防线。

（二）法益保护机能

它是指刑法具有保护法益不受犯罪行为侵害的机能。刑法作为规制人类社会生活的法律规范，其目的在于保护法益。因此，在发生对法益有侵害或危险的行为时，对该行为加以制裁，即为刑法的保护机能，例如：刑法处罚绑架犯罪，是为了保护人身自由法益；处罚抢夺犯罪，是为了保护财产法益；等等。一般而言，刑法只保护国家所关切的重大法益。何谓重大法益？在不同的时代、不同的社会、不同社会结构的国家中重大法益的表现形式有所不同。综合而言，近代以来各国刑法所保护的法益，一般可以分为三大类：一是生命、身体、自由、财产、名誉、安宁等个人法益，二是公共安全、市场公共信用与交易安全、社会管理秩序与善良风俗等社会法益，三是国家安全、政体维护等国家法益。

需要说明的是，无论是保护机能，还是保障机能，其最终目的是相同的，即都在于避免合法利益及法益遭受损害。该种保护机能与一般法律对法益的保护机能不同的是，它通过处罚犯罪人来达到法益保护的目的。因此，必须先有犯罪人侵害法益的行为，后产生法益保护的需求。可见，刑法的法益保护机能在于防止一般公民所加之侵害，因此有处罚犯罪人的必要。保障机能在于防止国家对公民所加之侵害，因此有限制国家权力之必要，以免个人自由权利遭受不利的影响。而公民个人的自由权利即属于公民合法权益及法益的一部分，只不过保护机能没有特别强调这一点而已。因此，保障机能并非与保护机能没有关系，实际上可以认为，保障机能是保护机能的一部分。

（三）行为规制机能

它是指刑法具有规制公民行动自由的机能。国家从大量的反社会行为中抽出一部分危害性严重的，作为法律上的犯罪类型，规定为应受刑罚处罚的行为。这体现了国家对此种行为的否定评价。这是刑法的评价机能。同时，由于刑法明确地规定了什么行为是犯罪，所以公民能够通过刑法明白实施何种行为会受到刑法制裁、何种行为是犯罪，从而能更好地预测自己的行为后果。这为公民决定自己的行为提供了前提。这是刑法的意思决定机能。刑法的评价机能和意思决定机能，使刑法对一般公民产生行为规制机能，使他们在刑法规定的受刑罚处罚行为的范围之外自由地活动。

第五节　刑法的目的与任务

一、刑法的目的

（一）刑法的目的及其意义

刑法的目的，当然不只是指刑法具有某种自主性的目的，而是指包含在刑法当中的立法者的目的，亦即国家制定、实施刑法所欲达到的效果。

从表面看，刑法似乎就是惩罚人的法律。但是，"惩罚人"显然并不是刑法本身的目的，因为在"惩罚人"的表象背后，完全可以隐藏截然不同的目的。刑法存在的种种必要性，生成了一个社会创造刑法的动机，并决定着刑法的基本目标和目的。相应地，刑法的目的也就成为对刑法必要性的直接回应。对目的的考察之所以重要，是因为目的的正当性决定手段的正当性，刑法自身的合法性，离不开对刑法目的的追问。

历来的刑法学者，无不关注刑罚的目的，而对于刑法的目的，则很少论及。这可能是因为，人们一般认为刑罚的目的与刑法的目的是一回事，或虽然认为二者有所不同，但在具体讨论时，又常常不能将它们清楚地区分。在日本刑法学界，真正开始关注刑法的目的问题的是木村龟二，在他之前，"关于刑法的目的，基本的论述是关于普通刑罚的目的的问题"，真正把刑法的目的作为研究对象的论著几乎没有。木村龟二指出："刑法的目的固然与刑罚的目的有关，但与刑罚的目的是不同的概念，必须加以区别。"① 而在我国刑法学界，在 1997 年以前，也几乎没有人提出关于刑法的目的问题；1997 年现行刑法实施之后的著作中，刑法目的开始受到关注。这表明，刑法的目的与刑罚的目的不是同一个问题，而且如刑罚的目的问题在刑法理论中的地位重要一样，刑法的目的问题亦不容忽视。

刑罚的目的虽然是刑法目的的重要方面，但是不能完全等同于刑法的目的，更不能取代刑法的目的。刑罚只是刑法用以惩罚犯罪的手段，刑罚的目的虽然在一定程度上反映了刑法的目的，并且包含在刑法的目的之中，但是除刑罚的惩罚功能之外，刑法还具有其他功能，如规范功能、保护功能、价值评判功能等，刑法在发挥这些功能时所追求的目的是刑罚的目的所无法包容的。因而刑法的目的比刑罚的目的内涵更丰富、外延更广阔。总之，对于刑法的目的和刑罚的目的，理论上应当加以明确区分。

① ［日］木村龟二：《刑法的目的和机能》，载日本刑法学会编：《刑法讲座》，第 1 卷，东京，有斐阁，1963，11 页。

（二）刑法的目的与刑罚的目的相区分的理论基础

区分刑法的目的和刑罚的目的，也涉及刑法基础理论或者说刑法观念这一重大问题。如果刑法理论是建立在报应刑论（亦称绝对主义）或目的刑论（亦称相对主义）的基础之上，那么把刑罚的目的当作是刑法的目的可能是当然的结果。但是，在当今刑法理论所普遍坚持的相对报应刑论（亦称并合主义）的立场上，再把刑罚的目的当作是刑法自身的目的，在理论上就有些难以自圆其说了。

报应刑论立足于“恶有恶报”的朴素报应观念，认为国家制定刑法的目的就在于对犯罪人施以报应，刑法就是对犯罪进行报应性处罚的工具。建立在报应观念基础上的刑法，除了追求“报复犯罪”这一刑罚能够担当的任务外，没有其他的目的，于是刑法的目的与刑罚的目的也就在此获得了高度的一致。目的刑论则认为，刑罚的实施只有具有预防犯罪的效果时才能施加于行为人，因此，如果不需要判处刑罚，就不应当判处刑罚；如果有比刑罚更好的预防手段，就可以放弃刑罚而采取该手段。目的刑论过于强调刑罚的预防目的而导致其单方面的膨胀，最终造成了对刑法自身目的的遮蔽。

兼采报应刑论与目的刑论之长处的综合刑论亦即相对报应刑论认为，刑罚的正当化根据一方面是满足善恶相报的正义要求，另一方面是防止犯罪所必需且有效，因而应当在报应的范围内实现一般预防与特殊预防的目的。相对报应刑论将报应刑论和目的刑论结合起来，使二者优势互补，故它是比较理想的刑罚观念。在相对报应刑论下，刑法既是善良人的大宪章，也是犯罪人的大宪章；既要防止个人恣意保护社会利益，也要防止国家恣意保障个人权利。如果刑罚的目的只在于报应和个别预防，那么虽然基本能够满足保护社会利益的要求，却终究无功于，甚至有碍于保障人权。因此，国家刑法中必须设立相应的要素，如罪刑法定、罪刑相适应等基本原则，以使刑法在整体上具有保障人权的功能。总之，建立在相对报应刑论基础上的现代刑法，其使命绝不只是实现刑罚的目的，而是有自身的（整体意义上的）目的。由此一来，刑罚目的与刑法目的不再是一体的，前者只是实现后者的一种手段。

基于上述理由，将刑法的目的与刑罚的目的区分开来就不仅仅是逻辑上的当然结论，也关涉刑法观念上的基本立场问题。

（三）刑法目的的具体内容

刑法目的的确定，对立法和司法都具有重要意义。对立法而言，刑法目的的确定意味着刑法正当性、合理性的证成；对司法而言，刑法目的的确定则意味着对刑事司法活动目标、宗旨和意义的明确。那么，刑法的目的究竟是什么？

根据《刑法》第1条的规定，刑法的目的是“惩罚犯罪，保护人民”。但是，如同报应不是刑法的目的一样，惩罚犯罪也不是刑法的目的。这里涉及的问题是：对刑法的目的，究竟是根据法律所宣称的“目的”来确定，还是根据刑法自身的性质以及其所具有的功能来确定？

法律（刑法）的目的，应该根据法律自身的性质以及其应当追求的正义目标来确定，而不是仅仅根据立法者所宣称的“目的”来确定。这是因为法律的目的是内含于法律之中的，它是由法律的价值所体现，并由法律的制度技术手段来保证的。如果法律实际所选择的价值目标与立法者宣称的目的相悖，或各种制度技术要素并不能确保这些目的的实现，就会导致法律的“不合目的性”，立法者所宣称的“目的”就会与法律客观上所体现出来的“目的”发生分离。所以，我们追问的“刑法的目的”，应该是建立在正义观念基础之上的应然意义的目的，而不只是立法者以明文规定所宣示的目的。在这一理论前提下，《刑法》第1条和第2条可以作为我们确定刑法目的的一个依据，制定刑法的必要性、现代刑法的基本价值理念、刑罚的正当性根据等，同样应成为探求理性的刑法目的的出发点。

根据上述理由并综合其他学者的观点，本书认为，刑法目的包括根本目的和直接目的。根本目的就是维护社会基本秩序，直接目的则包括保护法益、预防犯罪、确认刑罚权和限制刑罚权四种。

（1）刑法的根本目的：维护社会基本秩序。秩序是人类生存于社会的最基本的需求，这种需求是法律产生的最主要的动因和依据；人的其他需求，只有在社会基本秩序存在的情况下始能得到满足。犯罪是对社会基本秩序的严重侵害行为，而刑法则是解决犯罪问题的基本手段，因此，维护社会基本秩序理所当然是刑法的根本目的。本书不赞同“权利保护”是刑法的“终极目的”的观点，因为权利保护即法益保护，是刑法的直接目的，而不是终极目的。

（2）刑法的直接目的：1）保护法益。保护法益是刑罚权存在的重要根据之一，所以，保护法益理当是刑法的目的之一。“惩罚犯罪”本身不是刑法的目的，而是保护法益的手段。2）预防犯罪。“预防犯罪”的刑法目的当然包含一般预防和特殊预防两个方面，一般预防目的主要通过刑事立法活动来实现，特殊预防目的则主要通过刑事司法活动来实现，因此，不应将一般预防作为刑罚的目的。3）确认刑罚权。对于国家公权力来说，法无授权不得行使刑罚权，刑法的目的之一就是确认刑罚权，以实现惩罚犯罪的国家职能。这也是罪刑法定原则的基本要求，体现了刑法的社会保护功能。4）限制刑罚权。刑法不仅具有法益保护功能，同时还有人权保障功能，因此，除了确认刑罚权，它还必须限制刑罚权，以防止刑罚权的滥用。刑法规范实际上为刑罚权的行使方式和范围划定了边界，这同样是罪刑法定原则的要求。

现代刑法既强调法益保护，又强调人权保障。相应地，刑法既有对社会成员的规范作用，也有对国家权力的规范作用。这就必然要求，刑法不能只注重预防犯罪，不注重保护法益；也不能只确认刑罚权，不限制刑罚权。保护法益体现的是刑法对社会成员的积极作用，预防犯罪体现的是刑法对社会成员的消极作用；确认刑罚权体现的是刑法对国家的积极作用，限制刑罚权体现的是刑法对国家的消极作用。只有两个方向的作用都得到发挥，才能在社会保护与人权保障之间维持一种合理的平衡。

刑法的四种目的之间是目的和手段的关系。比如，预防犯罪是保护法益的手段，保护法益则是预防犯罪的目的；确认刑罚权是预防犯罪的手段，预防犯罪则是确认刑罚权的目的。同时，为了保证在预防犯罪的过程中刑罚权不致被滥用（超出预防犯罪的需要），从而侵犯个人的权利（包括犯罪人的权利），必须对其加以限制。在这一意义上，限制刑罚权也是保护法益的手段，而保护法益则是限制刑罚权的目的。

二、刑法的任务

刑法的任务，是刑法为实现自身的目的而承担的各种实际的责任和工作。关于刑法的任务究竟是什么，理论上存在两种对立的学说。一种学说认为，刑法的任务是维护社会伦理秩序，保护基本的社会伦理价值或道义价值或者社会生活所必需的最低限度的道德规范。另一种学说认为，刑法的任务是保护法益。将维护国家或社会的伦理道德作为刑法的任务，不仅是对刑法的过分要求，而且可能凭借法律的名义将自己的价值观念强加于他人，因此，刑法的任务在于保护依法所应保护的社会生活各项利益。

《刑法》第 2 条规定，“中华人民共和国刑法的任务，是用刑罚同一切犯罪行为作斗争，以保卫国家安全，保卫人民民主专政的政权和社会主义制度，保护国有财产和劳动群众集体所有的财产，保护公民私人所有的财产，保护公民的人身权利、民主权利和其他权利，维护社会秩序、经济秩序，保障社会主义建设事业的顺利进行”。根据该条规定，我国刑法的任务同样在于保护各类法益。

（一）保护国家法益

保护国家法益，即保卫国家安全，保卫人民民主专政的政权和社会主义制度。国家的安全，人民民主专政的国家政权的巩固，社会主义制度的实现，是我国人民的根本利益所在，是涉及国家生存发展的大问题。对犯罪分子的叛国行为、分裂国家行为、颠覆国家政权的阴谋活动等危害国家安全的犯罪行为，必须用刑罚的方法坚决予以惩治。因此，我国刑法将保卫以国家安全、人民民主专政政权和社会主义制度为内容的国家法益列为首项具体任务。

（二）保护社会法益

保护社会法益，即维护社会秩序、经济秩序，保障社会主义建设事业的顺利进行。良好的社会秩序是维护社会的稳定和安宁，保障人民正常工作、生产、生活不可缺少的条件，也是国家继续发展和改革的必要保证。良好的经济秩序是社会主义市场经济建立、发展和完善的必要保障。社会秩序、经济秩序都直接关系到社会是否稳定，关系到社会主义建设事业能否顺利进行。我国刑法分则设“危害公共安全罪”“破坏社会主义市场经济秩序罪”“妨害社会管理秩序罪”等专章，惩罚破坏社会秩序、经济秩序的犯罪活动，以实现刑法维护社会秩序、经济秩序，保障社会主义建设事业顺利进行的任务。

（三）保护个人法益

保护个人法益是指保护公民的人身、民主和其他个人法益，即保护公民的人身权利、民主权利和其他权利。

人身权利是指与人身相关的各项权利，包括生命权、健康权、名誉权、人身自由等。人身权利是公民最基本的权利，它是公民享有其他权利的基础。只有人身权利得到保护，公民才能享受、行使政治权利和其他权利。如果人身权利没有受保护，对其他权利的规定和认可就只能是一句空话。所以，侵犯公民人身权利的犯罪是侵犯公民个人权利犯罪中性质最为严重的犯罪。我国刑法规定对故意杀人、故意伤害、强奸妇女、拐卖妇女儿童等犯罪处以严厉的刑罚，旨在确保公民的人身权利不受侵犯。

民主权利，是指公民依照宪法、法律的规定享有的参加国家管理、社会政治生活的权利以及其他民主权利，如选举权与被选举权，对国家机关工作人员的批评权、控告权、申诉权，宗教信仰自由等。我国刑法坚决维护公民依法享有的民主权利，规定以刑罚的手段惩罚破坏选举、报复陷害、非法剥夺宗教信仰自由等的犯罪，充分体现了对公民民主权利的保障。

其他权利，是指公民人身权利、民主权利以外的权利，如财产权，婚姻自由，家庭成员应享有的平等权、受抚养权等。

三、刑法目的与刑法任务的关系

《刑法》第1条与第2条的关系是：前者是刑法追求或应当追求的目标，后者是刑法为达到此目标而实际承担的责任和工作；第1、2条之后的所有刑法规定都受该目的和任务的统摄，这两条是传达中国特色社会主义刑法思想理念的"门户"。我国刑法学术研究首先面对的两对范畴是"惩罚犯罪"与"保护人民"的关系和"第1条刑法目的与第2条刑法任务的关系"，对二者的理解不仅要借助刑法原理，更要考虑到国家的性质及国家整体的目的。对于第一对关系，不论是将"惩罚犯罪""保护人民"均解读为"目的"还是将它们分别视为"手段与目的"，有一个共同点无可辩驳，即目的必须正当，手段亦必须正当，二者必须统一于一体。

（1）对第一对范畴之关系的理解。第1条规定的"为了惩罚犯罪，保护人民"统一于"以人民为中心"的价值立场：刑法不是"为了惩罚而惩罚"，也不是"为了保护而保护"，"惩罚犯罪"和"保护人民"均为我国刑法目的的应有之义。在新的历史条件下，将第1条解释为"为了准确地惩罚犯罪，更好地保护人民"，比以往任何时候都更有说服力和证明力。

（2）对第二对范畴之关系的理解。在明确第一对范畴之关系之后，关于第1条与第2条之间的关系，可以说：刑法任务是刑法目的的展开，同时也再次印证了惩罚与保护之间的统一：第2条前半句指出"用刑罚同一切犯罪行为作斗争"，后半句则具体表述了惩罚"哪些犯罪"、保护人民的"哪些利益"，而"惩罚犯罪"当然是"保护人民"利益的手段。我国传统刑法学话语体系中的犯罪客体即"社会关系"以及借鉴自德、日正在我国盛行的"法益"概念，都要从第2条刑法的任务中获得其实质内容，这些内容既包括一般人的利益也包括犯罪人的利益，既包括公民个人的利益也包括社会主义国家和社会的利益，它们均是保障"社会主义建设事业"顺利进行的组成部分。所以，《刑法》的第1、2条直接显示了中国特色社会主义刑法的根本立足点，表达了刑法制度的"惩罚性"和"保护性"双重"刑法正义原则"，以文本的方式将刑法制度统一于"以人民为中心"的立场。

第二章　刑法理论的学派与其发展

刑法学是规范之学，刑法学亦是解释之学。然而，作为对刑法规范进行解释、适用的刑法学，并不仅仅是条文字面的分析与逻辑推演；在刑法解释的背后，有着不同的刑法立场。了解人类历史上刑法学派的来源、变化与发展，则相当于了解了刑法理论的历史沿革，有助于确立刑法解释的立场。

第一节　刑法理论学派

一、刑事古典学派

刑事古典学派也即刑法理论通常所说的旧派，旧派分为前期旧派和后期旧派。

（1）前期旧派。18 世纪末，资本主义开始在欧洲大陆萌芽，作为维护封建等级特权和宗教神权的工具的封建刑法制度日益成为资本主义发展的桎梏。新兴资产阶级及其启蒙思想家如洛克（John Locke）、孟德斯鸠（Montesquieu）、卢梭（Jean-Jacques Rousseau）等大力抨击封建专制制度，反对国家权力对公民权利的肆意干涉，反对罪刑擅断和酷刑，提倡天赋人权，主张自由、平等、博爱，力图将刑法从神权束缚下解放出来。贝卡里亚（Cesare Beccaria）首先吹响了反对封建刑法的号角。他从社会契约论出发，认为国家权力及作为权力一部分的刑法，应当限于维持市民生活安全的最小必要限度内；主张对于什么是犯罪以及对犯罪处以什么样的处罚，事先应由法律作出明确的规定；强调对罪犯的处罚只应与其行为的社会危害性相适应，而不能因身份不同而影响量刑；反对死刑和肉体刑。① 康德（Immanuel Kant）在客观主义思想的基础之上，从人的理性及意志自由出发提出了报应刑论。黑格尔（Friedrich Hegel）在康德的自由意志论和报应刑论的基础上提出了辩证否定的报应刑观念。他认为，犯罪是对法的否定，而刑罚是对犯罪的否定，通过否定之否定，法和正义得到恢复。他主张相对的等价报应，反对绝对的等量报应。边沁（Jeremy Bentham）的功利主义刑法观对随后西欧各国兴起的刑法改革起到了重要推动作用。他认为，仅仅为了威吓而处罚犯罪人是不够的，为了防止受刑人将来再犯罪，应当施以教育、矫正的处遇。他提出，刑罚应有五个方面的原理：儆戒、改善、犯罪人的隔离、对被害人的补偿、刑罚的经济性。他认为刑罚是通过协调这五个方面的原理来获得其正当化根据的。② 近代刑法学之父冯·费尔巴哈（P. J. A. von

---

① 参见［意］贝卡里亚：《论犯罪与刑罚》，黄风译，北京，中国大百科全书出版社，1993，8～9 页。

② 参见马克昌、杨春洗、吕继贵主编：《刑法学全书》，上海，上海科学技术文献出版社，1993，589 页。

Feuerbach）则对贝卡里亚以来的刑法思想赋予了论理的性格，完成了客观主义的刑法理论体系。他严格区分道德和法律，认为犯罪的本质是权利侵害，提出了以心理强制说为基础的一般预防理论。他以“无法则无罪亦无罚”的名言确立了法治国的罪刑法定原则之理论基础。费尔巴哈的客观主义刑法理论体系奠定了刑事古典学派之基石。① 这样，在18世纪前期至19世纪前半期，以上述学者的刑法思想为代表的、基于启蒙思想的刑事古典学派理论，也即前期旧派，就此产生。

（2）后期旧派。以报应刑论为基础的刑法理论，在20世纪初期又得到了宾丁、毕克迈耶（V. Birkmeyer）、贝林（Ernst Beling）、M. E. 迈耶（Max Ernst Mayer）、麦兹格（Edmund Mezger）等人的进一步发展。这些学者所代表的刑法理论也就是后期旧派。宾丁首创规范说，他严格区分规范与刑罚法规，认为犯罪不是对刑罚法规的违反，而是对刑法制定之前便已存在并成为刑法前提的规范的违反。由此出发，他主张法律的报应论，认为：刑罚是为了维护国家权威对否定法规范的犯罪的再否定；法秩序受到犯罪的损害大，对犯罪的惩罚也就应该重。宾丁的学说对后期旧派的其他学者都产生了很大影响：毕克迈耶彻底贯彻了旧派自由意志的报应刑论，提出了因果关系理论中的重要学说即最有力条件说，主张客观共犯说，并对保安处分提出了独到的见解。贝林提出了著名的三段论构成要件理论，三段论得到了 M. E. 迈耶、麦兹格等人的发展和推动。M. E. 迈耶在承认报应刑论的同时还承认刑罚的预防作用，提出了著名的分配理论。麦兹格的重要贡献也表现在构成要件理论上，但他提出了不同于贝林的三段论的构成要件理论。②

二、刑事近代学派

刑事近代学派也即刑法理论所说的新派。19世纪末，资产阶级工业化革命导致社会失业人数剧增，犯罪率激增，累犯、惯犯日益增多，监狱人满为患，社会潜伏危机一触即发。在这种情况下，旧派所构建的刑法理论显得无能为力，已经不能适应打击犯罪的实际需要。在同一时期，随着自然科学的进步以及法律社会化和法律改良运动的兴起，出现了以社会法学派和分析法学派为代表的实证主义法学派。这样，以刑事人类学派和刑事社会学派为代表的刑法理论的科学实证时代开始，刑法新派产生。

医生出身的龙勃罗梭（Cesare Lombroso）率先以实证的方法开始研究犯罪。龙氏批评刑事古典学派不够科学，而且没有适当地解决犯罪的原因问题。他认为犯罪行为不是研究的主题，应当分析的是犯罪人。他提倡天生犯罪人论，认为犯罪并不是产生于犯罪者个人的意志自由，而是根源于行为人的先天遗传基因和性格。他认为刑法目的不是报应而是社会防卫，主张对不同的罪犯处以不同的刑罚。③ 龙氏的理论虽有失片面，但他的通过对犯罪进行病理学研究，力图运用生物学理论对犯罪本质作出科学说明的实证方法，在将对刑法的研究由形而上学的犯罪观转向自然科学的实证犯罪观，将对犯罪的研究从旧派的关注犯罪行为转向对犯罪人的关注方面所作的贡献则是不可抹杀的。因此，

① 参见［德］冯·费尔巴哈：《德国刑法教科书》（第十四版），徐久生译，北京，中国方正出版社，2010，28～31页。

② 参见马克昌、杨春洗、吕继贵主编：《刑法学全书》，上海，上海科学技术文献出版社，1996，590页。

③ 参见［意］朗伯罗梭：《朗伯罗梭氏犯罪学》，刘麟生译，上海，商务印书馆，1928，358页及以下。

龙氏被称为新派的先驱者。

菲利（Enrico Ferri）继承了龙勃罗梭的思想，并在刑事人类学派的基础上转向刑事社会学派。他提出著名的"由道义责任转向社会责任"的口号，与刑事古典学派进行了彻底决裂。他认为，犯罪产生不是自由意志的结果，而是行为人的人格状态和环境造成的；对犯罪进行伦理道义的责难无济于事，应以社会责任代替道义责任，适用刑罚时要考虑罪犯的个人因素，因此，应该进行刑罚改革，提倡保安处分、刑罚个别化和不定期刑。① 加罗法洛在龙氏天生犯罪人论的基础上，运用实证和归纳方法，着重于对犯罪的社会心理学分析，并创立了以自然犯为中心的犯罪理论。他将犯罪分为自然犯与法定犯，认为对罪犯的处罚，应该区分这两种不同的犯罪人，以犯罪的恶性及犯罪人的社会适应性为标准，提倡采取刑罚个别化的处遇方法。②

新派刑法思想集大成者是德国刑法学家李斯特（Franz v. Liszt）。他继承了刑事实证学派的理论，主张刑法学应以生理学、心理学及社会学等为辅助学科进行犯罪现象研究，从而建立所谓整体刑法学。他提出了社会因素和个人因素的犯罪原因二元论，指出：消除犯罪的社会原因的最好途径是改良社会政策，"最好的社会政策就是最好的刑事政策"。但犯罪毕竟是一种个人行为，这种行为是行为人的责任性格之表征，因此，"应受处罚的不是行为而是行为人"③。他认为刑罚不是为了报应犯罪，而是教育罪犯、预防犯罪和防卫社会的一种手段，其本身具有必要性与合目的性，应提倡目的刑；相应地，刑法的预防也应以特殊预防为主。

二战后，纳粹的暴行激起了人道主义者的坚决反对，在战争时期被忽视的对人的尊严的保护和对个人的尊重，引起了人们的普遍关注。在此背景下，社会防卫运动应运而生。1961 年，国际社会防卫协会第一任会长、意大利著名刑法学家、激进的社会防卫论代表人物格拉马蒂卡（Filippo Gramatica）出版了阐述其社会防卫理论的著作《社会防卫原理》。该书从保障人权以及改善并使个人回归社会的目的出发，对传统刑法学提出了全面反思。但是，格氏将改善个人与防卫社会两方面完全对立起来，夸大一般预防的作用，否定意志自由和传统刑事责任与刑罚，以致否定整个刑法体系，从而被称为社会防卫运动的过激派。④ 法国著名犯罪学家马克·安塞尔（Marc Ancel）在批评格氏的基础之上，提出了以人道主义的刑事政策运动为中心内容的新的社会防卫理论。他认为犯罪者有复归社会的义务，能够把犯罪者教育、改造成为新人并复归社会，是真正的、最高的人道主义。他反对报应刑论，认为刑罚的目的在于保卫社会免受侵害等。⑤ 新社会防卫论极大地推动了刑法理论之发展，并对西方各国的刑事司法实践产生了不同程度的影响，在 20 世纪后半叶全世界范围内展开的刑法思想和监狱改革运动中，都能明显地找到新社会防卫论的痕迹。

---

① 参见［意］菲利：《犯罪社会学》，郭建安译，北京，中国人民公安大学出版社，2004，219 页及以下。

② 参见［意］加罗法洛：《犯罪学》，耿伟、王新译，北京，中国大百科全书出版社，1996，67 页及以下。

③ 张明楷：《刑法的基本立场》，修订版，北京，商务印书馆，2019，29 页。

④ 参见鲜铁可：《格拉马蒂卡及其〈社会防卫原理〉》，载《中国法学》，1993 年第 4 期，106～112 页。

⑤ 参见［法］马克·安塞尔：《新刑法理论》，卢建平译，香港，香港天地图书公司，1990，30 页及以下。

第二节　刑法理论学派的主要争议

一、两大学派的思想基础

在人是否具有自由意志问题上的非决定论和决定论，是刑法旧派与新派的思想基础。

刑法旧派主张非决定论。人是否具有意志自由？旧派认为，人是理性的动物，生而具有意志自由，可以不受外界影响，自由地决定为或不为某种行为。易言之，人们对自己行动的选择纯然属于自己意志的结果而并不由社会环境或内在生物学原因等决定。故而该观点被称为非决定论，亦即犯罪原因无定论。

旧派从抽象理性人出发，认为：人是抽象存在并且具有理性的动物，人的“意志是自由”的，“自由是意志的根本规定”，“自由的东西就是意志”，没有自由的意志不叫意志；而自在“自为地存在的意志即抽象的意志就是人”①；当具有自由意志的人选择实施了违法行为，即是对法的否定即不法；不法是一种害恶，刑罚则是对这种害恶的制裁或者说是侵害。行为人基于自由意志选择实施了违法行为，是对法的否定即不法，刑罚则是对不法的否定，刑罚正是尊重犯罪人理性选择的结果。

刑法新派主张决定论。新派学者认为：人不能自由选择自己的行为，因为人往往受制于各种非理性因素、社会因素等各种外在因素的制约。因此，在人是否有自由意志的问题上，新派认为不存在毫无原因的纯属自发的意志自由，而主张因果法则对人们行为的普遍支配。易言之，人们对自己行动并不具有选择的自由，人们的行动由自然科学、生物学、心理学的法则所决定。故而该观点被称为决定论，亦即犯罪原因决定论。

在 19 世纪末 20 世纪初，行为主义心理学形成之后，“人类心理活动与生理神经之间的直接联系被越来越详尽地揭示出来，传统意义上的‘心’被彻底地从神秘莫测的‘纯粹精神’神殿里移到可以与生理现象联系起来考察的实验室中”②。只有在科学的方法引导下，洞悉了人类精神活动中直觉的即非理性的主观内容，人类行为的规律才有迹可循。刑事实证学派的贡献即在于此。它看到了犯罪行为与犯罪人之间的内在联系，不满足于刑事古典学派对犯罪人的纯理性研究，并摆脱了形而上的研究思路，引入自然科学的实证方法，通过大量的、反复的医学实验和对犯人的观察，深入犯罪人的内心深处，探寻蕴含于犯罪人心灵深处的非理性成分。同时，刑事实证学派学者对于地理环境、气候，以及社会、政治、经济条件等对人们行为的影响也进行了深入研究，认为这些外在因素以极其明显的因果特性支配并决定着人们的行为。刑事实证学派通过科学的方法研究犯罪人精神深处的非理性成分，通过社会学、犯罪学的实证分析研究导致犯罪发生的社会现实原因，由此，其所主张的决定论无疑具有深厚的科学基础和合理的内核。

时至今日，无论旧派还是新派，现代刑法理论普遍赞同相对的意志自由论。一方面，旧派的非决定论主张的自由意志是抽象的自由意志，然而不受任何因果律支配的自由意志是不存在的。心理学、生物学、社会学等学科的发展证明，抽象的自由意志并不存在，

---

① ［德］黑格尔：《法哲学原理》，范扬、张企泰译，北京，商务印书馆，2017，13、52 页。

② 冯崇义：《罗素与中国：西方思想在中国的一次经历》，北京，生活·读书·新知三联书店，1994，45 页。

绝对的理性人是一种假设而非现实，人具有一定的意志自由但同时又受各种外在或内在因素如地理环境、经济条件、心理或生物因素等的制约，因此，人只具有相对的意志自由，绝对无原因的、自发的、不受任何因果法则支配的意志自由并不存在。另一方面，新派的决定论认为人在遗传和环境影响下必然走向犯罪则有流于宿命论之嫌。客观决定主观，这是决定论的一条基本原理，当然应当得到遵循，人类的意志有离不开经验的、科学的一面，然而，人的意志也不纯然完全由客观的因素所决定，抽象的自由意志在一定程度上被证明是存在的。在一定限度内能够自主地决定本身的行动并考虑环境因素等，从而拥有相对意志自由的人才是刑法理论的根本，相对自由意志论也因此成为当今刑法理论的通说。

二、两大学派的犯罪论

（一）旧派一元的犯罪论体系

犯罪构成理论在起源上即与客观行为事实密不可分。实体法上的犯罪构成来源于意大利宗教裁判的纠问手续。这种纠问手续的目的在于确定犯罪是否存在，寻找用以确证犯罪存在的客观事实，也就是犯罪事实。这一“客观事实”，被德国学者克莱因（Ferdinand Klein）译为Tatbestand，被日本学者译成构成要件。费尔巴哈最早将犯罪构成概念明确用于实体法，在其起草的《巴伐利亚刑法典》（1813年）中指出，“当违法行为包含依法属于某罪概念的全部要件时，就认为它是犯罪”。显然，当费尔巴哈在实体法意义上使用犯罪构成概念时，其实际指的是每一犯罪行为的客观事实特征在法律上的表现。对于各种具体犯罪的构成要件，费尔巴哈还没有进行理论上的抽象。将犯罪概念演变为犯罪构成理论的是德国学者贝林。贝林认为，并不是所有的违法行为都毫无例外地成为犯罪，只有那种法律上严密形式化了的犯罪类型，也就是刑法分则条文针对各种犯罪所规定的客观事实行为，才是犯罪。他明确指出，构成要件是“纯粹描述性的（rein deskriptiv）；规范的命令只以它为出发点”，“在构成要件中没有价值判断”；构成要件是“纯粹的不含有任何违法性要素的”①。在此，犯罪的构成要件是犯罪类型特殊的外部界定，它在违法类型的范围内是区分于内在主观要素的纯粹客观轮廓。贝林的犯罪构成理论提出以后，对旧派的学者产生了极大影响：迈耶、麦兹格等许多学者对犯罪构成理论也相继展开了研究。他们发展了贝林的犯罪构成理论，提出犯罪成立应具备构成要件的该当性（下文偶称符合性）、违法性和有责性。尽管旧派的不同学者对犯罪构成理论存在一些不同见解，但由于犯罪构成理论“本身形成和发展的历史局限性”，所以同贝林一样，他们的犯罪构成理论从根本上讲都是以行为为中心的形式法学概念的产物。

（二）新派二元的犯罪论体系

新派认为，旧派以行为为中心的犯罪构成理论是不符合实际生活需要的。其主张对行为刑法的构成要件进行合理改革。一方面，在新派学者看来，行为是由行为人实施的，每一个行为人的人格都是不同的，其社会危险性也存在差异，对客观行为成立犯罪之条件的细琐规定，使法官根本脱离行为人的人格来决定某一行为是否构成犯罪。因此，新

---

① Beling, Die Lehre vom Verbrechen, 1906, SS.112、146f.

派提出了在考虑行为的基础上重视犯罪人人格的二元的犯罪论体系。

新派指责旧派过于注重烦琐的犯罪构成理论，专注于对犯罪法理和规范分析的方法，导致把犯罪仅仅当作一种法律上的行为加以研究，而忽视实施犯罪行为的主体即犯罪人的人格以及其社会环境。菲利就尖锐指出，“古典派把犯罪看成法律问题，集中注意犯罪的名称、定义以及进行法律分析，把罪犯在一定背景下形成的人格抛在一边”①。于是，倡导以观察与经验为基础的实证分析方法的新派当然反对旧派的犯罪构成理论，因为犯罪构成理论最充分地体现了旧派的抽象法理分析方法的运用。

另一方面，成文法的局限性和客观危害行为的多样性对旧派的行为犯罪构成理论也提出了挑战。成文刑法规范的内容具有不完整性，对此，德国学者宾丁早就指出，刑法规范无论在规范内容上还是在规范功能上均具有片段性或不完整性的特征。基于此，新派认为，犯罪构成要件应该抽象、简单明了。在简化构成要件的前提之下，构成要件的规定渐渐趋于单纯，过去所倡导的复杂规定不见踪影。过于简单的构成要件，可包括一切行为事实，能够适用于所有的犯罪，可以广泛地对犯罪予以处罚，所以在适用上颇为方便；同时，它们也加大了法官的自由裁量权，使刑法的主观主义色彩浓厚。

三、两大学派的责任论

（一）旧派的道义责任论

旧派学者以意志自由为前提，从犯罪的最直观形态——犯罪行为入手，及至犯罪行为的实害后果，得出犯罪行为主观上是犯罪人自由意志的产物，客观上有害于社会的结论。因此，在刑事责任的根据上，旧派主张道义责任，认为具有意志自由的人，不去实施适法行为而竟然实施了违法行为，理当受到伦理或道义的非难。

根据道义责任论，应以犯罪行为及其实害作为处罚之根据，重视犯罪所表现于外部的行为以及因之所生之事实，也即犯罪的客观部分。对于刑事责任认定而言，客观行为及其实害即行为的外部事实，才是具有根本意义的。此外，在刑事责任的大小上，依行为表现于外部的事实即狭义行为及结果的客观要素而定。至于犯罪人的主观要素，如故意、过失等，因属主观心理层面上的事实，难以认定，因而它们在法律的范围之外，法律仅支配表现于外部的行为。个人的刑事责任，一般而言，不论其恶意如何，均应与其外部行为成正比。因为犯罪乃人们自由意志决定的产物，人的自由意志是平等的，所以刑事责任的轻重，应与客观行为及其实害相适应。

以往的道义责任论主张绝对的自由意志，从而认为行为人承担责任的前提仅仅只是实施了行为。这也正是行为主义刑法（又称客观主义刑法）的由来。但是，这种客观的刑法理论无法解释因为性格的特殊或者特别而成为刑罚对象的行为人的责任由何而来，而且也无法准确地区分累犯与初犯。当今的道义责任论一般采取相对的自由意志论，这是因为其注意到了行为人自己的意志选择对行为的重要性，也看到了社会的客观环境对人的行为的制约作用。这样，刑法上的责任既与客观行为事实有关，也与行为主体的人格相连。

---

① ［意］菲利：《实证派犯罪学》，郭建安译，北京，中国政法大学出版社，1987，24页。

（二）新派的社会责任论

新派刑法理论产生后，以保障个人权利与自由为己任的罪刑法定原则的地位受到了动摇和诘难。由于新派学者否定旧派学者所提出的意志自由非决定论，认为犯罪的产生有个人、社会和环境等多方面的原因，意志自由只不过是纯然的幻想，因此，他们提倡社会责任，反对旧派的道义责任。社会责任论认为，对犯罪人适用刑罚必须考虑导致犯罪人实施犯罪的社会外在条件，从社会环境中寻找犯罪的根源。社会责任论从社会环境出发责难犯罪人，使刑罚从消极的惩罚转向积极的预防，从消极的限制机能转向积极的促进机能，从重视对个人权利的保障转而重视对社会共同生活利益的保护；强调对犯罪人适用一定的社会政策（刑事政策），使之回归社会。据此，新派认为刑法的处罚根据是犯罪人的人身危险性。换言之，新派的行为人刑法为了防卫社会，实现特殊预防，采取的是从行为人的内心到行为人的行为这样一种由内而外的归责进路。

四、两大学派的刑罚论

（一）旧派的报应刑论

刑罚的本质是什么？为什么能够对犯罪人科处刑罚？这些是刑法理论必须解决的重要问题。对此，旧派主张行为报应主义，即以客观主义的立场为前提，以自由意志的外部现时行为及其实害后果为着眼点来确定犯罪行为。对于已实施的犯罪，科处相当于害恶之刑罚，这就是报应刑。报应是人的本能复仇，是对付反动的本能主义。它体现了以恶报恶的朴素正义观念。因此，它为启蒙主义刑法思想家所引进，发展成为刑法中的报应刑论。

旧派的报应刑思想以康德、黑格尔为代表，认为刑罚是对犯罪的一种回报，因此刑罚的质和量完全以犯罪行为为转移，即犯罪行为对社会所造成的损害应当成为惩罚的尺度。康德指出：刑罚是对犯罪行为所造成的危害进行报复的方法，此外不能有任何其他目的、要求，因此，刑罚的适用只能是因为行为人确实实施了依法构成犯罪的行为；判刑时，其依据在于行为人所实施行为的危害程度，而不能考虑其他刑罚目的；同时，不允许法庭以任何借口减轻或加重罪犯的刑罚。① 黑格尔亦主张行为报应主义，认为刑罚是犯罪人加于自身的惩罚。他指出，“刑罚既包含着犯人自己的法，（之）所以处罚他，正是尊敬他是理性的存在。如果不从犯人行为中去寻求刑罚的概念和尺度，他就得不到这种尊重。如果单单把犯人看作应使（之）变成无害的有害动物，或者以儆戒和矫正为刑罚的目的，他就更得不到这种尊重”②。由于康德等人认为作为犯罪行为之报应的刑罚自身不具有其他任何意义，因此此种报应刑思想被称为绝对报应主义。尔后还出现了相对报应主义。相对报应主义认为，刑罚是一种报应，同时也具有预防犯罪的目的，包括一般预防与特殊预防。简言之，相对报应主义认为，刑罚的机能是报应与预防，所以，刑罚的正当化根据是正义与合目的性。“因为有犯罪并为了没有犯罪而科处刑罚（Puni-

---

① 参见［德］康德：《法的形而上学原理》，沈叔平译，北京，商务印书馆，1991，165页。

② ［德］黑格尔：《法哲学原理》，范扬、张企泰译，北京，商务印书馆，2017，119页。

tur, quia peccatum est, ne peccetur)。"[①] 尽管报应刑有绝对报应与相对报应之分，但在本质上二者是一致的。不论是绝对报应主义还是相对报应主义，都认为犯罪是个人的一种恶行，刑罚的内容是痛苦或恶害，国家对犯罪人科以刑罚是以恶害报应恶害，因此，刑罚的轻重应与刑事责任的大小相适应，以实现有罪必罚的思想。

由于报应刑是对犯罪行为的报应，且报应的量应与犯罪行为相当，因此，犯罪行为无疑就成为适用报应刑的前提和核心。正因如此，有学者指出，"报应主义是为以行为主义与责任主义为基础的客观主义服务的"。总之，"报应刑是以自由意思为前提，对发生后果的单纯的客观行为追究刑事责任，因而称为'行为主义'或'客观主义'。但是应指出的是，实际上，所称'行为主义'或'客观主义'并不是绝对的，在论罪判刑时，并不完全排除考虑故意、过失等主观因素，只是以客观的行为为中心和出发点。在所谓旧派的后期的报应刑论者尤其是这样"[②]。

（二）新派的目的刑论

新派学者反对旧派的报应刑论，而提倡目的刑，认为：犯罪是对社会的共同侵害，刑罚的科处是为了预防将来之犯罪；刑罚的存在，是为了保障社会共同生活的安全，是防卫社会的必要手段。刑罚本身不是目的，也没有任何意义。它只是追求其他目的——防卫和保全社会的一种手段，因而只具有相对的意义。所以，目的刑论又被称为保护刑论、相对主义。

李斯特是目的刑论的主倡者，他指出：刑法的报应原则要求在已经实施的犯罪行为和刑罚之间寻求一种均衡关系，这是对"公正"形而上学理解的结果。刑罚的任务应当是对犯罪人施以适合影响，刑罚只有在预防再犯、防卫社会的目的上才是有意义的。特殊预防应被置于具有一般预防效力的报应刑之首。[③] 自李斯特提出目的刑思想以后，目的刑论成为近代学派理论的核心。后目的刑论继续向前发展，如牧野英一、李普曼（M. Liepmann）、兰扎（V. Lanza）特别重视以刑罚改善犯人，主张刑罚的目的应当是对所有的犯罪人的改善、教育，使之适应正常的社会生活并复归社会。这种观点被称为"改善刑论"或"教育刑论"。

在以目的刑为刑罚正当化根据的理念指导之下，新派确立了以犯罪人为中心，以教育、改善犯罪人为内容，最终以保卫社会为目标的刑罚追求。新派认为，社会能否得到保护，取决于是否能够将犯罪人改造成为其人格适宜于社会正常生活并复归社会的新人。为此，以特殊预防为主导的目的刑论认为，"犯罪行为人及其思想"才是刑罚措施的基础和标准，必须从"犯罪人的反社会思想的强烈程度上寻找犯罪与刑法的均衡"[④]；并由此确立了行为人的危险性在刑法中的中心位置。据此，刑罚的处罚根据不再是犯罪行为，而是行为人的主观危险性。新派提出了一系列新的具有安保性与灵活性的处罚制度，诸

---

① Walter Gropp, Strafrecht Allgemeiner Teil, 5. Aufl., 2020, Rn. 197.

② 甘雨沛、何鹏：《外国刑法学》（上册），北京，北京大学出版社，1984，134～135页。

③ 参见［德］李斯特著，［德］施密特修订：《李斯特德国刑法教科书》，徐久生译，北京，北京大学出版社，2021，20页。

④ ［德］李斯特著，［德］施密特修订：《李斯特德国刑法教科书》，徐久生译，北京，北京大学出版社，2021，23页。

如不定期刑、保安处分、刑罚个别化等。

总之，新派的以改造、教育犯罪人回归社会并防止社会不受侵犯的刑罚观，决定了它以犯罪人及其危险性，而非犯罪行为及其实害后果作为刑罚观的核心；决定了它的刑罚目的是教育、改善犯罪人并使之复归社会，防卫社会，而不是报复犯罪。报应在新派看来是微不足道的，将犯罪人改造成新人、不再实施危害社会的行为的良民，才是其所追求的。

第三节 现代刑法理论发展趋势与我国刑法理论

一、现代刑法理论发展趋势

旧派与新派、决定论与非决定论、行为刑法与行为人刑法的对立，对于刑事立法和刑法解释，都有着极其深远的影响。无论犯罪论还是刑罚论，甚至对刑法分则各构成要件的解释，都因为不同学派的渗透而结论大相径庭。如前所述，新旧两派的理论并非超越时空而对立，而是受时代思潮与社会背景影响的结果。时至今日，随着时代与环境的变迁，虽然新旧两派的对立没有完全消解，但是两派都极力避免坚持己见，而是互相取长补短，互为改进，形成了并合的或者说折中的刑法理论。特别是随着新派刑法思想所存在的侵犯人权之缺陷被法西斯主义所利用，二战以后，刑法思想出现了旧派与新派的调和与折中。

一是各国对罪刑法定的规定由绝对发展为相对。新派的刑法理论并未使罪刑法定丧失它原来的作用，只是随着新派对犯罪人危险性的考虑，不再固执于原先的绝对的罪刑法定主义。相对的罪刑法定是综合了旧派的行为主义与新派的行为人主义之后的结果。

二是与罪刑法定原则一样，新派主张的抽象犯罪构成理论实际上也是体现两派之意图的一种综合的犯罪构成学说。

三是并合主义刑罚观的确立。这是指将旧派的行为主义与新派的行为人主义直接结合起来的并合主义刑罚论——相对报应主义，即认为刑罚既是一种报应，但同时也有预防犯罪的目的，包括一般预防与特别预防。该理论将报应刑与目的刑合并理解，以正义及合目的性作为刑罚之根据。这样，刑罚一方面是为了满足正义，另一方面则必须是防止犯罪所必要且有效的，是在报应刑内一般预防和特殊预防的统一。各国刑事司法实践无不体现了相对报应主义的主张，例如，《法国刑法典》、《德意志联邦共和国刑法典》、《日本刑事诉讼法》第 248 条、《美国模范刑法典》第 7.07 条、《巴西联邦共和国刑法典》第 77 条等都体现了并合主义的刑罚观。

二、刑法学派之争对我国刑法的影响

现代刑法理论发展虽然呈现出综合或者说折中的趋势，然而，在我国现行刑法确立罪刑法定原则为刑法基本原则之后，在我国传统法治文化不注重对公民的人权保障的背景之下，在当前我国刑事法治国建设的过程中，在犯罪论部分，宜提倡旧派的行为刑法观或者说客观主义的刑法观；在刑罚论部分，则宜提倡并合主义刑罚观。

在犯罪论部分采行客观主义有利于实现刑法的人权保障机能。刑事古典学派的刑法

理论是与反对封建刑法的罪刑擅断相适应的。在封建专制的立法暴虐、司法专横的时代，要反对刑法的肆意干涉，必然要重视行为及其后果。以行为为中心构建犯罪构成理论，并将行为构成犯罪的各种条件在刑法予以明确规定，同时，在量刑时根据行为恶害的大小处以相应的刑罚，就成为旧派必然的理论选择。总之，旧派的行为刑法观系依法治国、避免罪刑擅断而必然采取的由外而内原则所致。当前我国的刑法理论对刑法旧派或新派的研究方兴未艾，对客观主义的刑法观的研究尚需深入进行。

在刑罚论部分采行并合主义刑罚观有利于实现刑罚的一般预防与特殊预防。并合主义将责任的报应与预防目的结合起来完整地说明刑罚的正当化根据。我国现行刑法实际上采取了并合主义的立场。① 一方面，旧派的报应刑论强调尊重个人权利，强调社会对犯罪人应尽的义务与责任，有利于人权保障及恢复正义。从人类的正义观考察，对违法犯罪行为作出报复、进行惩罚，是保障社会正义的有效方式。另一方面，新派的目的刑论有利于实现犯罪预防。新派的刑罚观重视犯罪预防，即考虑潜在的犯罪人的人身危险性，在刑法中规定种种的预防制裁措施，使其丧失犯罪的机会或打消犯罪的念头，不去从事犯罪行为，就可以最大限度地避免危害的发生，从而最有效地保全社会。并合主义刑罚观既能实现刑法的正义价值又有利于积极主动地预防犯罪。我国刑法对各种犯罪根据社会危害性程度不同规定轻重不等的法定刑以及减刑、假释、累犯等各种刑罚制度，充分表明我国刑法采取的就是并合主义刑罚观。

刑法学派之争也催生了不同的刑事政策论。刑法旧派关注的是一般抽象行为，主张犯罪原因非决定论，强调对犯罪的事后惩罚和报应，从而忽视了刑事政策对犯罪人的改造作用；认为刑法的规范化、条文化就是刑事政策的实践化。旧派的刑事政策实践可以被称为“刑事政策刑法化”。刑法新派关注具体犯罪行为和犯罪人，主张犯罪原因决定论，重视社会、经济、文化、个体等各方面因素对犯罪的影响、作用。尤其是在李斯特提出犯罪原因二元论之后，新派学者的“最好的社会政策就是最好的刑事政策”理念成为犯罪治理的社会共识，刑事政策理论成为刑事法学的重要内容。新派的刑事政策实践可以被称为“刑事法律政策化”。

在犯罪预防与犯罪人改造上，我国刑法学深受新派刑事政策理论的影响，高度重视刑事政策的作用。现代刑事政策是认识犯罪、对待犯罪和预防犯罪的政策，它以“合理组织对犯罪的反应”为目标。这向来是我国刑法制度建构的特色与强项。经历了“惩办与宽大相结合”的经验积累，我国当前确立的基本刑事政策是宽严相济。这是国家对犯罪治理历史经验的科学总结，对于当今刑事立法、司法和执行等刑事法活动均有一体化的指导意义。② 中国传统文化强调和谐与和睦、中庸与中道，宽严相济既不过于严厉也不过于宽松，它正是充分发掘本土资源、传承本国优良传统而形成的具有中国特色的刑法话语概念，守正并创新这一“中国元素”有助于中国特色刑事治理模式与概念体系的形成。

一方面，宽严相济的刑事政策要求当宽则宽、严中有宽、宽中有严，宽严有度，宽

---

① 参见张明楷：《责任刑与预防刑》，北京，北京大学出版社，2015，72、77页。

② 参见刘艳红：《以科学立法促进刑法话语体系发展》，载《学术月刊》，2019年第4期，102～103页。

严审时。

钟某某盗窃案[①]**：**钟某某盗窃其姨母的财产共计12万余元，被抓获归案后，钟在其家人帮助下退赔了全部赃款。

分析：对于本案，法院经审理认为，钟某某的盗窃数额特别巨大，已构成盗窃罪，鉴于钟某某自愿认罪，并在家属帮助下积极退赔了全部赃款，得到被害人的充分谅解，同时综合考虑被害人与被告人具有亲属关系以及被告人的悔罪表现等情况，依法从宽处理。本案判决的典型意义在于体现了宽严相济刑事政策中当宽则宽、宽严有度的精神内涵。

另一方面，宽严相济的刑事政策也要求该严则严、罚当其罪。宽严相济中虽然宽字在前，但是，对于严重危害国家和人民利益的犯罪，并非一味宽宥，而是该严则严，追求刑罚效果最大化。

杨某某故意杀人案[②]**：**杨某某因邻里纠纷使用器械连续殴击张某林及其妻子、父亲和儿子，并致此4人死亡。杨作案后让其弟报案，公安人员到场后将其抓获。

分析：对于本案，法院经审理认为，杨某某的行为构成故意杀人罪："本案虽系民间矛盾引发，且杨某某具有自首情节，但杨某某持械连续击打被害人并致四人死亡，情节特别恶劣，后果和罪行特别严重，依法应予严惩。据此，对被告人杨某某判处并核准死刑。"本案判决的典型意义在于体现了宽严相济刑事政策中当严则严、罚当其罪的精神内涵。

当然，如何坚守"刑法是刑事政策不可逾越的屏障"这一李斯特鸿沟，在适用刑事政策时不逾越罪刑法定原则设定的界线，坚守刑法旧派的法治基因，克服刑法新派因过于灵活适用刑事政策而导致的法治风险，也是刑法理论和实践面临的重要问题。

第四节　本书的结果无价值论立场

结果无价值论与行为无价值论是刑法学派之争的焦点论题之一，是涉及范围最广、难度系数最大的学派论争范畴。在宏观层面，结果无价值论与行为无价值论关系到一位刑法学者究竟遵循何种形态的刑法任务观、认同旧派还是新派、主张刑法客观主义还是刑法主观主义等根基性问题。在微观层面，结果无价值论与行为无价值论关系到对刑法规范性质的认识、行为概念的内容、违法性本质的定位、违法性判断的标准、主观违法性要素的体系地位，以及未遂犯、不能犯、偶然防卫的处理等具体性问题。因此，每一位刑法学的研习者都应当对这一立场选择问题作出明确回答。本书坚持结果无价值论，反对行为无价值论，但采用的也非极端的结果无价值论。

一、结果无价值论的基本立场

行为的不法是国家发动刑罚的首要理由，刑法禁止的对象只能是不法行为，正当行为排斥刑法的干预。从犯罪行为的产生及危害来看，行为人的主、客观方面往往存在

① 参见张先明：《最高法院公布3起贯彻宽严相济刑事政策典型案例》，载《人民法院报》，2013-02-28，第3版。
② 参见张先明：《最高法院公布3起贯彻宽严相济刑事政策典型案例》，载《人民法院报》，2013-02-28，第3版。

"犯意—行为—结果"的流程，这在故意犯罪的既遂形态中最为明显。于是，不法的起点究竟是犯意、行为还是结果，就成为犯罪认定的前提之问，围绕该问题产生了结果无价值（Erfolgsunwert）与行为无价值（Handlungsunwert）这两个极其重要的刑法概念。

德国学者韦尔策尔（Hans Welzel）在创造性地使用上述两个概念时认为：法秩序期望通过禁止性规定和容许性规定建立一种有价值的社会生活秩序，因而违法性地实现构成要件的行为就是破坏上述有价值的秩序状态的行为，"违法性"（Rechtswidrigkeit）也就被理解为关于构成要件该当行为的"无价值判断"（Unwerturteil）。① 简言之，所谓结果无价值，是指行为引起的外在侵害事实即危害后果受到刑法的负面价值评价。这是传统客观因果不法论的根本命题。所谓行为无价值，是指行为本身受到刑法的负面价值判断，因为行为是内含行为人的行动目标、意志的有目的行为，目的行为支配着外界的客观变化以及构成要件的实现。当前的结果无价值论与行为无价值论之争，源自结果无价值、行为无价值的关系之争：在行为不法的判断中，何者处于优先地位？何者发挥决定性作用？

行为无价值论主张，刑法规范的功能在于禁止人们实施某种行为举动，行为人基于犯罪的意思实施该禁止行为，便产生了行为的规范违反性，应当受到刑法的否定评价。行为无价值论注重的"规范违反"存在多重含义，包括社会伦理规范的违反、社会相当性的秩序规范或者法规范的违反、行为规范的违反等。行为无价值论以目的行为论为基础解读犯罪行为，强调通过刑法向行为人提示行为基准，避免产生所谓的法敌对意识。可见，行为无价值论的不法判断对象是行为，但判断不法的起点是行为人的行动目的即犯罪意思。因侧重规训社会成员、教导人，故行为无价值论也称"人的不法论"。虽然行为无价值论从一开始也没有忽视结果无价值，但结果无价值只不过是行为无价值的补充，对于不法判断起决定作用的只有行为无价值，危害结果的出现与否往往取决于意外因素，结果无价值就被降格为客观处罚条件，居于次要位置。如果彻底贯彻行为无价值论，那么将走向意志无价值论，也就是主观不法论。因为行为无价值论总是关注有犯罪意志的目的行为，只有那些能够理解规范的人才能作出违反规范命令的目的性决断，由此就回到了"有责的不法论"，即无刑事责任能力者实施的行为不具有违法性，缺少行为无价值。如此一来，不法与罪责便合二为一。为了绕开这种非议，这种看似原始的行为无价值论被称作行为无价值一元论。

现在的绝大多数行为无价值论者坚持行为无价值二元论。二元论主张：行为的不法内涵由两部分构成，不法的成立既要考虑以犯罪意志为起点的行为无价值，也要将行为导致的法益侵害后果纳入考察视野，行为对保护客体的侵害或者危险也影响违法性评价。换言之，行为不法的实质是违反规范，进而造成法益侵害：如果仅有规范违反的内在意志和外部行动，而缺少法益侵害的客观事实状态，仍然难以成立不法。反之，仅有法益侵害的客观事实状态，却没有实施构成要件所预定的类型行为，也就缺少行为无价值，因而不具有违法性。虽然二元的行为无价值论承认刑法的任务是保护法益，但由于一切

---

① 参见［德］汉斯·韦尔策尔：《目的行为论导论》（增补第四版），陈璇译，北京，中国人民大学出版社，2015，23～24页。

行为无价值论都离不开“人的不法论”这一底色，二元论思维中的结果无价值与行为无价值就不可能是地位平等的两个标准。在二元论看来，刑法作为保护法益的手段，只能是向国民明示禁止一定行为的规范（或者为了保全法益，命令一定行为的规范），对违反规范的人，科处刑罚以维持规范的效力，从而使每一个人按照规范行动（通过行为规范控制行为），除此之外，刑罚基本上不可能存在。① 基于通过遵守规范达到预防性保护法益的目的，二元论在违法性判断中同样重视“规范违反性”，期望在行为前向行为人提示违法与否的行为规范界限。因此，行为无价值始终是二元论的基础，是违法性判断的核心，是刑罚处罚的根本依据。结果无价值的意义只停留在行为无价值的“法益侵害关联性”上：不法行为不是违反社会伦理规范的行为，而是侵害目的支配下指向某个法益的外部举动，但不要求引起现实的法益实害或者危险。

结果无价值论主张，刑法的任务是保护法益，“刑法在考虑抑制过度介入这一自由主义原则的同时，将违反法益保护目的的事态作为禁止的对象”，只有引起了客观的法益侵害或者侵害危险的行为才成立不法，如果行为没有产生该种现实结果，则不能因其犯罪意志而给予行为否定评价。② 例如，甲意图枪杀乙，但乙事先已经将手枪内的子弹取出，甲在不知情的状况下持枪射击乙。行为无价值二元论认为，甲已经萌生了杀人的故意且付诸外在行动（扣动扳机），毫无疑问存在规范违反性，甲的行为具备行为无价值和结果无价值（开枪行为指向的是生命法益），成立故意杀人罪的不法，构成犯罪未遂。结果无价值论则认为，甲使用没有子弹的枪支无法造成他人生命法益受损的实害与危险，即便能够认定行为无价值，在客观上也缺乏现实的结果无价值，属于故意杀人的不能犯。可见，与行为无价值论相比，结果无价值论将刑法规范理解为先行的裁判规范，注重从事后的角度评价行为的危害后果。

本书赞成结果无价值论，认为结果无价值论更有助于限定处罚范围，将不法的成立时间设定在法益侵害（实害或者危险）发生之时，而非作出违反规范的行为举动之时。尤其在未发生实害的场合，结果无价值论侧重于行为的法益侵害危险，强调行为对法益的现实威胁（法益侵害的现实可能性），维持了客观不法论。行为无价值论侧重于行为人的规范敌对意志的形成，强调行为人对规范的突破，以抽象的、表面的法益侵害关联性、导向性界定结果无价值，其本质不过是一般人足以产生“危险感受”，不免落入主观不法论。如果行为无价值二元论真正兼顾行为无价值和结果无价值，那么，其与结果无价值论并无不同。如果行为无价值二元论将刑法的行为规制机能放在首位，期望在行为人将犯罪意思推进到外部行动之时，立即告知行为人的举动将受否定，从而作出一般预防性的规范引导，那么，行动之后的现实损害后果自然是次要的。在这种对比中，可以明显看出结果无价值论与行为无价值二元论的立场区别。

二、结果无价值论的体系解读

犯罪的成立取决于对一系列客观要素与主观要素的认定。一般而言，犯罪论体系所

① 参见［日］井田良：《刑法总论的理论构造》，秦一禾译，北京，中国政法大学出版社，2021，8页。
② 参见［日］山口厚：《刑法总论》（第三版），付立庆译，北京，中国人民大学出版社，2018，103页。

要评判的客观要素包括行为、方法、手段、对象、结果等与法益侵害相关的内容，而主观要素则包括人的故意、过失、动机、目的、内心倾向等与人的主观内心相关的内容。行为无价值论与结果无价值论的一切争论都来源于对主观要素的不同看法，正是对于是否以及在多大范围内承认主观要素为违法性要素的问题有了分歧，才导致了结果无价值论与行为无价值论其后所有的争议。

（一）主观违法要素的体系地位之争

将故意、过失等主观要素视为罪责要素基本没有疑问，但若承认主观要素是违法要素，则意味着主观要素可以作为对行为作出否定性评价的依据。综观当今刑法学说，在主观违法要素的问题上，有全面肯定说、全面否定说与部分肯定说之分。

全面肯定说为行为无价值二元论所主张，该说全面承认故意、过失等主观要素是违法性判断的依据。这源自前述“人的不法论”的原理。例如，德国的二元论认为，刑法的目的在于规制人的意志，使其不致将大众的重要法益置于危险之中，刑法禁止的对象是意志活动，该意志活动追求犯罪结果，因而实现构成要件的意志本身也是行为不法的组成部分，违法性的判断对象既包括行为的外在因素，也包括行为的内在因素。① 日本学者高桥则夫教授也认为，“将故意（以及其他主观性要素）理解为既是违法要素，也是责任要素的观点是妥当的。也就是说，故意（以及其他主观性要素）在违法阶段上具有变更或强化行为的意义这一功能”②。

全面否定说为极端、彻底的结果无价值论者所持有，该说认为行为侵害或者威胁法益的客观事态才是违法评价的基础，结果无价值与行为人的主观要素无关，从而主张将主观要素一律归入罪责之中，否定所有主观要素的不法性质。我国学者张明楷教授是全面否定说的代表者，他主张，“作为构成要件实质的法益侵害与危险，是指客观的侵害与客观的危险，（关于）其有无与强弱，应基于行为的客观要素进行判断”，故意、过失、目的、动机等主观要素应当归于表明非难可能性的责任要素。③ 概言之，全面否定说旨在维持彻底的客观违法性论的立场。

部分肯定说基于结果无价值论的立场，不赞同所有主观要素均是违法要素，而只承认部分的主观违法要素，它们主要是二元论者所说的特殊违法要素，如目的犯中的目的、倾向犯中的倾向、表现犯中的内心表现等，至于故意和过失，则是责任要素。部分肯定说的基本理由是，这些特殊的目的、倾向等主观要素具有提升法益侵害危险的作用，实质违法性一定是值得刑罚处罚的违法性，若在违法性判断中舍弃这些特殊主观要素，刑罚处罚的范围将难以限定。因此，部分肯定说对少数主观要素的例外承认，实际上是对违法性进行积极排除，筛选不当罚的行为。例如，若不考虑非法占有目的，盗窃行为和一般盗用行为就无法区分，若缺少非法占有目的，盗用行为人对他人财产的临时占有就缺少严重的法益侵害性，因而应当肯定非法占有目的是主观违法要素。关于上述特殊主观违法要素的承认范围，结果无价值论内部也存在差异。

① 参见［德］耶赛克、魏根特：《德国刑法教科书》（上册），徐久生译，北京，中国法制出版社，2017，331页。

② ［日］高桥则夫：《刑法总论》，李世阳译，北京，中国政法大学出版社，2020，79页。

③ 参见张明楷：《刑法学》（上），6版，北京，法律出版社，2021，166页。

（二）对主观违法要素全面肯定说的检视

从犯罪论体系的角度分析，行为无价值论全面肯定主观违法要素，由此消解了违法性与有责性的阶层区分，不利于维护与发展阶层犯罪论体系。这是全面肯定说存在的最大问题。自从贝林创建古典犯罪论体系以来，“违法是客观的，责任是主观的”这种客观不法与主观罪责的区分被广泛接受，被视为现代犯罪理论的最大成就。所谓“违法是客观的”，是指违法行为是对受法律保护的个人或集体重要利益的侵害。因此，只有发生法益侵害（危险）的客观外部的事实时刑法才能介入。所谓“责任是主观的”，是指违法行为的可谴责性。① 这样，违法与有责被定位为具有不同性质的两个阶层。

综合而言，全面肯定说具有以下不足：

其一，全面肯定说将会使“有责意识”的主观内容全面侵入违法性的客观判断之中，从而使违法性与有责性之间的界限日益模糊。如果广泛地承认主观要素是违法要素，那么，责任要素中的内容是什么？如果肯定所有的主观要素为违法要素，则意味着既使用故意、过失、目的、动机等主观要素来评判行为是否违法，又使用它们来评判行为人是否具备有责性，从而意味着使用故意、过失等同一个主观要素来评判行为是否违法以及行为人是否有责，最终可能导致刑法惩罚的失效。因为违法是客观的、责任是主观的，违法是一般的判断、责任是个别的判断，如果用作为违法要素的主观故意、过失等来判断责任，则意味着对一般责任概念的承认。然而，问题是，从来就不存在一般的刑法的责任。全面肯定说将主观的违法要素用于行为是否违法的评价之中，将行为是否违法的见解在法益侵害之外全部通过主观要素体现，从而使违法的评价不再是纯粹客观的，而演变为普遍考量主观内在范畴。如此一来，违法与有责之间的界限何在，就成为问题。如果立足于一般性地否认主观违法要素的立场，那么，违法判断中只考虑客观的法益侵害，主观要素原则上作为责任要素存在，则违法性与有责性之间界限清楚。

其二，全面肯定说旨在全面解释违法性的本质，但“规范违反”是不明确的。行为无价值二元论主张，犯罪的本质是违反规范，进而侵害法益；且与结果无价值论一同反对道德主义的社会伦理规范违反说。但是，这种所谓以违反规范为基础的行为无价值论，是在以规范控制人的行为，但其实现控制的方式则是评判行为方式、样态及内心等行为无价值、主观意志无价值的内容，主观要素必然被普遍作为违法性评价的基础。虽然行为无价值二元论在逻辑上强调其最终是为了达到法益保护的目的，但很显然，这更类似于一种表面的文字妥协，而实质上并没有改变行为无价值论的任何初衷。不论是伦理规范、社会相当性的秩序规范还是行为规范，其根基总是难免回到人与人之间的社会伦理关系，回到模糊的社会规范的违反。例如，故意杀人行为的本质是违反了不得杀人的规范，诈骗行为的本质是违反了禁止诈骗的规范。虽然“不可杀人”“不可诈骗”的命令规范简明、直接，但这种解释方法根本没有道出违法行为的本质：刑法规范制止某种行为，行为人恰好实施了这种行为，所以行为人违法了。这种在规范的逻辑结构内部以循环解释的方式说明违法性，没有揭示违法的真正内涵。

---

① 参见［德］李斯特著，［德］施密特修订：《李斯特德国刑法教科书》，徐久生译，北京，北京大学出版社，2021，162、207页。

其三，全面肯定说将主观要素全面纳入客观违法性领域，与这种主张相适应的犯罪论体系其实正是主张全面肯定说的学者所批判的平面四要件体系。该种体系不分阶层，违法与有责渗透在四个要件之中，也因此不需要所谓客观的违法论与主观的责任论这样的主张。如果既要采用阶层式的体系，又要全面肯定主观违法要素，将直接影响阶层犯罪论体系作为犯罪认知工具的便利性。根据全面肯定说，所有的犯罪认定都要在违法性阶层既讨论主观要素又讨论客观要素，然后在有责性阶层再讨论一次主观要素。将主观要素与客观要素在同一阶层讨论显然不如将它们分开，即在违法性阶层讨论客观要素，在有责性阶层讨论主观要素，从客观到主观，从外在到内在，逻辑清晰，进展明确。这样的阶层体系在司法适用中无疑更为经济、方便。值得注意的是，全面肯定说看似由二元论者所主张，但其实际与韦尔策尔的目的行为论所支撑的一元的或者说极端的行为无价值论无异。

（三）对少数特殊主观违法要素的承认

本书从犯罪论体系化思考出发，提倡结果无价值的基本立场，反对全面肯定主观的违法要素，但主张在侵害或者威胁法益的后果没有显示的情况下，根据结果难以断定行为是否具备实质违法性，必须借助行为人的主观要素来评判其行为客观上是否违法时，也承认主观违法要素的存在。具体而言，目的犯中的目的、未遂犯中的既遂故意，可以被承认为特殊的主观违法要素；倾向犯中的内心倾向与表现犯中的内心表现，则不宜被承认为主观违法要素。

1. 承认目的犯中的“目的”是主观违法要素

目的犯是指只有行为人出于某种特定目的才能成立的犯罪，而其中的目的，是指行为人主观上通过实施犯罪行为希望达到某个危害结果的心理态度，简言之，目的是追求危害结果的内心意图，其内容是危害结果的实现。目的犯概念的意义在于，在故意之外通过某种特定的目的验证某种犯罪的成立，相当于在故意心理之外附加了某种特定的主观限定条件。

以伪造货币罪为例：《日本刑法典》第148条规定，以行使之目的，伪造或者变造通用货币、纸币或银行券的，处无期或者3年以上惩役。《德国刑法典》第146条也规定，意图供流通之用而伪造、变造货币的，处1年以下有期徒刑。结果无价值论者大多明确认可“行使（流通）之目的”是主观的违法要素，本书也持肯定看法。虽然我国《刑法》第170条规定的伪造货币罪没有设定明文的“以行使为目的”，但仍然可以肯定该目的是不成文的主观违法要素，因为该主观要素有助于尽早限定处罚范围。相反的观点则认为，既然我国刑法没有要求行为人需要具有特定目的，那么，对仅伪造货币而不使用伪造的货币的行为也应以本罪论处：“不以使用为目的而伪造货币的行为，也会侵犯货币的公共信用。因此，从解释论上，没有必要将本罪确定为目的犯……虽不具有使用的目的，但明知伪造的货币会落入他人之手置于流通领域的，就应当认定为本罪。”① 本书认为，该观点值得商榷，理由如下。

其一，刑法有无规定某种特殊要素如目的等，不能成为刑法解释论上赞成或者反对

---

① 张明楷：《刑法学》（下），6版，北京，法律出版社，2021，984页。

某种观点的理由。正因为刑法没有非常明确的规定，所以才有解释论存在的余地。我国《刑法》第170条关于伪造货币罪没有规定“以行使为目的”或者“意图供流通之用”，并不等于在刑法解释论上就不可作此解释。对于不成文构成要件要素，需要结合行为是否达到值得科处刑罚的违法性程度予以确认，而这正是实质（出罪）解释论的必要性所在。

其二，能否从解释论上得出某种要素属于主观违法要素的结论，需要联系具体犯罪侵害的法益来分析。我国《刑法》第170条伪造货币罪所对应的保护客体是“金融管理秩序”，具体法益是货币的公共信用，对这种法益的侵害只有在货币进入公共流通环节以后才能体现。行为人故意伪造货币，但没有行使或供流通之目的，而是供鉴赏、收藏或者教学科研之用，没有在公共领域实施扩散或流通行为的，并不会对社会产生实害，亦即没有侵害到货币的公共信用。此表明行为人的伪造行为还没有达到应科处刑罚的程度，因而不能构成犯罪，否则，容易令人认为，即使没有造成任何法益侵害后果，只要违反禁止伪造的行为规范就足以动用刑法了。这反而不是结果无价值论而是行为无价值论。

其三，要求行为人“明知伪造的货币会落入他人之手置于流通领域”，实际上已经添加了额外的目的性内容。伪造犯罪的故意，应该是对伪造行为的内容、社会意义与结果有认识，具体而言，应该是对伪造行为自身的含义即它是仿照真的造出假的、社会意义即它是法律所不容许的行为、结果即造出了假币有认识，而不是对“以使用为目的”的行为内容诸如“货币会落入他人之手置于流通领域”有认识。如果将此种认识强加在伪造货币罪的主观故意之中，就完全改变了伪造犯罪的故意之内容，与《刑法》第14条对故意的定义相违背，与伪造货币罪的故意内容相违背。如此一来，等于是在伪造的故意之外，添加了对行使目的及相关事项的认识要求。既然如此，不如直接承认伪造货币罪是目的犯。也因此而直接承认目的犯中的目的是特殊的主观违法要素。

总之，对于伪造货币而言，“只有出于使用的目的，才会产生有损货币真正的公共信用的危险。在此意义上说，该目的属于主观的违法要素”①。刑法中类似于伪造货币罪的其他的目的犯诸如变造货币罪、赌博罪等，仅依罪过即故意的内容和行为的性质不足以认定其违法性，所以，应将此类犯罪限定为目的犯，将其目的承认为特殊的主观违法要素。当行为人仅仅实施了伪造、变造等行为时，不应立刻认定为违法，而应结合主观上是否具有行使等特殊的目的来认定，以防止扩大刑罚处罚范围。

2. 承认未遂犯中的既遂“故意”是主观违法要素

结果无价值论与行为无价值论的根本分水岭就在于是否承认故意或过失为主观的违法要素。行为无价值论当然主张将未遂犯既遂的故意视为主观的违法要素，极端的结果无价值论大致主张将未遂犯的犯罪故意纳入有责性阶层，本书于结果无价值论立场支持将未遂犯中的既遂故意理解为主观违法要素，理由如下。

其一，如果不结合未遂犯中行为人的主观故意，无法判断出犯罪的有无及种类。同样的开枪射击，有可能是野外打猎，有可能是体育锻炼，亦有可能是杀人越货。在打猎

① ［日］西田典之著，［日］桥爪隆补订：《日本刑法各论》（第七版），王昭武、刘明祥译，北京，法律出版社，2020，382页。

时有猎物中枪，在体育锻炼中有子弹上靶，在杀人时有人死亡或受伤，无一例外，开枪行为的性质与意义一目了然，这正是法益侵害说最大的优势：客观外在易见易现，从而对行为的性质容易分析判断。问题是：在没有任何结果出现的情况下，对同样的开枪射击行为，又如何确定其性质？究竟是打猎自娱、锻炼枪法还是杀人犯罪？显然，法益侵害说对此问题是无能为力的。在此，只有根据行为人的主观故意（是想杀人还是想获取猎物等）来分析行为的性质。极端的结果无价值论者认为，即便是“（在）这种场合，不用考虑行为人的内心，根据行为人的外部态度，行为时的客观状况，导致行为人实施该种行为的经过等进行推断，是可以判断出犯罪的有无以及其种类的”①。问题是：如何根据上述分析判断违法性？这在极端的结果无价值论者那里是语焉不详的。这似乎表明，也许在根本上就无法判断。

刑法学中常常讨论的“野兔事例”就充分展现出对将未遂犯的既遂故意作为主观的违法要素之肯定。甲在山中打猎，子弹从乙与野兔中间穿过。没有疑问的是，当子弹射中乙时，行为无价值论与结果无价值论都认为，甲的开枪行为是违法的，只是前者认为故意与过失均属于违法要素，而后者认为故意与过失属于责任要素。但是，当子弹没有射中乙而是从乙与野兔之间穿过时，行为无价值论认为，此时开枪行为的性质只能取决于甲的主观意思：如甲欲杀乙，即杀人的故意存在，则成立杀人未遂；如甲欲射击野兔，即杀人的故意不存在，则不成立任何犯罪。结果无价值论借鉴了行为无价值二元论的合理之处，主张未遂犯的既遂故意可为主观违法要素，从而解决了射击行为的性质究竟是打猎还是杀人的难题。

其二，承认未遂犯的既遂故意是主观的违法要素，可以避免法益侵害（危险）与违法性理论成为无价值色彩的客观事实。结果无价值论将客观的法益侵害或者危险作为违法性判断基础，这种法益侵害理论的长处是，为实质违法判断提供了更为客观的事实性依据，比规范违反理论更为具体。在未遂犯罪中，如果此种法益侵害（危险）的客观事实并没有显现，也没有任何显现的迹象，正如“野兔事例”，将难以进行纯客观的分析判断。如果一概不认定为犯罪，是否会导致所谓的法益侵害（危险）或者违法性判断演变为纯粹事实的分析，使它们二者成为毫无价值色彩的中性词？这种担心不无道理。比如，极端的结果无价值论者在批判行为无价值二元论时以不可抗力为例指出：“行为人既没有故意也没有过失时的不可抗力即不具有行为无价值的场合，即便具有对法益的侵害或者危险（结果无价值），但在二元的行为无价值论看来，该行为也不违法。”② 这样的批判其实质显然是，极端的结果无价值论者不同意二元论者关于不可抗力不违法的观点。然而，只要是发生了结果就一律评价为违法，更为不妥。既然结果是对法益的侵害或者威胁，那么只要引起了外界变动或影响就一律认为结果无价值，违背了刑法法益概念的内涵，将具有价值取向功能的法益概念事实化了。

作为违法性评价基础的侵害或者威胁法益的“客观事实”一定带有价值色彩，这意味着，它在外观上是客观的，但在价值分辨上绝非客观的。当极端的结果无价值论者将

---

① 孙运梁：《故意在犯罪论体系中的地位之研究》，载《刑法论丛》，2013年第4期，121页。

② ［日］曾根威彦：《刑法学基础》，黎宏译，北京，法律出版社，2005，89页。

偶然防卫等行为评判为合法行为，主张不将它们认定为违法而作无罪处理时，就完全忽视了违法性所具有的价值评判色彩，看到的只是一种与价值无涉的、只考虑纯自然意义上的所谓“客观事实”的违法性。这样的违法性评价将规范与价值分析简化为某种客观事实有无之分析——有事实就有违法，无事实就无违法，最终，它将会使法益和违法性理论丧失其规范刑法学上的基本内涵，而成为纯事实性概念。将这样的法益侵害说称为“法益损害说”更合适，对以此为基础的违法性，也不适合使用带有负面价值评价色彩的“违法”来表达了。

其三，在未遂犯中，如果仅仅根据法益侵害（危险）结果没有发生这一客观事实进行违法性的评价，则永远只有不违法、不成立犯罪这一种结论。这样一来，是否还有未遂犯这一犯罪类型都要引发疑问了。因此，否定未遂犯的故意这一主观的违法要素，无助于维持未遂犯这一犯罪类型，并会对既遂犯造成冲击。这显然是不妥的。本书立于结果无价值的立场，虽然主张未遂犯的故意是主观的违法要素，但是，这里的未遂犯并不包括不能犯，也就是无论如何也不能使犯罪得到实现的行为类型。换言之，没有发生既遂故意中行为人所追求的犯罪结果，有可能是不能犯，也有可能是未遂犯。根据犯罪当时的客观情况以及行为人自身并结合一般人判断标准，无论如何也不能发生法益侵害（危险）的结果时，就成立不能犯，如误把尸体当活人而故意开枪射杀；反之，则成立未遂犯。对于不能犯，当然应该主张不罚，而绝不是说，因为没有发生犯罪结果就肯定是未遂犯。即使将不能犯也视为一种广义的未遂犯，其既遂故意也不能作为主观违法要素，不能认定行为具有违法性，因而不以犯罪论处。对于未遂犯，根据没有实现的既遂故意，就可认定行为违法，进而认定成立犯罪。

3. 否认倾向犯、表现犯中的内心要素是主观违法要素

倾向犯是一定的内心倾向决定行为违法性的犯罪，表现犯是一定的内心表现即心理过程决定违法性的犯罪。前者如猥亵犯罪，需要满足性的欲望，才构成犯罪；后者如伪证犯罪，需要表现为违背自己记忆的陈述，才构成犯罪。本书认为，应当反对承认倾向犯的内心倾向、表现犯的内心表现为主观违法要素。

第一，否定倾向犯中的内心倾向是主观的违法要素，有利于合理打击此类犯罪，从而保护法益。我国《刑法》第 237 条第 1 款规定了“以暴力、胁迫或者其他方法强制猥亵他人或者侮辱妇女”的强制猥亵、侮辱罪，第 3 款规定了以“猥亵儿童”为罪状的猥亵儿童罪，这两种犯罪的违法性取决于行为人有无对他人、儿童实施猥亵行为。由于通常的身体的触摸无法被认定为猥亵，因此，才发展出承认倾向犯中的内心倾向（满足性的欲望）是主观的违法要素的观点。但是，对于强制猥亵、侮辱罪或猥亵儿童罪来说，该罪侵犯的法益是他人、儿童的人身权利，其并非像强奸罪那样典型地侵犯了性的自由权，它有侵犯性自由权的内容，也有侵犯人身自由权的内容。既然如此，一味要求行为人必须出于满足性的欲望的内心倾向，显然忽视了并无此种内心倾向却利用强制猥亵手段侵犯他人人身自由法益的行为，而后一种强制猥亵行为，显然也应该被认定为犯罪。

关于倾向犯，常常会讨论的情况是，如果医生的治疗行为有满足性欲望的内心倾向，则该行为构成强制猥亵罪，反之，则不然。然而，这种观点只会将问题导向主观主义的

境地。医生抚摸同性或异性病人身体的某个部位，只要是出于治疗的需要，该行为在客观上就是正当的。此时，要求深入医生的内心进行极其细致的分析，恐怕会在诉讼中造成举证困难，而且对医生这一职业群体也殊为不利。应当认为，只要医生的治疗行为没有超过治疗所必要的行为界限，无论医生出于何种内心倾向，都不能被认定为违法。医生遵循医疗规则对麻醉女患者实行触诊行为的，不能因为该医生存在性的意图而认定该行为成立强制猥亵罪。① 只有结合客观上的治疗行为是否超过合理界限而造成病人的性自由法益受到侵害，才能考虑该治疗行为是否构成犯罪。

第二，表现犯中的内心表现也不影响对该罪的认定，不应承认其为主观的违法要素。我国《刑法》第305条规定，“在刑事诉讼中，证人、鉴定人、记录人、翻译人对与案件有重要关系的情节，故意作虚假证明、鉴定、记录、翻译，意图陷害他人或者隐匿罪证的”，是伪证罪。《日本刑法典》第169条规定，“依法宣誓的证人作虚伪陈述的”，是伪证罪。如果要求行为人具备违反自己记忆的内心状态，进而作出虚假陈述、证明等，才构成犯罪，那么，这是立于主观主义的立场探讨行为是不是伪证。与此相对，从客观主义的立场分析，虚假证明、虚伪陈述的认定标准是与客观事实相违背，主观记忆不影响违法性判断。换言之，一方面，结果无价值论者与行为无价值论者一致认同，行为人作出与记忆一致的陈述，无论真伪，均不能成立伪证罪；另一方面，如果行为人的内心记忆发生错误，当其进行自认为的虚假陈述，但实际陈述内容恰巧与客观事实相一致时，同样不能成立伪证罪。此外，一般伪证罪属于轻罪，其性质有别于故意杀人、抢劫等暴力型犯罪，当行为人的认识错误恰好导致有利于案件审判的结果时，考虑到其客观上对审判无害以及主观上的恶性亦不同于严重犯罪，应该鼓励基于结果无价值论的立场否定此种情况下成立犯罪。

综上，本书的结果无价值论否定故意和过失为一般的主观的违法要素，只承认它们为责任要素；对于通常行为无价值二元论者所讨论的特殊的主观的违法要素，基于法益侵害说只承认目的犯中的目的和未遂犯中的既遂故意为主观的违法要素，并且认为对它们的使用应立足于是否影响了法益的侵害（危险）这一客观角度；至于倾向犯中的内心倾向和表现犯中的内心表现，应该反对将其作为主观的违法要素。

三、结果无价值论的本土意义

结果无价值论与行为无价值论对刑法规范的性质发生了理解分歧：刑法规范究竟首先是裁判规范（评价规范）还是行为规范（命令规范）？这看似是个小问题，其实涉及的是刑法的首要功能与价值问题。所以，选择行为无价值论抑或结果无价值论，应当结合本国的法治发展状况和现实需求进行综合考量。

我国的行为无价值论者认为，当前社会处于剧烈转型时期，社会风险和社会矛盾丛生，公众规范意识不强，如果要保护法益，就需要首先为公众提供行为规范、行为准则作为指导，然后通过对规范违反行为进行惩处，凸显刑法规范对国民的引导功能，增强

---

① 参见［日］平野龙一：《刑法总论》，Ⅰ，东京，有斐阁，1971，128页。

国民的规范意识，这正是通往法益保护的桥梁和基础。① 因此，行为无价值论的核心是规范违反说，它具有天然的预防刑法导向，将全部注意力集中在如何通过刑法规制公众的行为，将刑法树立为公众行为的指示牌。本书赞同行为无价值论对我国社会失范现象的观察，这确实是需要认真对待的社会问题，但解决这一问题的手段是多元的，而刑法的社会功能是有限的，行为无价值论对刑法的规范作用存在过度理想化的解读。

本书认为，刑法在适用中是先行的裁判规范，行为规范只有借助裁判规范才更加明晰。不可否认的是，刑法既有行为规范属性，也有裁判规范属性，忽视任何一点都是片面的。② 但是，刑法规范在设立之后，不是完全静态的存在，必然要运用到司法中，也就是必然要最终体现为动态可兑现的刑罚。无刑罚，则无犯罪。如果一个行为被立法者宣布为犯罪，即便公众都知悉该行为因“入刑”而被禁止，但司法者从来不知如何适用，“有罪无刑”成为常态，那么，这种刑法规范也就失去了执行效力，对公众行为的规范引导作用似乎就只剩下了“刑不可知，威不可测”。可见，行为规范的有效性不能脱离刑罚的适用，而适用刑罚的主体是司法者。对哪种行为可以施加刑罚这一问题才是行为规范发挥作用的前提。行为无价值论主张，刑罚的对象是违反规范的行为，但国民是否违反行为规范，并不是具有通常判断力的一般人就能够得出结论的。例如，我国《刑法》第287条之二第1款规定，“明知他人利用信息网络实施犯罪，为其犯罪提供……支付结算等帮助，情节严重的”，构成帮助信息网络犯罪活动罪。司法实践一般将该条中的“明知”理解为“知道或者应当知道”，这是一般人依其判断所不知的。而且，对于“情节严重”，一般人更是无法理解。对于刑法中的“兜底条款”更是如此。这说明，当刑法规范被适用于实际的案件时，其作为行为规范被违反与否不是由一般人从形式的理解就能够得出结论的，而必须由裁判官在实质上解释相关构成要件之后，才能得出行为规范是否被违反的结论。

行为无价值论将行为规范、行为命令的传达作为首要动力，但规范是否被违反、命令是否被突破，只需要看行为本身。由此无法合理解释我国刑法采用的“定性＋定量”的犯罪概念。比如，《刑法》第266条规定“诈骗公私财物，数额较大的”构成诈骗罪，这传达了禁止诈骗的命令。但是，该条只处罚“数额较大”的诈骗，未达到该标准的诈骗行为不构成犯罪，因而该刑法规范传达的命令实际上是“禁止实施数额较大的诈骗行为”，言下之意，实施数额较小的诈骗行为不构成犯罪。再如，《刑法》第270条侵占罪也规定了“数额较大”，该条的完整行为规范是：刑法禁止数额较大的侵占，容许数额较小的侵占。然而，只要实施了诈骗、侵占行为，就已经违背了“禁止诈骗”“禁止侵占”的行为规范，即只要对行为进行定性分析就可以判断是否违背了行为规范，与是否发生结果、发生何种结果无关。我国《刑法》第13条在规定犯罪概念时，在定性之后附加定量，完全是为了限制刑罚的处罚范围（参见本书第五章第二节）。诈骗、侵占数额较小财物的行为虽然违背了行为规范，但前者只受治安管理处罚，后者只承担民事违约责任或

---

① 参见周光权：《刑法学的向度——行为无价值论的深层追问》，3版，北京，中国人民大学出版社，2023，234～235页。

② 参见刘艳红：《实质刑法观》，2版，北京，中国人民大学出版社，2019，222～228页。

侵权责任。由此也可以看出，刑法规范若被视为行为规范，那么，它一定是不完整的。完整的行为规范（禁止一切诈骗、侵占等侵犯公私财产的行为）需要刑法与行政法、民法等前置法协同传递，这就是刑法的片段性。

然而，行为无价值论一方面重视刑法的行为规范属性，另一方面忽视了刑法的片段性，进而导致在运用刑法应对社会失范问题时，表现得十分激进。例如，在《刑法修正案（十一）》中，无论通过增加新罪还是通过修改旧罪扩大处罚范围，均体现了以增设危险犯为代表的法益保护早期化，违法性的基准越来越倾向于从结果无价值前移到行为无价值。这些刑法干预前置化的立法编织了更加严密的刑事法网，将社会风险的防范措施发展到了极致，推动了安全刑法的扩张。这都符合行为无价值论关于刑法尽早为公众提供行动指南的期待。行为规范与定量因素无关，行为无价值论一旦以树立规范意识为己任，那么，将原先不属于犯罪的轻微违法行为犯罪化，就是必然的。基于对民众利益的保护，行为无价值论对犯罪的治理，从以往对严重危害社会行为的专项整治转变为对社会各种违法行为的广泛治理，重罪和轻罪的数量一并膨胀，最终形成了国家刑罚权在犯罪治理中占主导地位的状况。然而这种状况导致了众所周知的负面效应，如案多人少的司法难题、犯罪标签后严厉的附随后果等社会问题。

结果无价值论立足于对已经发生结果之报应，将行为造成的法益侵害后果作为不法判断的中心，舍去了行为无价值论“规训国民”的思想包袱，将限定国家处罚权以保障公民权利作为刑法运行的首要考量，更符合我国当下的法治要求。现代化法治要求告别严刑峻法和重刑轻民思想，贯彻尊重和保障人权的国家理念，实现“更多治理，更少统制”。仅仅期望通过刑法来实现对各种社会失范状态的治理，仍然是犯罪控制的旧模式，没有体现中国式法治现代化的特征和要求。在建设中国式法治现代化的今天，要贯彻对个人权利的尊重和人权保障理念，就必须对国家权力进行制约。只有“人权和公民权利得到切实尊重和保障，公权力受到有效制约和监督”，这样的法治建设才能促进国家现代化。① 犯罪治理是最能体现法律运行机制成效的领域，如果要回应中国式法治现代化的切实尊重和保障人权之要求，就应该限制国家刑罚权的发动范围和发动频率。

本书的结果无价值论在理解刑法的性质时，首先将它视为一种“必要的恶”，是面对刑罚权力谈刑法，而不是面对社会公众谈刑法。公权力来自私权利的让渡，任何刑罚理论都不应将刑罚权置于公众之上，以一种俯视的眼光、傲视的姿态教导国民如何行动。一方面，刑法规范的教导作用极为有限，教导目标难以实现，刑罚最终无非是一种威慑、预防；另一方面，需要率先被规范的应当是行使刑罚权力的裁判者，只有公权力的边界清晰，刑法传达的行为规范才会清晰。因此，本书的结果无价值论在刑法干预方面保持一种相对消极的态度，主张尽可能通过客观的情况，从报应主义的视角判断行为不法的内容，在裁判规范的层面解读刑法，从而有助于规范和限制刑罚权。可见，本书的结果无价值论符合我国依法治国的时代要求，值得提倡。

---

① 参见张文显：《习近平法治思想的政理、法理和哲理》，载《政法论坛》，2022年第3期，21页。

第三章　刑法基本原则

刑法基本原则，是指贯穿于整个刑法规范之中，指导和制约刑事立法和刑事司法，且为刑法领域所独有的基本准则。首先，刑法基本原则必须贯穿全部刑法规范，具有指导和制约全部刑事立法与刑事司法的意义。其次，刑法基本原则必须体现刑法的基本精神。刑法的基本精神是限制国家刑罚权的发动以保障公民自由与人权，对此，刑法基本原则必须予以体现。再次，刑法基本原则是法官解释、适用犯罪构成要件的基本依据。法官在审理刑事案件时，须对所应适用的法律条文进行解释，以阐明刑法规范的含义，确定特定犯罪的构成要件和刑罚处罚。法官在依照刑法基本原则解释、适用刑法规范时，不得直接引用刑法基本原则作为定罪量刑的依据，否则就混淆了刑法基本原则与具体罪刑条款之间的关系。最后，刑法基本原则必须是刑法领域所独有，而非所有部门法领域通用的原则。我国刑法以往所确立的三大基本原则是罪刑法定原则、平等适用刑法原则及罪刑相适应原则。但是，平等适用刑法原则并不符合上述刑法基本原则的第二和第四点特征，也因此不具备第一和第三点特征。与其说该原则是刑法基本原则，不如说该原则是我国法制基本原则“法律面前人人平等原则”在刑法中的具体化而已。因此，严格按照刑法基本原则的特点来判断，平等适用刑法原则不是刑法基本原则。

第一节　罪刑法定原则

一、罪刑法定原则的含义与意义

罪刑法定原则（Le principle de la légalité des délits des penies），是指犯罪行为的法律要件及法律效果，均应由法律明确加以规定。换言之，行为，如果没有法律明文的处罚规定，就不构成犯罪，也不受刑罚处罚。这表明，行为时法律并未明确将该不法行为规定为犯罪，并规定一定的刑罚的，无论该不法行为的社会危害性有多大，也不能认定该行为为犯罪并处以刑罚。法无明文规定不为罪（nullum crimen sing lege），法无明文规定不处罚（nulla poena sine lege），是对罪刑法定原则的脍炙人口的标语性表述。

罪刑法定原则是启蒙思想家和刑事古典学派学者所提出的具有划时代意义的法治国的法制原则，这一原则是针对罪刑擅断主义而言的。在古代专制社会，刑罚是君主统治人民的工具，为了巩固君主个人的权位，公民个人的什么行为是犯罪以及对犯罪处以何种刑罚，均取决于君主的意思。法律只是威吓与镇压人民的工具，犯罪是否成立，刑罚如何裁量，均由法官自由裁断，因此实行的是罪刑擅断主义。至 18 世纪民权主义思想开始兴盛，公民个人权利与自由备受重视，罪刑擅断主义开始遭受人们的抨击，于是便有了罪刑法定主义。该原则的存在，使刑法具有法的安定性，使公民能够预测何种不法行为是犯罪；使国家刑罚权受到限制，使人民权益得到保障，使刑法产生保障机能。因此，罪刑法定在产生之后便成为各民主法治国家遵循的一项极为重要的宪法与刑法原则。有的国家不但在刑法中明确规定罪刑法定原则，而且在宪法中也对该原则予以规定，例如，《德国基本法》第 103 条第 2 款即有关于罪刑法定原则的规定，《德国刑法典》第 1 条则采用了与宪法相同的表述，规定，“某行为只有在其实施之前已被法律确定了可罚性时，该行为才能受到处罚”。此外，《德国刑法典》第 2 条第 6 项对于涉及人身自由的保安处分也规定，“根据判决时有效的法律判决”。日本现行《宪法》第 31 条规定，“非依法律所规定之手续，不得剥夺任何人之生命或自由，或科以其他刑罚”。该法第 39 条规定，“凡在行为时适法之行为或被认为无罪之行为，不得究问其刑事责任。同一犯罪，不得重复究问其刑事责任”。这同样是在确认罪刑法定原则。其他各国刑法典，如 1994 年《法国刑法典》、1968 年《意大利刑法典》、1975 年《联邦德国刑法典》、1971 年《瑞士刑法典》等，均明确规定了罪刑法定原则。

我国刑法于 1997 年实现了罪刑法定原则的法典化地位。我国《刑法》第 3 条规定，“法律明文规定为犯罪行为的，依照法律定罪处刑；法律没有明文规定为犯罪行为的，不得定罪处刑”。

二、罪刑法定原则的历史发展

罪刑法定原则作为自由主义刑法的基干，并非纯理性的结晶，而是人类历史文化发展的必然产物。一般认为，罪刑法定原则最早源于 1215 年英王约翰签署的《大宪章》第 39 条，该条规定，“任何自由人非依国家法律及适法裁判，不得逮捕、监禁、剥夺领土与法律保护，或予逐放，亦不得以任何方法予以毁灭”。这里的所谓“国家法律”，不但指程序法，而且包括实体法在内。罪刑法定思想成熟于 17、18 世纪。一大批启蒙思想家如孟德斯鸠、卢梭、贝卡里亚等展开了对刑法的意义与目的、自由刑的人道化与国家契约说对刑罚权的限制等问题的探讨。在此思想影响下，罪刑法定主义成为法国大革命的主张，法国 1789 年的《人权宣言》第 8 条更为明确地规定了罪刑法定的原则：“任何人非依犯罪前已制定公布且经合法适用之法律，不得处罚之。”1791 年的《法国宪法》吸收了这一精神。1810 年的《法国刑法典》第 4 条更是明确规定了罪刑法定原则：“没有在犯罪行为时已明文规定刑罚的法律，对任何人不得处以违警罪、轻罪或重罪。”由于《法国刑法典》是 19 世纪欧陆法系各国刑法典的主要范本，故一时之间，欧陆各国纷纷仿效法国立法，罪刑法定原则很快传播开来。

在世界刑法思潮从刑事古典学派到刑事近代学派，再到折中的刑法理论的发展变化进程中，罪刑法定主义也经历了从严格的罪刑法定主义到松弛的罪刑法定主义，再到折中的罪刑法定主义的发展变化。

刑事古典学派亦即旧派主张的是严格的罪刑法定主义。旧派从反对封建专制主义出发，以追求人的解放为价值目标，要求刑法最大限度地保障公民的人身自由，尊重公民的人格尊严；主张权利平等，反对罪刑擅断、司法专横、出入人罪。由此确立了个人本位的政治法律思想，并为罪刑法定原则提供了理论基础。洛克就明确提出，只有“以法律规定的刑罚来处罚任何成员对社会的犯罪”才是合法的，而只有立法机关才享有制定法律的权利，这种权利不能转让给任何他人，总之，国家“应该以正式公布的和被接受的法律，而不是以临时的命令和未定的决议来进行统治”①。贝卡里亚的思想则充分地体现了刑事古典学派的严格的罪刑法定主义。他在深刻揭露封建社会以前的刑法制度的蒙昧、擅断的本质的同时，明确指出，“只有法律才能为犯罪规定刑罚。只有代表根据社会契约而联合起来的整个社会的立法者才拥有这一权威。任何司法官员（他是社会的一部分）都不能自命公正地对该社会的另一成员科处刑罚。超越法律限度的刑罚就不再是一种正义的刑罚”，“当一部法典业已厘定，就应逐字遵守，法官唯一的使命就是判定公民的行为是否符合成文法律”，总之，“从本质来说，刑罚应该是……由法律规定的”②。

根据早期的罪刑法定主义，首先，何种行为是犯罪以及对犯罪处以何种刑罚，都由刑法予以明确规定。如果法律没有明文将某种行为规定为犯罪，就不能将这种行为认定为犯罪；如果法律没有明文规定处罚某种行为，就不能对这种行为进行处罚。因此，旧派极为崇拜成文的法律形式，认为成文的法律才能体现社会的稳定管理，以文字记载的法律具有稳定性，能够抵御各种欲望的侵袭。这种绝对的罪刑法定思想在早期的旧派中表现得尤为明显。1791 年法国甚至制定了一部刑法典草案，对各种犯罪都规定了具体的构成要件和绝对确定的法定刑，毫不允许法官有根据犯罪情节斟酌科刑之余地。其次，对什么行为是犯罪、应处何种刑罚的规定是明确的，不明确的刑罚法规违反罪刑法定主义的基本理念，因而是无效的。在他们看来，没有明确规定什么范围内的行为是处罚对象的刑罚法规，不具有告知国民什么是犯罪及应处何种刑罚的机能。如果法律中没有明确规定行为的类型，或者没有实施实际的行为，就不能断定任何人是犯罪人；只规定行为应受处罚，或虽规定刑种但没有规定刑度，即绝对的不定期刑，是不允许存在的。此外，不能处罚刑罚法规没有直接规定的行为，类推适用是被禁止的；刑法只适用于其施行以后的犯罪行为，而不追溯至其施行前的行为，即禁止事后法等。

显然，以自由意志和抽象的理性人为前提、以客观犯罪事实作为判断标准的旧派刑法观，既是罪刑法定原则的重要哲学基础，又是其核心内容。旧派刑法观所注重的是客观的犯罪行为，所关注的是什么行为是犯罪、什么行为不是犯罪。而罪刑法定正是对这一问题的法定回答，因为，罪刑法定是客观犯罪行为在刑法典中的类型化、法定化，而不是对行为人反社会危险性这一主观要素考虑的结果。对客观的犯罪行为作预先规定并对这些行为的处罚进行宣示，实乃罪刑法定所从事的全部活动。所以，离开行为主义，罪刑法定原则的骨髓将被抽掉。

刑事实证学派亦即新派主张的是松弛的罪刑法定主义。新派否定旧派所提出的非决定论主张的意思自由，认为犯罪的产生有个人、社会和环境等多方面的原因，意思自由只不过是纯然的幻想。因此，他们提倡社会责任，反对旧派主张的道义责任，认为对犯罪人适用刑罚必须考虑导致犯罪人实施犯罪的社会条件，从社会环境中寻找犯罪的根源，

---

① ［英］洛克：《政府论》（下篇），叶启芳、瞿菊农译，北京，商务印书馆，2009，53、87 页。

② ［意］切萨雷·贝卡里亚：《论犯罪与刑罚》（增编本），黄风译，北京，北京大学出版社，2014，14、17～18、125 页。

从而社会就有责任制定相应的刑事政策并采用相应的处遇，改造、教育犯罪人，履行对犯罪人实施拯救的义务，使其回归社会。社会责任论从社会出发责难犯罪人，使刑法的机能从消极的惩罚转向积极的预防，从消极的限制转向积极的促进，从重视对个人权利的保障转而重视对社会共同生活利益的保护。因此，新派的刑法理论主张不以法官做到有罪必罚为必要，转而追求对犯罪原因的了解、对具体的犯罪人的反社会的危险性格的洞察；不主张刑罚的运用以法定之刑罚为限，转而主张根据犯罪人的危险性格采取有针对性的处罚措施，以使犯罪人的危险性格被消除，犯罪人成为新人并重返社会。新派在理论上和实践中均强调对刑事政策的运用，主张结合行为人的危险性采取不同的刑罚或非刑罚处罚方法。新派的这些主张遇到了严格的罪刑法定主义的阻碍，因为行为人的危险性或者某些处罚方法并不是罪刑法定的内容，罪之法定不可能将行为人的危险性法定，法定只能针对行为；因为对行为的法定类型化，也不可能处罚那些不在法律预先规定的确切范围内的违反社会秩序的行为；因为一些新型处罚方法诸如处遇累进制度、不定期刑制度等的采用使刑罚的法定受到冲击。此外，观念的不同也使方法论有差别：案例的分析、数据的统计、治疗犯罪人人格经验的积累等实证的方法，使得新派的刑法理论对罪与刑的法定也不再如旧派那样倚重。并且，罪刑法定这一形式上的法律要求，被新派视为对目的刑和防卫社会思想的阻碍，甚至是桎梏，因为根据旧派严格的罪刑法定主义，就应该以客观行为及其实害为依据处罚行为人，而不应该考虑客观行为之外的所谓的行为人的危险性；就应该以绝对确定的法定刑，至少是相对确定的法定刑处罚犯罪人，而不应该采用一些刑事政策上的方法和对策。为了充分地实现行为人刑法的思想，新派学者于是提出了松弛的罪刑法定主义，一些极端论者甚至提出了否定罪刑法定主义的主张。

经过新派的批判之后，罪刑法定主义最初所坚持的内容慢慢发生了改变，僵硬性渐为灵活性所取代。这表现在：一方面对犯罪的处罚不再只重视规定犯罪行为类型的刑法规范，于刑法规范之外，愈来愈强调刑事政策的作用。刑事政策所具有的指导机能，在一定程度上左右着司法审判和行刑的机能。在其影响下，法官的自由裁量权逐渐扩大，往往根据刑罚个别主义、行为人主义、人格主义等，在审判中不完全机械地按照罪刑法定原则操作，而允许类推解释及有利于被告人的扩大解释。过于严格的文理解释，被视为可能导致以形式的理由处罚完全没有可罚性的行为，或者导致不处罚无疑具有可罚性的行为。罪刑法定主义逐渐由绝对演变到相对。另一方面，刑罚的内容也随之发生了变化，例如容许有限制的类推适用或者扩大解释，不定期刑、保安处分、缓刑、假释纷纷登场，等等。总之，“近代学派，基于犯罪征表说，主张自由法论，认为传统之罪刑法定主义，应予修正或重新展开”①。经过行为人刑法观修正过的罪刑法定主义，不再如在旧派行为刑法观之下时那般严格。罪刑法定主义虽然仍然作为刑事法治的一面旗帜飘扬在刑法学的领空，但在颜色上早已不同于旧派时期的鲜明色彩，而是变得柔和。

旧派严格的罪刑法定主义和新派松弛的罪刑法定主义都存在一定缺陷。融合旧派与新派之长的折中的刑法理论主张的是折中的罪刑法定主义。

旧派严格的罪刑法定主义及犯罪构成要件理论的最大优点是有利于实现对人权之保

---

① 甘添贵：《刑法之重要理念》，台北，瑞兴图书股份有限公司，1996，17页。

障。只有既已发生的行为及其后果才是客观有形、可以把握的，据以定罪判刑才能够防止司法擅断。对犯罪行为的类型化规定，一方面，能为公民提供一种行为模式，使公民对自己的行为能够预测，从而获得人身与财产的安全；另一方面，避免了以主观意思为借口对公民随意定罪量刑。但是，严格的罪刑法定主义强调严格规则主义的法典化，它要求刑法典对犯罪的规定应该明确其所有要件，不得使用模糊不清或多义性的表达，不得采用概括性与抽象性的规定，不得使用规范性的要件要素，要追求法典的精密性，力图使刑法典成为可以像几何公式那般操作的运算表：法官只是将法条的规定直接适用于具体案件，严格根据法条的规定定罪量刑；法官的解释活动受到排除。

新派松弛的罪刑法定主义问题更明显。在新派的过激观点下，罪刑法定主义实际上面临被废除的命运：成文法所主张的刑罚法规的一部分内容被让渡给了习惯法；事后法的否定如无宪法的约束也未必是绝对禁止的；类推解释或扩张解释只要符合逻辑就被允许；一些灵活便宜的非刑罚处罚措施如保安处分等大行其道。这些对罪刑法定主义相当宽松的主张和实践实际上已不是在松弛罪刑法定主义，而是在否定罪刑法定主义。二战期间法西斯主义刑法与二战后的宝贵经验使人们深深感受到，为了使国家刑罚权的发动受到限制，使公民的自由权利有所保障，罪刑法定原则作为法治国的基本原则应继续保留。由此一来，罪刑法定主义作为旧派个人自由主义政治思想的产物，通过新派社会本位的团体主义修正之后继续发挥作用。此即为折中的罪刑法定主义。

折中的罪刑法定主义，将旧派的机械的罪刑法定主义对个人自由的保障与对社会的保全有机地结合在了一起，对刑法的解释既不是如机械的罪刑法定主义那般被禁止或受严格限制，也不是如同新派主张的那样允许类推解释，而是在有效地避免堕入旧派的法律形式主义与新派的法律虚无主义的前提下，重新评价罪刑法定主义的内容与价值。这表现在折中的罪刑法定主义仍然重视成文法的作用，主张只有刑法典的规定才能成为定罪量刑的根据，如若没有刑法典的规定，侵害法益的行为即使性质再严重，也不能被认定为犯罪；习惯法的适用被限制；对刑法典的解释被合理地允许，但是类推定罪被禁止，至于扩张解释，虽然在有的国家的刑法理论与实践的一定范围内存在，例如允许有利于被告人的扩张解释，但是，其合理性仍然引发争议；至于极端机械的罪刑法定主义所推崇的绝对定期刑，作为新派的实证主义与罪刑法定主义冲突之焦点的绝对不定期刑，都没有被采纳，相对的不定期刑成为刑罚理论通说和实践中的通行做法，并成为在绝对的定期刑和绝对的不定期刑之间寻求妥协的立足点；假释、缓刑等成为各国刑法中的稳定刑罚制度。

相对罪刑法定主义为各国广泛采用，如 1991 年的《蒙古刑法典》、1999 年的《越南刑法典》、2003 年的《瑞士联邦刑法典》、2005 年的《法国刑法典》、2006 年的《意大利刑法典》、2017 年的《德国刑法典》等。日本现行刑法虽然没有规定罪刑法定原则，但日本现行《宪法》第 31 条规定，“非依法律所规定之手续，不得剥夺任何人之生命或自由，或科以其他刑罚”。第 39 条规定，“凡在行为时适法之行为或被认为无罪之行为，不得究问其刑事责任。同一犯罪，不得重复究问其刑事责任”。这同样是在表述罪刑法定原则。1948 年 12 月 10 日联合国大会通过的《世界人权宣言》第 11 条第 2 款规定，“任何人实行时根据国内法或者国际法不构成犯罪的作为、不作为，不认为有罪，不得科处比该犯罪实行时应适用的刑罚更重的刑罚”。1966 年联合国大会通过的《公民权利和政治权利国际公约》也对罪刑法定原则作了规定。

三、罪刑法定原则的思想基础

自然法理论、孟德斯鸠的“三权分立”理论和费尔巴哈的心理强制说是罪刑法定原则的理论根基。自然法理论主张用制定法来限制国家滥用刑罚干预公民个人权利，这就需要国家明确规定什么是犯罪、对犯罪处以什么样的刑罚。“三权分立”理论要求立法权、司法权和行政权彻底分开，具体到刑事法领域，立法机关在立法时应明确规定什么是犯罪、对犯罪应处何种刑罚，司法机关在适用刑法时只能严格遵守既定刑法规范，不得有超越刑法规范的权限。心理强制说由德国刑法学家费尔巴哈所创立，其基本精神是：由于人具有趋利避害的本能，国家必须事先规定犯罪及其法律后果，这样可以促使人们作出避免受到刑罚处罚的选择，从而不去犯罪。

就当代的情况而言，西方学者一般认为，民主主义和人权主义乃是罪刑法定原则的真正理论根基。民主主义认为，人民是国家的真正主人，国家的事情应当由人民自己来决定，那么，什么是犯罪、对犯罪应处什么刑罚就应当由人民说了算；但人民不可能每人都参加立法，这就需要通过选举产生专门的立法机关，并由它代表人民进行立法；立法机关在立法时把某种行为规定为犯罪并对它处以某种刑罚，司法机关便必须严格按照立法规定来执行。人权主义的核心内容是：人的权利与自由在现代国家生活中处于十分重要的地位，国家有义务确保公民的权利与自由不受无端侵犯或限制，因此，为了既不妨害公民的权利与自由，又不至于使公民滥用权利与自由，从而影响国家的正常生活秩序，就有必要使公民能够预测自己行为的性质和后果，以便他们能够选择有利于自己和社会的行为，故国家必须事先规定什么是犯罪、对犯罪处什么刑罚。①

四、罪刑法定原则的内容

罪刑法定原则自被规定在各国刑法典之后，经刑法学者的深入探讨，逐渐形成了特定的含义。依据大多数学者的见解，罪刑法定原则包括以下几方面的内容。

（一）排斥习惯法

罪刑法定原则要求犯罪与刑罚均由法律明文规定，因此，刑法必须是成文法，习惯法当然不能成为刑法的法源。习惯法虽然是来自社会上大多数人的共同确信之观念，但是，由于习惯法没有经由立法程序加以成文化，因而终归有其不明确之处。刑法作为干涉公民自由与权利的法律，应将公民的自由划定在最为明确的范围以内，因此在罪刑法定原则之下，刑法规范排除一切习惯法的适用。

习惯法作为刑法规范适用时的解释依据，是由于此时习惯法起着对刑法规范的补充作用，而不是充当刑法规范本身，因此是允许的。

---

① 参见马克昌：《比较刑法原理》，武汉，武汉大学出版社，2002，65～66 页。

王某奸淫幼女案。[①] 19××年7月，贵州丹寨县农民王某与未满14周岁的苗族幼女韦某相识，二人互生好感。韦母亦对王某产生好感并同意将女儿许配给他。王、韦二人交往数月，第二年两人按照民族习惯举办了婚礼。韦父得知女儿与王同居，便将女儿叫回家，并否认婚姻的成立。一年后，韦父四次向公安机关告发王某奸淫幼女。公安机关以奸淫幼女罪向检察机关呈捕，但县检察院认为不应逮捕，后向州检察院汇报，州检察院亦同意不以犯罪处理。其后，州检察院向省检察院汇报，省检察院同意州检察院和县检察院的意见。

分析：本案中，虽然被告人的行为已构成奸淫幼女罪，但对本案的处理不能简单地套用刑法条文，而应既考虑国家法律的严肃性，又考虑民族地区的特殊性，才能取得较好的社会效果。由于经济落后、超生户多、辍学率高、重男轻女观念根深蒂固等原因，当时苗族地区的早婚现象普遍存在，父母在男孩达到16周岁、女孩达到14周岁时就开始逼迫孩子寻找对象，或者自己托人为孩子订婚或办理婚事。当地检察机关对王某最终不以犯罪论处正是充分考虑到了当地风俗习惯，并发挥了早婚习惯在奸淫幼女罪中的出罪功能，值得肯定。

（二）禁止溯及既往

罪刑法定主义要求刑法只能对其施行以后的行为适用，不能对其施行以前的行为适用。对行为人之行为性质的评价和处分，应当以行为时的法律规定为准，如果行为人行为之时的法律对行为人之行为规定了较轻的刑罚或不认为是犯罪，那么就应当按照罪刑法定原则给予行为人较轻的处罚或不予刑事处罚。这是罪刑法定原则的应有之义。

根据禁止溯及既往原则，若行为在实施时属合法行为，则不能因为行为后的法律认为是违法行为而加以处罚。但是，若行为在实施时属违法行为，是否可以因行为后法律有所变更而不受禁止溯及既往原则的限制？需分情形而定。（1）行为时法即旧法认为某种行为是犯罪，事后法即新法也认为是犯罪，但新法规定的刑罚比旧法规定的轻时，适用新法。（2）在行为时与裁判时之间的一段时期之内，还有一种中间法存在。此时应当将行为时法、中间法和裁判时法相比较，根据从旧兼从轻原则，如果中间法不认为是犯罪，而行为时法和裁判时法认为是犯罪，则适用中间法，不以犯罪论处。[②]

（三）禁止类推解释

类推解释是指，对于法无明文规定的事项，比附援引与行为性质最相类似的行为所涉条文而定罪量刑。类推解释近似于自由擅断，它允许法官根据相似行为所涉的刑法条文，随意入罪，以无为有，以轻为重，因此，罪刑法定原则必定禁止类推解释。刑事司法中的类推制度在我国有着久远的历史，它是刑事立法不完备、不科学的产物，目前在我国已完全被废除。

张某强奸案。[③] 2011年某日晚11点左右，北京某保安公司的张某在保安宿舍内，对

---

① 转引自杜宇：《作为超法规违法阻却事由的习惯法——刑法视域下习惯法违法性判断机能之开辟》，载《法律科学（西北政法学院学报）》，2005年第6期，56页。

② 参见林荫茂、张健：《论刑事司法中的行为时法、中间法与裁判时法的适用》，载《法学家》，2001年第5期，77页。

③ 参见《男人也会被“伤害”》，载《检察日报》，2011-02-23，第7版。

其18岁男同事李某实施“强奸”，导致李某后位肛裂。经法医鉴定，李某的伤情已经构成轻伤。

分析：本案中就不能对张某的行为适用《刑法》第236条规定的强奸罪。强奸罪是强行与“妇女”发生性关系的行为，将强行与男性发生性关系的行为也定为强奸罪，就是比照了最相类似的条款而进行的类推解释，应该受到禁止。①

需要说明的是，罪刑法定原则禁止类推解释，是禁止不利于行为人的类推解释，而不是禁止有利于行为人的类推解释。有利于行为人的类推解释之所以被允许，是因为它符合罪刑法定原则的人权保障精神。例如，怀孕妇女丙因涉嫌犯罪在受押期间自然流产后，又因同一事实被起诉、交付审判的，被视为符合《刑法》第49条规定的“审判的时候怀孕的妇女”而不被适用死刑。这一解释就是有利于行为人的类推解释。刑法作为成文法自其产生之日起即落后于时代，而且任何刑法典都只能订立一些通则，不能完备无遗。这些因素决定了刑法必然是有漏洞的，它不是一个完美的逻辑体现。补救之道，是对刑法进行合理的、合目的的解释。因此，禁止类推解释，并不是说对刑法的解释应局限于表面的文理解释，当进行文理解释不能确定刑法规范的含义时，仍然可以采用目的论的解释方法来解释。当然，超过此范围，涉及对刑法没有规定的事项进行类推解释的，无异于创立新法，当然应该受到禁止。

（四）禁止绝对的不定期刑

罪刑法定原则要求对犯罪处以什么样的刑罚必须由法律明文规定，禁止绝对的不确定的刑罚，以防止法官的专横擅断。

早期绝对的罪刑法定原则要求绝对确定的法定刑，即对犯罪所科处的刑罚，从刑种、刑期到罚金的数额，都必须由法律明文予以规定，法官毫无斟酌审查的余地。但是，对犯罪应处以何种刑罚是由行为、后果、主观恶性、犯罪动机、悔罪情况等一系列因素决定的，即使犯罪的行为相同，也绝不能机械地对不同案件中的行为人适用完全相同的刑罚。

中国古代刑法中存在着大量的绝对确定的法定刑，例如，“诸阑入太庙门及山陵兆域门者，徒二年”②。现今世界各国刑法中也还有绝对确定的法定刑的立法例，例如，《法国刑法典》第434—27条规定，“在押人犯摆脱其受管束之看守的行为，构成可处罚的越狱罪。越狱罪，处3年监禁并科45 000欧元罚金”。我国现行刑法中也有少数绝对确定的法定刑，例如，《刑法》第317条第2款规定，“暴动越狱或者聚众持械劫狱的首要分子和积极参加的……情节特别严重的，处死刑……”。《刑法》第240条第1款规定，拐卖妇女、儿童“情节特别严重的，处死刑，并处没收财产”。

由于绝对确定的法定刑过于绝对和机械，随着刑法理论新派及刑罚个别化的兴起，以及现代的折中的罪刑法定主义允许相对确定的法定刑，以使法官根据案件的不同情节，在法定刑的相对明确的范围内，斟酌决定所要判处的刑罚，因此，当今各国刑法中绝对

① 当然，本案中对于张某造成李某轻伤的行为，可以定故意伤害罪。但是，如果张某强奸李某但并未造成李某任何身体伤害，则不能以犯罪论处。

② （唐）长孙无忌等撰：《唐律疏议》，卷七“衛禁”（上），北京，中国政法大学出版社，2013。

确定的法定刑越来越少，相对确定的法定刑成为主流。

（五）刑罚法规适当

刑罚法规适当，又称实体的适当或适当处罚原则，是指刑法规定的犯罪和刑罚都应是适当的。该项内容是形式的罪刑法定原则发展成为实质的罪刑法定原则之后新增加的含义。

原来罪刑法定主义只被理解为“无法律则无犯罪也无刑罚”，只要法律有规定，不管刑罚法规的内容如何，都被认为不违反罪刑法定主义。随着 19 世纪末 20 世纪初法治国理论由形式到实质的发展变化，罪刑法定原则也发生了变化。在形式的罪刑法定所强调的刑法规范和程序的完备之外，实质的罪刑法定更要求刑法规范在内容上必须符合公平正义之理念。

实质的罪刑法定不仅是对罪刑法定理念的更新，使罪刑法定主义的内容相应地发生了变化，其最为重要的表现是实质的罪刑法定要求刑法符合正义之观念，并增加了实体的正当性为其新的内容。1946 年制定的日本《宪法》第 31 条是实体的适当原则的宪法根据。该条规定，“任何人非依法律所定程序，不得剥夺其生命或自由，或科其他刑罚”。自 20 世纪 60 年代以来，由于受美国宪法中正当法律程序原则（due process of law）的影响，日本一些学者如团藤重光、平野龙一、芝原邦尔等教授在提倡明确性原则的同时，还提出承认实体的适当原则为罪刑法定主义的新的派生原则。随后，这一原则逐步为日本刑法学界所接受，他们认为：受美国宪法影响，于 1946 年制定的《日本国宪法》第 31 条的规定是实体的适当原则的宪法根据。在日本学者看来，该条规定不仅要求程序的适当，而且要求刑罚法规的实体内容的适当。刑罚法规的内容不适当时，被认为违反了日本《宪法》第 31 条。团藤教授指出：日本《宪法》第 31 条由来于美国的正当法律程序条款，虽然没有“适当的”这种表述，但必须要求罪刑的法定是适当的。在程序和实体都必须适当这个意义上，美国宪法中所谓的“实体的适当程序”的要求，在日本宪法中也应当被承认。① 他们认为，罪刑法定主义的宗旨是保障人权，而实体的适当原则体现着实质的保障人权原则，它符合罪刑法定主义本来的宗旨，应该说是当然的。② 刑罚法规适当原则包括以下内容：（1）禁止处罚不当罚的行为。刑事立法者应当调整刑法的处罚范围，以为保护公共安全与秩序所绝对必要为限度。具有社会危害性的行为，只有在采用刑法方法方能保护其侵害的法益时，才能被规定为刑法中的犯罪。对于随着时代的变迁社会危害性已经不再严重的行为，则应及时予以非犯罪化。在这里，实际上需要贯彻的是刑法的谦抑性原则。（2）罪刑的均衡。国家刑罚权的行使应该有一定的限度，应防止刑罚过剩与刑罚过度，尤其应该禁止残酷的社会制裁。

我国刑法是否确立了刑罚法规适当的原则？根据我国基本的刑事政策、社会治安综合治理的方针、我国的历史传统和人们的价值观念，我国刑法的处罚范围是比较适当的。但是，在犯罪的处罚程度上还存在着一些问题，即刑事制裁措施单一，只有刑罚一种；刑罚裁量过重，重刑色彩依然存在，挂死刑的罪名有 46 个，挂无期徒刑的罪名多达 99

---

① 参见［日］团藤重光：《刑法纲要总论》，东京，创文社，1979，49 页。

② 参见马克昌：《罪刑法定主义比较研究》，载《中外法学》，1997 年第 2 期，38 页。

个。这种现象的出现是我国传统法观念影响的必然结果。长期以来，“治乱世用重典”的法传统以及民众过于强烈的报应观念，使我国的刑事立法在追究犯罪人刑事责任时具有重刑化的倾向。但与此同时，近年来刑事立法朝着轻罪化的方向发展，犯罪圈不断扩大。这些刑事立法是否实现了罪刑法定原则所要求的刑罚法规适当，均值得反思。

（六）遵守明确性原则

罪刑法定主义要求对什么是犯罪以及对犯罪处以何种刑罚由刑法明确予以规定，“法无明文规定”不为罪、不为刑。因此，明确性作为罪刑法定主义之“法定”化的题中应有之义，就成为罪刑法定主义的重要派生原则。

明确性原则是由英美法系国家宪法上的正当法律程序原则发展而来的。英美等判例法国家不以成文法作为唯一的法源，不像大陆法系的刑法理论主张构成要件学说，并以之作为刑法的重要内容。但是，英美法系的正当法律程序原则，与构成要件理论具有同样的刑法保障意义。在内容上，它不以刑法中的类型概念为重心，而是以刑罚权行使的合理程序与方式为着眼点，要求刑事立法、司法的规定或行政规范的定义必须符合明确性原则，否则将因模糊不清而无效。此即“含混无效原则”（doctrine of void for vagueness）或“不明确无效之理论”。含混无效原则经 20 世纪初美国的宪法判例实践进一步广泛承认后①，又得到德日等国的刑法判例的承认，并在第二次世界大战后作为罪刑法定的内容而在立法上得到规定。

关于明确性的含义，各国刑法中的表达并不很明确。英美等国的刑法相关判例表明，刑罚处罚规范是否明确，主要是指：对于可能是犯罪而受处罚的行为，法律是否曾经合理地公布过；对于恣意擅断与歧视执行的情形，法律是否已经制定相当的保障措施；对于宪法保障的基本人权，法律必须保留相当的喘息空间。因此，对于限制基本人权的刑罚处罚规定，应尽量遵守严格界定原则。② 美国判例也曾对明确性标准作过解释，即达到具有通常智力的人对刑法法规能够进行推测和适用的程度。德国刑法学者认为，“能给予司法工作可资信赖的切实的基础”就是明确性的要求。日本最高法院在 1975 年的一个判例中确认，“以具有通常判断力的一般人的理解为基础”③。虽然各国刑法对于什么是罪刑法定主义的明确性原则存在一定争议，但是，从现今刑法理论来看，一般认为，明确性原则是指，对犯罪构成要件的规定，以及对刑罚种类和刑罚幅度的规定，都应该明晰、确切，以使法官能够根据法条规定公平、统一地适用法律的原则。因此，它包括构成要件的明确和法定刑的明确。但日本学者最初主张明确性原则“通常认为是关于构成要件的问题”，例如，日本学者赤坂昭二称，“罪刑法定的现代意义在于以犯罪构成要件的明确化和禁止刑法的溯及力为核心的对个人人权的保障”④。

方某某传播淫秽物品牟利案。⑤ 方某某在网上注册了两个 QQ 号与人裸聊。自 2006 年 11 月 1 日到 2007 年 5 月 14 日，方某某裸聊范围达 20 余个省份的 300 余人，其用于裸

① 参见张明楷：《外国刑法纲要》，3 版，北京，法律出版社，2020，24 页。

② See Wayne R. Lafave, Austin W. Scott, Jr., *Criminal Law*, West Publishing, 1972, p. 83.

③ 高铭暄、赵秉志主编：《新中国刑法学五十年》（上册），北京，中国方正出版社，2000，349 页。

④ ［日］赤坂昭二：《罪刑法定主义》，何鹏、张光博译，载《环球法律评论》，1981 年第 1 期，28 页。

⑤ 参见（2007）龙刑初字第 249 号刑事判决书。

聊收费的银行账户以及支付宝账号汇入裸聊资金 1 054 次，计 24 973.03 元。法院以传播淫秽物品牟利罪判处其有期徒刑 6 个月，缓刑 1 年，并处罚金 5 000 元。

分析：本案中裸聊为网络新型犯罪，我国刑法中没有规定。关于对这种行为能否定罪、定何罪，刑法都未明确。《刑法》第 363 条第 1 款规定，以牟利为目的，传播淫秽物品的，构成传播淫秽物品牟利罪。但裸聊是一种行为（色情活动）而不是一件物品，将裸聊定性为传播淫秽物品，在刑法的适用上违反了“法无明文规定不为罪”的基本原则。后此案的判决受到了质疑。本书认为：在法律加以明确前，不应生搬硬套现有法律。缺乏法律的明示与对应，纯粹根据行为的社会影响定罪处刑不妥。总之，由于裸聊行为在时间和空间方面的特殊性，将之认定为传播淫秽物品牟利罪违反了罪刑法定的明确性原则。

受刑事立法技术等多种因素制约，明确性原则的实现只能是相对的。成文法典是人类追求理性的产物。早期的法典编纂者认为法典是书写的理性，甚至认为法典没有缺漏，它包含解决所有法律问题的规范。（刑）法典被认为是被写下来的理性，法官所从事的行为仅为一种纯粹的逻辑操作，法官是刑事法律的机械执行者。由此导致了对成文刑法典的顶礼膜拜、对刑法典概念精密的无限追求。然而，启蒙思想家所崇尚的法典是被写下来的理性的看法受到了批评。康德指出，理性“仅限于可能经验的对象，而在这些对象里，仅限于在经验里能够被认识的东西”①。唯理主义的合理性受到怀疑，导致了自由法运动的兴起。耶林（Jhering）、埃利希（Ehrlich）等自由法论者指出：法律必然是有漏洞的，它不是一个完整的逻辑体系。法官有权根据对法律科学的认识来补充法律的漏洞；法官对法律的适用不是简单的机械操作，而是根据目的、利益等价值进行衡量的过程，因此法官的自由裁量权应该得到肯定。这样，以追求构成要件的精密性和成文刑法规则的绝对性的立法倾向受到了冲击。无论从法律的性质、法律所面对的社会生活还是从法律语言来看，刑事立法都被证明犯罪构成要件规定不可能精密得类似于算术的计算公式，完全封闭的构成要件只可能是一种不切实际的幻想；模糊性与不确定性成为犯罪构成要件的特点，构成要件的适用无法离开法官的解释、判断。

综上，法律的明确性是法治的一项基本原则，但是，在法律不能明确或无法明确的情况下，使用一定的概括性的条款或不确定的法律概念，同样是符合法律的明确性原则的。“事实上，刑法的明确性是由立法的明确性与解释的明确性共同实现的，刑法本身不可能绝对明确。”② 因此，罪刑法定原则的适用主要就是对刑法规范的解释，而全部刑法学的核心，正是在遵守罪刑法定原则的前提下，对刑法进行解释、适用。

五、罪刑法定原则的司法适用：形式入罪实质出罪

罪刑法定被规定为我国刑法的一项基本原则之后，我国刑法理论界和司法实务界的法治观念大为改观。我国刑事司法部门基本上做到了严格按照刑法规定定罪量刑，正确地对刑法规定进行刑事司法解释，按照刑法规定执行刑事处罚等罪刑法定原则的基本

---

① ［德］康德：《未来形而上学导论》，庞景仁译，北京，商务印书馆，1995，154 页。

② 张明楷：《外国刑法纲要》，3 版，北京，法律出版社，2020，21 页。

要求。

1. 根据刑法条文表述，罪刑法定原则的司法适用立场应为“形式入罪实质出罪”。

如前述，经典罪刑法定原则的表述是，法无明文规定不为罪、法无明文规定不处罚。简言之，“无法无罪无刑”①。我国《刑法》第3条对罪刑法定原则的表述是，“法律明文规定为犯罪行为的，依照法律定罪处刑；法律没有明文规定为犯罪行为的，不得定罪处刑”。简言之，“有法有罪有刑”。刑法学界将我国《刑法》第3条的前半句称为积极的罪刑法定，将后半句称为消极的罪刑法定。

对比中国罪刑法定原则与经典罪刑法定原则，可以发现二者有较大差别。一方面，经典罪刑法定原则强调“无法无罪无刑”，中国罪刑法定原则先是强调“有法有罪有刑”，而后才明确“无法无罪无刑 ”。“无法无罪无刑”体现了入罪禁止机能：它要求刑法对犯罪与刑罚处罚范围事先尽量明确加以规定，以使公民了解自己自由的领域；它强调入罪从严以确保公民权利免受法官罪刑擅断的侵害。其根本目的在于限制国家刑罚权的滥用，体现对公民自由、人权的保障。“有法有罪有刑”则体现了出罪禁止机能：它要求刑法对犯罪与刑罚处罚范围事先尽量宽泛地加以规定，以使法官有定罪的根据；它强调有罪必罚和出罪从严，以确保公民的违法行为受到法律追究。其根本目的在于确保国家刑罚权的有效行使而不至于落空，体现的是惩罚打击犯罪、维护社会秩序的社会保护机能。另一方面，“先无后有”与“先有后无”差别极大。《刑法》第3条将积极罪刑法定规定在前，将消极罪刑法定规定在后。这不是简单的语序或者习惯问题，而是表明中国罪刑法定原则并非着重于人权保障机能的发挥，而是致力于社会保护机能的实现。

为了弥补中国罪刑法定原则过于强调社会保护的不足以及出罪机能的缺失，应以“形式入罪实质出罪”作为该原则的适用立场。罪刑法定原则作为起源于启蒙时代之自由、民主、人权精神的法治原则，其根本作用在于防止国家刑罚权的滥用，以保护弱小的个人；其根本机能是保障人权而不是保护社会。罪刑法定原则倡导法无明文规定不为罪不为刑，它使何种行为构成犯罪以及对犯罪应处何种刑罚都有了明确的标准。它最重要的意义在于“使刑法能够具有法确实安定性，并因为明确地规定国家刑罚权之范围，而足以保障人权，使刑法产生保障机能”②。刑法的社会保护机能源于刑法惩罚性之本质，刑法的人权保障机能则源于罪刑法定原则。刑法的社会保护机能意在保护社会上合法之人的权利，人权保障机能意在保护犯罪之人的权利，二者构筑起“既是善良人的大宪章也是犯罪人的大宪章”意义上的刑法。日本学者木村亀二指出，“刑法规范，第一，是善良公民的大宪章；第二，是犯人的大宪章”③。为了彻底实现人权保障机能，通过司法适用充分发挥罪刑法定原则的入罪禁止机能，应该提倡“形式入罪实质出罪”的罪刑法定原则司法适用方向。

形式入罪是指，根据成文的构成要件的形式规定，采用文义解释或者平义解释方法，对某种行为进行入罪。它意味着在对行为人的行为入罪时必须恪守刑法规范的形式规定，

---

① ［德］冯·费尔巴哈：《德国刑法教科书》（第十四版），徐久生译，北京，中国方正出版社，2010，31页。

② 郑逸哲：《罪刑法定主义七十年》，载林山田等：《刑法七十年之回顾与展望纪念论文集》（一），台北，元照出版公司，2001，91页。

③ ［日］木村亀二：《刑法总论》，增补版，东京，有斐阁，1978，86～87页。

强调对犯罪成立与否的判断不含价值成分，从而避免法官个人的喜怒好恶左右定罪量刑，避免将具有严重社会危害性但刑法没有明文规定为犯罪的行为当作犯罪处理，以确保公民的自由、人权。例如，《刑法》第232条故意杀人罪的对象是人，如果杀害的是动物就不能入罪。《刑法》第264条规定，"盗窃公私财物，数额较大的，或者多次盗窃、入户盗窃、携带凶器盗窃、扒窃的"，构成盗窃罪。对于这里的"多次盗窃"，司法解释规定是3次，如果没有达到3次就不能入罪。司法实践中违反构成要件的形式规定而入罪的情况时常发生，这些都是违背罪刑法定原则的。

杨某某非法制造爆炸物案。① 2016年2月19日，杨某某因本村过庙会，组织部分村民在本村某居民区制造烟火药被举报。公安干警当场查获用于制造"梨花瓶"的烟火药15千克、"梨花瓶"成品200个（每个瓶内药量约为1.46千克）以及其他原料和工具。经对查获的烟火药进行鉴定，该火药具有爆燃性。

分析： 对于本案，法院经审理认为，杨某某违反国家爆炸物管理法律法规，未经有关部门批准，非法制作烟火药15千克以上，其行为已构成非法制造爆炸物罪，遂判处杨某某有期徒刑4年6个月。本书认为：法院的判决没有做到"形式入罪"，违反了刑法罪刑法定原则。根据司法解释的规定，非法制造烟火药3千克以上的，即可成立非法制造爆炸物罪，杨某某用于制造"梨花瓶"的烟火药远远超出该标准。但是，五道古火会是河北省赵县极具特色的传统民俗文化活动，已经传承两千余年，早已成为当地百姓欢度元宵时不可或缺的娱乐方式，并内化为他们文化生活范围的一部分。并且，五道古火会在2001年已被纳入河北省非物质文化遗产保护范围，得到了国家的批准，这种批准也应包括烟花的制作和燃放，故其并不属于刑法中的"爆炸物"。罪刑法定原则的本意在于以形式的成文刑法保障国民的自由人权，"法无明文规定不为罪不为刑"是对禁止入罪的人权保障机能的完整体现。强调从形式上理解犯罪构成要件并进行入罪认定，是罪刑法定原则的基本要求。

实质出罪是指，立法者在规定构成要件的时候，是从众多的行为中将值得作为犯罪处罚的类型化的法益侵害与威胁挑选出来，并以刑法的方式加以规制。这就意味着只有那些严重侵害或危及法益的行为在立法者看来才属于犯罪。于是，对那些形式上符合犯罪构成要件，但实质上没有达到值得动用刑罚处罚程度的行为就应在解释上予以出罪。它意味着，基于具有出罪禁止机能的我国罪刑法定原则，必须允许法官针对个案进行价值判断，采用实质解释以实现罪刑法定原则的出罪正当化机能。实质出罪也是为了实现罪刑法定的实质侧面即刑罚法规的适当性。通过出罪层面的实质解释，就可以实现个别公正，保护具体权利。

实质出罪在形式入罪适用之后方可进行。"司法裁判虽然要在依法裁判与个案正义之间'来回摆荡'、保持平衡，但其重心在依法裁判这一端。在绝大部分情形中，只有在实现了依法裁判这一基础性要求的前提下，才应去追求个案正义。"② 形式入罪后的行为不一定都构成犯罪，还应该结合行为违法性是否达到可罚的程度以及有责性是否达到必须

---

① 参见（2017）冀0133刑初4号刑事判决书。

② 舒国滢、王夏昊、雷磊：《法学方法论》，北京，中国政法大学出版社，2018，183页。

动用刑罚予以非难的程度，在实质层面上对处罚必要性与合理性进行考量。衡量之后，对于不具有值得处罚的法益侵害性的行为，就应该予以出罪；对于确实当罚的行为，才能定罪量刑。

宋甲妨害公务案。[①] 2019 年 6 月 17 日上午，宋甲见其父宋乙被某地法院执行局人员控制，遂冲上前欲解救宋乙，与法警陈某、蒋某等人拉扯，阻碍执法。后宋甲在被控制的过程中，咬伤法警刘某的右上臂。

分析： 对于本案，法院判决宋甲的行为构成妨害公务罪，判处有期徒刑 1 年。然而，法院的判决引发疑问：《刑法》第 277 条第 1 款规定，以暴力、威胁方法阻碍国家机关工作人员依法执行职务的，构成妨害公务罪。宋甲咬伤执法人员的手臂，这种行为从形式上看可以入罪。但是，从实质层面分析，宋甲的行为并不具有值得处罚的法益侵害性。从客观违法层面分析，宋甲在法官执行案件过程中咬法官固然不对，但他也只咬了一口，虽然他号称自己有艾滋病，但此行为也只是虚构谎言以吓唬法官；从主观责任层面分析，宋甲并没有妨害公务的故意。在法院执行案件过程中，双方当事人发生冲突，法官将宋乙控制住，从而令宋甲心生不满，所以才咬了执法人员。综合分析，宋甲的所谓暴力行为极其轻微，并且没有造成法官执行公务的行为受到影响，不具有值得处罚的法益侵害性，因此，不应该认定其行为构成犯罪。对这种执法过程中发生的冲突如果一律以妨害公务罪定罪处罚，对于激励公务执法措施的改进以及构建和谐社会极为不利。

针对我国“法有明文规定即为罪即为刑”的罪刑法定，显然应该追问：果真是刑法有规定就必须处罚吗？法定的罪与刑在实质上是否合理？个别的、具体的正义是否必须让位于抽象的、一般的正义？形式的正义是否会掩盖实质上的非正义？形式上的法律依据是否具备内在的处罚必要性和合理性？是否处罚了实质上不该处罚的行为？对这些问题的回答，要求我们透过“法律明文规定为犯罪行为”的形式，致力于对犯罪构成要件从实质合理性角度进行解释，对法虽有明文规定但规定不尽合理的构成要件，通过实质的刑法解释限制其适用，从而实现刑罚处罚范围的合理化，将不该处罚的行为排除在刑法圈之外，充分实现罪刑法定原则的人权保障机能。形式上的法律依据是否具备内在的处罚必要性和合理性，是否处罚了实质上不该处罚的行为，是检验其实质上是否合法的关键。因此，为了避免出现人们看得到惩罚但是看不到罪行的结果，应建立“有罪不一定罚”的出罪机制，在行为成立犯罪与否的判断过程中，有必要根据刑罚法规的适当性所要求的禁止处罚不当罚的行为，考虑处罚的必要性和合理性，从实质的角度来强调罪刑法定的意义。唯有如此，才能实现刑罚处罚范围的合理化，做到虽法律有明文规定，但因实质上不具备处罚合理性而不定罪，真正完全实现罪刑法定原则的人权保障机能。

面对本土化或者中国化了的罪刑法定原则，如果要完全实现罪刑法定原则的人权保障机能，在入罪时需认真对待法律规则，坚守形式解释；形式入罪之后，还应根据罪刑法定实质侧面的刑罚法规适当性所蕴含的禁止处罚不当罚的行为之要求，对于经综合衡量后不具有值得处罚的法益侵害性的行为予以出罪。对于确实具备处罚必要性与合理性的行为，才能最终定罪处罚。通过先形式入罪再实质出罪这两个步骤，才能真正在司法实践中贯彻

---

① 参见（2019）苏 0114 刑初 436 号刑事判决书。

罪刑法定原则。同时，这也是贯彻少捕、慎诉、慎押刑事司法政策的必然要求。

2. 根据法律原则的定位，我国罪刑法定原则的司法适用方式应为指导而非直接援引。

罪刑法定原则作为刑法的基本原则，在司法实务中应被遵循，但是这种被遵循不是指在司法实践中具体判案时被援引，而是指在整个刑事司法活动的过程中都应被贯彻，以充分发挥罪刑法定原则对整个司法活动的指导作用。尤其在将适用与案件事实对应的法律规范时，要确认法律是否有明文规定、是否溯及既往、对刑法规范的解释是否属于类推解释。

司法实践中适用罪刑法定原则之所以不应通过直接援引来彰显对该原则的遵守，原因在于，与罪刑法定基本原则的功能和地位不相符合。

杜某辉等故意毁坏他人财物案。① 杜某辉等为纠集者的恶势力团伙，采取毁路、毁庄稼、围堵等威胁和软暴力手段，多次实施故意毁坏财物的行为。

分析：法院经审理认为，“根据我国刑法总则规定的‘法律明文规定为犯罪行为的，依照法律定罪处罚；法律没有明文规定为犯罪行为的，不得定罪处罚’的‘罪刑法定原则’”，应对杜某辉等追究故意毁坏财物罪的刑事责任。本书认为：本案中法院的判决直接援引罪刑法定原则作为定罪量刑依据的做法值得反思。司法判案应该根据具体罪刑条款而不是法律原则，罪刑法定原则只应发挥指导作用，并被融入对个案个罪条文的解释适用。反观我国司法实践，有的法院在判决时直接援引罪刑法定原则，以至于我国司法实务中出现根据原则判案的不妥现象。

第二节　平等适用刑法原则

一、平等适用刑法原则的含义与意义

《刑法》第 4 条规定，“对任何人犯罪，在适用法律上一律平等。不允许任何人有超越法律的特权。”该规定确立了平等适用刑法原则。根据这一规定，平等适用刑法原则是指对任何人犯罪，不分性别、种族、民族、语言、出身、财产状况、职务地位、宗教信仰等的不同，都应依据刑法规定同等定罪、同等追究刑事责任、同等行刑，绝不允许任何人有超越法律的特权。简言之，对任何犯罪人在刑法上的评价和适用的标准是同一的。

《宪法》第 33 条第 2 款规定，“中华人民共和国公民在法律面前一律平等”。第 5 条第 5 款规定，“任何组织或者个人都不得有超越宪法和法律的特权”。这就是法律面前人人平等原则。这是宪法确立的我国公民的一项基本权利，也是我国社会主义法治的一项基本原则。这一原则要真正取得效果，就需要在各部门法中得到贯彻执行。刑法作为我国的基本法律，对于贯彻这一原则责无旁贷。平等适用刑法原则作为宪法规定的法律面前人人平等原则在刑法中的具体化，有其特殊性，因为：刑法作为规定犯罪、刑事责任和刑罚的法律，主要解决的是犯罪人的定罪量刑问题。刑法上所说的平等，是指定罪量刑时只考虑法律上的条件，而不考虑法律以外的因素。其实质是排除特权：对具有同样情节的犯罪人，在定罪处罚时应一视同仁；对任何犯罪人不得因特殊身份、地位而加重或减轻处罚。

---

① 参见（2020）晋 08 刑终 421 号刑事裁定书。

这一原则确认和保护公民在享有法定权利、承担法定义务上处于平等的地位。

平等适用刑法原则意味着对特权的否定。根据《刑法》第4条的规定，司法机关对任何人犯罪，不分民族、种族、职业、出身、性别、宗教信仰、教育程度、财产状况、职位高低和功劳大小，都应依法追究刑事责任，一律平等地适用刑法，不允许有任何超越法律的特权。对于那些触犯刑律、构成犯罪的人，不论现在地位多高、过去功劳多大，都要依法处理，绝不允许包庇、纵容。对任何人犯罪，在适用刑法时要坚持同一标准，绝不能违法地轻判、重判。

平等适用刑法原则是严格执法的需要。在司法实践中，有法不依、执法不严的现象依然存在，造成的后果和影响也非常恶劣，如果任其蔓延，势必影响到司法机关正确司法，破坏国家法律的统一。因此要严格遵守平等适用刑法原则。

二、平等适用刑法原则的思想渊源

平等适用刑法原则的思想基础是一项抽象的法治原则——法律面前人人平等原则，平等适用刑法原则是法律面前人人平等原则在刑法中的具体化。

法律面前人人平等作为一个口号，是欧洲资产阶级启蒙思想家提出来的。在17、18世纪，英国的洛克、法国的卢梭等人系统阐述了“天赋人权”理论，认为人生而自由、平等、独立。1789年法国《人权宣言》宣称：“在权利方面，人们生来是而且始终是平等的”。由此正式确认了法律面前人人平等原则，即所有的公民都是平等的，法律对于所有的人，无论施以保护还是处罚，都是一样的。1791年的法国宪法以根本法的形式规定了这一原则。此后，西方大多数国家在宪法中确认了这一原则。然而，在平等原则的历史发展进程中，存在这样一个现象：在革命之初，为了团结民众推翻封建等级特权，人人平等成为旗帜口号，但革命成功后，只讲有权阶级内部的平等，社会大众所期待的那种人人平等受到不同程度的限制。美国早在《独立宣言》制定时就宣告“人人平等”，但其1787年宪法未废除奴隶制，在统计人口数时，只将黑人算作3/5个计票单位；在是否享有选举权的问题上，其规定只有拥有财产的成年白人男性有选举权，黑人、妇女以及穷人没有该项权利。这种保护种族特权的平等原则使美国付出了巨大代价——从南北内战到社会种族骚乱，最终才在形式上确立了公民权利平等的原则。争取人人平等的血腥历史表明，确立人人平等原则是一个不可逆的潮流。

在近代早期探求法律（刑法）平等的道路上，人人平等原则也是逐步确立的。一是性别平等问题。法国《人权宣言》在发表时，由于使用了法语 homme（意为“人”“男性”）、citoyen（意为一般“市民”“男性市民”），而未使用代表女性市民的语词，体现出只赋予和保护男性与男性市民权利的倾向，因而遭受了诸多批判。德古热于1971年9月发表的《女性和女性市民权利宣言》指出《人权宣言》为男性宣言这一问题，要求“女性和女性市民”应该获得与“男性和男性市民”平等的权利保障，并指出了法国近代宪法含糊其词之处，认为“女性是自由的，在权利上，作为与男性平等的人而出生和生存；一切女性市民都同男性市民一样拥有亲自或通过自己的代表参与制定法律的权利”①。随着时间

① ［日］杉原泰雄：《宪法的历史》，吕昶、渠涛译，北京，社会科学文献出版社，2000，25页。

的推移，性别平等在今天于理论上已是共识。二是把“人”与“公民”分开。在立法上和参与执法方面，每个公民即资产阶级成员一律平等；在适用法律上则无一例外，对所有人都是平等的。它反映了革命初期资产阶级在打破特权等级制度及基础的同时也排斥民众的要求，即无论哪个阶级，特别是无产阶级，在适用法律时都必须接受资产阶级的意志。但随着资本主义的发展，为表示“主权在民”的真诚，“人”和“公民”的界限已经日益消除。在我国现行法律中，“人人”平等得到了很大程度的实现，如《宪法》第38条规定，“中华人民共和国公民的人格尊严不受侵犯。禁止用任何方法对公民进行侮辱、诽谤和诬告陷害”。该规定即确立了“人的资格”上人人平等而没有例外。①

三、平等适用刑法原则的内容

根据平等适用刑法原则的含义，该原则包含以下几项内容。

（一）定罪平等

行为人实施的危害社会的行为已构成犯罪的，不论其身份、地位、财产状况如何，都应当依据刑法分则的相应条款确定罪名；不构成犯罪的，依法及时作出正确处理，保护其合法权利。我国《刑法》第13条和分则条文所规定的犯罪行为，都是国家禁止的对社会具有危害性的行为。对于任何人在主观意识的支配下实施的侵害国家、社会或个人利益的行为，都应该根据犯罪行为、犯罪的主观方面及犯罪主体等要件，并依据《刑法》第13条及分则相应条文，认定犯罪是否成立。对于任何犯罪的人，不论其原来的地位多高、职位多高、财产状况多么特殊，只要其行为已经构成犯罪，就应和其他任何犯罪的人一样，受到定罪处罚。总之，是否定罪只能考虑行为是否具备刑法规定的犯罪构成要件，而不能考虑除此以外的其他因素。刑法不允许随意出入人罪，尤其不允许任何人有超越法律制裁的特权。

包公铡美案。② 陈世美与秦香莲成婚多年，育有一儿一女。之后，苦读多年的陈世美进京赶考，高中状元后被招为当朝驸马。秦香莲久无丈夫音讯，便携子女上京寻夫。陈世美不仅不与她相认，还派韩奇追杀。韩奇听闻缘由之后不忍下手，并告知秦香莲可向包拯拦轿喊冤。包拯接下词状之后，欲治陈世美玷辱皇室、蒙蔽圣聪、抛弃糟糠、诛妻杀子之罪。陈世美拒不承认，又有公主、国太来救，甚至宋王都传下了三道旨。包拯认为，律例面前不应徇私。在查清事实之后，包拯亲手放下铡刀，陈世美伏法。

分析：本案中虽陈世美贵为驸马，但是，包拯秉公执法，坚持王子犯法与庶民同罪，最终为民申冤。这实现了定罪层面的适用刑法平等，故而此故事千百年来久久流传。

（二）量刑平等

量刑平等是指对任何犯有相同罪行的人，都应当依照刑法规定的量刑标准处以刑罚，不得任意加重或减轻。

平等适用刑法与刑罚个别化原则是不矛盾的。刑罚个别化是指法官在适用刑罚时，根据犯罪人的人身危险性大小及社会生活的不同需要而适用不同的刑罚，以期改造、教

---

① 参见李邦友：《论刑法平等原则的理论基础》，载《现代法学》，2002年第3期，107页。

② 参见重庆群众川剧团编导组：《铡美案》，成都，四川人民出版社，1979，1～64页。

育犯罪人，实现刑罚特殊预防的目的。依此原则，在刑罚的执行上必须依据犯罪人的年龄、性别、性格特征、生理状况、犯罪性质、犯罪严重程度、人身危险性等给予不同处遇。刑罚个别化原则贯彻在从量刑到执行刑罚的整个过程中。我国《刑法》第 61 条规定，“对于犯罪分子决定刑罚的时候，应当根据犯罪的事实、犯罪的性质、情节和对于社会的危害程度，依照本法的有关规定判处”。该条规定便是刑罚个别化原则的体现。平等适用刑法原则体现的是一般公正，刑罚个别化原则体现的是个案公正。正是刑事案件的个案公正，才使一般公正具有现实的意义，而非仅仅具有理论的意义。总之，平等适用刑法原则并不表明对同样的犯罪一律处以同样的刑罚，那种机械的、绝对的“平等”并非该原则的内涵，而是一种平均主义思想。对犯罪人的定罪量刑不受非罪情节或因素的影响，而是根据不同犯罪或相同犯罪的不同犯罪人的个人情况、犯罪情节等与犯罪有关的一切情节综合考察，处以相应的刑罚，就是平等适用刑法原则的真正内涵。

（三）行刑平等

行刑平等是指被判处刑罚的人应当受到相同的处遇，不得因社会地位的差别而在刑罚执行上受到不同的处遇。对被判处刑罚的犯罪分子，只有实际执行刑罚，才能达到刑罚的目的。因此，对任何被判处刑罚的犯罪分子，都应根据刑法和监狱法的规定实际执行刑罚。对任何犯罪分子，在执行刑罚期间，都不得因为判刑前身份、职位、财产等状况的不同，而给予不同于其他犯罪分子的特殊待遇。至于对被执行刑罚的犯罪分子，由于犯罪类型、刑期、服刑改造的现实情况不同，按照《监狱法》的规定，为了有利于改造而实行分押、分管，进行不同种类的劳动改造和管教，则是正当合法的，不属于行刑的不平等。

四、平等适用刑法原则的实现

平等是公正的内涵属性，无平等即无公正可言，因此，平等适用刑法原则是实现刑事法治的最基本条件。虽然我国刑法已经将它确立为一项刑法的基本原则，但是这并不意味着它在现实中必然会得到遵守。从现阶段我国的刑事立法及刑事司法实践来看，要想将该原则予以落实，还存在很多不足，需要改进。

在刑事立法上，所有制的不同导致的不平等问题依然存在。这一点首先体现在罪名设置的总体比例上。对于同样的行为，我国刑法曾只将侵犯国有财产的行为设立为犯罪，而不将侵犯私有财产的行为规定为犯罪。例如，《刑法》第 165 条非法经营同类营业罪，该罪就曾只针对国有公司、企业的董事、经理，私营公司或企业的董事、经理实施同类行为的，不构成犯罪。这就人为地从法律上为私营公司、企业的发展设置了障碍。《刑法修正案（十二）》在该条后增加了“其他主体”，体现了对民营经济之同等保护。其次体现在已有罪名的法定刑设置上。在 2011 年《刑法修正案（八）》前，盗窃金融机构可被判处无期徒刑＋死刑，后立法者删除了该条款。这些基于所有制的不同而在是否成立犯罪问题上的差别对待，既不利于保护私人所有财产，也不利于平等适用刑法原则的贯彻。修改这些“不平等”的刑法条文，显然是今后刑事立法应该努力的方向。

在刑事司法实践中，适用刑法不平等并非个别现象。对同样的犯罪，内地与沿海、发达地区与落后地区的处置不同；资格老、地位高、功劳大、财富多的人，往往更容易受到包庇、保护或纵容；司法工作人员实施权钱交易、犯罪分子以钱赎刑等各种有违平等适用刑法原则的事件仍不鲜见。司法实践中的种种不平等现象是当前我国贯彻平等适用刑法原则面临的一大问题。为了改善这种状况，使平等适用刑法原则在司法中得到贯彻，现阶段必须加快对司法体制的改革，保证法院依法独立审判，并强化对刑事司法活动的监督，提高刑事司法工作人员素质，增强社会大众的法治意识，等等。只有使平等适用刑法原则得到良好的贯彻和实施，才能更好地实现对平等目标的追求。

第三节　罪刑相适应原则

一、罪刑相适应原则的含义与意义

罪刑相适应原则，又称罪刑相当原则或罪刑均衡原则，是指刑罚的轻重应当与犯罪的轻重相称。这一原则是适应人们朴素的公平意识的一种法律思想，是由罪与刑的基本关系所决定的。我国《刑法》第5条明确规定了这一原则：“刑罚的轻重，应当与犯罪分子所犯罪行和承担的刑事责任相适应。”根据这一规定，人民法院在对犯罪分子量刑时，应当根据其行为危害性的大小以及影响刑事责任的各种因素如犯罪情节、犯罪人的人身危险性等来确定与之相适应的刑罚，不得任意加重或减轻，做到罪行、罪责、刑罚三者相适应，以保证刑罚的公正、合理和刑事司法的权威。

只有罪刑相适应，才能满足被害人及社会善良人天生的追求对等性的本能，满足人类追求公正的朴素情感；只有罪刑相适应，才能制约国家刑罚权，防止因刑罚权的滥用而侵犯公民自由；只有罪刑相适应，才能使犯罪分子受到公平合理的惩罚，促使犯罪分子认罪服法，接受改造；只有罪刑相适应，才能有效地实现刑罚预防犯罪的目的，同时在群众中树立司法机关执法严明、公正的良好形象。罪刑之间不均衡，则不足以惩戒犯罪分子，以及威慑其他潜在犯罪分子，预防他们犯罪。

二、罪刑相适应原则的思想渊源

罪刑相适应原则起源于古老的血亲复仇或“以牙还牙，以眼还眼”的公平思想。近代的罪刑相适应原则则是资产阶级革命时期自由、平等、博爱思想在刑罚理论上的表现，它最初是为了反对中世纪刑罚的专断和严厉，追求实现刑罚上的公平与正义。当时的资产阶级启蒙思想家如霍布斯、洛克、孟德斯鸠等人都极力倡导这种思想，如洛克指出：“处罚每一种犯罪的程度和轻重，以是否足以使罪犯觉得不值得犯罪，使他知道悔悟，并且儆戒别人不犯同样的罪行而定。”① 孟德斯鸠更是明确主张：“刑罚始终有轻重之分，轻罪轻罚，重罪重罚。”② 明确提出和阐明罪刑相适应原则并奠定其理论基础的是贝卡里亚、康德、黑格尔和边沁。贝卡里亚对罪刑相适应原则作了极为系统的阐述，他指出：“犯罪对公共利益的危害越大，促使人们犯罪的力量越强，制止人们犯罪的手段就应该越

---

① ［英］洛克：《政府论》（下篇），叶启芳、瞿菊农译，北京，商务印书馆，2009，7～8页。

② ［法］孟德斯鸠：《波斯人信札》，许明龙译，北京，商务印书馆，2019，147页。

强有力。这就需要刑罚与犯罪相对称。”① 为了实现罪刑相均衡，贝卡里亚还精心设计了一个罪刑阶梯，以使轻罪对应轻刑、重罪对应重刑，充分地做到罪刑相适应，从而给人们提供了一张犯罪的价目表。康德在客观主义的思想基础之上，从人的理性及意志自由出发提出了报应刑论。他认为刑法是体现着正义的绝对命令，正在侵害正义的犯罪，依照理性的命令，就该受到绝对的惩罚，此为正义的当然要求；他提倡“以牙还牙、以眼还眼”的等量报应刑论，认为刑罚只是对犯罪行为进行报复的一种方法，它具有绝对报应的性质，只能以有犯罪行为为理由科处，绝不能用作改善犯罪人本身或促进其他目的之方法。黑格尔继承了康德的自由意志论和报应刑论，但是，他的刑法理论与康德的又有所不同。他认为，犯罪是对法的否定，而刑罚是对犯罪的否定，通过否定之否定，法和正义得到恢复。他主张相对的等价报应，反对绝对的等量报应。他主张根据犯罪行为社会危害性的大小确定刑罚的轻重，认为刑罚与犯罪行为只需在价值上相等同，无须在特种性状方面完全等同。康德和黑格尔的刑法哲学中的对等理念和学说构成了前期旧派报应刑论的基础。边沁的罪刑相适应原则是以其功利主义刑法观为出发点的。他认为，仅仅为了威吓而处罚犯罪人是不够的，为了防止受刑人将来再犯罪，应当施以教育、矫正的处遇。因此，他认为刑罚有五个方面的原理，即儆戒、改善、犯罪人的隔离，对被害人的补偿，刑罚的经济性。刑罚是通过协调这五个方面的原理来获得其正当化根据的。

当启蒙思想家及以德国古典哲学家康德、黑格尔等为代表的学者所倡导的罪刑相适应思想为西方刑法学家和立法者所接受时，这一思想就演变为刑法上的罪刑相适应原则。例如1789年法国《人权宣言》第8条规定，“法律应当制定严格的、明显的必需的刑罚”。1793年法国宪法所附的《人权宣言》第15条规定，“刑罚应与犯法行为相适应，并应有益于社会”。1791年到1810年的《法国刑法典》也贯彻了罪刑相适应原则，并由此成为各国刑事立法的楷模。虽然当今世界各国对罪刑相适应原则的理解可能有所差异，刑法对犯罪与刑罚的规定也不完全相同；虽然保安处分、不定期刑等的引入，使罪刑相适应原则受到了冲击，但从世界各国的刑法理论和刑事立法及司法实践来看，罪刑相适应原则仍是刑法的基本原则之一。

三、罪刑相适应原则的内容

罪刑相适应并不只是与量刑有关的原则，它既关系到定罪又关系到量刑。它要求司法机关首先正确认定犯罪性质，考察犯罪的情节和危害程度，然后在此基础上判处相适应的刑罚。

（一）刑罚的轻重应当与犯罪分子所犯罪行相适应

犯罪分子所犯罪行主要是指犯罪分子已经实施的犯罪行为，从犯罪构成理论来说，就是犯罪分子所实施的符合刑法规定的犯罪构成的行为。具体而言，就是要考察这一行为究竟是什么性质的犯罪，对社会造成了什么样的危害后果。不同性质及不同危害后果的犯罪往往反映了不同程度的社会危害性，从而决定了不同犯罪的不同刑事责任。刑事司法实践表明，犯罪性质越严重，其社会危害性就越大，刑事责任就越大，应受到的刑

---

① ［意］切萨雷·贝卡里亚：《论犯罪与刑罚》，增编本，黄风译，北京，北京大学出版社，2014，21页。

事处罚就越重；反之则反。因此，刑事处罚必须与犯罪行为的性质及危害后果相适应。

陈某非法制造、买卖、运输、储存危险物质案。①镀膜科技有限公司员工陈某因公司周末生产时无法向未上班的精密工业有限公司申领氰化钠，便私自电话联系蒋姓男子，以人民币625元的价格购买了一袋重约25千克的氰化钠。之后陈某将该袋私自购买的氰化钠放在公司生产车间内的一条生产线塑料槽里供工人日常电镀使用。根据规定，镀膜科技有限公司在电镀过程中使用的氰化钠，必须按需向精密工业有限公司进行申领和报备，且不能私自存放。

分析：对于本案，法院经审理认为，陈某非法买卖、储存毒害性物质，危害公共安全，其行为已构成非法买卖、储存危险物质罪，综合考虑被告人的犯罪情节及悔罪表现，对其适用缓刑没有再犯罪的危险且对所居住的社区没有重大不良影响，终对陈某判处有期徒刑3年，缓刑4年。本书认为，法院对陈某“判三缓四”的量刑，充分体现了刑罚的轻重应当与犯罪分子所犯罪行相适应的要求。

（二）刑罚的轻重应当与犯罪分子的人身危险性相适应

人身危险性在内容上包括初犯可能性（初犯倾向）和再犯可能性（再犯倾向）。初犯可能性是指尚未犯罪者具有犯罪之危险性，再犯可能性是指已犯罪者具有再次实施犯罪的危险性。由于人身危险性是对行为人将来是否实施犯罪的预测，因此，其重点在于前瞻未来，而非回顾过往。这种前瞻未来之预测，其价值在于为预防行为人的犯罪行为提供依据：通过揭示犯罪人的犯罪倾向，采取有针对性的措施，以更好地矫正犯罪人、实行刑罚个别化。能够说明犯罪人人身危险性的除了罪过，还有犯罪动机、目的，包括各种说明犯罪人人身危险性大小的具体犯罪事实即犯罪情节。需要说明的是，虽然刑罚的轻重要与犯罪人的人身危险性相适应，但是，它并不意味着法官可以根据自己的主观想法随意加重或减轻犯罪人的刑罚，法官在判处刑罚时仍然要立足于现实已经发生的犯罪行为，犯罪人所犯罪行是其考虑量刑的基点。

梁某走私、贩卖毒品案。②自2021年3月起，梁某多次在网上向境外人员购买大麻，并通过国际邮包寄递入境。梁某收到大麻后，卖给吸毒人员。

分析：对于本案，法院的判决指出：梁某到案后如实供述自己的罪行，可依法从轻处罚；自愿认罪认罚，可依法从宽处理。据此，依法对梁某判处有期徒刑3年6个月，并处罚金人民币5万元。

本书认为：法院的该判决充分考虑到了犯罪分子的人身危险性，根据其如实供述和认罪认罚的态度，认定其人身危险性不大，故而作出了与其人身危险性相适应的处罚。

四、罪刑相适应原则的立法体现

（一）我国刑法确立了严密科学的刑罚体系

由于犯罪的社会危害性各不相同，其刑事责任的大小亦各不相同，应受到的刑事处

---

① 参见（2020）粤0306刑初2282号刑事判决书。

② 参见《最高人民法院发布2022年十大毒品（涉毒）犯罪典型案例》，载《人民法院报》，2022-06-26，第2～4版。

罚轻重也有不同。为了适应不同严重程度的犯罪承担不同刑事责任的需要，我国刑法典规定了轻重程度不同的管制、拘役、有期徒刑、无期徒刑、死刑共5种主刑（《刑法》第33条），罚金、剥夺政治权利、没收财产共3种附加刑（《刑法》第34条），训诫、责令具结悔过、赔礼道歉、赔偿损失、行政处罚与行政处分共5种非刑罚处罚方法（《刑法》第37条），专门适用于外国人的驱逐出境（《刑法》第35条），保安处分3种措施即专门矫治教育（《刑法》第17条第5款）、禁止令（《刑法》第38条第2款、第72条第2款）与从业禁止（《刑法》第37条之一第1款），以及适用于因贪污受贿被判处死刑缓期两年执行（下文偶称死缓）的犯罪分子的终身监禁（《刑法》第383条第4款）这一特殊措施。这些轻重不同的刑罚方法与非刑罚处罚方法，以及保安处分措施和适用于不同罪犯的刑罚措施，共同组成了我国严密科学的刑罚体系，为司法实践中落实罪刑相适应原则提供了法律依据。

（二）我国刑法规定了区别对待的处罚原则

我国刑法除了规定轻重不同的刑事处罚方法，还根据不同的犯罪表现规定了区别对待的原则。例如，刑法规定对于预备犯、未遂犯、共同犯罪中的从犯等可以从轻处罚，就是考虑到这些犯罪人的行为并未在客观上造成很严重的社会危害。刑法规定对防卫过当、避险过当、自首、立功、犯罪中止等要从轻处罚，以及对过失犯罪比对故意犯罪处罚得轻，则是考虑到犯罪人的罪过、目的、动机、人身危险性等主观因素体现出来的犯罪人主观恶性不太重。至于各种不同性质的犯罪，刑法分则基本上都是根据各种犯罪的不同性质和危害程度，分别规定不同刑种和刑度。例如侵害人身权利犯罪的刑罚一般重于渎职类犯罪的刑罚。对于同一犯罪，由于犯罪情节和危害程度不同，处罚也不同，例如对于盗窃、诈骗、贪污等经济犯罪，根据其犯罪数额的大小规定了轻重不同的刑罚。

（三）我国刑法规定了灵活的量刑幅度

我国刑法分则不仅根据犯罪的性质和危害程度建立了罪名体系，而且为各种具体犯罪规定了灵活的量刑幅度。如《刑法》第192条规定，集资诈骗罪，如果数额巨大，处7年以上有期徒刑或者无期徒刑，其中7年以上有期徒刑的量刑幅度以及有期徒刑和无期徒刑之间的选择适用，为我们贯彻罪刑相适应原则提供了广阔空间。

我国刑法中个别条文并没有很好地贯彻罪刑相适应原则。例如，《刑法》第236条规定强奸罪的法定刑为3年以上10年以下有期徒刑，情节严重的，为10年以上有期徒刑、无期徒刑或者死刑；而第236条之一针对负有照护职责人员性侵罪，虽该罪侵害的都是未成年女性，但是所规定的法定刑为3年以下有期徒刑，情节恶劣的，为3年～10年有期徒刑。权衡这两罪的社会危害性，后罪并不比前罪轻，但是，刑法规定前罪的最高刑是死刑，后罪的最高刑是10年有期徒刑，这两种罪刑关系的失衡显然不利于对相关犯罪的惩治与防范。

五、罪刑相适应原则对刑事司法的要求

体现在立法上的罪刑相适应原则，并不必然在刑事司法中得到贯彻，而那些罪刑不相适应的条文，在刑事司法中更容易被曲解适用。为此，刑事司法要理顺罪刑关系，保持罪刑关系的对称和均衡，以实现罪刑相适应这一刑法的基本原则。这就要求：纠正重

定罪轻量刑的错误倾向，把量刑置于与定罪同等重要的地位；纠正重刑主义的错误思想，强化量刑公正的执法观念；纠正不同法院量刑悬殊的现象，力求刑事司法的平衡与统一。总之，刑事司法中应坚持对相同罪行的严重性评价一致，对不同严重程度的罪行的评价不一致，对相似严重程度的罪行的刑罚评价一致，不同法官对罪行与刑罚之相称性的评价一致，等等。刑事立法具有一次性的特征，对罪与刑是否相适应的问题，在立法上加以整体的判断可能会容易一些，但司法实践中法官对个案的处理要实现准确地判断罪与刑是否相称，可能更为困难。这也正是强调在司法实践中正确处理罪与刑关系的重要原因。

第四章　刑法的适用范围

刑法的适用范围，又称刑法的效力范围，具体是指我国刑法典在空间上和时间上的适用界限，具体包括刑法的空间适用范围和时间适用范围两方面的内容。《刑法》第一编总则第一章对刑法的空间效力（第 6 条至第 9 条）、刑法的时间效力（第 12 条），以及刑法其他事项的适用范围（第 10 条、第 11 条），均作了规定。

第一节　刑法的空间适用范围

一、刑法的空间适用范围的概念

刑法的空间适用范围，又称刑法的空间效力，是指刑法适用的地域和人的范围。它涉及国际关系、国家的主权和国家的刑事管辖权。国家的刑事管辖权是国家主权的派生，因此刑法的适用范围涉及国与国之间的关系问题，尤其是国家之间的刑事合作关系问题。这些问题都是国际刑法研究的内容，但是，由于它们也涉及中国刑法发挥空间效力，所以也是国内法研究的内容。

刑法的空间适用范围的确定主要依据属地管辖、属人管辖、保护管辖和普遍管辖四项原则。（1）属地管辖原则，又称属地主义、领域原则或领土原则，它是指对于一国领域内发生的犯罪，不论犯罪人国籍如何，都适用本国刑法。（2）属人管辖原则，又称公民主义或国籍原则，它是指对于本国公民犯罪的，不论其在国内犯罪或在国外犯罪，都适用本国刑法。（3）保护管辖原则，又称保护主义或自卫原则，它是指以保护本国和国民利益为宗旨，对于侵害本国国家或者国民利益的犯罪，不论犯罪地在国内或在国外，也不论犯罪人是本国人或外国人，一律适用本国刑法。（4）普遍管辖原则，又称世界原则或世界主义，它是指对于侵害世界各国共同保护法益的犯罪行为，不管什么国籍的人，不管在什么地方实施，也不管侵犯的是哪个国家的利益，任何国家都可以适用本国刑法。上述各项原则均有其合理性，一般而言，各国刑法往往采用的是以以上原则中的一项为中心而以其他原则为补充的原则。

二、我国刑法的空间适用范围确定原则

我国刑法的空间适用范围确定原则，是以属地管辖为主，以属人管辖、保护管辖和普遍管辖为补充的综合原则，其中：对于在中华人民共和国领域内的犯罪即国内犯，适用的是属地管辖原则；对于在中华人民共和国领域外的犯罪即国外犯，根据不同情况，适用的是属人管辖或保护管辖或普遍管辖原则。

（一）我国刑法的属地管辖原则

我国刑法的属地管辖原则，是指只要是在中华人民共和国的领域内的犯罪，都适用我国刑法，法律法规有特别规定的除外。《刑法》第6条第1款规定，“凡在中华人民共和国领域内犯罪的，除法律有特别规定的以外，都适用本法”。属地管辖范围与一国的国家主权范围一致，故属地管辖原则是最为容易适用、最具正当理由，因而适用最广泛的管辖原则。

1.“在中华人民共和国领域内犯罪”

（1）对“在中华人民共和国领域内”的理解。

“在中华人民共和国领域内”是指在中华人民共和国的国家领土之内，国家领土包括领陆、领水、领空，故凡是在中华人民共和国领陆、领水、领空内的，都属于“在中华人民共和国领域内”。1）领陆，是指国家主权管辖下的地球表面的陆地部分，包括岛屿。领陆是国家领土最基本的部分，是领土其他部分的依附。2）领水，是国家主权管辖下的全部水域，包括内水和领海。内水包括领陆内的水域（或称内陆水）和内海（领海基线向陆地一侧的海域，又称内海水）。领海是邻接沿海国领陆或内水以外受国家主权支配和管辖的一定宽度的海水带。根据《联合国海洋法公约》第3条，每一国家有权确定其领海的宽度，直至从按照该公约确定的基线量起不超过12海里的界限为止。内水和领海同为国家领土的组成部分，但二者的法律地位有所不同：内水的法律地位与领陆的完全相同，国家原则上可以无条件地对其内水行使主权，而领海则不然，国家在领海上行使主权需要受到一定的限制，即外国船舶未经允许不得进入内水，但可以在领海享有无害通过权。3）领空，是领陆和领水上方一定高度的空间。领空是一国领土不可分割的组成部分，完全受国家主权的支配。

为了补充属地管辖原则，我国刑法还规定了旗国原则亦即国旗主义。国旗主义是指对在挂有本国国旗的船舶或者航空器上的犯罪，不管其航行至或停放在何处，都适用旗国的刑法。《刑法》第6条第2款规定，“凡在中华人民共和国船舶或者航空器内犯罪的，也适用本法”。中华人民共和国船舶或者航空器，是指具有中华人民共和国国籍和悬挂有中华人民共和国国旗的船舶和航空器。在中华人民共和国船舶和航空器内犯罪，等同于在中华人民共和国领域内犯罪，都适用中华人民共和国刑法，因为根据旗国原则，悬挂一国国旗的船舶或航空器是旗国的拟制领土。

张某某、崔某某运送他人偷越国境案。[①] 张、崔二人将偷渡人员陈某某、王某某由天津港码头带上“鹏飞”号货轮，藏匿于船头前方仓库内。在“鹏飞”号货轮启航开往日本期间，张、崔发现王某某死亡，经商议后，将王某某的尸体藏匿于前尖仓库一隐蔽处。后经日本警方鉴定，王某某系被冻死的。

分析： 按照国际惯例，凡属国家所有或者其他的公有船舶，无论是在公海上还是在外国领水内，都被视为该国领土的浮动部分，即属于拟制领土的范畴。天津中益海运公司所属的“鹏飞”号货轮，系公有船舶，张某某、崔某某在公有船舶上实施犯罪行为的，应适用我国刑法。而我国《刑法》第10条规定的是在我国领域外犯罪如何处罚的情况。

① 参见（2000）塘刑初字第49号刑事判决书。

因此，本案中应适用我国《刑法》第 6 条规定的属地管辖原则。法院最终判处张某某、崔某某犯运送他人偷越国境罪，判处有期徒刑 7 年。

(2) 对“在中华人民共和国领域内犯罪”即犯罪地的理解。

所谓犯罪地，就是符合犯罪构成要件全部或者部分事实的发生地。

一般而言，犯罪的实施地就是犯罪地；但从规范刑法学的角度而言，刑法中的犯罪地并不简单地是犯罪的实施地，根据犯罪构成要件理论，只要是犯罪构成要件事实所发生的地方，都有可能成为犯罪地。易言之，是否为犯罪地要根据是否符合构成要件的实质层面来判断。因此，单纯以行为发生地为犯罪地标准的“行为地说”、单纯以犯罪结果发生地为犯罪地标准的“结果地说”或以行为的中间影响地或者中间结果地为犯罪地标准的“中间地说”都过于片面。与此同时，这三种学说不能解决犯罪行为与犯罪结果跨越国界的隔地犯的管辖问题，从而不利于各国维护本国的国家利益。

《刑法》第 6 条第 3 款规定，“犯罪的行为或者结果有一项发生在中华人民共和国领域内的，就认为是在中华人民共和国领域内犯罪”。该条所说的犯罪行为包括犯罪预备行为、实行行为，犯罪结果则包括实际发生的结果、可能发生的结果。可见，我国刑法在犯罪地的标准上采取的是“遍在地说”。该说主张犯罪行为实施地、犯罪结果发生地都是犯罪地，其标准符合犯罪构成要件该当性的要求，因而较为可取。

阿利穆拉多夫·沙米利·哈吉-奥格雷劫持飞机案。[1] 阿利穆拉多夫是苏联一位民航飞机驾驶员，1985 年 12 月 19 日，他在与其他机组人员执行飞行任务时，劫持了一架民航客机，由苏联飞往中国，并降落在中国黑龙江省甘南县境内。

分析：本案中关于对被告人的劫机行为是否有管辖权，法院经审理认为：根据我国刑法关于属地管辖原则的规定，犯罪的行为或者结果有一项发生在我国领域内的，就认为是在我国领域内犯罪。被告人劫持飞机降落在我国境内，其犯罪的结果发生在我国领域内，因此，我国对本案享有管辖权。

根据 2022 年 8 月 26 日最高人民法院、最高人民检察院、公安部（以下简称“两高一部”）《关于办理信息网络犯罪案件适用刑事诉讼程序若干问题的意见》第 2 条第 2 款，与线下犯罪的犯罪地有所不同的是，信息网络犯罪的犯罪地不仅仅是物理性的犯罪行为实施地或者犯罪结果发生地，还包括用于实施犯罪行为的网络服务使用的服务器所在地，网络服务提供者所在地，被侵害的信息网络系统及其管理者所在地，犯罪过程中犯罪嫌疑人、被害人或者其他涉案人员使用的信息网络系统所在地，被害人被侵害时所在地以及被害人财产遭受损害地等。

2.“法律法规有特别规定”

“法律法规有特别规定”，是指不适用属地管辖原则的特殊情况，具体包括以下四种：

(1)《刑法》第 11 条关于外交代表刑事管辖豁免的规定，即“享有外交特权和豁免权的外国人的刑事责任，通过外交途径解决”。换言之，享有外交特权和豁免权的外国人的刑事责任问题，不适用属地管辖原则。比如，《中华人民共和国外交特权与豁免条例》第 14 条第 1 款规定，“外交代表享有刑事管辖豁免”。按照国际惯例，享有外交特权与豁

① 参见《最高人民法院公报》，1986 年第 2 期，36～38 页。

免的人员大体有国家元首、政府首脑、外交使节、联合国系统各组织代表机构的代表、途经或短期停留的各国驻第三国的外交人员、各国参加国际会议的官方代表以及根据双边协定应享有外交特权与豁免的人员等几类人。①

（2）《刑法》第90条关于民族自治地方刑法适用的变通规定，即“民族自治地方不能全部适用本法规定的，可以由自治区或者省的人民代表大会根据当地民族的政治、经济、文化的特点和本法规定的基本原则，制定变通或者补充的规定，报请全国人民代表大会常务委员会批准后施行”。

（3）刑法颁行后国家立法机关制定的特别刑法规定。目前我国还没有特别刑法规定。

（4）我国香港特别行政区和澳门特别行政区基本法作出的例外规定。比如，对于与香港特别行政区有关的分裂国家、颠覆国家政权、组织实施恐怖活动和勾结外国或者境外势力危害国家安全等的犯罪行为，应该适用2020年6月30日第十三届全国人民代表大会常务委员会第二十次会议通过的《中华人民共和国香港特别行政区维护国家安全法》。该法虽然不是基本法，但是它是由全国人大常委会通过的，是为了实施香港特别行政区基本法而颁布的，故其在效力上高于香港议会制定的法律法规。

（二）我国刑法的属人管辖原则

我国《刑法》第7条规定了属人管辖原则：“中华人民共和国公民在中华人民共和国领域外犯本法规定之罪的，适用本法，但是按本法规定的最高刑为三年以下有期徒刑的，可以不予追究。”“中华人民共和国国家工作人员和军人在中华人民共和国领域外犯本法规定之罪的，适用本法。”

中国国民在中国领域外实施放火、杀人、抢劫等犯罪时，无论犯罪地法律是否认定为犯罪，也无论犯罪对象是中国人还是外国人，原则上都适用我国刑法。但是，如果所犯之罪按照我国刑法的规定最高刑为3年以下有期徒刑，则可以不予追究刑事责任。“中华人民共和国国家工作人员和军人在中华人民共和国领域外犯本法规定之罪的，适用本法”，并不意味着回国后一律按照刑法追究刑事责任；是否最终追究，还需根据犯罪地所属国的文化环境等综合因素由司法机关最终裁决。

袁某某传播淫秽物品案。② 袁某某于2018年2月进入八达集团（该公司位于菲律宾）上班，在八达集团负责对该公司的电脑等设备进行维护。2018年12月，该公司让袁某某对1024色情资源网站进行运营维护及租用服务器（用于网站视频CDN缓存加速），袁某某在租服务器过程中，提高服务器价格，从中赚取回扣。

分析：检察院认为，袁某某在中华人民共和国领域外犯传播淫秽物品罪，其法定刑为2年以下有期徒刑、拘役或者管制，根据《刑法》第7条第1款的规定，可以不予追究。但是，如果袁某某为国家工作人员，那么，他回国后应适用我国刑法对他以传播淫秽物品罪追究刑事责任。但最终是否追究刑事责任，取决于审判机关的裁决。

我国《刑法》第10条规定了对外国刑事判决的消极承认：“凡在中华人民共和国领域外犯罪，依照本法应当负刑事责任的，虽然经过外国审判，仍然可以依照本法追究，

① 参见何志鹏主编：《国际法》，北京，清华大学出版社，2014，359页。
② 参见〔2019〕35号不起诉决定书。

但是在外国已经受过刑罚处罚，可以免除或者减轻处罚。”该条规定体现了主权国家对一国公民的追诉权，但是，如果在外国已经受过刑罚处罚，可以免除或减轻处罚。这又体现了“一事不再罚”的基本法理。可以说，该条规定既体现了我国刑法属人管辖的原则性，又体现了不重复处理的灵活性。

（三）我国刑法的保护管辖原则

我国《刑法》第 8 条规定了保护管辖原则：“外国人在中华人民共和国领域外对中华人民共和国国家或者公民犯罪，而按本法规定的最低刑为三年以上有期徒刑的，可适用本法，但是按照犯罪地的法律不受处罚的除外。”据此，只要中国国家或者公民的利益受到损害，中国都可以出于国家主权对犯罪予以管辖。

适用保护管辖原则的条件是：（1）是外国人实施的犯罪；（2）是外国人在中国领域外实施的犯罪；（3）是侵害中国国家或者公民利益的犯罪；（4）是相对比较严重的犯罪，具体来说是指根据我国刑法法定最低刑为 3 年以上有期徒刑的犯罪；（5）是犯罪地的法律也作为犯罪处理的行为。我国刑法的保护管辖原则是我国国家主权的体现，它有利于保护中国国家和公民的利益，尤其对于驻外工作人员、海外侨民、留学生等的人身和财产利益等，提供了来自祖国的强大保护。

（四）我国刑法的普遍管辖原则

我国《刑法》第 9 条规定了普遍管辖原则：“对于中华人民共和国缔结或者参加的国际条约所规定的罪行，中华人民共和国在所承担条约义务的范围内行使刑事管辖权的，适用本法。”据此规定，不论犯罪人是中国人还是外国人，也不论罪行是否发生在中国领域内，凡是中国缔结或者参加的国际条约所规定的罪行，中国都可以在条约规定的义务范围内行使刑事管辖权。普遍管辖原则实际上是各国基于世界和平与人类社会共同体利益而设立的原则，所以它又称世界原则、世界主义。然而，由于普遍管辖无须考虑犯罪地、行为人国籍、被害人国籍等连结因素，因而其缺乏具体连结点作为管辖的正当依据，且往往通过国家之间的协议而约定适用，而非绝对为本国所创设，所以普遍管辖原则在现实物理空间的适用范围最窄，其适用往往位于属地管辖原则、属人管辖原则、保护管辖原则之后。

杰某琳等人走私毒品案。① 2011 年 1 月，菲律宾人杰某琳纠集梅某文，携带藏有毒品的行李，乘坐飞机从境外飞往中国。中国海关在检查时，从两人的行李中总共查获净重 12.369 千克的海洛因。

分析：本案系一起外国人走私毒品入境案件，两被告人提出其尚未完成入境中国的手续，中国司法机关对本案没有管辖权。法院经审理认为，结合中国刑法属地管辖原则，两被告人携带毒品入境中国时被中国海关查获，犯罪行为发生在中国，中国对该案依法享有管辖权。除此之外，根据中国《刑法》第 9 条规定的普遍管辖原则，毒品犯罪属于国际公约所规定的犯罪，即使该行为没有发生在中国，只要该外国人进入中国境内，中国即具有管辖权。最终法院以走私毒品罪对两被告人定罪量刑。

① 参见徐诗漫、张茂森、王媛：《外籍毒贩首次获判死刑》，载《青年时报》，2012－03－22，A10 版。

三、刑法在网络空间的适用范围

网络空间中实施的网络犯罪在何种条件下属于国内犯，是一个讨论极少的问题。由于网络空间具有打破自然地理限制的虚拟性、一对多的面性和远程性，网络跨国跨境犯罪在信息网络时代变得极为突出。实施网络犯罪时不需要与被害人进行直接接触，同时，网络犯罪分子可以跨越地域，进行远程控制。

唐某彬等诈骗罪案。① 唐某彬、唐某桥等十余人，以非法占有为目的，在境外（柬埔寨）结伙参加犯罪集团，利用互联网电信等技术，冒充司法工作人员，通过拨打诈骗电话的手段参与骗取他人财物，共计 1 319 751 元。

分析：本案中唐某彬等人在境外远程操控骗取中国境内被害人的钱财，由于本案结果即跨国境电信诈骗犯罪的财产损失发生地在中国境内，根据属地管辖原则，中国刑法当然能够适用。但是，当电信诈骗信息散布于世界各地皆可接收并浏览的网络空间，而不仅仅针对中国领域时，属地管辖的原则性就会被作为例外的属人管辖、保护管辖、普遍管辖冲淡，甚至可能完全颠倒过来：如果网络犯罪被视作全球犯罪，那么普遍管辖就有可能代替属地管辖而升为主要原则。由此一来，就会导致各国恣意扩张刑罚权以建立网络殖民地。

在现实物理空间，属地管辖的难题往往来自隔地犯和危险犯。在网络空间，属地管辖现实物理空间的难题被复制了，此外，其还受到其原则性地位颠倒、扩张网络“殖民地”的冲击。例如利用信息网络实施的煽动型犯罪、宣扬型犯罪、传播型犯罪等网络空间的散布犯和表意犯不但具有隔地犯和危险犯的特点，还可能使犯罪结果发生在具有信息网络的世界各地，由此进而瓦解以属地管辖为核心的管辖体系。

我国非常注重网络空间的物理性，我国的网络空间主权是一项以领土为基础的事实性权力。根据《中华人民共和国国家安全法》的规定，国家网络空间主权主要存在于网络和信息核心技术、关键基础设施、重要领域信息系统及数据之中。相应地，侵犯国家网络空间主权的行为表现为网络攻击、网络入侵、网络窃密等违法犯罪行为。根据《中华人民共和国网络安全法》第 2 条的规定，在中国境内的网络要受中国法律的约束。而判断逻辑层面无国界的网络空间是否位于中国境内的标准是，是否在中国境内建设、运营、维护和使用网络。可见，我国的网络空间主权是基于网络空间物理属性的领土性权力。这属于第二代网络主权观，但在具体内涵上又极具中国特色，即特别强调网络设施的物理属性和网络空间的领土依附性，不承认脱离现实物理空间的独立虚拟存在的主权。

我国物理的网络空间主权要求物理地认定属地管辖中的行为实施地和结果发生地。从一般场合出发，结果对行为具有空间上的依附性，也具有自身的独立性。以属地管辖为核心的刑法的网络空间效力之确定具有两个主轴：一是结果的自身等级，二是结果与行为的关联度。为此，可确立结果及其与行为关联度标准，作为网络空间犯罪的管辖标准。与我国网络空间主权的事实性和领土性相适应，行为地是实施犯罪行为的计算机等终端设备所在地，结果地是从危险到实害的各种结果形态所在地，关联度是行为与结果

① 参见（2019）川 1111 刑初 46 号刑事判决书。

的因果关系紧密度。据此标准，实害结果以及其与行为的关系越直接、集中的法院地法院管辖地位越高，危险结果以及其与行为的关系越间接、松散的法院地法院管辖地位越低。[①] 这一标准有别于传统的属地管辖或者普遍管辖等原则，更能够以极端案型来检验，也能够解决一般传统案型，尤其能够解决线上疑难案型。同时，该标准也是对我国属地管辖这一刑法空间适用范围确定主要原则的维护及在网络空间发展性适用的体现。

A煽动案。[②] A在德国出生，后移民到澳大利亚，成为澳大利亚公民。A在德国完成学业后返回澳大利亚任教，研究纳粹屠杀。A利用澳大利亚服务器寄发群组信件并发表网络公开文章，主张德国在纳粹统治时期没有屠杀犹太人，屠杀系某些犹太人杜撰的。

分析：本案中德国联邦最高法院认为，“只要在国内发生法益之损害或危险，而避免此结果是相关刑法条文的目的者，即可适用德国刑法，即使行为是在外国进行亦同”，并最终依属地管辖原则对该案适用了德国刑法，认定A犯煽动罪。然而，德国学者对此多有争议。该裁判有三个缺陷：一是在德国煽动罪是抽象危险犯，并不要求发生具体危险之结果，就无所谓裁判理由所说的“在国内发生法益之损害或危险”，换言之，对于抽象危险犯而言，无法适用结果地标准。二是网络犯罪行为地，至少依目前通说，是指行为人行为时所在地，在本案中即澳大利亚。显然，依此不能适用德国刑法。三是在外国所不罚之言论，却能通过网络任意往德国散布而在德国受到刑罚处罚，这在刑事政策上有失妥当。由此，德国学者围绕“是否形成与德国法秩序充分联系的刑法适用法因素”，主张考察行为和结果之外的客观联系因素（如网页所使用的语言是不是德语、行为人是不是具有德国国籍等）或者主观联系因素（如行为人的目的指向）。但是，这种考察超法规联系因素的做法可能会流于恣意[③]，换言之，选择什么因素以及选择该因素的正当性根据是什么并不明确。结果及其与行为关联度标准可为选择超法规联系因素提供正当性根据和选择路径。根据结果及其与行为关联度标准，本案的结果形态是抽象危险，结果与行为的关联性极弱，因而德国的管辖地位极低。要提高德国的管辖地位，须进一步综合考察结果形态（如抽象危险在德国现实化为具体危险甚至实害结果），或者提高结果与行为关联度的一个或者多个联系因素（如服务器在德国、网页使用德语、网站访问者主要来自德国等行为指向德国的联系因素），即将超法规联系因素放在结果与行为的关联度中予以考察。

第二节 刑法的时间适用范围

刑法的时间适用范围，又称刑法适用的时间效力，是指刑法的生效时间、失效时间以及对刑法生效前所发生的行为是否具有溯及力的问题。

一、刑法的生效时间

刑法的生效时间，是指刑法发生法律效力的时间。它主要有以下几种形式：一是自

---

① 参见刘艳红：《论刑法的网络空间效力》，载《中国法学》，2018年第3期，89页。

② 参见［德］赫尔穆特·查致格：《国际刑法与欧洲刑法》，王士帆译，北京，北京大学出版社，2017，49～52页。

③ 参见［德］赫尔穆特·查致格：《国际刑法与欧洲刑法》，王士帆译，北京，北京大学出版社，2017，50～51页。

刑法颁布之日起生效，二是刑法颁布之后经过一段时间再生效。比如，我国刑法典于1979年7月1日通过、7月6日公布，自1980年1月1日起施行，于1997年修订，此后多次修正。再如，《刑法修正案（十一）》于2020年12月26日通过，自2021年3月1日起施行。可见，我国刑法生效时间的通行做法是颁布之后经过一段时间再生效，这样做的好处是有利于民众学习和了解新法，为新法的顺利施行打下良好的社会基础。

二、刑法的失效时间

刑法的失效时间，是指刑法失去法律效力的时间。刑法的失效时间，一般而言有两种形式：一种是立法机关明文规定废止或失效。例如，《刑法》第452条第2款规定了相关法律的废止与保留："列于本法附件一的全国人民代表大会常务委员会制定的条例、补充规定和决定，已纳入本法或者已不适用，自本法施行之日起，予以废止。"据此，《关于严惩严重破坏经济的罪犯的决定》等单行刑法自1997年10月1日起失效。另一种是自然失效，即新法颁布并施行以后，旧法自然失去效力。

三、刑法的溯及力

刑法的溯及力，是指刑法生效后，能否对其生效前的犯罪适用，具体是指对生效前未经审判或者判决尚未确定的行为能否适用。如能适用，就是有溯及力，反之则没有。根据罪刑法定原则的形式侧面禁止溯及既往的要求，刑法不应该对它生效以前的行为有效，不得用于定罪处罚。

为了准确追诉犯罪人的行为，必须确立有关刑法溯及力的适用原则。各国关于刑法溯及力的适用原则大致有以下四种：（1）从旧原则，即新法对它生效前未经审判或者判决尚未确定的行为一律不适用。（2）从新原则，即新法对它生效前未经审判或者判决尚未确定的行为一律适用。（3）从旧兼从轻原则，即新法原则上没有溯及力，但新法不认为是犯罪或者处罚较轻时适用新法。（4）从新兼从轻原则，即新法原则上有溯及力，但旧法不认为是犯罪或者处罚较轻时适用旧法。

以上原则中，只有从旧兼从轻原则充分体现了罪刑法定原则的要求和精神内涵，因而为绝大多数国家所采用。根据罪刑法定原则"法无明文规定不为罪不为刑"的要求，新法只能适用于它生效以后的行为，否则就违背了不得溯及既往的基本法理；根据罪刑法定原则有利于被告人的精神内涵，如果新法不规定为犯罪或者处罚较轻，可以适用新法。

我国针对刑法有无溯及力问题采取的是从旧兼从轻原则。《刑法》第12条规定，"中华人民共和国成立以后本法施行以前的行为，如果当时的法律不认为是犯罪的，适用当时的法律；如果当时的法律认为是犯罪的，依照本法总则第四章第八节的规定应当追诉的，按照当时的法律追究刑事责任，但是如果本法不认为是犯罪或者处刑较轻的，适用本法"。"本法施行以前，依照当时的法律已经作出的生效判决，继续有效。"据此，对于1949年10月1日中华人民共和国成立以后至1997年10月1日现行刑法施行以前发生的行为，按照以下情况分别处理：

（1）行为时的法律不认为是犯罪的，适用当时的法律，即现行刑法没有溯及力。

（2）行为时的法律认为是犯罪，但现行刑法不认为是犯罪的，适用现行刑法，即现行刑法有溯及力。

（3）行为时的法律和现行法律都认为是犯罪，并且按照现行法律关于时效的规定应当追溯的，按照当时的法律追究刑事责任；但是，现行刑法不认为是犯罪或者处刑较轻的，适用现行刑法。

根据1997年12月31日“高法”《关于适用刑法第十二条几个问题的解释》的规定，所谓“处刑较轻”是指：1）刑法对某种犯罪规定的刑罚即法定刑比修订前刑法轻。法定刑较轻是指法定最高刑较轻；如果法定最高刑相同，则指法定最低刑较轻。2）如果刑法规定的某一犯罪只有一个法定刑幅度，法定最高刑或者最低刑是指该法定刑幅度的最高刑或者最低刑；如果刑法规定的某一犯罪有两个以上的法定刑幅度，法定最高刑或者最低刑是指具体犯罪行为应当适用的法定刑幅度的最高刑或者最低刑。

（4）现行法律施行以前，依照当时的法律已经作出的生效判决，继续有效。

然而，刑事司法实践中，还存在着突破《刑法》第12条规定的关于溯及力的从旧兼从轻原则的情形，这种情况违背了罪刑法定原则。

徐某高空抛物案。① 2020年5月，家住三楼的徐某与王某因言语不和发生争执，徐某从厨房拿出一把菜刀抛掷至楼下公共租赁房屋附近。楼下居民发觉后向楼上质问，徐某听到质问声后，又去厨房拿第二把菜刀，抛掷至楼下公共租赁房屋附近。楼下居民见状报警。

分析：2021年3月1日，法院经审理认为，徐某从建筑物抛掷物品的行为已经构成高空抛物罪，遂依法判处有期徒刑6个月，并处罚金人民币2 000元。本书认为：本案中徐某往楼下抛掷菜刀的行为不具有“危险的不特定扩大”的性质，不具备进一步导致不特定人或者多数人伤亡的具体危险，故不能将其行为认定为《刑法》第114条规定的以危险方法危害公共安全罪。高空抛物罪是2020年12月26日通过的《刑法修正案（十一）》新增的罪名，该修正案自2021年3月1日起施行。然而，徐某的行为发生在2020年5月，按照行为时的法律，徐某的行为不构成任何犯罪。法院适用《刑法修正案（十一）》，对徐某以高空抛物罪定罪处罚，属于从新，违背了《刑法》第12条规定的关于溯及力的从旧兼从轻原则，违反了刑法禁止溯及既往的精神。1997年10月6日“高检”《关于检察工作中具体适用修订刑法第十二条若干问题的通知》第3条也明确规定，“如果当时的法律不认为是犯罪，修订刑法认为是犯罪的，适用当时的法律”。总之，禁止溯及既往是罪刑法定原则的基本要求，不能突破和违反。

四、我国刑法修正案和司法解释的溯及力问题

（一）我国刑法修正案的溯及力问题

自现行刑法于1997年施行以来，我国共颁布了12部刑法修正案，这些刑法修正案的溯及力问题，和现行刑法的溯及力是一样的，即适用《刑法》第12条规定的从旧兼从轻原则。这是因为刑法修正案本身是刑法典的一部分，刑法修正案的溯及力从属于刑法

---

① 参见（2021）苏0481刑初121号刑事判决书。

典的溯及力。

比如，《刑法修正案（十一）》新增了冒名顶替罪，如果行为人在 2021 年 3 月 1 日《刑法修正案（十一）》施行之前实施了盗用、冒用他人身份，顶替他人取得高校入学或者公务员录用资格的，不能以冒名顶替罪论处。换言之，《刑法修正案（十一）》对它施行以前的行为没有溯及力。但是，如果刑法和修正案对某种行为均按犯罪处理，但是处罚轻重不同，则适用处罚较轻的罪名或法定刑。例如，对于高空抛物行为，在《刑法修正案（十一）》施行前的司法实践中一般是按照《刑法》第 114 条以危险方法危害公共安全罪处理。如果高空抛物行为发生在《刑法修正案（十一）》施行前，并且未经审判或者判决尚未确定，则不再适用《刑法》第 114 条以危险方法危害公共安全罪，而应适用《刑法修正案（十一）》新规定的高空抛物罪，因为以危险方法危害公共安全罪的最低刑是 3 年以上有期徒刑，高空抛物罪的最高刑是 1 年以下有期徒刑。

然而，近年来，关于刑法修正案的溯及力也出现了突破从旧兼从轻原则的情况。2015 年 10 月 19 日“高法”《关于〈中华人民共和国刑法修正案（九）〉时间效力问题的解释》（法释〔2015〕19 号）是专门针对刑法修正案的时间效力问题进行规定的司法解释。该解释第 1～7 条的规定均遵守了从旧兼从轻原则，但是个别条文的规定违背了这一原则，比如，第 8 条规定，“对于 2015 年 10 月 31 日以前实施贪污、受贿行为，罪行极其严重，根据修正前刑法判处死刑缓期执行不能体现罪刑相适应原则，而根据修正后刑法判处死刑缓期执行同时决定在其死刑缓期执行二年期满依法减为无期徒刑后，终身监禁，不得减刑、假释可以罚当其罪的，适用修正后刑法第三百八十三条第四款的规定。”该条规定的是适用从新原则，而不是适用从旧兼从轻原则。

（二）我国刑法司法解释的溯及力问题

刑法司法解释的时间效力问题长期以来是刑法理论上和司法实践中一个备受争议的问题。刑法规范所衍生的具体刑法司法解释必然与其解释对象存在着颁布时间上的先后之别，所以刑法司法解释是否具有独立的生效、失效时间以及溯及力等问题都需要分析。

2001 年 12 月 7 日“两高”《关于适用刑事司法解释时间效力问题的规定》（以下简称《时间效力规定》）规定，司法解释“自发布或者规定之日起施行，效力适用于法律的施行期间”，“对于司法解释实施前发生的行为，行为时没有相关司法解释，司法解释施行后尚未处理或者正在处理的案件，依照司法解释的规定办理”，“对于新的司法解释实施前发生的行为，行为时已有相关司法解释，依照行为时的司法解释办理，但适用新的司法解释对犯罪嫌疑人、被告人有利的，适用新的司法解释”。

根据上述规定并不能得出我国刑法司法解释具有独立的时间效力与溯及力的结论。

其一，刑法司法解释的时间效力是以其解释的刑法条文的时间效力为前提的，刑法司法解释没有独立的时间效力，其时间效力依附刑法条文的时间效力。因此，《时间效力规定》第 1 条才会规定刑法司法解释颁行之后其“效力适用于法律的施行期间”，从而确认了刑法司法解释在整个刑法的有效期间内都是有效的，但新的司法解释废除旧的司法解释的情况除外。

其二，刑法司法解释不存在溯及力有无的问题。禁止溯及既往是禁止事后法，司法解释不是“法”，只是法条适用的解释规则，《刑法》第 12 条规定的从旧兼从轻的溯及力原则只针对刑法，不针对司法解释。以从旧兼从轻作为刑法司法解释的溯及力原则混同了刑法与司法解释，因而不可取。

其三，从实际操作层面分析，即便《时间效力规定》不单独规定司法解释的时间效力问题，关于刑法的每一部司法解释都规定了发生效力的时间，如果被废止，也会有单独的司法解释予以明示。易言之，每一部司法解释都会有生效时间。同时，即便没有《时间效力规定》，对于关于刑法条文适用的司法解释，也应该遵循从旧兼从轻原则，但这不是肯定司法解释具有独立的溯及力，而是指刑法从旧兼从轻的溯及力原则及于司法解释而已。

第二编

犯罪论

第五章　犯罪概述

第一节　犯罪概念

犯罪概念有形式与实质之分。形式的犯罪概念从犯罪的法律形式特征着手给犯罪下定义，将犯罪定义为违反刑事法律并且应当受到刑罚处罚的行为。与之相反的是实质的犯罪概念。西方思想家认为，犯罪的本质在于犯罪人为了实现个人的自由而实施了侵害他人自由的行为，因此犯罪是出于不道德的动机而实施的不道德的行为，犯罪是违反社会的怜悯和诚实这两种道德情感的行为，等等。1919 年《苏俄刑法指导原则》第 6 条规定，“犯罪是危害某种社会关系制度的作为或不作为”。1926 年《苏俄刑法典》也规定，“目的在于反对苏维埃制度或破坏工农政权向共产主义过渡时期所建立的法律秩序的一切作为或不作为，都（被）认为是危害社会的行为。对于形式上虽然符合本法分则任何条文所规定的要件，但因为显著轻微，并且缺乏损害结果，而失去危害社会的性质的行为，不认为是犯罪行为”。

在 20 世纪 30 年代末，苏联法律研究所集体编写的、供法律高等院校使用的《刑法总则》教科书在该书第三版中也指出：犯罪除了具有社会危害性这一特征之外，还具有罪过、应受惩罚性等特征。1960 年《苏俄刑法典》第 7 条规定，“凡刑事法律所规定的侵害苏维埃的社会制度、政治和经济体系，侵害社会主义所有制，侵害公民人身权利和自由、政治权利和自由、劳动权利和自由、财产权利和自由及其他权利和自由的危害社会的行为（作为或不作为），以及刑事法律规定的违反社会主义法律秩序的其他危害社会的行为，都是犯罪”。这个概念可以说是典型的将形式的与实质的犯罪概念统一起来的混合型犯罪概念。

受苏联刑法的影响，我国刑法中的犯罪概念也采用了混合犯罪概念的立法。1979 年《刑法》第 10 条规定，“一切危害国家主权和领土完整，危害无产阶级专政制度，破坏社会主义革命和社会主义建设，破坏社会秩序，侵犯全民所有的财产或者劳动群众集体所有的财产，侵犯公民私人所有的合法财产，侵犯公民的人身权利、民主权利和其他权利，以及其他危害社会的行为，依照法律应当受刑罚处罚的，都是犯罪；但是情节显著轻微危害不大的，不认为是犯罪”。现行《刑法》第 13 条规定，“一切危害国家主权、领土完整和安全，分裂国家、颠覆人民民主专政的政权和推翻社会主义制度，破坏社会秩序和经济秩序，侵犯国有财产或者劳动群众集体所有的财产，侵犯公民私人所有的财产，侵犯公民的人身权利、民主权利和其他权利，以及其他危害社会的行为，依照法律应当受刑罚处罚的，都是犯罪，但是情节显著轻微危害不大的，不认为是犯罪”。

现行《刑法》第 13 条规定中的犯罪概念，既规定了犯罪的形式法律特征又规定了犯罪的实质社会特征。其中，表达形式概念的是“依照法律应当受刑罚处罚”，表达实质概念的是一切“危害社会的行为”。前者体现了罪刑法定原则的形式合理性，后者体现了犯罪认定的实质理由。混合的犯罪概念基本上是妥当的，尤其《刑法》第13条还在该犯罪概念中提示“但是情节显著轻微危害不大的，不认为是犯罪”。这就从积极与消极两个方面规定了犯罪的完整定义：犯罪是严重危害社会主义国家、社会、公民利益并依照法律应当受到刑罚处罚的行为。行为人实施同样的表面上符合犯罪构成要件的行为，情节显著轻微，危害不大的，不是犯罪。

然而，如果没有正确处理我国混合犯罪概念内在的两个方面，对具体犯罪的认定可能出现两种不良倾向：一是，对形式上符合法律规定的行为，“依照法律”一律追究刑事责任，先入为主地作出入罪判断，出罪意识自然淡薄；二是，对实质上具备社会危害性、具有“应当受到刑罚处罚”的情感需求的行为，一律认定为犯罪，通过变通理解“依照法律”的要求，进行实质入罪的扩张解释甚至类推解释。所以，在明确我国刑法规定的混合的犯罪概念之后，准确理解犯罪的特征以及功能是极为重要的犯罪论议题。

第二节　犯罪的基本特征与但书的理解

犯罪的特征体现了犯罪的内涵，它是犯罪概念理论的重要内容。根据混合的犯罪概念，我国刑法中的犯罪具有三个基本特征，即社会危害性和刑事违法性、应受刑罚惩罚性。某种行为只有同时具备这三个特征，才能被认定为犯罪。犯罪的基本特征能够为认定犯罪提供一个抽象的标准。但是这一标准还不同于犯罪构成。犯罪构成给人们提供了具体地认定犯罪的规格和要件，通过对犯罪构成要件作一一对应的判断，就可以得出犯罪是否成立的结论。而就犯罪的基本特征而言，由于法律规定较为抽象，还不具有据以判断犯罪成立与否的可操作性，其主要是为认识犯罪和理解犯罪构成的各要件提供前提。

一、犯罪的基本特征

（一）社会危害性

1.社会危害性的内涵

我国刑法将社会危害性引入犯罪概念，目的在于揭示犯罪的实质，即犯罪是危害社会的行为。但社会危害性的内涵是需要明确的。

我国刑法中的混合犯罪概念综合了大陆法系的形式的犯罪概念和实质的犯罪概念。然而目前在大陆法系国家占据主导地位的是形式的犯罪概念，即以行为是否受到刑法的禁止及应受刑罚处罚为特征来确定什么是犯罪。不过，大陆法系的形式的犯罪概念也包含了实质的内容。李斯特最早同时承认形式的违法观念与实质的违法观念，他认为，“形式违法是指违反国家法规、违反法制的要求或禁止（性）规定的行为”，“实质违法是指危害社会的（反社会的）行为。违法行为是对受法律保护的个人或集体的重要利益的侵害，有时是对一种法益的破坏或危害……只有当其违反规定共同生活目的之法秩序时，破坏或危害法益才在实体上违法”①。显然，李斯特认为实质违法的重点是法益侵害，由

① ［德］李斯特著，［德］施密特修订：《李斯特德国刑法教科书》，徐久生译，北京，北京大学出版社，2021，162页。

此产生了以法益侵害为内容的实质违法论。后来宾丁从规范论的角度出发提出了规范违反说。时至今日，关于违法性实质的法益侵害说与规范违反说之争仍然在继续，相对而言，法益侵害说具有更大影响力。这样，根据大陆法系通行的形式的犯罪概念，犯罪是符合构成要件的、违法的、有责的行为。而违法性，又分为形式的违法性与实质的违法性两方面。所谓形式的违法性，是从形式的立场把握违法性的概念，把违法解释为违反法律，也即违反实在法的秩序或法规范；实质的违法性则是以实在法以外的实质根据解释违法性，认为违法是指侵害或威胁法规范所保护的利益或秩序。① 我国刑法中的社会危害性概念大体相当于上述的实质违法性。

2.社会危害性的外延

对社会危害性外延的界定既不能单纯从客观方面进行，强调行为在客观上造成的损害结果，也不能单纯从主观方面进行，强调行为人的人身危险性。从更为全面的观点来看，社会危害性的外延应该是人身危险性和对社会造成的客观损害的统一。

（1）人身危险性经过新派学者的发展，已经成为刑事责任基础的内容。在新派学者菲利引入了人身危险性的概念，认为刑事责任的本质是防卫社会、根据是人身危险性之后，根据犯罪人的罪行和人身危险性的大小来适用相应的刑罚措施，在刑法中考虑犯罪人的人身危险性，便成为刑法理论和实践的一个重要特色。新派刑法思想集大成者德国刑法学家李斯特就主张适用刑罚时应根据犯罪人的人身危险性采取多种多样的措施和方法。由于通过判断犯罪人的人身危险性来适用刑罚有一定困难，因此，反过来说，“刑法是保护犯罪人的大宪章”。在量刑上，他认为：无论是法定刑还是具体判决，均应首先考虑犯罪人的内心态度、思想，对行为结果不要过多地考虑。如果犯罪人表明了其对社会的可能的危险性，则刑事制裁的范围也就同时被确定了。基于以上观点，一方面，新派学者以预防犯罪为由，提倡危险性概念；另一方面，新派学者以犯罪征表说为根据，大力宣扬人身危险性概念。

虽然新派之观点已日薄西山，但新派学者对人身危险性概念的提倡，在一定程度上也为旧派所吸收并发展。从大陆法系各国现行的刑法典来看，它们采取的将旧派的行为主义与新派的行为人主义合一的并合主义刑罚观正是这一影响最直接的体现。例如，《德国刑法典》第 46 条第 1 项规定：“犯罪人之责任为量刑之基础。量刑时应考虑刑罚对犯罪人未来社会生活所可期待发生之影响。”第 2 项规定，“法院于量刑时应权衡一切对犯罪人有利及不利之情况，尤应注意下列各项：犯罪人之动机与目的，由行为所表露之心情及行为时所具意念，违反义务之程度，实行之种类与犯罪之可归责之结果，犯罪人之生活经历，其人身的及经济的关系，以及其犯罪后的态度，尤其补偿损害之努力”。其他如《日本改正刑法草案》第 48 条第 1 项、第 2 项，《瑞士刑法典》第 63 条，《奥地利刑法典》第 32 条都作了类似规定。可以说，将人身危险性与行为对社会造成的客观危害合二为一，是和当今刑法理论与实践同时承认二者为刑事责任之基础的做法相适应的。

（2）从社会危害性在我国刑法中的地位来分析，它也应该包括人身危险性和对社会造成的客观损害两方面。根据我国刑法理论，犯罪认定的标准是犯罪构成，犯罪构成是

---

① 参见［日］大塚仁：《犯罪论的基本问题》，冯军译，北京，中国政法大学出版社，1993，115 页。

指我国刑法规定的，决定某一具体行为的社会危害性及其程度而为该行为成立犯罪所必需的一切主观和客观要件的统一整体。它是我们认定犯罪的具体规格和标准，是实践中认定犯罪所依据的理论基础和法律模式，是唯一也是最终的标准，是形式与实质的统一。因此，我国刑法中的犯罪论是形式和实质的统一。而通说中的犯罪构成要件是主观标准和客观标准的统一，即罪过和客观行为之统一。这表明，从犯罪论来分析，社会危害性早已不是一个单纯的只包括客观行为及其实害的概念，而是一个兼具主观与客观危害的范畴。既如此，认为社会危害性包括行为人的人身危险性与行为对社会造成的客观损害，也就不是毫无根据的了。

（3）从《刑法》第 13 条规定的“但书”来看，将社会危害性理解为人身危险性与对社会造成的客观损害的统一，有利于正确认定不属于犯罪的行为。首先，如果根据客观的社会危害性论，只要行为对社会造成的损害不大，即使行为人主观恶性极大，再犯可能性极高，其行为也有可能不被认为是犯罪。这种片面的纯客观论会造成客观入罪或出罪，将违法犯罪行为问题简单化，不利于打击和预防犯罪。其次，如果我们既考虑行为的客观实害，又考虑行为人内心恶的倾向、将来再犯的可能性以及对社会的一般和特殊预防，将这两方面综合起来认定行为是否“情节显著轻微危害不大”，较之采纯客观论可能导致的片面的客观入罪或出罪，无疑要全面得多。

对“人身危险性和对社会造成的客观损害的统一”的社会危害性的具体理解，可以从以下几方面进行：（1）具备社会危害性的只能是行为而不是单纯的思想活动。（2）行为对社会的危害是一种具有一定后果形态的客观事实，而不是主观臆想。（3）社会危害性作为一种客观事实，其内容是具有特定性的，即损害了社会秩序或社会关系。危害国家主权、领土完整和安全，分裂国家，颠覆人民民主专政和推翻社会主义制度，破坏社会秩序和经济秩序，侵犯国有财产或劳动群众集体所有的财产，侵犯公民私人所有的财产，侵犯公民的人身权利、民主权利和其他权利等，正是指社会危害性对社会的损害的内容。（4）任何行为在客观方面的表现都是与行为人的人身危险性相联系的。

3. 社会危害性是一定质和量的统一

我国刑法理论的通说将社会危害性的量界定为“严重的”，这种做法曾受到一些刑法学者的批判：何谓严重的社会危害性并不明确，因而社会危害性理论缺乏可操作性。

从《刑法》第 13 条的规定以及刑法分则对具体犯罪的构成要件的设定来分析，界定社会危害性时从量上使用诸如“严重的”“相当程度的”“最严重的”等修饰语是合理的。

从刑法中的犯罪概念来分析，世界各国刑法中的犯罪概念都有关于犯罪行为的质的规定，如《俄罗斯联邦刑法典》规定，“本法典以刑罚相威胁所禁止的有罪过地实施的危害社会的行为，被认为是犯罪”。但是外国刑法中的犯罪概念至今基本上仍停留在“犯罪即恶行”的定性认识阶段，一般不包含数量大小和情节轻重等定量因素。我国《刑法》第 13 条中的“但书”是对刑法分则诸多具体犯罪构成的数量要件的概括、抽象规定，从而明确地把定量因素引进犯罪的一般概念之中。这是世界刑事立法史上的创新。① 这种将定性因素与定量因素结合起来的犯罪概念的最直接效果就是缩小了刑法的打击面。因

① 参见储槐植：《储槐植文选》，北京，北京大学出版社，2022，371 页。

此，在认定犯罪的问题上，关于同样一种行为是否构成犯罪，可能会得出不同结论。我国刑法中直接规定了犯罪的数量限制的罪名相当多，几乎所有的经济犯罪和财产犯罪都是如此；有的虽然无直接的数量限制，但在条文中写明了“情节严重”“情节恶劣”等术语，这实质上内含了数量限制。这两部分罪名加起来，占刑法分则所规定罪名的绝大部分。这样，许多在中外刑法中都被规定的犯罪行为，如盗窃罪、诈骗罪、受贿罪、伪造有价证券罪等，在实际定罪量刑时结果大不一样：外国刑法理论及刑法条文规定重视行为本身，即以行为为本位，行为一经实施即构成犯罪；而我国刑法理论重视犯罪结果，即以结果为本位，即使有了危害行为但没有刑法所要求的结果的，也不能构成犯罪。《刑法》第 13 条中的“但书”与刑法分则对具体犯罪构成要件的数量限定都表明，要构成刑法中的犯罪，行为的社会危害性必须是程度严重的。

至于何谓“严重的”，或者说社会危害性的可操作性问题，也不是一个难题。刑法分则对具体个罪有规定的，按照分则条文的规定办理；没有规定的，由法官行使自由裁量权。然而法官对具体案件中行为的社会危害性程度之“严重”的解释，依据的是《刑法》第 13 条中的“但书”，而不能天马行空地任意解释。

（二）刑事违法性

社会危害性是犯罪的社会特征，而刑事违法性则是犯罪的法律特征之一。

在我国，刑法对犯罪行为的禁止是通过罪刑规范的设立来实现的，即通过对某种行为设立其成立犯罪的构成要件及法定刑来禁止某种行为。因此，刑事违法性事实上是指行为符合罪刑规范所指明的假定条件，换言之，刑事违法性与行为符合刑法规定的犯罪构成要件是一致的。当然，这种一致性并不仅仅指与刑法分则的罪刑规范是一致的，还包括行为违反其他的刑事法律规范。

1. 刑事违法性是社会危害性的法律表现

如果说社会危害性只是从实然的层面反映犯罪行为的特征，那么刑事违法性是从应然的层面对犯罪行为的成立条件提出了要求。正因如此，可以说社会危害性是犯罪行为的事实特征，刑事违法性是犯罪行为的规范特征。缺少前者，规范特征的内涵无法被揭示；缺少后者，难以理解为什么不是所有具有社会危害性的行为都构成犯罪。当然，在二者的关系上，社会危害性是第一位的，也是基础性的；刑事违法性是第二位的，是建立在行为的社会危害性之上的。因此，分析违法性时，不能仅在刑法规范的层面去探讨，而是应该看到刑事违法性的实质是行为破坏了社会秩序，侵犯了社会利益，是有害于社会的。强调这一点，对于正确理解和适用刑法分则中的个罪尤为重要。

当然，刑事违法性并不单单是反映社会危害性的法律形式，它还具有积极的意义，体现在三方面①：首先，立法者对于具有社会危害性的行为有选择地赋予刑事违法性，使社会危害性在刑法规范中得到明确反映。这就为追究具有社会危害性的犯罪行为的刑事责任提供了法律依据。其次，通过刑事违法性体现社会危害性，是社会主义法制的必然要求。最后，立法者将具有社会危害性的行为确认为触犯刑法的行为，使之在刑法中得到否定的法律评价，从而为人们提供了一种行为模式并指导人们的行为。

① 参见陈兴良：《刑法适用总论》（上卷），3 版，北京，中国人民大学出版社，2017，16 页。

2. 我国刑法中的刑事违法性是形式与实质、主观与客观的统一

由于我国刑法中的刑事违法性是以社会危害性为基础的，而前述分析表明，这一社会危害性概念大体相当于大陆法系中的实质违法性，其内容是对法益的侵害或威胁，因此，我国刑法中的刑事违法性不仅具有对刑法规范的违反这一形式上的含义，还包含法益侵害或威胁这一实质的内容。所以，我国刑法中的刑事违法性与大陆法系国家的违法性同样属于形式与实质相统一。

由于刑法规定的犯罪行为不仅有客观行为方面的法律特征，还有主观方面的法律特征，因此，刑事违法性不仅包括客观面，而且包括主观面，即主观的罪过、目的等，这些都是违法性要素。虽然，在大陆法系的刑法理论上，更多的学者主张的是客观的违法性论，但这是由犯罪论体系的不同所决定的。在大陆法系犯罪构成体系的三要件——构成要件符合性、违法性和有责性中，构成要件符合性是不带有价值判断的犯罪轮廓，违法性则是对行为客观面的评价，有责性是对诸如罪过等行为人主观面的评价。而我国刑法中的犯罪论体系是由犯罪的客观方面、主体、主观方面等几个要件构成的，这几个要件同时体现了行为的社会危害性，同属于违法性的内容，因此，我国刑法中的刑事违法性不是单纯的客观违法性，而是主观违法性与客观违法性的统一。

（三）应受刑罚惩罚性

应受刑罚惩罚性，是指一个具有社会危害性和刑事违法性的行为，就应当是受到刑罚惩罚的。它是犯罪的第三个特征。

应受刑罚惩罚性作为犯罪的一个独立特征，于对犯罪的理解有重要作用。决定某一行为是否构成犯罪的任务，实际上严重的社会危害性和刑事违法性就可以完成。严重的社会危害性揭示了行为的社会本质特征，刑事违法性揭示了行为的法律规范特征，二者合一，就表明某一行为能够构成刑法上的犯罪。既然是犯罪，就应当受到刑罚处罚。换言之，只要人们明确了一行为具备严重的社会危害性和刑事违法性，就知道该行为一定要受到刑罚处罚。犯罪的前两个特征与后一特征之间，是一种无前者便无后者、有前者便必定有后者的关系。既然行为只要具备严重的社会危害性和刑事违法性就应该受到刑罚处罚，那么，将应受刑罚惩罚性作为犯罪的独立特征就是顺理成章的了。

将应受刑罚惩罚性作为犯罪的一个基本特征，对于界定犯罪概念的内容有其实际意义。“如果罪行这个概念要求惩罚，那么罪行的现实就要求有一个惩罚的尺度。”① 具备社会危害性和刑事违法性的行为，在结果上就应该遭受一定程度的刑罚惩罚。这一点是犯罪同其他违法行为的根本区别。实践中，并不是对每一种行为都必须给予惩罚，《刑法》第37条明文规定，“对于犯罪情节轻微不需要判处刑罚的，可以免予刑事处罚，但是可以根据案件的不同情况，予以训诫或者责令具结悔过、赔礼道歉、赔偿损失，或者由主管部门予以行政处罚或者行政处分”。该规定与犯罪的应受刑罚惩罚性特征并不矛盾。免予刑事处罚是在对被告人宣告有罪后，再免予其刑事处罚。正是因为犯罪有应受刑罚惩罚性，所以，对于情节轻微的犯罪行为不需要判处刑罚的，需要审判机关根据犯罪情节和案件情况决定采用其他的处罚方式。总之，免予刑事处罚正是以肯定犯罪有应

① 《马克思恩格斯全集》，第1卷，2版，北京，人民出版社，1995，247页。

受刑罚惩罚性为前提的，作为犯罪基本特征的应受刑罚惩罚性和作为实际宣判后果的免予刑事处罚之间不矛盾。

对于不具备社会危害性、刑事违法性和应受刑罚惩罚性的行为不能认定为犯罪。

王某军收购玉米案。① 王某军未办理粮食收购许可证，未经工商行政管理机关核准登记并颁发营业执照，擅自违法收购玉米并卖给粮油公司，经营数额达 218 288.6 元，获利 6 000 元。王某军被一审法院判决犯非法经营罪。“高法”依照《刑事诉讼法》(2012 年) 第 243 条第 2 款指令当地法院对本案再审。内蒙古自治区巴彦淖尔市中级人民法院再审认为：原判决认定的原审被告人王某军于 2014 年 11 月至 2015 年 1 月期间，没有办理粮食收购许可证及工商营业执照买卖玉米的事实清楚，其行为违反了当时的国家粮食流通管理有关规定，但尚未达到严重扰乱市场秩序的危害程度，不具备与《刑法》第 225 条规定的非法经营罪相当的社会危害性、刑事违法性和刑事处罚必要性，不构成非法经营罪。②

分析：根据本案再审判决，可结合犯罪三个基本特征进一步分析。第一，从刑事违法性来看，本案中王某军没有办理粮食经营许可证和工商营业执照而进行粮食收购活动，确实违反了当时《粮食流通管理条例》的相关规定。但违反行政管理有关规定并不等同于刑事违法，是否构成犯罪还要看其行为是否符合定罪的特征和构成要件。第二，从社会危害性来看，入罪行为应具有严重程度的社会危害性，严重与否需要从实质危害性来判断，严格区别“其他严重扰乱市场秩序的非法经营行为”的质与量，并在情节和危害后果上加以限定。本案中王某军收购玉米，没有取得行政许可，但其收购行为并未严重扰乱市场秩序，情节严重的程度也与非法经营罪的社会危害性并不相当。第三，从应受刑罚处罚的必要性来看，即便具备了刑事违法性和严重社会危害性，也应当考虑处罚方式带来的社会效果。本案中的行为不具有与《刑法》第 225 条前 3 项规定的非法经营行为相当的社会危害性，因此不具有刑事处罚的必要性。③

王某军收购玉米案是运用犯罪三个基本特征加以判断的典型案例，值得研习。需要说明的是，司法实务中判案时适用的是刑法分则具体个罪条文，而非犯罪的三个基本特征，但它们是关于犯罪本质的基本法理，对于具体罪名的理解和适用具有教义学上的指导作用，对刑法分则所有犯罪的认定都要首先追问行为是否具有“值得刑罚处罚的法益侵害”这一核心问题。一个行为如果不具备社会危害性、刑事违法性或者应受刑罚惩罚性，那么就不是刑法分则具体犯罪构成要件所设定的犯罪行为。

二、“但书”的理解

我国《刑法》第 13 条在明确规定了犯罪概念之外，还规定，“但是情节显著轻微危害不大的，不认为是犯罪”。也即该条分为确立犯罪与排除犯罪两部分，前者为非“但书”部分，后者为“但书”部分。

---

① 参见（2016）内 0802 刑初 54 号刑事判决书。

② 参见（2017）内 08 刑再 1 号刑事判决书。

③ 参见《人民司法》，2021 年第 17 期，75～77 页。

（一）“但书”的出罪功能

《刑法》第13条明确设置了“定性＋定量”双重限定标准的犯罪概念，这在大陆法系和英美法系刑法制度中极为罕见，在立法上和司法中都具有重要的价值和功能。可以说，由“但书”组成的上述犯罪概念正是中国特色社会主义刑法制度守正创新的重要标志之一。

(1)“犯罪分子”向来被认为是严重危害社会的人，《刑法》第13条将“情节显著轻微危害不大”的行为排除出犯罪圈，符合我国传统刑法文化对犯罪的认知。从立法的角度看，“情节显著轻微危害不大”的行为不应当被犯罪化。若将大量社会危害性轻微的行为增设为犯罪，即便配备了拘役、1年以下有期徒刑等较轻的法定刑，这种轻罪、微罪也会给行为人打上“罪犯”标签，而这与我国传统刑法文化中的“罪犯”形象相去甚远。从司法的角度看，“情节显著轻微危害不大”的行为也不能被入罪，属于绝对不起诉的范畴。这为实质出罪解释提供了刑法总则上的依据。

(2)我国秉持一般违法与犯罪的性质区分，建立的是中国特色“行政处罚—刑罚”二元制裁体系，不同于域外“大刑法”模式。《刑法》第13条体现的恰恰是我国治理违法行为的一种特别优势，避免了“大刑法”在实体和程序上的种种额外负担。换言之，“情节显著轻微危害不大”是罪与非罪的分水岭，以此为标准解释犯罪构成要件，有助于避免以刑法手段插手干预其他部门法领域。

(3)《刑法》第13条坚持了形式正义与实质正义，尤其“但书”能够保证刑事处罚的实质合理。《刑法》第13条对犯罪概念的综合定义允许在坚持形式合理性的前提下对刑法各罪条文进行实质解释，以将那些社会危害性轻微的行为排除在刑罚处置之外，从而能够最大限度地保证司法平衡情、理、法，保证出罪功能的实现。可以说这是该项制度最大的贡献。

(4)将情节轻微的违法行为出罪是各国面临的共同问题，相对于域外刑法创设实质违法性、可罚的违法性、社会相当性等理论而言，我国《刑法》第13条以明文的方式直接为立法和司法指示无罪渠道，不仅表现出我国刑法理论体系与其他国家刑法理论体系对话的基因，更直接显示出了我国刑法制度设计的优势。所以，未来的刑法实践应当放大中国特色犯罪概念的优势面，注重强化其出罪功能，并以此指导当前的法治实践，从而落实人权保障的理念。

曾某等三人侮辱案。[①] 曾某等三人为泄愤报复，在停车场采用暴力手段脱掉廖某的衣裤并对其进行殴打，时间持续近三个小时。廖某要求追究曾某等三人侮辱罪的刑事责任。

分析：一审法院判决曾某等三被告人无罪。廖某上诉。二审法院经审理认为，三被告人的行为尚达不到《刑法》第246条第1款规定的情节严重的程度，而属于《刑法》第13条“但书”的情形，三被告人无罪，遂驳回上诉，维持原判。[②]

本书认为：根据《刑法》第246条，以暴力或者其他方法公然侮辱他人，情节严重

---

① 参见（2019）湘3101刑初14号刑事判决书。

② 参见（2019）湘31刑终342号刑事裁定书。

的，构成侮辱罪。本案中，法院认为，案发时间在晚上 11 点左右，被害人被脱掉衣裤的时间只有十几分钟，也没有群众围观，综合考虑本案情节及自诉人过错程度，公然侮辱行为没有达到“情节严重”的程度，可以适用“情节显著轻微危害不大的，不认为是犯罪”。

适用“但书”出罪是我国刑事司法实务的一个重要特点，在出罪解释明显无力的状况下，司法机关对“但书”的积极运用值得肯定，但出罪功能的规范化也是不容回避的重要司法问题。

（二）“但书”的规范适用

如果说谦抑性是刑法的内在品质，那么“但书”可以说是对刑法的谦抑品质，尤其是其出罪功能的最好诠释。从效果上看，对符合“但书”规定的行为，“不认为是犯罪”，即不成立犯罪。“但书”之所以具有出罪的功能，是因为按照刑法的明文规定，只要被认定为情节显著轻微危害不大的行为，就不是犯罪。相对于正当防卫、紧急避险等法定的出罪事由而言，“但书”具有极强的开放性。也正因为如此，司法实践中逐渐将“但书”作为判决行为人无罪的直接依据，造成了对依“但书”出罪的过度倚赖。

1. 依“但书”出罪的不规范现象

“但书”规定的“情节显著轻微危害不大”的行为没有达到实质可罚性的程度，因而“不认为是犯罪”，从而与正当防卫等法定出罪事由一样，排斥犯罪的成立。由于我国刑法中缺少足够的法定出罪事由，依“但书”出罪被“透支”，尤其在具体案件中一旦确定裁判的方向是出罪，“但书”往往成为最优先的出罪事由，甚至凌驾于法定出罪事由之上。这种以突破法律规定为代价而实现的救济，天然存在着违背罪刑法定原则的基因。

“以前，大法官担心错误地定罪，现在他们担心错判无罪”①，这句对英美法系司法裁判现状的描述在一定意义上同样适用于当今中国。归根结底，法官存在这种顾虑是因为未能秉持中立立场。法官适用法律本质上是一种决策、平衡的过程，在面对被告人与受害人时，法官当然也要进行权衡：他要权衡判决结果可能对双方所产生的影响，通过比较选择一种双方都相对容易接受的裁判。但是，在这种利益折中式的决策过程中，法官必然受到自身自然属性和社会属性的干扰，难以保持中立，因而潜藏着一定程度的法治风险。从司法实践来看，同样是出罪事由，“但书”规定的适用门槛明显低于法定出罪事由的适用门槛。

颜某故意伤害案。李某酒后回到家属院，因家属院大门已上锁，李某从东门进入。李某回家后拿出榔头将大门门锁砸坏，后与颜某发生争吵打闹。在此过程中，李某受轻伤。李某提起刑事自诉附带民事诉讼。

分析：一、二审法院均认为：李某先动手打颜某，李某对本案的引起具有重大过错以及对矛盾的激化负有直接责任，颜某的行为情节显著轻微危害不大，不认为是犯罪；颜某虽具有一定的防卫情节，但其可通过避让或其他人劝解的方式避免更加严重后果的发生，其行为不符合正当防卫关于紧迫性和必要性的构成要件。对于李某遭受的 13

---

① ［英］萨达卡特·卡德里：《不公正的审判》，杨雄译，上海，华东师范大学出版社，2016，338 页。

824.14 元经济损失，李某、颜某各分担 70%、30%。[①]

本书认为：本案中法院认为颜某的行为不符合正当防卫的规定，但同时又以“但书”作为颜某出罪的事由，换言之，对于没有达到正当防卫法定条件的行为，也可以通过“但书”予以“出罪”。由此可见，依“但书”出罪的标准要明显低于依正当防卫出罪的标准。这一结论，说到底是利益权衡的结果。在本案中，如果认定颜某的行为成立正当防卫，那么由于正当防卫是权利行为，只要没有超过必要的限度，是无法追究被告人颜某侵权责任的。可适用“但书”以后，问题就很好解决了：被告人颜某的行为给李某造成一定的损害，只是这种损害没有达到需要动用刑法的程度，但仍然可以追究被告人颜某的民事责任，以责任分担的方式，相对有效地平衡双方的利益冲突。然而，此处的核心问题是：在行为已经在实质上构成犯罪（轻伤）的前提下，能否以“但书”为理由进行出罪？答案是否定的，因为：如果认为颜某的行为不构成正当防卫，那么其造成李某轻伤的行为已经构成故意伤害罪，而不仅仅是在形式上该当构成要件。此时，再通过“但书”进行出罪，就明显降低了出罪的标准。事实上，司法实践中一方面从严把握正当防卫与紧急避险的成立条件，另一方面放宽依“但书”出罪的标准，最终结果只能是牺牲罪刑法定原则。

在司法实践中，依“但书”出罪的案件占据绝对多数，这种异常现象并非偶然。一方面，“但书”几乎包容了除正当防卫、紧急避险之外的所有出罪情形，这使“但书”成为一个庞大的出罪“系统”，而不是一种单独的出罪事由。尽管“但书”的出罪功能被认可，但是它在犯罪评价体系中究竟居于何种地位，仍然未能明确。晚近以来，有不少学者曾对此问题作出回答，但从实践来看，对“但书”的定位仍然较为模糊。很显然，相对于法定出罪事由，“但书”极具包容性，所谓“情节显著轻微危害不大”的要求很容易达到。之所以如此，首当其冲的原因是，我国犯罪排除事由立法规定还较为粗糙。尽管理论上一般认为，犯罪排除事由通常是指形式上符合犯罪构成，但“实质上既不具有社会危害性，也不具备刑事违法性”，从而不构成犯罪的行为，包括正当防卫、紧急避险、依照法令的行为、正当冒险行为等[②]，但关于支撑犯罪排除事由的实质原理，其实很难具体展开阐述。在犯罪排除事由理论尚未完善的背景下，刑法理论的德日化又快速袭来。与此同时，立法和司法实践尚未转型，诸多德日阶层犯罪论中的出罪事由（如不具有违法性认识可能性、不具有期待可能性等）只能以“但书”的形式呈现，这种被动式的做法导致“但书”被过分倚重。另一方面，“但书”的开放性，在一定程度上加剧了利益权衡导致的突破罪刑法定的风险。

管某故意伤害案。[③] 管某因家庭矛盾，在南京市第一医院呼吸科病房，对其姐夫何某某实施了殴打行为，致何某某轻伤。

分析：法院提出：“管某故意伤害他人身体，且已构成轻伤二级，理应以故意伤害罪追究原审被告人管某的刑事责任。但鉴于本案系家庭矛盾引发，故意伤害行为情节显著

① 参见（2014）宝中刑一终字第 00025 号刑事附带民事裁定书。

② 参见高铭暄、马克昌主编：《刑法学》，10 版，北京，北京大学出版社、高等教育出版社，2022，123 页。

③ 参见（2015）宁刑终字第 209 号刑事裁定书。

轻微，危害不大，双方在案发后已达成和解，且已履行到位，可不认为是犯罪”。本书认为：如果不考虑其他因素，管某的行为当然构成犯罪。但由于被害人是管某的姐夫，即使被害人提起上诉，二审法院仍然以“情节显著轻微，危害不大”为理由进行出罪。这种做法的合理性着实令人怀疑。按照“高法”2010年9月13日《人民法院量刑指导意见（试行）》，对于因婚姻家庭、邻里纠纷等民间矛盾激化引发的故意伤害类案件，只是“可以减少基准刑的20%以下”，而非可以直接作无罪处理。从遵循罪刑法定原则的角度来看，对管某的行为理应认定为故意伤害罪，只是在量刑的时候可以适当降低刑度，不能援引“但书”宣告无罪。

2.基于实质出罪论的“但书”的规范适用

“但书”是《刑法》第13条后半句规定的内容，是对犯罪概念的补充，是成立犯罪的例外情形。由于立法者是将禁止的行为“入刑”，因而实施了刑法分则规定的具体犯罪的构成要件行为，原则上就属于刑法禁止的对象。也就是说，构成要件是“观念轮廓”，对于符合构成要件的行为，大致可以推定该行为具备严重的社会危害性。但是，在肯定行为形式上符合犯罪构成要件的基础上，还需要进一步判断该行为是否具备实质的可罚性，即是否具有最终的严重的社会危害性。“但书”作为犯罪概念的补充，在阶层犯罪论体系（构成要件符合性—违法性—有责性）中，在违法性层面发挥对实质不法的甄别作用。尽管违法性与社会危害性的表述方式有着较为明显的差异，但是这两个概念所表达的中心思想都是，探求某种行为值得刑罚处罚的原因以及甄别该行为是否达到需要动用刑罚加以处罚的程度。① 根据“但书”规定，对于“情节显著轻微危害不大的”行为，不认为是犯罪。这种理解可以转化为：对于违法性程度不高或者轻微违法的行为，不作为犯罪处理。“但书”以法定的方式表达了对情节显著轻微的社会危害行为不予入罪，构成了犯罪概念的消极层面，是实质出罪的重要渠道。

关于“但书”的规范适用，从实质出罪的层面，应当注意以下方面：

（1）从体系解释的角度来看，“但书”是甄别犯罪行为与其他违法行为的实体依据。从我国刑法规定来看，对绝大多数犯罪都规定了量的要素，如“数额较大”“造成严重损失”等，这些量的要素构成了入罪的门槛，但其中很多量的要素难以直接判断，如危险驾驶罪中的“情节恶劣”、高空抛物罪中的“情节严重”等，甄别这类行为的罪与非罪时，必须结合行为的社会危害性进行考量，才能够达到合理划定犯罪圈、防止任意出入人罪的效果。犯罪是具有严重社会危害性的行为，对情节显著轻微的行为进行刑罚处罚不符合犯罪概念，对于“但书”规定的轻微违法行为可以通过其他法律加以规制。我国刑法中的犯罪情节按照轻重程度可以分为显著轻微、轻微、一般、严重、特别严重五个档次，对应的刑度依次递增，形成严密的情节体系。其中，情节显著轻微、危害不大的，不构成犯罪；情节轻微、不需要判处刑罚的，可以免予刑事处罚。对这两类情况，即便不认为是犯罪或者定罪免刑，依然可以根据行为的社会危害性依法追究行为人的民事责任或行政责任，并不会因此而放纵行为人。

（2）从“但书”与法定出罪事由（又称犯罪排除事由）的关系来看，前者是后者的

---

① 无论采纳何种犯罪论体系，都应当遵循从形式到实质、从客观到主观的判断（参见本书第六章第三节）。

补充。我国刑法中的犯罪排除事由有正当防卫、紧急避险以及“但书”三种，其中，正当防卫与紧急避险是法定的犯罪排除事由，“但书”是这两者的补充。也就是说，一方面，相对于“但书”而言，法定出罪事由是优先的出罪事由，在能够认定成立正当防卫或紧急避险的场合，应当排除“但书”的适用；另一方面，“但书”没有必要与法定出罪事由同时适用，两者各具有独立的出罪功能，都有各自适用的语境，两者不能够相互置换。从形式上看，正当防卫与紧急避险具备犯罪的客观特征，在防卫或避险行为造成损害的场合，这种特征更加明显。“但书”作为入罪的限制条件（出罪条件），其所处理的案件同样具有这种形式特征。但两者又存在明显差异，即“但书”中的情节只能是显著轻微，法定出罪事由中的情节则未必，如在特定防卫情况下，正当防卫可以是致使加害人死亡的行为。我国现行刑法自1997年颁行之后，历经十余次修正，但刑法总则规定的法定出罪事由依然没有改变。二十多年来，为适应司法实践中不断增加的出罪需求，司法机关不得不频繁从“但书”中解读出新的出罪理由，从而排除某些不值得刑罚处罚的行为，“但书”成为无罪判决中最耀眼的关键词。然而，如果认为“但书”和法定出罪事由可以同时适用，其结果只能是，“但书”会现实地覆盖某些原本应适用法定出罪事由的情形，造成对“但书”功能的透支。

(3)“但书”在犯罪成立中只能作为“必要的例外”，即只能对符合构成要件但社会危害性不严重或违法程度不高的行为予以出罪。形式的罪刑法定是法治国最鲜明的特质，实质的罪刑法定以形式的罪刑法定为基础。对刑法分则禁止的各种犯罪行为，都能通过“但书”之规定予以出罪，但出罪本身只能作为例外而存在，作为出罪事由之一的“但书”不过是这种例外的一种情形而已。对司法实践而言，实质出罪并非无序出罪，正确的做法不是对正当防卫、紧急避险作出过于严苛、过分限缩的要求，然后再把出罪希望寄托给“但书”，而是在遵从罪刑法定原则的基础上对“但书”的适用进行从严把握，具体而言：

第一，从构成要件内容的角度看，“但书”不能用来直接否定量的要素。从刑事诉讼的过程来看，“但书”应当适用于经过检控机关过滤后符合犯罪形式构成要件的行为。情节显著轻微本身是量的要素，其在个案中的表现形式虽然有所不同，但主要表明的是法益侵害程度。例如，在故意伤害类案件中，既然入罪的标准是轻伤以上，那么，对于尚未造成轻伤以上损害的行为，由于属于当然的情节显著轻微危害不大，不能立案追诉，没有必要再积极适用“但书”进行出罪。其实，所有与量有关的要素，如情节、数额等，只要相关行为在量上达到入罪标准，一般都不宜简单适用“但书”予以出罪。

第二，从构成要件类型的角度来看，“但书”不能适用于规范的构成要件要素。规范的构成要件要素是需要通过价值评价的要素，与记述的构成要件要素相比，它的特征之一是需要进行实质判断。除此之外，它还有一个隐藏的属性，即它的判断方式只能是有无或是否这种定性的判断，不存在量化的问题，不能显示违法性程度。例如，对于刑法中的“文书”“淫秽物品”“非法占有目的”等要素，只能给出是否或者有无的判断。法院适用“但书”来否定这类要素，是不合逻辑的。

第三，从犯罪评价的角度来看，只有进入违法性阶层后才能够适用“但书”予以出罪。在阶层犯罪论体系中，构成要件该当性、违法性与有责性之间是递进关系：当刑法明确将某种彰显“程度”的定量要素规定为犯罪构成要件时，应当优先考虑特定行为是否该当构成要件，随后才考虑违法性与有责性。对于不该当构成要件的行为，不能以“但书”作为否定其犯罪性的依据；对于不具有非难可能性的行为，也不能将“但书”叠加适用。这样才既符合阶层论递进式的思维，又能防止“但书”膨胀成为解锁刑事出罪的“万能钥匙”。

总之，作为犯罪概念的组成部分，“但书”在赋予司法者广泛的无罪裁量权的同时，也带来了一定的法治隐忧，因为司法者必须要解答一个问题，即什么是“情节显著轻微危害不大”，如何合理划定“情节显著轻微危害不大”的范围。这个问题本来是一个立法论的问题，由立法者划定一个适当的界限，以此为基础进行出入罪的司法选择。当前“但书”的内容基本上是通过解释的方式加以明确的，实质出罪解释必不可少。然而，“但书”独此一份，解释的方向千变万化，倚赖解释来填补“但书”的内容，只是一种退而求其次的无奈选择。既然问题根源于立法的模糊性，问题的解决之道应当回归到立法。如前所述，我国刑法中的法定出罪事由只有正当防卫和紧急避险，“但书”不得不被当作极具开放性的“第三出罪事由”。相比较而言，域外刑法将被害人同意、正当业务等规定为法定的出罪事由。有鉴于此，我国刑法的出罪机制需要在现有的出罪事由基础之上增补新的法定出罪事由，使之发挥分担“但书”出罪功能的效用，避免“但书”被过度适用。①

三、以“但书”为特色的我国犯罪概念的功能转换

我国《刑法》第 13 条规定的混合犯罪概念，具有入罪与出罪两大功能，但出罪功能明显偏弱，在许多情况下入罪有余，出罪无序。这无疑会迟滞业已开启的中国式刑事法治现代化进程。有鉴于此，本书认为，在构建法治国的大背景下，应当削弱混合犯罪概念的入罪功能，实现由目前入罪出罪功能兼具到只发挥其出罪功能的转换，同时，这种功能转换不能仅仅停留在《刑法》第 13 条的“但书”部分，而应立足于整体的犯罪概念。

（一）混合犯罪概念的入/出罪功能二元化

我国刑法学界对犯罪概念的阐释存在特有的二重结构，即作为犯罪基本特征的“严重的社会危害性、刑事违法性、应受刑罚性”与具备上述特征的四要件犯罪构成（犯罪客体—犯罪客观方面—犯罪主体—犯罪主观方面）之间的交叉重叠。通说认为，相当严重的社会危害性既是犯罪概念的本质属性，也是犯罪构成的本质属性，且犯罪概念与犯罪构成之间表现为抽象与具体的关系②，因此，要切实把握我国刑法中的犯罪概念，必须全面把握这种二重结构。本书认为，我国犯罪概念所特有的二重结构及其彼此交织不

---

① 问题是：如何增补新的出罪事由？一个有效的方案是：沿着阶层论的进路，根据具体事由阻却的是违法性还是有责性，分别归入法定的违法阻却事由与法定的责任阻却事由。在明确一系列法定出罪事由的基础上，再以“但书”作为超法规的违法或责任阻却事由来兜底。需要说明的是，并不存在所谓的“但书”与阶层论不兼容的问题，因为，究竟是适用四要件论还是阶层论，属于犯罪成立理论的选择问题，而“但书”作为混合的犯罪概念的组成部分，只表明什么行为不是犯罪，不涉及犯罪成立理论如何选择的问题。

② 参见马克昌：《犯罪通论》，武汉，武汉大学出版社，1999，75～76 页。

清的关系，造成了犯罪概念集入罪与出罪两大功能于一身。

一方面，混合犯罪概念中的“严重的社会危害性”，在我国历来的司法实践中始终发挥着“入罪发动机”的作用。尤其在刑法“无明文规定”的情势下，基于对社会整体治安状况等秩序价值的考量，要实现对“有社会危害的行为”的惩处，只能求助于“严重的社会危害性”这一实质理由。这也是1979年刑法允许类推制度以及1997年刑法之后存在司法类推解释的根据。详言之，面对具有严重的社会危害性的行为，如果简单以“法律没有明文规定”为由不定罪，难以满足“应受刑罚处罚”的情绪需求（社会保护需求）。立法上的类推制度曾为刑法提供更多的有力干预机会，在类推制度被废除后，社会保护需求没变，“严重的社会危害性”要发挥入罪功能，不再依靠赤裸裸地对抗罪刑法定或者粗暴地凌驾于刑事违法性（违背刑法条文）之上，而是在对秩序价值的推崇下寻求通过社会保护机能、扩张解释等方式，变相突破刑事违法性。

长期以来，社会危害性与刑事违法性被公认为我国犯罪概念的两大基本特征，且二者之间的关系被定位为：行为的社会危害性是刑事违法性的基础，刑事违法性是社会危害性在刑法上的表现。[①] 单纯地立足于严重的社会危害性与刑事违法性之间的逻辑思辨，二者的关系似乎条分缕析、清晰明了，但若结合犯罪构成理论来分析，则上述关系混杂不清：刑事违法性首先是指违反刑法条文，具体行为是否违反刑法条文，需要结合具体犯罪的构成要件来认定，也即需要借助犯罪构成理论的分析框架。然而，我国传统的四要件论已经浸透了实质违法性的判断，典型的如犯罪客体——行为侵害的社会关系（法益侵害），犯罪客体成为“严重的社会危害性”在犯罪构成理论中的直接对应。而且，犯罪客体往往排列于四要件之首。随之，社会危害性基本主导了犯罪构成要件认定的全过程。于是，在借助四要件认定刑事违法性时，实际上也一并作出了社会危害性的实质判断。由此，我国犯罪概念中的刑事违法性就不单单是形式的违法性，而是形式违法性与实质违法性的统一，进而导致犯罪概念中的社会危害性与刑事违法性之间的交叉重叠——社会危害性主宰刑事违法性，以及社会危害性与四要件的交叉重叠——社会危害性主宰犯罪构成。这将进一步弱化刑事违法性包含的形式违法性内涵，虚化构成要件的罪刑法定机能，助长社会危害性成为定罪的终极标准，扩张犯罪概念的入罪功能。

另一方面，混合的犯罪概念具备出罪功能。（1）犯罪概念具有消极出罪的功能。这与刑事政策“宽缓”的一面相吻合。无论是“惩罚与宽大相结合”还是“宽严相济”，刑事政策均难以摆脱浓厚的政治色彩。当这种政治性思维被用于刑罚宽或严的考量时，当然有其优势。例如，当涉及危险驾驶罪出现严重的案多人少的状况时，宽严相济之“宽”的一面就被重视起来，使从“一律定罪”导向“有条件出罪”，司法机关对醉酒驾驶、血液酒精含量等作出了宽缓的界定，对醉酒驾驶的“严重的社会危害性”作出了限缩。（2）犯罪概念具有积极的出罪功能。这大抵求之于《刑法》第13条“但书”部分。如前所述，审判实践支持直接依据“但书”进行出罪，从“但书”适用的规范角度看，应否定借任何理由脱离犯罪构成要件而直接依据“但书”宣告某种行为无罪的论调和做法。但退而求其次，这种做法在性质上毕竟属于保障人权的手段之一，保障的程度如何是水平问题，

---

① 参见高铭暄、马克昌主编：《刑法学》，10版，北京，北京大学出版社、高等教育出版社，2022，44页。

它作为最差的保障手段仍不失为有利于被告人的“探索”。

（二）混合犯罪概念的入/出罪二元功能之弊害

1.对罪刑法定原则的异化

我国混合的犯罪概念所具有的社会危害性、刑事违法性之基本属性与罪刑法定原则之间的矛盾是客观存在的，且在秩序价值的导向下，犯罪概念之社会危害性标准会使入罪功能取得对出罪功能的优势性或压倒性地位。由此入罪功能的扩张风险倍增，而以此为出发点，罪刑法定原则的人权保障机能将愈加压缩，有陷入异化之虞。

在我国，罪刑法定原则在蕴含人权保障机能（出罪方向）的同时还附加了社会保护机能（入罪方向）。[①] 我国法律在现实“挑战—应对”模式下带有强烈的实用理性传统，实质合理性与秩序价值合一。虽然刑法上类推制度已被废除，但类推适用思维根深蒂固，司法者担心的是放纵犯罪、遗漏犯罪，罪刑法定的人权保障机能受到各种主、客观因素的影响而被弱化。此外，对于《刑法》第 3 条前半句规定的罪刑法定原则之积极侧面，即使将立法本意解读为“限制司法权力”，秩序价值也会迫使其额外地承担起社会保护机能。

总之，虽然我国罪刑法定原则的社会保护机能及人权保障机能完全能够与混合的犯罪概念之入/出罪的二元化功能相契合，但在“秩序下的人权”价值取向及维系社会治安稳定的政策性导向下，犯罪概念的社会危害性标准并不能突破罪刑法定原则所包含的形式合理性要求，从而扩张入罪功能。这无疑会对我国刑事法治化进程产生不可估量的负面影响，值得警惕。

2.对犯罪构成的干涉

我国的定罪标准是一元的吗？该问题的核心仍然是犯罪概念与犯罪构成的关系，争议焦点大抵有二：一是，犯罪概念的“但书”与犯罪构成的关系问题；二是，法定出罪事由与犯罪构成的关系问题。

关于第一个焦点，目前存在两种看法：一种看法是，犯罪概念的“但书”是行为符合犯罪构成之后的第二个判断，即符合犯罪构成但情节显著轻微危害不大的，可再次排除构成犯罪。换言之，犯罪概念中的社会危害性判断标准高于犯罪构成包含的社会危害性判断标准，犯罪概念（但书）可以作为定罪的直接依据。此为定罪标准二元论。另一种看法是，犯罪构成才是定罪的唯一标准，“但书”的出罪功能表现为指导法官对犯罪构成要件进行实质解释，犯罪概念中的“严重的社会危害性”不应成为直接认定犯罪的标准。此为定罪标准一元论。这恪守了犯罪构成在定罪中的至上地位，维持了定罪标准的一元化。承认定罪标准的二元化，无非是容忍定罪时犯罪概念对犯罪构成的干涉。如果这种干涉始终以出罪为内容又不抵触基本的正义价值，则这种出罪尚可接受。然而，问题是我国犯罪概念的入罪功能实际上强于出罪功能，这潜含着以迟滞刑事法治化进程为代价的巨大风险。一元论恪守了犯罪构成在定罪中的决定性地位，维护了犯罪构成要件的罪刑法定机能，故而该说在理论上和实践中逐渐获得优势，应当一以贯之。

关于第二个争点，其主要反映在犯罪论体系之争。由于我国的混合犯罪概念与犯罪

---

① 参见高铭暄：《中华人民共和国刑法的孕育诞生和发展完善》，北京，北京大学出版社，2012，171～175 页。

构成之间呈现二重结构，社会危害性与刑事违法性之间存在交叉重叠关系，在社会危害性特征的主宰之下肯定行为齐备犯罪构成要件（四要件）之后，剩余的出罪空间极小。这也是我国司法实践中正当防卫、紧急避险等法定出罪事由的适用被过度严格化的原因。在传统四要件理论中，犯罪客体、犯罪主体、犯罪客观方面、犯罪主观方面是认定犯罪的四个要件，是一荣俱荣、一损俱损的平面耦合关系（参见本书第六章第二、三节），但正当防卫、紧急避险属于犯罪构成的例外。这意味着，虽然四要件是构成犯罪的标准，但符合四要件的行为又可能不构成犯罪，四要件之外存在一套排除犯罪的标准，犯罪构成体系变成了二元的。这种格局直到犯罪构成由客观（违法）构成要件与主观（责任）构成要件两阶层组成之见解的提出，才会得到实质性改观，定罪之犯罪构成一元化标准在逻辑上才逐步趋于周延。

3.对超法规的出罪事由的排斥

我国刑法只规定了正当防卫、紧急避险两个出罪事由，但被害人承诺、自救行为、自损行为等刑法之外的超法规的出罪事由（参见本书第十章第四节），在司法实践中也被有条件认可。对此，刑法理论必须作出相应的“合理”解释。这恰恰是传统通说在四要件犯罪构成之外以专章的形式补以“排除犯罪性行为”的根源和动力。超法规的出罪事由无法被安置在四要件犯罪构成之内，不仅属于四要件的例外，而且是“法定例外”的例外。超法规的出罪事由的这种“双重例外”，仍旧默许了定罪标准的二元化，因为它也是借助犯罪概念中的社会危害性标准得出的判断。

超法规的出罪事由在域外审判实践中的适用相当谨慎，在我国审判实践中的适用也受到很多限制。其实，法官从自身的裁判风险的角度也会排斥（法定或超法规的）出罪事由的适用，避免出罪结论引发非议。例如，审判实践中将一部分可被定性为正当防卫的行为定性为防卫过当，同时通过宣告缓刑来平衡各方利益以规避法官自身风险。在此种情势下，不可能期待法官适用“法无明文规定”的超法规的出罪事由来出罪。更何况，个别法官基于对秩序价值的考量，不愿出罪，不敢出罪，入罪优先、有罪推定的思维比较顽固，在自由裁量范围内基本排斥超法规的出罪事由的适用，使犯罪概念（社会危害性）的出罪功能让位于入罪功能。法官出罪动力不足，超法规的出罪事由的出罪功能很难被激发。

（三）犯罪概念的功能转换：入/出罪→出罪

由于混合犯罪概念的入罪功能天然强于出罪功能，本书主张对混合犯罪概念进行入/出罪与出罪的功能转换，即在理论上和实务中强化出罪功能，虚化入罪功能，实现入、出罪两大功能向单一的出罪功能转变，以彰显人权保障机能。这大体涉及以下三个方面。

（1）还正罪刑定原则的人权保障机能，正本清源地为犯罪概念之入/出罪二元化功能向单一的出罪功能转换提供保证。《刑法》第3条规定的入/出罪双向表述的罪刑法定原则兼具社会保护机能与人权保障机能，要实现犯罪概念出罪功能的单一化，必须使其更多地受罪刑法定原则之人权保障机能的节制，而这需要压缩、削减其社会保护机能。我国的罪刑法定原则更为突出的是出罪禁止的社会保护机能，甚至可以认为其在积极层面无异于入罪原则。在某种程度上，这必然压缩了其本身所兼具的人权保障机能。

还正罪刑法定原则的人权保障机能，大抵有两条路径可供选择：一是“立法中心主义”的路径，即通过刑事立法删除《刑法》第3条前半句，省却罪刑法定原则的积极层面；二是“释法中心主义”的路径，即以“补正解释”的方法作出有利于被告人的解释：第3条前半句旨在严禁司法权恣意行使，防止不当入罪。显然，前者是根本之道，后者为权宜之计。在立法上对罪刑法定原则之积极层面作省却处理后，不是忽略社会保护机能，而是将它交由刑法的目的、刑法的任务等条文来承载，从而还正罪刑法定原则经典意义上的人权保障机能。

（2）在入罪时严守构成犯罪的唯一且最终的标准，确立犯罪概念的出罪功能之于犯罪构成要件解释的绝对地位，虚化乃至否定犯罪概念的入罪功能对犯罪构成要件的解释功能。当下我国的犯罪论体系正酝酿着一场深刻的变革，犯罪构成的阶层化是演进方向中的有力观点，但四要件论仍旧在刑法理论中居于优势地位，在司法实践中始终占据主导地位。然而，不可否认的是，四要件犯罪构成确实隐含着诸多弊病，如前文述及的出罪事由与四要件的关系、定罪标准的二元化等，均是其自身难以克服的固有弊端。因此，将去弊端化求诸犯罪论体系的实质性变更，是值得期待的理论演进方向。这更多地依赖中、西方知识之间，本土理论与实务之间，不同学术观点之间的博弈，在利弊权衡中逐步确立基本方案。这决定了犯罪论体系的演进不可避免地是一条日益彰显人权价值的“渐变”之路，而非一蹴而就、毕其功于一役的“激变”之路。

基于这种实事求是的态度，在阶层化犯罪论体系取得一致认可之前，犯罪概念的出罪功能单一化更加重要。即便按照四要件犯罪构成体系，犯罪概念出罪功能一元化的转向仍默许了定罪标准二元化，出罪事由与四要件的关系等体系不周延的问题遗留下来了，但是，只承认犯罪概念的出罪功能，拒绝其现身于入罪场合，在入罪时坚持犯罪构成的定罪标准一元化，仍不失为彰显人权价值的方法之一。在探索到更好的解决途径之前，这种“权宜之计”的方向仍值得肯定。

这样，剩下的问题就只是如何防止犯罪概念的出罪功能沦为秩序价值或社会治安稳定的政策性导向的附庸。这一问题的解决之道之一是，在还正罪刑法定原则的人权保障机能后，严格将它作为“宽严相济”刑事政策的指导总纲，坚决反对刑事政策直接突破、变相突破罪刑法定原则的节制，而刑事政策的“宽”与“严”作为社会整体性或局部性治安的风向标，仅对犯罪的惩处起宏观的指导作用，而不涉及个案的具体规制，以消解政策性风险；坚决反对基于社会治安状况的担忧或刑事政策的宽严等理由，以“刑罚过剩”为载体来承负刑法的“规训”“教育”“改善”等目的，厘清刑罚之报应和预防矫正目的的层次及位阶；在具体案件的处理过程中，坚持犯罪构成是入罪的唯一根据，但在以人权保障为导向的罪刑法定框架下认可犯罪概念的出罪功能，改变入罪功能对出罪功能的压倒性地位，从而使入/出罪二元化走向实质性的出罪一元化。

（3）对于犯罪概念中的社会危害性与刑事违法性之间的交叉重叠问题，有必要对既有的社会危害性理论与刑事违法性理论作理论上的探索创新，化解对犯罪概念的基本特征与具体特征之二重结构的依赖，在此基础上逐步厘清犯罪概念与犯罪构成之间的关系，最终在彰显人权价值的基本立场上确立犯罪构成一元化定罪标准。

针对社会危害性与刑事违法性之间的交叉重叠关系，迫切需要寻求解释论上的解决之道，并开启对彻底化解办法的探索，消除刑法理论与司法实务对犯罪概念之二重结构的依赖，从而实质性地厘清犯罪概念与犯罪构成之间的关系，赋予刑法典“犯罪人的大宪章”的定位。当然，社会危害性与刑事违法性之间的上述交叉重叠关系源于特定的历史成因，而该历史成因的弊害在短时间内难以消除，即使在当下，混合的犯罪概念的根基依旧牢固。因此，一步到位地废除我国刑法典中的混合的犯罪概念并代之以形式的犯罪概念，无非是刑法学者一厢情愿的美好愿景。更现实的逻辑进路应该是：在尊重我国混合的犯罪概念这一既定事实的基础上，转换犯罪概念的出/入罪功能二元化为出罪功能一元化，在彰显人权价值之路上逐步完善犯罪论体系，实现定罪标准一元化，从而虚化实质的犯罪概念之出罪解释功能，最终确立起形式的犯罪概念。

总之，我国《刑法》第 13 条规定的混合的犯罪概念有其深刻的时代根源，该犯罪概念所赖以存在的条件依旧存在，且短时间内难以消除。在混合的犯罪概念一时难以有效改变的格局下，坚持强化其出罪功能，虚化其所具有的入罪功能，实现混合的犯罪概念之入/出罪两大功能向单一出罪功能转换的立场，并以此来指导当前的刑事司法实务，从而践行人权保障的理念，逐步实现向形式的犯罪概念与犯罪论体系的实质性变更，无疑更为理性而切合实际。当然，在提倡犯罪概念发挥出罪一元功能的同时，为了改变正当防卫、紧急避险、超法规的出罪事由在犯罪论体系中的地位，避免定罪标准的二元化（四要件＋犯罪概念），还需要积极致力于社会危害性理论、违法性理论、犯罪构成理论等刑法基本理论的创新，推动犯罪论体系的完善。

第六章　犯罪论体系

第一节　犯罪论体系概述

犯罪论体系，是指关于犯罪的成立及形态的一般理论体系，又可被称为犯罪构成理论体系或者犯罪构成要件体系，即成立犯罪所必须具备的一般性要件及其体系化理论。

刑法知识的教义学化首先是刑法总论的教义学化，而刑法总论的教义学化主要是指建立一种合理的犯罪构成理论体系。犯罪构成理论是根据刑法的罪刑法定原则所蕴含的法治内涵发展出来的，旨在解决定罪量刑这一刑法基本问题的重要理论。在分析犯罪是否成立时，早期刑法理论中并无犯罪构成理论，罪刑擅断代替了规范认定。自 18 世纪启蒙思想家的倡议以及罪刑法定主义诞生之后，才发展出了以行为为中心、以犯罪的客观违法与主观归责为内容的犯罪构成理论。通过解释刑法分则中的规范可以发现，行为是它们的共同核心和解释难点，为何要归责（客观违法）以及归责于谁（主观归责）这样的问题贯穿于整个刑法分则体系。将这样的内在脉络提炼出来，并上升为全部刑法分则规范背后的原理，那就是犯罪构成理论体系。每种有社会危害性的行为是否构成犯罪，均可从犯罪构成理论这一教义出发来认定。通过它可解决不同行为在犯罪认定上的差异，为刑法提供稳定的可以确保司法裁决一致的概念和系统，故该体系具有强烈的实践性。

一、大陆法系犯罪论体系

大陆法系犯罪论体系的发展与构成要件论密切相关。构成要件一词由德语 Tatbestand 翻译而来。德语中的这一概念来源于中世纪意大利宗教裁判中的纠问程序。在纠问犯罪的过程中，必须首先确证是否有犯罪的一般纠问，其后再对特定的嫌疑人进行特殊纠问。意大利刑法学者法里西斯（Farinacius）从 Constare de delicto 中引申出 Corpus delicti（通译为犯罪事实）一词，用以“指示已被证明是客观犯罪事实的东西”。至此，这里的犯罪事实仍是诉讼法上的概念，它被用来证明客观犯罪事实的存在，遵守如果没有严格按照证据法则得来的证据，就不得进行特殊纠问的原则。在 15、16 世纪，犯罪事实这一概念被德国刑事诉讼法采用，德国学者克莱因把犯罪事实一词翻译成德语 Tatbestand，它与 Corpus delicti 都不是实体法上的概念。直到斯图贝尔（C. C. Stübel）和刑事古典学派的代表人物费尔巴哈之后，构成要件概念才完成了从诉讼法意义到实体法意义的完全转变。斯图贝尔认为，犯罪的构成要件“是那些应当判处法律所规定的刑罚的一切情况的总和”。费尔巴哈最早将构成要件的概念明确用于实体法，他在他起草的《巴伐利亚法典》（1813 年）中指出，“当违法行为包含依法属于某罪概念的全部要件时，就认为它是犯罪”。他提出，构成要件乃是“违法的行为中所包含的各个行为或事实的诸要件的总和”。显然，当费尔巴哈在实体法意义上使用构成要件概念时，它实际指的是每一个具体犯罪行为的客观事实特征在法律上的表现；还没有进行理论上的抽象，它还不具有刑法体系上的意义。

构成要件理论的真正建立是20世纪以来的事情。现代构成要件理论的创始人是德国刑事古典学派学者贝林，他将单纯的刑法各论意义上的构成要件概念演变为体系化理论，开创了真正意义上的对构成要件理论的研究。贝林对构成要件秉承的是中性无色的、客观化的立场。他在1906年出版的著作《犯罪论》一书中，“第一次将构成要件的概念作为犯罪论体系的基本概念”。他不是仅将构成要件作为刑法各论中的概念，而是将它作为整个刑法的基本概念。在贝林看来，构成要件是犯罪类型特殊的外部轮廓，它是客观的、无价值的，不含有评价在内。虽然贝林在晚年修改了以前的提法，把构成要件说成是犯罪类型的指导形象（Leitbild），在这里，他把构成要件与犯罪类型区分开来，认为各种行为只有经过构成要件的指导，才能被认为是犯罪，但是，由于构成要件的指导形象是空泛意义上的，而并不是说，符合构成要件的断定已经包含了对行为违法的评判，对该问题仍须通过违法性、有责性要件具体进行评判，构成要件仍然不具有规范性，易言之，构成要件是形式的类型。这样，“在犯罪论上，它与其早年所提倡的作为‘观念形象’的构成要件在本质上并无区别”①。因此，贝林的构成要件理论自始至终都没有改变其客观性、形式性特征。以这种形式客观的构成要件论为核心建立的体系，被称为古典的犯罪论体系。

贝林的构成要件理论提出以后，对旧派学者产生了极大影响。M. E. 迈耶继承并发展了贝林的学说。他开创了将构成要件与违法性相关联的考察方法，并首次提出了规范的构成要件要素，使构成要件理论向前迈进了重要一步。在M. E. 迈耶看来，构成要件是一种对违法的指示，因而也是认识违法的最重要原因，从而提出了违法性认识根据说。“构成要件与违法性之间是烟与火的关系，烟不是火，烟不包含火，但由它可以得出火存在的结论直到提出相反的证据。”② 某一行为符合构成要件，是判断具有违法性认识的重要根据，能够提供具有违法性的表征，对符合构成要件的行为基本上可以推断其具有违法性，除非具有违法阻却事由。M. E. 迈耶同时也认为，规范性要素也属于主观构成要件要素，构成要件不再是纯客观的，它也含有主观的、内在的、心理的判断，它需要法官根据行为人的内在世界进行价值补充，例如，财产犯罪中的占有意图属于主观的构成要件要素，而不是罪责要素，占有意图也成为判断行为合法还是违法的界限。

麦兹格在M. E. 迈耶之理论的基础上前进了一步，他认为，构成要件是违法行为的类型，构成要件与违法性间的关系不仅仅是认识根据，还是存在根据，即行为符合构成要件，原则上就成为认定存在违法性的根据。麦兹格认为，“根据个人主张，构成要件这种表示是将被特别类型化的立法，依照刑法的目的而制作的特别的‘不法类型’……构成要件意味着为达到某一特殊目的而明示的被要求的不法界限。立法者制作构成要件的

---

① 转引自马克昌主编：《近代西方刑法学说史略》，北京，中国检察出版社，2004，249页。

② M. E. Mayer, Der Allgemeiner Teil des Deutsch Strafrechts, 1915, S.52.

行为就是宣布法律上的可罚性。立法通过形成特别构成要件而制作特别的违法性，因此，行为符合构成要件并非单纯的违法性的认识根据，正确地说，应当是存在的根据”①。这样，M. E. 迈耶的构成要件是违法性认识根据说，发展成为麦兹格的构成要件是违法性存在根据说。

从贝林中性、无色的构成要件理论，到 M. E. 迈耶的违法性认识根据说，及至麦兹格的违法性存在根据说，构成要件与违法性之间的关系，由最初的没有关系发展到具有紧密联系。当事实上发生的行为与刑法规定的构成要件相吻合时，具备构成要件该当性；又由于构成要件是违法类型，行为具备了构成要件该当性的，基本上就可以推断行为是违法的了，如果没有违法阻却事由，便可以认定行为具备了违法性。

构成要件与有责性之关系同样经历了由早期毫无联系发展至当今形成“有责构成要件”通说。在 20 世纪初期古典犯罪构成理论体系之下，故意属于责任的范畴，对故意的传统理解是“故意为责任要素、责任形式”，同样地，将“过失理解为过失犯中的责任要素与责任形式”②。后来人们逐渐认识到罪责不能等同于行为的主观方面，故意和过失也属于主观的构成要件，亦即是对犯罪事实的认识，只要行为人认识到某一行为的构成要件，并且仍去实施它，就可证明故意的存在。换言之，构成要件与有责性并非毫无联系的彼此，只有对前者有认识才有可能认定后者成立。在责任要素在构成要件中日益增多且其地位受到重视之后，在构成要件与有责性之间的关系日益融合之后，构成要件不再是可以独立于有责性的抽象类型，而是演变为有责类型。譬如《德国刑法典》第 240 条“强制罪”第 1 款规定，“非法以暴力或明显的恶意胁迫，强制他人为一定行为，容忍或不为一定行为的，处 3 年以下自由刑或者罚金”。第 2 款规定，“非法是指为卑鄙之目的而使用暴力或者恶意胁迫”。在此，行为人主观上是否具备“卑鄙之目的”或“恶意”，成为判断胁迫行为是否该当于强制罪的要素，而这样的要素，在古典犯罪构成理论那里本来属于有责性的范畴，但是，这些有责性范畴的概念在融入构成要件之后，就成为有责性构成要件要素，对它们进行适当的判断，比如，行为人的强制行为是否具有某种特定的卑鄙目的或者恶意，才能得出行为是否该当于构成要件的结论。这表明，纯粹的事实判断，无关乎有责的、价值无涉的形式与定性判断，不但因为有责性构成要件的判断而不存在，也因为有责性构成要件的判断而成为不可能。

当今日本刑法学界绝大多数学者如大塚仁、大谷实、西田典之、前田雅英、佐伯仁志、庄子邦雄、板仓宏、山中敬一等，都主张构成要件既是违法类型，同时也是责任类型。③ 加上考虑上述德国学说的嬗变，可以说，构成要件违法、有责类型说是当今德日的通说。以违法、有责类型构成要件论为核心建立的犯罪论体系被称为新古典的犯罪论体系，它至今仍然在世界上很多国家占据主流地位。在新古典犯罪论体系之后，相继出现了汉斯·韦尔策尔的目的论体系，以及当今以克劳斯·罗克辛（Claus Roxin）为代表的新目的论体系。目的论体系的特点是构成要件更加主观化，其与有责性的关系更加紧

① Edmund Mezger，Vom Sinn der Strafrechtlichen Tatbestände，in：Festschrift fuer Ludwig Traeger，1926，S.197f..

② ［日］山口厚：《论过失》，付立庆译，载《河南省政法管理干部学院学报》，2010 年第 5 期，40 页。

③ 参见［日］西田典之、山口厚、佐伯仁志编集：《注释刑法》，第 1 卷，东京，有斐阁，2010，261～262 页。

密。这意味着构成要件所处理的不再仅是行为的纯粹客观面，还包括行为人的故意或过失等主观面。由于韦尔策尔的社会相当性理论在违法性论中的运用，整个目的论体系慢慢滑向伦理主义，从而受到了质疑。在继承新古典主义以法益侵害或者威胁作为违法性判断依据的优势的基础之上，在吸收目的论体系下构成要件的处理也包括故意和过失的特点之后，新古典犯罪论体系与目的论体系结合而成了新古典目的犯罪论体系。在此体系下，构成要件是违法构成要件，主观故意与过失是构成要件要素；违法性判断是对行为侵害或者威胁法益的价值思考，有责性判断是对行为人的非难可能性进行价值判断。新古典目的犯罪论体系是当今德日犯罪论体系的通说。

二、苏联的犯罪论体系

如果说大陆法系的犯罪论体系是在构成要件理论的基础上发展起来的，那么可以说苏联的犯罪论体系是在犯罪构成理论基础上发展起来的，甚或可以说，苏联的犯罪论体系等同于其犯罪构成理论。

十月革命胜利之后，苏联的刑法学者在吸收大陆法系构成要件理论的基础上创立了犯罪构成理论。早在 20 世纪 20 年代中期出版的一些刑法教科书中，就开始出现了探讨犯罪构成问题的论述。在 20 世纪 20 年代后期，法律虚无主义思想泛滥，犯罪构成理论研究陷入困境。20 世纪 30 年代以后，随着 1936 年宪法颁行，苏联刑法学界法律虚无主义和刑事社会学派的思想逐渐被克服，社会主义的犯罪构成理论体系得以逐渐形成。在 1938 年出版的由苏联法律研究所集体编写的，供法律高等院校使用的《刑法总则》教科书，全面论述了犯罪构成的要件，认为犯罪构成是构成犯罪的诸要件的总和。1946 年苏联出版了第一本关于犯罪构成理论的专著，即特拉伊宁的《犯罪构成的一般学说》。该书自出版后于 1951 年和 1957 年出版了第二版、第三版，对犯罪构成问题作了全面、系统且深入的研究。贝林的古典犯罪论体系以行为作为犯罪成立的唯一根据，特拉伊宁对以贝林为代表的刑事古典学派偏重行为的犯罪论的“客观结构”，以及刑事人类学派与社会学派偏重行为人的犯罪论的“主观结构”进行了批判；并提出，大陆法系刑法的这些重大缺陷使人们认识到“犯罪构成乃是苏维埃法律认为决定具体的、危害社会主义国家的作为（或不作为）犯罪的一切客观要件和主观要件（因素）的总和”①，并且这种行为是由一定的主体实施的。由此，大陆法系的构成要件概念被特拉伊宁的客观要件和主观要件替换。特拉伊宁在“一切客观要件和主观要件的总和”的基础上发展出以主客观相统一原则为基础的犯罪构成概念，并由此形成了苏联时期的犯罪论体系。特拉伊宁的犯罪构成理论，标志着苏联的犯罪构成理论进入了一个新的时期。

苏联时期关于犯罪构成问题的基本理论主要有：

（1）犯罪构成以苏维埃刑法中所作的犯罪的一般实质定义为根据。苏联的刑法学者认为，作为法律概念的犯罪构成应该表明犯罪的实质，揭示它的政治内容，揭示出它对苏维埃制度和社会主义法权秩序的危害。这种以犯罪的实质定义为基础的犯罪构成概念体现出：以社会危害性作为说明犯罪构成全部特征的特征，社会危害性是整个犯罪构成

① ［苏］A. H. 特拉伊宁：《犯罪构成的一般学说》，薛秉忠等译，北京，中国人民大学出版社，1958，48～49 页。

的属性，而不是犯罪构成的个别特征；以对作为苏维埃经济基础的社会主义公有制和社会主义经济体系等法权秩序的侵犯这一政治性的内容来说明犯罪构成的基础——社会危害性。①

（2）犯罪构成是刑事责任的唯一根据。早在20世纪50年代的讨论中，大多数苏联刑法学者就得出了一个结论，即“社会主义法制的一个基本原则是：追究一个公民的刑事责任的唯一根据是，在他的行为中应具有刑事法律条文严格规定的犯罪构成”②。特拉伊宁也指出：“在苏维埃国家里，犯罪构成是刑事责任的唯一根据，如果在某人的行为中具备犯罪构成，便有根据对他适用刑罚；如果在这些行为中缺乏犯罪构成，便免除刑事责任。”③ 犯罪构成是刑事责任的唯一根据，意味着只应在犯罪构成的范围以内，在犯罪构成狭小的圈子里来辨别刑事责任的客观和主观的根据，犯罪构成以外的刑事责任根据是没有的。

（3）犯罪构成是主观、客观要件的总和。苏联的刑法学者认为，犯罪构成的一般概念包括一切犯罪构成所固有的犯罪客体、犯罪构成的客观方面、犯罪主体和犯罪构成的主观方面，如前述特拉伊宁关于犯罪构成乃一切客观要件和主观要件（因素）的总和之论断。其中，每个要件都是有机整体的一部分，如果缺少某一个要件，那就意味着缺少整个犯罪构成。

三、我国犯罪论体系的形成与发展

我国犯罪论体系也就是犯罪构成理论体系。在20世纪50年代全面学习苏联社会主义革命和建设经验的情况下，我国刑法理论在创始之初，完全移植了苏联刑法成果，主客观相统一原则及犯罪构成理论在我国确立和展开。20世纪80年代我国最权威的刑法学教材明确指出，“社会主义刑法关于犯罪构成是主客观相统一的原则，正是在辩证唯物主义理论的指导下，在资产阶级片面强调客观或者片面强调主观的基础上产生的。苏联刑法学者批判了资产阶级刑法理论的客观主义和主观主义，坚持了社会主义刑法主客观相统一的原则。特别在犯罪构成理论中，不仅重视犯罪行为，而且也重视主观罪过，认为刑事责任中的主观要素和客观要素不是处于对立和分裂的状态，而是辩证地组成犯罪构成统一体”④。在具体犯罪的认定中，我们也秉持“主客观相统一是我国刑法学中犯罪构成的精髓，是我们认定犯罪所必须坚持的基本原则”⑤ 的观点。此后，除却极少数专著性教材，其他所有刑法学教材在长达二十余年的时间里基本继承了“犯罪构成是一系列主客观要件的有机统一”这一主导思想，同时也基本上一成不变地使用着二十余年前的犯罪构成概念。

特拉伊宁对资产阶级犯罪论体系“客观结构”与“主观结构”的批判，使得其主、

---

① 参见［苏］B. M. 契柯瓦则：《苏维埃刑法中犯罪构成的概念和意义》，载北京政法学院刑法教研室编：《外国刑法研究资料》，1982年第2辑，109页。

② ［苏］皮昂特科夫斯基等：《苏联刑法科学简史》，曹子丹等译，北京，法律出版社，1984，45～46页。

③ ［苏］A. H. 特拉伊宁：《犯罪构成的一般学说》，薛秉忠等译，北京，中国人民大学出版社，1958，1～2页。

④ 高铭暄主编：《中国刑法学》，北京，中国人民大学出版社，1988，76～77页。

⑤ 刘明祥：《试论盗窃罪犯罪构成中的主客观相统一问题》，载《法学评论》，1985年第2期，23页。

客观相统一原则在一开始即获得了"政治正确"的优势。在此优势之下，我国刑法理论一直认为：主、客观相统一是定罪的基本原则，它贯穿在犯罪概念、犯罪构成、社会危害性等理论之中；犯罪概念与犯罪构成之间是抽象与具体的关系，严重的社会危害性是犯罪的本质特征，由犯罪概念和犯罪构成揭示出来，行为符合犯罪构成是定罪的唯一标准。为此，传统主流观点认为，"犯罪构成是由一系列主客观要件相互联系相互作用组成的统一整体。因此，犯罪构成是主客观相统一的定罪基本原则的忠实体现"①。总之，主客观相统一成为我国犯罪论体系的基本特点乃至核心，四要件的犯罪构成理论体系自此成为主客观相统一原则的重要载体。我国犯罪构成理论也因此又可称为主客观相统一的犯罪构成理论。

晚近以来，我国犯罪构成理论开始取得较大进展，在内容和体系上有所突破，增加了不少与中国实际情况相结合的新内容。但是整个理论体系和其中的主要理论观点并没有根本性地改变。这种情况，已经不能适应我国法治建设的新要求。在此情况下，不少刑法学者开始关注对犯罪构成理论问题的研究，试图对传统的犯罪构成理论进行创新和突破。目前，我国犯罪构成理论研究日渐深入。

第二节　我国犯罪论体系

一、我国犯罪构成的概念与意义

（一）我国犯罪构成的概念

我国犯罪论体系就是犯罪构成理论体系，因此，犯罪构成概念在我国刑法中具有核心地位和作用。那么，什么是犯罪构成？犯罪构成是刑法所规定的，决定某一具体行为的社会危害性及其程度，而为该行为构成犯罪所必需的一切主观要件和客观要件的有机统一。它具有以下三个特征：

（1）犯罪构成是一系列主、客观要件的有机统一，具有完整性。这是我国刑法主、客观相统一原则的要求和体现。我国刑法既反对只根据客观行为及危害、不考虑主观罪过的"客观归罪"，也反对只根据主观罪过、不考虑客观行为及后果的"主观归罪"。所以犯罪构成不仅包括主观要件，还包括客观要件，而且主观要件与客观要件必须是有机统一的。所谓"有机统一"，是指犯罪的各个要件之间不是机械地相加在一起，而是彼此联系、相互依存，互为前提、缺一不可。

（2）犯罪构成决定某一具体行为的社会危害性及其程度，具有选择性。犯罪构成主观要件和客观要件说明的是犯罪成立所要求的基本事实特征，而不是一般的事实描述，更不是案件全部事实特征与情节不加选择的堆砌。对任何一种犯罪，都可以用很多事实特征来说明，但并非每一个事实特征都是犯罪构成的要件，只有对行为的社会危害性及其程度具有决定意义而为该行为成立犯罪所必需的那些事实特征才是犯罪构成的要件。因此，必须将构成要件事实同其他事实相区别。

（3）犯罪构成所要求的主观和客观要件，都必须是我国刑法所规定的，具有法定性。

---

① 高铭暄：《关于中国刑法学犯罪构成理论的思考》，载《法学》，2010年第2期，56页。

任何犯罪都必须是违反刑法规定的行为，这是罪刑法定原则的要求和具体体现。如果关于某种案件事实的行为在刑法上没有规定的话，其案件事实特征就不是犯罪构成要件。犯罪构成要件的法定性与行为的刑事违法性是完全一致的，只有具备某一犯罪的全部构成要件，行为才具有刑事违法性。需要指出的是，刑法对犯罪构成要件的规定，是由刑法总则和刑法分则共同完成的。一般而言，犯罪客观方面的要件是由刑法分则详细描述的，犯罪主观方面和主体方面的要件往往是由刑法总则规定的。认定具体犯罪时，应以刑法总则的规定为指导，根据刑法分则对个罪的具体规定，才能得出正确结论。

（二）我国犯罪构成的意义

犯罪构成是刑法理论的基石，在刑法学体系中居于核心的地位，是建立科学的刑法学体系的基础，并贯穿在整个刑法学体系之中。因此研究犯罪构成对于理解整个刑法学体系，特别是犯罪论体系，具有十分重要的理论意义。例如，刑法中故意犯罪过程中的各种形态问题，共同犯罪问题，罪数问题，刑法分则的体系和具体犯罪种类的划分问题，都需要以犯罪构成理论为基础。

犯罪构成还具有重要的实践意义。犯罪构成是区分各种犯罪的罪与非罪、此罪与彼罪、轻罪与重罪、一罪与数罪的重要法律标准。犯罪构成是保障公民权利免受非法追究的重要手段，因而它具有重要的法益保护机能，即保护公民的合法权益不受法律的侵犯，对于侵犯合法权益的犯罪行为追究刑事责任。此外，犯罪构成通过发挥定罪标准的作用来为准确量刑提供帮助。

二、我国犯罪论（犯罪构成理论）体系概述

我国犯罪论体系，是犯罪构成的理论体系或者说是犯罪构成要件的体系，它是指犯罪构成的诸要件按照一定的顺序排列和层次组成的有机整体。这涉及：犯罪构成的共同要件究竟有哪些？这些犯罪构成的共同要件应该按照什么样的顺序排列？关于第一个问题，我国刑法学界有作为通说的四要件说，以及随着犯罪构成理论问题研究的展开，不少学者在对传统的四要件说进行批判的基础上提出其他的不同学说，如五要件说、三要件说、二要件说等。

我国刑法学界传统的乃至目前仍占据统治地位的观点是四要件说。在 20 世纪 80 年代出版并延续至今仍然具有极大影响力的高等学校法学教材《刑法学》是通说观点的代表。① 该书认为，任何犯罪的成立必须具备犯罪客体、犯罪客观方面、犯罪主体、犯罪主观方面四个要件。

（1）犯罪客体。它是指我国刑法所保护而为犯罪行为所侵犯的社会主义社会关系。犯罪客体是任何犯罪成立必不可少的要件。犯罪具有社会危害性，首先是由犯罪客体决定的。

（2）犯罪客观方面。它首先是指人所实施的一定的危害社会的行为，例如杀人行为、盗窃行为等。危害社会的行为是任何犯罪成立必不可少的要件。仅有犯罪的思想而没有表现为犯罪的行为，是绝不能成为犯罪的。除行为外，对于绝大多数犯罪来说，危害社

① 参见高铭暄、马克昌主编：《刑法学》，10 版，北京，北京大学出版社，高等教育出版社，2022，45～48 页。

会的结果也是构成犯罪的必备条件。属于客观方面的要件的还有实施行为的方法、时间、地点等，但这些要件不是一切犯罪而只是某些犯罪的成立所必备的。

（3）犯罪主体。它是指达到法定年龄，具有责任能力（认识和支配自己行为的能力），实施了危害社会行为的人。行为人达到法定的责任年龄和具有责任能力，也是任何犯罪成立所不可缺少的要件。行为人的职务条件或身份对于某些犯罪如渎职罪的构成来说也是必要的。

（4）犯罪主观方面。它是指行为人主观上有罪过（故意或过失）。罪过是任何犯罪成立所必不可少的要件。仅有客观上的行为及结果而缺乏主观上的罪过，不能认为构成犯罪。

三、我国犯罪构成的共同要件

（一）犯罪客体不是犯罪构成的共同要件

首先，我国刑法通说认为，犯罪客体是我国刑法所保护的、为犯罪行为所侵害的社会关系，是所有犯罪构成的必备要件之一。社会关系是人们在共同生产、生活中形成的人与人之间的相互关系，即人们在共同活动过程中所结成的以生产关系为基础的相互关系的总称。受我国刑法保护而为犯罪所侵害的社会关系包括国家安全，公共安全，社会主义经济基础，公民的人身权利、民主权利和其他权利，公私财产的所有权，社会主义社会管理秩序，国防利益，国家工作人员职务的廉洁性，国家机关的正常管理活动，军事利益等。显然，犯罪客体的具体内容实际上就是我国《刑法》第 2 条所保护的各种利益即法益，也是我国《刑法》第 13 条规定的犯罪所侵犯的各种利益即法益。可见，“法益就是法律保护的客体，同时，也是犯罪侵犯的客体”。而如今的通说认为，法益是犯罪概念的内容；与法益相对应的概念是社会危害性，社会危害性就是指行为对法益的侵害或威胁，也就是违法性的实质，因此，犯罪客体的内容——法益实际上就是犯罪概念中社会危害性的内容，而犯罪概念是反映犯罪本质的思维形式。因此，犯罪客体是犯罪本质研究中的内容，而不是犯罪构成的要件。①

其次，若将犯罪客体作为犯罪构成的要件，其无法发挥作为犯罪构成要件的作用。犯罪构成要件的作用在于为认定犯罪提供一个法律上的标准或规格。根据通说，犯罪客体是我国刑法犯罪构成的四要件之一，在认定某一行为是否构成犯罪时，犯罪客体理应同其他三要件一样发挥作用，但实际上并非如此：“犯罪客体本身是被侵犯的社会关系，但要确定某行为是否侵犯了社会关系以及侵犯了什么样的社会关系，并不能由犯罪客体本身来解决，而要通过犯罪客观要件、主体要件和主观要件综合反映出来。”② 明确某一行为侵犯的客体其实都是在行为的性质确定之后进行的。例如认定和区分盗窃罪与贪污罪，是结合行为主体的身份以及客观上行为是不是利用职务之便来完成的，在此之后，也就确定了行为侵犯的客体是公私财产所有权还是国家工作人员职务的廉洁性。而不是说，先确定了侵犯的客体是公私财产所有权还是国家工作人员职务的廉洁性，然后就得

---

① 参见张明楷：《法益初论》（上册），增订本，北京，商务印书馆，2021，331 页。

② 张明楷：《犯罪论原理》，武汉，武汉大学出版社，1991，135 页。

出行为是盗窃还是贪污的结论。所以，通说中的犯罪客体并不是在认定犯罪的实践中发挥作用，而只是揭示犯罪的本质，发挥着立法上的指导作用以及对刑法的解释作用。

（二）犯罪客观方面、犯罪主体、犯罪主观方面是犯罪构成的共同要件

1.犯罪客观方面

一切犯罪是人的行为，“无行为则无犯罪亦无刑罚”。危害行为在刑法中，不仅是连接犯罪成立诸要件的纽带，在犯罪构成中居于核心地位，而且是刑事责任赖以确立的支柱。因此，犯罪的客观要件实际上是以研究危害行为为主要任务的。以危害行为为前提和中心，还需要明确危害行为的对象，危害社会的结果，实施危害行为的方法、时间、地点，以及行为与结果之间的因果关系。这几方面的综合，才是完整的犯罪构成客观要件的内容。

危害行为是犯罪构成要件中最重要的内容，是联系行为主体和客体之间的动作，由一定的意思发动并表现为身体的动静。它是行为人实施的有意识和意欲的动作。出于绝对的强制、偶然事故、反射运动等而使行为人失掉本身支配或控制的可能性的动作，不在犯罪行为意义上的举动之内。所谓身体的动作，是指各个构成要件行为的样态，除少数是由消极的不作为构成之外，通常由积极的作为构成。这些作为或不作为实施的方法、时间与地点，以及既、未遂等形态，各有差别。以这样的意思发动并表现为身体的动作所指向或影响的客观存在物就是危害行为的对象。作为危害行为的对象的客观存在物包括人或物，它们是刑法的保护法益之载体。以这样的意思发动并表现为身体的动作所引起的结果为危害行为的后果，亦即行为所引发之危险或实害。这种后果是与主体的心理状态联系起来的，因此，它与行为之间的因果关系不同于一般自然意义上的因果关系，而是刑法学上的因果关系。

2.犯罪主体

犯罪主体即犯罪行为主体，是实施犯罪行为之人，是犯罪主体的资格者，也是刑罚惩罚的对象。任何犯罪行为，都是一定的犯罪主体实施的，没有犯罪主体，就不可能有危害社会的行为，也不可能有实施危害行为的罪过，更不可能有犯罪。因此，犯罪主体是犯罪构成所不可缺少的要件。

虽然犯罪构成理论所要研究的是行为，犯罪构成所要解决的是行为是否达到具有社会危害性并应受刑罚惩罚的程度，但是，这绝不意味着犯罪主体与客观上的危害行为是无关的，因为任何危害行为都是由人实施的，自然界的行为或动物的行为就不是犯罪构成理论所说的危害行为。某种行为是否构成犯罪，既离不开对该种行为的性质及危害对象、后果等方面的探讨，也离不开对该种行为是由谁实施的、实施该种行为的人是否心智健全等方面的探讨，否则，就不可能解决对行为定罪的问题，进而也就不可能解决某种犯罪行为实施者的刑事责任问题。犯罪主体也不能为犯罪的主观要件所包容。犯罪的主观要件要解决的是罪过、行为人的主观心态的问题，而在确定行为人是否有罪过之前，先要确定罪过的归责主体即行为人究竟是具体的哪一个人，因此，犯罪主体要件在内容上与犯罪主观要件不同，而且它是在犯罪主观要件认定之前所要解决的问题，显然不能归入犯罪主观要件。

3.犯罪主观方面

犯罪主观方面又称犯罪主观要件，是指犯罪主体对其实施的行为及其结果所持的心

理态度。它是在犯罪主体要件解决了犯罪能力的适格性问题之后，对适格者的意思活动问题的探讨；是在具备犯罪主体的情况下，解决行为的可归责性的问题；是犯罪构成的共同要件之一。任何犯罪行为都是对罪过等心理活动的客观反映，没有犯罪主观要件，就违背了主观和客观相统一的现代刑事责任的基本特征。犯罪主观要件包括故意、过失以及动机和目的。

四、我国犯罪构成共同要件的排列顺序

犯罪的客观方面、主体要件、主观方面这三个犯罪构成的共同要件在顺序上如何排列？对此，我国刑法学的传统观点或者说通说主张的犯罪构成的共同要件的排列顺序是可取的。通说主张的四要件排列顺序是犯罪客体、犯罪客观方面、犯罪主体、犯罪主观方面。依照犯罪客体不是犯罪构成共同要件的观点，剩下的三要件的排列顺序当然是犯罪客观方面、犯罪主体、犯罪主观方面。虽然传统观点没有讲述这样排列的理由①，但是，这绝不意味着这样的排列是没有理由的。如何排列犯罪构成的共同要件，其意义在于怎样排列才符合人们认识犯罪的规律，即是从客观到主观还是从主观到客观认识犯罪。对这一问题的不同态度，是认识事物时不同思维方式的体现。

客观要件体现的是对犯罪行为的重视，而犯罪行为概念因具有有体性、可察性，往往最容易为人们所发现、所把握。而犯罪分子是隐藏的，任何实施完犯罪行为的犯罪分子出于人的本能都会藏而不露。主观方面，因是人们内心的思维活动，更是难以被察觉。只有犯罪行为，它在犯罪构成的几个要件中最先表露出来，最先被人们发现。人们往往根据实际发生的案件事实即犯罪行为事实进行立案侦查，再根据已经发生的客观危害行为，寻找是谁实施的，然后查明实施这一行为的人在主观上是否具有故意或过失，最后得出行为是否构成犯罪的结论。可见，犯罪行为具有某种过滤机能，它将既无犯罪意图也未实施犯罪行为的人过滤掉，将有犯罪意图却没有实施危害行为的人过滤掉。故它是人权保障中的一道防线。总之，根据人类认识事物的科学规律——从客观到主观而不是相反，犯罪构成的共同要件就应该按照从客观方面到主体，再到主观方面的顺序排列，任何将犯罪主体或犯罪主观方面排列于犯罪客观方面之前的犯罪构成要件体系不但违背了人类认识事物的科学规律，并且容易侵犯人权，因而不宜提倡。

五、我国犯罪构成的分类

根据犯罪构成不同的性质和特点，从不同的角度并根据不同的标准，可以对刑法中的犯罪构成作不同的划分。本书只选取刑法理论中三组主要的犯罪构成分类加以探讨。

（一）基本的犯罪构成与修正的犯罪构成

我国刑法理论通说认为，根据犯罪构成是否针对犯罪的基本形态而言，可以将犯罪构成分为基本的犯罪构成与修正的犯罪构成。所谓基本的犯罪构成，又称一般形态的犯罪构成，是指刑法条文就某一犯罪基本形态所规定的犯罪构成。基本的犯罪构成一般是既遂犯和单独犯的犯罪构成。由于刑法分则条文主要是以单独犯的既遂状态为标本来规

---

① 参见赵秉志主编：《刑法争议问题研究》（上卷），郑州，河南人民出版社，1996，190～191页。

定各个具体犯罪的犯罪构成的，所以，基本的犯罪构成由刑法分则条文直接规定，例如，故意杀人罪、抢劫罪、盗窃罪等。行为人实施刑法分则条文所规定的某一犯罪，且达到既遂状态时，就可以直接适用该条文的规定来定罪。

修正的犯罪构成，又称特殊形态的犯罪构成，是指以基本的犯罪构成为前提，适应犯罪行为的各种不同犯罪形态，而对基本的犯罪构成加以修改、变更的犯罪构成，例如：适应故意犯罪过程中的未完成形态而分别规定的预备犯、未遂犯、中止犯的犯罪构成；适应数人实施以单独犯为模式规定的犯罪形态而规定的共犯即主犯、从犯、胁从犯、教唆犯的犯罪构成；等等。

需要说明的是，基本的犯罪构成与修正的犯罪构成的分类是以单独犯的既遂或未遂或中止等形态为模式对犯罪构成所作的分类，根据这一分类，刑法分则规定的犯罪构成就是以单独犯的既遂为模式的，分则先规定了犯罪的完整的既遂模式，总则中关于未遂、中止等的规定使这种完整的模式发生了改变，所以是修正的犯罪构成。这种分类是德日等大陆法系国家刑法理论上的观点，后被我国刑法学界引进，成为各种刑法学教科书中的内容及我国刑法学界关于犯罪构成分类的通说。然而，这一分类并不适合我国，因为大陆法系刑法分则规定的犯罪是以既遂为模式的，而我国刑法分则规定的犯罪并不以既遂为模式。

根据大陆法系的犯罪论体系，犯罪是具备犯罪构成的违法的且有责的行为。在它看来，法律不应惩罚犯意和预备行为，而应处罚实行行为。对于实行行为，又以处罚既遂为原则，以处罚未遂为例外。这样一种原则与例外的关系是通过刑法总则的规定体现出来的，譬如《日本刑法典》第 44 条规定，“未遂罪处罚的情形，在各本条中予以规定”。《德国刑法典》第 23 条第 1 项规定，“重罪之未遂，皆应处罚，轻罪未遂之处罚，以法律有明文规定者为限”。这表明，刑法分则规定的犯罪是单独为既遂犯设立的，如果要处罚犯罪的未遂，只有在分则有明文规定的情况下才能进行。因此，在大陆法系刑法理论上，如果行为符合刑法分则规定的犯罪构成且具备违法法与有责性，从而构成犯罪，也就可以说该犯罪行为同时也是既遂犯。

但是，我国刑法分则规定的犯罪并非以既遂为模式。我国刑法总则分别规定了犯罪预备、未遂与中止三种形态，且对这三种犯罪形态规定原则上都应处罚。但在此之外，刑法总则中并没有规定对未遂犯的处罚要以分则有特别规定为限。因此，刑法分则规定的犯罪实际上包括犯罪预备、犯罪未遂、犯罪中止和犯罪既遂四种形态，而不是以犯罪既遂为模式。① 既然我国刑法分则规定的犯罪不以既遂为模式，而是同时包括了犯罪未遂、中止等其他形态，那么，我国刑法分则中的犯罪构成实际上既包括了大陆法系刑法理论所说的基本的犯罪构成——以单独犯的既遂为标准的犯罪构成形式，也包括了所谓修正的犯罪构成——以未遂或中止等其他形态为内容的犯罪构成形式。因此，将我国刑法中的犯罪构成分为基本的犯罪构成与修正的犯罪构成，实际上是在以既遂模式论来指导分析我国刑法分则中的犯罪所得出的结论。然而这一模式在我国并不存在，因此，应该反对我国刑法理论通说主张基本的与修正的犯罪构成的分类。

---

① 参见张明楷：《犯罪论原理》，武汉，武汉大学出版社，1991，467 页；刘明祥：《我国刑法规定的犯罪并非以既遂为模式》，载《法学评论》，1990 年第 4 期，75～77 页；等等。

（二）开放的犯罪构成与封闭的犯罪构成

根据大陆法系犯罪论体系，犯罪是该当于构成要件、违法且有责的行为。事实中发生的行为与刑法规定的构成要件行为相吻合时，即具备构成要件该当性；对具备了构成要件该当性的行为原则上就可以推断是违法的了，如无违法阻却事由，即可认定具备违法性。但是，德国学者汉斯·韦尔策尔先生对此有不同见解，他提出：刑法中的构成要件可分为封闭的与开放的两种。在封闭的构成要件情况下，构成要件具有违法性征表机能，行为具备构成要件该当性且无违法阻却事由即能认定其违法。譬如，《德国刑法典》第 223 条规定，“伤害人之身体或损害健康者，处 5 年以下有期徒刑或罚金”。如有人出于故意伤害了他人的身体健康，意味着该人的行为满足了构成要件；如果没有德国刑法规定的违法阻却事由，对该人的行为即可认定违法。此时，构成要件征表违法性，判定构成要件该当性的法官不需要为判定行为违法而寻找其他条件，他只需要说明不存在违法阻却事由即可。违反规范同违法性的这种毫无缺口的重合关系，即为封闭的构成要件（geschlossenen Tatbest nden）。在另外一些情况下，由于立法者未能详尽地规定被禁止行为的各构成要素，构成要件并无违法性征表机能，有构成要件该当性不能征表违法性。这样，仅确定无违法阻却事由还不能认定行为的违法性，还需要法官积极查明是否存在着某些能够说明违法性的构成要件要素，以确定行为的违法性。这样的构成要件就是开放的构成要件（Offene Tatbest nden）。①

具体到我国刑法来说，由于大陆法系犯罪论体系与我国犯罪论体系不同，故在开放的与封闭的犯罪构成要件的概念表述上也有所区别。开放的犯罪构成（要件）是指，由于立法者对构成要件要素描述得不完整，仅根据刑法规范对构成要件的文字描述尚无法判断行为是否构成犯罪，还需要法官据以进行补充判断的其他构成要件。封闭的犯罪构成（要件）则是指，立法者已经详尽地描述了犯罪构成要件的各要素，根据构成要件规定即可判断行为是否构成犯罪，无须法官进行补充判断，换言之，在行为违法性的判断上自足的构成要件。显然，构成要件要素规定得是否完整、违法性判断上是否自足、是否需要法官的补充判断，此三点是开放的与封闭的构成要件相互区分之处。②

（三）叙述的犯罪构成与空白的犯罪构成

我国刑法学总论论述的犯罪构成分类中的一类就是叙述的犯罪构成与空白的犯罪构成。所谓叙述的犯罪构成，是指刑法分则条文对犯罪构成的要件予以详细叙述，完整表明犯罪行为的一切特征的犯罪构成；空白的犯罪构成，是指刑法分则条文没有将犯罪构成要件明白揭示，需要援引其他法律规范来说明的犯罪构成。我国刑法学各论论述的罪状分类中的一类是叙明罪状与空白罪状。所谓叙明罪状，是指刑法分则条文对具体犯罪的构成要件作了详细描述。所谓空白罪状，是指刑法分则条文没有具体描述某一犯罪的构成特征，而是指明要参照其他法律法规中的规定来确定某一犯罪的构成特征。其他的法律法规，一般是经济、行政方面的法律法规，例如《海关法》《森林法》等。

这两种分类的来源及含义其实是相同的，只不过我国刑法理论对此未有交代。

---

① Vgl. Hans Welzel，Das Deutsche Strafrecht，Berlin，1969，S.54ff.

② 参见刘艳红：《开放的犯罪构成要件理论研究》，2 版，北京，中国人民大学出版社，2022，81～86 页。

空白刑法（Blankettstrafgesetz）概念为德国刑法学者宾丁所创，又称空白刑罚法规、附范围之刑法。与完备刑法一并地规定了犯罪的构成要件和法律效果不同，空白刑法是指刑法仅规定罪名与法律效果，而将构成要件中的禁止内容委之于其他法律或行政命令。用来补充空白刑法之空白的法律、命令，被称为补充规范、充实规范或空白规范。空白刑法有广义和狭义之分：广义的空白刑法包括以法律或命令补充空白的构成要件；狭义的空白刑法专指以命令补充空白的构成要件，又被称为“纯粹空白刑法”（echtes Blankettstrafgesetz）。与空白刑法相对的是完备刑法：“刑罚法规之形式，在立法技术上于同一法律条文中，一并规定犯罪构成要件与法定刑者，为‘完全刑法’（Vollstrafgesetz）。”① 显然，空白刑法与完备刑法是根据刑法是否在同一条文中规定犯罪的构成要件与法定刑所作的分类。

我国刑法理论没有采用空白刑法这一概念，而是将它与我国刑法结合，在总则中，采用空白的犯罪构成概念，在分则中则采用空白罪状这一概念。实际上，无论空白的犯罪构成还是空白罪状，都指同一个含义，都指刑法规范没有详细规定犯罪的基本特征，而需要其他法律法规或命令来补充。名称的不同，是考察的出发点不同使然：当从犯罪成立标准即犯罪构成的角度考察分则中的罪刑规范时，采用了这种立法方式的构成要件当然就可以被称为空白的犯罪构成了；当从具体规范的角度将刑法规范分为假定（罪状）和处理（法定刑），并舍弃处理（法定刑）而单独考察假定（罪状）时，采用了这种立法方式的条文的假定部分当然就可以被称为空白罪状；当我们从刑法的存在形式即法源的角度考察时，由于在采用空白的构成要件的情况下，需要我们根据刑法之外的其他法律或行政命令对刑法规范的适用予以补充，这些法律或行政命令实际上起着与刑法规范同样的作用，它们也充当着刑法的渊源，所以，对于采用了空白的构成要件的刑法规范，当然就可以称为空白刑法了。

六、我国犯罪论体系中的“构成要件”与德日刑法中的“构成要件”的区别

我国犯罪论体系中常用“犯罪构成要件”一词，而这里的“构成要件”并不同于大陆法系的构成要件。我国的“犯罪构成要件”的提法，在实质上等同于大陆法系国家刑法中的犯罪成立要件或者说犯罪论体系；后者的“构成要件”相当于我国刑法中的客观方面、主观方面等具体的要件。

在德日等大陆法系国家，构成要件该当性、违法性和有责性是犯罪成立的三个条件，其中的构成要件仅指规定于刑法分则中的构成各个不同犯罪行为的法律要件，即为狭义的构成要件，行为符合构成要件还不能构成犯罪，必须在此基础上具备违法性和有责性，犯罪才能成立。但是，在此三个条件中，构成要件是犯罪论的理论支柱。它们的犯罪论是以构成要件为核心和前提建立起来的，是犯罪构成的各个要素如违法性和有责性密切联系的刑法理论体系。

在我国，犯罪构成要件并不单指犯罪的事实特征，而是涵盖了构成要件行为、违法性与有责性三层内容的一切法律要件，它实际上是指犯罪的可罚要件，犯罪客体、犯罪

① 杨建华：《刑法总则之比较与检讨》，台北，三民书局，1988，12页。

客观方面、犯罪主体、犯罪主观方面等四个方面的要件是这一犯罪构成的组成内容，行为符合构成要件就能成立犯罪，因此我国刑法中的犯罪构成要件与犯罪成立要件具有相同的含义。而我国的犯罪论是以四要件论为中心建立起来的。虽然我国刑法中也使用犯罪构成要件这一表达方式，但其在实质内容上与大陆法系的构成要件已经相去甚远：后者只是犯罪成立的三要件即构成要件该当性与违法性和有责性中的一个，前者则同时体现了类似于大陆法系的构成要件该当性与违法性、有责性的总体意义上的概念。

第三节 本书的实质二阶层犯罪论体系

一、德日等大陆法系国家的三阶层犯罪论体系

无论是前述古典犯罪论体系，还是新古典犯罪论体系，抑或是目的论体系，抛开每种犯罪论体系的不同特点，它们的共同点是，都是围绕构成要件该当性、违法性和有责性而展开构建的。因此，也可以说，在当今德日等大陆法系国家刑法学界通行的是三阶层犯罪论体系，即构成要件该当性、违法性和有责性组成的犯罪论体系。

（1）构成要件该当性。它是指犯罪必须是符合刑法分则规定的构成要件的行为，简言之，犯罪论体系中的构成要件，是指能从刑法上进行评价的事实。当然，根据构成要件是违法性的征表的学说，符合构成要件的行为一般都具有违法性，但是，存在违法阻却事由的除外，所以，还应该进行第二阶层即违法性的判断。

（2）违法性。它是指犯罪必须是违法的行为，亦即违反法秩序的行为。法秩序是为了保护法益而形成的，不具有法益侵害性或者危险性的行为就不具有违法性。只有对法益造成侵害或者威胁的行为，才有违法性。有些行为虽然具有构成要件该当性，但在一定条件下可能没有侵犯法益且为社会和法律所允许，实质上并不违反法秩序，即此种该当于构成要件的行为不具有违法性，从而不构成犯罪。构成要件针对的是违法的事实，而违法性针对的则是排除不法的事实，即违法阻却事由，又称正当化事由。

（3）有责性。它是指犯罪必须是有责的行为，即能够对行为人进行谴责，将符合构成要件的违法行为归责于行为人。这种可谴责性，是以能够对行为人进行道义上的非难为前提的，所以又被称为非难可能性。有责性具备与否决定了行为人是否应对该当于构成要件且违法的行为承担刑事责任。如果说构成要件针对的是违法的事实，那么有责性讨论的是该当于构成要件的违法行为例外地阻却责任的事实，即责任阻却事由。

在这三个条件中，构成要件该当性只是针对犯罪成立的事实而言，不含价值色彩，因此，它被认为是犯罪成立的形式要件；违法性和有责性则是关于行为是否成立犯罪的价值判断。构成要件该当性的判断在某种程度上具有形式性、明确性，通过构成要件该当性首先设定一个限制性框架，接着进行客观、实质违法性及行为人主观有责性判断。这样，“犯罪论体系通过分层次进行，即由形式性判断进入实质性判断，由对客观性要素的判断进入对主观性要素的判断，从而力图确保裁判官判断的适正”，“构成要件该当性、违法性、有责性这种犯罪论体系是一种行之有效的做法”①。形式性判断主要是关于抽象

① ［日］西田典之：《日本刑法总论》（第二版），刘明祥、王昭武译，北京，法律出版社，2013，51页。

事实是否该当于构成要件的判断，实质性判断主要是关于该当于构成要件的事实在客观上是否不法以及相关行为人是否具有谴责可能性的主观判断，从形式到实质的判断同时也是从事实到价值、从定型到非定型的判断。

但是，随着前述构成要件的实质化，以及构成要件作为违法·有责类型的发展，德日犯罪论体系也越来越实质化，这体现为在构成要件该当性阶段已很难有纯形式的判断，违法性和有责性提前进入构成要件该当性的判断之中，出现了违法构成要件和有责构成要件组成的二阶层犯罪论体系。虽然德日犯罪论体系日益实质化，但其精髓仍然得到保留，三段论从事实到规范、从客观违法到主观有责等三阶层犯罪论体系体现出的逐步排除的逻辑性，仍然具有旺盛的生命力，值得借鉴。

二、本书的实质二阶层犯罪论体系

我国传统犯罪论体系是四要件犯罪构成体系。这种犯罪论体系在1997年刑法首次将罪刑法定原则作为我国刑法基本原则加以规定后遇到了挑战。罪刑法定的法典化地位使我国“在维持旧刑法所固定的传统刑法体系的同时，加入了尊重自由主义或者个人主义的理念。如果这种理解正确的话，那么，在刑法的适用或者解释上，中国迄今为止的犯罪论体系能否被维持下来，就应当成为问题，或者肯定会成为问题”①。自此，各种新犯罪论体系在我国刑法学界相继出现。本书主张实质二阶层犯罪论体系。

1.主张阶层的犯罪论体系而不是平面的四要件体系

平面的四要件体系具有入罪化与主观化的缺陷，阶层的犯罪论体系具有出罪化与客观化的优势，因此，本书主张阶层的而非平面的犯罪论体系。

平面论体现了主观主义的入罪思维。我国平面的四要件体系实际上是一种“以犯罪已经成立为前提的”② 体系，换言之，它以有罪为前提，无罪判断是最后得出的逻辑结论，体现的是有罪推定的思维方式。这与罪刑法定原则明显相违背。以往任何对四要件重新加以排列，或者增加或减少一个要件的做法（如二要件说、三要件说等），都无法动摇这一传统犯罪构成理论体系的根本。为了充分体现罪刑法定原则的人权保障机能，“我国刑法学界越来越多的学者主张直接采用大陆法系的犯罪构成理论体系”③，因为这一模式下有一个对非罪行为的逐步排除过程，能够为行为人的无罪辩护提供广阔的空间。

阶层论体现了客观主义的出罪思维。客观主义有利于人权保障，主观主义容易导致擅入人罪。阶层论体现的是客观主义。阶层化体系从构成要件该当性到违法性和有责性的三阶层的判断，从客观事实是否符合构成要件开始，到行为是否不法，再到不法行为应该归责于何人。这其中，构成要件该当性是客观的事实判断，而“违法是客观的，责任是主观的”，侵害或者威胁了法益的行为才具有违法性，所以违法性的判断也是客观的；只有有责性的判断必须考虑行为人的心态、年龄、责任能力、违法性认识可能性、

---

① ［日］大谷实：《刑法总论》，黎宏译，北京，法律出版社，2003，中文版序，1页。

② 杨丹：《感想与感悟：刑法学的一种观感式叙说——访著名刑法学家陈兴良教授》，载冯军主编：《比较刑法研究》，北京，中国人民大学出版社，2007，460页。

③ 陈兴良：《犯罪构成：法与理之间的对应与紧张关系（代序）》，载陈兴良主编：《犯罪论体系研究》，北京，清华大学出版社，2005，Ⅳ页。

期待可能性等主观层面的内容。阶层论遵循了从客观到主观的定罪思路，其背后是刑法客观主义的出罪立场。

我国传统四要件体系是平面化的而不是阶层式的，平面的四要件体系是以主客观相统一原则为基础的，因而它也是主客观相统一的平面的四要件体系。这一犯罪论体系强调主客观相统一，但又未能准确回答如何统一，存在在逻辑上套逻辑的缺陷；平面四要件之间的等价性与无序性导致该体系的主观化与入罪化，从而对人权保障不力。在主观与客观的价值择一之中，我国刑法应当选择客观主义而非主观主义。以客观主义为基调构建我国的犯罪论体系，当然就不能再固守主客观相统一的平面的四要件体系，而应建立阶层的犯罪论体系。犯罪论体系的阶层化是克制平面的四要件体系种种缺陷、实现刑法客观主义的根本路径。为此，我国刑法应建立以客观主义为立场、以明确界分客观要素与主观要素为内容、以阶层化为方向的犯罪论体系。

2. 主张实质的犯罪论体系而不是形式的犯罪论体系

我国四要件的犯罪论体系是以主客观相统一原则为基础的。四要件体系在逻辑上缺乏坚实的立足点，在犯罪认定上缺乏相应的解释力，在主观化和入罪化方面存在侵犯人权的风险，在面对共犯、认识错误等具体问题时解决不力，以及对刑法主、客观要素界分的冲击等种种问题，要求我国刑法建立阶层的犯罪论体系。然而，阶层的犯罪论体系论有形式的犯罪论体系与实质的犯罪论体系之分，本书主张实质的犯罪论体系。

形式的犯罪论体系是指，基于形式古典体系中构成要件与违法性、有责性相分离的事实，以形式的构成要件为中心建立的犯罪论体系。它主张对构成要件从社会一般观点或者通常一般人的判断出发，进行形式的判断。实质的犯罪论体系是指，基于构成要件是违法・有责类型，以实质的构成要件为中心，认为符合构成要件的行为具有值得处罚的违法性和有责性。实质性的考虑不可避免渗透在对构成要件的理解之中，对构成要件从具体个别人的判断出发，进行实质的判断。

我国刑法应选择实质的而非形式的犯罪论体系。从我国刑法的目的规定分析，应建立实质的犯罪论体系，以形成我国罪刑法定原则下的出罪机制。刑法的社会保护机能由刑法目的与任务决定，刑法的人权保障机能则由罪刑法定原则赋予。“法无明文规定不为罪不为刑”这一经典罪刑法定原则的出罪机能，在我国《刑法》第 3 条的表述中未能得到充分体现，同时使《刑法》第 1 条刑法的目的、第 2 条刑法的任务与罪刑法定原则各自应承载的刑法机能被混同且单一化为社会保护。这就导致了我国刑法人权保障机能的先天不足。针对体现入罪机制的我国罪刑法定原则，要通过犯罪论的实质化对刑罚规范和构成要件从实质上进行解释，将刑法虽有明文规定但尚未达到可罚程度的行为排除在处罚范围之外，以建立“有罪不一定罚”的出罪机制，从而激发刑法的人权保障机能，并区分刑法目的、任务与原则各自不同的机能、使命。为防止立法者利用罪刑法定原则强行推行恶法或者处罚实质上不应受处罚的行为，应该实现犯罪论的实质化，强调对犯罪构成要件从实质上进行解释，从而使犯罪处罚范围被限定在严重侵犯法益的行为。为此，应选择实质的犯罪论。

3. 主张实质二阶层体系而不是三阶层体系

阶层化体系有三阶层和二阶层之分，实质犯罪论体系面对几阶层时应该如何选择？

基于对当下我国学者所主张的三阶层及其哲学立论“分离命题”的破解，应提倡以实质二阶层作为阶层化体系的实施方案，即客观违法构成要件和主观有责构成要件。

在我国犯罪论体系去平面化而提倡阶层化之初，重点在于根植阶层化的观念，对于几阶层问题可能无须在意：“阶层性是德日犯罪论体系的精华之所在。无论是二阶层、三阶层还是四阶层，只要犯罪成立条件之间存在逻辑上的位阶关系，则可以保证定罪的正确性”①。在阶层化成为共识之后，不论几阶层一律均可的观点恐怕将受到诟病。不同的体系有不同的价值功能，故构建严密的而且在几阶层问题上有分别的体系成为犯罪论体系阶层化之后所必然面临的现实问题。我国学者中有提倡三阶层的，主张将“构成要件该当性与违法性加以区分”②，反对构成要件向违法性靠拢，这意味着，当构成要件是纯粹的事实判断时，才有可能与违法性相区分。其他三阶层论者也的确这样认为：“构成要件该当性作为一种事实判断，为犯罪认定确定一个基本的事实范围。违法性作为一种法律判断，将违法阻却事由排除在犯罪之外。有责性作为一种责任判断，解决行为的可归责性问题。因此，这三个要件的功能是不可替代的，缺一不可。”③

我国三阶层的哲学立论基础是法实证主义所主张的“法律与道德分离”④ 的“分离命题”，只不过，其内容并非指法与道德的分离，而是指构成要件该当性的事实判断与违法、有责的价值判断之间的分离。这两种看似不同的内容，其实质是相同的。我国三阶层论者认为构成要件具有超然、先于违法性、有责性的独立地位，这与“分离命题”认为存在纯粹形式上的法律规则、强调形式合法性的观念异曲同工；我国三阶层的内容是，独立的构成要件能够与违法性、有责性的判断相分离，这与“分离命题”拒绝实质合法性的诉求如出一辙；我国三阶层中不作实质判断的构成要件概念强调的是事实与经验相互独立等法实证主义，这与“分离命题”所采的方法论是一致的。

然而，基于构成要件理论的发展和犯罪认定的实际过程，以及现代法哲学思潮的发展与法律思维的转型，对犯罪论体系的研究应由早期实证主义的经验思考，转为对违法与有责构成要件进行规范研究的本体论思考，三阶层体系应转为二阶层体系。

首先，构成要件的发展史表明，构成要件的发展过程也就是其独立性日益消亡的过程，亦是其与违法性、有责性日益融合的过程。这推动了以构成要件该当性为第一阶层的三阶层体系走向没落，以及以客观违法构成要件与主观有责构成要件为内容的二阶层体系的出现。

其次，即使带有浓重法实证主义色彩的三阶层体系能够维持，对一个行为构成犯罪与否的判断，也无法精确地顺应客观到主观、形式到实质及事实到价值的逻辑过程；构成要件自身结构与内部要素决定了，在犯罪认定的实际过程中，构成要件该当性的判断根本不可能与违法性、有责性的判断相分离；客观到主观、形式到实质及事实到价值的判断进路只能是在应然层面而言，在实然层面无法做到。

---

① 陈兴良：《刑法研究》，第 6 卷・刑法总论（Ⅰ），北京，中国人民大学出版社，2021，338 页。

② 陈兴良：《刑法研究》，第 6 卷・刑法总论（Ⅰ），北京，中国人民大学出版社，2021，408 页。

③ 陈兴良：《刑法研究》，第 6 卷・刑法总论（Ⅰ），北京，中国人民大学出版社，2021，255 页。

④ ［英］H. L. A. 哈特：《实证主义和法律与道德的分离（上）》，翟小波译，载《环球法律评论》，2001 年第 2 期，182 页。

最后，从本体论的结构及思维方式出发，应该提倡二阶层。三阶层所蕴含的“分离命题”立足于法实证主义并以实证为方法，而法哲学思潮中从实证论到本体论的过渡表明，“分离命题”所采的方法论难以维系，三阶层体系也因此难以成立。

基于以上理由，我国刑法在选择阶层论体系时，将构成要件分别与违法性、有责性糅合在一起，将三阶层改为客观违法构成要件与主观有责构成要件二阶层，才是面对现实的务实态度。这样的二阶层将以往形式、类型的构成要件与实质、个别的价值判断亦即违法性和有责性糅合了在一起，因此，可被称为实质二阶层。实质二阶层也是采目的论的，亦即以甄别值得处罚的法益侵害行为为目的，对客观违法构成要件与主观有责构成要件进行解释适用，以避免处罚不该处罚的行为，因此，它亦可被称为目的二阶层，或者全称为实质目的二阶层体系。此即为实质犯罪论的体系内容。为了行文方便，本书以下一律称实质二阶层体系。

实质二阶层的内容是，构成要件是违法、有责类型，故而犯罪论体系应为客观违法构成要件和主观有责构成要件二阶层。关于违法性的理论采用实质的违法性说：实质违法性的判断是结果无价值（而非极端的结果无价值），即以法益侵害或者威胁的后果为基准，同时考虑行为样态。关于有责性的理论则主张规范责任论，即责任不仅仅是行为人认识到结果可能发生的心理事实，还需从规范角度判断其是否具有非难可能性，因此，在特殊情况下，还需要行为人具有期待可能性才能对故意或过失的心理状态进行谴责。

不过，需要说明的是，无论是采用构成要件符合性、违法性与有责性三阶层，还是采用本书主张的客观违法构成要件与主观有责构成要件二阶层，其对犯罪的判断逻辑不变，都是遵循从形式到实质、从客观到主观的判断。比如，在客观违法构成要件的判断上，也是先判断行为在形式上是否符合构成要件，再进一步判断符合构成要件的行为是否具有违法性；在主观有责构成要件的判断上，也是先判断行为是否符合构成要件，再进一步判断符合构成要件的行为是否具有归责可能性。为此，从犯罪判断的逻辑来说，实质二阶层和三阶层最大的区别主要存在于理论上，在司法实务中，其实二者没有绝对的差别。

第七章　犯罪的客观（不法）要件

犯罪的客观要件，是指刑法所规定的，行为对刑法所保护的法益造成侵害或者威胁并为该行为构成犯罪所必需的客观外在事实。危害行为是犯罪客观要件中的核心要件，以之为前提，实施危害行为的主体、危害行为的对象（亦即行为所攻击或指向的对象，又称为行为客体，它不同于犯罪的客体）、危害行为的结果、行为与结果之间的因果关系，以及实施危害行为的方法、时间、地点等，这几方面的综合，就是完整的犯罪客观要件的内容。在犯罪的认定中，将客观事实归于不法构成要件而把主观事实归于罪责才具有意义，故此"违法是客观的、责任是主观的"。客观构成要件体现的是行为的违法性，主观构成要件体现的则是有责性，因此，犯罪的客观要件也可被称为客观不法要件。但是，考虑到行为主体（中国刑法称之为犯罪主体）在中国刑法中的重要性，本章关于犯罪客观（不法）要件主要围绕行为要件（包含对象、结果、因果关系等）展开讨论，至于行为主体，虽然它也是犯罪客观（不法）要件中的重要内容，但本书不将它放在本章中，而是在单独的一章予以展开。

第一节　关于危害行为的学说

一、刑法上行为论的各种学说

刑法中行为论的各种学说，是指研究行为内容的各种理论，主要有因果行为论、目的行为论、社会行为论、人格行为论等学说。

（一）自然行为论

自然行为论（naturliche Handlungslehre），又称因果行为论（kausaler Handlungslehre），它是指刑法中的行为是由行为人某种有意思的动作而引起的自然的因果发展，亦即意思与行动之间的因果关系。该种学说强调的是行为人的主观意思引起外部的变动举止是一个自然的因果的过程。该学说是受19世纪欧洲大陆自然科学领域机械论思潮影响而产生的行为理论，由德国刑法学家李斯特所提出，是当时占统治地位的行为论。

李斯特指出，"行为是相对于外部世界的任意举止，具体地讲，这一任意举止能够改变外部世界，不论是造成某种改变的作为，还是造成某种改变的不作为"，而"任意举止"指的是"由人的意思所决定的，与机械的或生理上的强制无关"而由观念所激发的举止。①

① 参见［德］李斯特著，［德］施密特修订：《李斯特德国刑法教科书》，徐久生译，北京，北京大学出版社，2021，143页。

据此，行为具备两个要素：一是有意性，即行为必须是基于人的主观意思；二是有体性，即行为必须是表露于外部世界的身体的物理的动静。因此，在痉挛状态下损坏他人财物，因晕厥而使其履行义务受阻，绝对的不可抗力迫使其主动地或被动地行为的，均不是（刑法意义上的）行为。

李斯特认为，刑法中的侮辱行为是引起空气流动，并使神经受到刺激的过程。行为在这里完全被描述为感性上可以被察觉的对外部世界所作的实质性改变，即便这种改变不太显眼。①

根据自然行为论，刑法中的行为是人的举止与自然的结果相结合的事物，它是人的主观意思表露于外部世界的纯粹的因果过程，所以自然行为论又被称为因果行为论。缺乏有意性的行为如身体反射性动作、无意识动作等，不是刑法意义上的行为；没有表露于外部世界的思想和人格等缺乏物理性、身体性，也不是刑法意义上的行为；刑法意义上的行为被引导到可以计量的从经验上可以被证明的现实的因果事实。自然行为论作为传统的行为理论，奠定了行为的基础理论，现代刑法中的行为理论仍然根植于自然行为论的有意性与有体性这两大基础元素。自然行为论的缺点在于，无法解释不作为犯和过失犯的性质。

（二）目的行为论

目的行为论（fianet Hanidungslehre）认为：刑法中的行为不是盲目的因果进程，而是受目标引导的；行为的本质是一种目的性活动，人的行为是对目的性活动的执行。该种学说强调的是人的行为是从目标出发并朝着该目标发展的身体运动，其核心是行为的目的性操控。它是 20 世纪 30 年代目的行为论主张者德国刑法学家汉斯·韦尔策尔提出来的。

针对自然行为论关于行为是行为人基于某种意欲而产生的身体运动这一机械因果关系的看法，韦尔策尔提出目的行为论，以目的行为概念为中心构建新犯罪论体系，认为“故意”是行为的本质要素以及作为构成要件内容的主观的违法要素，而非自然行为论（因果行为论）所认为的责任要素。他认为，人的行为都是有目的的活动，而非单纯的自然的因果现象。所谓行为的目的性是指，“人能够按照他对因果关系的认识，在一定范围内预测其活动可能造成的结果，在此基础上设定不同的目标，并且有计划地引导其活动朝着实现该目标的方向发展”②。

邹某等抢劫、故意杀人案。③ 邹某等人以拉货为名约到了林某的货车。在车上，邹某等人先用手铐铐住林某的手脚，再用尼龙绳捆住手脚后解开手铐，又用胶纸和车上的毛巾捆缠林某的头面部，接着搜走林某身上的 BP 机一部、300 元现金等财物。尔后，邹某等人将林某直接扔到路边草丛里。后林某死亡。

分析： 对于本案，法院经审理认为，邹某等人的行为已构成抢劫罪和故意杀人罪，数罪并罚，决定执行死刑，缓期两年执行，剥夺政治权利终身，并处没收个人全部财产。

① 参见［德］汉斯·韦尔策尔：《目的行为论导论》（增补第四版），陈璇译，北京，中国人民大学出版社，2015，9 页。

② ［德］汉斯·韦尔策尔：《目的行为论导论》（增补第四版），陈璇译，北京，中国人民大学出版社，2015，1 页。

③ 参见（2019）粤刑终 1124 号刑事裁定书。

本书认为：本案中根据目的行为论，既然邹某等人已预计到使用皮带会导致被害人死亡，那么其实现该犯罪形态的意志也延伸至与之相联系的结果，把可能出现的结果作为达成目标的一部分纳入他们实现意志即行为目标之中。

根据目的行为论，行为具备以下要素：一是行为人预先提出希望实现的目标，比如上述案件中邹某等人要抢劫林某的财物；二是行为人确定为实现目标而必要的手段，比如邹某等人用胶带、毛巾捆缠林某的头面部；三是对于在目标实现之外的与实现目标相关的附随性结果也考虑到了，比如，劫财是其目的，但用胶带、毛巾捆缠林某的头面部可能导致其死亡，邹某等人也预见到了。因此，纯粹的缺乏目的指导的因果现象只是事物发展的一种偶然结果而不是刑法中的行为。如果说目的是一种预见，那么可以说因果是盲目的。

为了更好地诠释目的行为论，韦尔策尔区分了“目的”与“有意”这两个词。传统的自然行为论（因果行为论）认为，如果某一行为是“有意的”行为，则该行为即是有“目的的”行为。韦尔策尔对上述说法予以否定。他主张单纯的“有意性”（willkurlichkeit）应与“目的性”（Finalitat）相区别。

刘某以危险方法危害公共安全案。[①] 刘某在七楼平台休息时，因与他人争吵及大量饮酒后产生不良情绪，遂将平台花坛中种植吊兰的鼎罐花盆从七楼扔下，击中楼下被害人头部。后被害人经抢救无效死亡。

分析：法院认为，刘某酒后临街高空抛物，危害公共安全，致一人死亡，其行为构成以危险方法危害公共安全罪，遂判处有期徒刑 10 年。

本书认为：本案中刘某的行为是有意的行为，且该行为本身在于将物件抛掷楼下，所以可被称为目的的行为。然而，根据目的行为论，被害人之死并非刘某所预见的，且刘某也未以置某人于死地为目的，所以被害人的死亡，不能被称为刘某“有目的的”行为，而仅仅是与行为具有因果关系的结果而已。

总之，由于“因果关系的自然科学的范畴，只能提供外部的框架，而不能提供结论性答案”[②]，因而自然行为论（因果行为论）为目的行为论所取代。目的行为论有力解释了不作为犯，但其缺陷在于，无法解释过失犯。

（三）社会行为论

社会行为论（soziale Handlungslehre）认为刑法中的行为是具有社会意义的人的身体的动静，或者说是受行为人的意志支配的具有社会意义的举止。该种学说强调行为的功能意义，即行为的功能在于彰显具有社会意义的人的态度。它是受 19 世纪后半期和 20 世纪上半期刑事社会学派思想影响而产生的行为理论。它由德国著名刑法学家施密特（Eberhard. Schmidt）所提出。

王甲故意杀人案。[③] 王甲因曾与同村村民王乙及其家人为打牌等琐事发生过纠纷而对王乙怀恨在心，意欲伺机报复。某日凌晨，王甲来到王乙家在建的新房，用铁棍朝睡

---

① 参见（2018）鄂刑终 375 号刑事判决书。

② ［德］耶赛克、魏根特：《德国刑法教科书》（上册），徐久生译，北京，中国法制出版社，2017，376 页。

③ 参见（2011）许中刑一初字第 83 号刑事判决书。

在大门附近的王乙的头部击打数下，致王乙当场死亡。

分析： 法院认为王甲的行为构成故意杀人罪，遂判处其死刑缓期两年执行，并限制减刑。

本书认为：根据社会行为论，本案中的行为即王甲出于其内在意志并实施的具有杀害意义的举动；再将该行为与刑法特定的社会规范即故意杀人罪的规范相结合，即形成犯罪构成事实。

阿明“梦游”杀人案。① 2006年7月24日，阿明起床后手持钢钎走到院内，向正在睡觉的两名被害人的头部分别打了一下，致使一人死亡、一人重伤。

分析： 事后，专家作出鉴定结论，认定阿明患有“混合型精神分裂症”，涉嫌杀人是由于精神病态，受幻觉、妄想等精神性症状支配，在不能辨认的情况下实施的，遂对他作出“无刑事责任能力”的法律评定。最终当地公安局根据司法鉴定结果释放了阿明。

本书认为：本案中根据社会行为论，阿明的梦游所导致的杀人、伤害行为不是有意识的社会举动或静止，与社会价值世界并无联系，所以不是刑法意义上的行为，故阿明无罪。

目的行为论被提出来之后，它将过失行为排斥在行为范畴之外的做法受到很多学者的质疑。施密特针对目的行为论的缺陷，“为了整合进那些没有意志但因果性地（实现了构成要件的）举止方式的结果，人们提出了所谓的‘社会行为论’”②。他认为，刑法意义上的行为由两个要素组成：一是足以引起人身体活动的内在意志，二是意志所支配的具有社会意义的身体活动。③ 一方面，这种行为论反对从纯自然的物理、机械的角度理解行为，主张从社会意义上把握，以行为对社会的意义作为立论的基础，从而肯定了不作为也是行为；另一方面，它既承认韦尔策尔所说的意志（故意）操控实现的行为，也涵括那些没有意志却因果性地实现了构成要件的举止方式的结果的行为，从而肯定了过失行为也是行为。社会行为论吸收了自然行为论和目的行为论的各自所长，“其目的是将刑法（意义）上的行为理解为具有‘功能与社会意义的统一’（比如将熟练的医疗行为与单纯的伤害身体区别开来）”④。这种行为概念满足了所有行为模式之上位“行为”概念的功能需求，故在二战以后社会行为论一度成为德国最有力的行为论学说。

（四）人格行为论

人格行为论，又称人格责任论的行为概念，主张刑法意义上的行为是行为人人格主体的现实化的身体动静。该种学说以行为人人格为着眼点去解释刑法意义上行为理论的概念，强调行为的人格化体现，将体现行为人自由意思的身体态度解释为行为人人格主体的现实化。它是近代刑事人类学派重视行为人的主观主义思想的产物，在20世纪50年代由日本刑法学者团藤重光根据依其人格刑法论提出的人格责任论而创立。

人格刑法论的代表团藤重光教授认为，“行为是人格的体现，行为不是简单的性格自然流露的产物，而是在人格与环境相互作用过程中，通过行为人的主体态度而实施的，

① 参见《“梦游杀人”凶手无罪获释》，载《四川法制报》，2007-02-01，第2版。

② Urs Kindhäuser Zimmermann，Strafrecht Allgemeiner Teil，11. Aufl.，2024，§5，Rn. 13.

③ Vgl. Eberhard Schmidt，Der Arzt im Strafrecht，1939，S.75，Fn. 29.

④ ［德］施特拉腾韦特、库伦：《刑法总论》，Ⅰ·犯罪论，杨萌译，北京，法律出版社，2006，71页。

人格被主体现实化的产物。人格本来是一种潜在的体系，是以活生生的动作被现实地展现出来。这种活生生的动作被人格的主体所操纵时，就是行为”①。在团藤重光教授看来，行为固然是体现心理活动的身体动静，心理作用，包括控制身体动静的意志作用，也是受性格法则的支配的，这些都是行为的生物学基础。与此同时，行为也具有社会的基础，行为是人格和环境相互作用而实施的。社会首先是行为的环境，进而成为行为的基础，起到制约行为的作用。不仅如此，社会会潜移默化地影响人格。人格先天和后天的素质随着经验的积累而逐渐形成。基于生活经历，这种对人格形成产生影响的环境，也被称为人格环境。行为无法离开这些人格环境。②

药某鑫故意杀人案。③ 2020 年 10 月 20 日，22 岁的药某鑫在因交通事故撞伤了 26 岁的张某后，因内心害怕、恐惧，又向伤者刺了八刀致其死亡。

分析：从药某鑫的成长经历和家庭环境来看，他从小缺失父爱，母亲又过于严厉，从而养成了他的双重人格：一方面，在众人面前呈现成绩优秀、努力向上、追求完美、听话温顺的形象；另一方面，实则脆弱敏感、情感淡漠、自卑偏执，遇事恐惧、易怒。

依人格行为论药某鑫的家庭是他人格形成的重要环境因素，并使他在对自己有危险的事情面前爆发出了另一重不为一般人所知的人格。

日本学者大塚仁教授在团藤重光教授之观点的基础上，进一步发展了人格行为论："在尊重自由主义契机的刑法学中，不能脱离现实表现出的犯罪行为来论述犯罪人的危险性，而且，行为人只有作为现实的犯罪行为的主体才能找到其意义。这样，犯罪应当以相对自由主体的行为人的人格表现的行为为核心来理解。"④ 基于这种基本观点的行为理论，被称为人格行为论。同时，他在人格行为论的基础上，进一步发展出人格犯罪理论、人格责任论和人格刑法学。人格责任论认为刑事责任的认定应考虑意思自由以及意思形成过程，亦即在行为背后发生作用的人。人格刑法学以人格行为论和人格犯罪理论为基础，以人格责任论为内容，并将人格责任论运用于犯罪构成要件中的责任和对行为人的全部评价，故人格刑法学不仅是定罪的理论，也是量刑和行刑的理论。

人格行为论，是仿照韦尔策尔的观点，运用弗洛伊德的精神分析方法，从心理学的角度来把握人格，即，将人的性格分为深层、人格层和自我中枢三个层次，其中的"自我中枢"是指受深层的冲动的强烈支配，又通过意义和价值来控制冲动的控制中枢。人的冲动虽然不具有一般含义上的意思内容，但可以通过自我中枢的控制活动来理解其意义，因此，可以承认相对的（狭义的）意思自由。这种相对的意思自由论，体现了新旧两派的融合与协调。以现在的眼光看来，人格行为论也许并没有太多新意，但在 20 世纪的 50 年代，这样的理论可以说具有开创性的历史意义。⑤

不同的行为理论是不同历史时期科技进步和社会变化在刑法领域的折射与投影，它

① ［日］团藤重光：《刑法纲要总论》，3 版，东京，创文社，1990，104～107 页。

② 参见［日］团藤重光：《刑法纲要总论》，3 版，东京，创文社，1990，104～107 页。

③ 参见（2011）西刑一初字第 68 号刑事判决书。

④ ［日］大塚仁：《刑法概说（总论）》，4 版，东京，有斐阁，2008，49 页。

⑤ 参见赖正直：《日本当今在世刑法名家列传（四）大塚仁》，载 http：//blog. sina. com. cn/s/blog _ 3f0068fd010009as. html。

们的发展呈现出人类对自身行为的认识从简单到复杂、从低级到高级的发展过程。在自然科学并不发达的19世纪之前和之初，人们无法借助科学深入认识人类心理，只能将行为视为一种生理现象，由此产生了以机械因果心理责任论为基础的自然行为论。及至20世纪30年代，以宇宙大爆炸等理论为代表的自然科学的巨大成就，使许多思想家致力于将自然科学的成功经验引进到社会研究领域。例如，韦尔策尔以实证主义和物本主义存在论为基础，并将规范责任论贯彻始终而提出目的行为论，从而在以往的自然行为论（因果行为论）的基础上添加了行为的主观心理特征。到了20世纪上半期，受生物进化论和遗传学影响而创立的刑事社会学派快速发展，行为以其“对社会现实的影响为方向”① 并作为一种社会现象而备受关注，刑法学者从社会责任论的角度把社会性作为行为的核心要素看待并提出社会行为论。进入20世纪50年代后，贯彻社会责任论的社会行为论及以之为基础的社会防卫论宣告失败，在二战后民主主义、和平主义思潮影响下，刑法学者立于人权保障之立场，以法治主义对抗军国主义，将刑法的科学性和人性作为根本要求，认为人格形成的态度可以成为责任的基础，从而在贯彻人格责任论的基础上提出了人格行为论。人格行为论强调人的主体性有利于增强为了人权保障而进行制约的原理，但它同时导致积极的责任主义和刑法主观化、伦理化的危险。

综上，对不同行为论的评价应结合其产生的特定历史背景，可以说每种行为论均有其产生的合理性和历史的优越性，虽然它们也各自有其缺陷。然而，这恰恰证明，行为是犯罪的核心，无论行为理论如何变化，“无行为则无犯罪亦无刑罚”是永远颠扑不破的真理。

二、本书所采危害行为的概念及特征

对行为的概念只有置于犯罪论体系之下讨论才具有意义，不同的犯罪论体系有不同的行为概念。本书认为，刑法意义上的行为是在人的意志支配下所实施的具有社会危害性的身体举止。刑法意义上的行为应该具备有体性、有意性、有害性三个特征。

（1）有体性，即刑法中的行为必须是人所实施的显示于外的身体举止。这一点，是继承自自然行为论的基本主张。脱离人的身体举止不叫行为，只能叫思想或者主观想法。古罗马法谚有云，“任何人不得因为思想而受处罚”。仅仅停留在脑中的思想不会对社会造成法益侵害，因而既不是法律调整的对象也不可能受到刑法惩罚。中国古代社会的“腹诽罪”则是典型的因为思想而受到惩罚的罪名，最早的司法记录是《史记·殷本纪》中西伯侯因悄声叹息而被纣王投入大牢，而最有名的司法记录则是汉代酷吏张汤以腹诽罪迫害财政大司农颜异致死案。② 也因此，“原心定罪”成为中国古代司法传统。“凡是不以当事人的行为本身而以他的思想作为主要标准的法律，无非是对非法行为的实际认可。”③

对行为有体性的强调具有重要的法治意义。当然，如果思想流露于外变成了言论，

---

① Roxin/Greco, Strafrecht Allgemeiner Teil, Bd. Ⅰ, 5. Aufl., 2020, §8, Rn. 27.

② 参见周立文：《“腹诽”罪的由来》，载《大科技（百科新说）》，2010年第12期，31页。

③ 《马克思恩格斯全集》，第1卷，2版，北京，人民出版社，1995，120页。

则另当别论。言论自由是我国宪法赋予公民个人的基本权利，但是公民权利的行使不得超出合法性的界限，如果是对社会有害的言论，则要根据具体言论的性质和对法益的侵害程度决定是否予以刑罚惩罚。人的身体举止，无论作为（动）还是不作为（静），都是人的身体活动，都是行为。

（2）有意性，即刑法中的行为必须是人的意志支配下的身体举止。不受人的意思支配亦即缺乏有意性的行为，例如身体的反射动作、受到强制之下的动作、不可抗力下的行为、精神错乱下的行为等，均是受自然因果法则支配的行为，不是作为刑法评价对象的行为。“行为乃具有社会意义的人之举止”，行为的有意性使刑法意义上的行为与自然现象相区别，从而使人的行为摆脱了自然因果法则，体现了人的社会性和主体性，并符合行为概念的存在论构造。

在我国刑法传统平面四要件构成要件体系之下，当从客体、客观方面、主体、主观方面四个方面去讨论刑法中的犯罪时，刑法意义上的行为必然是主观上符合主观方面规定的故意或者过失、客观上造成对社会的危害并且由人实施的侵犯了刑法中的客体的举止，由此，就不难理解我国传统刑法理论对行为作如此定义了，即“危害行为，是指在人的意志或者意识支配下实施的危害社会的身体动静”[①]，并且据此认为危害行为具备三个特征即有体性、有意性、有害性。[②] 总之，这样的行为概念与我国平面四要件构成要件体系是相吻合的。但是，根据阶层的犯罪论体系，刑法意义上的行为的概念是否有所不同？有学者认为，刑法意义上的行为只有有体性与法益侵害性两个特征，有意性不是行为的特征，因为行为是否有意，应该在有责性阶段加以评价，只要是“人的具有社会危害性的身体动静”[③] 或者说“行为主体实施的客观上侵犯法益的身体活动”[④]，都是行为。

这种观点值得商榷。本书认为，有意性是危害行为的特征之一，经过从构成要件范畴论到目的论的发展，以及犯罪论体系由形式论到实质论的变化，刑法意义上的行为早已不再是单纯的身体举止这一事实，而是包含意思支配可能性，亦即具备有意性这一特征。

一方面，如果认为有意性不是行为的特征，那么，基于同样的逻辑，法益侵害性亦即有害性也不是行为的特征。如果认为行为是否有意的评价应该放在有责性阶段进行，那么，是否侵害法益、有害于社会的评价则应放在违法性阶段进行，所以，有害性也不是行为的特征了。据此，行为就只剩下有体性这一个特征了。但是，否定有意性是行为的特征的学者都认为法益侵害性是行为的特征，这就存在着逻辑上的矛盾。

另一方面，在古典的阶层论体系之下，构成要件该当性作为纯事实的中性判断，将行为的有意性排除在行为的特征之外是有一定道理的。如现代犯罪论学说的创始人德国刑法学者贝林认为所有法定构成要件都是对行为的法律评价，并通过记述的方式规定了构成要件的各个要素：“1. 身体行为的特征（如行走）或者行为事实的观念意义（如‘促

① 高铭暄、马克昌主编：《刑法学》，10 版，北京，高等教育出版社、北京大学出版社，2022，60 页。
② 参见刘艳红主编：《刑法学》（上），3 版，北京，北京大学出版社，2023，104～105 页。
③ 黎宏：《刑法学总论》，2 版，北京，法律出版社，2016，78 页。
④ 张明楷：《刑法学》（上），6 版，北京，法律出版社，2021，186 页。

使、威胁’）；2. 身体活动所在的时间、空间或者具体的社会环境（如刑法第 89 条中的‘战时’，第 296 条 a 中的‘德国沿海地区’，第 219 条中的作为对象的‘孕妇’等）；3. 身体活动结束后作为结果而出现的事件或状态（物质状态，如死亡结果，或者精神状态，如‘获得认识’、‘引起愤怒’）。”① 这些论述围绕行为的身体特征、行为的环境、行为的状态而展开，体现了行为是构成要件的评价对象这一事实；同时也表明，行为包含行为举止（身体特征）、行为对象（人或物）和行为状况（行为时间、地点、方法、结果等）。这样的行为概念不含有有害性或者有意性的价值评价色彩，因而被称为“裸的行为论”。它更强调事实范畴，而远离价值范畴；它的范围要广于我国传统刑法理论中的行为概念的范围。然而，构成要件的发展史表明，构成要件早已不是中性的价值无涉的事实判断，构成要件是违法类型，也是有责类型，对符合构成要件的行为一般情况下是推定违法和有责的，除非有违法或责任阻却事由。因此，符合构成要件的行为一般而言既具有法益侵害性也具有有意性。

（3）有害性，即刑法意义上的行为必须是人所实施的给社会造成一定危害的行为，亦即具有社会危害性的人的身体举止才是刑法意义上的行为。这一点，是继承自社会行为论的看法。这里的社会危害性，可能是实际发生的危害社会的结果，比如甲将乙杀死，乙的死亡就是实际发生的具有社会危害性的结果；也可能是没有发生，只是具有危害社会的可能性，比如甲劝说乙去外国旅游并希望其被抢劫，但乙可能没有去，也可能去了没有被抢。至于对行为社会危害性的评判，需要根据国家立法、政治、经济、文化等因素综合判断。对行为的社会危害性或者说对法益侵害性的判断是具体判断，不能抽象讨论。

第二节 作为与不作为

危害行为是人所实施的具有社会危害性的身体举止，而所谓的身体举止，是指各个构成要件行为的样态，除少数是消极不作为之外，通常是积极的作为。至于这些作为或不作为实施的方法、时间与地点及既、未遂等形态，各有差别。因此，根据行为与刑法规范之间的关系，可以将刑法中的危害行为分为作为和不作为，将由作为构成的犯罪称为作为犯，将由不作为构成的犯罪称为不作为犯。

一、作 为

作为，是指行为人以积极的身体活动实施的违反刑法禁止性规定的危害行为，即“不当为而为”。例如，刑法禁止实施杀人行为，而行为人违反该禁止性规定，实施了以刀杀人的行为，该以刀杀人的行为就是行为人积极的身体活动。刑法中的绝大多数犯罪都是作为犯，作为是危害行为的主要表现形式。

作为具有如下特征：

（1）作为是积极的而且表现于外的身体活动。刑法中的作为是积极的行为，是物理性的积极的身体活动，能够为外界所把握，并以一定的方式呈现。比如故意伤害罪或者

---

① Beling，Gründzuge des Strafrechts，JCB. Mohr，Tübingen，1930，S.25f.

聚众斗殴罪的行为，都是体现于外的身体动作。刑法中的作为是一系列整体性的行为。作为不仅仅是产生结果的“点”的行为，更是具有整体性评价意义的“面”的行为。例如，《刑法》第238条绑架罪中存在准备绑架的工具、接近被绑架人、进行绑架、藏匿被绑架人等行为，只有对这一系列有机联系的身体动静进行整体性评价，才能完整了解该犯罪中作为的意义。刑法中绝大部分犯罪都是以作为的方式实施的。

（2）作为是违反刑法禁止性规定的身体活动。所谓禁止性规定，是指刑法中明确禁止公民实施某些行为的法律规定。例如，《刑法》第263条规定，“以暴力、胁迫或者其他方法抢劫公私财物的，处三年以上十年以下有期徒刑……”。该规定表明，刑法禁止实施抢劫行为，否则处以相应刑罚。通过这类禁止性规定，刑法明确告诉公民哪些行为可以做、哪些行为不可以做，根据“法无禁止即自由”的基本法理，公民可以知悉自己的行为边界。刑法中绝大部分规定都是禁止性规定。

作为不一定是行为人自己亲自行为，根据实际情况，作为的实施方式主要有以下几种：

（1）利用自己身体的作为。这是常见的作为形式，即通过自己的四肢或者五官实施的活动，前者如以脚踢人，后者如以言语伤人。

（2）利用自然力的作为，即利用大自然的力量实施作为行为。自然力包括水、火、风、雷电、地震、山崩、海啸等自然现象，行为人如果利用这些自然现象实施危害他人的行为，就可能构成犯罪。

（3）利用物质性工具的作为，即借助物质性工具，实施违反刑法禁止性规定的行为，比如用枪杀人，用斧头毁坏他人财物等。随着网络科技的发展，利用网络实施犯罪的情况越来越多，网络也成为重要的物质性工具。需要说明的是，利用物质性工具和利用自己身体虽然不同，但对物质性工具的利用也都是通过行为人的身体进行的。

（4）利用动物的作为，即借助动物来实施违反刑法禁止性规定的行为，例如，利用藏獒攻击他人，利用有毒的澳洲箱形水母的触须刺中他人并致人死亡等。动物本身如同中立的工具，如果被利用，即属人的危害行为。

（5）利用他人行为的作为，即借助他人的行为实施违反刑法禁止性规定的行为，比如，利用未成年人或者精神病人实施攻击行为，利用他人的犯罪行为来实现自己的犯罪目的，利用医生的救助行为实施违法犯罪等。

二、不作为

不作为，是指行为人以消极的身体活动实施的违反刑法命令性规定的危害行为，即“当为而不为”。例如，《刑法》第261条规定，遗弃罪是指“对于年老、年幼、患病或者其他没有独立生活能力的人，负有扶养义务而拒绝扶养，情节恶劣的”行为。未成年子女即属于没有独立生活能力的人，刑法命令父母或者其他抚养人对他们尽到抚养义务，而行为人却违反该命令性规定，不履行抚养义务，遗弃未成年子女，成立不作为犯罪。此即为“应当积极实施履行抚养义务的行为而消极不为”。刑法中不作为犯罪也很多。

构成刑法中的不作为犯罪必须同时符合以下三个条件。

（一）行为人负有实施某种积极作为的特定义务

不作为是违反刑法命令性规定的行为，命令性规定规定的实施某种积极作为的义务，是不作为的义务来源。具体来说，该类义务有以下四种：

（1）法律明文规定的义务，即宪法、民法、刑法等所有由国家制定或者认可并由国家强制力保障实施的法律法规规定的义务。比如，《民法典》第1067条规定了父母对子女的抚养义务，“父母不履行抚养义务的，未成年子女或者不能独立生活的成年子女，有要求父母给付抚养费的权利”。违反这一义务的，可能构成《刑法》第260条规定的虐待罪或者第261条规定的遗弃罪。再如，《中华人民共和国税收征收管理法》规定，法律、行政法规规定负有纳税义务的单位和个人为纳税人，纳税人具有缴纳税款的义务。如果违反这一义务，可能构成刑法中的逃税罪。又如，2016年国家互联网信息办公室《互联网直播服务管理规定》第7条第2款规定，“互联网直播服务提供者应当建立直播内容审核平台，根据互联网直播的内容类别、用户规模等实施分级分类管理，对图文、视频、音频等直播内容加注或播报平台标识信息，对互联网新闻信息直播及其互动内容实施先审后发管理”。违反这一义务的，可能构成《刑法》第286条之一规定的拒不履行信息网络安全管理义务罪。以上例子表明，法律法规规定的义务只有得到了刑法的认可，才是刑法中不作为犯所违反之义务的来源。

常某遗弃案。[①] 2017年2月，常某将年逾80岁的常父的床、被子、衣服等扔到家门口南边过道口处，拒绝让常父进家。常父居无定所，四处流浪，缺吃少穿，时常睡在村里的大街上。村委多次教育常某应尽赡养义务，其仍不改正。2018年2月，常父被人发现死在村路边。

分析：《民法典》第26条第2款规定，“成年子女对父母负有赡养、扶助和保护的义务”。常某将没有独立生活能力的常父赶出家门，拒不履行赡养义务，违反法律规定，导致常父死在家门口。其行为情节恶劣，已构成遗弃罪。

（2）职务或者业务要求的义务，即行为人所从事的职务或者业务要求其实施某种作为的义务。职务是职权带来的应尽的责任，警察、医生、海难救助员等一些负有特定职责的人，往往都需要履行特定的义务，比如，海难救助员有救助水域内遇险的船舶、货物、人员等的职责。违反职务或者业务要求的义务，必须是在行为人所承担的职务或者业务范围之内，同时，在时间上还需是在履行职务或者办理业务之时，亦即是在上班时间，否则不存在履行该义务的问题。

唐某玩忽职守案。[②] 警察唐某前往某工地报警现场协助处警，在现场看到被民工抓获并被捆绑在葡萄架下的“小偷”王某。唐某检查王某双腿伤情并走访后，未作出必要处理便离开现场。后王某死亡。

分析：本案中唐某作为带队出警的警察，应保证出警行为的合法和正当，及时制止不法行为，防止侵害后果发生。然而唐某不及时履行法定职责，造成王某死亡的后果发生。法院判决其行为构成玩忽职守罪。

---

① 参见（2020）豫17刑终197号刑事裁定书。

② 参见（2009）昆刑终字第500号刑事判决书。

（3）法律行为引起的义务。法律行为“是指那些以达到具体的法律后果（签订民事合同或劳动合同，结婚等等）为目的而实施的行为”①。换言之，“一切有故意参与的意志行为，在其产生时就对存在的法律命令起了变化，或将对未来一定时期内存在的法律命令起变化，则这种意志行为就是法律行为”②。可见，法律行为是法律主体实施的通过其作为而形成某种法律关系的行为类型。凡导致有行为能力之公民的意志之结果的法律事实都是法律行为。法律行为例如签订民事合同引起的作为义务，就在当事人之间产生了新的法律关系，负有履行义务的一方如果没有履行义务，且严重侵害或者威胁了刑法保护的法益，就会构成不作为犯罪。

许某过失致人死亡案。③ 许某受雇照顾无法独立行动且独自居住的九旬老太李某。某日下午2点，许某给李某洗澡后将李某送到烤火桌旁，并给火盆添加了木炭后外出打麻将。3点多时，邻居发现李某家冒烟便赶过来，但李某已死亡。

分析：本案即属于未履行法律行为引起的作为义务而构成不作为犯罪。许某受雇照顾李某，在此期间未尽到看护义务和责任，过失致李某死亡。其行为已构成过失致人死亡罪。

（4）先前行为引起的义务，即行为人之前实施的某种行为导致了侵害法益的危险，因而产生了要求行为人避免该种危险的义务。先前行为之所以可以引起作为的义务，是因为作为犯的作为具有原因力，而不作为犯的不作为不具有原因力；如果不作为要与作为具有等价性，必须此种不作为本身在实施之前，就已设定了朝向法益侵害的因果流程。④ 行为人出于故意或过失而实施的先前行为引起了法益侵害的危险，如果行为人没有采取行动，而任由此种危险朝向法益侵害的因果流程，那么，就要构成不作为犯罪。

先前行为既包括合法行为也包括违法行为（含犯罪行为），以及其他不能也不需要被评价为合法或者违法的行为。简言之，只要是自己的某种行为引起了作为的义务，这样的行为都是先前行为。

1）合法的先前行为，是指法律要求、允许或不加禁止的行为。合法的先前行为，如果引起了作为义务，且行为人不作为导致法益侵害，则构成不作为犯罪，如王某紧急避险引起作为义务但未作为，导致交通设施受到破坏，危害公共安全，构成破坏交通设施罪。

王某破坏交通设施案。⑤ 王某驾船行至某航标船附近水域，见本村渔民撒网时挂住了固定该航标船的钢缆绳，便驾船前去帮忙摘脱。由于航标船的钢缆绳缠住了渔船的螺旋桨，王某持刀砍钢缆绳未成功，于是，登上航标船，解开钢缆绳后驾船离开现场，致使航标船顺江漂流。后重庆航道局木洞航标站接到群众报案后，巡查到漂流的航标船，并于当日18时许将航标船复位。此次事件造成直接经济损失人民币1 555.50元。

分析：本案中王某解开航标船钢缆绳来保护他自己与他人人身及渔船财产的行为，

---

① ［俄］B. B. 拉扎列夫主编：《法与国家的一般理论》，王哲等译，北京，法律出版社，1999，178页。

② ［法］莱翁·狄骥：《宪法论》，钱克新译，北京，商务印书馆，1959，234页。

③ 参见（2018）湘0725刑初147号刑事判决书。

④ 参见陈子平：《刑法总论》，4版，台北，元照出版公司，2017，157页。

⑤ 参见（2004）渝一中刑终字第183号刑事判决书。

系紧急避险，但在危险消除后，王某负有采取相应积极救济措施消除危险状态的义务。王某能够履行该义务而未履行，属不作为，其行为构成了破坏交通设施罪。

2）违法的先前行为，是指违法行为或者犯罪行为。违法行为引起了作为义务，且行为人不作为，导致法益侵害的，也构成不作为犯罪。

韦某强奸、故意杀人案。① 韦某于某日晚驾驶摩托车外出，在某学校附近看到李某独行，即上前搭讪，并将李某强行带至某临江大道桥下斜坡处，采用语言威胁、拳打、卡喉咙等暴力手段欲对李某实施强奸，因遭到李某反抗而未果。李某在反抗过程中滑落河中。韦某见李某在水中挣扎，明知其不会游泳，处于危险状态，而不履行救助义务，并逃离现场，致李某溺水死亡。

分析：本案中韦某欲对李某实施强奸犯罪，在犯罪行为实施的过程中，李某由于反抗而不小心滑落水中。对此结果，韦某理应履行救助义务。此即属于韦某自己实施的犯罪的先前行为，引起了李某的生命法益受到侵害的危险，故韦某负有救助的作为义务，但是，没有实施救助，导致了李某的死亡，故其行为构成不作为的故意杀人罪。对韦某的行为，应该以强奸罪（未遂）与故意杀人罪数罪并罚。

3）其他先前行为，是指合法或者违法行为之外的其他先前行为，包括日常生活中的争吵行为、工作中的过失行为、偶发状态中的意外行为等。

行为人实施了某种先前行为，同时负有保证人地位时，才能要求其承担不作为的责任。为了确立保证人地位，德国刑法提出了“紧密共同体说”，即行为人的保证人地位不仅可以从法律上所确立和认可的家庭共同体如婚姻共同体中产生，也可以从其他紧密的非婚姻关系的生活共同体中产生。其他紧密的非婚姻关系的生活共同体，比如户外探险或者各类体育运动中所有队员一起结成的关系，就像婚姻一样，其特征在于一段时间内关系稳定且在紧急情况下相互帮助。在这样的共同体中，在紧急情况下相互信任对方的保护，并相应地放弃自己的保护预防措施。形成照顾义务的根本原因是他们在需要时对相互援助的依赖。生活在这种共同体当中的人们不必明确承诺彼此间的这种互助，只要他们默许并据此安排他们的共同生活就足够了。②

李某故意杀人案。③ 李某与项某相恋后致项某怀孕，某日二人在李某的宿舍产生争执，李某要项某流产并分手，项某一气之下到阳台喝下敌敌畏，然后回房间坐在靠沙发的地上，嘴角淌沫。此时，李某见同厂女工赵某上楼即把门掩上，并关上房门，去到二楼车间。回来后见项某仍原样坐着，李某遂打电话叫来同事并开车先去加油，准备加油回来后送项某去医院。嗣后，李某回厂，得知项某已被送往医院，因延误时机，项某经抢救无效死亡。

分析：本案中根据“紧密共同体说”，李某（男）和项某（女）在特定环境即封闭的李某宿舍中，因为感情问题发生争执，李某非但对项某的怀孕不想承担责任而且还提出流产，导致女方服毒自杀。在此类似婚姻关系的紧密共同体中，面对项某因为李某的过

---

① 参见（2012）锡刑初字第20号，（2012）苏刑一复字第0031号。

② Vgl. Kristian Kühl, Strafrecht Allgemeiner Teil, 8. Aufl., 2017, S.691f.

③ 参见（2000）金中刑终字第90号刑事裁定书。

错而自杀的紧急情况，李某有援助或者救助项某的义务，然而，李某虽未用言语刺激项某服毒，但在项某服毒后，采取放任态度并将宿舍门关上后外出，致使项某在李某宿舍这种特定环境中得不到及时抢救而身亡。李某身为负有特定义务的人，其行为已构成故意杀人罪（不作为）。

“紧密共同体说”的适用条件有二：第一是共同体本身组织结构紧密，如共同登山、滑雪等探险活动的队员，或者恋爱中的男女，或者其他某种特定活动的人。第二是“共同体”外部环境紧密。这是指共同体处在一个相对独立或者隔离的环境中，难以与外界产生联系，如果共同体成员不予施救，非共同体成员一般难以发觉危险的存在，自然也不存在救助的义务。在特定封闭或者说相对独立或隔离的环境中，没有其他人可以予以期待，只有共同体中的成员在场，所以，也只有共同体中的成员才可能负有救助义务。

詹某故意杀人案。[①] 詹某驾车将情人秦某带到某水库边。在车内秦某追问詹某是否曾见另一情人时，遭到詹某否认。秦某趁詹某不注意时偷看手机信息，见詹某有与情人的通话记录后，气急之下便从车上下来并脱掉衣服和鞋子往水库里走，走了十几米远时，詹某追上并拉住秦某的右上臂，但被秦某挣脱。随后，詹某又到前面阻拦。在阻拦过程中，詹某摔倒在水中，其间用脚踹了秦某一下。詹某在浮出水面时未见到秦某踪影，便独自游回岸边。尔后，詹某既未积极寻救秦某，又未呼救和报警，而是慌忙驾车逃离现场，致使秦某因无人及时救助而溺水死亡。

分析：本案中詹某之前的过错行为诱发了被害人的投水自杀行为，其对被害人的自杀行为具有法律上的救助义务。在当时处于荒郊野外、人烟稀少的特定环境和空间条件下以及明知被害人不谙水性的情况下，二人所形成的紧密共同体决定了相互之间在发生危险时有彼此救助的义务。但在发现被害人没有浮出水面有可能溺水死亡时，詹某非但没有实施任何求救、报警等救助行为，反而不管被害人的死活，对现场被害人散落的衣物视而不见，驾车迅速逃离现场，构成（不作为的）故意杀人罪。

（二）行为人具有履行特定义务的能力而未履行

不作为如果是因为无法作为，就不能成立犯罪。只有在行为人能够实际履行某种特定义务而不履行时，才能成立不作为犯罪。

邹某故意杀人案。[②] 邹某违章驾驶汽车坠入某河道，车内妻子甲与继女乙均坠入水中。甲、乙二人从车里爬出后，汽车损坏而倒扣在石头上的部位突然着火。邹某让甲、乙二人用河水灭火，慌乱中甲、乙二人在河道中发生险情，在旁边伸手即可有效救援的邹某却未伸手施救，最终致二人死亡。

分析：本案中先前行为是邹某的交通肇事行为。经公安局鉴定，邹某驾驶机动车上路行驶，行经天棉线新圩镇天官村小坑桥路段时，未能按照操作规范安全驾驶，其行为与事故发生有直接因果关系，是造成本起事故的全部原因，邹某负本起交通事故全部责任。而正是邹某交通肇事这一违法行为，导致甲、乙坠入水中以及后来为躲避火灾而被淹死。法院的判决指出：甲、乙二人在齐膝深的水潭内挣扎，只要有人施救就可能避免

① 参见（2015）鄂红安刑初字第00030号刑事判决书。

② 参见（2017）闽06刑终268号刑事裁定书。

死亡后果的发生。邹某亦供认其若上前将被害人拉一下，被害人应该就不会死亡，但邹某一直看着被害人挣扎至不能动弹，证实其主观上具有放任故意。尸体检验鉴定结论证实甲、乙是溺水死亡，二人的死亡与邹某因先前违法行为而负有救助义务但未救助具有因果关系，邹某的行为构成不作为的故意杀人罪。

很显然，本案中不仅邹某自己先前的违法行为引发了救助被害人的义务，而且，邹某客观上也具有履行特定义务的能力却未履行，故而成立犯罪。

（三）行为人未履行特定义务造成了法益侵害结果的发生

不作为犯罪是结果犯，如果行为人的先前行为引起了特定义务，而且行为人也未履行该义务，但是，并未导致法益侵害结果发生的，也不构成犯罪。只有同时满足负有实施某种积极作为的特定义务、具有履行特定义务的能力而未履行并由此导致了法益侵害结果的发生这三个条件的不作为行为，才能成立刑法中的犯罪。

宾某故意伤害案。① 宾某在夜总会庆祝自己的生日期间，与熊某发生争执，后被人拉开。至当日凌晨0时许，宾某联合数人在夜总会门口对熊某进行殴打，熊某被打晕倒在马路上，宾某等人将熊某遗留在马路上逃跑。晕倒在地的熊某被路过的一辆小汽车碾压受伤。经鉴定，熊某的损伤已达轻伤一级。

分析：《刑法》第234条规定的故意伤害罪保护的是公民身体健康法益。宾某等人殴打熊某并致其晕倒在马路上，然后被过往车辆碾压受伤。宾某等人作为客观上实施了违法行为的人，有义务防止侵害结果的发生，但是，熊某被打晕在马路上后，宾某等人置之不理并逃离现场，最终导致了侵害结果的发生。宾某等人的行为与熊某受害结果的发生具有刑法上的因果关系，符合故意伤害罪的构成要件。本案中，如果宾某等人殴打熊某致其倒地，但是并未发生后来的被汽车碾压以及受伤的后果，亦即没有造成熊某的健康法益受到侵害，则不能成立不作为的故意伤害罪。

三、作为与不作为的关系

作为，是指行为人以积极的身体活动实施的违反刑法禁止性规定的危害行为。不作为，是指行为人以消极的身体活动实施的违反刑法命令性规定的危害行为。故此，区分作为与不作为的标准是所违反的规定类型：违反禁止性规定的是作为，违反命令性规定的是不作为。

在不作为内部，又可分为真正不作为与不真正不作为。真正不作为犯又称纯正不作为犯，是指刑法规定了一定的作为义务，单纯违反此义务即构成犯罪的行为。换言之，它们是只能以不作为构成的犯罪。因此，在刑法中通常对真正不作为犯有明确的规定，对真正不作为犯的认定一般没有引发疑问。我国刑法中真正不作为犯涉及的罪名包括《刑法》第129条丢失枪支不报罪，第138条教育设施重大安全事故罪，第139条消防责任事故罪，第161条违规披露、不披露重要信息罪，第187条吸收客户资金不入账罪，第201条逃税罪，第261条遗弃罪，第276条之一拒不支付劳动报酬罪，第286条之一拒不履行信息网络安全管理义务罪，第304条故意延误投递邮件罪，第311条拒绝提供

① 参见（2015）佛顺法刑初字第897号刑事判决书。

间谍犯罪、恐怖主义犯罪、极端主义犯罪证据罪，第 313 条拒不执行判决、裁定罪，第 330 条妨害传染病防治罪，第 376 条战时拒绝、逃避征召、军事训练罪和战时拒绝、逃避服役罪，第 380 条战时拒绝、故意延误军事订货罪，第 381 条战时拒绝军事征收、征用罪，第 395 条巨额财产来源不明罪和隐瞒境外存款罪，第 397 条玩忽职守罪，第 399 条第 3 款执行判决、裁定失职罪，第 400 条第 2 款失职致使在押人员脱逃罪，第 402 条徇私舞弊不移交刑事案件罪，第 404 条徇私舞弊不征、少征税款罪，第 408 条之一食品、药品监管渎职罪，第 412 条第 2 款商检失职罪，第 413 条第 2 款动植物检疫失职罪，第 414 条放纵制售伪劣商品犯罪行为罪，第 416 条不解救被拐卖、绑架妇女、儿童罪，第 422 条拒传、假传军令罪，第 429 条拒不救援友邻部队罪，第 441 条遗失武器装备罪，第 444 条遗弃伤病军人罪，第 445 条战时拒不救治伤病军人罪。

不真正不作为犯又称不纯正不作为犯，它是指以不作为的手段实施通常以作为形式构成的犯罪。它的特点是这类犯罪既可以由作为形式构成又可以由不作为形式构成；不但要求有作为的义务，还要求引起一定的侵害法益的结果。例如，故意杀人罪既可以以作为的方式实施，又可以以不作为方式实施，而当以不作为方式实施时，必须发生了侵害他人生命法益的后果，否则不构成不真正不作为的故意杀人罪。

不真正不作为犯“几乎遍布刑法分则的各章之中”①，刑法中的几乎每一个犯罪都既可以由作为构成又可以由不作为构成。不真正不作为犯的难题在于刑法根本就没有规定保证人的保证义务。本来根据罪刑法定原则之明确性要求，犯罪的构成要件应当将成立犯罪的条件一一明确规定，但是，不真正不作为犯在立法上并不涉及不作为人的作为义务，而不真正不作为犯又是在实践中真正存在的。这样，如何合理地解释以确定其违法性，使之既不违反罪刑法定原则又不违反构成要件理论，就成为重要的问题。

四、不真正不作为犯

由于“刑法对各种之罪多依作为而规定，至于与其相当之不作为犯则不设明文，而有待于审判者个别认定”②，因此，对于不真正不作为犯是通过刑法理论加以确定的。这样，如何确定不真正不作为犯的范围成为一个重要问题。

1. 不真正不作为犯的可罚性问题

不真正不作为犯以负有一定的作为义务并发生一定的侵害法益之结果为条件，其范围的确定也就是防止法益侵害结果发生的义务的确定。由于作为义务在法律上并不明确，如何理解作为义务在不作为构成中的体系地位问题则至关重要。作为义务在不作为构成中的体系地位问题，也就是作为义务与违法性的关系问题。关于这一问题，刑法理论上有三种学说：一是因果关系说。其认为在因果关系的领域中，存在着作为义务，仅作为义务才能被认定为不真正不作为犯成立的原因。然而，由于不真正不作为犯的成立与作为义务无关，所以这种说法是欠妥当的。二是违法性说。贝林和 M. E. 迈耶把作为义务理解为不作为的违法性问题，成为至今关于这一问题的权威学说。它认为作为与不作为

---

① 马克昌：《犯罪通论》，武汉，武汉大学出版社，1999，176 页。

② 韩忠谟：《刑法原理》，台北，作者自版，1981，101 页。

在构成要件该当性上是相同的，但不作为的情况不同于作为的情况，在于不作为的构成要件该当性不以违法为标志，该当构成要件的不作为，原则上并不违法，只在负有作为义务时才违法。然而，这一学说没有把负有作为义务的人的不作为也算作该当构成要件是不合理的，另外它也很难讲清为什么属于不真正不作为犯的构成要件的违法性具有推断机能。由此，这一学说与犯罪论体系之间存在着矛盾。三是保证人说。为了克服违法性说的缺陷，纳格勒（Nagler）把作为义务视为不作为的构成要件该当性问题，提出了所谓的保证人说。根据此说，依据作为义务，个人就成为有法律保证的使法益不受侵害的保证人，保证人负有防止构成要件结果发生的作为义务。只有这样，保证人的不作为，才能与作为在实现构成要件方面具有同等价值，从而被认为该当构成要件。因此，保证人的地位不是违法性问题，而是构成要件该当性问题，是实行行为的问题。① 保证人说根据不真正不作为犯是否为构成要件行为、是否具备作为所必要的构成要件该当性来决定是否与作为等价，从而具有相同之可罚性，因此保证人说又可被称为构成要件说。②

纳格勒的保证人说在构成要件该当性阶段解决不真正不作为犯，同时试图以保证义务为媒介解决不真正不作为犯和作为犯的等值问题。它使不真正不作为犯的问题由违法性阶段过渡到了构成要件该当性阶段，这被视为解决了不真正不作为犯与犯罪论体系之关系上的矛盾问题。但是，纳格勒的学说后来受到了赫尔穆特·迈耶（Hellmuth Mayer）及阿明·考夫曼的批判，后者指出了不真正不作为犯的结构问题和与罪刑法定主义的相关问题。

赫尔穆特·迈耶批评认为，将特别的法定义务作为不真正不作为犯的成立要件，不合理，因为这里的法定义务并没有被明确规定在犯罪构成要件中，故而只能在习惯法上寻找，这违反了罪刑法定主义；同时，仅以不履行法定义务来评价不作为犯，最终却以作为犯来处罚，把似是而非的东西当成等价值的媒介。阿明·考夫曼也对纳格勒的学说提出了切实而详尽的批评。保证人说认为对不真正不作为犯是以不作为的“作为犯”来把握的，所以，适合用与作为犯同样的理论来分析。不作为和作为都包含在“行为”概念中，都是违反禁止性规定的行为。而与此相反，阿明·考夫曼提出：不真正不作为犯不是作为犯，实际上是“不作为犯”的真正情形。作为和不作为是 A 和非 A 的关系，不作为不包括在“行为”的概念中。不能以作为犯的理论来解决不真正不作为犯，而要以不作为犯的理论来解决。详言之，刑法规范分为禁止性规定与命令性规定。前者要求不能实施一定的行为，即不作为；后者要求实施一定的行为，即作为。不真正不作为犯的作为义务和真正不作为犯的作为义务相同，都是由命令性规定产生的，而不是由禁止性规定产生的。因此，从存在结构与规范结构来看，不真正不作为犯是“不作为犯”。至于不真正不作为犯的成立要件，他认为有三个：第一，有侵害法益或给法益带来危险的作为；第二，有防止这种侵害法益或风险的命令；第三，违反这一命令与第一点的符合作为构成要件的作为在不法内容及责任内容上几乎相等。③

① 参见［日］福田平、大塚仁编：《日本刑法总论讲义》，李乔等译，沈阳，辽宁人民出版社，1986，60～61页。

② 参见许玉秀：《论西德刑法上保证人地位之实质化运动》，载《东海学报》，第28期，1987。

③ 参见［日］日高义博：《不作为犯的理论》，王树平译，北京，中国人民公安大学出版社，1992，28～30页。

考夫曼的观点得到了另一学者海因里希·亨克尔（Heinrich Hehkel）的支持，他认为：作为犯的构成要件在不作为犯上是被双重地打开，有必要补充。只有保证人即在法律上负有防止结果发生义务的不作为者才是行为人即正犯；保证人的义务，只有在不法内容上与作为的等价值才能被确定。特别是后者，具有独立的意义。这种强调不作为与作为必须等价值的学说在理论上被称为新保证人说。①

许乃曼另外提出了一种独立的二分法。首先，许乃曼将支配性标准当作不作为的作为等价性的事实逻辑的理由，试图在结果归属的重要节点中，寻求一种作为与不作为在刑法前（vorstrafrechtlich）的对等来解决等价问题（Äquivalenz problem）。许乃曼的支配观念不同于以往文献中常用的概念，它不仅高度抽象（需要进一步细化，而以往文献中的是一种几乎能进行归纳的保证类型），而且其与结果原因之间的关系更为紧密。② 不作为的作为等价性以对当前现实结果条件的控制为前提。③ 为了实现具体化，许乃曼将对"结果原因的支配"（die Herrschaft über den Grund des Erfolges）分为两个小组，即对本质性结果原因的支配（die Herrschaft über eine wesentliche Erfolgsursache）与对被害人易受侵害性的支配（die Herrschaft über die Anfälligkeit des Opfers）。在第一组下，许乃曼延伸区别了两种子类型，即对危险事物或事务的支配权（Herrschaftsgewalt）与对未成年人的监管权（Aufsichtsgewalt）。从第一种子类型推导出交往（安全）义务（Verkehrspflicht），从第二种子类型推导出监管义务，上述二者均为一般保证义务的特殊化。对于第二组，许乃曼根据这种无助（Hilflosigkeit）是根本性的（意思是：自然无力保护自己免受各种危险）还是部分性的（意思是：只针对某些危险存在），进行了细分，而进一步的具体化是针对支配理由的类型进行的，这种支配理由可以由无助者的信赖行为或者保证人的自我接近产生，而在母亲—孩子的特殊关系中，这种支配是存在性给定的。④

雅各布斯在功能说理论的基础上作出了进一步的发挥。⑤ 虽然在雅各布斯的体系里，还保留了作为犯与不作为犯的区分，但是，作为保证人地位来源的消极义务与积极义务并不和前者相对应。雅各布斯以是否与结果具有因果性关联为标准，区分作为与不作为：作为是一种可避免的结果招致，换句话说，作为行为与结果具有因果性；相反，不作为中并不存在因果性。⑥ 而保证人地位产生于消极义务（组织管辖义务）与积极义务（制度管辖义务）。⑦ 消极义务指的是，为避免对他人造成损害所必需的努力。在保证人的组织管辖圈内，不作为犯罪的责任理由与作为犯罪的责任理由相同，都是要在这个范围内对他人进行考虑；略有不同的是，不作为犯的保证人地位产生于一种事先存在的，尤其

---

① 参见黎宏：《不作为犯研究》，武汉，武汉大学出版社，1997，10页。

② Vgl. Schünemann, Grund und Grenzen der unechten Unterlassungsdelikte, 1971, S.245f.

③ Vgl. Schünemann, Grund und Grenzen der unechten Unterlassungsdelikte, 1971, S.246.

④ Vgl. Schünemann, Grund und Grenzen der unechten Unterlassungsdelikte, 1971, S.359f.

⑤ Vgl. Roxin, Strafrecht Allgemeiner Teil, Bd. 2, 2003, S.713.

⑥ Vgl. Jakobs, System der Strafrechtlichen Zurechnung, 2012, S.25f.; Jakobs, Strafrecht Allgemeiner Teil, 1991, S.775ff.

⑦ Vgl. Roxin, Strafrecht Allgemeiner Teil, Bd. 2, 2003, S.713.; Jakobs, System der Strafrechtlichen Zurechnung, 2012, S.83; Jakobs, Strafrecht Allgemeiner Teil, 1991, S.782f.

是对所创设风险的管理。积极义务指的是保证与制度有关的团结责任，这里涉及与其他受益人一起建成一个共同世界的义务。① 可以看出，“实质上更重要的不是作为与不作为的区分，而是责任原因，也就是组织管辖责任与制度管辖责任之间的区分”②。

奥托在二分法的基础上，为保证人义务确立的理由寻找了另外一条道路。首先，在奥托看来，由于人类生活情况的多样性，对保证人地位不能决定性地在每个构成要件中加以描述，而主要是对该地位加以概述，因此，保证人地位应当被视为未确定的但可加以确定的规范的构成要件特征，也就是每个构成要件的义务创设特征。而对于保证人地位的确定，奥托采取了一种基于社会学立场的尝试，将它确定为信赖和责任原因的具体化，角色者的相关保证义务应当从个体的角色地位当中获取。具体而言，将保证人地位建立在社会内部相互期望之上的理论，能够勾勒出一般保证理论的基础理念：（1）只能考虑那些在社会生活中特定地位上被一般性期待的这些期望；（2）这种期望必须作为一种强制性遵守的行为要求（必须—期望）加以展现，尽管在个别情况下它的遵守情况令人失望，但仍然期望遵守；（3）该期望必须与该期望的相互间期望相适应，也就是证明在社会生活的实际运行中，行为是按照相互间期望加以安排的；（4）期望必须具有这样的稳定性和分量，以至于对期望的破坏意味着对社会生活的信任基础的严重损害，就像通过积极行为危害和侵犯个人的法益来违反这一基础一样。③

罗克辛在肯定许乃曼观点的基础上进一步发展了后者的二分法。罗克辛认为，各种解决方案在基础核心领域的一致性是显而易见的，比如从交往安全义务出发建立保证人地位在原则上是没有争议的。在这些方案中，许乃曼的解释角度是最合理的。在作为犯中，行为人通常具有“行为支配”的特征。如今当我国立法者在《刑法》第13条将不作为与作为放置在了同等的位置之上时，只有采用相似推论的方法，采用一个接近作为犯中行为控制的标准，才是正确的。这就是将“结果原因的支配”上升为保证人地位的核心特征的原因。如果这里的结果原因在于“法益的无助”和“被害者的易受侵害性”，我们可以说“控制支配”（Kontrollherrschaft）是所有保证人地位的特征，可以将它细分为“保护支配”［Schutzherrschaft，也就是“照料支配”（Obhutsherrschaft）］和“安全支配”［Sicherungsherrschaft，也就是“监督支配”（Überwachungsherrschaft）］，与作为犯的“操控支配”（Steuerungsherrschaft）非常接近，以至于这样一种同等地位与法律上的确定性要求相符。④

保证人说基本上较好地解决了不真正不作为犯的可罚性问题，故在二战后迅速成为德国刑法学界的通说，《德国刑法典》第13条规定：“行为人不防止属于刑法构成要件的结果，只有当他在法律上必须保证该结果不发生，并且当该不作为与通过作为实现法律的构成要件相当时，根据本法才是可罚的。”该条文采用了“相当”一词，表明了它对等

① Vgl. Jakobs, Strafrecht Allgemeiner Teil, 1991, S.783.; Jakobs, System der Strafrechtlichen Zurechnung, 2012, SS.83, 89, 91.

② Jakobs, Strafrecht Allgemeiner Teil, 1991, S.783.

③ Vgl. Harro Otto, Grundkurs Strafrecht Allgemeine Strafrechtslehre, 7. Aufl., 2004, §9, Rn. 18, SS.30ff., 42ff.

④ Vgl. Roxin, Strafrecht Allgemeiner Teil, Bd. 2, 2003, §32, Rn. 17ff.

价值判断理论的采纳。在日本，保证人说也获得了大多数人的支持并成为不真正不作为犯理论上的通说。

不过，保证人说作为不真正不作为犯理论之通说地位的确立不意味着不真正不作为犯的问题彻底解决，因为无论如何，不真正不作为犯的作为义务是一个法律没有规定的问题。既然不真正不作为犯被认为包含在预想为"作为"犯罪的构成要件中，那么，只有从罪刑法定原则出发，在不真正不作为与作为必须具有同等价值的场合，才能使作为义务的发生根据类型化、明确化。而且，不真正不作为犯和作为犯既然存在结构不同，为什么可以在同一犯罪构成要件下受到同等的评价？此即不真正不作为犯与作为犯的"等值问题"，需要更深层次的探讨。于是，在保证人说之后又出现了一些有影响的学说对不真正不作为犯的等值问题进行探讨。日本学者日高义博主张根据构成要件的等价值性来解决等值问题。该种观点认为，填补不真正不作为犯与作为犯存在结构上的空隙而使两者价值相等，对这种等价值性的判断标准必须在构成要件该当性阶段来考虑。也就是说，为了解决等值问题，首先在构成要件该当性阶段，不真正不作为犯与作为犯必须是等值的。这种等价值性的判断标准主要有三个：构成要件中的特别行为要素、该行为事实、不作为人的原因设定。在这三个标准中关键在于不作为人的原因设定，即不作为犯之行为人在实施不作为以前，是否已经设定了向侵害法益方向发展的因果关系。如果存在这样的因果关系，就被认为具有等值性，否则不具有。① 应该说，日高义博的理论较好地解决了不真正作为犯与作为犯的等价值性问题，为处罚不真正不作为犯提供了更为可信的理论依据。但是从总体上说，后来的这些学说都是建立在保证人说基础之上的，是对保证人说的发展，因此，它们实际上也可被归入保证人说的范畴。

2. 不真正不作为犯作为开放的构成要件之典型

围绕不真正不作为犯各种学说的提出、发展以及对不真正不作为犯的普遍适用，意味着刑法理论已发生了较大的变化，表明了刑法精神的变迁、刑法基本原则适用的调整和犯罪理论的修正。"不纯正不作为犯可罚性理论的发展及成熟之期间，正值传统之犯罪理论迭受新说冲击而发生变动。包括行为之概念、因果关系之理论、构成要件之结构及功能和违法性之内涵等等，各种理论探讨异常活跃。行为概念方面，例如有名的目的行为论；因果关系方面，如危险升高理论；构成要件方面，如不法的构成要件以及开放的构成要件等概念之提出；违法性方面，以实质的违法性理论为主；刑事责任方面，则有所谓危机责任和客观的可罚性要件等理论。上述理论之提出，以及对该等理论之反驳辩证，在（'极大'之意——引者注）影响不纯正不作为犯理论之研究发展，而不纯正不作为犯理论之研究亦对各种理论之提出，多少产生冲击、诱导之作用。"② 就刑法的基本精神来说，它意味着严格的客观主义向主观主义的倾斜，进而波及并合主义；就罪刑法定来说，则体现了对早期严格罪刑法定原则的松弛；就犯罪理论而言，无论是因果关系说、违法性说还是构成要件说，其目的都在于突破法律之规定来解释不真正不作为犯的处罚依据，特别是构成要件说，它突破了构成要件该当性的概念，以实质的构成要件该当性

① 参见［日］日高义博：《不作为犯的理论》，王树平译，北京，中国人民公安大学出版社，1992，106、112页。

② 许玉秀：《论西德刑法上保证人地位之实质化运动》，载《东海学报》，第28期，1987。

解释不真正不作为犯的可罚性，所以，不真正不作为犯可以说是极富代表性的开放的构成要件。

而对真正不作为犯来说，因为刑法条文已经将作为的义务在构成要件中予以明确，不作为人的不作为行为符合了构成要件时，当然就可以推断出行为的违法性了，进一步，当确定没有违法阻却事由时，就可以完全地得出具有违法性的肯定结论。所以，在真正不作为犯那里，当然就不需要法官根据一定的原则来补充告诉我们不作为人的作为义务是什么。也正是由于它不需要法官在违法性判断中违法阻却事由的判断之外，来确定有助于违法性判断的正面因素的存在，所以，它的构成要件构造可以说是封闭的。而在不真正不作为犯那里，构成要件构造就是开放的。“对于成立不真正不作为犯的作为义务，立法者在构成要件中只字未提。这样，无论我们根据哪一种学说来论证不真正不作为犯的可罚性问题，我们都得承认，在对不真正不作为犯进行处罚时，必然要由法官将未规定在条文之中的作为义务予以补充，经过补充之后，不作为行为的违法性才能最后确定。”① 不真正不作为犯可以说是开放的构成要件的典型。

法官在补充适用不真正不作为犯的构成要件时，并没有违背罪刑法定原则。制定刑罚法规时，应尽可能完全而明确地规定犯罪的构成要件，但也可能出现犯罪的构成要件明确性和完整性都不充分的刑罚法规，但这未必仅仅是由立法上的过错与失误产生的，实际上存在这样的情形，从事物的本质来看，就会得出损害构成要件明确性及完整性的结论。对于这种情况，如果法律规定法官能够以法律的条文为标准，依据合目的性和逻辑必然性来补充构成要件，就不应认为这有损于构成要件的完整性。

总之，相比于真正不作为犯，不真正不作为犯才会涉及开放构成要件的问题②，“不真正不作为犯的构成要件是所谓开放的构成要件，对应当成为决定不作为的实行行为性的根据的作为义务，并没有特别明示，一般需要解释来补充”③。

五、持有的性质

1990 年 12 月 28 日第七届全国人民代表大会常务委员会第十七次会议通过《关于禁毒的决定》（已失效），规定了我国第一个持有型罪名非法持有毒品罪。随后，1997 年刑法又规定了一些持有型罪名。围绕持有型罪名的刑事立法，我国刑法学界展开了关于持有行为之性质的探讨。迄今为止，我国刑法中持有型罪名一共有 8 个：《刑法》第 120 条之六非法持有宣扬恐怖主义、极端主义物品罪，第 128 条第 1 款非法持有、私藏枪支、弹药罪，第 172 条持有假币罪，第 177 条之一第 1 款非法持有型妨害信用卡管理罪（该罪的第一种和第二种行为类型），第 210 条之一持有伪造的发票罪，第 282 条第 2 款非法持有国家绝密、机密文件、资料、物品罪，第 348 条非法持有毒品罪，第 352 条非法持有毒品原植物种子、幼苗罪。

关于我国刑法中持有行为的性质，理论上有不同观点：

① 刘艳红：《开放的犯罪构成要件理论研究》，2 版，北京，中国人民大学出版社，2022，112 页。

② Vgl. Herzberg, Die Unterlassung im Strafrecht und das Garantenprinzip, 1972, S.47.

③ ［日］大塚仁：《犯罪论的基本问题》，冯军译，北京，中国政法大学出版社，1993，81 页。

（1）作为说，即认为持有是指有意识地取得、收受或控制物品的状态。对于持有型犯罪，法律所责难的重点仍是“取得”这些物品，至于取得这些物品之后的“状态”，则与盗窃财物后仍保有财物的状态一样，属于犯罪的自然延续，而“取得”这些物品的行为，都是作为，因此，持有行为是作为犯。[①] 同时，持有是通过对特定物品的实力支配创造危险（如持有毒品），而不是在危险已经发生的情况下不阻止危险，所以，从实质上说，持有属于作为。[②]

（2）不作为说，即认为持有是一种不作为。从持有本身看，既然法律将它规定为犯罪，那就意味着法律禁止这种状态的存在，而这种禁止暗含着当这种状态出现的时候法律命令持有人将特定物品上缴给有权管理的部门以消灭这种持有状态。在法律禁止持有某种物品的情况下，持有该物品的人就负有将该物品上缴有权管理该物品的部门的义务。持有人违反这种义务，不主动上缴该物品，继续维持持有状态，那就是刑法所禁止的不作为。[③]

（3）独立行为说。该说认为：刑法上的“不作为”与“作为”并非“白”与“非白”的关系，刑法上的不作为并非对刑法上的作为的全盘否定。“作为”具有动的行为特征，“不作为”具有静的行为特征，“持有”具有动静结合的特征。[④] 此外，持有行为的本质是一种状态性行为，持有型犯罪既非状态犯又非持续犯，持有行为不同于作为，具有消极性与静态性。[⑤] 持有是指行为人与某些法律所禁止的物品之间存在的支配关系。从行为的客观外在表现来看，持有是指行为人对物品的控制，这是一种静止状态，因而与处于运动状态的以积极身体动作实施的作为犯罪具有明显的区别。[⑥] 总之，持有行为不同于不作为，也不同于作为。它是一种独立行为。

本书认为，持有不是不作为，也不是独立的行为，而是作为。如前所述，作为是指行为人以积极的身体活动实施的违反刑法禁止性规定的危害行为，即“不当为而为”。不作为，是指行为人以消极的身体活动实施的违反刑法命令性规定的危害行为，即“当为而不为”。持有，是不该持而持、不该有而有，违反的是法律的禁止性规定，即国家禁止私人持有某种特定物品但行为人持有了，因此，持有行为是作为，其本质是“不当为而为”，是以不该持有而持有这种身体实施的积极活动表现出来的行为。“不作为说”之所以认为持有是不作为，是因为该说主张持有人不该持有而应该上缴，从而持有行为变成了“当为而不为”，亦即应当上缴而没有上缴，由此持有就变成了不作为。然而，刑法禁止持有，并没有命令上缴，“不作为说”对持有行为作了违背立法原意的扩张解释，从而违背了罪刑法定原则。这一解释超过了“持有”之文义的射程：禁止持有并不必然要求上缴，可以自用，可以送人，也可以上缴，只要不是自己持有。

---

① 参见熊选国：《刑法中行为论》，北京，人民法院出版社，1992，125页。

② 参见张明楷：《刑法学》（上），6版，北京，法律出版社，2021，208～209页。

③ 参见张智辉：《刑事责任通论》，北京，警官教育出版社，1995，124页。

④ 参见储槐植：《三论第三种犯罪行为形式“持有”》，载《中外法学》，1994年第5期，20页。

⑤ 参见杨春洗、杨书文：《试论持有行为的性质及持有型犯罪构成的立法论意义——以持有假币罪为理论起点》，载《人民检察》，2001年第6期，23页。

⑥ 参见陈兴良：《规范刑法学》（上册），4版，北京，中国人民大学出版社，2023，195页。

第三节 危害行为的结果

一、危害行为的结果的概念与特征

危害行为的结果，也就是危害结果，是指实行行为对刑法所保护的法益（保护客体）所造成的侵害后果或者危险状态。没有任何危害结果的行为一般不构成犯罪。危害行为的危害性除了体现在行为本身，更重要的是体现在结果。刑法中的危害结果有广义和狭义之分。

广义的危害结果，是指实行行为对刑法所保护的法益所造成的侵害后果或者危险状态。它是所有犯罪成立的必备条件。我国《刑法》第 14 条第 1 款规定，"明知自己的行为会发生危害社会的结果，并且希望或者放任这种结果发生，因而构成犯罪的，是故意犯罪"。该款规定的"行为发生危害社会的结果"，就是这里的广义的危害结果。无论行为犯或结果犯、既遂犯或未遂犯、中止犯或预备犯，都有自己的危害结果，只不过结果的表现形式不同而已。

狭义的危害结果，是指实行行为对犯罪的对象或者说直接客体（行为客体）所造成的侵害事实。狭义的危害结果是犯罪客观构成要件的结果，缺少它，犯罪就不能成立。刑法中的过失犯罪，都要求造成实际的危害后果，否则无法成立过失犯罪。在这里，结果就是过失犯罪客观构成要件层面的因素。比如《刑法》第 233 条规定，过失致人死亡罪，只有发生了死亡结果才能构成。有些故意犯罪的客观要件要求具备一定的危害结果，否则犯罪无法成立，如《刑法》第 298 条规定，"扰乱、冲击或者以其他方法破坏依法举行的集会、游行、示威，造成公共秩序混乱的"，构成破坏集会、游行、示威罪。狭义的危害结果只是特定的犯罪所要求具备的构成要件，而不同于广义的危害结果是所有犯罪都具备的共同特征。

根据危害结果的概念，危害结果具有客观性、现实性和因果性三大特征：

（1）客观性。客观性是指事物是可以被感知的。它是标志客观实在的哲学范畴，"是对一切可从感觉上直接或借助中介间接地感知的事物的共同本质的抽象；这种客观实在独立于我们的意识，能为我们的意识所反映，并能为我们的实践活动所改变和确证"①。危害结果是实行行为对刑法所保护的法益造成的客观实在的后果，这一后果是可为人所感知的物质性的存在。这种后果既有物质性的具体结果，比如故意杀人罪中将他人杀死的结果，也包括精神性的损害结果，比如侮辱罪中造成他人精神失常的结果，因为行为对法益造成的后果并不限定于物理性层面的后果。无论是物质性的还是精神性的结果，都是现实世界中客观存在的，都是不以人的意志为转移的。

段某侮辱案。② 王某与段某系左右邻居，因段某家办喜事时有饭菜倒在了王某家的屋顶，两人发生争执，继而互相谩骂。后段某当众把大便涂抹在王某的头顶部。后王某患抑郁症，先后两次在当地治疗。经司法鉴定，结论为王某系创伤后应激障碍，与前述

---

① 本书编写组：《马克思主义哲学》，北京，高等教育出版社、人民出版社，2009，57 页。

② 参见（2016）苏 03 刑终 70 号刑事裁定书。

受侮辱一事有直接因果关系。

分析：段某因为邻里矛盾，在公开场所，以当众涂抹大便的方法公然侮辱他人，造成他人精神失常。其行为造成的危害结果是客观现实的，而且行为与结果之间具有直接因果关系，故而段某的行为已构成侮辱罪。

（2）现实性。危害结果的现实性，是指行为实际造成了对法益的侵害后果或者危险状态。在哲学范畴里，现实性是指显示于外在现实世界的实际存在，即“……不是从人们所说的、所想象的、所设想的东西……也不是从只存在于口头上所说的、思考出来的、想象出来的……”①，而是现存的客观实际或者事实。危害结果的现实性，有时体现为已经实际造成了对法益的侵害后果，比如甲砍伤乙并致乙的脚趾断裂，这就是非常实际的侵犯他人健康法益的现实后果，因而构成故意伤害罪；有时体现为对法益造成了危险状态，而这种危险状态就是刑法所要防范的危害结果。例如，甲醉驾型危险驾驶案：甲酒后驾车且血液中酒精含量达到该罪的立案标准。虽然甲“醉驾”的行为并没有引起人员伤亡或者公私财物损失，但醉酒驾驶行为本身就潜伏着人身或财产法益可能受侵害的危险性，这种人身或者财产法益可能会受到侵害的危险状态本身就是一种现实的危害后果。当然，无论侵害后果还是危险状态，都必须是现实性的存在，而非主观想象。

（3）因果性。危害结果的因果性，是指危害行为与危害结果之间存在着引起与被引起的关系，危害行为是危害结果的原因，危害结果是危害行为的结果。“……只要我们造成某个运动在自然界中发生时所必需的那些条件，我们就能引起这个运动……一个运动是另一个运动的原因……”② 为了了解犯罪现象，就必须将犯罪从与其他事物的联系中抽出来，从不断更替的运动中可以发现，行为是原因，行为导致的后果是结果，因果性是危害结果的重要特性。如果结果与行为之间没有因果性，那么这样的结果也就不是刑法中危害行为的结果了，很可能是由意外事件如山崩海啸或者动物袭击引发的结果。

杨某故意杀人案。③ 2018 年 3 月 14 日，刘某与杨某因琐事发生争执。其间，杨某拿起刘某拿出的一把菜刀向刘某左颈部挥砍两刀，致刘某当场大量出血。后刘某经抢救无效死亡。

分析：对于本案，法院经审理认为，杨某因家庭矛盾纠纷，持刀故意杀害他人，致一人死亡，其行为已构成故意杀人罪。

本书认为，被害人刘某的死亡结果就是由杨某的砍杀行为引起的，二者之间存在着引起与被引起的关系，亦即具有因果性。

二、危害结果的种类

客观现实是无限多样的，故而具有客观性和现实性的危害结果自然也具有多样性。对于多样性的危害结果，根据不同标准，可以分为不同种类。

（1）非构成要件结果与构成要件结果。由危害结果的广义与狭义之分，可以衍生出

---

① 《马克思恩格斯选集》，第 1 卷，北京，人民出版社，1972，30 页。

② 《马克思恩格斯选集》，第 3 卷，3 版，北京，人民出版社，2012，921 页。

③ 参见（2018）渝 05 刑初 96 号刑事判决书。

非构成要件结果与构成要件结果。非构成要件结果是指，不是刑法规定的犯罪成立所必需的客观构成要件中的结果。这一层面上的危害结果存在与否不影响犯罪的成立，它只是所有犯罪都具备的共同特征，它其实就是广义的危害结果。构成要件结果是指，根据刑法规定而为某一犯罪成立所必需的犯罪客观构成要件中的结果。缺少这样的结果，犯罪无法成立。它其实就是狭义的危害结果。

（2）物质性危害结果与精神性危害结果。由危害结果的客观性与现实性特征，可以衍生出物质性危害结果与精神性危害结果之分。物质性危害结果是指，表现为物质形态的危害结果。这种结果都是有形的、能够具体认定和把握的，比如将他人财物据为己有。精神性危害结果是指，以精神性的非物质形态表现出来的危害结果。这种结果往往是无形的、难以具体把握和测量的。

（3）直接危害结果与间接危害结果。由危害结果的因果性特征，以及蕴含在其中的危害行为与危害结果之间因果性联系的形式，可以衍生出直接危害结果与间接危害结果之分。直接危害结果是指危害行为直接引起的危害结果，也即行为与结果之间具有直接的引起与被引起的关系；间接危害结果是指危害行为间接引起的危害结果，也即行为与结果之间介入了其他因素。

王某故意杀人案。[①] 2019年3月8日，王某与韩某因琐事发生争吵并厮打，后被围观群众拉开，但二人仍相互辱骂，韩某将王某的菜摊掀翻，王某直接持刃长17厘米的单刃刀连续捅刺韩某的胸肋部。后韩某经抢救无效死亡。这里韩某的死亡就是直接危害结果。

吴某故意杀人案。[②] 2014年12月28日，吴某将李某领到其住处喝酒。其间，二人因吴某赊账不还一事发生争执后厮打，吴某用木棍击打李某的头面部，将李某打倒在地，吴某便上炕睡觉。次日8时许，吴某睡醒后发现李某已经死亡。经鉴定，李某系头部被钝性物体作用致头皮多处创伤、失血及吸入一氧化碳情况下，呼吸、循环功能衰竭死亡。这里李某的死亡就是间接危害结果。

一般而言，直接危害结果直接影响犯罪是否成立，间接危害结果不具有这样的作用。

三、危害结果与犯罪的分类

根据危害行为对刑法所保护的法益的侵害或者造成的危险状态，亦即危害结果不同，可以将刑法中的犯罪分为不同类别。

1. 结果犯与行为犯、实害犯与危险犯、实质犯与形式犯

刑法中的行为是由意志支配的人的身体举止，这种举止在外界会产生特定的后果，根据这种后果的不同，可以分为不同犯罪。结果犯是指，只有造成法益实际侵害结果才能成立的犯罪类型。行为犯是指，只要求实施一定的行为，而不要求行为产生法益侵害的实际结果，就可以成立的犯罪类型。结果犯以行为导致特定的外界变动为成立要件，行为犯不以行为对外界产生变动或影响为必要，二者对于身体举止产生的外界后果之要

① 参见（2020）津刑终17号刑事裁定书。

② 参见（2015）锡中法刑一初字第21号刑事附带民事判决书。

求是完全不同的。

由于结果犯都产生了现实上的客观可见的法益侵害结果，所以又可称之为实害犯，即以法益现实受到侵害为犯罪成立要件的犯罪。由于结果犯或者说实害犯，都是要求产生实质的法益侵害而不是仅仅实施法条规定的形式上的构成要件，因此，结果犯或者说实害犯又可被称为实质犯。由于行为犯不要求产生实际的法益侵害，但是行为犯的行为导致了法益有受侵害之危险，所以，行为犯往往都是危险犯。由于行为犯仅仅实施单纯的构成要件规定的行为即可成立犯罪，所以又可称之为形式犯。

结果犯与行为犯、实害犯与危险犯、实质犯与形式犯，虽然称谓不同，但都是以对法益的现实侵害是否为犯罪构成之必备要件为标准进行的划分。有观点认为，“犯罪必须全部被理解为实质犯，所谓的形式犯不过是以轻微的法益侵害为结果的结果犯或者是以轻微的危险为结果的抽象危险犯而已”①。本书认为：刑法中的犯罪当然都是对法益有一定的侵害或者影响的，但是，是有现实的法益侵害还是仅仅轻微地对法益有影响就可成立犯罪，在犯罪成立的判断中显然是不同的。只有结果犯或实害犯或实质犯才重视法益的实际侵害，对行为犯或危险犯或者形式犯而言，只要实施了行为即构成犯罪，即便它们对法益造成一定的侵害危险，这种危险也不是犯罪成立的条件。结果犯与行为犯、实害犯与危险犯、实质犯与形式犯的划分，都只是相对的，而且这几对范畴体现的都是法益侵害后果在犯罪成立中的意义，是贯彻法益侵害说的犯罪分类，而不是说行为犯或危险犯或形式犯对法益就没有任何威胁。因此，认为犯罪应全部被理解为实质犯的看法失之偏颇。例如，《刑法》第 232 条规定的故意杀人罪就是结果犯，也是实害犯和实质犯，第 123 条规定的暴力危及飞行安全罪则是行为犯、危险犯与形式犯，因为该条规定，“对飞行中的航空器上的人员使用暴力，危及飞行安全，尚未造成严重后果的”，就可以构成犯罪。

2.具体危险犯和抽象危险犯

根据危险犯中的危险发生的可能性之高低，可以分为具体的危险犯和抽象的危险犯。

具体的危险犯，是指在实施刑法规定的构成要件行为之外，还要求发生具体的法益侵害的危险的犯罪。易言之，具体的法益侵害结果之危险状态是刑法规定的构成要件要素。例如，《刑法》第 143 条规定的生产、销售不符合安全标准的食品罪，就是具体的危险犯。该条规定，“生产、销售不符合食品安全标准的食品，足以造成严重食物中毒事故或者其他严重食源性疾病的”，构成犯罪。这里的“足以”表明，构成该罪必须要有造成食物中毒或食源性疾病的现实危险。如果完全没有食物中毒或食源性疾病的可能，则无法成立该罪。司法工作人员必须结合具体案情对行为的危险性加以认定，判断行为是否可能导致食物中毒或其他严重的食源性疾病。

抽象的危险犯，是指在实施刑法规定的构成要件行为之外，并不需要具体的法益侵害的危险发生的犯罪。易言之，具体的法益侵害结果之危险状态不是刑法规定的构成要件要素，只要行为人的行为对法益的侵害达到抽象的程度即可构成犯罪。例如，《刑法》第 219 条之一规定的为境外窃取、刺探、收买、非法提供商业秘密罪，只要行为人实施

① ［日］山口厚：《刑法总论》（第三版），付立庆译，北京，中国人民大学出版社，2018，47 页。

“为境外的机构、组织、人员窃取、刺探、收买、非法提供商业秘密的”行为，就可以成立犯罪。至于对商业秘密所有人的合法权益和国家经济安全法益的侵犯程度，不要求是具体的危险，因为刑法并未将这一危险状态规定于构成要件之中。只要发生了为境外的机构、组织、人员窃取、刺探、收买、非法提供商业秘密这一构成要件所描述的事实，就可认定抽象危险存在，因而即可构成犯罪，法官也无须对此种行为将要发生的危险状态作判断。

犯罪的本质是法益侵害，从罪刑法定原则的实质层面来说，只有对法益的侵害达到可罚的程度才能作为犯罪处理。这也是实质犯罪论所主张的，值得处罚的法益侵害行为才具有可罚性。抽象危险犯对犯罪成立的要求低，法益侵害抽象或者盖然性低的，也可以成立犯罪。如果过多地使用抽象危险犯的立法例，会导致犯罪的本质亦即法益侵害受到动摇。

具体危险犯和抽象危险犯的区别主要有如下几点：

（1）对法益的侵害危险程度不同。具体危险犯中的危险是对生命、身体、财产等发生的具体的危险状态，具有发生法益侵害的高度可能，因此，对具体危险犯的处罚根据是“从事该行为会导致危险的发生”。抽象危险犯中的危险只是附随于行为之后的危险，发生法益侵害的可能性非常低，因此，对抽象危险犯处罚的根据是“只要从事该行为即具有危险性”。

（2）法益的侵害危险在构成要件中的地位不同。具体危险犯中的危险是被刑法规定的构成要件要素，缺少它犯罪不能成立。抽象危险犯中的危险不是刑法规定的构成要件要素，只要行为实施，就可以成立犯罪。

（3）对法益侵害的危险是否需要判断不同。对于具体危险犯中的危险，需要司法工作人员结合具体案件以及相关情境，就个案判断行为是否有发生构成要件规定的法益侵害的危险状态。例如，《刑法》第133条之二规定，“对行驶中的公共交通工具的驾驶人员使用暴力或者抢控驾驶操纵装置，干扰公共交通工具正常行驶，危及公共安全的”，构成妨害安全驾驶罪。妨害安全驾驶罪就是具体危险犯：行为人实施抢夺方向盘的行为，是否会危及公共安全，就需要司法工作人员结合具体案情进行具体判断，只有在得出肯定结论的情况下，才能认定构成妨害安全驾驶罪。抽象危险犯中的行为一经实施犯罪即告成立，其中的危险不是构成要件要素，因此，不存在对其危险状态进行司法判断的问题，易言之，不需要司法工作人员对抽象危险犯中的危险作判断。

3.即成犯、继续犯和状态犯

以危害行为终了的时间和法益侵害的关系为标准，可以将犯罪分为即成犯、继续犯和状态犯三种。

即成犯又称举动犯，是指侵害法益的事实或者危险状态一旦发生，犯罪即告成立，法益侵害状态也随之结束。即成犯意味着犯罪一旦成立，其后不再存在违法状态。例如，依《刑法》第232条故意杀人罪，行为人实施杀人行为以后，人死的违法状态一旦造成，犯罪即告成立，人的生命法益受到侵害的状态也随之结束，同时，人死的违法状态也不可能因为行为人的意志而发生改变，所以故意杀人罪是典型的即成犯。抢劫罪、盗窃罪、重婚罪等犯罪都是即成犯。

继续犯是指从行为着手到终止以前，犯罪状态（而不仅是法益损害结果）仍持续存在的犯罪形态。其与状态犯在追溯时效、可否进行正当防卫上存在区别，非传拘禁罪即为其例。

状态犯又称情况犯，是指行为一旦造成侵害法益的事实，犯罪即告成立，但其后法益侵害的状态依然持续。在状态犯下，结果发生后犯罪即告成立，只不过法益侵害的状态并非随着行为结束而结束，而是一直存在，但是，这种状态不需要行为人来维持。此外，一个完成了的行为所造成的非法状态，在刑法上也仍然只是一罪，而不认为是新的犯罪。例如，依《刑法》第 280 条伪造、变造身份证件罪，一旦行为人实施了伪造或变造身份证件的行为，犯罪即已成立，但是，行为侵害国家居民身份管理制度的违法状态，仍然持续存在。

需要说明的是，日本刑法中对状态犯往往是联系“既遂”二字来定义的，比如，“状态犯，是指犯罪随结果的发生而达到既遂，但法益侵害的状态其后依然持续”①。大陆法系刑法是以既遂为模式进行立法的，因而它们的犯罪构成中的行为只限于实行行为，并且它们是以处罚既遂为原则、以处罚未遂为例外的。行为符合刑法规定的构成要件时构成犯罪，也就可以说该犯罪行为同时既遂了。但是，我国刑法中的行为既包括预备行为也包括实行行为，我国刑法规定的犯罪既包括既遂也包括未遂，所以我国刑法规定的犯罪并不以既遂为模式。因此，在我国刑法背景下，所谓状态犯只能说是一旦行为造成侵害法益的结果犯罪即告成立，而不能说一旦行为造成侵害法益的结果犯罪即告既遂。虽然很多情况下犯罪成立等于犯罪既遂，但也有很多情况下并不如此。

第四节 刑法中的因果关系

一、刑法因果关系的意义

刑法中的因果关系，是指危害行为与危害结果之间存在的原因与结果的关系。换言之，危害行为引起了危害结果，危害结果由危害行为所引起；危害行为是原因，危害结果则是因果关系之“果”。

刑法理论上，对于是否需要因果关系理论有争议。德国学者 M. E. 迈耶否定了因果关系理论的必要性。他认为，“只要事实是明确的，因果关系的确定不需要通过理论来加以解释。建立因果上的关联是人类知性（Verstand）最基础的功能，一般而言，每个孩子的经验都足够掌握这点”②。人们的经验能够判断结果发生的原因，但是，并不能因此确定行为的刑事可罚性，因此，“与我们否认因果问题的观点完全一致的是”，“决定性的考虑都要从责任理论那寻求答案……因此，未来的法律不用去主张对某种类型的因果关系加以限制”③。然而，从行为的刑事可罚性角度否定因果关系具有片面性，因果关系作为事实以及在此事实基础上的规范判断，对于决定行为的构成要件符合性，进而决定行

① ［日］西田典之：《日本刑法总论》（第二版），王昭武、刘明祥译，北京，法律出版社，2013，71 页。
② M. E. Mayer, Der Allgemeine Teil des Deutschen Strafrechts, 1915, S.140.
③ M. E. Mayer, Der Allgemeine Teil des Deutschen Strafrechts, 1915, S.141f.

为的刑事可罚性具有重要作用。

任何犯罪现象，都有因果关系的存在。虽然说举动犯中只要行为人实施了危害行为，就可以判断犯罪成立，但这并不意味着举动犯中不存在因果关系，只是因为举动犯并不要求结果的存在，因此不需要特别判断因果关系。结果犯是行为造成法益实际侵害才能成立的犯罪，故而要求危害行为和危害结果之间具有原因与结果的因果关系。这就是因果关系的问题。例如在行为人实施了符合基本犯罪构成要件的实行行为，却产生了某种超出基本构成要件结果的结果加重犯中，就必须讨论实行行为与危害结果之间的因果关系。例如，对于《刑法》第234条规定的故意伤害罪而言，当致人重伤的加重结果出现时，必须要具体判断它是否由行为人的危害行为所引起这样的因果关系。再比如，要构成《刑法》第266条规定的诈骗罪，必须行为人实施了虚构事实或隐瞒真相欺骗他人的行为，并使他人陷入错误认识，在此基础之上，被害人实施了处分其财产的行为。因此，必须判断欺骗行为与被害人交出财物的行为之间有原因与结果的关系，才能认定构成诈骗罪。

因果关系属于客观事实方面的内容，与行为人的主观故意或者过失无关。行为与结果之间如果在客观上存在着原因和结果的因果关系，即便行为人对原因缺乏认识，也不影响因果关系的存在。

陈甲故意伤害案。① 陈甲、陈乙在宿舍内发生口角纠纷导致互殴，陈甲多次用拳脚击打陈乙的头部、胸部等部位。后双方被同学拖开，陈乙突然倒地并经医务人员抢救无效死亡。经鉴定，陈乙符合右冠状动脉畸形、狭窄合并脂肪心致急性循环、呼吸衰竭猝死，轻微外伤和情绪激动等为诱发因素。

分析：陈甲对陈乙的特殊体质缺乏认识，但并不影响其殴打行为与陈乙死亡之间因果关系的成立。易言之，不能以陈甲主观上对陈乙的特殊体质有无认识来确认因果关系存在与否。故法院认定陈甲的行为与陈乙的死亡之间存在着没有前者就没有后者的因果关系，陈甲的行为构成故意伤害（致死）罪。

因果关系这一客观事实属于构成要件符合性判断中的内容，与违法性判断、有责性判断无关。仅有客观事实，缺乏原因与结果之间的因果关系，构成要件符合性难以判断，危害结果应该由谁负责也难以确定，因此，因果关系是犯罪成立不可或缺的要件，它的成立不受违法性和有责性的影响，即便行为欠缺违法性或有责性，也不影响因果关系的成立。

陈某危险驾驶案。② 陈某为庆祝妻子生日，邀请朋友到住处吃晚饭并喝了一杯红酒。当晚，陈某的妻子欲上楼休息时突然倒地，昏迷不醒。由于“120”急救车辆未能及时到达，陈某即驾驶小型轿车，将妻子送至医院抢救，后因与他人发生冲突被当场查获。经鉴定，陈某血液中酒精含量为223mg/100ml。

分析：陈某酒后驾车救助妻子的行为属于紧急避险，危险驾驶罪并不成立。但是，即便陈某的行为欠缺违法性，其酒后驾车的行为与公共安全受到一定的危害这一结果之

① 参见（2015）洪刑一初字第90号刑事判决书。
② 参见（2019）苏0281刑初1113号刑事裁定书。

间的因果关系是存在的。也正因如此，如果陈某酒后驾车救妻导致撞死他人，超过避险的限度，就会构成相关犯罪。

二、刑法因果关系理论

为了解决刑法因果关系问题，中外刑法学者提出了各种理论，这些用于解决因果关系的理论，即为因果关系理论，其中包括中国刑法传统因果关系理论、外国刑法因果关系理论。

（一）中国刑法传统因果关系理论：必然与偶然因果关系论

必然与偶然因果关系论是中国刑法传统因果关系理论。在因果关系的问题上，中国传统刑法理论秉承马克思主义辩证唯物主义的偶然与必然因果关系学说，将哲学中的偶然与必然因果律纳入刑法因果关系视野。必然的因果关系是指，危害行为包含着引起危害结果发生的必然根据，危害行为对危害结果的发生起着引起和决定的作用，简言之，危害结果是由危害行为直接引起的。这又叫直接因果关系。偶然的因果关系是指，危害行为对于危害结果的发生起着一定的作用，但危害结果的发生并非由危害行为直接决定，而是由于外界的其他原因交织在一起而出现，简言之，危害结果是由危害行为间接引起的。这又叫间接因果关系。只有必然（直接）的因果关系才是刑法中的因果关系，偶然（间接）的因果关系不是刑法中的因果关系。

理解中国刑法中的必然与偶然因果关系理论，必须从马克思主义辩证唯物主义哲学入手。

首先，借鉴马克思主义辩证唯物主义哲学，刑法中的因果关系被界定为原因和结果之间引起与被引起的关系。马克思主义认为，人类历史的发展，是由某种必然性支配着的，但是偶然性也起着自己的作用并且包括在必然性中。“……被断定为必然的东西，是由纯粹的偶然性构成的，而所谓偶然的东西，是一种有必然性隐藏在里面的形式……”① 在普遍联系的世界中，原因和结果融于其中相互作用，“……由于人的活动，就建立了因果观念的基础，这个观念是：一个运动是另一个运动的原因”②，由此，建立起了引起与被引起的马克思主义辩证唯物主义哲学的因果关系。这一关系后来被中国刑法学者直接用来定义刑法中的因果关系亦即原因与结果之间引起与被引起的关系。

其次，借鉴马克思主义辩证唯物主义哲学，因果关系和必然性、偶然性建立了联系。马克思主义认为，事物的发展摆脱不了抽象的必然性，也摆脱不了偶然性，物质从自身中得到的发展既是纯粹的偶然，却也是“……一步一步地必然地决定了的”③，事物的不断发展是“……物质的本性，因而这是在具备了条件（这些条件并非在任何地方和任何时候都必然是一样的）的任何情况下都必然要发生的”④。同时，必然性和偶然性以及原因和结果这两对范畴，是既相互对立又相互作用的。“……如果我们把那些在宇宙运动的相互作用中暂时地和局部地孤立的或者被我们的反思所孤立的个别原因，称为起作用的

---

① 《马克思恩格斯全集》，第 21 卷，北京，人民出版社，1965，338 页。

② 《马克思恩格斯选集》，第 3 卷，北京，人民出版社，1972，550 页。

③ ［德］恩格斯：《自然辩证法》，北京，人民出版社，1971，186 页。

④ ［德］恩格斯：《自然辩证法》，北京，人民出版社，1971，186 页。

原因，那么我们决没有给它们增加什么新的规定，而只是增添了一个带来混乱的因素而已。不起作用的原因决不是原因。”① “同一和差异——必然性和偶然性——原因和结果——这是两个主要的对立，当它们被分开来考察时，都互相转化。于是必须求助于‘根据’。”② 这里的“不起作用的原因绝不是原因”体现了原因对结果的必然性，以及原因和结果之间的相互作用。这里的“根据”体现了作为原因的必然性存在。原因对结果的发生有必然性，也有偶然性，因为根据马克思主义辩证唯物主义哲学，偶然性在辩证的思维中包括在必然性中。

中国刑法传统因果关系理论，借鉴了马克思主义辩证唯物主义哲学的必然性和偶然性理论，以及世界的普遍联系和单个现象之间引起与被引起的关系，在新中国刑法学中首次定义了因果关系问题。它以危害行为是否包含着产生危害结果的内在根据为标准将刑法中的因果关系划分为必然因果关系与偶然因果关系。必然与偶然因果关系理论引发的争议问题是，偶然的因果关系是否为刑法中的因果关系。一种观点认为，偶然因果关系不是刑法中的因果关系，因为“只有当具有结果发生的实在可能性的某一现象已经合乎规律地引起某一结果的发生时，才能确定某一现象与所发生的结果之间具有因果关系。如果某一现象虽然有发生结果的现实可能性，但在其发展过程中，偶然地与另一因果性的锁链联系在一起，以致由另一现象合乎规律地产生这一结果，那么，前一现象和所发生的结果之间就没有因果关系（有的认为有偶然因果关系）”③。但是，经过理论上的争论和发展之后，主张必然和偶然因果关系理论的学者基本上都认为，偶然因果关系也是刑法中的因果关系。“必然性是由内因决定的发展趋势，偶然性是由外因决定的发展趋势，事物的发展趋势由内因与外因同时决定，或者说，事物的发展趋势是必然性与偶然性的统一，也是内因（根据）与外因（条件）的统一。既然如此，偶然因果关系就是条件与结果之间的关系。”④ 由此，必然和偶然因果关系理论的主流观点认为，必然因果关系是刑法因果关系的基本的、主要的表现形式，偶然因果关系是刑法因果关系非主要的表现形式。“刑法中的因果关系，应当是必然联系与偶然联系的统一。刑法中的偶然因果关系，是指危害行为对危害结果的发生起非根本性、非决定性作用，二者之间存在外在的、偶然的联系。”⑤ 从哲学到法学，刑法中的因果关系由此建立起来。

当下中国刑法因果关系理论不断借鉴大陆法系德日刑法理论并出现了很多新的学说，但是，中国刑法传统的必然与偶然因果关系理论，在当今中国刑法学上还有一席之地。⑥

（二）外国刑法因果关系理论

由于我国刑法属于大陆法系，故而本书所说的外国刑法因果关系理论并不包括英美法系刑法因果关系理论。大陆法系刑法因果关系理论主要有条件说、原因说、相当因果关系说、客观归责理论。

---

① ［德］恩格斯：《自然辩证法》，北京，人民出版社，2018，129页。
② ［德］恩格斯：《自然辩证法》，北京，人民出版社，2018，89页。
③ 高铭暄主编：《刑法学》，2版，北京，法律出版社，1984，129～130页。
④ 苏惠渔主编：《刑法学》，5版，北京，中国政法大学出版社，2011，77页。
⑤ 王作富、黄京平主编：《刑法》，7版，北京，中国人民大学出版社，2021，58页。
⑥ 参见高铭暄、马克昌主编：《刑法学》，10版，北京，北京大学出版社、高等教育出版社，2022，76页。

1. 条件说

条件说（Bedingungstheorie）最早由奥地利刑法学者尤利乌斯·格拉泽（Julius Glaser）于1858年出版的《奥地利刑法论文集》（Abhandlungen aus dem Oesterreichischen Strafrecht）中提出。其后，德国刑法学者马克西米利安·冯·布里（M. V. Buri）于19世纪60年代至80年代撰写多本著作为该理论奠定更加深厚的基础。条件说认为，只要实行行为与结果之间存在条件关系就可以认定因果关系的存在。这种条件关系是指“没有前者就没有后者”或者“若无A就无B”的关系。这种关系中所有的条件都具有等值性。格拉泽是提出等值理论（Äquivalenztheorie）的第一位代表人物，他在1858年就写道，“一旦可以想象在事件发生的地点，只要这个自然人不存在，这个结果就根本不能出现，或者将以完全不同的方式出现，那么，人们就应当能够肯定这个结果是由他的活动的作用产生的”①。“这个理论经常使用的公式是：导致一个结果的各种条件，在具体结果没有被取消就不能想象其不存在时，都应当被看成是原因。”② 在冯·布里之德国帝国法院顾问身份的影响下，以等值理论为内容的条件说，在司法判决中得到承认，随后逐渐扩大其影响力。

A **枪杀案。**③ B想逃往国外，A追踪至机场将他枪杀。而B本来要乘坐的飞机起飞后坠入大海，机上人员无一生还。后来发生的这个飞机坠毁事件，对A的举止与B的死亡之间的因果关系没有意义。虽然本案中B“总有”（＝不论是通过什么方式）一死，但是，在这里决定性的问题是：如果略过A的枪杀行为，具体的结果（＝枪击死亡）是否可以消失？若无A的杀人行为，B就不会以此方式和在此时刻死亡。

德国法院运用条件说进行判决时使用了一种“略过”法，其公式是：“构成刑法意义上的原因的，是如果略过它，则具体形态的结果便不能够成立的条件。”④ 在等值理论的作用下，条件说中结果的所有条件均被等同看待，因此条件说也被称为相当说。

条件说在面对结果条件中的数个原因行为时，会扩大责任的范围。条件说采取无A即无B的等值理论，它将结果发生的条件，均视为等价值的，而实际案件中导致结果发生的原因很多，诸多条件共同导致结果的发生，而等值理论导致条件关系的认定范围没有边际。同时，由于导致结果发生的条件很多，因而准确地确定因果关系受到阻碍，然而如果无法准确知道何种原因或者说哪个条件导致了结果的发生，就不应该让任何人为结果承担刑事责任。

周某过失致人死亡案。⑤ 2001年6月29日，周某与单位副职领导人肖某一起去外地协调工作。当夜10时许，肖某乘坐周某驾驶的车辆返回。当行至京沪高速公路某路段时，肖某因故坚持下车，周某劝其上车未果后独自驾车回家，后与多人返回寻找未果。次日8时许，肖某被发现死于高速公路的行车道上，已被乱车轧得支离破碎。按照条件说分析本案，如果没有周某抛下肖某的行为，肖某就不会独自在高速公路上；如果肖某

---

① Julius Glaser, Abhandlungen aus dem österreichischen Strafrecht, Bd. Ⅰ, 2. Abhandlung, 1858, S.298.

② Roxin/Greco, Strafrecht Allgemeiner Teil, Bd. Ⅰ, 5. Aufl., 2020, §11, Rn. 6.

③ Vgl. Wessels/Beulke/Satzger, Strafrecht Allgemeiner Teil, 50. Aufl., 2020, Rn. 237.

④ RGSt 1, 373; BGHSt 1, 332.

⑤ 参见《寿光日报》，2002-01-11，第7版。

不在高速公路上，就不会发生其被碾压致死的结果，因此，周某的行为成立过失致人死亡罪。

很显然，这样的归责范围过于宽泛。对此，条件说反驳称，“由于可通过故意、过失来限定犯罪的成立范围，所以并不存在问题”。但是，对这一反驳进行的再次反驳也很有影响力，以至于在条件说内部形成了因果关系中断论、原因说等来进行理论上的应对。①

条件说在实务中还存在着条件关系的认定困难的问题。例如，日本刑法学者松宫孝明指出，在瓦斯泄漏事故的现场，汽车发动引发了瓦斯燃烧，而后不久在附近发生了瓦斯爆炸的场合，乍一看，前者似乎是后者的条件，但是，有流体力学专家通过鉴定否定了这一点。又如，被害人尽管看起来像是被殴打致死，但实际上有时死因系内因性颅内出血。② 在这些场合，律师和法官等并不能全部了解专业的问题，对这些问题的判断必须谨慎。

条件说受到批评的根本原因在于，条件说过于宽泛地肯定了实行行为与结果之间的因果关系，并对造成结果发生的所有条件在形式上等同对待，然而，“从原因链的每一个环节的原因等值中不能得出法律等值”③，由此，原因与结果的联系更多地体现为事实上的条件关系，没有合理区分事实因果关系即归因与法律因果关系即归责之间的界限。

2. 原因说

原因说是在批判条件说的基础之上产生的。条件说对导致结果发生的所有条件在形式上等同对待的不合理性饱受批评。原因说也称个别化说，主张通过某种标准，从对结果产生影响的所有条件中选出最有价值的可以称为“原因”的个别条件，只有该条件才与结果具有因果关系。基于确立个别条件的标准不同，原因说又细分为优势条件说、最终条件说、重要条件说、最有力条件说，其核心都是找出对结果的发生最有决定作用的条件，亦即可以成为“原因”的条件。

原因说最早可以追溯到德国学者冯·普芬道夫（S. von Pufendorf），其在1672年专著《自然法与国家法》（De jure naturae et gentium）中区分了行为的主要原因和次要原因。卡尔·斯图贝尔（Christoph Karl Stübel）在1805年《关于犯罪的构成要件》中提出了客观说。冯·费尔巴哈在1823年《德国刑法教科书》中，区分了使犯罪发生的充足原因与次要原因：“每一个违法行为都以有一个作为产生作用的原因的特定人为前提条件，且在该人的意思和行为中，包含了使犯罪发生的充足原因”，“在每一个原因中均有可能出现次要原因”④。海因里希·卢登（H. Gottlieb Luden）在1840年《根据一般德国法的犯罪构成要件》中提出了借用说：“在这一部分的结束之处，有必要对每个行为所包含两个组成部分中的另一部分作出一些说明，也就是外在于行为人的，他的积极活动或者消极活动所引起犯罪现象产生的原因。因为除了借用（Vermittelung）外在于行为人身上的动力（Kräften）或者原因，不可能招致外在于行为人的犯罪现象的产生。并且就

① 参见［日］前田雅英：《刑法总论讲义》（第六版），曾文科译，北京，北京大学出版社，2017，113～114页。

② 参见［日］松宫孝明：《刑法总论讲义》，5版补订版，东京，成文堂，2018，68页。

③ ［德］李斯特著，［德］施密特修订：《李斯特德国刑法教科书》，徐久生译，北京，北京大学出版社，2021，150页。

④ ［德］冯·费尔巴哈：《德国刑法教科书》（第十四版），徐久生译，北京，中国方正出版社，2010，48～51页。

像所提到过的，这些力量和原因，只要是由人类活动所引起的，就必须视为人类行动的一个组成部分。”① 借用说的实质还是阐释原因与结果之间的因果关系。

冯·巴尔（C. L. von Bar）于1871年出版了代表性著作《法律、特别是刑法中的因果关系理论》。在该书中，他认为原因说具有脱离自然意义上因果关系的趋势："在一个现象的全部条件中区分一个原因，首先取决于观察者的出发目的，因此，我想把法意义上的因果关系与自然意义上的因果关系区分开来，在法的意义上，这只是一个挑选人的责任的问题……当我们称某物为原因时，我们假定如果没有这个东西，我们所想到的情况的变化就不会发生，一切都会保持正常和规律……因此，有人反对说，根据我的理论，只有与事物的正常进程相矛盾的东西才能成为原因，这是荒谬的，这是不成立的；只是说，我们看待事物的方式，通过指定某种条件或预设为原因，从而赋予了它一个特殊的位置”②。卡尔·宾丁于另一代表性著作、1890年出版的《规范与规范违反》中提出了优势条件说。在他看来，“世界上的每一个变化都是一种力量对另一种力量的胜利斗争的结果，是破坏现在的组成部分对那些努力维护它或把它带到另一个方向的组成部分的胜利斗争……原因是促成结果的条件比阻碍结果的条件更多。”③ 毕克迈耶在1885年《关于刑法中的原因概念和因果关系》一书中提出了最有效条件说：“刑法意义上的原因必须是结果的条件中，比其他条件对结果的贡献更大的条件。”④ 科勒认为，“这个决定性因素就是原因：它与条件的重要性并不在于它的不可或缺性，因为不可或缺性也是条件……而在于它对成为的种类具有决定性。”⑤

可见，原因说的提出就伴随着自身的缺陷。从主要和次要原因说到充足与次要原因说，再到借用说、优势条件说和最有力条件说等，可以说原因说的主要支持者除在界定什么是原因说之外，就是在致力于从众多原因中寻找能够造成结果的那个原因。尤其是，宾丁的优势条件说奠定了原因说的基石。条件说将所有条件等值看待导致责任范围扩大，因此，必须从无数条件中界定出一个原因，而这个原因与其他条件是有本质区别的，“相对于结果而言有利的或不利的条件等值对待的方式，规定原因是一种在现有的条件中对结果的产生起决定作用的行为，也即所谓的‘优势理论’（Uebergewichtstheorie），该理论会得出一个矛盾的结果，总是只有那个最近的条件才可能是原因”⑥。其他寻找“原因”条件的标准学说如决定性条件说、重要条件说、最有力条件说、动力条件说、最终条件说等，其基本逻辑和优势条件说是一致的，即从众多条件中寻找可以对结果负责的条件亦即原因。如果予以对比性说明，原因说中的众多学说大致内涵如下：

优势条件说（又叫决定性条件说），主张对于结果的发生具有决定作用的条件即为原因。

---

① Heinrich Luden，Abhandlung aus dem Gemeinen Teutschen Strafrechte，2：Ueber den Thatbestand des Verbrechens nach gemeinem teutschen Rechte，1840，S.259f.

② Von Bar，Gesetz und Schuld im Strafrecht，Bd. Ⅱ，1907，S.178f.

③ Binding，Die Normen und ihre Übertretung，Bd. Ⅰ，1890，S.41f.

④ Karl Birkmeyer，Ueber Ursachenbegriff und Kausalzusammenhang im Strafrecht，1885，S.17.

⑤ Josef Kohler，Studien aus dem Strafrecht，Bd. Ⅰ，1890，S.84.

⑥ ［德］李斯特著，［德］施密特修订：《李斯特德国刑法教科书》，徐久生译，北京，北京大学出版社，2021，155页。

重要条件说，主张对于结果的发生具有重要作用的条件即为原因。

最有力条件说，主张对于结果的发生最为有力的条件即为原因。

动力条件说，主张对于结果的发生具有动力的条件即为原因。

最终条件说，主张时间上和结果的发生离得最近的那个条件就是原因。

原因说内观点众多，这直接导致了司法实务中很难根据原因说判断刑法因果关系。例如，“甲伤害乙，造成重伤，乙在被送往医院途中因救护车发生交通事故而死亡。根据原因说，是否能将乙的死亡结果归责于甲”。分析思路：（1）首先是根据某种标准筛选出的条件，（a）甲的伤害行为与（b）救护车的交通事故都是被害人死亡结果的条件，a、b均有可能成为原因。（2）在原因说的不同标准中，最明确的就是最终条件说，即本案中时间上在后面的b才是最终条件，因此乙的死亡不能归责于甲。（3）按照优势条件说或动力条件说，可以认为a赋予了结果发生的方向性条件/动力，所以乙的死亡可以归责于甲。（4）最有力条件说和优势条件说的判断实际上已经涉及社会评价、社会一般人经验法则，这已经超出原因说的范畴，已是相当因果关系中的相当性判断或者危险现实化理论中行为作用力大小的判断了。

可见，原因说的根本缺陷在于，对导致结果发生的诸多条件的筛选标准具有一定的主观性和不确定性：何谓优势条件或最重要条件或最有力条件等，都是充满主观性的价值判断，得出的“原因”条件之结论非常不确定；如果仅以最终条件为标准，又过于机械并限制了对真正原因的寻找：“何谓最有力条件，只能靠感觉来决定；仅以最终条件为原因，其归责范围又过窄。”① 除标准不明确的缺陷之外，在诸条件中只选择一个条件作为原因的逻辑也排除了共同原因存在的可能性。② 虽然关于条件个别化的判断标准学说很多，但是问题就在于挑选出这一“原因”的基准，原因说的支持者中，谁也不能提出一个普适性的判断基准。所以，近年来原因说已经完全没有了支持者。③

3. 相当因果关系说

相当因果关系说是指，按照一般人社会生活上的经验，实行行为导致构成要件结果的发生是相当的，即实行行为与构成要件结果之间的关系不是异常的、不适当的，这种情形下才具有刑法上的因果关系。

相当因果关系说（Adäquanztheorie）的创立者并非法学家，而是一名德国医生，即弗莱堡的心理学家冯·克里斯（Johannes von Kries）。在他的论文《关于概率和可能性的概念以及它在刑法中的意义》（Über die Begriffe der Wahrscheinlichkeit und Möglichkeit und ihre Bedeutung im Strafrechte）中，他将原因转换为一个概率问题，在不观律的情形下是不能适用的。④ 随后，克里斯将其理论用于刑法，以消除在对结果加重犯适用条件理论时所产生的不公正现象。根据他的观点，对结果加重犯加重处罚的合理性仅

① ［日］松原芳博：《刑法总论重要问题》，王昭武译，北京，中国政法大学出版社，2014，57页。

② Vgl. Liszt-Schmidt，Lehrbuch des Deutschen Strafrechts，1932，S.168.

③ 参见［日］松宫孝明：《刑法总论讲义》，5版补订版，东京，成文堂，2018，76页；Roxin/Greco. Strafrecht Allgemeiner Teil，Bd. Ⅰ，2020，§11，Rn. 7。

④ Vgl. V. Kries，Über die Begriffe der Wahrscheinlichkeit und Möglichkeit und ihre Bedeutung im Strafrecht，Zeitschrift für die gesamte Strafrechtswissenschaft，1889，S.528ff.

在于，基本犯有招致严重结果的危险，以至于只能考虑对结果的产生典型有利的行为人的行为。①

除克里斯之外，在相当因果关系理论的发展历程中，比较具有代表性的支持者还有吕梅林（Max von Rümelin）、特兰格（Ludwig Träger）。吕梅林在他的论文《因果概念在刑法与民法中的运用》（Die Verwendung der Causalbegriffe in Straf-und Civilrecht）中进一步地发展了相当因果关系理论。他提道，就算存在着条件上的因果关系，如果这种结果的引起是一种例外情形的话，那么也是不可罚的。② 特兰格在他的专著《刑法和民法中的因果概念》（Der Kausalbegriff im Straf-und Zivilrecht）提出，什么属于结果，有必要从特定的具体结果中抛弃某些因素，因为从构成要件的评价角度来看，这些因素是不相关的。③ 在民法中，相当因果关系理论对判例产生了强烈的影响，而在刑法中，它只在学术界找到了支持者，并且在过去经常被用来实现对符合结果条件的犯罪的责任限制。④

相当因果关系说是在批判条件说和原因说的基础之上产生的。相当因果关系说认为，条件说将所有条件等同视之，从而扩大了归责范围，而原因说从诸多条件中寻找原因的判断标准又过于主观并且缺乏一个公认的判断基准，刑法因果关系的判断变得范围过大、流于随意。例如，甲伤害乙后，乙在被送往医院途中，因救护车发生事故而死亡。根据条件说，甲的伤害行为与乙的死亡结果之间存在条件关系，甲的行为成立故意伤害（致死）罪。但是，一直以来的见解都认为，甲只应承担故意伤害罪的责任，而不应承担故意伤害（致死）罪的责任。根据原因说，何谓优势条件或重要条件或最有力条件，存在明显争议，如果采取原因说中的最终条件说，乙的死亡是救护车的事故造成的，甲就不用承担责任，甲的故意伤害行为无法受到处罚，而这显然违背刑法的罪责相适应原则，违背公民的法感情。因此，只有实行行为与构成要件结果之间具有因果关系的相当性才能肯定因果关系的存在，通过这种相当性来对作为构成要件要素的因果关系加以限定，就是相当因果关系说。⑤ 相当因果关系说的难题是，如何判断实行行为导致的构成要件结果的发生是相当的。围绕相当性的判断，理论上产生了主观说、客观说、折中说。

主观说主张，以行为人自身的认识能力为基准，以行为当时（事前判断）行为人所认识到和能认识到的事实情况为判断对象，如果依行为人在当时所认识的情况通常都会发生相同结果就肯定因果关系的存在。

客观说主张，以一般人或者法官裁判时（事后判断）的认识为立场，以行为时客观存在的全部事实和可以预见的行为后发生的事实作为判断对象，如果认定有此行为均能发生相同结果，则肯定因果关系的存在。

折中说以客观说为基础，参酌主观说的精神，主张进行因果关系判断的折中，即以

---

① 参见［德］耶赛克、魏根特：《德国刑法教科书》（上册），徐久生译，北京，中国法制出版社，2017，388页。

② Vgl. Max Rümelin, Die Verwendung der Causalbegriffe im Straf-und Zivilrecht, Archiv für die civilistische Praxis, 90. Bd. Ⅰ, H. 2, 1900, SS.171, 228.

③ Vgl. Ludwig Träger, Der Kausalbegriff im Straf-und Zivilrecht: zugleich ein Beitrag zur Auslegung des BGB, 1904, S.41.

④ Vgl. Roxin/Greco, Strafrecht Allgemeiner Teil, Bd. Ⅰ, 2020, § 11, Rn. 39.

⑤ 参见［日］山口厚：《刑法总论》（第三版），付立庆译，北京，中国人民大学出版社，2018，56～58页。

行为时一般人能够认识到的事实和行为人主观上所能认识到的事实为基础，认为在通常情形下，有此行为便可发生此结果的，因果关系即可成立。

对同样的案例，根据主观说、客观说和折中说，会得出不同的结论。

曹某过失致人死亡案。[①] 曹某因晒豆秆琐事与俞某发生纠纷并互相谩骂与互殴，后被他人劝开。俞某突然扑倒在地。闻讯赶来的曹某之子小曹上前扇了已倒地的俞某一耳光并对俞某进行谩骂。当日，俞某经医院抢救无效死亡。经鉴定，俞某符合心源性猝死，打斗、情绪激动为心源性猝死的诱发因素。

分析：曹和俞的互殴行为以及小曹对俞扇耳光的行为，尚未对俞造成轻伤。俞之所以死亡，是因为争吵与互殴引发了心脏病。

根据主观说，如果曹某在行为当时已经认识到俞某患有心脏病，则曹某的行为与俞某死亡之间有因果关系，曹某的行为构成故意伤害（致死）罪；如果没有认识，则无因果关系的存在，曹某的行为不构成犯罪。根据折中说，曹某与俞某互殴时，如果一般人都不可能认识到俞某有心脏病，而且曹某主观上对俞某有心脏病也无特别认识，那么曹某殴打俞某的行为与俞某的死亡结果之间就没有因果关系，曹某的行为不构成犯罪；如果一般人都知道俞某有心脏病，或者一般人并不知道，但是曹某知道俞某有心脏病，那么曹某殴打俞某的行为与俞某的死亡结果之间就有因果关系，曹某的行为构成故意伤害（致死）罪。根据客观说，应根据曹某主观上有无伤害故意而得出相应的结论。客观说认为，“主观说或折中说以行为人的主观认识为基础，就是将主观归责问题纳入客观归责之因果关系中，故有所不妥”[②]。根据法官事后的判断，既然俞某倒地说明实行行为的作用巨大，那么此时曹某放任小曹对已经倒地的俞某进一步殴打和谩骂，从经验法则判断，曹某能够预见俞某受到了伤害。此时，“不管一般人和行为人本人是否知道，只要实际上心脏病发作，导致死亡结果，科学地看，心脏病就是原因”，曹某的殴打行为与俞某的死亡之间就有因果关系。既然肯定了因果关系的存在，那么在具体罪名的认定上，只需结合曹某的主观方面即可认定。本案中，曹某并不知道俞某有心脏病，因此，如果曹某与俞某互殴时并无伤害故意，其行为就构成过失致人死亡罪；如果曹某与俞某互殴时有伤害故意，则其行为只构成故意伤害罪，而不构成故意伤害（致死）罪。对本案最终法院判决的结果是，对曹某与俞某之间的互殴行为难以认定有伤害的故意，但是，法院认为，“曹某与俞某之间的争吵、扭打导致俞某自身心脏疾病发作并最终抢救无效死亡，可以认定被告人曹某的行为与死亡结果存在相当因果关系”，曹某的行为构成过失致人死亡罪。

4. 客观归责理论

客观归责理论（die Lehre von der objektiven Zurechnung），在20世纪70年代由德国刑法学者克劳斯·罗克辛构建。罗克辛认为，在行为犯的情形下，不存在归责问题，但是“在结果犯的情形下，要根据一般性规则，来判断是否可以将行为对象的损害作为被告人的作品归属于他”[③]。客观归责理论主张，对于一个行为所因果性地引起的结果，

---

① 参见（2015）绍柯刑初字第603号刑事附带民事判决书。

② 陈子平：《刑法总论》，4版，台北，元照出版公司，2017，171页。

③ Roxin/Greco, Strafrecht Allgemeiner Teil, Bd. Ⅰ, 2020, § 11, Rn. 1.

只有当行为人的行为针对行为对象，创设了一个不被容许的危险，并且这些危险在具体的结果中实现时，才能将这个结果归属于客观构成要件。① 为此，对某一行为进行客观归责时要具备三个条件：一是行为制造了法律所不容许的风险；二是风险实现，造成了结果的发生；三是风险结果在构成要件的保护范围之内。风险制造→风险实现→风险保护，这三个条件构成了客观归责理论的主要内容。

根据客观归责理论，因果关系的判断要分三步进行。第一步，判断“风险制造”，即行为制造了法律所不容许的风险，其实质是行为是否具有法益侵害性。如果行为人促使他人进行其他各种正常的、在法律上没有重要意义的生活性活动，即否定归责。例如，甲在暴风雨就要来时，把乙派到森林里去，希望他被雷劈死，结果，乙真的被雷劈死了。罗克辛指出，行为人根本没有制造可以引起法益侵害的风险，行为人劝他人去暴风雨即将来临的林中散步的行为是没有法益侵害的现实危险的，不能予以归责。② 第二步，判断“风险实现”，即是否风险制造行为导致了侵害法益的结果的发生。例如，一家画笔厂的老板没有遵照规定事先消毒就让女工们给一些山羊毛进行加工，四名女工因此染上炭疽坏疽杆菌而死亡。但后来调查表明，规定的消毒设施对这种当时欧洲尚不知道的杆菌本来也没有用处。③ 因此，本案女工的死亡不能归责于工厂老板，因为无论是否事先消毒都与女工死亡的法益侵害性之间没有联系，一个人不能因违反了一项即使履行了也无法避免危险发生的义务而受刑事处罚。简言之，消毒行为与风险的实现之间没有因果性。第三步，判断“风险保护”，即判断风险结果是否在构成要件的效力范围或者说保护范围之内。例如，甲唆使乙从布满裂缝的冰面上穿过湖去，如果乙因此掉下冰窟而溺水死亡，不能将结果归责于甲。④ 这是因为甲的行为并不是故意杀人罪的构成要件行为，禁止杀人的保护目的并不包含这些案件，犯罪构成的作用范围并不包含这种结果。这属于故意自危时的共同作用，不属于故意杀人构成要件应当保护的行为，即便造成了风险，也不能适用刑法进行风险保护。

客观归责理论是在批判因果关系条件说基础之上产生的，并以是否制造了法所不容许的风险、是否实现了法所不容许的风险以及实现风险的行为是否在构成要件效力范围内为内容。以限定刑法处罚范围为目标的客观归责理论展开了对条件说的批判，它认为，条件说无限加长了因果关系链条，不恰当地扩大了刑法处罚范围，因而提出即使在肯定某些因果关系存在的情况下，也可以否定刑法上的责任；在存在条件关系的前提下，只有在制造并实现了法所不容许的风险时才能对行为人进行归责。

然而，客观归责理论最大的问题是，它和相当因果关系说并无实质区分。在类似于甲杀乙，乙只遭受轻伤，但在被送往医院的途中因交通事故而死亡的案例中，亦即被客观归责论者称为“偏离因果”的案例中，归责判断被加入了客观化判断要素即“相当的判断”，这种判断在罗克辛看来实际体现的就是实现风险的想法。⑤ 换言之，对于这类案

---

① Vgl. Roxin/Greco, Strafrecht Allgemeiner Teil, Bd. Ⅰ, 2020, §11, Rn. 47ff.

② Vgl. Roxin/Greco, Strafrecht Allgemeiner Teil, Bd. Ⅰ, 2020, §11, Rn. 47.

③ Vgl. RGSt 63, 211.

④ Vgl. Roxin/Greco, Strafrecht Allgemeiner Teil, Bd. Ⅰ, 2020, §11, Rn. 107.

⑤ 参见［德］Claus Roxin:《客观归责理论》，许玉秀译，载《政大法学评论》，1994年第50期，38页。

例，是否归责取决于法所不容许的风险是否实现的判断，而风险是否实现，实际上又取决于因果流程的发展是否符合社会一般人的经验法则，亦即“是否符合相当的标准”。即便对于劝人旅行案这类客观归责论者最热衷讨论的案例，客观归责论者在分析为何不能归责时也认为是因为这样的方法并不是适当的方法。[①] 而判断是否为适当的方法，正是对因果关系理论的通说相当因果关系说中的相当性的论证，因为相当因果关系说和客观归责理论一样，都是以条件论为前提的，它认为应该根据社会一般人的经验法则，在行为与结果之间具有相当性的场合，才能承认因果关系的存在。据此，客观归责理论对于风险结果可否归责于行为人的判断，实际上就是在运用相当因果关系说进行判断而已。

更何况，“所有的客观归责的要求”都“是对因果关联作更详细的确定”而已。如果“客观归责的要求（像是不受容许之危险的实现或规范的保护目的之相关性）不被描述成对因果关联的特殊要求，那么这些要求就只是空洞的公式”[②]。这样的客观归责理论和相当因果关系说之间没有实质区别，正如日本学者大塚仁教授指出，“关于客观性归责的认定，在与客观性相当因果关系说中的客观的事后预测同样的思考下，认为应当考虑是否存在对犯罪性结果的客观的预见可能性及避免可能性、以相当于构成要件的因果性经过为基础由行为人的行为造成的危险是否显在化。因此，这种立场实质上与相当因果关系说没有太大差异”[③]。

三、中国司法实务中因果关系判例的立场

我国刑法传统因果关系理论自从 20 世纪 50 年代起一直主张必然与偶然因果关系，并囿于哲学上必然因果关系理论与偶然因果关系理论争讼而更加纠缠不清，由此因果关系理论成为我国刑法学上争议比较大的一个问题，无论是刑法理论上还是刑事司法实务中，均缺乏统一认识。刑法理论上，既有主张必然偶然因果关系理论的[④]，也有主张客观归责论的[⑤]，还有主张相当因果关系论的[⑥]，亦有采用其他学说的，如借鉴日本刑法理论采用危险的现实化说[⑦]，等等。刑事司法实务中也是立场各异，对刑法理论上各种因果关系论，如必然偶然因果关系说、条件说、原因说、相当因果关系说与客观归责理论等均有采纳。

（一）采用必然偶然因果关系说判断因果关系的实务立场

我国刑事司法实务中，无论是肯定还是否定因果关系的存在，必然与偶然因果关系

---

① Vgl. Kristian Kühl，Strafrecht Allgemeiner Teil，8. Aufl.，2017，§4，Rn. 47.

② ［德］Ingeborg Puppe：《行为疏失与结果间之关连：以道路交通案例释义》，蔡圣伟译，载《东吴法律学报》，2006 年第 3 期，397 页。

③ ［日］大塚仁：《犯罪论的基本问题》，冯军译，北京，中国政法大学出版社，1993，106 页。

④ 参见高铭暄、马克昌主编：《刑法学》，10 版，北京，北京大学出版社、高等教育出版社，2022，76 页；齐文远主编：《刑法学》，3 版，北京，北京大学出版社，2016，93～94 页；刘宪权主编：《刑法学》（上），6 版，上海，上海人民出版社，2022，115～116 页。

⑤ 改造并部分接受客观归责理论的观点参见张明楷：《刑法学》（上），6 版，北京，法律出版社，2021，232 页。全盘接受客观归责理论的观点参见周光权：《刑法总论》，4 版，北京，中国人民大学出版社，2021，128～140 页。

⑥ 参见付立庆：《刑法总论》，北京，法律出版社，2020，144～148 页；叶良芳：《刑法总论》，北京，法律出版社，2016，117～118 页。

⑦ 参见黎宏：《刑法学总论》，2 版，北京，法律出版社，2016，98～100 页。

说都发挥着重要的理论作用，有大量采用必然（直接）和偶然（间接）因果关系说判断因果关系的案例。

1.采用必然偶然因果关系说肯定刑法因果关系存在的案例

（1）朱某某滥用职权案。[①] 朱某某驾驶警车带领辅警执行交通巡逻任务时，发现陆某驾驶一辆无牌照的机动三轮车由南向北行驶，遂驾车上前，示意陆某停车接受检查。陆某拒不停车并加速逃逸。朱某某遂驾驶警车追赶。陆某继续加速逃逸并在某交叉路口违章左拐弯，由于车速过快，其在拐弯后翻车，将路边行人甲撞倒致伤。后甲经医院抢救无效死亡。法院认为：被告人朱某某驾警车追缉陆某，致陆某加速开车逃逸；陆某超速行驶处于危险状态，且该危险状态最终引发了事故的发生。因此，被告人朱某某的行为与行人甲的死亡结果有直接因果关系，朱某某的行为已构成滥用职权罪。

（2）刘某受贿滥用职权案。[②] 刘某与某煤矿矿长肖某认识后，多次接受肖某的款物和请吃请玩，并向其煤矿投资分红，从2007年至2011年共分取红利150万元。因刘某与肖某有共同利益，刘某利用其监察执法人员的身份在煤矿的监察执法和事故处理中滥用职权，使该矿在安全生产许可证被暂扣、存在重大安全隐患的情况下长期违法生产，并且其滥用职权导致2009年的矿难事故。法院的判决指出，“刘某在主观上是故意而非过失，在客观上是主动给予行政相对人不符合法律法规的处罚，而非消极的不作为，发生矿难与滥用职权行为之间存在刑法上的必然因果关系”，其行为已构成滥用职权罪。

（3）何某某玩忽职守案。[③] 因申某某患有肺结核（进展期），法院决定对其暂予监外执行。在监外执行期间，当地司法所所长何某某未严格执行相关身体情况报告、病情复查情况报告等的规定，并且未根据申某某的实际情况有针对性地及时掌握其活动情况，导致申某某先后前往多地长期打工，处于脱管状态。法院认为，“何某某的玩忽职守行为与申某某再次犯罪结果之间形成偶然因果关系亦属刑法上的因果关系，且已造成恶劣社会影响，其行为已构成玩忽职守罪”。

2.采用必然偶然因果关系说否定刑法因果关系存在的案例

（1）郭某某受贿案。[④] 郭某某利用担任某县发展和改革局长、西气东输二线工程项目争取和建设工作领导小组办公室主任的职务之便，在友联公司项目申报、虚假招投标、虚假工程验收及资金管理方面滥用职权，致使700万元中央专项资金流失。法院的判决指出，“郭某某在友联公司套取国家专项资金过程中虽存在滥用职权行为，但现有证据不能证明其对自己滥用职权的行为会导致国家专项资金遭受重大损失的后果是明知的，郭某某主观上并不能预见国家拨付给友联公司的专项资金会被该公司董某等人私分，郭某某也不希望或者放任这种结果发生，且造成上述专项资金被私分在刑法上属于多因一果，郭某某的行为只是诸多环节上的一环，其滥用职权行为与危害结果之间无必然因果关系”。因此，郭某某的行为不构成滥用职权罪。

---

① 参见（2007）下刑初字第277号刑事判决书。

② 参见（2015）衡中法刑二终字第221号刑事判决书。

③ 参见（2015）汉中刑二终字第00051号刑事裁定书。

④ 参见（2015）邵中刑二终字第22号刑事判决书。

(2) 王某非法行医案。[①] 王某在没有取得医疗机构执业许可证、无在京合法行医资格的情况下，在北京市某诊所内对易某进行诊断并进行输液治疗，又在易某的暂住地对其进行抢救并对其注射副肾素（肾上腺素）。后赶至现场的急救医生确认，易某已死亡。法院的判决指出，“王某虽然对被害人存在错诊、误诊的情况，但被害人本身亦患有足以致命的疾病，在案证明王某非法行医行为直接导致被害人死亡的证据不充分，故无法认定王某非法行医造成被害人死亡”。

分析： 法院的判决虽然并没有使用必然因果关系的表述，但是，“非法行医行为直接导致被害人死亡的证据不充分”即表明，危害行为和危害结果之间没有直接的即必然的因果关系，据此法院否定了本案中王某的非法行医行为与被害人死亡之间的因果关系存在，并作出了无罪判决。

(3) 王某过失致人死亡案。[②] 王某与张某因琐事发生口角，双方在争执过程中，王某对张某拳打脚踢，后逃离现场。当日下午张某身体不适，经“120”抢救无效后死亡。经法医鉴定，张某系在冠状动脉粥样硬化性心脏病的基础上，因外伤、酒精等诱发因素诱发急性梗死性左心室壁破裂、心脏压塞而猝死。公诉机关指控王某的行为构成故意伤害罪。法院经审理认为，“被告人的行为与被害人死亡结果之间属偶然因果关系，死亡结果与其自身因素分不开，其死亡结果与伤害没有直接因果关系，属多因一果。且本案从案发到被害人死亡长达十四小时，其家属在被害人身体不适及病因不明的情况下擅自服用止痛药，未及时到医院就医，延误了治疗。根据刑法的一般原理，被告人只对自己的行为负责，当其行为与自然现象竞合时，自然现象造成的结果不能归责于被告人。故被告人的行为构成过失致人死亡罪，应依法追究刑事责任”。

分析： 法院认为王某的殴打行为与张某的死亡之间只具有偶然因果关系，而不是故意伤害行为直接致人死亡或者重伤致人死亡。换言之，只有存在直接因果关系的行为才构成故意伤害罪，存在偶然因果关系的行为只能构成过失犯罪。这一判决等于否定了存在偶然因果关系情形下构成故意伤害罪的可能。

(二) 采用条件说判断因果关系的实务立场

中国司法实务中很多案件也采用条件说判断行为与结果之间因果关系的存在，有的案件中采用条件说肯定因果关系，有的案件中因为不存在“没有前者就没有后者”的条件关系而否定因果关系的存在。

(1) 杜某某故意伤害案。[③] 杜某某与高某系邻居，高某曾于酗酒后谩骂杜某某及其家人。某日，杜某某到房顶取柴，高某扔砖致伤其头部，后二人因此扭打在地，杜某某压住高某，高某撕住杜某某下身，杜某某遂在高某腰部踢踹三脚。后高某因医治无效死亡。法院的判决指出，“根据‘若无前者，即无后者’的条件说，如果没有被告人杜某某用脚踢踹被害人腹部的行为，就不会有被害人死亡结果发生，因此应当认定被告人杜某某的加害行为与被害人高某死亡的结果之间具有因果关系”，其行为构成故意伤害（致人

---

① 参见（2015）二中刑抗终字第16号刑事裁定书。

② 参见（2016）甘0103刑初272号刑事判决书。

③ 参见（2015）和刑初字第32号刑事判决书。

死亡）罪。

分析： 其属于采用条件说肯定因果关系存在的判决。法院采取了“没有前者就没有后者”的条件关系，承认了杜某某的伤害行为与被害人高某死亡之间的因果关系。

（2）姚某等非法拘禁案。[①] 余某向姚某等借款共计 100 万元，张某作为担保人。到期后，姚某等多次讨要无果。后姚某找到了逃债的余某并带回长沙某咖啡厅继续追债，但是余某一直不履行还款义务。姚某及其同伙彭某认为余某不老实，于是他们将余某带至城区某河边，他们脱掉余某的上衣，以喂蚊子的方式对余某施加压力。当日晚 9 时许，余某趁人不备跳入河中逃离时溺水死亡。法院认为，“姚某等人无法预见被害人余某会选择跳河方式逃离，其非法拘禁行为与余某的溺亡之间并不是没有前者就没有后者的因果关系，不应对被害人余某的溺亡后果承担责任。”因此，姚某、彭某的行为应构成非法拘禁罪。

分析： 其属于采用条件说否定因果关系存在的判决。法院认为姚某等人的追债行为与被害人死亡之间欠缺“没有前者就没有后者”的条件关系，从而否认了因果关系的存在。

（三）采用原因说判断因果关系的实务立场

虽然原因说内部观点众多导致“原因”不明，但是，中国司法实务中仍然有判例采用了原因说来判断行为与结果之间的因果关系。

（1）张某某诊疗致死案。[②] 张某某在未取得医生执业资格以及医疗机构执业许可证的情况下开办医疗诊所。某日，张某某对患有心脏病的赵某进行诊疗，采取人工呼吸、心脏按压及注射过期的硝酸甘油注射液等措施均无效，赵某于当日死亡。

分析： 本案的争议点在于，张某某应否承担造成就诊人死亡的责任。法院和检察院双方认为，“被告人张某某未取得医生执业资格而非法行医，在非法行医过程中，出现了就诊人死亡的结果，经鉴定其诊疗行为对被害人死亡有一定的原因力，张某某的行为依法应构成非法行医罪”[③]。至于赵某死亡的原因，检察院认为是张某某的诊疗行为造成的，法院认为张某某的非法行医行为与赵某的死亡之间无直接因果关系。之所以产生这一争议，主要是因为所持因果关系理论立场不同。法院判决的理由是，“诊疗行为在就诊人死亡结果中的原因力大小是认定非法行医造成就诊人死亡的关键”，“非法行医罪中原因力程度的认定需根据鉴定意见结合其他证据综合判断”。毫无疑问，这样的理由正是基于原因说，并且认为张某某的诊疗行为不是赵某死亡的原因。所以，法院的判决认定张某某的行为构成非法行医罪，但是不构成“严重损害就诊人身体健康”的从重处罚情节。

（2）蒋某等故意伤害案。[④] 2020 年 6 月 10 日，蒋某在其母亲家中，与其姐夫韩某因赡养其瘫痪母亲问题产生争执，后蒋某趁韩某不备持马扎子将韩某左侧头部打伤，致其左侧颞顶骨裂纹骨折，颅内血肿。经手术及术后对症治疗，韩某处于昏迷状态，后于 2020 年 10 月 17 日死亡。经鉴定韩某符合颅脑损伤后长期昏迷、卧床、营养不良继发重

---

① 参见（2015）长中刑一终字第 00919 号刑事判决书。

② 参见（2012）朝刑初字第 3355 号刑事判决书。

③ 臧德胜、刘欢、魏颖：《非法行医案中因果关系的把握》，载《人民司法》，2015 年第 12 期，100 页。

④ 参见（2021）鲁 02 刑终 322 号刑事附带民事裁定书。

度小叶性肺炎死亡。法院认为，“韩某死亡原因为长期昏迷、卧床、营养不良继发重度小叶性肺炎，其长期昏迷、卧床、营养不良的直接原因为被蒋某击伤而导致长期失去意识，因此韩某的死亡与蒋某的伤害行为之间存在因果关系”。

分析： 对于本案，法院之所以判决当事人的行为构成犯罪，是因为行为与结果之间存在原因说所认可的因果关系。

（四）采用相当因果关系说判断因果关系的实务立场

虽然相当因果关系说被认为相当性难以判断，但是中国司法实务中，仍然不乏采用相当因果关系说判断因果关系的判决。

（1）安某某等故意伤害案。① 安某某、田某途经某红绿灯路段时，安某某与经过的罗某发生口角继而互殴，田某上前参与打斗。其间，安某某用弹簧刀将罗某的胸部刺伤。经鉴定，罗某的损伤为重伤二级，伤残程度为八级。法院认为，“虽然田某没有持刀，但作为共同实施伤害者，田某对被害人实施的殴打行为实际起了协助安某某用刀伤害被害人的作用，其行为与被害人受刀伤的结果存在着相当因果关系”，二人的行为已构成故意伤害罪。

分析： 本案中安某某的行为构成故意伤害罪毫无疑问，安某某用弹簧刀刺伤罗某的行为与其受伤结果之间有直接的因果关系，但是，对于田某的行为是否成立故意伤害罪的共同犯罪则有争议。田某虽然没有拿刀，但其明知安某某拿有弹簧刀，在此情况下田某非但不劝阻而且还协助安某某的殴打行为，表明田某对罗某可能发生受伤的结果持放任甚至追求的态度。根据一般人的社会生活经验法则，其协助行为与罗某的受伤行为之间也存在着相当的因果关系，故而法院判决其协助行为与安某某的伤害行为一起构成故意伤害罪是合理的。

（2）李某超等非法拘禁、故意伤害案。② 李某超为向潘某讨要债务，纠集马某某、陶某，将潘某带至某地看管控制，逼迫潘某筹款还债。潘某通过打电话、发微信等方式联系家人筹款，未果。后，马某某在独自看管潘某时发现其失踪。经三人查找，发现潘某从该租借屋的南侧窗口坠落，经抢救无效死亡。二审法院认为，“潘某在被三名上诉人非法拘禁长达五十余小时的情况下，为摆脱人身自由被他人限制的状态而翻窗坠楼身亡，该结果与三名上诉人的非法拘禁行为存在相当因果关系”，其行为均已构成非法拘禁罪。

分析： 本案中潘某翻窗坠落虽然是潘某自陷风险的行为所导致的结果，但是，潘某翻窗正是为了摆脱来自李某超等人的非法拘禁，可见，非法拘禁的行为与潘某坠落的结果之间有着引起与被引起的关系。基于李某超等人自身对长时间拘禁潘某等行为的认识，以及基于潘某等任何公民如果长时间被拘禁均会出于本能翻窗逃走的事实，可以判断非法拘禁的事实与潘某翻窗坠亡之间具有相当因果关系。

（五）采用客观归责理论判断因果关系的实务立场

客观归责理论为德国刑法学的舶来品，虽然在我国刑法理论界所受评价褒贬不一，但是，我国司法实务中仍有采用该说来判断行为与结果之间因果关系的案例。

---

① 参见（2014）江蓬法刑初字第 115 号刑事附带民事判决书。

② 参见（2016）沪 01 刑终 507 号刑事裁定书。

(1) **李某等故意伤害、危险驾驶案。**[①] 李某等三人酒后乘坐王某驾驶的出租车，行驶途中与王某发生争执，停车后三人对王某进行殴打并致其死亡。法医学尸体检验意见书证实王某符合冠状动脉粥样硬化性心脏病死亡，外伤、情绪激动、劳累等均可作为冠状动脉粥样硬化性心脏病发作的诱发因素。法院认为，“在事实层面上，三名被告人的行为与被害人死亡结果之间存在引起与被引起的关系，其行为是危害后果的原因力；在法律层面上，三名被告人的伤害行为创设了可能导致被害人受伤甚至死亡的高度风险，并且这种法律不允许的风险最终因为三名被告人的行为得到实现，三名被告人应对由此造成的不法后果承担法律责任”。综合打击部位、打击对象、手段和事后行为，可以认定三人具有故意，其行为均构成故意伤害罪。

分析：本案法院的判决既采用了原因说，肯定事实层面因果关系的存在，又采用了客观归责理论，根据法所不容许的风险以及风险升高理论，肯定法律层面因果关系的存在。

(2) **孙某、黄某等非法拘禁案。**[②] 黄某拖欠孙某货款二十余万元，一直未能清偿。后孙某指示人将黄某带至其办公室看管。在此过程中孙某因要外出办事，指示黄某某等人继续留在该办公室看守黄某直至完成相关法律手续。当日 18 时许，黄某自行爬上办公室窗台，从孙某的办公室跳楼身亡。法院认为，“按客观归责理论，长时间的非法拘禁容易导致被害人身心不全等自身素质严重下降的结果，此时继续非法拘禁行为和被害人的自身素质相结合就容易产生被害人轻生的风险，此种情况下应当认定被害人的死亡和被告人的拘禁有着刑法上的因果关系”。因此，孙某等人的行为均构成非法拘禁罪。

分析：本案的案情和前述李某超等非法拘禁、故意伤害案类似，但是，后一案中法院采用的是相当因果关系说，而本案中法院采用的是客观归责理论，最终两个案件的判决殊途同归。

四、本书的因果关系学说：行为危险的现实化理论

中国刑法学界和司法实务界的状态表明，因果关系理论可以说是中国刑法理论中最不统一的一个领域，这折射在司法实务中，就是各个法院采用的因果关系学说五花八门。自从 1997 年之后，刑法学界对以往研究中的必然、偶然之争进行了反思，一部分学者放弃了这一研究刑法因果关系的传统思路，并围绕着刑法因果关系在确定刑事责任方面的作用这一核心问题，通过借鉴国外的相关理论，提出了见解不一、观点各异的解决刑法因果关系的新思路。可以说，外国刑法因果关系理论在中国刑法学界都有支持者，同时必然偶然因果关系理论也有支持者。同时，中国司法实践中，对各种学说都不同程度地采纳，并在实践中运用。面对如此多的学说和判决立场，囿于各种因果关系学说的缺陷，当下中国刑法因果关系理论可以采用行为“危险现实化理论”，来进行因果关系的判断。所谓“危险现实化理论”，是指从事后看现实的因果经过，只有相应行为的危险在结果中

---

① 参见（2015）丰刑初字第 2146 号刑事判决书。

② 参见（2016）粤 0306 刑初 6246 号刑事判决书。

现实化时，才具有因果关系。①

相当因果关系说并没有完全消除对结果加重犯适用条件说时所产生的不公正现象，无论是其中的主观说还是客观说抑或折中说，对实行行为之后的介入因素的判断，其实都是围绕对介入因素是否可以预见进行的：如果可以预见，就肯定因果关系的存在；如果不能预见，则否定因果关系的存在。这种预见可能性的判断无疑是带有客观性的，因为相当因果关系理论的前提是按照一般人的社会生活经验来判断行为与结果之间的相当性。然而，日本大阪南港事件的判决，引发了“相当因果关系理论的危机”。该事件中，甲在某地殴打被害人乙致其脑出血后，将其放置在某处。事后查明当时无法预见的第三人丙对昏迷的被害人乙进行殴打，导致乙的死亡时间提前了几分钟。② 如果采取相当因果关系理论中的主观说，以甲自身的认识能力为基准并以其认识到的事实情况为判断对象，则甲在殴打乙并将乙放置于某处后，甲无法预见丙殴打乙。如果根据客观说，依行为时的全部情况和可以预见的行为后的情况加以判断，对第三人丙殴打昏迷的乙的行为显然无法预见。如果根据折中说，第三人丙殴打乙的行为也是不可预见的。这样一来，根据相当因果关系理论，行为人甲的殴打行为与乙的死亡结果之间就没有因果关系。可见，如果按照相当因果关系理论，无论采取其中的主观说还是客观说抑或折中说，最终其实都只是着重考虑了介入因素的异常程度，得出了前行为与被害人死亡之间没有因果关系的结论。对于这样的结论，日本学者大谷实先生指出，既然大阪南港事件中介入者的行为不可能被预见，那么，就应当在判断资料之时予以排除，最终应以一般人的经验法则为标准进行判断：行为人甲实施了殴打并造成被害人乙脑出血的暴行，并且在事后将乙放置在某处而放任不管。其行为本身足以产生死亡结果，在这种实行行为作用巨大、难以否定因果关系的场合，应该肯定因果关系的存在。③ 日本最高法院认为：“行为人的暴力产生了属于被害人死因的伤害，虽然之后由于第三人施加的暴力提前了被害人的死亡时间，但是仍然要承认行为人的暴力与死亡结果之间有着因果关系。”④ 根据大阪南港事件的判决，即便介入者的行为能够被行为人所预见，即便介入行为的异常程度非常之高，如果这种介入行为的作用力很小，那么，也不应该承认介入行为与结果之间的因果关系。传统的相当因果关系理论对介入因素预见可能性的过分倚重妨碍了对因果关系的准确判断。实行行为本身的危险程度或者说其对结果的贡献程度，才是判断因果关系更为重要的标准。

危险的现实化理论应运而生，它主张优先考虑实行行为的危险性在结果中的现实化，即使介入因素极其异常，但实行行为的危险性极高，介入因素对结果的贡献很小时，也应肯定因果关系的存在。⑤ 危险的现实化理论最先出现在 1912 年马克斯·路德温·穆勒（Max Ludwig Müller）的《论因果关系在刑法与侵权法中之意义》（Die Bedeutung des Kausalzusammenhangs im Straf-und Schadensersatzrecht）一书中。他认为，有责地导致

---

① 参见［日］前田雅英：《刑法总论讲义》（第六版），曾文科译，北京，北京大学出版社，2017，111 页。

② 参见日本《最高裁判所刑事判例集》，第 44 卷第 8 号（1990 年），837 页。

③ 参见［日］大谷实：《刑法讲义总论》（新版第五版），黎宏、姚培培译，北京，中国人民大学出版社，2023，222 页。

④ 日本《最高裁判所刑事判例集》，第 44 卷第 8 号（1990 年），837 页。

⑤ 参见［日］前田雅英：《刑法总论讲义》，7 版，东京，东京大学出版会，2019，139 页。

结果发生必定以结果与有责行为间具有因果关系为前提，即行为与结果之间存在条件因果关系。为了使一个结果是有责的，那么它首先必须是由有责行为造成的。但并不是每一个由有责行为造成的结果都具有责任上的关联。例如，A 在高处往下扔花盆，在花盆坠落前逃到街道另一边的路人 B 被掉落的屋顶瓦片砸死，那么，A 违反杀人禁止规范的行为就造成了属于杀人概念的结果……如果 B 是被掉下来的花盆砸死的，那么就会存在一个由 A 在客观和主观上违法引起的杀人行为。但是，根据事件实际过程发生的杀人结果，是在危险的框架之外发生的，虽然 A 的行为是违法的，因此这可以算作行为的后果之一，但不能被判定为在客观上、主观上违法造成的杀人结果。因此，刑法中的因果关系，在一般意义上可以最简要地表述为：如果一个事实是由有责行为，更确切地说是在危险实现（Verwirklichung der Gefahr）中（有条件地）造成的，因为该行为是有责的，那么该事实是有责行为所导致的。① 很显然，穆勒是通过危险现实化的概念来判断刑法因果关系的有无的。1931 年德国学者卡尔・恩吉斯（Karl Engisch）的论文《作为刑法构成要件要素的因果关系》（Kausalität als Merkmal strafrechtlicher Tatbestände）对穆勒的因果关系学说进行了极大的肯定，并指出，如果被证明除构成要件结果的相当性特征之外，危险实现对于特殊类型的因果过程的行为相当性的环节是不可或缺的，因为只有通过它才能确立“违法性关联”（Rechtswidrigkeitszusammenhang），那么，仍然需要回答这一特征与构成要件特征之间的关系：首先，最简单的是将“危险的实现”（Verwirklichung der Gefahr），像构成要件结果的相当性一样，作为不成文的构成要件特征，与因果关系并列放在一边。因此，恩吉斯将刑法中的原因概念定义为一个条件关系，并且除“危险性”（Gefährlichkeit）之外，还可以将“危险实现”作为特殊的构成要件特征，与因果关系（Kausalität）并列。总之，在恩吉斯看来，只有当由行为所招致的危险得到实现时，构成要件结果的出现才是在刑法上有责的，可能是以积极作为的方式为结果的出现奠定基础，也可能是以违反义务、不作为的方式未消除由其导致的风险。如果缺乏这种因果上的导致（Verursachung）或者危险的实现，那么只能是未遂。②

日本学者介绍和引入了德国刑法理论的危险现实化理论后，经过长期发展，目前该理论已成为日本刑法学界因果关系理论的主流观点，换言之，在因果关系判断中采用“实行行为的危险性在结果中现实化”判断标准的主张已经占据主流位置。③

危险现实化理论，是以全部事实为基础，根据行为所具有的危险是否现实化，来判断因果关系的。具体判断时分为两个步骤进行：第一步，检验是否存在具有导致结果发生危险（危险创设）的实行行为；第二步，检验该危险是否实现了（结果实现过程）。在结果实现过程中，存在着两种类型：一种是直接危险实现类型，即“行为人设定了与结果直接联系的物理危险，现实产生的结果可以（被）评价为这种危险的直接实现的场合”；另一种是间接危险实现类型，即“实行行为的危险性经由介入情况间接实现结果的

---

① Vgl. Max Ludwig Müller, Die Bedeutung des Kausalzusammenhangs im Straf-und Schadensersatzrecht, 1912, S.55ff.

② Vgl. Karl Engisch, Die Kausalität als Merkmal der Strafrechtlichen Tatbestände, 2021, S.67ff.

③ 参见［日］浅田和茂：《刑法总论》，3 版，东京，成文堂，2024，138～141 页；［日］井田良：《讲义刑法学・总论》，2 版，东京，有斐阁，2018，142～144 页。

场合”。简言之，根据危险实现过程中是否存在介入因素，可分为直接实现类型和间接实现类型：于前者没有介入因素，而是由行为直接实现危险；于后者则是经由介入因素间接地实现结果。

危险现实化理论具有以往学说不具备的诸多优势，它在以往相当因果关系理论考虑事前判断的基础上更加考虑了实行行为的危险性大小；它具有事前判断加事后判断、事实判断加规范判断于一体的优势，从而是对相当因果关系理论的发展。危险现实化理论是对客观归责理论的扬弃。依危险现实化理论进行的判断也非常具体：它从构成要件中的实行行为入手判断是否具有实现结果的危险以及最终结果是否实现，克服了客观归责理论作为因果关系理论过于宏大（其实质上乃是贯通三阶层）的缺陷，以及客观归责理论的下位规则如允许的风险、风险升高理论等的内涵不清晰和外延不周全的缺陷。但同时，危险现实化理论也吸收了客观归责理论的合理成分，比如，它借鉴了客观归责理论中的规范保护目的理论，认为行为如果并未对构成要件所保护的法益造成侵害，则排除其与结果之间的因果关系。比如，甲以正常速度驾驶汽车在公路上行驶，乙在非人行道上违章横穿马路。甲紧急踩刹车，但因乙已至车前，甲避让不及，乙被撞死。后经查明，甲未携带驾驶执照。本案中甲不携带驾照的行为处于交通肇事罪的规范保护目的之外，携带驾照只是方便路途中交警的检查，对于确保交通肇事罪保护的公共安全法益并无作用，换言之，甲没有携带驾照的行为属于规范上没有危险的行为，换言之，这种行为不是符合构成要件的行为。因此，不能判定甲要对乙的死亡结果承担责任。甲没有携带驾照固然属于违规驾驶，但是此种违规行为不是具有现实危险性的行为，乙之所以死亡是因为其突然横穿马路导致甲避让不及。故甲在本案中无罪。

危险现实化理论的优势以及其在实务判断中的简单易行，使现在在中国刑法理论界支持该说的学者日益增多，司法实务中有诸多案例的判决都是采用危险现实化理论来判断因果关系。①

李某过失致人重伤案。② 李某驾驶出租车将王某等四人送至某路口后，其他三人相继下车，但王某一直酒醉未醒，李某将其拖抱出出租车并将其置于机动车道分隔线处后便驾车离去。后张某发现王某的同伴为救助王某而站在路中拦停其他车辆，张欲借道驶离时未注意观察路面状况，将王某碾压致伤。法院认为，“李某作为一名职业的出租车驾驶员，应当清晰明确知道深夜将人置于车辆往来较多的道路上是具有相当危险性的，而其却将深度醉酒、没有自控意识的被害人置于非隔离带处，其行为造成了被害人受其他行驶车辆碾压致伤的危险。而后被害人确实被途经此处的车辆所碾压致重伤，导致了李某行为造成的危险现实化。”因此，其行为应构成过失致人重伤罪。

分析：本案中李某将车载乘客王某弃置于路边的行为造成了王某可能被路边经过的车或者人伤害的危险，并且介入的张某未注意到王某而驾车碾压致王某重伤，使王某受伤害的危险得到实现。这一危险的实现属于间接实现危险类型。

---

① 参见（2016）渝05刑终1060号刑事裁定书，（2017）粤01刑终1637号刑事判决书，（2015）洪刑一初字第90号刑事判决书，等等。

② 参见（2016）沪0112刑初2502号刑事判决书。

第八章　行为主体

第一节　行为主体概述

一、行为主体的概念与犯罪论体系定位

行为主体，是指实施了犯罪行为，而实现了构成要件行为之人。这样的人，分为自然人和法人。对于法人犯罪，我国刑法采用的是“单位犯罪”的提法，因此，我国刑法中的犯罪行为的主体，包含自然人和单位两大类。其中，自然人主体在我国刑法中具有普遍性。至于单位主体，只有刑法规定为单位犯罪的那些罪名，单位才能成为其犯罪主体，换言之，单位在我国刑法中不是基本和普遍的主体，只在法律有明文规定的情况下才成为犯罪主体。

在中国刑法传统平面四要件犯罪论体系中，行为主体融合了实施犯罪行为的人、责任年龄与责任能力等综合要素。但是，在阶层犯罪论体系之中，行为主体属于犯罪客观（不法）构成要件中的内容，而主体的责任年龄与责任能力，则属于犯罪主观（有责）构成要件中的责任要素。依此，本章主要围绕自然人主体和单位主体展开与它们的身份相关的分析，而将责任年龄与责任能力放在犯罪主观（有责）构成要件中探讨。

二、行为主体的意义

任何犯罪都必须有行为主体，但是行为主体不一定是犯罪主体，只有行为及其主体符合了构成要件，同时又具备了违法性和有责性，这样的主体才能成为犯罪主体，因此，如果严格区分，行为主体的概念要广于犯罪主体的概念。然而，基于刑法用语习惯，一般而言，在刑法理论上并没有作如此严格的区分。行为主体在刑法中的意义主要是在定罪和量刑两方面的意义。

行为主体是对行为定罪时不可或缺的构成要件要素。刑法是基于行为侵害法益事实的判断规范，而任何行为都存在行为主体，亦即“实施……的人”。至于何种实施了某种行为之人才能成为刑法中的行为主体，则要依照刑法的规定进行判断，即必须符合刑法规定的主体条件。刑法总则规定了行为主体的一般性条件，即达到刑事责任年龄、具有刑事责任能力的任何人，简言之，具备行为主体责任条件的人，都是符合了行为主体一般性条件的人。刑法分则规定了具体犯罪特殊的主体条件，比如，《刑法》第 236 条之一规定了负有照护职责人员性侵罪，该罪的主体必须是负有监护、收养、看护、医疗等特殊职责的人员。当刑罚法规规定处罚单位自身时，单位也能成为行为主体。

行为主体是追究行为刑事责任时不可或缺的构成要件要素。透过刑法构成要件予以审视，一旦行为事实的内容与行为主体条件具备构成要件符合性，那么，必然要对行为主体赋予一定的刑罚效果。国家刑罚权的行使，都是采取限制或者剥夺特定人的人身权利、财产权利等强制性手段，本质上是对特定人亦即行为主体的处罚与制裁。同时，刑罚制裁的手段以及程度，则因行为主体不同而有所区别。比如，针对自然人和针对单位的刑罚制裁手段就存在着差别，针对一般犯罪主体和特殊犯罪主体的刑罚制裁程度往往也存在差别。以《刑法》第238条规定的非法拘禁罪为例，如果是国家机关工作人员利用职权犯该罪，则要从重处罚。

第二节 自然人主体

一、自然人主体概述

自然人是指基于自然生理规律而出生的人。自然人行为主体，则是指具有刑法上行为能力的自然人。

首先，一般的行为主体都是自然人，即能够思维与说话并以此而区分于动物的生命有机体。这意味着，动物不能成为行为主体。比如，2021年某日上午，孙某某在小区遛狗时，狗将周某扑倒，周某倒地受伤。当时狗身上无犬链。法院的判决指出，孙某某未采取安全管理措施，未给狗拴犬链，对犬只管束不力，导致狗将周某扑倒，致使周某受伤，故应由犬的主人孙某某对由此产生的损害后果承担法律责任。①

其次，作为行为主体的自然人必须具备自然人人格，即具备作为人的主体资格和人的尊严等全部品质。人格的本质就是人的社会性，人格是个体社会化的结果。从人格与行为的关系分析，人格特征体现了人的行为的倾向性，即基于身心真实状态的个人，从人和环境的角度所体现于外的有社会意义的外部动作。② 当自然人通过有社会意义的行为表达其内在主观状态时，这样的人，就可以成为刑法中的自然人主体。如果自然人的外在行为，不是受内在主观状态支配，不能体现自然人的人格，则这样的人也就不能成为行为主体。比如，甲、乙在某旅游景点嬉闹，嬉闹过程中，乙因躲闪而无意中撞到身边的游人丙，丙被撞倒后导致其身边的丁坠下楼梯身受重伤。分析本案，丙摔倒的行为并不受其内在的主观心理状态支配，未能体现其人格特征，因此，丙不能成为致丁重伤的行为主体。乙对丙以及后续丁的摔倒存在过失，故乙应该成为本案的行为主体。

最后，作为行为主体的自然人不必具备刑事责任年龄和刑事责任能力。任何自然人都具有刑法上的行为能力，不论年龄大小和精神状态如何。对于具备行为能力的自然人所实施的刑法规定的行为，都可以进行违法性评价，但是，对自然人主体的行为进行违法性评价不等于确认他们是犯罪主体，只有进一步对其行为进行有责性评价之后，方可确定其是否要负刑事责任。可见，自然人是否具备行为能力，完全取决于其自然的意志力。对此必须与《刑法》第17条规定的刑事责任年龄、第18条规定的精神状态等具体

① 参见（2022）鲁10民终1488号民事判决书。

② 参见张文、刘艳红、甘怡群：《人格刑法导论》，北京，法律出版社，2005，122页。

个人的责任能力区分开来。

二、一般主体

一般主体，是指根据刑法总则的规定实施符合构成要件行为的自然人。因为一般主体在刑法总则中已有规定，所以，刑法分则条文对一般主体不会再作具体叙述。比如，《刑法》第232条规定的故意杀人罪，该罪的主体即为一般主体，故该条未对其行为主体再进行任何叙述。“凡刑法对行为人的规定是无姓无名的‘谁’的，任何人都有可能是一般犯（Allgemeindelikte）的有行为能力的行为人”①。总之，一般主体是指，任何人都可以成为某种行为的主体。对这类主体没有特殊的限制条件，只要满足刑法规定的一般犯的条件即可。

三、特殊主体

特殊主体，是指在一般主体的条件之外，还要求具备某种特殊身份的行为主体。特殊身份是指行为人在身份上与该具体行为有关联的特殊资格，比如特定性别、特定职业、特定义务等。一般而言，特殊主体又叫身份犯，它是通过刑法在构成要件上描述行为主体的某种特殊要素而产生的，通过对一般主体的范围加以限定而成。

身份犯分为真正身份犯和非真正身份犯：真正身份犯是指必须具备某种特殊身份才能成立的犯罪，非真正身份犯是指当具有一定身份时加重或减轻处罚的犯罪。易言之，身份影响犯罪成立的是真正身份犯，身份不影响犯罪的成立只影响刑罚轻重的是非真正身份犯。

特殊主体的身份都是由刑法分则条文明确规定的。根据刑法分则的规定，真正身份犯所涉及的身份主要有以下类别。

1. 国家工作人员

《刑法》第93条规定，“本法所称国家工作人员，是指国家机关中从事公务的人员”；“国有公司、企业、事业单位、人民团体中从事公务的人员和国家机关、国有公司、企业、事业单位委派到非国有公司、企业、事业单位、社会团体从事公务的人员，以及其他依照法律从事公务的人员，以国家工作人员论。”该条中的国家工作人员实际上包含两种人。

（1）“国家机关中从事公务的人员”，是指在各级党政机关和依照法律法规授权行使国家行政管理职权的组织或受国家机关委托行使国家行政管理职权的组织中从事公务的人员。这类人员的本质特征在于代表公权力组织行使公共职权，强调职务活动主体身份的公共性。

比如，《刑法》第109条规定的叛逃罪的主体就是国家机关中从事公务的人员，该条规定，“国家机关工作人员在履行公务期间，擅离岗位，叛逃境外或者在境外叛逃的”，构成叛逃罪。

国家机关中从事公务的人员，依照刑法分则的规定，主要有司法工作人员、军警人

---

① Wessels/Beulke/Satzger，Strafrecht Allgemener Teil，50. Aufl.，2020，Rn. 54a.

员、邮政工作人员、缉毒人员，以及刑法分则第九章“渎职罪”规定的各类具体的国家工作人员，如行政执法人员、税务机关的工作人员、林业主管部门的工作人员、负有环境保护监督管理职责的国家机关工作人员等。对于这些具体的国家机关中从事公务的人员，刑法总则只对司法工作人员进行了界定，《刑法》第 94 条规定，“本法所称司法工作人员，是指有侦查、检察、审判、监管职责的工作人员”。比如，《刑法》第 308 条之一规定的泄露不应公开的案件信息罪、第 396 条第 2 款规定的私分罚没财物罪、第 399 条规定的徇私枉法罪等罪名的主体都是司法工作人员。

(2)“以国家工作人员论”的人员，是指不具备国家机关工作人员主体身份，但是其所从事的是具有公共性质的职务活动。对于这类人员，也按照国家工作人员对待。它具体包含三类人员。

第一类是“国有公司、企业、事业单位、人民团体中从事公务的人员”。这里的“国有公司、企业”，是指国家出资的国有独资企业、国有独资公司以及国有资本控股公司，包括中央与地方国有资产监督管理机构和其他部门所监管的企业本级及其逐级投资形成的企业。“事业单位”，根据《事业单位登记管理暂行条例》第 2 条第 1 款的规定，是指国家为了社会公益目的，由国家机关或者其他组织利用国有资产举办的，从事教育、科技、文化、卫生等活动的社会服务组织。“人民团体”是指，社会成员本着自愿的原则，根据团体章程而依法组成的非营利性社会组织，主要包括人民群众团体如中华全国总工会、全国妇联、共青团等组织，以及文艺工作团体、学术研究团体、宗教团体等。[①] 如，《刑法》第 166 条规定的为亲友非法牟利罪的主体就是“国有公司、企业、事业单位的工作人员”；《刑法》第 168 条规定的国有公司、企业、事业单位人员失职罪，国有公司、企业、事业单位人员滥用职权罪的主体既包括“国有公司、企业的工作人员”，也包括“国有事业单位的工作人员”。

第二类是“国家机关、国有公司、企业、事业单位委派到非国有公司、企业、事业单位、社会团体从事公务的人员”。2005 年 8 月 1 日“高法”《关于如何认定国有控股、参股股份有限公司中的国有公司、企业人员的解释》规定，“国有公司、企业委派到国有控股、参股公司从事公务的人员，以国有公司、企业人员论”。比如，《刑法》第 183 条第 2 款规定，“国有保险公司工作人员和国有保险公司委派到非国有保险公司从事公务的人员有前款行为的，依照本法第三百八十二条、第三百八十三条的规定定罪处罚”。该款即将被国有公司委派到非国有公司的人员论以国家工作人员。

刑法分则中有的条文规定的是“委派”，有的条文规定的是“委托”。比如，《刑法》第 382 条第 2 款规定，“受国家机关、国有公司、企业、事业单位、人民团体委托管理、经营国有财产的人员，利用职务上的便利，侵吞、窃取、骗取或者以其他手段非法占有国有财物的，以贪污论”。这里的“委托”和“委派”有何区别？从人事关系分析：委派是委任派遣，是单位内部上级对下级的派任；委托是托付他人处理，是单位外部平等主体之间的法律行为，是将本单位的事务嘱托其他人代为处理完成。可见，委派是人事上的任命，委托是具体事务的托付。但是，无论是人事的任命还是具体事务的托付，二者

① 参见周佑勇：《行政法原论》，3 版，北京，北京大学出版社，2018，114 页。

在实际履职过程中其实都是在行使国家工作人员具体公务职权，因此，从实质刑法角度分析，无论是受委派之人还是受委托之人，均应以国家工作人员论，亦即都被认定为国家工作人员。

第三类是“其他依照法律从事公务的人员”。2009 年 8 月 27 日修正的全国人民代表大会常务委员会《关于〈中华人民共和国刑法〉第九十三条第二款的解释》规定，“村民委员会等村基层组织人员协助人民政府从事下列行政管理工作，属于刑法第九十三条第二款规定的‘其他依照法律从事公务的人员’：（一）救灾、抢险、防汛、优抚、扶贫、移民、救济款物的管理；（二）社会捐助公益事业款物的管理；（三）国有土地的经营和管理；（四）土地征收、征用补偿费用的管理；（五）代征、代缴税款；（六）有关计划生育、户籍、征兵工作；（七）协助人民政府从事的其他行政管理工作”。据此规定，如果村民委员会等村基层组织人员从事前述公务，利用职务上的便利，非法占有公共财物、挪用公款、索取他人财物或者非法收受他人财物，构成犯罪的，适用刑法对贪污罪、挪用公款罪、受贿罪的规定。

“其他依照法律从事公务的人员”的形式外延难以确定，因为“其他”无法穷尽；但是，“其他依照法律从事公务的人员”的实质内涵可以明确：其中的“法律”是指广义的法律，即包括所有的规范性文件在内的广泛意义上的法律①，既包括全国人大及其常委会制定的法律，也包括各种行政法规、规章与其他规范性文件。其中的“公务”强调的是国家为公民提供服务的义务。“国家与公民之间就是一种公务关系，即公务与合作、服务与配合的义务关系，而不是一种权力关系或权利义务关系。”② 换言之，这里的公务是指行为人所从事的行为具有公共职责的内容，即代表国家机关、国有公司、企业、事业单位、人民团体等履行组织、领导、监督、管理等职责，而不是指公务人员的身份。此即为公务论。

依此，在“其他依照法律从事公务的人员”的认定上，本书所持是基于实质刑法立场的公务论，而不是形式上的身份论。身份论又可被称为资格论，认为必须具备国家工作人员的编制，在人事资格上具备国家工作人员的身份的人，才能被认定为国家工作人员。身份论从形式上狭隘理解国家工作人员，对于实践中广泛存在的各种没有国家工作人员编制但履行了一定公共管理职责的人，从形式上拒于国家工作人员的范围之外。机械理解国家工作人员，将使因各种原因行使公权力之人的犯罪行为得不到刑法的制裁，从而不利于维护国家公权力的严肃性。因此，在认定国家工作人员范围的争议中，公务论成为主流观点，各类有关国家工作人员的司法解释都是根据公务论作出的。

采取公务论的司法解释，比如：1）1999 年 9 月 16 日“高检”《关于人民检察院直接受理立案侦查案件立案标准的规定（试行）》规定，“国有保险公司的工作人员和国有保险公司委派到非国有保险公司从事公务的人员利用职务上的便利，故意编造未曾发生的保险事故进行虚假理赔，骗取保险金归自己所有的，以贪污罪追究刑事责任”。2）2001 年 3 月 2 日“高检”《关于工人等非监管机关在编监管人员私放在押人员行为和失职致使

① 参见周佑勇：《行政法原论》，3 版，北京，北京大学出版社，2018，10 页。

② 周佑勇：《行政法原论》，3 版，北京，北京大学出版社，2018，85 页。

在押人员脱逃行为适用法律问题的解释》规定，“工人等非监管机关在编监管人员在被监管机关聘用受委托履行监管职责的过程中私放在押人员的，应当依照刑法第四百条第一款的规定，以私放在押人员罪追究刑事责任”。3）2002 年 4 月 29 日“高检”《关于企业事业单位的公安机构在机构改革过程中其工作人员能否构成渎职侵权犯罪主体问题的批复》指出，“企业事业单位的公安机构在机构改革过程中虽尚未列入公安机关建制，其工作人员在行使侦查职责时，实施渎职侵权行为的，可以成为渎职侵权犯罪的主体。”4）2010 年 11 月 26 日“两高”《关于办理国家出资企业中职务犯罪案件具体应用法律若干问题的意见》规定，“经国家机关、国有公司、企业、事业单位提名、推荐、任命、批准等，在国有控股、参股公司及其分支机构中从事公务的人员，应当认定为国家工作人员。具体的任命机构和程序，不影响国家工作人员的认定”。

司法实践中，对“其他依照法律从事公务的人员”的认定，也是采取公务论。

龚某某受贿案。2000 年至 2002 年期间，龚某某在受中国足球协会指派担任全国足球甲级队 A 组、B 组联赛主裁判员期间，利用职务之便，明知他人有让其在比赛中予以关照的请托，9 次收受他人给予的人民币共计 37 万元。

分析：本案中龚某某的主体身份是否属于“其他依照法律从事公务的人员”，从而是否论以国家工作人员，成为本案定性的关键。无论是根据 1995 年《体育法》的规定（第 29 条、第 31 条、第 47 条），还是根据 2023 年修订的《体育法》的规定（第 65 条、第 112 条、第 117 条），我国各类单项体育协会，如中国足球协会、中国篮球协会等，均具有相应的运动员注册管理、各类体育竞赛管理及处罚的职权，换言之，即具有国家公共事务管理职能，因而，龚某某具备公权力主体资格，不仅可以成为行政诉讼中的行政主体，而且可以成为刑法中的“其他依照法律从事公务的人员”。因此，龚某某的行为构成受贿罪。法院对本案的判决充分体现了公务论：“全国足球甲级联赛作为全国单项体育竞赛由中国足球协会负责管理，上诉人龚某某受中国足球协会指派在全国足球联赛中执裁，属于刑法第九十三条第二款规定的‘其他依照法律从事公务的人员’，依法应以国家工作人员论。”①

2. 具有特定法律义务的人

具有特定法律义务的人，是指法律赋予了某种特定义务之人。如果没有履行法律赋予的义务，刑法规定该类行为为犯罪的，他们就会成为犯罪的主体。比如，在家庭关系中，根据《民法典》第 26 条的规定，“父母对未成年子女负有抚养、教育和保护的义务”。“成年子女对父母负有赡养、扶助和保护的义务”。父母遗弃未成年子女，或者成年子女对年老的父母弃之不养的，就违反了民法赋予的特定义务而构成《刑法》第 261 条规定的遗弃罪。

刑法中很多罪名都是针对有特定法律义务的人而规定的。比如，《刑法》第 129 条丢失枪支不报罪，第 139 条之一不报、谎报安全事故罪，第 161 条违规披露、不披露重要信息罪，第 169 条之一背信损害上市公司利益罪，第 185 条之一第 1 款背信运用受托财产罪，第 187 条吸收客户资金不入账罪，第 190 条逃汇罪，第 201 条逃税罪，第 203 条

① （2003）一中刑终字第 345 号刑事裁定书。

逃避追缴欠税罪，第219条侵犯商业秘密罪，第236条之一负有照护职责人员性侵罪，第260条虐待罪，第260条之一虐待被监护、看护人罪，第276条之一拒不支付劳动报酬罪，第286条之一拒不履行信息网络安全管理义务罪，第304条故意延误投递邮件罪，第311条拒绝提供间谍犯罪、恐怖主义犯罪、极端主义犯罪证据罪，第313条拒不执行判决、裁定罪，第330条妨害传染病防治罪，第376条战时拒绝、逃避征召、军事训练罪，第380条战时拒绝、故意延误军事订货罪，第381条战时拒绝军事征收、征用罪，第395条第1款巨额财产来源不明罪，第411条放纵走私罪，第414条放纵制售伪劣商品犯罪行为罪，第416条第1款不解救被拐卖、绑架妇女、儿童罪，第417条帮助犯罪分子逃避处罚罪，第429条拒不救援友邻部队罪，第440条遗弃武器装备罪，第444条遗弃伤病军人罪，第445条战时拒不救治伤病军人罪等。

3. 具有特定职业的人

具有特定职业的人，是指利用专门的知识和技能从事特定的相对稳定的专门业务的社会劳动的人。具有特定职业的人在其从事职业的过程中违反规章制度，刑法规定此类行为为犯罪的，他们就会成为犯罪的主体。比如，《刑法》第131条规定的重大飞行事故罪，该罪的主体是航空人员，如果他们在从事航空飞行业务的过程中违反规章制度，致使发生重大飞行事故，造成严重后果，成立该罪。

刑法中针对具有特定职业的人违反规章制度而设立的罪名很多，比如，《刑法》第126条违规制造、销售枪支罪，第132条铁路运营安全事故罪，第133条交通肇事罪，第133条之一危险驾驶罪，第133条之二妨害安全驾驶罪，第134条第1款重大责任事故罪，第134条第2款强令、组织他人违章冒险作业罪，第134条之一危险作业罪，第135条重大劳动安全事故罪，第135条之一大型群众性活动重大安全事故罪，第137条工程重大安全事故罪，第138条教育设施重大安全事故罪，第139条消防责任事故罪，第180条第1款内幕交易、泄露内幕信息罪，第180条第4款利用未公开信息交易罪，第181条第2款诱骗投资者买卖证券、期货合约罪，第185条之一第2款违法运用资金罪，第186条违法发放贷款罪，第187条吸收客户资金不入账罪，第188条违规出具金融票证罪，第189条对违法票据承兑、付款、保证罪，第222条虚假广告罪，第229条第1款提供虚假证明文件罪，第229条第3款出具证明文件重大失实罪，第250条出版歧视、侮辱少数民族作品罪，第253条私自开拆、隐匿、毁弃邮件、电报罪，第327条非法出售、私赠文物藏品罪，第331条传染病菌种、毒种扩散罪等。

4. 具有特定法律地位和特定身份的人

具有特定法律地位和特定身份的人，是指并不具备特定的法律义务或者特定职业，但是因为由法律关系产生的法律地位或者因为某种特定身份而要遵守法律的规定，否则即有可能成为刑法中的行为主体。比如，有配偶的人，已有婚姻法律关系，必须遵守《民法典》第1041条第1、2款的规定，即“婚姻家庭受国家保护”，“实行婚姻自由、一夫一妻、男女平等的婚姻制度”。依此，有配偶的人如果违背一夫一妻的规定，而与他人重婚，就构成重婚罪（《刑法》第258条）。在此，“有配偶的人”即因婚姻关系而具有了“已婚”的法律地位和身份。

具有特定的法律地位和其他特定身份的人违反法律规定所涉及的犯罪，主要有《刑法》第 198 条保险诈骗罪，第 223 条串通投标罪，第 305 条伪证罪，第 306 条辩护人、诉讼代理人毁灭证据、伪造证据、妨害作证罪，第 308 条之一第 1 款泄露不应公开的案件信息罪，第 315 条破坏监管秩序罪，第 316 条第 1 款脱逃罪，第 317 条第 1 款组织越狱罪，第 317 条第 2 款暴动越狱罪和聚众持械劫狱罪等。

5. 具有其他特殊地位或状态的人

具有其他特殊地位或状态的人，是指除国家工作人员、具有特定法律义务的人、具有特定职业的人，以及具有特定法律地位、特定身份的人之外的，具有特殊地位或者状态的人。比如，《刑法》第 354 条规定，“容留他人吸食、注射毒品的”，构成容留他人吸毒罪。这里的容留行为只能由容留已成习性的行为构成，偶尔容留他人吸食、注射毒品的行为就不能构成该罪。再如，《刑法》第 165 条非法经营同类营业罪、第 225 条非法经营罪、第 303 条第 1 款赌博罪等的行为主体就属于“其他特殊地位或状态的人”。

第三节 单位主体

一、单位犯罪的概念

单位犯罪，是指以单位名义实施的侵害我国刑法所保护的社会关系的行为。《刑法》第 30 条规定，“公司、企业、事业单位、机关、团体实施的危害社会的行为，法律规定为单位犯罪的，应当负刑事责任”。据此规定，单位是我国刑法上的犯罪主体，是自然人行为主体之外的法律拟制行为主体。单位成为犯罪主体，是根据法人拟制说发展而来的。法人拟制说[①]是法人学说的一种，兴盛于 19 世纪，主要代表人物是德国法学家萨维尼。该学说认为，民事主体享有权利，必然要有意识能力，因此民事权利主体应以自然人为限，以自然人为准。非自然人之所以能够成为权利主体，是因为用法律的力量把它拟制为自然人的结果。法人拟制说区别了法人与其成员的财产，区分了法人与其成员的独立人格和各自的责任，对于法人制度的建立具有重要意义。单位“没有可谴责的灵魂，没有可处罚的身躯”（刑法学家考菲），如果不将单位拟制为个人，那么，对单位定罪处罚就会违背罪责自负的刑事归责原理。为了解决对单位刑事归责的正当性问题，法人拟制说拟制出单位具有个人的人格，从而有效克服了对单位刑事归责的理论障碍。

根据《刑法》第 30 条的规定，我国刑法对非自然人行为主体，没有采用在美国、英国、德国、日本、法国、澳大利亚、荷兰、比利时等通行的“法人”和“法人犯罪”的提法[②]，而是采用了“单位犯罪”的概念。为此，必须明确单位犯罪和法人犯罪的区别。

所谓法人犯罪，是指以法人名义实施的犯罪活动的统称。这里的法人，是指具有民事权利能力和民事行为能力，依法独立享有民事权利和承担民事义务的组织。简言之，

---

① 参见朱庆育：《民法总论》，2 版，北京，北京大学出版社，2016，460 页。

② 《美国模范刑法典》第 2.07 条规定了“法人、非法人团体及其代理人的责任”。《德国刑法典》第 14 条使用了“法人的代理机构或其成员”的表述。日本《卖淫防止法》第 14 条规定，“法人的代表人，或者法人或非法人的代理人、雇佣人以及其他从事人员……”。《法国刑法典》第 131—37 条规定，“法人可处之重罪及轻罪刑罚为……”。《澳大利亚联邦刑法典》第 12.1 条规定，“本刑法典以其适用于自然人的方式适用于法人”。《荷兰刑法典》第 51 条第 1 款规定，“罪犯分为两类：自然人和法人”。《比利时刑法典》第 5 条第 1 款规定，“对与实现法人目的或者维护法人利益之间存在本质联系的罪行，或者有具体事实证明是代表法人所实施的罪行，法人应当承担刑事责任”。

法人是具有民事权利主体资格的社会组织在法律上的人格化。法人具体包括营利法人、非营利法人、特别法人。作为民法上的一项法律制度，法人的相关内容在《民法典》第57条、第76条、第87条、第96条等有明确规定。所谓单位犯罪，是指以单位名义实施的犯罪活动的统称。这里的单位，是指机关、团体、法人、企业等非自然人的实体或其下属部门。单位不区分法人、非法人，不区分是否有营利性质等。单位是最广泛的一个非自然人实体的总称。法人犯罪与单位犯罪内涵相同，都是非自然人实施的犯罪，但是外延不同，法人是具有民法上主体资格的组织体，单位则是不一定具备民法上主体资格的组织体。

在现行刑法规定单位犯罪时，刑法学界就我国刑法应使用“法人犯罪”还是“单位犯罪”的概念曾经进行了广泛的争议，比如有观点指出，我国刑法典中应明确使用“法人犯罪”一词，摒弃“单位犯罪”的表达方法，以更加规范，并与其他国家刑法的有关规定相一致。① 但是，最终《刑法》第30条采用了“单位犯罪”的概念。之所以如此，是因为使用“单位犯罪”的概念更符合我国非自然人犯罪主体的实际情况。《民法典》第102条第1款明确规定，“非法人组织是不具有法人资格，但是能够依法以自己的名义从事民事活动的组织”。可见，由于我国法人制度不健全，很多组织体并不具备法人资格，但这并不妨碍它们以自己的名义从事民事活动或者实施违法犯罪。因此，在当前我国非自然人犯罪主体并不限于民法意义上有法人资格的单位。如果以是否具有法人资格来确定此类犯罪主体的范围，必然存在缺陷，不利于对此类犯罪的惩治与防范。以外延上比法人更为宽泛的单位来概括各种从事犯罪的组织，显然更有利于维护社会主义市场经济秩序，更能够严密刑事法网，防止非自然人的各种社会组织实施危害社会主义市场经济秩序的行为。

二、单位犯罪的成立条件

《刑法》第30条规定，“公司、企业、事业单位、机关、团体实施的危害社会的行为，法律规定为单位犯罪的，应当负刑事责任”。此外，2001年1月21日“高法”《全国法院审理金融犯罪案件工作座谈会纪要》（以下简称《纪要》）规定，“以单位名义实施犯罪，违法所得归单位所有的，是单位犯罪”。根据以上立法和司法解释的规定，单位犯罪的成立必须满足三个条件，即以单位名义、为单位利益、体现单位意志。

1. 以单位名义

单位犯罪必须是由公司、企业、事业单位、机关、团体以其自身的名义实施的，简言之，单位犯罪是以单位而不是个人名义实施的犯罪。根据1999年6月25日“高法”《关于审理单位犯罪案件具体应用法律有关问题的解释》（以下简称《单位犯罪解释》）的规定，具体理解时要注意三方面：

（1）单位犯罪的主体必须是公司、企业、事业单位、机关、团体，是这些单位以它们的名义实施的犯罪，而不是单位内部成员犯罪的集合。这里的公司、企业、事业单位，既包括国有、集体所有的公司、企业、事业单位，也包括依法设立的合资、合作经营企

① 参见高铭暄、赵秉志编著：《新中国刑法学研究60年》，北京，中国人民大学出版社，2009，645页。

业和具有法人资格的私营企业等，以及其他不具有法人资格但能以自己名义独立承担法律责任的单位。这里的“团体”是指，社会成员本着自愿的原则，根据团体章程而依法组成并开展活动的非营利性社会组织。

村民委员会能否成为单位犯罪的主体？2007 年 3 月 1 日公安部《关于村民委员会可否构成单位犯罪主体问题的批复》（以下简称《批复》）规定：村民委员会是村民自我管理、自我教育、自我服务的基层群众性自治组织，不属于《刑法》第 30 条列举的范围。因此，对以村民委员会名义实施犯罪的，不应以单位犯罪论，可以依法追究直接负责的主管人员和其他直接责任人员的刑事责任。

A 等非法转让、倒卖土地使用权案。[①] 2015 年 7 月左右，某村支部书记 A 与村委会主任 B 等人经商议后决定，由 B 代表村委会与某公司签订荒滩、荒地租赁合同，将该合同约定范围内全部土地以荒滩、荒地等非耕地的名义租赁给该公司建设尾矿库，租期为 20 年，租金为 330 万元人民币。B 在与该公司签订租赁合同过程中，并未通知和征得相关单位同意。

分析：对于本案，法院经审理指出，单位不构成《刑法》第 228 条规定的非法转让、倒卖土地使用权罪。本案中 A、B 作为某村支部书记和村委会主任，以该村委会名义实施非法转让土地使用权的犯罪行为，属于以村委会名义实施的犯罪，根据《批复》的规定，应对 A 和 B 作为直接负责的主管人员追究其非法转让、倒卖土地使用权罪的刑事责任。

（2）个人为进行违法犯罪活动而设立的公司、企业、事业单位实施犯罪的，或者公司、企业、事业单位设立后，以实施犯罪为主要活动的，不以单位犯罪论处。

甲等非法经营案。[②] 甲为挂靠某网站，注册了一家空壳公司，并与另一空壳公司合并为某传媒公司。该传媒公司当时并无经营项目，每月都是零申报，并实际上为甲所控制。甲等人违反国家规定，以营利为目的，在某网站上出现企事业单位和相关政府部门的负面帖文后，以签订广告合同的形式收取被害单位删帖费用，有偿为对方提供删除信息服务，涉案金额达 374.25 万元。

分析：本案不成立单位犯罪。虽然是某传媒公司与被害单位签订合同，并且通过公司账户收取非法经营的款项，但实质上某传媒公司是甲等人实施犯罪的工具。甲等人签订假协议，利用公司名义实施犯罪，所体现的是个人的犯罪故意。某传媒公司成立后，以实施犯罪为主要活动，不符合单位犯罪的本质特征，应认定为个人犯罪。因此，本案中甲等人的行为构成非法经营罪。

（3）盗用单位名义实施犯罪，违法所得由实施犯罪的个人私分的，依照刑法有关自然人犯罪的规定定罪处罚。

李某某侵犯著作权案。[③] 李某某注册有汕头市木子动漫玩具有限公司。在公司经营过程中，李某某以营利为目的，未经著作权人许可，复制发行其他公司享有著作权的玩

① 参见（2019）晋 09 刑终 398 号刑事裁定书。
② 参见（2014）盐刑二终字第 00143 号刑事裁定书。
③ 参见（2018）沪 03 刑终 25 号刑事裁定书。

具美术作品，非法经营数额达人民币 379 万余元，情节特别严重，已构成侵犯著作权罪。

分析：本案不构成单位犯罪，而只成立自然人犯罪。李某某侵犯著作权的行为虽然以其注册的公司名义实施，但实际上该公司的生产、销售等事务均由李某某独自决定，并且在生产侵权玩具的过程中李某某以个人名义收取货款，利益归李某某个人所有，故属于“盗用单位名义实施犯罪，违法所得由实施犯罪的个人私分的，依照刑法有关自然人犯罪的规定定罪处罚”之情形，依法不构成单位犯罪，而应由李某某个人承担相应的刑事责任。

2. 为单位利益

单位犯罪是单位即公司、企业、事业单位、机关、团体为了牟取单位利益的行为，其违法所得应该归单位所有，换言之，只有为本单位牟取非法利益或以单位名义为本单位全体或多数成员牟取非法利益的行为，才能成立单位犯罪。单位实施犯罪行为的违法所得只有归属于单位时，才能认定为单位犯罪。如果虽以单位名义实施了危害社会的行为，但是，违法所得归单位个别人如领导所有，则属于以单位名义实施的个人犯罪，不能认定为单位犯罪。根据《单位犯罪解释》第 3 条的规定，盗用单位名义实施犯罪，违法所得由实施犯罪的个人私分的，依照刑法有关自然人犯罪的规定定罪处罚。

李某合同诈骗案。[①] 李某经营某酒类公司。在因经营负有巨额债务的情况下，李某虚构可以提供低价期货 M 牌酒等酒类的事实，与被害人签订书面购销合同或口头合同，欺骗被害人先行支付货款，骗得孙某等人 13 365 172 元。

分析：本案应该是个人犯罪而不是单位犯罪。本案被告人李某的酒类经营是公司经营与其个人经营混合，公司账户资金与个人账户资金之间并无明显界限，资金可由李某随意流转使用。本案涉及的合同诈骗事实均由李某个人实施，李某与被害人只是以公司名义签订合同，所有款项最终转入李某个人账户，由李某个人操控，故不应认定为单位犯罪。

3. 体现单位意志

单位犯罪体现的是单位意志而不是单位中领导人或负责人的个人意志。所谓体现单位意志，是指根据单位内部程序和规则，体现单位的利益整体性，由单位决策机构成员的集体意志结合而形成的与单位业务有关的认识和态度。单位意志是一种法律意义上的拟制意志：一方面，单位意志不是单位内部成员个人意志的简单相加，而是根据单位内部的程序和规则，经由单位的决策机构成员的集体意志而形成。在此过程中，单位成员的个人意志经过抽象、提升、凝练，成为单位意志。另一方面，单位意志体现的是单位的利益整体性，即为了单位的利益。单位成员的意志正是在单位利益的统摄下才得以上升为单位意志，单位利益是连接单位各成员的纽带，单位意志正是为了保证单位利益的实现。

如果单位直接负责的主管人员和其他直接责任人员是以自己的意志实施行为，就不构成单位犯罪。例如，**乙出具证明文件重大失实案**[②]：乙系某会计师事务所法定代表人，

---

① 参见（2021）苏 09 刑终 59 号刑事裁定书。

② 参见（2019）赣 08 刑终 238 号刑事判决书。

在审核该所拟申领融资性担保机构经营许可证的验资资料和验资报告过程中，对资料的真实性未进行复核便签字通过，并加盖公章，由此给相关投资人造成损失达700余万元。法院经审理认为，乙的行为已构成《刑法》第229条第3款规定的出具证明文件重大失实罪，其违规出具验资报告的行为违背了单位的主观意思表示，不能体现单位意志，后果应当由自然人承担。

如果单位直接负责的主管人员和其他直接责任人员实施的行为，是经过单位决策机构的决定，体现了单位意志，就构成单位犯罪。例如，**某县农联社违法发放贷款案**①：某县农联社与A公司约定以担保的方式，以个人贷款偿还B集团贷款39 530万元，并由党委会会议审核通过。后该农联社在明知借款人不具备贷款条件和贷款档案有虚假的情况下通过层层审核并发放121笔贷款，导致贷款54 230万元至案发时未收回。法院经审理认为：某县农联社是集体所有制金融机构，其为了转制成农商行，为了单位的利益，经党委会研究决定并经贷款审批委员会讨论违法发放贷款121笔，金额达58 500万元，是集体意志的体现，是单位犯罪。

需要说明的是，领导代表单位决定不必然体现“单位意志”，只有经过单位决策机构商议决定，才能认定为体现了单位意志。例如，**刘某等违法发放贷款案**②：某村镇银行总行副行长刘某为符合监管要求，安排某支行行长王某与某公司进行小额贷款业务，并指使他人在明知借款农户可能存在弄虚作假、虚构经营的情况下违法发放贷款780万元。后王某任该村镇银行总行副行长时，又指使他人违法发放贷款5 800万元。法院经审理认为：本案中各被告人供述仅证实向村镇银行领导汇报过情况，涉案的某公司授信额度虽系单位决定，但涉案贷款的审批应当按照村镇银行贷款规定进行集体研究，然而并未进行，故现有证据不能证实违法发放贷款系单位决定，系单位行为。因此，本案是自然人犯罪，而不是单位犯罪，即刘某和王某的行为构成《刑法》第186条规定的违法发放贷款罪。

总之，如果行为人的行为没有体现单位意志，就不能成立单位犯罪，只能成立个人犯罪。以单位名义、为单位利益、体现单位意志，是单位犯罪成立必不可少的三个条件。

三、单位犯罪的处罚原则

《刑法》第31条规定了单位犯罪的处罚原则：“单位犯罪的，对单位判处罚金，并对其直接负责的主管人员和其他直接责任人员判处刑罚。本法分则和其他法律另有规定的，依照规定。”据此可见，我国刑法对单位犯罪的处罚采取的是双罚制。所谓双罚制，是指单位犯罪时，对单位判处罚金刑，同时对单位直接负责的主管人员和其他直接责任人员判处刑罚。简言之，它是既处罚单位又处罚单位负责的自然人的处罚制度。美国的《模范刑法典》以及第二次世界大战后的日本刑法均采用这一制度。

单罚制是指针对单位犯罪，只处罚单位中的个别自然人或者只处罚单位本身。它又分为代罚制和转嫁制。代罚制即以处罚单位中的自然人来代替对单位的处罚。大陆法系

① 参见（2019）吉0322刑初71号刑事判决书。

② 参见（2019）豫0183刑初678号刑事判决书。

国家多采此制。转嫁制，即仅处罚单位本身，而不再对单位中的自然人适用刑罚的制度。英美法系国家和第二次世界大战以前的日本曾采用此种方法。如果是单位犯罪，就不应该由单位中的自然人代替单位受罚，所以代罚制造成了犯罪主体和刑罚主体相分离，违背了罪责自负原则。此外，单位犯罪是单位决策机构为了单位利益作出的危害社会的行为，而单位决策机构是由单位直接负责的主管人员和其他直接责任人员所组成的，将他们的责任都转嫁给单位也不合理。

双罚制较单罚制具有更大的优越性，表现在：（1）双罚制是目前较为合理的制裁单位犯罪的一种制度。一方面，对单位本身处以罚金等刑罚，追究刑事责任，对单位给予严厉的否定性评价；另一方面，对单位中负有责任的主管人员及其他直接责任人员给予相应的刑罚制裁，使他们因自己的行为而接受刑罚的痛苦体验，有利于教育他们本人，也有利于教育其他成员及单位增强监督的责任感和使命感。（2）双罚制是对罪责自负原则的遵循，它本身有法律渊源，在民法、经济法、行政法中普遍对法人的违法行为实行双罚原则。从世界各国的立法趋势来看，单位犯罪的处罚原则已由以单罚制为主体逐渐转向以双罚制为主体。①

四、法无明文规定的“单位犯罪”的处理

单位犯罪以刑法有明文规定为前提。《刑法》第 30 条规定，公司、企业、事业单位、机关、团体实施的危害社会的行为，法律规定为单位犯罪的，应当负刑事责任。据此，只有当刑法分则明文规定了单位可以成为某种犯罪的行为主体时，才可能认为这种犯罪存在单位犯罪。我国刑法对单位犯罪采取的是总则和分则相结合的立法模式。刑法总则（第 30 条和第 31 条）规定了单位负刑事责任的范围、单位犯罪的处罚原则，刑法分则规定了具体的单位犯罪的罪名，并通过具体罪名的规定体现了何为“法律规定为单位犯罪的”[总则（第 30 条）]。这种模式为司法实践中准确适用单位犯罪的刑法条文奠定了良好的立法基础。

然而，自 1997 年刑法颁布后，实践中出现了越来越多的法无明文规定的单位犯罪，如何处理，成为司法实践和刑法理论面临的难题。最早出现的是单位盗窃，由于《刑法》第 264 条没有规定单位可以成为盗窃罪的主体，所以，在司法实践中对单位盗窃具体案件的处理，亦各不相同：有的地方将单位盗窃作为犯罪处理，有的地方没有作为犯罪处理。

将单位盗窃作为犯罪处理的案件，例如，**浙江省桐乡市某镇砖瓦厂盗窃案**②：浙江省桐乡市某镇砖瓦厂为降低成本，自 1998 年 8 月以来，采用互感器短路等方法共窃电 78 万余度，累计金额超过 60 万元人民币。当地法院对企业的法定代表人和副厂长以及对受指使窃电的电工均以盗窃罪判处了刑罚。

将单位盗窃作为无罪处理的案件，例如，**山西省太原市市政工程公司盗窃案**③：山

① 参见陈丽天：《单位犯罪刑事责任研究》，北京，中国法制出版社，2010，134～139 页。

② 参见王礼仁编著：《盗窃罪的定罪与量刑》，修订版，北京，人民法院出版社，2008，263 页。

③ 参见武建中、金泉：《“单位盗窃”刑法无奈?》，载《法制日报》，2001-12-26，第 1 版。

西省太原市市政工程公司从1999年冬起，偷接市北大街供热站的供热管道为其4幢宿舍供热，总值约200万元。公安机关查清事实后，以刑法中没有规定单位盗窃为由，决定不予刑事追究。

由单位盗窃引发法无明文规定的“单位犯罪”如何处理的问题。基于司法实践中无罪与有罪两种完全相反的判决，理论上也出现了无罪论和有罪论两种对立的观点。无罪论认为：诸如单位盗窃等法定个人犯罪不能被认定为单位犯罪。在单位盗窃的案件中，盗窃行为具有单位属性，不能被认定为自然人的行为，且单位盗窃的受益主体是单位而不是自然人，对此种行为应以单位犯罪论处。但由于单位不是盗窃罪的主体，故单位的盗窃行为不构成犯罪，更不能以盗窃罪为名将单位盗窃行为转嫁到自然人身上并追究刑事责任。① 有罪论主张：单位实施非单位犯罪，意味着是自然人在实施犯罪，因此，如果不追究单位的刑事责任，那也应该追究自然人如直接责任人员等的刑事责任。②

那么，对法无明文规定的“单位犯罪”究竟应该如何处理？要从立法解释和刑法理论两个层面分别予以回答。

在立法解释层面，相关解释已明确回答了对法无明文规定的“单位犯罪”应该如何处理的问题：即便是法无明文规定的“单位犯罪”，也要追究相关责任人员的刑事责任。2014年4月24日全国人大常委会第八次会议通过的《关于〈中华人民共和国刑法〉第三十条的解释》指出，“公司、企业、事业单位、机关、团体等单位实施刑法规定的危害社会的行为，刑法分则和其他法律未规定追究单位的刑事责任的，对组织、策划、实施该危害社会行为的人依法追究刑事责任”。自此单位犯罪处罚范围再度大幅度扩张。较之单位犯罪司法解释，该立法解释无疑具有普遍适用性。该立法解释将单位实施的法无明文规定的“单位犯罪”视为自然人犯罪，它实际上沿袭了以单位盗窃犯罪系列司法解释为代表所确立的有罪论立场，统一地明确了单位实施非单位犯罪时，一律按照犯罪处理，并追究自然人的刑事责任。

在刑法理论层面，根据罪刑法定原则，对法无明文规定的“单位犯罪”不应该以单位犯罪处理，有罪论不合理，应该坚持无罪论。有罪论的目的不是保护个人化的法益免受侵害，而是保护社会化、集体化的法益免受侵害。它不是服务于法治国家的导向，而是服务于福利国家的目的；它不是与刑法规范体系相协调的解释，而是基于预防犯罪和惩罚犯罪的政策需要而产生的解释。因而有罪论违反了刑法教义学化的趋势与要求，明显偏离了法治国家导向。有罪论事实上是以实质解释突破刑法的形式规定，以利益考量冲破刑法规范。对法无明文规定的单位犯罪行为以单位犯罪论处，是基于此类行为严重侵害法益的实质利益考虑，担心不追究会放纵犯罪，从而广泛地将利益衡量引进刑法解释之中。然而，此种解释方法，在法律有规定之时，是对现行法律规定的解释，而不是对法无明文规定的入罪解释。如果因法益侵害性严重而入罪，则意味着利益衡量超越刑法规范的适用根据。此种做法是对罪刑法定原则的破坏。为此，本书赞成无罪论，反对有罪论，认为如果单位实施了法无明文规定的犯罪应予惩处，则应通过修改刑法予以处理。

---

① 参见陈兴良：《盗窃罪研究》，载陈兴良主编：《刑事法判解》，第1卷，北京，法律出版社，1999，35～37页。

② 参见张明楷：《法益初论》（下册），增订本，北京，商务印书馆，2021，519页。

第九章　犯罪的主观（有责）要件

“无责任就无刑罚”是近代刑法基本原则，责任主义是这一原则的体现。责任主义要求，对于行为人的行为，只有在具备责任能力以及故意和过失等主观要件的前提下，且能够对行为人进行非难的场合，才承认行为人的责任。此即为有责性。传统刑法理论认为，“故意为责任要素、责任形式”，同样地，将“过失理解为过失犯中的责任要素与责任形式”。但是，后来人们逐渐认识到罪责不能等同于行为的主观方面，故意和过失也属于主观的构成要件，亦即对犯罪事实，只要行为人认识到某一行为的构成要件，并且仍去实施它，就可证明故意的存在；如果应该有认识而没有认识或已认识到但是并未有效防止构成要件结果的发生，而仍然实施了构成要件行为，就可证明过失的存在。自此，构成要件与有责性之间的联系也建立了起来，只有对前者有认识或者应该有认识或认识后应该防止构成要件结果的发生才可能成立后者。在犯罪的认定中，将主观事实归于罪责、将客观事实归于不法构成要件才具有意义。此即“违法是客观的、责任是主观的”。违法性通过客观行为不法体现，有责性通过主观罪责体现，因此，犯罪的主观要件也可称为主观有责要件。由此有责性成了构成要件的内容，主观有责要件成为实质犯罪论的重要体现，构成要件在此充分发挥了责任类型的作用。犯罪的主观要件，是指刑法所规定的，行为人实施法益侵害或者威胁行为时对其危害结果的心理态度。故意和过失是犯罪主观要件中的核心，以之为前提，还包括与之相关联的犯罪目的与动机、责任能力（责任年龄）、认识错误、期待可能性等。这几方面的综合，就是完整的犯罪主观（有责）要件的内容。

第一节　责任概述

一、责任的含义

责任，也称有责性，它是指对于实施了该当于构成要件的违法行为的行为人的非难可能性（Vorwerfbarkeit）。

有责性主要解决行为人是否具有可谴责性的问题。“责任是主观的”，是因为，有责的内涵一直被认为主要是“有责意识”的精神态度。有责最基本的含义是“法律不认可的思想意识”①，行为人是否具备“有责意识”便成为是否具有可谴责性的判断依据。依此，有责性中的“责”是指非难可能性，它是指对行为人违法意思的形成予以非难之意，

① Wilhelm Gallas, Beiträge zur Verbrechenslehre, Berlin, 1968, S.56.

亦即行为人本可以实施合法行为，但其偏偏决定实施不法行为，对此违法意思的决定，法必须予以责难；它是在确定行为人的行为符合构成要件与具备违法性之后进一步确定行为人的主观方面是否具有可以责难的心理状态。也因此，有责性中的“责”的德文是Schuld，它相当于英文中的culpability（其意是“罪责”“可责”等）。因为确定具备有责性之后，行为人的行为即可被宣告构成犯罪，故而有责性中的“责”是罪责之意。

有责性是以行为人的故意、过失等主观心理要素为内容的犯罪论体系下的第三个阶层。犯罪是该当于构成要件、违法且有责的行为，有责性是在构成要件该当性与违法性具备之后，关于行为人是否具有罪责的讨论。责任通常包括人的年龄、精神状况等责任能力，故意、过失等责任条件，以及期待可能性等主观心理状态。基于本书实质二阶层犯罪论体系，构成要件是违法类型也是有责类型，该当于构成要件的违法类型在通常情况下就具备有责性，因此，关于有责性的讨论，其实就是关于责任阻却事由的讨论，即该当于构成要件的违法行为例外被阻却责任的场合。

有责性是刑法坚持责任主义的体现。责任主义，是指“无责任就无刑罚”的原则，它有两层含义：一是责任是犯罪成立条件，没有责任就不成立犯罪；二是责任是量刑的基准，责任的大小决定着刑罚的轻重。责任主义的形成不是一蹴而就的。所有的最古老法律均规定了刑罚，责任是后来才有的概念，是随着启蒙主义刑法思潮才逐渐发展起来的概念。古代刑法采结果责任或者说客观责任，只要行为引起了客观的法益侵害结果就可以将行为人绳之以刑法。启蒙主义刑法思潮重视个人主义，强调个人自由意志的决定论以及行为人的违法意志。历经启蒙主义、古典学派和近代学派的刑法思想的洗礼之后，将客观的结果与行为人主观的心理联系起来作为科处刑罚的前提，并形成了只有基于与行为人的心理相联系的事实才能科处刑罚这一责任的概念，责任主义由此形成。没有责任就不成立犯罪，据此逻辑进一步展开，则责任越大刑罚就越重，责任越小刑罚就越轻。“责任主义，亦即‘没有责任没有刑罚’，不仅意味着科处刑罚必须以存在责任为前提，而且意味着刑罚不得超出责任的量。”① 自此，责任成为量刑的基准，责任的大小决定着刑罚的轻重。

坚持刑法的责任主义意义重大。（1）坚持责任主义可以充分实现刑法的自由保障机能。责任原则不仅是刑法的基本原理，同时还被理解为宪法原则（无责无刑，nulla poena sine culpa）。② 现代德日刑法学责任理论的建立，是以责任原则为基础的。因为责任或者说有责性自其诞生之日起便与个人主义和自由人权保障的刑法机能相联系，故坚持责任主义就是坚持刑法的自由保障机能。德国联邦宪法法院在判决中明确指出：没有责任就没有刑罚具有“宪法原则的地位”③。（2）坚持责任主义可以充分保证司法的公正。责任主义是司法的基础，司法科处行为人以刑罚，是以罪责为先决条件的，只有罪责具备，才能认定行为人责任的存在，进而对行为人进行指责。（3）坚持责任主义可以充分

① ［日］山中敬一：《刑法总论》，3版，东京，成文堂，2015，57页。

② Vgl. BVerfGE 6，389（439）；Welzel，Das Deutsche Strafrecht，Eine Systematische Darstellung，11. Aufl.，1969，S.138.

③ BVerfGE 20，323（331）.

发挥刑罚预防犯罪的功能。“预防的目的不允许超越公正的刑罚”①，坚持责任主义可以有针对性地根据行为人的罪责决定刑罚之有无及轻重，从而实现刑罚的公正，进而更为充分地发挥刑罚预防犯罪的作用。

二、责任的本质

责任的本质，是指为何谴责行为人以及其正当化的根据是什么。责任的理论，则是关于为什么要行为人承担责任的问题，亦即有关责任正当化根据的各种学说。“责任学说的发展是衡量刑法进步的晴雨表”②。关于责任的本质，在刑法理论上大致历经了道义责任论、心理责任论、社会责任论、规范责任论、人格责任论等不同学说的发展，这些不同学说为责任提供了理论上的正当化根据。

（一）关于责任本质的各种学说

1. 道义责任论

道义责任论，是认为具有自由意志的行为人基于其自由的决意而实施的行为，故可以从道义上对行为人进行非难的责任学说。

刑事古典学派从非决定论、理性人和自由意志论出发，以客观行为为刑法规制对象，坚持“无行为，则无犯罪，亦无责任”。亚里士多德、洛克、孟德斯鸠、卢梭、贝卡里亚、费尔巴哈等学者普遍主张，自由意志是对行为进行道德评价的基础，具有自由意志的行为人则是道义责任人；主张刑罚是对犯罪的惩罚的报应刑，责任的本质是道义责任。

从 18 世纪末到 19 世纪初，以工业革命为内容、以自由资本主义为代表的资产阶级大革命出现，处于上升时期的资本主义最终战胜封建主义，刑法也由封建刑法发展到启蒙思想家所主张的自由刑法。启蒙思想家从人的理性及意志自由出发提出了报应刑：“刑罚既然包含着犯人自己的法，所以处罚他，正是尊敬他是理性的存在”，所以要“从犯人行为中去寻求刑罚的概念和尺度”③。刑事古典学派对封建刑法所采的结果责任进行了批判：“复仇者主要在意的是对方给已方造成了多大程度的损害与痛苦”，而“并不在意对方是出于怎样的可谴责性制造的这种损害”④。这种结果责任导致人的主体性被忽视，以及刑罚效果不好。受启蒙主义刑法思潮影响，刑事古典学派主张自由意志，认为：人生而自由，人是具有自由意志的动物，人能够完全按照自己的理性控制自己的行为；每个人有自由选择自己行动的权利，如果人可以选择为善却选择了作恶，那么，就应该从社会伦理上对行为人进行道义上的非难，这才是刑法上责任的本质。

道义责任论中的道义其实就是社会伦理。根据道义责任论，对行为人的道义非难与道德伦理的非难画上了等号，刑事责任与伦理道德责任之间的界限难以划清，法与道德也日益混同。刑法是最低限度的伦理道德，但是，在伦理道德上负有道义上的责任并不代表就有法律责任，刑事责任是一种法律责任，而非伦理责任；刑事责任的确定不能赋

---

① BGHSt 20，264.

② ［德］李斯特著，［德］施密特修订：《李斯特德国刑法教科书》，徐久生译，北京，北京大学出版社，2021，212 页。

③ ［德］黑格尔：《法哲学原理》，范扬、张企泰译，北京，商务印书馆，2017，119 页。

④ 马克昌主编：《近代西方刑法学说史》，北京，中国人民公安大学出版社，2016，36～37 页。

予过多的道德感情色彩，不能将法与伦理道德相混同。此外，随着刑事近代学派的发展，绝对的意志自由也被否定，相对的意志自由成为通说。现实的行为除了行为人自由选择的部分，“也存在受到素质的和环境的因素大幅度制约的一面，这一般是不能否定的。而且，过去的道义责任论在个人伦理的立场上理解责任”①，也存在一定的问题。不过，道义责任论以自由意志为前提，以报应刑为基础，决定了刑法中责任最本质的内核。在道义责任论之后的各种责任学说，即便立场不同、主张各异，但是道义责任论所主张的合理内核一直得到保留。

2.心理责任论

心理责任论主张，行为人具有故意或者过失的心理事实，就可以肯定道义上的责任。

在心理责任论看来，责任的实质在于除存在行为人的责任能力之外，还须存在主观上故意或过失的心理事实；责任概念与心理事实相等同，故意和过失是责任种类。简言之，“所谓责任无非是故意、过失这种心理事实的类概念，有故意或者过失就有责任，没有故意或者过失就没有责任”②。心理责任论重视的是行为引起结果的主观心理，是基于犯罪自然主义的责任论。心理责任论在19世纪到20世纪初叶是德国刑法学通说，认为只要具有责任能力以及故意、过失这样的心理事实，就可以肯定道义上的责任。

在19世纪上半期，科学技术突飞猛进，自然科学突飞猛进，人文社会科学领域深受影响。自然科学试图将所有的法律概念都归结为在自然科学上可以清楚地理解的经验性事实，并且从这个角度出发，对道义责任论进行了批判，认为自由意志和道义立场过于抽象难以证伪，进而对刑法中责任本质的学说进行了修正，主张罪责是行为人在主观上与结果的关系，即罪责只能通过主观要素得到说明。罪责只存在于行为人与客观意义上的行为之间心理上的联系之中，是现实在心理上的反映。相应的罪责概念被称为心理学上的概念。“作为行为人与行为之间的两种不同形式的精神联系，故意与过失应该是罪责的核心”③。心理责任论由此正式产生。

心理责任论将罪责理解成精神事实，缺少从刑法规范价值层面的评价。纯粹的心理责任论使自由意志到底有无也变得更加扑朔迷离，而且忽视了责任的本质是什么，尤其是，无认识的过失如何确认心理事实，其实是有难度的。总之，这种心理责任论过于技术化而不适应刑法理论的需求。

3.社会责任论

社会责任论，是认为刑事责任的基础不是伦理道义，而是行为人的社会危险性，为了防卫社会，必须对具有危险性的人使用刑罚的手段追究刑事责任的学说。根据社会责任论，刑罚惩罚的基础不是道义，而是犯罪人的社会危险性，刑罚是为了防卫社会而对具有社会危险性的人所采取的措施。社会责任论是与传统的道义责任论相对立的责任论。因为刑事责任的基础不是具体的犯罪行为，而是对社会造成危险的行为人的危险性格，所以社会责任论也叫行为者责任论、性格责任论。

---

① ［日］大塚仁：《刑法概说（总论）》（第三版），冯军译，北京，中国人民大学出版社，2003，375页。

② ［日］大谷实：《刑法讲义总论》（新版第五版），黎宏、姚培培译，北京，中国人民大学出版社，2023，313页。

③ Stratenwerth/Kuhlen，Strafrecht Allgemeiner Teil，6. Aufl.，2011，§10，Rn. 2.

社会责任论是刑事近代学派的主张。在19世纪末、20世纪初，高速发展的科学技术使资本主义更加竞相采用新技术，提高劳动生产率，扩大生产规模。后导致社会失业人数剧增，犯罪率大幅度上升，自由竞争的资本主义也逐渐发展到垄断资本主义。刑事古典学派的犯罪理论比如道义责任论等被认为无法适应治理犯罪的实际需要。随着自然科学的进步和法律社会化运动的兴起，社会分析法学派逐步出现，尤其是“犯罪学三圣”开创的刑事近代学派，开启了刑事科学的实证时代。刑事近代学派从决定论、经验论和自由意志否定论出发，以行为人为刑法规制对象，坚持主张“应受处罚的不是行为而是行为人”。新派学者否定旧派学者所提出的决定论主张的意思自由，认为犯罪的产生有个人的、社会的和环境的等多方面原因。龙勃罗梭、加罗法洛、菲利、李斯特等学者普遍主张，应该以行为人的人身危险性或反社会的危险性格为主要标准改革刑法。1921年由菲利起草的《刑法草案》取消了刑罚和责任的概念，代之以“危险性和制裁”；并提出与道义责任论相对立的社会责任论，“刑罚不应当是对犯罪的报应，而应当是社会用以防卫犯罪威胁的手段这样一种理论的必然结果”①。根据新派学者的主张，对具有社会危险性的人，为了守护社会免遭危险之人的侵害，社会可以采取作为防卫手段的刑罚，因此，责任的本质是为了防卫社会免受侵害。从社会防卫论和保护刑论出发，新派学者提出了与传统的道义责任论相对立的社会责任论及教育刑论。

社会责任论从社会出发责难犯罪人，使刑法的功能从消极的惩罚转向积极的预防，使刑法的机能从消极的限制转向积极的促进，使刑法从重视对个人权利的保障转向重视对社会共同生活利益的保护。因此，社会责任论不以法官做到有罪必罚为必要，而是追求对犯罪原因的了解，对具体犯罪人的反社会的危险性格的洞察；主张刑罚的运用不以法定之刑罚为限，而根据犯罪人的危险性格采取有针对性的处罚措施，以使犯罪人的危险性格被消除，犯罪人成为新人，重返社会。这些都是社会责任论的积极意义。

社会责任论的缺陷也很明显。（1）社会责任论认为人不具有自由意志，人实施或者不实施某种行为不是自由意志选择的结果，犯罪人都是在遗传和环境影响下必然走向犯罪的人。这必然导致宿命论。（2）社会责任论从社会的立场出发，对具有危险性格的行为人追究责任。这必然导致主观责任，因为危险性格或者有“社会危险”都非常抽象主观，不好判断。（3）社会责任论为了防卫社会主张对只是具有社会危险性但并不一定实施危险行为的人动用刑罚，从而存在一定的法治风险。

4.规范责任论

规范责任论，是认为责任的基础不是伦理道义，也不单纯是行为人对危害结果有认识或已认识其可能性的心理状态本身，更不是行为人的社会危险性，而是故意或过失的心理状态与依社会生活准则实行行为的规范要求相结合的责任学说。

根据规范责任论，责任的本质是从规范的立场对故意或过失的心理状态施加责难的可能性，或者是对心理事实的从规范角度的价值判断。责任要素既包括刑事责任能力、故意或过失，还存在第三个要素，即在具体情况下存在期待行为人遵守规范作出合法行为的可能性，即期待可能性。规范的有责意识取代了传统心理学上的有责意识后，责任

① ［意］恩里科·菲利：《犯罪社会学》，郭建安译，北京，中国人民公安大学出版社，2004，272页。

渐渐被理解为法律责任或者说“法律提起的应当被谴责的、非法的意识”[1]，可谴责性评价更需从是否具有处刑必要性的实质角度进行考量。

随着刑法教义学研究的深入，让行为人对社会承担责任的社会责任论也因为“将人视为工具，因而有损人性尊严”与“否定自由意志”等原因而逐渐遭受质疑。针对彼时成为主流观点的心理责任论，德国学者莱因哈德·弗兰克（Reinhard Frank）于1907年出版了《论罪责概念的构造》一书，它进行了详尽的批评。弗兰克认为，心理责任论并不能够解释行为人为何在阻却责任的紧急避险中无须承担刑事责任，而且，把责任能力作为罪责概念的先决条件而非其本身的一部分，是自相矛盾的，因为即使是精神病人也可能故意实施违法行为。在此基础上，他进一步提出了自己的观点：罪责概念的核心在于可非难性（Vorwerfbarkeit，或译为可谴责性），即唯有当行为能够被谴责的时候，才能将该被禁止的行为归责于行为人。[2] 随后，此种规范的罪责概念被戈登施密特（Goldschmidt）、弗洛伊德塔尔（Freudenthal）等学者继承、发展，迅速获得了多数学者的支持。1952年，德国联邦法院也在判例中明确指出：罪责就是可非难性。当行为人本可以选择正义，却仍然决定选择不法之时，他的行为就是可谴责的。[3] 如今，规范责任论在许多国家已成为压倒性的通说。

规范责任论较前述责任理论的优势在于，它并未全盘否定心理责任论，而是以心理责任论为前提，在首次判断了行为人心理责任的基础上，再根据法律规范对此心理责任进行二次判断，因而它属于一种实质性的、法律意义上的责任理论。[4] 因为法律规范终究是以对个人的命令、禁止表现出来的，故唯有在民众能够遵从法律规范却仍然违反，因而对法秩序的行为要求表露出错误态度时，才能够对他进行非难；在民众不可能遵守规范时，即便他故意违反了规范，对他进行非难也将是毫无意义的。由此，行为人“原本能够不实施符合构成要件的不法行为，却仍然实施了这种不法行为”的规范性评价便成为责任非难的真正内容。依照规范责任论的观点，在行为人不具有期待可能性、不具有故意与过失、欠缺违法性认识可能性等情形，都可能因为不具备谴责可能性而欠缺予以非难的责任基础，从而阻却责任。

规范责任论是当今刑法理论有关责任论的通说。当今刑法学者纷纷加入对故意理论的探讨之中，并且日益不满足于从认识与意志因素双方面来限定故意的内容，将故意的核心问题集中在对侵害法益危险的预见上，意志因素对于故意成立的作用日渐削弱。本体论思维下的这种“规范性罪责概念”（normativer Schuldbegriff）至今仍然在很大程度上被认可。现今的责任观念仍然在规范责任论的航道上继续前行。

5.人格责任论

人格责任论，是认为责任的基础在于行为者的内在人格，行为者所实施的行为是其人格的显现，行为人背后的人格才是刑事责任非难的对象的责任学说。

人格责任论在二战前，由德国学者毕克迈耶首创，由麦兹格和鲍克尔曼（Paul Bock-

---

① Eberhard Schmidhäuser, Gesinnungsmerkmale im Strafrecht, Tübingen, 1958, S.182.

② Vgl. Reinhard Frank, Über den Aufbau des Schuldbegriffs, 1907, S.6ff, 11.

③ Vgl. BGH, Urteil vom 18. 3. 1952, abgedruckt in BGHSt 2, S.200.

④ Vgl. Urs Kindhäuser/Zimmermann, Strafrecht Allgemeiner Teil, 11. Aufl., 2024, § 21, Rn. 11f.

elmann）加以发展，在日本得到团藤重光等人的大力支持。人格责任论站在道义责任论的立场上，以主张相对自由意志的决定论为前提，认为行为人的主体人格以及其实施的行为才是责任的基础。人们如何实施其行为，取决于其人格，行为者的人格与其行为之间有着密不可分的关系，行为者的人格是责任非难的对象。“责任第一位的是行为责任，应着眼于作为行为人的人格主体现实化的行为，在行为的背后，还受到人的素质和环境制约，并存在着经过行为人主体的努力而形成的人格，对行为人在这一过程中所表现的人格态度也可以加以谴责，因此，我们把它叫做第二位形成人格的责任。这第一位的责任与第二位的责任，在现实中是不可分割的，应把二者合为一体称作人格责任。”①

人格责任论和以往责任理论最大的不同是，它首次把行为作为行为人主体人格现实化的身体动静，这种主体人格现实化的身体动静既包括客观方面的要素，又包括主观方面的要素，进而使违法性突破了“违法是客观的”传统认识，也含有主观的违法性，并使违法性内部结果无价值论与行为无价值论更为对立。由于人格责任论既重视行为人的行为，又重视隐藏在行为背后的犯罪人格，将犯罪行为与行为人较好地统一了起来，并较好地克服了以往有关责任论等的不足，因而它为人们所尊重并接受，在二战后一度成为非常重要而有影响力的责任学说，有力地推动了刑法理论的繁荣发展。

人格责任论最大的问题是对人格的认定。从心理学的角度分析，如何精确地测量人格本身就是一个科学难题，而从犯罪心理学的角度分析，如何精准测量犯罪人格更是一个难上加难的问题。引入人格来解释刑法学的各理论部分，包括行为、违法性、有责性等，在实际上并未有大的突破。刑法学理论的体系和框架以及在实务的运用，在很大程度上，受人格责任论的影响很小。但是，犯罪人格在各国刑罚裁量中的作用越来越大，许多国家通过刑事立法规定在量刑时应该考察犯罪人格。②

（二）本书关于责任本质的学说立场

本书认为，关于责任本质的各种学说可能在某些方面有所不同，但是，其共同点是，都不能脱离道义责任论讨论问题，道义责任论是一切责任学说的理论基础。基于本书实质二阶层的犯罪论体系，本书主张规范责任论。

首先，必须明确道义责任论永远是责任学说的基础。无论主张何种责任学说，都不能脱离道义责任论来讨论问题。责任的本质是非难可能性，非难的前提是具备责任能力，而责任能力的具备则是以行为人个人的年龄、认知等为条件的，具备是非辨别的能力和控制自己行为的能力的行为人就具有决定实施或者不实施某种行为的自由意志。具有自由意志的人，因其自由意志而决定为一定的行为，并发生一定的危害结果，因而应对其行为进行道义上的责难，并让其承担一定的刑事责任。现今各国刑法均对行为人的责任能力（包括年龄、精神状态、身体状况等）都有明确规定，这表明，“责任的本质是道义的非难”这一道义责任论的基本内核从来没变过。在道义责任论之后的各种责任理论，都是建立在这一基调之上的，只不过或者在落实道义责任论中的个人责任的同时强调对社会的责任（社会责任论），或者从规范的角度（规范责任论）对行为人加以非难，但这

---

① ［日］福田平、大塚仁编：《日本刑法总论讲义》，李乔等译，沈阳，辽宁人民出版社，1986，112～113页。

② 参见张文、刘艳红、甘怡群：《人格刑法导论》，北京，法律出版社，2005，99页。

种非难离不开个人的自由意志，或者将道义责任论中的行为人自由意志进一步延伸，因而极为强调行为人的危险性格（人格责任论），等等。“除非行为者的决定是主观的并且个人应受到谴责，否则惩罚是没有道理的。”① 通过道义责任论，可以很好地限定犯罪的成立范围，而不是扩张犯罪的成立范围。总之，无论主张何种责任论，都不能离开道义责任论而单纯地讨论社会责任论或规范责任论或人格责任论等各种责任论。

其次，本书主张规范责任论。在实质二阶层体系下，在责任领域理所当然主张规范责任论，而非心理责任论、社会责任论。心理责任论过于考虑类似于心理学上故意与过失的事实概念，因此它早已被摒弃。社会责任论立足于新派的预防论，其着眼点是人的性格而非行为本身，主张出于防卫社会的目的对显现了危险性格之人采取防卫措施，追究其刑事责任。其强烈的主观色彩也令其受到了学者的排斥。实质意义上的责任概念立足于社会责任论并结合了规范责任论的内容，但其本质仍然是强调对犯罪的预防，其刑事政策的意味过于强烈，规范刑法学的色彩不重。规范责任论则不然，它“是将故意与过失作为统一的规范要素，要求行为人存在合法行为的期待可能性，认为即便存在责任能力以及故意、过失，但没有期待可能性就没有责任”②。可见，分析行为人是否具有归责可能性时，考察行为人是否具有期待其实施合法行为的可能性，正是规范责任论最大的特点。其用意，是在故意与过失等传统罪过要素之外以期待可能性来考察行为人的主观心理，并通过它限定犯罪成立范围。但是，一般而言，具备责任能力的人都具有期待可能性，只要其行为是出于故意或过失的心理状态实施的，其责任即告成立。

第二节　责任能力

根据通说，责任是行为人的年龄、精神状况等责任能力与故意、过失等责任条件以及期待可能性等主观心理状态的集合。我国《刑法》关于责任能力的规定，主要在第 17 条、第 18 条和第 19 条。

一、责任能力概说

（一）责任能力的概念

刑法中的责任能力，又称刑事责任能力，它是指行为人能够对自己的犯罪行为承担刑事责任的能力。这种能力的内容，则是行为人辨别和控制自己行为的能力。刑事责任能力，是指行为人对自己行为所具备的刑法意义上的辨认能力与控制能力。明确这两种能力的含义及相互关系，是正确把握刑事责任能力概念的需要。

辨认能力，也称认识能力，是指行为人辨认自己行为性质的能力，换言之，是行为人辨认自己行为违法性的能力，或者说是行为人辨认自己行为在刑法上是否被允许的能力。

控制能力，也称意志能力，是指行为人对自己行为的支配能力，换言之，是行为人在辨认自己行为性质的基础之上，有效控制并且实施自己行为的能力。

---

① ［日］井田良：《讲义刑法学·总论》，2 版，东京，有斐阁，2018，44 页。

② ［日］大谷实：《刑法讲义总论》（新版第五版），黎宏、姚培培译，北京，中国人民大学出版社，2023，314 页。

辨认能力是认识其行为在社会上的价值的能力，控制能力是基于这种认识而决定其行为的能力，亦即社会行为能力或者社会适应能力。可见，辨认能力是前提，控制能力是关键。对于没有辨认能力的人无须讨论控制能力。具备了辨认能力的人不一定具备控制能力，但是，具备了控制能力的人一定具备辨认能力。只有同时具备辨认能力和控制能力的人，才可能被追究刑事责任。

年龄因素、精神因素和生理特征，是影响责任能力的重要因素，也是判断行为人是否具备刑事责任能力的标准。首先，责任能力是行为人辨认能力和控制能力的统一。在通常情况下，行为人的责任能力受到年龄因素的制约，并随着其生理和智力的发育而逐渐具备，二者呈现出正相关关系。行为人只要达到一定的法定年龄，便一般应具备承担相应的刑事责任的能力。反之，年龄过小的儿童，因其身心尚未发育成熟，缺乏独立辨别是非的能力，无法认识到自己行为的性质和社会意义，对其科处刑罚不能达到惩罚和教育的目的。我国刑法根据国民的生理和智力的发育阶段，将其年龄划分为完全负刑事责任年龄、相对负刑事责任年龄、完全不负刑事责任年龄三个阶段，作为判断行为人是否具备责任能力的基本标准。其次，行为人的精神因素也会直接影响到刑事责任能力的有无和程度。部分达到刑事责任年龄的行为人，可能因生理、心理、社会等条件的影响而大脑功能发生紊乱并出现精神障碍，引发自身辨认和控制能力下降乃至丧失。针对这一问题，我国刑法以行为人在行为时是否（完全）丧失辨认和控制能力为依据，将达到刑事责任年龄的精神障碍人划分为完全负刑事责任、相对负刑事责任、完全不负刑事责任三种不同的情形，以区别对待精神病性、非精神病性、间歇性等不同类型的精神障碍人，实现责任能力的合理判断。最后，行为人可能存在某种缺陷性的生理特征，如听力、语言或视觉功能丧失，进而影响到其心智的发展，最终导致其辨认和控制能力下降。根据此类人群与正常人的责任能力差距，我国刑法作出了对其从轻、减轻或免除处罚的特殊规定。

（二）刑事责任能力的程度

刑事责任能力的程度，是指因受到不同因素的影响，自然人的辨认能力和控制能力在有无及强弱上存在差异的现象。刑事责任能力的程度主要受两大因素的影响：第一，身心发育程度。一般而言，自然人的身心发育程度与年龄直接相关。随着自然人年龄的增长，其身体发育日趋成熟，其智识水平日益提升，辨认能力和控制能力也随之增强。在此情况下，其刑事责任能力亦将经历从无到有、从不完全具备到完全具备的发展过程。因此，年龄是形成刑事责任能力的基础，达到一定的年龄者便具备承担相应的刑事责任的能力。此外，这种身心发育程度还会受到一些重要器官生理特征的影响，例如，盲/聋/哑人的视觉、听觉、语言的生理功能丧失而在一定程度上阻碍其心智发展，进而使其辨认和控制能力有所降低。第二，精神状况。如果自然人患有某种精神疾病，即便其已成年，该种精神疾病的类型和病情程度也会导致自然人的辨认和控制能力下降乃至完全丧失，刑事责任能力的程度同样会受到影响。

在身心发育程度和精神状况两大因素的共同影响之下，我国将自然人的刑事责任能力划分为如下四种类型。

1. 完全刑事责任能力

完全刑事责任能力，是指自然人具有完全的辨认和控制能力，只要其实施犯罪行为，即可对所有的犯罪承担全部的刑事责任。在该种情形下，自然人不存在仅对特定类型的犯罪承担刑事责任，或者获得刑事责任上从轻、减轻或免除处罚的特殊优待的现象。例如，《刑法》第 17 条第 1 款规定，“已满十六周岁的人犯罪，应当负刑事责任”。第 18 条第 2 款规定，“间歇性的精神病人在精神正常的时候犯罪，应当负刑事责任”。第 18 条第 4 款规定，“醉酒的人犯罪，应当负刑事责任”。这表明，只要自然人在行为时年满 16 周岁且精神正常，便具有完全刑事责任能力。

2. 完全无刑事责任能力

完全无刑事责任能力，是指自然人因缺乏最低限度的辨认和控制能力而不能承担任何刑事责任，即便其实施了某种犯罪行为。完全无刑事责任能力既有被刑法直接规定的情形，也有需要根据现有刑法规定进行反面解释的情形，总共有两类：第一，《刑法》第 18 条第 1 款规定，“精神病人在不能辨认或者不能控制自己行为的时候造成危害结果，经法定程序鉴定确认的，不负刑事责任，但是应当责令他的家属或者监护人严加看管和医疗；在必要的时候，由政府强制医疗”。依此，失去辨认和控制能力的精神病人，不能对其犯罪行为承担刑事责任。第二，《刑法》第 17 条第 3 款对我国最低刑事责任年龄进行了规定，这意味着不满 12 周岁的儿童缺乏承担刑事责任的能力，无须对任何犯罪行为负责。当然，这并不代表上述两类主体不需要对其犯罪行为承担任何法律责任，针对前者的强制医疗和针对后者的专门矫治教育等，均是一定惩罚性的体现。

3. 相对有刑事责任能力

相对有刑事责任能力，是指超过最低刑事责任年龄却又未满 16 周岁的自然人，仅对刑法规定的特定严重犯罪承担刑事责任，而不对其他犯罪承担刑事责任。例如，《刑法》第 17 条第 2 款规定，“已满十四周岁不满十六周岁的人，犯故意杀人、故意伤害致人重伤或者死亡、强奸、抢劫、贩卖毒品、放火、爆炸、投放危险物质罪的，应当负刑事责任”。第 17 条第 3 款规定，“已满十二周岁不满十四周岁的人，犯故意杀人、故意伤害罪，致人死亡或者以特别残忍手段致人重伤造成严重残疾，情节恶劣，经最高人民检察院核准追诉的，应当负刑事责任”。这表明，已满 14 周岁不满 16 周岁的未成年人仅对特定的 8 种严重犯罪承担刑事责任，而已满 12 周岁不满 16 周岁的未成年人仅对特定的 2 种严重犯罪承担刑事责任，且后者还需满足一定的程序限定条件。

4. 减轻刑事责任能力

减轻刑事责任能力，是指自然人因身心发育程度欠佳或存在某种精神状况，而辨认和控制能力有所减弱，因而其虽需对自己的犯罪行为承担刑事责任，却无须承担全部的刑事责任，应当或可以从轻、减轻乃至免除处罚。例如，《刑法》第 17 条第 4 款规定，“对依照前三款规定追究刑事责任的不满十八周岁的人，应当从轻或者减轻处罚”。第 17 条之一规定，“已满七十五周岁的人故意犯罪的，可以从轻或者减轻处罚；过失犯罪的，应当从轻或者减轻处罚”。第 18 条第 3 款规定，“尚未完全丧失辨认或者控制自己行为能力的精神病人犯罪的，应当负刑事责任，但是可以从轻或者减轻处罚”。第 19 条规定，“又聋又哑的人或者盲人犯罪，可以从轻、减轻或者免除处罚”。可见，我国对减轻刑事责任能力共计规定了四种情形，即：(1) 已满 12 周岁不满 18 周岁的人犯罪；(2) 已满 75 周岁的人犯罪；(3) 尚未完全丧失辨认或者控制自己行为能力的精神病人犯罪；(4) 又聋又哑的人或盲人犯罪。对于第一种情形和第二种情形中的故意犯罪应当从轻或减轻处罚，对于第二种情形中的过失犯罪和第三、四种情形可以从轻或减轻处罚，且第四种情形下还存在免除处罚的可能。

二、责任年龄

（一）责任年龄概述

责任年龄，又称刑事责任年龄，是指刑法规定的行为人对自己实施的危害社会的行为承担刑事责任必须达到的年龄。

责任能力的内容是辨认能力和控制能力，然而，人的辨认和控制能力与年龄密切相关，达到一定年龄的人往往才具备与其年龄相匹配的辨认和控制能力，否则，年龄太小，就可能“不谙世事”。现代各国刑法均规定了承担刑事责任所应该达到的最低年龄。美国、新加坡、汤加、泰国、尼日利亚等国的刑法规定的最低刑事责任年龄为 7 周岁，所罗门群岛刑法规定的最低刑事责任年龄为 8 周岁，菲律宾、马耳他等国的刑法规定的最低刑事责任年龄为 9 周岁，斐济群岛、马绍尔群岛、不丹等国的刑法规定的最低刑事责任年龄为 10 周岁，墨西哥联邦刑法规定的最低刑事责任年龄为 11 周岁，埃及、土耳其等国的刑法规定的最低刑事责任年龄为 12 周岁，法国、希腊等国的刑法规定的最低刑事责任年龄为 13 周岁，德国、白俄罗斯、韩国、朝鲜、斯洛伐克、阿尔巴尼亚、保加利亚等国的刑法规定的最低刑事责任的年龄为 14 周岁，瑞典、芬兰、波兰、捷克等国的刑法规定的最低刑事责任年龄为 15 周岁，古巴等国的刑法规定的最低刑事责任年龄为 16 周岁，巴西、西班牙等国的刑法规定的最低刑事责任年龄为 18 周岁。

分析、对比上述国家的刑法规定可以发现，将最低刑事责任年龄规定为 14 周岁的居多；规定的最低刑事责任年龄最小的为 7 周岁，代表性国家是美国、新加坡、汤加、泰国、尼日利亚等国；规定的最低刑事责任年龄最大的为 18 周岁，代表性国家为巴西和西班牙等国。各国刑法规定差异如此之大，和各国文化、人种发育、儿童成长的实际情况以及同犯罪作斗争的实际需要的差异是密不可分的。

（二）责任年龄阶段的划分

根据我国《刑法》第 17 条的规定，我国刑法中的刑事责任年龄从完全不负刑事责任到完全负刑事责任，可以划分为五个年龄阶段：完全不负刑事责任年龄阶段（不满 12 周岁）、最低负刑事责任年龄阶段（已满 12 周岁）、相对负刑事责任年龄阶段（已满 12 周岁不满 16 周岁）、完全负刑事责任年龄（已满 16 周岁）、减轻刑事责任年龄阶段（不满 18 周岁，或者已满 75 周岁）。

1. 完全不负刑事责任年龄阶段（不满 12 周岁）

完全不负刑事责任年龄阶段，是指即使实施了犯罪行为，行为人也不用承担任何刑事责任的年龄阶段。《刑法》第 17 条第 3 款规定，“已满十二周岁不满十四周岁的人，犯故意杀人、故意伤害罪，致人死亡或者以特别残忍手段致人重伤造成严重残疾，情节恶劣，经最高人民检察院核准追诉的，应当负刑事责任”。这表明，如果行为人不满 12 周岁，哪怕实施了故意杀人这样的严重犯罪行为，也不应该承担刑事责任。据此，不满 12 周岁，是我国刑法中的完全不负刑事责任年龄阶段。不满 12 周岁的人，在认知水平和控制能力上都不成熟，并不具备刑事责任能力，因此即便其行为严重危害社会，也不能突破刑法的规定和罪刑法定原则而法外追责。

未满12周岁男孩杀人案。[①] 2024年1月22日，湖北荆州4岁女童镇某某家属收到警方出具的撤案决定书。警方的“撤案决定书”显示，××局办理的2023年8月30日镇某某被害案，因李某某作案时不满12周岁，无刑事责任能力，根据《刑事诉讼法》第16条规定，决定撤销此案。

分析： 本案中，根据《刑法》第17条第2款规定，李某某未满12周岁，处于完全不负刑事责任年龄阶段，哪怕其实施了故意杀人行为，仍不能追究其刑事责任。此外，《刑事诉讼法》第16条规定，“有下列情形之一的，不追究刑事责任，已经追究的，应当撤销案件，或者不起诉，或者终止审理，或者宣告无罪：（一）情节显著轻微、危害不大，不认为是犯罪的；（二）犯罪已过追诉时效期限的；（三）经特赦令免除刑罚的；（四）依照刑法告诉才处理的犯罪，没有告诉或者撤回告诉的；（五）犯罪嫌疑人、被告人死亡的；（六）其他法律规定免予追究刑事责任的”。依此，本案最终作撤案处理是合法合理的。当然，根据《刑法》和《预防未成年人犯罪法》的规定，公安机关等仍可决定对李某某进行专门矫治教育，以加强对他的看管与教育。

对于不满12周岁的人实施了危害社会的行为的，我国刑法虽然不追究刑事责任，但是也绝不放纵姑息，而是要进行专门的矫正教育。《刑法》第17条第5款规定，“因不满十六周岁不予刑事处罚的，责令其父母或者其他监护人加以管教；在必要的时候，依法进行专门矫治教育”。需要说明的是，“专门矫治教育”是2021年《刑法修正案（十一）》的新规定。该修正案将原第17条第4款中的“也可以由政府收容教养”修改为“依法进行专门矫治教育”。适用这里的“专门矫治教育”需要注意以下几点：

（1）专门矫治教育的性质。专门矫治教育是针对收容教养的弊端而新设置的一种非刑罚处分措施，仅针对那些实施了达到犯罪程度的严重危害社会的行为，但又尚未达到刑事责任年龄的未成年人；强调根据这些罪错未成年人的身心特点与成长规律，在专门的非监禁教育场所，采取多种形式的针对性矫治教育措施。之所以将收容教养制度改为专门矫治教育制度，其原因在于收容教养制度相对封闭化的执行方式存在过度惩罚、社会隔离、教育受限、效果不佳等问题，也与罪错未成年人矫治的复归社会需求与社会观护理念不够契合。专门矫治教育与罪错未成年人社区矫正措施都是针对罪错未成年人实施的非监禁的教育矫治措施，区别在于前者是针对未达刑事责任年龄而不予处罚的罪错未成年人实施的非刑罚处罚措施，而后者是针对已经受到刑罚处罚的未成年犯的非监禁刑罚执行方式。当前司法实践中部分司法解释尚未根据刑法的变化将收容教养修改为专门矫治教育，因而存在进一步修正的必要，例如，2017年3月2日实施的《未成年人刑事检察工作指引（试行）》第6条，仍然规定了通过政府收容教养等措施预防未成年人犯罪的内容。

（2）专门矫治教育的程序。当前对专门矫治教育制度如何具体实施还缺乏相对明确的法律规定，2021年实施的《预防未成年人犯罪法》仅对专门矫治教育的决定程序、实

---

① 参见公公（刑）撤案字〔2023〕142号撤销案件决定书。

施场所、执行机关、教育措施等进行了少量基本规定。第一，在决定程序方面，对不满法定刑事责任年龄不予刑事处罚的罪错未成年人，经专门教育指导委员会评估同意，教育行政部门会同公安机关可以决定对其进行专门矫治教育。专门教育指导委员会是专门的教育与专门矫治教育的决定指导机构，由教育、民政、公安等行政部门，人民检察院、人民法院等司法机关，以及共青团、妇联、关心下一代工作委员会、专门学校等单位，以及律师、社会工作者等人员组成，研究确定专门学校教学、管理等相关工作。第二，在实施场所方面，省级人民政府应当结合本地的实际情况，至少确定一所专门学校按照分校区、分班级等方式设置专门场所进行专门矫治教育，实施闭环管理。专门学校是法定的实施专门教育与专门矫治教育的罪错未成年人专门教育场所，由早期的工读学校演化而来，负责对特殊的罪错未成年教育对象进行分级分类的针对性教育与矫治。关于专门矫治教育，按照规定，在专门学校中要划定专门的矫治场所进行闭环管理，与针对有严重不良行为的未成年人实施的专门教育的场所区分开来，防止两类罪错程度不同的未成年人相互产生不良影响。第三，在执行机关方面，公安机关、司法行政部门负责罪错未成年人的矫治工作，教育行政部门承担罪错未成年人的教育工作。第四，在教育措施方面，专门学校可以根据接受专门矫治教育的罪错未成年人的特殊需求，采取个性化的专门矫治教育措施，实施针对性的道德教育、法治教育、心理健康教育，并根据实际情况进行职业教育；对于没有完成义务教育的罪错未成年人，应当保证其继续接受义务教育。

某市首例罪错未成年人专门矫治教育案。① 2022 年 7 月至 8 月，14 岁的崔某伙同他人三次从外地窜至某市作案 13 起，盗得香烟、手机、摩托车、现金等财物，折合价值 30 000 余元。8 月 31 日，当地公安局派出所办案民警在某市城区抓获崔某，因其不满 16 周岁不予刑事处罚，遂依法对其处以行政拘留 13 日（不予执行）的处罚。民警获悉，2022 年 7 月 5 日崔某还因盗窃被公安机关依法查处过，但系未成年人同样是行政拘留不执行。在公安机关的积极推动下，某市专门教育指导委员会评估小组各成员单位经评估，一致认为崔某符合专门矫治教育条件，于 9 月 1 日将崔某送至某青少年教育学校接受专门矫治教育 6 个月。

分析：本案中崔某前后两次盗窃受到行政拘留，2012 年《治安管理处罚法》第 21 条规定，“违反治安管理行为人有下列情形之一，依照本法应当给予行政拘留处罚的，不执行行政拘留处罚：（一）已满十四周岁不满十六周岁的；（二）已满十六周岁不满十八周岁，初次违反治安管理的；（三）七十周岁以上的；（四）怀孕或者哺乳自己不满一周岁婴儿的”。依此，崔某两次盗窃行为所受到的行政处罚都没有执行。经某市专门教育指导委员会评估，崔某被送到当地青少年教育学校接受专门矫治教育。本案也是某市首例有严重不良行为的未成年人被送入专门学校接受专门矫治教育的情形。

2. 最低负刑事责任年龄阶段（已满 12 周岁）

最低刑事责任年龄阶段，是指实施了犯罪行为的人承担刑事责任所应该达到的最低年龄。《刑法》第 17 条第 3 款规定，“已满十二周岁不满十四周岁的人，犯故意杀人、故

① 参见熊婷：《“拘不住”的少年郎去了读书坊》，载《湘潭日报》，2022－09－06，第 4 版。

意伤害罪，致人死亡或者以特别残忍手段致人重伤造成严重残疾，情节恶劣，经最高人民检察院核准追诉的，应当负刑事责任”。据此，12周岁，是我国刑法规定的最低刑事责任年龄。

以往我国刑法规定的最低刑事责任年龄是14周岁，但2020年《刑法修正案（十一）》第1条将最低刑事责任年龄由14周岁降低到12周岁。近年来，低龄未成年人实施严重犯罪的案件时有发生，引发社会关注。这些未成年人犯罪呈现低龄化、暴力化、多样化的特点，不少涉罪未成年人因未达法定最低刑事责任年龄而免于刑法处罚，从而对被害人和社会造成严重伤害，引发公众强烈不安。对于故意杀人犯罪、故意伤害犯罪这样严重危害生命、健康法益的犯罪，刑法如果完全置之不理，与犯罪形势的发展变化以及充分发挥刑法维护社会公平正义、保护社会秩序的要求不相适应。

立法机关顺应未成年人犯罪的发展变化，及时修改刑法规定，将最低刑事责任年龄从14周岁下调到12周岁，使实施了严重犯罪的未成年人也不会逃离法网。我国刑法把12周岁作为最低刑事责任年龄，也是符合国际惯例的。根据《儿童权利公约》的规定，刑事责任年龄起点不应规定得太低，应考虑到情绪和心智成熟的实际情况。[①] 根据这条规则，联合国儿童权利委员会建议各缔约国不要将刑事责任年龄规定得太低，并将较低的现行刑事责任年龄提高到国际上可接受的幅度。该委员会认为低于12周岁的最低刑事责任年龄不是国际上可接受的水平。该委员会鼓励各缔约国将其较低的最低刑事责任年龄提高到12周岁这一绝对最低责任年龄，并继续提高最低刑事责任年龄。我国将12周岁作为承担刑事责任年龄的分水岭，可以说坚守了《儿童权利公约》的要求，也和大多数国家的刑法确定的最低刑事责任年龄相一致。

随着未成年人犯罪的日趋严重，关于最低刑事责任年龄究竟几岁为宜，近年来在我国争议很大。首先，最低刑事责任年龄必须有个年龄限度，不可击破最低底线。英美法系国家一般没有在刑法中明确规定刑事责任年龄的传统，但是普通法上有一项古老的推定规则，就是“7岁以下儿童不具有犯罪能力”。因此，后来的英国刑法规定，7岁以下儿童不具有犯罪能力。[②] 而美国每个州都不一样。美国多数州明文规定了未成年人的刑事责任年龄下限，大部分州仍然遵循普通法的习惯，规定7周岁以下儿童不负刑事责任。[③] 7周岁至14周岁是假定不负刑事责任的年龄阶段，14周岁以上是负完全刑事责任的年龄阶段。在我国古代《唐律疏议》规定的最低刑事责任年龄是7周岁：“九十以上，七岁以下，虽有死罪，不加刑；缘坐应配没者不用此律。”[④] 意思是，“九十岁为耄，七岁为悼，悼耄之人虽有死罪也不处刑。这是爱护幼小善待老人的道理”[⑤]。这一规定被认为是我国古代刑法关于最低刑事责任年龄的规定，其直接的含义是，年龄在90岁以上的老人、7岁以下的小孩，即使犯了死罪，也不动用刑法处罚。总之，最低刑事责任年龄

---

① 参见联合国儿童权利委员会：《〈儿童权利公约〉第10号一般性意见——少年司法中的儿童权利》，CRC/C/GC/10（2007），para. 32。

② See William Blackstone, Ruth Paley, *The Oxford Edition of Blackstone-Commentaries on the Laws of England*, Book Ⅳ, of public wrongs, Oxford University Press, 2016, p. 14.

③ 参见储槐植、江溯：《美国刑法》，4版，北京，北京大学出版社，2012，58页。

④ （唐）长孙无忌等撰：《唐律疏议》，卷四“名例”，北京，中国政法大学出版社，2013，51页。

⑤ 钱大群撰：《唐律疏议新注》，南京，南京师范大学出版社，2007，130页。

的最低限度，必须保留。其次，最低刑事责任年龄究竟几岁为宜，需要结合中国传统文化、当下我国青少年发育与犯罪的实际情况综合确定。我国传统文化中“德主刑辅、明德慎罚的慎刑思想”，以及“保护鳏寡孤独、老幼妇残的恤刑原则”①，都彰显了中华优秀传统法律文化的智慧。目前我国最低刑事责任年龄已经从14周岁下调到了12周岁，短时间内如果再度下调，可能与我国矜老恤幼的传统文化相违背。

为了充分发挥刑法同时作为善良人和犯罪人大宪章的作用，在最低刑事责任年龄问题上，我国未来刑事立法可行的方案是，维持12周岁这一最低刑事责任年龄，与此同时，借鉴英美法系国家“恶意补足年龄”（malice supplies the age）规则。恶意补足年龄规则，是英美法系国家判定处于一定年龄段的低龄未成年人是否具有刑事责任能力的一套规则，它是指，处于一定低龄段的未成年人，如果具备实施某种行为的“恶意”，就可以弥补其在年龄方面的不足，而具有对该种行为承担刑事责任的能力。

“恶意补足年龄”规则的雏形出现在盎格鲁-撒克逊时期，当时的法律规定12岁为刑事责任年龄的起点，对12岁～14岁之间的儿童根据自身辨别力发展情况决定其是否能够承担刑事责任。② 1338年，在英国，7岁以下的儿童被推定缺乏犯罪能力，但上述推定可以被该儿童具有恶意的证据推翻。③ 当时，儿童被推定缺乏犯罪能力的年龄段还没有被清晰地确定。直至17世纪，推定缺乏犯罪能力的年龄上限被确定为14岁。至此，普通法中未成年人刑事责任能力的判定体系最终确立，其中7岁以下的儿童不具有刑事责任能力自此成为英美法系国家的通行做法。目前，美国有36个州没有规定未成年人法庭原始管辖权的最低年龄。④ 但是，基于普通法“恶意补足年龄”规则，在对7岁至14岁未成年人的重罪起诉中，可以推翻关于未成年人无刑事责任能力的推定，但在所有此类案件中，用于年龄证明的恶意证据应该是强有力的、明确的，没有任何疑问和矛盾。这里的“恶意”指法律意义上在没有正当理由或借口的情况下故意作出不法行为，适用于补足年龄情形。⑤ 根据该规则，处于一定年龄段的未成年人被推定不具有刑事责任能力，但若控方提出相关证据证明该未成年人在行为实施时具有恶意，能够辨别是非、善恶，则其不具有刑事责任能力的推定可以被推翻，该未成年人应当对其实施的行为承担刑事责任。

可见，依据“恶意补足年龄”规则，低龄未成年人被推定无刑事责任能力，即没有犯罪所需的恶意，但对于处于一定低龄段的未成年人，可以通过证明该未成年人有能力实施这种恶意来推翻该论断。我国刑法可以引进“恶意补足年龄”规则，即一方面，原则上维系12周岁这一最低刑事责任年龄；另一方面同时增加规定，已满7周岁不满12

---

① 习近平：《习近平谈治国理政》，第4卷，北京，外文出版社，2022，290页。

② See William Blackstone, *Commentaries on the Laws of England*, Volume 4, Dawsons of Pall Mall, 1966, p. 23.

③ See Emilio S. Binavince, “The Ethical Foundation of Criminal Liability”, *Fordham Law Review*, Vol. 33, Issue 1 (October 1964), pp. 7-8.

④ See Frances Reddington, “Age and Criminal Responsibility”, *Journal of the Institute of Justice and International Studies*, Vol. 1, p. 107.

⑤ See Robert Hayes, “Criminal Responsibility, Mental Retardation”, *Legal Service Bulletin*, Vol. 7, Issue 4 (August 1982), p. 171.

周岁的未成年人，如果其明知某种行为的严重不法性或者错误性且故意为之，则需对其实施的严重不法行为承担刑事责任。

3.相对负刑事责任年龄阶段（已满12周岁不满16周岁）

相对负刑事责任年龄阶段，它是指实施了犯罪行为的人，依法只对刑法规定的某些严重犯罪承担刑事责任而应该达到的年龄。我国《刑法》第17条第2款和第3款，针对已满12周岁的青少年的发育成熟程度以及所实施行为的性质之轻重，分别规定了两种相对负刑事责任的年龄情形：已满12周岁不满14周岁，是第一个相对负刑事责任的年龄阶段；已满14周岁不满16周岁，是第二个相对负刑事责任的年龄阶段。处于这两个年龄阶段的人承担刑事责任的条件差别很大，下文分别讨论。

（1）已满12周岁不满14周岁的相对负刑事责任年龄人承担刑事责任的条件。

《刑法》第17条第3款规定，“已满十二周岁不满十四周岁的人，犯故意杀人、故意伤害罪，致人死亡或者以特别残忍手段致人重伤造成严重残疾，情节恶劣，经最高人民检察院核准追诉的，应当负刑事责任”。据此，追究已满12周岁不满14周岁的未成年人（以下简称“低龄未成年人”）刑事责任要满足两大限定条件，即实体限定条件和程序限定条件。

1）实体限定条件。实体限定条件主要是指主体年龄限定条件、罪行范围限定条件和严重情节限定条件。第一，主体年龄限定条件。低龄未成年人承担刑事责任的年龄不是无止境的低，而是仅限于已满12周岁不满14周岁。年龄条件是硬性标准，哪怕差一天也不行。司法实务中可能面临11岁零几个月的低龄未成年人实施故意杀人或者伤害犯罪的，即便罪行和结果再严重，也不能“拔高”适用《刑法》第17条第3款追究刑事责任。同理，如果超过了14周岁，实施的是贩毒、放火但并未造成人员伤亡等行为，也不能以刚刚超过14周岁而“降低”适用《刑法》第17条第3款不追究刑事责任。第二，罪名范围限定条件。低龄未成年人承担刑事责任的罪行仅限于故意杀人和故意伤害两种犯罪行为。如果低龄未成年人实施的是这两种犯罪行为之外的其他罪行，比如，《刑法》第17条第2款规定的强奸、贩卖毒品、放火、爆炸、投放危险物质，只要行为人在此过程中没有实施故意杀人或伤害行为，即便行为的社会危害性再大，也不能追究刑事责任。如果低龄未成年人是用放火、爆炸或投放危险物质的方式故意杀人或者故意伤害他人，或者在强奸后杀人或者强奸致死，或者绑架杀人，那么，这些行为的性质就是故意杀人犯罪或者故意伤害犯罪，因而具备适用《刑法》第17条第3款的罪名条件。第三，严重情节限定条件。低龄未成年人实施故意杀人犯罪或者故意伤害犯罪的，并不都承担刑事责任，只有“致人死亡或者以特别残忍手段致人重伤造成严重残疾，情节恶劣”的，才承担刑事责任。情节条件实际上包含了两种情况：一种情况是，如果是故意杀人，要求致人死亡而不仅仅是未遂。此时，考虑到致人死亡本身就极其严重，并不要求行为人使用了残忍手段等。但是，致人死亡的案件要求情节恶劣。这意味着，如果是出于大义灭亲或者防卫过当而杀人等情况，可能不会被认定为情节恶劣，从而不能适用《刑法》第17条第3款。另一种情况是，如果是故意伤害，则要求以特别残忍手段致人重伤造成严重残疾，同时还要求情节恶劣。这意味着，对于故意伤害行为如果要追究低龄未成年人的刑事责任，其实体条件更为严格，因为此时侵犯的是健康法益而不是生命法益。为此，再附加手段、后果等情节条件，也是对低龄未成年人犯罪追责的合理限定条件。

2）程序限定条件。程序限定条件主要是指司法程序限定条件。对低龄未成年人犯罪需要追究刑事责任的，除要满足前述三个实体条件之外，还必须满足第四个条件，即司法程序条件：只有“经最高人民检察院核准追诉”的，才能追究刑事责任。通过核准追诉程序，可以起到严格限制对低龄未成年人犯罪追究刑事责任的作用，同时也有利于检察机关统一对低龄未成年人犯罪追究刑事责任的案件追诉标准。必须说明的是，刑法条文用的是“核准”而不是“批准”，说明这个程序是核准程序而不是批准程序。批准程序是行政程序，核准程序才是司法程序，人民检察院是司法机关，其所走的程序当然是逐级核准程序而不是批准程序。同时，“上一级检察院即省一级检察院有责任为最高人民检察院把一道关，所以应当构造一个层层把关、逐级核准的司法程序。如果省级检察院认为不应当追诉的，可以直接否决下级检察院的意见，把案件发回撤销，没有必要再报最高人民检察院核准”①。程序限定条件的规定对于保证公正司法，最大限度地保障未成年人，哪怕是犯罪了的低龄未成年人的权益，具有重要意义。

适用《刑法》第 17 条第 3 款时，如何对低龄罪错未成年人量刑？第 17 条第 3 款只规定了“应当负刑事责任”，具体负刑事责任的程度，则要根据刑法总则关于未成年犯量刑的系列规定来确定。其一，不得适用死刑。根据《刑法》第 49 条第 1 款的规定，“犯罪的时候不满十八周岁的人”，“不适用死刑”，包括不得适用死刑缓期两年执行。依此，对低龄罪错未成年人，哪怕所犯罪行极其严重，也不能判处死刑。其二，适用无期徒刑，从立法规定来分析是可行的。刑法并没有规定对未成年犯不得适用无期徒刑，因此，如果低龄未成年人所犯罪行极其严重，是可以判处无期徒刑的。但是，《刑法》第 17 条第 4 款规定，“对依照前三款规定追究刑事责任的不满十八周岁的人，应当从轻或者减轻处罚”。这表明，如果对低龄罪错未成年人判处无期徒刑，根据第 17 条第 4 款的规定，应当从轻或者减轻处罚，所以最高只能顶格判处有期徒刑。

邯郸未成年人杀人案。② 2024 年 3 月 10 日，河北省邯郸市初一学生王某某被杀害。3 月 11 日，涉案的张某某、李某、马某某 3 名未成年犯罪嫌疑人被公安机关全部抓获。检察机关经审查认为，张某某、李某及马某某 3 人作案时已满 12 周岁不满 14 周岁，故意杀人致被害人王某某死亡，情节恶劣，应当追究刑事责任。“高检”经审查，依法决定对犯罪嫌疑人张某某、李某及马某某核准追诉。

分析：本案中只有先立案后核准并最终经“高检”核准追诉，法院才能对这 3 名少年定罪量刑。本案是自 2020 年《刑法修正案（十一）》下调最低刑事责任年龄后追责低龄罪错未成年人第一案。根据刑法规定，对犯罪的时候不满 18 周岁的人不适用死刑，因此，对这三位凶手，即便经过“高检”核准追诉，最高也只能判处无期徒刑，加之适用《刑法》第 17 条第 4 款关于应当从轻或者减轻处罚的规定，最终判刑很可能就是无期徒刑。如果“高检”没有核准追诉，案件性质就要发生转变，不再是刑事案件。根据《刑

① 胡云腾：《追究低龄未成年人刑事责任刍议》，载《法治日报》，2021-01-06，第 10 版。

② 参见高健：《三名未成年犯罪嫌疑人被核准追诉》，载《北京晚报》，2024-04-08，第 14 版；肖俊林：《河北邯郸涉嫌杀人案 3 名未成年人被核准追诉》，载《检察日报》，2024-04-09，第 1 版。

法》第 17 条第 5 款以及《预防未成年人犯罪法》的有关规定，经专门教育指导委员会评估同意，教育行政部门会同公安机关可以决定对他们进行专门矫治教育，送到专门学校，设置专门场所，进行闭环管理。具体由公安机关、司法行政部门负责矫治工作，由教育行政部门承担教育工作。

（2）已满 14 周岁不满 16 周岁的相对负刑事责任年龄人承担刑事责任的条件。

《刑法》第 17 条第 2 款规定，“已满十四周岁不满十六周岁的人，犯故意杀人、故意伤害致人重伤或者死亡、强奸、抢劫、贩卖毒品、放火、爆炸、投放危险物质罪的，应当负刑事责任”。据此，已满 14 周岁不满 16 周岁，是我国刑法规定的第二个相对负刑事责任年龄阶段。具体理解和适用该条款时，需要注意以下几点：

1）《刑法》第 17 条第 2 款规定的八种犯罪，是指具体犯罪行为而不是具体罪名。2002 年 7 月 24 日全国人大常委会法工委《关于已满十四周岁不满十六周岁的人承担刑事责任范围问题的答复意见》指出：《刑法》第 17 条第 2 款规定的八种犯罪，是指具体犯罪行为而不是具体罪名。《刑法》第 17 条中规定的“犯故意杀人、故意伤害致人重伤或者死亡”，“是指只要故意实施了杀人、伤害行为并且造成了致人重伤、死亡后果的，都应负刑事责任。而不是指只有犯故意杀人罪、故意伤害罪的，才负刑事责任，绑架撕票的，不负刑事责任。对司法实践中出现的已满十四周岁不满十六周岁的人绑架人质后杀害被绑架人、拐卖妇女、儿童而故意造成被拐卖妇女、儿童重伤或死亡的行为，依据刑法是应当追究其刑事责任的”。依此，刑法分则中故意犯罪规定有“致人重伤或者死亡”情节的罪名，应该说都在第 17 条第 2 款规定的八种犯罪之列。这些罪名主要包括第 115 条决水罪、以危险方法危害公共安全罪，第 121 条劫持航空器罪，第 234 条之一组织出卖人体器官罪，第 238 条非法拘禁罪，第 239 条绑架罪，第 240 条拐卖妇女、儿童罪，第 292 条聚众斗殴罪，第 300 条组织、利用会道门、邪教组织、利用迷信破坏法律实施罪，第 318 条组织他人偷越国（边）境罪，第 321 条运送他人偷越国（边）境罪等。

2）《刑法》第 17 条第 2 款规定的八种犯罪，是指故意的犯罪行为而不是过失的犯罪行为。必须指出的是，如果致人重伤或者死亡是出于过失，则不能适用第 17 条第 2 款。比如，《刑法》第 260 条规定的虐待罪，也存在“致使被害人重伤、死亡”的情节，但是，该罪的致人重伤或死亡是出于过失，而不是出于故意，因此，如果是已满 14 周岁不满 16 周岁的人虐待家人致死或重伤，不能适用第 17 条第 2 款。

3）已满 14 周岁不满 16 周岁的人实施第 17 条第 2 款规定以内或者规定以外的行为的，罪名均应按照第 17 条第 2 款规定的八种犯罪行为来确定。已满 14 周岁不满 16 周岁的人实施了第 17 条第 2 款规定以内的行为，罪名直接按照第 17 条第 2 款的规定确定；已满 14 周岁不满 16 周岁的人实施了第 17 条第 2 款规定以外的行为，同时触犯了第 17 条第 2 款的，应当依照第 17 条第 2 款的规定确定罪名，定罪处罚。如果实施了第 17 条第 2 款规定以外的行为，但是并没有触犯第 17 条第 2 款，不构成犯罪。

栗某抢劫案。① 栗某（涉案时 14 周岁）伙同张某、李某预谋抢劫姜某。2020 年 5 月 4 日，栗某通过微信将姜某诱骗至某超市门口，张某持刀与李某一起将姜某劫持到李某

---

① 参见（2020）辽 0602 刑初 196 号刑事判决书。

租用的轿车上。在途中，栗某等人以持刀威胁、恐吓、辱骂等手段抢劫姜某人民币 750 元。栗某被抓获后如实供述了自己的罪行。法院以抢劫罪判处栗某有期徒刑 1 年 2 个月，缓刑 1 年 6 个月，并处罚金人民币 2 000 元。

分析：本案所涉及的便是已满 14 周岁不满 16 周岁的人实施了《刑法》第 17 条第 2 款规定以内的行为，罪名如何确定的问题。栗某涉案时为 14 周岁，处于相对负刑事责任年龄阶段，仅应对《刑法》第 17 条第 2 款规定的特定八种犯罪行为承担刑事责任，在具体罪名的确定上，也应该依据该条款确定。《刑法》第 17 条第 2 款明确规定了抢劫犯罪行为，因此对栗某的行为以抢劫罪定罪量刑是合理的。

甲拐卖妇女、儿童案。15 岁的甲在一次拐卖儿童过程中，为了制止儿童乙哭闹，用衣服捂住乙的嘴，导致乙窒息而死。

分析：本案涉及的便是已满 14 周岁不满 16 周岁的人实施了《刑法》第 17 条第 2 款规定以外的行为，罪名如何确定的问题。一方面，甲的行为构成《刑法》第 240 条规定的拐卖妇女、儿童罪，并具有“造成被拐卖的妇女、儿童重伤、死亡”的加重情节。当然，即便没有甲捂住乙嘴部致死的情节，甲的行为仍然构成拐卖妇女、儿童罪。另一方面，甲出于故意以衣服捂住乙的嘴致其死亡的行为，也触犯了《刑法》第 17 条第 2 款，属于“犯故意杀人、故意伤害致人重伤或者死亡”，因而其行为也构成故意杀人罪。但是，最终罪名的确定，仍需根据甲处于已满 14 周岁不满 16 周岁相对负刑事责任年龄阶段的情况，而适用《刑法》第 17 条第 2 款，定故意杀人罪，而不定拐卖妇女、儿童罪。从刑法适用来看，既然以《刑法》第 17 条第 2 款追究未成年犯的刑事责任，适用该条罪名无疑是合理的。换言之，如果甲只是实施了拐卖行为，并没有杀害乙，则甲的行为不构成任何犯罪，包括不构成拐卖妇女、儿童罪。

4）已满 14 周岁不满 16 周岁的人，实施抢劫罪或者转化型抢劫罪的罪名确定问题。

已满 14 周岁不满 16 周岁的人，实施《刑法》第 269 条规定的转化型抢劫的，如何确定罪名？2003 年 4 月 18 日“高检”《关于相对刑事责任年龄的人承担刑事责任范围有关问题的答复》指出，“相对刑事责任年龄的人实施了刑法第二百六十九条规定的行为的，应当依照刑法第二百六十三条的规定，以抢劫罪追究刑事责任”，“相对刑事责任年龄的人实施了刑法第十七条第二款规定的行为，应当追究刑事责任的，其罪名应当根据所触犯的刑法分则具体条文认定。对于绑架后杀害被绑架人的，其罪名应认定为绑架罪”。2006 年 1 月 11 日“高法”《关于审理未成年人刑事案件具体应用法律若干问题的解释》第 10 条第 1 款规定，“已满十四周岁不满十六周岁的人盗窃、诈骗、抢夺他人财物，为窝藏赃物、抗拒抓捕或者毁灭罪证，当场使用暴力，故意伤害致人重伤或者死亡，或者故意杀人的，应当分别以故意伤害罪或者故意杀人罪定罪处罚。”这两个司法解释相互矛盾。已满 14 周岁不满 16 周岁的人实施转化型抢劫的，如果没有造成他人死亡或者重伤，其实不需要追究刑事责任，否则就是扩大了刑法的处罚范围，毕竟《刑法》第 269 条规定的转化型抢劫与第 263 条规定的抢劫罪还是有质的区别的。既然如此，实施转化型抢劫致人重伤或者死亡的，当然应该按照《刑法》第 17 条第 2 款定故意杀人罪或者故意伤害罪，而不能定抢劫罪。同样的道理，已满 14 周岁不满 16 周岁的人实施绑架犯罪的，如果没有杀害被绑架人或者造成其重伤，不应动用刑法处罚；如果杀害或者重伤了被绑架人，则应按照《刑法》第 17 条第 2 款的规定定故意杀人罪或者故意伤害罪，换言之，罪名不应为绑架罪。

胡某等人绑架案。[①] 胡某欲绑架王某（被害时 14 岁）勒索钱财，并邀约白某、蒋某、张某共同参与，四人均已满 14 周岁未满 16 周岁。王某与胡某等人相识，胡某恐罪行败露，遂提出先将王某杀死再勒索钱财，白某、蒋某表示同意，张某同意绑架王某但对杀死王某持放任态度。某日，胡某等四人来到某中学附近，将王某骗上出租车。张某正欲上车即被其母亲叫回家。胡某等三人将王某带到某河坝将其捆绑，骗得王某家中电话号码后，胡某、蒋某持刀先后对王某的胸、腹、头等部位刺杀，后三人又持石头砸打王某的头部，并将王某掩埋致王某死亡。同月 25 日，胡某向王某家打电话索取现金 8 万元。

分析：本案中胡某等四人实施的是绑架行为，触犯了《刑法》第 239 条规定的绑架罪，该罪在第 17 条第 2 款中没有出现，但是胡某等人实施绑架行为并杀害被绑架人，或者故意伤害被绑架人致其重伤、死亡的，无疑属于第 17 条第 2 款规定的“犯故意杀人、故意伤害致人重伤或者死亡”，因此，如果适用第 239 条，对胡某等人无法定罪；如果适用第 17 条第 2 款，对胡某等人的犯罪行为就可以追责。对于胡某等人绑架王某并杀害王某的行为，当然应该以故意杀人罪定罪。正因如此，法院的判决指出，胡某、白某、蒋某、张某共谋绑架并杀死被害人王某的行为，构成故意杀人罪。胡某等四人犯罪时已满 14 周岁未满 16 周岁，对其共同故意剥夺被害人生命的行为，应当负刑事责任。法院在本案罪名的认定上紧扣第 17 条第 2 款的规定，以故意杀人罪认定犯罪人的行为非常合理。

4. 完全负刑事责任年龄阶段（已满 16 周岁）

完全负刑事责任年龄阶段，是指实施了犯罪行为的人应当依法承担全部刑事责任所应该达到的年龄。《刑法》第 17 条第 1 款规定，“已满十六周岁的人犯罪，应当负刑事责任”。据此，已满 16 周岁是我国刑法中的完全负刑事责任年龄阶段。在我国刑法看来，已满 16 周岁的人情绪和心智均已成熟，具有完全辨认自己行为性质的认识能力和控制自己的行为发展的意志能力，所以应该对自己的行为承担完全的刑事责任。据此，已满 16 周岁的人，无论犯的是轻罪还是重罪，无论是过失犯罪还是故意犯罪，都应当对自己的行为承担刑事责任。

5. 减轻刑事责任年龄阶段（不满 18 周岁，或者已满 75 周岁）

减轻刑事责任年龄阶段，是指实施了犯罪行为的人无须承担全部刑事责任，依法应当予以一定程度的从轻或减轻处罚的年龄。它又被称为限制刑事责任年龄阶段。根据我国刑法规定，减轻刑事责任年龄阶段在我国又分为两类情形。

（1）不满 18 周岁。

《刑法》第 17 条第 4 款规定，“对依照前三款规定追究刑事责任的不满十八周岁的人，应当从轻或者减轻处罚”。依此，对于已满 12 周岁不满 18 周岁的人，无论其实施何种犯罪行为，均应相对于成年犯从轻或减轻处罚。至于从轻或减轻处罚的选择及幅度，

---

① 参见（2005）川刑终字第 680 号刑事裁定书。

应由司法机关根据具体案件而定。

对未成年犯从宽处罚的规定在刑法其他条款中也有体现，例如：《刑法》第49条第1款规定，犯罪的时候不满18周岁的人，不适用死刑；第65条第1款规定，不满18周岁的人犯罪，即便被判处有期徒刑以上的刑罚，刑罚执行完毕或者赦免以后，在5年以内再犯应当判处有期徒刑以上刑罚之罪的，也不是累犯；第72条第1款规定，对不满18周岁的人，在符合缓刑条件的基础上，应当宣告缓刑；第100条第2款规定，犯罪的时候不满18周岁被判处5年有期徒刑以下刑罚的人，免除如实向有关单位报告自己曾受过刑事处罚的义务。

关于对未成年犯从轻或减轻处罚的选择及幅度，相关司法解释进行了详细的规定。2021年6月16日"两高"《关于常见犯罪的量刑指导意见（试行）》规定，"对于未成年人犯罪，综合考虑未成年人对犯罪的认知能力、实施犯罪行为的动机和目的、犯罪时的年龄、是否初犯、偶犯、悔罪表现、个人成长经历和一贯表现等情况，应当予以从宽处罚。1.已满十二周岁不满十六周岁的未成年人犯罪，减少基准刑的30%-60%；2.已满十六周岁不满十八周岁的未成年人犯罪，减少基准刑的10%-50%"。

减轻刑事责任年龄阶段是我国对未成年犯实施"教育为主、惩罚为辅"的刑事政策的体现。例如，《刑事诉讼法》第277条第1款规定，"对犯罪的未成年人实行教育、感化、挽救的方针，坚持教育为主、惩罚为辅的原则"。一方面，未成年人的刑事责任能力相对于成年人而言并不完备，其身心发育的不成熟直接导致了辨认和控制能力的下降；另一方面，未成年人的此种身心特征也为后天教育、感化和挽救留下了宝贵的空间。较之于单纯科处刑罚，通过教育达到使其迷途知返、重返社会的目标显得更为重要。

蒋某故意杀人案。①2005年，蒋某（作案时17周岁）放羊啃麦苗，村干部杨某某等人与之发生争执，并殴打蒋某，逮走其10只羊并索要赎金。蒋某回家携带尖刀等物，于当晚返回村委，索要被扣押的10只羊。杨某某闻讯赶来，训斥并动手打了蒋某，蒋某随即掏出尖刀，朝杨某某的颈、胸等部位刺划10余刀。杨某某转身逃离时，蒋某又朝其后背捅刺。杨某某倒地后，蒋某又持水泥预制碎块砸其头部，致使杨某某死亡。法院以故意杀人罪判处蒋某有期徒刑15年。

分析：本案中杨某某殴打蒋某，存在一定的过错，但法院对蒋某仅判处15年有期徒刑，主要是考虑到了其未满18周岁，正处于减轻刑事责任年龄阶段，依法应予以从轻或者减轻处罚，且不适用死刑。

（2）已满75周岁。

《刑法》第17条之一规定"已满七十五周岁的人故意犯罪的，可以从轻或者减轻处罚；过失犯罪的，应当从轻或者减轻处罚"。该条为2011年《刑法修正案（八）》所增设。以往我国减轻刑事责任年龄阶段只有不满18周岁一种情形，而该条关于老年人犯罪从宽处罚的规定，确立了我国已满75周岁的人犯罪也可以减轻刑事责任，从而使我国减轻刑事责任年龄阶段在以往的不满18周岁的情形之外，又多了一种已满75周岁的情形。

我国有矜老的优秀传统和恤刑思想，并要求刑法发挥人道主义精神，对特殊群体予

① 参见（2006）徐刑一初字第30号刑事附带民事判决书。

以刑罚上的宽大处理，以促进社会和谐。对于已满75周岁的老年犯罪人而言，其身心特征导致其人身危险性较低、再犯可能性较小，对其适用相对较轻的刑罚即可达到刑罚目的。因此，该规定既是矜老传统、恤刑思想的要求，也符合当前世界潮流，更是宽严相济的刑事政策的集中体现。

关于对老年犯从轻或减轻处罚的幅度，相关司法解释也有详细规定。2021年6月16日“两高”《关于常见犯罪的量刑指导意见（试行）》规定，“对于已满七十五周岁的老年人故意犯罪，综合考虑犯罪的性质、情节、后果等情况，可以减少基准刑的40%以下；过失犯罪的，减少基准刑的20%-50%”。

曹某某故意伤害案。[①] 曹某某在某垃圾站旁，因废品收购的问题与张某发生争执。后伙同其儿子曹某强对张某实施追打，致张某受伤（经鉴定，损伤程度为轻伤二级）。另查明，曹某某在二审期间表示认罪服法、真诚悔罪，且其亲属与被害人张某达成刑事和解协议，向被害人张某赔偿了人民币50 000元，被害人张某向法院出具了刑事谅解书。法院以故意伤害罪判处曹某某有期徒刑10个月，缓刑2年。

分析：本案中曹某某作案时已年满75周岁，依法可以对他从轻或减轻处罚。法院在综合考虑其减轻刑事责任年龄、认罪和悔罪态度、和解情况等的基础上，对他适用缓刑是合理的。

（三）责任年龄的认定

根据2017年3月2日“高检”《未成年人刑事检察工作指引（试行）》、2006年1月11日“高法”《关于审理未成年人刑事案件具体应用法律若干问题的解释》、1997年11月24日公安部《关于如何确定无户籍登记的犯罪嫌疑人年龄的答复》等相关司法解释的规定，刑法中刑事责任年龄的认定要遵守以下规则：

（1）《刑法》第17条规定的“周岁”，按照公历的年、月、日计算，从周岁生日的第二天起算。

（2）审理未成年人刑事案件，应当查明被告人实施被指控犯罪时的年龄。对于没有充分证据证明被告人实施被指控的犯罪时已经达到法定刑事责任年龄且无法查明的，应当推定其没有达到相应法定刑事责任年龄。

刑事案件被告人年龄认定，尤其是临界年龄认定容易引发争议，当穷尽证据调查和证明手段仍无法查明，或者经查实的证据有瑕疵、相互矛盾或者证明力较低时，一般采用以下规则处理：一是户籍资料优先原则。“出生医学证明”是户口登记机关登记出生的重要依据，公安机关作出的确认当事人身份关系包括年龄的具体行政行为具有法律效力。在调取的户籍资料与其他书证如学籍资料记载的入学日期、与其他证人证言等相互矛盾时，以认定户籍资料为原则，以对户籍资料不予采信为例外。二是书证优先原则。有关部门存档的书证，尤其是在案发前形成的书证，客观性较强，其证明的内容与证人证言相互矛盾时，以书证优于证人证言为原则，以对书证不予采信为例外。三是参考鉴定原则。司法骨龄鉴定意见对于判断被鉴定人的年龄有科学参考价值。如果骨龄鉴定意见表示不能准确确定被鉴定人实施犯罪行为时的实际年龄，存在一定的跨龄鉴定幅度，则该

---

① 参见（2021）粤01刑终1989号刑事判决书。

鉴定意见不能单独作为认定年龄的证据，应当结合其他有效证据慎重判断作出综合认定。不能排除证据之间的矛盾，无充分证据证明被告人在实施被指控的犯罪时已满 18 周岁且确实无法查明的，应按有利于被告人的原则，推定其不满 18 周岁。

陈某盗窃案。①2020 年 3 月 15 日至 4 月 30 日期间，陈某在某市多地实施盗窃，每次均窃得电动车一辆，被盗电动车价格共计人民币 11 973 元。侦查过程中公安机关发现，陈某貌似未成年人但是又缺乏有效的身份证明，其年龄究竟多大难以确定。

分析：对于本案，法院经审理认为：司法机关穷尽查明方式都无法查实被告人的真实身份，根据本案的骨龄鉴定意见，被告人陈某于 2020 年 5 月 6 日拍摄左手部 X 线片时的年龄为 18 周岁以上，结合陈某自报出生年份为 2001 年及涉嫌犯罪的时间为 2020 年 3 月 15 日，能够得出陈某在犯罪时已满 18 周岁的结论，陈某为完全刑事责任年龄人。法院以盗窃罪判处陈某有期徒刑 1 年 2 个月，并处罚金 2 000 元。

本书认为，本案的焦点问题在于陈某的年龄，最终法院采用骨龄鉴定的手段，确定了其年龄为已满 18 周岁。

（3）根据目前的技术水平，还无法对犯罪嫌疑人的年龄作出精确的鉴定。对 25 岁以内青少年的年龄鉴定结论误差范围通常在±2 岁以内，只能反映犯罪嫌疑人的年龄段（如 14 周岁以上 18 周岁以下）。从保护青少年的合法权益和“教育、感化、挽救”的方针出发，在实际认定时，应将鉴定反映的该犯罪嫌疑人年龄段的下限即可能的最低年龄视为犯罪嫌疑人的年龄。

三、精神状态

我国《刑法》第 18 条第 1 款至第 3 款规定，“精神病人在不能辨认或者不能控制自己行为的时候造成危害结果，经法定程序鉴定确认的，不负刑事责任，但是应当责令他的家属或者监护人严加看管和医疗；在必要的时候，由政府强制医疗”；“间歇性的精神病人在精神正常的时候犯罪，应当负刑事责任”；“尚未完全丧失辨认或者控制自己行为能力的精神病人犯罪的，应当负刑事责任，但是可以从轻或者减轻处罚”。据此规定，我国刑法中的精神病人，可以根据精神病人的辨认和控制能力，分为三种情况予以讨论，即完全丧失辨认和控制能力的精神病人、精神正常的间歇性精神病人、尚未完全丧失辨认或者控制能力的精神病人。

1. 完全丧失辨认和控制能力的精神病人

完全丧失辨认和控制能力的精神病人，又称无刑事责任的精神病人，是指在犯罪发生时，因其自身精神状况的影响对行为完全丧失了辨认和控制能力，达到了完全丧失刑事责任能力的程度的精神病人。《刑法》第 18 条第 1 款规定，“精神病人在不能辨认或者不能控制自己行为的时候造成危害结果，经法定程序鉴定确认的，不负刑事责任，但是应当责令他的家属或者监护人严加看管和医疗；在必要的时候，由政府强制医疗”。该款确立了完全丧失辨认和控制能力的精神病人的刑事责任问题，其适用涉及刑法学、精神医学、司法鉴定学等相关学科，相对比较复杂，但对其中精神病人无刑事责任能力的认

① 参见（2020）云 0802 刑初 274 号刑事判决书。

定标准以及精神病人的范围必须予以厘清。

（1）精神病人刑事责任能力标准的双重性。

无刑事责任能力，是指行为人不具备或者丧失了刑法意义上的辨认或者控制自己的行为的能力。现代各国刑法对精神病人无刑事责任能力的判定，普遍采用医学标准与心理学标准相结合的方式，即判定无刑事责任能力，一是从医学（生物学）上看，行为人要患有精神病；二是从心理学（法学）上看，行为人在行为时要因精神病丧失辨认或控制自己行为的能力.

在20世纪以前，由于心理学和精神医学尚不够发达，立法者对精神病与责任能力的关系尚未能全面、深入地把握，因而采用单纯的医学标准，即行为人患有精神病就被确认为无刑事责任能力，未考虑行为时辨认和控制行为的能力是否实际丧失。例如，1810年法国刑法典第64条规定，如果行为时患有精神病，则既不构成重罪亦不构成轻罪。现代各国刑法中，对精神病人无刑事责任能力的判定，普遍采用医学和心理学双重标准。在心理学标准的具体内容上，少数国家采取须丧失辨认能力的单一说，即仅承认丧失辨认能力者无刑事责任能力，对仅丧失控制行为能力者则未予承认。如1984年修订的印度刑法典第84条规定，“一个人由于精神不健全，不能辨认自己行为的性质是否错误或违法的情况下所实施的行为，不构成犯罪”。多数国家则采取丧失辨认能力或控制能力的择一说，即丧失辨认能力或控制能力其中的一项的，即可判定为无刑事责任能力。如1971年瑞士刑法典、1974年奥地利刑法典、1976年德国刑法典等，均采取择一说。在我国《刑法》第18条第1款规定，精神病人在不能辨认或者不能控制自己行为的时候造成危害结果，经法定程序鉴定确认的，不负刑事责任。这表明行为人在没有辨认或者控制能力时实施的行为，不是犯罪行为。从正面来说，行为构成犯罪的前提是行为人具有辨认能力和控制能力。显然，我国刑法与多数国家的刑法一样，采取了医学标准与心理学标准相结合的方式，而在心理学标准的内容上采取的则是丧失辨认能力或者控制能力的择一说。

医学标准和心理学标准都是针对行为实施时的，如果精神病人在实施自己的行为时与没有实施行为时能力不一致，则以实施行为时的能力为标准，因为刑法上研究行为人的能力，是为了说明行为是不是在罪过心理支配下实施的。

（2）《刑法》第18条第1款规定的精神病人的范围。

《刑法》第18条第1款规定的精神病人究竟是狭义的还是广义的？广义上的精神病人，泛指各种以精神异常为表现特征的精神障碍者，包括精神病性精神障碍者，也包括非精神病性精神障碍者；既包括持久性精神障碍者，也包括间歇性精神障碍者；既包括内源性的精神疾病患者，也包括其他各种原因引起的精神活动改变者。狭义的精神病人，仅指精神活动异常到一定程度的重型精神病患者，包括严重的智能障碍和严重的精神障碍等重性精神病患者。

结合精神障碍者的特质和《刑法》第18条第1款规定的“不能辨认或者不能控制自己行为的能力”来看，该款规定的精神病人既包括精神病性精神障碍者，还包括非精神病性精神障碍者。一方面，从精神病的理论和实践来看，区分精神病性精神障碍者与非精神病性精神障碍者，是为了更好地对不同种类和特点的精神病人进行治疗和研究，而绝不意味着非精神病性精神障碍者不存在丧失辨认或控制自己的行为的能力的时候。精神病性精神障碍者并非一定没有辨认或控制自己的行为的能力，非精神病性精神障碍者并非一定具有辨认或控制自己的行为的能力。另一方面，从刑事责任能力的本质看，行为人是否对自己的行为承担刑事责任，关键是其能否辨认、控制自己的行为，即是否具备意志上的非难可能性。精神上的疾患只是考量辨认、控制能力的一个生物依据，它不能也不应该代替法律依据，否则，就失去了刑事责任的本质。也正因如此，世界各国刑法典在规定精神障碍者的刑事责任时，都强调其辨认、控制能力的丧失，而都没有对精神障碍的程度和种类作出限制性要求。例如，2015 年法国刑法典第 122—1 条规定，“实施行为时，患精神紊乱或神经精神紊乱，完全不能辨别或不能控制自己行为者，不负刑事责任”。而日本刑法的规定则更是直接强调法律标准，基本上未提生物标准。日本刑法典第 39 条第 1 款规定，“心神丧失人的行为，不处罚”。现行德国刑法似乎是一个例外，但是实则不然。德国刑法典第 20 条规定，“行为人行为时，由于病理性精神障碍、深度的意识错乱、智力低下或其他严重的精神反常，不能预见其行为的违法性，或依其认识而行为的，不负刑事责任”。这一规定以列举的方式对精神障碍者作了较明确的规定和程度的限制。但是，所谓“严重”也不是针对所有的精神障碍，如病理性精神障碍、智力低下，不一定就是严重的。更何况，关于何谓“严重”，刑法也没有作出更为明确的说明，据此规定，当然也并不能得出其只适用于精神病性精神障碍者。应该说，它以发病时的严重与否，而不以精神障碍者的病情程度作为认定不负刑事责任的标准。

总之，《刑法》第 18 条第 1 款中的“精神病人”是从广义的角度而言的，它既包括精神病性精神障碍者，也包括非精神病性精神障碍者。

（3）不负刑事责任的精神病人的精神状况必须经过法定程序鉴定确认。

精神病人在不能辨认或者不能控制自己的行为的时候造成危害结果的，是否要承担刑事责任，必须经过法定程序鉴定确认。对犯罪嫌疑人或被告人所实施的司法精神鉴定的内容包括两方面，即确认被鉴定人是否为“精神病人”，确认被鉴定人在“造成危害结果”时的“辨认与控制能力”是“完全丧失”还是“尚未完全丧失”。

“法定程序鉴定”是指“法医精神病鉴定”。根据 2020 年《法医类司法鉴定执业分类规定》的规定，法医精神病鉴定是指运用法医精神病学的科学技术或者专门知识，对涉及法律问题的被鉴定人的精神状态、行为/法律能力、精神损伤及精神伤残等专门性问题进行鉴别和判断并提供鉴定意见的活动。法医精神病鉴定包括精神状态鉴定、刑事类行为能力鉴定、民事类行为能力鉴定、其他类行为能力鉴定、精神损伤类鉴定、医疗损害鉴定、危险性评估、精神障碍医学鉴定，以及与心理、精神相关的其他法医精神病鉴定等。根据现代精神病学与有关技术，确定被鉴定人是否患有精神疾病。如果患有精神疾病，则判定其疾病的性质和程度，尤其案件发生时的疾病情况，从而确定被鉴定人是否具有刑事行为能力和刑事责任能力及其他能力。①

（4）不负刑事责任的精神病人的看管医疗等措施。

精神病人在不能辨认或者不能控制自己行为的时候造成危害结果的，经法定程序鉴

---

① 参见张小宁、石美森编著：《司法精神病学》，北京，中国政法大学出版社，2019，57 页。

定确认的，不负刑事责任。但是，这并不意味着放任不管。根据精神病人的发病情况，应当责令他的家属或者监护人严加看管和医疗，以约束和控制精神病人的行为继续造成危害社会的结果；在必要的时候，由政府强制医疗。适用和理解“在必要的时候，由政府强制医疗”的规定时应该注意把握如下问题：

实体方面，必须是“必要的时候”。具体来说，第一，精神病人实施的是社会危害严重的暴力行为，危害公共安全或严重危害公民人身安全。第二，有继续危害社会的可能。这部分精神病人有严重的暴力攻击倾向，人身危险性极强，如果不对他们进行非自愿性质的强制性治疗，很可能会导致他们继续危害社会。

程序方面，必须严格依照刑事诉讼法规定的程序进行。在满足实体条件之后，程序方面，根据《刑事诉讼法》第 303 条至第 307 条的规定，大致如下：1）公安机关应当写出强制医疗意见书，移送人民检察院（可以采取临时的保护性约束措施）。2）符合强制医疗条件的，人民检察院应当向人民法院提出强制医疗的申请。3）符合强制医疗条件的，人民法院可以作出强制医疗的决定（应当组成合议庭）。4）强制医疗机构应当定期对被强制医疗的人进行诊断评估。

2. 精神正常的间歇性精神病人

精神正常的间歇性精神病人，又称完全刑事责任的精神病人，是指在犯罪发生时，具备完全的辨认能力和控制能力且处于非发病期的精神病人。《刑法》第 18 条第 2 款规定，“间歇性的精神病人在精神正常的时候犯罪，应当负刑事责任”。该款确立了精神正常的间歇性精神病人犯罪时应当追究刑事责任的规则。

（1）间歇性精神病人的内涵与外延。

间歇性精神病是指具有间歇发作特点的精神病。在我国该概念最早出现在 1954 年 9 月 30 日的《中华人民共和国刑法指导原则草案（初稿）》，其中第 4 条第 2 款规定，“间歇性的精神病人在精神正常的时候犯罪，应当负刑事责任”。1979 年刑法将该规定作为第 15 条第 2 款：“间歇性的精神病人在精神正常的时候犯罪，应当负刑事责任。”现行刑法继续规定了上述内容。那么，对间歇性的精神病人概念究竟如何理解？

间歇性的精神病人是一个法律概念，它是刑事立法规定的与刑事责任能力相关的概念，而不是我国临床精神医学和司法精神病学所使用的专业术语。从内涵来看，间歇性精神病通常包括心境障碍（情感性精神障碍）、各种原因导致的意识障碍、癔症性精神病、精神分裂症、完全缓解状态等。[①] 它是有着自然缓解规律或需要药物维持治疗才能控制疾病症状的精神病。这种自然规律也受不可抗拒的生物因素影响，比如癫痫性精神障碍、精神分裂症、双相情感障碍等疾病在规律服药或某些季节变化等生物因素的影响下，症状可能处于暂时缓解或相对缓解状态，因而不可能包括受社会因素或人为因素影响的精神障碍。[②] 从外延来看，间歇性精神病的范围，根据中国精神障碍分类与诊断标准，其所指向的精神病包括癫痫所致精神障碍、精神分裂症、偏执性精神障碍、急性短暂性精神病、感应性精神病、分裂情感性精神病、周期性精神病、躁狂发作、双相情感

① 参见孙大明主编：《新编司法精神医学》，北京，北京大学出版社，2022，285 页。

② 参见高北陵主编：《现代司法精神医学——兼论与伦理学相关问题》，北京，北京大学出版社，2018，7 页。

障碍、抑郁发作等。[①] 间歇性的精神病本身是一种持久性精神类疾病，它可以有不同的缓解期或发作间歇期，在间歇期精神活动可以无异常。如果在案发期间处于精神病的缓解期，那么，该精神病人就要对自己的行为承担责任。

（2）间歇性精神病人“精神正常”如何判定。

间歇性精神病人在精神正常的时候实施危害社会的行为的，表明其具备完整的辨认和控制能力，简言之，此时其具备刑事责任能力。因此，间歇性精神病人行为时是否处于精神正常状态，直接决定着行为人刑事责任的有无。

要准确判定间歇性精神病人精神是否正常，可以依从心理学和医学双重标准来把握。一般来说，具有辨认能力和控制能力并且处于非发病期的精神病人，即属于精神正常。

间歇性精神病人“精神正常”的心理学标准，在于行为人是否具有辨认能力和控制能力。刑事责任能力是辨认能力和控制能力的统一，判断间歇性精神病人是否正常的心理学标准，应该是间歇性精神病人在实施危害社会的行为时，能否准确辨认自己行为的性质并在此基础上控制自己行为的能力。

间歇性精神病人“精神正常”的医学标准，是从司法精神病学角度看处于非发病期。间歇性精神病人的精神正常时期，从司法精神病学角度可以理解为精神障碍者正处在疾病已经完全缓解或基本缓解的“间歇期”。此时精神障碍者的精神活动基本上是正常的，并未丧失辨认或者控制自己行为的能力。以间歇性精神病人中的精神分裂症为例，缓解期是指“完全缓解者，其精神症状消失，自知力完整，恢复了病前的工作学习能力和社会功能，辨认或者控制能力存在，评定为完全责任能力”[②]。总之，只要间歇期精神状态基本正常，可正常从事工作、生活，社会适应正常，就可以判断处于非发病期。

间歇性精神病人钟某抢夺、故意伤害案。[③] 钟某因当街抢走他人的脖子上的金项链，以及因与他人发生纠纷时用拳头击打他人造成被害人轻伤，被公诉机关以涉嫌抢夺罪、故意伤害罪提起公诉。

分析：本案中钟某为间歇性精神病人，是否需要承担刑事责任？需要结合心理学与医学标准进行鉴定。经司法鉴定机构鉴定，钟某在作案时处于精神分裂症不完全缓解期，被评定为限定责任能力。钟某的父亲和邻居的证言均证明钟某为间歇性精神病人，病情时好时坏。法院认为，钟某作案时处于精神分裂症不完全缓解期，被评定为限制责任能力，应当负刑事责任，应以抢夺罪、故意伤害罪对其定罪处罚，但可以从轻处罚。

3. 尚未完全丧失辨认或者控制能力的精神病人

尚未完全丧失辨认或者控制能力的精神病人，又称限制刑事责任能力的精神病人，是指在犯罪发生时，因自身精神状况的影响对行为的辨认或控制能力明显下降，但未达到完全丧失刑事责任能力程度的精神病人。《刑法》第 18 条第 3 款规定，“尚未完全丧失

① “在我国，应用最广泛的分类标准为中华医学会精神科分会编写的《中国精神障碍分类与诊断标准》，3 版，此诊断标准于 2001 年 4 月出版发行，在国内科研、教学、临床工作中得到了广泛应用，特别是（被）临床的精神病科专业人士（应用）。”（向静：《刑事司法精神医学与刑侦实务》，北京，法律出版社，2019，6 页。）

② 纪术茂、高北陵、张小宁主编：《中国精神障碍者刑事责任能力评定与司法审判实务指南》，北京，法律出版社，2012，374 页。

③ 参见（2014）怀中刑一终字第 98 号刑事附带民事判决书。

辨认或者控制自己行为能力的精神病人犯罪的，应当负刑事责任，但是可以从轻或者减轻处罚”。限制刑事责任的精神病人，是介于无刑事责任的精神病人与完全刑事责任的精神病人之间的中间状态的精神病人，其刑事责任能力的有无，可从以下四个方面来把握：

（1）尚未完全丧失辨认或者控制能力的精神病人，其责任能力处于限制状态，即其辨认能力与控制能力介于完全具备和完全丧失之间，且该种辨认或控制能力的下降系精神障碍所致，二者之间应具备因果关系。如果行为人在行为时具有完全的辨认或控制能力，或者完全不具有辨认或控制能力，均不属于限制刑事责任能力的精神病人。

（2）并非所有的精神疾病均在该规定的涵摄范围之内，只有那些并非可由自己控制的精神病性或非精神病性精神障碍才可能符合条件。2016 年 9 月 22 日司法部办公厅《关于精神障碍者刑事责任能力评定指南》（SF/Z JD0104002—2016）第 5.1.2 条规定，只有在发生危害行为时能建立明确的精神障碍诊断的患者才有可能属于限制刑事责任能力的精神病人。而该指南附录 A 第 A.1.2 条规定，能建立明确的精神障碍诊断包括器质性精神障碍，精神活性物质或非成瘾物质所致精神障碍，精神分裂症和其他精神病性障碍，心境障碍（情感性精神障碍），癔症、应激相关障碍、神经症，精神发育迟滞等。因此，《刑法》第 18 条第 3 款涉及的精神疾病指的是上述特定的精神障碍。

（3）精神病人限制刑事责任能力的评定是一个综合化、系统性的过程，其核心是对相关行为人的辨认和控制能力作出科学评判，需要法学、心理学、医学等多学科共同参与，以及多种不同类型的证据相互印证。前述指南附录 B 第 B.1.1 条规定，评价精神病人限制刑事责任能力的考虑因素包括作案动机、作案前先兆、作案的诱因、作案时间选择性、作案地点选择性、作案对象选择性、作案工具选择性、作案当时情绪反应、作案后逃避责任、审讯或检查时对犯罪事实掩盖、审讯或检查时有无伪装、对作案行为的罪错性认识、对作案后果的估计、生活自理能力、工作或学习能力、自知力、现实检验能力、自我控制能力。据此，行为人事前的预备性工作、事中的情绪与认知、事后的掩饰与逃避以及日常表现等，均属于可据以判断其辨认和控制能力的证据。

（4）限制刑事责任能力的精神病人的辨认和控制能力较之于正常人而言有所下降，立法者规定“可以”对其从轻或减轻处罚。此处“可以”而非“应当”，是指只有与精神病人的特殊精神状况直接相关联的犯罪，才属于从轻或减轻处罚的情形。如果精神病人所犯罪行与其辨认和控制能力下降之间并无直接关系，则可以不对其从轻或减轻处罚。

刘某故意伤害案。① 刘某于 2015 年 1 月被初步诊断为精神分裂症。2015 年 11 月，刘某在老家养病期间，产生了其公司老板赖某斌陷害他的幻觉。2016 年 6 月，刘某手持菜刀前往该公司欲报复赖某斌，厂房门卫拒绝开门并打电话报警。刘某挥舞菜刀追砍出警的巡防队员后，跑到周围多家店铺内砍人，致 2 人轻伤、1 人重伤、1 人死亡。法院以故意伤害罪判处其死刑，缓期 2 年执行，并剥夺政治权利终身。

分析：本案，刘某某挥刀砍向的都是受害人的颈部、头部、面部等重要部位，犯罪手段极为残忍，且造成了重大损害结果，符合死刑立即执行的条件。只不过法院考虑到其属于限制刑事责任能力的精神病人，才对其予以了一定程度的从轻处罚。

---

① 参见（2017）粤刑核 15352977 号刑事裁定书。

四、重要器官生理功能丧失

《刑法》第 19 条规定，“又聋又哑的人或者盲人犯罪，可以从轻、减轻或者免除处罚”。这是我国刑法对聋哑人和盲人刑事责任的特殊规定。通常情况下，自然人达到一定的年龄且精神正常便具有完全的刑事责任能力。但是，人的听力、言语、视力是其接受教育、获取知识、参与社会交流的基本能力，如果这些生理功能丧失，人的辨认和控制能力也会随之下降。为此，根据《刑法》第 19 条的规定，又聋又哑的人或盲人犯罪，虽然应当承担刑事责任，却可以从轻、减轻或免除处罚。对该规定可从如下方面理解。

1. 适用的对象只能是又聋又哑的人或者盲人

对又聋又哑的人要求听力和言语功能均丧失，对盲人则要求双目的视力功能均存在障碍，但对二者均不要求其他生理功能完全丧失。对上述人群重要器官生理功能丧失的时点，法律并无特殊规定。无论是先天丧失还是后天丧失，都在该规定的适用范围内。同时，对又聋又哑的人或盲人的确定应当依照专业标准，以消除当前日常用语的认定模糊性。当前的专业标准是 2011 年 1 月 14 日国家标准《残疾人残疾分类和分级》（GB/T 26341—2010）。

又聋又哑的人，也就是有听力残疾和言语残疾的人。根据国家标准的规定，听力残疾，是指由于各种原因双耳有不同程度的永久性听力障碍，听不到或听不清周围环境声及言语声，以致影响了日常生活和社会参与。这种影响日常生活和社会参与的程度随着听力残疾的级别变化而变化。言语残疾，是指由于各种原因有不同程度的言语障碍，经治疗 1 年以上不愈或病程超过 2 年，而不能或难以进行正常的言语交流活动。

盲人，也就是视力残疾的人。视力残疾，根据国家标准的规定，是指由于各种原因双目视力低下并且不能矫正或视野缩小，以致影响其日常生活和社会参与。

又聋又哑的人和盲人的言语残疾、听力残疾以及视力残疾有程度轻重之分，不同程度的残疾决定了在适用《刑法》第 19 条时究竟是从轻、减轻还是免除处罚，因而必须加以明确。国家标准中对听力残疾言语残疾和视力残疾进行了一至四级的分级规定。关于聋哑人听力残疾的界定，国家标准第 4.3 条规定，听力残疾是指由于各种原因双耳有不同程度的永久性听力障碍，听不到或听不清周围环境声及言语声，以致影响了日常生活和社会参与。这种影响日常生活和社会参与的程度随着听力残疾的级别变化而变化。关于聋哑人听力残疾的级别，国家标准第 5.3 条规定，听力残疾一级和二级已经对人参与社会生活产生了极严重障碍或严重障碍。这种相当程度上的障碍会削弱人的辨认和控制能力，应属于刑法意义上的“聋”。听力残疾一级和二级具体表现为：听觉系统的结构和功能极重度损伤，较好耳平均听力损失大于 90 dB HL，不能依靠听觉进行言语交流，在理解和交流等活动上极度受限，在参与社会生活方面存在极严重障碍（一级）；听觉系统的结构和功能重度损伤，较好耳平均听力损失为 81～90 dB HL，在理解和交流等活动上重度受限，在参与社会生活方面存在严重障碍（二级）。关于聋哑人言语残疾的级别，国家标准第 4.4 条规定，言语残疾是指各种原因导致的不同程度的言语障碍，经治疗 1 年以上不愈或病程超过 2 年，而不能或难以进行正常的言语交流活动。根据相同的逻辑，刑法意义上的“哑”具体表现为国家标准第 5.4 条规定的言语残疾一级和二级，即无任何言语功能或语音清晰度≤10%，言语表达能力等级测试未达到一级测试水平，在参与社会生活方面存在极严重障碍（一级）；具有一定的发声及言语能力，语音清晰度为11%～25%，言语表达能力未达到二级测试水平，在参与社会生活方面存在严重障碍（二级）。关于盲人视力残疾的级别，国家标准第5.2条规定，视力一级和二级残疾被列入“盲”的范畴，具体表现为：视力无光感～<0.02，或视野半径<5°（一级）；视力在0.02～<0.05，或视野半径<10°（二级）。

根据以上规定，对又聋又哑的人或盲人可据此确定其对应的级别范围，并据此相应的级别确定刑事责任的轻重。一般而言，残疾程度愈高，刑罚从宽的幅度愈大；残疾程度愈低，刑罚从宽的幅度愈小。

盲人孔某故意伤害案。①孔某因眼球被摘除而属于残疾人。某日，孔某因琐事与杜某一家发生纠纷，争吵过程中孔某用其手中的导盲钢管击打杜某的腰部，致使杜某的脾脏破裂，经鉴定为重伤。法院经审理认为，孔某的行为构成故意伤害罪，但孔某是盲人且系初犯、偶犯，同时，本案被害人杜某有过错，故对孔某可以减轻处罚，遂判处孔某有期徒刑3年，缓刑4年。

分析：本案中法院正是根据孔某视力残疾的级别，对孔某适用《刑法》第19条予以了减轻处罚。

本案中，孔某故意伤害杜某并致其重伤，根据《刑法》第234条的规定，“故意伤害他人身体”，“致人重伤的，处三年以上十年以下有期徒刑”。但是，法院最终判决孔某有期徒刑3年。那么，法院对孔某判处3年有期徒刑，究竟是从轻处罚还是减轻处罚？有此一问，是因为无论是“以上”还是“以下”，都是含本数的。《刑法》第99条规定，“本法所称以上、以下、以内，含本数”。换言之，3年既可以是“三年以上十年以下”中的3年，也可以是“三年以下”中的3年，虽然都是3年，意义却完全不同。如果是“三年以上十年以下”中的3年，那么，就只是从轻处罚；如果是“三年以下”中的3年，那就是减轻处罚。根据本案法院在判决孔某3年有期徒刑的同时判处缓刑4年，以及《刑法》第72条缓刑只能对“被判处拘役、三年以下有期徒刑……符合一定条件”的犯罪分子适用来规定分析，法院对孔某根据《刑法》第19条予以了减轻处罚，而减轻处罚的重要原因是，孔某的眼球被摘除，视力无光感～<0.02，属于一级残疾。简言之，孔某的视力残疾属于程度最高、最严重的级别，加之杜某有过错，法院最终作出了本案中的判决，是合理的。

2.对于又聋又哑的人或者盲人犯罪，量刑时可以从宽

又聋又哑的人或盲人犯罪并非不承担刑事责任，只不过“可以”而非“应当”从轻、减轻或免除处罚。一般而言，基于刑法人道主义，司法实务中对又聋又哑的人或者盲人的量刑原则上都采取了从宽处理。当然，法院在裁判时究竟是否选择量刑优待，选择何种量刑优待以及相应的幅度如何，应在全面分析犯罪类型、犯罪手段、犯罪情节、危害后果、辨认和控制能力的降低程度等不同要素的基础上，在个案中具体裁量。如果行为人的生理功能丧失对其辨认和控制能力影响不大，或者其生理功能丧失虽对辨认和控制

① 参见（2018）豫1503刑再1号刑事附带民事判决书。

能力有所影响，但对特定犯罪影响不大，则法院可考虑不予以量刑优待。

杨某诈骗案。[1] 2021年1月中旬至3月中旬期间，杨某利用袁某（系残疾人）对女同事的感情，采取注册微信、修改头像冒充女同事的方式添加袁某的微信，后以缺少医药费、交房租等名义骗取袁某26 060元，并通过赌博予以挥霍。案发后，杨某的家属代为退赔3 000元。法院以诈骗罪判处杨某有期徒刑10个月，并处罚金人民币4 000元。

分析：本案中根据司法解释的规定，杨某的诈骗金额已十分接近3万元的“数额巨大”标准。同时，杨某还存在诸如诈骗残疾人、通过赌博挥霍诈骗财物等酌情从重处罚情节。法院最终进行了从轻处罚，判处其有期徒刑10个月，除了考虑到杨某有认罪认罚、部分退赔情节，还考虑到其系又聋又哑的人。

五、醉　酒

（一）醉酒人的刑事责任能力

《刑法》第18条第4款规定，“醉酒的人犯罪，应当负刑事责任”。这是我国刑法关于醉酒的人犯罪应当负刑事责任的规定。通常情况下，醉酒的人的辨认和控制能力会有一定的降低，但是，根据醉酒的种类以及原因自由行为理论，醉酒的人犯罪的，应当承担刑事责任。

酒精是精神活性物质的一种，会影响人的精神功能。醉酒即酒精中毒的俗称，可分为急性酒中毒和慢性酒中毒。

急性酒中毒是指一次饮酒之后产生的辨认和控制能力下降现象。急性酒中毒包括生理性醉酒和病理性醉酒两种类型，其中，生理性醉酒又称普通醉酒，是指行为人因饮酒过量而导致精神过度兴奋乃至神志不清的情况。其大致分为兴奋期、失控期和昏睡期三个阶段，而在前两个阶段，行为人仍可以作为或不作为的方式实施犯罪行为。现代精神医学和司法精神病学认为，生理性醉酒不是精神病。因此，《刑法》第18条第4款才规定，“醉酒的人犯罪，应当负刑事责任”。而病理性醉酒是指行为人的饮酒量并未达到使一般人发生醉酒的程度即出现明显的行为和心理改变，并伴随出现冲动、易怒或攻击、破坏等行为。通常情况下，病理性醉酒是在非自愿、不能预见等情况下发生的无故意、过失的醉酒。因其发作时伴有意识障碍，并可能出现错觉、幻觉、妄想等情形，属于精神病状态，故法律一般将此类醉酒人评定为无刑事责任能力人，而不适用《刑法》第18条第4款的规定。但这一论断并不绝对，例如，《精神障碍者刑事责任能力评定指南》第5.2.4条规定：病理性醉酒者实施危害行为时处于辨认或控制能力丧失的，评定为无刑事责任能力；再次发生病理性醉酒时，对自愿者评定为完全刑事责任能力。这意味着，当病理性醉酒者基于自愿再次陷入此状态时，可适用《刑法》第18条第4款的规定。

慢性酒中毒是精神病状态的一种，包括酒中毒性妄想症、酒中毒性幻觉症等。因受到该种病症的影响，行为人容易出现暴力行为、人格改变等情况。对此，可根据行为人辨认和控制能力下降的程度、因酒精中毒而引发的器质性损害程度等因素，在实际案件中具体地评定其刑事责任能力的程度。

---

① 参见（2021）浙1021刑初572号刑事判决书。

（二）原因自由行为

原因自由行为，是指具有刑事责任能力的行为人，故意或过失地使自己陷入完全或部分丧失刑事责任能力的状态，并在此状态下实施了相关犯罪行为，而对其追究完全刑事责任的情形。虽然行为人在实施犯罪行为时无完全的刑事责任能力，但导致该种状态的原因是由其自由意志决定的，故理论上将它称为“原因自由”行为。其中，导致不完全刑事责任能力状态的原因系原因自由行为中的原因行为，在该种状态下实施的罪行系原因自由行为中的结果行为。根据“行为与责任同时存在原则”，只有在实行行为的实施时点同时具备责任能力，才能将特定罪行归责于行为人。在原因自由行为的场合，行为人实施犯罪行为时欠缺完全的刑事责任能力，对其追究刑事责任似乎与上述原则相矛盾。但是，罪行是行为人可自由决定的原因行为所致，如不对其处罚又有失妥当。为解决该问题，理论上形成了构成要件模式和例外模式两大立场。

1. 构成要件模式与例外模式

构成要件模式在维持“行为与责任同时存在原则”的基础上，通过工具理论、前置理论和扩展行为概念理论来解释原因自由行为。其中，工具理论认为，行为人实际上是将自己无或部分丧失刑事责任能力的状态作为工具加以利用，进而实施相关犯罪行为，属于类似间接正犯的构造。在该理论下，行为人先前的原因行为因属于“利用行为”而具备实行行为性。前置理论认为，构成要件开始实现的时点应被前置于行为人促成自身无或部分丧失刑事责任能力状态之际，而不必强求实行行为具备作为未遂的现实、紧迫的危险。扩展行为概念理论认为，刑法规定的行为本身便包括正处于预备阶段的、使自身具备无或部分丧失刑事责任能力状态的行为。可见，构成要件模式的核心特征是，通过解释而令先前的原因行为具备实行行为性，从而符合“行为与责任同时存在原则”。

陈甲故意杀人案。[①] 陈甲因常年吸毒，导致精神障碍，被强制戒毒 2 年后复吸毒品。20××年 9 月，陈甲在家中产生幻觉后，持菜刀闯入邻居陈某某的住宅，将陈某某之子陈乙（殁年 3 岁）挟持，威胁在一旁劝阻的群众。警察赶到后，陈甲将陈乙挟持至陈某某家院内，不顾众人的劝解，持菜刀砍切陈乙的颈部，致陈乙当场死亡。

分析：一、二审法院均以故意杀人罪，判处其死刑，剥夺政治权利终身。“高法”复核认为，“行为人的结果行为纯粹是其实施犯罪的工具。行为人故意或过失造成自己的无责任能力状态并且在这种状态下造成了危害结果，这种利用自己为工具的行为应当被看作其实行行为，与利用物理工具的行为（如驱赶猛兽杀人）具有相同的刑法意义”[②]。

本书认为：本案中行为人的行为手段、主观恶性等均极大。为使其承担完全的刑事责任，法院依工具理论对原因自由行为的处罚根据进行了解释，从而将致人死亡的损害结果归责于行为人先前的吸毒这一原因行为，最终达到罪刑相适应。

例外模式主张放弃采取扩张实行行为性的路径，认为“行为与责任同时存在原则”并非在任何场合均成立，而是存在例外情形。其认为：刑事责任的根据是非难可能性，

---

① 参见（2014）湛中法刑三初字第 12 号刑事附带民事判决书，（2014）粤高法刑四终字第 202 号刑事裁定书。

② 最高人民法院刑事审判第一、二、三、四、五庭主办：《刑事审判参考》，总第 113 集，北京，法律出版社，2018，45 页。

而非难可能性是对某种特定意思决定的否定性评价。行为人是否具备刑事责任能力仅取决于特定的犯罪结果是否由具备刑事责任能力状态下的意志决定所实现，或者说是否在已经预见或能够预见的情况下仍实施，因此，特定犯罪结果发生时，行为人是否具备刑事责任能力并不重要，只要其在实施原因行为时具备刑事责任能力即可。

洪某危险驾驶案。①2016 年，洪某酒后驾车行驶至某路口时，与沈某驾驶的小轿车发生碰撞。发生交通事故后，洪某驾车逃离现场，后行驶至南山大道某路口时，又与正等待信号灯的王某驾驶的小轿车、吴某驾驶的大型客车发生刮擦，同样，再次驾车直接逃离现场，后将车辆停放在某路口时被民警现场抓获。

分析：法院认为，虽然上诉人洪某在实施犯罪行为时的责任能力因醉酒受到影响，但使之陷入这种状况的原因行为是自由的，是其在完全责任能力状态下饮酒而导致的，其先前的原因行为与后来的结果行为系一个连续的整体，即使其在驾车时因醉酒对酒后驾车的行为不具备完全辨认、控制能力，也要对危险驾驶行为承担刑事责任，因此，其行为已构成危险驾驶罪。

本书认为：本案中法院适用原因自由行为的法理处罚危险驾驶行为，并未对作为原因行为的饮酒行为赋予实行行为性，而是强调其自由决定饮酒行为的故意与之后危险驾驶行为的整体性、关联性。这属于例外模式的体现。

构成要件模式和例外模式各有优劣，具体而言，构成要件模式（1）虽然表面上维持了“行为与责任同时存在原则”，但其赋予原因行为以实行行为性，导致实行行为的认定过于提前，由此会在一定程度上威胁实行行为的定型性；（2）混淆未遂犯和预备犯的成立界限，并可能降低中止行为的存在可能性等。例外模式虽然具备简单性的优势，但引发了违反罪刑法定原则和“行为与责任同时存在原则”的质疑。其实，构成要件模式与例外模式并无实质上的差异。无论是采取哪一种模式，对前述两个案例可得出一致的结论。例如，就陈甲故意杀人案而言，其常年的吸毒和强制戒毒经历能够表明其对可能发生的犯罪行为有所认识。在此情况下，其仍故意吸毒并导致关联的犯罪行为发生，是其自由意志决定的体现，符合例外模式下的认定条件；就洪某危险驾驶案而言，其饮酒行为具备构成要件模式要求的实行行为性，或者其将自身作为工具而满足类似于间接正犯的构造，亦符合构成要件模式下的认定条件。可见，当例外模式下意思决定的时点与构成要件模式下实行行为性的承认时点相一致时，二者具有结论上的普遍一致性。从逻辑上看，构成要件模式和例外模式均强调，刑事责任能力不仅受到结果行为时的意思影响，还受到原因行为时的意思影响。只要原因行为与结果行为之间具有因果性，那么原因行为时便可以被视为特定犯罪行为的实施时点，即原因行为与结果行为属于“一个行为”。在符合诸如故意等其他要素的情况下，原因自由行为便具备刑事可罚性。这是对“行为与责任同时存在原则”进行实质化理解的结论。

2. 适用范围

在原因自由行为场合，原因行为的故意或过失性，结果行为的故意或过失性，以及利用自身部分丧失刑事责任能力的状态时，行为人究竟是否应当承担刑事责任，以及承

---

① 参见（2016）粤 03 刑终 1153 号刑事裁定书。

担何种刑事责任，均引发了争论。

（1）对于过失犯而言，原因自由行为没有适用的空间。在过失犯的场合，无须借助原因自由行为的法理，即可实现妥善归责。过失犯，是行为人违反特定的注意义务并导致损害结果发生的犯罪类型。当行为人因诸如饮酒等而使自己过失地陷入某种无刑事责任能力的状态时，其实际上已经违反了作为过失犯必备要件之一的注意义务。换言之，该种所谓的原因行为即是构成要件行为本身。由于行为人违反注意义务时具备完全的刑事责任能力，所以，基于该种注意义务违反，其对之后的结果行为承担刑事责任不存在罪责上的疑问，也不会产生处罚漏洞。

（2）对故意犯而言，成立原因自由行为需具备如下要件：1）行为人故意导致自身处于无刑事责任能力的状态；2）行为人实施原因行为时的故意已指向特定的罪行，且二者之间应具备连续性、因果性。上述两个要件反映出原因自由行为要求的双重故意，即行为人既要对原因自由行为有所认识，也要对实施原因行为时产生的特定犯罪决意有所认识。基于此种双重故意，当行为人故意招致了无刑事责任能力的状态却实施了其他无关的罪行时，因原因行为与结果行为之间的连续性和因果性断裂，行为人不必对结果行为承担刑事责任。当然，如果行为人实施原因行为却未实施结果行为，是否成立未遂犯需具体考虑其原因行为引发的危险是否达到了出于偶然而不发生的现实、紧迫的程度。如果行为人因自愿而中止相关行为，其仍存在成立中止犯的余地，因为欠缺刑事责任能力与具备自愿性之间并非对立关系。

（3）通常情况下，原因自由行为的法理适用于行为人招致无刑事责任能力状态的情形。但是，当结果行为是由行为人部分丧失刑事责任能力的状态所致时，原因自由行为的法理仍可适用。从原因自由行为的构成要件出发，只要能够肯定原因行为的故意性，以及原因行为与结果行为的连续性、因果性，即可肯定原因自由行为的成立，而上述条件在部分丧失刑事责任能力的情形下仍然具备。因此，重要的不是刑事责任能力丧失的程度，而是原因行为与结果行为之间的关系。同时，部分丧失刑事责任能力一般可作为从轻或减轻处罚的理由。但在原因自由行为的场合，行为人故意招致了此种部分丧失刑事责任能力的状态，并据此实施了相关犯罪行为的，使其承担完全的刑事责任才是罪刑相适应的结论。

第三节 故 意

一、故意的概念

犯罪故意，是指明知自己的行为会发生危害社会的结果，并且希望或者放任这种结果发生的心理态度。我国《刑法》第 14 条第 1 款规定，“明知自己的行为会发生危害社会的结果，并且希望或者放任这种结果发生，因而构成犯罪的，是故意犯罪”。第 2 款规定，“故意犯罪，应当负刑事责任”。该条的规定，既明确了作为犯罪主观心态之“故意”的内涵，也明确了故意作为责任要素的地位，同时明确了对故意犯罪应当一律追责。

故意和过失的犯罪论体系地位，是刑法犯罪论体系中的重要问题。故意究竟属于主观违法性要素还是有责性要素？这是在研究犯罪故意时必须首先回答的问题。违法性主要解决行为是否可归责的问题，其本质内涵是行为是否导致了法所不容许的法益侵害；有责性主要解决行为人主观上是否有非难可能性的问题，其本质内涵是行为人实施某种行为时是否有法律不认可的主观心态。违法性和有责性是现代刑法犯罪论体系的两大支柱，行为及其关联要素如手段、对象、因果关系等均属于违法性要素，故意、过失、动机、目的等则属于有责性要素。承认故意和过失是有责性要素，既有利于维持违法和有责阶层化的犯罪论体系，也有利于贯彻刑法法益保护目的以及维持“违法是客观的、责任是主观的”这一古典纲领。如果符合构成要件的心理事实不存在违法阻却事由或者责任阻却事由，就可以成立犯罪，因此故意和过失又可以被称为犯罪的主观有责要件，它与客观违法要件一起，支撑起犯罪论体系。在犯罪论体系第一环节就是要具备构成要件该当性，但并不需要因此而将犯罪故意分为归于构成要件的心理性故意与归于罪责的罪责故意。总之，基于本书结果无价值论的基本立场，应该否认故意和过失为违法性要素，而应该将它们纳入有责性之中，作为责任要素。

现代刑法的故意概念起源于晚期罗马法，是罗马法的重大贡献之一。而日耳曼法则维持了较长时间的结果责任思想，只有特定的典型的非蓄意行为才被作为意外事件而不受刑罚处罚。中世纪的意大利法学家接受了罗马法中“故意”（dolus）的概念，并将它变成所有严重犯罪的先决条件。《查理五世刑事法院条例》和正在形成中的德国刑法理论赞同意大利刑法学的观点。虽然普通法实践一再从论据（论证）转回到以客观要素（情况证据，indizien）为方向的责任上来，并在对待犯罪行为结果时倾向于或然性考虑（间接故意，dolus indirectus），但是，从整体上讲故意概念仍然是欧陆刑法制度的不容争议的共同遗产。

二、故意的学说

故意的学说，是关于故意的内容和本质的学说，即故意究竟是什么以及其本质是什么。在故意的认定中，确定的故意容易认定，而不确定的故意或者说未必的故意则存在认定问题。未必的故意认识到结果的发生是不确定的，并且也不具有希望结果发生的意图。如何认定其是否成立故意？刑法理论上有不同学说。同时，未必的故意与认识的过失的界限基准问题相互关联，故意的学说也直接关系到故意与过失的区分。

（一）意志说、认识说、动机说

意志说、认识说与动机说，是基于故意的意志说与认识说对立而展开的学说。它们的争议焦点是，故意的成立，是基于故意的意志说的理论，即对结果仅有意欲才能成立故意，还是基于故意的认识说的理论，即不需要有意欲，仅有认识也可以成立故意，抑或根据对结果的认识是否有反对动机，来认定故意成立与否。

1. 意志说

意志说认为行为人意志上希望危害结果的发生，故又称“希望说”。该说主张意志因素是决定故意成立的决定性因素，认为只有在意欲实现构成要件内容时才成立故意。意志说在注重对犯罪事实的认识之外，还要求存在积极地追求结果发生的内心即“意欲”，并主张因为有积极追求结果发生的心态而认定故意成立。这招致了批判，因为这意味着，意志说将恶的内心情况、人格态度、应该非难的心态等纳入故意当中，但这并不妥当；

同时，意志说缩小了故意的成立范围，因为对结果没有积极意欲，只有消极认同结果发生的心理，也是可以成立故意的。

2. 认识说

认识说认为心理上对行为事实有认识就可以成立故意，故又称“表象说”。该说主张认识因素是决定故意成立的决定性因素，认为只要对构成要件事实有认识就成立故意。认识说注重行为人主观上对犯罪事实的认识，认为只要有认识，就可能成立犯罪的故意。如此一来，所有有认识的过失都会归入故意，由此便扩大了故意的范围；而且，根据表象说，即便意图发生结果，但认识到没有结果发生的可能性时，便要否定故意，而这并不妥当。①

传统的意志说基于犯罪行为是由犯罪意志所操控的这种根深蒂固的理解，认为间接故意的行为人必须认可、同意或者赞同所认识到的可能的构成要件实现。认识说尽管并不拒绝意志说重视的意志活动，但是将故意限制为对伴随意志的活动的认识。尤其是，在间接故意的情形下，只要有对构成要件实现可能性的认识就足够了②，不要求对结果的积极意欲。

意志说与认识说奠定了故意理论的各种学说的基础，动机说、可能性说、盖然性说、风险理论说、容认说等，都是在上述两种理论的基础上发展而来的。

3. 动机说

动机说认为仅有对结果的认识还不够，必须有针对这种认识的反对动机才能成立故意。

动机说一般被认为是来自日本刑法学界的理论。根据动机说，“行为人明明想到结果有可能发生，却并未由此产生反对动机的，就可以认定存在未必的故意”③。动机说试图综合意志说与认识说的观点，主张只有认识与意志相结合才能区分故意与过失。动机说实际上是将结果发生的可能性纳入动机形成过程中，将“根据（对）结果发生的认识对动机形成过程所赋予的影响来区分”④ 故意与过失，只有在行为人将认识作为自己的行动动机的场合，故意才能成立。如果行为人认识到危害结果可能发生，却仅仅停留于这种认识层面，并没有形成不这样做的动机，依然实施相应行为，就成立故意。动机说注重行为人认识到行为可以产生结果时是否形成了反对这种行为的动机，如果没有产生反对动机，就成立故意。

在德国，与动机说相似的是阿明·考夫曼的避免说（Vermeidungstheorie）：“行为人考虑到的可能存在或发生的所有情况都包含在他的故意之内，除非他的实现意图正是避免被认为可能发生的附带后果……我们没有理由放弃目的性与故意的同一性，只有在那里才能划定故意与有意识过失之间的界限。”⑤ 如果行为人没有采取任何行动来表达自己

① 参见［日］町野朔：《刑法总论》，东京，信山社，2019，168页。

② Vgl. Vogel/Bülte，in：Leipziger Kommentar，13. Aufl.，2020，§15，Rn. 120.

③ ［日］西田典之：《日本刑法总论》，2版，王昭武、刘明祥译，北京，法律出版社，2013，189页。

④ ［日］高桥则夫：《刑法总论》，李世阳译，北京，中国政法大学出版社，2020，157页。

⑤ Kaufmann，Der dolus eventualis im Deliktsaufbau，ZStW 70，1958，S.81.

的不赞同，那么就不能排除故意。①

根据动机说，对犯罪故意的判断必须根据行为人的内心进行。由于不能看透行为人的内心，所以未必的故意成立与否最终还是根据那些能够推定对结果的发生可能认识的客观情况来判断，从而，动机说很难发挥判断故意的作用。而且，动机说将结果发生的可能性纳入动机形成过程，将意思决定的最终阶段的对可能性的认识有无视为问题，然而，行为人未必总是在最终阶段才确定判断结论。这也是动机说的不足。

（二）可能性说、盖然性说、风险理论

可能性说和盖然性说，是基于故意理论中的认识说，认为当存在对犯罪事实和结果发生的“可能性”以及“盖然性”的认识时，认定成立未必的故意。而盖然性说是对认识说的缓和，认为知道结果会盖然性地发生就存在故意。风险理论是在客观归责理论背景下对可能性说的进一步发展，认为如果行为人对行为与结果的可能性有认识还有意设置不被允许的风险，则成立故意。容认说吸收可能性说与盖然性说的认识因素，主张在行为人虽认识到结果发生的可能性但认为发生结果也没关系时成立故意。这几种学说各有利弊，其中容认说成为相对最优学说，也是当下故意理论的主流学说，下文将单独介绍。

1. 可能性说

可能性说是基于认识论立场的学说，该说认为，在存在对犯罪事实和犯罪结果发生的可能性的认识的场合，成立犯罪的故意，这种故意是未必的故意。

可能性说，是由德国刑法学者施罗德于二战后首先发展起来的，其后以施米德霍伊泽尔为代表的许多研究对该理论进行了深化。在施罗德看来，“故意和过失的本质区别在于，故意的行为人是在意识到自己实施不法的情况下行动的，而过失则欠缺这种意识，是出于良知行动的。这意味着有意识过失和无意识过失在本质上并无区别，更确切地说，所有过失的特点都在于欠缺实施不法的意识。所有过失都是无意识的过失”②。施米德霍伊泽尔认为，即使在有争议的边界地区，也必须将故意和过失区分为“明知”和“不知”。间接故意与有意识过失的区别只在于是否对结果的具体可能性提前知晓：“只要行为人没有预见行为的具体危险性，不管他们是有意识地否认还是根本没有考虑到这一点，都是过失。基于对具体危险性的无知而行动：这就是过失的本质性要素。”③

可能性说建立起了行为人对犯罪的认识与结果之间的关系，以认识到犯罪事实和犯罪结果发生的可能性为基础，判断犯罪故意的成立。认识到结果发生的可能性，是未必的故意；没有认识到结果发生的可能性，是过失。但是，可能性说也存在问题：可能性弹性过大，导致故意的成立范围过宽。因而可能性说并未成为故意理论的主流学说。

2. 盖然性说

盖然性说认为故意的成立取决于犯罪结果发生的概率，要成立故意，不仅要认识到结果发生的可能性，而且还要认识到其盖然性。

---

① Vgl. Kaufmann, Der dolus eventualis im Deliktsaufbau, ZStW 70, 1958, S.78.

② Schröder, Aufbau und Grenzen des Vorsatzbegriffs, FS Sauer, 1949, S.244f.

③ Schmidhäuser, Zum Begriff der bewussten Fahrlässigkeit, GA, 1957, S.313.

所谓的盖然性，是指超过50%的可能性。盖然性说主要针对可能性说的不确定和由此导致的故意的范围可能过大的缺陷，通过借用自然科学中的概率概念，加以量化的限制，来限定故意的成立范围。盖然性说的理论依据是，行为人对危险的既定认识是否包含成立故意所需的危险，其中最重要的标准是危险的程度。而判断危险程度的标准有两个：（1）危险必须如此之大，以至于相信一个有利的结果是不现实和不合理的；以及，（2）危险之直观性以及其实现的紧迫性。根据行为人的认识，危险越大，伤害的可能性就直接加诸他人，危险越迫在眉睫，就越有可能假定存在故意。[①] 根据盖然性说，仅认识到结果发生的可能性，不能成立犯罪的故意，而成立有认识的过失；若认识到结果发生的盖然性，则成立未必的故意；如果认识到结果确定会发生，则成立确定的故意。

对盖然性说的批判是，故意与过失之间质的区别和盖然性这一量的基准不相对应，特别是，在行为人只认识到较低的可能性，却意欲、意图实现的场合，根据盖然性说不能处罚，而对这一结论的妥当性也存在疑问。[②] 同时，过失与故意是本质的不同，盖然性程度只不过是量的不同；对故意是否能用盖然性程度这一数值来划定是有疑问的；在行为人有“意图”的场合，没有必要要求盖然性认识。[③]

3. 风险理论

风险理论认为如果行为人在认识到结果可能发生之后，仍然作出实施行为的决定，而且该决定与法秩序的风险原则不相容，那么，其行为就是故意的。简言之，如果行为人有意设置了不为法所允许的风险，就表明其作出了侵害法益的决定，应当成立故意。

受客观归责理论的影响，德国刑法理论主张对故意的认定结合风险理论进行讨论。风险理论认为，从目前一系列对故意的解释来看，对于勾勒故意界限最有用的是所谓的“认真对待危险”理论。[④] 这种观点正确地将行为自身的风险作为故意的基本参考点，认为任何相信结果不会发生或者说会有一个有利结局的人，都会认真对待这个危险而不会去设定该危险，此种情况下不成立故意。而之所以成立故意，是因为行为人在基于故意本身的可非难性和行为的禁止性以及构成要件该当性的认识之后，仍然决定实施某个行为。这种严重错误发生是因为行为人没有对认识到的风险进行避免，以致成立故意。

风险理论与可能性说或盖然性说的不同之处在于，它是建立在客观风险原则之上并以此来判断行为，而不是建立在行为人对结果认识的程度上。但是，风险理论认为故意与过失的区分取决于对风险的回避，由此该说不仅与客观归责理论难以区分，而且将客观归责理论演变为主观归责理论，使对故意和过失的区分难以提供有效、明确的标准，因为过失中也存在没有回避风险的情形。而且，风险理论要求故意的对象必须是符合构成要件的举止，必须创设了一个法不容许的风险，但是法所不容许的风险这些概念都很模糊。所以风险理论并不能起到客观、准确地判断故意是否成立的作用。

（三）我国与外国刑法故意理论的通说：容认说

容认说主张故意的成立要求认识到结果的发生，但并非积极主动地意欲结果发生，

① Vgl. Puppe, Der Vorstellungsinhalt des dolus eventualis, ZStW 103, 1991, S.41f.

② 关于批判的观点，参见［日］佐伯仁志：《刑法总论的思之道·乐之道》，东京，有斐阁，2013，241页；［日］曾根威彦：《刑法原论》，东京，成文堂，2016，326页。

③ 参见［日］松原芳博：《刑法总论》，3版，东京，日本评论社，2022，248页。

④ Vgl. Frisch, Vorsatz und Risiko, 1983, SS.484, 497.

只要消极容认结果发生，即可成立故意。简言之，故意的成立不仅要求有对结果的预见，而且要求容认、认可、忍受该结果的发生。我国《刑法》第 14 条第 1 款规定，“明知自己的行为会发生危害社会的结果，并且希望或者放任这种结果发生，因而构成犯罪的，是故意犯罪”。这一规定表明，我国刑法在故意理论上也是采取的容认说。行为人积极意欲结果的发生或者放任结果的发生，都是不反对即容许、认可结果发生的心态。

在容认说内部，关于未必的故意究竟在什么范围内包括积极的容认、消极的容认，存在观点的对立。积极的容认说接近意志说，因而不合适。消极的容认说成为主流。“对结果的容认是间接故意区别于有意识过失的决定性特征，但这并不意味着结果必须符合行为人的意愿。如果行为人不希望结果发生，也可能存在间接故意。在法律意义上，他仍然是赞同结果的发生的，当他为了达到预期的目的，在必要的情况下，如果他不能以其他方式达成其目的，他接受他的行为会带来不希望的结果，并为了其目标的达成希望它发生。”[①] 正是这种虽然也认识到结果会发生，但是行为人“没办法”“只好如此”的心态导致结果最终发生，其中蕴含了“怎样都好”或者说即使发生了结果也“无所谓”的不关心。

相较于故意理论的前述各种学说存在的缺陷，容认说基于一种比较中性的立场，既不会扩大也不会缩小故意的范围。容认说首先出现在德国帝国法院的判例中。“根据这种理论的要求，间接故意除了对结果的预见外，还必须行为人在内心同意这个结果。”[②] 对结果是否容认是区分故意与过失的决定性特征，即便不希望结果发生，但其具有即使结果发生了也“无所谓”“没办法”的容认态度的，也能成立故意。由此将间接故意也纳入故意的范围之内，有效克服了意志说的缺陷。仅仅对结果有认识不能成立故意，还必须对结果的发生在态度上容许与认可，才能成立未必的故意，由此避免了有认识的过失全部归入故意的问题，有效克服了认识说的缺陷。至于可能性说与盖然性说，其本身就是基于故意理论中的认识说，故容认说对认识说缺陷的克服，就是对可能性说与盖然性说缺陷的克服，并且，容认说将对结果可能出现的预见放进事物的内在自主部分，作为故意的核心特征，从而克服了可能性说与盖然性说判断基准模糊的问题。

刑法理论对容认说也有一些质疑，其主要理由是，容认这样的概念是情绪性的，不应当将容认等这样的情绪性、感情性要素拿到故意的概念中，对容认这样的微妙的心理状态（特别是消极的容认）的证立是很困难的，容易导致根据行为人的心情或者态度的好坏来认定故意的倾向。[③] 质疑的观点值得商榷。容认说之所以成为故意理论的通说，是因为该说不会导致根据行为人的心情或者态度来认定故意。容认心理状态虽然是情绪性与感情性的，但客观的行为可以证明其是否容许，是无所谓还是有所谓，比如开枪射击出没的黑熊，旁边有人提醒，黑熊周围好像有人，但是，射手仍然射击而没有采取任何防范措施的，意味着其对结果的容认心态，可以成立故意。此外，积极的容认接近意志说的观点，是对结果希望或意欲的态度，非常容易判断；消极的容认接近过失，而过

---

① BGHSt 7，363（369）.

② Roxin/Greco，Strafrecht Allgemeiner Teil，Bd. Ⅰ，5. Aufl.，2020，§12，Rn. 36.

③ 批判的观点详见［日］青木记博：《未必故意的考察》，载《同志社法学》，第 32 卷第 6 号（1981 年），92 页及以下。

失犯都需要发生实实在在的客观结果才可以成立，与之相近的未必的故意或者说间接故意，如果要成立，自然会要求结果发生。

三、故意的构成要素

根据我国刑法对故意犯罪的规定，故意的构成要素包括认识因素与意志因素："明知自己的行为会发生危害社会的结果"是认识因素，"希望或者放任这种结果发生"是意志因素。认识因素与意志因素对于构成故意都是不可或缺的，"明知与意欲实现构成要件"。认识因素，是指行为人对自己的行为及其危害社会的结果具有明知心理；意志要素，是指行为人希望或者放任这种结果发生的心理态度。

我国刑法上故意的意志因素最充分体现了容认说的立场。在行为人积极希望结果发生的场合，是直接故意；在行为人放任结果即消极容认结果发生的场合，是间接故意。无论直接故意还是间接故意，其共同之处都是容认许可结果的发生，不反对结果的发生。可见，容认说在我国刑法上的故意概念中得到了充分体现。

（一）认识因素

以我国刑法所定义的故意"明知与意欲实现构成要件"这一短公式作为基础，故意的构成要素可以分为两个因素：认识因素和意志因素。故意的认识因素，是指行为人对自己的行为会发生危害社会的客观事实及其结果具有明知心理，简言之，即明知自己的行为会发生危害社会的结果。这意味着，故意是指行为人认识到了自己行为的内容、危害结果、社会意义等，但是在此情况下行为人仍然意欲实现该内容。因而故意是典型的责任类型。因此，成立故意除要求认识到犯罪事实之外，还要求具有违法性认识，当然，这里的违法性认识包括实质违法性认识和形式违法性认识。对实质违法性的认识和对形式违法性的认识是否要求等同，还需专门讨论。

1. 对危害社会的客观事实及其结果的认识

这里的危害社会的客观事实，包括自己行为的性质和内容、危害结果、行为和结果之间的因果关系。对这些的认识其实也就是对行为情状的认识，即行为人具备对这些事实及其某种结果的伴随意识。这种意识，也就是故意理论中的容认说所主张的。

（1）对行为事实的认识。

对于故意而言，行为人必须对行为情状或者说行为事实有认识，包括对行为的性质、行为的内容、行为的对象、行为发生的时间与地点等环境因素有认识。对行为性质的认识，是指对行为的自然性质或者社会性质的认识，比如对于拿刀砍人的行为，行为人能够认识到该行为是用刀砍向他人，这就是对行为的自然性质的认识；同时行为人也能够认识到拿刀砍人的行为会侵害他人的生命或健康法益，是一种危害他人利益有害社会的行为，这就是对行为的社会性质的认识。对行为内容的认识，是指对行为本身的全部事实能够认识，而不是仅仅认识其中的部分或者表象。对行为对象的认识，是指对行为指向的人或者物有所认识，比如故意杀人罪的成立要求认识到对方是人而不是动物。对行为环境因素即伴随情状如时间、地点等的认识，也属于对行为相关法定事实的认识，比如《刑法》第 340 条非法捕捞水产品罪的成立要求行为人在实施捕捞水产品的行为时，认识到是在禁渔区、禁渔期或者使用禁用的工具、方法捕捞水产品，这里对禁渔区或者禁渔期的认识就是对行为时间、地点的认识。

对行为事实的认识，不要求是对规范性构成要件要素的认识，只要求是对记叙性构成要件要素的认识，即只要求认识到是体现或描述了外在意义世界的要素，比如“人”“货币”“毒品”等纯粹的概念。至于“虚假证明”“强迫”“泄愤报复”“有能力支付而拒不支付”等体现了价值判断的规范性构成要件要素，则不需要认识到。

（2）对危害结果的认识。

对危害结果的认识，是指明知自己的行为会发生危害社会的结果的心理态度。这里的危害结果是广义的，即犯罪行为所造成的一切损害事实。它包括：1）构成要件结果和非构成要件结果。比如侮辱罪中被害人因为遭受侮辱而自杀，这是成立侮辱罪要求的情节严重构成要件结果；但是被害人自杀导致其家里的动物无人喂养而饿死，则是非构成要件结果。构成要件结果影响犯罪的成立，非构成要件结果不影响，至多为酌定量刑情节。2）直接结果和间接结果。危害行为直接导致的结果为直接结果，危害行为间接导致的结果为间接结果。例如，甲伤乙，乙受重伤，这是直接结果。乙受伤后，无法上班，导致失业，这是间接结果。直接结果影响定罪量刑，间接结果只是酌定量刑情节。3）实害结果与危险结果。实害结果是现实发生的危害结果，例如，甲偷窃乙的手机，导致乙财产受损，这是实害结果。危险结果是现实尚未发生但是有发生侵害法益的危险，未来可能发生的结果。例如，生产、销售不符合食品安全标准的食品，足以造成严重食物中毒事故或者其他严重食源性疾病的，就是危险结果而不是实害结果。

对危害结果的认识，是指对于实现犯罪构成要件的结果的认识。只要结果对于犯罪的成立具有意义，对该结果的认识就属于故意的认识范围。比如，数额较大，致使公共财产、国家和人民利益遭受重大损失，造成严重后果，导致发生重大食品安全事故或者造成其他严重后果，等等，这些刑法分则个罪规定的结果，都是成立犯罪所必需的客观结果要件，行为人实施相关行为时必须对这些结果有所认识，才能成立故意。

天价葡萄案。①2003 年某日晚，4 名农民工决定去北京市农林科学院林业果树研究所葡萄研究园偷吃水果，并将约 47 斤的葡萄带回。经估价，此行为造成的直接经济损失为 11 220 元。警方以涉嫌盗窃罪为由对其中的 3 名民工执行逮捕。由于存在较大争议，警方决定重新鉴定被偷葡萄的价格，最终鉴定结论为 376 元。后当地检察机关决定不起诉。

天价玉米案。②2018 年某日，浏阳市沿溪派出所接到湖南农业大学报案，称其在浏阳实习基地种的玉米、棉花等科研成果被当地村民偷盗，其中被偷盗最严重的是学校获得审批的一个玉米新品种，一旦被扩散出去，损失或达上千万元。

分析：上述两案中行为人实施盗窃行为时，对自己的窃取行为有认识，对盗窃的对象是葡萄和玉米有认识，但是，对于所盗窃的葡萄和玉米是科研葡萄和科研玉米以及其天价的价格并无认识。行为人对盗窃行为危害结果的认识停留在葡萄和玉米是普通水果或者农作物的范围内；存在盗窃“数额较小的财物”这种危害结果的认识，而不是盗窃

---

① 参见张润东：《天价葡萄案续：葡萄价格“缩水”至 376 元》，载《京华时报》，2004－05－28，第 3 版。

② 参见记者杨凡：《科研玉米被偷摘 当地称将劝村民归还》，载《北京青年报》，2018－07－10，第 A10 版。

“天价”物品的认识。根据行为人对危害结果的认识，结合盗窃罪的构成要件，因其所盗窃的只是数额较小的物品，其行为不能成立盗窃罪。

对危害结果的认识，不包括对结果加重犯中的加重结果的认识，结果加重犯中的加重结果只是使法定刑加重的结果要素，对它是否认识，不影响行为人故意的成立。

汪某故意伤害案。[①] 汪某与杨某在案发前系朋友关系，相互之间有经济往来。二人为借款偿还问题，发生口角引发矛盾。2014 年 1 月 26 日 19 时许，汪某与陈某某（身份未核实）等人见到在人行道上等车的杨某后，径直走向杨某并进行殴打，汪某用随身携带的匕首将杨某的腿部捅伤。经鉴定，杨某的损伤程度属重伤二级，杨某的大腿损伤后遗留相应肌群肌力在 4 级以下，已构成十级伤残。

分析：本案中汪某应该承担故意伤害致人重伤的刑事责任，因汪某在刺伤杨某时，已经对刺伤行为以及行为对象杨某和结果有所认识，此时伤害罪的故意即已成立。

当行为人对行为事实有认识，对危害结果也有认识时，其中自然包含了对行为和结果之间的因果关系的认识，因为这里的行为和结果都是行为人“明知自己的行为会发生危害社会的结果”中的行为和结果。这一规定包含着故意的成立要求行为人不仅认识到自己之行为的性质与意义，而且认识到行为会发生危害结果，亦即对行为与结果之间因果的走向有认识，所以，故意的认识因素必然包含行为与危害结果之间的因果关系。

2. 对违法性的认识

犯罪故意是否要求有违法性认识？这是我国刑法理论上一直以来都有争议的一个问题。在对这个问题进行回答以前，必须明确一个前提，即违法性包含形式的违法性和实质的违法性两方面。形式违法性是指违反国家法律法规或禁止性规定的行为。实质违法性是指行为对受法律保护的个人或集体的重要利益的侵害。简言之，形式的违法性是指行为为法律所不允许，实质违法性是指行为对社会的危害。本书认为，违法性包括形式的违法性和实质的违法性，形式违法性的认识不应成为故意的认识内容，实质违法性的认识——对社会危害性的认识，则应该成为故意的认识内容。

在实质违法性即社会危害性的认识上，假如行为人没有意识到自己行为的社会危害性，就不能成立犯罪故意。犯罪故意的成立是以认识到行为的社会危害性为前提的，如果行为人认识到自己的行为是有益于社会的行为，那就不可能谈到犯罪故意。我国刑法理论通说认为《刑法》第 14 条关于犯罪故意的概念也已明确了社会危害性认识是故意的认识核心。“明知自己的行为会发生危害社会的结果”既包括对结果事实的认识，也包括对结果性质的评价即结果是具有社会危害性的行为的结果。因此，成立故意，在实质违法性上要求行为人有所认识，否则，故意难以作为责任类型而存在。

至于形式的违法性的认识，即便行为人没有认识到形式违法性，也不影响故意的成立。对形式违法性比如是否属于禁渔期、是否属于国家保护动物等的认识，在罪责认定方面并不发挥作用。行为人只要认识到自己的行为是有害于社会的即可。当然，对形式违法性认识之反对，也不能绝对化。近年来在各国形式违法性认识在个别情况下可以成为阻却故意的因素的趋势似乎日渐受到关注，例如，《德国刑法典》第 17 条规定，“行为

---

① 参见（2020）陕 0902 刑初 233 号刑事判决书。

人行为时没有认识其违法性，如该错误认识不可避免，则对其行为不负责任。如该错误认识可以避免，则依第 49 条第 1 款减轻处罚”。这表明，故意的成立只需要有违法性认识的可能，同时区分故意与过失是根据行为人对犯罪事实的态度，而不是对违法性的认识。《日本刑法典》第 38 条规定，“没有犯罪故意的行为，不处罚，但法律有特别规定的，不在此限。实施了本应属于重罪的行为，但行为时不知属于重罪的事实的，不得以重罪处断。即使不知法律，也不能据此认为没有犯罪的故意，但可以根据情节减轻刑罚”。该条规定的意旨仍然在于确立形式违法性认识不要说，但是，对形式违法性认识错误，却承认可以作为刑罚轻处的理由。可见，形式违法性认识错误在日本可以成为故意犯罪的责任减轻事由。

总之，考虑到违法性认识理论的发展，考虑到实践中个别特殊例外情况的存在，对于形式违法性认识，一般情况下，否定它对于犯罪故意成立的作用；在少数特殊情况下，缺乏对形式违法性的认识而导致没有认识到实质违法性时，犯罪的故意不成立。

（二）意志因素

故意的意志因素，是指行为人明知自己的行为会发生危害社会的结果，希望或者放任这种结果发生的心理态度。

“明知自己的行为会发生危害社会的结果”＋“并且希望或者放任这种结果发生”的，是故意犯罪。根据我国刑法对故意犯罪的定义，仅有明知难以成立故意，还必须有意志因素即希望或者放任结果发生的心态。意志因素中存在两种不同的意志：一种是希望的心理态度，即希望自己的行为会发生危害社会的结果。它是对危害结果抱着积极追求的态度。另一种是放任的心理态度，即容认自己的行为发生危害社会的结果。它是对危害结果的发生抱着不反对、听之任之的态度。

认识因素与意志因素的有机统一构成了故意。“根据判决与学界通说，故意是‘在认识构成要件所有客观犯罪情状的基础上要实现构成要件的意志’。”① 意志因素是以认识因素为前提的，只有在行为人认识到自己行为的性质以及其会发生的危害后果的前提之下，进而希望或者放任结果发生，才能成立故意。认识因素是意志因素的前提，意志因素是基于认识之后的心理态度，二者一起构成故意犯罪。前述“明知与意欲实现构成要件”这一短公式，就是对认识因素与意志因素之关系的最简洁概括。

四、故意的种类

根据不同的标准，对故意可以划分为不同种类。根据故意的意志因素不同，可以分为直接故意与间接故意；根据认识因素中所认识内容的确定程度不同，可以分为确定故意与不确定故意；根据认识因素中对危害结果形态的认识，可以分为侵害故意与危险故意；根据故意形成的时间，可以分为预谋故意与突发故意；根据故意是否和一定条件相关联，可以分为附条件故意与无条件故意。

（一）直接故意和间接故意

根据故意的意志因素不同，故意可以分为直接故意与间接故意。在“明知自己的行

---

① Uwe Murmann，Grundkurs Strafrecht，7 Aufl.，2022，§24，Rn. 7.

为会发生危害社会的结果”的前提下，行为人希望这种结果发生的，是直接故意；行为人放任这种结果发生的，是间接故意。一般而言，直接故意在主观恶性上要比间接故意大，在刑罚处罚上也重于间接故意，精准区分二者对于准确定罪量刑具有重要意义。

1. 直接故意

直接故意，是指明知自己的行为会发生危害社会的结果，并且希望这种结果发生的心理态度。在直接故意的心态下，行为人明知或者可以预见自己的行为将要实现法定构成要件，此时仍然依照自己的意志去活动，从而把所设想到的自己行为的所有必然和肯定的后果都纳入了自己的实现意志。依此，成立直接故意应该满足以下条件：第一，明知自己行为的内容性质与社会意义。第二，明知自己的行为会发生危害社会的结果。第三，行为人内心仍然希望危害社会的结果发生。

由于“明知自己的行为会发生危害社会的结果”存在两种情况，一种是明知必然发生，另一种是明知可能发生，因此，直接故意有两种表现形式：“必然发生＋希望发生”“可能发生＋希望发生”。可见，虽然故意是认识因素与意志因素的统一，但是，在直接故意的成立中，意志因素其实起着决定性作用。

张某某故意杀人案。① 某日，张、牛二人在手机短信中发生争辩，张某某携带爆炸装置及系列凶器到牛某某家欲杀牛。张到牛家后，二人发生争执，张拿出爆炸装置，牛上前争夺，争夺过程中引爆了爆炸装置，致牛某某左手的中指、无名指、小拇指被炸掉。爆炸之时，牛某某的妻子也在家中。法院认为，其行为已构成故意杀人罪。

分析：本案中张某某明知自己实施的爆炸行为的性质，会导致他人死伤或者财产受到损失等社会意义与危害结果，但是，仍然希望该结果发生，并且实施了引爆爆炸物的行为，导致牛某某被炸伤，因而其行为构成直接故意的故意杀人罪。

直接故意是以实施犯罪作为行为目的的，至于结果是否实际发生以及发生的可能性大小，并不影响直接故意的成立。直接故意涉及某种犯罪的所有结果，比如就抢劫罪而言，行为人手持凶器伤人后抢劫的，其对于被害人受到伤害以及财物被掠走的结果，都是有认识的，并且追求这一结果的发生。与此同时，直接故意还会造成某些在行为人看来不可避免的其他后果，德国刑法学上称之为附随后果。

罗某故意杀人案。② 罗某为了把与自己产生纠纷的鲍某撞死，冲撞鲍某驾驶的二轮摩托车，并将在路边准备驾驶摩托车的李甲、李乙撞倒，同时将停放在路边的多辆二轮摩托车撞倒后驾车逃离现场，最终造成鲍某、李甲、李乙不同程度受伤和多辆二轮摩托车不同程度受损。法院认为，罗某的行为已构成故意杀人罪。

分析：本案中罗某的侵害对象是鲍某，但是在冲撞鲍某的时候，导致无辜路人李甲等二人被撞伤。该后果的发生也许违背罗某的意愿，也许符合罗某的意愿，但是，无论如何，都不影响直接故意的成立。至于李甲等二人被撞伤这一直接故意的附随后果，对行为人的量刑会有影响。根据直接故意的成立要素，罗某不可能仅仅因为其行为后果令其不快，而将这些在他看来不可避免的后果排除在行为意志之外。所以，由罗某的撞人

① 参见（2014）屯刑初字第121号刑事判决书。

② 参见（2018）云0428刑初2号刑事判决书。

行为推出直接故意没有任何问题。

总之，直接故意所涉及的内容不仅包括行为人的行为目的，还包括在行为人看来作为达到其目的的前提或结果的所有事实和事件。[①]

2. 间接故意

（1）间接故意的定义。

间接故意，是指明知自己的行为会发生危害社会的结果，并且放任这种结果发生的心理态度。在间接故意的心态下，行为人明知或者可以预见自己的行为将要实现法定构成要件，此时不是去制止而是放任结果的发生，从而结果的发生都在其实现意志之内。

司法实践中，一般故意犯罪都是出于直接故意，出于间接故意的情况相对少一些。通常认为，间接故意主要存在以下三种情形：

第一，行为人为追求某一个犯罪目的，而放任其行为可能引起的另一个危害结果发生。

孙某某投毒案。[②] 孙某某因琐事与孟某产生矛盾，遂产生杀害孟某之意。孙某某购得野鸡药（氰化钠和二水合氰化钠），将部分野鸡药磨成粉末包好，趁机装入孟某平时服用的保健药胶囊中。孟某服过胶囊后倒地呕吐，身体抽搐，继而死亡。大约一周后，孟某的丈夫谢某某发现孟某未用完的胶囊，为避免浪费，便于次日让其女儿小谢服用，小谢服后亦死亡。法院认为，孙某某的行为已构成故意杀人罪。

分析：本案中孙某某为了追求杀害孟某的犯罪目的，将毒药装入孟平时服用的保健药胶囊中，并放任孟家人也可能因食用该胶囊而死亡的后果发生。孟某的家人被毒死虽然不是孙某某所希望的，但是孟某的家人有可能被毒死又是在孙某某意料之中的。孙某某为了杀死孟某，却放任了其家人死亡结果的发生。这就是为了追求某个犯罪目的，而放任另一个危害结果发生的间接故意的情况。

第二，行为人为追求某一个非犯罪目的，而放任其行为可能引起另一个危害结果发生。

熊甲以危险方法危害公共安全案。[③] 熊甲在村中稻田内养殖青蛙，在蛙田四周围了围网并私自架设了电线，且在有人提醒可能有人触电的情况下仍未采取相关措施。某日上午，同村人熊乙去自家农田内干农活时触电身亡。法院认为，熊甲的行为已构成以危险方法危害公共安全罪。

分析：本案中熊甲私设电网的行为并非犯罪行为，但是，其对私设的电网可能会电伤其他人这种危害结果有所预见，因为有人还提醒过他小心有人触电，在此情况下，熊甲仍然继续私设电网并导致熊乙触电身亡。其在主观上成立间接故意，其行为构成间接故意杀人罪。本案就是在追求某个非犯罪目的时，放任另一个危害结果发生而构成的间接故意犯罪。

第三，行为人在突发性犯罪中不计后果，放任危害社会结果的发生。

---

① Vgl. Wessels/Beulke/Satzger，Strafrecht Allgemeiner Teil，50 Aufl.，2020，Rn. 313.

② 参见（2013）吉刑一终字第 38 号刑事裁定书。

③ 参见（2020）赣 0923 刑初 259 号刑事判决书。

陈某来以危险方法危害公共安全案。① 2017年11月，陈某来从操场围墙翻进某小学校园，见校园里有很多学生就去购买了一把美工刀。陈某来返回学校后进入某班教室里，叫大家安静不要说话，见同学们不理睬，便手持美工刀随意乱划人，致多人轻伤。法院认为，其行为已构成以危险方法危害公共安全罪。

分析：本案中陈某来的行为属于无故闯入校园，不计后果，拔刀划人，致人轻伤。陈某来对于轻伤后果并没有追求，但是有预见，抱着放任的态度，因而其行为构成间接故意型以危险方法危害公共安全罪。

（2）间接故意的成立条件。

成立间接故意要满足三个条件：明知自己行为的内容性质与社会意义；明知自己的行为可能发生危害社会的结果；行为人内心放任危害社会的结果发生。

第一，明知自己行为的内容性质与社会意义。在这一点上，与直接故意一样。简言之，无论直接故意还是间接故意，都要求行为人明知自己行为的内容性质与社会意义。

第二，明知自己的行为可能发生危害社会的结果。间接故意只要求行为人认识到自己的行为可能发生危害社会的结果，即"明知自己的行为可能发生危害社会的结果"。故意犯罪的意志因素对于决定行为人的主观恶性虽然大有帮助，但是，在认识到结果必然发生这一认识因素和放任这一意志因素联系起来之后，事物的性质也会发生改变。此时，应该成立直接故意，而不成立间接故意。理由是：

1）意志因素以认识因素为前提，但是，它反过来又限制认识因素的内容。如果行为人预见到自己的行为必然导致某种危害结果的发生，而仍然置之不理，那就不能说他对结果发生或不发生是抱着放任的态度了。在结果发生的唯一可能性之下，行为人为了追求其他目的的实现，而仍然实施其行为，这表明了行为人主观意志的自觉性，这与希望的心态下行为人积极追求某种结果的发生而实施危害行为的故意心态并无本质区别。

2）放任的前提条件结果可能发生也可能不发生，只有在预见事物发展客观结局的多种可能性和不固定性的基础上，才谈得上对结果发生与不发生都允许、不反对的放任心态。在"明知必然而放任的"情况下，只有结果发生这一种可能，而不存在结果不发生的另一种可能。此时，自然也不存在结果发生与不发生都可以、不反对的放任心态。所以，此时成立直接故意而不成立间接故意。

总之，如果行为人认识到自己的行为必然发生危害社会的结果而听之任之、放任不管，则成立直接故意而不成立间接故意。

第三，行为人内心放任危害社会的结果发生。

在理论上与实践中，成为间接故意犯罪理解难点的，正是"放任"一词。为了准确把握何谓"放任"，可从以下三点展开界定，即：放任是一种不计后果和不希望的心理态度；放任具有附属性；放任具有转化性。

1）放任是一种不计后果和不希望的心理态度。

所谓放任危害结果的发生，是指行为人对可能发生的危害结果采取顺其自然、不加干涉、不计后果的心理态度。

① 参见（2018）琼9005刑初331号刑事判决书。

放任是一种不计后果的态度，但又不是漠不关心。放任是一种行为人在明知自己的行为可能发生特定危害的情况下，为了达到自己的既定目的，仍然决意实施这种行为，对阻碍危害结果的障碍不排除，但也不设法阻止危害结果的发生，而是自觉听任结果发生的心理态度。漠不关心的说法过于消极，没有揭示放任中“放纵”的自觉一面。“放任”并不是行为人在发生和不发生危害结果两种可能之间缺乏思考，保持完全“中立”态度。放任心态下，行为人不但没有制止可能导致危害结果的行为，反而发动既定的行为，甘冒危害结果发生的风险，这说明放任意志的自觉性。如果一味强调听之任之、漠不关心，等于割裂了放任意志与危害结果发生的内在联系，抹杀了放任意志的自觉性，无法说明放任是犯罪故意的一种意志。结果发生与否，都不违背行为人的本意，因为行为人既无阻止结果发生的心态也无追求结果发生的积极企图。

放任包含不希望的态度。认为放任是不计后果可能容易接受，认为放任包含不希望的心态，在我国刑法学界则招致反对意见。希望结果发生的放任，是一种客观存在的心理现象。实践中这样的案例并不少见。

德国著名的皮带案。[①] 两被告打算以皮带勒昏被害人以夺财，曾因担心被害人死亡，改用沙袋闷昏被害人后，再使用皮带。在将被害人勒昏过程当中，其中一人为确定被害人是否已无力挣扎而进一步勒紧皮带时，另一人发现并制止。取财目的达成之后被害人昏迷已久，两被告人心生怀疑，通过人工呼吸进行抢救，却已回天乏术。

分析：本案中被告人对被害人的死亡不是不计后果，而是不希望。反对者可能会指出，如果他真的不希望结果发生，他就不要做，既然已经做了，还能说是希望不要发生吗？之所以如此质疑，其原因在于忽视了放任心理的依附性、不完整性及放任犯罪的他行为性：放任心理被阻断在情感过程中，支配行为的并非放任心理，而是原先的意志心理。放任心理与导致附属危害结果发生的行为并没有形成实际上的支配关系。

放任的本质在于对附属结果的一种非欲态度，是相对于直接故意对目的结果的“欲”的态度而言的。这种“非欲”态度包括希望不要发生和不计后果两种态度。

甲杀人案。[②] 甲因索要存款与爷爷乙发生矛盾，甲因生气掐乙的颈部，后用脚数次踢乙的头部，致乙头部撞到墙。后见乙的嘴和耳朵流血，呼喊乙无应答，甲即用乙的手机报警并投案自首。

分析：法院经审理认为，甲应当知道击打其爷爷要害部位会发生死亡的危害后果，而放任死亡结果发生，属于间接故意犯罪，其行为已构成故意杀人罪。本书认为：本案中甲的行为是否成立间接故意的故意杀人罪，其实存在争议，争议的原因是，甲并不希望爷爷死，只是想通过这种方式找爷爷要钱。然而，放任是对可能发生的结果的排除，而没有排除希望结果不要发生。尤其是，甲作为心智正常之人，明知击打人的要害部位会导致的后果，而且针对的是老年人，在被害人没有应答之后才报警，由此并不能排除其主观上对于“击打要害部位会发生死亡后果”的放任心态的存在，因为放任可以是“根本不关心”的态度，也可以是没有“足够的关心”。在第二种意义上言，甲声称自己

---

① Vgl. BGHSt 7，363（365）.

② 参见（2023）鄂13刑初1号刑事判决书。

希望危害不要发生，并不妨碍成立间接故意中的放任。

2）放任具有附属性。

放任是附属于行为人希望其他结果发生的心态的一种意志因素。在间接故意的情形中，行为人是为了追求自己意欲实现的行为而放任其他结果的发生，因此，它首先存在着对目的行为的希望意志，当然，这种希望意志的结果有犯罪结果，也有非犯罪结果。为了追求目的行为结果的发生，行为人对于该结果的附属结果持顺其自然的心态。显然，放任是在希望的心态基础之上产生的，它是伴随着行为人追求某种利益并积极实现某种利益的希望心态而滋生的。放任的附属性决定了对于犯罪故意来说，放任还具有心理上的不完整性，即它是在表现其他心理状态时所表现出来的主观恶性；决定了放任犯罪的他行为性，即放任心理被阻断在情感过程中，支配行为的并非放任心理，而是原先的意志心理；决定了在放任心态下所发生的危害结果具有伴随性。

张某溺亡案。① 高某某驾驶银白色面包车行至某市区煤炭交易市场，见四下无人，便将市场内一铁筛子搬回家中时，被交易市场的保安张某发现。高某某为抗拒抓捕，与张某发生抓扯致张某掉入水塘后溺水死亡。高某某逃离现场。

分析：法院经审理认为，虽然高某某没有积极追求被害人死亡结果的发生，但对被害人的溺水持放任态度，故高某某的行为构成间接故意杀人罪。本书认为：本案中高某某为了追求其希望达到的其他目的，即抗拒张某的抓捕，对可能发生的与张某在水塘边抓扯导致对方落水的结果持放任态度，而张某可能落水溺亡结果的发生正是伴随着抗拒抓捕这一结果出现的，前者是后者的附属物、派生物。

3）放任具有转化性。

间接故意犯罪中，行为人开始产生的意志的确不是针对危害结果的发生，但这种不希望并非放任意志的真正含义。任何间接故意犯罪，都是以追求某种目的结果为前提的。正是这种目的结果，导致行为人原本不希望危害结果发生的意志产生了性质上的变化，这种变化表现为，行为人既明知自己的行为可能会发生某种危害结果，又不希望这种结果发生。只要停止实施预定行为，危害结果就不会发生。但行为人为了追求另一目的结果，执意实施预定行为。此时，其主观上会产生一种矛盾：既不希望危害结果发生，又想实施会引起这种结果发生的行为。矛盾斗争的结果是决意实施预定行为。于是，原有的不希望意志自行消失，转化为对危害结果的发生听之任之的放任意志。

总之，明知结果必然发生而放任的是直接故意而不是间接故意心态；间接故意犯罪中的“放任”是一种不计后果和不希望的心理态度，并具有附属性与转化性。全面把握“放任”的这三个特性对于准确认定直接故意犯罪与间接故意犯罪有着重要的意义。

3. 间接故意与直接故意的区别

间接故意与直接故意的相同之处在于，二者都认识到了自己行为的内容性质与社会意义。其不同之处是：

（1）认识程度不同，即行为人认识到自己行为发生结果的程度不同。直接故意要求行为人认识到自己的行为必然或者可能发生危害社会的结果，即“明知自己的行为

① 参见（2019）云06刑初101号刑事判决书。

会发生危害社会的结果”。间接故意只要求行为人认识到自己的行为可能发生危害社会的结果，即“明知自己的行为可能发生危害社会的结果”。如果行为人认识到自己的行为必然发生危害社会的结果而听之任之、放任不管，则成立的是直接故意而不是间接故意。

（2）意志因素不同，即行为人对于自己的行为发生危害结果的主观心态不同。直接故意是积极心态，希望结果发生，对于危害结果的发生而言是“欲求”心态；间接故意是消极心态，放任结果发生，对于危害结果的发生而言是“非欲”心态。直接故意中行为人的故意指向非常明确，即直接指向的是实现犯罪的目的；间接故意中行为人的故意指向的往往并不是实施某种犯罪，而是某种其他结果的发生，而对危害结果的发生持放任态度。

（3）是否有犯罪形态不同，即行为人的故意行为是否存在犯罪形态不同。直接故意下犯罪存在犯罪形态划分问题，间接故意下只有犯罪成立与否的问题，不存在犯罪形态划分问题。

直接故意下，行为人对结果的发生是“欲求”的态度，因而存在着为了实现希望而事先预备，或者犯罪的过程中因为后悔中止犯罪，或者希望落空后犯罪未遂，或者希望达成后犯罪既遂，总之，直接故意犯罪有犯罪形态的划分问题。间接故意下，行为人对结果的发生持无所谓的态度，是一种顺其自然，结果发生与否均不影响行为人实施行为的心态。因此，它不存在为了犯罪准备工具制造条件的犯罪预备，也不存在自动放弃犯罪或有效防止犯罪结果发生的犯罪中止。至于是否存在犯罪既遂与未遂，需结合既遂与未遂之“遂”来分析。既遂就是指已遂其愿，间接故意下行为人主观上对危害结果的发生持听之任之的态度，自然也就无愿望可言。行为人的明确愿望在于间接故意之外的另一种直接故意所追求的结果。所以，危害结果发生了也无所谓遂愿或不遂愿。况且，间接故意下行为人的主观心态是发生也行不发生也可这两种心态的“合意”，单独就发生或不发生一个方面的心态而论，都不是间接故意下的放任。就这种“合意”而言，不可能有行为遂其愿。从这个角度来看，间接故意下犯罪没有既遂，也没有未遂。对于间接故意而言，危害社会的结果发生了，则成立间接故意犯罪，反之，不成立间接故意犯罪。因此，间接故意下不存在犯罪预备、中止或者既遂与未遂的犯罪形态问题，只有犯罪成立与否的问题。

（二）确定故意和不确定故意

如果说直接故意与间接故意是根据故意的意志因素的不同而作的区分，那么，确定故意和不确定故意是根据故意的认识因素不同所作的划分。根据故意的认识内容的确定程度不同，故意可以分为确定故意和不确定故意。

确定故意，又称“绝对故意”，是指行为人明知自己的行为一定会发生某种危害社会的结果，并希望这种结果发生的心理态度。确定故意一般都是直接故意。

不确定故意，又称“未必的故意”，是指行为人明知自己的行为可能会发生某种危害社会的结果，并且不是积极希望结果发生的心理态度。不确定故意更加接近间接故意，但其中很多时候也是直接故意。根据行为人的认识情况，不确定故意的不确定体现为以下三种情况：

（1）不确定自己行为的侵害性质或侵害范围或侵害对象。又称为概括的故意。这一概念是 1825 年由德国学者韦伯（Von Weber）发表的《论故意之不同形态》提出来的，所以也被称为“韦伯故意”。韦伯认为，“如果犯罪的决定涉及许多为了达到一个主要结果的行为、手段或阶段，而通过这些能使所企图的犯罪得以发生，这时候就存在一种概括故意”①。据此，概括的故意是指，行为人对自己行为认识不够明确，不太确定其行为在多大范围内发生危害社会的结果，或者说会发生多少个危害结果，而只有概括的认识。概括故意的实质在于行为人认识的明确性，行为人对侵害行为有一个大体的基本认识，而对侵害性质与范围等缺乏明确认识。危害公共安全类的犯罪往往都是出于概括的攱意。例如，甲开车在某广场横冲直撞，至于撞伤多少人或者撞死谁，甲并不清楚，但是，无论结果如何，都在甲概括的认识之内。尽管甲对危害后果的认识是概括的、尚不具体，但故意一样成立。

（2）不确定危害结果究竟是否会发生，又称未必的故意。它是指行为人认识到自己的行为或许会发生危害社会的结果，并且希望或者放任危害结果发生的心理态度。未必的故意的实质在于行为人认识的程度，行为人对危害结果是否发生处于不肯定状态，即危害结果可能发生，也可能不发生。在此情况下，行为人对结果的发生持希望或放任的心态。因此，不能把未必的故意等同于间接故意，直接故意也可能是未必的故意。

呼某以危险方法危害公共安全案。② 呼某驾驶一辆半挂罐车行驶至某地时，发现当地牧民以污染草原为由阻拦所有货车通行。在此过程中，呼某发现在被阻拦路段停放的两辆车中间有一允许一辆大车通行的空间，于是启动车辆强行通行。强行通过时将站在左侧水罐车旁边的牧民杜某夹在自己车后轮与水罐车前轮之间，致其死亡。法院认为，其行为构成以危险方法危害公共安全罪。

分析：本案中呼某明知如果车辆不是在正常的道路上行驶，而是强行从另外两车中通行，就存在不安全的风险。至于这种不安全的风险是否会转化为现实的危害结果，呼某并不确定。此时，呼某仍强行通行。这意味着在结果会发生的情况下他也不反对。所以，呼某的主观心态是未必的故意。

（3）不确定数个对象中哪个对象会发生危害结果，又称择一的故意。它是指行为人对危害结果将会在几个犯罪对象中发生具有确定的认识，但对于究竟会发生于哪个犯罪对象则没有确定的认识。择一的故意的实质在于行为人的自觉选择性，即几种危害结果都在行为人的追求范围之内，实际结果是非此即彼的关系，行为人自觉选择了其中一种结果发生，而不是放任结果发生。与概括的故意相比，择一的故意是有限制的不确定，具有二者必居其一的特定范围和条件。

王某某出售非法制造的发票案。③ 王某某受某公司财务负责人刘某某的委托并根据其要求，在明知没有真实经营活动的情况下联系介绍宋某某，由宋某某以其他公司的名

① Von Weber, Ueber die verschiedenen Arten des Dolus, in: Konopak/Mittermaier/Rosshirt (Hrsg.), Neues Archiv des Criminalrechts, Bd. 7, 1825, S.565.

② 参见（2017）内 06 刑初 12 号刑事判决书。

③ 参见（2020）沪 0104 刑初 1279 号刑事判决书。

义，向某公司开具了36份伪造的增值税普通发票，价税合计人民币280万余元。

分析：本案是典型的择一的故意案例。王某某到案后供述其不知道发票是假的，然而在庭审中当庭供述其明知发票是假的。此时能否认定王某某存在犯罪故意？法院指出，“即便其在庭审中依然认为当时不知道发票是假的，但不可否认的是其客观行为在本质上是一种出售发票的行为。故退一步而言，即使王某某主观上以为其出售的是真发票，但毕竟其客观上出售的是假发票，其主观上的故意应当属于择一的故意，因此在主客观相统一的立场下，（对）其行为应当以非法出售发票罪未遂和出售非法制造的发票罪既遂，想象竞合从一重论处。由于该两罪的法定刑相同，故亦应以出售非法制造的发票罪既遂论处”。

确定故意是犯罪故意的常见形态，其最基本特征是行为人对于构成犯罪的事实，如侵害的客体、危害行为的性质、危害社会的具体结果等，有具体、明确的认识。不确定故意也在实践中广泛存在，虽然行为人对行为的内容、性质和结果等的认识不够确定而且其主观上也不是积极希望结果的发生，但是，这些都不影响不确定故意的成立。

（三）侵害故意和危险故意

根据故意的认识因素中对危害结果形态的认识，故意可以分为侵害故意与危险故意。侵害故意是指，认识到了行为对行为客体、保护法益的侵害，并且希望或者放任结果发生。例如，甲认识到举枪射击乙，会导致乙的生命、健康法益受到侵害，而仍然实施这一行为。此时的故意，就是侵害故意。危险故意是指，认识到了行为对行为客体、保护法益造成了一定危险。危险不一定变成实际的侵害，但是刑法将某些造成危险的故意行为而非实害行为，规定为犯罪，只要是造成这些危险的故意，就是危险故意。例如，甲饮用白酒后驾车。其行为给交通安全带来极大危险，虽然甲最终平安到家，也未造成交通事故，但是，其行为根据《刑法》第133条之一构成危险驾驶罪。甲的故意就是危险故意。刑法中侵害犯的故意就是侵害故意，危险犯的故意就是危险故意。

（四）预谋故意与突发故意

根据故意形成的时间，故意可以分为预谋故意与突发故意。预谋故意是指在实施行为之前已经形成的犯罪故意，突发故意是指因一时的刺激突然产生犯罪故意并立即付诸实施的心理态度。预谋故意往往经过犯罪动机的产生，到为犯罪制造条件的心理准备，乃至犯罪的实行。它是一种复杂的意志行为，所以又称复杂故意。突发故意往往因一时的刺激而产生，而且故意一旦产生立即付诸实施，所以又称偶然故意或激情故意。预谋故意是故意的常见形态，突发故意是个别形态；预谋故意在社会危险性上大于突发故意。准确区分它们，对于精准量刑具有意义。

（五）附条件故意与无条件故意

根据故意是否和一定条件相关联，故意可以分为附条件故意与无条件故意。附条件故意是指，行为人决意在具备一定条件后再实施犯罪。例如，甲准备进入乙家行窃，但其前提条件是乙家条件不错。后甲进入乙家，发现房屋破旧、一贫如洗，就放弃了盗窃行为。此时，甲的行为构成盗窃罪的犯罪中止。无条件故意是指，行为人决意无条件地实施犯罪。例如，甲进入乙家行窃，根本不考虑乙家是否有钱。

第四节 过 失

一、过失的概念

过失犯罪是指，应当预见自己的行为可能发生危害社会的结果，因为疏忽大意而没有预见，或者已经预见而轻信能够避免，以致发生这种结果的心理态度。我国《刑法》第15条第1款规定，“应当预见自己的行为可能发生危害社会的结果，因为疏忽大意而没有预见，或者已经预见而轻信能够避免，以致发生这种结果的，是过失犯罪”。第2款规定，“过失犯罪，法律有规定的才负刑事责任”。该条的规定，既明确了犯罪的主观心态“过失”的内涵，又明确了在过失心态之下实施的犯罪行为的责任范围。

过失是与故意一样，都是责任形式，也是相并列的主观罪过形式。但是，“和过失理论相比，故意理论是相对容易的”（宾丁）。从归责可能性方面描述行为应受处罚的前提条件，犯罪故意是典型例证，而过失只是例外。过失理论是刑法理论上的灰色地带，在刑法史上，对过失犯一直是在罚与不罚之间摆荡，或者从不罚渐进到可罚，这决定了过失犯在刑法理论上不太受重视的尴尬地位。二战后，由于世界各国经济的高速发展以及工业化社会进程的加快，各类过失犯罪层出不穷，各国对过失犯罪的研究也逐渐发生改变。在德国，过失犯历经了“没娘的孩子”到“最受宠爱的孩子”的变化。[①] 在日本，20世纪日本刑法学界对过失犯的理论探讨达到最高峰值，这种关注度至今仍在提高。在中国，以往对过失犯的研究并不受重视，比如在台湾地区，“过失犯孤臣孽子的处境始终未见改善”[②]，而在大陆对过失犯的研究显然比对故意犯的研究要落后。然而，随着科学技术的进步与人类文明的发展，当今中国正在经历着西方国家走过的路程，即过失犯罪与经济发展以正比的速度不断增长，医疗过失犯罪、交通过失犯罪、环境过失犯罪、监督过失犯罪等各类过失犯罪层出不穷，对过失犯的研究也迎来了高潮。但是，中国刑法对过失犯的规定，仅仅根据有无认识来划分过失，而没有明确过失犯的本质，也没有提供据以解释过失犯成立范围的学说。为此，刑法理论上需要对过失犯的有关问题深化研究。

二、过失的成立条件

根据我国刑法关于“应当预见自己的行为可能发生危害社会的结果，因为疏忽大意而没有预见，或者已经预见而轻信能够避免，以致发生这种结果的，是过失犯罪”以及“过失犯罪，法律有规定的才负刑事责任”的规定，成立过失犯罪应该具备以下条件。

1. 从主观方面看，行为人必须有过失心理

这里的过失心理，不是针对认识因素，而是针对意志因素，因为成立过失的认识因素，可能是有认识，也可能是无认识。从意志因素看，过失犯的行为人主观上必须具有

---

① Vgl. Bernd Schünemann, Moderne Tendenzen in der Dogmatik der Fahrlässigkeit- und Gefährdungsdelikte, JA, 1975, S.113.

② 许玉秀：《主观与客观之间——主观理论与客观归责》，北京，法律出版社，2008，138页。

过失，这种过失表现为两种情况："疏忽"与"自信"。应当预见自己的行为可能发生危害社会的结果，因为疏忽大意而没有预见，以致发生这种结果的，意志因素是"疏忽"，在认识因素上则属于无认识；应当预见自己的行为可能发生危害社会的结果，已经预见而轻信能够避免，以致发生这种结果的，意志因素是"自信"，在认识因素上则是有认识。

此外，从主观方面来说，无论是结果预见义务还是结果避免义务，过失犯的注意义务在立法上的欠缺，决定了它和不真正不作为犯一样，同样具备开放的构成要件，需要法官在适用的时候对这一欠缺的部分作出补充判断。①

2.从客观方面看，行为人的行为必须发生了危害社会的结果

如果行为人只是疏忽或自信，但是其行为并没有导致危害社会的结果发生，则不能成立过失犯。从这个角度来说，过失犯罪都是结果犯，没有危害结果即无过失犯罪。所以，判定过失犯罪成立的关键在于除了主观上有无过失，还有客观上是否发生了危害社会的结果。例如，《刑法》第133条规定，违反交通运输管理法规，因而发生重大事故，致人重伤、死亡或者使公私财产遭受重大损失的，构成交通肇事罪。交通肇事罪是过失犯罪，只有在发生重大事故，造成重大损失的情况下，才能构成本罪。如果只是违章驾驶，并未造成任何损害后果，则不成立本罪。再比如，《刑法》第233条规定了过失致人死亡罪，如果被害人没有死亡，则不构成本罪。如果过失行为导致他人重伤，则根据其结果只成立《刑法》第235条规定的过失致人重伤罪。如果既不是重伤也没有死亡，则不成立任何犯罪。

3.必须是法律有规定的才负刑事责任

过失行为都是违反注意义务导致危险的行为，当危险变成危害社会的实际后果时，就成立过失犯。然而，有危险性的行为很多，而且这些行为往往也是有益于社会的行为，比如交通运输、医事治疗、科学实验等行为，如果针对有社会风险的行为苛责行为人履行过高的注意义务，会导致行为的有用性受到损害，进而妨碍社会正常生活。因此，各国刑法往往只选取严重侵犯法益的行为规定为犯罪。这也是我国刑法规定"过失犯罪，法律有规定的才负刑事责任"的理由。除此之外的过失行为，即便发生了严重的危害社会的后果，也不构成过失犯罪。例如，《刑法》第324条第3款规定，"过失损毁国家保护的珍贵文物或者被确定为全国重点文物保护单位、省级文物保护单位的文物，造成严重后果的"，构成过失损毁文物罪。这意味着，对一般性的文物，即使行为人出于过失加以毁损，也不构成本罪。

据不完全统计，我国刑法中过失犯罪的罪名共48个，其中确定的过失犯罪罪名有39个，关于罪过形式存在争议的可能是过失犯罪的罪名有9个。这些确定的过失犯罪罪名包括《刑法》第115条失火罪、过失决水罪、过失爆炸罪、过失投放危险物质罪、过失以危险方法危害公共安全罪，第119条过失损坏交通工具罪、过失损坏交通设施罪、过失损坏电力设备罪、过失损坏易燃易爆设备罪，第124条第2款过失损坏广播电视设施、公用电信设施罪，第131条重大飞行事故罪，第132条铁路运营安全事故罪，第133条

---

① 参见刘艳红：《开放的犯罪构成要件理论研究》，2版，北京，中国人民大学出版社，2022，119页。

交通肇事罪，第134条重大责任事故罪，第135条重大劳动安全事故罪，第135条之一大型群众性活动重大安全事故罪，第136条危险物品肇事罪，第137条工程重大安全事故罪，第138条教育设施重大安全事故罪，第139条消防责任事故罪，第167条签订、履行合同失职被骗罪，第168条国有公司、企业、事业单位人员失职罪，第229条第3款出具证明文件重大失实罪，第233条过失致人死亡罪，第235条过失致人重伤罪，第324条第3款过失损毁文物罪，第331条传染病菌种、毒种扩散罪，第334条第2款采集、供应血液、制作、供应血液制品事故罪，第335条医疗事故罪，第363条第2款为他人提供书号出版淫秽书刊罪，第369条第2款过失损坏武器装备、军事设施、军事通信罪，第370条第2款过失提供不合格武器装备、军事设施罪，第397条玩忽职守罪，第398条过失泄露国家秘密罪，第399条第3款执行判决、裁定失职罪，第400条第2款失职致使在押人员脱逃罪，第406条国家机关工作人员签订、履行合同失职被骗罪，第408条环境监管失职罪，第408条之一食品、药品监管渎职罪，第409条传染病防治失职罪，第412条第2款商检失职罪，第413条第2款动植物检疫失职罪，第419条失职造成珍贵文物损毁、流失罪，第432条过失泄露军事秘密罪，第436条武器装备肇事罪，第441条遗失武器装备罪。

9个罪过形式存在争议的罪名是《刑法》第133条之一危险驾驶罪，第134条第2款强令、组织他人违章冒险作业罪，第186条违法发放贷款罪，第188条违规出具金融票证罪，第189条对违法票据承兑、付款、保证罪，第330条妨害传染病防治罪，第338条污染环境罪，第397条滥用职权罪，第425条擅离、玩忽军事职守罪。

三、过失的学说

出于过失的心理态度引起危害结果发生的犯罪，在刑法理论上被称为过失犯。过失犯，是指行为人在具有预见能力的前提下，违反避免犯罪事实发生的注意义务而导致构成要件结果发生的犯罪行为。医疗过失犯、环境过失犯等各种过失犯罪的成立，都与对过失犯本质的理解息息相关。基于本书结果无价值论的立场，过失与故意一样，都是责任要素，过失在本书实质二阶层中的体系地位已然清楚。然而，较之故意犯，过失犯的特殊内部构造决定了在承认过失为责任要素之时，必须联系结果无价值论的立场，进一步分析过失犯的本质。

过失犯的成立是以注意义务的存在为前提的。近代刑法学上的过失犯理论，是以违反注意义务概念作为过失犯的中心要素的，违反注意义务是过失犯的核心。一般认为，注意义务的内容是结果预见义务与结果避免义务的统一。结果预见义务是指，行为人能够预见到自己的行为会造成法益损害结果的发生；结果避免义务是指，在具有预见可能性的情况下，应当采取避免结果发生的举措。在这两种义务中，究竟违反哪种义务为过失犯的本质，存在争议。

1. 旧过失论

旧过失论，又称传统的过失论，它认为过失是与故意并列的责任要素，过失是内心的不注意，其本质是违反结果预见义务，即因不注意而没有能预见到结果会发生，因而受到非难的心理状态。旧过失论在第二次世界大战以前比较长时间内占据理论上的支配地位。

在旧过失论看来，过失是一种心理责任，结果预见可能性是过失犯的责任基础；过失只是责任要素而无须在不法层面进行判断；“违法是客观的，责任是主观的”，过失与故意一样被定位在犯罪的主观方面，过失只是一种内心不注意的心理状态。这里的不注意，意味着违反注意义务。注意义务是为了预见到结果而使意识紧张的义务，结果预见可能性被置于核心地位。① 这样的心理过失论，是以通过对结果的表象或认识的有无来判断故意或过失的心理责任论为基础，是结果无价值论的体现。

旧过失论对于传统的田园社会中偶尔且例外发生的人身事故的刑事法处理而言是有效的。在这样不复杂的社会中，对于发生的现象的预见可能性所及范围原本并不大，只有非常狭窄领域的预见可能性才成为问题。② 对旧过失论的一个批判是：例如，AB 驾车相撞，只有 A 违反交通法规，B 正常驾车时，根据旧过失论，B 的行为也因果性地惹起了 A 导致的法益侵害结果，因此 B 的行为是违法的，只是没有结果预见可能性，因此 B 没有责任。另外一个批判是，预见可能性是可以赋予程度的概念，预见对象的具体化和抽象化是无限的。在现代社会中，伴随着一定危险性的行为是被法和社会允许的。危险的行为无外乎是具有一定程度的结果发生预见可能性的行为，当产生法益侵害结果时，通常都能肯定预见可能性。③ 值得注意的是，随着新过失论的发展，旧过失论开始重视限制过失犯的成立范围，从而将结果预见可能性解释为具体的预见可能性。

2. 修正的旧过失论

修正的旧过失论，是主张在责任阶段考察行为人是否有结果预见义务之前，考察行为人是否有偏离法规范等问题的同时重点考察行为人的主观心态的过失犯理论。修正的旧过失论意在通过“过失行为”进行客观性限定来修正旧过失论，其特别价值在于限制过失犯罪圈的扩大。

根据修正的旧过失论，过失属于责任要素这一旧过失论的主张得到维持，与此同时，旧过失论只重视过失作为责任要素而完全不重视过失犯的实行行为的缺陷得到缓和。自此对过失犯的考察从“行为过失”进一步发展到“过失行为”，过失犯之所以成立犯罪，原因在于过失行为所具有的结果发生的实质危险性与将危险现实化的结果的发生，简言之，只有那些对于结果的发生具有实质上不被允许的危险的行为，才能成立过失犯。可见，修正的旧过失论延续了结果无价值的旧过失论立场，又在被允许的危险理论基础上对旧过失论作了修正，所以被称为修正的旧过失论。

修正的旧过失论一边将过失概念诉诸责任论中的预见可能性以及回避可能性，一边将构成要件该当性以及违法性中的过失行为限定为导致结果发生的实质上不被允许的危险的行为。④ 但是，对此的批判是，包含行为的危险性和危险的现实化的“实质上不被允许的危险”，只是客观预见可能性概念的别称，从将它作为构成要件要素并且最终作为

① 参见［日］浅田和茂：《刑法总论》，3 版，东京，成文堂，2024，347 页。

② 参见［日］山中敬一：《刑法总论》，3 版，东京，成文堂，2015，388 页。

③ 参见［日］井田良：《讲义刑法学・总论》，2 版，东京，有斐阁，2018，215 页。

④ 参见［日］平野龙一：《刑法总论》，Ⅰ，东京，有斐阁，1972，193 页。

责任要素的主观预见可能性有无来把握这一点来看，体系性位置很不明确。①

3. 新过失论

新过失论，是认为过失与故意的差异在违法性阶段就已经出现了，过失是行为人客观上违反了一般人都应该履行的结果避免义务，偏离了一般人都应该遵守的行为规范的过失犯理论。

新过失论在 20 世纪初登场，在第二次世界大战后得到进一步发展。

按照旧过失论，如果行为人具有结果预见可能性就可以成立过失，那么过失犯的范围会很宽泛；只有预见了结果发生，而且没有履行结果避免义务时，才成立过失。

在新过失论看来，客观的结果避免义务才是过失犯的责任基础；关于过失犯与故意犯的成立应该在违法性阶层加以讨论，过失不仅是责任要素还是违法要素；过失不仅仅是一种内心不注意的心理，对结果的预见可能性不是过失犯的责任基础，结果避免义务才是过失犯的责任基础。在此基础上，新过失论进一步提出，应以是否遵守了应当维护的行为规范（标准行为）这种客观标准来确定过失犯的成立范围。这样的将“从基准行为的逾越”作为过失犯成立条件的见解被称为新过失论。② 很显然，新过失论体现的是行为无价值的立场。

新过失论认为，预见可能性的有无这一基准并不适宜于界定过失犯处罚的界限。核心主张是，即使能肯定预见可能性，也有不能认定为过失犯的场合，因此附加了结果避免义务违反这一要件来限定过失犯的成立。③ 具体而言，新过失论是以人的不法论和目的行为论为基础。根据目的行为论，“行为”在犯罪论体系的所有领域都发挥着中心性作用，在过失中“行为”的层面也更重要，因此构成要件该当行为以及违法行为开始受关注。据此，过失论中，违反在一定的生活场合被要求的外部行为准则的行为被置于中心地位，过失构成要件该当性以及过失违法也以此为内容。有观点将新过失论的理论基础诉诸罪刑法定原则以及作为刑罚目的的一般预防。在日本，基于新过失论，主张区分构成要件·违法阶段的过失（构成要件过失）和责任阶段的过失（责任过失）的二分说很有力。前者是以一般人·平均人为基准的客观注意义务违反，后者是以行为人本人为基准的主观注意义务违反。④ 但是，虽然认定了客观注意义务违反，但否定主观注意义务违反的事态是例外的（例如在对于没有遵守交通法规行驶存在故意的场合，将它作为过失行为时，很容易肯定主观的注意义务违反），重点仍然是过失行为。⑤

4. 新新过失论（危惧感说）

新新过失论是新过失论的推进，与追究企业干部的过失责任的企业组织体责任论（单个的行为人并没有过失，但如果企业组织体被认定有过失，其成员也负有过失责任）相联而被主张。其主要观点是：过失论中重要的是违反应当遵守的准则的行为层面的避免可能性的判断，而预见可能性的概念应当被尽量广泛地解释，过失行为是对各个场合

---

① 参见［日］山中敬一：《刑法总论》，3 版，东京，成文堂，2015，392 页。

② 参见［日］山口厚：《刑法总论》（第三版），付立庆译，北京，中国人民大学出版社，2018，241 页。

③ 参见［日］井田良：《讲义刑法学·总论》，2 版，东京，有斐阁，2018，216 页。

④ 参见［日］福田平：《全订刑法总论》，5 版，东京，有斐阁，2011，125 页及以下。

⑤ 参见［日］浅田和茂：《刑法总论》，3 版，东京，成文堂，2024，349 页 。

中的客观行动准则的违反，结果预见可能性只要基于或许会发生结果的漠然的不安感或危惧感即可。[①] 还有观点主张“区分生活关系的过失理论”（原文：生活関係別過失理論）：在交通事故这样个人行为人的责任成为问题的场合，要求某种程度具体的结果预见可能性，追究企业组织体责任的现代型犯罪时，适用危惧感说。[②] 危惧感说将注意义务的两个支柱——预见可能性和避免可能性中的后者即避免可能性置于中心地位，强调过失的“行为”侧面。按照此说，只要违反行动准则基本上其行为就是确实违法的。该说面临使过失犯沦为结果责任、责任主义的形骸化和空洞化、企业组织体责任违反个人责任原则等的批判。通说和判例并没有采取危惧感说，对于预见可能性则是要求对“因果关系基本部分”的预见可能性。[③]

目前，主张危惧感说的是日本学者井田良教授，他认为：危惧感说的核心可以被概括为预见可能性的结果避免义务关联性。对预见可能性并非以大概有没有预见的形式追问的，而是在与应当采取的结果避免措施的关系上相对而言的，较低程度的预见可能性对应着较弱的结果避免措施，较高程度的预见可能性对应着像立即终止此行为那样的较强的结果避免措施。根据被赋予的结果避免措施的内容，即使结果发生的可能性非常低，也会对应着较低水平的结果避免义务。[④]

5. 信息收集义务说

过失犯的本质在于不履行注意义务，这是传统的共识。但是近期在德日刑法理论中，对于过失犯又在注意义务之外，发展出了一种信息收集义务。

信息收集义务是德国学者恩吉施提出的。恩吉施将注意区分为，与行为人的心理相关的内在注意，与外部行为相关的外部注意。为了区分和统合这两种注意，恩吉施又将注意义务分为三类：远离危险状态的义务，在危险的事态中采取慎重、妥当的态度的义务，为了判断是否危险进行信息收集的义务。恩吉施认为，前二者完全是外部注意，但信息收集义务则包含了外部注意和内部注意。[⑤] 依此，日本学者井上正治将信息收集义务理解为深思熟虑的义务。[⑥] 但是，恩吉施所考虑的并非精神上的作用，而是包含了采取诸如询问官方机构的行为这样的外部作用。并且，恩吉施提出的信息收集义务只是避免义务的前提，而不是避免义务本身。与之相对，提倡危惧感说的日本学者藤木英雄则将信息收集义务和结果避免义务等同视之。[⑦]

在日本，传统理论是将注意义务区分为结果预见义务和结果避免义务，有学者就将信息收集义务理解为结果预见义务的延长，从而排除在结果避免义务之外，因为履行信

---

① 参见［日］藤木英雄：《刑法讲义总论》，东京，弘文堂，1975，249 页及以下。

② 参见［日］板仓宏：《现代社会和新刑法理论》，东京，劲草书房，1980，77、113 页。

③ 参见［日］山中敬一：《刑法总论》，3 版，东京，成文堂，2015，390 页；［日］浅田和茂：《刑法总论》，3 版，东京，成文堂，2024，350 页。

④ 参见［日］井田良：《讲义刑法学·总论》，2 版，东京，有斐阁，2018，217 页。

⑤ 参见［日］カール・エンギッシュ：《刑法中故意过失的研究》，［日］荘子邦雄、小桥安吉译，东京，一粒社，1989，347 页及以下。

⑥ 参见［日］井上正治：《过失犯的构造》，东京，有斐阁，1958，67 页。

⑦ 参见［日］藤木英雄编：《过失犯——新旧过失论争》，东京，学阳书房，1975，149 页及以下。

息收集义务并不能使危险性减少。[①] 对此，有学者指出，虽然信息收集义务和结果预见义务在要求认识这一点上存在相通之处，但结果预见义务的对象是构成要件结果，而信息收集义务则是以构成要件结果发生之前的阶段作为信息收集的对象。[②] 小林宪太郎指出，前方注视义务就是一种信息收集义务，在此需要认识到的是当下的交通状况，而不是死伤结果的发生可能性。[③] 与之相对，井田良的观点则将信息收集义务作为结果避免义务。例如，在高速公路上行驶时没有注视前方，从而撞死了偶然喝醉酒而进到高速道路上的人的场合，赋予驾驶者注视前方控制驾驶的义务的前提是，道路上有一定的可能性会存在人，即使那个可能性很低也没有关系。根据井田良的观点，没有注视前方的所谓信息收集义务的违反就直接为过失犯的处罚奠定了基础。[④] 在将注视前方的义务以及控制驾驶的义务命名为"前方注视义务"的基础上，日本的司法实务中也有观点直接将前方注视义务作为结果避免义务。[⑤]

无论是将信息收集义务理解为结果预见义务的延长，还是作为结果避免义务的内容，其共性都是将信息收集义务作为判断结果预见可能性的前置条件，为化解预见可能性判断困境而提出判断资料，从而使预见可能性的判断更为便捷。如果要充分适用信息收集义务理论，那么，在信息收集义务的理论体系定位上应是，作为客观的预见可能性的前提。

四、本书关于过失本质的立场

分析过失的不同学说中主要的对立观点是旧过失论与新过失论。旧过失论认为，结果预见义务是过失犯的本质。新过失论认为，结果避免义务是过失犯的本质。本书认为，结合过失犯的学理，根据现代社会交通行为、医疗行为、企业生产管理行为等过失犯罪易发领域的特点，应采用新过失论的结果避免义务作为过失犯的本质，重视行为的有用性，限定过失犯的成立范围。

1. 以结果避免义务作为过失犯的本质可以更好维护对社会有用行为的存在和发展，限定过失犯的成立范围

在汽车等交通工具日益普及的年代，交通事故日益增多。根据旧过失论，只要没有履行结果发生预见义务，就可以成立过失犯罪。但是，在公路上驾驶车辆，行为人一般都会认识到其行为的危险性并预见到自己的行为可能发生的后果，故根据旧过失论，在发生危害结果的情况下，几乎所有的交通事故都可以被认定为交通过失犯罪，这无异于结果责任。

甲交通肇事案。甲以正常速度驾驶汽车行驶在某公路上，远远看见一头受惊的牛在

① 参见平場安治「過失犯の構造」井上正治博士還暦祝賀『刑事法学の諸相（上）』，东京，有斐阁，1981，345 页及以下。

② 参见山本紘之『近代刑法原理と過失犯論』，东京，信山社，2023，75 页。

③ 参见小林憲太郎『刑法総論の理論と実務』，东京，判例時報社，2018，340 页。

④ 参见［日］井田良：《讲义刑法学・总论》，2 版，东京，有斐阁，2018，226 页。

⑤ 参见小林充＝香城敏磨編『刑事事実認定（上）―裁判例の総合的研究』，东京，判例タイムズ社，1992，166 页。

公路上横冲直撞。甲迅速采取措施，减速并且打左转向灯准备驶入旁边一条道路以避让惊牛。然而，受惊之牛以迅猛的速度冲过来，恰好撞在意欲左拐的车辆前方，导致甲的车辆撞向路旁行人乙并致乙当场死亡。

分析： 根据旧过失论，甲能够预见到自己的行为可能产生的危害后果，甲虽然采取了必要的结果避免措施，但仍然没有避免致人死亡危害结果的发生，故甲的行为成立交通过失犯罪。在此，本属于不可抗力的行为也被作为犯罪处理，其结果是，交通过失犯大大增加，交通运输行为也势必受到影响。

如果因交通驾驶行为对社会具有危险而加以禁止，无异于饮鸩止渴。为了寻找解决问题的突破口，刑法理论于是创设了允许的危险理论，允许此类具有危险的行为在合理范围内存在，并对交通运输、医疗等领域过失犯罪的范围进行限定，限定的办法是在结果预见义务的基础之上，再附加结果避免义务：行为人即使预见到了自己的行为可能会发生危害社会的结果，如果尽到了结果避免义务，也不构成过失犯罪。

总之，以结果预见义务的立场确立过失犯的本质，只能体现结果预见义务的内容，而无法涵盖结果避免义务；以结果避免义务作为过失犯的本质，可以全面体现过失犯的结果预见义务与结果避免义务，限定过失犯的范围。依新过失论在发生了损害法益结果的情况下，对过失的认定应考虑行为人是否有义务及可能避免此种结果的发生，当具备结果避免义务及避免可能性时，才会将此种结果归责于行为人。没有结果避免义务意味着只是“损害”了法益，具有该种义务才要避免“侵害”法益，换言之，结果避免义务之有无正是为判断侵害法益结果之有无服务的。可见，新过失论其实是立于结果无价值的立场来思考问题的。通过设定结果避免义务作为交通过失犯的本质，新过失论大大鼓励了交通运输行为的正常存在，确认了社会正常发展与交通危险行为之间的内在相容机理。

2. 援引交通、医疗等的行政法规作为判断是否履行结果避免义务的标准，有利于认定业务过失犯的成立

新过失论认为结果避免义务是过失犯的本质，那么，具体到过失犯来说，如何判断行为人是否尽到了结果避免义务？以交通过失犯为例：结果避免义务实际上是一种外在的客观注意义务而不是内在的心理责任范畴，而这种客观注意义务的判断标准其实就是交通行政法规所规定的义务，“例如，将‘道路交通法’所规定的徐行义务、确认安全义务、注视前方义务、停车义务、保持车距义务作为基准行为，违反这些义务的即为过失。其结果是，业务过失致死罪变成了这些违法行为的结果加重犯”①。以这些行政法规作为判断是否履行了结果避免义务的标准，是否会扩大过失犯的范围？答案是否定的。

一方面，新过失论援引行政法规作为确定是否履行结果避免义务的判断基准，对于过失犯来说具有一定的合理性。过失犯罪除却极少数的自然犯，例如过失致人死亡、过失致人重伤等之外，绝大部分都是行政犯，而关于行政犯，刑事立法一般是采取规定空白罪状的方式，即必须要援引行政法规的有关规定来确定行为人的行为是否违法。如果因为援引行政法规就认为会扩大过失犯罪的范围，那么行政犯的存在似乎都应受到质疑。

---

① ［日］西田典之：《日本刑法总论》（第二版），王昭武、刘明祥译，北京，中国人民大学出版社，2013，231页。

所以，对于行政过失犯来说，借助行政法规来判断，属于行政犯所独有的正常现象。

另一方面，对于交通过失犯来说，援引交通行政法规来判断结果避免义务之有无更是无可责难。刑法上规定行政过失犯，本来就是“为确保行政取缔目的之实效性”①。交通过失犯为行政过失犯的一种，在刑法上处罚的就是违反交通行政法规的状态。既然如此，援引交通行政法规来确定行为人是否履行了结果避免义务，当属自然之理。

虽然尚不能绝对断定只要行为人遵守了交通行政法规就认为其尽到了结果避免义务，但是，一般来说，针对交通过失犯罪的交通行政法规，其规定的罚则规定了作为取缔对象的行为的结果避免义务②，只不过，它们是通过刑法规范的援引而得到适用的。例如，我国《刑法》第133条规定，违反交通运输管理法规，因而发生重大事故，致人重伤、死亡或者财产重大损失的，成立交通肇事罪。在此，判断驾驶人员是否履行了结果预见义务要根据行车当时的情况具体分析，在肯定其履行了之后，至于其是否履行了结果避免义务，则要借助其是否在十字路口减速、停车、打方向灯等各种遵守交通规则的行为来判断。遵守交通行政法规的运输行为，从社会的角度来看，就是妥当的合法行为，对于交通过失犯罪“行为标准”的设定必须借助交通规则。总之，对于交通过失犯罪来说，它们本来就是违反交通行政法规的结果加重犯，通常情况下，遵守这些法规就可以避免事故的发生。援引交通行政法规来判断驾驶人员是否履行了避免交通事故的危害结果发生的义务当属自然之理。

甲交通肇事案。甲饮酒后驾驶小型汽车以40公里的时速行驶。途中甲酒力发作，陷入似睡非睡的状态，对路口红灯视而不见，后轧死在人行横道上行走的行人1名。

分析：甲对于自己酒后仍然驾驶汽车的行为当然能预见到可能发生什么结果，但是，甲是否能够避免自己闯红灯并轧死行人的结果？如果甲不是因为饮酒而注意力减弱，如果甲是在清醒状态下驾驶，则他完全不会陷入准睡眠状态，当然就不会没有看清楚红绿灯的变化。换言之，如果甲遵守了禁止酒后驾驶的交通行政法规，那么，甲是可以尽到结果避免义务的。所以，是否遵守禁止酒后驾驶的交通行政法规，就成为本案中判断是否能够履行结果避免义务的标准。这样的判断标准，正是交通过失犯罪的特色。

经过三四十年的讨论，德国刑法理论界多数学者间接肯定过失犯是从刑法规定所推导出来的违反避免结果发生义务的行为，而一些专门技术领域的安全规则，例如，对爆炸物的持有规则、交通安全规则、建筑技术规则等，它们不是先于刑法而存在的规则。从刑法规范界定刑事不法的任务来看，这些安全规则只在刑法之下才有意义，它们是为了满足刑法所要求的避免侵害法益结果发生的义务而存在的，因此，这些安全规则所规定的，实际上就是履行避免刑法上构成要件实现的义务而必须采取的行为。③ 而这样的行为，也就是采取结果避免措施的行为，是履行结果避免义务所应采取的行为。因此，交通行政法规的确是判断交通过失犯是否履行了结果避免义务的客观标准。

---

① 陈朴生：《刑法专题研究》，4版，台北，三民书局，1988，301页。

② 参见［日］大塚仁：《刑法概说（总论）》（第三版），冯军译，北京，中国人民大学出版社，2003，200页。

③ 参见许玉秀：《当代刑法思潮》，北京，中国民主法制出版社，2005，345页。

五、过失的种类及其区别

（一）过失的种类

根据我国刑法对过失犯罪规定的意志因素存在“疏忽”和“自信”两种情况，过失也相应分为两种：疏忽大意的过失和过于自信的过失。

1.疏忽大意的过失

疏忽大意的过失，又称为无认识过失，是指应当预见自己的行为可能发生危害社会的结果，因为疏忽大意而没有预见，以致发生这种结果的心理态度。成立疏忽大意的过失，必须具备以下两个条件：

（1）没有预见。就认识因素而言，行为人没有预见到自己的行为可能发生危害社会的结果，所以才称为无认识过失。如果行为人已经预见，那么，可能成立过于自信的过失，可能成立故意，总之不能成立疏忽大意的过失。

（2）应当预见。就意志因素而言，行为人没有预见是因为缺乏谨慎、认真的态度，亦即因为“疏忽”发生了危害社会的结果，结果的发生是疏忽所致。过失犯是违反注意义务构成的犯罪，注意义务包括结果预见义务与结果避免义务，而疏忽大意的过失是违反了结果预见义务，即应当预见自己的行为可能发生危害社会的结果，因为疏忽大意没有预见。可见，疏忽大意的过失下之所以没有预见，不是因为行为人不能预见，而是因为在应当预见的前提下由于行为人自己主观上的疏忽，缺乏小心谨慎与认真负责的主观态度。如果行为人没有预见是因为客观原因，那么，不构成过失犯罪，而是构成意外事件。因为结果预见义务的违反，行为人须对自己的行为承担责任。

关于如何判断行为人是应当预见还是不能预见，亦即能否预见的标准，刑法理论上有几种不同学说：

（1）主观说。这是刑事古典学派即旧派的主张。主观说认为，应以具体行为人的注意能力为标准，即行为人能不能预见，应依行为人自己的具体能力、认识水平，以及行为当时的具体条件、环境来衡量，而不能以抽象的一般人的水平要求行为人。旧派主张自由主义和人权保障，在责任论上则主张道义责任论，所以对过失犯注意义务的标准主张在行为人注意能力的范围内，施以道义上的非难。这种基于行为人注意能力的判断标准，也是对行为人自身的尊重。我国司法实务中，也有采用主观说的案例。

铁某过失致人死亡案。①铁某从某公司赊购种子未偿还。某日，该公司刘某某得知铁某在外务工的儿子回来后，为催要债务而同两位职员驾车来到铁某家并与铁某发生争执。铁某取出铁棒欲殴打两位职员，刘某某下车阻拦铁某并与之理论。在家吃饭的铁某儿子见状出来殴打刘某某等三人。因大门关闭，刘某某为逃离而驾车在铁家院内转圈行驶。因铁某和其儿子等多人砸车，刘某某便驾车冲到大门处后刹车，发现大门附近无人便将大门撞倒离开现场，致使在大门外的胡某某被大门砸伤，后经抢救无效死亡。

分析：法院就采用了主观说来判断行为人是否有预见能力，其判决指出，关于结果预见可能性的判断基准，关于行为人是否具有结果预见义务，应以具体的行为人的注意

---

① 参见（2017）内0522刑初214号刑事判决书。

能力为标准。刘某某依其水平能够预见其行为可能发生的结果，未履行注意义务，从而导致胡某某死亡，其行为已构成过失致人死亡罪。

（2）客观说。这是刑事近代学派即新派的主张。客观说认为，判断行为人能不能预见，应该以一般人的一般水平来衡量，一般人能够预见的，行为人也应当预见；同时还要考虑行为人的年龄、职业等。至于一般人的一般水平标准，由司法工作人员根据自己的社会经验去判断。如果司法工作人员认为在当时的情况下，一般人能够预见，则行为人也应当预见；如果司法工作人员认为在当时的情况下，一般人不能够预见，则行为人也不应当预见。新派主张团体主义和社会安全，在责任论上主张社会责任论，所以对过失犯的注意义务标准主张从社会防卫的角度分析：行为人如果连社会上一般人的注意能力都没有，对社会而言自然是危险的存在，为了防卫社会故对他施加刑罚处罚。这种基于一般人注意能力的判断标准，也是从社会安全保护的需要出发的。我国司法实务中，也有采用客观说的案例。

乔某过失致人死亡案。[①] 乔某下班后骑自行车将刘某载于后座，途中遇道路中间设有隔离石墩，其未减速通过，亦未下车推行，致使自行车右脚踏板碰剐隔离石墩，并致刘某从自行车后座摔下。乔某与他人将刘某送到医院后逃逸。刘某的头部受钝性外力作用致重度颅脑损伤，经送医院抢救无效死亡。

分析：对于本案，法院的判决指出，根据一般人的生活注意义务，乔某应当预见也能够预见这样的行为可能导致刘某伤亡的后果，但是因疏忽大意而没有预见。很显然，法院采用了客观说来判断乔某是否有预见能力，乔某因疏忽大意的过失导致刘某死亡，其行为已构成过失致人死亡罪。

（3）折中说。根据主观说，如果行为人的预见能力高于一般人，则此时要求行为人承担预见的义务及刑事责任，对行为人来说并不公平，它会导致水平越高的人承担的责任越大。根据客观说，按照一般人的水平标准来判断，但是，如果有的行为人主观认知低于一般人，则此时要求行为人履行注意义务并承担刑事责任不尽合理。为了克服主观说和客观说的各自缺陷，现在刑法理论一般主张折中说，即以一般人的平均认识能力作为上限，同时考虑行为人的认识能力和认识水平。如果行为人的预见能力高于一般人，则根据客观说来确定注意义务的上限；如果行为人的预见能力低于一般人，则根据主观说来确定注意义务的下限。我国司法实务中，在大量的案例中采用的是折中说。

张某疏忽大意过失致人死亡案。[②] 张某驾驶农用四轮车欲回工地住处。行驶过程中，年届六旬的李某也要上车，遂双手抓住该四轮车的驾驶室门框，一只脚踏上驾驶室的脚踏板。张某用左手将李某从车上推下，致其摔下车并被碾压受伤后不治身亡。

分析：本案中究竟以谁的认识水平为标准判断行为人张某是否预见自己推李某下车的行为的危险性，需要具体讨论。本书认为：根据本案情况，应该采纳折中说。根据客观说即依一般人的认识水平，以及根据主观说即依行为人张某自己的认识水平，并结合案发时的客观情况来判断张某是否对李某的死亡具有预见义务。张某对于年届六旬的李

---

① 参见（2007）湖刑初字第 264 号刑事判决书。

② 参见（2013）双刑终字第 5 号刑事判决书。

某攀爬车辆的危险性是能够认识到的，对于将李某推下车会导致的摔伤或被其驾驶的四轮车碾压等风险，作为普通人或者有着正常人认知能力且作为驾驶员的张某是能够认识的。因此，结合张某自身情况、其作为车辆驾驶员的情况、行为时作为客观因素的各种情况，以及一般人在通常条件下的预见情况，综合分析判断，张某对于掌推李某下车会导致的危害后果应当预见，但因为疏忽大意而没有预见，其行为构成疏忽大意的过失致人死亡罪。法院的判决正是采纳了折中说。法院经审理认为：张某掌推被害人，是不想让其违章搭车。当时车速缓慢，正常情况下不会造成伤害或死亡的后果，但李某毕竟年近六旬，张某应当预见自己的行为可能导致李某摔倒而发生危害结果，因为疏忽大意而没有预见，以致发生危害结果，故其行为构成疏忽大意的过失致人死亡罪。

2. 过于自信的过失

过于自信的过失，又称有认识的过失，是指应当预见自己的行为可能发生危害社会的结果，已经预见而轻信能够避免，以致发生这种结果的心理态度。

成立过于自信的过失，必须具备以下两个条件：

（1）已经预见。就认识因素而言，过于自信的过失中，行为人主观上的认识因素是有认识，即行为人主观上已经预见到自己的行为可能发生危害社会的结果，比如，开快车的时候，在不停踩油门的时候，就能预见到汽车会超速行驶并引发不安全风险。在这一点上，过于自信的过失和间接故意基本上是一样的。如果行为人没有预见到自己的行为可能发生危害社会的结果，那要么是疏忽大意的过失，要么是意外事件。

（2）轻信能够避免。就意志因素而言，行为人在有认识即已经预见自己的行为可能发生危害社会的结果的前提下，过于自信而轻信能够避免，以致发生这种结果的，此时行为人的意志因素是“自信”。之所以轻信能够避免，行为人是依据了一些会避免结果发生的有利因素的，比如自己的经验、手艺、技术，或者天气、道路等外在条件，只不过，行为人低估了行为过程中可能出现的促使危害结果发生的不利因素，高估了自己依据的有利因素，对于依据的有利因素过于自信，最终导致了危害社会的结果发生。

王某过失致人死亡案。① 陈某至王某汽车停放处要求与王某一起吃饭，遭王某婉拒。陈某拽住车门把手、车窗框不让王某离开。王某趁陈某不注意时，突然加速驾车离开，致使陈某在车辆加速过程中摔倒后死亡。

分析：本案中王某作为正常考取驾照的司机，完全能够预见自己的行为可能发生陈某损伤的结果。监控录像亦显示，王某在启动车辆后有一明显的向陈某反方向避让的动作后方才加速驶离。这反映出王某对于自己的行为可能带倒陈某有预见，但轻信通过其避让动作能够避免，因此其主观上对危害后果的发生已有预见，但轻信能够避免，并无追求或放任陈某死亡的主观故意，系过于自信的过失，其行为应当成立过于自信的过失致人死亡罪。

任某过于自信过失致人死亡案。② 任某和崔某、陈某在某建设工地焊接储水箱，崔、陈二人在水箱顶部作业，任某在地面作业。作业过程中，因焊接储水箱中间隔断时需将

---

① 参见（2015）苏刑一终字第00191号。

② 参见（2020）豫04刑终533号刑事裁定书。

工作人员抬举至水箱中间部位作业，任某在未取得铲车操作证的情况下擅自驾驶铲车，导致铲车失控，车斗猛然撞击竖立状态的储水箱，致使正在储水箱顶部作业的陈、崔二人摔下地面，一人死亡，一人重伤。

分析：本案中任某没有驾驶铲车的操作证，但是任某认为在焊接作业过程中驾驶一下铲车应该问题不大，所以擅自驾驶铲车，导致发生了严重后果。任某应当预见到自己的行为可能造成他人死亡的后果，因过于自信而没有预见，从而致人伤亡，其行为已构成过失致人死亡罪。正因如此，法院经审理认为，任某应当预见到自己的行为可能造成他人死亡的后果，因过于自信而没有预见，致人死伤，其行为已构成过于自信的过失致人死亡罪。

（二）疏忽大意的过失与过于自信的过失的区别

同为过失，疏忽大意的过失与过于自信的过失还是有所不同的，二者区别如下：

（1）认识因素不同。疏忽大意的过失下行为人对于自己的行为可能发生危害社会的结果没有预见，过于自信的过失下行为人对于自己的行为可能发生危害社会的结果已经预见到了。

（2）意志因素不同。疏忽大意的过失下，危害社会的结果之发生是行为人“疏忽”所致；过于自信的过失下，危害社会的结果之发生是行为人“过于自信”即“轻信能够避免”所致。

六、故意犯罪与过失犯罪的区别

（1）认识因素不同。故意的认识因素是明知自己的行为会发生危害社会的结果，过失的认识因素是应当预见自己的行为可能发生危害社会的结果，只是主观上的疏忽大意或者过于自信才导致了结果的发生。因此，故意犯罪属于“明知故犯”，过失犯罪属于“不意误犯”。

（2）意志因素不同。故意的意志因素是希望或者放任发生危害社会的结果，对危害社会的结果发生来说，故意是一种容认的态度，因此故意体现出行为人主观恶性较大；过失的意志因素是疏忽大意导致结果发生或者轻信能够避免而导致结果发生，对危害社会的结果发生而言，过失是否认的态度，因此过失体现出行为人主观恶性较小。

刑法理论上和实务中，讨论故意犯罪和过失犯罪区分问题，往往最后集中于间接故意犯罪与过于自信的过失犯罪的区分。此二者都对危害社会的结果的发生有认识，区分它们的关键在于，于间接故意的情形下对于结果的发生是持放任、容认的态度，而于过于自信的过失的情形下对于结果的发生是持避免、否认的态度；于间接故意的情形下对于结果的发生没有任何可以借鉴或依据的经验或者某种其他条件，只是纯粹地放任不管，于过于自信的过失的情形下对于结果的发生不是放任不管，而是凭借自身的经验技术或者外在环境等希望可以避免发生结果，但是行为人过高估计了自己所凭借的力量，以致结果还是发生了。这两点，是据以区分间接故意犯罪与过于自信的过失犯罪的关键。

孙某某以危险方法危害公共安全案。[①] 某日晚，孙某某醉酒后无证驾驶车辆，接连

① 参见（2009）川刑终字第690号刑事判决书。

与正常行驶的5辆轿车发生碰撞，致使4人死亡、1人重伤，造成公私财产损失5万余元。

分析：法院以以危险方法危害公共安全罪对孙某某的行为定罪处罚。本书认为：孙某某酒后驾驶车辆造成人员伤亡、车辆被撞，是出于间接故意。孙某某没有取得机动车的驾驶资格证书，属于无证驾驶。在他以往无证驾驶的经历中，也没有任何事实表明他有丰富的处理意外或紧急交通事故的能力。其酒后高速驾车之行为不仅使他完全丧失对危害的有效防范，而且大大降低了其驾驭危险交通工具的能力。其对危害结果的发生没有避免能力。其无证、醉酒、高速驾车发生交通事故，造成重大损害结果的发生是必然的，其主观上的自信没有客观依据。因此，孙某某主观上不是过于自信的过失。当孙某某酒后驾车上路时，他并没有丧失认识和辨认能力。此时他明知自己酒后驾驶车辆时的认知和辨认能力会有所下降，但是仍然开车上路。这表明其具有明知自己的行为会发生危害社会的结果而放任结果发生的间接故意。因此，法院的判决是准确、合理的。

（3）结果在定罪时所起作用有所不同。故意犯罪并不要求造成严重后果，有的危险犯并没有造成任何危害后果；对于过失行为，只有造成极其严重的危害后果，引起巨大的损失和产生严重的社会影响的，刑法才将其规定为犯罪。

（4）行为人是否一律承担刑事责任不同。于故意犯罪，行为人应当负刑事责任。于过失犯罪，法律有规定时，行为人才负刑事责任。刑法处罚故意犯罪是为了惩恶扬善、弘扬社会公平正义，因此，只要是故意犯罪，行为人都应当承担刑事责任。刑法处罚过失犯罪是为了实现宪法规定的公民应履行的义务，培养公民认真负责的工作态度，但是，对公民义务不能苛求，因此，对过失行为，刑法只选取了比较严重的过失行为规定为犯罪，对一般过失行为，刑法并不处罚。

（5）刑罚处罚的轻重不同。故意犯罪体现的主观恶性较大，因而刑罚处罚一般较重；过失犯罪体现的主观恶性较小，因而刑罚处罚一般较轻。从刑法分则条文来看，故意犯罪的法定刑一般是3年到15年的有期徒刑，比较严重的犯罪其法定刑则为20年有期徒刑、无期徒刑甚至死刑。过失犯罪的法定刑一般是3年有期徒刑以下，最高不超过7年有期徒刑。以故意杀人罪和过失致人死亡罪为例：前者的法定最低刑是3年，最高刑是死刑；后者的法定最低刑是3年有期徒刑以下，最高刑是7年有期徒刑。

（6）是否有犯罪形态不同。故意犯罪，有犯罪预备、中止、未遂、既遂等各种犯罪形态；过失犯罪，不存在这些犯罪形态，只有犯罪成立与否的问题。

第五节　无罪过事件

没有罪过，便没有罪责，没有罪责，也就没有责任。罪责是刑罚必要但不充分的条件。刑法中的故意犯罪和法律规定应该追究刑事责任的过失犯罪，都是应受刑事惩罚的。我国《刑法》第14条规定的故意犯罪和第15条规定的过失犯罪，使故意和过失成为罪过的两种形式，也成为行为人对自己的行为承担刑事责任的罪责基础。但是，不是所有在客观上造成了损害结果的行为都出于故意或者过失。我国《刑法》第16条规定，“行为在客观上虽然造成了损害结果，但是不是出于故意或者过失，而是由于不能抗拒或者不能预见的原因所引起的，不是犯罪”。据此，意外事件和不可抗力成为我国刑法中明确规定的不负刑事责任的行为，它们都是由行为人主观上没有故意或过失即没有罪过的行为所引起的事件，故简称无罪过事件。

一、意外事件

意外事件，又称偶然事件，它是指行为在客观上虽然造成了损害结果，但是不是出于故意或者过失，而是由不能预见的原因所引起的情况。

（一）意外事件的成立条件

（1）客观上造成了损害后果。意外事件之所以成为一个“事件”，正是因为行为在客观上造成了损害结果。如果没有任何损害结果发生，就不会讨论行为是否构成犯罪的问题了。由于意外事件并不是犯罪，因此这里的后果只能是中性的损害后果，而不是刑法意义上的危害社会的结果或者危害后果。按照法律人惯常的思维，一种损害后果出现后，谁对它负责任，总会成为一个问题。但是，《刑法》第 16 条的规定体现了我国刑法对客观归罪的反对，而是主张客观违法（结果不法）与主观有责（主观罪过）的统一。

（2）主观上没有故意或者过失。意外事件之“意外”，即意料之外。它表明，虽然在客观上行为造成了损害结果，但是，行为人并没有罪过，即不是出于故意或者过失：行为人对损害后果的出现没有预见，行为所引起的损害后果完全出乎意料，并非行为人的本意。这样的行为，属于自然属性的行为，不是具有社会意义的行为，不能构成犯罪，行为人也无须承担刑事责任。

（3）损害结果的发生是由于不能预见的原因。所谓不能预见的原因，是指行为人对行为在客观上可能造成损害结果完全无法预见，以致结果发生。之所以不能预见，原因主要有两种：一是为行为人自身的能力所限，无法预见。二是为客观情况所限，无法预见。而且，这种不能预见，一定是在行为时根据主观说、客观说或者折中说等任何标准，都是无法预见的。

任某过失致人死亡案。[①] 2018 年某日下午，任某驾驶牌照号为×××的红色小型轿车，以时速 11 公里～14 公里行驶至某大厦地下停车场入口通道时，与躺卧在此处的张某发生碰撞，并致其死亡。

分析：本案中任某在客观上造成了张某死亡的损害后果，但是任某撞死张某的行为不是出于故意或者过失，而是因为不能预见的原因。本案事故发生地系仅供内部员工使用的地下车库入口通道，任某驾车时并无明显违反道路交通安全法规的相关表现。张某无故躺卧在单位内部专用地下车库的入口通道内，在客观上超出了社会一般成员的预见范围，任某难以预见到有人躺卧在车辆前方，不宜苛求任某具有超出社会一般成员的预见范围和预见能力。因此，本案属于意外事件，任某不应当负刑事责任，其行为不构成过失致人死亡罪。

（二）意外事件与疏忽大意的过失的区分

意外事件与疏忽大意的过失容易混淆，必须予以准确区分。两者的共同点在于，客观上行为人的行为都造成了某种后果，行为人对这种后果的发生都没有预见；区别在于

① 参见（2020）津 01 刑终 471 号刑事裁定书。

行为人对后果的发生是否应当预见：如果应当预见，但是由于疏忽大意而没有预见，则成立疏忽大意的过失犯罪。如果是由当时情况下不能预见的原因引起后果的，就是刑法上的意外事件，行为人对此不应负刑事责任。

李某某意外事件死亡案。① 杨某与李某因琐事发生争吵并相互厮打，后被人劝开。李某起身后边骂边朝其家门走去，中途突然倒地，突发心脏病猝死。

分析：对于本案，法院认定为意外事件。本案中，李某的死亡究竟是意外事件，还是杨某疏忽大意的过失所致？法院经审理认为，杨某与被害人李某之间的争吵厮打行为属于一种低暴力行为，通常不会造成被害人伤亡的结果，且杨某实施上述行为时并没有认识到李某患有心脏病，因此杨某主观上不存在故意造成李某伤亡的心理态度。李某虽患有心脏病但毫无征兆，就连李本人都不知其患有心脏病，所以杨某就更不可能知道。杨某对可能导致李某死亡的后果无法预见，也不可能预见，因此其不具有预见能力，主观上不存在过失。综上，杨某的行为虽然在客观上造成了李某死亡的结果，但不是出于故意或者过失，而是由于不能预见的原因，所以杨某的行为不构成犯罪。

二、不可抗力

不可抗力，是指行为虽然在客观上造成了损害结果，但是不是出于故意或者过失，而是由于不能抗拒的原因。不可抗力的成立条件也是三个：(1) 客观上造成了损害后果。(2) 主观上没有故意或者过失。(3) 损害结果的发生是由于不能抗拒的原因。

与意外事件相比，不可抗力的成立条件中前两个是一样的，主要是第三个条件有所不同：意外事件是由行为人不能预见的原因引起的，而不可抗力是由不可抗拒的原因引起的。所谓不可抗拒的原因，是指基于行为人个人能力和客观条件的限制，无论如何努力也无法避免损害结果的发生的情况。之所以如此，是因为行为人面临着自身无法控制和排除的外来力量。这种不可抗拒的外来力量，通常有两种来源：一是自然灾害，比如地震、山崩、海啸、台风、洪水、动物界的侵袭等。例如，甲驾车在道路上行驶，突然发生地震，车辆因此偏离了原来的方向，撞死了路边行人乙。乙的死亡就是不可抗拒的原因即地震所致，甲不应对此承担刑事责任，因这是一起不可抗力事件。二是其他人的行为。例如，甲驾车正常行驶于某公路路段时，突然冲出违章驾驶的乙，乙驾车狠狠撞击在甲的车辆上，巨大的冲击力导致甲的车辆不由自主地偏离航线，将行人丙撞死。对于乙的行为，甲完全无法控制和排除，被撞击导致偏航，进而导致丙的死亡，属于不可抗力。总之，不可抗力和行为人的认识能力无关，它类似于天灾人祸，行为人的行为不构成犯罪。

不可抗力与过于自信的过失容易混淆，必须予以准确区分。两者的共同点在于：客观上行为人的行为都造成了某种后果，行为人对这种后果的发生可以预见。区别在于：一是行为人对后果的发生是何时预见到的。对于不可抗力导致损害后果的发生往往在行为开始之后、危害结果发生之前才能预见，比如前述甲在行车过程中因突然冲出的乙车而打方向盘避让并随后撞死了丙，对于自己打方向盘偏离之前的行驶方向可能撞人，甲

① 参见（2014）庆中刑终字第167号刑事判决书。

是可以预见的，但是，在其避让并打方向盘之前，甲对自己会撞人，是完全没有预见的。过于自信的过失情形下在行为之前行为人已经预见到自己的行为可能发生危害社会的结果，比如超速行驶车辆，在准备踩油门超速之时，行为人就能够预见超速行驶的危险性。所以，同样是可以预见，但是，过于自信的过失情形下预见的时间远远早于不可抗力情形下。二是在都可以预见到的情况下，不可抗力情形下行为人完全不可能避免损害结果的发生，无论行为人如何努力，不可抗拒的原因都会导致损害结果的发生。过于自信的过失情形下行为人是可以避免危害结果的发生的，只是其过于自信才导致了结果的发生。如果行为人不那么轻率地自信而采取有效的措施，是完全可以避免结果发生的。

第六节　犯罪目的和犯罪动机

一般而言，出于故意实施犯罪的都有明确犯罪目的，也往往存在一定的犯罪动机。犯罪目的和犯罪动机主要存在于直接故意犯罪中，关于间接故意犯罪中是否存在犯罪目的和犯罪动机，存在争议。本书认为，犯罪目的和犯罪动机只存在于直接故意犯罪中，间接故意犯罪行为人追求实现另一个目的而放任了危害社会结果的发生，因此，间接故意犯罪中并不存在希望通过实施犯罪行为实现危害结果的犯罪目的，相应地，也不存在实现这一目的的犯罪动机。

一、犯罪目的

犯罪目的，是指行为人希望实施犯罪行为以侵害某种法益的心理态度。犯罪目的表明了犯罪行为的指向，说明了犯罪故意的内容。比如，甲杀乙，其犯罪目的就是通过实施杀人行为达到乙死亡的危害后果。甲杀人的目的，既表明了其行为的对象和方向，也说明了犯罪故意的杀人内容。

（1）犯罪目的的内涵。

理解犯罪目的，必须准确而全面理解其内涵。对犯罪目的的界定要避免把“犯罪目的”等同于“危害结果”或“结果”的简单逻辑，而要回到其作为行为人主观愿望的层面予以分析。在心理学上，目的是主体关于自己行为的趋向目标或对象的一种预见性的观念，因此，犯罪目的是一种主观愿望，其核心是行为人主观上积极追求危害社会的结果的观念或者心理态度，其实质是行为人希望通过犯罪行为造成对法益的侵害或者威胁，其特征是通过犯罪行为达到某种结果的希望或者主观愿望，体现了行为人的意志、需求与认识活动。

（2）犯罪目的在犯罪论中的体系地位。

理解犯罪目的，必须要明确犯罪目的在犯罪论体系中的地位。1）犯罪目的是一种主观愿望，是一种心理态度。它属于故意中的意志因素，以认识为前提。其实质是行为人希望通过犯罪行为造成对法益的侵害或者威胁。这也是其区分于一般目的的标志。人的任何行为都是有目的的，恩格斯指出，“……在社会历史领域内进行活动的，是具有意识的、经过思虑或凭激情行动的、追求某种目的的人；任何事情的发生都不是没有自觉的意图，没有预期的目的的”①。这里的目的是一般目的。犯罪目的具有一般目的的共同属性，即结果预先存在于观念中，并付诸行动。二者有所不同的是，一般目的是生活中的人们所具有的行动的目的，犯罪目的必须与法益侵害、主观希望相联系，通过犯罪行为来实现。犯罪目的与实现这一目的所需要的犯罪行为两者间是目的与手段的关系。2）犯罪目的是构成某些犯罪主观方面的必备要件。刑法中的犯罪目的有广义和狭义之分：广义的犯罪目的，即为本节所说的犯罪目的，它是行为人通过实施犯罪行为达到的对某种危害结果的希望或追求。这种心理态度就是犯意。狭义的犯罪目的，是指目的犯中的犯罪目的，即刑法分则条文明确规定成立犯罪须具备的某种目的，例如，《刑法》第152条走私淫秽物品罪规定的“以牟利或者传播为目的”，第192条集资诈骗罪规定的“以非法占有为目的”，第218条销售侵权复制品罪规定的“以营利为目的”，等等。根据对刑法分则条文的统计，我国刑法上狭义目的犯中的目的主要有牟利/盈利、占有、出卖、销售、传播、勒索财物等几种。广义的犯罪目的是和构成要件的结果相对应的，例如，杀人罪的犯罪目的是发生他人死亡的结果，这一结果就是故意杀人罪构成要件的结果。狭义的犯罪目的则是特殊的主观要素，它们超过了结果，所以“它们又被叫做超主观要素或纯主观要素，并因此而把具有这种超主观要素的犯罪（构成要件）称为‘目的犯’”②。广义的犯罪目的，在所有的故意犯罪中都存在；狭义的犯罪目的，则只是构成某些犯罪主观方面的必备要件。研究犯罪目的对于区分罪与非罪、此罪与彼罪以及准确定罪量刑具有重要意义。

二、犯罪动机

（一）犯罪动机的概念

犯罪动机，是指刺激行为人实施犯罪行为以达到犯罪目的的内心冲动或者起因。

动机是激发和维持有机体的行动，并使行动导向某一目标的心理倾向或者心理状态。动机这一概念由美国心理学家武德沃斯于1918年最早应用于心理学，被认为是决定行为的内在动力。犯罪动机则是激发和维持犯罪行为的心理倾向，它属于认识因素。犯罪动机是引起行为人去实施犯罪行为的内在原因，它刺激行为人去确定犯罪行为的目的。

（二）犯罪动机的种类

犯罪动机有不同种类，了解它们对于准确认定不同犯罪具有意义。一般而言，刑法中故意犯罪的动机非常复杂，甚至每种犯罪的动机都不一样，大致而言，常见的犯罪动机的种类有③：（1）政治动机。这是指一种敌视相关制度或政权的动机。（2）财物动机。这是指为了满足个人的非法物质需要而产生的动机。（3）性欲动机。这是指为了满足个人的违反社会道德和法律规范的性欲要求而产生的犯罪动机。（4）报复动机。这是指为了个人或团伙的私仇而导致残酷的手段和严重的危害结果的犯罪动机。（5）嫉妒动机。这是指由于自私和心胸狭窄、缺乏道德而产生的极端排他性的犯罪动机。（6）“自尊”动

① 《马克思恩格斯选集》，第4卷，3版，北京，人民出版社，2012，253页。

② ［日］小野清一郎：《犯罪构成要件理论》，王泰译，北京，中国人民公安大学出版社，2004，184页。

③ 参见高汉声主编：《犯罪心理学》，南京，南京大学出版社，1993，156～161页。

机。这是指由一种缺乏修养的过度自尊的虚荣心所引起的心理受挫而产生的犯罪动机。(7)“友情”动机。这是指为了满足消极社会化的友情需要（如哥们义气、同伙友情等）而产生的违反道德和法律的犯罪动机。(8) 恐惧动机。这是指出于私利或非法利益，企图逃脱责任、危险或惩罚而产生的犯罪动机。(9) 戏谑动机。这是指源于精神空虚、追求低级庸俗，甚至是反常的趣味而造成严重危害后果的犯罪动机。(10) 好奇动机。这指出于无知，追求所谓新奇、“有趣”而导致严重危害后果的犯罪动机。(11) 其他动机，如“大义灭亲”、出于义愤、出于宗教迷信、出于激情等产生的犯罪动机。这些不同的犯罪动机，尤其在犯罪学意义上，在犯罪的根治对策方面具有重要的作用；在刑法学意义上，则主要是在犯罪的认定方面具有重要作用。

（三）我国刑法上犯罪动机的立法形式

我国刑法分则条文没有直接规定“某某动机”，也就是说，在条文的字面表述上，没有一个条文使用了“动机”二字。这一点，是犯罪动机和犯罪目的的不同之处。刑法分则很多条文直接规定了“某某目的”，对于犯罪动机则没有采取这样的立法例。但是，我国刑法分则条文在实质上规定了犯罪动机。这种规定有两种形式：

(1) 刑法分则条文没有使用“动机”二字，但根据条文内容，实则规定的是犯罪动机。

刑法分则条文中没有使用“动机”二字，但是有很多刑法条文，根据条文的内容，实际上已规定了具体个罪的犯罪动机，最常见的例子是分则个罪关于“徇私”的规定，例如，《刑法》第 411 条规定，“海关工作人员徇私舞弊，放纵走私，情节严重的”，构成放纵走私罪。该罪的犯罪目的是放纵走私，即对走私行为睁只眼闭只眼，放任、纵容走私行为的进行，而行为人放纵走私的内心起因是徇私舞弊，徇私舞弊是该罪的犯罪动机。总之，目前我国刑法理论上普遍认为“徇私属于犯罪动机”①。据此，我国刑法分则条文中凡是规定了“徇私”二字的，其实就等同于规定了犯罪动机，即这些犯罪的犯罪动机都是“徇私”。

我国刑法中涉及“徇私”的罪名共有 20 个，包括：第 168 条国有公司、企业、事业单位人员失职罪，国有公司、企业、事业单位人员滥用职权罪；第 169 条徇私舞弊低价折股、出售公司、企业资产罪；第 374 条接送不合格兵员罪；第 397 条滥用职权罪、玩忽职守罪；第 399 条第 1 款徇私枉法罪；第 401 条徇私舞弊减刑、假释、暂予监外执行罪；第 402 条徇私舞弊不移交刑事案件罪；第 403 条滥用管理公司、证券职权罪；第 404 条徇私舞弊不征、少征税款罪；第 405 条徇私舞弊发售发票、抵扣税款、出口退税罪，违法提供出口退税凭证罪；第 408 条之一食品、药品监管渎职罪；第 410 条非法批准征收、征用、占用土地罪；第 411 条放纵走私罪；第 412 条商检徇私舞弊罪；第 413 条第 1 款动植物检疫徇私舞弊罪；第 414 条放纵制售伪劣商品犯罪行为罪；第 418 条招收公务员、学生徇私舞弊罪。

(2) 刑法分则条文中明确使用的是“目的”二字，条文规定为犯罪目的，但是，这些所谓的犯罪目的实则是犯罪动机。举例如下：

① 张明楷：《刑法学》（下），6 版，北京，法律出版社，2021，1632 页。

1）《刑法》第 276 条破坏生产经营罪中的“泄愤报复或者其他个人目的”，其实是犯罪的报复动机，而不是该罪的犯罪目的。

《刑法》第 276 条规定，“由于泄愤报复或者其他个人目的，毁坏机器设备、残害耕畜或者以其他方法破坏生产经营的”，构成破坏生产经营罪。这里的“泄愤报复”就属于犯罪动机种类中的第四种“报复动机”，即为了个人私仇而使用毁坏机器设备等的方式破坏生产经营。该罪的犯罪目的是破坏生产经营，泄愤报复等所谓的“其他个人目的”都是刺激行为人去破坏生产经营活动的内心起因，所以，该条中的“由于泄愤报复或者其他个人目的”，其实不是犯罪目的，而是犯罪动机，是犯罪动机种类中的第四种“报复动机”。

2）《刑法》第 239 条绑架罪中的“以勒索财物为目的”，其实是该罪的财物动机，而不是该罪的犯罪目的。

《刑法》第 239 条规定，“以勒索财物为目的绑架他人的，或者绑架他人作为人质的”，或“以勒索财物为目的偷盗婴幼儿的”，成立绑架罪。该条中的“以勒索财物为目的”就是绑架罪的犯罪动机，而不是犯罪目的。绑架罪的犯罪目的就是其犯意所追求的绑架他人，而绑架他人可能是出于索财动机，也可能是出于获取其他不法利益的动机。此外，该条明确规定“以勒索财物为目的绑架他人的，或者绑架他人作为人质的”，是绑架罪两种并列的行为形式，以勒索财物为目的的绑架行为，只是其中的一种，另一种则是绑架他人作为人质，至于为何绑架他人作为人质，亦即绑架他人作为人质的动机是什么，该条没有明确，但显然是出于勒索财物之外的获取其他非法利益的动机。可见，第 239 条的构造其实表明了，勒索财物并不是绑架罪的犯罪目的，而是绑架行为与偷盗婴幼儿行为的犯罪动机，它是犯罪动机种类中的第二种“财物动机”。勒索财物的目的既不是绑架罪犯罪构成的必要要件，也不是绑架罪犯罪构成的选择要件，无论有没有对勒索财物这一动机的规定，都不影响绑架罪的成立。

3）《刑法》第 341 条第 3 款非法猎捕、收购、运输、出售陆生野生动物罪中的“以食用为目的”，其实是犯罪的财物动机，而不是该罪的犯罪目的。

《刑法》第 341 条第 3 款规定，“违反野生动物保护管理法规，以食用为目的非法猎捕、收购、运输、出售第一款规定以外的在野外环境自然生长繁殖的陆生野生动物，情节严重的”，构成非法猎捕、收购、运输、出售陆生野生动物罪。该款中的“以食用为目的”就是犯罪动机，而不是犯罪目的。该罪的犯罪目的是猎捕、收购、运输、出售陆生野生动物，而刺激行为人实施犯罪行为达成这一目的的内心冲动或者起因是食用，可见，食用是行为人的内心驱动力，它不是犯罪目的，而是犯罪动机，而且是犯罪动机种类中的第二种“财物动机”，因为行为人所食用的是价格昂贵的陆生野生动物，如果在市场上交易，这种“食品”价格不菲，属于财产性利益。这一动机的规定值得商榷，因为对陆生野生动物的非法猎捕、收购、运输、出售行为本身危害性就很严重，无论是出于食用还是其他动机，其实都不影响该罪的成立。基于动机对犯罪的构成并不是必备要件这一基本法理，“如果删除‘以食用为目的’限制，不仅能减低司法机关证明行为人主观目的（实为犯罪动机）的举证难度，消除行为人不当抗辩的可能，而且更有利于达到立法目的。”①

---

① 曾粤兴：《对〈刑法修正案（十一）（草案）〉的审思与建议》，载《法治研究》，2020 年第 5 期，47 页。

（四）研究犯罪动机的意义

如果说犯罪目的体现在犯意之中（广义的犯罪目的）或者刑法分则条文规定的具体目的（狭义的犯罪目的），那么，相应地，犯罪动机往往体现在刑法分则规定的个罪的情节之中，比如情节严重、情节恶劣等。这是因为犯罪动机就是重要的情节之一，对犯罪情节轻重有直接影响。

（1）犯罪动机不是犯罪成立的必备要件，但是它体现了认识因素，反映了行为人主观恶性的大小，对于认定故意犯罪情节是否严重，进而区分罪与非罪具有重要意义。

（2）犯罪动机是酌定的量刑情节，于对故意犯罪的准确量刑具有重要意义。《刑法》第61条规定，“对于犯罪分子决定刑罚的时候，应当根据犯罪的事实、犯罪的性质、情节和对于社会的危害程度，依照本法的有关规定判处”。第63条第1款规定，“犯罪分子具有本法规定的减轻处罚情节的，应当在法定刑以下判处刑罚……”。这些规定，以及刑法分则个罪条文关于对不同情节的犯罪适用不同法定刑的规定，就是犯罪动机影响量刑的法律依据。

三、犯罪目的与犯罪动机的区分

犯罪目的，是指行为人希望实施犯罪行为达到侵害某种法益的心理态度。犯罪动机，是指刺激行为人实施犯罪行为以达到犯罪目的的内心冲动或者起因。可见，犯罪目的和犯罪动机都是行为人实施犯罪的心理态度。但是，这两种心理态度又是相互区别的。

（1）从内容性质来看，犯罪目的是行为人追求的犯罪结果，犯罪动机是刺激行为人追求某种犯罪目的的内心起因，二者之间有着类似于果与因的关系。

（2）从产生的时间先后顺序看，一般而言，犯罪动机产生在前，犯罪目的产生在后，在某种动机的刺激下，才产生了某种犯罪目的，比如因为贪财的动机而产生了杀人的目的。

（3）从心理学的心理层次角度看，犯罪动机是更深层的可能连行为人自身都未必意识到的心理现象，犯罪目的是较之犯罪动机相对浅层的而且行为人自身意识到的心理目标。

（4）从犯罪目的与犯罪动机的对应性看，一个犯罪动机可以对应一个犯罪目的，一个犯罪动机也可以产生好几个犯罪目的，一个犯罪目的也可以体现几种不同的犯罪动机。

第七节 错误论

刑法中的认识错误，是指行为人在行为时对自己的行为在法律上的意义或者构成事实产生了错误认识的情形。根据责任主义，唯有行为客观上造成了法益损害，且行为人主观上对该法益损害结果具有故意时，其行为才能够成立故意犯罪。若行为人对法益损害结果仅具有过失，则只能够成立过失犯罪。而根据我国《刑法》第15条第2款关于“过失犯罪，法律有规定的才负刑事责任”之规定，我国刑法以处罚故意犯罪为原则，以处罚过失犯罪为例外。因此，在行为人对客观情状（包括事实与法律）产生错误认识的情况下，既可能影响其是否成立犯罪，也可以影响其成立何种犯罪，具有重要理论与实践意义。

一、事实认识错误

1. 事实认识错误的内涵

事实认识错误是指具有影响刑事责任评价意义的对客观事实的认识错误。事实认识错误，作为刑法理论中的一个重要概念，是指行为人对其行为性质、对象、结果等关键要素的认识与实际不一致。这种错误既可能影响故意的认定，也可能影响犯罪既遂与未遂的认定，并最终影响刑事责任的判定，因此需要加以深入阐明。事实认识错误有三个方面的特征：一是无论是对故意认定产生影响的事实认识错误，还是对犯罪既遂与未遂产生影响的事实认识错误，都应具有影响刑法评价的特征。有的对客观事实的认识错误并不对刑法评价产生影响，就不是刑法意义上的事实认识错误，如将橡皮锤误认为铁锤实施打击伤害他人的行为，此时对行为工具的认识错误并不对刑法评价产生影响，因为行为工具并不属于刑法规定的罪状与量刑情节，不会对刑法评价产生影响。二是事实认识错误对刑法评价产生影响，取决于犯罪构成要件的范围限定。不管是对象认识错误、打击错误还是因果关系认识错误，只有对在犯罪构成要件范围内的事实产生了错误认识，才需要作为事实认识错误具体确定其对刑事责任的影响。三是支持不同的错误论会造成对事实认识错误的不同刑事责任评价结果。如依据法定符合说与具体符合说这两种主流观点对同样的事实认识错误会产生不同的刑事责任评价，需要根据具体的问题进行观点择取。[1]

2. 事实认识错误的具体类型

（1）对象认识错误。

1）对象认识错误的内涵与分类。

在刑法领域，对象认识错误指的是行为人在实施犯罪行为时，意图针对某一特定对象实施犯罪，但由于认识上的错误，实际上侵害了另一个对象的情形。例如，意图杀害张三，却因误认而杀害了外形相似的李四。这种错误并非基于对行为性质或法律后果的误解，而是基于对犯罪直接指向的具体目标的误认。

根据对象认识错误是否跨越了不同犯罪的构成要件，对象认识错误可以分为以下两大类：一是具体对象认识错误，是指行为人对侵害的具体对象产生误认，但侵害的具体对象与被误认的具体对象仍在同一个犯罪构成要件的范围内，故这种误认并未改变犯罪的性质与刑事责任的认定。如行为人意图盗窃甲的财物，却错误地盗窃了乙的财物。尽管行为人对具体对象产生了误认，但其行为依然符合盗窃罪的构成要件。二是抽象对象认识错误。抽象对象认识错误是指行为人对侵害对象的类别、性质与特征产生误认。这种误认可能导致跨越了不同犯罪的构成要件，从而可能导致罪名的变化。如行为人意图盗窃一般财物，却错误地盗窃了枪支。在这种情况下，行为人的错误认识跨越了不同犯罪的构成要件，从而存在罪名变化的可能性。

应某盗窃案。[2] 2005 年 12 月一天凌晨，应某伙同李某窜到一火车站伺机盗窃旅客钱

---

① 参见［日］山口厚：《刑法总论》（第三版），付立庆译，北京，中国人民大学出版社，2018，216～219 页。

② 参见杨兴辉：《“意外”偷得枪支任由同伙拿走构成何罪》，载《人民检察》，2008 年第 6 期，第 34 页。

财。当一旅客列车进站时，由李某顶着应某爬上车，应某拉开一节软卧车厢 8 号包房的窗户，盗得旅客曾某的公文包一个，交给李某，后两人一同逃离现场。随后李某打开公文包进行清点，发现包内有一支“六四”式手枪和七发子弹。李某拿走了枪支和子弹，应某未提出异议。2007 年 7 月 19 日，应某被公安机关抓获。

分析：本案中应某主观上是想盗窃公文包中的财物，但客观上盗取了一支“六四”式手枪和七发子弹，因枪支与现金在法益类别上并不完全相同，因而存在抽象的对象认识错误，应某的行为也就难以成立盗窃枪支罪。但由于枪支本身也是财物的一种，且应某对盗取包中的财物具有故意，故可以认为应某对盗取包中的财物存在故意，因而能够成立盗窃罪的既遂。

2）具体对象认识错误的评价。

就对具体对象认识错误的认定而言，存在法定符合说与具体符合说两种观点。

根据法定符合说，刑法的目的在于保护某一法益，而非保护特定对象，故具体对象的认识错误并不影响犯罪构成要件的成立。以故意杀人罪为例：该罪旨在保护人的生命权，而非特定个人的生命权，因此，即便行为人误将乙当作甲杀害，只要其认识到自己杀害了人，即满足了故意杀人罪的构成要件，成立故意杀人罪既遂。

根据具体符合说，只有当行为人的认识与客观具体事实相一致时，才能认定故意犯罪的成立。依具体符合说具体对象认识错误的认定取决于“具体”的标准。当故意杀人罪以人为具体对象时，误将乙当作甲加以杀害，仍然满足具体的对作为对象的“人”的认识一致性，仍然能够成立故意杀人罪的既遂。但是如果具体符合说要求具体到明确的特定对象，则依具体符合说得出的结论就可能与依法定符合说得出的结论存在差异。如误将乙作为甲杀死的情形下，对具体对象的认识错误导致了行为人未将意图杀死的甲杀死，就未实现具体的犯罪结果，阻却犯罪既遂的成立，仅能成立犯罪未遂。

综上，相较而言，具体符合说对具体标准的界定不够清晰，法定符合说更能实现较为稳定、一致的对象认识错误判断标准。

3）抽象对象认识错误的评价。

对抽象对象认识错误的认定而言，存在着抽象符合说与法定符合说的理论争议。抽象符合说主张，在行为人主观认知的犯罪构成要件与实际发生的构成要件事实相匹配的范围内，可以确认故意犯罪的既遂状态。这一理论在主、客观构成要件之间建立了一种宽泛的对应关系，不仅容易混淆不同犯罪的构成要件之间的差别，还可能违反责任主义的要求①，如在错误地将枪支误认为一般财物进行盗窃的情形下，仍然成立盗窃枪支罪的既遂。相比之下，法定符合说则强调，当行为人对构成要件存在跨类别的认识错误时，这一错误通常会阻止故意的成立，或仅能构成故意犯罪的未遂形态。法定符合说在刑事责任认定时更为合理，提倡在确保归责可能性的前提下界定犯罪。具体而言，犯罪的认定不应仅依据行为人的主观故意或纯粹的客观结果，而应依据法定的犯罪构成要件进行两者的精确匹配。

---

① 参见［日］西田典之：《日本刑法总论》（第二版），王昭武、刘明祥译，北京，法律出版社，2013，204 页。

4）对象认识错误的认定。

大多数情况下，对象认识错误并不影响犯罪既遂的认定。只要行为人的行为及其对象符合犯罪构成要件，且实际造成了法律所禁止的危害结果，即便对对象发生错误认识，也视为犯罪既遂。在抽象对象认识错误的情形下，除了阻却犯罪既遂，还可能因为符合其他犯罪的构成要件而成立其他犯罪。

陈某故意杀人案。[①] 陈某见到谢某，误以为谢某是其仇人林某，遂持刀砍击谢某的头、肩部，后被群众制服。经法医鉴定，谢某的损伤程度为重伤，伤残程度为八级。

分析：本案中陈某虽然将谢某误认为是林某，但在主观上，陈某在当时想杀的是那个人（谢某），在客观上也确实对那个人（谢某）实施了故意杀害行为。虽然彼时其内心真正想要杀害的是谢某，但在规范判断上，谢某与林某均是故意杀人罪中的“人”，二者并无不同，因此并不能够阻却违法，陈某的行为仍然应当成立故意杀人罪（未遂）而非过失致人重伤罪。

（2）打击错误。

1）打击错误的内涵。

打击错误为事实认识错误的一个重要分支，其复杂性与独特性尤为引人注目。打击错误，又称方法错误或目标错误，是指行为人在实施犯罪行为时，因方法与手段等方面的错误认识，导致侵害的对象与行为人预期的对象不一致。简而言之，行为人对犯罪手段的使用出现了失误，导致实际侵害的对象与预设目标不符。例如，意图用枪射击甲，却因瞄准错误射杀了旁边的乙。这里乙便成了打击错误的实际受害者。

2）打击错误的分类。

根据打击错误的对象是否超出了同一犯罪的构成要件，打击错误可以分为具体的打击错误与抽象的打击错误。具体的打击错误是指犯罪方法与手段的错误并未超出同一犯罪构成要件的范围，例如意图枪杀甲却因瞄准错误射杀了乙。抽象的打击错误是指在行为人实施犯罪时，犯罪方法与手段的错误超出了同一犯罪的构成要件的范围，且打击错误导致了侵害对象的性质或种类发生了变化，这种错误跨越了不同犯罪的构成要件，例如意图枪杀濒危珍稀保护动物，却因瞄准错误射杀了人。

具体的打击错误又可以根据行为或手段的错误程度分为三种类型：一是直接打击错误，即行为人意欲攻击的对象与实际攻击到的对象在物理空间上相邻或相关而造成打击错误，如上文提及的枪杀时瞄准错误的例子。这种错误往往是由技术操作失误、环境干扰或对象混淆等因素造成的。二是间接打击错误，即行为人采取的行动虽未直接命中预想目标，但通过一系列因果链条最终影响到了该目标以外的其他同类对象，如意图放火烧毁甲的房屋以报复，却不慎引发火灾，蔓延至邻近的乙的房屋。三是超越打击错误，即行为人实施的犯罪行为在影响到预想对象的同时，还意外地波及了额外的、未曾预料到的对象，例如投掷爆炸物企图炸毁一座建筑物，却同时导致周边无辜人员受伤。

3）具体打击错误的评价。

对具体的打击错误进行评价时，仍然存在具体符合说与法定符合说两种不同观点。

---

① 参见（2010）粤高法刑三终字第374号刑事裁定书。

具体符合说要求行为人的主观故意与客观行为后果在具体内容上相吻合，这意味着行为人不仅要对犯罪行为有认识，而且要对犯罪对象、手段等要素的特定性也有正确的认知。在打击错误的情形下，如果行为人打击的对象与预想对象不一致，且这种不一致影响到犯罪构成要件中的对象的认定，具体符合说倾向于认为行为人的主观认识与客观结果之间缺乏必要的对应，从而影响犯罪故意的成立，或阻却犯罪既遂的认定。如前述意图枪杀甲却因瞄准错误射杀了乙的例子中，根据具体符合说，因为事实枪杀对象与意图枪杀对象的不一致而阻却杀人既遂的成立。这一评价结果不仅有悖于社会观念，还有悖于责任主义与罪刑相适应的原则，片面缩减了刑事责任的范围。而法定符合说更加注重法益的等价性，即便打击错误造成了事实对象与预想对象的不一致，但只要对象在法定的构成要件的范围内，仍然可以成立犯罪既遂。如前述瞄准错误的枪杀案中，虽然具体的枪杀对象与意图的枪杀对象不一致，但考虑到甲与乙的生命具有法益等价性，法定符合说认为甲、乙都在故意杀人罪所要求的“人”的范围内，当具有杀人故意并实施了杀人行为时，仍然可以成立故意杀人罪的既遂。采法定符合说能够贯彻对法益的平等保护，也更加符合责任主义与罪刑相适应的原则。此外，该说更具有合理的实用价值。

孙某故意伤害案。① 孙某因琐事与曲某和朱某发生争执，进而开始互殴，孙某的姐姐孙某某看见后前往拉架。孙某突然从裤兜掏出一把剪刀朝曲某、朱某捅刺，却误中孙某某的颈部，并致其死亡。

分析： 本案，虽然甲欲刺伤的是曲某和朱某，但其主观上有伤害他人的故意，客观上也实施了持械捅刺行为并造成了他人死亡的后果，故在规范判断上完全符合故意伤害（致人死亡）罪的构成要件，理应成立故意伤害罪，而不应当以主观上没有伤害孙某某故意为由认为其构成过失致人死亡罪。

4）抽象打击错误的评价。

关于抽象打击错误的认定，也存在抽象符合说与法定符合说两种观点。抽象符合说对打击错误采取较为宽松的刑事责任认定原则，只要犯罪故意与行为具有构成要件上的抽象一致性，就可以在构成要件事实的范围内认定犯罪既遂的成立。② 这样容易导致混淆不同犯罪的构成要件差别，也有违责任主义。而法定符合说则严格按照犯罪构成要件的界定进行认定，如果犯罪构成要件对行为对象有明确的要求，则不能跨越这一要求而过于抽象地认定犯罪的成立。相对而言，法定符合说更能满足罪刑法定原则与责任主义的要求。例如甲欲在森林里猎杀珍贵濒危保护动物，却因距离较远瞄准错误将动物旁边的猎人乙打死。根据法定符合说，应当在主观故意与客观事实相符合的范围内认定犯罪，因此甲向珍贵濒危保护动物射击只能被认定为危害珍贵、濒危野生动物罪的未遂形态，未遂不罚时则不构成犯罪，而过失打死乙的情形构成过失致人死亡罪。

5）打击错误的认定。

根据法定符合说，只要在构成要件的对象范围内，打击错误通常不影响犯罪的成立；只要行为人的行为满足了犯罪构成要件，即有犯罪故意、实施了危害行为并产生了法律

---

① 参见（2021）鲁02刑终201号刑事裁定书。

② 参见黎宏：《日本刑法精义》，2版，北京，法律出版社，2008，194页。

所禁止的结果，即使对象发生了错误，仍构成犯罪既遂。但当打击错误造成行为对象的性质或类型产生了变化，不再在构成要件的法定对象范围内时，可能产生阻却犯罪故意或阻却犯罪既遂的结果，导致罪名或者刑事责任发生变化。如在量刑时，打击错误通常被视为减轻情节，尤其是当实际造成的危害后果较预想中轻，或者行为人的主观恶性因错误而显得相对较小时。此外，在打击了错误的对象导致符合其他犯罪构成要件的情形下，还可能构成其他犯罪。

褚某砸人案。[①] 褚某在电梯中因琐事与宋某发生争执，遂用啤酒瓶砸向宋某。混乱中，啤酒瓶砸中同在电梯中的保安张某并致其轻伤（一级）。

分析：对于本案，法院的判决指出，被告人褚某本来是用瓶子砸被害人的朋友的，不小心砸到了被害人，是典型的打击错误，虽然打击错误并不影响本案的定罪，但是在量刑方面，应当有所区别。可见在我国司法实践中，虽然打击错误并不会影响定罪，却会因行为人主观恶性较小而影响量刑。

（3）因果关系认识错误。

1）因果关系认识错误的内涵。

因果关系认识错误，是刑法理论上与实务中一个复杂而微妙的议题，它是指行为人对其行为与犯罪结果之间因果联系的错误认识，直接关系到行为人的刑事责任及其程度。因果关系认识错误，简言之，是指行为人在实施犯罪行为时，对其行为与预期犯罪结果之间的因果联系存在误解或错误判断。这种错误判断可能表现为对结果发生的必然性、可能性估计错误，或者对结果发生的真实原因有所误解。因果关系认识错误的核心在于，行为人对其行为实际产生的结果或其因果链条的某个环节存在误判。

2）因果关系认识错误的分类。

因果关系认识错误依据其表现形式和性质，可以细分为以下几种类型：

第一，替代的因果关系认识错误，即行为人实施的行为虽未直接引起预定的结果，但与其他因素共同作用，导致了相同或类似的结果。

司某故意杀人案。[②] 司某因琐事与赵某发生争执，遂使用随身携带的尖刀连刺赵某数刀。赵某在医院抢救治疗期间，医院诊断失误（构成一级甲等医疗事故，医院承担次要责任），导致赵某的胸、腹部刺创，造成肝破裂、肠破裂、肠系膜破裂等损伤，引起泛发性腹膜炎，并继发急性呼吸窘迫综合症，导致呼吸、循环功能障碍而死亡。

分析：本案中司某的捅刺行为并未直接造成赵某的死亡结果，其中介入了司某不可能认识到的极度异常的医院诊断失误，两者合力造成了赵某的死亡，但赵某的最终死亡结果仍然是由司某的刺创所导致，故司某的行为仍成立故意杀人罪（既遂）。

第二，并发的因果关系认识错误，即当多个行为或因素共同作用于同一结果时，行为人可能只认识到自己行为的一部分因果联系，而对其他重要因果联系的形成有所误解。

王某故意杀人案。[③] 王某与张某产生争吵，遂将张某按倒在地，并用双手掐张某颈

---

① 参见（2015）甬慈刑初字第80号刑事判决书。

② 参见（2014）辽刑三抗字第00010号刑事裁定书。

③ 参见（2018）吉08刑初20号刑事判决书。

部致其窒息。随后将事先准备好的柴油浇到张某身上并点燃，致张某当场死亡。经鉴定，张某系在机械性窒息及高温共同作用下死亡。

分析：本案中王某在自首后供述道：我把张某摁到地上后用手掐死了，然后用柴油把她的尸体烧了。可见，王某认为张某的死亡结果是由机械性窒息单独造成的，并未认识到张某的死亡因窒息与高温共同导致，因而属于并发的因果关系认识错误。

第三，复行为的因果关系认识错误。行为人实施了两个以上的行为，但是对哪个行为导致危害结果的发生产生了认识错误，其中：有提前发生结果的情形，即第一个行为已经导致了结果发生，却误以为是第二个行为导致了结果发生；也有推后发生结果的情形，即实施了一个以为发生了危害结果的行为，又基于其他意图实施了第二个行为，以为是第一个行为产生了危害结果，但实际上是第二个行为产生了危害结果。

梁某故意杀人案。① 梁某因琐事与王某发生争执，遂勒住王某的颈部并捂住王某的嘴巴，致其昏迷。梁某误以为王某已经死亡，将其“抛尸”于附近的河中。后王某的尸体在河内被发现。经鉴定，王某系溺水死亡。

分析：本案中，虽然梁某勒住颈部、捂住口鼻的行为可能造成王某的死亡结果，属于故意杀人罪的实行行为，但真正造成王某死亡结果的是其将王某抛入河中的“抛尸”行为，故此属于典型的“结果推迟发生”。

3）因果关系认识错误的认定与评价。

首先，在替代的因果关系认识错误的情形下，即便实际的因果流程并非如行为人所认识的那样发生，只要其他犯罪构成要件皆具备，行为与结果间存在事实与法律上的因果关系，实际因果流程并不能阻却犯罪故意，犯罪既遂依然能够成立。

其次，在并发的因果关系认识错误的情形下，由于存在其他的导致结果发生的介入因素，此时需要判断介入因素是否中断了行为与结果之间的因果关系，如果行为仍然是危害结果的必要原因之一，因果关系并未因介入因素而中断，则在其他犯罪构成要件皆具备的情形下，犯罪既遂依然能够得到认定。

最后，在复行为的因果关系认识错误的情形下，犯罪故意由于属于因果流程之前已经形成的犯意，依然能够成立，因此关键在于判断具备犯罪故意的行为与结果之间的因果关系是否成立，如果成立，依然能够认定为犯罪既遂，否则可能阻却犯罪既遂甚至犯罪的成立。在提前发生结果的认识错误情形下，关键在于着手行为的判断：如果第一个行为已经是带有犯罪故意的着手行为，则可以认为犯罪行为导致危害结果的因果关系已经发生；但如果第一个行为是犯罪预备行为而非实行行为，第二个行为才是犯罪实行行为，则第一个行为提前导致危害结果发生就阻却了犯罪故意的成立或犯罪既遂的成立。在推后发生结果的认识错误情形下，是判断具有犯罪故意的行为与结果之间是否存在因果关系，进而确定刑事责任。如果带有犯罪故意的第一个行为本身就有导致犯罪结果发生的危险，第二个行为又未能中断第一个行为的因果关系或第一个行为的自然延续，则即便第二个行为产生了危害结果，仍然不能阻却犯罪既遂的成立。

① 参见最高人民法院刑事审判第一庭、第二庭编：《刑事审判参考》，总第16辑，北京，法律出版社，2001，22页。

陶某、侯某故意伤害案。[①] 陶某、侯甲与侯乙因琐事发生口角，陶某、侯甲将侯乙打倒在地后，又用钉耙、木棍等物对其实施击打。侯乙倒地不动后，二人以为侯乙已经死亡，遂用绳子套在其脖子上将其拖拽至水沟边隐藏，并于夜晚进行抛尸。经鉴定，侯乙的死亡原因是遭绳索类物勒压颈部致机械性窒息。

分析：本案中，陶某、侯甲以为侯乙在倒地不动后已经死亡，后续实施的是“抛尸”行为，但根据法医勘察，真正造成死亡的是其为了“抛尸”而实施的将绳索套在侯乙的脖颈处后的拖拽行为，因而这属于典型的“结果推迟发生”。但是，二人的殴打行为与随后用绳子套住侯乙脖子以后拖拽搬“尸”以及之后共同“抛尸”等一系列行为是连续发生的，故不能机械地将各行为孤立起来评判，而且需要注意的是，正是陶某、侯甲之前实施的殴打行为导致侯乙失去知觉，进而在被锁喉时无法反抗，因此是前后两个行为共同导致了侯乙死亡结果的发生，故能够将死亡结果归责于二人。

（4）违法阻却事由认识错误。

1）违法阻却事由认识错误的内涵。

所谓违法阻却事由认识错误，是指行为人在实际上并未面临允许其行为合法化的条件时，误信这些条件存在的情况。因此其又称正当化事由认识错误。这一认识错误经常出现在假想防卫、假想避险的情形。这里的违法阻却事由认识错误仅指对违法阻却事由在事实上是否存在的认识错误，而非对违法阻却事由的法律性质的认识错误，以与下文的法律认识错误相区分。刑法学上关注这一问题的核心，是如何界定这类认识错误的本质属性。

2）违法阻却事由认识错误的评价。

对违法阻却事由认识错误的评价受到不法论观点的争议影响很大，依据不同的理论定位可能形成不同的评价。首先，根据不法构成要件要素论，如果将违法阻却事由作为消极的构成要件要素，那么对违法阻却事由的认识错误就会成为对构成要件要素的认识错误，因此会阻却故意的成立。其次，违法性错误论认为违法阻却事由的认识错误是独立于构成要件认识错误的独立错误类型，因此违法阻却事由认识错误不会阻却构成要件故意的成立，而只能从责任意义上受独立判断。当这一认识错误具有不可避免性时，可以阻却责任的成立。最后，限制责任论认为，违法阻却事由认识错误是对故意认识内容的阻却事由，故意的认识因素包括对构成要件事实的认识及对不法的认识，因此对不法的认识错误当然阻却故意的成立。[②]

在承认违法阻却事由不同于构成要件要素时，不法构成要件要素论难以成立。考虑到我国刑法对故意的规定有对不法认识的一定要求，限制责任论有其相对合理的价值。在假想防卫或假想避险的情形下，由于存在对违法阻却事由的认识错误，通常不能以故意犯罪论处，即便需要行为人承担相应的刑事责任，也只能以过失犯进行认定。

吴某过失致人重伤案。[③] 吴某怀疑邢某盗走了自己的财物，随即驱车追赶，并用车

---

① 参见（2020）云 2601 刑初 164 号刑事判决书。

② 参见林钰雄：《新刑法总则》，9 版，台北，元照出版公司，2021，350 页。

③ 参见（2023）晋 1021 刑初 38 号刑事判决书。

头撞击了邢某的摩托车，导致邢某摔倒在路右侧的沟里。事后查明，邢某的损伤已构成重伤二级，且邢某并未实施盗窃行为。

分析：本案中行为人因为怀疑被害人盗窃了自己的钱款，为了迫使被害人停下摩托车返还自己的钱款而采取碰撞被害人的行为，因而这属于典型的“假想防卫”。假想防卫中虽然对伤害行为具有故意，但此种故意是建立在对客观事实认识错误的基础上的，即行为人以为自己是在对不法侵害行为实施正当防卫。此时的行为人不仅没有认识到其行为会发生危害后果，反而认为自己的行为是合法且正当的，其主观上并不具有犯罪故意，因而难以成立故意犯罪。而在本案中，行为人在并无证据的情况下即怀疑被害人盗走了自己的财物，在追击过程中也并无询问，而是直接实施了撞击行为，在主观上存在过失，故能够成立过失致人重伤罪。

二、法律认识错误

（一）法律认识错误的概念与体系性地位

法律认识错误，通常又称违法性认识错误，是指行为人在实施行为时，对行为的法律性质或法律后果存在错误认识的情况。这种认识错误通常是指行为人不知晓自己的行为触犯了刑法，或者错误估计了其行为的法律后果。在刑法理论中，法律认识错误的体系性地位的确定尤为重要，因为它直接决定着对法律认识错误的评价问题。

法律认识错误是对违法性的错误认识，因此法律认识错误的体系性地位取决于形式的违法性认识在刑法理论中的体系性地位。这一问题按照层次可细分为两个方面的问题：第一，形式的违法性认识作为一种认识要素，是不是故意认识的必要内容；第二，如果形式的违法性认识不是故意认识的必要内容，那么违法性认识在犯罪论体系中的具体定位为何。

首先，形式的违法性认识作为一种认识要素，不是故意认识的必要内容。关于违法性认识是不是故意的必要内容，理论上有不要说、必要说（严格故意说）与部分必要说（法定犯必要说）等不同的理论观点。① 根据我国刑法对犯罪故意的法定要求，与其说要求行为人认识到行为的形式违法性，不如说要求行为人认识到行为的法益侵害性或社会危害性即所谓实质的刑事违法性。因此，从立法原意而言，故意认识的内容并不必要包含对行为的形式违法性认识。当然，通常认识到行为的法益侵害性或社会危害性，也会认识到行为的形式违法性，但不需要在认识到行为的危害可能性之外另行认识到行为的形式违法性。此外，在当前犯罪构成要件中也并未一般性地将形式违法性作为独立要素。因此根据主、客观相一致的原则，故意的认识内容中无须包括对形式违法性具有认识。

其次，形式违法性认识虽然不是故意的必要内容，但仍然可以作为责任层面的要素而影响刑事责任的评价。由于实质的刑事违法性判断的必要性存在，因此对形式违法性的认识通常可以通过对法益侵害性或社会危害性的认识存在来推定存在，从而一般不需

① 参见陈兴良：《违法性认识研究》，载《中国法学》，2005年第4期，131～141页；陈璇：《责任原则、预防政策与违法性认识》，载《清华法学》，2018年第5期，89～111页；周光权：《违法性认识不是故意的要素》，载《中国法学》，2006年第1期，165～175页。

要独立判断。但是在特定情形下，如果行为人不具有形式违法性认识的可能性，就不具有责任意义上的非难可能性，此时违法性认识的可能性就成为责任的决定要素，可能阻却责任或减轻责任。因此应将违法性认识的可能性作为可能阻却责任的消极责任要素，当法律认识错误体现出违法性认识可能性的阙如时，应对刑事责任作出相应的阻却或减损评价。

由上可见，法律认识错误并不阻却故意的认识内容，而是在责任论意义上通过形式违法性认识可能性的阙如阻却刑事责任的成立。

晋某、袁某非法占用农用地案。[①] 20××年6月，××单位未经国土资源管理部门批准，占用单位集体土地修建停车场，并租赁给他人经营。经勘验，××单位违法用地的地块面积为37.2亩（其中耕地36.8亩），属于人为在耕地上建设和填土，构成农作物无法种植的主要原因。破坏程度为耕地中度破坏。

分析：本案中××单位负责人以“新建临时停车场并未改变土地使用性质”为由提出辩护，但此种判断显属于对“某一行为是否改变土地使用性质”这一法律规定的误判，因而是典型的法律认识错误，在具有避免可能性的情况下难以阻却责任。

（二）法律认识错误的对象

首先，法律认识错误的直接对象是刑法规定，即由于对刑法规定的不了解或误解而产生了对形式上的刑事违法性的错误认识。这种认识错误可以表现为对犯罪构成要件要素的错误理解、对特定行为的刑事违法性的错误认识或对刑法禁止性规定的不知晓，如在酒后驾车时行为人对危险驾驶罪之醉驾标准的错误记忆，或者行为人对正当防卫之范围与时限的错误理解等。

其次，法律认识错误的对象并不局限于刑法规定，它可以涉及任何与行为法律后果相关的法律规定，包括但不限于刑法规定、行政法规规定、民事法律规定。因为法律认识错误为一种对形式违法性的认识错误，因此对刑事违法性的形式认定可能产生影响的法律规定都能够成为法律认识错误的对象。根据法秩序统一原理，形式上的刑事违法性建构在其他法律违法性的基础之上，因此，行为具有民法上的或行政法上的形式合法性，也能够阻却刑事违法性的成立，由此对其他法律上合法性的认识当然能够影响对形式上的刑事违法性的认识，一旦这种认识出现了错误，就会导致刑事违法性认识错误。例如，行为人可能错误地认为某种商业行为是合法的（如未认识到该行为违反了反垄断法），从而错误地认为这种行为不具有刑事违法性。尽管这一错误认识可能并未直接涉及刑法，但它本质上是对法律规范的误解，涵盖了更广泛的法律领域。与之相应，只要行为人认识到自己的某一行为可能违反了其他的法律法规，即便其认为该行为并不违反刑法，也不能够阻却其刑法上的违法性认识可能性。

闫某、王某等非法猎捕、收购珍贵、濒危野生动物案。[②] 2014年，闫某、王某以牟利为目的，在树林内非法猎捕燕隼（国家二级保护动物）14只及隼形目隼科动物2只，又分别非法收购国家二级保护动物燕隼、凤头鹰。后被公安机关查获。

---

① 参见（2019）云0103刑初827号刑事判决书。

② 参见（2015）新中刑一终字第128号刑事裁定书。

分析：法院经审理认为，闫某、王某的行为已构成非法猎捕珍贵、濒危野生动物罪与非法收购珍贵、濒危野生动物罪，应数罪并罚，遂分别判处二人有期徒刑10年6个月与有期徒刑10年。

在本案审理的过程中，两名被告人及其辩护人均以“不明知猎捕的隼为国家二级保护动物”的理由进行辩护并提起上诉，但是，此种理由并不能为其出罪依据，因为二人对于自己抓捕燕隼的行为均具有违法性认识。根据审讯记录，公安机关在第二天的询问中即问道，其是否知道隼是国家二级保护动物。对此，闫某明确回答，“我知道这种动物受国家保护，但不知道后果有多么严重。我在群里跟别人交流，只知道是违法的”。由此可见，闫某已经完全认识到自己抓捕隼的行为具有违法性。既然如此，其至少对该行为违反刑法具有认识可能性。然而在此情况下，其并未履行核查义务，仍然实施违法行为，理应承担相应的刑事责任。

（三）法律认识错误的具体判断

并非对一切法律认识错误都能够作出阻却责任的评价。当行为人不具有违法性认识的可能性，即无法认识到其行为的违法性质，从而不可避免地产生法律认识错误时，才能够实现对责任的阻却，从而影响刑法评价。因此法律认识错误的责任阻却判断取决于违法性认识可能性的判断，违法性认识的可能性决定了法律认识错误的回避可能性，当行为人缺乏违法性认识有合理的依据时，可以认为具有法律认识错误的回避可能性，从而可阻却责任。

因违法性认识的可能性为责任判断的要素，故应当根据个案中不同行为人的具体情况加以个别化判断。在这一过程中，以一般人对法律的普遍认知状况与掌握能力为基础，进一步根据不同行为人对法律知识的掌握程度、对法律的认识可能性与错误认识的合理性进行综合判断。

在具体个案中，判断是否存在法律认识错误的回避可能性或违法性认识的可能性时可以基于以下因素：一是行为人的认知水平，即考虑行为人的年龄、教育背景、职业经验等因素，判断其是否应当具备对相关法律规定的了解。二是信息获取的可能性，即考察行为人是否有合理的机会和途径了解到正确的法律规定，包括是否曾寻求法律咨询，就相关法律是否已经通过公共渠道广泛宣传等。三是错误认识的合理性，即分析行为人的错误认识是否在一般人看来是合理的，即一个理性人在相同情况下是否可能产生同样的误解。四是行为的动机与目的，即考察行为人的主观动机是否纯正，是否存在规避法律的故意，借此辅助判断错误认识的真实性。

此外，要判断法律认识错误的回避可能性，还需要判断行为人是否已经穷尽了避免违法性认识错误的所有手段，确认了对法律的认识。这是消极认定法律认识错误阻却责任的条件。（1）行为人是否穷尽了对违法可能性认识的解决途径。当行为人对行为的违法可能性有疑问，未能穷尽探究渠道，如进行法律咨询等，而轻信其行为合法时，可以视为法律认识错误实际上不是不可避免的，不能阻却行为人的责任。（2）行为人是否就专业或特定领域的法律穷尽了合理的认识手段。行为人的行为在特定的专业法律调整范围内时，如果行为人未能专门就这一特定领域的法律进行合理的认识而轻信其行为具有合法性，则可以认为其法律认识错误是能够避免的，不能阻却责任。（3）基于一般人的认知就可以意识到行为的法益侵害性或社会危害性，如行为侵害社会法益或个人法益比较明显，行为人仍然认为其行为是合法行为时，该法律认识错误也是可以避免的，从而不能阻却责任。

赵某华摆摊打气球案。[①] 赵某华在天津市河北区李公祠大街平台附近摆射击摊位进行营利活动，后公安机关在巡查过程中发现赵某华的上述行为，将她抓获归案，当场查获涉案枪形物9支及相关枪支配件、塑料弹。经天津市公安局物证鉴定中心鉴定，涉案枪形物中的6支为能正常发射、以压缩气体为动力的枪支。

分析：本案中赵某华关于自己的行为违反枪支管理规定的认识错误便属于不可避免的违法性认识错误，因而能够阻却责任。一方面，在现代法治社会，公民原则上可以认为行政管理部门所允许实施的行为具有合法性。在本案中，赵某华的摊位位于天津市旅游景点附近较为繁华的地段，市场管理部门也从未对其用于经营的枪形物加以监管，而是对此长期采取了放任和容忍的态度。因此，赵某华有充分的理由相信自己持有相应枪形物经营射击游戏的行为并不违法，更不可能由此去反思自己行为的违法性。另一方面，虽然法院认为"涉案枪支外形与制式枪支高度相似，以压缩气体为动力、能正常发射、具有一定致伤力和危险性"，但根据通报，赵某华所持有的枪形物的枪口比动能数值略微超过了1.8焦耳/平方厘米的枪支认定标准，不具备人们观念中枪支应当具备的杀伤力。赵某华也仅以此经营射击游戏，其并不认为自己的行为可能危及他人利益或者公共利益，因而也就不能认为其应当反思自己行为的违法性。而且，本案中赵某华的枪支并不是通过法院认为的"非正常途径购买获得"，而是从之前摆摊的上家处以普通价格接手了用于摊位经营的枪形物，这在外观上属于极为正常的市场交易，也不可能成为致使赵某华反思自身行为违法性的契机。因此在本案中，应当以赵某华陷入了不可避免的违法性认识错误，不具有责任来认定其行为不成立犯罪。

（四）法律认识错误的法律后果

如前所述，当法律认识错误不可避免时可以进行阻却责任的刑法评价，但是实践中法律认识错误对责任加以阻却的情形较为复杂，通常可以按照如下的原则进行评价：首先，确立"不知法不免责"原则及普遍无知的例外。一般而言，"不知法不免责"，即行为人不能以不了解法律，从而存在法律认识错误为由主张无责任，但可以普遍无知作为原则的例外。例如，法律变动频繁，新法颁布后短时间内行为人未能及时获知，或者法律规定极其晦涩难懂，以至于普通人难以理解，此时法律认识错误可能成为减轻或免除责任的理由。其次，明确重大法律认识错误阻却责任的原则。在特定情况下，如果行为人的认识错误极其重大，以至于一般人在相同情况下会作出同样的判断错误，则可以认为成立法律认识错误，对责任进行阻却。最后，虽然行为人具有法律认识错误的避免可能性而不能阻却责任，但如果其事实上确实没有认识到行为的违法性或进行了一定的法律确认，比如过于相信了律师的咨询意见等，从而降低了行为非难可能性，则可以减轻责任。

① 参见（2017）津01刑终41号刑事判决书。

李某非法采矿案。[①] 李某以挂牌竞拍的方式取得砂坑采矿权，可进行采砂作业。签约完成后，李某在并未办理采矿许可证的情况下向合作区国土局咨询能否开工，合作区国土局口头告诉可以开工，李某遂开始在砂场进行采矿。

分析：本案中李某的辩护人曾明确指出，李某是在得到国土局的口头同意后才开采的，并不具有违法性认识可能性，因而能够阻却犯罪成立。但是此种观点值得商榷。一方面，采矿行业属于国家特别规制的领域，故行为人在此领域从事活动时，应当努力收集并知悉、了解该领域的相关法律信息，在当前信息发达、搜索手段如此方便的时代，收集相关信息并未超出李某的能力范围。但在本案中，行为人并未努力搜集相关法律信息，而只是偏信了国土局的口头承诺，故其违法性认识错误系可以避免的错误，不能够阻却责任。另一方面，李某并未穷尽对违法可能性认识的解决途径。其未向行政主管机关征求正式答复，也未向上一级行政主管机关征求正式答复，而是轻率地认为主管机关的口头答复具有合法性，故其虽然存在违法性认识错误，但是该错误是可以避免的，其仍然具有违法性认识可能性。但是因行政主管机关在李某开采砂石前给予口头答复，让李某对其违法行为产生了不合理的信赖，故李某虽然具有责任，但其非难可能性也有所降低，因此，对李某量刑时应当予以从轻考量。

三、事实认识错误与法律认识错误的区别

在刑法理论中，事实认识错误与法律认识错误是两种不同的认识错误类型，它们对行为人的刑事责任有着不同的影响。事实认识错误是指行为人对其行为所涉及的具体事实情况存在误解，但这些具体事实情况与法律规范所设定的犯罪构成要件相关。而法律认识错误是指行为人对其行为的法律性质或法律后果存在误解，即对法律规范本身的理解错误。

由于事实认识错误与法律认识错误的对象差别较大，故二者之间的区别较为明显：一是二者的认识内容不同。事实认识错误涉及对构成要件行为的相关事实的错误理解，而法律认识错误涉及对法律规范的错误理解。二是判断标准不同。事实认识错误的判断可能与行为人对事实的认识能力和行为时的具体情况紧密相关，而法律认识错误判断可能更多地考虑法律规范的明确性和普遍性，以及行为人的法律认识程度。[②] 三是在刑法评价上对故意的影响不同。事实认识错误可能直接阻却故意的成立，而法律认识错误通常不阻却故意，但可能影响责任的轻重。四是法律后果不同。事实认识错误可能导致对犯罪故意的阻却或对犯罪既遂的阻却，未遂不罚时可能并不构成犯罪，而法律认识错误影响责任的认定，可能导致对责任的阻却，从而行为人不负刑事责任，或在非难可能性降低的情形下实现责任的减轻。

事实认识错误与法律认识错误在特定情形下会引发适用争议，当认识错误的对象包括法律规范时，到底是对法律规范记载的事实还是对法律规范的属性产生认识错误可能会存在不同的认识。如行为人因为记错了水产资源法规规定的禁渔区，误以为不在禁渔

---

① 参见（2020）内07刑终118号刑事裁定书。

② 参见张明楷：《外国刑法纲要》，3版，北京，法律出版社，2020，219～220页。

区而实际上在禁渔区实施捕捞水产品的行为，就需要判定此时对行政法规中禁渔区的规定的认识错误究竟是事实认识错误还是法律认识错误。此判断应该紧密结合事实认识错误与法律认识错误的区别而展开，而二者的核心区别是该认识错误的对象是否具有规范评价属性：如果认识错误的对象属于不需要进行规范评价的客观事项，则属于事实认识错误问题；如果是需要进行规范评价的事项，则属于法律认识错误。据此，就对行政法规记载的禁渔区的认识错误不需要进行规范评价，故而应该属于事实认识错误，而不属于法律认识错误，产生对犯罪故意的阻却评价效果。此外，对假想防卫、假想避险作为阻却违法事由的认识错误通常是事实认识错误，即行为人误以为正当防卫、正当避险的事实存在。如果行为人是对正当防卫与紧急避险的法律规定产生了认识错误，则属于对规范评价的认识错误，应当被确认为法律认识错误。

第八节　期待可能性

一、期待可能性的概念与演变

在构成要件该当性、违法性与有责性三段论式的犯罪阶层体系中，有责性即意味着主体具有可归责性或者说可非难性。根据规范责任论，责任的本质并不仅仅在于行为人对法益损害结果的主观罪过（故意或过失），还在于对行为人实行犯意的评价。换言之，并非行为人只要具有违反法律规范的决意便需要对规范承担责任，唯有当行为人能够作出合法的决意，却仍然实施违法行为时，行为人才应当承担法律后果。故若在行为时，法律不能期待行为人产生合法决意，便不应让行为人承担法律责任。这便是“法不强人所难”（ultra posse nemo obligatur）原则的当然结论。因此，在规范责任论的语境中，能够对行为人进行非难的前提在于，其除了具有责任能力与主观罪过，还具有实施合法行为的可能性，即在法律能够期待行为人此时作出合法的举动其却没有作出的情况下，行为人才应当为他的行为承担法律责任。这便是期待可能性（Zumutbarkeit）理论。[①] 期待可能性理论使责任的判断在行为人的主观状态之外还与客观环境联系起来，它充分考虑到了客观条件对人的相对自由意志的限制作用，因而充满了人性的光辉。正因期待可能性是“对人性弱点的考虑”，其也被日本学者大塚仁誉为“想对在强有力的国家法规面前喘息不已的国民的脆弱人性倾注刑法的同情之泪的理论”。

虽然期待可能性理论在近代才被正式提出，但其思想早已存在。例如，我国春秋时期的教育家孔子就曾经指出：“父为子隐，子为父隐，直在其中矣。”[②] 汉宣帝地节四年（前 66 年）也下诏明确规定：“父子之亲，夫妇之道，天性也。虽有患祸，犹蒙死而存之。诚爱结于心，仁厚之至也，岂能违之哉！”[③] 又如，英国古典自然法学派代表人物霍布斯认为：如果一个人是由于眼前丧生的恐惧而被迫作出违法的事情，他便可以完全获

① 理论上对于期待可能性的概念至少存在不完全相同的理解，本书将期待可能性理解为责任基础，且只在该意义上使用期待可能性概念。

② 《论语·子路篇》。

③ 《汉书·宣帝纪》。

得恕宥，因为任何法律都不能约束一个人放弃自我保全。[①] 尽管前述论者均不是从阻却责任的角度论述行为人可获得恕宥的原因，但不难看出，其论述当中均已经包含了期待可能性思想，只是并未用规范的言语来表达。在 1897 年 3 月“癖马案”的判决中，德国帝国法院正式提出了期待可能性理论。

癖马案。[②] 被告人是雇主的车夫，其驾驶的马车配有两匹马，其中一匹马是所谓的“癖马”（Leinenfänger），具有一种特殊癖好：为了省力将尾巴缠绕在缰绳上，并用力以尾压低缰绳。但此种做法将使车夫可能无法根据其意愿控制马匹，致使马匹脱缰奔跑，从而给路上行人带来危险。被告人曾多次告知雇主该癖马的缺陷，但雇主仍然决定让被告人使用癖马。1896 年 6 月 19 日，在被告人驾驭配有癖马的马车出行过程中，癖马再次用尾巴夹紧缰绳，使被告人完全失去了对它的控制。癖马在狂奔疾驰中冲向在路边行走的铁匠，将其撞翻在地并致其受伤骨折。

分析：事件发生后，被告人因过失伤害罪而被提起公诉，但法院经审理，对被告人作出了无罪判决，主要理由在于，被告人对雇主具有服从的义务，雇主在多次被告诉而得知“癖马”的缺陷后，依然决定让被告人使用其驾车，对被告人来说，他就具有服从这种工作安排的义务，如果拒绝驾驶癖马，他将会失去工作。就此而言，我们不能够期待被告人宁可不遵守雇主的命令而承受丢掉工作的损失，也不愿意去驾驶这匹可能给其他人带来身体伤害的“癖马”；也不能够期待被告人将对风险的顾虑放在第一位，而将他内心所建立起来的服从雇主命令的动力排在其后。

由此，期待可能性理论正式进入学者的视野，后经迈耶、弗兰克、戈登施密特、史密德特等学者的发展完善，迅速在德国成为一种具有较大影响力的学说，直至逐渐成为规范责任论的核心观点之一，并体现在《德国刑法典》部分条款中。[③] 但除《德国刑法典》所列特定情形之外，德国刑法学者与实务部门都呈现出严格控制期待可能性理论的适用、反对其任意扩张的态度，主张仅在阻却责任的紧急避险的框架下或者在不作为犯领域和过失犯的某些特定领域内，有限度地执行以限制可罚性[④]，以免事与愿违地造成对刑法责任主义的动摇。

在 20 世纪初，日本刑法从原来效仿法国刑法转而效仿德国刑法。在这一背景下，期待可能性理论也得以在昭和初期（20 世纪 20 年代）经过木村龟二、佐伯千仞、泷川幸辰等学者从德国被介绍至日本，并很快被日本刑法学界接受，且日本刑法学界的相关研究甚至隐隐有超越德国之势。虽然日本学界对期待可能性的理解存在分歧，但并没有学者彻底否定该理论。在日本的司法实践中，也出过体现该理论之思想的判例。

第五柏岛丸事件。[⑤] 被告人是船舶第五柏岛丸（载重 9 吨）的船长。该船从事运送

---

① 参见［英］霍布斯：《利维坦》，黎思复、黎廷弼译，北京，商务印书馆，2017，234～235 页。

② Vgl. RGSt 30，25.

③ 主要体现在《德国刑法典》第 35 条“阻却责任的紧急避险”、第 142 条“擅自离开肇事现场”、第 218 条 a“不罚的终止妊娠”、第 323 条 c“见危不救”之中。Vgl. Carsten Momsen，Die Zumutbarkeit als Begrenzung strafrechtlicher Pflichten，2006，S.27.

④ Vgl. Urs Kindhäuser/Zimmermann，Strafrecht Allgemeiner Teil，11 Aufl.，2024，§21，Rn. 17.

⑤ 参见大判昭和 8 年（1933 年）11 月 21 日判例集，第 12 卷，2072 页。

旅客的业务。该船的乘坐定额为24名，如超载则有颠覆危险。1932年9月13日6时左右，该船载乘客128名从某港口出发，行驶在某海面时，另一机帆船欲近距离超越第五柏岛丸，第五柏岛丸上的一部分乘客为了避免海水溅身，便从右边移向左边，致使船向左边倾斜终至颠覆，导致28人死亡、8人受伤。

分析：本案中争论的焦点在于船主的行为是否构成业务致死伤罪。一审法院以被告人犯业务致死伤罪为由，判处其6个月禁锢。大审院认为此量刑畸重，改判300日元罚金。理由在于：当时上班乘客异常多而交通工具极为缺乏，乘客不顾船员阻止争先恐后上船；该船的航行费用需要超过乘客定额数倍的船票费才能达致收支平衡。且被告人就超载的危险曾再三向船主提出忠告，但船主不予采纳，仍令其超定额运载乘客。

由于这两点理由都说明，被告人是迫不得已才超定额运载乘客的，在法律上不具有期待可能性，故学界多数学者认为，此判决是根据期待可能性理论作出的。但同时需要注意的是，尽管日本的下级法院非常热衷于以无期待可能性宣告被告人无罪，甚至将该理论扩大适用于故意犯罪；但是在日本的大审院、最高法院中，从未出现过根据不可能期待行为人实施合法行为而宣告无罪的判例。且随着二战后日本社会与经济的混乱终结，期待可能性理论在下级法院的判决中的作用也逐渐减弱。

二、期待可能性的适用范围

前述事实表明，期待可能性理论在“缓和法律严酷性与人性弱点间的紧张对立”上具有良好功效，故彼时的部分学者认为，此概念能够广泛适用于各情形犯罪。德国学者弗洛伊德塔尔甚至指出，若依据行为状况，行为人必然会实施犯罪，则对其施加刑罚也不具有任何意义。因此，凡是迫于经济或社会生活所造成的危险，以及一般人性担忧所形成的强制胁迫，均可作为不具有期待可能性的考量因素。① 但是，所谓的“不具有期待可能性”概念模糊，而其本身又缺乏一致的判断标准，在我国刑法典中更尚未有任何明确规定，若作为一般性的宽恕罪责事由，势必会削弱刑法一般预防之功效，为法律的不安定性敞开大门。因此，为了确保法治的实现，期待可能性作为刑法的免责事由，只能在法律的框架下被认可，不宜将该理论从个别条款规定的法定免责事由拔高为一般性的免责事由或者作为免责事由确定的主导原则，不宜在其他情况下扩张其适用，最多容许在极其稀有的特殊案例中将无期待可能性当成调节的原则。② 有学者基于上述观点指出：应当对期待可能性理论谨慎适用。对极其个别的轻微犯罪和过失犯罪，确实不能期待行为人实施适法行为的，可以用期待可能性进行辩解。但是，对于绝大多数犯罪，尤其是情节严重、可能涉及被害人重大的人身和财产法益的犯罪，应当排斥期待可能性的适用。在刑法理论体系改造过程中，期待可能性的价值绝对不能被夸大。③

本书认为，此种观点值得商榷。根据规范责任论，侵害的法益越大，行为人内心的反对动机就越明显，因此期待可能性不仅存在着有无的问题（是否阻却责任），而且还存

---

① Vgl. Freudenthal, Schuld und Vorwurf im geltenden Strafrecht: zugleich ein Beitrag zur Kritik des Entwurfes zu einem Deutschen Strafgesetzbuch von 1919, 1922, S.25ff.

② 参见林钰雄：《新刑法总则》，9版，台北，元照出版公司，2021，310页。

③ 参见周光权：《刑法总论》，4版，北京，中国人民大学出版社，2021，258页。

在程度问题（是否减轻责任）。是以，有无期待可能性并不能够依照行为人侵害的法益一概而论，而应当将行为人达成的目的（保护的法益）与侵害的法益进行比较，综合判断此种逾越规范的心理能否压倒其守法动机。一般而言，能够考虑以期待可能性的欠缺或者降低作为超法规的责任减免事由的情形应具备以下三方面的条件。

首先，客观上存在足以动摇一般人遵从法律规范、放弃保全自我利益之意志的异常情势。这多见于行为人或其近亲属的生命、身体、健康、生计等涉及个人生存权的重大利益面临严重威胁或重大不利困境。例如，《刑法》第258条规定，有配偶而重婚的，或者明知他人有配偶而与之结婚的，构成重婚罪。但通说认为：若是结婚后因遭受自然灾害外流谋生，或者因配偶长期外出下落不明，造成家庭生活严重困难，又与他人形成事实婚姻的，或者因强迫、包办婚姻或因婚后受虐待外逃，或者已婚妇女在被拐卖后，与他人形成事实婚姻的，都是由于受客观条件所迫，不具有期待可能性，因而阻却责任，不宜以重婚罪论处。但是，上述妇女又与他人前往婚姻登记机关登记结婚的，并不缺乏期待可能性，仍应认定为重婚罪。① 于前者不具有期待可能性而阻却责任的理由在于，尽管此时其违反了一夫一妻的法律制度，但此种制度只是一种纯粹的秩序法益，并不具有高度价值，故在妇女之生计面临重大不利的情况下，不能期待其继续遵守法秩序；于后者又具有期待可能性的理由则在于，前往国家机关登记结婚，并非为保护自身生计所必需，换言之，当其前往登记之时，自身生计并未处于重大不利困境。在我国司法实践中，亦出现多起体现期待可能性思想的判例。

何某等杀人案。② 2007年某日晚，两名男性以嫖宿为名，劫持何某、李某、方某三名卖淫女，并以不听话就将其杀害为要挟，逼迫何某、李某将方某杀害。检方经调查发现，何某、李某是被袁某、周某拉着手被迫实施杀人行为的，其目的完全是保全自己，遂依法对其作出不起诉决定。

分析：本案中检方作出不起诉决定的理由便在于，何某与李某的杀人行为不具有期待可能性，因为在公民自己的生命安全受到威胁的情况下，法律无法要求其优先考虑他人的生命安全。

其次，行为人在行为时不具有他行为选择的可能性，或者他行为选择的可能性低。是否具有他行为可能性，需要结合行为人自身的实际情况与彼时的社会环境、法律规定等综合判断。例如，随着《刑法修正案（十一）》对洗钱罪条文的修改，对传统的不具有期待可能性的“自洗钱”行为也无法再以“不具有期待可能性”为由出罪。又如前述“癖马案”中，法院是出于彼时“经济不景气、生活艰难、失业率畸高，行为人一旦失业，其家庭将陷入窘境，故不能期待其违背雇主意志”等缘由为其开脱。但在就业形势良好、救济渠道充分的当今社会，服从雇主命令并非雇员的唯一选择，其若再服从雇主明显存在安全隐患的命令，也无法以不具有期待可能性主张免除罪责。

张某诈骗案。③ 在2008年至2015年间，张某因患有需长期服药的慢性疾病，购买伪

① 参见张明楷：《刑法学》（下），6版，北京，法律出版社，2021，1209页；(2019)皖16刑终366号刑事判决书。
② 参见雷晴：《3狂徒强迫小姐杀小姐 市检首次不追究杀人者刑事责任》，载《昆明日报》，2008-04-11，第A6版。
③ 参见（2018）黑7104刑初79号刑事判决书。

造的门诊收费专用收据 15 份，骗取医保共计人民币 304 949.84 元，用于购买药品及治疗。

分析： 法院经审理认为：现有证据未能完全证明被告人的家庭总资产低于医疗支出，尚无法得出其不违法就危及生命的唯一结论。但被告人属于因治病急需而诈骗，属"期待可能性"降低的情形，故可对其依法从轻处罚。本书认为：虽然张某身患重疾，但其提供的证据难以证明家庭资产少于医疗支出，而且其所患病症虽然严重，却属于慢性疾病，短时间内并不至于危及其生命安全，故综合考虑被告人的他行为可能性（完全可以选择变卖财产或向亲戚朋友借款等方式来筹集医疗费用）与所保护的法益（身体健康权而非生命权），其行为并非不具有期待可能性，而是期待可能性有所降低，其仍然应当承担刑事责任，只是应依法从轻或者减轻。

最后，异常情势下的违法行为不得超出一般人的宽宥限度，损害原本无须侵害的其他法益。例如我国刑法通说认为：犯罪嫌疑人、被告人采取一般的嘱托、请求、劝诱等方法阻止他人作证或者指使他人作伪证的，因缺乏期待可能性，不得以妨害作证罪论处。但是，犯罪嫌疑人、被告人采取暴力、威胁、贿买等方法阻止他人作证或者指使他人作伪证的，由于已然超出了一般人的宽宥限度，故并不缺乏期待可能性，宜认定为妨害作证罪（但可以从轻处罚）。①

孙某妨害公务案。② 孙某在居民区内以泼洒汽油引燃目的物的方式放火，民警破门进入室内实施抓捕时，孙某持菜刀抗拒抓捕，消防人员用高压水枪将孙某击倒后抓获。

分析： 法院经审理认为，孙某手持凶器拒捕的行为并不成立妨害公务罪，此种拒捕行为符合犯罪人犯罪后逃避法律制裁的心理状态，缺乏期待可能性，且未造成人员轻伤及以上后果，故不作为犯罪评价。也即法院认为孙某的拒捕行为不成立犯罪的原因除缺乏期待可能性以外，还包括并未造成轻伤及以上后果，换言之，倘若其拒捕行为造成了严重后果，即便不具有期待可能性，仍然会被作为犯罪评价。可见即便某一行为不具有期待可能性，其也并不必然能够阻却责任，还需要根据其侵害的法益进行综合评价。

三、期待可能性的判断标准

所谓期待可能性的判断标准，是指在判断行为人实施符合构成要件的违法行为时，从何种角度判断其是否具有适法行为期待可能性的标准。

对此问题，学界主要存在三种观点：（1）行为人标准说，认为在行为时，应当以行为人本身的情况为标准，判断其是否具有行为之外的适法行为可能性。（2）平均人标准说，认为应当以社会一般人为判断标准，即看社会一般人在行为人同样的情况下会如何行动，依此判断其是否具有期待可能性。（3）国家标准说，认为应当从国家法秩序的立场出发，判断此时国家能否期待行为人作出合法行为。对这三种观点均存在一定疑问。

首先，根据行为人标准说，既然行为人在当时实施了犯罪，就说明不能够期待其实施适法行为，但如此一来，所有的行为人都无须承担任何法律责任。行为人标准说适用

---

① 参见张明楷：《刑法学》（下），6 版，北京，法律出版社，2021，1425 页。

② 参见（2015）方刑初字第 46 号刑事判决书。

以社会伦理标准为基础的期待可能性来判断罪责之有无，模糊了刑法与道德的界限，进而使刑法规范的稳定性与可预见性将受到巨大冲击，导致现代刑法的法治基础面临严重威胁和考验，甚至产生失控的风险，因而该说并不妥当。

其次，对平均人标准说的批判在于，既然责任是对具体的该当构成要件且违法之行为的实施者进行人格非难，则在逻辑上，也理应站在行为人的立场上，设身处地地考虑其作出意志选择的可能，如此归责才更合乎情理。[①] 责任非难意味着对行为人个别的、一身的非难，应以行为人本人的可能性为限度，平均人标准说显然无视了行为人的特性，从而忽略了对平均人能够期待而对行为人不能期待的特殊情况，如此已经有违期待可能性理论之初衷。

最后，依照国家标准说的逻辑，既然国家已经作出了规定，便说明其认为民众在任何情况下都能够遵守法规，但如此将使期待可能性理论不存在任何适用空间。该说对于法律在何种情况下能够期待行为人实施合法行为这一问题给出的回答是，法秩序能够期待时就具有期待可能性。这无异于以问题回答问题，存在循环论证之嫌疑。

以上这三种学说均只关注了期待可能性判断标准的一个层面，故而宜采取一种“以行为人为判断资料、以平均人为判断基准、以法规范为期待主体”的综合判断说。首先，既然责任非难是个人的，那么就行为人的身体的、心理的条件等而言，必须以具体的行为人为基准，而不可能以一般人为基准；其次，为了避免“因为是这个行为人所以没办法”的诟病，应当将具有行为人特性的其他多数人作为其比较对象；最后，从国家制定的法规范的角度来对行为人是否需要承担责任作出评判。

总之，在期待可能性的判断中，应当以国家为判断主体，由国家根据行为人当时的身体的、心理的条件以及附随情况等，通过与具有行为人特性的其他多数人进行比较，判断其在行为时是否具有实施适法行为的期待可能性：如果具有行为人特性的一般人在此处境下都会如此行为，则此时就不能够期待行为人实施合法行为，行为人也就并不具有期待可能性。相反，如果具有行为人特性的一般人在此处境下都不会如此行为，则此时法秩序就能够期待行为人实施适法行为，行为人也将因为具有期待可能性而承担相应刑事责任。[②]

---

① 参见［日］西田典之著，［日］桥爪隆补订：《日本刑法总论》，3版，东京，弘文堂，2019，313页。

② 参见黎宏：《刑法学总论》，2版，北京，法律出版社，2016，218页。

第十章　正当化事由

第一节　正当化事由概述

一、正当化事由的概念

正当化事由，也称违法阻却事由，是指行为表面上符合犯罪构成要件时，可以从实质上排除行为违法性的事实缘由。根据实质二阶层犯罪论体系，构成要件是违法·有责类型。在违法类型层面，构成要件符合性的判断，是从实质上确认行为是否具有值得科处刑罚的法益侵害性。换言之，实质犯罪论倡导构成要件的实质化，在客观发生的事实是否该当构成要件的问题上，主张进行价值判断和规范评价，若具备正当化事由，则最终阻却不法构成要件的符合性。例如，甲实施了故意伤害乙的行为，导致乙身体轻伤。甲的行为从形式上看符合故意伤害罪的构成要件，但乙当时正在持刀伤害甲，甲出于防卫的目的实施了故意伤害行为，可以消除值得科处刑罚的法益侵害性，甲的伤害行为因正当防卫而具有正当性。所以，不法就是行为符合构成要件且不具有违法阻却事由。

在实质犯罪论体系下评判一个行为是否不法，需要经过两个评判阶段的考察：一是初步考察行为的构成要件符合性，二是确认有无正当化事由的加入。前者注重形式合理性，后者注重实质合理性。在这两个步骤完成之后，不法阶层的构成要件符合性即会明确，形式合理性与实质合理性可达成统一。就此而言，正当化事由是在“入罪合法”（刑法禁止什么）的同时，强调“出罪合理”（刑法允许什么）的体现。也正因如此，罪刑法定原则不排斥构成要件的实质化，不否认正当化事由来源的多样性。从实质违法性的角度看，表面的构成要件该当行为即使并不具备“法定的违法阻却事由”，也未必具有违法性。正当化事由既包括刑法规定的“法定的”违法阻却事由，也包括刑法尚未规定的、基于社会价值评判而应被承认的“超法规”的违法阻却事由，违法阻却事由走向了开放化，兼顾国法、天理、人情。

当然，基于我国正当化事由的司法现状，率先用足用好“正当防卫”“紧急避险”等法定的违法阻却事由，显得更为急迫一些。对于表面上符合犯罪构成要件，但实际上属于正当防卫、紧急避险的行为，若因难以及时排除其违法性而未尽早出罪，即便在立案之后的侦查阶段、审查起诉阶段撤销案件或者不起诉，强制措施、侦查方法的使用也会对行为人的人身自由造成限制，进而对社会大众的正义直觉造成冲击。法律不应该是冷冰冰的，司法工作也是群众工作，从有利于被告人的角度，不能轻易违背公众的朴素正义观。正确适用法定的违法阻却事由，让刑法文本通过司法的方式显示其锐度与温度，同时转变机械办案思维，树立正确司法理念，可以避免正当化认定的迟滞，果断进行出罪裁判。由此，在刑事违法性判断的理论和实践中才能更好落实《法治中国建设规划（2020—2025年）》的要求："坚持法治建设为了人民、依靠人民，促进人的全面发展，努力让人民群众在每一项法律制度、每一个执法决定、每一宗司法案件中都感受到公平正义"。

二、正当化事由的根据

正当化事由的根据，也即阻却违法性的原理。刑法的目的是保护法益，犯罪的本质是侵害法益，违法性的确认和违法性的阻却均以法益侵害（实害或者威胁）为中心，二者是一个问题的两个方面。因此，任何行为被认定为正当，实质的理由只能是法益侵害性的否定。本书始终认为，刑法规范是适用中先行的裁判规范，裁判规范表明法官对行为是否违法的判断是对法益侵害结果的个别化判断而非抽象判断，因而它必然会涉及具体情境中的法益侵害和法益保护的对照，这便是正当化事由的根据。

"法益衡量"的地位来源于结果无价值论，刑法将那些表面上违反规范的行为正当化，缘由根本不在于规范内部，否则便是循环论证。只有跳出规范、超越行为无价值才能认识其依据：尽管行为违反了刑法分则构成要件所传达的行为规范，但并没有造成法益侵害结果，或者该法益侵害结果因保护了更大的利益而被接受。法益衡量说既涉及对单个法益重要性的考察，也涉及多个法益相互冲突时的衡量。换言之，法益衡量说的基本内容是，在具体案件中进行法益保护必要性的权衡，既可以在满足一定条件时降低对其中一方的法益保护力度，也可以在符合一定价值标准时优先保护重要利益、牺牲次要利益。由此，行为人表面的构成要件该当行为从"初步的违法性"转向"最终的正当化"。比如，在前述甲故意伤害乙的场合，刑法引入的公认价值观念是"正义不必向不正义让步"，甲的身体法益因遭受乙的侵害而具有优先保护的必要性，乙因首先实施法益侵害行为而致其身体法益的保护处于次要地位，甲奋起自卫而伤害乙的行为在一定限度内被容忍。生命不得用于紧急避险，得承诺的杀人行为仍然成立故意杀人罪，这都是由于生命法益不得用于法益衡量。

法益衡量说包括两项具体原则：（1）法益阙如原则，是指由于特别的原因，经过法益衡量之后，可以从评价的起点上认定案件事实中缺少值得刑法保护的法益，或者相关法益的刑法保护变得不必要，进而确认行为的法益侵害性空缺，违法性被否定。比如，在相互斗殴的场合，互殴的双方均意图侵害对方的身体法益。这意味着每一方均自愿接受对方的殴打，也即承诺放弃了部分身体法益。这种承诺导致相关法益及其保护的阙如，一方造成对方身体轻伤的，阻却违法性。再如，具有强制表象的性行为看似符合强奸罪的构成要件，但该行为已事先获得妇女的同意的，缺少刑法介入的保护必要性。这恰恰是妇女行使性自主决定权的表现，强奸罪保护的法益始终存在，但在同意的范围内阻却不法。（2）优越利益原则（狭义的法益衡量），是指在具体案件中，对某法益造成损害是保护另一优越法益的重要手段时，该法益侵害行为为法秩序所鼓励或者认可，从而阻却了其违法性。优越利益保护的立法例是正当防卫和紧急避险：于前者在"法不能向不法让步"的宣言之下，防卫人的利益相对于不法侵害人的利益具有优先保护的地位，由此赋予防卫人更大的自卫空间；于后者在紧急事态中，容认避险人在不得已时损害较小的法益保护更大的法益。

三、正当化事由的种类

正当化事由不是全部的出罪事由，它只是排除行为违法性的事由。在实质二阶层犯罪论体系中，正当化事由是对不法构成要件符合性的阻却，最终确认行为的正当性，不再进入有责性判断阶段。根据不同的标准，对正当化事由的分类存在不同方式：

按照形式的标准即有无刑法明文规定，正当化事由分为法定的正当化事由和超法规的正当化事由。我国刑法中的正当化事由仅包括第 20 条正当防卫、第 21 条紧急避险，除此之外的其他正当化事由（如被害人承诺、自救行为等）没有被立法者纳入刑法，但基于不法的实质化，超法规的正当化事由也应当被承认。在我国当前的法定犯时代，行为形式上落入犯罪构成要件的辐射范围，但很可能因整体法秩序的要求，其法益侵害性最终被排除了。这同时也是不法构成要件的解释问题，不法论阶层的实质出罪事由应当受到重视。

按照实质的标准即违法阻却的原理，正当化事由分为法益阙如的事由和优越利益的事由。前者包括被害人承诺、自损行为等，后者包括正当防卫、紧急避险、法令行为（如执行公务行为、公民扭送行为）、紧急救助行为、自助行为、义务冲突等。

第二节　正当防卫

正当防卫是古今中外广泛承认的正当化事由，正当防卫的通用含义可以被概括为：为了保护法益免受急迫的不法侵害，对不法侵害人进行反击的正当行为。不同国家的刑法对正当防卫的界定不同，因而教义学上关于正当防卫的成立条件、必要限度等的分析也必然存在差异。

一、正当防卫概述

（一）正当防卫的概念

我国《刑法》第 20 条第 1 款规定，“为了使国家、公共利益、本人或者他人的人身、财产和其他权利免受正在进行的不法侵害，而采取的制止不法侵害的行为，对不法侵害人造成损害的，属于正当防卫，不负刑事责任”。据此，我国的正当防卫是指，为了保护国家、公共利益、本人或者他人的人身、财产和其他权利免受正在进行的不法侵害，对不法侵害人进行反击，以制止不法侵害的正当行为。

行为人在进行防卫反击时，没有对不法侵害人造成损害或仅造成轻微损害，便成功制止了对方的侵害行为的，无疑是正当防卫。进入刑法评价视野的正当防卫，是防卫行为客观上造成严重损害的情形（如致人轻伤、重伤甚至死亡），也即，反击行为表面上符合了某个犯罪的构成要件，本来可以被推定为不法，进而被认定为犯罪，但经过法益衡量后，行为的不法性被率先排除，认定犯罪的流程也随之终止。但是，对于正当防卫行为，不是先肯定防卫行为构成犯罪，后在犯罪论体系之外排除犯罪。按照实质二阶层犯罪论体系，正当防卫是因排除实质不法而阻却构成要件符合性，属于（不法）构成要件不该当。《刑法》第20条中的“不负刑事责任”是指由于阻却（不法）构成要件的成立而无刑事责任，而不是指行为具有违法性但不具备有责性，更不是指定罪之后免予刑事处罚。由于防卫行为与不法侵害之间是“正对不正”的关系，所以对正当防卫不能再实施正当防卫。

（二）正当防卫的法理

在正当防卫的场合，既然行为已经产生损害的结果，行为人为何不负刑事责任？而且，正当防卫既不要求这种损害是防卫人“不得已”的情况下造成的，也不要求该损害必须小于或者等于所要制止的不法侵害。那么，这种正当防卫权的本源何在？对此，理论上存在多种学说。

1.个人的自我保全说

个人的自我保全说认为，防卫行为是个体自我保护的本能行为，在面对正在发生的侵害时，国家力量难以及时提供公共保护，在此紧急状态下个人可以采取必要手段保全自己的利益，而不必对不法侵害躲避和退让。既然主张防卫是人之本能，正当防卫权便成为一种天赋的自然权利。显然，这种学说源于自然法理论，对于凸显个人自由主义的地位具有重要意义，成为启蒙思想的重要内容。比如，洛克基于人的自然理性主张人类的原初状态不是“战争状态”，而是在自然法范围内处理个人事物的“自由状态”，“每一个人必须保存自己，不能擅自改变他的地位”，这是遵从自然理性的体现。人们后来联合，成立政治国家，也是为了保存自己的生命、身体、健康或财产，在更有力的公共保护力量形成后，人们仍可以“合法反抗一切非法行使其权力的行为”。当受害者能够得到及时救济时，他的损害可以通过诉诸法律来获得弥补，也就没有诉诸强力的理由。相反，当受害者无暇诉诸法律请求保障（如遭遇暴力抢劫，一旦生命结束，就来不及再诉诸法律）时，“为了防止这种损失，自然法便给了我以权利来消灭那个使自己与我处于战争状态并以毁灭来威胁我的人”①。根据洛克的社会契约论，在个人处理他与其他公民、共同体之间的关系时，“自我保全”这种自然权利都应得到尊重。

个人的自我保全说能够为保护个人利益型的正当防卫提供根据，但不足以支撑整个正当防卫制度。我国《刑法》第20条不仅认可“为了保护本人权利”的正当防卫，也肯定“为了保护国家、公共利益”的正当防卫，而个人的自我保全说仅能够说明前者的合法性。虽然正当防卫不要求防卫行为造成的损害小于或等于不法侵害，但只要规定了“防卫过当”条款，就说明防卫行为需要保持必要限度，而个人的自我保全说只是表达了防卫行为的“目的正当”，而未提供“手段正当”的根据。比如，行为人手持利刃在公路上抢劫钱包，基于自我保存的目的，洛克认为被抢劫者可以合法地杀死该行为人。可是，持刀抢劫行为发生的场景不同，制止不法侵害所需要的反击力度则不同，并非杀死抢劫者的行为都是合法的，目的合理不能证明手段合理。所以，个人的自我保全说虽具有一定的合理性，但它只是为防卫行为提供正当性论证的一个起点。

2.法确证说

法确证说认为，正当防卫在保护法秩序的意义上确证了法的存在，是在国家、法律

---

① ［英］洛克：《政府论》，瞿菊农、叶启芳译，北京，商务印书馆，2020，147、274页。

不能提供保护时，防卫人充当代理人维护法秩序。对此，通俗且简短的公式为“法不向不法让步”。不法行为破坏了法秩序，正当防卫是对不法行为的抗衡，是以正义的方式维护了该秩序，因而防卫行为不需要躲避不法行为。它所要肯定的命题是“正无须向不正让步”。法即正义，法秩序即正义秩序，“法确证”的本质就是捍卫社会的正义秩序、宣示正义的法理念，进而维持正常的社会生活。就此而言，“法的确证”即“法的自我保全”，只不过这种保全行为不是由国家直接实施，而是由防卫人代表国家实施。“法确证”原理蕴含的是典型的德国黑格尔哲学：法（正）—不法（反）—法的恢复（合）。这是刑法正当性理论的内核。例如，积极一般预防论向来主张，犯罪是对法秩序的侵害，刑罚是对该侵害的回应，国家通过刑罚将侵害行为宣告为“不法”，也同时维持了法秩序的有效性和稳定性，进而强化了公民的规范意识、法忠诚意识。

法确证说能够说明如下情况：在遭遇不法侵害时，受害者主动退避、逃跑的话，往往更能保存自己。正当防卫不需要“不得已”条件，是为了保护更大的社会利益——维护法秩序。据此，正当防卫的空间也更大，无须附加“损益均衡”这种苛刻的条件。因此，“个人的自我保全”与“法确证”相结合的二元论是德国的通说。但是，法确证说也存在一定的疑问：（1）既然事后的国家刑罚也可以达成法的确证，若废除正当防卫制度岂非不影响这种确证？或言之，法确证的任务完全可以全部交给国家，由官方在犯罪实施完毕之后启动刑事追诉程序，以最权威的方式确证法秩序，那么为何容许个人提前代位行使刑罚权？（2）既然承认个人可以代表国家行使刑罚权，那么，个人在面对犯罪预备等非急迫的状态时，是否也可以采取防卫行动以及时确证法秩序？为何正当防卫仅限于“正在发生不法侵害”的场合？为何不容许个人事后代表国家行使刑罚权？（3）既然要保护比个人利益更大的社会利益（抽象的“法确证的利益”），那么，个人在遭遇不法侵害时躲避退让、明哲保身的话，显然无法保护该利益，反而让“不法”变得更加猖狂。此时，向公民施加“与犯罪英勇斗争”的防卫义务（正必须压制不正），更有助于确证法和正义，但这又与正当防卫的权利性质相矛盾。

本书认为，正当防卫的原理应当回归到优越利益原则，理由如下：

首先，在遭遇不法侵害时，受害者的自我保全正当，是源于对优越利益的保护。无论何种版本的社会契约论，都以承认个人及其利益冲突为起点，认为维持个人利益的自卫权是天赋的，但该自然权利并非凭空产生，而是能够得到民众的一致认可。比如，洛克主张自然状态中的人是相互平等与独立的，但由于没有公共主体，每一个人都要凭借理性和良心执行自然法，否则，“自然法就毫无用处了”。自然状态中的罪行是违背自然理性的侵害行为，犯罪人因罪行而堕落（灭绝理性），“并宣布自己抛弃人性的原则而成为有害的人”。如果有一方违背了自然法而侵害他人，他便将自己置于战争状态，原本的平等关系就此被打破，受害者的利益自然居于被保护的优越地位。于是，受害人基于自卫的需要，“拥有将罪犯的物品或劳役取为己用的权力”，甚至可以“合法地”杀死他。[①]

其次，法确证的利益也是法益衡量之后的优越利益。法确证说是从超个人的角度论证正当防卫的依据，主张正当防卫所保护的利益既包括被侵害者的个人利益，也包括法

---

① 参见［英］洛克：《政府论》，瞿菊农、叶启芳译，北京，商务印书馆，2020，147～158页。

秩序这种公共利益，“双重利益的叠加”为防卫行为之损害创造了更大的容忍范围，防卫的限度被扩大，侵害者之利益的受保护性减弱。然而，这本身就是一种法益衡量：防卫行为同时保护了更重要的利益，防卫造成的损害便可以大于不法侵害造成的损害。另外，法秩序无非是“正当权利不被侵犯”的社会秩序，“法无须向不法让步”的正义理念不是空穴来风，而是基于保护具体权利的实质需求，因而“法确证的利益”就是“人身、财产和其他权利免受不法侵害”的重述，它是归属于具体个人的具体利益。于是，“法确证的利益”落脚于被侵害的具体正当权利，法益衡量的内容始终是被保护的正当利益优于侵害者的利益。

最后，优越的利益具有一种质的优越性。公民的法益在法律面前本来是受平等保护的，但在正当防卫的场合，“平等”只意味着加害者实施不法侵害时，受害者有对等的合法伤害权利而无须躲避，加害者因自己的行为而陷于利益被合法伤害的状态。在加害者与受害者之间，只能选择后者为利益优越方。若不作出这种价值取舍，无异于放纵加害者无顾虑地继续实施不法侵害。防卫行为并不是毫无边界，我国《刑法》第 20 条第 2 款明确规定了防卫过当。受害者的利益具有质的优越性，是必要限度内的优越性，尽管不受损益均衡原则的严格限制，但在量上仍受到具体场景中法益衡量的限制。

二、正当防卫的条件

正当防卫是“正对不正”，基于惩恶扬善的价值需要，正当防卫应被容认与鼓励。同时，正当防卫是个人在急迫状态下对不法侵害人实施的“合法损害”，涉及优越利益保护而非法益完全阙如，故防卫行为也应避免私力救济的过度损害。因此，正当防卫必须满足一定的条件。我国《刑法》第 20 条规定了正当防卫的条件，涉及防卫情状和防卫行为。前者即实施正当防卫的场景，包括起因条件、时间条件；后者即防卫行为本身的正当化特征，包括主观条件、对象条件和限度条件。

（一）起因条件：存在现实的不法侵害

正当防卫是保护正当权益免受不法侵害的防卫行为，无不法侵害，则无防卫前提。在缺少不法侵害的场合，行为人以防卫之名实施损害行为的，属于不法侵害，遭受该侵害的对方反倒具备了实施正当防卫的起因条件。我国《刑法》第 20 条第 1 款对起因条件的描述使用了“不法侵害”一词，对此可从以下三方面理解。

1. 不法性

作为防卫起因的“不法侵害”不等于阶层犯罪论体系中的“不法”，它既包括完全构成犯罪的行为、不法构成要件该当行为，也不排除其他违法行为。《刑法》第 20 条第 1 款中的“不法”即普通意义上的“非法”，它只强调该行为没有法律依据，因而是非法、违法的侵害方式。此时存在“正与不正”的较量，只要受害人没有忍受之义务，就可以奋起反抗。

最严重的“不法”侵害是犯罪，如受害人面临故意杀人、绑架、抢劫、强奸等行为时，可以实施正当防卫，且对这种严重暴力犯罪的防卫限度很大，如果杀死不法侵害人是必要的，防卫人可以合法剥夺侵害人的生命。“不法”还包括一般违法行为。比如，我国刑法没有规定统一的强迫罪或强制罪，胁迫他人乞讨，胁迫不满 16 周岁的人或残疾人进行恐怖、残忍表演等无义务的行为不是犯罪，属于违反《治安管理处罚法》第 40、41 条的行政违法行为。上述强制行为不仅侵害了他人的意志自由，而且对外在身体行动自由构成了强制，是对受害人的不法侵害，此时受害人可以实施正当防卫。此外，最轻微的“不法”侵害是民事侵权，对此也可以实施正当防卫。例如，缺少非法占有目的之盗用行为，不构成《刑法》和《治安管理处罚法》中的“盗窃”，但仍侵犯权利人对财产的占有状态，权利人可以对此实施防卫。但是，对于违约等合同损害行为，不能进行正当防卫，否则债权人都可以通过暴力的方式实现自己的权利，仲裁、诉讼等法律救济渠道就变得无用。《民法典》第 181 条第 1 款规定“因正当防卫造成损害的，不承担民事责任”，因而只要具备侵权状态，就具有正当防卫之可能，重要的是考虑如何对民事侵权实施正当防卫，即具体情境中的防卫限度①，但不能因民事侵权不属于行政违法、刑事犯罪，就否认权利人有正当防卫的权利。

从一般人的角度看，急迫侵害的状态下很难区分犯罪与一般违法，只要自己的合法权益被侵害而难以获得公力救济，权利人就可以进行私力防卫，将“不法侵害”的范围限制得过于狭窄，不利于鼓励公民正当防卫，不利于保护正当权益。

对于未达刑事责任年龄者、精神病人等无刑事责任能力人实施的侵害，能否进行正当防卫？对此在我国刑法理论上向来存在争议。有观点主张：不法侵害不仅要求行为在客观上危害社会、违反法律，还要求行为人具备刑事责任能力和主观罪过，故无刑事责任能力人实施的侵害不是“不法侵害”，不能对它实施正当防卫。如果明知侵害人是无刑事责任能力人，则可以实施紧急避险；如果不明知其是无刑事责任能力人而进行反击的，则属于假想防卫，应认定为意外事件。② 但这种否定论实际上将不同层面的问题混为一谈，导致正当防卫的地位和价值模糊不清。按照传统刑法理论，行为的社会危害性是客观要素与主观要素的综合，犯罪的构成是犯罪客体、犯罪客观方面、犯罪主体、犯罪主观方面的拼合，正当化事由被置于“四要件”之后，正当防卫成为犯罪构成之外排除犯罪的事由。因此，这种平面化的理论要求正当防卫的前提是具备主、客观所有犯罪要素的侵害行为。按照前文的“法确证说”，无刑事责任能力人对法规范没有理解能力，即缺乏规范意识，他们实施的侵害行为自然不被法所期待。正如对他们不需要施加刑罚一样，对他们实施正当防卫也没有维护法秩序的作用。可见，“法确证说”的立场是行为无价值论（人的不法论），刑事责任年龄、精神状态等要素决定行为的主观违法性，由“法确证说”也能导出正当防卫权否定论。

但是，年龄、精神状态等因素与社会危害性没有必然联系。如多名未成年人将 21 周岁的被害人活埋致死：就对生命权的剥夺而言，未成年人之行为的危害性丝毫不逊色，只不过基于人道主义，对未成年犯在刑罚上不适用死刑。完全无刑事责任能力人实施的侵害行为也不必然比有刑事责任能力人实施的侵害行为危害性更小，如 11 周岁的甲将携带到学校的浓硫酸泼向同学，13 周岁的乙对一名女童实施强奸，精神病人丙持刀将同住

---

① 即便防卫行为属于《民法典》第 181 条第 2 款规定的防卫过当（超过必要的限度，造成不应有的损害），也不一定构成《刑法》第 20 条第 2 款规定的防卫过当（明显超过必要限度造成重大损害）。

② 参见《刑法学》编写组：《刑法学》（上册・总论），2 版，北京，高等教育出版社，2023，204 页。

的病友砍死，他们的行为对人身权的侵害性质非常严重，也当然为刑法所反对。只要将社会危害性界定为结果无价值（法益侵害性），那么，责任能力等罪责要素都与行为的“不法”判断无关。根据本书的观点，犯罪论体系是不法与罪责的实质二阶层体系，“不法”的评价只要考虑“刑法禁止什么”即可。刑法的目的是保护法益，只要一个举止是可归属于人的行为，客观上引起了法益侵害，则无论行为人是否具有刑事责任能力、主观上是故意还是过失，都是刑法禁止的对象，都应当被给予否定性评价。

正当防卫是紧急状态下对正当利益的保护，天然偏向的是受害人，而不是不法侵害人。面对上述甲、乙、丙的行为，受害人是否“明知是无刑事责任能力人”并不改变侵害行为的严重不法性，在“正对不正”的场合，也不应要求受害人采取苛刻的“避险”方式。既然无刑事责任能力人的行为也是客观有害的，受害人的法益正在遭受侵犯，那么，这种危害就不是“假想”，受害人的反击行为就是“真防卫”而非“假想防卫”。本书主张，对儿童、精神病人的防卫行为应当有所限制，但这属于防卫限度的范畴，而不能抹去防卫起因的现实存在。比如，当面对儿童持刀相向时，成年人一声怒吼，或许就足以吓阻进一步的侵害，此时当然不必使用暴力对抗的方式；或者，成年人使用轻微的暴力就可以打掉儿童手中的凶器，此时也不能采用重伤害甚至剥夺生命的方式进行防卫。面对儿童、精神病人等弱势人群，大多数人都抱有极大的同情心，而且保护弱势群体也是整个社会的伦理责任，但这种社会伦理的要求至多影响防卫行为的限度，而不影响防卫起因的有无。一般而言，面对无刑事责任能力人，伦理上倡导辨认和控制能力更胜一筹的受害人要保持克制，首选防御性的保护措施，后选攻击性的保护措施。但是，这也仅仅是伦理、情感上的要求而已。如果采用攻击性的防卫措施才足以制止不法侵害、实现自我保护，受害人当然可以采取该防卫措施。即便致使无刑事责任能力的侵害人受损害，该损害行为也是适当的，因为受害人没有冒着身体、生命被侵害的高度危险进行躲避的义务。尤其对于精神病人的侵害，一般人往往难以辨别其精神状态，只能直观判断其行为的客观危害性。若不承认受害人的正当防卫权利，对受害人的自我保护附加苛刻的条件，最终很可能是无辜者受害或者无辜者有罪。2020 年 8 月 28 日“两高一部”《关于依法适用正当防卫制度的指导意见》（以下简称《正当防卫指导意见》）第 5 条提出，“成年人对于未成年人正在实施的针对其他未成年人的不法侵害，应当劝阻、制止；劝阻、制止无效的，可以实行防卫”。这一规定从社会伦理的角度强调了对未成年人的不法侵害进行防卫的限度，同时也认可了对未成年人（包括未达刑事责任能力者）可以实施正当防卫。

2.侵害性

作为正当防卫起因的不法“侵害”，是指对法益造成了实际损害或者引起了急迫危险。比如，在持刀故意杀人的场合，在着手之后便产生了威胁生命的紧迫危险。即便最终因被害人防卫及时而杀人未遂，杀人过程也是首先伤害他人。因此，不法侵害的最低限度是法益侵害的急迫危险，这也是不法侵害“正在进行”的标志。对哪些侵害行为可以实施正当防卫？这是理解“侵害性”时要解决的中心问题。

侵害行为首先是人的行为，是归结于人之意志的行为，也即具有刑法上的行为品质（有意性）。根据结果无价值的客观不法论，地震、雷电、雪崩等自然事件，或者野兽攻击，也会导致生命、财产等法益受损，但不能就此仅以“结果无价值”为由认定不法侵害存在。所有法律评价都是围绕人类活动而展开的，这是所有理论的预设前提。若所谓的“攻击行为”不是人的行为，则不存在《刑法》第 20 条第 1 款中的“不法侵害人”，至多被评价为紧急避险，而没有成立正当防卫的可能。自然事件、野兽攻击只能被视为一种“灾害”“灾难”而不是“侵害”行为，因躲避该自然危害而将他人的合法财产作为“防身工具”予以消耗、损毁的，属于紧急避险。例如，甲在户外遭遇一条流浪恶狗的攻击，对流浪狗可以毫无顾忌地予以反击，若为保护人身安全而不得已拿起乙的名贵手杖防身，将流浪狗打死并导致手杖毁坏，则甲打死流浪狗的行为当然合法，其毁损手杖的行为虽对乙造成财产法益侵害，但具有紧急避险这一正当化理由。再如，农民为了保护生命财产等合法利益，伤害或者杀死正在自发攻击人身、破坏庄稼的国家保护动物如东北虎的，便只能按照紧急避险的要求进行评价，因为该类动物具有重要的生态、科学、社会价值，对它们进行反击，属于两种正当利益之间的衡量。如果动物的攻击是由于主人的故意唆使或者管理疏忽，则此时的动物系人之不法侵害的工具，受害人为了保护自己的利益而对该动物（对物防卫）及其主人、管理者进行必要反击的，反击行为属于正当防卫。

关于对侵害超个人法益的行为能否进行正当防卫，刑法理论上存在争议，可以肯定的是，当侵害超个人法益的行为同时侵害了个人法益时，如面对放火、破坏交通设施、抢夺正在行驶的公交车方向盘、寻衅滋事等行为，防卫人完全可以基于保护“本人或者他人”之目的而进行正当防卫。《德国刑法典》第 32 条第 1 款规定，“基于正当防卫之急需，所为之行为不违法（nicht rechtswidrig）”；第 2 款规定，“正当防卫是为了制止自己或者他人现在所受的不法攻击，而进行的必要防卫行为”。《日本刑法典》第 36 条第 1 款规定，“对于急迫不正之侵害，为了保护自己或者他人的权利，不得已而实施的行为，不处罚”。德日刑法典中正当防卫的对象都是自己或者他人正在遭遇之不法侵害，将“他人”解释为自然人、单位等主体没有争议，但国家、社会等难以具体化的超个人法益主体能否成为被保护者，理论上和实务中持保守见解。这是因为正当防卫的权利之源是个人的自我保全，只有在紧急状态下要保全个人法益时，个人才可以临时代替国家制止不法侵害。相反，保护国家利益和社会利益是受宪法约束之国家机关的职责，也是国家投入大量秩序防卫力量（Ordnungshüter）的原因，如果将该项干预权交给私人，会打破国家的暴力垄断，个人将以警察自居处理公共事务，导致正当防卫权的滥用，反而会以“公共名义”引发争斗，恶化社会安定状态。本书原则上赞同上述立场，但认为不能因此完全否认对侵害超个人法益之行为的防卫可能。不同于德、日刑法典的规定，我国《刑法》第 20 条第 1 款明确载明正当防卫的保护内容既包括“本人或者他人的人身、财产和其他权利”，也包括“国家、公共利益”，因而在法教义学上不能否定后者。或许有观点会认为，完全可以对第 20 条第 1 款进行限缩解释，可以将单纯为了维护“国家、公共利益”的防卫行为排除出去。但是，若将第 20 条第 1 款局限于个人利益保护，与“本人或者他人的人身、财产和其他权利”并列的“国家、公共利益”就形同虚设。这显然不再是一种“解释”，而是直接推翻了立法。所以，对侵害国家、公共利益的行为可以进行正当防卫，但只能局限于特定场合。比如，对于擅自设立金融机构、伪造货币、逃税、非法经营、非法出售发票、虚假广告、徇私枉法等的行为，因其属于国家安全、税务、市场监督、监察等部门的查处范围，一般人不能进行正当防卫。我国《国家安全法》第9条规定，“维护国家安全，应当坚持预防为主、标本兼治，专门工作与群众路线相结合，充分发挥专门机关和其他有关机关维护国家安全的职能作用，广泛动员公民和组织，防范、制止和依法惩治危害国家安全的行为”。据此，对于某些正在发生的现实的急迫的危害国家安全的违法犯罪，公民具有实施正当防卫的可能。此外，根据《刑事诉讼法》第84条，对于正在实行上述犯罪的人，公民在制止不法侵害之后可以立即扭送有关机关。当然，无论何种场景下，都应当明确正当防卫是公民的权利（违法阻却事由）而非法律义务，不能期待普通公众冒着生命风险与现行犯英勇斗争。

不法侵害既可以是作为，也可以是不作为。正当防卫面对的侵害多为积极作为，但当行为人负有实施某种积极作为的特定义务、具有履行特定义务的能力而未履行，并由此导致了法益侵害结果的发生时，该不作为方式与积极作为的侵害方式在危害结果上具有等价性，被害人对正在发生的不作为侵害可以实施正当防卫。例如，负有照料婴儿义务的母亲能够履行而拒不履行该义务，导致婴儿陷入濒临饿死的危险状态的，他人可以为了使婴儿免受正在发生的危害而强迫婴儿母亲履行照料义务。如前所述，侵害行为的“不法性”既可以表现为犯罪也可以表现为其他不正当行为，不作为侵害的“不法性”亦同。比如，未经允许而闯入他人住宅的行为是我国《刑法》第245条、《治安管理处罚法》第40条中的“非法侵入他人住宅”，主人可以对正在实施该行为的行为人实施正当防卫。但是，上述法律没有规定与“侵入”方向相反的“不退出”，丙合法进入他人住宅后经主人命令而拒不退出的，不构成非法侵入住宅的违法犯罪，否则，属于类推解释。此时，丙的行为仍然侵害了他人的住宅安宁，对该不作为的侵害行为，主人可以采用强制方法实施正当防卫。由于作为和不作为在法益侵害上具有等价性，在防卫限度上不存在前者大于后者的必然关系。

3.现实性

正当防卫针对的“正在发生的不法侵害”是真实存在的不法侵害，若是防卫人自我想象的不法侵害，则当然不能进行正当防卫。行为人误以为不法侵害正在进行，为了保护正当利益而对想象的“不法侵害”进行“反击”，进而导致对方法益受损害的，属于主、客观不一致的“假想（正当）防卫”。在客观不法层面，假想防卫不具备正当防卫的起因，造成损害没有正当化缘由，故是一种新的不法侵害，“被防卫”的一方反而可以进行正当防卫。在主观罪责层面，由于假想防卫人始终认为自己是在制止正在进行的不法侵害，因而具有正当防卫意识，不具有希望或放任危害结果发生的实质故意，至多被评价为犯罪过失。如果没有过失，则只能认定为《刑法》第16条规定的意外事件。需要注意的是，如果行为人误以为对方准备殴打自己而提前反击，则由于对方没有侵害意图，不法侵害尚未发生，这种“提前防卫”也具有假想性，但不属于假想防卫，行为人仍具有犯罪故意。

刘某故意伤害案。①刘某在某聊天软件上曾与卓某发生争执。后刘某乘车前往县城

① 参见（2019）湘08刑终9号刑事裁定书。

时，发现卓某也在同一辆车上。双方先后下车。当晚8时许，二人在县城商场门口相遇，刘其以为对方要对其动手，即持刀捅伤卓某的腹部并致轻伤二级。

分析：对于本案，一审法院认定刘某的行为构成故意伤害罪，刘某提起上诉，二审法院驳回上诉、维持原判。本书认为：刘某持刀伤害卓某，原因是误以为卓某将要伤害自己，是基于误想的“提前防卫”。二审法院认为，“刘某的行为属于假想防卫，刘某应对其行为的后果承担刑事责任”。但是，刘某明知不法侵害尚未发生而“先下手为强”，假想的内容是不法侵害“将要发生”而非“正在发生”，主观上没有正当防卫的意识，提前攻击的行为具有积极伤害的故意，故该“提前防卫”不是主、客观不一致的“假想防卫”，而是主、客观相一致的故意伤害（提前加害）。法院对刘某之行为的定性妥当，但使用的概念容易引发歧义。

（二）时间条件：不法侵害正在进行

只有当不法侵害正在进行时，才存在急迫的法益冲突（正对不正），被侵害人的利益因而具有质的相对优越性，被侵害人可以合法侵害的方式进行必要反击。如果不法侵害尚未开始或者已经结束，则由于法益冲突尚未显现或已经于事无补，被侵害人的利益失去了优先保护的紧急性、必要性，不允许任何一方以防卫之名引发新矛盾。

在法益侵害的复杂场景中，不法侵害的开始时点和结束时点并不总是清晰的。《正当防卫指导意见》第6条指出，“对于不法侵害已经形成现实、紧迫危险的，应当认定为不法侵害已经开始；对于不法侵害虽然暂时中断或者被暂时制止，但不法侵害人仍有继续实施侵害的现实可能性的，应当认定为不法侵害仍在进行”。这采用的便是实质法益侵害说：只要行为已经形成了现实、紧迫的法益侵害危险，且该危险仍在持续，即为不法侵害正在进行。这种法益侵害危险的判断不是事后判断，而是设身处地在“防卫行为时”作出的合乎情理的判断；判断的基准不是纯科学标准而是结合社会一般人认知，不苛求防卫人。“不法侵害正在进行”属于防卫情状，是对起因条件的时间限定。如果在不法侵害开始之前或者结束之后进行所谓的“防卫”，便属于“防卫不适时”，对所造成之损害便不能用“防卫过当”进行从宽评价，而应评价为：自始至终不具有“防卫”性质。在以往司法实践中，办案人员对“不法侵害正在进行”的把控过于严苛，对“防卫不适时”的划定范围过大，不利于准确认识防卫情状。

焦某田故意伤害案。[①] 于某（男，55岁）乘坐姚某的轿车来到村民焦某田（男，60岁）家中，进屋寻找焦某海（焦某田次子）索要1 000元欠款。焦某海并未在家，焦某田老伴告诉于某家中暂时无钱，等日后一定及时还上。于某极其不满，大声谩骂，随手拿起焦家的一把剪刀，在焦某田的胸前比画并用脚踢踹其裆部。姚某看到后进屋相劝，于某放下剪刀走向院子，继续回头谩骂，在打开随身携带的折叠刀时，不慎将自己的手指划伤。于某边骂边让焦某田为其包扎。三人回到屋内，于某继续持刀辱骂、踢踹焦某田并让其下跪。此时，焦某田上前用手控制于某持刀的右手，拿起炕上的剪刀扎了于某的左侧眼皮一下，两人打斗至院内，焦某田手持剪刀多次分别刺向于某的头部和颈部。其间，焦某田的老伴经过两次努力，夺下焦某田手中的剪刀。焦某田让老伴喊人、报警，

① 参见（2015）七刑初字第7号刑事判决书。

见到于某手中还握有尖刀，便用左脚踩住于某的右手臂将尖刀夺下，站在原地等候。救护人员到达现场时，于某已因失血性休克而死亡。

分析：本案中检察机关以焦某田犯故意伤害罪提起公诉。辩护人提出“焦某田所实施的伤害行为，应属防卫过当”。对此法院认为：“被害人在索债过程中，虽然言行有些粗暴，但尚未达到犯罪的侵害程度，被告人焦某田所实施的提前防卫行为应属防卫不适时，故不予采纳”。法院认定焦某田的行为构成故意杀人罪，以“民间矛盾激化”“取得被害方谅解”“自首”为由从宽处罚，最终判处焦某田有期徒刑12年。

本书认为：“提前防卫”“防卫不适时”的认定并不妥当。“不法侵害正在进行”不是指某一个特定侵害动作的开始或结束，而是法益侵害现实、紧迫危险的出现与持续。本案中，于某先对焦某田进行谩骂并持凶器进行威胁，用脚踹其身体。在二人第二次进入屋内包扎伤口时，于某继续持刀威胁谩骂、踢踹焦某田并逼其下跪。虽然于某尚未实际持刀刺向焦某田，但于某对焦某田的身体法益、人格利益、住宅安宁的不法侵害已经开始，尚未结束，且有继续升级侵害程度的可能。因此，焦某田因气愤而反击的行为，具备正当防卫的起因条件和时间条件，不是提前防卫。退一步而言，即便认定焦某田的行为超过了必要限度，也可按照防卫过当处理，而不能自始否认“防卫”性质，故法院对防卫情状作出了错误判断。

近年来，在我国，在经过一系列热点案件之后，判例对时间条件的把握有了明显改变。2020年9月3日“高法”发布7起“涉正当防卫典型案例”，2020年11月27日“高检”发布6起正当防卫不捕不诉典型案例，强调“正在进行”的判断核心是“形成法益侵害的现实、紧迫危险”，不法侵害暂时中止或者被暂时制止，不等于不法侵害已经结束，还要考虑是否有继续侵害的可能。可见，现今的司法指导意见的立场符合客观实质不法论，有助于进一步激活正当防卫条款。

在不法侵害开始之前，提前设立防卫装置，以防止将来发生的不法侵害，这是否属于提前防卫？在设立人安装该装置时，不法侵害尚未发生，当然不存在正当防卫的时间条件。但不法侵害发生时，加害人触发该装置（如电网、陷阱、捕兽夹），被迫停止侵害并遭受损害，该装置起到了防卫作用，设立行为便在此场合具有防卫性质，不属于提前防卫。根据法益衡量情况，设立行为可能成立正当防卫，也可能构成防卫过当。在加害人触发该装置之前，防卫装置对公共安全造成严重威胁甚至造成无辜者伤亡，则设立行为引起了不法之侵害，构成危害公共安全犯罪、伤害罪或者杀人罪等，设立人的主观罪责一般是过失，也不排除故意。

不法侵害结束的时点是现实、紧迫的法益侵害状态完全消失之时。对于不法侵害人确实已失去侵害能力或者确实已放弃侵害的，应当认定为不法侵害已经结束。防卫是否适时，要立足于防卫人防卫时的具体情境，综合考虑案件发生的整体经过，结合一般人在类似情境下的可能反应，依法准确把握防卫的时间。在财产犯罪中，不法侵害人虽已取得财物，但通过追赶、阻击等措施能够追回财物的，可以视为不法侵害仍在进行。防卫人在持续追索财物的过程中，可以使用强迫方法进行正当防卫。不法侵害人犯盗窃、诈骗、抢夺罪，为窝藏赃物、抗拒抓捕或者毁灭罪证而当场使用暴力或者以暴力相威胁的，按照《刑法》第269条转化为抢劫罪，正当防卫的防卫空间进一步加大。在不法侵害结束之后，防卫人继续实施追击的，属于“事后防卫”(事后加害)，它与“提前防卫”(提前加害)一样，属于防卫不适时。不适时的“防卫”行为不具有防卫性质，属加害行为，视情况构成故意犯罪、过失犯罪或者意外事件。

（三）主观条件：具有防卫意识

依照我国《刑法》第 20 条第 1 款，正当防卫的主观条件是“为了使国家、公共利益、本人或者他人的人身、财产和其他权利免受正在进行的不法侵害”。据此，如果行为人缺少上述防卫意识，即便客观上存在法益冲突的紧急情状，也不能认定为正当防卫(防卫意识必要说)。

防卫意识并非单纯的心理事实，而是具有规范评价的性质。对主观条件的理解不应过于严苛，只要行为人主观上认识到不法侵害正在进行而对侵害人施加强制，则必然认识到强制行为的防卫效果，即可肯定存在防卫意识。比如，甲看到仇人乙正在对他人实施强制猥亵，为了报复乙而上前将乙打成轻伤，进而阻止了强制猥亵的继续。此时可以肯定甲具有防卫意识。防卫意识与激愤、怨恨、复仇等情绪可以共存，因为这种纯粹的动机要素不影响违法性的评价，且一般人面对不法侵害通常会产生上述情绪，故如果否认防卫意识可以与它并存，那么基本上将正当防卫制度掏空殆尽。

于某故意伤害案。①杜某浩等十余人为催收高利贷来到苏某霞公司的接待室，辱骂苏某霞及其子于某，将烟头弹到苏某霞的胸前，并当着于某之面公然以裸露下体的方式侮辱其母亲，脱掉于某的鞋子让苏某霞闻。杜某浩用手拍打于某的面颊，其他讨债人员揪抓于某的头发，按住于某的前部不准其起身。公司员工报警，民警到达接待室询问情况后到院内进一步了解情况，于某欲同时离开接待室，被杜某浩等人阻止。杜某浩等人卡于某的脖子，并将于某推拉至接待室角落。于某持单刃刀警告杜某浩等人不要靠近，杜某浩出言挑衅并逼近于某，于某遂捅刺杜某浩以及围逼在其身边的其他三人，造成杜某浩死亡，另三人中两人重伤、一人轻伤。

分析：本案中一审法院以故意伤害罪判处于某无期徒刑，二审法院认定于某的行为属防卫过当，以故意伤害罪改判有期徒刑 5 年。二审中，被害人近亲属委托的诉讼代理人认为，于某的捅刺行为不具备正当防卫的前提条件。出庭检察官主张，于某的行为具有防卫性质。二审判决认定，于某是在人身安全面临现实威胁的情况下才持刀捅刺，能够认定其行为是为了制止不法侵害，因而具备正当防卫的起因条件和时间条件。同时，二审法院承认，杜某浩的辱母行为严重违法，亵渎人伦，“于某捅刺杜某浩等人时难免不带有报复杜某浩辱母的情绪，在刑罚裁量上应当作为对于某有利的情节重点考虑”。可见，二审法院认可报复情绪与防卫意识的并存，而于某因被激怒而反击，即便防卫过当，也具有刑罚上的从宽理由。如前所述，以往全国公安、司法机关在认定正当防卫、防卫过当问题上无不持保守、谨慎态度，执法尺度较为严苛，本案中二审法院对防卫意识的确认，为依法正确适用正当防卫制度树立了新的示范，有助于鼓励正当防卫，有机融合法、理、情。

在防卫挑拨的场合，因缺少防卫意识而禁止挑衅一方实施正当防卫。所谓防卫挑拨，

① 参见（2017）鲁刑终 151 号刑事附带民事判决书。

是指行为人基于后续侵害对方的目的，故意引起对方对自己实施侵害，进而以正当防卫的名义实现加害目的。《正当防卫指导意见》第8条指出，“对于故意以语言、行为等挑动对方侵害自己再予以反击的防卫挑拨，不应认定为防卫行为”。比如，张某意图伤害李某而以言语挑衅，李某怒不可遏，出手殴打张某，张某使用预先准备的匕首将李某刺成重伤。由于李某的殴打行为是张三主动挑衅而引起的，且挑衅行为之目的是加害李某，故此时张某的利益不具有保护优越性，张某的犯罪故意与防卫意识相互排斥，其加害行为构成故意伤害罪。防卫挑拨是对正当防卫权的误解与滥用，《正当防卫指导意见》第10条强调：“对于显著轻微的不法侵害，行为人在可以辨识的情况下，直接使用足以致人重伤或者死亡的方式进行制止的，不应认定为防卫行为。不法侵害系因行为人的重大过错引发，行为人在可以使用其他手段避免侵害的情况下，仍故意使用足以致人重伤或者死亡的方式还击的，不应认定为防卫行为”。防卫挑拨引发对方侵害的，挑衅方具有过错，其利益保护不具有优越性，故其只能采取被动防御方式（如躲避、夺下凶器等）避免被害，不能直接进行反击。

在相互斗殴的场合，伤害故意排斥防卫意识。所谓相互斗殴，俗称“约架”，是指双方各自以加害对方的故意进行相互攻击；既包括一对一的相互殴斗，也包括聚众斗殴中的双方互殴。此时，由于双方都是基于伤害故意而殴打对方，双方的行为均属不法侵害而非制止不法侵害，且双方均自愿承受对等危险，不能承认“我只能接受殴打对方、不接受对方殴打我”，因而缺少优越利益保护方（不正对不正），也就不存在正当防卫的前提。因此，在相互斗殴时，“谁先动手”“谁强谁弱”“谁在进攻、谁在防守”等问题没有实际意义。对“互殴”定性时不能进行孤立的考察而应进行整体判断，并非存在某一段“打架”情节就认定为“相互斗殴”，一概否认正当防卫。“殴打—反击（还手）”，进而形成“互殴”场面，在正当防卫中极为常见。因此，对于以下行为应当审慎理解防卫意识：（1）单方独自殴打或者聚众殴打另一方的，属于典型的不法侵害，被殴打方因缺少斗殴故意，可以实施正当防卫。（2）在相互斗殴的过程中，有证据证明一方确实已停止斗殴、屈服求饶、逃跑躲避而非采缓兵之计，另一方继续追打的，由于“互殴”已终止，放弃斗殴的一方可以进行正当防卫。（3）在琐事引发口角争执，双方均不能保持克制而引发打斗时，先动手的一方原则上不得主张正当防卫，后动手的一方可以主张正当防卫，此时不属于相互斗殴；但当后动手一方突然使用杀伤力很大的凶器时，先动手一方具有实施正当防卫的余地。[①]（4）一方预见他人将要实施不法侵害而事先准备防卫工具的，在遭受不法侵害时，仍然具备利益保护的优越地位，可以进行自卫反击，不能仅因事先进行防卫准备，就影响防卫意图的认定。这既适用于国家面对不法侵略时的领土保卫，也适用于个人面对不法侵袭时的法益保护。（5）双方存在“约架”邀请，但一方闯入对

---

① 《正当防卫指导意见》第9条第2款指出：“因琐事发生争执，双方均不能保持克制而引发打斗，对于有过错的一方先动手且手段明显过激，或者一方先动手，在对方努力避免冲突的情况下仍继续侵害的，还击一方的行为一般应当认定为防卫行为”。考虑到争执场景的复杂性，上述意见可能有助于倡导双方各退一步，平和解决冲突。但是，要求先动手的一方“手段明显过激”或者后动手还击的一方“努力避免冲突”，是对“法不能向不法让步”的保留。本书认为，应当将该意见理解为对正当防卫的列举而非框定，一方自愿避免冲突而后还击的，当然成立正当防卫，但在面对不法侵害时，后动手的一方没有避让的法律义务：既没有忍受“手段不明显过激”之侵害的义务，也无“努力避免冲突”的义务。

方的住宅、办公室等场地实施“上门殴打”的，被殴打一方因其住宅安宁、办公秩序以及受此影响的人身、财产权利仍值得优先保护，可以实施正当防卫。

在偶然防卫的场合，具有加害故意的一方缺少防卫意识，其加害行为成立犯罪未遂。所谓偶然防卫，是指行为人针对他人故意实施犯罪，在不知情的情况下，该行为偶然达到了客观的防卫效果。比如，陈某故意枪杀丁某，而此时丁某正在瞄准射击赵某。陈某开枪打死了丁某，客观上制止了丁某的不法侵害，保护了无辜的赵某。然而陈某对此毫不知情。我国《刑法》第 20 条第 1 款明确主张防卫意识必要说，因而陈某的行为不构成正当防卫，但偶然防卫的定性在理论上仍引发争议，在行为无价值论内部存在犯罪既遂说和犯罪未遂说：前者主张偶然防卫是引起犯罪结果的故意犯罪过程，是常规的“犯罪得逞”；后者主张行为人主观上具有犯罪故意（法敌对意识），因而行为无价值（规范违反性），只不过阻却结果无价值而成立犯罪未遂。在结果无价值论内部存在无罪说与犯罪未遂说：前者主张违法性的实质是客观的法益侵害，偶然防卫行为保护了无辜者，便不存在结果不法，因完全阻却不法而无罪。无罪说又细分为正当防卫说和超法规的违法阻却事由说。后者主张偶然防卫只是偶然没有造成法益侵害结果，但仍然具有法益侵害危险，因而成立犯罪未遂。本书持结果无价值论的立场，主张犯罪未遂说，理由在于：违法性理论是对某种客观事实的否定性价值评价，无论将刑法视为裁判规范还是视为行为规范，不法评价都不是完全有无某种客观事实的纯自然评价。如果从事后的客观损害角度，将偶然防卫视为正当化行为，等同于无罪的“不能犯”，那么，任何犯罪“偶然”未造成损害后果时都因缺少结果无价值而无罪，未遂犯永远只有不违法、不成立犯罪这一种结论。结果无价值论不是极端的客观不法论，应当有限承认未遂犯中既遂故意等主观违法性要素，否则，未遂犯作为一个刑法总则承认的犯罪类型将面临必要性疑问。在偶然防卫的场合，犯罪的对象是现实存在的，完全不同于“杀害尸体”等情形。对故意犯罪者而言，纵然其行为偶然挽救了无辜者，其行为也具备主观违法性要素，仍有否定其行为正当性的必要。对于偶然防卫这种百年不遇的场景，刑法仍需表明其立场：禁止没有防卫意识的故意杀人等行为。

（四）对象条件：针对不法侵害人

正当防卫是对不法侵害的制止，根据优越利益原则，受害人的利益之所以具有保护优越性，是因为相对于紧急避险而言，正当防卫不受“不得已”条件的约束，也缺少“损益均衡”的限制，对其他人的利益保护没有减少的理由。因此，这种自卫反击行为只能针对不法侵害人本人。例如，甲是一个极为惧怕妻子乙的人，甲对丙实施故意伤害时，丙不能以防卫之名强迫在场的乙命令甲停止侵害，即便这是一种有效的制止方式，除非甲、乙因意思联络而对丙实施共同犯罪，因为此时乙（非实行犯）具有制止不法侵害的作为义务，丙对乙的强迫是对不作为侵害行为的正当防卫。正当防卫可以针对不法侵害人的人身进行防卫，当不法侵害人将财产作为犯罪工具时，受害人也可以通过毁坏财产的方式正当防卫。

在制止不法侵害时，防卫行为也经常会伤及无辜第三人的利益，对此需要分场景讨论。

（1）在制止不法侵害时，防卫人假借防卫表象，同时故意加害无辜第三人的，属于新的不法侵害行为，当然构成故意犯罪。如果防卫人误以为第三人是不法侵害人而进行“防卫”，则属于假想防卫，构成过失犯罪或者意外事件。

(2) 不法侵害人将第三人的财物作为工具使用，防卫人以毁坏该财物的方式进行防卫的，可以成立正当防卫。比如，甲与丙因琐事发生争执，甲当场唆使邻居乙豢养的狗对丙进行攻击，丙拿起砖头将狗打死。虽然该狗不是甲所有的，但对于丙而言，无须追问，也不可分辨狗的所有人是谁，为了保护自己的人身利益，在“正对不正”的场合进行果断反击，成立正当防卫。至于丙的防卫行为导致第三人乙的财产受损，可能被认为不符合《刑法》第 20 条第 1 款规定的“……对不法侵害人造成损害的，属于正当防卫，不负刑事责任”，但是，完全可以将“对不法侵害人造成损害”解释为包括“对不法侵害人占有、使用的财物造成损害”，不法侵害人的人身损害具有专属性，而财产损害则缺少人身专属性。对丙的行为进行评价时，应以丙为出发点：对于丙而言，他面对的是“正对不正”，反击时没有必要因狗的所有权问题而有所顾忌。如果在正当防卫的认定中掺杂“凶器的所有权”等问题，进而将丙的行为再评价为紧急避险，则是把简单问题复杂化了。对于乙的财产损失，按照《民法典》第 181 条丙不承担赔偿责任；甲将乙的财物置于被防卫的境地，属于利用了丙的合法行为对乙实施间接侵权（间接正犯），甲直接按照《民法典》第 1165 条承担侵权责任。

(3) 为制止不法侵害，防卫人取用第三人的财物用于防卫，导致财物毁损的，对毁损行为适用紧急避险条款。此时，第三人的合法财产因防卫人的取用行为而毁损，防卫人与无辜第三人之间形成直接的法益冲突，属于“正对正”。此时防卫人的取用行为受“不得已”“损益均衡”等条件的严格限制。对于紧急避险造成无辜者财产损失的，根据《民法典》第 182 条第 1 款，由引起险情发生的人承担民事责任。

(4) 在对不法侵害行为实施防卫时，因防卫人打击错误而导致第三人法益受损的，比照假想防卫处理。比如，甲对丙持械故意伤害，丙沿楼梯往上跑，甲在身后追击，丙将楼梯边的花盆砸向甲，不料花盆同时砸中正欲开门外出的乙，致乙轻伤。对甲而言，丙的行为是正当防卫；但对于乙而言，其不处于“不法”“不正”的地位，利益保护没有减少的理由，不能因为丙的反击行为对甲具有防卫性质，就认定该行为对所有第三人也具有防卫性质。本书认为，这种打击错误也属于假想防卫。常规的假想防卫是对象错误，即辨认错误而打击了无辜者，而上述打击错误的最终表现与对象错误完全一致：因方法失误而打击了无辜者。在这两种场合，防卫人主观上只有制止不法侵害的故意，没有侵害第三人的故意，对无辜者的打击均属“防卫错误”，都可以按照假想防卫认定为过失犯罪或者意外事件。

(五) 限度条件：没有明显超过必要限度造成重大损害

虽然正当防卫涉及的是“正与不正”，但不法侵害人的利益并非一律不受保护，而是在防卫的必要限度内丧失同等保护地位。换言之，正当防卫的根据不是法益阙如而是优越利益保护。正当防卫是紧急状态下合法剥夺他人利益，对这种私人救济方式应当有所限制，否则会陷入法益冲突的恶性循环。我国《刑法》第 20 条第 2 款规定，“正当防卫明显超过必要限度造成重大损害的，应当负刑事责任，但是应当减轻或者免除处罚”。据此，正当防卫的限度条件是“没有明显超过必要限度造成重大损害”，超过该限度条件的，属于防卫过当。

关于“明显超过必要限度造成重大损害”的理解，我国刑法理论上存在一体说与二分说之争。前者主张，该要素是综合的一个条件即一体两面，行为过当便是结果过当，反之亦反，不存在“行为过当而结果不过当”或“结果过当而行为不过当”。后者主张，该要素包括两个独立的条件，防卫过当需要同时满足“行为过当”（明显超过必要限度）和“结果过当”（造成重大损害），二者是分立的两个条件，当缺少其一时，仍属正当防卫。《正当防卫指导意见》采纳了二分说，于第11条主张：“……认定防卫过当应当同时具备‘明显超过必要限度’和‘造成重大损害’两个条件，缺一不可”。本书赞同二分说，“明显超过必要限度”和“造成重大损害”应是两个相互独立的要件，前者是对行为限度的要求，后者是对结果限度的要求，不能因“结果过当”而推定行为一定过当。如果认为对行为限度没有独立判断的必要，则结果过当，手段就一定会过当。当防卫行为造成不法侵害人死伤时，更容易肯定防卫行为明显超过必要限度，进而认定防卫过当。若要清除唯结果论的痼疾，避免“谁死伤谁有理”，就有必要独立考量防卫人实施反击时的具体行为情境。

1.“明显超过必要限度”的判断

所谓“明显超过必要限度”，是指防卫行为与不法侵害行为的强度、力度、紧急程度等相差悬殊，不仅超过了相当性，而且根据一般人的认知，出现了相当明显的不对等。如果防卫行为与不法侵害“基本相适应”或者只是一般性地超过了必要限度，则仍在正当防卫的容忍范围内。理解“行为过当”的前提是确定“必要限度”，之后才能判断何为“明显超过”。防卫行为的必要限度包括两个方面：一是防卫手段的适合性，即反击行为有助于及时排除不法侵害。比如，站在楼下的甲看到楼上的乙正在高空抛物，甲举枪射击乙，这种枪击行为便不是适合的防卫手段，因为即便将乙杀死，所抛掷的物品仍可能掉落，甚至濒死的乙本身也会从天而降，造成更大的损害。二是防卫手段的温和性，即防卫人在可选择的情况下，应在同等有效的措施中采用损害最小的手段。虽然正当防卫的成立不要求“不得已”和“损益均衡”等，但不法侵害人的利益并没有完全被否认，防卫人也不能肆意而为。比如，小偷潜入丙的住宅小院内盗窃，丙发现后将大门锁闭，放出豢养的五条藏獒追咬，致小偷被咬死亡。“关门放狗”的行为有助于制止盗窃行为，但放一条藏獒即可排除该侵害，放出五条藏獒的反击行为便不具有温和性，防卫行为超过了必要限度。再如，丁与戊因琐事发生争吵，丁挥拳打向戊，戊掏出尖刀直接刺向丁的胸部、腹部。该捅刺行为具有防卫性质，但不是制止不法侵害的必要手段，因为“连续捅刺胸部、腹部”与“单人空拳挥打”之间的伤害强度相差悬殊，反击手段是致命伤害行为，明显超过必要限度。

当然，防卫手段的温和性只能是相对的，应避免苛求防卫行为与不法侵害之间“基本相当”“武装对等”。结合不法侵害的手段、危害强度、紧急程度等，如果在一般人看来，防卫人难以确定何种防卫手段更温和，或者说，任何人处于该被害情景时，无法判断何种防卫手段更有效且损害更小，那么，便不能要求受害人甘冒防卫不足的被害风险。此时，防卫手段是否温和的判断就是相对的，要赋予防卫人更大的防卫尺度。尤其是，正在进行的不法侵害很可能不是“单一侵害人”使用“单一凶器”实施“单一行为”，不法侵害的严重程度既可能瞬间达到顶点，也可能呈现持续的风险不确定。因此，防卫的限度既要考虑已经造成的不法损害，也要考虑进一步损害的紧迫危险性和现实可能性，在防卫行为的损益评判上不能过于严苛。

于某明正当防卫案。[①] 某日21时30分许，于某明骑自行车与刘某醉酒驾驶的小轿车险些碰擦。刘某下车上前推搡、踢打于某明，虽经劝解，刘某仍持续追打，并从轿车内取出一把砍刀，连续用刀面击打于某明的颈部、腰部、腿部。刘某在击打过程中将砍刀甩脱，于某明抢到砍刀，刘某上前争夺，在争夺过程中于某明捅刺刘某的腹部、臀部，砍击其右胸、左肩、左肘。刘某受伤后跑向轿车，于某明继续追砍2刀均未砍中，其中1刀砍中轿车。刘某逃离后，倒在附近绿化带内，后经抢救无效死亡。于某明经人身检查，见左颈部条形挫伤1处、左胸季肋部条形挫伤1处。

分析： 本案中，于某明先因涉嫌故意伤害罪被立案侦查，之后公安机关认定其行为构成正当防卫，决定依照《刑事诉讼法》第16条撤销案件。检察机关同意撤案决定。于某明的行为具备防卫性质是没有疑问的，但是否符合限度条件则存在争议。于某明所受损伤较小，其防卫行为却造成了刘某死亡，二者对比似乎不相适应。那么，是否应当要求于某明采取与不法侵害基本对等的损害更小之手段？“高检”在本指导性案例中强调：“‘于某明与刘某的伤情对比不相适应’的意见，只注意到了实害行为而忽视了危险行为，这种意见实际上是要求防卫人应等到暴力犯罪造成一定的伤害后果才能实施防卫，这不符合及时制止犯罪、让犯罪不能得逞的防卫需要，也不适当地缩小了正当防卫的依法成立范围，是不正确的”。在该紧迫情境中，“刘某将砍刀甩脱”不意味着不法侵害已经结束，“于某明将砍刀捡起”也不意味着他已经取得了压倒性优势。一方面，刘某上前争夺砍刀，于某明仍有被砍的高度危险；另一方面，由于砍刀是由刘某从轿车中拿出的，刘某受伤后跑向轿车，不排除其继续从轿车拿取其他凶器的可能，不能要求于某明冒着生命危险原地等待下一次危害，其进一步追砍的行为仍是防卫的继续。所以，在不法侵害的场合，应当将防卫人视为紧急状态中的“一般人”而不能期待其作出客观、冷静、理性、超然的反应，进而过分要求防卫人对反击手段控制得恰到好处。

我国1979年刑法第17条第2款曾规定，正当防卫超过必要限度造成不应有的危害的，应当负刑事责任。现行《刑法》第20条第2款之所以将“超过必要限度”调整为“明显超过必要限度”，正是为了赋予防卫行为更大的正当化空间。不可否认，“超过必要限度”是一种相对“持中”的比例考察，但对这种“平衡性”在复杂多变的犯罪场景中较难把握，因此，作为一般“常人”的防卫人往往对“超过必要限度”缺少预期，该标准看似“持中”，实则有过于严格之嫌，而“明显超过必要限度”则放宽了防卫要求，更多考虑了防卫人面临的紧迫状态和紧张心理，避免苛求防卫行为与不法侵害之间的相当性。《正当防卫指导意见》第12条指出，是否“明显超过必要限度”，应当综合不法侵害的性质、手段、强度、危害程度和防卫的时机、手段、强度、损害后果等情节，考虑双方力量对比，立足于防卫人防卫时所处情境，结合社会公众的一般认知作出判断。通过这种综合考量，只有防卫行为与不法侵害相差悬殊、明显过激，才能认定为行为过当。

---

① 参见《最高人民检察院公报》，2019年第1期，26～28页。

尹某龙故意伤害案。① 尹某龙和关某因工程竞标一事发生矛盾，关某联系魏某等多人到尹某龙的货站找其理论。关某和尹某龙两人见面后发生争吵，关某先动手殴打尹某龙，后魏某等多人围殴尹某龙，在围殴厮打过程中尹某龙用折叠刀将魏某的腹部刺伤。经鉴定，魏某的腹部损伤程度为重伤二级。一审法院认为：魏某等人在殴打尹某龙时，其侵害程度尚未达到严重危及尹某龙人身安全的程度，尹某龙在此情况下却使用凶器进行还击，致使被害人重伤，其防卫行为明显超过必要限度造成重大损害，属于防卫过当，构成故意伤害罪。尹某龙提起上诉。二审法院裁定驳回上诉、维持原判。尹某龙随后提出申诉，请求再审改判无罪。

分析：本案一、二审法院的裁判依据是，尹某龙使用了凶器进行还击，具有致人重伤、死亡的严重程度，而魏某等人的侵害行为没有达到该程度，二者的行为强度不相匹配，因而尹某龙的防卫行为"明显超过必要限度"。这采用的其实是"武器对等原则"，换言之，面对多人的结伙殴打，似乎只能要求防卫人放弃使用凶器，冒着更大的风险，赤手空拳进行"一对多"的自卫反击。采用这种防卫手段最终会成功制止不法侵害还是引来更严重的身体侵害？相信一般人都能作出判断。多人围殴行为并非只有致人轻伤的危险，将他人打成重伤，甚至殴打致死，也实不罕见。退一步而言，即便认为尹某龙持折叠刀反击，超过了制止不法侵害的"必要限度"，这种"超过"也没有达到"明显超过"的程度。本案再审法院最终认定，"尹某龙持刀挥刺的行为是具有防卫性质的反击行为，虽然对不法侵害人中的一人造成了损害，但该行为系制止不法侵害之需要，并未明显超过必要限度"，遂改判尹某龙无罪。这否认了一、二审法院对防卫手段温和性的绝对要求，避免了"防卫过当"的不当扩大。

2."造成重大损害"的判断

《刑法》第 20 条第 2 款对防卫过当进行了双重限定：既要求行为"明显超过"必要限度，又在此基础上要求"造成重大损害"，二者缺一不可。

如前所述，1979 年刑法第 17 条第 2 款对"结果过当"的规定是"造成不应有的损害"，但何谓"不应有"，表达模糊，难以把握。而根据"重大损害"这一条件，即使行为明显超过必要限度，但仅额外造成"一般损害"的，仍不属于防卫过当。换言之，现行刑法的正当防卫制度不仅给予"行为过当"很大空间，而且为"结果过当"设定了很高的容忍度。可见，立法对"法不能向不法让步"的捍卫力度不可谓不大。根据《正当防卫指导意见》第 13 条，"造成重大损害"是指造成不法侵害人重伤、死亡，造成轻伤及以下损害的，不属于重大损害。这主要是考虑到，防卫行为造成多人轻伤的情况在司法实践中并不常见，而造成个别人轻伤的，难以被称为"重大"。

虽然"造成重大损害"不难判断，但要准确理解防卫过当，还要避免"唯结果论"的影响。司法上判断正当防卫的一个传统观念是"谁死伤谁有理"，这有两个方面的表现：其一，只要冲突的一方受轻伤以上的损害，另一方的行为就易被认定为伤害罪，或者以"互殴"为理由，对双方各打五十大板，否认正当防卫的起因。其二，即便能够认可另一方之行为的防卫性质，在导致不法侵害人重伤以上后果时，也往往会以"防卫人

① 参见（2022）辽 10 刑再 1 号刑事附带民事判决书。

的伤势更轻”“损害结果不相称”为依据，认定为防卫过当。

赵某正当防卫案。[①] 某日晚 11 时许，李某与朋友邹某（女）酒后一同乘出租车到达邹某之住处，二人在室内发生争吵，随后李某被邹某关在门外。李某强行踹门而入，并殴打谩骂邹某。住在楼上的赵某闻声下楼查看，见李某把邹某摁在墙上并殴打其头部，即上前制止并从背后拉拽李某，致李某倒地。李某起身后欲殴打赵某，并进行言语威胁。赵某随即将李某推倒在地，朝李某的腹部踩一脚，又拿起房间内的凳子欲砸李某，被邹某劝阻住。后赵某离开现场。经法医鉴定，李某的伤情属重伤二级，邹某的伤情为轻微伤。

分析：本案中，赵某的行为最终被检察机关认定为正当防卫，根据《刑法》第 20 条第 1 款之规定，赵某不负刑事责任。但本案的办理过程较为曲折，原因正在于赵某的防卫行为造成了李某重伤二级的结果。2018 年 12 月 28 日，福州市公安局晋安分局以涉嫌故意伤害罪对赵某采取刑事拘留，后提请批准逮捕。根据《刑事诉讼法》第 81 条关于逮捕的条件，公安机关显然认为赵某的人身危险性很大，采取取保候审尚不足以防止发生“可能实施新的犯罪”等社会危险性。晋安区人民检察院以事实不清、证据不足为由作出不批准逮捕决定。后来，公安机关以涉嫌过失致人重伤罪向检察机关移送审查起诉。根据《刑事诉讼法》第 162 条，侦查终结的案件，应当做到“犯罪事实清楚，证据确实、充分”。从故意犯罪到过失犯罪，办案人员退而求其次地进行有罪追诉，很大程度上是受重伤结果的影响。2019 年 2 月 21 日，晋安区人民检察院以故意伤害罪（防卫过当）对赵某作出相对不起诉决定，也即，按照《刑事诉讼法》第 177 条第 2 款，认定赵某的行为“犯罪情节轻微，依照刑法规定不需要判处刑罚或者免除刑罚”。2019 年 3 月 1 日，福州市人民检察院对该案进行了审查，指令晋安区人民检察院重新作出了无罪不起诉决定。

本书认为，综合全案，面对公安机关的有罪判断，检察机关在第一次审查起诉时试图以“防卫过当”作出纠偏，但该认定未能摆脱“唯结果论”，实际上仍将“明显超过必要限度造成重大损害”视为“以结果为导向”的一体化条件。从便于侦查的角度看，公安机关采取的某些强制措施似无不妥，检察机关的第一次相对不起诉决定也是出于“弘扬社会正气、鼓励见义勇为”的良好初衷，但这毕竟将防卫人拉入了刑事追诉程序，对他作出了有罪判断。可见，正当防卫的认定时间越早，越有利于及时捍卫“法不能向不法让步”的精神。而这需要克服“唯结果论”的做法，在条件二分说的基础上，优先确认“行为过当”（从行为到结果），避免从“重大损害”倒推防卫行为“明显超过必要限度”，充分肯定如下情形的存在：防卫行为虽造成重伤、死亡结果，但行为没有明显超过必要限度的，仍系正当防卫。

3. 防卫过当的刑事责任

正当防卫明显超过必要限度造成重大损害的，防卫人应当负刑事责任。此时，防卫行为构成故意犯罪还是过失犯罪？对此理论上存在“过失说”“故意说”“间接故意说”“过失或故意说”“过失或间接故意说”等。本书认为，防卫过当既可能构成故意犯罪（直接故意或间接故意），也可能构成过失犯罪。

---

① 参见〔2019〕9 号不起诉决定书。

（1）防卫过当一般构成过失犯罪。防卫行为如持刀捅刺、挥砍等，都是防卫人故意实施的反击，但并不意味着防卫过当一律构成故意犯罪。根据我国《刑法》第 14 条，犯罪故意是一种以“实质社会危害性”为中心的故意，而非自然意义上的动作故意。在实施防卫的场合，防卫人都具有制止不法侵害的意图，防卫人也是出于保护法益的直接目的而实施反击行为，所以，防卫人对“行为会发生危害社会的结果”（防卫过当）缺少认识，或者缺乏“希望或者放任”之意志因素。① 因此，防卫过当一般构成过失致人重伤罪、过失致人死亡罪。

（2）防卫过当符合一定条件时，构成故意犯罪。如前所述，防卫意识与愤怒、报复等情绪可以并存，且该类情绪在防卫时并不少见。当防卫行为客观上满足限度条件时，这种情绪化的反击仍构成正当防卫。虽然该种情绪化防卫可能出于“滥用防卫权”之目的，但客观上并未“明显超过必要限度造成重大损害”时，“权利滥用目的”并未现实化，仍应受到正当化评价。然而，防卫人基于愤怒、复仇等情绪，明知“行为过当”而希望或者放任重大损害发生时，防卫人完全具备了犯罪故意的认识因素和意志因素。比如，面对赤手空拳的打耳光，体格相当甚至体格更强的防卫人直接使用刀砍、枪击方式反击，由于该不法侵害的强度、紧急程度相对有限，这种反击属于明显的滥用防卫权。防卫人对客观情状具有认识，完全可期待他选择更温和的防卫手段，却故意实施刀砍、抢劫等行为，引起重大损害的，可以认定为故意犯罪。再如，在“微财杀人”的场合，防卫人所保护之法益与反击损害之法益极端失衡，防卫人显然对此存在明知，这种滥用防卫权的行为成立故意犯罪。

根据《刑法》第 20 条第 2 款，对于防卫过当，应当减轻或者免除处罚。减免处罚的犯罪论根据在于违法性减弱或者罪责减弱，刑罚论根据在于预防必要性的减弱。防卫过当与正当防卫的区别仅在于防卫限度的突破。防卫过当并不缺少防卫起因、对象、时间以及防卫意识等条件，虽然防卫手段过激、损害后果过大，但毕竟保护了更优越的法益，因此，防卫过当因法益衡量而违法性减弱。而且，防卫过当是面对紧急不法侵害实施的反击行为，防卫人难免因恐惧、惊吓、紧张而失去平常理性，对他作出温和反击的期待可能性降低。② 在刑罚目的层面，由于防卫过当是因不法侵害（最严重的“被害人过错”）而发生的“反制化”犯罪，在犯罪起因、犯罪进程、犯罪既遂等方面完全不同于通常意义的犯罪，防卫人的人身危险性相对较小，特殊预防必要性较一般犯罪为低。同时，对防卫过当的减免处罚，有助于从刑事政策层面鼓励见义勇为，为防卫人减轻后续的刑罚负担。对于防卫过当，究竟是减轻处罚还是免除处罚，要综合考虑上述客观不法、主观罪责、特殊预防、一般社会效果等因素后作出判断。

---

① 在假想防卫的场合，防卫人也故意实施了“反击”行为。认定这种“反击”不构成故意犯罪，也是实质故意概念使然。

② 《正当防卫指导意见》第 14 条指出：“要综合考虑案件情况，特别是不法侵害人的过错程度、不法侵害的严重程度以及防卫人面对不法侵害的恐慌、紧张等心理，确保刑罚裁量适当、公正。对于因侵害人实施严重贬损他人人格尊严、严重违反伦理道德的不法侵害，或者多次、长期实施不法侵害所引发的防卫过当行为，在量刑时应当充分考虑，以确保案件处理既经得起法律检验，又符合社会公平正义观念”。

三、特殊防卫

我国《刑法》第 20 条第 3 款规定，“对正在进行行凶、杀人、抢劫、强奸、绑架以及其他严重危及人身安全的暴力犯罪，采取防卫行为，造成不法侵害人伤亡的，不属于防卫过当，不负刑事责任”。该款规定的是一种“特殊防卫”，而非“无过当防卫”“无限制防卫”。该款不是对第 20 条第 1 款、第 2 款的例外规定（非法律拟制），针对行凶、杀人、抢劫等犯罪的正当防卫仍需符合正当防卫的五个基本条件，也存在防卫过当的情况。只不过，对于这些严重危及人身安全的暴力犯罪，防卫人往往需要使用更大力度的反击才能制止相关侵害，故立法上才对该类场合中的正当防卫限度作出了提示性规定（注意规定）。严重危及人身安全的暴力犯罪情况复杂、场景多样，一律否认防卫过当，赋予防卫人无限防卫权，一方面缺少法理依据，另一方面也将造成正当防卫权的滥用。

1.“杀人、抢劫、强奸、绑架”不仅是具体罪名，也是具体行为

我国刑法分则设定了包容型犯罪（如第 240 条拐卖妇女罪包容“奸淫被拐卖的妇女”）、转化犯（如第 269 条“事后抢劫”），也就同一行为规定了竞合型犯罪（如抢劫罪与抢劫枪支、弹药、爆炸物、危险物质罪）。从正当防卫的依据上看，《刑法》第 20 条第 3 款规定的是具体的杀人、抢劫、强奸等行为，正当防卫是对“不法行为”的防卫。由于正当防卫是“正对不正”，精神病人等无刑事责任能力人实施的杀人、抢劫等行为不构成犯罪，但防卫人造成不法侵害人伤亡的，也可能符合第 3 款而成立正当防卫。当然，若杀人、抢劫、强奸、绑架尚未达到“严重危及人身安全”的紧迫程度，则防卫人只能实施普通防卫，不适用第 3 款的规定。

2.“行凶”是指侵害人的犯罪意图难以直接识别、侵害后果难以具体估量的严重暴力犯罪，不限于故意伤害罪

如“于某明正当防卫案”中，刘某连续用刀面击打于某明的颈部、腰部、腿部，犯罪故意的内容尚不明确，损害后果也难以预料，但于某明的人身安全已经处于现实、急迫的严重危险中，可以认定刘某的行为属于“行凶”。

理解“行凶”时还应注意以下几点：（1）行为内容的暴力性。无论从“行凶”的文义还是从《刑法》第 20 条第 3 款的法益保护目的来看，“行凶”首先是一种针对人身的暴力行为。（2）暴力的程度。虽然“行凶”既不是具体的杀人、抢劫、强奸和绑架，也不同于“其他”规定中的暴力犯罪，但“行凶”之暴力与它们具有实质相当性，都是“严重危及人身安全”的暴力行为，具有致人死伤的紧迫危险。（3）暴力手段的不限定性。作为“行凶”内容的暴力在手段上不受限定，既可以使用凶器，也可以不使用凶器。“行凶”通常表现为不法侵害人持尖刀、菜刀、钢管等刀具、枪支或其他致命性凶器实施人身侵害，防卫人为制止该严重暴力侵害，可以采用高强度的反击行为。此外，不法侵害人虽未使用凶器，但根据侵害人的人数、打击部位、侵害力度等情况，确实已严重危及他人人身安全的，也属于“行凶”。比如，侵害人针对胸、腹、颅、颈等致命部位实施拳打、脚踹，或者多人结伙对一人实施围殴，不能因侵害人未使用凶器就排除第 3 款的适用。（4）暴力行为的罪名不确定性。无法确定“行凶”的具体罪名，主要是从防卫人的角度而言。对于不法侵害人的犯意，他人往往无法准确知道，特别是在临时冲突的场

合，侵害人的主观意志变化莫测；同时，侵害行为也呈现客观不明确性，比如使用棍棒殴击的行为，既可能是杀人，也可能是伤害，还可能是绑架罪、拐卖妇女罪、寻衅滋事罪中的暴力。在这种危急情势之下，苛求防卫人准确判断出不法侵害的具体性质之后再进行防卫，显然是不恰当的。

3.“其他严重危及人身安全的暴力犯罪”是行凶、杀人、抢劫、强奸、绑架之外的严重危及生命、身体健康、性自主权的暴力行为

没有疑问的是，对该“兜底规定”应当进行体系解释，要求其在侵害程度与前五类行为相当，即其具有致人重伤、死亡的紧迫危险与现实可能。比如，非法拘禁是侵害人身自由法益的行为，不具有致人重伤、死亡的紧急性，非法拘禁致人重伤的法定刑只有3年以上10年以下有期徒刑，致人死亡的法定刑是10年以上有期徒刑。这与杀人、抢劫等严重暴力犯罪的人身危害性并不相当，故对非法拘禁的防卫限度更小，除非不法侵害人在拘禁之外“使用严重暴力”[①]。对于“其他严重危及人身安全的暴力犯罪”的判断，应结合侵害人数量、暴力程度、危险紧迫性等进行综合把握，但不限于造成人身伤害的行为，就对人身安全造成严重危险的暴力行为，也能够实施或进一步特殊防卫。

侯某秋正当防卫案。[②] 侯某秋系葛某经营的养生会所员工。某日22时40分许，某足浴店股东沈某因怀疑葛某等人举报其店内有人卖淫嫖娼，遂纠集本店员工雷某、柴某等4人持棒球棍、匕首赶至葛某的养生会所。沈某先行进入会所，无故推翻大堂盆栽挑衅，与葛某等人扭打。雷某、柴某等人随后持棒球棍、匕首冲入会所，殴打店内人员。其中雷某持匕首两次刺中侯某秋的右大腿。其间，柴某所持棒球棍掉落，侯某秋捡起棒球棍挥打，击中雷某的头部致其当场倒地。雷某经抢救无效死亡，侯某秋的损伤程度为轻微伤，该会所另有2人被打致轻微伤。

分析：本案中沈某等人的行为属于单方持械聚众斗殴。根据《刑法》第292条，持械聚众斗殴的，对首要分子和其他积极参加者处3年以上10年以下有期徒刑。虽然聚众斗殴罪的法定最高刑明显低于故意杀人罪、抢劫罪、强奸罪、绑架罪的，甚至低于非法拘禁罪的，但与非法拘禁罪侵害的法益不同，单方聚众斗殴的行为是直接针对身体施加暴力，该人身侵害行为常发生致人伤亡的后果。《刑法》第292条第2款也规定，聚众斗殴，致人重伤、死亡的，依照故意伤害罪、故意杀人罪的规定定罪处罚。因此，从聚众规模、凶器强度、伤害力度、对人身危害的紧迫性等方面看，单方聚众斗殴的行为对人身安全具有严重的暴力危害。检察机关据此认为：沈某共5人聚众持棒球棍、匕首等杀伤力很大的工具进行斗殴，短时间内已经打伤3人，应当认定为“其他严重危及人身安全的暴力犯罪”；侯某秋的防卫行为造成不法侵害人死亡，依法不属于防卫过当，侯某秋不负刑事责任。[③]

---

① 《刑法》第238条第2款款规定，“……使用暴力致人伤残、死亡的，依照本法第二百三十四条、第二百三十二条的规定定罪处罚”。非法拘禁罪转化为故意伤害罪、故意杀人罪的条件是“使用暴力”，这与刑讯逼供罪、暴力取证罪、聚众斗殴罪等必然包含人身暴力的犯罪不同。

② 参见《最高人民检察院公报》，2019年第1期，28～30页。

③ “高检”在该指导性案例中强调：在共同不法侵害案件中，“行凶”与“其他严重危及人身安全的暴力犯罪”，在认定上可以有一定的交叉，具体可结合全案行为特征和各侵害人的具体行为特征作综合判定。对于寻衅滋事行为，不宜直接认定为“其他严重危及人身安全的暴力犯罪”，寻衅滋事行为暴力程度较高、严重危及他人人身安全的，可分别认定为“行凶”、“杀人”或者“抢劫”。

第三节 紧急避险

一、紧急避险概述

（一）紧急避险的概念

我国《刑法》第 21 条第 1 款规定，“为了使国家、公共利益、本人或者他人的人身、财产和其他权利免受正在发生的危险，不得已采取的紧急避险行为，造成损害的，不负刑事责任”。与正当防卫不同，紧急避险所要避免的不是“正在进行的不法侵害”而是“正在发生的危险”，所针对的不是“不法侵害人”而是无辜第三人，可见，紧急避险在法益保护上是“正对正”的关系，应定义为：为了使国家、公共利益，本人或者他人的法益免受正在发生的危险，不得已牺牲第三人的较小法益的行为。比如，游客甲在山脚下游玩，突遇一群野狗追咬，为了躲避野狗攻击，甲不得已闯入村民住宅躲避。在该危险情境中，甲的生命需要保护，村民的住宅安宁也需要保护，但当两个正当法益发生紧急冲突时，生命法益在位阶上高于住宅安宁法益，甲的避险行为不成立非法侵入住宅罪。

（二）紧急避险的法理

紧急避险的法理基础是法益衡量原则，更准确地说，是优越利益的保护。承认紧急避险的合法性，意味着对第三人强加了面对法益损害的容忍义务。第三人原本与“正在发生的危险”无涉，他是被避险人“选中”而牵扯进该危险场景，进而成为避险牺牲者的。在该紧急危险中，避险人对无辜者的侵害本是不法行为，但为挽救高位阶或者数量更大的法益，不得已侵害低位阶或者数量更小的法益。为了避免整体利益的减损，避险行为便就此获得了正当性。在正当防卫的场合，优越利益表现为：一方主动发起了不法侵害，侵害人的利益因之获得降低评价，受害人的利益获得优先保护地位，正当防卫也就只能针对不法侵害人本人。与此不同，在紧急避险的场合，避险行为针对的恰恰是第三人，双方的地位受法律平等保护，而一方的利益之所以被赋予优越性，仅仅是因为经过法益的比较与权衡，第三人的利益位阶更低（如生命优于财产）或者数量更少（如 100 万元大于 1 000 元），更“适合”成为牺牲对象。由于紧急避险的目的和手段均指向合法权益，其正当化根据显然是功利主义的结果论，而不是康德式的义务论。

如前所述，正当防卫权常被视为一种自然权利，在政治国家形成之后，自然权利成为公民权利并逐渐演变为今日所称之人权。虽然正当防卫所依据的契约论各版本各有偏好，但都基于人类天性而赞同一些共性命题，比如“不以强力防卫强力的信约永远是无效的”，“任何人都不能让出或放弃自救于死、伤或监禁的权利”①。个人权利在康德那里获得了一次飞跃，他从义务的角度论述权利概念。康德的著名法则是“你要仅仅按照你同时也能够愿意它成为一条普遍法则的那个准则去行动”，而现实的欲望、幸福的考量、功利的权衡均缺少普遍性。依照绝对命令（kategorischer Imperativ），权利就是普遍地相互牵制或者能够与所有人的自由相互协调。犯罪者选择了侵害他人，则不能奢望只获得好处而永不受他人侵害。在权利的相互牵制中，“对他人作恶”等于“对自己作恶”，报

---

① ［英］霍布斯：《利维坦》，黎思复、黎廷弼译，北京，商务印书馆，2017，106 页。

复的权利被证成。[①] 也即，打了别人等于打了自己，杀了别人等于杀了自己，正当防卫人的强制权也由此而来。因此，在上述模型中，正当防卫都是无条件应获承认的权利。

然而，对紧急避险的权利则只能从功利的角度进行论证。功利主义将“最大幸福”作为判断行为对错的标准，“尽可能多地免除痛苦”被视为终极目的。从最大幸福原理出发，功利主义也能够说明正当防卫的根据：自卫和同情是两种本能的情感，当本人、他人、国家的利益遭受损害时，只有加以自卫、施以援手，集体中的每一个人才会安全，集体利益与个人利益具有一致性。[②] 社会功利主义对紧急避险的证成更为直接：若牺牲无辜第三人的较小利益可以成为增加其他利益的手段，那么保护更大利益是被容许的。英国哲学家穆勒认为，功利主义不是将“最大幸福”定位于单个人而是社会整体，因为若只是着眼于前者，则相关行为根本不值得赞赏，行为规则的正义性只能是诉诸集体而非个人。比如，甲为了保护自己的价值 5 万元财产，不得已损害了乙、丙各自价值 3 万元的财产。从整体利益的角度看，甲的避险行为并未提升社会功利，这种“最大幸福”便不被允许。功利主义即结果论，丝毫不回避“人是手段”。相反，康德明确反对紧急避险权，因为它允许使用强制方法去对付一个无辜者，这是把其他人仅仅当作手段，不正义的事不因“事出紧急”就具备了正当性。因此，紧急避险不具有正当防卫那样的天然正当性。按照康德的义务论，紧急避险是被禁止的；按照功利主义，紧急避险需要在“最大幸福”的实现上接受衡量。

对任何政治哲学的理解都不应停留于“话术”，功利主义虽然可以为紧急避险提供正当性论证，但对社会功利的追求毕竟有忽略个人利益的缺陷。尤其是，在个人利益遭受危险时，选择剥夺第三人的利益来保护自己，即便这种“自私”的危险转移行为有助于整体利益的增进，但对第三人而言，整体利益是抽象的，他被无辜损害的事实近在咫尺。功利主义能够为紧急状态下的避险行为确立基本的容许方向，但在承认“牺牲小我，成全大我”之后，一定还要附加尊重第三人合法利益的其他限定条件。由此，紧急避险制度既离不开功利主义的推动，也离不开自由主义的限制，它的成立条件一定极为苛刻。紧急避险中的优越利益原则最终只能是开明的功利主义：只有在位阶更高、数量更大，且“不得不”牺牲个人利益时，被保护的利益才具有优越性。

二、紧急避险的条件

根据紧急避险的原理以及《刑法》第 21 条，紧急避险成立需要满足较正当防卫更为严格的条件。

（一）起因条件：必须存在现实危险

紧急避险，也称紧急避难，危险或者危难状态的现实存在，是实施该行为的前提。在这种现实危险处境中，一方的法益遭受紧急的威胁，如果不及时排除该威胁，其法益将立刻受到严重损害。这些受威胁的法益既包括生命、身体、自由、财产等个人法益，也包括国家利益、公共利益。法益现实危险的来源是多方面的，包括但不限于：（1）自

---

① 参见［德］康德：《道德形而上学》，注释本，张荣、李秋灵译注，北京，中国人民大学出版社，2013，121 页。

② 参见［英］穆勒：《功利主义》，徐大建译，北京，商务印书馆，2019，64～65 页。

然事件，如地震、洪水、沙尘暴、森林大火、墙体脱落等。（2）野兽袭击，如流浪狗、野生动物的突然侵袭。（3）生理上的病患、饥饿等，如亲友发疾病而昏厥，探险者被困山林而濒临饿死等。（4）他人的不法侵害。比如，甲在电子城一楼遭仇人乙的追砍，不得已拿起丙的笔记本电脑抵挡并作为反击工具进行防卫。对于无辜的丙而言，其合法财产被甲当作牺牲品，甲对丙的财产侵害符合紧急避险的起因条件。

如果上述危险不具有紧急性、现实性，则不能实施紧急避险。比如，行为人误想存在危险，进而实施法益保全行为的，属于“假想避险”，与“假想防卫”的处理一致。一方面，由于不存在现实危险，不产生法益衡量的前提，所谓的“避险行为”引起的危害属于客观不法侵害（对此侵害可以实施正当防卫）。另一方面，由于避险人主观上仅具有避险故意，没有犯罪故意，只能认定为过失犯罪或者意外事件。

（二）时间条件：危险必须正在发生

紧急避险是一种应急行为，只有危险正在发生的时候，才容许牺牲无辜第三人的利益，否则，危险极有可能现实化、扩大化，导致更大的法益遭受损害。所谓危险正在发生，是指威胁法益的状况已经发生且尚未消除，避险人具有实施避险行为的必要性和可能性。如果危险没有迫在眉睫（如火苗尚未燃起）、危险状态已经解除（如凶手已被制服）或者损害结果已经完成（如杀人已既遂），那么，紧急避险的时间条件就再不具备。此时，以侵害无辜第三人的方式进行“避险”，属于“避险不适时”。不适时的“避险”行为对无辜第三人的损害是纯粹的客观不法，视情况构成故意犯罪、过失犯罪或者意外事件。

（三）主观条件：必须具有避险意识

我国刑法明确规定紧急避险人必须具有避险意识：“为了使国家、公共利益、本人或者他人的人身、财产和其他权利免受正在发生的危险”。通说认为，紧急避险要求的避险意识包括避险认识和避险目的：前者是指避险人对正在发生的危险具有认识，后者是指避险人希望以避险手段保护较大的合法权益。① 本书主张避险意识必要说，但认为对避险意识应作出缓和要求，只要避险人认识到正在发生的危险即可。避险意识与惊恐、复仇等情绪可以并存，至于避险人认识到该危险之后所采取的避险措施是否属于紧急避险，还受其他条件的决定，如是否“不得已”、是否“超过必要限度造成不应有的损害”。如果避险人对正在发生的危险没有认识，则虽然客观上达到了避险的效果，但这种“偶然避险”不构成紧急避险，与“偶然防卫”一样，对第三人的法益造成侵害的，构成犯罪未遂。

（四）对象条件：针对无辜第三人

正当防卫的对象是不法侵害人，紧急避险的对象只能是无辜第三人。这里的“无辜第三人”既包括特定的人，也包括不特定的人。

一般而言，避险人为了免受正在发生的危险，会将特定人的利益作为避险手段，紧急避险的牺牲者可以被具体化。比如，家住一楼的王某在家中看电视，天花板上突然持续滴水且越滴越大，王某将此事告知物业，物业人员初步判断是楼上邻居家中漏水，遂

① 参见高铭暄、马克昌主编：《刑法学》，10版，北京，北京大学出版社、高等教育出版社，2022，136页。

敲门查看，但始终无人回应，打业主电话也无人接听。半小时后，漏水越来越严重，物业人员遂搭梯子从阳台进入二楼邻居家中，不料女主人张某正在客厅睡觉，见有陌生人闯入，心生恐惧，遂报警。在本案中，王某家中的财产正遭受被毁损的风险，该法益风险不是来自张某的不法侵害，物业人员具备实施避险的起因条件、时间条件和避险意识。同时，张某的住宅安宁也受到合法保护，若承认物业人员侵入住宅的行为构成紧急避险，那么，第三者张某便成为保护王某财产的利益牺牲者。

牺牲公共法益作为避险手段的行为，也可能成立紧急避险。比如，暴雨过后河道淤塞，易引发洪涝、滑坡等自然灾害。随着水位不断上涨，为清理河道、拓宽水渠，某村干部带头擅自砍伐水渠内生长的水曲柳、黄菠萝等国家重点保护植物。未经许可擅自砍伐的行为，本符合《刑法》第 344 条规定的危害国家重点保护植物罪，该罪的法益侵害是破坏生态环境，而环境法益难以具体化为某一特定个人。该村干部的行为符合紧急避险的条件：避险损害的是集体法益，属于为了保护集体利益而牺牲另一部分集体利益。该种紧急避险行为相当常见，如为了疏通导流堰塞湖而砍伐大量树木，为了扑灭森林山火而砍伐其他树木等。

陈某紧急避险案。[①] 某日晚，陈某为庆祝妻子生日，邀请朋友到住处吃晚饭。当日 23 时许，陈某的妻子欲上楼休息时突然倒地昏迷，陈某随即让女儿拨打急救电话。急救中心回复称附近无急救车辆，要从别处调车，但具体到达时间不确定。陈某虽然饮酒，但得知回复后即驾驶小型汽车将妻子送医抢救，后被当场查获。经鉴定，陈某血液中的酒精含量为 223mg/100ml。

分析：对于本案，检察机关先以危险驾驶罪提起公诉，法院在审理过程中认为，陈某的行为构成紧急避险：陈某为保护妻子免受正在发生的生命危险，出于不得已醉酒驾驶汽车将妻子送医救治，陈某妻子的生命权大于抽象的公共安全。陈某为了保护妻子免受正在发生的生命危险，虽然损害了另一法益，但是在必要限度内实施避险行为，符合紧急避险的各项条件。在审理过程中，检察机关撤回起诉，法院裁定准许。

本书认为，危险驾驶罪的法益侵害是对公共安全的抽象危险，本案的避险行为针对的无辜第三人便是道路上不特定的人。

（五）限度条件：必须出于“不得已”且“损益均衡”

正当防卫和紧急避险都属于一种法定的私力救济行为，是个人对他人法益的合法损害，二者都需要“限度条件”以避免救济权的滥用。正当防卫与紧急避险的正当性依据虽然都是优越利益原则，但毕竟二者分别是“正对不正”和“正对正”，因而在限度条件上必然不同。紧急避险将无辜第三人拖入了法益危险情景，使之成为被牺牲的对象，故在行为限度上理应更加严格。

1. 不得已

所谓不得已，又称“不得已”或者“补充性”、“最后性”，是指行为人在紧急危险状态下，没有其他更为轻微、更加合理的避险措施，只能选择损害无辜第三人之合法权益

---

① 参见韩锋、王星光、杨柳：《为送亲属就医醉驾构成紧急避险》，载《人民司法·案例》，2020 年第 23 期，24～26 页。

的方式来排除危险。

"不得已"意味着避险人所选定的措施必须是其他所有保全方法的候补，若有其他更优方案，则不能承认紧急避险。紧急避险不是无限制的功利主义，在现代法律制度中必须尊重个人权利的自我决定，因而在剥夺他人合法权益时，无论公共权力还是避险的个人，都应当保持最大的克制。公法上的比例原则是对公权力的限制原则，其中的"必要性"要求干预行为没有更温和、更适宜的手段可供选择。对紧急避险中的"不得已"可作完全相同的理解。

任某龙危险驾驶案。①某日凌晨，任某龙在城市广场附近饮酒后，因朋友袁某突发疾病，遂驾驶小型汽车搭载袁某驶往医院。途中，因任某龙操作不当，车辆与道路中间护栏发生碰撞，引发交通事故。经鉴定，任某龙血液中的酒精含量为203.5mg/100ml。检察机关指控任某龙犯危险驾驶罪，任某龙辩称：案发时，自己意识到朋友身体不适，出于不得已而醉酒驾驶，符合紧急避险的要件。法院经审理后认为，"被告人意识到朋友身体不适，送其就医可以采取的办法有打车、叫代驾或者拨打120，等等，自己'酒驾'并不是不得已的办法，且不比上述办法更好"，遂判决危险驾驶罪成立。

分析：本案中法院正是以不满足"不得已"要件为由，否认任某龙的醉驾行为成立紧急避险。任某龙具有避险的起因、时间、意识，但由于"醉驾"行为具有危害公共安全的抽象危险，该损害行为只有在"不得不为"时才被容许。对于该类"醉驾"案件，司法机关对紧急避险认定的谨慎，符合紧急避险"正对正"的情状及法理。在前述"陈某紧急避险案"中，陈某在"醉驾"之前已拨打了"120"急救电话，在妻子昏迷、等候时间不确定的情况下，司法机关肯定"不得已"要件是妥当的。但在"任某龙危险驾驶案"中，行为人并未呼叫救护车，而且在闹市区将病患送医的便捷办法有很多，打车、叫代驾、拨打"120"都不产生法益损害，"醉驾"绝对不是"首选"或者"唯一"手段，故而，法院认定"'醉驾'并不是不得已的办法"也是合理的。

在我国当前的"醉驾"案件中，被告人经常提出紧急避险的抗辩。比如，被告人为了给父亲送药而"醉驾"②，被告人因身体不适而"醉驾"前往医院就医③，司法机关均否认了"醉驾"行为的紧急避险性质，理由都是缺乏"不得已"要件。

或许有观点认为，亲朋突遇疾病，事发紧急，被告人救人心切，也是人之常情，对被告人进行苛责，似乎也强人所难。其实，这涉及紧急避险的法律性质。紧急避险是违法阻却事由，是将侵害无辜者利益的行为正当化。这里的"不得已"是不能妥协的条件：若存在"无法益损害"的保全方法，则不得使用损害法益的避险手段（躲避义务之肯定）；若只能选择致人损害的保全方法，则必须采用最温和（损害最小）的避险手段。否则，法益侵害行为便不能正当化。如果以"事态紧急""救人心切"为由，承认"醉驾"行为的正当性，恐怕就可以删除紧急避险条款中的"不得已"了，因为但凡存在危难之情状（避险的起因），一切保全行为都毫无例外地属于"事出紧急"，最终导致的便是

① 参见（2021）渝0117刑初684号刑事判决书。
② （2022）川0823刑初14号刑事判决书。
③ 参见（2021）湘01刑终524号刑事裁定书。

“紧急时无法律”的泛滥。正当防卫是“正对不正”的积极权利，在刑事政策上鼓励公民进行正当防卫，符合鼓励见义勇为、弘扬社会正气的价值导向，因而正当防卫的成立条件更为宽松。但是，紧急避险是法益保全的“下下策”，是万般无奈之时将无辜者的利益作为牺牲品，而刑法上不存在“鼓励紧急避险”的政策需求，只能以“不得已”为苛刻条件并经“损益均衡”的严格衡量去消极容忍紧急避险。在面对不法侵害人时，刑法不以冷静、理智的“理性人”苛求防卫人；但在面对无辜第三人时，刑法必须以理性的标准要求避险人。比如，遭遇流浪狗的追咬，避险人在进行抵御时，不使用他人的廉价花盆而偏选择他人的名贵瓷器，这种不理性是不被允许的。是否承认“紧急避险”，这关涉判断行为对错的标准。是否承认“人之常情”，这关涉非难可能性。当行为不满足“不得已”要件，而危险状态又极其紧急，采取该举措属“人之常情”的话，那么，可通过期待可能性等责任阻却事由进行出罪。在难以阻却罪责或者阻却罪责的理由尚不充分时，善用《刑事诉讼法》第 177 条第 2 款“相对不起诉”，便显得十分重要。

2.相当性

所谓相当性，又称“损益均衡”，是指紧急避险行为以“正对正”为中心，在所保全的法益与所侵害的法益之间必须进行严格的法益衡量，不能超过必要限度造成不应有的损害。

紧急避险制度是法律对紧急状态下不得已而为之的侵害行为的容忍，它不具有积极行使权利的天然属性，在两种均值得保护的合法利益之间不能一概偏向于避险人。社会功利的考量显然不能是无条件的，否则，紧急避险所造成的便是名正言顺的恃强凌弱，对被牺牲者毫无权利保障可言，故对紧急避险的认定应当保守和谨慎。根据《刑法》第 21 条第 2 款，“损益均衡”的要求是没有“超过必要限度造成不应有的损害”。这包括两个方面：避险行为相当性和损害结果相当性。

（1）避险行为相当性。

正当防卫中的“行为正当”不需要达到公法比例原则的苛刻程度，应避免要求防卫行为与不法侵害之间“基本相当”“武装对等”。然而，紧急避险行为是为了保全一方的法益而侵害无辜第三方的法益，故紧急避险不受上述宽缓化“优待”，对避险行为必须进行严格的手段正当性权衡。

避险行为相当性有如下要求：

第一，行为所保全的法益处于优越地位。

紧急避险中优越利益的判断基准，可从法益的位阶与数量上得到确证。现代刑法理论均以个人法益为核心建构法益保护体系，虽然个人法益一元论并不符合刑法分则的罪名设定，规定侵犯超个人法益的犯罪的条文大量存在，但基于个人权利保护的独特价值和团体利益保护的不当异化，超个人法益的还原就变得必要。比如，公共安全可以回归到不特定的人或者多数人的生命、健康、财产法益，刑法对社会管理秩序法益的保护也要以个人利益的存在为前提，树立具体法益观。在法定犯日益增加的情况下，刑法作为公民人权的最后保障法，要牢牢树立具体法益观。在具体法益的位阶上，生命法益居于最高位置，其次是健康、自由、财产等。不能为了保全低位阶的法益而侵害高位阶的法益，也不能为了保护同阶法益而侵害数量更大的法益。比如，生命法益不能成为任何避险行为的代价，不能为了保全财产法益而侵害健康法益，为了保护 1 万元的财产而牺牲他人 10 万元的财产不阻却故意毁坏财物行为的违法性。

能否选择他人生命作为避险手段？这是一个经典的道德哲学议题。在“木犀草”号游船事件中，四名船员陷入饥饿濒死状态，是否允许分食其中一人的血肉而维持其他三人的生命？极端的功利主义者会毫不犹豫地肯定这种攻击性紧急避险，康德哲学的支持者会断然予以否定。在“洞穴奇案”的假想中，五个人水尽粮绝，形成危险共同体，如果可以将生命作为避险手段，那么采用何种规则选择牺牲的对象？是通过抽签决定还是直接杀死那个最羸弱的成员？恐怕这不是一个程序正义与否的问题，而是一个直接关系人之尊严的人性底线问题。无论选择以何种方案去剥夺无辜者的生命，只要容许牺牲，那就意味着赋予人类以如野兽那般吃掉同类充饥的权力，结局常常是弱肉强食，法律的正义性甚至必要性也就不复存在。在著名的“电车难题”中，电车原本撞向轨道一边的四个人，轨道另一边的人原本与危险无涉，根本的疑问是：究竟谁有权力将危险转嫁给这位无辜者，支配这位无辜者的生死？道德哲学上的“思想试验”早已被复刻到现实生活中，比如，是否可以承认如下行为的正当性：为了避免更多平民受伤，在民航客机被恐怖分子劫持时，将载有无辜乘客的客机击落。如果赞同生命可衡量，那么，就可以打着保护多数人的旗号心安理得地谋杀少数人，飞机上的无辜乘客就成为恐怖分子的陪葬品，他们的生命权被淹没在社会功利的算计中。不法阶层最终解决的是“刑法禁止什么”：“生命至上”是尊重和保障人权的首要前提，是个体人格尊严的根本体现，刑法应绝对禁止堂而皇之地杀害无辜者。即便是实施劫机的恐怖分子也有一套专属于他们的“伪教义”：基于保全所谓的更大利益，可以牺牲一部分人的生命。相较于生命权意义的法理常识，一切高深的理论似乎都显得多余。

或许可以假定，在危急关头，任何一个理性的一般人都可能为了保全他人而奉献自己，从而换取有朝一日他人对自己避险行为的忍让。但在献出生命的场合，这种社会团结义务、互助义务显得苍白无力，因为生命只有一次，公民一旦选择“慷慨赴死”，便再也没有机会去换取将来的避险利益。这完全是“单向的帮助”而非“互帮互助”。更何况，被害人放弃生命的现实承诺无效，得承诺的杀人仍构成故意杀人罪，那么，基于他人会放弃生命之假设、猜想而杀害某个人、少数人，更不具有正当化。

在人工智能时代，“电车难题”的法理挑战也进一步现实化：自动驾驶汽车的设计者是否可以设定避险程序，从而将交通危险转嫁给少数人，优先保护多数人的生命？如果为了保护车内的多数人，允许牺牲道路上少数第三人的生命，无异于授权汽车制造商可以合法杀人。如果为了保护道路上的多数人，设计者悄然加入了牺牲车内少数人的程序，设计者也是在代替乘客作出牺牲选择，杀人行为同样存在。即便未来能够设计出完全自动驾驶汽车，智能汽车也不可能为自己的行为进行解释，不具有法律责任的应答能力，“以生命保护生命”这种富含伦理价值的判断更不可能是机器的自我创造。① 汽车制造者没有权力决定交通场景中哪一方“更该死”，“杀人程序”绝对不能被合法化，一切“避

① 参见刘艳红：《人工智能的可解释性与 AI 的法律责任问题研究》，载《法制与社会发展》，2022 年第 1 期，78～91 页。

险杀人”都具备故意杀人的不法性，汽车制造者缺乏责任阻却事由，应当首先承担刑事责任。

如果为了将生命垂危者紧急送医而允许醉酒驾驶机动车，是否违背了“生命不得衡量”？本书认为，法益衡量不是纯粹的静态衡量，在进入法益的比较权衡之前，要考虑法益侵害的危险程度。若醉酒驾驶行为仅引起了危害公共安全的抽象危险，则不涉及生命冲突与生命衡量。《刑法》第 133 条之一规定的醉酒型危险驾驶罪是危害公共安全的抽象危险犯，也是刑法分则中法定刑最轻的犯罪。所谓“公共安全”是不特定的人或者多数人的生命、健康、财产安全，“醉驾”行为威胁的对象一般是道路上不特定的人。由于该罪是典型的抽象危险犯，对不特定人的生命、健康、财产的危险均没有现实化，只不过立法者基于经验观察而推定“醉驾”行为通常会威胁上述法益，且这种“推定”可以通过反证加以推翻，因此，“醉驾”行为引起的抽象危险是一种“看不见”的危险，这不会将无辜第三人的生命拖入生命权冲突当中。正如，甲为了保护自己免遭猛兽攻击，不得已抢夺了乙持有的猎枪射杀该猛兽。甲保全的是自己的生命法益，甲实施的抢夺枪支行为引起了对不特定生命的抽象危险，但该行为并未将第三人牵扯到生命权冲突场景中，因而也就不涉及生命的衡量问题，甲的行为具有紧急避险的性质。正是因为抽象危险犯对生命法益的侵害非常遥远、尚未具体化，刑法并未将所有抽象危险行为犯罪化，如闯红灯、无证驾驶等不是犯罪。在诸如“陈某紧急避险案”中，结合行为人“醉驾”的情状，只要能够确定只引起了抽象危险而没有引起威胁生命的具体危险（看得见的现实、紧迫危险），在符合“不得已”等其他条件时，就应当承认行为人具有实施紧急避险的可能，这不是“生命不可衡量”的例外。

第二，保全行为本身必须具有妥当性。

一般而言，避险行为是否被容许，通过“不得已”条件即可判断（最后保全手段），但“行为妥当性”与“不得已”并不完全等同。在有的场合，行为人为了保护更大的利益免受正在发生的危险，不得已而实施某种避险行为，即使满足了“保全优越法益”和“不得已”，也不成立紧急避险。比如，甲因车祸被送医急救、生命垂危，急需大量输血，但医院缺少该罕见血型的血液。医院清洁工乙恰与甲同血型，在保证乙身体健康的前提下，医生强制抽取乙之血液救治甲之生命，是否构成紧急避险？答案是否定的。若要进一步追问否定的理由，一般人都会本能地反问：凭什么强制？这涉及的乃是最朴实的人格尊严问题。《民法典》第 109 条规定“自然人的人身自由、人格尊严受法律保护”，其中最首要的人格尊严是第 990 条规定的前三项具体人格权——生命权、身体权和健康权（位于第四编“人格权”第二章），这三项人格权是攸关个人自主决定权的最核心领域。《民法典》第 1006 条明确强调，“完全民事行为能力人有权依法自主决定无偿捐献其人体细胞、人体组织、人体器官、遗体。任何组织或者个人不得强迫、欺骗、利诱其捐献”。献血是公民的道德自由行为，为了挽救生命而强制他人献血，违背自主决定权的法理与规范，超过法定限度，不具有妥当性。

（2）损害结果相当性。

按照《刑法》第 21 条第 2 款，紧急避险不能对无辜第三方“造成不应有的损害”。这严于正当防卫的结果限度“造成重大损害”。

紧急避险是“正对正”的法益冲突，不但要求避险行为有助于实现避免目的（手段适合性），而且要求避险行为是所有手段中最温和、最适宜者（必要性），更要求避险人在使用该手段时保持审慎：一方面，损害结果不能超过所保全的利益；另一方面，即使损害后果小于所保全的利益，也应尽最大努力将损害程度限定在最小范围内（均衡性）。易言之，紧急避险的正当性依据不是简单的结果计算：保全法益－损害法益≥0。比如，某日下午，甲在道路上正常驾车行驶，突然从右侧跑出两名儿童，为了避免儿童死伤，甲不得已向左前方打方向盘，故意撞向路边一排无人看守的早餐车。但事后查明：甲在撞向早餐车时若及时刹车，至多会撞到3辆早餐车，可甲并未减速，连续擦撞15辆早餐车和几十辆电动自行车之后，径直驾离现场。甲的避险行为符合紧急避险的起因、时间、对象、意识等条件，儿童的生命法益优于财产法益，此时也无更温和的避险方法，似乎成立紧急避险。然而，甲在避险时并未作出持续、谨慎的努力，即便最终损害的财产价值小于生命价值，但故意造成的财产损害也并不全部是排除危险所必须牺牲的利益，应肯定存在“不应有的损害”，不构成紧急避险。

当避险行为造成的法益损害等于所保全的法益时，是否成立紧急避险？对此理论上存在争议。否定说认为，紧急避险的正当化根据是法益衡量，需要权衡两个冲突法益的价值大小，只有被保全的法益显著高于被牺牲的法益时，才满足整体衡量的结果。① 肯定说认为，法益价值出现冲突，不得已损害其中一个同等法益时，若从社会整体的视角出发，最终法益衡量后的损害为零，只能说这种避险行为没有实际意义，“法秩序不承认存在着‘将残存下来的一方作为违法来处罚’的必要性”②。本书赞同否定说，因为紧急避险是将损害正当权益的行为合法化，无论在法理上还是在规范上，它的限度条件都应当趋于严格化。

第一，在损害同等法益进行避险时，危险转嫁行为没有正当化依据。在紧急危险状态中，一方原本处在危险发展路程内，若不转嫁危险的话，他“注定”受到法益损害。紧急避险制度之所以赋予避险人转嫁危险的权利，是因为这种行为可以“牺牲小我、成全大我”，避险行为引起损害是有益的，而不是简单归于“无害”即可。概言之，紧急避险只是对“损人利己”的有限认可，当保全法益与损害法益之间价值相等时，避险人的危险转嫁就没有任何意义。紧急避险行为原本是法益侵害行为，“避险行为没有实际意义”恰恰说明该行为的原有性质没有改变。法益衡量的结果是“零”，不等于“法益阙如”，不等于没有法益损害。刑法的目的应当是尊重和保护每一个人的正当法益，而不是保持社会整体利益或者“GDP总量”不变。比如，为了挽救自己的10万元财产，不得已故意损毁他人的10万元财产，若将这种无谓的利益剥夺行为合法化，无辜者将沦为纯粹的“替死鬼”“代罪羊”。这种自然人之间的“平等伤害”缺少正当化基础。此时，避险人的法益损害不是0元而是10万元，属于避险过当，应当减轻或者免除处罚。

第二，损害同等价值法益的避险行为，属于我国《刑法》第21条第2款规定的避险过当。《日本刑法典》第37条第1款规定，积极避险“造成的损害不超过其所避免的损

① 参见［德］耶赛克、魏根特：《德国刑法教科书》（上册），徐久生译，北京，中国法制出版社，2017，489页。

② ［日］前田雅英：《刑法总论讲义》（第六版），曾文科译，北京，北京大学出版社，2017，253页。

害限度时，不罚”。这对避险行为的损害性明文提出了更高容忍度。肯定论在日本刑法学界是优势说。《德国刑法典》第 34 条第 1 款规定，“为了使自己或者他人的生命、身体、自由、名誉、财产或者其他法益免受正在发生的危险，不得已而为之的行为，经过利益衡量之后，所保护的利益明显超过所侵害之利益，则不违法。行为属于排除危险之适当手段时，方适用上述规定”。该条规定的“明显超过”（wesentlich überwiegen）采用的便是否定论。我国《刑法》第 21 条第 1 款与《日本刑法典》的规定不同，完全可以采纳否定论。而且，我国《刑法》第 21 条第 2 款规定的“避险过当”只要求“超过必要限度造成不应有的损害”，在成立条件的文字表述上刻意区别于第 20 条第 2 款规定的防卫过当。可见，避险过当的门槛更低。因此，将损害同等价值法益的避险行为严格认定为避险过当，不存在刑法规范上的障碍，且更符合优越利益保护的法理。在行为对错的标准上，损害同等价值法益的避险过当行为成立不法，但在罪责阶层也可能缺乏有责性。

（六）主体条件：职务或业务上负有特定责任的人除外

我国《刑法》第 21 条第 3 款规定，“第一款中关于避免本人危险的规定，不适用于职务上、业务上负有特定责任的人”。《日本刑法典》第 37 条第 2 款也有相同规定：“对于业务上负有特别义务的人，不适用前款规定。”“职务上、业务上负有特定责任的人”包括军人、警察、医生、消防人员等，这些履行特定职务或者承担特定业务的人员，在面对正在发生的危险时，具有挺身而出、扶危济困、救死扶伤的法定义务，不能以避险为由对无辜第三人实施损害行为。一方面，因职务上、业务上的角色担当，他们不能为了“保全本人的利益”而转嫁危险，否则，他们的法定职责便会落空，国家对此类特殊岗位的设置也就失去了意义。另一方面，这些人员一般经过专业的职务、业务训练，对于危险的排除具有较高的技能和素养，能够期待他们比普通公众更加冷静地应对、理性地处置紧急危险，他们不能为了“保全他人、国家或者公共利益”而转嫁危险。

需要指出的是，“紧急避险”具有特殊的法律含义，不能进行口语化的理解。比如，在灭火现场出现危及消防人员生命的紧急情况时，不能以《刑法》第 21 条第 3 条为由，否认消防人员可以暂时退回到安全地带。这种暂时“避险”不是刑法中的“紧急避险”，消防人员具有不怕牺牲的精神，没有无谓牺牲的义务。再如，我国《消防法》第 45 条第 2 款规定，“火灾现场总指挥根据扑救火灾的需要，有权决定下列事项：……（五）为了抢救人员和重要物资，防止火势蔓延，拆除或者破损毗邻火灾现场的建筑物、构筑物或者设施等”。为了挽救生命和重大财产利益，对建筑物等设施的拆除、破损行为，是典型的紧急避险。可见，对《刑法》第 21 条第 3 款的理解必须与“科学施救”联系在一起。

三、避险过当的刑事责任

《刑法》第 21 条第 2 款规定，“紧急避险超过必要限度造成不应有的损害的，应当负刑事责任，但是应当减轻或者免除处罚”。据此，行为若要成立避险过当，必须首先具有避险性质，且仅仅是由于“超过必要限度造成不应有损害”而过当。换言之，成立避险过当需要满足下列条件：（1）存在实施避险行为的起因；（2）危险正在发生；（3）行为人主观上具有避险意识；（4）针对无辜第三人实施避险行为；（5）避险行为超过必要限度造成不应有的损害，包括“不是出于不得已”和“损益不均衡”。紧急避险阻却损害行为的违法性，避险过当仍属于客观不法损害。基于主观罪责的不同，避险过当行为既可能构成故意犯罪，也可能构成过失犯罪，还可能因期待可能性等罪责阻却事由而无罪。对于避险过当，应当减轻或者免除处罚，理由与对防卫过当减免处罚的理由相同，即违法性、有责性、预防必要性均减弱。

第四节 超法规的正当化事由

超法规的正当化事由，是指刑法没有明文予以规定，但能够从刑法规范之外实质上否定法益侵害性的事由。对于具备该事由的行为，因其违法性被阻却，他人不能进行正当防卫、紧急避险。由于此类事由是有利于被告人的出罪事由，所以承认此类事由不仅不违反罪刑法定原则，而且有助于实现罪刑法定原则所要求的实质正当性。我国刑法只规定了正当防卫和紧急避险这两类正当化事由，刑法理论上和司法实务中对这种刑法之外的正当化事由态度异常谨慎，这是造成个案裁判中出罪机制不畅的重要原因。因此，超法规的正当化事由有待进一步发现，从而在刑法教义学上增补新的正当化事由，在未来刑法典中确立更为科学、自洽的出罪事由体系。

一、被害人承诺

被害人承诺，又称被害人同意，是指法益主体自愿放弃自己可支配的法益，对承诺放弃之法益的侵害不违法。被害人承诺阻却违法，是基于法益阙如的原理。刑法的目的是保护法益，违法性的实质是侵害法益，某人放弃了自己能够处分的法益，意味着放弃了对该法益的损害赔偿请求权和国家保护请求权，对失去保护必要性的法益加以损害的行为，当然不具有违法性。换言之，承认被害人承诺阻却违法的效力，根本上是出于对权利人自我决定权的尊重，权利人对权限范围内的利益具有处分自由。例如，《刑法》第240条规定了拐卖妇女罪，若甲（女）为了更好的物质生活完全同意乙将自己卖出，乙将甲卖给丙，后甲、丙二人结为夫妻，则乙的“拐卖”行为不应构成拐卖妇女罪，因为拐卖妇女罪的保护法益是妇女的身体安全与行动自由，而不是超个人的公共利益、公序良俗，在甲同意的范围内，乙的行为不侵害该个人法益，“被害人承诺”是乙行为的正当化事由。被害人承诺的有效成立，需要受到严格的限定，否则一概承认这种违法阻却事由，在个人意志自由常常受限、刑事证据获得难度较大时，将会导致公民自主决定权的异化，最终不利于保护承诺人的特定权利以及人格尊严。

本书认为，被害人承诺的成立须具备以下方面内容要件，其中第一至三项构成“承诺主体要件”，第四至五项构成“承诺行为及内容要件”，第六项构成“侵害行为的限度要件”。

1. 承诺主体对相关法益具有处分权限

权利人所能放弃的法益应当是其本人有权处理的法益，对超个人的集体法益、国家利益、公共利益等没有处分权，当然不得作出任何承诺。对于个人法益，承诺人的处分权限也不是不受限制的。以我国刑法分则第四章、第五章保护的法益为例，个人法益包括生命、身体健康、人身自由、性自主权、住宅安宁、宗教信仰自由，以及财产所有权、财产占有状态、劳动报酬权等。对财产权益的处分，权利人可以完全作出承诺，如《民法典》第240条规定“所有权人对自己的不动产或者动产，依法享有占有、使用、收益和处分的权利”。对人身权益的处分，则因内容的不同而受到限制，比如，经承诺的性交行为不成立强奸罪，经承诺的入户行为不构成非法侵入住宅罪，经承诺的拘禁行为不属于非法拘禁罪。对于这些犯罪，被害人承诺究竟阻却构成要件符合性还是阻却违法性？学界存在不同认识，这取决于采用何种犯罪论体系。本书坚持实质二阶层犯罪论体系，主张构成要件是违法·有责类型，对构成要件符合性的判断必须考察行为是否具备了值得科处刑罚的法益侵害性和非难可能性。被告人承诺属于法益阙如，可以一概被视为阻却不法的事由，不再区分被害人承诺与被害人同意。

对身体伤害的承诺，如何确定正当化的界限？对此理论上存在分歧。公序良俗违反说主张，如果权利人对身体伤害的承诺行为违反公序良俗，则不阻却违法性；有生命危险的重大伤害说主张，如果受承诺的伤害行为引起了威胁生命的危险，如故意伤害致人重伤，则该承诺无效；不可罚说主张，只要伤害行为获得了权利人的承诺，则一律阻却违法性。① 我国刑法通说认为，导致重伤以上的身体健康法益侵害和生命法益侵害不得被承诺，只认可轻伤范围内的承诺阻却故意伤害罪。这大致与有生命危险的重大伤害说的结论一致，背后的理由值得进一步说明。如前所述，生命权、身体权、健康权是我国《民法典》第990条规定的三大人格权，《民法典》第992条规定“人格权不得放弃、转让或者继承”。人格权之所以不得放弃，是因为人格权不同于财产权，它是个人固有的权利，具有强烈的人身专属权。如果生命权、身体权、健康权等被放弃，则意味着“人之所以为人”的权利将不复存在，个人将沦为受他人完全支配的奴隶、物体。任何现代法治国家都不可能容许这种状况的存在。即便对人格权的这种限制被视为“家长主义”，它对于个体的生存发展和整个国家人力资源的保障具有根本性的意义。

本书支持通说的观点，主张导致重伤以上的法益侵害承诺无效。这归根结底着眼于个体的人格尊严。“人格权不得放弃”包括三个层面的含义：一是，人格权作为一种权利，不得被整体放弃，如不能对外放弃生命权、姓名权、隐私权等；二是，对与人格权对应的人格利益在具体场合可以有条件放弃或者准许他人使用等，如接受他人对自己的侮辱、诽谤，同意他人对自己的猥亵，授权他人使用自己的肖像等；三是，人格利益的放弃仍要受最初始的人格尊严之限制，如果承诺放弃某项人格利益，将导致该人格权（生命权）的彻底消失，则对该人格利益不得放弃。至于对身体的伤害，轻伤属于故意伤害罪的较低程度，该伤害行为不致命。但重伤行为直接威胁生命法益，我国《刑法》第234条第2款规定故意伤害致人重伤的法定最高刑是死刑，这印证了对重伤与杀人的侵害性可以等同评价；刑法分则在设定法定刑升格条件、转化犯的转化条件时，常将致人重伤、死亡放在一起评价。可以说，“承诺重伤害”等同于“承诺放弃生命权”，一旦生命消逝，所有人格权将归于空白。因此，得承诺的故意重伤害、得承诺的故意杀人，均属不法行为。我国法律不提倡不禁止自杀，但绝对禁止“他杀”，也不承认承诺放弃生命权的“积极安乐死”的合法性。

---

① 参见［日］山口厚：《刑法总论》（第三版），付立庆译，北京，中国人民大学出版社，2018，172～174页。

2.承诺主体对所承诺事项具有理解能力

承诺人只有对自己承诺的事项具有理解能力，才能知晓法益处分的后果，进而作出有效的同意。这里的理解能力与民事行为能力、刑事责任能力不是相同的概念。精神病人没有任何辨认和控制能力，不能作出对任何事项的承诺。对于未成年人，应结合民事行为能力、刑事责任能力以及所承诺的具体事项进行综合判断，如完全民事行为能力人对财产处分具有理解能力，限制民事行为能力人可以实施与其年龄、智力相适应的财产利益处分行为。对于未成年人作出的人身法益侵害承诺，应进行严格把握。例如，《刑法》第234条之一第2款规定，“未经本人同意摘取其器官，或者摘取不满十八周岁的人的器官，或者强迫、欺骗他人捐献器官的，依照本法第二百三十四条、第二百三十二条的规定定罪处罚”。据此，可以认为未成年人对器官摘取行为没有理解能力，其承诺无效，无论是否取得其同意，器官摘取行为均构成故意伤害罪、故意杀人罪。未满14周岁的儿童不能就人格利益作出承诺，如同意性交或者其他性行为的承诺无效，经承诺的行为仍构成强奸罪、猥亵儿童罪。根据《刑法》第236条之一，已满14周岁不满16周岁的未成年女性，对负有监护、收养、看护、教育、医疗等特殊职责的人员作出的性关系承诺无效，上述人员经承诺与之发生性关系的，构成负有照护职责人员性侵罪。

3.承诺主体必须出于真实意愿

承诺人对法益具有处分权限，也具有理解能力，但如果不是出于真实意愿（如被欺骗、胁迫等），则承诺人缺乏自由意志，不能承认其承诺的有效性。“真实意愿”可谓被害人承诺的中心环节，只有意思自由，才会产生健全的意思自治，这种权利人的处分行为才称得上是“自主决定”“自主判断”“自主负责”，“法益阙如”才是真实可信的。典型的非自愿承诺的例子是诈骗罪：诈骗行为人虚构事实、隐瞒真相→权利人陷入错误认识→权利人基于错误认识而处分财产→诈骗行为人一方取得财产→权利人受有财产损失。虽然权利人处分了自己的财产，如将自己银行账户的存款转移到他人银行卡中，将自己的字画赠予他人，但这种处分行为不是基于自由意志而是基于被骗，处分时的同意当然无效。这种判断较为明确。在很多场合，权利人的承诺意愿受到外部干扰，他对涉及法益处分的情状存在误解，那么，是否受到他人欺骗、胁迫的承诺一律无效？这在理论上尚有争议。

本书认为，承认抑或否认承诺的有效性，应回归被害人承诺的法理，即权利人是否基于真实的法益自决权而放弃法益保护。当权利人对承诺事项具有处分权限和理解能力时，基于自己的自主判断而作出的承诺有效，即便因他自身原因（如认知偏差、情感冲动）同意存在瑕疵，也不影响承诺的效力，“自主负责”是意思自治的最终表现。相反，如果权利人的同意瑕疵完全是由他人的作为或者不作为引起，则该承诺无效，因为权利人的法益处分行为受到了外部影响，严重削弱了承诺主体的自主决定性。比如，甲（女）因心情抑郁到寺庙找乙法师“化解”，乙劝说甲采取“男女双修”“解放肉体”的方式脱离苦海。为摆脱整日忧郁的处境，甲同意与乙发生性关系。甲对“与谁发生性关系”这一事实不存在误解，然而对发生该行为的动机产生了错误认识，这种动机错误的原因是乙的欺骗，故甲的承诺无效。按照《刑法》第236条的规定，乙的骗奸行为属于强奸罪中的“其他手段”，乙主观上具有强奸罪的故意，客观上不存在阻却不法的正当事由，因而其行为构成强奸罪。因此，在承诺意愿受到他人行为直接影响的情况下，只要存在事实错误或动机错误，承诺应当全面无效。这是对“真实意愿”及“自主决定”的保障。

在“捐献款物”“捐献器官”给特定对象的场合，只要权利人受人欺骗，进而对法益处分事实陷入认识错误或者使法益处分目的落空，则该承诺均无效。例如，A的儿子犯有眼疾，医生B欺骗A献出眼角膜，救子心切的A同意手术，B却将A的眼角膜偷偷移植给了其他病人。尽管A对“取出眼角膜”这个事实没有认识错误，但A同意献出眼角膜是为了救治特定人，这一目的因受B欺骗而落空，B的欺骗行为严重影响了法益处分自由，B的行为构成故意伤害罪。又如，X欺骗Y向某希望小学捐建操场，Y同意捐款之后，X将Y的捐款捐给了某养老院。因Y有权自主决定“向谁捐赠”，捐款去向是法益处分、法益利用的当然内容，故X的欺骗行为构成诈骗罪。

对被害人承诺真实性的判断还需要考虑一般交往风险。权利人在进行利益交换时，不能只要利益不要风险，“风险自担”也是尊重法益自决权的应有之义，不能由于事后“存在损失”“心生懊悔”，就一律推翻原先的承诺。比如，甲男欺骗乙女说自己是富二代，乙女信以为真，对甲的追求满心欢喜，最终同意与之发生性关系，乙发现被骗后报警。再如，导演丙男欺骗丁女，说只要发生性关系，就让丁出演女一号，丁欣然同意。乙、丁对“与谁性交”没有认识错误，两人的性处分行为“目的落空”，是甲、丙的欺骗所致，但不能认定该承诺无效：强奸罪保护的是妇女的消极性自由，在以肉体换取其他生活利益、工作利益的场合，权利人应对这种积极性自由的处分风险保持谨慎。乙之所以同意与甲发生性关系，是基于甲的富二代身份，而刑法不保护“只愿与富二代发生性关系”的自由，乙对一般恋爱交往中遭遇“渣男”的风险应自主承担。丁同意与丙发生性关系，是为了换取更好的工作机会，这种“交易”风险不受法律保护，故丁的承诺行为有效。

4.承诺必须现实存在，且最迟发生于结果发生之前

承诺必须现实存在，是指作为自由意志要素的“承诺”需要存在于权利人的内心，但基于阻却违法性的证明，应当可以从外部进行认识即通过外部得到证实。当然，这种承诺的现实性，不需要行为人主观上明确认识到，因为这不影响权利人对自己法益的放弃效力。比如，甲正在盗窃乙的名贵大衣，乙心生怜悯，暗自决定将该大衣送给甲而未制止。尽管甲不知对方已经放弃了该财产法益，仍然基于“非法占有目的”进行窃取，但其行为不具违法性。被害人的承诺可以直接通过同意、授权行为表达出来，这既可以是书面形式，也可以是口头形式；被害人的承诺也可以通过外在行为以默示的方式进行表达，如双方以互殴行为默认了轻伤范围内的伤害。《民法典》第1176条第1款规定，“自愿参加具有一定风险的文体活动，因其他参加者的行为受到损害的，受害人不得请求其他参加者承担侵权责任；但是，其他参加者对损害的发生有故意或者重大过失的除外”。自愿参加具有一定风险的文体活动（如足球、拳击、散打、跆拳道），表明参加者对损害风险具有心理预估，只要其自愿参加，便默示了损害风险、接受了损害结果。该自甘风险的行为属于被害人承诺的范畴，在文体活动规则范围内具有阻却过失犯违法性的可能。

从时间上看，被害人承诺既可以在行为之前或者行为时作出，也可以在结果发生之

前作出，但结果发生之后的承诺不影响行为不法的认定。（1）权利人事先进行了承诺，事中可以撤回该承诺：在行为实施之后、结果发生之前，侵害行为随之停止，未造成侵害后果的，不成立不法；在行为实施之后、结果发生之前，行为已无法停止，结果已不可撤回的（如弓箭射出之后便难以收回），即便行为造成了侵害后果，仍可以阻却不法。（2）权利人事先没有进行承诺，行为人便着手实施了不法侵害行为，但在结果发生之前取得权利人的承诺的，该承诺也可以阻却不法。这是因为权利人通过对最终结果的承诺，实际上一并否认了之前的侵害行为的法益侵害危险，侵害行为不构成犯罪未遂。例如，甲预谋蒙面与乙强行发生性关系，在强奸既遂之前，乙在挣扎中扯下甲的面纱，发现对方是自己素日仰慕的甲，便欣然同意。甲的行为不构成强奸既遂，也不构成强奸未遂。从证据法的角度看，证明被害人承诺的直接证据是“被害人陈述”。在诸如强奸案件中，当被害人声称未进行承诺，而行为人主张存在承诺，定罪难以排除合理怀疑时，应当根据存疑有利于被告人的证据规则，认可承诺的现实存在。

5.承诺的对象是侵害行为及其结果

违法的实质是法益侵害，只有当权利人对法益侵害结果存在同意时，才属于法益保护的放弃（法益阙如）。（1）对行为的承诺包括自主决定行为主体、行为方法、行为时间与地点等所有内容，这是法益自决权完整性的体现。例如，权利人有权决定与谁发生、在何时发生、采取何种方式发生性关系，有权决定与谁进行商品交易、在何时交易、采用何种方式完成交易。（2）对行为的承诺不等于对结果的承诺，二者具有可分性，只有同意侵害结果的发生，才是阻却违法性的最终依据。例如，因甲欠乙借款未如期归还，乙提出将甲打一顿，进而免除超期利息。甲虽然同意殴打行为，但拒绝轻伤结果，最终甲被殴打成轻伤，乙的行为仍然具有违法性，构成故意伤害罪。（3）当对行为的承诺必然发生某种结果时，承诺行为等于承诺结果。例如，安东尼奥同意夏洛克实施取其一磅肉的行为，因割肉必然会流血，安东尼奥对割肉行为的承诺也必然包含对流血结果的承诺。

6.经承诺的行为不得超越承诺范围

权利人的法益保护必要性只有在承诺的范围内才能被否认，当承诺主体对法益没有承诺权限或者行为人逾越了承诺的范围时，不阻却侵害行为的违法性。比如，权利人仅承诺轻微伤的，行为人不得使用更严重侵害手段造成轻伤、重伤；仅承诺边缘性行为的，行为人不得进一步实施性交行为。再如，对个人信息的处理应当取得个人同意，并且不得超越该同意的范围，超越同意范围的处理行为必须重新取得个人同意。《个人信息保护法》第 14 条第 2 款规定，“个人信息的处理目的、处理方式和处理的个人信息种类发生变更的，应当重新取得个人同意”。第 21 条第 2 款规定，“受托人应当按照约定处理个人信息，不得超出约定的处理目的、处理方式等处理个人信息”。据此，网络服务提供者只能在取得个人同意的范围内处理个人信息，不能将个人信息擅自提供给他人使用，否则，属于《刑法》第 253 条之一中的“违反国家有关规定，向他人出售或者提供公民个人信息”，情节严重的，成立侵犯公民个人信息罪。

二、法令行为

所谓法令行为，是指行为人依照国家的法律法规、命令之规定，履行某种特定职责、义务或者行使某种特定权利的行为。依照法令实施的行为，虽然表面上与某些犯罪的构成要件行为具有相同的外观，但基于法秩序统一性，该行为因违法性被阻却，具有实质的正当化。常见的法令行为有：依照法令的职务行为，如司法警察依法执行死刑的行为；依照法令的权利行为，如公民依法扭送现行犯的行为；依照法令的公益政策行为，如彩票中心发行福利彩票、公民购买福利彩票的行为。法令行为的具体种类繁多，以下仅举两例说明。

（一）执行公务行为

公务人员依照法律执行职务的行为是正当合法行为，相对人具有忍受义务，因而其本人或者其他人不能对该职务行为进行正当防卫、紧急避险等干预行为。在所有超法规的违法阻却事由中，执行公务行为是最容易接受的事由。比如，公务人员按照《传染病防治法》《突发事件应对法》的相关规定，采取“控制或扑杀染疫野生动物、家畜家禽”“封闭可能造成传染病扩散的场所”“封锁危险场所”等措施的行为，属于典型的执行公务行为。再如，《人民警察法》对人民警察的权力进行明确，如“预防、制止和侦查违法犯罪活动”等一般性职权，以及盘问、检查、使用武器或警械、现场管制，执行拘留或者搜查、逮捕等具体性职权。人民警察依法行使上述职权的行为不构成非法搜查罪、非法拘禁罪等犯罪。此职务行为受法律保护，若以暴力、威胁等方法阻碍人民警察依法执行职务，可能构成妨害公务罪、袭警罪等犯罪。

公务人员执行公务既要实体上合法，也要程序上合法。比如，《个人信息保护法》第34条明确规定，“国家机关为履行法定职责处理个人信息，应当依照法律、行政法规规定的权限、程序进行，不得超出履行法定职责所必需的范围和限度”。再如，公安机关执法人员有权使用警械、武器，但使用的场合、限度必须受到限制。这既是公法上比例原则的要求，也是法律的明文规定。《治安管理处罚法》第15条第2款规定，“醉酒的人在醉酒状态中，对本人有危险或者对他人的人身、财产或者公共安全有威胁的，应当对其采取保护性措施约束至酒醒”。由于采上述约束措施只是进行保护性约束，故执法人员不能使用手铐、脚镣等警械，只能使用约束带或者警绳等，对行为举止失控的醉酒人进行约束。再以盘问为例，《人民警察法》第9条第1款规定了盘问权的依据：“为维护社会治安秩序，公安机关的人民警察对有违法犯罪嫌疑的人员，经出示相应证件，可以当场盘问、检查；经盘问、检查，有下列情形之一的，可以将其带至公安机关，经该公安机关批准，对其继续盘问：（一）被指控有犯罪行为的；（二）有现场作案嫌疑的；（三）有作案嫌疑身份不明的；（四）携带的物品有可能是赃物的。”盘问权针对的只能是“有违法犯罪嫌疑的人员”，对这种嫌疑的判断应当具有一定依据而不是任意性的。继续盘问权的行使应当针对上述四类情况，未经当场盘问、检查的，或者当场盘问、检查之后被盘问人身份明确，违法犯罪嫌疑已被排除的，或者明知案件不属于本公安机关管辖的，则不得将相对人带至公安机关继续盘问。根据第9条第2款，继续盘问的留置时间不得超过24小时，特殊情况下需要延长的，经县级以上公安机关批准，最多延长至48小时。由于盘问的目的是查清涉嫌违法犯罪情况，如果明知案件已经被刑事立案，不能以留置盘问替代拘传、拘留等时间更短的强制措施。

对于违法执行公务行为，我国法律明确规定当事人有拒绝的权利。例如，《行政处罚法》第55条第1款规定，“执法人员在调查或者进行检查时，应当主动向当事人或者有关人员出示执法证件。当事人或者有关人员有权要求执法人员出示执法证件。执法人员不出示执法证件的，当事人或者有关人员有权拒绝接受调查或者检查”。第70条规定，“行政机关及其执法人员当场收缴罚款的，必须向当事人出具国务院财政部门或者省、自治区、直辖市人民政府财政部门统一制发的专用票据；不出具财政部门统一制发的专用票据的，当事人有权拒绝缴纳罚款”。如果执行公务行为超越法律规定的职权范围，或不按照法定程序行使职权，或者怠于行使职权，则不能以法令行为进行违法阻却的抗辩。违法执行公务的行为致使公共财产、国家和人民利益遭受重大损失的，构成滥用职权罪、玩忽职守罪。比如，派出所民警在查处卖淫嫖娼违法行为时，对执法对象违法采取约束措施，致使其发生吸入性窒息，之后未及时进行现场急救，致执法对象死亡的，符合玩忽职守罪的构成条件。当然，滥用职权罪、玩忽职守罪等渎职犯罪与故意伤害罪、过失致人死亡罪、非法拘禁罪、刑讯逼供罪、故意毁坏财物罪等犯罪形成想象竞合关系。此外，下级公务人员在执行上级命令时，虽然下级人员难以审查上级命令的实体合法性和程序合法性，但如果明知该命令违法而仍然执行，可能与上级公务人员构成共同犯罪。在执行上级命令时，下级公务人员故意曲解命令、扩大命令授权范围、违法执行命令，给相对人的人身、财产权益造成损害的，应依法追究该下级公务人员的法律责任，不得以执行上级命令为由主张执行公务行为一律合法。

（二）公民扭送行为

扭送，是公民将具有法定情形的人强制送交公安、司法机关接受处理的行为。扭送不是刑事强制措施，它是我国刑事诉讼法赋予一般公民同犯罪进行斗争的法定权利，是公民配合公安、司法机关采取刑事强制措施的辅助手段，是《刑事诉讼法》第6条规定的依靠群众原则之体现。《刑事诉讼法》第84条规定，对于有下列情形的人，任何公民都可以立即扭送公安机关、人民检察院或者人民法院处理：（1）正在实行犯罪或者在犯罪后即时被发觉的；（2）通缉在案的；（3）越狱逃跑的；（4）正在被追捕的。扭送行为必然会发生对犯罪嫌疑人、被告人的人身强制，本来此类强制措施如拘传、拘留、逮捕，属于刑事侦查机关的专属权力，若无法律之授权，公民无权实施扭送行为。按照刑事诉讼法的规定，公民对现行犯、通缉犯、逃犯等采取强制手段送交公安、司法机关的，属于依照法律行使权利的行为，该法令阻却行为的违法性。

对于扭送对象在被强制扭送的过程中进行反抗的，扭送人可以实施持续强制，这包括扭送人使用必要的暴力以及产生附随伤害，否则，扭送权利很可能难以实现。当然，扭送行为与正当防卫存在很大不同。（1）在行为时间上，正当防卫只能针对正在进行不法侵害的行为人，扭送则不受此限。对于正在实行犯罪的人，公民制止该不法侵害的行为，属于正当防卫；制止不法侵害之后，将该现行犯强制送交公安、司法机关的行为，属于扭送。（2）在行为限度上，正当防卫以制止不法侵害为必要限度，明显超过必要限度造成重大损害的，成立防卫过当。扭送以成功送交公安、司法机关为必要限度，超过必要限度的，结合具体情形，扭送行为构成故意犯罪、过失犯罪或者意外事件。由于扭送只是保障刑事诉讼程序的辅助性、临时性措施，公民实施扭送行为时应立即将扭送对象就近送交公安、司法机关，超过该时间限度的，不阻却违法性。

周某过失致人死亡案。[①] 某日凌晨，钟某正在盗窃电动车被周某发现后，扭头就跑，周某急忙追赶，途中路遇外卖小哥李某并搭载其电动车一起追赶，同时报警。周某和李某将钟某拦停，钟某不停反抗并试图逃跑。钟某只跑出几米，左手被周某抓住，背部被周某右手往下压。周某与李某将钟某控制。警察到达现场后，钟某停止反抗并昏迷，紧急送医经抢救无效死亡。经鉴定，钟某的死亡原因是脑干损伤合并冠心病心肌梗死继发循环呼吸功能障碍。

分析：本案是一起由扭送行为引发的案件，钟某的行为不构成事后抢劫，周某的行为也不属于正当防卫。一审法院认定周某无罪。公诉机关抗诉，主张周某的行为构成过失致人死亡罪。二审法院经审理维持无罪判决。一、二审法院的理由是：周某主观上具有抓捕小偷并扭送公安机关的主观目的；在制伏、控制钟某的过程中仅采取了用手按着被害人脖子以防钟某反抗、逃跑的行为，即只实施了一般人抓小偷时惯常实施的行为，没有超出必要限度；钟某患有严重冠心病，属于特异体质人员，周某无法预见自己的行为会导致钟某死亡的结果。

本案既是一个过失犯的预见能力、注意义务的教义学判断问题，也是一个扭送行为的限度理解问题。虽然司法机关没有运用“公民扭送行为”这一超法规的违法阻却事由，但正是刑事诉讼法规定了公民的扭送权利，才为周某的强制行为提供了正当化基础，并为制服、控制钟某的行为的强度提供了分析依据。

公民面对的扭送对象虽然不是正在实施犯罪的人，但他们也具有很大的人身危险性，如果不赋予扭送人更大的行为限度，刑事诉讼法规定扭送条款的目的就难以实现。由于扭送行为是对犯罪嫌疑人、被告人的强制，具有类似“正对不正”的关系，与正当防卫一道呈现见义勇为、弘扬正气的正面社会价值，二者在行为限度的判断方向上具有相通之处，因此，扭送行为“没有明显超过必要造成重大损害”的，不宜认定为犯罪。

三、紧急救助行为

紧急救助，是指为了使他人免受正在发生的紧急危险或者避免紧急危险的扩大，进行救治、援助的行为。紧急救助行为可能对紧急遇险人造成损害，虽然表面上符合某个犯罪构成要件，但不具有实质违法性。紧急救助的正当化依据是法益衡量：紧急救助行为在同一法益主体范围内，以较低的法益损害拯救了较高的法益，对于降低遇险人所面临的紧迫危险具有正面意义。所以，在行为对错的判断上，紧急救助是值得肯定的正义行为。紧急救助至少包括自愿的紧急救助行为和业务的救助行为：前者是指一般人自愿无偿对紧急遇险人实施救助，后者是指专业人员基于医护、消防等业务要求对紧急遇险人实施救助。

我国《民法典》第184条规定，因自愿实施紧急救助行为造成受助人损害的，救助人不承担民事责任。自愿紧急救助人“不承担民事责任”，更无须承担刑事责任。然而，对这种刑事责任阻却事由（出罪事由）应当理解为阻却违法性还是阻却有责性，需要作出说明。从立法目的上看，《民法典》第184条是旨在改善我国当前社会风尚的特殊立

---

① 参见（2021）桂01刑终135号刑事裁定书。

法，立法者经价值判断而未采纳“除有重大过失外”的建议，也即自愿施救者不论是出于一般过失还是出于重大过失，对受助人造成损害的，一律不承担民事责任。换言之，这一不设“保留”条件的侵权责任免除条款，旨在消除见义勇为者的后顾之忧，倡导、培育乐于助人的社会公德。[①] 可见，该自愿救助行为是一种“义”即值得肯定的正当行为。之所以承认这种“义”，是由于该救助行为有助于降低受助人的生命、健康等重大法益面临的危险。追求道义的最终目的仍然是保护法益安全。换言之，基于积极救助目的而无偿自愿实施紧急救助行为，并造成受助人法益损害的，在违法性阶层属于法律所容许的风险，可直接受到正面评价，因而阻却了违法，无须进入非难可能性阶层的判断。自愿紧急救助行为作为一种容许的风险行为，是过失犯的违法阻却事由。对于主观上缺乏救助目的而故意引起受助人损害的行为，因不阻却违法性，应认定为故意犯罪。

业务的紧急救助，是一种正当业务行为，阻却违法。比如，急诊科医生为了挽救因车祸昏迷的甲，对甲进行了必要的截肢手术，虽然表面上符合故意伤害罪（重伤）的构成要件，但医生出于业务要求保全了甲的生命，阻却故意伤害罪的违法性。业务的紧急救助不因“业务”而必然正当，而是因法益衡量而正当：在同一法益主体之内进行利益权衡，保全受救助人的更大利益而牺牲其一份利益。故而，这种违法阻却事由与紧急避险具有相似之处，需要满足“不得已”要件。一般情况下，手术等诊疗行为是对患者的生命、健康等重大法益引起损害风险的行为，需要经过患者或其近亲属的知情、同意，未经过同意的诊疗行为不具有正当性。但我国《医师法》第 27 条第 1、2 款规定，“对需要紧急救治的患者，医师应当采取紧急措施进行诊治，不得拒绝急救处置”；“因抢救生命垂危的患者等紧急情况，不能取得患者或者其近亲属意见的，经医疗机构负责人或者授权的负责人批准，可以立即实施相应的医疗措施”。据此，在上述紧急情况下，即使没有取得患者或其近亲属的同意，在严格履行救治程序时，与患者的现实同意具有相同的效力。因为这是医师进行急救治疗的唯一方法，所以诊疗行为具有正当性。如果不承认该行为的正当化，结局只能是患者听天由命、自然而亡。其实，这种业务紧急救助行为是法律对“推定被害人承诺”的承认，依照法律规定实施该紧急救助行为不违法。

四、自助行为

自助行为，又称自救行为、自力救济、私力救济，是指权利人在事情紧急而难以获得国家公力救助时，为及时保全自己的利益，对他人的财产或者人身采取临时扣押予以约束的行为。我国《民法典》第 1177 条规定，“合法权益受到侵害，情况紧迫且不能及时获得国家机关保护，不立即采取措施将使其合法权益受到难以弥补的损害的，受害人可以在保护自己合法权益的必要范围内采取扣留侵权人的财物等合理措施；但是，应当立即请求有关国家机关处理”；“受害人采取的措施不当造成他人损害的，应当承担侵权责任”。权利人根据该条实施合理自助的，阻却违法性。

严格来说，正当防卫、紧急避险等都属于私力救济的行为，只不过这两个法定违法阻却事由的发生场合极为特定，系“事中的自助行为”。《民法典》第 1177 条规定的私力

---

① 参见王利明主编：《中国民法典评注（总则编）》，北京，人民法院出版社，2021，691～692 页。

救济行为是“事后的自助行为”，即权利人的权益被侵害之后，为进一步防止损害扩大而采取的自助手段。按照该条的兜底性表述，自助行为应不限于对财物的扣留，因追回财物而需要对侵权人进行人身强制的，也可以阻却违法性。比如，甲的名贵手表被乙盗窃之后，在乙销赃之际，甲趁机将手表夺走的，不构成抢夺罪；丙的摩托车被丁盗窃之后，丙从丁处将车偷偷开回的，不构成盗窃罪。虽然赃物的平稳占有状态值得刑法保护，但乙、丁对赃物的占有不能对抗权利人本人，但在赃物已经被处分给第三人后，权利人则不能打破第三人的占有进行自力救济。需要指出的是，《正当防卫指导意见》第 6 条规定，“……在财产犯罪中，不法侵害人虽已取得财物，但通过追赶、阻击等措施能够追回财物的，可以视为不法侵害仍在进行……”。对于该条中的自助行为，最高司法机关直接认定为正当防卫，理由是“不法侵害正在进行”。这考虑到了财物侵害行为的现场持续性，更有助于保护权利人的财产权益。

五、义务冲突

义务冲突，是指行为人同时面对多个应当履行的法律义务，只能履行其一而无法一并完成其他义务。行为人负有实施多个积极行为的义务，仅履行其中之一而放弃其他义务的，放弃行为本属于“不作为”，但在义务冲突的场合，放弃其他法定义务而仅履行优越义务的，阻却不作为的违法性。义务冲突阻却违法性的根据是优越利益保护原则，但这种优越利益的权衡方式具有特殊性，并非单纯法益价值大小之比较。(1) 法益的优越性以法律义务的存在为前提。例如，甲的母亲与女朋友同时掉进河里，两人的生命法益处于同等价值，但甲对母亲具有法定的救助义务，母亲的生命法益因优先义务的存在而具有优越性，甲应优先救助母亲。(2) 法益的优越性以法律义务的优先履行能力为前提。例如，一名老人和一名儿童坠井遇险，消防人员对两人均具有法定的救助义务，两人生命价值相等，但一次只能救助一人，消防人员应优先救助更容易施救的遇险人，任何人没有权力以“儿童的生命优于老人”而对生命价值进行衡量，这有关行为对错（不法）的标准。不过，当老人自愿放弃救助机会时，消防人员可以优先救助儿童。(3) 法益价值相等、保护机会相同时，法益之间具有相等的保护地位，义务人可以选择任何一个对象进行义务的履行，由此造成另一法益受损的，阻却违法性。

义务冲突与紧急避险具有相似性：二者均是基于优越利益保护，为挽救一方而不得不“牺牲”另一方。但是二者存在根本不同：其一，紧急避险是为了挽救一方，不得已将另一方的合法利益作为避险代价，而义务冲突不存在危险的转嫁。其二，紧急避险属于一种避险人的紧急权利，避险人对避险行为的实施不具有义务性，避险人可以放弃避险；而在义务冲突的场合，行为人对任何一方都具有保护义务，义务不能被放弃，行为人只能选择其一进行履行。其三，紧急避险中无辜第三人的利益损害，是转移危险的积极行为所致，而义务冲突中的另一方或其他多方的利益损害，是行为人不作为所致，是义务选择的后果。其四，紧急避险是法定的正当化事由，义务冲突是超法规的正当化事由。

六、自损行为

自损行为，是指行为人针对自己的法益进行损害的行为，如自杀、自伤、毁坏自己个人所有的财物。自损行为与被害人承诺的区别在于，前者是自己实施了涉己损害行为（如自杀），后者是同意他人对自己实施损害行为（如得到承诺的故意杀人属于他杀）。一般而言，对自损行为可以直接否认不法构成要件的该当性。例如，《刑法》第133条规定，“违反交通运输管理法规，因而发生重大事故，致人重伤、死亡或者使公私财产遭受重大损失的，处三年以下有期徒刑或者拘役……”。该条中的“致人重伤、死亡”是指造成他人（包括车内乘客、近亲属）的重伤、死亡，司机酒后驾驶机动车导致自己重伤的，不构成该罪。然而，在处理某些刑法问题时，自损行为很容易被认定为不法行为，因而有必要单独讨论自损行为的正当化。例如，甲为了逃避债主躲进看守所，向公安机关“投案”，称自己实施了抢劫犯罪并提供了伪造的证据。按照我国《刑法》第243条，诬告陷害罪是侵犯公民人身法益的犯罪，“自我诬告”属于自损行为，不具有犯罪的客观违法性。再如，《刑法》第232条规定，“故意杀人的，处死刑、无期徒刑或者十年以上有期徒刑；情节较轻的，处三年以上十年以下有期徒刑”。对这里的“故意杀人”只能解释为“故意杀死他人”，自杀不是故意杀人罪的不法行为。我国刑法没有规定帮助自杀罪、教唆自杀罪，司法实务中普遍将该类行为认定为故意杀人罪。为了提供自杀关联行为的入罪依据，刑法教义学上出现了肯定“自杀违法”的观点（甚至主张自杀犯罪化），只不过因自杀行为违法程度低、自杀者不具备有责性或者基于刑事政策原因而不构成犯罪。据此，帮助、教唆自杀被认为是帮助、教唆他人实施不法行为，进而构成故意杀人罪。本书认为，这是我国刑法理论技术化倾向的典型例证，这种技术化甚至超出了犯罪概念的涵盖范围。我国法律提倡生命至上，对于自杀行为不鼓励、不禁止，对于公民的行动自由，法不禁止即为正当，不论出于何种原因实施自杀行为，出于自愿的自杀未遂从来不是违法犯罪。如果认为自杀是不正当行为，那么，便可以对自杀行为实施正当防卫，从而陷入防卫意识、防卫限度的悖论。刑法理论不能为了维护司法实践中帮助、教唆自杀行为的处罚性，而将自杀理解为不法行为，更不能打着保护生命权的旗号，将自杀行为犯罪化。

第十一章　犯罪的未完成形态

犯罪行为的实施过程，根据其是否实现了构成要件的结果，可以分为完成形态和未完成形态。犯罪的完成形态，即犯罪的既遂形态，是指故意犯罪在其发展过程中未在中途停止下来而进行到终点，行为人完成了犯罪的情形。犯罪的未完成形态，又被称为犯罪的特殊形态，是指犯罪行为实施的过程中，由于各种原因而出现的犯罪预备、犯罪未遂、犯罪中止等特殊形态。犯罪的未完成形态或者说特殊形态，与犯罪既遂合起来，统称故意犯罪形态。相对于犯罪的既遂即完成形态而言，未完成形态情况各异，未完成原因不同，以至于存在犯罪预备或未遂或中止等不同形态，这些形态反映出的行为人主观恶性程度有差别、犯罪行为客观进程和危害性有差异，从而对行为人的刑罚处罚也会不同。因此，准确区分犯罪未完成形态中的不同形态，对于准确定罪量刑具有重要的理论和实践意义。

第一节　犯罪未完成形态概述

一、犯罪未完成形态的概念

犯罪未完成形态，是指行为人的危害行为因各种主、客观原因而未达到终点即中途停止的情形。犯罪未完成形态，虽然并未造成实际危害结果，却仍然可能具有一定的刑事可罚性，因而立法者将特定犯罪的处罚范围在既遂之外有条件地予以扩充。根据《刑法》第 22 条至第 24 条的规定，犯罪未完成形态包括预备犯、未遂犯和中止犯。对于犯罪既遂而言，司法机关可直接按照刑法分则相应犯罪的有关规定进行定罪量刑，但对于犯罪预备、未遂和中止而言，司法机关需以刑法分则确定的罪名为基础，联系刑法总则中对犯罪未完成形态的有关规定判断相关行为是否构成犯罪预备、未遂和中止，以及应当或可以在何种程度上予以量刑优待。

犯罪未完成形态只能出现在危害行为的实施过程中，其通常开始于为犯罪而准备工具、制造条件的时点，并结束于危害结果发生之前的时点，而不能在此之外的任何时点中存在。例如，行为人仅产生犯意而未着手实行，由于刑法不处罚停留于主观世界中的纯粹思想（即便这种思想再罪恶），其便不符合任一犯罪未完成形态。行为人在事后实施的销赃、赔偿损失、返还赃物、主动投案自首、认罪认罚等行为，由于罪刑法定原则要求除犯罪行为之外的任何行为均不能成为定罪的根据，故其不符合任一犯罪未完成形态。当然，行为人的一系列事后行为能够反映预防必要性的程度，可以成为司法机关是否对其予以量刑优待的考量因素。

在犯罪未完成形态与犯罪阶段的关系上，二者既有联系也有区别。犯罪阶段，是指行为人的连续性危害行为表现在时间和空间上的差异，是前后依次相接的不同时间段。由于犯罪阶段与犯罪行为的实施过程密切相关，产生犯意和事后行为便不能被包含于犯罪阶段之中。犯罪未完成形态之间的差异集中体现为行为人是否着手实行以及实行行为是否结束之间，因此，犯罪阶段应分为预备阶段、实行阶段和实行后阶段。在个别犯罪中，在行为人的实行行为已实施完毕的情况下，危害结果可能需要等待一段时间才能发生（如投毒杀人），故实行后阶段这一分类仍有单独存在的必要性。当然，并非所有的犯罪类型均会完整地经历上述过程，如突发性犯罪便不会存在诸如预谋与策划犯罪、准备工具与创造条件等预备阶段。

犯罪未完成形态与犯罪阶段之间具有一定的关联性，不同的犯罪阶段只能与特定的犯罪未完成形态相联系，例如，在预备阶段只能出现预备犯或中止犯，而不可能出现未遂犯。同时，预备阶段的中止犯，由于不会造成损害，通常应当被免除刑罚；在实行阶段和实行后阶段只能出现未遂犯和中止犯，而不可能出现预备犯。

犯罪未完成形态与犯罪阶段之间亦具有较大的差异。（1）犯罪未完成形态中发生的行为停顿，是终局性的停顿，而非暂时性的停顿。如果行为人只是在犯罪实行过程中进行短暂的休息，而后继续实施该危害行为，则不能将其中途休息的行为评价为某种犯罪未完成形态。可见，犯罪未完成形态强调的是时空上的一个“点”，而与犯罪阶段强调的时间“段”不同。同时，犯罪未完成形态的“点”是静止的，而犯罪阶段的时间“段”是发展的。（2）犯罪阶段具有严格的先后顺序和连续性，即无论特定犯罪经过哪几个阶段，其顺序必然是从预备阶段到实行阶段，再到实行后阶段，而非其他。但犯罪未完成形态不具有该种特征，预备犯、中止犯和未遂犯之间不存在绝对的顺序，只要符合特定的构成要件，即可在某个犯罪阶段成立某种犯罪未完成形态。（3）针对同一个罪名而言，其可能先后经历一个或数个犯罪阶段，即不同的犯罪阶段可兼容于一罪。然而，只要特定行为已构成预备犯、未遂犯或中止犯中的任意一种，其就不能再构成其他犯罪未完成形态，即犯罪未完成形态之间是一种相互排斥的关系。

在犯罪未完成形态中，危害行为的停顿时点能够反映行为人的意图实现程度，亦能反映行为的危害性差异。这种犯罪未完成形态的危害性差异导致行为人所承担的刑事责任不同。例如，犯罪未完成形态的刑事责任均低于犯罪完成形态的刑事责任，因此，立法者对预备犯和未遂犯均规定，可以比照既遂犯予以一定程度的量刑优待；对中止犯则以是否造成损害为标准，规定应当减轻或免除处罚。同时，预备犯和中止犯的刑事责任均低于未遂犯的刑事责任，具体而言，立法者虽对预备犯和未遂犯均规定可以比照既遂犯从轻或减轻处罚，但对预备犯在从轻或减轻处罚的基础上，再度规定了免除处罚；立法者对中止犯的最低量刑优待即为减轻处罚，且是“应当”而非“可以”减轻处罚，并针对未造成损害的情形给予“应当”免除处罚的机会，从而使中止犯的刑事责任远低于未遂犯的刑事责任。

二、犯罪未完成形态的范围

在我国犯罪未完成形态被统一规定于刑法总则，而非刑法分则的个罪之中。但是，这并不意味着刑法分则所有的犯罪类型均存在相应的犯罪未完成形态。相应地，只有特定的故意犯罪才存在犯罪未完成形态。

（一）过失犯罪不存在犯罪未完成形态

《刑法》第 15 条第 2 款规定，“过失犯罪，法律有规定的才负刑事责任”。刑法分则规定的过失犯罪只包括那些造成严重后果的犯罪。换言之，我国的过失犯罪都是结果犯，即只有犯罪过程已经结束且造成严重后果的行为才能构成过失犯罪。而无论何种犯罪未完成形态，均不可能成立于该时点。同时，在过失犯罪中，行为人没有积极追求犯罪的意识，也就不可能为此而准备工具、制造条件；行为人对危害结果的发生均持排斥与反对的态度，也就不存在未得逞，以及自动放弃犯罪或者自动有效地防止犯罪结果发生一说。因此，无论是疏忽大意的过失犯罪还是过于自信的过失犯罪，均不存在成立犯罪未完成形态的余地。

（二）间接故意犯罪不存在犯罪形态之分

间接故意犯罪不存在犯罪形态之分。间接故意犯罪中，行为人对结果的发生持无所谓的态度，这是一种顺其自然、结果发生与否均不影响行为人实施行为的心态，因此，间接故意情形下不存在为了犯罪准备工具、制造条件的犯罪预备，不存在自动放弃犯罪或自动有效防止犯罪结果发生的犯罪中止，也不存在犯罪既遂与未遂之分，而只有犯罪成立与否的问题。

（1）犯罪既遂与未遂是一对不可分割的范畴，二者存在着有此有彼、无此无彼的关系。这表现在：1）从字义上理解，“既遂”就是已经遂愿，“未遂”则是没有遂愿。两者是对应的概念，离开了犯罪未遂，犯罪既遂这个概念就没有存在的对应条件。2）从学者关于犯罪既遂与未遂的理论探讨来看，莫不是站在对立的角度使用这两个概念的。有学者根据犯罪未遂的三特征即行为人已着手实施犯罪、犯罪未得逞、由于意志以外的原因犯罪行为被迫中断，反推出犯罪既遂也有三个相应的特征：一是犯罪已着手实行，二是犯罪已得逞，三是犯罪在进行过程中，未受阻而中断。如果不是站在犯罪既遂与未遂相对应的立场上，显然不会有上述理论的提出。3）从划分既遂与未遂的实际意义上看，二者也是不可分割的。犯罪既遂与未遂反映了行为人犯罪意志实现的不同程度和犯罪行为发展的不同状态，并由此反映出行为对社会造成的危害的大小。所以既遂与未遂的划分实际上是社会危害大小的划分。行为人的犯罪行为既遂就表明其行为的社会危害大，未遂则表明犯罪行为的社会危害小。如果认为某种犯罪行为只有犯罪的既遂而无未遂，就意味着该种犯罪只有社会危害大的情况，而无社会危害小的情况。这既在理论上令人无法理解，也与犯罪的实践相违背。可见，犯罪的既遂不能离开犯罪的未遂，反之亦反，否则，划分既遂与未遂就失去了意义。

（2）既遂就指已遂其愿，但间接故意情形下无所谓遂愿或不遂愿的问题。间接故意犯罪中行为人主观上对危害结果的发生持听之任之的态度，自然也就无愿望可言。因为行为人的明确愿望在于间接故意之外的另一种直接故意所追求的结果，所以，危害结果发生了也无所谓遂愿或不遂愿。况且，间接故意情形下行为人的主观心态是发生也行不发生也可这两种心态的“合意”，单独就发生或不发生一个方面的心态而论，都不是间接故意中的放任。就这种“合意”而言，不可能有行为遂其愿。从这个角度来看，间接故意犯罪也没有既遂。

(3) 认为间接故意犯罪有犯罪既遂而无未遂的观点，实际上是以既遂模式论为指导分析我国刑法犯罪论体系得出的结论。大陆法系的德、日等国的犯罪论体系认为，犯罪的成立条件包括构成要件该当性（行为的）违法性和有责性。构成要件该当性中的行为只限于实行行为。在它们看来，法律并不惩罚犯意和预备行为，应从实行行为开始处罚。对于实行行为，又以处罚既遂为原则，以处罚未遂为例外。其刑法典对各种犯罪所规定的构成要件也是单独为既遂而设立的。在大陆法系的刑法理论上，如果行为符合刑法所规定的构成要件而成立犯罪，也就可以说该犯罪行为同时又是既遂犯，间接故意犯罪一经成立，犯罪的既遂也就同时成立。但是，我国刑法规定的犯罪并非以既遂为模式，行为符合我国刑法规定的犯罪，并不表明该犯罪既遂同时成立。认为间接故意犯罪也存在既遂的看法，实际上就是运用大陆法系的有关刑法理论，把我国刑法中的间接故意犯罪与犯罪既遂相等同。由于它脱离了我国刑法理论的实际情况，因而它不合理。

总之，间接故意犯罪只有犯罪的成立与否之分，而不存在如同直接故意犯罪那样的犯罪形态之分。简言之，间接故意犯罪没有既遂与未遂。

（三）只有直接故意犯罪存在犯罪的未完成形态

直接故意犯罪是适用犯罪未完成形态的典型场景，但并非所有的直接故意犯罪均存在相应的犯罪未完成形态。在直接故意犯罪中，行为人明知且希望危害结果发生。为了达成这一积极追求犯罪的目的，行为人便会实施相应的预备行为、实行行为等，也就有可能成立诸如预备犯、未遂犯和中止犯等犯罪未完成形态。然而，在如下犯罪类型当中，这些犯罪未完成形态可能存在缺失：

(1) 突发性犯罪是行为人在事前没有明确动机与目标的情况下，因某种因素的诱发或刺激而临时起意或突然实施的犯罪行为。由于突发性犯罪没有预谋、准备等阶段，其也就不存在与预备阶段相对应的预备犯和中止犯形态，而只可能存在实行阶段和实行后阶段中的未遂犯和中止犯形态。

(2) 举动犯是行为人一经着手实行即告既遂的犯罪类型，而情节犯是以特定情节是否出现作为犯罪成立条件的犯罪类型，它们不存在成立未遂犯的空间。

(3) 立法者仅将特定犯罪的处罚范围有条件地扩充至犯罪未完成形态，并要求达到值得科处刑罚的程度。换言之，在我国处罚犯罪未完成形态具有例外性。对于一些轻罪或微罪而言，其本身的危害程度较低。如果犯罪行为因意志以外的原因而未得逞，其相对于既遂犯而言的危害程度显著下降，此时可能没有处罚此种未遂犯的必要。当然，如果特定犯罪的未遂犯不值得处罚，则相对而言刑事责任更轻的预备犯和中止犯便更不值得处罚。

(4) 对于结果加重犯的未完成形态，需要在区分行为人对基本犯罪和加重结果所持的不同主观心态的基础上，予以分别判断。在结果加重犯的构造当中，行为人对基本犯罪只能持故意心态，但对加重结果可能持故意心态或过失心态。如果行为人对加重结果持直接故意心态却因意志以外的原因而未完成加重结果，则成立结果加重犯的未遂；在相同的条件下，如果行为人完成加重结果却因意志以外的原因而未完成基本犯罪，则分别成立结果加重犯的既遂和基本犯的未遂。根据相同的逻辑，在结果加重犯中，行为人同样存在成立预备犯和中止犯的余地。

第二节 犯罪预备

一、预备犯的概念

《刑法》第22条第1款规定，“为了犯罪，准备工具、制造条件的，是犯罪预备”。据此，犯罪预备是指行为人为了实行犯罪而准备工具、制造条件，并因自己意志以外的原因而未能着手实行犯罪的一种犯罪未完成形态。

二、预备犯的成立条件

关于犯罪预备的构成要件存在要件不完备说和要件完备说两种观点。前者认为，较之于犯罪既遂，犯罪预备虽然具备主观故意，却因未实行犯罪而不存在构成要件行为，且因未直接造成危害结果而未侵害法益，存在构成要件的缺失；后者认为，虽然犯罪预备的构成要件和犯罪既遂的不同，但其具备了预备犯这种独特的犯罪形态所应具备的全部构成要件，作为修正的构成要件而存在。实际上，要件不完备说和要件完备说只是观察角度的差异，并不存在本质区别。如果认为刑法分则规定的犯罪构成要件是基本构成要件，则预备犯和既遂犯均是在基本构成要件的基础上发展和演变的产物；如果认为刑法分则规定的犯罪构成要件以既遂犯为模型，则预备犯是结合自身特征对它进行调整的产物。

犯罪预备包括如下构成要件，即行为人客观上实施了犯罪预备行为，主观上为了实行犯罪，事实上未能着手实行犯罪，并且未能着手实行是由于行为人意志以外的原因。刑法理论在论及犯罪预备的构成要件时，往往将主观要件置于客观要件之前。这种做法在一定程度上受到了刑法主观主义的影响，违背了客观优先的犯罪构成审查逻辑。将主观要件置于第一序列，可能会给司法实践造成某种误解，即主观要件对预备犯的成立起着决定性作用。司法机关在认为行为人具有很强的主观恶性时，往往会在此种预设之下放松对客观要件的审查，从而对欠缺作为预备犯的可罚危险的行为予以定罪。而将客观要件置于第一序列，通过先在的法益侵害性的判断，直接排除部分不具备可罚危险的犯罪预备行为，有利于维持刑法的谦抑地位，防止预备犯的处罚范围扩大化。

石某等诈骗案。① 刘某和孙某在办理有关审批手续以后，以石某名义在本村修建房屋并使用。数年后，三人得知该村将拆迁，商议先刘某与孙某离婚，后石某与孙某登记结婚，将孙某的户口迁至石某名下后即办理登记离婚，然后孙某再与刘某登记结婚，将刘某的户口也迁至该村。三人商定由刘某、孙某要求政府以两人名义进行拆迁安置，如政府不同意，则两人申请无房户80平方米的公寓安置补偿（价值1 048 000元）。后政府未同意并报警。后经政府拆迁部门调解，对该房屋以石某名义拆迁，补偿款468万元由刘某与石某按8∶2的比例分配。法院经审理认为，三人的行为均已构成诈骗罪（预备）。

分析：法院认定三人的行为构成诈骗罪的预备犯的主要原因即在于，过于重视三人

---

① 参见（2020）浙1102刑初321号刑事判决书。

先在的预谋、计划和离婚并结婚的行为所呈现出的主观恶性，但事实上，三人的行为在客观上并未对补偿款产生任何危险。因此，本案严格来说不应成立预备犯。

（一）客观上实施了犯罪预备行为

行为人在客观上必须实施了犯罪预备行为，这是犯罪预备成立的客观条件。所谓犯罪预备行为，即犯罪前预先的准备行为，具体是指为后续犯罪的着手实行准备的前行为，其实施有利于促成或便利危害结果的发生。如果司法机关不及时阻止行为人的犯罪预备行为，行为人便会实行特定犯罪，进而侵害或威胁法益。

犯罪预备行为对法益侵害或威胁的可能性强调的是一种抽象危险，而非没有任何危险，也不同于行为人着手实行时对法益产生的现实、紧迫的危险。犯罪预备行为所具有的抽象危险由立法者所推定，并由司法者在具体个案中加以验证。这意味着，相关犯罪预备行为并非仅在形式上符合准备工具、制造条件即可，需要在实质上存在对相关法益的抽象危险。这种抽象危险是犯罪预备行为具备实质可罚性的根源，也是犯罪预备行为区别于一些日常生活中立行为的关键所在。例如，2013 年 11 月 14 日“两高一部”《关于办理组织领导传销活动刑事案件适用法律若干问题的意见》第 2 条第 2 款规定，“以单位名义实施组织、领导传销活动犯罪的，对于受单位指派，仅从事劳务性工作的人员，一般不予追究刑事责任”。可见，日常生活中立行为处在正常的社会生活秩序范围内，具有反复实施性、例行性、可替代性，不会产生针对特定法益的抽象危险。

根据《刑法》第 22 条第 1 款的规定，犯罪预备行为有两种，即准备工具的行为和制造条件的行为。虽然法条中，立法者对准备工具和制造条件以顿号相间隔，但这并不意味着二者之间属于并列关系。行为人为实施犯罪而制造条件的范围极其广阔，任何有利于犯罪实现的条件均在其之内，自然也包括准备工具。因此，准备工具只是立法者对制造条件中最为常见的预备行为的提示性规定。该种立法技术在我国刑法中并不少见，如刑法分则部分情节犯中“重大损失”即“情节严重”的提示性规定等。

准备工具，即以各种方式，如向他人购买、自己加工或委托他人加工、制造、改装、盗窃等，获得并利用各种能为后续犯罪的实行提供帮助的物品。由于行为人准备工具的意图在于犯罪，故此处“工具”即“犯罪工具”。依以犯罪工具提供帮助的时间点不同，可将犯罪工具分为：（1）实行前的工具，如到达犯罪现场的工具等；（2）实行过程中的工具，如排除犯罪障碍的工具、制止被害人反抗的工具等；（3）实行后的工具，如逃离犯罪现场的工具、掩饰或毁损犯罪证据的工具等。2020 年 10 月 16 日“两高一部”《办理跨境赌博犯罪案件若干问题的意见》第 5 条第 5 款规定，“……赌博违法所得、赌博用具以及赌博犯罪分子所有的专门用于赌博的财物等，应当依法予以追缴、没收”。根据该规定，有观点将“专门性”与犯罪工具相关联，认为要求准备的工具仅限于专门用于犯罪的工具。以专门性对犯罪工具进行限缩解释，可能会导致预备犯的处罚范围过窄或过宽。所谓过窄，是指即便行为人存在准备行为，其准备的日常生活中普遍使用的工具也能为后续犯罪的实行提供帮助，却因专门性的限制其准备行为不可罚，进而不利于保护与之相对应的法益；所谓过宽，是指即便行为人准备的是专门用于犯罪的工具，也并不代表其一定会产生可罚的抽象危险。实际上，只要行为人准备的犯罪工具与后续犯罪的实行具有直接或密切的联系，无论工具是否属于日常生活中普遍使用的，均有可能属于犯罪工具。同时，准备工具的行为本身并不具备主、客观的双层面向，也不需要以目的性要素对它进行限制。行为人只是在犯罪现场随手获得工具的，由于不存在事前的“准备”阶段，自然不属于准备工具的范畴。行为人将工具用于后续犯罪实行的意图，属于预备犯主观要件的内容，并非工具的主观特征。对犯罪预备中的准备工具仅需客观判断即可。

制造条件，即为后续犯罪的实行提供各种便利的因素，包括但不限于准备工具。依条件发生的主、客观场景不同，可将制造条件分为：（1）制造客观条件，如制造针对被害人的条件（调查被害人行踪、前往被害人住所、诱骗被害人前往特定场所等），制造针对犯罪场所的条件（排除犯罪障碍等），制造犯罪能力或技能的条件（召集同伙、学习某种犯罪手段等）；（2）制造主观条件，如制订犯罪计划和事后逃脱计划等。依条件发生作用的时间点不同，可将制造条件分为制造有利于犯罪着手实行的条件，制造有利于犯罪完成的条件，以及制造有利于逃避法律追究的条件等。至于行为人为犯罪而筹措资金等的行为，若欲实现促成犯罪实行的效果，尚需将资金作用于其他环节，如使用资金购买工具等，则属于预备的预备。此类行为所产生的危险，是比预备犯对特定法益产生的抽象危险更为前置的危险，不满足预备犯对可罚危险的程度要求，因而不值得处罚。

李某等人抢劫案。①　李某等人约甘某抢劫洗钱犯罪团伙的钱财，遂安排耿某提供银行卡给犯罪团伙洗钱，通过手机定位交易地点，并通知李某等人过去抢劫，将钱转入耿某的银行账户内取出后分赃。抢劫前，李某等人购买了两把砍刀和两把斧头，甘某提供了车辆作为交通工具。某日上午，李某等人来到某地埋伏。耿某与犯罪团伙的曹某等人汇合，二人正准备开始相互配合洗钱时，被警方抓获。法院经审理认为，李某等人的行为构成抢劫罪（预备）。

分析：本案中行为人制造了抢劫的主观条件和客观条件，准备了用于实行过程中和实行后的一系列工具，进行了较为详尽的犯罪预备。其中，砍刀和斧头既可作为日常生活中普遍使用的工具，也能为实施犯罪而使用。行为人提前购置并将它列入犯罪计划的一系列行为足以肯定它与后续犯罪的直接联系，因而它属于犯罪工具的范畴。

行为人为后续犯罪的实行而准备工具、制造条件的预备行为可能有数个，其中某个或某些行为可能同时触犯刑法分则中的其他犯罪。例如，行为人为杀害被害人而准备枪支的行为，除触犯《刑法》第 232 条故意杀人罪之外，还可能触犯第 128 条第 1 款非法持有枪支罪。如果行为人是通过诸如自行制造、盗窃、抢夺等方式获得枪支，则还可能触犯第 125 条第 1 款非法持有枪支罪，第 127 条盗窃、抢夺枪支罪等。如果行为人的一个预备行为既构成某罪的预备犯，同时也构成其他犯罪，应根据想象竞合的原理从一重处断。但是，如果行为人的数个预备行为能在整体上构成某罪的预备犯，同时其中个别预备行为又能构成其他犯罪，是否应当数罪并罚？存在争议。

白某等人绑架案。②　白某为绑架陈某勒索财物，相继实施自制爆炸装置，与肖某预谋，购买伪造的机动车号牌、警服、弹簧刀、仿真枪等物品，窃取一副机动车号牌，伪

---

①　参见（2022）鄂 0112 刑初 44 号刑事判决书。

②　参见最高人民法院刑事审判第一、二、三、四、五庭主办：《刑事审判参考》，总第 69 辑，北京，法律出版社，2009，48～56 页。

造身份证、警官证等预备行为。后白某、肖某二人以租车为名使用暴力手段将吴某价值20余万元的轿车劫走，并告知其借用一天，用完即返还。二人将车牌更换之后，冒充公安局领导与陈某取得联系，欲将其骗上车后予以绑架，勒索财物。后因误认为陈某已产生怀疑，白某、肖某便逃离现场，并通知吴某在指定地点将轿车取回。

分析： 对于本案，法院经审理认为：白某、肖某诱骗被害人的行为尚处于预备阶段而并未着手，属于绑架罪（预备）。同时，二被告人劫取吴某的轿车作为犯罪工具，系绑架罪的预备行为，因欠缺非法占有的目的，并不构成抢劫罪。但是，如果二被告人对轿车具有非法占有目的，则二者既不属于牵连犯，也不属于吸收犯，而应数罪并罚。

2005年6月8日"高法"《关于审理抢劫、抢夺刑事案件适用法律若干问题的意见》第6条第2款规定，"为抢劫其他财物，劫取机动车辆当作犯罪工具或者逃跑工具使用的，被劫取机动车辆的价值计入抢劫数额；为实施抢劫以外的其他犯罪劫取机动车辆的，以抢劫罪和实施的其他犯罪实行数罪并罚"。2013年4月2日"两高"《关于办理盗窃刑事案件适用法律若干问题的解释》第10条第3项规定，"为实施其他犯罪，偷开机动车作为犯罪工具使用后非法占有车辆，或者将车辆遗弃导致丢失的，以盗窃罪和其他犯罪数罪并罚；将车辆送回未造成丢失的，按照其所实施的其他犯罪从重处罚"。可见，相关司法解释均认为，只要行为人的某个预备行为构成其他犯罪即应数罪并罚，除非其指向的是同一犯罪或仅存在这一预备行为。在此情形下，由于存在数行为，想象竞合原理无法得到适用。但是，行为人出于最终同一犯罪目的实施的数行为之间具有方法行为与目的行为的牵连关系时，似乎应按照牵连犯原理从一重处断。实际上，司法解释的立场更值得赞同，对牵连犯原则上应坚持数罪并罚，才能实现罪刑均衡（详见本书第十三章第六节）。例如，《刑法》第294条第4款规定，"犯前三款罪又有其他犯罪行为的，依照数罪并罚的规定处罚"。这意味着，在行为人的行为构成组织、领导、参加黑社会性质组织罪，入境发展黑社会组织罪，包庇、纵容黑社会性质组织罪的预备犯时，其预备行为构成其他犯罪的，应与前罪进行数罪并罚。

（二）主观上为了实行犯罪

预备犯的主观要件具有重要地位，可据以在客观要件之后进行可罚性的第二次筛选，进而排除一部分具有法益侵害的抽象危险但无犯意的不可罚行为。《刑法》第22条第1款使用的是"为了犯罪"的表述，其既包括"为了预备犯罪"，也包括"为了实行犯罪"，但应将其限缩解释为"为了实行犯罪"。行为人在客观上实施预备行为的目的在于为后续犯罪的实行提供便利条件，其主观上便不可能仅仅停留在"为了预备犯罪"的程度，否则便不符合预备犯的原理。同时，如果行为人仅仅是为了预备犯罪而实施预备行为，其缺乏继续发展的可能性，也不值得动用刑法来规制。在此基础上，行为人应当具有确定的犯罪故意，并由此心理来支配、指导准备工具、制造条件的预备行为如何开展。其中，行为人需存在实行特定犯罪的意思，并且认识到自己实施的预备行为能够为实行特定犯罪提供便利。

犯罪预备中的故意与犯意表示存在本质差异。犯意表示是指，行为人以口头、书面或其他能被他人知晓的形式，将自己内心真实的犯罪意图表现于外的行为，如扬言抢劫等。犯罪预备中的故意与犯意表示的差异主要体现在如下三方面：

（1）犯罪预备中的故意要求行为人认识到其将要实行犯罪，并意图为特定犯罪提供便利和促进条件；而犯意表示仅要求行为人将内心的意思表达于外，不存在之后实行的意图。

（2）犯罪预备中的故意影响行为人预备行为的种类和方式，并支配行为人展开预备行为；而犯意表示不要求行为人实施任何实际行为，不会发生任何针对法益的、实质性的客观危险，只存在潜在的、精神世界中的某种主观危险。例如，行为人仅将某种犯意告知他人属于后者，而在告知他人的同时劝说其成为同伙共同作案则属于前者。此外，要注意犯意表示与犯罪的实行行为在刑法分则言论型犯罪中的区分。例如，在《刑法》第 246 条第 1 款侮辱罪、诽谤罪中，如果行为人仅仅向他人表示要想办法侮辱、诽谤他人，但并未实施任何侮辱、诽谤行为，也并未思考采取何种方式以何种内容侮辱、诽谤他人，则因为并未对被害人的外在名誉产生任何危险，故仅属于犯意表示；但是，如果行为人已然开始与他人密谋如何侮辱或诽谤他人，如开始商量如何编造谣言、准备侮辱材料等，则虽然此行为与犯意表示一样，均只是用语言的形式表达，但此一行为已经对本罪保护的法益（他人的外在名誉）产生了抽象的危险，故应当认为侮辱罪、诽谤罪的犯罪预备成立。

（3）以预备行为是否存在为标准，可将刑法分则中的犯罪区分为必经预备的犯罪和非经预备亦可实行的犯罪。前者如《刑法》第 170 条伪造货币罪，行为人必须在事前购置伪造货币的相关器械和材料；后者如《刑法》第 232 条故意杀人罪，行为人无论是否存在预备行为均可实施杀人行为，但预备行为可提升犯罪实现的概率。因此，预备行为均对犯罪实现有促成作用，而这是犯意表示所不具备的。

王某等人抢劫盗窃案。① 王某等人为实施抢劫，在窃得他人面包车后（经鉴定，价值2 053 元）驾驶该车，携带匕首、套帽、胶带纸、橡胶手套等工具伺机抢劫。某日凌晨，王某等人驾车寻找抢劫目标时，被巡查民警当场查获。

分析：对于本案，法院经审理认为，“犯意表示为行为人犯罪意识的表达，属主观的意思活动，没有任何客观的行为，犯罪预备指为了犯罪而准备工具、制造条件，既有主观的犯罪意思，又有客观的预备行为，王某为了抢劫犯罪而准备了匕首、套帽、胶带纸、橡胶手套，并开车寻找作案目标，其行为性质属于预备行为”，因此，王某等人的行为构成抢劫罪（预备）。

本书认为：行为人不仅具有实施犯罪的意图，且在抢劫故意的支配下实施了有利于犯罪实现的预备行为，因而不属于犯意表示，法院的判决具有合理性。

（三）事实上未能着手实行犯罪

行为人事实上未能着手实行犯罪，既包括没有完成预备行为，也包括完成预备行为后因其他原因而未能着手实行。

“事实上未能着手实行犯罪”的要件并未为《刑法》第 22 条第 1 款所规定，但它仍然是预备犯的必要构成要件，其意义在于合理划定各类犯罪未完成形态的边界。预备行为存在于着手实行之前，预备犯也只能在行为人着手实行之前成立。行为人一旦着手实

---

① 参见（2012）杭萧刑初字第 1994 号刑事判决书。

行特定的犯罪行为，即不可能成立预备犯，而只可能成立中止犯、未遂犯或既遂犯。同时，犯罪预备行为只是为实行特定犯罪准备工具、制造条件，其不可能直接造成危害结果。而行为人一旦着手实行，在对相关法益的危险性上便远高于单纯的预备行为。该要件的存在恰恰显示出预备犯较之于未遂犯、既遂犯在法益侵害性上的差距。因此，行为人是否着手实行，是区分犯罪未遂与犯罪预备的主要标志。

孙某故意杀人案。① 孙某因与本村村民董某有私人恩怨，遂通过微信语音留言的方式恐吓董某，扬言要杀死董某全家；并为实施杀人犯罪在自家焊接了二把扎枪。当日14时许被公安机关抓获。

分析：本案中孙某为了实施杀人行为，在自家焊接二把扎枪，并通过微信语音表达了杀人的故意。其主观上是为了犯罪，客观上因为被公安机关及时抓获而没有来得及着手实行，故其行为已经构成犯罪预备，可以比照既遂犯从轻或者减轻处罚。

赵某杀人案。② 因游戏账号买卖纠纷，赵某感觉自己为宋某所骗，于是让宋某的父母帮忙解决其认为损失了的钱，宋父以不欠钱为由“拉黑”赵某的微信，赵某因此产生杀死宋某父母的想法。赵某在网上查阅了大量处理尸体的资料，并购买行李箱等准备用于装尸。当天，赵某携一把铁质羊角锤和行李箱等物品来到宋某家。因怀疑来错地方，赵某在院中观察了约10分钟。宋某母亲发现了并通知宋某回家。宋某遂报警并通知了其弟。回家后，宋某兄弟俩告知赵某其父母没在家，赵某遂离开，并在途中被民警带走。

分析：本案中赵某的行为究竟是故意杀人罪的未遂还是预备？存在争议。赵某事先做了大量的杀害宋父的准备工作，包括查阅资料、购买犯罪工具。后赵某按照计划去宋某家，并带上犯罪工具，准备见到宋父时实施杀人行为，但是由于宋父不在家，所以未遂。综合全案分析，赵某已经着手实行，其行为是故意杀人罪的犯罪未遂，而非犯罪预备。

上述两个有关故意杀人罪的案例分别涉及犯罪预备和犯罪未遂这两种犯罪未完成形态，具有对比效果。法院在认定行为人的行为究竟属于预备犯还是未遂犯时，采用的判断标准均是其是否对特定犯罪所指向的法益产生了现实、紧迫的危险，而这种危险恰恰是着手实行所带来的。虽然行为人实施了准备工具、制造条件的行为，但只要行为所带来的危险未达到现实、紧迫的程度，该行为便只能属于犯罪预备。

（四）未能着手实行是由于行为人意志以外的原因

行为人事实上未能着手实行犯罪仅强调了行为的客观结果，其究竟是出于何种原因而未能着手实行，仍具有限定的必要。理由在于：在行为人着手实行之前的阶段尚存在成立中止犯的余地。因此，未能着手实行是由于行为人意志以外的原因，应是预备犯的第四个构成要件，并成为预备犯区别于中止犯的标志。如果行为人未能着手实行犯罪，是其自动放弃的结果，则可能成立中止犯；反之，则可能成立预备犯。

行为人意志以外的原因，既包括客观原因，也包括主观原因。客观原因是指，行为人的预备行为不可能继续实施，或者预备行为结束后不可能着手相应的实行行为。其中，

---

① 参见（2019）吉0781刑初351号刑事判决书。

② 参见（2021）黑0833刑初27号刑事判决书。

自身犯罪能力的限制，如未掌握特定的犯罪技能，身体条件不足以支撑行为实施等；外部因素的介入，如被害人离开预设的犯罪场所，被害人的防范意识和措施过于强大，行为人被警察抓获等，均属于客观上行为人无法继续实施预备或着手实行行为的原因。主观原因是指，行为人认识到继续实施预备行为或着手实行行为已然在客观上不可能。在发生认识错误的场景下，如果继续实施预备行为或着手实行行为在客观上可能，但行为人主观上认为不可能的，因非主动放弃，仍属于因行为人意志以外的原因而未能着手实行；如果继续实施预备行为或着手实行行为在客观上不可能，但行为人主观上认为可能的，因相关行为无法实施，亦属于因行为人意志以外的原因而未能着手实行。总之，行为人意志以外的原因，包括违背行为人意愿，进而阻止其着手实行的所有原因。

肖某抢夺案。[①] 肖某和胡某、金某、卢某等人经预谋，乘出租车先后至本市××区××镇、九里亭街道、九亭街道，共计 9 家售卖黄金产品的店铺内，金某和卢某踩点望风，肖某和胡某假意购买黄金饰品并试戴，意图趁工作人员不备进行抢夺，但均因店铺工作人员警惕而未敢实施。肖某和胡某二人实际试戴 7 条黄金项链，价值共计人民币 39 万余元。

分析：本案中肖某的试戴行为属于抢夺罪的预备行为，后因肖某意志以外的原因而被迫放弃，故属于抢夺罪（预备）。至于肖某未能着手实行抢夺行为的原因，系被害方的防范意识过于强大，对肖某实施抢夺行为形成了客观上的阻碍，属于肖某意志以外的原因。

预备犯的成立受到行为人意志以外的原因的影响，预备犯与预备阶段和预备行为既有区别又有联系。（1）预备犯仅能与预备阶段和预备行为相关联，而不可能与实行阶段或实行后阶段、实行行为相关联。预备犯仅能出现在预备阶段，并以存在相应的预备行为为前提条件。（2）预备阶段强调的是一个当然经过的时间“段”，预备行为强调的是行为人事前进行的各项准备性工作，其二者均不受任何主、客观原因的影响。无论特定行为构成何种犯罪未完成形态，均不影响其存在。而预备犯是行为实施过程中因主、客观原因的影响而发生的终局性停顿，强调的是时空上的一个“点”。只要相关行为构成预备犯，便排斥其他犯罪未完成形态。此外，在预备阶段可能产生预备犯和中止犯，但其对定罪并无意义。而预备犯属于犯罪未完成形态的一种，会影响到对行为人的定罪。

三、预备犯的类型

（一）关于犯罪预备类型的传统观点及其评价

传统观点在论述犯罪预备的类型时，一般将其区分为准备工具的犯罪预备与制造条件的犯罪预备、物质性犯罪预备和非物质性犯罪预备、任意性犯罪预备和必要性犯罪预备、作为犯的预备和不作为犯的预备。然而，这些分类本身是否合理值得探讨。

（1）准备工具的犯罪预备和制造条件的犯罪预备。准备工具和制造条件之间并非并列关系，而是包含关系，因而准备工具并非犯罪预备的单独类型。同时，相关行为只要符合准备工具或制造条件中的一种，即可满足预备行为的要求，而不存在其他特殊问题，

---

① 参见（2023）沪 0117 刑初 1020 号刑事判决书。

缺乏设定独立类型的必要性。

（2）物质性犯罪预备和非物质性犯罪预备，或者说有形预备和无形预备，作为独立犯罪预备类型也值得商榷。二者的争议点在于事前预谋并制订犯罪实施计划、观察被害人行踪轨迹等是否属于预备行为，但这些毫无疑问地会对后续实施的特定犯罪起到促成作用，没有理由将它们排除于预备行为之外。

（3）任意性犯罪预备和必要性犯罪预备，作为独立犯罪预备的类型也值得商榷。二者强调的是，刑法分则中的犯罪类型是否以必经预备阶段、必存预备行为为必要。其中，必经预备阶段、必存预备行为的犯罪类型必然有预备犯的存在空间，但非必经预备阶段、非必存预备行为的犯罪类型也不能排除预备犯的存在空间。对后者而言，行为人实施相关预备行为能够提高犯罪实现的概率。

（4）作为犯的预备和不作为犯的预备，这对类型范畴也值得商榷。预备犯要求行为人实施准备工具、制造条件的行为，其必然属于积极行为的范畴，因此，只要作为犯或不作为犯之前存在某种积极的预备行为，即有成立预备犯的余地。例如，《刑法》第261条遗弃罪要求行为人存在负有扶养义务而拒绝扶养的不作为行为。在该种不作为行为之前，便可能存在相应的预备行为，如行为人将被害人送至特定场所的行为。

（二）犯罪预备的主要类型

行为人的预备行为在规定的形式和目的行为的主体层面上可能具有差异：前者涉及从属预备罪和独立预备罪的区分，后者涉及自己预备罪和他人预备罪的区别。这两种类型均有其特殊问题值得关注。

1.从属预备罪和独立预备罪

根据立法者对不同的预备行为实施差异化立法模式，可以把犯罪预备分为从属预备罪和独立预备罪。从属预备罪是指，犯罪预备由刑法总则规定，是对特定犯罪的既遂犯的构成要件进行调整的产物。该种情形下的预备犯究竟构成何种罪名，取决于与之相关联的特定犯罪，因而具有从属性。独立预备罪是指，某种预备行为由刑法分则中的专门罪名加以规定，不再是单纯的预备行为，而是具有其独立构成要件的犯罪行为。独立预备罪的设立，通常情况下是立法者出于治理侵害重大法益或大量法益的犯罪的需要，旨在通过预备犯的既遂犯化这种前置化、预防化的立法形式，更好地实现法益保护目的。

从属预备罪究竟有无实行行为？对此有肯定说和否定说之争。如果认为从属预备罪作为修正的犯罪构成而存在，则该种构成要件的专属性，似乎满足实行行为的要求。但是，从属预备罪中的预备行为和实行行为在发生时点、对法益侵害的危险程度要求上均存在本质差异。将该种预备行为称为实行行为，会造成实行行为的概念混乱和无序扩张。同时，从属预备罪区别于未遂犯的主要标志在于行为人是否着手实行，因而将该种预备行为称为实行行为会消弭预备犯和未遂犯的合理界限。当然，该问题在独立预备罪中并不存在：既然立法者已将某种预备行为规定为独立的犯罪并将预备犯既遂犯化，其自然也就存在相应的实行行为，且不会扰乱实行行为的认定。

从属预备罪是否可罚，取决于特定预备行为对何种法益产生了何种危险的实质判断。基于实质刑法立场，独立预备罪是否可罚，首先取决于行为人是否实施了罪状规定的预备行为，而实质判断位于形式判断之后。在此过程中，如果行为人针对特定的独立预备罪实施了相关预备行为，但该种预备行为恰好未被罪状明示且不存在类似于《刑法》第120条之二准备实施恐怖活动罪第4项中的兜底规定“其他准备”，此时是否可适用刑法总则中的预备犯规定进行处罚？存在疑问。有观点尝试从独立预备罪的立法目的出发进行判断：如果立法者规定独立预备罪的目的是限制处罚范围，则不应处罚超越罪状规定的预备行为；如果立法者规定独立预备罪的目的是扩张处罚范围，则即便超越罪状规定，仍应按照刑法总则中的预备犯规定进行处罚。[①] 这种观点值得商榷。立法者规定独立预备罪的原因在于，对侵害重大法益或对法益可能存在重大威胁的犯罪进行前置化、预防化规制。在该逻辑之下，所有的独立预备罪均属于扩张处罚范围的立法。对该问题应立足于相关预备行为是否对重大法益或大量法益产生抽象危险进行判断：只要满足预备行为的可罚性要求，无论罪状是否明示，均应处罚。与之相对的是，如果预备行为既符合独立预备罪的罪状规定，也满足其他犯罪的预备犯（从属预备罪）的构成要件，且二者之间量刑上存在差异（如前者低于后者），则由于是一行为触犯数罪名，理应按照想象竞合犯从一重处断。

从属预备罪排斥未遂犯形态，即只要行为人的行为成立刑法总则中的预备犯，便不可能再成立其他犯罪未完成形态。同时，对从属预备罪的教唆和帮助，属于预备的预备情形，不值得处罚。但既然独立预备罪属于预备犯的既遂犯化，则不妨碍其存在相应的未遂犯、教唆犯和帮助犯等。

谢某虚开增值税专用发票案。[②] 谢某承包的项目因提前进场实施了两个月，导致就前期施工材料未开具发票。谢某为节约成本找到毛某帮忙开具170多万元的钢材采购发票。后毛某向谢某邮寄15张由A公司开出的增值税专用发票，总计税额为237 310.35元，总计税金额为1 720 500元。谢某分三次支付给毛某税费及好处费，共计63 000元。后谢某将该15张虚开的发票提供给A公司的分公司，因审核未通过，遂将该15张发票给了毛某。

分析：检察院认为，谢某系犯罪未遂，在综合考虑如认罪认罚等其他因素的情况下，决定对其不起诉。本书认为：谢某的行为涉及的《刑法》第205条虚开增值税专用发票罪，属于独立预备罪的立法例，在行为人完成增值税专用发票的审核与抵扣之前，有成立未遂犯的空间，因此，谢某的行为成立虚开增值税专用发票罪（预备），司法机关综合考虑其行为危害性不大等因素，最终作出不起诉决定是合理的。

2. 自己预备罪和他人预备罪

在通常情况下，行为人仅存在为自己犯罪实施预备行为的意思，但例外情况下也为他人犯罪实施预备行为。自己预备罪，是指为自己实施特定犯罪，或者为自己与他人共同实施特定犯罪而准备工具、制造条件的预备罪；他人预备罪，是指为他人特定犯罪的实施而准备工具、制造条件的预备罪。《刑法》第22条第1款中的“为了犯罪”并未限制预备行为的促成对象，这使得他人预备罪不存在法律上的障碍。但是，在刑法理论上，关于他人预备罪是否值得处罚仍存在较大争论，大致有肯定说与否定说之争。

---

① 参见张明楷：《刑法学》（上），6版，北京，法律出版社，2021，433页。

② 参见〔2021〕1号不起诉决定书。

肯定说认为：无论是为自己犯罪还是为他人犯罪实施预备行为，其预备行为在法益侵害性上没有任何差别。只要承认为自己犯罪的预备行为的可罚性，便不能排除为他人犯罪的预备行为的可罚性。否定说认为：为他人犯罪而实施预备行为，实际上属于帮助行为，其要么成立共犯关系并以从犯论处，要么因法益侵害的危险性过低而不值得处罚。否定说具有部分合理性，其提及的法益侵害的危险性过低，针对的是行为人对他人实施的独立预备罪开展预备行为的情形。在该种情形下，行为人的预备行为是对他人之预备行为的帮助，与预备的预备情形相似，因距离法益过于遥远而不具备可罚的危险。然而，如果行为人对他人实施的除独立预备罪之外的其他犯罪开展预备行为，其便不属于预备的预备情形，与为自己犯罪的预备行为在法益侵害性上相同。对该种情形，应作为预备犯而非共犯处罚更具有合理性。《刑法》第 27 条第 2 款对从犯的量刑规定的是“应当”从轻、减轻或免除处罚，而第 22 条第 2 款对预备犯的量刑规定的是“可以”从轻、减轻或免除处罚。从准备工具、制造条件的样态上看，其并非一定起到次要或辅助作用，如制订犯罪计划等，一概对其予以量刑优待并不合理，可能导致罪刑失衡现象。同时，该种情形以他人将要实施特定犯罪为前提条件，如果他人根本不会实施特定犯罪，即便行为人为其开展预备行为，仍不能构成预备犯。

贺某盗窃案。①贺某通过朋友牛某认识佘某等人，闲聊中贺某提到其老家吴起县有长庆采油厂报废的井场，佘某便让贺某带他们去踩点，并许诺每偷一个储油罐给贺某 1 000 元的好处费。贺某先后两次带着佘某等人前往该井场踩点，后因一直没有雇到拉油罐的车，贺某便返回老家。之后某日佘某雇好拉油罐的车，便联系数人一起去盗窃储油罐，盗窃过程中被工作人员发现而未得逞。经鉴定，被盗物品价格为 50 960 元。

分析：对于本案，法院经审理认为，“贺某为他人实施盗窃指引犯罪地点，为实施犯罪制造条件，系犯罪预备”，应构成盗窃罪（预备）。本书认为：行为人为他人实施的非独立预备罪开展预备行为，对后续盗窃罪的实行具有一定的促成作用，与为自己犯罪开展预备行为并无任何差异，对其定罪具有合理性。

值得注意的是，自己预备罪和他人预备罪，既可能是独立预备罪，也可能是从属预备罪，这两种类型之间不存在绝对的对应关系。

四、预备犯的成立范围

预备犯的成立范围，是指犯罪预备能够在多大的范围内成立。预备犯的成立范围主要涉及预备犯的处罚模式和预备犯的处罚标准两个问题。在预备犯一律不处罚的模式下，不涉及预备犯成立标准问题；在预备犯一般不处罚但是法律有规定的处罚模式下，涉及预备犯的处罚标准问题。

（一）预备犯的处罚模式

关于预备犯的处罚，世界上不同国家存在不同的做法，大致上包括两种模式，即法律有规定的预备犯处罚和所有预备犯一律不处罚。

（1）法律有规定的预备犯处罚模式，即只有在刑法分则存在具体规定时，才可处罚

---

① 参见（2022）陕 0824 刑初 68 号刑事判决书。

相应的预备犯。这是绝大多数国家采用的立法例。例如，《日本刑法典》在第 199 条杀人罪之后的第 201 条规定，以犯第 199 条之罪为目的进行预备的，处 2 年以下惩役，但可以根据情节免除刑罚。《德国刑法典》第 202 条 c 款规定，为第 202 条 a 款（探知数据）和第 202 条 b 款（截获数据）规定的犯罪进行预备，对下列对象加以制作，为自己或他人获取、出售、转让他人，散布或以其他方式公之于众的，处 1 年以下自由刑或罚金刑：1）成功获取数据（第 202 条 a 款）所需要的口令或其他安全密码，或 2）实施此等犯罪之一的计算机程序。

（2）所有预备犯一律不处罚模式，即刑法规定所有的预备行为均不可罚。这是极少数国家采用的立法例。例如，《巴西刑法典》《罗马尼亚刑法典》等在刑法总则部分仅存在对未遂犯、中止犯等的处罚规定，且在刑法分则部分未对部分犯罪的预备犯进行特殊规定。

我国刑法看似采取了第三种模式，即在刑法总则中规定任何犯罪的预备均值得处罚。但是，结合《刑法》第 13 条关于“情节显著轻微危害不大的，不认为是犯罪”的规定，我国刑法处罚预备犯仍具有例外性。因此，我国的立法例实质上也是第一种模式的体现。该种做法与预备犯的特征相适应：（1）行为人的预备行为仅能对特定法益产生抽象危险，若其指向的法益地位相对较低，则其产生的危险不具有可罚性。（2）在行为人实施预备行为过程中，主观意图随时可能发生变化。如果立法者坚持处罚一切预备犯，则在行为人的预备行为已经构成相关犯罪的基础上，可能变相鼓励或推动其实施后续的犯罪。

（二）预备犯的处罚标准

采所有预备犯一律不处罚模式，意味着预备犯不成立刑法中的犯罪。采法律有规定的预备犯处罚模式，意味着处罚预备犯具有例外性。因此，必须提出限制预备犯处罚范围的标准。当然，这一难题在独立预备罪中并不存在，因而该讨论主要针对的是从属预备罪。关于对预备犯的处罚，应坚持实质与形式相结合的标准：实质标准是判断预备犯是否可罚的根本标准，而形式标准是判断预备犯是否可罚的参考标准，二者并无先后顺序但有重要性差异。

（1）处罚预备犯的实质标准。该标准强调，在满足预备犯构成要件的基础上，行为人的预备行为只有对某种重大法益或大量法益产生可罚的危险时，才值得科处刑罚。这一标准与独立预备罪的立法目的相同。立法者并不将所有对重大法益或大量法益产生可罚危险的预备行为均规定为犯罪，而只挑选其中一个或多个重点领域加以规制。由于预备犯对其指向的法益仅能产生抽象危险，如果不对法益类型本身加以限定，则所有的预备犯均可罚，而这并不符合我国处罚预备犯的例外性。由于抽象危险的法益侵害性最弱（弱于具体危险和实害），法益类型的重要性将会对法益侵害性起到补足作用。选择对重大法益或大量法益有危险作为处罚预备犯的实质标准，符合《刑法》第 13 条的要求。同时，这种危险在行为人的预备行为越接近着手时体现得越明显。因此，行为人的预备行为如果距离着手时点过远，亦不值得处罚。

（2）处罚预备犯的形式标准。该标准强调，将最高司法机关对严重刑事犯罪的范围界定作为预备犯的处罚范围。此类严重刑事犯罪一般是指针对重大法益或大量法益的犯罪，与处罚预备犯的实质标准具有一定的对应关系。例如，2010 年 2 月 8 日“高法”《关于贯彻宽严相济刑事政策的若干意见》第 7 条规定，“对于危害国家安全犯罪、恐怖组织犯罪、邪教组织犯罪、黑社会性质组织犯罪、恶势力犯罪、故意危害公共安全犯罪等严重危害国家政权稳固和社会治安的犯罪，故意杀人、故意伤害致人死亡、强奸、绑架、拐卖妇女儿童、抢劫、重大抢夺、重大盗窃等严重暴力犯罪和严重影响人民群众安全感的犯罪，走私、贩卖、运输、制造毒品等毒害人民健康的犯罪，要作为严惩的重点，依法从重处罚。尤其对于极端仇视国家和社会，以不特定人为侵害对象，所犯罪行特别严重的犯罪分子，该重判的要坚决依法重判，该判处死刑的要坚决依法判处死刑”。可见，该司法解释将部分侵害国家法益、社会法益和公民生命、健康法益的犯罪列为严重刑事犯罪。2015 年 9 月 16 日“高法”《关于充分发挥审判职能作用切实维护公共安全的若干意见》第 3 条至第 5 条，对严重刑事犯罪的范围进行了更为详细的列举式阐释，其中第 3 条要求“依法严惩暴力恐怖犯罪活动”，第 4 条要求“依法严惩故意杀人、故意伤害、抢劫、绑架、爆炸等严重暴力犯罪，严惩盗窃、抢夺、诈骗等多发侵财性犯罪，切实增强人民群众安全感。依法严惩黑恶势力犯罪，坚决打掉其赖以生存、坐大的保护伞和经济基础，有效维护社会秩序。依法惩治组织、利用邪教破坏国家法律实施，进行杀人、强奸、诈骗的犯罪，努力消除邪教危害。依法严惩拐卖妇女、儿童和性侵儿童犯罪，加大对收买被拐卖的妇女、儿童犯罪的惩治力度，强化对妇女、儿童的司法保护。依法严惩毒品犯罪以及因吸毒诱发的故意杀人、故意伤害、抢劫、盗窃、以危险方法危害公共安全等次生犯罪，坚决遏制毒品蔓延势头”，第 5 条要求“针对社会公众实施的非法吸收公众存款、集资诈骗、电信诈骗、操纵证券、期货市场及组织、领导传销等涉众型犯罪，影响面广、危害性大、关注度高，要精心组织好相关案件的审判工作”。可见，第 3 条和第 4 条对应预备犯处罚标准中侵害重大法益的要求，第 5 条对应预备犯处罚标准中侵害大量法益的要求。近些年来司法实践中处罚的预备犯均在这些严重刑事犯罪的范围之内。例如，2017 年 1 月 25 日“两高”《关于办理组织、利用邪教组织破坏法律实施等刑事案件适用法律若干问题的解释》第 5 条第 2 项规定，为了传播而持有、携带，或者传播过程中被当场查获，邪教宣传品数量达到本解释第 2 条至第 4 条规定的有关标准的，如果邪教宣传品不是行为人制作，尚未传播的，以犯罪预备处理。

值得注意的是，并非仅可能产生人身危害的犯罪才属于严重刑事犯罪，二者之间并无绝对的对应关系。同时，与预备犯相对应的特定犯罪一般是法定刑在 3 年以上有期徒刑的重罪，既包括基本犯的法定刑为 3 年以上有期徒刑的重罪，也包括加重犯的法定刑为 3 年以上有期徒刑的重罪。例如，2019 年 12 月 30 日“高检”《人民检察院刑事诉讼规则》第 140 条第 1 项规定，犯罪嫌疑人涉嫌的罪行较轻，且没有其他重大犯罪嫌疑，具有预备犯情形的，可以作出不批准逮捕或者不予逮捕的决定。这意味着，轻罪的预备犯在通常情况下并不值得处罚。

王某危险驾驶案。① 王某在某地饮酒，当晚 10 时 49 分许，王某酒后发动小型普通客车欲驾车回村时，被县交警大队执勤民警查获。经鉴定，王某的静脉血中检出酒精成分，含量为 122.6mg/100ml。

---

① 参见〔2019〕73 号不起诉决定书。

分析：对于本案，检察机关认为，王某的行为系犯罪预备，犯罪情节轻微，且王某自愿认罪认罚，具有坦白情节，遂决定对王某不起诉。本书认为：王某的“醉驾”行为涉及的危险驾驶罪属于微罪范畴，其比轻罪的法益侵害性更弱。行为人虽然实施了相关预备行为，但其预备行为不符合预备犯处罚的实质标准，因而不值得处罚。

五、预备犯的量刑规则

《刑法》第 22 条第 2 款规定，“对于预备犯，可以比照既遂犯从轻、减轻处罚或者免除处罚”。该规定适用于从属预备罪，而不适用于独立预备罪。在该情形下，行为人既未着手实行特定犯罪行为，也没有造成相关危害结果，其法益侵害性远低于既遂犯。因此，立法者规定，对预备犯可以比照既遂犯予以一定的量刑优待。在具体适用时，法院应同时引用《刑法》第 22 条和刑法分则特定犯罪的条文，写明“××罪（预备）”，并在之后附带量刑。对《刑法》第 22 条第 2 款规定的理解可从如下几点把握。

1. 对预备犯的处罚是可以从宽，不是必须从宽

我国刑法总则对预备犯的量刑采取的是“可以”从轻、减轻或免除处罚，而非“应当”从轻、减轻或免除处罚。这意味着，在通常情况下预备犯能够获得一定的量刑优待，但如果存在特殊理由，法院也可以不对其进行量刑优待。法院应在判决书中载明不予以量刑优待的理由，承担例外情形下的说理负担。

郑某等绑架拘禁案。① 2015 年 4 月，郑某预谋先非法拘禁一名流浪汉，后绑架徐某，再逼迫徐某杀害被拘禁的流浪汉，以此敲诈徐某钱财，遂在徐某的车下安装 GPS 定位装置。2015 年 9 月，郑某通过网络纠集了陈某，二人劫持了流浪汉邱某后，将其用手铐拘禁在某地。后陈某又纠集吕某，到徐某居住地附近蹲守。因徐某一直未出现，陈某、吕某二人决定绑架徐某妻子张某勒索财物，遂将驾车回家的张某控制在车内并由吕某开回。途中，陈某拿走张某身上 800 元左右的现金和一块价值 33 300 元的手表。后陈某通过电话向徐某索要 300 万元。在徐某同意后，陈某、吕某二人将车留给张某后逃离现场。

分析：对于本案，法院经审理认为，郑某策划了整个绑架计划，为了犯罪纠集同伙、准备犯罪工具，并实施了诸如在绑架目标徐某的车辆上安装定位装置、监视徐某等准备行为，属于犯罪预备，且其准备实行特别严重的犯罪，手段特别恶劣，主观恶性大，故对其可不从轻、减轻或免除处罚。本书认为：陈某、吕某二人绑架张某的行为超越了郑某事前的犯罪计划，因而郑某不应对该行为承担刑事责任。但是，郑某为实施绑架罪这一严重犯罪进行了详尽的计划和准备，且已开始实施部分计划中的行为，无论是从客观上还是从主观上看，其预备行为均不具备获得量刑优待的条件。

2. 对预备犯的处罚比照的是特定犯罪的既遂犯

对预备犯比照既遂犯从轻、减轻或免除处罚中的“既遂犯”，并非指刑法分则中任一犯罪的既遂犯，而是指与行为人实施的预备行为之间存在合乎逻辑的因果关系，且若不存在行为人意志以外的原因则继续向前发展所指向的特定犯罪的既遂犯。对特定犯罪的既遂犯，可在综合考虑行为人预备行为的性质、内容、程度以及主观意图等的基础上加

① 参见（2016）浙 1023 刑初 400 号刑事判决书。

以判断。例如，行为人为实现杀人意图，事前制订了详细的犯罪计划，并购买了剧毒药品。根据这些主、客观条件即可判断出，其指向的应是故意杀人罪的既遂犯。同时，此处比照的是既遂犯的法定刑，但如果特定犯罪的既遂犯存在多个法定刑档次，则比照的过程中需注意：

（1）如果行为人的预备行为针对的行为对象并不确定，但存在多个潜在的、对应不同量刑档次的行为对象，应首先分析是否可通过主、客观条件予以特定化。如果经判断可以将行为对象特定化，则应比照特定化后的行为对象对应的量刑档次；如果经判断仍无法将行为对象特定化，则根据存疑有利于被告人的原则，应比照行为对象对应的最低量刑档次。

（2）如果行为人的预备行为针对的是特定犯罪的加重犯，在通常情况下应比照加重犯的法定刑。在是否区分量刑规则与加重的构成要件的问题上，持区分论者认为，行为人的预备行为如果针对的是量刑规则，无论其指向的是数额较大还是数额巨大等，均比照基本犯的法定刑；如果针对的是加重的构成要件，则应按照其指向的具体法定刑进行比照。司法实践并未采取该种区分论。例如，2016年1月6日“高法”《关于审理抢劫刑事案件适用法律若干问题的指导意见》规定，“对以数额巨大的财物为明确目标，由于意志以外的原因，未能抢到财物或实际抢得的财物数额不大的，应同时认定‘抢劫数额巨大’和犯罪未遂的情节，根据刑法有关规定，结合未遂犯的处理原则量刑”。这意味着，即便量刑规则中仍存在犯罪未完成形态，只要行为人的预备行为能够对特定犯罪的加重犯产生相应的可罚危险，即可比照其法定刑。

李某等抢劫案。①李某在网上发帖找同伙共同实施绑架行为，后与周某、另外两名男子达成共谋。李某将某小学校长确定为绑架对象，后和周某在学校附近住下，并给校长王某打电话借口孩子想在某小学念书约见王某，意在逐步掌握王某的详细情况。李某、周某二人计划：等另外两人到达之后即入户，胁迫王某转账300万元到特定账户内，之后出境到缅甸；若另外两人不来，二人即伺机上王某的车，逼迫其拿出银行卡并告诉密码，取上100多万元后离开。两天后的下午，李某、周某二人携刀具、尼龙扎带等，乘车尾随王某到某小区门口，确认其位置。因另外两人不来，李某、周某二人遂将目标更换为某“富婆”乔某。后二人以谈生意为名约见乔某，并计划在车上实施“绑架”，索取210万元。后二人未着手实行即被抓获。

分析：对于本案，法院经审理认为，二人的行为构成抢劫罪（预备），结合本案之犯罪预备程度、计划抢劫数额、社会危害性等情况，可对二人减轻处罚，遂分别判处李某有期徒刑5年4个月、周某有期徒刑3年。本书认为：此种综合考虑的思考方法是值得肯定的。但是，法院在说理部分直接以行为人计划抢劫数额作为判断法定刑档次的标准，并未对其行为产生的危险与犯罪对象相结合进行实质判断，因而在量刑上难言妥当。

3. 对预备犯的处罚涉及数罪预备的，需区分处理

不同于行为人一个或数个预备行为同时触犯其他犯罪的情形，如果行为人的预备行为直接针对的是数罪预备，则需区分不同情形进行讨论：（1）当一次预备行为是为异种

---

① 参见（2020）晋06刑终75号刑事裁定书。

数罪的基本犯准备工具、制造条件时，由于是一行为触犯数罪名，法院量刑时应根据想象竞合的原理从一重处断。例如，在张某权等抢劫案中，法院认为，“基于禁止重复评价原则，如果同一行为既为抢劫犯罪的预备行为，又为强奸犯罪的预备行为，不能被抢劫、强奸的犯罪构成所同时评价，也就是说不能同时成立抢劫罪（犯罪预备）和强奸罪（犯罪预备）……而应按照择一重罪的原则定罪处罚”[①]。这一结论在为异种数罪的加重犯准备工具、制造条件的场合仍然适用。当然，当数次预备行为是为异种数罪的基本犯或加重犯准备工具、制造条件时，由于是数行为触犯数罪名，理应数罪并罚。（2）当数次预备行为是为同种数罪的基本犯准备工具、制造条件时，应判断在现有量刑幅度内从重处罚是否可实现罪刑均衡。如果无法实现罪刑均衡，可采取同种数罪并罚的模式。这也符合“高检”对同种数罪所坚持的原则性与灵活性相结合的并罚态度。[②] 但是，当数次预备行为在形式上符合法定刑升格条件时，也不应比照其法定刑，因为其起刑点过于高，与预备犯可能受到的从轻、减轻或免除处罚的量刑优待不符。

祝甲等人抢劫案。[③] 祝甲、祝乙预谋持刀抢劫带包的单身女性，二人商议由祝甲持刀架在被害人脖子上，威胁其交出钱财，祝乙负责抢劫财物。当日晚10时许，二人上街物色作案目标，见一名拎包的年轻女子，便尾随该女子准备伺机抢劫，因该女子走进小区一单元楼内，二人只好作罢。后二人相继尾随两位女子伺机抢劫，均因意外而作罢。

分析：对于本案，法院经审理认为，二人之行为虽符合多次抢劫的次数要求，但对于多次抢劫预备行为，由于行为人尚未着手实行犯罪，惯犯特征并不明显，况且“多次抢劫”的起点刑为10年有期徒刑以上的重刑，故不宜将社会危害并不十分严重的多次抢劫预备行为纳入其中。本书认为：行为人的预备行为在形式上符合“多次”抢劫的要求，但综合对比与衡量法益侵害性和法定刑可知，“多次抢劫”这一法定刑升格条件仅适用于多次抢劫既遂的情形，对其适用10年以上有期徒刑、无期徒刑或死刑并不合理。

4. 对预备犯的处罚幅度应由法院个案裁量

对预备犯“从轻、减轻处罚或者免除处罚”的幅度应由法院在个案中具体裁量，可在综合考虑预备犯指向的犯罪类型、预备行为的具体内容和进展情况、预备行为与着手实行之间的距离、未能着手实行的具体原因等因素之后加以判断。

在犯罪阶段和情节相同的情况下，对犯罪未完成形态的量刑可由高到低进行如下排列：未遂犯—预备犯—中止犯。因此，未遂犯的量刑构成预备犯刑罚的上限，而中止犯的量刑构成预备犯刑罚的下限。2021年6月16日“两高”《关于常见犯罪的量刑指导意见（试行）》规定，“对于未遂犯，综合考虑犯罪行为的实行程度、造成损害的大小、犯罪未得逞的原因等情况，可以比照既遂犯减少基准刑的50％以下”。这意味着，在对预备犯减轻处罚时，可以减少超过50％的基准刑。同时，对预备犯免除处罚的情形仅适用于未造成实际损害的场景（但未造成实际损害并非一定免除处罚），否则即会造成如下局

① 最高人民法院刑事审判第一、二、三、四、五庭主办：《刑事审判参考》，总第59集，北京，法律出版社，2008，30页。

② 参见张军主编：《刑法（总则）及配套规定新释新解引用》，北京，人民法院出版社，2011，510页。

③ 参见最高人民法院刑事审判第一、二、三、四、五庭主办：《刑事审判参考》，总第112集，北京，法律出版社，2018，49～52页。

面，即对造成损害的中止犯仅能减轻处罚，而对造成损害的预备犯尚存在免除处罚的可能性，这并不合理。在预备犯已造成损害的情况下，应根据损害的大小，由法院决定对行为人究竟是从轻还是减轻处罚。当然，这并不是立法者对预备犯和中止犯的处罚规定存在立法漏洞所致，只不过是对法院的自由裁量权作出了合理限制。对预备犯免除处罚的决定，既可由法院作出，也可由检察机关通过不起诉形式作出。例如，2007 年 1 月 15 日，“高检”《关于在检察工作中贯彻宽严相济刑事司法政策的若干意见》规定：在审查起诉工作中，严格依法掌握起诉条件，充分考虑起诉的必要性，可诉可不诉的不诉。对于预备犯等，符合不起诉条件的，可以依法适用不起诉……

齐某投放危险物质案。[①] 齐某因母亲张某投资赔钱，想制作蓖麻毒素和毒气，报复其母亲投资的公司，遂在网上购买了烧瓶、量杯、密封瓶、搅拌棒、针筒、酒精灯、电子秤、过滤网、防毒面具、防护服等工具，以及 5 包蓖麻籽、硫氰酸钾、结晶乙酸钠、乙醇、冰醋酸、108 溶解剂、60%的浓硫酸、20%的硫酸、硝酸、二乙二醇乙醚、硫酸铵、4 瓶“敌草快”等材料，并在网上查询制作方法。后在家中制作蓖麻毒素和毒气，并进行实验。后被公安机关抓获。

分析：本案中齐某上网购买一系列犯罪工具的行为，属于为犯罪准备工具、制造条件，其行为构成投放危险物质罪（预备）。法院依据预备犯规定和认罪认罚从宽这一酌定量刑情节，判处齐某有期徒刑 1 年。

除量刑优待之外，预备犯在是否羁押的问题上也有特别之处。2023 年 11 月 30 日，“高检”和公安部联合公布的《人民检察院、公安机关羁押必要性审查、评估工作规定》第 17 条规定，人民检察院审查后发现犯罪嫌疑人、被告人具有预备犯等情形，且具有悔罪表现，不予羁押不致发生社会危险性的，可以向公安机关、人民法院提出释放或者变更强制措施的建议；在审查起诉阶段的，可以决定释放或者变更强制措施。可见，对于没有社会危险性的预备犯，司法机关可不对行为人采取羁押措施。

第三节　犯罪未遂

一、未遂犯的概念

《刑法》第 23 条第 1 款规定，“已经着手实行犯罪，由于犯罪分子意志以外的原因而未得逞的，是犯罪未遂”。据此，犯罪未遂是指，行为人已经着手实施特定犯罪的实行行为，但因自己意志以外的原因而未能完成犯罪的一种犯罪未完成形态。世界各国对犯罪未遂的范围规定得并不相同，其中有障碍未遂、中止未遂等。由于我国刑法严格区分未遂犯和中止犯，此处讨论的是障碍未遂的情形。

二、未遂犯的处罚根据

关于犯罪未遂的处罚根据采取何种理论，直接关系到其构成要件、基本类型、处罚范围等的确定。关于犯罪未遂的处罚根据目前主要存在主观未遂理论、客观未遂理论、

---

① 参见（2021）辽 0112 刑初 640 号刑事判决书。

主观与客观混合的未遂理论的争论。

（一）主观未遂理论

主观未遂理论由刑法近代学派提倡。该理论认为，虽然在犯罪未遂中行为人的犯罪目的、主观意图因意外而未实现，但只要其实施了相关行为就足够反映出其具备的人身危险性和反社会人格，就应当受到处罚。因此，主观未遂理论强调，未遂犯处罚的根据是行为人对法律的敌对意识这一主观想法，而非行为产生的客观危险。

主观未遂理论坚持的是社会防卫思想，主张处罚的是行为人而非行为。依主观未遂理论，所有的未遂犯均应得到处罚。此即必罚主义。同时，鉴于犯罪完成或未完成形态以及不能犯之间的犯罪目的、主观意图可能并不存在差异，采主观未遂理论会得出犯罪未完成形态与犯罪完成形态同等受罚，以及所有的不能犯均值得处罚的结论。然而，《刑法》第 22 条至第 24 条严格区分不同的犯罪未完成形态，并且司法实践中也普遍认为迷信犯不值得处罚，个别不能犯也不应受到处罚。这意味着，主观未遂理论严重扩大了未遂犯的处罚范围。在将犯罪未完成形态与犯罪完成形态等同对待的基础上，采主观未遂理论也不利于鼓励行为人自动放弃犯罪或采取有效措施防止犯罪结果发生等，变相地推动行为人继续向前实施犯罪行为并引发危害性更强的犯罪形态。并且，行为人的主观想法具有极强的模糊性，在事前和事后完全可能怀有不同的主观想法，不利于司法机关查证。此外，《刑法》第 22 条关于“准备工具、制造条件”的表述，以及司法实践中以行为人是否着手作为区分预备犯和未遂犯的重要标志的做法均体现出，我国刑法区分预备犯和未遂犯的根据是行为距离危害结果的远近，而非行为人的主观想法如何。《刑法》第 14 条规定的故意犯罪概念要求行为人对危害结果存在相应的认识和意欲。该条规范预设了故意犯以存在危害结果为当然的逻辑前提，而故意犯的未遂犯亦不例外。因此，主观未遂理论不仅存在诸多弊端，还与我国刑法规定不符。

（二）客观未遂理论

客观未遂理论由刑法古典学派提倡，也是本书的观点。该理论认为，行为人的主观想法如何并不重要，因为从犯罪预备阶段到实行阶段，再到实行后阶段，其主观想法可能完全相同，不具有区分不同犯罪形态的价值。由于不同犯罪形态距离法益的远近不同，其产生的法益危险性也不同。只有借助法益危险性判断才能合理区分未遂犯与既遂犯，并据以认定未遂犯的刑事可罚性。

客观未遂理论强调：未遂犯处罚的根据是行为对法益的危险性这一客观事实，而非行为人的主观想法。如果没有产生相应的法益侵害危险，便不能处罚。换言之，客观未遂理论坚持的是自由保障思想，认为处罚的是行为而非行为人。这是当代行为刑法而非行为人刑法的直接体现。依客观未遂理论，并非所有的未遂犯均值得处罚。此即得罚主义。同时，任一犯罪完成或未完成形态以及不能犯之间对法益产生的危险在通常情况下均存在差异，并遵循“预备犯＜未遂犯＜既遂犯”的基本规律。有鉴于此，采客观未遂理论不会得出犯罪未完成形态与犯罪完成形态同等受罚，以及所有的不能犯均值得处罚的结论。当然，客观未遂理论在刑罚上并非体现为必减主义。如果未遂犯在手段、行为性质、指向的犯罪类型以及距离法益的远近等因素之上存在增加法益侵害危险的情形，使其与既遂犯在法益侵害性上大致相当，则根据客观未遂理论亦可得出不予以量刑优待的结论。这恰恰与《刑法》第23条相符合。可见，客观未遂理论具有合理性。我国司法实践亦普遍接受该理论。

刘某等抢劫案。[1] 刘某在网上结识了栾某并预谋对某医院院长实行抢劫。刘某购入一辆二手面包车，和栾某驾车窜至该医院，并搜索院长个人信息，在院长上下班途中踩点、尾随。刘某在尾随院长进入小区，欲进入室内掐着院长脖子抢劫钱财时，因单元入口处有门禁设备，刘某未能实施抢劫，后离开小区。二人在抢劫未得逞后，再以相同的方法预谋抢劫另一家医院院长，并联系王某共同参与。三人在跟踪途中被抓获归案，并且作案用的胶带、迷药及面包车等作案工具被当场扣押。

分析：对于本案，法院经审理认为：犯罪未遂与犯罪预备的区别在于是否着手实施犯罪，行为是否对法益造成现实、紧迫、直接的危险。本案被告人跟随院长进入小区，并非犯罪准备的踩点和尾随，已经对院长的人身和财产造成现实、紧迫、直接的危险，因单元入口处门禁这一意志以外的原因未能得逞，系犯罪未遂。本书认为，法院以行为是否对法益形成现实、紧迫的危险来判断犯罪是否未遂，是典型的客观未遂理论的体现。

（三）主观与客观混合的未遂理论

主观与客观混合的未遂理论认为：行为是否构成犯罪的判断需要从主观与客观双层面上展开。在这一点上，主观未遂理论与客观未遂理论均有失偏颇。应以主观未遂理论为基础，并辅以客观未遂理论，才能合理确定未遂犯的处罚根据。据此，只有行为人表露出其对法规范的敌对意识，并动摇公众对法秩序的信赖，影响法安定和法和平，才属于未遂犯。依主观与客观混合的未遂理论，并非所有表露主观犯意的行为均应受到处罚，其还受到客观层面的限制，不应坚持必罚主义。同时，未遂犯与既遂犯对法秩序的动摇程度、对法安定和法和平的影响程度在通常情况下均存在差异，因而对未遂犯应坚持得减主义。主观与客观混合的未遂理论系德国通说。《德国刑法典》第23条第3款规定，出于重大无知，未知悉其未遂行为的对象种类或所采取的犯罪手段根本不能既遂的，得减轻或免除其刑。可见，德国刑法明文规定处罚不能的未遂。正因如此，德国刑法学才发展出主观与客观混合的未遂理论，并在行为人具有主观犯意的基础上，以抽象的法秩序、法安定、法和平等概念来证明一些不能犯也值得科处刑罚。然而，我国刑法并未规定不能犯的可罚性，不能犯完全有可能不符合任何犯罪构成要件。同时，法秩序的信赖、法安定和法和平的影响均过于抽象、模糊，对此，该理论并未提出任何判断行为未遂与否的标准，无法起到限制未遂犯成立的作用。这种信赖或影响的主观色彩极其浓厚，发展到最后，有决定性意义的只能是行为人的主观犯意，而这又使该理论在事实上回归到主观未遂理论。可见，主观与客观混合的未遂理论仍不合理。

三、未遂犯的成立条件

未遂犯包括如下构成要件，即已经着手实行犯罪、犯罪未得逞，并且犯罪未得逞是因行为人意志以外的原因。行为只有同时具备这些构成要件才能成立未遂犯，这些要件缺一不可。

---

① 参见（2019）豫1302刑初330号刑事判决书。

（一）已经着手实行犯罪

行为人是否着手实行是区分预备犯和未遂犯的重要标志，也是认定未遂犯成立与否的前提条件。但是，行为人实施预备行为的终点并不一定是着手实行，二者之间不存在当然的时空衔接关系。行为人实施完预备行为之后完全可能出现一段时间的停止状态，最终的结果或者是继续着手实行，或者是自动放弃犯罪。理论上关于着手的认定争论特别大，目前主要存在主观说、客观说和折中说这三种不同观点。

主观说认为，行为人的主观犯意表现出来的时候便是着手。这是主观未遂理论的体现，已为理论与实务所放弃。

客观说可分为形式客观说和实质客观说，其中，形式客观说认为，行为人实施一部分符合我国刑法分则具体犯罪构成要件的行为时便是着手。形式客观说与罪刑法定原则的精神相一致，即对何种犯罪类型给予何种刑罚必须以刑法事前规定的样态为准。形式客观说面临着诸多批判：（1）形式客观说以刑法分则具体罪名的行为类型作为着手的判断标准，看似具有明确性，实则在一些情况下根本没有给出判断着手的标准。例如，《刑法》第 232 条故意杀人罪规制的是杀人行为，而我们需要解决的是在行为人究竟实施哪个行为时可以认为其已经着手实施杀人行为。但形式客观说在该场合下只能回答，行为人着手实施杀人行为时便是着手开始的时点。可见，形式客观说在循环论证之间没有解决任何问题。（2）形式客观说可能导致着手的认定过于提前。我国刑法分则规定的具体犯罪构成要件可能包括不同阶段的不同行为，而在行为人实施前一行为时，可能尚处于预备阶段。如果按照形式客观说的观点将其认定为着手，无疑会将预备犯和未遂犯的界限混淆。例如，《刑法》第 198 条保险诈骗罪中规定了 5 项行为，按照形式客观说的观点，行为人编造未曾发生的保险事故时即为着手，但这并不合理，因为此时至多对特定法益仅产生某种抽象危险。（3）形式客观说可能导致着手的认定过于延迟。从严格把握犯罪构成要件的角度来看，越接近死亡结果发生的时点时越能被评价为杀人行为。形式客观说可能会认为，行为人持枪杀人时，只在扣动扳机的那一刻才属于杀人行为的着手，而这无疑严重缩小了未遂犯的处罚范围。（4）形式客观说仅强调客观上形式的侧面，而忽视了行为人的主观犯意。既然犯罪构成是主观与客观的统一，那么着手行为作为故意犯罪发展过程中的一个重要环节，亦应具有主、客观的兼备性。同时，许多着手行为难以与日常生活行为相区分，而行为人的主观犯意在此时便具有定分止争的功效。

实质的客观说强调将着手的认定付诸更为实质的法益概念，即只有对特定法益产生危险的行为才是着手行为；认为着手与否不由行为人的主观犯意所决定。根据对法益的危险程度要求的不同，实质的客观说又可细分为抽象危险说和具体危险说。前者认为，在行为人开始实施犯罪，并对特定法益产生抽象危险时，即可认定为着手。这一观点实际上是一种变相的形式客观说，因为立法者在刑法分则规定的具体犯罪构成要件所包含的行为类型，在通常情况下具备对法益最起码的抽象危险。同时，这一观点还面临着无法区分预备犯和未遂犯的指责，因为行为人准备工具、制造条件的行为已经可以对特定法益产生抽象危险。后者认为，在行为人的行为对特定法益产生现实、紧迫的具体危险时才可认定为着手，因而所有的未遂犯都是具体危险犯。至于何种行为何时才具有现实、紧迫的具体危险，需根据不同的犯罪类型以及不同案件的具体情况予以判断。采具体危险说有利于建立起预备犯和未遂犯在实质可罚性上的差异，即仅预备而未产生具体危险的是预备犯，反之，才可能是未遂犯。但是，具体危险说在处理危险犯的未遂方面存在不足：在抽象或具体危险犯既遂之前再设定某种具体危险作为未遂犯成立的条件并不合理。

折中说分为主观与客观的折中说、形式与实质的折中说两大类型。主观与客观的折中说认为，着手行为首先是对法益具有现实危险的行为，且必须考虑行为人的主观犯意，即该现实危险必须是行为人所积极追求的。至于超出故意的主观恶性、犯罪计划等，则不在考虑之列。主观与客观的折中说试图以此排除一部分具有法益侵害的现实危险但没有犯罪故意的行为，而这恰恰混淆了犯罪客观构成要件与主观构成要件的各自功能。形式与实质的折中说认为，原则上应当遵循形式客观说的要求，并辅以实质客观说来判断行为是否接近构成要件行为，是否具有现实、紧迫的危险。本书认为，形式与实质的折中说具有合理性。目前，对于形式客观说受批判之处，要么可通过不同犯罪的类型化方案予以解决，要么在特殊情况下运用实质客观说补充解决，要么视之为伪批判（如认定着手需考虑主观犯意）。形式客观说的最大优势在于，其具有操作上的清晰性和便捷性，而不同于实质客观说在着手时点认定上的个案差异性和变动性。当采形式客观说能够解决着手认定问题时，不必求助于实质客观说。以形式客观说为主，以实质客观说为辅，能最大限度发挥各自优势，可形成二者相互搭配的合理局面。

运用形式客观说即可解决着手认定的场合包括：（1）当案件中涉及的罪名为叙明罪状，即比较具体、详细地对犯罪构成要件的特征加以描述的罪状时，立法者通常会将着手行为明文规定于其中，此时按照法律规定认定着手行为即可。例如，《刑法》第 236 条第 1 款规定，“以暴力、胁迫或者其他手段强奸妇女的，处三年以上十年以下有期徒刑”。只要行为人实施“暴力、胁迫或者其他手段”中的任意一种，即为着手。与之相似的是空白罪状，此时司法机关亦需根据上述方法认定着手行为，只不过判断的过程中需要参考前置法的有关规定。（2）当案件中涉及的罪名存在可选择的实行行为时，如《刑法》第 125 条为非法制造、买卖、运输、邮寄、储存枪支、弹药、爆炸物罪规定了“制造、买卖、运输、邮寄、储存”行为，只要行为人实施其中任意一种行为，即为着手。与之相对的是，当案件中涉及的罪名存在并列的实行行为时，只有行为人实施后一行为，才为着手。又如，《刑法》第 243 条诬告陷害罪中存在捏造事实和告发两个具有先后关系的行为，如果行为人仅实施捏造事实的行为而未告发，其至多对特定法益产生抽象危险，故不属于着手。但是，当行为人在捏造事实之后又实施告发行为时，其便对特定法益产生具体危险，应被认定为着手。《刑法》第 198 条保险诈骗罪中行为人造成保险事故和索赔两个行为之间的关系亦是如此。

王某等杀人骗保案。[①] 王某在打工时与朱某成相识，王认为朱比较有钱，遂意图先抢了朱某成的钱再买人寿保险来骗取保险金。某日凌晨，王某趁朱某成睡熟时用斧子砍杀致其死亡，并搜走朱身上的 5 300 余元，后将尸体挖坑掩埋。杀死朱后，王某为自己购买了人寿保险 7 份，保险金额总计 14 万余元。其后王某便与其弟小王预谋商定杀死吴

---

① 参见最高人民法院刑事审判第一庭、第二庭编：《刑事审判参考》，总第 28 辑，北京，法律出版社，2002，15 页。

某，自己再借尸诈死实施保险诈骗。后二人一起将吴某杀害，将事先准备好的汽油浇在尸体上和室内并点燃。后王某逃往外地躲藏起来。小王则向公安机关报案谎称死者系其兄王某，并让其家人等共同欺骗公安机关，以骗取公安机关的死亡证明后再骗取保险金。因公安机关及时侦破此案，小王尚未来得及向保险公司申请赔付，保险诈骗未得逞。

分析：对于本案，法院经审理认为，王某的行为已构成故意杀人罪和抢劫罪，而小王的行为只构成故意杀人罪。其理由是，"只有行为人开始向保险公司虚构保险事故，申请赔付保险金时，才可能对保险诈骗罪所保护的法益造成实际的威胁。当行为人自行制造已发生保险事故的假象，但尚未来得及据此向保险公司申请赔付时，实质上仍是在为保险诈骗做准备，还谈不上保险诈骗罪的着手"。可见，既往认为在该种犯罪类型之下形式客观说存在弊端的批判，其实是未能厘清罪状中多种行为之间的逻辑关系的结果。

当形式客观说不敷适用时，需要实质客观说补充解决着手认定问题的场合包括：

（1）当案件中涉及的罪名为简单罪状，即只简单地规定罪名或简单地描述犯罪构成要件的特征时，立法者并未在危害结果发生之前明确设定某种行为，因而无法按照法律规定而只能根据是否对特定法益产生具体危险来认定是否着手。《刑法》第232条故意杀人罪是该种现象的典例，司法机关认定行为人是否着手实施杀人行为，必须以具体危险形成与否作为判断标准。

刘某某故意杀人案。[①] 刘某某因其丈夫死亡一事与韩某产生矛盾。刘某要求韩某对其丈夫的死亡事件负责，并多次采取短信等方式对韩某进行威胁、恐吓。因未得到韩某的答复，刘某某欲对韩某家人实施报复，其误以为韩甲之子韩乙为韩某之子，遂准备对正在上学的韩乙实施杀害行为。2018年5月10日7时许，刘某某携带作案工具尖刀，在某中学门前，在持刀准备对韩乙进行杀害时，被学校保安人员控制。经鉴定，刘某某无精神异常，具有完全刑事责任能力。

分析：对于本案，法院经审理认为，"刘某某持刀追赶被害人的行为系已经着手实施杀人行为，对被害人的生命具有现实的紧迫危险性，由于现场人员的控制即意志以外的原因未能得逞，系未遂状态"。

（2）在隔离犯即犯罪行为实施与结果发生之间存在时间和空间上的间隔的场合下，行为人的着手时点应依具体危险产生的时点而非行为实施完毕的时点而定。在行为人的行为实施终了的时点，其距离危害结果的发生尚存在较长的时间和空间距离，无法满足实质客观说的要求。此时，行为人实施的行为与着手存在着分离的现象。

李某故意杀人案。[②] 李某因生活琐事对其弟媳包某产生不满，心生毒杀包某的想法。李某"网购"粉末状毒药呋喃丹1斤，该毒药通过百世快递被寄送到通渭县陇山镇，因李某在陕西打工，其联系堂弟代收。半年后李某打工回乡，从堂弟处将快递取回，翻墙进入包某家中，将部分毒药投放于包某家面粉袋内。包某用该面粉烙煎饼食用后出现头晕、恶心、呕吐、流汗、浑身发麻的症状，送当地医院救治，住院治疗后病情好转。经鉴定：包某家卧室桌上的煎饼、瓷碗内面粉、不锈钢盆内面糊、铝锅内煎饼、筛子内小

① 参见（2019）辽01刑终661号刑事裁定书。

② 参见（2022）甘1121刑初21号刑事判决书。

面团、“馒头粉”编织袋内上层面粉中均检出呋喃丹成分。

分析：对于本案，法院经审理认为，李某的行为已构成故意杀人罪（未遂）。本书认为：不能将行为人“网购”毒品、取回毒品的行为认定为着手时点，否则无法区分预备行为和着手行为。即便行为人于半年后实施了下毒行为，但距离被害人食用尚存在较长的间隔，不符合具体危险的要求。只有将被害人准备使用该面粉的时点认定为着手时点，才符合实质客观说的要求。

（3）在间接正犯的场合下，着手时点的认定存在利用者标准说、被利用者标准说、修正的利用者标准说以及个别化说等不同观点，其中：利用者标准说认为，行为人实施利用他人的行为时即可被认定为着手，换言之，即便被利用者本身并没有实施单独的实行行为，但利用者以被利用者为媒介直接指向特定法益，并据此产生现实危险。当然，如果在特殊情况下因被利用者的原因而现实危险不发生，利用行为成立预备犯。被利用者标准说认为，在利用者实施利用行为的时点尚不存在具体危险而只存在抽象危险，只有被利用者开始实施实行行为时，才属于着手。修正的利用者标准说认为，通常情况下利用者标准说具有合理性，但当利用者利用被利用者的故意行为时，应采取被利用者标准说。个别化说认为：判断着手时点不应拘泥于利用者和被利用者之间，而应在个案中具体地判断何时形成现实危险。只有现实危险存在的时点才是着手认定的时点。但是，无论在何种情况下，以利用者的利用行为作为着手的认定时点均过于提前，只要被利用者未开始实施行为，利用者的利用行为至多仅能对特定法益产生抽象危险。利用者标准说一方面肯定利用行为的着手属性，另一方面又认为现实危险不发生时仅成立预备犯，无疑陷入了逻辑上的矛盾。因此，被利用者标准说具有合理性。只不过对被利用者实施的行为究竟何时能认定为着手，需回归不同犯罪类型当中予以具体判断。例如，在贡某伪造、变造、买卖身份证件案中，法院认为，“间接正犯系犯罪嫌疑人利用无刑事责任能力或无犯罪意图的人着手实施犯罪，而该刑事责任由构成间接正犯的人承担”①。可见，司法实践亦认为，只有被利用者实施指向特定法益的行为时，才可能被认定为着手。

（4）在原因自由行为场合，着手时点的认定存在原因设定标准说以及后行为标准说等不同观点。原因设定标准说认为，行为人实施原因行为时即可被认定为着手。当然，在特殊情况下自身原因导致现实危险并不发生时，相关行为成立预备犯。后行为标准说认为，只有发生具体危险时才可能被认定为着手。后行为标准说具有合理性。如果行为人仅实施原因行为，其能否实施后行为尚存在不确定性，至多仅能产生抽象危险，而后行为才是能否产生具体危险的关键。原因设定标准说一方面肯定原因设定行为的着手属性，另一方面又认为现实危险不发生时仅成立预备犯，无疑陷入了逻辑上的矛盾。

毛某故意杀人案。② 毛某长期吸毒，某日两次吸毒后于凌晨回到公司员工宿舍内（在三楼）时，因琐事与其正在休息的妻子冷某发生口角。毛某拿菜刀，用刀背拍打冷某的肩膀及背部。冷某走出宿舍，被毛某拿刀追赶并用刀挟持到三楼楼顶。冷某将刀夺下后激怒了毛某，毛某遂从背后拎起冷某，将其从三楼楼顶扔下，致冷某轻伤（一级）。经

① （2019）藏0127刑初17号刑事判决书。
② 参见（2015）绍虞刑初字第1122号刑事判决书。

鉴定，毛某为精神活性物质有害使用，有完全刑事责任能力。

分析：对于本案，法院经审理认为，毛某已经着手实行杀人行为，因意志以外的原因而未得逞，构成故意杀人罪（未遂）。本书认为：法院赞成毛某因吸毒而出现精神障碍并作案的行为属于原因自由行为。其在论及着手与作为原因行为的吸毒行为时，采取了分别说理的方式。可见，法院将着手的认定时点仍然确定为后行为实施的时点。该种做法值得赞同，能够将未遂犯限定在合理范围之内。

（5）在不真正不作为犯的场合，由于行为人的不作为行为往往具有一定的时间跨度，究竟是选择行为人首次不作为，还是选择防止结果发生的最后阶段的不作为，抑或选择具体危险形成阶段的不作为，作为着手的认定时点？存在争议。显然，前两种观点位于不作为形成的时间跨度的两端，要么过于提前，要么过于推迟，均不在未遂犯的合理范围之内。在实质客观说的前提下，应以具体危险形成阶段的不作为，作为着手的认定时点。

马某杀人案。① 马某在女公共厕所产下一名男婴。男婴出生后脐带未剪，胎盘连体。凌晨 4 时许，马某把未穿衣的男婴丢弃在垃圾堆中的一件红色雨披上。为防止被人发现，马某还将半件雨披翻折过来盖住男婴全身。5 时许，过路村民听闻哭声后循声查看，意外发现男婴，及时报案处理。经查，该男婴被发现时已四肢冰凉、生命垂危，后被立即送至医院救治，脱离了生命危险。

分析：对于本案，法院经审理认为，马某已着手实行犯罪，由于意志以外的原因而未得逞，构成故意杀人罪（未遂）。本书认为：马某刚刚遗弃男婴时，男婴的生命尚不受到具体危险的威胁。鉴于男婴在被发现时已陷入生命垂危的紧急状态，宜将马某的着手时点界定为临近男婴被发现的时点。

（二）犯罪未得逞

犯罪未得逞是未遂犯与既遂犯相区分的构成要件。犯罪未得逞并不意味着未发生任何危害结果，只不过可能存在的危害结果与行为人指向的法益侵害并不相同。理论上对犯罪未得逞的判断存在诸多不同的观点，包括犯罪目的说、犯罪结果说、综合说、犯罪构成要件说等。

犯罪目的说认为，只要行为人未达到当初犯罪的主观目的即为犯罪未得逞。犯罪目的说在诸多犯罪类型中存在适用难题，以危险犯为例：立法者并未为危险犯的既遂设定某种目的，行为人的主观目的为何也并非危险犯的既遂标准，因为只要特定的危险业已形成，行为人的行为即可达到既遂状态。再以目的犯为例：立法者虽然将目的作为目的犯的构成要件，但目的是否实现并非既遂与未遂的区分标准。例如，《刑法》第 239 条第 1 款规定，“以勒索财物为目的绑架他人的，或者绑架他人作为人质的，处十年以上有期徒刑或者无期徒刑，并处罚金或者没收财产；情节较轻的，处五年以上十年以下有期徒刑，并处罚金”。但是，绑架罪属于单一行为犯，行为人勒索财物的目的是否实现并不影响犯罪既遂。司法实践中亦采相同见解，如在刘某生绑架案中，法院认为，“绑架罪客观方面表现为使用暴力、胁迫或其他手段劫持他人，勒索财物或作为人质的行为，只要完

---

① 参见（2020）浙 06 刑终 120 号刑事判决书。

成绑架人质行为，即属绑架既遂，至于行为人勒索财物的目的或其他目的是否达到，只是一个量刑情节”①。

犯罪结果说认为，只要未发生法定的犯罪结果，便只能成立未遂犯。然而，该观点将犯罪结果限定为狭义的、物质性的犯罪结果，导致诸如危险犯中并不存在相应的未遂犯。这并不合理。虽然有观点认为，以广义的犯罪结果批判狭义的犯罪结果属于维度错乱，并非犯罪结果说本身的弊端，但从包摄力度的角度来看，该学说确有不妥之处。

综合说认为，犯罪未遂是指行为人追求的犯罪结果未发生。对于结果犯，持综合说的论者又认为，应以法定结果是否出现作为判断犯罪是否既遂的标准，而非以行为人追求的犯罪结果是否出现为标准。可见，综合说的立场并不能贯彻始终。

犯罪构成要件说认为，犯罪未遂是指行为未齐备构成要件。犯罪构成要件说属于我国通说观点，但它在理论上遭受了如下批判：（1）犯罪未得逞即未齐备构成要件属于循环论证，并不具有认定价值。（2）犯罪构成要件说容易滑向形式说，并认为只要行为人形式上实施特定的行为即可被认定为着手。（3）犯罪未得逞并非未齐备构成要件，其仍然齐备未遂犯的构成要件。（4）犯罪构成本身不具有区分不同犯罪形态的功能。（5）刑法分则中对犯罪既遂的构成要件的规定并不明确。（6）齐备构成要件与法益侵害之间并不具有直接的关联，区分不同犯罪类型分别判断的做法没有必要。但是，这些批判观点并不合理。既遂犯的构成要件与未遂犯的构成要件存在对比关系，以既遂犯的构成要件为模型，未遂犯未齐备构成要件的说法是正确的，有利于对比观察不同犯罪类型之间的既遂与未遂的差异，从而对犯罪未得逞予以科学判断。可见，在不同犯罪形态的构成要件的相互对比过程中能够产生区分犯罪形态的功能，这并非循环论证。同时，该当构成要件的过程并非形式判断的过程，也并非不考虑法益侵害，其不排斥客观未遂理论。至于刑法分则规定的既遂犯构成要件是否明确，属于解释问题，并非犯罪构成要件说的缺陷。

谷某成抢劫案。② 谷某成在某市建材城停车场内，用改锥撬开车锁，盗窃尹某格雷牌自行车一辆（经鉴定该车价值人民币 80 元），在被保安潘某浩发现后，为抗拒抓捕，用改锥将潘某浩的颈部划伤，经法医鉴定为轻微伤。

分析：对于本案，法院经审理认为，“构成要件齐备说，是目前刑法理论界和司法实务部门区分犯罪既遂与未遂的主流观点。据此，对于任何犯罪，都应当依行为人的行为是否已齐备该种犯罪的全部构成要件，分别认定其是属于犯罪既遂还是犯罪未遂……在判断某一行为是否已齐备某种犯罪构成的全部要件时，不仅要看行为人是否已实施了相应的行为，还要看该行为对有关刑法所保护的客体的侵害是否已达到了法定程度”③。据此，法院以抢劫罪（未遂）判处行为人有期徒刑 1 年，并处罚金 1 000 元。

2005 年 6 月 8 日“高法”《关于审理抢劫、抢夺刑事案件适用法律若干问题的意见》规定，“既侵犯财产权利又侵犯人身权利，具备劫取财物或者造成他人轻伤以上后果两者之一的，均属抢劫既遂；既未劫取财物，又未造成他人人身伤害后果的，属抢劫未遂”。

① （2000）干刑初字第 82 号刑事判决书。

② 参见（2006）二中刑终字第 234 号刑事判决书。

③ 最高人民法院刑事审判第一、二、三、四、五庭主办：《刑事审判参考》，总第 56 集，北京，法律出版社，2007，21 页。

在既遂犯的犯罪构成既有定性因素也有定量因素的情况下，当行为未达到既遂犯所要求的程度时，运用犯罪构成要件说即可合理判断行为是否构成未遂犯。

值得注意的是，在多人导致一个危害结果的情况下，当既存在成立既遂的可能性，也存在成立未遂的可能性，而又无法查明究竟成立既遂犯还是未遂犯时，可以认为相关行为最起码构成未遂犯，而不能得出无罪的不合理结论。无人为危害结果负责，不符合刑法对实质正义的追寻。

（三）犯罪未得逞是因行为人意志以外的原因

在犯罪未遂情形下，行为人首先要对其所实施的犯罪存在故意，认识到自己已经着手实行，并且为了实现犯罪既遂而不打算中途放弃或有效防止结果出现。在此基础上，行为人因其意志以外的原因而未能达到犯罪既遂，成为未遂犯区别于中止犯的重要标志，即前者是迫于无奈的结局，后者则是主动选择的结果。

对于行为人意志以外的原因，认定的核心是判断是否违反行为人的本意。只要行为人希望发生危害结果的意志没有改变，特定结果又未发生，便是意志以外的原因。有观点认为，是否违反行为人的本意对于判断其意志以外的原因并无帮助，因为在行为实施终了并离开之后向犯罪既遂发展的过程中，行为人的主观心态可能发生变化（如后悔实施犯罪行为），在此情况下，不存在违反行为人的本意一说，因此，行为人意志以外的原因只能是事后司法机关查明的客观结果。这一观点并不合理。即便在特殊情况下行为人的意愿在事后发生了变化，但犯罪未遂违反的是行为人行为时的本意，而非其他。鉴于行为人的本意查明较为困难，司法实践中一般采取刑事推定的方法，如根据行为指向的法益类型、行为的手段、是否采取防止结果发生的措施等加以认定，而这并非无法实现。

行为人意志以外的原因，既包括客观原因，也包括主观原因。客观原因是指，行为人的着手实行在客观上不可能达到既遂形态，即行为人不可能继续实施犯罪行为，或行为实施终了之后因特殊情况而导致特定的危害结果未发生。其中，抑制犯罪行为的原因如行为人自身能力、技能、经验或力量等存在欠缺，身体状况欠佳等，抑制犯罪结果的原因如被害人反抗、被司法机关抓获、第三人阻断因果关系发展、环境或自然力影响、工具形成的客观障碍等，均属于客观上行为人无法继续实施行为或实现结果的原因。主观原因是指，行为人认识到自己不可能继续实施犯罪行为或已无法实现犯罪既遂，而不存在其他选择。至于行为人是否发生认识错误，对于认定犯罪未遂并不重要。无论是行为人主观上认为可能实施行为或实现结果但客观上不能，还是行为人主观上认为不能实施行为或实现结果但客观上可能，均成立未遂犯。总之，行为人意志以外的原因，包括违反行为人的本意，进而阻止其继续实施行为或实现结果的所有原因。

值得注意的是，并非只要存在阻碍，相关行为便只能构成未遂犯。这种阻碍的效果十分轻微，而行为人又停止继续实施行为的，应认为行为人是自动放弃犯罪，成立中止犯。只有这种阻碍的效果达到令行为人没有任何选择而不得不放弃的程度时，才成立未遂犯。当该种事实无法查明时，应根据有利于被告人的原则，认定为中止犯。

聂某等抢劫案。[①] 聂某、杨某密谋抢劫出租车司机，并做了具体的分工：抢劫时先

---

① 参见（2001）海中法刑终字第69号刑事裁定书。

由杨某用铁锤将司机敲打至昏迷，然后对司机实施抢劫。司机如有反抗，由聂某持刀对付。当晚9时许，二人拦乘蔡某驾驶的出租车前往假日海滩，当车驶过海滩约100米处时，杨某发现四周无人，认为抢劫时机成熟，遂喊停车。司机蔡某有所察觉，不同意停车，将车加速开到观海台并向“110”报警。公安人员当场将聂某和杨某抓获，并缴获了作案工具水果刀一把、铁锤一把。

分析：对于本案，法院经审理认为，在二人要求司机停车后，因未到达目的地，且所要停车的地点较偏僻，司机有所警觉，从而加速行驶至有巡警的地点，致使犯罪没有得逞，不属于犯罪中止，应构成抢劫罪（未遂）。本书认为：抑制犯罪行为的原因是司机及时报警并且公安人员当场抓获。该种原因的存在，使行为人不得不放弃继续实施犯罪行为，而不存在其他选择，故认定为犯罪未遂是合理的。

四、未遂犯的范围

犯罪未遂究竟在哪些犯罪类型中存在，以及在特定的犯罪类型之下又该如何认定犯罪未遂，直接关系到未遂犯的存在范围。在排除过失犯、间接故意犯、举动犯、情节犯、部分不值得处罚的轻罪未遂、从属预备罪（独立预备罪存在未遂犯）、加重的构成要件与量刑规则之后，其余存在未遂犯的犯罪类型仍需展开解释。

在结果犯的场合，不仅行为人要实施特定犯罪的构成要件行为，而且行为要产生相应的危害结果。因此，结果犯是以法定的危害结果是否发生作为区分既遂犯和未遂犯之间的界限的犯罪类型。这种危害结果被限定为具有客观物质性、可测量性和有形性的危害结果，而非逻辑推演的抽象危害结果。在过失结果犯、间接故意结果犯和直接故意结果犯中，只有直接故意结果犯存在相应的未遂犯，其他形态的结果犯中均不存在犯罪未遂。在行为犯的场合，需要行为人的行为有一个实行的过程并达到一定的程度才能成立犯罪既遂，在此之前则存在犯罪未遂。例如，2000年12月5日“高法”《关于审理黑社会性质组织犯罪的案件具体应用法律若干问题的解释》第3条第2款规定，“对于参加黑社会性质的组织，没有实施其他违法犯罪活动的，或者受蒙蔽、胁迫参加黑社会性质的组织，情节轻微的，可以不作为犯罪处理”。这是对行为犯之行为过程性的肯定。针对《刑法》第294条组织、领导、参加黑社会性质组织罪，立法者并未规定只要行为人实施组织、领导行为即构成犯罪，还需其建成相关组织、实施相关违法犯罪活动等。不满足这些条件的，相关行为即构成未遂犯。如果行为人因意志以外的原因而未完成该行为，相关行为即构成未遂犯。这种观点也被司法实践普遍接受。

在具体危险犯的场合，只有行为人的行为造成相应的具体危险状态时才构成犯罪既遂，而没有造成该种具体危险状态的则是犯罪未遂。例如，在张某某放火案中，法院认为，“我国刑法第114条规定的放火罪是具体危险犯，其既遂的标准是不仅要引起放火对象的独立燃烧，同时该火势应当具备引发足以危害公共安全的火灾的具体、现实、紧迫的危险……在当时具体的环境下，张某某的放火行为尚未达到引发足以危害公共安全的火灾的危险程度，其所制造的危险状态事实上不具有失控的可能性……构成犯罪未遂”①。在抽象

① （2018）京0108刑初2043号刑事判决书。

危险犯的场合，只要行为人的行为发生了法定构成要件行为的逻辑结果就是犯罪既遂，反之就是犯罪未遂。例如，在刘某非法买卖弹药案中，法院认为，“对于抽象危险犯，应以危险结果作为犯罪既遂的标准。即非法购买弹药的行为，以购买人实际得到、控制弹药的危险结果作为犯罪既遂的标准……在不能查明行为是否造成了法益侵害结果时，应认定为犯罪未遂”①。当然，在这些犯罪类型当中，存不存在犯罪未遂与该种犯罪未遂可不可罚是两个不同层面的问题，不能混淆。以抽象危险犯为例，其绝大部分均属于轻罪乃至微罪的范畴，而轻罪或微罪的未遂犯一般不值得处罚。

值得注意的是，上述标准是对结果犯、行为犯、具体危险犯和抽象危险犯中实质标准的描述，具体适用时仍需结合相应的形式标准进行判断。同时，在危险犯场合，实质客观说中的具体危险并非具体危险犯中的具体危险，而是在特定危险状态之前的一种紧迫状态，并不一定具备客观、现实的特征。据此，所有的未遂犯均是具体危险犯的说法过于绝对，并不合理。除此之外，需要特别研究的是结果加重犯、不作为犯的犯罪未遂。

（一）结果加重犯

结果加重犯，是指行为人实施具有发生加重结果的危险的基本行为，导致出现超过基本犯危害结果范围的加重结果，并据此加重其法定刑的犯罪类型。我国对结果加重犯适用的是与基本犯相同的罪名，而不同于德、日等国家专门为结果加重犯设定罪名，例如，《德国刑法典》第 227 条“伤害致死罪”规定，行为人因其伤害行为（第 223 条至第 226 条 a）致被害人死亡的，处 3 年以上自由刑。

针对结果加重犯是否存在犯罪未遂，否定说认为，结果加重犯以加重结果的出现为构成要件，即只要在案件中出现加重结果即成立结果加重犯，否则即不成立结果加重犯，换言之，结果加重犯只有成立与否的问题，而不存在既遂与否的问题。肯定说认为，不能一概否定结果加重犯中成立未遂犯的余地，应区分不同的场景予以个别判断。肯定说具有合理性，对于结果加重犯的未完成形态，需要在区分行为人对基本犯罪和加重结果所持的不同主观心态的基础上，予以分别判断。

在结果加重犯的构造当中，行为人对基本犯罪只能持故意心态，但对加重结果可能持故意心态或过失心态。（1）当行为人对加重结果持过失心态时，其主观上反对特定危害结果的出现，也就不存在犯罪未遂的问题。（2）当行为人对加重结果持故意心态时，在其希望且积极地造成加重结果却因意志以外的原因而未造成加重结果的情况下，成立结果加重犯的未遂。当然，从量刑的角度来看，由于《刑法》第 23 条第 2 款对未遂犯的量刑优待，是可以从轻或减轻处罚的。这意味着，即便承认结果加重犯的未遂，对其仍有可能在基本犯的法定刑内予以处罚。但这并非否定结果加重犯的未遂的理由，理由在于：即便认为对结果加重犯的未遂可以减轻处罚，法院在行使自由裁量权时，亦会对这一情节进行充分衡量，得出比对基本犯的既遂处罚更重的量刑结论。更何况，法院对结果加重犯的未遂是“可以”减轻处罚，以及可以“从轻”处罚，在这两种情况下，结果加重犯的未遂均比基本犯的既遂量刑要重。可见，承认结果加重犯的未遂更有利于实现罪刑均衡。例如，2005 年 6 月 8 日“高法”《关于审理抢劫、抢夺刑事案件适用法律若干

---

① （2015）阆刑初字第 139 号刑事判决书。

问题的意见》规定，“……刑法第二百六十三条规定的八种处罚情节中除‘抢劫致人重伤、死亡的’这一结果加重情节之外，其余七种处罚情节同样存在既遂、未遂问题，其中属抢劫未遂的，应当根据刑法关于加重情节的法定刑规定，结合未遂犯的处理原则量刑”。该司法解释即承认结果加重犯的未遂的体现，只不过即便在“抢劫致人重伤、死亡”这一情形下，仍有必要承认结果加重犯的未遂。当行为人采取故意杀人的手段抢劫被害人财物时，其已经对被害人的生命法益产生具体危险，然而最终未导致被害人死亡的，理应属于结果加重犯的未遂。（3）当行为人对加重结果持故意心态时，在其顺利实现加重结果却因意志以外的原因而未造成基本结果的情况下，既成立结果加重犯的既遂，也成立基本犯的未遂。此时，既然存在未遂情况，为了缓和结果加重犯过重的刑罚，应适用刑法总则关于未遂犯的规定，给予一定的量刑优待。当然，行为导致加重结果的，有可能同时触犯其他犯罪，应根据想象竞合原理在二者之间从一重处断。例如，行为人采取故意杀人的手段抢劫被害人财物，其行为已经造成被害人死亡，然而并未劫到任何财物的，属于抢劫罪基本犯的未遂和结果加重犯的既遂，并同时触犯故意杀人罪，应在二者之间从一重处断。（4）当行为人对加重结果持故意心态时，在既未实现基本结果也未实现加重结果的情况下，应按照结果加重犯的未遂处罚，并给予更多量刑优待。

龚某等抢劫案。① 龚某因欠银行债务无钱归还，遂产生抢劫他人现金的念头，并与张某形成共谋。二人购买了2套保安制服、2根警棍、2顶带保安标志的帽子和2个口罩后，以兑换3万美元为由，要求肖某携带能够兑换3万美元的人民币现金到某市医院的宿舍楼进行兑换。肖某刚出电梯，二人便上前击打肖某，欲夺取财物。因肖某大声呼救、极力反抗并在反抗中夺过龚某所持警棍，二人随即逃离现场。经鉴定，肖某受轻微伤。

分析：对于本案，法院经审理认为，二人之抢劫属于抢劫数额巨大的犯罪未遂，遂分别判处其有期徒刑4年9个月，罚金1万元。本书认为：行为人意图抢劫数额巨大的财物，但实际上未劫到任何财物，属于基本犯和结果加重犯的双重未遂。既然其对加重结果已产生具体危险，即应按照结果加重犯的未遂处罚，只不过，在量刑结果上应重于基本犯的未遂而轻于结果加重犯的既遂。

（二）不作为犯

传统观点认为，不作为犯是以法定的危害结果出现作为犯罪成立条件的犯罪类型。如果法定的危害结果并未出现，则此时不应该考虑犯罪是否未遂的问题，而应当否定犯罪成立。不作为犯分为真正不作为犯和不真正不作为犯，传统观点并未区分讨论，有失偏颇。在不真正不作为犯的场合，当前已对它存在未遂犯达成共识，即它同样存在着对特定法益产生具体危险的着手行为，当出现行为人意志以外的原因时，有处罚未遂犯的必要，如不作为故意杀人罪的未遂犯等。而在真正不作为犯的场合，存在否定说与肯定说的不同观点，其中：否定说认为，行为人作为义务产生的时点和既遂的时点相同，何时作为义务产生便何时实现犯罪既遂，如果作为义务不产生便不存在犯罪，因而没有成立未遂犯的余地。肯定说认为：行为人作为义务产生的时点和既遂的时点之间多多少少存在一定的间隔，同时，我国刑法分则中还存在着需要损害结果实际发生的真正不作为

① 参见（2014）开刑初字第00625号刑事判决书。

犯，例如，《刑法》第 429 条拒不救援友邻部队罪规定，“在战场上明知友邻部队处境危急请求救援，能救援而不救援，致使友邻部队遭受重大损失的，对指挥人员，处五年以下有期徒刑”。由此可见，真正不作为犯仍存在未遂犯。相比较而言，否定说具有合理性。以《刑法》第 286 条之一拒不履行信息网络安全管理义务罪为例：该条规定网络服务提供者在不履行信息网络安全管理义务且经监管部门责令采取改正措施而拒不改正的情况下，如果出现致使违法信息大量传播，致使用户信息泄露且造成严重后果等结果，才构成犯罪。一方面，网络服务提供者的不作为行为至多表明其对致使违法信息大量传播等结果出现持放任态度，主观上是间接故意，而不可能出现积极追求等直接故意的特征。因间接故意犯罪中没有犯罪未遂形态，故该罪也不存在犯罪未遂形态。肯定说论者大抵是认为间接故意犯罪中也存在犯罪未遂形态，故最终得出真正不作为犯中存在未遂犯的结论。另一方面，除该罪之外，如《刑法》第 313 条拒不执行判决、裁定罪等真正不作为犯均以“情节严重”作为犯罪成立的条件，而在情节犯中，犯罪未遂形态亦不存在。司法实践中尚无认可真正不作为犯中存在犯罪未遂形态的裁判，亦可说明其持否定立场。

五、未遂犯的类型

以行为是否实施完毕、损害结果是否发生，行为本身是否能达到既遂状态为标准，可将犯罪未遂分为实行终了的未遂和未实行终了的未遂、无损害结果的未遂和有损害结果的未遂、能犯未遂和不能犯未遂等不同的类型。

在实行终了的未遂和未实行终了的未遂这一类型之下，实行终了的未遂指的是，行为人自认为已经实施完毕达到犯罪既遂的所有行为，却因从行为实施完毕到结果发生仍存在时空上的距离，在此过程中意志以外的原因介入，故而未得逞的情形；未实行终了的未遂指的是，行为人的行为尚未实施完毕即因意志以外的原因而被迫中止的情形。通常情况下，实行终了的未遂比未实行终了的未遂危险性更强，应当被科处更重的刑罚，这也是该类型存在的意义。当发生认识错误时，行为人误以为自己的行为已实施完毕实际上未实施完毕的，或者误以为自己的行为未实施完毕实际上已实施完毕的，虽然前者符合形式上的实行终了的未遂，后者符合形式上的未实行终了的未遂，但从客观上看，后者的危险性应强于前者的。因此，何种情况下应当科处更重的刑罚，需在个案中进行具体、实质的判断。当然，行为人实行终了之后又实施其他行为的，对后行为不能当然地视为前行为的延续，进而认为实行尚未终了。同时，二者对于成立中止犯的要求亦有不同。根据《刑法》第 24 条第 1 款的规定，在实行终了的未遂情形下，行为人若欲成立中止犯，不仅应自动放弃犯罪，还应自动有效地防止犯罪结果发生；而在未实行终了的未遂情形下，行为人若欲成立中止犯，仅自动放弃犯罪即可。

在无损害结果的未遂和有损害结果的未遂这一类型下，无损害结果的未遂指的是，行为人着手实行的行为未造成任何损害后果即未得逞；有损害结果的未遂指的是，行为人着手实行的行为虽然造成了损害后果，但该种损害后果并非其着手实行指向的特定犯罪的构成要件所要求的后果，因而仍属于未得逞的范畴。该类型仍对于量刑有辅助意义，有损害结果的未遂在量刑上通常要重于无损害结果的未遂。在法院均给予量刑优待的情况下，对前者通常只能适用从轻处罚，而对后者可以适用减轻处罚。

在能犯未遂和不能犯未遂这一类型下，能犯未遂指的是，行为人的行为虽然未能达到既遂状态，但已经对特定法益产生了具体危险，且若非意志以外的原因的存在，这种具体危险会即刻转化为特定犯罪的既遂状态；不能犯未遂指的是，行为人的行为不可能达到既遂状态，因而未得逞。能犯未遂和不能犯未遂的分类方法为传统观点所提倡，其认为，不能犯未遂与不能犯不同：前者仍是未遂犯的表现形态，仍作为犯罪处罚；而后者不作为犯罪处罚。在不能犯未遂的场合，行为人对某种对象或手段发生认识错误的，仍具有处罚的必要性。理由在于：不能犯未遂与迷信犯存在较大差异，直接将二者等同并不合理。在不能犯未遂的场合，行为人所实施的行为与其所欲实施的行为完全不同，且系由于意志以外的原因而未产生对特定法益的具体危险；而在迷信犯的场合，行为人所实施的行为与其所欲实施的行为完全相同，且该行为完全不可能产生对特定法益的任何危险。该种分类并不合理。不能犯未遂是否一概可罚，尚需具体判断：对该行为究竟是应作为未遂犯处罚，还是应作为不能犯出罪？因此，应当讨论的是不能犯的成立范围，而非创设不能犯未遂这一内涵不清且容易造成误解的概念。

彭某盗窃案。[①] 彭某从住处拿了剪刀至某地银行的 ATM 机处，趁无人值守，使用携带的剪刀试图撬开 ATM 机盗窃其内的现金（经证明，当时 ATM 机内现金余额为人民币 184 000 元），随即被发现并被民警抓获归案，作案工具剪刀被缴获。

分析：对于本案，法院经审理认为，彭某盗窃他人财物，数额巨大，其行为已构成盗窃罪（未遂）。本书认为：仅靠彭某使用的剪刀，根本不可能实现盗窃 ATM 机内现金的目的，也不会对其中的现金造成具体危险。司法实践中存在一些将手段不能犯认定为未遂的类案，这一做法可能并不合理。

六、未遂犯和不能犯的区别

未遂犯与不能犯的区别在于：前者的成立需要具备对特定法益的具体危险，而后者的成立不需要具备该种危险；前者可罚，而后者不可罚。然而，对该种危险究竟如何判断存在与否，是个很大的难题，此时强调未遂犯和不能犯的区别便显得十分重要。不能犯具体可分为方法不能犯、对象不能犯和主体不能犯三种形态，其中：方法不能犯指的是，行为人的着手实行行为在性质上不可能达到既遂状态；对象不能犯指的是，行为人并未认识到其着手实行行为指向的对象并不存在或具备某种特殊性而无法发生法益侵害，并持故意心态继续实施行为；主体不能犯指的是，行为人不具备特定犯罪成立的法定身份条件而实施该犯罪。关于对不同类型不能犯的法律性质如何展开判断，目前主要存在主观未遂论和客观未遂论的争论。

（一）主观未遂论

主观未遂论强调将行为人的主观意思作为判断未遂犯与不能犯的方法。与作为未遂犯处罚根据中的主观未遂理论、主观与客观混合的未遂理论相关联，主观未遂论可分为计划理论和印象理论。

---

① 参见（2018）粤 0309 刑初 489 号刑事判决书。

1. 计划理论

计划理论认为：判断未遂犯与不能犯应以行为人的主观犯意为基础，以行为人在行为时认识到的事实为依据，从一般人的立场予以判断。如果一般人认为，按照行为人的犯罪计划继续向前发展存在侵害法益的危险，则不能成立不能犯，而只能成立未遂犯，反之，则只能成立不能犯。计划理论基本上是主观未遂理论的体现，因为其将行为人的主观犯意、犯罪计划作为判断不能犯是否成立的核心要素。只不过，计划理论也对主观未遂理论进行了修正，通过加入带有一定客观属性的一般人立场，放弃了纯粹的主观未遂理论。计划理论是我国传统观点所坚持的立场。在计划理论之下，不能犯的范围仅包括诸如误把白糖当砒霜并据此实施杀人行为等迷信犯，如对象不能犯、方法不能犯、主体不能犯均被排除于外，这使未遂犯的处罚范围过大。

2. 印象理论

印象理论认为，行为人所实施的行为虽然在客观上并未展示出对特定法益的危险，但其只要动摇公众对法秩序的信赖，影响法安定和法和平，即应以未遂犯的形式受到处罚。印象理论是主观与客观混合的未遂理论的体现，由于其判断标准的主观色彩极其浓厚，所得结论基本上与计划理论的保持一致。然而，无论行为人是出于重大无知，还是由于认识错误，其行为在客观上所表现出的对特定法益的危险可能完全一致。如果不加以区分而一概处罚前者，会使公众公认的没有任何法益侵害危险的行为也被认定为犯罪，导致处罚范围过大。这并不合理。

总之，主观未遂论集中了作为处罚根据的主观未遂理论、主观与客观混合的未遂理论的所有弊端，导致未遂犯与不能犯的界限未得到合理确定。因此，主观未遂论已被淘汰，仅具有学术史上的沿革意义。

（二）客观未遂论

客观未遂论是目前我国刑法理论的有力观点，其强调将客观上的危险是否存在作为区分未遂犯和不能犯的方法。客观未遂论又可被细分为旧客观说、修正的旧客观说以及新客观说，其差异主要体现在判断材料、判断时间、判断基准等方面。

1. 旧客观说

旧客观说认为，应以行为人在行为时的全部事实为依据，依科学因果法则从事后（裁判时）来判断危险是否存在。旧客观说严格区分绝对不能和相对不能两种情形：前者是指，行为人所实施的行为从一开始就无法实现危害结果；后者是指，行为人所实施的行为具有实现危害结果的可能，但因特殊原因而未能实现。旧客观说将危险的判断全部付诸客观手段，导致其存在诸多弊端：一方面，只要行为人所实施的行为未导致危害结果的发生，其必然存在客观上的理由和原因。在此基础上，由于事态已经结束，从事后（裁判时）的视角并结合科学因果法则来判断的结局就是，任何理由和原因都是决定性事项，所有的未遂犯都是不能犯。例如，行为人开枪射杀被害人，却因枪法不精子弹从被害人脑袋旁1厘米处飞过。依科学因果法则从事后（裁判时）来判断，既然弹道已成定局，该行为便不会对被害人的生命造成任何危险。这显然不合理。如果此时反过来认定该行为有危险，又与旧客观说的基本立场发生矛盾。另一方面，由于事后（裁判时）未发生危害结果属于绝对确定的事实，其对于绝对不能和相对不能的划分便没有任何意义。

因此，目前即便是彻底的结果无价值论者中也已无人坚持旧客观说。

2.修正的旧客观说

修正的旧客观说对旧客观说的导致所有的未遂犯都是不能犯的弊端进行了一定程度的克服，诸多的改良观点之间存在着很多的相同和相异之处。

改良观点的相同之处在于：（1）均强调以行为人行为时的全部事实为依据，包括行为人在行为时自己认识到的事实，以及司法机关事后查明的事实。（2）均强调以事后（裁判时）为判断时间，并认为若以行为时为判断时间，强调的是危险作为行为的属性，而非行为的结果，这并不合理。（3）均强调要以行为造成结果的通常性为标准，对案件事实予以一定程度的抽象化，舍弃对危险判断不起关键作用的细微事实。其目的在于以抽象化操作摆脱客观危险绝对不存在的结局。当行为造成结果的通常程度较高时，不能根据细微事实否定其危险性；当行为造成结果的通常程度较低时，应在个案中具体判断，不能过度抽象。（4）在对案件事实抽象化的基础上，均强调要率先查明结果没有发生的原因（“差错”），并判断在具备何种要素时结果就会发生（“假定事实”），而行为人又有多大的可能具备该种要素。通过差错与假定事实的对比分析，得出危险存在与否的判断。

改良观点的相异之处在于判断基准和判断方法。在判断基准层面上，有观点认为：应当采用科学因果法则，因为一般人的概念并不清晰，也难以抽象出一个毫无争议的一般人模型。同时，在当代接受良好教育的一般人，其所得结论在通常情况下与科学因果法则保持一致。但是，一般人也存在一些重大无知、不科学的认识，若使用一般人概念无法排除此情况。与之相对的是，有观点认为：应分别考虑科学因果法则和一般人认识，并将一般人认识作为调整不能犯存在范围的手段。当依科学因果法则将所有的未遂犯均认定为不能犯时，如果一般人认识到其行为仍存在一定的危险，即可否定不能犯的成立。在判断方法层面上，有观点认为，应当增补行为人是否可基于连续行为导致结果发生、是否出于重大无知、是否存在降低或阻止危险发生的具体行为，来判断危险的存在与否。

修正的客观说存在一些难以克服的弊端，其中最主要的弊端是不能为未遂犯和不能犯合理划定界限。（1）旧客观说对判断材料和判断对象的要求特别具体。为克服该问题，修正的客观说引入对案件事实的抽象化操作，但其缺乏统一的标准，在个案适用时可能导致过度或不足的现象。由于事后（裁判时）的时间节点对于客观要素的选择没有限定价值，可能导致任何事实都对危险的存在与否产生决定性影响（对细微事实无法判断）。这也增强了抽象化操作在结论上的变动性。当对案件事实的抽象程度过高时，容易导致所有的不能犯都成为未遂犯；当对案件事实的抽象程度过低时，容易导致所有的未遂犯都是不能犯。据此，其所存在的弊端可能比旧客观说的更大。（2）从修正的客观说论者对差错和假定事实的对比分析过程可知，其所谓的事后（裁判时）判断，其实就是回归到行为时来预测当时的行为是否存在导致结果发生的危险。由于其假定事实在客观上并不存在，也并非行为人特殊认识的事实，故该种假定事实只能由一般人设定，以此为基础的预测也只能是一般人的预测。对这种预测在结果不发生已成定局的情况下，只能解释为一般人究竟是否认识到危险。可见，其表面上提倡科学因果法则，实质上已经完全回到一般人立场。这也不难理解，为何相关论者计划以一般人认识来修正科学因果法则的结论，最终却以单一的一般人认识作为判断标准。(3) 在并合主义刑罚理论已成为通说的情况下，考虑不能犯是否可罚，也应关注刑罚的预防价值。如果行为人仅因意外而未得逞，为防止其重新实施相关行为，也为消减一般人对该行为所产生的危险性认识，仍有处罚该行为的必要。当然，能令一般人产生危险性认识的行为一定不是没有任何危险的行为，所以不必担心这一立场会导致所有的不能犯均可罚。这一结论同样可从未遂犯的危险中获得支持，具体而言，未遂犯的危险并非具体危险犯的危险，未遂犯也并非具体危险犯，否则即无法解释诸如危险犯、行为犯中存在未遂犯的现象。据此，未遂犯的危险并非仅指客观的危险，其完全可以容纳一般人所认识到的危险。

刘某故意杀人案。[①] 陈某与刘某系婆媳关系。因刘某的女儿将要到小桥镇上学，刘某想到镇上陪读。其夫张某及婆母陈某认为其头脑愚笨又懒惰，不肯让其去，但打算让陈某去陪读、照顾。为此，刘某怀恨在心。某日早晨，刘某趁张某与陈某不在家时，将张某务农使用的氟氯氰菊酯杀虫剂（系明显有色有味的农药）倒入陈某煮米饭用的电饭煲内，欲毒死陈某。陈某回家吃饭时，感觉口腔灼热难受，并发现该饭有异味、颜色异样，便怀疑有毒，停止了食用。随即陈某到卫生院就医，当日身体已无大碍。

分析：对于本案，法院经审理认为，刘某的行为已构成故意杀人罪（未遂），因其系限制刑事责任能力人，最终判处有期徒刑3年，缓刑3年。本书认为：如果按照修正的客观说的立场对案件事实进行抽象化，可能得出不同的结论。如果将案件事实抽象为，受害人误食含有杀虫剂的毒米饭，则刘某的行为无疑构成未遂犯；如果抛开对下毒剂量的细节关注而将案件事实抽象为，受害人误食掺入有明显颜色和气味的杀虫剂的毒米饭，则由于任何正常人在此情况下均不会食用到中毒身亡的程度，从科学因果法则的角度来看，刘某的行为对受害人的生命法益没有任何危险，属于不能犯。可见，在缺乏对抽象化操作作严格限制的标准的情况下，很容易得出不合理的结论。

3.新客观说

新客观说认为，应以一般人能认识的事实和行为人特别认识的事实为依据，以一般人认识为基准，在行为时这一时间节点判断危险是否存在。新客观说强调，对危险是否存在的判断不能基于事后查明的事实，也不应立足于事后（裁判时）的时间节点，否则在诸多事后查明的事实和事后上帝视角的裹挟之下非常容易得出片面的绝对性结论。

新客观说增加行为人特别认识的事实有利于适量而不过度地扩充案件事实的容量。这不会令危险存在与否的判断演变为纯粹的主观判断，因行为人特别认识的事实只是为后续以一般人认识为内容的判断基准提供参考材料，而并非直接据以决定危险的存在与否。此外，在新客观说中，科学因果法则难以贯彻始终，一般人的认识对于界分未遂犯和不能犯具有不可或缺的重要作用。未遂犯中的危险不同于具体危险犯中的危险，其本身便包含一般人所认识到的危险性这一价值判断的内容，而这恰恰是科学因果法则所不能承担的。不必担心一般人的认识可能偏离科学因果法则，进而得出不当结论。理由在于，经验知识和科学知识在大部分情况下具有共通性。在其他情况下，若一般人基于其认识得出危险成立的结论，则意味着行为人的行为仍具备可罚性。这并非刑法不够科学

① 参见（2019）闽0783刑初438号刑事判决书。

的体现，因为二者存在不同的价值取向，刑法完全可因防止行为重演的预防观念而得出与科学因果法则相异的结论。当然，对于行为人的重大无知行为，即便基于一般人立场，也不会得出有罪结论。因此，如果一般人能够从行为时的事实中感受到结果发生的危险，即可成立未遂犯，否则只能成立不能犯。以下试举两个案例演示新客观说的适用。

苏某贩毒案。① 为贩卖毒品牟利，苏某找到公安机关特情人员许某，要求许代其联系购买毒品甲基苯丙胺（俗称“冰毒”）。许某向公安机关汇报这一情况后，决定以“卖主”身份与苏某接触。苏某看过样品后，决定以每公斤 2.35 万元的价格购买甲基苯丙胺 35 公斤，一次性支付“货”款。某日，苏某告知黄某携带 818 400 元与“卖主”交易。随后，公安机关将苏某和黄某当场抓获。

分析：对于本案，法院经审理认为，二人系贩卖毒品罪（未遂）。本书认为：虽然从事后的角度来看，行为人的交易对象是特情人员，注定其贩卖行为不可能成功，但以一般人的认识从行为时的视角来看，行为人只是因意志以外的原因而无法完成交易，若其今后反复实施必然会达到犯罪既遂，一般人仍会感受到该行为的危险性，因而不应构成不能犯。

王某等人购买假币案。② 王某和孟某商议共同购买假币，由王某出资 22 万元、孟某出资 3 万元，按 1：4 的比例购买美国版百元面值人民币假币 100 万元。某日下午，二人花费 25 万元人民币找冯某及张某购买美国版百元面值假币 104 扎（104 万元假币，含卖家赠送的 4 万元）。二人在返回途中，发现旅行箱内的每扎假币的第一张和最后一张是单面复制的人民币，中间夹着银行点钞用的练功券及 7 张人民币真币。经鉴定，有 208 张人民币复制件为假人民币半成品。

分析：对于本案，法院经审理认为，涉案假币不具备在现实生活中冒充真币流通使用的能力，该二人的行为构成购买假币罪（未遂）。本书认为：行为人既不可能购买到意欲购买的假币，也无法在后续使用该假币，但以一般人的认识从行为时的视角来看，行为人失败的概率较低，在一般人看来其行为仍具有危险性，因而值得处罚。

值得注意的是，不构成特定犯罪的未遂犯，并不意味着该行为完全不构成犯罪，其在大部分情况下可能构成其他犯罪的既遂犯，或者该特定犯罪的预备犯。当行为人的行为触犯数罪名时，应按照想象竞合的原理从一重处断。

邓某故意毁坏财物案。③ 邓某由于没有钱花，遂想通过砸 ATM 机显示屏，看是否会有钱吐出来。某日，邓某携带钳子分别来到当地两家银行，砸坏四个 ATM 机的显示屏（维修总价为 32 075.93 元），见 ATM 机均不能吐出现金遂离开。后邓某在某银行旁边看见林某的便利店门口摆放有立柜式冰箱，遂用钳子砸坏冰箱的玻璃门（更换价格为 234.6 元），盗走几瓶饮料和一些小吃（价值不详）并离开。经鉴定，邓某在案发时患有精神分裂症，对本案存在限定刑事责任能力。

分析：对于本案，法院经审理认为，以行为人的方法不可能窃取 ATM 机内的财物，

---

① 参见最高人民法院刑事审判第一庭、第二庭编：《刑事审判参考》，总第 28 辑，北京，法律出版社，2002，70～71 页。

② 参见（2023）湘 12 刑终 250 号刑事裁定书。

③ 参见（2017）粤 1972 刑初 1310 号刑事判决书。

其行为属于盗窃罪的不能犯，但是，其行为仍可构成故意毁坏财物罪。本书认为：以一般人的认识从行为时的视角来看，ATM 机是具有较强防护力的器材，仅凭行为人的钳子无法破开其防护，进而取得财物，将其行为认定为不能犯是合理的。当然，其行为也不构成盗窃罪（预备）。但是，其行为实施过程中毁损了财物，完全可以构成故意毁坏财物罪。

有关前述各种客观未遂论的判断差异见表 11－1。

表 11－1 客观未遂论下不同学说的核心差异

学说	判断材料	判断时间	判断基准
旧客观说	行为时的全部事实	事后（裁判时）	科学因果法则
修正的旧客观说	行为时的全部事实	事后（裁判时）	科学因果法则（＋一般人认识）
新客观说	一般人认识的事实＋行为人特殊认识的事实	行为时	一般人认识

七、未遂犯的量刑规则

《刑法》第 23 条第 2 款规定，“对于未遂犯，可以比照既遂犯从轻或者减轻处罚”。在未遂情形下，行为人已经着手实行犯罪，只是因意志以外的原因而未得逞，且可能造成了一定的损害结果，因而在情节相同的情况下，在所有犯罪未完成形态中未遂犯的法益侵害性最强。据此，立法者只是对未遂犯设定了可以从轻或减轻处罚的量刑优待，与对中止犯或预备犯的量刑优待相比均有所降低。在具体适用时，法院应同时引用《刑法》第 23 条和刑法分则特定犯罪的条文，写明“××罪（未遂）”，并在之后附带量刑。关于《刑法》第 23 条第 2 款的规定有如下问题值得关注。

1. 对未遂犯的处罚优待应采取得减主义

在是否给予未遂犯量刑优待的问题上，世界各国主要存在必减主义和得减主义两种做法，而几乎没有国家采纳不减主义。必减主义立法例如《意大利刑法典》第 56 条第 2 款规定，“对犯罪未遂者的处罚是：如果法律为有关犯罪规定的是死刑，对未遂犯罪的犯罪人处以 20 年至 30 年有期徒刑；如果法定刑为无期徒刑，处以 12 年以上有期徒刑；在其他情况下，处以有关犯罪规定的刑罚并减轻三分之一至三分之二”。而得减主义立法例属于世界绝大多数国家的通行做法。我国刑法总则对预备犯的量刑采取的是“可以”从轻、减轻或免除处罚，而非“应当”从轻、减轻或免除处罚。这是得减主义的体现。这意味着，如果个案中存在未遂情节无关紧要，或者行为的法益侵害性与既遂犯的基本相当等情况，则法院在例外情形下应当承担说理负担，不对未遂犯予以量刑优待。

李某强奸案。[①] 李某到同村村民万某家取杧果枝丫时，发现精神发育迟滞的未成年人万某（女）。李某对万某实施亲吻搂抱等行为，欲对万某实施奸淫。后李某因精神紧张

① 参见（2022）川 0422 刑初 57 号刑事判决书。

且担心万某的父母回来后发现而未得逞，随后逃离现场。经鉴定：万某患有轻度精神发育迟滞，为四级智力残疾人，在本案中无性自我防卫能力。

分析：对于本案，法院经审理认为，李某的行为构成强奸罪（未遂），但“鉴于被告人李某具有进入未成年人住所对精神发育迟滞的未成年少女实施奸淫的从重处罚情节，再鉴于其性质恶劣，且具有犯罪前科”，依法不予以从轻处罚。本书认为：行为人的行为针对的对象具有特殊性，属于法律上进行特殊保护的群体，这本身便属于加重处罚的情节，法院在结合前科等的基础上，对李某不予以量刑优待是合适的。

2. 对未遂犯的处罚比照的是特定既遂犯

未遂犯比照既遂犯从轻或者减轻处罚中的“既遂犯”，是行为人着手实行并顺利到达的犯罪类型，应根据行为欲侵害的法益、行为的内容和性质、行为人的主观意图等因素综合确定。以下比照情形值得特殊关注：（1）如果特定犯罪存在多个量刑档次，应根据个案情况选择适用。例如，如果行为构成数额巨大的盗窃罪的未遂犯，即应在 3 年以上 10 年以下有期徒刑的基础上予以从轻或者减轻处罚。（2）如果数人共同犯罪，其中既有犯罪既遂又有犯罪未遂，则应按照共同犯罪原理统一认定为犯罪既遂，之后可根据帮助犯、教唆犯等的规定予以一定的量刑优待。（3）如果行为人在同一数额犯罪中分别构成犯罪既遂和犯罪未遂，且分别对应不同的法定刑幅度，则法院应率先决定是否对犯罪未遂部分予以量刑优待，在确定犯罪未遂所对应的法定刑幅度的基础上，再与犯罪既遂的法定刑幅度相比较，最终选择从一重处断。

王某合同诈骗案。① 王某使用伪造的户口本、身份证，冒充房主即王某之父的身份，以出售该区古城路 28 号楼一处房屋为由，与徐某签订房屋买卖合同，约定购房款为 100 万元，并当场收取徐某定金 1 万元。同年某日，王某又收取徐某支付的购房首付款 29 万元，并约定过户后给付余款。后在双方办理房产过户手续时，王某的虚假身份被当地住建委工作人员发现，王某未取得余款。后王某被公安机关查获。

分析：对于本案，法院以合同诈骗罪判处王某有期徒刑 6 年，并处罚金人民币 6 000 元。本书认为：2011 年 3 月 1 日“两高”《关于办理诈骗刑事案件具体应用法律若干问题的解释》第 1 条规定，诈骗公私财物价值 3 000 元至 1 万元以上、3 万元至 10 万元以上、50 万元以上的，应当分别认定为《刑法》第 266 条规定的“数额较大”“数额巨大”“数额特别巨大”。王某的行为分别构成 29 万元诈骗罪的既遂，以及 71 万元诈骗罪的未遂，其法定刑幅度分别对应 3 年以上 10 年以下有期徒刑，以及 10 年以上有期徒刑或者无期徒刑。鉴于不存在否定量刑优待的事由，法院对 10 年以上有期徒刑或者无期徒刑予以减轻之后，再在 3 年以上 10 年以下有期徒刑之间从一重处断，最终选择有期徒刑 6 年，具有合理性。

3. 对未遂犯的处罚幅度由法院依个案裁量

对未遂犯“从轻或者减轻处罚”的幅度应由法院在个案中具体裁量，可在综合考虑犯罪类型、性质、手段、动机，距离犯罪既遂的远近，行为人的主观恶性等因素后加以确定。通常情况下，对没有造成损害的犯罪未遂才可适用减轻处罚的规定，而对造成损

① 参见（2013）一中刑终字第 4134 号刑事裁定书。

害的犯罪未遂可适用从轻处罚的规定。这是对我国刑法中犯罪未完成形态作体系解释的结论。《刑法》第 24 条第 2 款对造成损害的中止犯规定应当减轻处罚，然而，如果对造成损害的未遂犯同样减轻处罚，在未遂犯的法益侵害程度高于中止犯的情况下，会导致罪刑失衡。2021 年 6 月 16 日“两高”《关于常见犯罪的量刑指导意见（试行）》规定，“对于未遂犯，综合考虑犯罪行为的实行程度、造成损害的大小、犯罪未得逞的原因等情况，可以比照既遂犯减少基准刑的 50％以下”。这意味着，对未遂犯的减轻处罚幅度最大可达到基准刑的 50％以下。

第四节　中止犯

一、中止犯的概念

我国《刑法》第 24 条第 1 款规定，“在犯罪过程中，自动放弃犯罪或者自动有效地防止犯罪结果发生的，是犯罪中止”。而且，与部分国家的刑法将中止犯规定在未遂一节中[①]有别，我国刑法是将中止犯规定在“犯罪的预备、未遂和中止”一节中，据此，我国的犯罪中止既可以存在于犯罪预备阶段，也可以存在于犯罪未遂阶段，故中止犯可以被定义为，在故意犯罪过程中，行为人基于己意，在预备或实行行为尚未终了时自动放弃犯罪，或者在实行行为终了后自动有效地防止犯罪结果发生的一种终局性的犯罪未完成形态。

二、对中止犯减免处罚的依据

对中止犯减免刑罚的依据，是指对于中止犯为何能够较既遂犯在没有造成损害的情况下应当免除处罚，在造成损害的情况下也应当减轻处罚。虽然对于中止犯是比照既遂犯减轻甚至免除处罚，但对中止犯减免处罚所比较的对象应当是未遂犯：未遂犯与中止犯在客观上造成了完全相同的法益损害结果，为何对未遂犯只是“可以从轻、减轻处罚”，而对中止犯是应当“减轻”甚至“免除处罚”？这种量刑上的悬殊差距，才是我们需要讨论的对象，所以，在解释为何对中止犯应当减免处罚时，应当比较的对象是未遂犯——对法益所造成的客观危险相同时，中止犯何以比未遂犯所享受的减免处罚程度更高？

（一）关于中止犯减免处罚的依据的主要观点

关于对中止犯减免处罚的依据，理论上大体上存在政策说、法律说和并合说三种主张。

1. 政策说

政策说认为，对中止犯的优待代表了立法者所希望实现的政策目的。该说之内又主要存在两种不同的观点。（1）李斯特的“黄金桥理论”，认为中止犯是从刑事政策的角度出发，为已经犯了罪的行为人架设一座中止犯罪的“黄金桥”[②]（eine goldene Bruecke），

---

① 如《德国刑法典》将中止犯规定在第二章第二节“未遂”中（第 24 条），《日本刑法典》将中止犯直接规定在第 43 条“未遂减免”中。

② Liszt，Lehrbuch des Deutschen Strafrechts Erster Band Einleitung und Allgemeiner Teil，26. Aufl.，1932，S. 315.

以通过免除刑罚来鼓励行为人停止犯罪行为，从而给他改过自新的机会。(2) 褒奖（奖赏）理论，认为中止犯的特权是对行为人自愿中止犯罪的奖赏，即刑法通过减免刑罚来诱导、回报行为人自愿选择中止。

政策说的主要缺陷在于：首先，该说的理论前提在于，犯罪人必须预先知道中止犯特权的规定，否则行为人不可能为了刑罚减免而停止犯罪，黄金的回归桥和获取中止犯罪的奖赏也就无从谈起。事实上，只有极少数的行为人知道这一规定，故减免刑罚很少会成为中止者的动机。其次，该说主张中止犯规定的作用在于防止犯罪，但不能否定它具有相反的效果，即如果行为人知道即使自己实施了犯罪但只要及时中止就不会受到处罚，那么反而有可能鼓励行为人在重大犯罪的边缘反复尝试，就此而言，中止犯的规定是一把“双刃剑”：既可能鼓励行为人放弃犯罪，又可能促进行为人“干一票大的”。因此，仅认为中止犯规定具有防止犯罪的作用存在以偏概全的嫌疑。再次，政策说并没有真正回答中止犯的法律性质问题。该说不过是将法律上所书写的内容换成另一种说法。真正重要的问题在于，为何立法者要给中止者普设一座黄金桥，或以减免处罚的方式给予中止者以“回报”①。最后，我国刑法并没有像德国刑法那样对中止犯采取免予处罚的规定，而是采取了必减原则，此种立法例难以起到“引导犯罪人迷途知返的黄金桥”之效果，最多是架设了一座让行为人不至于孤注一掷的“后退的木桥”②。

2.法律说

法律说主张从刑法教义学的角度论证犯罪中止具有减少甚至消灭行为可罚性的效果。法律说之内又分为违法性减少（消灭）说、责任减少（消灭）说和违法、责任减少（消灭）说三种观点。

违法性减少（消灭）说认为，行为人基于自己的意思中止犯罪，使违法性减少、消灭或被阻却。如德国教授察哈里埃（Zachariä）认为，犯罪中止乃将已为之犯行废弃掉，亦即将原来已经具有构成要件该当性的行为之违法性解除掉，因此该行为不具可罚性。③

责任减少（消灭）说认为，行为人通过放弃犯罪的故意而消灭或减少了责任。如德国学者赫兹伯格（Herzberg）认为，虽然先前的犯罪产生了责任，但自愿中止者可以通过一个——能够归功于他的——成果来抵销该责任，通过自我承担责任的方式来排除国家强制的刑事责任。④

违法、责任减少（消灭）说认为，既然中止犯必须同时具有基于己意的中止行为这一责任减少要件及结果不发生这一违法性减少的要件才能成立，那么当然应当采取违法、责任减少说。

法律说的主要缺陷在于：首先，单纯的违法性减少说并不合适，因为在客观上，未遂犯与中止犯造成的法益损害是完全相同的，该说无法说明中止犯与未遂犯在法律后果上存在的差异。其次，单纯的责任减少说也值得商榷。如果只要责任减少便能够成立中

---

① ［德］克劳斯·罗克辛：《德国刑法学总论》，第2卷，王世洲等译，北京，法律出版社，2013，367页。

② ［日］板仓宏：《中止犯》，载［日］阿部纯二等编：《刑法基本讲座》，第4卷，东京，法学书院，1992，37页。

③ Vgl. Zachariä，Die Lehre vom Versuche der Verbrechen，1839，S.239ff.

④ Vgl. Herzberg，Grund und Grenzen der Strafbefreiung beim Rücktritt vom Versuch，in：Festschrift für Karl Lackner zum 70，Geburtstag，1987，S.325ff.

止犯，则即使在犯罪既遂后，行为人主动弥补法益损害的，也能够成立中止犯。最后，违法、责任减少说固然是相对最合适的一种，但它无法回答一个问题：为何先前行为的违法、责任，会被后续行为减少甚至消灭？事实上，正如李斯特所言，当不可罚的预备行为与可罚的着手行为的界限被跨越的时候，着手的处罚就已经实现了。这个事实是不可更改的，不可能“向后被取消（rückwärts annulliert），也不可能从这个世界被抹去”①。因此，先前行为的违法，并不会因为事后的中止行为而被否认。②

3. 并合说

并合说认为，应将政策说与法律说结合起来以说明中止犯的减免处罚依据。该说认为，政策说与法律说都难以完整地说明对中止犯减免刑罚的理由，只有将上述观点合并起来进行考虑，才能说明对中止犯减免刑罚的理由。此种观点大致是将前述政策说与法律说的观点混合，在具体内容上并无差异，因而其同时存在前述诸说的弊端，故不再赘述。

（二）本书的观点

本书对中止犯的减免处罚依据采取“行为人特殊预防必要性减少＋刑事政策优待”的并合说。（1）就前者而言，特殊预防必要性减少与特殊预防理论相关，该理论认为，预防犯罪行为人再次陷入犯罪的效果，是刑罚的正当化根据之一，如果行为人没有再犯罪的危险，也就没有科处刑罚的必要。现今各国刑法普遍要求法官在量刑时考虑行为人的特殊预防必要性。例如，我国《刑法》第5条规定，“刑罚的轻重，应当与犯罪分子所……承担的刑事责任相适应”。其中“所承担的刑事责任”当然也包括行为人的特殊预防必要性。又如，《德国刑法典》第46条规定，“法院在量刑时，应特别注意……行为后的态度，尤其是行为人为了补救损害所作的努力”。德国刑法学界普遍认为，该条款体现出立法者要求在刑罚裁量时，必须考虑行为人的特殊预防必要性。③ 因此，在以刑法来“改善、震慑和使犯罪者无害化”④ 的特殊预防必要性减少甚至完全消失时，自然也就应当对行为人减轻甚至免予处罚。（2）就后者而言，刑事政策优待是指立法者为了鼓励行为人在尚未造成损害时自动放弃犯罪，出于刑事政策的考量，特意在立法上对没有造成损害的中止犯免予处罚。此种政策并非对“黄金桥理论”等中止犯的减免处罚依据的同义反复，背后的教义学根基便是积极的一般预防理论，即通过对没有造成损害的中止犯免予处罚之规定，向全体国民表明，即便行为人已经开始实施犯罪，只要及时悬崖勒马，仍然能够避免遭受刑罚的处罚，从而强化国民的守法动机，促进国民守法。

采取此种观点的理由在于：一方面，减免处罚终究是一种量刑活动，所以应当围绕刑罚的正当化根据来讨论中止犯之减免处罚依据，而上述学说都忽略了中止犯的减免刑罚特权与刑罚目的之关联。只有立足于刑罚理论，才可能真正说明刑罚何以被撤销。根据如今的通说，刑罚的正当化根据是报应的正当性与预防犯罪目的的合理性。报应刑就

---

① Franz von Liszt，Lehrbuch des Deutschen Strafrechts，26. Aufl.，1932，S.315.

② 参见［日］金泽真理：《未遂的理论构造与中止未遂》，载［日］川端博等编：《理论刑法学的探究》，第4册，东京，成文堂，2011，80～82页。

③ Vgl. Schneider，in：Leipziger Kommentar，13. Aufl.，2019，§46，Rn. 1.

④ Franz v. Liszt，Strafrechtliche Aufsätze und Vorträge，Erster Band，1905，S.164.

是责任刑，基于不法事实（法益侵害事实）与表明责任程度的事实；基于预防犯罪目的所裁量的刑罚则属于预防刑，预防又分为一般预防与特殊预防。[①] 而如前所述，中止犯减免处罚的比较对象是未遂犯，而未遂犯与中止犯在法益损害完全相同的情况下，其责任刑也应当是完全一致的，因此，中止犯的减免处罚依据只能够在于预防刑有所减少。同时，考虑到在裁量预防刑时不能考虑消极的一般预防，中止犯的减免处罚依据只能够在于特殊预防必要性减少。详言之，在主动停止犯罪行为的场合，行为人不需要借助他人与国家机关的帮助，就自动回到合法的轨道，这说明行为人不再具有对法律的敌对意志，对法的价值已重新开始承认。此种悔改之意能够减少或排除特别预防必要性。[②] 从刑罚目的的角度分析，中止犯的减免处罚依据在于其减少甚至丧失了需罚性标志：由行为人贯彻犯罪意志所引发的法动摇印象，在犯罪中止后因最终欠缺犯罪能量而发生模糊甚至全面消除，因而其需罚性也有所减弱甚至消失。[③] 另一方面，仅凭借特殊预防必要性减少难以完全解释中止犯的减免处罚依据。首先，根据我国刑法的规定，对于中止犯不仅减轻处罚，更可以免除刑罚。然而在我国司法实践中，不具有特殊预防必要性并不能够对刑罚起到“一票否决”的效果，被判处从业禁止的行为人即便不再具有特殊预防必要性仍会被判刑便是最好的佐证。其次，在我国刑法条文中，还存在诸如“自首”“坦白”等能够体现特殊预防必要性减少的法定量刑情节，却无一具有如中止犯般如此巨大的减刑幅度，因此，特殊预防必要性减少说既无法说明为何对于没有造成损害的中止犯可以免予处罚，也难以说明为何立法者唯独对中止犯如此优待。对此只能够从刑事政策的角度加以理解，即对于中止犯，立法者专门配置了特别优惠的减刑幅度，以鼓励罪犯自动放弃。唯有将二者结合，才能够合理解释为何对中止犯能够如此大幅度地减轻甚至免予刑罚。[④]

当然，刑事政策说必然会遭受前述学者提出的“中止犯减免处罚规定不为人知，因而刑事政策说不宜成为中止犯减免处罚依据”的质疑。本书认为，法律规范预防功能（包括积极的/消极的一般预防）的实现其实并不以规范接受者能够准确地理解相应法律制度为前提。譬如，虽然绝大部分国民并不知晓大部分犯罪的法定刑，但只要其知晓某一行为是犯罪，就会基于对刑罚的畏惧放弃实施相应行为，这就已经体现出了刑法的消极预防功能。基于同样道理，在“坦白从宽、抗拒从严”早已家喻户晓的今天，即便鲜有普通国民能够详细了解刑法中有关中止犯的规定，但其完全能够推导出，如果自愿放弃实施犯罪便可能得到从宽处理。《刑法》第 24 条第 2 款的规定与这种观念相契合，也就当然具备了鼓励行为人放弃犯罪的引导功能。[⑤] 此外，本书提倡的并合说并不主张将先前实行行为的违法性、有责性通过后续的中止行为减弱或被取消，而是认为其中止的行为能够证明行为人的特殊预防必要性有所减少，因而避免了法律说所招致的“先前行

---

① 参见张明楷：《论影响责任刑的情节》，载《清华法学》，2015 年第 2 期，5～6 页。

② 在本书看来，日本部分刑法学者所提倡的“可罚性减少说”便是“特殊预防必要性减少”的同义替换。参见［日］高桥则夫：《刑法总论》，5 版，东京，成文堂，2022，442 页。

③ Vgl. Freund/Rostalski, Strafrecht Allgemeiner Teil, 3. Aufl., 2019, § 9, Rn. 16.

④ 参见［日］井田良：《讲义刑法学·总论》，2 版，东京，有斐阁，2018，462 页。

⑤ 参见王钢：《正当防卫的正当性依据及其限度》，载《中外法学》，2018 年第 6 期，1599 页。

为的违法性被事后的中止行为否认”之诟病。

三、中止犯的成立条件

根据《刑法》第 24 条第 1 款，中止犯的成立包括中止行为的时间性、中止行为的自动性和中止行为的有效性三个条件。

（一）中止行为的时间性

犯罪中止必须发生在故意犯罪实施过程中。根据教义学基本原理，行为人的犯罪过程始于犯罪预备行为，终于犯罪既遂，因此，在犯罪预备前的产生犯意或犯意表示阶段，以及犯罪既遂之后，都不存在犯罪中止的问题。如果犯罪已经既遂，行为人又自动恢复原状或者主动赔偿犯罪所造成的损失，如司法实践中时常发生的“盗窃既遂后见失声痛哭于心不忍，将财物悄悄送回”“官员受贿后觉得不妥又主动送回”等行为，将由于其犯罪已经完成，不存在中止犯罪的时空条件而难以成立中止犯，只能作为犯罪既遂后的从宽情节在量刑时加以考量。① 此外，因为犯罪预备、犯罪未遂与犯罪中止同属于犯罪停止形态，故一旦出现犯罪预备（如行为人在预备阶段即被查获）或犯罪未遂，难以成立犯罪中止。唯有仍处于发展过程中的犯罪行为才有成立犯罪中止的可能。关于中止行为的时间性，需要讨论的问题是放弃重复侵害行为的性质。

A **杀人案。** A 欲杀害其前妻 B，遂准备了 10 颗子弹与一把手枪，但开第一枪后并未击中，在欲打出第二枪时，A 突然想起过往，于心不忍，便收起枪支离开。

分析： A 的行为属于已经着手实施了侵害行为却未既遂，在能够继续实施侵害行为的情况下主动放弃重复侵害的行为。关于对这类案件如何定性，国内外刑法理论上均存在争议。个别行为说认为，对此类行为应当认定为未遂犯，主要理由在于：一方面，在这种情况下，既然犯罪人已经实施了为达到犯罪结果所必要的行为，且该行为的危害性并不会因为没有开第二枪而消灭，那么不能消除犯罪人已经实施的未遂行为所产生的刑事责任；另一方面，由于我国《刑法》规定“对于中止犯，没有造成损害的，应当免除处罚；造成损害的，应当减轻处罚”，在 A 并未击中目标的情况下免除处罚，此种量刑并不妥当。②

与之相对，整体考察说（Gesamtbet rachtung）则认为，停止重复侵害行为应当成立中止犯。其理由在于：从主观上看，犯罪分子存在进一步实行犯罪的条件，所以存在中止犯罪的可能性。而且，将停止重复侵害视为犯罪中止，有利于鼓励犯罪分子悬崖勒马，停止犯罪活动。因此，对于放弃重复侵害行为，只要在当时的情况下完全有可能连续侵害而致被害人死亡，但犯罪分子主动停止了，不想继续实行犯罪行为，就应当认为是犯罪中止。③

本书赞成整体考察说，主要理由在于：依个别行为说会得出不妥的结论，更可能让中止犯形同虚设；同时，只要结合中止犯减免处罚之依据，合理地认定中止犯的范围，

① 参见高铭暄、马克昌主编：《刑法学》，10 版，北京，北京大学出版社、高等教育出版社，2022，156 页。
② 参见谢望原：《论中止犯减免处罚之根据》，载《华东政法大学学报》，2012 年第 2 期，27 页。
③ 参见陈兴良：《规范刑法学》（上册），4 版，北京，中国人民大学出版社，2023，304 页。

采整体考察说并不会出现弊端。

1. 依个别行为说会得出不妥的结论，更可能让中止犯形同虚设

（1）如A杀人案中，若认为A一次射击不中就是一次未遂，则按此逻辑，若A连续9次射击不中，岂不是要成立9个故意杀人未遂？想必支持该说的学者也不会认可此种观点。（2）按照个别行为说，只要着手实行犯罪后，就没有成立犯罪中止的余地。依个别行为说之逻辑，A因为创设了危险，故应当成立未遂，但若将该案改编为A只准备了1颗子弹且并未击中B，则也应当成立未遂。如此一来，无论A准备了多少子弹，只要其实施了侵害法益的行为，都只能够成立未遂犯，而无法成立中止犯。事实上，依照个别行为说“行为的危害性并不会消灭，故犯罪人应负刑事责任”的逻辑，因为所有犯罪行为的法益侵害性都不会消灭，故行为人都应当承担刑事责任。这会导致中止犯的概念形同虚设。（3）由上可知，个别行为说的支持者认为应当成立未遂的理由在于我国规定“对于中止犯，没有造成损害的，应当免除处罚”，换言之，若我国刑法规定的是“对于中止犯，没有造成损害的，应当减轻或免除处罚”，个别行为说的支持者可能就不会得出前述结论。这是一种典型的“以量刑反制定罪（定性）”的做法，有违教义学的基本理念。（4）个别行为说存在以偏概全之嫌疑。该说的支持者所列举的几乎都是“开枪杀人”之案例，以说明其行为对法益侵害之严重，以证明成立中止犯并不妥当。但若将“开枪杀人”改为用木棒敲击头部、用刀捅刺身躯等，将毫无疑问地被认定为中止。由此也可以说明，个别行为说并不能一以贯之地适用于所有场景。[①]

2. 只要结合中止犯减免处罚依据合理认定中止犯的范围，采整体考察说不会出现弊端

（1）针对“罪刑不相适应”的批判，如前所述，中止犯的减免处罚依据在于“特殊预防必要性减少＋刑事政策”，在完全没有造成法益损害且行为人主动中止的情况下，其责任刑远较既遂犯的为低，且已然回到了合法的轨道，故并无处罚必要。

（2）对于认为采整体考察说会出现“行为人的犯罪计划越周密，越可能成立犯罪中止；行为人的犯罪计划越简单，就越不可能成立犯罪中止”的悖论，本书认为，行为人的犯罪计划越周密，说明犯罪信心越坚定，与合法的轨道偏离得越远，与之相应，自动放弃犯罪也就更为艰难。在此情况下，行为人仍然能够出于己意中止犯罪，足以说明其犯意已经发生根本性转变，表明其回归合法轨道的信念坚定，也就没有必要再用刑罚对其进行特殊预防。此种做法虽然可能导致部分行为人利用法律漏洞，故意制订详尽的犯罪计划，而后在着手且未得逞的情况下，在最后一步前“中止”，以逃避法律处罚[②]，甚至会造成要么既遂要么无罪的奇异景象。但是，此种结果并不是采整体考察说所导致的，而是中止犯减免处罚规定所造成的，换言之，只要中止犯的处罚较未遂犯的为轻，必然会出现部分极为“聪明”的犯罪人故意钻法律的漏洞。对此种漏洞只能够通过立法加以填补，无法通过解释加以避免。

---

① 参见林亚刚：《刑法教义学（总论）》，2版，北京，北京大学出版社，2017，421～424页。

② Vgl. Eser/Bosch, in: Schönke/Schröder (Hrsg.), Kommentar zum Strafgesetzbuch, 30. Aufl., 2019, § 24, Rn. 18a.

在具体案件中，需要准确判断行为人是否仍处于“犯罪过程”中，只有仍处于犯罪过程中，其放弃继续侵害法益或挽救法益的行为，方能成立中止犯。

谢某故意杀人案。[①] 谢某持刀朝坐在副驾驶位子上的王某的胸部、腹部、手臂及大腿等部位猛刺，直至王某不省人事。谢某以为王某已经死亡，便准备跳江自杀。驱车到达江边后，王某苏醒并喊疼。谢某于心不忍，遂开车将王某送医。

A 故意杀人案。A 发誓一定要杀害 B，并制订了周密计划。某日，A 将 B 约至车内，持刀朝坐在副驾驶位子上的 B 的胸部、腹部、手臂及大腿等部位猛刺，直至 B 不省人事。A 害怕 B 未死，便准备将其抛入江中。驱车到达江边后，B 苏醒并喊疼，A 于心不忍，遂开车将 B 送医。

分析：这两个案例中虽然谢某和 A 的客观行为完全相同，但其行为性质大相径庭。在谢某故意杀人案中，谢某将王某刺伤后以为王某已经死亡，说明谢某的犯罪过程已然结束，相应地，作为犯罪停止形态的故意杀人未遂形态也已经形成，故谢某的行为并不能够成立中止犯。此后谢某于心不忍将王某送至医院的行为，也只能够被认定为悔罪的表现，在量刑阶段予以考虑，却无法对行为定性产生影响。[②] 与之相对，在 A 故意杀人案中，由于 A 为了杀害 B 制订了周密的计划，“害怕 B 未死，驱车到达江边，便准备将其抛入江中”的行为都在计划之内，其犯罪过程也仍然在进行，A 将 B 送往医院的行为也就符合中止犯“在犯罪过程中，自动放弃犯罪或者自动有效地防止犯罪结果发生”之要求，能够成立中止犯。

（二）中止行为的自动性

成立中止犯，要求行为人“自动”放弃犯罪或者“自动”有效地防止犯罪结果发生。所谓“自动”是指行为人放弃犯罪或防止犯罪结果发生并不是因为“客观上不能”而是因为“主观上不愿意”。这便是中止犯“自动性”的问题，也是中止犯与预备犯、未遂犯最重要的区别。关于中止犯自动性的认定，学界主要存在主观说、限定主观说和客观说三种观点。

1. 主观说

主观说认为，基于外部障碍以外的事由而中止的场合就是“基于自己的意思”的中止。其最为经典的判断标准便是“弗兰克公式”即“能达目的而不欲者”为犯罪中止，“欲达目的而不能者”为犯罪未遂。[③] 但是一方面，该标准显然过于模糊，此处的“能”与“不能”，究竟是指心理的可能性还是指物理的可能性，并不明确。事实上，除了被外力彻底压制、客体不能等特殊情况，在其他情况下的未遂犯均具有“能”的可能性。

C 故意杀人案。C 举枪瞄准 D，被 100 米外的警察发现并向其跑来。C 为了不被抓住，放弃射击行为并逃跑。

E 强奸案。E 在深夜回家时看见一女子 F 落单，欲行不轨，却发现 F 是自己的熟人之女，因而放弃犯罪。

---

① 参见（2015）鄂宜都刑初字第 00080 号刑事判决书。

② 参见周光权：《刑法总论》，4 版，北京，中国人民大学出版社，2021，313 页。

③ Vgl. Frank，Das Strafgesetzbuch für das Deutsche Reich，Tübingen，1931，S.95.

分析：在C故意杀人案中，若认为“能而不欲”中的能指的是物理可能性，则C在客观上完全能够继续实施射击行为，但相信没有学者会认为此时的C的行为能够成立中止犯。在E强奸案中，E虽然在客观上完全能够继续实施奸淫行为，但在心理上是完全不可能的。此时他究竟是“能达目的而不欲”还是“欲达目的而不能”？对此问题，主观说并未给出有说服力的答案。

另一方面，采主观说在部分情况下可能得出不妥结论。

郭某强奸案。[①] 郭某在某公寓中欲强奸王某，王某提出给郭某转账400元钱，郭某同意，并在收到钱后放王某离开。

刘某故意杀人案。[②] 刘某希望与其前女友望某复合，遭到拒绝，遂将望某推下岩坎。但望某没有死亡，刘某不罢休，将存活的望某拖入水中，试图将其溺死。望某不得不假装答应与刘某结婚。这使刘某放弃了杀人行为。

分析：按照主观说，由于这两起案例中郭某与刘某均完全能够继续实施犯罪行为，故均应当成立中止犯，并在没有造成损害的情况下免予处罚。但此种观点不但令人心生疑虑，更可能使民众纷纷效仿：例如，行为人可以尝试深夜拦截妇女并意欲强奸，若妇女提出破财免灾便欣然接受，即主动“中止”，以来取得财物；又如，行为人可以反复抢劫他人，在他人携带财物数额没有达到预期目标时主动“中止”，以挑选合适目标。但如此一来，中止犯非但不是让行为人迷途知返的“黄金桥”，反而成为逃避处罚、纵容违法犯罪的天然屏障，有违中止犯设立之初衷。

2. 限定主观说

限定主观说认为，有基于某种规范的感情，例如悔悟、惭愧、不安等，对自己的行为作否定评价的规范意识、感情或者动机而放弃犯罪的，才属于自动的中止。该说是基于主观说的诸多弊端而提出的，又被称为规范的主观说。

限定主观说的核心观点是“中止犯减免处罚之依据在于责任减少”，而唯有在基于后悔、悔悟、怜悯等心理而中止的场合，才能够认为行为人的有责性有所减弱。对于此说，学界主要的批判在于，根据《刑法》第24条的规定，行为人只要“自动放弃犯罪”或者“自动有效地防止犯罪结果发生”，就能够成立犯罪中止，并未添加其他主观要素，而此说将后悔、羞愧等伦理要素添加进对自动性的判断中，不但缺少文理上的根据[③]，更将中止犯的自动性与伦理相混淆，人为地缩小了中止犯的成立范围，不能及时、有效地鼓励有犯罪意思并着手预备、实行者迅速返归社会，于对法益的保护也没有实益。

3. 客观说

客观说认为，应当从社会一般人的角度进行判断，如果根据社会一般观念认为此时的客观情状对行为人的意思施加了强制性影响，则行为人中止犯罪的行为就不具有任意性；反之，若根据社会一般观念，彼时的客观情状对一般人不会产生强制性影响，但行为人仍然放弃犯罪，则应认为其中止行为具有任意性，应当成立中止犯。

---

① 参见（2019）京01刑终3号刑事判决书。

② 参见王锡水：《是杀人未遂还是杀人中止》，载《人民司法》，1989年第6期，29页。

③ 参见黎宏：《刑法学总论》，2版，北京，法律出版社，2016，249页。

根据客观说，在C杀人案与E强奸案中，因为社会一般观念均认为，此时的客观情状会使行为人无法继续完成犯罪，故应当成立未遂犯。客观说的问题在于：一方面，无论何种学说，都承认“特殊预防必要性减少”是中止犯减免刑罚的重要（部分学者甚至将之当作唯一）依据，而特殊预防必要性是针对行为人自身未来犯罪可能性的判断，既然如此，中止行为是否具有自动性，只能根据没有既遂的原因对行为人本身产生的影响进行判断，而不能根据没有既遂的原因对一般人产生的影响进行判断。另一方面，客观说的判断标准基于“一般的社会观念”，而是否存在这样一种统一的、一般的社会观念，仍然值得怀疑。

李某强奸案。[①] 李某强行将蒙某拉进大厅内的一个小房间里，并用身体将蒙某压制在墙壁上，提出要与蒙某发生性关系。后因蒙某处于生理期，李某未能与蒙某发生性关系。

分析：本案中恐怕就并不具有通行的“一般的社会观念”。支持未遂论的学者可以认为，在社会一般观念中，在生理期发生性行为是十分晦气的事，会令男人厄运缠身甚至“损阳生病”，故相关行为应当成立未遂犯。[②] 而支持中止论的学者则可以指出：在一般人的观念中，虽然在生理期不宜发生性行为，但并不足以阻止犯罪进行，故李某的放弃行为应当成立中止犯。[③] 又如，对于“意图杀害被害人时，恰逢被害人放学回家的小孩进入房间，于是放弃杀人而离开现场”的案件，我国有学者认为虽然此时客观上存在轻微阻止犯罪继续的外部事实障碍，但从一般人的立场来看，并不足以阻止犯罪的进行，故行为人选择放弃属于“自动”中止，应成立中止犯[④]；但德国司法实践与部分学者认为此时行为人“无论在感情上抑或心理上”都不再能实现犯罪既遂，并以此否定了中止的自动性。[⑤] 由此可见，“一般的社会观念”之观点极为模糊，不过是判断者个人眼中的“社会一般观念”而已，难以一以贯之。而且，如果根据通常的生活观来判断自动性，有时会得出不合理的结论。

王某故意杀人案。[⑥] 王某因家庭琐事与其妻子孟某发生争执。孟某离家出走后，王某告诉孟某，如其不回家就带孩子一起自杀。后王某将自己与女儿王小语（时年2岁）反锁在家中，将煤气灶阀门打开，欲熏死自己和孩子。由于孩子的哭喊，王某又自行将煤气灶阀门关闭，未造成人员伤亡及财产损失。

分析：根据社会一般观念，出于爱子女的天性，父母在听到孩子啼哭时都会因怜悯而停止杀人行为。如此一来，因为父母的中止行为是符合社会一般观念的，即在社会一般观念中，父母在听到孩子哭喊时都会停止犯罪，所以应当否定中止的自动性。但在此情况下，恐怕认定父母的行为成立中止犯才更加符合一般人的认知。

本书认为，正如罪刑规范背后的实质保护目的是指引构成要件解释的向导一般，所

---

① 参见（2015）浙杭刑终字第349号刑事裁定书。

② 我国司法实践中一般认为此种情形为未遂，参见（2013）黑刑一终字第90号刑事裁定书。

③ 参见张明楷：《刑法学》（上），6版，北京，法律出版社，2021，472页。

④ 参见黎宏：《刑法学总论》，2版，北京，法律出版社，2016，250页。

⑤ Vgl. BGH NStZ 1994，428；Jäger，Schockschwerenot!，JA，2016，S.233f.

⑥ 参见（2014）松刑初字第200号刑事判决书。

有关于中止犯的具体解释问题，其最终解决都离不开中止犯本质论，即中止犯减免处罚之依据的指引。如前所述，由于中止犯减免处罚的依据在于“特殊预防必要性减少＋刑事政策”，因此，对中止犯的自动性也必须在此二者的基础上进行规范判断。对此罗克辛教授明确指出：中止是一个特定的刑事政策问题。中止犯中有一个“自愿”的概念，这个概念决定着这种中止是否具有免除刑罚的效果。因此，这个“自愿”概念是规范性的，要从刑罚目的的理论角度加以解释。① 基于此种理由，本书对中止犯的自动性提倡一种“犯罪理性策略的判断标准”。详言之，犯罪人之所以希望犯罪结果发生，皆因这些结果能实现犯罪收益。此处的犯罪收益，是指一切能够满足行为人犯罪欲望的结果，既包括经济性利益，如现金、财物和其他财产性利益，也包括非经济性利益，如复仇、泄愤、性欲等。每个人都具有“趋利避害”的天性，因此在追逐犯罪收益的过程中，行为人不仅需要考虑提高犯罪收益，还要考虑控制犯罪成本。即便是在激情犯罪中，行为人可能在事实上并未考虑犯罪收益等，但其也必然以实现一定的犯罪结果为目的，故我们仍然可以判断其放弃犯罪的行为是否在刑事政策上值得鼓励，进而在规范上认为其中止行为是否能够成立中止犯。基于犯罪理性策略，无论是为了提高犯罪收益的放弃犯罪行为还是为了控制犯罪成本的放弃犯罪行为，都将因为符合犯罪人的理性而难以得到法秩序的认可。② 换言之，实施犯罪本就是行为人表达出其破坏法律秩序的态度，唯有通过放弃进一步的实行行为来表达他已经与实现的不法决裂，对原先蔑视的行为规范重新表达了尊重，在已经造成法益损害时，则需要通过救助行为来自行重新建构被他破坏了的法律秩序，消除受到侵害的危险，以内心回归合法轨道的态度来体现其特殊预防必要性有所减少。在刑事政策方面，此种不符合犯罪理性的做法才足以使公众解除因未遂而动摇的规范信赖和产生的安全感危机，才能够抹掉公众因行为人实施不法侵害行为而动摇的法律印象。由此此种放弃侵害的行为才值得法秩序以中止犯予以褒奖。③ 而与之相反，部分放弃犯罪行为虽然在形式上是行为人“基于己意”自动作出的，但其非但不能体现出行为人向合法的轨道回归，反而代表着其与合法的轨道渐行渐远。此类行为符合犯罪理性策略的停止决意，它不过是行为人追逐更高的犯罪收益的权宜之计，并非对犯罪收益诱惑的拒绝，故在规范上绝不能够被评价为中止行为。④

根据犯罪理性策略，可以对前述案例得出较为妥当的结论：在C故意杀人案、E强奸案、李某强奸案中，行为人虽然都是在客观上能够继续实施犯罪的情况下主动放弃了犯罪，但完全是出于犯罪理性策略中“避害”的心理，例如，C故意杀人案中的行为人C若继续射击，必然会增加自己被逮捕的风险；E强奸案中的行为人E若实施了奸淫行为，极有可能会被认出，一旦被害人报警，其被捕可能性会大大增加⑤；而李某强奸案中的行为人若实施强奸行为，极易造成妇女感染，导致其重伤甚至死亡，增加行为人自

---

① 参见［德］克劳斯·罗克辛：《刑事政策与刑法体系》（第二版），蔡桂生译，北京，中国人民大学出版社，2010，45页。

② 参见庄劲：《犯罪中止自动性之判断——基于积极一般预防的规范性标准》，载《政法论坛》，2015年第4期，69～71页。

③ 参见张鹏：《中止犯自动性研究》，北京，法律出版社，2013，169页。

④ 参见［德］克劳斯·罗克辛：《德国刑法学总论》，第2卷，王世洲等译，北京，法律出版社，2013，444页。

⑤ 参见周光权：《刑法总论》，4版，北京，中国人民大学出版社，2021，319页。

己的刑期，故此三则案例中行为人放弃犯罪之行为均不值得在刑事政策上加以鼓励，不符合中止犯之减免处罚依据，不宜被认定为中止犯。类似地，在郭某强奸案中行为人主动放弃犯罪的原因是能够在不成立犯罪的情况下获得利益，刘某故意杀人案中行为人不继续实施杀人行为是因为其继续实施犯罪反而无法达成自己的目的，均符合犯罪理性策略中“趋利”的心理，故二者的中止行为均没有体现出对法秩序的回归，其内心态度并不值得法秩序加以鼓励，难以成立中止犯。与之相对，在王某故意杀人案中，虽然在一般人观念中，王某在听到孩子的啼哭后都会放弃继续实施杀害行为，但其放弃犯罪并不是出于任何犯罪理性策略，即既不是为了提高犯罪收益，也不是为了降低犯罪成本，故在规范上看，应当认定其行为成立中止犯。

有学者可能认为，本书观点将使中止犯的成立范围过于狭窄，缩小了中止犯的成立范围，不利于鼓励行为人悬崖勒马，倒可能让其抱着殊死一搏的决心继续实施犯罪行为，反而不利于保护法益。本书对此的回应是：一方面，所谓“使中止犯的成立范围过于狭窄”的前提是，已经存在一个确定、合适的范围，但本部分所讨论的便是中止犯的成立范围，因此该论者的观点是先假定了一个中止犯的成立范围，而后认为依某种理论得出的结论不合理，存在“倒果为因”之嫌。另一方面，所谓“让行为人殊死一搏，不利于保护被害人法益”，纯粹是一种价值判断。本书完全可以认为，限制中止犯的成立范围后，能够通过刑法消极的一般预防功能威慑行为人，让其根本不敢实施犯罪，从而更好地保护潜在受害者的法益。

（三）中止行为的有效性

中止行为的有效性是指，中止行为必须防止了犯罪结果发生。根据我国刑法的规定，成立中止犯，还要求行为人实施“放弃犯罪”或者“有效地防止犯罪结果发生”的中止行为。

1. 中止行为的分类

一般认为，根据行为人在中止前实施的侵害行为对法益侵害的程度不同，可以将中止行为分为两类：（1）未实行终了的中止，即当侵害行为不可能造成行为人所追求的、行为性质所决定的法益损害结果，例如，行为人 A 以杀人的故意持刀向 B 砍去，但并未对 B 造成任何损害或该损害结果并不至于让 B 死亡时，行为人只需要放弃后续的杀人行为便可以成立中止犯；（2）实行终了的中止，即当侵害人之侵害法益行为已经给被害人造成了现实的法益损害结果，且该结果足以造成行为人所追求的、行为性质所决定的法益损害结果，例如，行为人 A 以杀人的故意将 B 砍成重伤，B 血流如注，如不立即送医便会有性命之忧时，A 仅仅放弃后续的杀人行为便难以成立中止犯，而必须努力救治以防结果发生。

2. 对有效性的理解

所谓中止行为的有效性，是指中止行为有效地阻止了行为人所追求的、行为性质所决定的法益损害结果的发生。在理解有效性的过程中，需要注意以下几点：

（1）中止行为的有效性并不代表中止行为需要保证法益在任何情况下都不遭受损害，而只意味着中止行为切断了法益损害与先行侵害行为之间的因果关系。例如，A 以杀人的故意将 B 砍成重伤后于心不忍，驾车将 B 送往医院。但 B 在即将好转出院期间，因医生重大诊断失误而死亡。由于B被送往医院后有被救助的可能性，应认为A的救助行为足以防止原犯罪的结果发生，其行为成立中止犯。

（2）中止行为与犯罪结果未发生之间并不需要具有因果关系。部分学者认为，唯有中止行为与犯罪结果未发生之间存在因果关系，才能够成立中止犯。如我国通说认为：如果行为人虽然采取了防止既遂的犯罪结果发生的积极措施，但……该犯罪结果未发生是其他原因所致，则不能认定成立犯罪中止，而应认定成立犯罪既遂或犯罪未遂。这是因为只有有效地阻止了犯罪结果产生，才能表明行为社会危害程度的降低达到了犯罪中止的程度；倘若中止行为与结果没有发生之间没有因果关系，根本不具备这种有效性，那么也就不符合犯罪中止的特征，而只能成立悔罪行为，在量刑时作为从宽情节考虑。[①] 其言下之意在于：只有当中止行为与结果的不发生之间具有因果关系时，才能认定成立中止犯。如果行为人的行为从一开始就不可能发生结果，或者结果的不发生并非行为人的防止行为所致，则不成立中止犯（肯定说）。[②] 但是，依此种观点可能产生不均衡的结论。例如，在"A以杀害的故意对B下了致命剂量的毒药后，心存悔意，将B送往医院洗胃，B成功获救"与"A以杀害的故意对B下了不致命剂量的毒药（A以为足以致命）后，心存悔意，将B送往医院洗胃，B成功获救"的两则案例中，若采取肯定说，则于前者能够成立中止犯，而于后者仅能够成立未遂犯。但是在这两则案例中，前者的法益侵害性明显更大，却能够成立中止犯而被减轻处罚，在没有造成损害时，甚至能够被免除处罚，而对法益侵害性更小的后者反而只能够依照未遂犯的规定"可以从轻或者减轻处罚"，罪刑明显不相适应。而且在第二则案例中，行为人是在认为能够既遂的情况下采取了有效措施，其特殊预防必要性也有所降低，具备中止犯的减免处罚依据。当然，此种观点可能遭受有违我国《刑法》第24条要求"有效地防止犯罪结果发生"的诘难，因为此条款似乎要求中止行为与结果没有发生之间存在因果关系。但是本书认为，我们完全可以通过目的解释，将该条款理解为"行为人采取的措施'能够'有效地防止犯罪结果发生"，而非"行为人采取的措施'已经'有效地防止犯罪结果发生"，因此，只要行为人采取了有效的措施，作出了真挚的努力，即便其与最终避免损害结果间不具有因果关系，同样能够表示出行为人努力向法秩序回归的意图，能够获得被认定为中止犯的奖励。

（3）中止行为的有效性必须能够体现出行为人特殊预防必要性的降低。中止行为是区分中止犯与未遂犯的关键，它必须在客观上能够体现出行为人为了防止结果发生而付出的努力。唯有如此，才能够表明行为人努力在向合法的轨道靠拢。中止行为虽然不要求由行为人一人独立完成，但至少要求行为人与他人协力完成，且行为人不能够完全依赖他人。[③]

邓某放火案。[④] 邓某放火后，眼见火势蔓延无法控制，为避免更大损害，便立即报

① 参见《刑法学》编写组：《刑法学》（上册·总论），2版，北京，高等教育出版社，2023，233页。

② 参见［日］大谷实：《刑法讲义总论》（新版第五版），黎宏、姚培培译，北京，中国人民大学出版社，2023，396页。

③ 参见［日］井田良：《讲义刑法学·总论》，2版，东京，有斐阁，2018，467页。

④ 参见（2018）皖1022刑初109号刑事判决书。

警，并在报警后在现场等候，并未参与救火。赶来的邻居与消防队员将火扑灭。

分析：本案中虽然邓某报警了，但真正扑灭火灾的是邻居与消防队员。倘若缺少邻居与消防队员，无论有多少个邓某，都无法阻止火势蔓延，故其报警行为并不属于能够阻止结果的必要且相当的行为，因而中止犯难以成立。若与之相反，邓某在报警后奋不顾身地参加灭火行动，并与邻居及消防队员一起避免灾害发生，虽然其可能对最终扑灭火灾的贡献微乎其微，但一方面，正是因为有许多个努力扑救的行为，火势最终才能够被扑灭，故邓某的扑救行为属于防止结果发生所必要的并且相当的行为；另一方面，邓某积极参与抢险救灾的态势已然体现出其正在努力弥补造成的法益损害，能够体现出其特殊预防必要性大为降低，故虽然邓某是与他人协力避免损害结果发生，仍然应当将其行为认定为中止行为。

四、中止犯中“造成损害”的理解

我国《刑法》第 24 条第 2 款规定，“对于中止犯，没有造成损害的，应当免除处罚；造成损害的，应当减轻处罚”。可见是否“造成损害”直接关系到行为人是否需要承担刑事责任。在语义上分析，“造成损害”能够被拆解为“造成”与“损害”两个部分，“造成”是行为，“损害”是结果，二者共同构成了中止犯中的“造成损害”，故对中止犯的认定也应当由此入手。

（一）中止犯中“造成损害”的行为

关于“损害”的成因，学界主要存在两种不同理论。整体考察说［又被称为一体理论（Einheitstheorien）］认为，应当将实行行为与中止行为合并认定为中止犯进行考察，由此，“中止行为便可以消解所有的犯罪因素”①。与之相对的是分别考察说②［（Einzelaktsbetrachtung），又称单个行为动作论（Einzelaktstheorie）］，其对行为人在行为开始的时候认为适合造成结果的每一个实行动作都加以特别的注意，在失败的情况下把它们作为独立的失败的意图来处理。采如此做法的主要理由在于，行为人已经通过后续的积极行为避免了结果实现，而这种行为在主观与客观上，均与之前侵害法益的行为并不相同，故有必要分别对中止前的着手实行行为与中止行为进行不同的价值判断。③

A 故意杀人案。A 设置陷阱，欲置 B 于死地。但眼见 B 快走到陷阱时，A 心生不忍，冲上前，将 B 撞成轻伤。B 的轻伤是否属于“损害”？

分析：按照整体考察说，A 的冲撞行为属于中止犯中“造成”损害之行为，可处 3 年～10 年有期徒刑；按照分别考察说，A 的行为成立故意杀人罪的中止犯且没有造成损害，因而免于处罚。A 将 B 撞伤的行为成立故意伤害罪，仅需要判处 3 年以下有期徒刑。可见两说对于对行为人的定罪量刑具有重要意义。

本书赞成分别考察说，理由如下：

（1）从主、客观层面分析，造成法益损害的违法行为与挽救法益的中止行为，在行

---

① Maurach/Gössel/Zipf，Strafrecht Allgemeiner Teil，Band 2，8. Aufl.，2014，§ 41，Rn. 13.

② Vgl. Wessels/Beulke/Satzger，Strafrecht Allgemeiner Teil，50. Aufl.，2020，Rn. 1017.

③ Vgl. Eser/Bosch，in：Schönke/Schröder（Hrsg.），Kommentar zum Strafgesetzbuch，30. Aufl.，2019，§ 24，Rn. 21.

为属性上具有本质的不同。在主观方面，行为人实施犯罪行为的心理与实施中止行为的心理并不相同；在客观方面，实行行为是符合构成要件、造成法益侵害的违法行为，而中止行为是避免或者防止法益受侵害的行为，在某种程度上甚至可以被认为是保护法益的行为。可见，实行行为与中止行为对法益的影响完全不同，故应当采取分割的考察方法，准确判断两个行为的不同性质。

（2）从法益保护层面分析，采整体考察说不利于保护被害人的法益。例如，A枪击案：A持枪欲射击B，在并未击中B后主动放弃射击。对于本案，整体考察说可能存在两种观点：其一是A的射击行为与放弃射击行为均是合法的，这意味着B与在场者均不能对A的射击行为进行正当防卫。其二是A举枪射击的行为是违法的，故周围群众和B都可以对A的实行行为实施正当防卫。然而，A放弃射击的行为又是合法的，故对此不得阻止。两相对比，显然第二种观点更为合理。但是如果采取整体考察说的第二种观点，则其已经不是从一个整体去判断行为合法与否，而是将一个整体“分割”成了“侵害法益”与“放弃侵害法益”两个部分，这正是分别考察说的做法。因此，整体考察说的观点要么不符合逻辑，要么背离了其本质。

（二）中止犯中“损害”的概念

中止犯中的“损害”，既包括对物质性法益的侵害，也包括对非物质性法益的侵害。损害仅限于对法益的现实侵害，同时损害的必须是行为人原本欲完成的犯罪所保护的法益。

1.“损害”既包括对物质性法益的侵害，也包括对非物质性法益的侵害

刑法的目的是保护法益，而我国刑法既保护物质性法益，也保护非物质性法益，故不管是对何种法益的损害，只要该损害为我国刑法规范所禁止，均应当属于中止犯中的“损害”。因此，“侵入被害人家中，赤裸身体骑在被害人身上给其的精神造成损害[①]后中止”的，或者“用生殖器蹭被害人阴部，给被害人心理造成了创伤”[②] 后中止的，虽然都是侵害了非物质性法益，但仍然均属于造成了损害的中止犯，仅能够被减轻处罚。

2.“损害”不包括给法益造成的危险，仅包括对法益的现实侵害

如果将发生结果之危险也认定为“损害”，则由于所有的犯罪行为都会给法益造成危险，行为人将永远无法享受到免除处罚的待遇。采如此做法也会造成条文的虚置。[③] 由于我国司法实践中对未遂犯均减轻处罚甚至不罚，倘若将具体危险也认为是“损害”，就意味着几乎所有着手后的中止犯都不可能被免除处罚。采如此做法会导致中止犯的处罚与未遂犯的处罚在许多案件中没有差别，而在部分不处罚未遂犯的场合，中止犯的处罚甚至会重于未遂犯的。这显然有违立法者的初衷。

3.“损害”的必须是行为人原本欲完成的犯罪所保护的法益

“损害”的必须是行为人原本欲完成的犯罪所保护的法益，这包含两方面含义：一方面，损害必须是刑法规范所禁止的侵害结果；另一方面，损害的法益必须在行为人原本

---

① （2016）黑0781刑初14号判决书。

② （2014）乌勃刑初字第169号判决书。

③ Vgl. Kühl, Strafrecht Allgemeiner Teil, 8. Aufl., 2017, §16, Rn. 89.

所欲违反的法规所保护法益的范围之内。

(1) 损害必须是刑法规范所禁止的侵害结果。对此我国有学者认为，没有造成损害是指没有造成对侵害客体的任何损害结果。[①] 换言之，对侵害客体的任何损害结果都应当属于“造成损害”。我国司法实务中也有判例持此种观点，例如，在张某党故意杀人案[②]中，法院指出：被告人的故意杀人行为（其后自动中止）已造成被害人轻微伤的法律后果，对于中止犯，造成损害的，应当减轻处罚。遂以故意杀人罪（中止）判处被告人有期徒刑 3 年，缓刑 3 年。

轻微的身体损害并非我国刑法规范所保护的对象，法院的做法其实是以“故意杀人”之名惩处“轻微伤害”之实。将罪刑规范并不禁止的“轻微伤”作为故意杀人罪中的“损害”，使故意杀人罪所保护的法益已经超出了刑法的界限，有违罪刑法定原则。

(2) 损害的法益必须在行为人原本所欲违反的法规所保护法益的范围之内。就刑法分则的规定而言，法益侵害从来都不是停留在抽象的“法益”层面之上，而是以各个具体的犯罪构成要件要素为其法定载体。此即构成要件的“违法类型化机能”或者“违法内容特定机能”[③]。如果将某一刑法规范并不保护的法益作为该刑法规范的中止犯中的“损害”对象，则意味着该刑法规范所保护的法益无边无际，由此便导致犯罪构成丧失了区分此罪与彼罪的机能。如果将所有法益侵害均认定为中止犯中的“损害”，会出现以此罪名处罚其他法益侵害行为的景象。它必将导致犯罪构成要件内涵的模糊化，是对罪刑法定原则隐蔽的破坏，因而并不可取。

A 故意杀人案。 A 试图杀害 B。在持刀刺杀 B 的过程中，将 B 价值昂贵（达到故意损坏财物罪的入罪数额）的大衣刺坏，后自动放弃。

如前所述，危险并不属于中止犯中的“损害”，故若认为 A 的行为成立故意杀人罪，则处罚 A 完全是因为其损害了 B 价值昂贵的大衣。这样的做法其实是以故意杀人罪之名处罚故意毁坏财物行为，从而将构成要件与违法性在内容上完全割裂，将刑法规范转用于有别于其本来旨趣或目的的场合，有违罪刑法定原则。

入户盗窃后中止盗窃行为的，如果入户行为造成了非法侵入住宅罪所要求的构成要件结果，能否被认定为“造成损害”？对此，本书认为，在《刑法修正案（八）》以前，我国没有规定入户盗窃这一盗窃形式，入户盗窃行为造成非法侵入住宅罪的构成要件结果的，就不应当认定为盗窃罪中的“造成损害”，而应当认定为盗窃罪中止犯中的“没有造成损害”，但同时应认为成立非法侵入住宅罪。在《刑法修正案（八）》之后，盗窃罪中规定了入户盗窃这一盗窃形式，而入户盗窃侵害的法益既包括公民的住宅权，又包括公民的财产权，所以行为人侵入他人住宅所侵害的法益能为盗窃罪所保护的法益所涵盖。因此，如果入户盗窃行为造成了非法侵入住宅罪所要求的构成要件结果，可以将入户盗窃造成的法益侵害认定为盗窃罪中的“造成损害”。

（三）“造成损害”后的定罪与量刑

中止犯中的“损害”其实已经是轻罪的既遂，而且轻罪与行为人欲达成的犯罪之间

---

① 参见陈兴良：《规范刑法学》（上册），4 版，北京，中国人民大学出版社，2023，307 页。

② 参见（2015）安刑初字第 232 号刑事判决书。

③ Frister, Strafrecht Allgemeiner Teil, 10. Aufl., 2023, § 8, Rn. 26ff.

为法条竞合关系。当相关行为同时构成重罪的中止与轻罪的既遂时，应认定二者成立想象竞合犯，从一重处断。采此种做法既能够满足罪刑相适应原则之要求，又没有违背立法者设立中止犯之初衷。

我国有学者认为，我国刑法分则规定的法定刑较重，当行为人中止重罪又构成轻罪的既遂犯时，仅认定为重罪的中止犯，并按重罪的法定刑减轻处罚，完全能够做到罪刑相适应。[①] 此种观点在绝大多数情况下是合适的，但由于我国刑法分则条文的特殊规定，在部分极端案例中难以满足罪刑相适应原则之要求。

A 故意伤害案。A 预谋以特别残忍手段致 B 严重残疾，将 B 四肢砍断后“中止”，将 B 送往医院，并谎称自己原来想杀害 B。

C 强奸案。C 欲在公众场合强奸 D，并在压制 D 反抗的过程中实施了足以被评价为“情节极为严重”的猥亵行为，后因悔悟而中止。

就 A 故意伤害案而言，由于我国司法实务中较为重视口供，故行为人承认想要实施更重犯罪的证言一般情况下更容易被司法机关采纳，该案在司法实践中极有可能被认为符合我国《刑法》第 24 条的规定，成立造成损害的中止犯，进而以故意杀人罪定罪并减轻处罚，处 3 年～10 年有期徒刑。但是，这样的结论显然让人难以接受，因为如果“A 仅以伤害的故意，将 B 四肢砍断致使 B 严重残疾，将毫无疑问地成立故意伤害罪中的以特别残忍手段致使他人严重残疾”，应处 10 年以上有期徒刑至死刑。但是这两个案例的法益侵害性并无不同，前者的主观恶性甚至更大，判处的刑罚却比后者的更轻，明显有违罪刑相适应原则。又如在 C 强奸案中，根据刑法规定，在公众场合实施“情节极为严重”的猥亵行为，应判处 5 年～15 年有期徒刑，而对于在公众场合强奸的中止犯，仅能判处 3 年～10 年有期徒刑。显然若仅以重罪的中止犯论处，难以实现罪刑相适应。

本书认为，在行为人的行为既构成重罪中的中止犯又构成轻罪的既遂犯的情况下，应认定二者成立想象竞合犯，从一重处断，以符合中止犯的立法本意并遵守罪刑相适应原则。一方面，“从一重处断”的做法并不违反刑法条文的规定。因为“中止犯的恩典，是减免属于中止之对象的未遂犯的刑罚，不包括减免其他犯罪的刑罚”[②]，故该规则仅适用于中止的犯罪，并不适用于因已经既遂而难以成立中止犯的其他犯罪，认定此时成立其他犯罪的做法，并不违反罪刑法定原则。另一方面，“从一重处断”的做法也符合教义学的基本原理，且更能满足罪刑相适应原则。例如，虽然德国通说认为，故意杀人与故意伤害罪之间为法条竞合关系，在一般情况下，故意杀人未遂时造成的身体损害，都会为故意杀人所涵括，直接以故意杀人罪未遂定罪量刑即可，但是由于《德国刑法典》第 212 条规定对故意杀人罪处 5 年以上有期徒刑至无期徒刑，第 226 条规定对重大伤害罪处 1 年～10 年有期徒刑，所以德国刑法的通说与判例均认为，一个完成的，也许非常严重的身体伤害所具有的不法内容，会无法恰当地被包含在一个不能或没有产生后果的杀人未遂的刑罚之中，在此情况下应当认为二者成立想象竞合犯。[③] 此外，本书认为：中止

---

① 参见张明楷：《中止犯中的“造成损害”》，载《中国法学》，2013 年第 5 期，120 页。

② ［日］松原芳博：《刑法总论》，2 版，东京，日本评论社，2017，344 页。

③ Vgl. Rissing-van Saan/Zimmermann，in：Leiziger Kommentar StGB，12. Aufl.，2019，§212，Rn. 82；BGHSt 44，196（198f）.

犯中既遂的轻罪与中止的重罪存在法条竞合的关系，所以重罪的故意必然包含了轻罪的故意。又因为造成损害的行为只能是重罪的实行行为，而不能是中止行为，所以轻罪的既遂必然发生在重罪的中止以前；而在轻罪已经既遂的情形下，重罪的中止并不能回溯性地降低轻罪的违法性，故认定二者成立想象竞合犯并不违反教义学基本原理。因此在A故意伤害案中，司法机关应当认定A的行为同时成立故意杀人罪的中止与“以特别残忍手段致人重伤造成严重残疾”，二者成立想象竞合犯，从一重处断；在C强奸案中，法院应当判定C的行为同时成立《刑法》第237条第2款强制猥亵罪的既遂犯与在公众场所当众强奸妇女的中止犯，并从一重处断，以实现罪刑相适应原则。

五、中止犯的量刑规则

我国《刑法》第24条规定，“对于中止犯，没有造成损害的，应当免除处罚；造成损害的，应当减轻处罚”。在“造成损害”的情况下，在该条的适用上需要注意两点：（1）对中止犯的处罚原则是“应当”即必须减轻处罚。（2）对造成损害的中止犯的减轻处罚的幅度应根据损害结果的大小、中止犯罪的原因等综合考量。如前所述，“造成损害”的中止犯必然同时成立某一轻罪的既遂，又因为中止犯中的“损害”并不包括行为人原本欲损害法益的风险，故在量刑时，应当尽量与该既遂的轻罪的法定刑相协调，否则可能有违罪刑相适应原则。

李某故意杀人抢劫案。[①] 李某到王某经营的批发店打工，其间在王某、吴某夫妇家吃住。打工期间，李某因不满日常生活中王某对待吴某的态度而心存恨意，欲杀死王某。某日，李某手持尖刀到王某、吴某的卧室，向正在床上熟睡的王某的上半身捅了十余刀。吴某被惊醒后，李某又向吴某捅了两刀。后李某在王某、吴某二人哀求下中止了杀人行为。在王某、吴某二人均受伤不能反抗的情况下，李某将吴某的上衣口袋内的现金11 500元和床头柜内的电动车钥匙拿走，驾驶吴某的电动车逃离现场，后将电动车丢弃。经鉴定，王某、吴某二人均受轻伤（二级）。

分析：对于本案，法院经审理认为，李某的行为已构成故意杀人罪（中止），且在此之后另起犯意实施抢劫行为，同时构成抢劫罪。法院以李某主观恶性较大、情节恶劣为由，以故意杀人罪判处其有期徒刑9年。本书认为：虽然李某意欲实施故意杀人行为，但在造成王某、吴某轻伤（二级）后即中止（假设责任刑为1年有期徒刑），由于轻伤的法定刑只有“三年以下有期徒刑、拘役或者管制”，而故意杀人罪减轻后的量刑幅度仍然高达“三年以上十年以下有期徒刑”，故法院应当根据《刑法》第63条第2款的规定，报请“高法”核准，在法定刑以下判处刑罚后再数罪并罚，而不得以李某原来欲实施故意杀人罪为由判处其3年～10年有期徒刑。此种做法其实是在处罚李某给王某、吴某的生命法益造成了风险，但此种风险并不是抢劫罪所保护的风险，因而存在间接处罚的嫌疑。

有学者可能认为，《刑法》第63条第2款规定的是“不具有本法规定的减轻处罚情节”的情形，而中止犯已经具有一个减轻处罚情节，故本书的观点违反了该规定的字面

① 参见（2018）豫0421刑初176号刑事判决书。

含义，存在类推解释的嫌疑。对此，本书的回答是：一方面，在中止犯作为下降量刑幅度情节起效后，行为人便不再具有再下降一个量刑幅度的减轻处罚情节，故在字面含义上，仍然可以将其解释为《刑法》第 63 条第 2 款规定的“不具有本法规定的减轻处罚情节”的情形；另一方面，退一步而言，即便认为本书的观点属于类推解释，其也属于有利于被告人的类推解释，并不违反罪刑法定原则。

第十二章　共同犯罪

第一节　共同犯罪的基本理论

共同犯罪是一种特殊的犯罪形态，历来是刑法学研究的重点。从犯罪行为人方面考察犯罪的状况，有的由一人单独实施完成（此即通常所说的单独犯）；有的则由两个或两个以上的人参与实施完成，可能成立共同犯罪。在共同犯罪进程中，各参与人所扮演的角色并不完全相同，对犯罪的完成所起作用也各不相同，各参与人往往事先策划，各有分工，互相配合。作案后，各共同参与人研讨对策，互相包庇，采用种种手段消灭罪证、逃避侦查。因而共同犯罪一般较单个人实施的犯罪社会危害性更大。因此在刑法评价上，无论是在定罪还是量刑方面，共同犯罪与单独犯罪都不完全相同。共同犯罪涉及的内容复杂，理论学说众多，其中，共同犯罪的基本理论、共同犯罪中正犯与共犯的种类、共同犯罪的成立范围、共同犯罪的定罪与量刑等等，都需要专门的研究。正如德国学者M. E. 迈耶所言，"共犯概念完全是法律的产物"① (daß der Teilnahmebegriff durch und durch ein Produkt des Gesetzes ist)。基于刑法对共犯的规定以及赋予共同犯罪参与人不同程度的刑事责任，共犯成为刑法中的重要问题。与此同时，由于共同犯罪的参与人情况复杂，参与程度各异，共同犯罪被称为刑法理论中的"绝望之章"。

一、共同犯罪的概念

共同犯罪，是相对于单独犯罪而言的，是从苏联刑法理论中引入的一个概念。大陆法系各国刑法，则区分正犯与共犯。例如《德国刑法典》第25条规定：（1）自己实施犯罪，或通过他人实施犯罪的，依正犯论处。（2）数人共同实施犯罪的，均依正犯论处（共同正犯）。第26条规定：故意教唆他人故意实施违法行为的是教唆犯。对教唆犯的处罚与正犯相同。第27条规定了帮助犯及其处罚。《日本刑法典》第60条规定：二人以上共同实行犯罪的，都是正犯。第61条规定：教唆他人实行犯罪的，判处正犯的刑罚。教唆教唆犯的，与前款同。第62条规定，帮助正犯的，是从犯。通观大陆法系各国的共同犯罪理论，基本上是沿着正犯与共犯两条线索建立起来的。在它们看来，广义上的共犯包括共同正犯、教唆犯与帮助犯，狭义的共犯仅指教唆犯与帮助犯。这里的共犯，虽然

---

① M. E. Mayer, Der Allgemeine Teil des Deutschen Strafrechts, 1915, S.388. 支持此观点者，vgl. Liszt, Lehrbuch des Deutschen Strafrechts Erster Band Einleitung und Allgemeiner Teil, 26. Aufl., 1932, S.321; Edmund Mezger, Strafrecht, Ein Lehrbuch, 3. Aufl., 1949, S.414。

有时也指共同犯罪人，但更多的情况下则是共同犯罪的简称，因此，正犯与共犯的有关理论仍然可以贯通我国刑法中共同犯罪的有关理论。

我国《刑法》第 25 条第 1 款规定，“共同犯罪是指二人以上共同故意犯罪”。这一定义科学地概括了共同犯罪的内在属性，体现了主、客观相统一的原则，为有效地惩治共同犯罪提供了法律武器，为理论上研究共同犯罪指明了方向。由这一定义可以看出，共同犯罪是二人以上以共同的犯罪故意和共同的犯罪行为联系起来的整体，而不是各人行为的简单相加。因此，司法实践中，对于共同犯罪案件，不能孤立地看待各共犯人的行为。

二、共同犯罪与犯罪构成的关系

共同犯罪究竟是指什么共同呢？这直接涉及如何理解上述共同犯罪的定义，也涉及共同犯罪与犯罪构成的关系问题。关于犯罪的共同性，在大陆法系刑法理论上存在犯罪共同说与行为共同说之争。犯罪共同说严格限定共同犯罪的成立范围，认为二人以上共同实行同一特定的犯罪，即符合同一特定犯罪的构成要件时，才能认定为共同犯罪。其中：完全的犯罪共同说认为，共同犯罪应当以行为人共同触犯同一罪名为限，否则不成立共同犯罪。部分犯罪共同说认为，二人以上虽然共同实施的是不同的犯罪，但当这些不同的犯罪之间具有重合的性质时，在重合的限度内成立共同犯罪。例如，甲以伤害的意思，乙以杀人的意思，共同加害于丙时，只在伤害罪范围内成立共同犯罪。行为共同说则主张，共同犯罪的成立，以行为人共同实施刑法所禁止的行为为前提，不要求各共犯人的行为符合同一犯罪的构成要件，定罪时也分别确立罪名。也即这里的共同行为，是在自然意义上所说的共同行为。这一学说由于与构成要件理论不相符合，所以遭到了许多批评。

按照我国的刑法理论，行为共同说也是不能接受的：行为共同说实际上认为共同犯罪是指犯罪在实质上相同，也就是表现出行为人的危险性格，危害了社会，而显然仅以犯罪概念为基础就足以认定共同犯罪。例如特拉伊宁指出：“各个共犯（人）对同一个罪行所负责任的一致性，并不表现在惩罚规范的一致这个形式特征上。这种责任表现在每个共犯（人）对它负责的犯罪在实质上的相同——是在实质上的相同，而不是构成相同。”① 团藤重光教授也认为：“按照行为共同说只要是实施前构成要件的——也就是前法律的、自然的行为，就成立共同正犯。”“教唆帮助是用基本构成要件的实行行为以外的行为进行加功，它也是共同的行为。”② 事实上，犯罪构成才是认定犯罪的唯一依据，这是我国刑法理论的一项根本性原则。如果认为共同犯罪可以不以共同的犯罪构成为前提，而以犯罪概念为前提，则就等于为共同犯罪确立了特殊的责任根据。因此，认定共同犯罪时我们也应当毫无例外地以犯罪构成为依据。由于共同犯罪并没有独立的犯罪构成，所以其认定依据也就是通常针对单独犯罪的犯罪构成。完全的犯罪共同说也有缺陷：它严格限定了共同犯罪的成立范围。现实生活中，数个行为人以共同的犯罪故意，实施

---

① ［苏］A. H. 特拉伊宁：《犯罪构成的一般学说》，王作富等译，北京，中国人民大学出版社，1958，242 页。

② ［日］团藤重光：《刑法纲要总论》，3 版，东京，创文社，1990，391 页。

了共同的犯罪行为，只是由于行为人各自的特定状况不同，例如其中有的行为人具有法律所规定的特定身份，有的则没有，因而触犯的罪名不同，从而不成立共同犯罪的话，显然是不合理的。因此，本书认为前述部分犯罪共同说的观点较为可取。例如，甲是普通公民，乙是现役军人，共同盗窃一批军用物资，二者显然成立共同犯罪，只是因为二者身份不同而成立不同的犯罪。详言之，甲、乙都盗窃了公共财物，都具备《刑法》第264条盗窃罪的犯罪构成，而且是共同实施的，所以他们应在这个范围内构成共同犯罪。至于乙因另具现役军人的特定身份而盗窃军用物资，实际上应按《刑法》第438条盗窃军用物资罪定罪处刑，则是其行为触犯了两个法条，依照特别法优于普通法的原则适用法律的结果。①

刑法为什么要在总则中对共同犯罪作统一的规定呢？这是因为，刑法分则各罪一般是以单独犯为模式的，只于极少数罪名明文规定以二人以上共同实行犯罪为要件。对这些必要共同犯罪，刑法针对各共犯人的不同情况，分别规定了相应的刑事责任。但是对于社会生活中大量存在的数人共同实施的共同犯罪情况，如何解决他们的刑事责任问题，刑法分则无能为力。因为根据罪责刑相适应原则，需要对各共犯人区别对待，采取不同的量刑规则，如果在刑法分则中对所有数人实现犯罪的情况都单独加以规定，就会使法条失之于烦琐，而且由于共同犯罪是一种极为复杂的社会现象，各共犯人在共同犯罪中所处的地位各异，所起的作用也很不相同，立法者不可能将所有可能的情况都设想到，所以对共同犯罪，只能在刑法总则中对其共通的地方作出规定，为处理这类案件提供可资借鉴的法律依据。

三、共同犯罪的认定方法

我国刑法理论通说认为，《刑法》第25条关于共同犯罪的规定，意味着我国共同犯罪的认定采用的是主、观客观相统一原则。② 基于这种主、客观相统一原则角度的解读，刑法理论上进而衍生了解释论上主、客观相统一的共同犯罪认定原理："共同犯罪作为一种特殊的犯罪类型，必须具有……主客观统一性。共同犯罪不仅仅是客观事实的集合，它是行为人在一定的主观心理态度支配下实现行为事实的结合，所以在评价共同犯罪时，不能忽视构成行为结合的心理事实。"③ 本书认为，《刑法》第25条并不表明我国刑法对共同犯罪的认定采用的是主、客观相统一原则。

（一）共同犯罪的认定方法不是主、客观相统一

（1）如果因为《刑法》第25条第1款关于"共同犯罪是指二人以上共同故意犯罪"的规定就认为我国共同犯罪立法采取的是主、客观相统一原则，那么，当综观刑法典诸多条文，比如总则中关于正当防卫、紧急避险、犯罪中止等的规定，分则中的故意杀人罪、故意伤害罪、伪证罪等规定了主观罪过的罪名，都规定了主观方面与客观行为，从而按照主、客观相统一论者的逻辑，所有这些条文的规定都体现了主、客观相统一原则

① 参见张明楷：《刑法学》（上），6版，北京，法律出版社，2021，526页。

② 参见刘宪权、杨兴培：《刑法学专论》，北京，北京大学出版社，2007，247页。

③ 齐文远主编：《刑法学》，3版，北京，北京大学出版社，2016，155页。

时，关于共同犯罪的规定体现了主、客观相统一原则又有何独特的意义？或者说，根据这样一项放之所有条文、所有刑法制度与具体犯罪而皆准的原则，如何能够认定共同犯罪？

（2）仅仅根据《刑法》第25条中“共同故意犯罪”的表述就认为共同犯罪立法体现了主、客观相统一原则，对于那些没有故意或过失等罪过表述的条文，是否可以认为它们不是主、客观相统一的？比如，我国刑法总则中关于从犯、胁从犯等的规定，刑法分则中关于抢劫罪、诈骗罪、聚众斗殴罪等的规定，是没有规定主观方面要素的，对于这些没有规定主观方面要素的总、分则条文而言，是否对某种类型的犯罪或者某个具体罪名的认定就不要求主观与客观的统一？主、客观相统一论者显然不这么认为。既然主、客观相统一既是我国刑法的基本原则又贯穿于犯罪论体系之中，那么无论刑法条文中是否规定主观方面要素，对它们的认定，当然也应从主、客观相统一的立场进行。

（3）采用主、客观相统一原则导致无法准确地区别实行犯与教唆犯、帮助犯。根据依主、客观相统一原则认定共同犯罪的基调，有学者主张，区分实行犯与教唆犯、帮助犯只能以主观与客观相统一的犯罪构成要件为标准：主观上具有实行构成要件行为的故意、客观上具有该当构成要件的行为，就应当认为是实行犯，否则，就是教唆犯或帮助犯。① 然而，在实践中，主、客观相统一的构成要件说难以发挥实效。

俞某入室抢劫案。② 某日晚，王某、刘某、俞某等人吃完晚饭后在街上闲逛，刘某等人抱怨口袋里没钱，俞某想起同学孙某在外打工刚回来，认为孙某肯定有钱，且家中没有其他人，便提议去孙某家抢点钱。在俞某带领下，他们携带凶器来到孙某家附近。俞某因自己和孙某是同学而害怕被认出。在详细描述孙某家的房屋结构、室内人员情况和骗取孙某开门的借口之后，俞某在离孙某家百来米处放风兼看守摩托车。

分析：本案中，俞某的行为构成的究竟是实行犯还是教唆犯抑或帮助犯？根据主、客观相统一的构成要件说，俞某主观上具有抢劫罪的故意，客观上实施了放风行为而不是直接入室劫取他人财物的行为，于是俞某不能被认定为实行犯，而只可能被认定为教唆犯或帮助犯。显然，此种结论值得商榷。

共同犯罪中，实行犯是有别于教唆犯、帮助犯和组织犯的一种具有其独特内涵和重要价值的存在。与教唆犯和帮助犯相比，实行犯具有更高的危险性：实行犯是实施了实行行为之人，教唆犯和帮助犯属于教唆、帮助他人实行犯罪之人。实行行为作为基本构成要件行为，与包含在修正构成要件中的教唆行为和帮助行为，在构成要件的定型意义上有明显的区别。上述案例中，刘某等人虽说没钱花，但如果不是俞某提议抢劫，则他们可能不会实施抢劫，此案可能不会发生；俞某在提议抢劫之后，还明确了具体的被害人为孙某；为了让刘某等人准确地到达犯罪地点，俞某亲自带领大家来到孙某家附近并详述了孙某家的房屋结构等特征；怕孙某认出自己，俞某才未与刘某等人亲自入户抢劫。即便如此，俞某并未撒手不管，而是在孙某家附近放风，以便同伙抢劫顺利。可以说，

---

① 参见陈兴良：《共同犯罪论》（上册），4版，北京，中国人民大学出版社，2023，263页。

② 参见江瑞晋、陆习江、解梅娥：《室外放风者是否构成入室抢劫的共犯》，载《江苏法制报》，2010-01-05，第A07版。

俞某在整个犯罪中所起的作用巨大，离开了俞某的谋划和指挥，刘某等人的抢劫行为可能无法实施。换言之，俞某的行为与直接实施抢劫罪客观构成要件中的抢劫行为性质无异，只是前者的作用更重要，俞某与刘某等人只是分工不同而已，对他应该以抢劫罪的共同实行犯处理，而不是以抢劫罪的教唆犯或者帮助犯处理。

当今在大陆法系国家通行的实行犯与教唆犯、帮助犯区别问题上的犯罪支配理论（客观实质说）就认为，应对实行犯的实行性规范地、价值地加以理解，即对实行犯和教唆犯、帮助犯的区别“不应当仅仅以是否实施了刑法分则中各个犯罪的实行行为为标准来加以判断，而应当看行为人是否将为故意所包含的符合构成要件的事件发生过程掌握在手中”①。犯罪支配的实质标准允许对他人的犯罪贡献进行归属，即参照各个行为人在共同犯罪中是否具有主要地位、对结果的发生是起着重要作用还是辅助作用、是不是支配了结果的发生过程等，进行实质性的判断。② 因此，即使控制一个人类工具（menschliches Werkzeug）缺乏亲手性，但是仍能够使正犯成立（间接正犯）。③

在此，简单而抽象地按照主、客观相统一的构成要件说，就会认为俞某的行为不符合抢劫罪客观要件，于是得出俞某不是实行犯而是教唆犯与帮助犯的结论。如果立足于俞某在整个案件中客观上所起的实质作用，就不会将俞某的行为当作教唆行为或帮助行为，而会认定为实行行为。再比如，根据主、客观相统一的构成要件说区分实行犯与教唆犯和帮助犯，间接正犯能否符合这一标准？显然存在争议。某些共同实行犯，例如按住被害女性的身体以帮助男性强奸的行为，共同犯罪中背后的大人物的行为等，也反映了类似的问题。

（4）采用主、客观相统一原则导致无法准确地解决片面共犯问题。如甲杀人案：甲杀乙，持刀紧追乙。丙见状，在乙必经之处放置一块石头。乙恰好逃经此处并被石头绊倒，甲得以顺利杀乙。丙能否成为甲故意杀人罪的共犯？这即是共同犯罪领域长期有争执的片面共犯的问题，亦即在共同犯罪行为之中，一方以加功的意思并协助他人的犯罪行为，而对方并不知情，从而缺乏共同意思联络的情况。片面共犯能否成立共同犯罪，是我国刑法学界长期讨论却仍意见分歧的一个重要问题。

否定论者认为，如果所谓片面共犯就是片面共同犯罪，则片面共犯的提法本身就是自相矛盾的，因为，从整体上看，在所谓的片面共犯中，行为人无论是在认识因素上还是在意志因素上均不具有共同犯罪的一般特征，既然连普遍性都不存在，又从何谈起特殊性？这时再称之为共同犯罪，未免名不副实。④ 肯定论者则认为：“我们认为片面共犯是可能存在的……暗中故意帮助他人实施故意犯罪，被帮助者虽不知情，但帮助者既与他人有共同犯罪的故意，又有共同犯罪的行为，根据主、客观相一致的原则，按片面共犯论处，是比较适宜的。怎么能说这是‘客观归罪’呢？”⑤ 可见，同样是主、客观相统一原则，在肯定论者那里，它是认同处罚片面共犯的理由；在否定论者那里，它是反对

① Maurach/Gössel/Zipf，Strafrecht Allgemeiner Teil，Band 2，8. Aufl.，2014，§47，Rn. 89.

② 参见黎宏：《日本刑法精义》，2版，北京，法律出版社，2008，255页。

③ Vgl. Uwe Murmann，Grundkurs Strafrecht，7. Aufl.，2022，§27，Rn. 8.

④ 参见《刑法学》编写组：《刑法学》（上册·总论），2版，北京，高等教育出版社，2023，243～244页。

⑤ 马克昌：《犯罪通论》，武汉，武汉大学出版社，1999，516页。

承认片面共犯的理由。如此尴尬的局面，充分暴露了根据所谓的主、客观相统一的构成要件理论根本无法解决片面共犯这样的实际问题。事实上，上述案件中，如果不处罚丙，显然违背了国民的规范意识，因为舍去丙的暗中帮助行为，甲难以顺利杀死乙，丙的行为在性质评价上已然具备侵犯乙之生命法益的可罚程度；但是，如果独立处罚丙，则丙缺乏故意杀人罪的定型行为，亦即杀害乙的杀人行为，其罪名根本无从确定；如果以间接正犯处罚丙，又违背了间接正犯的基本原理，因为间接正犯是指利用不知情的他人作为工具实施犯罪的情形，更何况，对于片面的教唆犯、帮助犯等其他不是实行犯的情况还不能套用间接正犯来处理。所以，目前理论界与实务界的主流观点均是承认片面的共犯，但对于其成立范围仍然存在一定的争议，如：通说认为只存在片面的帮助犯①；部分学者肯定片面共犯概念，认为所有片面共犯都成立共同犯罪②；另有部分学者只承认片面教唆犯与片面帮助犯。③

对片面共犯的承认与刑法理论对过失共同犯罪的承认，都暴露出了一致的问题，那就是，刑法理论面对纷繁多样而又难以解决的犯罪现实的妥协姿态，是刑法归责问题难以解决又必须解决时不得已采取的一种出路。它们都是刑法客观解释的产物，其背后是共同犯罪本质学说即犯罪共同说与行为共同说之争在犯罪现实冲击下的博弈。犯罪共同说与行为共同说是对于共同犯罪究竟是什么的共同这一最根本问题的回答，它决定着共同犯罪的处罚范围和形式。这些问题根本就不是我国刑法主、客观相统一原则和主、客观相统一的构成要件理论所能涵盖的。即便是在刑事立法上直接将片面共犯规定为共同犯罪的国家，“也是因为理论上存在障碍以及出于处理案件的方便，才通过立法类推的方式规定为共同犯罪的”④。因此，如果无视片面共犯问题的特殊性，而继续沿用主、客观相统一原则来分析片面共犯的可处罚性，不但无助于实践问题的解决，而且还会使我国共同犯罪理论停步不前。

综上，本书认为，《刑法》第 25 条中“共同故意犯罪”六个字所要表达的，绝不是在认定共同犯罪时既要考虑主观方面因素又要考虑客观方面因素，这样的主、客观相统一原则所要求的主、客观的统一性，而应该是：我国刑法仅承认故意共同犯罪而反对过失共同犯罪。如果仅因《刑法》第 25 条第 1 款中有“故意”二字就认为表达的是主客观相统一原则，就无法回答为何对那些没有“故意”或“过失”规定的条文也要从主、客观相统一原则的立场来理解，进而也无法回答为何我国的犯罪构成理论是主、客观相统一的，而后一点，正是统一论者的基本立论。所以，从条文中有无故意或过失等罪过要素的规定，不能解读出《刑法》第 25 条对共同犯罪的规定体现了主、客观相统一的犯罪和定罪理论。

（二）共同犯罪的认定方法是从客观到主观

本书采用的是违法与有责的实质二阶层犯罪论体系，据此，对共同犯罪的认定也同

---

① 参见高铭暄、马克昌主编：《刑法学》，10 版，北京，北京大学出版社、高等教育出版社，2022，165 页。

② 参见张明楷：《刑法学》（上），6 版，北京，法律出版社，2021，598～599 页。

③ 参见黎宏：《刑法总论问题思考》，2 版，北京，中国人民大学出版社，2016，431～438 页。

④ 赵秉志：《“片面共犯”不能构成共同犯罪——解析应否承认片面共犯之争》，载《检察日报》，2004－07－08，第 3 版。

时考虑主观要素与客观行为，但是它绝不泛泛而论所谓的主、客观相统一，而是通过不断排除入罪事由，清晰地说明究竟是否具备违法阻却要素抑或责任阻却事由，从而最终得出犯罪成立与否的结论；对于不具备违法性的行为就无须进行到有责性的层面来探讨，从而使整个的判断过程逻辑清晰、说理充分，最大限度地克服了平面四要件体系的缺陷。

二阶层犯罪论体系将会使犯罪的认定遵循从行为违法性的评判到主观有责性的判断，体现的是从客观到主观的犯罪认定逻辑；将会克服主、客观相统一的平面四要件体系的主观化和入罪化；将会对共同犯罪问题更有效地予以解决：根据实质二阶层论体系，参与他人并不违法的行为，例如，参与他人奉令枪决犯人的行为，就不会因其符合构成要件而被认定为共犯，这就明确地给正当防卫等违法阻却事由确定了位置，不至于如在平面四要件体系之下将此种行为当作符合构成要件的行为，或者为了排除其犯罪性而再作一次社会危害性评价。

通过实质二阶层体系从客观到主观的方法，可以准确认定实行犯与教唆犯、帮助犯的界限，避免将刑事责任能力作为犯罪构成要件的主体要素时所造成的共同犯罪处罚上的漏洞等诸多问题，从而充分满足实践需要。二阶层体系明确划分了客观要素和主观要素的界限——违法是客观的、有责是主观的，德、日刑法中的公认命题表明了在违法性与有责性评价阶段各自的客观与主观色彩，由此避免了平面四要件体系下主、客观要素的界限模糊不清等问题。

第二节　我国共同犯罪参与体系

一、共同犯罪参与体系概述

共同犯罪是由多人共同参与完成的，因此，在刑法上如何给各个参与人定性，比如：是正犯还是共犯？如果是正犯，是直接正犯还是间接正犯？如果是共犯，是教唆犯还是帮助犯？这些问题直接决定着对各参与人刑事责任大小的划分。关于这一点，刑法上存在单一制与区分制两种形式的立法。

单一制和区分制，主要取决于对正犯概念的定位。大陆法系国家的共同犯罪论体系是以正犯为中心建立起来的，但是，对于正犯概念，是否承认其与共犯是相区分的两个概念，则存在单一制与区分制的对立。共同犯罪中的犯罪人，根据参与行为在构成要件实现方面作用的不同，一般分为正犯、教唆犯和帮助犯。正犯，又称实行犯，指直接实施犯罪构成客观要件的行为，或者利用他人作为工具实行犯罪行为的人。前已述，广义的共犯包括共同正犯、教唆犯和从犯；狭义的共犯，仅指教唆犯和帮助犯。因此，所谓正犯与共犯的区别，是指正犯与狭义的共犯的区别。

单一制，又称一元的参与体系（Einheitstätersystem），它是指共同犯罪中的“所有参与者都被视为正犯”[①]。详言之，它是指所有对构成要件的实现贡献了条件因果关系的人都被作为正犯处理的单一正犯体系。“每一个人在其参与了作为结果发生原因的违法和有责行为之后，都会被作为正犯看待，而不会考虑其他参与人的帮助行为的性质（故意、

① Rengier, Strafrecht Allgemeiner Teil, 13. Aufl., 2021, § 40, Rn. 2.

过失或不可避免的法律上认识错误，即有责还是无责），也不考虑具有因果关系的其他参与人的帮助程度（预备、故意或既遂），而是认为导致结果发生的全部条件具有同样的地位，都是等价的。”① 由于单一制是将所有参与共同犯罪之人作为正犯看待，因此它也被称为单一的正犯概念。在早期这种单一的正犯概念被称为形式单一制（formales Einheitstätersystem），其认为在参与形式上仅有一个行为人概念，所有加功于犯罪之人，不论全部或部分，皆当为全部不法同等负责，且无须依个别行为而为不同罪责之认定。②它考虑的不是单个的个人的作用，而是参与人共同体的作用，例如，直接实施杀人行为的人是正犯，帮助或教唆他人杀人的人也是正犯。由于这种单一正犯概念完全脱离构成要件的定型性，后来维护单一制最为著名的德语学者奥地利学者金阿普费尔（Kienapfel），针对单一制所受的批判提出了著名的“功能性的单一正犯概念”（funktionales Einheitstätersystem）。该理论认为，各参加者虽在不法实现的意义上等价，但其加功程度各有不同，故不应单型化地考虑，而应类型化地考虑，在不法与罪责上进行个别化处理。据此，功能性的单一正犯概念根据犯罪事实的实现方式将正犯分为三种——“直接行为人”“促成行为人”“支援行为人”③，从而将直接实施构成要件行为的人、帮助或促成实施犯罪行为的人和为他人实施犯罪行为提供帮助的人区分开来。在单一正犯制体系之下上述三种人都是正犯。但是，这样的划分表明，即使是单一制正犯概念也不再遵从简单的机械思维，而是根据各参与人在共同犯罪中所起的作用不同来区分。形式单一正犯概念发展到功能性单一正犯概念，恰恰表明了单一制体系从形式性到功能性的发展轨迹，以及其朝着区分制发展的趋势，并且加速了单一制的衰落。但意大利、挪威、丹麦等国的刑法，目前仍然采用的是单一制犯罪参与体系。如《意大利刑法》第 110 条关于对共同犯罪人的处罚规定：当数人共同实施同一犯罪时，对于他们当中的每一人，均处以法律为该犯罪规定的刑罚，以下各条另有规定者除外。

区分制，又称二元的参与体系，它是指在故意犯的情况下，“刑法基于二元的参与体系（dualistischen Beteiligungssystem），在构成要件层面对正犯和参与进行区分”④。详言之，区分制是指在构成要件阶段区分各个参与人的共同犯罪体系，依此只有通过自己的行为实现了不法构成要件之人才是正犯，其他只是通过教唆或者帮助行为实现不法构成要件的人都不是正犯，只是共犯，仅能作为教唆犯或者帮助犯受到处罚。⑤ 在区分制看来，共同犯罪虽然是一个整体，但是单个的个人在共同犯罪中的作用不同，也不应该被忽视。以不同参与人的行为贡献在事实上的分量为标准，正犯与共犯的不同，主要在于不法内涵和成立要件均不相同，因此二者的区分非常重要。

德国、日本、韩国等大陆法系国家的共同犯罪体系是以正犯为中心建立起来的，“共犯是以正犯为其前提的概念”，因此，立法上，这些国家也是基于区分制来区分正犯与共

---

① Kienapfel, Der Einheitstäter im Strafrecht, 1971, S.32; Günter Jakobs, Strafrecht Allgemeiner Teil, 2. Aufl., 1991, S.594f.

② Vgl. Kienapfel, Das Prinzip der Einheitstäterschaft, JuS, 1974, S.5.

③ Kienapfel, Der Einheitstäter im Strafrecht, 1971, S.29f.

④ Rengier, Strafrecht Allgemeiner Teil, 13. Aufl., 2021, § 40, Rn. 1.

⑤ 参见王皇玉：《刑法总则》，8 版，台北，新学林出版股份有限公司，2022，433～434 页。

犯的。只有确定了正犯与共犯的关系，才能解决共同犯罪成立时的犯罪与处罚等问题。比如，《德国刑法典》第 25 条第 1 款规定，“自己实施犯罪，或通过他人实施犯罪的，依正犯论处”。第 26 条规定，“故意教唆他人故意实施违法行为的是教唆犯”。第 27 条第 1 款规定，“对他人故意实施的违法行为，故意予以帮助的，是帮助犯”。同时对正犯、教唆犯和帮助犯分别规定了不同的刑罚。日本刑法也分别规定了参与犯与教唆犯、帮助犯：《日本刑法典》第 60 条规定，“二人以上共同实行犯罪的，都是正犯”。第 61 条第 1 款规定，“教唆他人实行犯罪的，判处正犯的刑罚”。第 62 条规定，“帮助正犯的，是从犯。教唆从犯的，判处从犯的刑罚”。而对从犯的刑罚，根据第 63 条的规定，“按照正犯的刑罚予以减轻”。可见，日本刑法不仅区分了正犯与教唆犯、帮助犯，而且分别规定了不同的处罚条件。

二、我国区分制的共同犯罪参与体系

我国《刑法》第 25 条第 1 款规定，“共同犯罪是指二人以上共同故意犯罪”。有观点认为：“这一规定表明……所有参与犯罪或为犯罪创造条件构成犯罪的人，都是共同犯罪人”；同时，它“表明我国刑法关于共同犯罪的规定中隐含‘共同犯罪人’的概念，而这一概念与单一正犯体系中的‘正犯’具有相同含义”①。然而，这种看法混淆了单一制和区分制的关键差别，从而将我国刑法的这一规定当作了单一制的立法根据，因而值得商榷。单一制和区分制的关键区别在于是否区分正犯与共犯：单一制认为每个参与犯罪的人都是正犯；区分制认为并不是每个参与犯罪的人都是正犯，应该根据其在实现构成要件方面的作用来区分是正犯还是共犯。基于此种前提，本书认为，我国刑法对共同犯罪人的分类体现了根据共同犯罪中各个参与人的作用区分正犯与共犯的区分制原理，因此，我国在共同犯罪参与体系上采取的是区分制，而非单一制。

首先，我国《刑法》第 25 条的确蕴含了共同犯罪人的概念，但是，认为所有参与共同犯罪的人都是共同犯罪人，不等于认为所有参与犯罪的人都是正犯。此外，《刑法》第 25 条的规定固然蕴含了共同犯罪人的概念，但是，该条并没有指明所有共同犯罪人都是正犯。另外，更没有根据证明共同犯罪人的概念与单一制下的正犯概念具有相同含义

根据我国《刑法》第 25 条的规定，虽然在我国，不论行为人实施的是侵害法益的实行行为，还是教唆行为或帮助行为，只要其行为与侵害法益的结果之间有因果关系，或者说其行为是为侵害法益创造条件的，就有可能与他人构成共同犯罪，成为共同犯罪人，但是，这并不代表共同犯罪人中没有区分实行犯（正犯）与教唆犯、帮助犯。在第 25 条之后，我国《刑法》又在第 26 条、第 27 条、第 28 条、第 29 条，用四个条文规定了组织犯、主犯、从犯、胁从犯和教唆犯的概念。而主犯，就蕴含了正犯的概念，或者说，我国刑法中的主犯绝大多数都是指德日刑法中的正犯。同时，在从犯和胁从犯的概念中，也含有正犯。而教唆犯，则属于与正犯相对应的共犯。独立的教唆犯以及蕴含在主犯和从犯、胁从犯等概念中的正犯概念都表明，我国刑法对于共同犯罪参与体系采取的是区分制，而不是单一制。

① 刘明祥：《犯罪参与论》，北京，中国人民大学出版社，2023，51 页。

单一制正犯概念的自身发展表明其在方法论上向区分制靠近。单一制正犯概念认为所有对构成要件的实现贡献了条件因果关系的人都是正犯，这样的定性忽视了同样参与犯罪的各个不同个人对于犯罪构成要件的实现所作出的因果贡献之大小。后来的功能性单一正犯概念开始注意到这一问题，并且发展出直接行为人、促成行为人及支援行为人的概念，甚至有主张单一制的学者认为，即便是对“直接行为人”，也应当引入犯罪支配理论，将其划分为不同类型，并分别赋予不同的价值内涵。① 但如前述，这是一种依客观作用大小来区分“都是正犯”的正犯之人的做法。在单一制正犯概念内部这一从形式性到功能性的变化表明，将所有参与共同犯罪的人都当作正犯的不加区分的做法，即便在单一制正犯概念内部也不受欢迎。这种区分“实质上已承认了构成要件理论区分犯罪贡献的正确性”②，而这种“正确性”正是区分制所使用的武器。

其次，综观世界上成文法系各国，单一正犯概念并非目前刑法理论通说，它更多具有的只是正犯理论史研究的意义。现在各国刑事立法和刑法理论大多采用区分制，采用单一制的国家主要是丹麦、奥地利、挪威、意大利等。单一制之所以还被有的国家采用，乃因这一体制“确有其相当便利和经济之处，至少其可避免区分制在区分参与类型（时）所面临的困扰”③ 的优势。目前学理上也有学者仍赞同单一制。④ 诚然，单一制有助于实现司法经济和思考经济，免去了致力于区分正犯与共犯的麻烦，但是，共同犯罪的核心就在于合理区分正犯与共犯以便准确定性、准确量刑，抹杀正犯与教唆犯、帮助犯的区分，以司法经济和思考经济为由拒绝区分制，不啻舍本逐末：虽然使用起来的确简单，但抛弃了构成要件的定型性和法治国的罪刑法定原则。而且，功能性单一正犯概念的提出表明，早期单一正犯概念从形式性到功能性的变化，表明了单一制的内在矛盾及寻求从功能区分角度变革的意图。这昭示了区分制成为主流学说的不可避免性。

再次，单一制正犯体系无法解决既、未遂的认定。根据单一制正犯的条件，教唆他人盗窃的人、直接实施盗窃的人、帮助他人盗窃的人都是正犯。果如此，对教唆和帮助之人的行为如何认定既遂与未遂？既然教唆者和帮助者都是正犯，那么，他们各自行为既、未遂的认定就应该以各自的实行行为为标准。问题是，犯罪既、未遂是以是否着手实施了构成要件实行行为为判断标准的，离开这一标准，对教唆者和帮助者各自依照自己的非实行行为即教唆和帮助行为来认定既、未遂，而不是依据实行犯的实行行为，显然与犯罪既、未遂的基本理论相违背。这样的结果，用赞成单一制正犯体系的学者自己的话说就是“着手的概念，将为之崩溃”，所以，在单一制下“认定既、未遂的问题确是单一制最头痛的问题”⑤。《奥地利刑法典》第 14 条第 1 款规定，“法律规定行为的可罚性或刑度取决于行为人的特定的个人特征或关系的，即使参与人中仅一人具有此等特征或关系，所有参与人均适用该法律规定”。第 15 条第 1 款规定，“对故意行为的刑罚威慑除了适用于实行终了的行为外，同样适用于未遂及未遂之每个参与人”。这种立法，将教唆

① Vgl. Burgstaller，Vollendung oder Ende der Einheitstaterschaft，ÖRZ，1982，S.216f.
② 许玉秀：《当代刑法思潮》，北京，中国民主法制出版社，2005，560 页。
③ 柯耀程：《变动中的刑法思想》，北京，中国政法大学出版社，2003，200 页。
④ 参见刘明祥：《犯罪参与论》，北京，中国人民大学出版社，2023，56 页。
⑤ 柯耀程：《变动中的刑法思想》，北京，中国政法大学出版社，2003，198、200 页。

行为和帮助行为的既、未遂认定委身于直接正犯之实行行为，实际上体现了区分制中的从属性原则；而且，如此一来，其学说内部出现了自相矛盾的做法：在正犯与共犯的区分上不恪守构成要件实行行为，在既、未遂的认定上却又经由直接正犯的实行行为即构成要件行为来完成。因而，主张单一制正犯体系者所提出的，将既、未遂的认定以直接正犯的实行行为为判断基准“并不表示在单一行为人体制中，需融入从属性原则，仅是将既、未遂的认定基础回归给构成要件，为规范性判断而已”① 的说法，无疑是难以成立的。

最后，如果强硬坚持单一制正犯体系，就无法维持刑法构成要件的定型意义和明确性原则。正犯的概念等同于实行犯，亦即正犯只能是实施了犯罪构成要件中的实行行为之人。然而，根据单一制正犯体系，教唆和帮助行为都被理解为实行行为，这无疑对构成要件实行行为作了近乎类推的解释，而且这种解释并不是可以接受的有利于被告人的类推解释，因为它将教唆犯和帮助犯等同于正犯，使起不同作用之人看起来都是如同正犯那样发挥了直接实施实行行为的作用的人，这当然不妥。而且，单一正犯概念将所有对犯罪实现发挥作用的人一律视为正犯，完全抹杀了共同犯罪中不同人在角色、作用等方面的差异，过于扩大了正犯的范围，从而失去了界定正犯概念的意义。比如，甲知道乙欲实施抢劫行为后，为乙提供了工具。即使乙没有去实施抢劫行为，甲都构成抢劫罪的正犯。但是，“如果这类预备阶段的行为也被认为是构成要件上不法的行为，那么构成要件的不法就会借由前移至预备阶段中的行为而被任意地扩张”②。这样的结论既难以为传统的构成要件解释所接受，又不当地扩大了正犯的范围，还因为对实行行为的类推解释而直接侵蚀了刑法的明确性原则，而且违背了罪刑法定原则。

总之，根据当下主流的客观实质化的正犯理论，单一制正犯体系应该受到反对。单一制正犯体系在少数国家法典化地位的存在可能只是说明，对共同犯罪形式的不同对待可能只是与一国的法律文化传统有关；作为立法政策的产物，单一正犯概念也许应该受到关注，但在刑法理论上，单一正犯概念应受到摈弃。

第三节　正犯与共犯的区分

共同犯罪中的犯罪人，根据参与行为在犯罪构成要件实现方面作用的不同，一般分为正犯、教唆犯和帮助犯。正犯，又称实行犯，是指实施犯罪构成要件行为之人。根据是自己亲自实施还是利用他人实施犯罪构成要件行为，正犯又分为直接正犯和间接正犯：直接正犯是指自己直接实施犯罪构成要件行为之人，间接正犯是指利用他人作为工具实施犯罪构成要件行为之人。共犯，是和正犯共同实施犯罪的人。按照广义的共犯论，共犯包括共同正犯、教唆犯和从犯；按照狭义的共犯论，共犯仅指教唆犯和帮助犯。所谓正犯和共犯的区别，是指正犯与狭义共犯即教唆犯和帮助犯的区别，即以什么为标准区分正犯和共犯。历来刑法理论在研究正犯问题时，主要研究正犯的概念、正犯与共犯的区别以及与之相关的共犯类型与处罚根据、共犯本质等问题。在正犯与共犯的所有问题

---

① 柯耀程：《变动中的刑法思想》，北京，中国政法大学出版社，2003，200页。

② Jakobs，Theorie der Beteiligung，2014，S.13.

中，正犯概念是起点，是核心。正犯与共犯的区别，事实上也是正犯概念中的问题：对正犯概念采取什么学说，对正犯与共犯的区别就会相应地采取什么样的看法。

大陆法系国家的共犯论体系是以正犯为中心建立起来的，因此共犯是以正犯为前提的概念。大陆法系国家的刑法以分工分类法来区分正犯与共犯，正犯不仅是犯罪参与体系中的核心概念，也是共犯定罪量刑的中心。虽然大陆法系国家的刑法典对于什么是正犯和共犯作了规定，比如《德国刑法典》第 25 条第 1 款规定，“自己实施犯罪，或通过他人实施犯罪的，依正犯论处”，《日本刑法典》第 60 条规定，“二人以上共同实行犯罪的，都是正犯”，我国《刑法》第 25 条第 1 款规定，“共同犯罪是指二人以上共同故意犯罪”，但是，何谓“自己实施犯罪”或“共同实行犯罪”，并不清楚。因此，准确界分正犯与共犯的类型，在德日刑法之中，直接关系到刑法正义理念的彰显、构成要件理论自身的维护与发展、共同犯罪中各参与人的性质定位与刑罚调配等一系列重要问题。总之，按照在大陆法系国家处于主流学说地位的区分制犯罪参与体系，正犯不同于共犯，而且各主要大陆法系国家的刑法典均对正犯和共犯分别规定了不同的刑罚处罚。因此，在共犯论中，最重要的问题便是如何区分正犯与共犯。

我国刑法关于共同犯罪的立法没有规定正犯以及狭义共犯概念。《刑法》第 26 条第 1 款规定，“组织、领导犯罪集团进行犯罪活动的或者在共同犯罪中起主要作用的，是主犯”。第 27 条第 1 款规定，“在共同犯罪中起次要或者辅助作用的，是从犯”。第 28 条规定，“……被胁迫参加犯罪的”是胁从犯。第 29 条第 1 款规定，“教唆他人犯罪的”是教唆犯。据此，我国刑法将共犯人分为了组织犯、主犯、从犯、胁从犯、教唆犯，其中，主犯、从犯和胁从犯是采作用分类法的结果，组织犯、教唆犯是采分工分类法的结果，而主犯概念是我国整个共犯论体系的核心。立法上没有正犯概念，并不等于刑法理论上和实践中不存在正犯及其问题，只不过，我国刑法理论和司法实践将正犯称为实行犯，故区分实行犯与非实行犯的问题同样是理论上和实践中的重点与难点。

甲等盗窃案。甲是盗窃罪的实行犯，乙在甲入室盗窃时在屋外望风相助。对甲论以盗窃罪的实行犯没有问题，对乙是论以实行犯还是帮助犯？

虽然借助主犯、从犯与胁从犯的作用分类法，我国刑法对望风行为的处罚也能达到罪刑相适应的结果，但是，从行为人的行为性质上看，处罚结果妥当并不等于定性妥当。正如同我们在满足实体正义的同时，也需要满足程序正义，作为科学的法教义学理论，不能只满足于结论的实质合理，却不问得出结论的推理过程是否环环相扣、逻辑一贯。[①] 即便量刑得当，但相对于入室盗窃者的盗窃实行行为，望风行为究竟是帮助行为还是实行行为，亦即望风者是正犯还是共犯，这一问题无疑是存在的。因此，区分正犯与共犯即我国刑法理论上和实践中讨论的实行犯与非实行犯，无疑能使对共同犯罪有关问题的研究精准化。

既然在理论上和实践中区分正犯与共犯对于大陆法系及我国的刑法都是有意义的，那么，就需要讨论采用何种学说。围绕该难题，在 20 世纪初大陆法系刑法理论开始对正犯进行研究，并有主观说、客观说、犯罪事实支配说的争论，在客观说内部又有形式客

① Vgl. Joachim Hruschka，Strafrecht nach Logisch-analytischer Methode，2. Aufl.，1988，S.140.

观说与实质客观说的对立。有些学说诸如目的行为论区别说、规范的综合判断理论等自其产生之后，在刑法理论上和司法实务中的影响极其有限，因此对这些学说将不予涉及。如何从众多学说中选择确立正犯与共犯相区分的学说，需结合正犯理论的发展动向以及我国的实际情况深入分析。

一、形式客观说

客观说分为早期客观说与后期发展出来的以形式客观说和实质客观说为分野的客观说。

早期客观说中的条件说和原因说是因果关系论中的两种重要学说。条件说认为，只要存在着没有前者（行为）就没有后者（结果）的关系，就可以认定因果关系存在。原因说主张，并非所有的条件与结果之间都具有因果关系，在众多条件中只有原因与结果的发生才具有因果关系。早期客观说以原因说为基础，认为其实施的行为是造成结果发生的原因之人就是正犯，其实施的行为是造成结果发生的条件之人则是共犯。对于早期客观说，很多论著并不介绍，在介绍客观说时一般只论及形式客观说与实质客观说。其主要原因可能在于，现在条件说在因果关系论中已基本丧失了学术价值与实践意义，以此为基础的早期客观说自然也逐步淡出理论的视野。

对早期客观说虽现已无人采用，但在学说史上，它对于正确理解后期客观说意义重大。后期客观说中的形式客观说是在早期客观说的基础之上发展起来的，它是对后者的扬弃。早期客观说把导致结果发生的行为当作实行行为，果如此，那么没有结果发生的行为犯岂非没有实行行为了？这显然与行为犯的理论构造不符。此乃客观说的不妥之处。此外，早期客观说的起点虽然是“造成结果发生的原因行为”这一因果链条，但其终点或终极体现毕竟是“实行行为”，因为“导致结果发生的行为”无非是“实行行为”的同义语。它从实施了实行行为的人为正犯、其他人是共犯这一角度区分正犯与共犯，表明了它与以因果关系理论中的条件说为基础的主观主义共犯论的本质区别，即不是以行为人的主观意思，而是以实行行为这一客观要素作为认定的标准。

形式的客观说正是对早期客观说扬弃之后的学说：“扬”其从实行行为的定型性来界定正犯与共犯的精髓，“弃”其将实行行为定性为“导致结果发生的行为”的不合理性。毕竟，正犯与共犯的区分，旨在解决共同实施犯罪的数人中何人是实行犯、何人是教唆犯与帮助犯。这是一个与犯罪行为相关的问题。对“将导致结果发生的行为当作实行行为”进行修正的结果就是，将实施犯罪构成要件行为的人定义为正犯，将实施犯罪构成要件行为以外的行为的人定义为共犯。这样的理论，正是早期客观说之后的形式的客观说。

形式的客观说认为，只有那些全部或者部分实现了构成要件特征的才是正犯。① 形式的客观说最早由毕克迈耶命名②，他指出，人们还尝试另外一种被归入客观理论的形式区分，即依据实施构成要件行为与未实施构成要件行为，区分发起者（Urheber）与帮

---

① Vgl. Rengier, Strafrecht Allgemeiner Teil, 13. Aufl., 2021, § 41, Rn. 5.

② Vgl. Birkmeyer, Teilnahme, Vergleichende Darstellung, 1908, S.21.

助者（Gehilfe），我们将所有那些试图仅根据纯粹的外部标准来区分参与行为都考虑在内，而不考虑其中的因果关系（或罪责）。①

贝林在论及共同正犯时提道：其中每一个人的行为必须在不考虑他人行为的情况下符合构成要件，如果几人中的一人存在构成要件上的缺失，那么他就不能被归入共同正犯。② M. E. 迈耶认为，单一正犯指的是那些通过自己的行为违法且有责地实现法定构成要件的人，在共同正犯的场景下，也只有那些实行者，即通过自己的行动实现法定构成要件者，才能作为正犯受到惩罚。③ 李斯特认为，正犯指的是那些实施或者完成实行行为的人，包括单独实施构成要件规定的实行行为的行为人和将他人当作工具以实施实行行为的行为人。④

形式客观说是1925年德国刑法官方草案的基础，并于1930年左右在德国刑法理论上成为通说。除了形式客观说外，还有必要性理论（Notwendigkeitstheorie）、同时性理论（Gleichzeitigkeitstheorie）、身体和心理中介因果关系理论（physisch und psychisch vermittelten Kausalität），都为划定正犯和共犯提供了理由，但上述观点在今天不再有支持者。⑤ 其原因在于，形式客观说也有它自身的缺陷。形式客观说将亲自实施构成要件实行行为的人定义为正犯的做法无法解释间接正犯、共同正犯等诸多问题，故而其自然主义视角受到了质疑。⑥“它虽然有其无可争辩的明确性之优点，但这一优点因与法条的僵硬的联系的形式主义而付出太高的代价。对该理论的一个有影响的异议主要在于这样的事实：它完全不想将间接正犯包括在内，对于共同正犯，也只是将那些至少实现一部分构成要件的共犯包括在内。”⑦

例如，依据共同的犯罪计划，一人引开伯母的注意力，另一人将毒药倒进伯母的咖啡杯里，是投毒谋杀的共同正犯，不是单纯的帮助犯。换言之，严格根据形式客观说，引开伯母的注意力的人会被认为没有亲自实施投毒谋杀罪的实行行为而只能成立帮助犯，这显然不妥。

再如，暴力团犯罪中的幕后主使者虽然没有亲自实施构成要件实行行为，但对于整个实行行为的实施起到了绝对的支配作用，如果根据形式客观说，也不能将它作为共同正犯处罚，而可能作为教唆犯或帮助犯处理。此外，在指挥没有刑事责任能力的人去犯罪之情形，如果只是将幕后指挥的人当作教唆犯处理也不妥当。

形式客观说的诸多缺陷使该学说自1933年之后在德国逐渐失去影响力。

二、主观说

主观说以条件说为基础，认为既然所有的条件与发生的结果都具有因果关系，那么，

---

① Vgl. Birkmeyer, Vergleichende Darstellung des Deutschen und Ausländischen Strafrechts: Teilnahme am Verbrechen, 1908, S.20f.

② Vgl. Beling, Die Lehre von Verbrechen, 1906, S.408.

③ Vgl. M. E. Mayer, Der Allgemeine Teil des Deutschen Strafrechts, 1915, S.375ff.

④ Vgl. Liszt, Lehrbuch des Deutschen Strafrechts, 1919, S.208ff.

⑤ Vgl. Schünemann/Greco, in: Leipziger Kommentar, Band 2, 13. Aufl., 2021, § 25, Rn. 8.

⑥ Vgl. Uwe Murmann, Grundkurs Strafrecht, 7. Aufl., 2022, § 27, Rn. 7.

⑦ ［德］耶赛克、魏根特：《德国刑法教科书》（下册），徐久生译，北京，中国法制出版社，2017，877页。

依客观上的因果关系区分正犯与共犯时只能根据行为人的主观意思：凡是为了实现自己的犯罪意图而实施犯罪的，是正犯；在正犯的犯罪意思支配下实施犯罪者是共犯。

主观说主要以故意说（Dolustheorie）与利益说（Interessentheorie）两种形式出现。[①] 它认为，那些以行为人意志为引导对构成要件实现作出客观贡献，并（根据对结果的利益）将犯罪事实当作自己的（正犯意思，animus auctoris）而予以完成的是正犯，相反，那些以参与意志实施行动，并将犯罪事实当作他人的（共犯意思，animus socii）而予以操纵和促进的是共犯。[②] 根据故意说，共犯判断的核心标准是意志的从属性，行为人是那些不承认他人控制意志的人。[③] 代表性人物冯·布里在 19 世纪提出：发起者与帮助者之间的区别只在于发起者意志的独立性和帮助者意志的非独立性。只有在发起者希望结果的情况下，帮助者才希望结果，而在发起者不希望结果的情况下，帮助者也不希望结果。结果出现与否必须由发起者来决定。[④] 冯·布里所提出的故意说公式对当时德国帝国法院的判决产生了决定性影响。[⑤]

与此相反，利益说将结果中的个人利益程度作为划分正犯和共犯的依据。共犯是指对结果的招致没有利益或只有很小利益的人，而正犯是指为了自己的利益而行动的人。但是该理论只取得了微不足道的重要性，毕克迈耶于 1907 年声称该理论在科学上已经被克服。[⑥] 直到很久以后，它才在德国帝国法院的判例中复活。德国帝国法院在“浴缸案”中宣布，一个人是否意图将该犯罪事实作为自己的，主要（尽管不完全）取决于他对该结果的利益的程度。[⑦]

浴缸案（Badewannen-Fall）是采利益说的经典案例：女子 A 为姐姐，她在生下私生子后准备将孩子杀害。女子 B 为妹妹。在妹妹 B 帮助姐姐 A 给她的孩子洗澡时，姐姐 A 在暴怒的情况下要求将孩子淹死。妹妹 B 最终顺从姐姐 A 的意见，将孩子于浴缸中溺死。[⑧] 当时的德国地方法院根据《德国刑法典》第 211 条，认定妹妹的行为构成谋杀罪的正犯。

利益说认为，根据至今为止所查明的事实，对该判决不能维持。地方法院认定妹妹的行为构成正犯仅仅是因为她实施了构成要件行为。然而，该意见与德国帝国法院一直以来对正犯与帮助犯之概念的解释相矛盾。无论是由正犯还是由帮助犯所设定的结果的条件都是等价的，参与实施构成要件行为不能单独作为区分正犯与共犯的标准，区分正犯与共犯的决定性因素是行为人在实施实行行为时是否具有正犯意愿，也就是说，是将行为作为自己的还是作为他人的予以支持：在前一种情况下，就是正犯。在后一种情况下，则是帮助犯。

而正犯意愿，则是指行为人是否愿意将犯罪事实作为自己的犯罪事实。这取决于行

---

① Vgl. Schünemann/Greco, in: Leipziger Kommentar, Band 2, 13. Aufl., 2021, § 25, Rn. 4.
② Vgl. Urs Kindhäuser, Strafrecht Allgemeiner Teil, 9. Aufl., 2020, § 38, Rn. 39.
③ Vgl. Schünemann/Greco, in: Leipziger Kommentar, Band 2, 13. Aufl., 2021, § 25, Rn. 5.
④ Vgl. Von Buri, Die Causalität und ihre strafrechtlichen Beziehungen, 1885, S.41.
⑤ Vgl. Roxin, Täterschaft und Tatherrschaft, 11. Aufl., 2022, S.59.
⑥ Vgl. Schünemann/Greco, in: Leipziger Kommentar, Band 2, 13. Aufl., 2021, § 25, Rn. 6.
⑦ Vgl. RGSt 74, 85.
⑧ Vgl. Hartung, Der „Badewannenfall“, JZ 1954, S.430.

为人在结果当中的利益的程度。在“浴缸案”中，姐姐在杀死其孩子的事情上享有更大的利益。当姐姐分娩的事情广为人知时，不利后果不会影响到妹妹，会影响到其姐姐。妹妹不具有正犯意志，其与姐姐配合将婴儿溺死于浴缸只是为了帮助姐姐。因此，妹妹的行为应当被认定为谋杀罪或者故意杀人罪的帮助犯，而不是正犯。①

“浴缸案”和“斯塔辛斯基案”② 中严格的意图理论（animus-Theorie）不再受到判例的支持，而是以一种规范性组合理论的形式延续了下来。判例越来越多地根据对犯罪事实的整体评估来区分正犯和共犯，从而“软化”了意图理论。③ 判例仍然根据主观理论作出，但它已经不再是纯粹主观理论，因为它已经考虑到了正犯和共犯意志的客观方面，称其为“基于客观构成要件基础的主观理论”更为恰当。根据最近几年的判决，确定正犯的意图必须“在评价性考虑”或整体考虑中进行，即综合考虑行为人自己在犯罪结果中的利益的程度、参与犯罪的范围以及犯罪事实支配或犯罪事实支配的意愿。在这些根据中，犯罪参与的程度（权重）和犯罪事实支配因其客观化的倾向而应受到积极评价。④

三、犯罪事实支配说

犯罪事实支配说是区分正犯与共犯的极有影响力的学说，它是目前德国刑法理论的通说，而且超越国界而成为欧陆刑法理论中的新兴重要学说。犯罪事实支配说是一种看似非常复杂且名称不同于以往任何一种曾经较为重要的正犯理论如形式客观说、主观说等的理论。

犯罪事实支配说（Tatherrschaftslehre）认为，支配犯罪事实发生的人为正犯，未支配犯罪事实发生者为共犯。⑤“正犯是行为事实的核心角色（Der Täter ist die Zentralgestalt des handlungsmäβigen Geschehens）”或者说“关键人物”，而这里的所谓“核心角色”是指能够支配犯罪事实的人；共犯只是对行为事实有影响的人，亦即不能支配犯罪过程的人。⑥

在刑法领域最早使用“犯罪事实支配”这一表述者是黑格勒（Hegler），但是黑格勒当时并没有将该词与如今的内涵联系起来。他将事实支配视为行为人个性（Täterpersönlichkeit）的特征，或者更确切地说，视为犯罪主体的特征，并且只是将它理解为刑事责任的事实前提，即归责能力、故意和过失，以及不存在责任阻却事由。⑦为了区分正犯和共犯，赫尔曼·布伦斯（Hermann Bruns）第一次提出了犯罪事实支配概念。他提出，正犯至少要以犯罪事实支配的可能性为前提。⑧ 但如罗克辛所言，虽然布伦斯准确地给出了基本思想，但他的论述过于随意，缺乏发展，因此，不能将他视为

---

① Vgl. RGSt 74，84ff.

② 该案中，德国联邦最高法院将一名亲手杀人的特工认定为帮助犯，因为他是受特工部门委托行事的。

③ Vgl. Walter Gropp/Sinn，Strafrecht Allgemeiner Teil，5. Aufl. 2020，§10，Rn. 70.

④ Vgl. Kühl，Strafrecht Allgemeiner Teil，8. Aufl.，2017，§30，Rn. 30ff.

⑤ Vgl. Schünemann/Greco，in：Leipziger Kommentar，Band 2，13. Aufl.，2021，§25，Rn. 9.

⑥ Vgl. Roxin，Täterschaft und Tatherrschaft，11. Aufl.，2022，S.29，373f.

⑦ Vgl. Hegler，Die Merkmale des Verbrechens，ZStW 36，1915，S.184ff.

⑧ Vgl. Bruns，Hermann，Kritik der Lehre vom Tatbestand，1932，S.72ff.

犯罪事实支配理论的创始人。[①] 洛布于1933年首次提出了至今仍然有效的犯罪事实支配理论。他认为，正犯的本质不仅在于存在作为自己的犯罪事实加以实施的意志内容，还在于这种意志是在其支配之下得到实现，这主、客观两方面特征决定了正犯，因此能够将它与共犯相区分。[②] 洛布的论述在一开始没有产生影响，直到韦尔策尔在他的《刑法体系研究》一书中，将犯罪事实支配作为目的上的犯罪事实支配（finale Tatherrschaft）纳入其犯罪论理念，该概念才获得了重要意义。[③]

犯罪事实支配说具体分为行为支配论（Die Handlungsherrschaft）、意思支配论（Die Willensherrschaft）和功能支配论（Die Funktionelle Tatherrschaft）。行为支配论认为："亲自实现构成要件所有要素的人"，对犯罪的实施具有"行为支配"作用，是直接正犯。意思支配论将未亲手实施构成要件实行行为，但是也具有犯罪事实支配作用的"幕后者"作为正犯，详言之，是"以操纵意思的影响力量为依据"将没有出场但是具有犯罪事实支配作用的幕后者称为间接正犯。功能支配论是将那些既没有亲自实施构成要件实行行为，也没有通过犯罪意思控制犯罪的实施，而是仅仅对犯罪实施具有重要程度的功能意义，亦即具有功能性犯罪事实支配的人作为"共同正犯"，这样的正犯并不单独地支配整个犯罪事实，但是通常也不是仅仅支配了部分犯罪事实，而是多个参与人功能性地共同加功于犯罪的实行。

德国联邦最高法院的判决并没有为正犯和共犯的界分提供一个一致的图景。1950年德国联邦最高法院在成立后的最初几年，往往采纳纯粹的主观理论，但与此同时，犯罪事实支配概念越来越多地渗入判例当中：有时服务于为意图公式（animus-Formel）填充内容，有时通过提供客观的界限标准来限制和补充主观理论。[④] 如果试图对德国联邦最高法院关于犯罪事实支配理论的判例进行清晰的把握，甚至试图显示其一贯的发展脉络，那将是一项无解的任务，因为有两个至关重要的问题尚未得到回答：一个是，在确定正犯时，是否以及在多大程度上考虑犯罪事实支配仍不明确；特别是德国联邦最高法院近期的判决认为，即使没有犯罪事实支配，也有可能存在正犯。另一个是，判例在使用犯罪事实支配概念时，并不清楚应根据哪些实质性标准来进行判断。[⑤]

当然，由于罗克辛的《正犯与犯罪事实支配》一书考虑到了所有早期的方法，因此犯罪事实支配概念得到了理论上的澄清，并在内容上得到了全面的阐释，因此，犯罪事实支配理论是如今相关文献中的主流观点。

四、客观实质说

在德国，客观实质说是各种从客观实质角度区分正犯和共犯的学说的综合，在其涵盖之下，主要有必要性说（Notwendigkeitstheorie）、同时性说（Gleichzeitigkeitstheorie）、优势说（Überordnungstheorie）。

---

① Vgl. Roxin, Täterschaft und Tatherrschaft, 11. Aufl., 2022, S.69.

② Vgl. Lobe, Einführung in den allgemeinen Teil des Strafgesetzbuches, 1933, S.122ff.

③ Vgl. Schünemann/Greco, in: Leipziger Kommentar, Band 2, 13. Aufl., 2021, §25, Rn. 11.

④ Vgl. Roxin, Täterschaft und Tatherrschaft, 11. Aufl., 2022, S.100.

⑤ Vgl. Roxin, Täterschaft und Tatherrschaft, 11. Aufl., 2022, S.117.

（1）必要性说。它是非常古老的学说，但它从来没有完全被遗忘，并且直到今天，它仍在反复历经各种观点的修正。其基本含义是，“以自己之手亲自实施行为的人是正犯；必须和正犯等量齐观的是，对犯罪行为的实施给予必不可少的加功行为（unentbehrlihen Tatbeitrag）的人，没有这样的加功行为犯罪就不可能被完成”①。简言之，对于犯罪行为的实现不可或缺的加功者是正犯，其他的人是共犯。所谓不可或缺，是指离开了加功行为，犯罪事实无从发生。

（2）同时性说。它是对意大利中世纪法学界提出的事前共犯、同时共犯、事后共犯理论的吸收、运用。该说认为，在犯罪行为实施之时共同参与犯罪的人是正犯，在犯罪行为实施之前参与犯罪的人是共犯

（3）优势说。该说是由德国学者朔恩·达姆（Schon Dahm）和理查德·施密特（Richard Schmidt）提出的。虽然这两个学者是各自独立地提出这一学说的，但是他们阐述的见解在内容上大体相同。② 该说主张，“共同正犯与帮助犯之间的区别不能根据固定的标准或者通常确定的特征来划分，而是应该考虑具体案件中的情况，区分优势的和从属关系（Über und Unterordungsverhältnis）的不同性质来进行”③。达姆认为：某人和其他人一起参与犯罪行为，考虑各具体案件的所有情状和所确定的客观环境，当某人的行为对犯罪行为的实施和正犯一样具有同等优势时，该人就是共同正犯；当某人的行为根据相同情况作为从属关系存在时，该人是帮助犯。通过对共同正犯与帮助犯的区分，优势说实际上给出了正犯与共犯的差别，即对犯罪事实具有优势关系的人是正犯，只是具有从属关系的人是共犯。

在日本，客观实质说内部的主要学说是目的行为支配说、原因条件区别说、重要作用说④：（1）目的行为支配说。该说主张，根据是否存在出于实现构成要件的意思而有目的地支配、控制因果关系的行为，来区分正犯和共犯。（2）原因条件区别说。该说主张根据对结果发生所起的是原因作用还是条件作用来区分正犯与共犯：起原因作用的是正犯，起条件作用的是共犯。（3）重要作用说。该说主张根据对结果的发生是否起重要作用来区分正犯与共犯。

以上几种学说的共同特点是，从行为人对于客观实行行为的实现所起的作用这一实质角度来区分正犯与共犯。

从形式客观说到实质客观说的发展，体现了从单纯重视是否存在物理的身体动静到重视行为本身的价值与功能。此种发展亦体现了正犯理论从形式性到功能性的变化．只不过，这一发展、变化是在区分制正犯体系之下，在坚守构成要件实行行为定型意义的前提下完成的。因此，从形式客观说发展到实质客观说，实际是正犯理论从主观性到客观性、从形式性到功能性的双重递进过程。需要说明的是，这里的形式性与前述单一正犯概念的形式性有所差异：前者是指行为人外在的身体动静，后者是指对共同犯罪参与

---

① Roxin，Täterschaft und Tatherrschaft，11. Aufl.，2022，S.42.

② Vgl. Roxin，Täterschaft und Tatherrschaft，11. Aufl.，2022，S.55.

③ Dahm，Täterschaft und Teilnahme，1926，S.43；Richard Schmidt，Grundriß des Deutschen Strafrechts，2. Aufl.，1931，S.161.

④ 参见黎宏：《日本刑法精义》，2版，北京，法律出版社，2008，255页。

人不加区分的特性。至于功能性，都是指根据行为人在共同犯罪中的作用来考察之意。

五、本书立场：客观实质正犯理论

不同于德日以正犯概念为核心建立起的共同犯罪体系，我国共同犯罪体系是以主犯概念为核心建立起来的。对于我国刑法而言，准确界定何为正犯和共犯同样是具有理论和实际意义的。这决定了我国刑法在面临主观说、形式客观说、实质客观说等各种学说时，也必须作出自己的选择。正犯理论的发展折射出的客观实质理论的动态以及该理论居于当今正犯理论的主流学说态势，并不表明我国应选择客观实质说作为区分正犯与共犯的学说。选择何种学说，更应联系我国刑法理论与实践。

（一）对各种学说的分析评价

与客观实质说相比，形式客观说、主观说均存在各自的硬伤，而犯罪事实支配说，与客观实质说其实并无实质差异。

1.形式客观说的缺陷

形式客观说认为只有亲手实施构成要件实行行为之人才是正犯，从而该种学说面临的最大难题是间接正犯。如何解释间接正犯的正犯性，成为形式客观说无法解决的问题。根据形式客观说，我国能否认定正犯的存在都是问题。如果正犯的认定与否都成为问题，又何来“与主犯的概念和功能分开的”正犯概念？比如说，在幕后起支配作用的重要人物，虽然能够被认定为主犯，但是根据形式客观说，其没有实施犯罪构成要件实行行为，故不能被认定为正犯。由此一来，建立精确的正犯与共犯的区分体系显然难以做到。

事实上，我国刑法上主犯与正犯相分离的做法恰恰表明，我国应该采纳实质的客观说。那些参与犯罪同时实施了犯罪构成要件实行行为的人，在我国是被认定为主犯的；至于那些参与共同犯罪但并未实施构成要件实行行为而所起作用又巨大之人，在我国也是按照主犯来处罚的。这意味着，我国刑法中的主犯概念实际上发挥着德日刑法中正犯概念的作用，我国刑法上对主犯是以行为人参与共同犯罪时所发挥的实际作用之大小来认定的。据此逻辑去思考，根据客观实质说，将那些参与但没有实施构成要件实行行为的人作为正犯对待，反倒可以实现主犯与正犯概念的统一化，并有利于我们精确区分正犯与狭义共犯。

2.主观说存在的问题

主观说以条件说为基础，认为既然所有的条件与发生的结果都具有因果关系，那么，依客观上的因果关系区分正犯与共犯，只能根据行为人的主观意思：凡是为了实现自己的犯罪意图而实施犯罪的，是正犯；在正犯的犯罪意思支配下实施犯罪者是共犯。主观说中，无论是故意说还是利益说，存在的最大问题是，根据参与人内在的心理即意志、目的、动机和内心情感来划分正犯与共犯，不顾行为人的行为而只考虑其主观意思，将实现自己意志的行为与犯罪的实行行为作了相同的价值处理，不能彻底解决正犯问题。

故意说的核心标准是行为人主观上对犯罪事实的认识：是将犯罪事实作为自己的还是作为他人的。这一标准的实质在于，判断行为人的犯罪意志是独立的还是从属的。如果行为人认为其所实施的犯罪行为是基于自己独立的犯罪意志，那他就是正犯；如果认为是从属于他人的犯罪意志，则他是共犯。很显然，这是一种完全主观的划分，它使那些单独实施构成要件行为，但是在内心深处从属于他人意志的行为人，仅仅被视为帮助犯。这一致命弱点早在19世纪就已经得到承认，故意说直到最后也没有解决成立正犯抑或共犯取决于行为人主观意志这个问题。① 利益说的根本立场是行为人是否愿意将犯罪事实作为自己的犯罪事实，在这一点上和故意说一致，所不同的是，利益说认为故意说过于执着于对行为人主观意志的判断，因此，在判断行为人是否愿意将犯罪事实视为自己的这个问题上，增加了一个相对客观的标准，即行为人在结果当中的利益程度，利益程度越高，就越容易被认为是正犯，反之则是共犯。然而，利益本身也不好判断，比如"浴缸案"中，就无法排除妹妹认为姐姐的利益就是自己最大的利益，从而被认定为正犯的可能性。可见，利益说和故意说从不同角度反映出主观说的根本缺陷，即根据行为人自己对犯罪事实的认识以及利益大小作判断时，这些标准既模糊不清又难以把握。因此，主观说的衰落也就在所难免。

3.犯罪事实支配说存在的问题

看似复杂的犯罪事实支配说，实际上就是正犯理论中的客观实质说。首先，犯罪事实说中的行为支配论表明，犯罪事实支配说与客观实质说一样，都是以形式客观说的基本命题为起点的，但与此同时，行为支配论在主张形式客观说的基础之上，也加入了从价值规范的角度予以考察的实质标准。其次，犯罪事实支配说中的意思支配论实际上是用优势支配这样的客观要素来充实主观说的内涵的，意思支配论被用来验证是否实现了"以操纵意思的影响力量为依据"的问题时，使用的是"占优势的理论"，即利用者发挥或使用了自己的优势，从而直接促使犯罪得到实现；幕后操纵、利用他人作为犯罪工具的人是间接正犯，因为这样的人"由于他的'优势'实现了与直接实施犯罪等价的行为支配"②。这与客观实质说中的优势说异曲同工。最后，犯罪事实说中处于主流学说地位的功能支配论最为直接而明显地体现了客观实质说的特性。功能支配论将多个共同支配了犯罪事实的人定义为共同正犯，并认为各共同正犯是从整体上对犯罪事实予以加功的人，并通过"重要任务""重大贡献"来判断是否做到了功能性的支配。其所体现的正是犯罪完成的作用大小这一客观实质标准。总之，犯罪事实支配说中的各种学说都是从实质角度判断正犯与共犯的，所以说，犯罪事实支配说在本质上就是实质客观说。

（二）本书的客观实质正犯理论

共犯论是体系论的试金石，是检验犯罪论体系是否合理、是否存有疑问的"试金石"，因此，在界定什么是正犯及其与共犯区别的问题上，必须选择既能有效解决正犯与其共犯的自身问题，又能够合理克服刑法犯罪论体系之缺陷的学说。既然主观说和形式客观说自身有缺陷，而犯罪事实支配说又和客观实质说其实在本质上一致，那么，根据我国的犯罪论体系的特点，本书主张客观实质正犯论，以此为学说标准区分正犯与共犯。③

客观实质正犯论有效解决了间接正犯的合法性问题。形式客观说将亲自实施构成要

① Vgl. Roxin, Täterschaft und Tatherrschaft, 11. Aufl., 2022, S.61f.
② ［德］耶赛克、魏根特：《德国刑法教科书》（下册），徐久生译，北京，中国法制出版社，2017，883页。
③ 参见刘艳红：《论正犯理论的客观实质化》，载《中国法学》，2011年第4期，125～142页。

件实行行为的人定义为正犯，导致无法解释间接正犯。实质化的方法有效承认了间接正犯的概念：通过他人或利用他人实施犯罪的人，即使没有亲自实施构成要件实行行为，但是其发挥的作用类似于亲自实施构成要件实行行为的正犯，因此也可以被认定为正犯，从而避免了形式客观说将被利用者认定为正犯的不合理结论。

客观实质正犯论有效解决了未亲自实施构成要件实行行为但参与并控制整个犯罪过程的人作为共同正犯的合法性问题。共同犯罪中经常有一些幕后的大人物，他们没有亲自实施犯罪构成要件行为，但往往控制了整个犯罪的过程和发展。如果根据形式客观说，当然不能将他们认定为正犯。但是，如果将他们认定为较正犯危险性低的教唆犯或帮助犯，又有悖于国民感情、正犯与共犯区分的意义。而根据实质客观说，这些人的行为对于共同犯罪的发展和完成起到了巨大的作用，其操纵、指挥行为与实行行为具有同值性，有些操纵、指挥行为甚至比构成要件实行行为危险性更大，因此，应该将这些人作为共同正犯来看待，而不能仅仅作为教唆犯或帮助犯处理。例如，甲、丙共同预谋抢劫，且甲积极地为犯罪准备假身份证、资金、电话卡等犯罪工具并带领丙等人察看犯罪地点，但最终实施犯罪的仅为丙等人，甲仅将丙等人送至犯罪地点并参与事后分赃。如果根据实质客观说就可以将甲认定为共同正犯，而不至于将其行为的危害性比教唆行为或帮助行为更严重的甲仅仅认定为教唆犯或帮助犯。

客观实质正犯论有效克服了我国犯罪论体系形式化等缺陷。我国犯罪论体系的缺陷主要有两点：一是犯罪构成的形式化。继受自苏联刑法的我国刑法平面四要件的犯罪论体系，没有解决构成要件与正当防卫等违法或责任阻却事由之间的关系问题，从四要件犯罪构成中很容易得出“正当防卫是符合犯罪构成要件的行为”这样的结论，再通过社会危害性理论，又排除它们成立犯罪这样的逻辑。这种将违法、有责性排除在外的犯罪论体系自然演变为形式的犯罪论体系。二是犯罪构成的事实与价值不分。刑事责任能力本来是有责性评判的价值要素，但是，我国犯罪论体系将它融合在犯罪主体这一事实要件之中，使在我国犯罪成立与否既有事实的评价又有价值的判断。这样一种形式与实质相隔离、事实评价与价值判断相混淆的体系，导致对有些共犯无法处罚。

A 等抢劫案。A 实施抢劫行为。B 并不知道 A 是未满 14 周岁的未成年人，见 A 抢劫，于是上前帮助。A 没有达到抢劫罪的刑事责任年龄，其行为不成立抢劫罪，B 也不能成立共犯；但同时，B 并非明知 A 无刑事责任能力，亦即不是故意将 A 作为犯罪的工具使用，因此，B 也不能成为间接正犯。由此一来，对于 A 因未达刑事责任年龄而不能予以处罚，对于具备归责条件的 B 也不能予以处罚。这样的处罚漏洞显然在刑事政策和人们的刑法观念上难以被接受。显然，共犯问题上的处罚漏洞是由体系的缺陷导致的。这意味着，我国平面的、事实评价与价值判断不分的犯罪论体系，对于解决具体问题会带来很多困惑和不便：按照这一体系去套接具体行为，犯罪成立与否的结论固然容易得出，但是，在结论的妥当性上可能存在问题。因此，B 到底是正犯还是共犯、究竟应否受到刑罚处罚，不能仅仅依赖正犯与共犯理论自身来判断，更主要的是依托我国犯罪论体系的完善来解决。

根据本书所主张的实质二阶层体系，在客观与主观二阶层的构成要件之下，又划分为客观构成要件符合性和违法阻却事由、主观构成要件符合性和责任阻却事由，因此，其中的构成要件符合性的评价是在客观与主观两个层次之内，是先于价值判断即违法和责任而进行的事实评价。这样，对于其他人（如 B）不知道实行正犯（如 A）无刑事责任能力而参与实施犯罪这类案件，A 的行为具备客观与主观构成要件不成问题，至于 A 的行为的违法性，由于不存在违法阻却事由，因而也不存在问题。在构成要件符合性与违法性均存在的情况下，根据限制从属性说，B 自然可以成立抢劫罪的共犯。根据客观、违法构成要件，由于正犯的违法性可以成立，故而参与犯罪的其他人亦可成立共犯。这样，日本学者松宫孝明所说的处罚漏洞的问题就得到了解决。此外，根据实质二阶层体系，参与他人并不违法的行为，例如，参与他人奉令枪决犯人的行为，就不会因符合构成要件而被认定为共犯。这样，就明确地给正当防卫等违法阻却事由确定了位置，不至于如同在平面的犯罪论体系之下将此种行为当作符合构成要件的行为，也不至于为了排除其犯罪性而又在犯罪构成四要件之外再附加一次对社会危害性的评价。但是，基于前述对我国三阶层之批判，以及前述一举解决德日犯罪论体系引进及之后可能同样面临的形式化与实质化争论的问题的考虑，加之实质二阶层体系可以彻底解决正犯与共犯处罚上存在的难题以及我国犯罪论体系的重大缺陷，该体系理应成为目前的最优选择。

总之，作为犯罪论体系的试金石，共犯论随着现实的需要在变化、发展，而犯罪论体系又随着共犯论的变化而变化。客观实质正犯论主张从实质化角度理解什么是实行行为，这就意味着，对犯罪构成要件是从实质的角度去理解的，亦即从是否达到处罚的必要性程度来判断行为是否符合构成要件，而不是仅仅从形式上去判断。这恰恰是实质犯罪论的主张，因为它旨在强调建立具有实质内涵的构成要件理论以及进行实质解释的方法论。因此，客观实质正犯论合理解决了正犯与共犯的界限这一共犯论中的具体问题，而且它与实质犯罪论形成了体系上的圆通自洽，使实质犯罪论通过共犯论这块犯罪论体系的试金石顺利通过检验，从而有效克服了我国犯罪论体系形式化、事实评价与价值判断模糊化、犯罪判断平面化等缺陷。

至于具体主张客观实质正犯论中的何种理论，本书认为，以主张根据对结果的发生是否起重要作用来区分正犯与共犯的重要作用说较为可取。

客观实质正犯论中的必要性说将对犯罪行为的实施给予“必不可少的加功行为的人”界定为正犯，而关于什么是必不可少或者不可或缺的加功行为显然都是有争议的：加功行为对犯罪行为的完成往往都具有一定的作用，在众多原因导致结果发生的过程中，很难说何种加功行为是必不可少而何种行为又是可以缺少的。这一判断似乎主要取决于判断者对于是否必不可少的理解，由此，“必要性说明显地披上了主观主义的外衣”①。因此，必要性说并不可取。而同时性说以是否参与正在实施的犯罪行为这一时间点作为界定正犯与共犯的标准，似乎只解决了共同正犯的正犯性，而对于其他的加功者譬如说间接正犯，根本无法解释，而且，对于事中共犯（如事中帮助犯）也无法解释。此外，该理论还仅将事前加功的人定性为共犯，由此对于事后共犯似乎也有不加区分的否认之意。所以，“同时性说既不是一个规范的标准，也不是一个先于法律的区分标准”②，也不可

① Roxin，Täterschaft und Tatherrschaft，7. Aufl.，2000，S.39.

② Roxin，Täterschaft und Tatherrschaft，7. Aufl.，2000，S.44.

取。优势说将对犯罪的实行起到优势地位的加功作为区分正犯与共犯的标准，其缺陷更为明显，比如，什么是优势说中所谓的优势，就缺乏一个确定可见的标准。“套用一个流行的客观描述”，优势说“在相当广的范围内缺乏可操作性以及法律上的判断标准”，“作为一个法律上的概念形象它应该被抛弃，作为区分正犯与共犯的标准它不能被采纳”①。而重要作用说以参与人是否对于犯罪结果的发生起到了客观、外在可见的作用为判断标准，重视的是被实现的犯罪事实，从而克服了必要性说中主观揣测的弊端；它综合了整个犯罪过程以及对于犯罪的实现参与人的贡献大小，因此克服了同时性说以机械的时间点为标准人为地排除了间接正犯等一些不具有同时性的正犯的缺点；它在判断各参与人对于犯罪结果发生所起的重要作用时，仍然是在以实行行为为基准的实质意义上来考虑犯罪实现的客观参与的重要程度的，因此，当然也克服了无法把握并不易操作这一优势说的缺陷。综合考虑，重要作用说可以成为客观实质说中可资借鉴的学说。

第四节　正犯的分类

正犯，又称实行犯，是指实施犯罪构成要件实行行为之人。然而，实践中，正犯是自己直接实施犯罪构成要件实行行为，还是利用他人作为犯罪工具间接实施犯罪构成要件实行行为，以及，是基于共同犯罪决意实施实行行为还是在没有意思联络的情况下基于时空的巧合而同时实施了实行行为，是共同直接实施了实行行为还是仅仅参与共谋而未实施实行行为，情况均有所不同。这些不同情况，决定了正犯的分类亦有所不同。

一、直接正犯与间接正犯

正犯，又称实行犯，是指实施犯罪构成要件实行行为之人。根据行为人是否亲自直接实施犯罪构成要件实行行为为标准，正犯可以分为直接正犯与间接正犯。直接正犯，是指自己直接实施犯罪构成要件实行行为之人；间接正犯，是指利用他人作为工具实施犯罪构成要件实行行为之人。德国是世界上为数不多对直接正犯和间接正犯均予以规定的国家，《德国刑法典》第 25 条第 1 款第 1 项规定，“自己实施犯罪，或通过他人实施犯罪的，依正犯论处”。我国刑法没有规定直接正犯与间接正犯，但是刑法理论与司法实践均采纳了正犯的这一分类和范畴。

（一）直接正犯

直接正犯，又称亲手犯，是指自己直接实施犯罪构成要件实行行为之人，简言之，是亲自实行犯罪的人。宾丁首次提出了亲手犯这个概念，他提道，“在为数不少的犯罪中，犯罪行为与犯罪人的个性有着千丝万缕的联系，以至于犯罪人必须亲自实施犯罪”②。亲手犯必须“亲力亲为”地实施犯罪，不能假借他人之手。如果形象地描述，以杀人犯罪为例，直接正犯就是自己杀人。刑法中很多犯罪只能是亲手犯，比如，伪证罪、脱逃罪、重婚罪等。

---

① Richard Schmidt, Grundriß des Deutschen Strafrechts, 2. Aufl., 1931, S.161.

② Binding, Strafrechtliche und Strafprozessuale Abhandlungen, Band 1, 1915, S.265.

胡某故意伤害案。[①] 袁某与郑某发生纠纷，遂指使胡某等人伺机教训郑某。某日晚，胡某等人应他人之邀在郑某出入的场所附近蹲点，随后发现了郑某。胡某等人用事先准备好的钢管、口罩等作案工具将正在步行回家的郑某用钢管打伤，并驾车逃离现场。经鉴定被害人郑某所受伤为轻伤。

分析：对于本案，法院经审理认为，胡某受他人邀约，与他人共同故意伤害被害人身体，致其轻伤，其行为已构成故意伤害罪，胡某系共同犯罪的直接正犯，应依法追究其刑事责任。

（二）间接正犯

间接正犯，又称他手犯，是指自己并不直接实施犯罪，而是将他人作为工具，利用他人之手实施犯罪的人。间接正犯自己并不动手实施犯罪，是假借他人之手，是犯罪行为的幕后操纵者。如果形象地描述，以杀人犯罪为例，间接正犯就是“借刀杀人”。刑法中绝大多数犯罪都可以以间接正犯的形态实施，比如，故意杀人罪、抢劫罪、贪污罪等。从实质的立场分析，间接正犯之所以能够被当作正犯处理，因为间接正犯是通过他人实施的在刑法上可以被评价为就像自己亲自动手实施犯罪一样的形态来实施犯罪的，简言之，这种行为具有和自己亲手实施犯罪一样的刑法效果。这正是客观实质正犯论的主张。

间接正犯起源于19世纪初的德国刑法学。在1813年费尔巴哈的《巴伐利亚王国刑法典注释》（Anmerkungen zum Strafgesetzbuche für das Königreich Bayren）中，就首次明确区分了直接正犯、间接正犯和教唆犯的参与形式（Beteiligungsformen），但只描述了间接正犯的理念，并未使用该概念。1828年，斯图贝尔首次使用了这一概念，不过他也将教唆犯包括在内。[②] 斯图贝尔在其书的脚注中提道，“在此，我使用了我建议的表达，将间接正犯理解为那些在理智上的作用者（intellectuelle Urheber，意指在精神上起到作用的人——引者注）”[③]。至1975年，《德国刑法典》第25条第1款才对间接正犯作出规定，承认了通过他人实施犯罪的正犯可能性。[④] 在间接正犯的情况下，被利用者被称为“工具”或者“在前面的人”（vordermann），与此相对，人们将间接正犯称为“在后面的人”[⑤]（hintermann）。

甲女等故意杀人案。[⑥] 甲女与乙男为重组家庭，因夫妻关系不和，甲女对乙男怀恨在心。甲女13岁的亲生女儿丙女也对其继父乙男积怨已久。母女两人合谋决定投毒杀害乙男。某日晚饭时，丙女征得甲女同意，将甲女提前备好的毒药下入乙男的碗内，后乙男中毒身亡。

分析：本案中丙女虽实施投毒行为但未达到刑事责任年龄，对其行为应视为受甲女指使、利用而实施的行为，甲女对本案应负全部刑事责任。可见，间接正犯既不因为其未亲手实施犯罪就不承担刑事责任，也不因为其间接性而宽缓其刑事责任，甚至有时候

---

① 参见（2018）鄂1087刑初176号刑事判决书。
② Vgl. Lehmann，Mittelbare Täterschaft durch Versetzen in einen Motivirrtum，2022，S.68f.
③ Stübel，Ueber die Theilnahme mehrerer Personen an einem Verbrechen，1828，S.105.
④ Vgl. Schünemann/Greco，in：Leipziger Kommentar，Band 2，13. Aufl.，2021，§25，Rn. 79.
⑤ Vgl. Rengier，Strafrecht Allgemeiner Teil，13. Aufl.，2021，§43，Rn. 1.
⑥ 参见（2002）通中刑一初字第10号刑事判决书。

其主观恶性和行为危害性比直接正犯更严重。

二、共同正犯与同时正犯

根据参与实施共同犯罪的人是否通过有意识的共同作用实施犯罪行为，正犯可以分为共同正犯和同时正犯。二人以上通过有意识的共同作用实施犯罪的，为共同正犯。二人以上通过无意识的共同作用造成了构成要件结果的，为同时正犯。在立法上最早规定共同正犯的是1871年通过的《德意志帝刑法典》第47条："数人共同实施犯罪的，均依正犯论处"。随后，1908年通过的现行《日本刑法典》、1953年《韩国刑法典》、1956年通过的现行《泰国刑法典》等，都对共同正犯进行了规定，如《日本刑法典》第60条规定，"二人以上共同实行犯罪的，都是正犯"。

（一）共同正犯

共同正犯，是指二人以上有意识地共同实施犯罪。共同正犯是相对于单独正犯而言的。刑法分则中的犯罪，常规形态是单独正犯，换言之，除必要的共同犯罪之外，刑法分则规定的犯罪都是单独正犯。共同正犯，正是由二人以上实施由单独正犯实施的犯罪。

共同正犯的成立条件是：主观上有共同犯罪的意思，亦即二个以上的共犯人之间有基于对犯罪行为的共同认识的意思联络；客观上有共同对犯罪行为进行分担的事实，亦即二人以上对犯罪构成要件的实现起到了共同作用，都共同支配了犯罪行为的完全实施。可见，二人以上共同的客观违法性和主观有责性决定了共同正犯的成立。由于共同正犯都对全部行为有认识，并均对全部行为予以了分担，而且共同对最终的结果产生了作用，因此共同正犯的归责原则是"部分实行、全部责任"。

蔡某、吴某共同贩卖毒品案。① 蔡某得知甲欲购买毒品，便让吴某联系寻找毒品。随后蔡某与甲约定了交易毒品的数量、价格及地点。次日，蔡、吴二人在与甲交易毒品时被公安机关当场抓获，被缴获海洛因135克。

分析：本案中主观上蔡某和吴某均对贩卖毒品的犯罪事实有充分的认识，客观上蔡某和吴某分工不同，蔡某在毒品交易过程中负责联系毒品交易的具体事项，吴某负责提供毒品。"二人在共同犯罪中，作用、地位相当，应为共同正犯。"法院对二人均以贩卖毒品罪判处了15年有期徒刑，并处没收财产人民币1万元。

（二）同时正犯

同时正犯，是指二人以上通过无意识的共同作用造成了构成要件上的结果。详言之，同时正犯是二人以上没有共同犯罪的故意，但都在极为相近的时空中对同一犯罪对象实施了同一性质的犯罪行为。

和共同正犯相比，同时正犯中的数人之间没有意思联络，客观上各自实施犯罪行为，只是由于时空上的极为相近才都对犯罪行为的完全实施发挥了作用。因此，较之于共同正犯，同时正犯在客观违法性层面体现为二人以上针对同一法益同时实施单独的犯罪行为，在主观有责性层面体现为行为人之间没有共同的意识，不存在主观意思联络，只是基于时空的极为相近，而偶然地共同实施了犯罪行为，因而只成立同时正犯。

---

① 参见（2010）吴刑初字第37号刑事判决书。

王某等故意伤害案。[1] 王某等二人饮酒后，因琐事与醉酒的董某发生口角并相互殴打。殴打过程中王某等二人击打、踢踹董某的头部、躯干部十余次。随后二人离开现场。约十分钟后，董某无故纠缠闫某等三人并发生肢体冲突，在撕扯中闫某等将董某摔倒在地后连续踢踹董某的头部、躯干。随后三人离开现场。当日，董某因颅脑严重损伤经抢救无效死亡。

分析：对于本案，法院经审理认为，无法通过鉴定确定致董某颅脑严重损伤的直接原因，因此法院认为，二组被告人在彼此无犯意联络的情况下在相近的时间和地点，分别对同一被害人实施暴力导致被害人死亡，成立同时犯，应当以故意伤害罪追究五被告人的刑事责任。

从法律上界分共同正犯和同时犯罪的意义，主要在于分析某种行为是否成立共同犯罪，进而准确划分二人以上共同作案的各当事人的刑事责任。

李某、王某收购赃物案。[2] 以拾荒为业的妇女李某与王某一同捡破烂，途中遇一男子徐某询问是否收购低价铁片。与徐某交谈后，李某和王某认定其所称低价铁片系赃物。二人稍作商量，相约同去徐某处看看。见到“铁片”后，李某和王某对视一眼，相互点点头，同时起意收购。经讨价还价，双方同意以每车100元的价格出售。李某支付了100元后购买了1车“铁片”后先行离开。其后王某独立完成收购行为后骑着装满“铁片”的车追上了李某。

分析：对于本案，如果认定二人是共同正犯，则二人就要根据“部分实行全部责任”原则对她们收购赃物的总数量承担刑事责任；如果认定二人是同时犯罪，则二人只需对其各自收购的赃物的数量承担刑事责任。因此，认定本案是共同正犯还是同时犯罪意义重大。本书认为，李某与王某的行为是同时犯罪，而不构成共同犯罪。从主观层面来看，李某和王某在捡破烂的过程中偶遇徐某后才彼此产生了收购赃物的想法，同时二人在交易过程中虽然存在相互点头示意和共同努力压价的行为，但这只表明二人均有收购赃物的故意并没有意思联络，因为二人在事前和事中，均没有就此事进行沟通和交流。从客观行为分析，李某未与王某商量即独自支付了100元后骑车先行离开，王某其后独自完成了收购行为并骑车追上李某。因此，李、王二人的行为都是单独的，不具有整体性，不应被评价为共同犯罪。总之，李某、王某属于同时犯罪而不是共同正犯，她们的行为不成立共同犯罪。

三、实行共同正犯与共谋共同正犯

根据二人以上是共同实行犯罪，还是仅仅参与共同谋议而未参与共同实行行为，共同正犯可以分为实行共同正犯和共谋共同正犯。二人以上共同实行犯罪的，为共同正犯。二人以上虽然没有参与犯罪的实行但参加了共谋，也认为是共同正犯的，为共谋共同正犯。

---

① 参见（2018）吉2404刑初109号刑事附带民事判决书。

② 参见罗猛、蒋朝：《一起询价、一起收购赃物、各自付款是否构成共同犯罪》，载《中国检察官》，2009年第4期，67页。

（一）实行共同正犯

二人以上共同实行犯罪者，就是实行共同正犯。共同正犯的典型情况是实行共同正犯，没有共同实行而参与谋议构成的共谋共同正犯是共同正犯的非典型情况。实行共同正犯，必须发生在分担并实施了构成要件实行行为的场合。

林某、阮某共同实行伤害案。[①] 因债务纠纷，阮某对李某心怀不满，遂谎称还钱，将李某约至某地见面。因为预料到可能发生冲突，阮某便又叫来了林某帮忙。随后，林某、阮某对李某实施殴打，导致李某重伤。

分析：林某和阮某共同殴打李某并致其重伤，成立共同犯罪。但是，如果按照我国刑法关于共同犯罪的规定，司法实践中一般习惯于在二人以上共同实施犯罪的共犯人之间区分主犯与从犯，这种惯性思维容易导致混同不同的共同犯罪案件。就本案而言，林、阮二人一起对李某拳打脚踢，共同实施故意伤害的犯罪行为，并无主从之分，二人的行为成立共同正犯，而且是实行共同正犯，不是共谋共同正犯。正因如此，法院的判决指出，在犯罪过程中根据二人在共同犯罪中的地位和作用，不宜区分主、从犯，均属共同实行犯，应当按照林某、阮某所参与的全部犯罪进行处罚。

在实行共同正犯的情况下，共同者各人均需分担部分实行行为，所以不存在主从之分和从属性的问题。

（二）共谋共同正犯

1. 共谋共同正犯的概念

二人以上共同谋议实行犯罪，仅有部分人直接实行了共谋之罪，其他未参与实行行为的共谋者也构成共同正犯的，为共谋共同正犯。我国刑法理论和司法实践均承认共谋共同正犯。

刘某、黄某等共谋抢劫案。[②] 刘某、黄某在互联网上相识后预谋抢劫，购买了枪支等作案工具，并前往某地珠宝店踩点。因发生分歧刘某借故离开。两个月后，刘某携带枪支等作案工具闯入一家金店实施了抢劫。

分析：黄某与刘某为了实施抢劫共同预谋并准备作案工具，成立抢劫犯罪的共谋共同正犯。刘某持枪抢劫金店的行为并未超出黄某的概括犯意，因此黄某应对刘某的抢劫行为承担责任。因系犯罪预备，可以比照既遂犯从轻、减轻或者免除处罚。

客观实质正犯论正是共谋共同正犯存在的理论背景。根据客观实质正犯论，正犯与共犯的区别不再执着于是否实施了构成要件实行行为，而是以“对实行行为必须规范地、价值地加以理解”为前提，“参照各个行为人在共同犯罪当中是否具有主要地位，对结果的发生是起着重要作用还是辅助作用，是不是支配了结果的发生过程等，进行实质性的判断”[③]。据此，参与共谋而未实施实行行为的人，对于共同犯罪的发展和完成起到了巨大作用，其操纵、指挥行为与实行行为具有同值性，甚至比实行行为危险性更甚的，也应被作为共同正犯，而不是作为教唆犯或帮助犯。

---

① 参见（2020）鄂01刑终838号刑事裁定书。

② 参见（2014）徐刑初字第00021号刑事判决书。

③ 黎宏：《日本刑法精义》，2版，北京，法律出版社，2008，255页。

2. 共谋共同正犯的成立条件

是否参与共谋而未实行者一律成立共谋共同正犯？共谋共同正犯的范围究竟多大？对此问题必须加以明确，以准确区分正犯与共犯。

（1）共谋的事实。

存在二人以上共谋的事实，是成立共谋共同正犯的责任要件。所谓“共谋”，是指二人以上为了实行特定的犯罪，以将各自的意思付诸实现为内容，互相就犯罪的实行进行沟通，从而达成犯罪行为的共识。通过共谋，单纯共谋者与实行担当者一体化的紧密联系得以产生，并且当事人对于共谋行为的内容及随后采取的行为达成一致。共谋不但是共同正犯的主观要件，还是客观要件，属于共同正犯的“入罪事实”①。如此从主观与客观层面双重把握，有利于限制共谋共同正犯的成立范围。

共谋的时间，可以是事前或事中，但不能是事后，因为犯罪行为结束之后的共谋对于犯罪行为的实施已无作用。就事前而言，如甲、乙事先制订好盗窃计划，后由乙亲自去盗窃。就事中而言，如甲在盗窃丙家中的财物时，偶然从丙家房前经过的乙发现了甲的盗窃行为，乙因对丙有仇便主动和甲商量，由乙负责在屋外接应甲，以便甲顺利实施盗窃。此时，甲、乙就是在犯罪行为实施的过程之中进行共同谋议。甲在盗窃到丙家的财物之后，不可能与乙谋议如何进行盗窃，而只可能谋议如何将盗窃到的财物予以销赃或窝藏，或如何隐瞒甲的盗窃行为等。此时只能以窝藏、包庇罪来认定事后参与共谋者，而不能认定为共同正犯。

共谋的形式，可以是明示，也可以是暗示；可以是直接的，也可以是间接的。明示共谋是指通过语言或文字等方式明确地提出犯罪的方案、指示等，以使其他共谋者了解、接受，最终相互达成以实施特定犯罪为目的的共同意思。暗示共谋是指通过含蓄的语言或动作，表达、传递行为人内心意欲实施犯罪并支持对方实施犯罪的意图。直接共谋是指各共谋者在某一时间或场所就相互之间要实施的犯罪直接交换意见。间接共谋可以分为车轮共谋和链条共谋（顺次共谋）：由共谋者中一人轮流与其他人共同谋议，最终形成互为一体的共同意思的共谋，称为车轮共谋；顺次共谋是指在数名共谋者之间依次进行的共谋，就像链条一样，一环连接一环，顺次进行，所以又可称为链条共谋。

共谋的内容，是犯罪行为性质，不要求是犯罪细节。共谋共同正犯以共同谋划实施犯罪为内容，如果各共谋人不仅就实施何种犯罪达成了一致看法，而且就具体的犯罪行为的客观附随情状如时间、地点、方法、对象、手段等也达成相同意见，当然成立共谋；但各共谋人未就犯罪行为的客观附随情状进行商议，只是就犯罪行为的性质形成一致意见的，不影响共谋的成立。

（2）实行的必要性。

所谓实行的必要性，是指共谋者中必须有一人或一部分人在共同谋议的基础上直接实施了犯罪构成要件实行行为。换言之，共谋共同正犯的成立是以其他共谋者参与了犯罪的实行行为为必要条件的。“参加共谋的某人着手实行了犯罪”，是共谋共同正犯成立

① ［日］西原春夫：《刑法总论》，东京，成文堂，1977，340 页及以下。

的第一个客观违法要件。[1] 换言之，在共谋达成的前提之下，只有其中的参与人实施了犯罪的实行行为，才可以对全部共谋者进行归责。

单纯的共谋行为，如果没有其他参与人的实行行为或着手实行行为，则为无效的共谋。然而，共谋中的任何一人实施了犯罪的实行行为即可考虑共谋，但未参与者构成共同正犯，这样的标准仍然失之宽泛。为了有效地限制共谋共同正犯的成立范围，必须强化共谋但未参与者与实行行为之间的关联性：未参与实行行为的共谋者，不但对他人的实行行为有清晰的认识，而且希冀通过他人的实行行为来实现自己的犯罪意图。

甲、乙共谋杀人案。甲、乙共谋杀丁并进入丁家。甲手执菜刀站在客厅四下逡巡、找丁，乙手拿铁棍悄悄进入卧室找丁。丁从厕所出来后见到甲大惊，甲迅速举刀砍向丁。乙闻声冲出卧室，丁已被甲刺中心脏倒地身亡。甲、乙共同伪造了丁自杀的现场后逃走。

分析：甲实施了杀害丁这一故意杀人罪的实行行为，乙在卧室寻找丁而未直接动用棍棒对丁施加物理性外力。但是，甲、乙共谋杀丁，对于未碰见丁的乙而言，甲杀死丁和乙自己亲手杀死丁一样，甲的行为其实是乙自己实施杀害丁这一犯罪的手段，故甲、乙二人成立故意杀人罪的共谋共同正犯。

（3）客观实质条件：实行行为分担性。

这是指单纯共谋者的共谋行为对于共同犯罪的实行行为产生了重要参与作用，以至于能够被评价为具有分担实行行为的性质。

根据实行行为的分担性这一客观实质条件，只有在共谋者不仅在主观上对实行行为有精神上的支持，而且在客观上已产生对实行行为的支配作用或与之对等的作用时，才能成立共谋共同正犯。据此，共谋共同正犯可分为两种类型：一种是支配型，另一种是对等型。支配型的共谋共同正犯，是指单纯共谋者对实行担当者具有实质的支配作用。所谓实质的支配作用，是指实质促使犯罪意图形成、指导犯罪的进程、提供犯罪的方向、对实行担当者产生强烈心理约束等重要作用。对等型的共谋共同正犯是指单纯共谋者与实行担当者等价地分担了犯罪行为，故又称分担型共谋共同正犯。

支配型共谋共同正犯中支配者的地位、作用比较明显，因而在共谋共同正犯的认定上较为容易。而对等型共谋共同正犯中各参与人之间的作用是否对等，需要更多客观实质上的判断："只是挑起了直接实施者的犯意或者加强其犯意者只作为教唆犯或从犯"，必须还要有"共谋者的意思的现实、客观的功能"[2]。因此，在单纯共谋者的共谋行为对于共同犯罪的实行并未产生重要的参与作用的场合，不能被评价为具有实行行为的分担性，自然也不能认定成立共谋共同正犯。此时应直接以帮助犯论处。

杨某某、白某盗窃案。[3] 2023 年 7 月 6 日，白某负责楼下放风，杨某某用在网上购买的开锁工具，进入某小区明某家，盗窃明某存钱罐内现金 2 300 元。二人各分赃 1 000 元，剩余 300 余元用于开支。

分析：此种一般意义上的放风，对于实行者的行为起到了强化、支持犯意的作用，

---

① 参见［日］前田雅英：《刑法总论讲义》（第六版），曾文科译，北京，北京大学出版社，2017，313 页。

② ［日］平场安治：《刑法总论讲义》，东京，有信堂，1961，155～158 页。

③ 参见（2023）内 0824 刑初 156 号刑事判决书。

对于全案的顺利完成没有发挥与盗窃行为同等重要的作用，故乙的行为只能成立盗窃罪的帮助犯而非共谋共同正犯。

四、共同故意犯罪与共同过失犯罪

共同犯罪，是指二人以上共同故意或者过失犯罪。为此，根据是基于共同故意实施犯罪的，还是共同过失行为导致构成要件结果的发生，可以分为共同故意犯罪与共同过失犯罪。我国《刑法》第 25 条第 1 款规定，“共同犯罪是指二人以上共同故意犯罪”。可见，在我国刑法上，共同犯罪和共同故意犯罪是等同的概念。但是，事实上在境外刑事立法和刑法理论上共同犯罪是分为共同故意犯罪和共同过失犯罪两种类型的，分开理解这一对范畴将使对共同犯罪的把握更为准确、全面。

（一）共同故意犯罪

共同故意犯罪，是指二人以上共同故意犯罪。成立共同故意犯罪的条件是：

（1）主体必须是二人以上。此外的二人以上，并不需要所有行为人均达到刑事责任年龄或具有刑事责任能力，只要其共同实施了符合构成要件的行为，即能够成为犯罪的主体。

（2）在客观上，共同犯罪的行为人共同实施了符合犯罪构成要件的行为即可，并不要求共同犯罪的每个行为人均实施了符合构成要件的行为。例如在“A、B 约定共同实施抢劫行为，A 负责将他人打晕，B 负责取得财物”的案件中，虽然 A、B 中并无一人单独实施了完整的“压制反抗＋取得财物”这一抢劫罪的构成要件，但其通过分工合作，共同实施了抢劫罪的客观构成要件，故在客观上仍然能够成立抢劫罪。

（3）在主观上，共同犯罪的行为人必须具有意思联络，一起故意实施犯罪。此处的“一起故意实施犯罪”包含两层含义：在意志层面，多名行为人对自身行为的危害结果持故意的心理状态，即行为人都明知自己的行为会发生危害社会的结果，并希望或者有意放任这种结果的发生；在认识层面，行为人都认识到自己和其他行为人在共同进行某一犯罪活动。① 此外，如前所述，本书支持部分犯罪共同说，故不同行为人之间的犯罪故意不必完全相同，只要不同行为人主观上欲完成的犯罪之间具有重合，在重合的限度内即可成立共同犯罪。例如“甲、乙约定要去‘治一治’丙，随后甲以抢劫的意思、乙以强奸的意思共同对丙实施了暴力并致其重伤”。虽然二人的犯罪故意并不相同，但因抢劫致人重伤与强奸致人重伤在故意伤害罪范围内重合，所以二人能够就故意伤害罪成立共同犯罪。就此而言，我国《刑法》第 25 条中的“共同犯罪是指二人以上共同故意犯罪”应当被解释为二人以上共同去“故意犯罪”，而非二人以上基于“共同故意”去犯罪。

（二）共同过失犯罪

由于我国《刑法》第 25 条第 1 款明确规定，共同犯罪是指二人以上共同故意犯罪，故理论界与实务界对共同过失犯罪一直存在争议。否定论者认为，尽管对过失共同正犯在理论上应当肯定，在目前我国刑法总则立法框架下，难以为过失共同犯罪与片面共同犯罪找

---

① 在片面共同犯罪的场合，具有意思联络的行为人才能够与其他参与者成立共同犯罪。

到立足的空间，故只能通过立法论的方式进行增补。[①] 与之相对，也有学者基于避免出现法律漏洞的目的，从解释论的角度将我国《刑法》第25条第2款关于“二人以上共同过失犯罪，不以共同犯罪论处；应当负刑事责任的，按照他们所犯的罪分别处罚”的规定解释为“不以共同犯罪论处”，但在对共同过失犯罪的行为人采取共同结果归属的前提下，再实行分别处罚。[②] 此外，2000年11月15日“高法”《关于审理交通肇事刑事案件具体应用法律若干问题的解释》第5条第2款与第7条分别规定：“交通肇事后，单位主管人员、机动车辆所有人、承包人或者乘车人指使肇事人逃逸，致使被害人因得不到救助而死亡的，以交通肇事罪的共犯论处。”“单位主管人员、机动车辆所有人或者机动车辆承包人指使、强令他人违章驾驶造成重大交通事故，具有本解释第二条规定情形之一的，以交通肇事罪定罪处罚。”实务界与学界普遍认为，此项规定在事实上确立了共同过失犯罪的形态。

本书认为，基于避免处罚漏洞的现实需求，原则上应当肯定共同过失犯罪的存在，但基于罪刑法定原则，有必要对它进行一定限制，除在主体要件上与共同故意犯罪一致外，唯有在满足以下条件的情况下，才能肯定成立共同过失犯罪：

（1）二人以上均违反了注意义务，且该共同过失行为导致了危害结果的发生。二人以上的行为方式可以是共同作为，也可以是共同不作为，还可以是作为和不作为相结合。在各行为人之间存在违反共同注意义务的行为是共同过失犯罪成立的客观基础。共同过失行为是指在共同犯罪中各行为人不仅没有履行自己的防止危害结果发生的义务，而且也没有能够促使其他人履行防止结果发生的义务。各行为人共同的作为或不作为导致了危害结果的发生。

（2）各行为人的过失行为与危害结果的发生之间具有刑法上的因果联系。如同共同故意犯罪一般，在共同过失犯罪中，只有“共同过失行为”造成的法益损害才能够同时归责于行为人，因此，若法益损害是由其中一方的过失行为所造成，或者造成法益损害的行为无法查明，则各行为人间便难以成立共同过失犯罪。

郭某、豆某失火罪。[③] 为快速处理垃圾，郭某用打火机将位于两个仓库之间的一堆垃圾点燃，豆某向被点燃的垃圾堆扔塑料薄膜等易燃品助燃。在燃烧过程中突然起风，由于风势较大，二人未能扑灭大火，最终导致直接经济损失240万元。

分析：法院认为，二人的行为构成失火罪。本书认为，本案中两名被告人的行为成立共同过失犯罪。理由在于：一方面，二人均违反了注意义务，且一人引燃、一人助燃的行为共同导致了危害结果的发生；另一方面，本案中的损害结果是二人共同的生火行为所直接导致的，二被告人之行为与结果的发生都具有刑法上的因果关系。因此，二人之行为在理论上能够成立共同过失犯罪。

轮流射击案。[④] 雷某与孔某两人在阳台上，相约选中距离阳台8.5米左右的一个树

---

① 参见谢望原：《共同犯罪成立范围与共犯转化犯之共犯认定》，载《国家检察官学院学报》，2010年第4期，81页。

② 参见张明楷：《刑法学》，6版，北京，法律出版社，2021，545页。

③ 参见（2017）新2901刑初1444号刑事附带民事判决书。

④ 参见最高人民法院中国应用法学研究所编：《人民法院案例选（1992—1996合订本）》，刑事卷，北京，人民法院出版社，1997，256页。

干上的废瓷瓶为目标比赛枪法。二人轮流各射击3发子弹，均未打中，但其中一发子弹穿过树林，将行人龙某打死。

分析：法院经审理认为，二被告人的行为构成过失致人死亡罪。但法院是在并未查明因果关系，即究竟是哪一位被告人的射击行为致人死亡的情况下，径直认为二者的行为成立共同过失犯罪。本书认为，成立共同过失犯罪必须“共同过失行为导致了危害结果的发生”，但在本案中，真正造成法益损害的并非二者的“共同过失行为”，而是其中一个人的行为，且对于成年人而言，在非亲密关系或密切共同体的情况下，原则上仅需要对自身的行为负责，对其他人并不负有注意义务，故本案中的两人只需要确保自身的射击行为没有造成法益损害即可，在无法查明何人的行为造成法益损害的情况下，应遵循“罪疑时有利于被告人”原则，认为二人的行为均不成立过失致人死亡罪。①

周某、徐某重大责任事故案。周某、徐某在未取得电焊作业资格的情况下，承接了徐乙的（另案处理）工厂厂房顶棚的搭建修理工作。当天下午，周某、徐某在用电焊焊接贴片管搭建顶棚过程中，未尽到注意安全的义务，让焊渣溅落引发火灾，共计损失190万元人民币。②

分析：本案法院在并未查明因果关系，即究竟是哪一位被告人施工中的焊渣溅落至仓库中导致责任事故发生的情况下，径直认为“电焊焊接系二被告人共同实施，二被告人都须尽注意义务”，进而肯定二者的行为成立共同过失犯罪。

本书认为：本案与“轮流射击案”的区别在于，电焊工作属于典型的高风险作业，根据我国从业规范的相关规定，两名被告人不但对自身行为具有注意义务，同时对其他共同的工作者也具有警示与提醒义务，故虽然真正造成法益损害的是其中一人让焊渣溅落至仓库的行为，但因为另一方并未履行提醒义务，故可以认为二者存在“共同过失行为”，在造成法益损害的情况下，能够同时归责于二人。

第五节　共犯的基本理论

一、共犯的处罚根据

共犯的处罚根据，指的是为何需要或者说为何能够处罚共犯的问题。众所周知，共犯并未直接实施侵害法益的实行行为，因此为何能够对其科处刑罚便引发一定的争议。

（一）责任共犯论

早期在德国，许多学者持责任共犯论，该说认为，共犯的处罚根据在于共犯使正犯堕落，将他引诱至责任和刑罚中，因而该说又被称为“堕落说”。其经典表述是：“正犯实行了杀人行为，教唆犯制造了杀人犯。”③ 按照此说的逻辑，在甲教唆乙杀害丙的场合，甲之所以需要接受处罚，并不是因为其行为与被害人丙之生命法益受损存在因果关系，而是因为其制造了杀人犯乙。

① 参见黎宏：《刑法学总论》，2版，北京，法律出版社，2016，274～275页。

② 参见（2018）浙0327刑初694号判决书。

③ Hellmuth Mayer, Strafrecht Allgemeiner Teil, 1953, S.319.

但是，责任共犯论在如今，已经几乎没有支持者，主要原因在于：（1）责任共犯论的本质在于极端从属性，即共犯与正犯必须同时具有有责性，但随着违法与有责的区分，如今的通说认为，成立共同犯罪只需要同时具有违法性即可，并不需要共犯与正犯均具有有责性。由此，责任共犯论也就失去了理论根基。（2）该说认为，共犯的处罚根据并不在于其侵害了刑法所要保护的法益，而是在于其“诱惑”了正犯，使其“堕落”，但依照这种观点，教唆犯触犯的应当是一种以被教唆者的生命、自由、名誉、社会地位等概括性利益作为保护法益的“堕落罪”，而与被教唆者的犯罪行为性质无关。但若依此逻辑果真如此，则刑法原则上就应当将这种“堕落罪”作为独立的犯罪类型规定于分则之中，并配置相应的法定刑。[①] 显然，现行刑法并未如此。这也间接说明，立法者认为正犯与共犯的处罚根据应当是相同的。

（二）违法共犯论

违法共犯论（Unrechtsteilnahmetheorie）是在对责任共犯论加以修正的基础上发展起来的学说。该说认为，共犯的处罚根据是其使正犯陷入反社会性的状态，使正犯实施符合构成要件的违法行为，从而扰乱社会的平和状态，造成了对社会安全性的侵害。该说由于不再强调使正犯陷入责任而只是强调使正犯陷入不法，从而与限制从属性说相契合。如德国学者韦尔策尔指出，对共犯的处罚并不单纯地在于与法益损害结果间存在因果关系，也不在于使正犯陷入了罪责与刑罚的境地，而在于其诱发或促进正犯实施了符合构成要件的违法的行为。[②] 与之类似，施特拉腾韦特也明确指出：对共犯进行处罚的理由原则上只可能是教唆犯及帮助犯参与了正犯实施的不法。[③]

在本书看来，违法共犯论同样存在下列问题：（1）与责任共犯论类似，违法共犯论认为，共犯的处罚根据并不是其间接侵害了法益，而是其使正犯实施了符合构成要件的违法行为。但此种观点与前述责任共犯论的观点一致，均存在将共犯的处罚根据建立于其让正犯陷入“违法”（或有责）之境地的行为无价值之上，从而割裂了其与法益损害之间的关联，不符合现行刑法的规定。（2）违法共犯论难以解释帮助犯的处罚根据。在正犯主动要求他人提供帮助行为时，并不是帮助者促使正犯实施了违法行为，反而是正犯让帮助者陷入了违法之中。但依照违法共犯论的逻辑，此时并不应当对帮助犯科处刑罚。

（三）因果共犯论

如今的通说认为，既然刑法的目的是保护法益，则一切犯罪的处罚根据都在于行为侵害了法益。据此，关于共犯的处罚根据也应当从其行为与法益侵害的关联中寻找。在此基础上因果共犯论（惹起说）产生了。据此，正犯的处罚根据在于其亲自实施了犯罪行为，直接侵犯或威胁了法益；共犯的处罚根据则在于，其通过正犯的行为，间接地使法益遭受了侵害或威胁，因而与法益侵害间具有因果关系。由此，因果共犯论将共犯的处罚根据建立在侵害法益之上，能够完美解释对正犯与共犯适用同一罪名的问题，符合各国刑法规范与司法实践，因而迅速得到学界的赞成，成为目前的主流观点，也为本书

---

① 参见［日］松原芳博：《刑法总论重要问题》，王昭武译，北京，中国政法大学出版社，2014，307页。

② Vgl. Welzel, Das Deutsche Strafrecht, 11. Aufl., 1969, S.115.

③ Vgl. Stratenwerth/Kuhlen, Strafrecht Allgemeiner Teil, 6. Aufl., 2011, §11, Rn. 121.

所采纳。在因果共犯论内部，又存在纯粹惹起说、混合惹起说、修正惹起说三种不同的观点。

A教唆伤害案。A教唆B自残身体（轻伤），B接受教唆并将自己的手指砍下（轻伤）。A之行为是否成立犯罪？

A自伤案。A请求B将自己（A）的手砍下（假设对重伤的承诺无效），B同意并将其（A）左手砍下。A之行为是否成立犯罪？

纯粹惹起说强调以共犯行为自身的违法性为基础考虑共犯的违法性，全面肯定违法的相对性，认为：共犯的不法独立于正犯的不法，对违法性的有无与程度应基于各行为人固有的情形进行个别判断，所以，即使正犯是合法的，共犯也可能是违法的，反之亦反。该说不仅肯定“没有共犯的正犯”，而且肯定“没有正犯的共犯”。据此，在A教唆伤害案中，因为A引起了B的法益损害结果，又不具有违法阻却事由，故A的行为成立故意伤害罪的教唆犯，而在A自伤案中，虽然A教唆B重伤自己的行为符合故意伤害罪之教唆犯的成立条件（因为B的行为成立故意伤害罪），但因为其对自己的身体具有完全的自我决定权，因而具有违法阻却事由，A的行为不成立犯罪。①

混合惹起说认为：对共犯的违法性应从共犯之行为本身违法以及正犯之行为违法两方面来把握，其违法性既有由来于正犯的不法的一面，也有由来于共犯独自的不法的一面，唯有二者同时具备时，共犯之行为才具有违法性。由此，混合惹起说承认“没有共犯的正犯”，但否定“没有正犯的共犯”。据此，在A教唆伤害案中，既然B的自残行为并不违法，则A的教唆行为也因为缺少正犯的不法而并不成立犯罪，而在A自伤案中，虽然正犯B的行为因对重伤的承诺无效而成立故意伤害罪，但由于A有权处分自身法益，故A的行为仍然能够因为缺少共犯的不法而难以成立犯罪。

与前述两种观点相对，修正惹起说基于以法益侵害说为基础的客观违法论，全面承认违法连带性，主张法益侵害及其危险这种事实属于客观的存在，为所有参与者所共有；认为既然共犯的不法是来源于正犯的不法，正犯的行为符合构成要件且违法，那么，共犯之行为也符合构成要件且违法，反之亦反。依照此说的逻辑，共犯与正犯属于“一荣俱荣，一损俱损”的关系，既不存在“没有正犯的共犯”，也不存在“没有共犯的正犯”。据此，在A教唆伤害案中，由于B的自残行为并不违法，则A之教唆行为也能够阻却违法；但在A自伤案中，既然正犯B的行为成立犯罪，则即便A对自己的身体具有完全的决定权，A的行为也应当成立犯罪。

本书赞成修正惹起说，理由在于：此三种学说既然均属于因果共犯论的子学说，则当然应当遵循因果共犯论的基本逻辑。而如前所述，因果共犯论认为，共犯的处罚根据在于共犯通过正犯的行为，间接地使法益遭受了损害或威胁，因而与法益侵害间具有因果关系。因此，若此法益对于正犯而言，并非值得保护的法益，即并不存在所谓的“正犯”，则对于共犯而言，当然也就没有侵害任何法益，共犯之行为理应不成立犯罪。因此，在A教唆伤害案中，既然B并未侵害值得保护的法益，其行为并不成立犯罪，即并不存在所谓的“正犯”，则A的行为当然不成立教唆犯，故纯粹惹起说并不妥当。与之

① 参见张明楷：《刑法学》（上），6版，北京，法律出版社，2021，549页。

类似，当行为人间接侵害的是自己完全能够处分的法益时，其也并未侵害值得法律保护的法益，故在A自伤案中，既然A侵害的是自己完全能够处分的身体法益，其行为也并不应当成立教唆犯。此时认为其行为仍然成立犯罪的混合惹起说，其实质上是认为A让B陷入了犯罪的境地，因而有必要加以处罚。但这是典型的违法共犯论或责任共犯论之观点，已然脱离了因果共犯论的范围，为本书所不采。

二、共犯的性质

（一）共犯从属性之提倡

在共犯论领域，共犯的性质问题，即共犯违法性的来源问题，是共犯与正犯关系论最核心、最原始的课题。对此存在共犯从属性与共犯独立性之争。前者认为，共犯的可罚性在于通过正犯之行为间接地侵害了法益，故其可罚性完全从属于（来源于）正犯，因此，在正犯之行为没有现实侵害法益的情况下，共犯之行为也难以成立犯罪。而后者则认为，共犯的可罚性在于共犯的行为本身，故即便正犯之行为没有现实地侵害法益，也可以认定共犯之行为成立犯罪。[①] 除此之外，我国还有学者提出了一种共犯二重性说，该说认为：教唆犯必须通过被教唆人的决意并且去实施他所教唆的犯罪行为，才能达到犯罪目的，所以，就教唆犯与被教唆人的关系来讲，教唆犯具有从属性；同时，教唆犯给予他人以犯罪意图这一行为本身就应该认为是犯罪，所以教唆犯在共犯中又具有相对的独立性。[②]

本书赞成共犯从属性，主要理由在于：如前所述，共犯的处罚根据在于通过正犯的行为间接侵害或威胁了法益，故只要认为刑法的任务是保护法益，则只是间接侵害法益的共犯之成立范围便绝不可能大于直接侵害法益的正犯之成立范围，但依认为共犯具有独立性的观点可能得出与之相悖的结论，如认为只要共犯实施了教唆或者帮助行为，即便正犯并未着手，也能够对其加以处罚，但如此就将使共犯的处罚范围甚至大于正犯的，即出现“没有正犯的共犯”之景象，与既有的理论不相吻合。由此也可以看出，共犯二重性说与独立性说认为共犯的处罚根据是行为人的危险性或反道义性，但这仍然沿用甚至超出了已被抛弃的责任共犯论之立场，因而有所不当。与之相对，共犯从属性说认为：共犯是隐藏在正犯背后的“二次犯罪”，故共犯的成立以存在值得处罚的正犯为前提。既然如此，唯有在正犯着手实行犯罪以后，才能够对其背后的共犯加以处罚。[③]

（二）共犯的要素从属性

共犯的从属性主要包括实行从属性、要素从属性两重含义。所谓实行从属性，是指共犯要具有可罚性，必须正犯已着手实行犯罪；所谓要素从属性，是指共犯要具有可罚性，必须正犯在犯罪成立要件中具备哪些要素的问题。对前一问题，学界已经达成共识。但在后一问题上，理论界仍然存在不同的解释，德国刑法学者M. E. 迈耶概括出夸张从

---

① 参见刘明祥：《论我国刑法不采取共犯从属性说及利弊》，载《中国法学》，2015年第2期，282页及以下。

② 参见伍柳村：《试论教唆犯的二重性》，载《法学研究》，1982年第1期，17～18页。

③ 因为我国刑法理论上不主张处罚与司法实践中几乎不处罚预备犯，所以本书在此仅以未遂犯为例，若正犯实施了值得处罚的预备行为，当然也能够处罚其背后的教唆犯与帮助犯。

属性说、极端从属性说、限制从属性说和最小从属性说四种观点。①

（1）夸张从属性说，认为共犯的可罚性（也可谓成立条件）除必须从属于正犯的构成要件该当性、违法性、有责性之外，还必须从属于正犯的加重、减轻情节。但此观点明显缩小了共犯的处罚范围，因而已经没有学者支持。

（2）极端从属性说，认为共犯的可罚性必须从属于正犯的构成要件该当性、违法性及有责性。

我国刑法通说虽然并未明确表明立场，但从其“一个有刑事责任能力的人，教唆或者帮助一个幼年人或者精神病人，实施危害行为，不构成共同犯罪；教唆者或帮助者作为实行犯罪处理，被教唆者或被帮助者不构成犯罪”② 的论述中不难看出，通说其实也持正犯必须具有刑事责任能力之极端从属性的立场。然而，随着“违法是连带的，责任是个别的”这一理念逐步得到认可，学界逐步认识到，责任针对的是实施了该当构成要件且违法的行为之人，为了对其予以非难，应该根据每个行为人逐一个别地判断要件，故在部分情况下，即便实施了构成要件该当且违法之行为的正犯欠缺责任，也不应当将介入了正犯之行为、间接引起了构成要件该当事实的共犯直接排除在处罚对象以外③，否则或可能产生巨大的处罚漏洞，或不当扩大间接正犯的成立范围。正因为该说存在此种弊端，在如今对极端从属性说也几乎没有学者继续赞成。

（3）限制从属性说，认为共犯的可罚性只需从属于正犯的构成要件该当性与违法性而不必附属于正犯的有责性。该说是目前学界的通说④，也是本书所持的观点。

（4）最小从属性说，认为共犯的可罚性只需从属于正犯的构成要件该当性，故不必要求正犯具有违法性，更不需要其具备有责性。此说在目前仍受部分学者支持。⑤

依最小从属性说与限制从属性说在一般情况下对共犯的处理并不存在区别，但在正犯存在违法阻却事由的情形中，会产生一定的差异。

B伤人案。A正在殴打B。B生来没有血性，胆小如鼠，没有勇气反抗，只敢抱头闪躲。C在旁指导B进行还击，B遂奋起还击，将A打成轻伤。

若按照最小从属性说只要正犯实施了具备构成要件该当性的行为，共犯即具有可罚性之观点，则本案中的C便成立故意伤害罪的教唆犯。按照此逻辑推演，则一切帮助行为人实施正当防卫、紧急避险等违法阻却事由者均能够成立帮助犯，甚至帮助医生进行医疗行为的护士，帮助法警执行死刑的护工等都能够成立故意杀人罪的帮助犯，但此种做法显然让人难以接受。因此，最小从属性说殊为不当。

三、共犯的正犯化

所谓共犯的正犯化，是指立法者将原本成立其他刑法分则规定罪名之共犯的行为，

---

① Vgl. Hellmuth Mayer, Strafrechts Allgemeiner Teil, 1953, S.390f.

② 高铭暄、马克昌主编：《刑法学》，10版，北京，北京大学出版社、高等教育出版社，2022，162页。

③ 参见［日］山口厚：《刑法总论》（第三版），付立庆译，北京，中国人民大学出版社，2018，324页。

④ 参见周光权：《刑法总论》，4版，北京，中国人民大学出版社，2021，362页。

⑤ 参见王昭武：《共犯最小从属性说之再提倡——兼论帮助信息网络犯罪活动罪的性质》，载《政法论坛》，2021年第2期，165页。

基于各种理由直接规定为犯罪，从而无须再依靠共同犯罪理论对它实现评价和制裁，而是将它直接视为“正犯”，直接通过刑法分则中的基本犯罪构成对它进行评价和制裁的一种立法模式。在我国刑法分则的条文中，此类罪名主要集中在危害国家安全罪、危害公共安全罪和妨害社会管理秩序罪这三章中，其典型罪名如《刑法》第107条资助危害国家安全犯罪活动罪、第120条之一帮助恐怖活动罪、第287条之二帮助信息网络犯罪活动罪、第290条第4款资助非法聚集罪，以及第358条第4款协助组织卖淫罪，等等。

采取此种立法模式的理由主要有两个：(1)从程序法上看，在司法实践中经常出现只能抓获帮助者，而不能抓获正犯的现象。按照传统的共同犯罪理论，倘若没有查明正犯是谁，就不可能知道帮助者与正犯是否具有共同的犯罪故意，因而不可能认定实施帮助行为的人与正犯构成共同犯罪。(2)从实体法上看，在技术变革、社会分工等因素的影响下，许多帮助行为自身即具备了独立的社会危害性，甚至在犯罪中开始发挥主导作用，帮助行为的法益侵害性已经等于甚至大于实行行为的。

但是在本书看来，这种帮助行为正犯化的立法模式除了本身引发诸多理论争议外，在司法实践中也至少存在两个问题：首先，如果将网络中针对不特定人的帮助行为一律正犯化（犯罪化），那么将会赋予网络管理者和使用者诸多不恰当的义务，过度限制民众的活动，从而阻滞网络科技的发展；其次，此种正犯化会将处罚范围延伸至帮助犯的帮助犯，模糊可罚行为与不可罚行为之间的界限，存在过分扩大处罚范围，将不具有可罚性的行为认定为犯罪之风险。概言之，在上述争议与弊端得到较为妥善的解决之前，盲目扩大共犯正犯化的范围，显得过于草率，不符合现代刑事法治发展的基本精神，因而有所不当。

第六节　共同犯罪的成立条件、形式和特殊问题

一、共同犯罪的成立条件

共同犯罪的成立条件，是指共同犯罪这一特殊的犯罪形式的成立必须具备的条件。它揭示了共同犯罪与单独犯罪的区别，体现出共同犯罪的特征。应当注意，共同犯罪的成立条件与共同犯罪所犯之罪的构成要件是不同的。前者解决行为人的行为是否成立共同犯罪的问题，后者则解决共同犯罪究竟构成什么罪的问题，不可混为一谈。根据我国刑法关于共同犯罪概念的规定，共同犯罪的成立，必须具备如下条件。

（一）主体条件

成立共同犯罪，必须行为人是二人以上。首先，从数量上看，“二人”是最低的限度，一人不可能成立共同犯罪，有些聚众性犯罪、集团犯罪所要求的人数更多。至于“以上”的上限，法律没有限制，可以是几个人，也可以是几十人，甚至上百人。其次，由于共同犯罪是不法形态，因此，共同犯罪的特殊性只是表现在不法层面，共同犯罪的立法与理论只是解决不法层面的问题；在责任层面，共同犯罪与个人犯罪没有区别。传统观点认为，成立共同犯罪的主体不是泛指所有的人，而是指必须符合犯罪主体条件的人，即必须是达到了刑事责任年龄、具有刑事责任能力的人。如果有刑事责任能力者利用未达刑事责任年龄者或者精神病人去实施犯罪，被利用者之行为不构成犯罪，对利用

者则作为实行犯来处理。[1] 例如，甲教唆自己8岁的小孩实施盗窃行为，实质上是把小孩当作犯罪工具加以利用，因此不成立共同犯罪，应以单独犯罪论处。值得注意的是，并不是只有两个以上完全刑事责任能力人才能成立共同犯罪，只要行为人在相应的犯罪上达到了刑事责任年龄、具备刑事责任能力即可。因此，我国《刑法》第17条第2款规定的相对刑事责任年龄人，如果实施的是法条明示的8种行为，也可以与他人成立共同犯罪。对于实施了这8种行为以外的行为的行为人，应视为无刑事责任能力人，从而不成立共同犯罪。然而，此种认定方法并不妥当。例如，15周岁的甲产生盗窃的意愿后，邀请已满18周岁的乙为其望风。乙随即答应。在乙的帮助下，甲成功窃得10万元现金。按照传统观点，由于甲没有达到盗窃罪的刑事责任年龄，故甲与乙不成立共同犯罪，对乙不能以共犯论处，只能单独定罪。可是这种结论显然让人难以理解：一方面，乙并没有直接实施符合盗窃罪构成要件的实行行为，故其不可能成立盗窃罪的直接正犯。另一方面，甲是在产生盗窃的故意后，邀请乙提供帮助的，乙也并不符合间接正犯的要求。由此可见，传统观点将共同犯罪局限于具备有责性的行为人之做法，存在理论上与实务中的弊端。

本书认为，共同犯罪的主体并不需要具备有责性，只要二人以上共同实施犯罪，并造成了法益损害结果，便应当成立共同犯罪，而后只需要从责任层面个别地判断各参与人是否具有责任以及具有何种责任即可，是否需要承担责任与是否成立共同犯罪并无必然关系。上述案件中，既然甲、乙之行为与法益损害结果间均具有因果关系，则该结果应当同时归属于甲、乙二人的行为，二人之行为应当成立共同犯罪。至于是否需要承担刑事责任，应当根据行为人是否具备刑事责任要素分别进行判断。同时，这里的“人”，不仅包括自然人，也包括法人；不仅包括具有特定身份的人，也包括不具有特定身份的人。因此，法人与自然人、法人与法人、一般主体与特殊主体都可以构成共同犯罪。

（二）客观条件

从客观方面讲，成立共同犯罪必须二人以上有共同犯罪行为。所谓共同犯罪行为，是指各共同犯罪人的行为都指向同一的犯罪，彼此联系、互相配合，成为一个统一的犯罪活动整体。每个人的行为都是共同犯罪行为的一个有机组成部分，每个人的行为都与犯罪结果之间存在着因果关系。它包括以下几方面内容。

(1) 各共犯者的行为都是刑法意义上的行为。首先，各共犯者的行为都是刑法意义上的行为。条件反射的行为、熟睡中的举动、不可抗力下实施的行为，即便造成了严重危害后果，也不能成立共同犯罪。其次，各共犯者的行为必须具有法益危害性，并且达到构成犯罪的严重程度。如果有的行为能够阻却违法，如正当防卫，其他行为人利用它来实施犯罪的，不成立共同犯罪。如果其中有的行为情节显著轻微，危害不大，不构成犯罪，那么实施该行为的人也不能与他人构成共犯。

(2) 各共犯者所实施的犯罪行为必须指向同一的犯罪目标，彼此联系、互相配合，形成一个有机的犯罪活动整体。也就是说，各共犯者的行为不是孤立的，而是围绕一个共同的犯罪目标进行的，每个共犯者的行为都是共同犯罪行为不可或缺的组成部分。

---

① 参见高铭暄、马克昌主编：《刑法学》，10版，北京，北京大学出版社、高等教育出版社，2022，162页。

从行为方式上说，共同犯罪行为表现为三种形式：一是共同的作为，如甲、乙共同将丙杀死。二是共同的不作为，如父母共同遗弃子女。三是作为与不作为的结合，如仓库值班员甲与盗窃犯乙约好，让乙在甲值班时来盗窃，届时甲佯装熟睡。甲的行为是不作为，乙的行为是作为，属于作为与不作为的结合。

从行为分工来看，共同犯罪行为表现为组织行为、实行行为、教唆行为和帮助行为四种方式。在具体共同犯罪中，既可能是共同实施犯罪行为，也可能是同一犯罪行为的不同分工，如甲直接实行犯罪，乙帮助望风。尽管他们在共同犯罪中所处的地位不同，作用也不一样，但是都指向同一犯罪，并且彼此联系、互相配合，所以仍然是共同犯罪行为。

（3）共同实施的犯罪是结果犯时，必须每个共犯者的行为都与犯罪结果之间存在着因果关系。需要指出的是，共同犯罪中的因果关系具有特殊性，不是单个人的行为而是数人的共同行为与结果之间的因果关系。所以，对共同犯罪行为应当统一地加以考察，不能孤立地只就某一共犯者本身的行为是否现实地导致结果发生，来认定其行为与结果之间是否存在因果关系。在共同实行犯罪的场合，共犯者中有一人的行为直接引起犯罪结果的发生，其他共犯者的行为虽然没有直接产生危害结果，但根据共同犯罪行为是有机统一体的特点，也应认为这种行为与危害结果之间具有因果关系。例如，甲、乙共同开枪射击丙，甲射中而乙未射中，致丙受伤，甲、乙均应负故意伤害罪既遂的刑事责任。在各共犯者之间存在分工的场合，如何说明组织犯、教唆犯、帮助犯的行为与犯罪结果之间的因果关系？国外刑法理论有各种不同的学说。本书认为，教唆犯、帮助犯和实行犯的行为作为共同犯罪行为的有机整体，都与犯罪结果之间存在着因果关系。实行犯的实行行为是犯罪结果发生的直接原因，而组织犯、教唆犯、帮助犯的行为是犯罪结果发生的间接原因，他们的行为引起或者促使实行犯实行犯罪。因此，在理解共同犯罪的因果关系时，要将相连续的因果环节适当延长。

（三）主观条件

各共犯者必须有共同的犯罪故意。所谓共同的犯罪故意，是指各共犯者通过犯意的联络、传递、反馈而形成的，明知自己与他人配合，共同实施犯罪会造成某种危害结果，并且希望或者放任这种结果发生的主观心理态度。这种共同的犯罪故意，是维系共犯关系的精神纽带，它使各共犯者的行为在共同的犯罪故意支配下联结为一体，它也是各共犯者承担刑事责任的主观基础。理解共同的犯罪故意，必须注意以下几点。

（1）在一般情况下，各共犯者需要认识到自己不是一个人单独实施犯罪，而是同他人一起，借助他人的行为完成犯罪。至于彼此是否熟识，不影响共同犯罪的成立。在国外刑法理论中，特别强调共犯者之间的意思联络。意思联络，是指共犯者以明示或者暗示的方法表明其愿意共同实施某种犯罪。正是通过意思联络，各共犯者的单个犯罪故意才转化为共同的犯罪故意。不要求各共犯者之间有一定的主观联系，就必然会把刑事责任建立在几个人的不同的行为客观巧合的基础上，也就是说必然会导致所发生结果的客观归罪。① 但是，对共犯者之间的意思联络不能仅仅理解为事前的通谋，实践中存在不

① 参见［苏］A. H. 特拉伊宁：《犯罪构成的一般学说》，薛秉忠等译，北京，中国人民大学出版社，1958，233页。

少事前没有通谋而临时起意的共同犯罪。此外，这种意思联络并不要求在所有共犯者之间都存在，如实行犯与教唆犯、帮助犯分别有犯意联系，而教唆犯与帮助犯之间未必有犯意联系。不具有犯意联系的特殊情况是所谓的“片面的共同犯罪”，即参与同一犯罪的行为人中，一方认识到自己是在和他人共同实施犯罪，而另一方没有认识到有他人和自己共同实施犯罪的情形。

甲、乙盗窃案。甲知道乙晚上欲前往丙家中盗窃，便事先闯入丙家中将其打晕（未造成轻伤以上结果），从而使乙顺利地实施了盗窃行为。

如前所述，本书对于共同犯罪的认定采取因果共犯论，故无论其行为直接造成损害结果的正犯是否认识到有他人协助，只要其行为与法益损害结果间存在物理或心理上的因果关系，行为人便应当承担刑事责任。若否认片面的共同犯罪，则在许多情况下（如前述案例中）便会产生处罚漏洞。需要注意的是，在片面的共同犯罪中，由于一方并未认识到另一方的存在，故应当认为一方为单独犯罪，而另一方为共同犯罪。这样也符合我国《刑法》第 25 条第 1 款关于“共同犯罪是指二人以上共同故意犯罪”的规定。据此，在甲、乙盗窃案中，虽然甲、乙协力实施了抢劫行为，但由于乙并不知晓甲的存在，故乙并不与甲成立共同犯罪，乙也无须对甲的行为负责，因此乙的行为仅成立盗窃罪；但由于甲知晓乙的存在，故对甲应当适用共同犯罪的规定，认定其属于片面的共同正犯，则甲不仅应当对自己实施的压制反抗的暴力结果负责，而且应当对乙造成的财产损失结果负责，宜认定为抢劫既遂。

（2）从认识因素上看，共犯者明知自己是在和他人共同实施行为或者在为行为实施教唆、提供帮助，并且明知他们共同的行为或行为人单独的行为可能或者必然发生某种危害社会的结果。这表明，共同犯罪故意的认识因素在认识内容上具有不同于单独犯罪故意的认识因素的特点，它具有双重性。应强调的是，只需共犯者对危害社会的结果发生的可能有认识，并不需要有具体的预见。这是因为共犯者对其他共犯者究竟会采取什么手段、将会造成什么样的结果，是不可能认识得非常清楚的，但绝不能据此就否定共同犯罪故意的存在。

（3）从意志因素上看，共犯者对于他们的共同犯罪行为会发生的危害社会的结果持希望或者放任的心理态度。在共同犯罪的情况下，犯罪故意的意志因素也是双重的，即对本人的行为会造成的危害结果持希望或者放任的心理态度，对他人的行为会造成的危害结果亦持希望或者放任的心理态度。例如，教唆犯的意志因素中，一方面是对本人的教唆行为会造成他人实施犯罪的结果的希望或者放任的心理态度，另一方面是对被教唆的人的行为会造成危害结果的希望或者放任的心理态度。[①]

（4）共同犯罪故意的表现形式可以是共同的直接故意，如甲、乙共同持械将丙打成重伤；也可以是共同的间接故意，如甲、乙与丙因宅基地发生纠纷，共谋放火烧丙家的房子，明知丙母在房屋内且年事已高，可能被烧死，但对此持放任的态度；还可以是直接故意与间接故意的结合，如前例中甲希望丙母被烧死，乙虽不希望，但持放任的态度。

根据上述共同犯罪的成立条件，下述几种情况下不成立共同犯罪：

---

① 参见陈兴良：《共同犯罪论》（上册），4 版，北京，中国人民大学出版社，2023，307～308 页。

一是缺乏主观联系的同时犯。所谓同时犯，指二个以上的行为人没有共同实施犯罪的意思联络，同时或者在近乎同时的前后对同一目标实施犯罪的情况。如甲、乙与丙有仇，近乎同时在丙的食物中投毒致丙死亡。同时犯，在强调意思联络的刑法理论中，因缺少共同的犯罪故意，故不是共同犯罪，只是同时实施的单独犯，行为人应各负其责。但同时犯，在因果关系的判断上有时困难重重，因此有的国家作了例外规定，如《日本刑法典》第207条。① 这是数人同时对被害人造成伤害，在不能辨认所加伤害的轻重或为何人所伤的情况下，作为共同犯罪处理的特例。《日本刑法典》的这种特例，可供参考。②

二是超出共同故意范围的犯罪，即所谓"共犯逾越"。司法实践中，一般对超出共同犯罪故意范围的过限行为，由实施过限行为者独自承担责任；对非过限部分，作为共同犯罪行为的组成部分，按共同犯罪对待。例如，甲教唆乙强奸丙女，乙强奸之后又临时产生杀人灭口的故意，将丙女杀害。乙的杀人行为是共同犯罪故意之外的过限行为，乙应独自承担责任。至于强奸行为，乙与甲构成共同犯罪。

二、共同犯罪的形式

共同犯罪的形式，是指二人以上共同犯罪的内部结构或者说各共同犯罪人之间的结合方式。共同犯罪的形式不同，其社会危害性就有差异。因而研究共同犯罪的形式对于认识不同形式的共同犯罪的特点及社会危害程度，从而在惩处上区别对待，具有十分重要的意义。刑事立法与刑法理论依据不同的标准，对共同犯罪的形式作了不同的划分，主要有以下几种。

（一）以共同犯罪能否任意形成为标准，分为任意的共同犯罪与必要的共同犯罪

任意的共同犯罪是指刑法分则规定的一人能够单独实施的犯罪由二人以上共同故意实施而构成的共同犯罪。如故意杀人罪、放火罪、盗窃罪等，既可以由一人单独实施，也可以由二人以上共同实施，当二人以上共同故意实施时，就是任意共同犯罪。刑法总则规定的共同犯罪以及刑法总论研究的共同犯罪主要是任意共同犯罪。

必要的共同犯罪是指刑法规定必须二人以上才能构成的犯罪。它以犯罪主体在二人以上为必要条件。根据刑法分则的规定，必要共同犯罪主要有两种形式：第一种是聚众性共同犯罪。这是以不特定多数人的聚合行为为犯罪构成要件的共同犯罪，如聚众斗殴罪、聚众持械劫狱罪等。这类犯罪在罪名上大多被冠以聚众二字，但也不尽然。相反，被冠以聚众二字的犯罪也不全是共同犯罪。例如，《刑法》第291条规定的聚众扰乱公共场所秩序、交通秩序罪，刑法规定只处罚首要分子，或者说只有首要分子才是该罪的主体，只有首要分子的组织、策划、指挥行为才是犯罪行为。当首要分子为二人以上，共同组织、策划、指挥聚众犯罪时，构成共同犯罪自不待言。但当首要分子只有一人，就是一人以聚众方式犯罪时，无共同犯罪可言。由此可见，聚众犯罪不一定是共同犯罪。

---

① 该条规定，二人以上实施暴行伤害他人的，在不能辨别各人暴行所造成的伤害的轻重或者不能辨认何人的行为造成了伤害时，即使不是共同实行的，也依照共同犯罪的规定处断。

② 参见［日］西田典之著，［日］桥爪隆补订：《日本刑法各论》（第七版），王昭武、刘明祥译，北京，法律出版社，2020，50～51页。

第二种是集团性共同犯罪，即以组织、领导或者参加犯罪集团为构成要件的共同犯罪。具体有两种情况：一是组织、领导、积极参加犯罪集团的数人所构成的共同犯罪，二是只要二人以上参加犯罪集团的即可构成共同犯罪。

关于对行犯是否属于必要的共同犯罪，理论界还有争议。所谓对行犯，亦称对向犯，是指二人以上互以双方的对应行为的存在为条件的犯罪。根据我国刑法规定，对向犯中，有的规定为同一罪名并适用同一法定刑，如招标人与投标人均可触犯串通投标罪；有的规定为不同罪名并适用不同的法定刑，如行贿罪与受贿罪。本书认为，将对向犯作为共同犯罪形式并不恰当，因为对行犯中双方的行为往往不具有共同犯罪的性质，行贿与受贿即如此，行为人故意的内容不同，而且对向的双方可能只有一方的行为构成犯罪，谈不上共同犯罪的问题，如一方不知他人有配偶而与之结婚，则只有具有配偶的一方的行为成立重婚罪，另一方的行为不构成犯罪。

对于必要共同犯罪应直接按照刑法分则的有关条文论处，而对于任意共同犯罪，由于刑法分则是以单个人犯罪为模式规定的，所以应将刑法分则的有关规定与刑法总则关于共同犯罪的规定结合起来。

（二）以共同的犯罪故意形成的时间为标准，分为事前通谋的共同犯罪和事前无通谋的共同犯罪

事前通谋的共同犯罪，是指各共犯者在着手实行犯罪以前，进行了不同程度的谋议、沟通、联络，从而形成了共同故意的共同犯罪。通谋既可以是口头的，也可以是书面的；既可以是就犯罪的细节进行全面策划，也可以是简单表态，甚至默许。应当指出，对有的犯罪，刑法分则以事前有无通谋作为划分该罪的共同犯罪与他罪的单独犯罪的界限，如《刑法》第310条规定：明知是犯罪的人而为其提供隐藏处所、财物，帮助其逃匿或者作假证明包庇，事前通谋的，构成共同犯罪；如果事前无通谋，则构成窝藏、包庇罪。

事前无通谋的共同犯罪，是指各共犯者在着手实行犯罪或在实行犯罪过程中形成共同故意的共同犯罪。例如，甲正在殴打乙，适逢丙路过，于是甲请丙帮忙，丙应邀与甲一起将乙打成重伤。甲、乙成立事前无通谋的共同犯罪。

较之于事前无通谋的共同犯罪，事前通谋的共同犯罪更容易得逞，犯罪人的人身危险性和行为的社会危害性也更大，因而是刑法关注的重点。

（三）以各共犯者之间有无分工为标准，分为简单共同犯罪和复杂共同犯罪

简单共同犯罪是指各共犯者都直接实行某一具体犯罪构成客观要件行为的共同犯罪，换言之，每个共犯者都是实行犯。通常表现为两种情况：一是各共犯者实行的是相同的行为，如甲、乙共同殴打丙，将丙打成重伤。二是各共犯者虽然实施的是不同的行为，但都属于某一具体犯罪客观方面要件的行为，如在抢劫过程中，甲实行暴力威胁，乙将被害人的钱包抢走。对于简单共同犯罪，因各共犯者都是实行犯，因而处理较为容易。

复杂共同犯罪是指各共犯者之间存在着分工的共同犯罪。司法实践中，通常表现为以下三种形式：一是各共犯者分别实施教唆行为与实行行为；二是各共犯者分别实施帮助行为与实行行为；三是教唆行为、帮助行为与实行行为并存于同一共同犯罪中，如甲教唆乙杀人，丙为乙提供杀人的工具并在门口望风，乙随后实施杀人行为。对于复杂共同犯罪，因各共犯者之间的分工不同，在处理时，应根据各共犯者在共同犯罪中所起的

作用，区别对待。

（四）以共同犯罪有无组织形式为标准，分为一般共同犯罪与有组织共同犯罪

一般共同犯罪是指二人以上为实施特定犯罪事前或者临时结合的无特殊组织形式的共同犯罪。其特点在于结合松散，一旦特定的犯罪完成，共同犯罪的有机体也就不复存在。它可以是简单的共同犯罪，也可以是复杂的共同犯罪；可以是事前通谋的共同犯罪，也可以是事前无通谋的共同犯罪。

有组织的共同犯罪，也就是通常所说的犯罪集团。根据《刑法》第 26 条第 2 款的规定，其是指三人以上为共同实施犯罪而组成的较为固定的犯罪组织。构成犯罪集团，必须同时具备以下条件：首先，从主体的数量上看，必须是三人以上。在社会生活中，一般远不止三人。其次，必须以实施某种或某几种犯罪为目的，即具有明确的目的性。如果不是为了犯罪，而是基于封建迷信思想或出于追求低级趣味而纠合在一起，就不是犯罪集团。再次，必须具有较强的组织性。这主要体现为团体中有明显的首要分子，有比较固定的基本成员，有共同遵守的成文或者不成文的行动纲领或组织纪律，成员之间存在领导与被领导的关系。最后，犯罪必须具有相当程度的稳固性，即集团成员不是纠合起来实施一次犯罪就散伙，而是为了在较长时间里多次实施犯罪活动而结合起来的。但较为稳固并不以实际上已实施了多次犯罪为必要，只要查明该集团是准备长期存在并实施犯罪的，即使只实施了一次犯罪，也成立犯罪集团。按照组织严密的程度，犯罪集团又可分为普通犯罪集团和黑社会性质组织。黑社会性质组织，按照刑法的规定，是指以暴力、威胁或者其他手段，有组织地进行违法犯罪活动，称霸一方，为非作恶，欺压、残害群众，严重破坏经济秩序和社会生活秩序的犯罪组织。如果说普通犯罪集团是有组织犯罪的初级形态，则黑社会性质组织是有组织犯罪的高级形态，是刑法打击的重点。

近些年来，司法实践中还经常使用犯罪团伙这一概念。但本书认为，犯罪团伙并不是一种法律上的概念，不是一种独立的共同犯罪形式，而只是司法实践中根据各类案件归纳总结出的一种对事实的描述，其在规范的判断上应当分属于犯罪集团与一般共同犯罪。因此，在司法实践办理团伙犯罪案件时，应当回归至规范概念本身，其中凡符合刑事犯罪集团基本特征的，应按犯罪集团处理；不符合犯罪集团基本特征的，就应按一般共同犯罪处理。

三、共同犯罪的特殊问题

（一）共同犯罪中的身份问题

刑法中的身份，是指行为人所具有的影响定罪量刑的特定资格或人身状况。当犯罪的成立以行为人具有特定身份为要件时，该犯罪就是真正身份犯，该身份被称为构成身份。当犯罪的刑罚受特定身份影响时，该犯罪就是不真正身份犯，该身份被称为加减身份。共同犯罪与身份的问题在刑法中没有规定，但在司法实践中经常被提出，并且影响到共同犯罪的定罪与量刑，因此有必要在理论上加以探讨。

有些犯罪，法律要求其犯罪主体必须具有一定的身份，例如受贿罪的主体必须是国家工作人员，强奸罪的主体必须是男子，那么是否说无特定身份的人根本不可能构成这些犯罪呢？回答是否定的。无身份者可以构成有身份者实施的真正身份犯的教唆犯或帮

助犯，这已为刑法学界所公认。司法实践中这样的情况也大量存在，例如，非国家工作人员甲教唆国家工作人员乙收受贿赂，对甲就应以受贿罪的共犯论处。那么无身份者能否构成真正身份犯的共同实行犯呢？理论上对此有不同见解。肯定说认为：在某些情况下，不具有特殊身份的人也可以是实行犯。例如，妇女本人虽不能直接与妇女发生性交，但妇女为了让男子强奸得逞，可以实施暴力、胁迫等行为，这一行为正是强奸罪的实行行为的一部分，故妇女可以成为强奸罪的教唆犯、帮助犯，也可以成为强奸罪的间接正犯与共同正犯。① 否定说认为：真正身份犯或者说特殊主体的犯罪，毕竟只有具有一定身份的特殊主体才可能构成，无身份者是不可能实施真正身份犯的实行行为的。② 本书赞成否定说，理由是：首先，这一结论是从真正身份犯的成立条件推导出来的。身份是犯罪主体的构成要素之一，它决定着犯罪主体的性质，因此，无特定身份的人不可能单独完成犯罪。其次，肯定说认为无身份者能够参与真正身份犯的部分实行行为，并以强奸罪为例。这实际上是将强奸罪视为一种复行为犯，即强奸行为由暴力、胁迫等行为与奸淫行为两部分组成，妇女可以参与前半部分实行行为。但是强奸罪是否为复行为犯在我们看来还值得研究，因为从犯罪构成来讲，强奸罪只有一个行为，暴力、胁迫只是手段，它们与奸淫行为构成不可分割的整体。

无身份者与有身份者共同实施犯罪，应如何定性呢？一种意见认为应当根据主犯的基本特征来定罪，另一种意见认为应依有身份的实行犯的实行行为来定罪。③ 本书认为，按主犯犯罪性质定罪的观点是不正确的，因为区分此罪彼罪的标准是行为符合何种犯罪的构成要件，是否为主犯只对量刑有意义，而不是对共同犯罪定罪的根据。在认定真正身份犯时，一般应以行为人是否利用身份实行犯罪为标准，如有身份者与无身份者共同窃取公共财物，当窃取行为利用了有身份者的职务上便利时，其实行行为就符合贪污罪的特征，应定为贪污罪，否则，只能定为盗窃罪。可见，无身份者教唆、帮助有身份者实施真正身份犯时，应以有身份的实行犯的实行行为为根据认定共同犯罪的性质。此外，前述观点在两种不同身份者均实施了实行行为时，就会显得无能为力。

那么，如果具有特定身份的人教唆无特定身份的人实施某一具有特定身份才能构成的犯罪，无特定身份的人的行为是否构成犯罪呢？本书认为，于由自然身份构成的真正身份犯，不具有该种特定身份的人根本不可能实行，如男子不可能教唆妇女去强奸妇女，无特定身份的妇女自然不构成强奸罪。但是，于由法律身份构成的真正身份犯，不具有该种身份的人可以在事实上实施该犯罪的部分实行行为，如系非国家工作人员的妻子，可以代表其系国家工作人员的丈夫收受贿赂。在这种情况下，国家工作人员构成受贿罪的间接正犯，无身份者不过是“无身份但有故意的工具”，应被认定为从犯。但也有无身份者的行为构成另一种罪的情况，例如，邮政工作人员教唆非邮政工作人员毁弃本人经管的邮件的，对邮政工作人员可以作为私自开拆、隐匿、毁弃邮件、电报罪的教唆犯依

① 此说认为，强奸罪既不是亲手犯，也不是身份犯。参见张明楷：《刑法学》（下），6 版，北京，法律出版社，2021，1133 页。

② 参见马克昌主编：《犯罪通论》，武汉，武汉大学出版社，1999，582～583 页。

③ 参见马克昌主编：《犯罪通论》，武汉，武汉大学出版社，1999，583～584 页。

《刑法》第 253 条论处，对非邮政工作人员则按照《刑法》第 252 条以侵犯通信自由罪论处。①

身份除了对定罪具有意义，对量刑也有重要意义。如果有特定身份的人与无特定身份的人共同实施某一犯罪，而法律规定对有特定身份的人应从重、加重或从轻、减轻、免除刑罚，应如何处刑呢？对此一般认为，刑法关于刑罚加减的规定仅适用于不具有加减身份的人，即对有身份的人应依法从重、加重或从轻、减轻、免除刑罚，而对无身份的人则处以通常之刑。这是因为加减身份只反映主体的个人状况，不具有加减身份的人，其行为的社会危害性程度并不受他人身份的影响。

（二）共同犯罪中的犯罪停止形态问题

故意犯罪的停止形态是以单独犯罪为标准论述的，然而在共同犯罪中，同样存在犯罪停止形态的问题，并且由于共同犯罪的特殊性，共同犯罪的犯罪停止形态还具有一些特殊性。

就共同实行犯而言，由于各共同犯罪人的实行行为互相配合，成为一个共同犯罪行为整体，所以对他们的行为应从总体上加以考察。一般说来，二人以上为了实行犯罪而共同预备但由于意志以外的原因而未能着手实行的，均为预备犯；共同正犯已着手实行犯罪，由于意志以外的原因而未得逞的，就是共同正犯的未遂；二人以上共同实行犯罪，部分人的行为导致结果发生，部分人的行为未导致结果发生的，根据“部分实行、全部责任”原则，均以既遂犯论处。

那么，在共同实行犯中能否出现既遂与未遂并存的现象呢？理论上有肯定说与否定说两种观点。肯定说内部又有不同观点。有的认为：未遂只能出现在亲手犯中，因为对于亲手犯而言只有具有一定身份或特殊情况的人亲自实行犯罪行为，才能完成犯罪。对亲手犯的共同实行犯来说，如果有人未完成犯罪，有人完成了犯罪，就应分别情况，对完成犯罪者论以犯罪既遂，对未完成犯罪者论以犯罪未遂。如此才与亲手犯的原理相符合。有的认为：未遂可以出现在行为犯中。如果由犯罪构成的性质所决定，每个人的行为均具有不可替代的性质，那么，共同实行犯中各共同犯罪人之行为的未遂或既遂就表现出各自的独立性。一个共同犯罪人之行为的未遂或既遂并不标志着其他共同犯罪人之行为的未遂或既遂。② 否定说则认为，任何一个共同犯罪人之行为既遂状态的出现，都包含了其他共同犯罪人的共同协力，因此，对其他共同实行犯也应作为既遂犯看待。③

本书认为，在数人共同实行犯罪的场合，虽然各共犯者的行为联结为一个有机的整体，但是必须承认，各共犯者的实行行为有相对的独立性和不可替代性，如：二人共同越狱，甲先翻墙成功，乙随后翻墙时，被看守发现以致未能逃脱。乙的目的未达到，其实行行为并不因甲的行为完成而完成。这同二人共同杀人，只要其中一人的行为致人死亡，二人的目的就达到的情形是不同的。所以对此作未遂处理似乎较为合理。二人以上轮奸时也应如此处理。可见，肯定说应比较符合司法实践。那么，是限制在亲手犯的范

---

① 参见陈兴良：《刑法适用总论》（上卷），3 版，北京，中国人民大学出版社，2017，460 页。

② 参见陈兴良：《共同犯罪论》（下册），4 版，北京，中国人民大学出版社，2023，810 页。

③ 参见叶高峰主编：《共同犯罪理论及其运用》，郑州，河南人民出版社，1990，238 页。

围内，还是限制在行为犯的范围内呢？事实上，从论者所举的实例来看，均为强奸罪、脱逃罪，二者并无本质差别。不过一般认为行为犯只要实行了刑法分则条文所规定的行为，即按犯罪既遂定，似乎没有存在犯罪未遂的余地，所以亲手犯的提法较为科学。当然，关于亲手犯的概念目前尚无定论，还有待进一步研究。

（三）共同犯罪的中止与共犯关系脱离

我国《刑法》第 24 条第 1 款规定："在犯罪过程中，自动放弃犯罪或者自动有效防止犯罪结果发生的，是犯罪中止。"该条规定的犯罪中止既包括单独犯罪的犯罪中止，也包括共同犯罪的犯罪中止，因此，在共同犯罪中，必须是出于自己的意志自动停止了犯罪，且有效地阻止了其他共犯者进一步实施犯罪行为，从而有效地防止了结果的发生，才能够成立共同犯罪的中止犯；其他没有自动中止意图与中止行为的共同正犯者则是未遂犯（如处于预备阶段则是预备犯）。

不难看出，受中止犯的条文限制，即便行为人与其他共犯者解除了共犯关系，消除了自己的行为与结果之间的因果关系，但由于其他共犯者并未停止犯罪，最终未能有效防止结果发生，故无法适用犯罪中止理论。但如此一来，由于对共同犯罪适用"部分实行、全部责任"的归责原理，必将对行为人按照既遂犯处理。如此，却又显得过于严苛。于是，共犯关系脱离的概念顺势而生。共犯关系的脱离是指在共同犯罪的任何阶段，部分共犯者放弃了犯意，脱离了共同犯罪，而其他共犯者继续实施并完成了犯罪的情形。本书对共犯关系脱离的判断基准持"规范的因果关系遮断说"①，依该理论共犯关系脱离的成立主要具备两个条件：（1）主观基准条件，即行为人主观上表达了脱离共同犯罪的意思并为其他共犯者所认可。主观上的脱离意思是脱离者内心不再参与犯罪的恶性减弱之体现。表达了脱离意思并为其他共犯者所了解，则意味着共犯者在共同犯罪意思上的瓦解。作为实现刑罚个别化，鼓励犯罪人从共同犯罪中后退的制度设计，该条件是对共犯关系脱离者从轻、减轻处罚甚至不罚的主观根据，因为它们意味着脱离者对其他共犯者的行为及结果的因果影响力开始消失。由于共犯关系的脱离并不属于中止犯的范畴，故无论行为人在主观上是否具有任意性，只要其以明示或暗示的方式表达了脱离的意思，或者因情势变更变相地表达了脱离意思，且已为其他共犯者所了解所知悉，则共犯关系脱离的主观基准条件即已具备，然后再进入下一个基准条件的判断之中。否则，如果行为人连脱离的主观基准条件都未达到，则可以在第一个基准条件的判断上就得出脱离不能成立的结论，而无须进入下一个基准条件的判断。（2）客观基准条件：脱离者停止了自己的犯罪行为且解除了与其他共犯者的共同犯罪关系。一方面，行为人必须停止了自己的共同犯罪行为。这表明行为人用客观行动体现了其脱离的主观意思。另一方面，行为人还必须解除了与其他共犯者之间的共犯关系，从而使共犯关系的内部结构发生改变，力量受到削弱，其他共犯者完成犯罪的概率也由此下降。这是对脱离者减免刑罚或出罪的客观事实根据。

需要注意的是，上述两个条件只是判断共犯关系脱离成立与否的必要不充分条件，换言之，在满足上述条件后，并不一定就能得出因果关系已经遮断以及共犯关系脱离可

① 刘艳红：《共犯脱离判断基准：规范的因果关系遮断说》，载《中外法学》，2013 年第 4 期，747～765 页。

以成立的结论。判断共犯关系脱离成立与否，最终还需要从法律评价的角度规范地考察是否已经遮断了行为人与其他共同正犯之间物理上与心理上的因果关系。判断是否遮断，需要规范地考察是否消除了自己贡献的因果影响：完全消除了自己贡献的（自然意义上）因果影响的，一般都成立共犯关系的脱离；即便未能完全消除自己贡献的（自然意义上）因果影响，也可能成立共犯关系的脱离。换言之，判断因果影响是否消除，是从法律规范角度评价的问题，而不仅仅是对事实的考察。

判断是否消除了自己贡献的因果影响，需要根据行为人为共同犯罪行为提供贡献的行为类型以及其为遮断因果关系所作出的行为进行综合判断。以共谋共同正犯为例：在不同类型的共谋共同正犯中，行为人对实行犯提供的帮助类型与帮助程度各不相同，故共谋而未实行者是否能够因消除了自己贡献的因果影响而成立共犯关系脱离，便需要根据不同的共谋共同正犯类型来设定不同的判断标准。共谋共同正犯分为支配型和对等型①：于前者首谋者在共同犯罪中起着制订犯罪计划、引导犯罪进程、指挥犯罪活动、控制犯罪人员等支配性的作用；于后者首谋者在客观上与其他实行正犯一起对共同犯罪的实行发挥着分担作用。故对于首谋者，仅仅符合前述主、客观基准条件还远远不够，必须“恢复到共谋关系成立前的状态”才能认定首谋者消除了自己贡献的因果影响。与之相对，由于对等型共谋共同正犯中共谋者只是单纯地与实行担当者等价地分担了犯罪行为，故对于其而言，并不需要恢复到共谋关系成立前的状态，只需要消除自己谋议行为对其他实行担当者的因果影响，即可成立共犯关系的脱离。

第七节 共同犯罪人的分类与刑事责任

一、共同犯罪人的分类标准

共同犯罪人的分类，是指按照一定标准将共同犯罪人划分为不同的类型。各国立法对共同犯罪人的分类可谓五花八门，但从采用的分类标准来看，不外乎两种。一是分工分类法，即按照共同犯罪人在共同犯罪中的分工或行为的形式，将共同犯罪人分为实行犯、教唆犯、帮助犯，有的还加上一个组织犯。二是作用分类法，即按照共同犯罪人在共同犯罪中所起的作用大小，将共同犯罪人分为主犯、从犯，有的还加上胁从犯。这两种分类方式应当说各有利弊：分工分类法能够客观地反映各共同犯罪人在共同犯罪中的实际分工及联系形式，可以很好地解决对共同犯罪人的定性问题。但是对共同犯罪人予以分类的目的是确定各共同犯罪的刑事责任的大小，而刑事责任的大小取决于行为的社会危害性的大小，进而与行为人在共同犯罪中所起的作用紧密联系，分工分类法不能充分揭示各共同犯罪人在共同犯罪中所起的作用，难以很好地解决对共同犯罪人的量刑问题。作用分类法则正好相反：它虽然有助于解决各共同犯罪人的刑事责任问题，但在表明各共同犯罪人在共同犯罪中的分工及彼此联系上，显示出一定的局限性。

本书认为，我国刑法对共同犯罪人的分类，的确存在分类标准不统一的问题，但是，对共同犯罪人从不同的角度，采用不同的分类标准是完全可能的。两种分类的结果虽不

---

① 参见刘艳红：《共谋共同正犯论》，载《中国法学》，2012年第6期，123页及以下。

能并列合一，却可以同时并存。因此，在我国没有明示采取何种共同犯罪人的分类标准的情况下，我们完全可以让二者“兼容并蓄”，即以分工分类法（正犯与共犯）确定参与人的定性及之间的关系问题，以作用分类法（主犯、从犯、胁从犯）解决参与人的量刑问题。这种立法方式，扬两种分类方式之长而避其之短，有助于圆满解决共同犯罪的定性与量刑问题。

二、各种法定共同犯罪人的特征及刑事责任

（一）主犯的特征及刑事责任

《刑法》第 26 条第 1 款规定，“组织、领导犯罪集团进行犯罪活动的或者在共同犯罪中起主要作用的，是主犯。”据此，主犯包括两类：一类是组织、领导犯罪集团进行犯罪活动的犯罪分子，另一类是其他在共同犯罪中起主要作用的犯罪分子。

组织、领导犯罪集团进行犯罪活动的犯罪分子也就是犯罪集团的首要分子，它可能是一人，也可能是多人。这种主犯具有两个特征：其一，它只在犯罪集团这种特殊的共同犯罪中存在，成立犯罪集团是这种主犯存在的前提条件。其二，必须实施了组织、领导犯罪集团进行犯罪活动的行为。组织，是指纠集、串联他人组建犯罪集团，网罗犯罪集团的成员；领导，是指率领犯罪集团进行犯罪活动，制订犯罪活动的计划，布置指派给成员的任务，指挥成员进行具体的犯罪活动。由此可见，这种主犯是犯罪集团的核心，其行为具有极大的社会危害性，是刑法惩治的重点。

在共同犯罪中起主要作用的犯罪分子，也就是指犯罪集团首要分子以外的在共同犯罪中起主要作用的犯罪分子，具体可分为：

第一，犯罪集团中虽不是首要分子，但积极参与犯罪集团的活动的骨干分子。

第二，某些聚众犯罪中的某些首要分子及骨干成员。我国刑法规定的聚众犯罪有三种：第一种是全部可罚的聚众犯罪，即参与违法活动的行为均构成犯罪，如《刑法》第 317 条规定的组织越狱罪、暴动越狱罪等。在这种聚众犯罪中，起组织、策划、指挥作用的首要分子，以及首要分子之外在聚众犯罪中起主要作用的犯罪分子，均是主犯。第二种是部分可罚的聚众犯罪，即参与违法犯罪活动的人中只有首要分子和积极参加者的行为构成犯罪，而一般参与者的行为不构成犯罪的聚众犯罪，如《刑法》第 290 条第 1 款规定的聚众扰乱社会秩序罪等。比较其行为成立犯罪的这两类人员在共同犯罪中所起的作用，显然，只有起组织、策划、指挥作用的首要分子为主犯。第三种是个别可罚的聚众犯罪，即只有聚众进行违法活动的首要分子的行为才构成犯罪，如《刑法》第 291 条规定的聚众扰乱公共场所秩序罪等。如果首要分子只有一人，根本谈不上共同犯罪，也就不存在主犯问题。当首要分子有二人以上时，应根据他们在共同犯罪中的作用区分主、从犯。一些教科书认为聚众犯罪的首要分子均为主犯①，这是不符合聚众犯罪的实际情况的。

第三，在集团犯罪和聚众犯罪以外的一般共同犯罪中起主要作用的犯罪分子。在认定是不是主犯时，应综合考察有关情况，如：在实行犯罪前，是否主动邀约他人，是否

---

① 参见何秉松主编：《刑法教科书》，北京，中国法制出版社，2003，456 页。

积极出谋划策；在实行犯罪过程中，是否冲锋陷阵，实施了主要行为；在犯罪实施完毕以后，是否控制、支配赃物；等等。

关于主犯的刑事责任，根据《刑法》第26条第3款的规定，对组织、领导犯罪集团的首要分子，按照集团所犯的全部罪行处罚。这里所说的“集团所犯的全部罪行”，是指首要分子组织、领导的犯罪集团在预谋犯罪的范围内所犯的全部罪行，不限于其本人直接实施的具体犯罪行为。但对于集团个别成员所独自实施的超出集团犯罪计划的犯罪行为，不能令首要分子负刑事责任。根据《刑法》第26条第4款的规定，对于犯罪集团首要分子以外的主犯，应当按照其所参与的或者组织、指挥的全部犯罪处罚。

（二）从犯的特征及刑事责任

《刑法》第27条第1款规定，“在共同犯罪中起次要或者辅助作用的，是从犯”。据此，从犯也包括两种人：

一种是在共同犯罪中起次要作用的犯罪分子。这里所说的次要作用是相对于主要作用而言的，是指行为人虽然直接实施了具体犯罪的构成客观要件行为，但在整个犯罪活动中较之于主犯所起的作用小。其通常表现为实施次要的实行行为，如按住被害人的手，便于主犯将其杀死。故理论上又称其为次要实行犯。

另一种是在共同犯罪中起辅助作用的犯罪分子。这里所说的辅助作用，是次要的实行作用以外的辅助作用，即行为人不直接实施具体犯罪的构成客观要件行为，而是为共同犯罪的实行创造条件、提供方便。其通常表现为提供犯罪工具，排除实施犯罪的障碍，事前通谋，事后窝藏赃物、隐匿罪犯等有形的帮助；也可以表现为指示犯罪的时机、对象，打探和传递有利于犯罪实施和完成的信息等无形的帮助。故理论上又称其为帮助犯。

由于从犯是相对于主犯而言的，因此在处理共同犯罪案件时，必须根据犯罪分子在共同犯罪中所起的作用是主要作用还是次要作用或辅助作用，对主、从犯加以区分。对此应综合考虑犯罪分子在共同犯罪中所处的地位、对犯罪的实际参与程度，犯罪情节的严重程度，具体罪行的大小等因素来具体确定。

关于从犯的刑事责任，《刑法》第27条第2款规定，“对于从犯，应当从轻、减轻处罚或者免除处罚”。由于从犯的人身危险性和行为的社会危害性都没有主犯的严重，因此根据罪责刑相适应原则，该款确认了必减原则。至于对具体案件中的从犯是从轻、减轻还是免除处罚，应考察共同犯罪的性质、从犯的参与程度、从犯之行为对危害结果发生的作用大小等方面情况，由法官决定。

（三）胁从犯的特征及刑事责任

根据《刑法》第28条的规定，胁从犯是被胁迫参加犯罪的人。胁从犯的特征是，行为人主观上明知自己实施的是犯罪行为，在可以选择不实施犯罪的情况下，虽然不愿意，但客观上仍然实施了共同犯罪行为，而原因是受到了他人的胁迫。所谓胁迫，也就是以剥夺生命、损害健康、揭发隐私、毁损财物等对行为人进行精神上的强制。

在认定胁从犯时，应注意将它与紧急避险区别开来。例如，民航飞机在飞行中突遭武装歹徒劫持，机长为避免机毁人亡，不得已将飞机开往歹徒指定地点。机长的行为是紧急避险，不是劫机犯的胁从犯。此外，如果行为人完全丧失了意思自由，不能选择自己的行为，则由于缺乏主观罪过，也不能成立胁从犯。司法实践中还应注意胁从犯的转化问题。如果行为人起先是被胁迫参加共同犯罪，但后来发生变化，积极主动实施犯罪行为，在共同犯罪中起主要或次要作用，则应分别按主犯或从犯论处。

《刑法》第 28 条规定，“对于被胁迫参加犯罪的，应当按照他的犯罪情节减轻处罚或者免除处罚”。刑法作出这样的规定，是因为胁从犯主观上不完全自愿参加犯罪，主观恶性小，客观上在共同犯罪中的作用小于从犯的，在刑事责任上轻于从犯。这里的犯罪情节主要包括两个方面：一是被胁迫的程度，二是在共同犯罪中所起的作用。至于具体案件中是减轻处罚还是免除处罚，应具体分析。

三、共犯者的种类及刑事责任

（一）教唆犯及其刑事责任

1. 教唆犯的成立条件

根据《刑法》第 29 条的规定，教唆犯是指故意引起他人的犯罪意思，并使他人产生犯罪决意的人。

教唆犯的成立条件包括以下方面：

（1）教唆行为与教唆对象。教唆行为的实质是在他人并无犯罪意思时，让他人产生了犯罪意思。教唆行为的方式不受限制，既包括口头教唆，也包括书面劝说，还包括肢体动作的教唆，如使眼色或做手势（如用手划过脖子）等。同样地，教唆行为的方法也不受限制，包括开导、说服、请求、挑拨、刺激、利诱、怂恿、嘱托、授意、胁迫、欺骗、命令，等等。概言之，只要使他人原初性地产生实施符合构成要件的违法行为的意思，就属于教唆行为。对于已有犯意但尚在犹豫的人，再用言辞予以激发，促使其痛下决心的，也属于教唆行为。

对于教唆犯中的教唆行为只要求行为人实施了唆使他人产生犯罪意思的行为即可，并不要求行为人提供具体的犯罪方法。如果行为人不仅唆使他人犯罪，而且向他人传授所教唆之罪的犯罪方法，则：若被教唆者并未实施被教唆之罪，教唆者的行为应当成立传授犯罪方法罪；若被教唆者实施了被教唆之罪，教唆者的行为应当成立传授犯罪方法罪与所教唆之罪的想象竞合，从一重处断。如果行为人分别向不同的对象实施了教唆行为和传授犯罪方法的行为，或者既教唆某人犯甲罪，又传授了某人犯乙罪的方法，则应当对其数罪并罚。

需要注意的是，成立教唆犯以被教唆者（正犯）具有自由意志且不具有犯罪意思为前提，换言之，一方面，如果教唆者让其产生犯意的行为已经完全压制被教唆者的自由意志，或者教唆者明知自己教唆的人不具有规范意识（如远未达到刑事责任年龄），或者不可能让其形成反对动机，则其教唆行为不成立教唆犯，而只能成立间接正犯；另一方面，如果行为人原本便具有犯罪故意，教唆者只是强化了其犯罪意图，则教唆行为不成立教唆犯，而只能够成立帮助犯。教唆的对象还必须是特定的，可以是特定的个人，也可以是特定的多数人；如果是单位，则该单位必须能够成为所教唆之罪的主体。

（2）因果关系。如前所述，根据因果共犯论，教唆犯的处罚根据在于其与最终的法益损害结果间存在因果关系，故即便行为人实施了教唆行为，但该行为与法益损害结果间不具有因果关系的，教唆者仍然不应当承担刑事责任。例如，A 教唆 B 去杀害 C，但 B 并未理睬。在几日后，B 与 C 发生争执，B 一时冲动将 C 打死。虽然 A 实施了教唆行为，但 B 将 C 杀害的行为并非其教唆行为所引起，与其教唆行为之间不存在因果关系，故 A 不需要对 C 的死亡结果负责。

（3）教唆故意。成立教唆犯必须具有双重故意，即首先要认识到自己的教唆行为会使被教唆人产生犯罪意思，进而实施犯罪，其次要认识到被教唆人的犯罪行为会发生危害社会的结果，且希望或者放任该行为及其危害结果的发生。[①] 因此，若教唆者只是抽象地叫他人“去实施犯罪”，则并不构成教唆。此外教唆的故意应当包括教唆者对犯罪侵害法益的认识，如果教唆者教唆他人实行的是带有选择性的非特定的罪，而且被教唆人实行了某一种犯罪，则应当按照被教唆人所实行的犯罪定罪。例如，甲与乙（女）有仇，教唆丙让其去帮自己消消气，并扬言：只要不弄死，你怎么样都行！则丙接受教唆对乙实施的故意伤害、强制猥亵、强奸等行为均能够归责于甲的教唆行为，甲应当为丙对乙实施的除故意杀人罪以外的犯罪行为承担教唆犯的刑事责任。又如，B 对 A 诉苦说最近没钱了，A 便对 B 说：刑法侵害财产罪一章那么多条文，哪个条文不能搞点钱？由于 A 认识到 B 将会实施侵害财产法益的犯罪，所以无论 B 实施了何种侵犯财产的行为，A 的行为都能够成立相应犯罪的教唆犯。[②] 但是，如果 B 实施了强奸或杀人的行为，则由于性自主决定权或生命法益已经无法为财产法益所涵盖，故 A 的行为当然不能够成立 B 强奸或杀人犯罪的教唆犯。例如，A 知道 B 因为奖学金被 C 以不光彩手段夺取而素有怨气，便给 B 寄去了一把匕首，并附上一句话：要做有血性和勇气的男人！B 看到匕首和纸条后，在 C 回家的路上将 C 杀害。A 便同时具有成立教唆犯的双重故意：一方面，A 明知 B 对 C 心存不满，对于自己寄去匕首与刺激性话语的行为会唤起 B 的杀心这一点有所认识；另一方面，A 认识到 B 将 C 杀害的行为会造成 C 死亡的法益损害结果，但仍然希望该法益损害结果发生，因此，A 的行为成立故意杀人罪的教唆犯。根据责任原理，如果被教唆者对教唆者的意图理解有误，实施了其他犯罪，或者在犯罪时超出了被教唆之罪的范围，则教唆者只对自己所教唆的犯罪承担刑事责任。

2. 教唆犯的刑事责任

根据我国刑法的相关规定，教唆犯的处罚分为三种情况。

（1）教唆他人犯罪的，应当按照他在共同犯罪中所起的作用处罚。这是关于被教唆者已经犯了被教唆之罪，即共同犯罪之教唆犯处罚的原则规定。所谓已经犯了被教唆之罪，是指被教唆人在教唆人的教唆下，实施了所教唆之罪的预备行为或者已经着手实行所教唆的犯罪而未遂，或者已经完成所教唆的犯罪而既遂。按照在共同犯罪中的作用处罚，是指如果教唆犯在共同犯罪中起主要作用，就以主犯论处；如果教唆犯在共同犯罪中起次要作用，就以从犯论处。由于教唆犯在共同犯罪中所起实际作用的情况比较复杂，所以不能一概依造意为首对教唆犯按主犯处罚。

（2）教唆未遂的，可以从轻或者减轻处罚。我国《刑法》第 29 条第 2 款规定，“如

---

① Vgl. Uwe Murmann, Grundkurs Strafrecht, 7. Aufl., 2022, § 27, Rn. 109.

② 当然，必须在符合其他教唆犯成立条件的前提下。

果被教唆的人没有犯被教唆的罪，对于教唆犯，可以从轻或者减轻处罚”。通说认为，只要教唆者实施了教唆行为，无论被教唆者是否实施了所教唆的犯罪，都应当成立犯罪，但“可以从轻或者减轻处罚”[①]。但是，此种观点明显将对教唆犯的处罚建立在教唆犯的主观恶性上，不但过分扩大了教唆犯的成立范围，更存在主观主义刑法之倾向，因而不足为取。本书认为，应当将该款限制解释为：在教唆犯教唆他人犯罪，被教唆人已经着手实行犯罪，但没有犯被教唆的罪时，对教唆犯才可以从轻或者减轻处罚。如此，一方面，符合共犯从属性中“实行从属性”的基本法理，合理限制了教唆犯的成立与处罚范围；另一方面，与我国《刑法》第 23 条第 2 款关于“对于未遂犯，可以比照既遂犯从轻或者减轻处罚”的量刑规则相协调。[②]

（3）教唆不满 18 周岁的人犯罪的，应当从重处罚。因为不满 18 周岁的人属于未成年人，思想还不成熟，辨别是非的能力差，容易接受教唆，故必须给予特殊的保护。而且选择不满 18 周岁的人作为教唆对象，本身说明行为人的主观恶性大。因此，刑法规定从重处罚是合理的。值得注意的是，如前所述，教唆的对象必须是有刑事责任能力之人，如果教唆不满 14 周岁的人犯罪或者教唆已满 14 周岁不满 16 周岁的人犯《刑法》第 17 条第 2 款规定以外之罪，则成立间接正犯而不成立教唆犯，也就不应适用这一从重处罚规定。但是间接正犯的危害性更大，如不从重处罚，显然会出现法定刑不协调的现象。正因为如此，有的学者主张，应当按照间接正犯处理并从重处罚。[③]

（二）帮助犯及其刑事责任

1. 帮助犯的成立条件

帮助犯，是指故意为正犯提供帮助，进而使正犯的犯罪更容易得逞的情形。

帮助犯的成立条件包括以下方面：

（1）帮助行为与帮助对象。

帮助行为的方式既可以是有形的，也可以是无形的。前者一般被称为物质帮助，是指提供犯罪工具、犯罪场所等物质性的帮助行为，后者是指精神上、心理上的帮助行为，如提供建议、强化犯意等。帮助行为既可以是作为，也可以是不作为（参见本章第六节）。至于帮助降低危险的行为，不可能成立帮助犯。例如，在甲绑架儿童后，知道真相的乙单纯照顾该儿童的行为，不成立绑架罪的帮助犯。帮助行为的实质在于他人已经产生犯罪故意后，强化他人的犯罪故意或为他人提供帮助，从而使其更为坚定地实施犯罪，因此，一切对他人实施犯罪有益的行为，均能够成立帮助行为。从帮助行为的参与模式看，帮助行为既可以是作为，如主动提供工具、传授犯罪方法，也可以是不作为，如警察在场，应当阻止却不阻止等。

帮助的对象必须是具有自由意志且已经具有犯罪故意的行为人。如果正犯不具有自由意志，则帮助行为可能涉嫌成立间接正犯。若正犯并不具备犯罪故意，帮助者在实施帮助行为的过程中让其只是产生了犯意，则帮助行为便可能成立教唆犯。

---

① 高铭暄、马克昌主编：《刑法学》，10 版，北京，北京大学出版社、高等教育出版社，2022，178 页。

② 参见张明楷：《刑法学》（上），6 版，北京，法律出版社，2021，554～556 页。

③ 参见高铭暄、马克昌主编：《刑法学》，10 版，北京，北京大学出版社、高等教育出版社，2022，177～178 页。

（2）因果关系。

在因果共犯论的语境中，帮助犯的处罚根据在于帮助行为与最终的法益侵害结果或法益遭受侵害危险间存在因果关系，故即便行为人实施了帮助行为，但该行为与法益侵害结果间不具有因果关系，其仍然不应当承担既遂的刑事责任，而仅需要承担未遂的刑事责任。基于同样的道理，若该行为与法益遭受侵害危险间都不存在因果关系，则行为人无须承担任何刑事责任。

A 盗窃案 1。A 知道 B 要去 C 家中盗窃，为 B 提供了一把万能钥匙，但 B 认为用钥匙开门有辱其“神偷”的威名，在 A 离开后转身就将该钥匙扔到河里，并在作案过程中用一根铁丝轻松捅开了 C 家的防盗门，窃取了大量财物。

A 盗窃案 2。A 知道 B 要去 C 家中盗窃，为 B 提供了一把万能钥匙。B 想着用钥匙能够节约时间，减少被发现的风险，就收下了。在作案过程中，B 先使用万能钥匙，但并未打开 C 家的防盗门，遂使用一根铁丝捅开了 C 家的防盗门并窃取了大量财物。

A 盗窃案 3。A 知道 B 要去 C 家中盗窃，为 B 提供了一把万能钥匙。B 对自己的手艺并不自信，想着能够作为“最后手段”使用，就收下了钥匙。在作案过程中，B 在尚未使用万能钥匙的情况下，仅用一根铁丝捅开了 C 家的防盗门并窃取了大量财物。

分析：在上述三个案例中，A 对 B 的帮助程度有所不同。在 A 盗窃案 1 中，由于 B 在 A 离开后随即将钥匙丢弃，故 A 提供钥匙的行为对 B 着手实施犯罪既没有物理上的帮助，也没有心理上的帮助，与 B 实施盗窃的行为缺少因果关系，因而难以成立盗窃罪的帮助犯。在 A 盗窃案 2 中，由于 B 使用 A 提供的万能钥匙后，并未打开防盗门，故 A 的帮助行为与最终的法益损害结果间并不存在因果关系，A 无须承担盗窃罪既遂的刑事责任，但其交给 B 万能钥匙的行为为 B 实施盗窃行为提供了物质与心理上的帮助，与 B 实施犯罪存在因果关系，故 A 应当为 B 实施盗窃的行为承担相应的刑事责任，即成立盗窃罪的未遂犯。而在 A 盗窃案 3 中，虽然 B 并未使用 A 提供的万能钥匙，但 A 的帮助行为对 B 所产生的心理影响仍然存在，使 B 在犯罪时心里更踏实：B 在盗窃过程中清楚地知道，即使自己使用铁丝打不开防盗门，还有 A 提供的万能钥匙可以备用。因 A 的帮助行为强化了 B 的犯意，对 B 提供了精神帮助，故能够认为 A 的帮助行为与最终的法益损害间存在因果关系，A 应当为最后的法益损害结果负责，承担盗窃罪既遂的刑事责任。

（3）帮助故意。

与教唆犯类似，成立帮助犯同样必须具有双重故意，即：首先要认识到自己的帮助行为会强化被帮助人的犯罪意图，并促使其实施犯罪；其次要认识到被帮助人的犯罪行为会发生危害社会的结果，且希望或者放任该行为及其危害结果的发生。①

A 抢劫案。A、B 在一起喝酒。A 说自己资金短缺，想搞点快钱。B 开玩笑说，最近运钞车都是 12 点来，会停留 15 分钟左右，你可以去抢。A 记在心中，于三天后抢劫了运钞车。

分析：虽然 B 的话语强化了 A 的犯罪意图，并最终促使了法益损害结果的发生，但由于 B 纯粹是酒后玩笑，并未认识到自己的话语会强化 A 的犯罪意图，因而缺乏成立帮

① 参见王皇玉：《刑法总则》，8 版，台北，新学林出版股份有限公司，2022，499 页。

助犯的故意。又如：

A 杀人案。A 欲杀害前女友 B，就欺骗 C 说，自己仍然深爱着 B，想给 B 一个惊喜以求复合，希望 C 告诉自己 B 的行踪。C 信以为真，就告诉了他 B 的行踪。A 遂埋伏在路上将 B 杀害。

分析：虽然 C 明知自己提供行踪的行为会强化 A 寻找 B 的意图，促进其实施寻找 B 的行为，但 C 以为 A 是为了给 B 一个惊喜，并不知晓 A 的真正意图是实施故意杀人的犯罪行为，也就并不知晓自己的帮助行为会造成危害社会的结果发生，因而 C 的行为同样不成立帮助犯。

2. 中立的帮助行为

中立帮助行为又被称为外部的中立的行为、日常的行为、职业典型的行为、职业上的相当性或者习惯的业务活动，是指在日常生活中，行为至少在外形上是中立的，即不存在犯罪的主观意思，但这种行为在客观上对正犯的行为起到了促进作用。针对这样的行为，是否应当将其认定为帮助犯，即中立帮助行为的核心问题。在如今进入 Web 3.0 时代的大背景之下，网络中立帮助行为业已成为中立行为的重要表现形式之一。例如，明知他人可能在网页上放置不良信息或者发现会员可能利用所提供的平台从事犯罪活动却继续提供服务的，是否承担作为帮助犯的责任？随着信息时代的到来，信息通信变得极度简易化、高速化，也使一般违法行为法益的侵害产生质和量的扩大化。此外，信息时代的便利使法益侵害变得简单。正因如此，行为人成为帮助犯被起诉的可能性变得更大。

从纯粹的教义学理论来分析，对传统的中立帮助行为不加限制地予以入罪化在某种程度上是符合教义学原理的，因为实施中立帮助行为的行为人并不知道正犯是否一定会实施犯罪行为，其料想对方或许会实施犯罪行为，自己的行为或许会促进对方犯罪行为的实施，从而放任了这一结果的发生，由此在客观上也对正犯的行为产生了促进的效果，与法益侵害结果间存在因果关系。但此种做法存在明显的缺陷：其对中立帮助行为没有作实质的考量，导致了每个人都充当了警察的角色，并将大范围的日常行为认定为犯罪。这反过来内含了扩大共犯成立范围的危险：如果帮助犯是这样无限定、无定型的话，实际上会导致事后对正犯之行为的结果起到促进作用的所有行为，都会该当于帮助犯的客观构成要件，那么帮助犯的成立或处罚范围就可能被不当地扩大化。其弊害就是会导致日常行为性的中立帮助行为被无限制地认定为帮助犯。比如，饭店店主或者服务员听到客人在其饭店谋划实施杀人行为，仍然为他们提供餐饮和酒水服务。由于为客人提供了谋划的机会或者场所，店主或服务员有可能就会被认定为杀人罪的帮助犯。“从经济发展的角度来看，这无疑让每个经营者对消费者的消费意图都具有审查的义务”①，将使处于日常生活的公民陷入恐慌，无法正常进行经营活动，进而阻碍社会经济的发展，有损社会的稳定。

基于上述理由，本书认为，应当对将中立的帮助行为认定为犯罪持缩限态度，并主张对其进行“全面性考察”。唯有在同时满足以下两个条件的情况下，才存在中立帮助行

① 孙万怀、郑梦凌：《中立的帮助行为》，载《法学》，2016 年第 1 期，145 页。

为成立帮助犯的可能：第一，中立帮助行行为的提供者必须对于该中立帮助（行为）被现实利用来实施具体犯罪存在认识、默认，且实际上发生了该具体的犯罪。第二，对照该中立帮助（行为）的性质、客观利用状况、提供的方法等要素，获取该中立帮助的人当中，存在非例外范围的人利用该中立帮助（行为）实施犯罪活动（且）具有高度的盖然性，而中立帮助行为人（在）对此有认识和默认的前提下提供该中立帮助行为。

第十三章　罪　数

罪数，是指行为所对应的犯罪数量，包括一罪（单数）和数罪（复数）。由于犯罪构成要件的复杂性和犯罪发生场景的多样化，犯罪之间存在广泛的互斥、交叉、重合关系，行为人实施一个行为可能触犯数个罪，或者实施数个行为只触犯一个罪。罪数论的基本课题是确定各个法益侵害行为之间的竞合关系，区分犯罪个数，准确定罪和均衡量刑，进而实现罪责刑相适应。因此，罪数论可谓犯罪论向刑罚论的衔接过渡。我国刑法总则中虽然缺少“罪数”专节，仅有“数罪并罚”一节（第 69 条至第 71 条），但刑法分则规定了大量中国式的罪数处理规则，如《刑法》第 266 条诈骗罪中的“本法另有规定的，依照规定”，第 291 条之二高空抛物罪中的“有前款行为，同时构成其他犯罪的，依照处罚较重的规定定罪处罚”，第 157 条规定的“武装掩护走私的，依照本法第一百五十一条第一款的规定从重处罚”，第 149 条规定的“生产、销售本节第一百四十一条至第一百四十八条所列产品，构成各该条规定的犯罪，同时又构成本节第一百四十条规定之罪的，依照处罚较重的规定定罪处罚”，第 240 条规定的对拐卖妇女并“奸淫被拐卖的妇女”的行为以拐卖妇女罪加重处罚，等等。对罪数的处理不是单纯对犯罪行为的计数，它既涉及行为的自然个数，也涉及行为的规范评价。司法实践中的相关规则既来自刑法的明文规定，也来自构成要件的司法解释、指导性案例或者学理认知，但最终都要符合罪数论的教义学原理。

第一节　罪数概述

一、罪数区分的目的

如果行为人一次只实施一个行为，符合一个犯罪的构成要件，对应一档刑罚，对该行为的评价不涉及与其他犯罪的关系，则不存在罪数问题。例如，甲一时冲动，故意持刀砍伤他人的左手致轻伤，甲的一次伤害行为只构成故意伤害罪一罪。如果行为人实施一个行为符合数个犯罪的构成要件，实施多个行为符合多个犯罪的构成要件，或者实施多个行为符合相同犯罪的构成要件，则存在究竟按一罪抑或数罪定罪、单罚抑或并罚的问题。对于这种一对多、多对多、多对一的犯罪情形，为何不直接按照行为个数或者犯罪个数直接累加处置？例如，乙实施一个诈骗行为构成诈骗罪和合同诈骗罪，丙实施一个枪杀行为构成故意杀人罪和故意伤害罪，丁实施多次抢劫行为多次构成抢劫罪。对上述各自的犯罪直接予以并罚处理，绕开罪数论的刑法评价，岂不更简单高效？罪数论中广泛存在法条竞合、想象竞合犯、牵连犯、吸收犯、连续犯、持续犯等多重概念和理论，显然，这些繁杂的罪数种类不是为了案件处理的便捷化，而是为了其他更重要的目的。

1. 在刑事实体法上，区分罪数是为了对危害行为充分、全面评价，避免重复、过度评价

刑法评价的中心是行为，无行为则无犯罪。定罪量刑的过程首先是对行为之法益侵害性的全面评价过程。若评价的范围过窄或者评价的事项过多，那么刑法的适用既违反《刑法》第 5 条规定的罪刑均衡原则，也会背离公众对案件办理的公平正义感受。在定罪方面，定罪的终极体现是判决书中对被告人所定之罪名，罪名对应的内容是犯罪构成要件，罪数论的任务是分析判断行为的个数、侵害法益的个数以及构成要件该当性的个数。例如，张某冒充民政机关工作人员，虚构“向贫困户发放扶贫款需缴纳工本费”的事实，骗得他人财物 10 万元。张某的行为既符合《刑法》第 266 条诈骗罪的犯罪构成要件，也符合第 279 条招摇撞骗罪的犯罪构成要件。这种“同时符合两个犯罪构成要件”的情形便是犯罪的“竞合”。如果在判决中仅评价为诈骗罪，则妨害社会管理秩序的法益侵害性（破坏公众对国家机关的信赖）就难以体现；如果仅评价招摇撞骗罪，则又未体现出其侵害财产法益的一面；如果同时评价为两个犯罪，定罪量刑时应当两罪并罚、从一重罪处罚还是特别法条优于一般法条？这也关系到刑罚与犯罪之间是否一一对应、同一行为是否被重复处罚的问题。再如，王某非法获取建造师执业资格考试的试题、答案（国家秘密），并通过开办“培训班”的方式提供给他人，非法获利 100 万元。王某获取考试内容的行为构成《刑法》第 282 条第 1 款非法获取国家秘密罪，出售考试内容的行为构成第 284 条之一第 3 款非法出售、提供试题、答案罪，第 398 条第 2 款故意泄露国家秘密罪。此时，王某先后实施了两个行为，前者是犯罪的手段行为，后者是犯罪的目的行为。如果以这两个行为之间具有手段与目的的紧密性（牵连关系）而选择“从一重处断”，就会面临评价不充分不全面的疑问：实施两个行为，侵害了两个法益（国家秘密的管理秩序和国家考试的公平秩序），符合两个犯罪的构成要件，只认定其构成一个犯罪并依该罪加以处理，则意味着直接忽视了另一个犯罪的社会危害性及应得的刑罚量。因此，合理的罪数处理规定及其教义学原理是实现定罪准确、罚当其罪、罪刑均衡的保证。

2. 在刑事程序法上，区分罪数是为了合理确定诉讼客体，维持刑事追诉的确定性

刑事诉讼的客体是刑事诉讼主体的诉讼活动所指向的对象，包括需要查明的犯罪事实、对该事实的法律评价以及相关过程中的程序法问题。刑事诉讼的客体具有明确的程序功能，如确定审判管辖的级别、计算刑事追诉时效期限、界定法院审理的范围、避免对相同诉讼客体重复起诉、使针对同一诉讼客体的终审判决产生既判力等。例如，《刑法》第 89 条规定“追诉期限从犯罪之日起计算；犯罪行为有连续或者继续状态的，从犯罪行为终了之日起计算”，因而连续犯、继续犯直接影响追诉时效期限的计算。例如，张某为李某实施的交通肇事行为“顶包”而被判刑，10 年后李某因其他案件主动交代了上述情况，张某再审被改判无罪。问题是：张某实施的《刑法》第 310 条规制的包庇犯罪行为（根据情节，应处 3 年以下有期徒刑、拘役或者管制）是否超过追诉时效期限？如果认为包庇罪是继续犯，追诉时效期限从包庇终了（案发）之日起计算，则本案未超追诉时效期限；如果认为包庇罪不是继续犯而是状态犯，追诉时效期限从犯罪之日（“顶

包”之日）起计算，则本案已超追诉时效期限。[①] 再如，甲积极参加聚众斗殴并失手将本方成员捅刺身亡，对甲是否适用《刑法》第292条第2款的规定论以转化的故意杀人罪？这既是一个条文解释问题，也是罪数问题。如果甲的行为可以按照上述规定论以转化的故意杀人罪，则本案的一审可由中级人民法院管辖。又如乙积极参加聚众斗殴，在打斗过程中将对方停靠在路边的汽车砸毁，乙的行为同时构成聚众斗殴罪和《刑法》第275条故意毁坏财物罪，对于两个犯罪应当数罪并罚还是从一重罪处罚？这是典型的罪数问题。如果认为乙的行为构成想象竞合犯，根据案情选择其中一个重罪论处即可，那么判决后就没有必要以“没有处罚故意毁坏财物罪”为由提出抗诉，或者判决生效后不能提请再审程序，也即“一事不再理”。

黄某包庇、纵容黑社会性质组织案。[②] 黄某任水务局水政监察大队副大队长、大队长期间，收受陈某等人的贿赂款200余万元，在非法采砂等方面给予陈某为首的黑社会性质组织各种帮助、关照，对该团伙的盗采、超采行为不仅不予查处，而且在水务局查处时通风报信。

分析：黄某的行为除构成受贿罪外，还符合《刑法》第397条第1款滥用职权罪，第402条徇私舞弊不移交刑事案件罪，第294条第3款包庇、纵容黑社会性质组织罪的构成要件。本案中既需要合理确定受贿罪与后三个渎职型犯罪之间的关系，也要分析后三个犯罪之间的关系，否则便会使判决书中的定罪错误（定何罪名）、量刑畸轻畸重（是否并罚）影响判决的稳定性，进而影响司法的权威和公信力。

二、罪数区分的标准

区分罪数即确定行为构成的是一罪还是数罪，而在此之前需要首先讨论行为个数，由此必须确定罪数区分的标准。本书主张，确定罪数区分的标准应遵循法益侵害说。

关于行为个数有两种分类：一种是自然意义上的行为单复数，这属于事实层面的行为个数；另一种是构成要件上的行为单复数，这属于评价层面的行为个数（规范意义上的行为个数）。自然意义上的行为单数是指行为人基于一个犯罪意思或犯罪目的而实施一个身体行动，如美国校园枪击案中凶手一次开枪扫射数十人。构成要件上的行为单数是指行为符合一个犯罪的构成要件，若行为符合数个犯罪的构成要件，则为构成要件上的行为复数。如行为人盗窃电力设备的行为符合盗窃罪、故意毁坏财物罪、破坏电力设备罪三个犯罪的构成要件，在自然意义上属于一行为，但在规范意义上则属于复数行为，问题的关键在于对此复数行为该单罚还是并罚。自然意义上的行为个数要求事实查明的全面性，而自然意义上的行为是否构成犯罪，取决于刑法分则明文规定的构成要件的内容，因此，对于刑法上行为个数的判断应当采取构成要件说。按照构成要件确定行为个

---

① 根据《刑法》第87条，法定最高刑为不满5年有期徒刑的犯罪，经过5年期限，不再追诉。关于本案，本书赞成第二种观点，理由是：第一，包庇罪的构成要件行为是“作假证明包庇”，这属于短暂即成的行为而不会持续，持续存在的只是被包庇者李某逃避法律追究的状态。第二，如果认为包庇罪是继续犯，则意味着张某10年不主动供述包庇事实，属于持续10年作假证明包庇。这实际上是将“不自首”认定为包庇罪实行行为的继续，进而造成了一种冲突：自首，可以从宽处罚；不自首，却犯罪成立。

② 参见（2020）粤18刑终212号刑事判决书。

数的意义还在于，司法认定上要全面评价行为的构成要件符合性，如在成立想象竞合犯的场合，行为符合数个犯罪的构成要件，即便最终只定一个罪，也应在起诉书和判决书中逐个表明构成要件符合情况。

罪数的区分与行为个数的判断并不完全相同。根据本书主张的实质犯罪论，构成要件是违法有责类型，刑法的目的是保护法益，犯罪的本质是侵害法益，故犯罪个数的判断应当进一步采用法益侵害说：如果行为符合数个犯罪的构成要件，但最终只侵害了一个法益，或者按照一个法益侵害便足以全面评价所有行为，那么，应以一罪而非数罪论处。否则，简单按照构成要件说区分罪数，一个构成要件行为对应一罪，数个构成要件行为对应数罪，可能导致评价不足或者评价过度，也难以说明符合多个构成要件的复数行为为何在最终处罚上只按一罪论处（想象竞合犯、包容犯等）。例如，甲实施入户抢劫，入户行为符合非法侵入住宅罪的构成要件，抢劫行为符合抢劫罪的构成要件，也即行为符合两个构成要件，但《刑法》第 263 条规定对这两个行为按照抢劫罪加重处罚。其实质理由在于，通过法定刑的升格阻吓该类暴力性财产犯罪，强化对人身、财产法益的保护，对这两个构成要件行为（先非法入户后实施抢劫）按照抢劫罪一罪判处“十年以上有期徒刑、无期徒刑或者死刑”可以更加充分地评价其法益侵害的严重性。这属于两个构成要件行为被法律评价为一罪（法定的一罪）。再如，乙盗窃他人的名贵手表之后，因不喜欢款式而砸毁该手表。乙的第一个自然意义上的行为符合盗窃罪的构成要件，第二个自然意义上的行为符合故意毁坏财物罪的构成要件。对这两个构成要件行为，不认为构成两罪，不予并罚，理由是盗窃既遂之后财产法益受侵害状态一直存在（状态犯），故乙故意毁坏财物行为的法益侵害性没有超出本人实施盗窃行为时的法益侵害性，对事后行为不再认定为犯罪（不可罚的事后行为）。

关于罪数区分的标准在域外理论上存在犯意说、行为说、结果说、构成要件说等，在我国通说为犯罪构成标准说。① 但若不进一步讨论犯罪构成背后的法益侵害关系，在复数行为的场合可能难以得出合理结论。本书提倡法益侵害说，认为在行为个数和犯罪个数上需要强调以下三点：

（1）自然意义上的行为是刑法评价的起点，一个自然意义上的行为可能符合一个或多个犯罪的构成要件，进而在构成要件的评价意义上属于一行为或多行为。

（2）一个构成要件行为侵害一个法益，构成一罪（本来的一罪）；数个构成要件行为侵害数个法益，构成数罪；数个构成要件行为最终具有法益侵害的同一性时，也只构成一罪（概括的一罪）。

（3）一罪应当一罚，但数罪不一定并罚，最终应选择何种罪名、施加何种刑罚，要考量刑法上的特别规定以及“充分全面评价”“避免重复评价”之目的（法定的一罪、处罚的一罪）。

三、罪数的类型

罪数的类型可谓刑法教科书中最纷杂的内容之一，在整体划分上不仅有德国学说、

① 参见高铭暄、马克昌主编：《刑法学》，10 版，北京，北京大学出版社、高等教育出版社，2022，181～182 页。

日本学说，还有国内的各种借鉴改造说。在罪数的大类上，最重要的是哪些属于一罪，之后再判断数罪则更为容易。刑法教科书上一罪的类型有“单纯的一罪、包括的一罪、科刑的一罪”“本来的一罪、法定的一罪、处断的一罪”“实质的一罪、法定的一罪、处断的一罪”，等等。正如根据不同标准可以把大学划分为三六九等，上述类别只要标准能够统一，皆可以成立。对于罪数而言，重要的不是大类而是小类，即刑法教科书中广泛存在的法条竞合、想象竞合犯、牵连犯、连续犯等具体的罪数形态。

本书根据法益侵害说，且为避免使用晦涩的汉语概念，将我国刑法上的罪数类型设定为：

（1）本来的一罪，是指原本就实施了一个构成要件行为，引起了一个法益侵害事实，认定为一个犯罪。这包括纯粹的一罪、法条竞合、继续犯、徐行犯。

（2）概括的一罪，是指反复实施了多个自然意义上的行为，存在数个（数次）法益侵害事实，但基于法益侵害同一性的整体判断，概括认定为一个犯罪即可全面评价。这包括连续犯、集合犯、吸收犯。

（3）法定的一罪，是指实施了多个自然意义上的行为，符合多个犯罪的构成要件，本应认定为数罪，但刑法明确规定为一罪。这是“成文的一罪规则”，更能体现我国刑法的特点，宜作为独立类型。这包括包容犯和转化的一罪。

（4）处罚的一罪，是指自然意义上的行为符合多个犯罪的构成要件，成立多个犯罪，但基于刑罚轻重上的考虑，最终只定一个罪。这包括想象竞合犯和部分牵连犯（刑法例外规定）。虽然处罚的一罪与概括的一罪、法定的一罪都涉及数个犯罪，且最终都只定一罪，但三者的不同在于：对于概括的一罪、法定的一罪，直接选择一个罪名进行定罪评价即可；而对于处罚的一罪，在起诉书和判决书中需要分别评价行为构成的每一个犯罪，它属于真正的犯罪竞合。

（5）并罚的数罪，是指行为符合多个犯罪的构成要件，最终认定为数罪，予以数罪并罚。这包括原则上数罪并罚的牵连犯以及其他并罚的数罪。

第二节　本来的一罪

本来的一罪，在学理上也被称为单纯的一罪、实质的一罪。但是，一方面，该罪数类型并不“单纯”，如法条竞合本质上并非“真竞合”；另一方面，任何罪数的判断都是实质判断，法定的一罪、处断的一罪等其他罪数类型也可谓“实质的”一罪。因此，本书采用最通俗的说法：本来就是一罪。

一、纯粹的一罪

纯粹的一罪，是指行为明显只符合一个犯罪的构成要件，引起了一个法益侵害结果，当然地被认定为一罪。例如，醉酒男子情绪失控，当街持刀割伤路人的喉咙致其轻伤。无论从客观行为还是主观犯意上看，一个杀人行为触犯故意杀人罪一个罪名，刑法的适用简单明了。纯粹的一罪不需要复杂化的评价，因而是最典型的一罪。就“单纯性”而言，纯粹的一罪才是“最单纯”的一罪。

二、法条竞合

（一）法条竞合的概念

法条竞合，又称法规竞合，是指行为人实施的一个构成要件行为，由于法条之间的逻辑关系，貌似同时符合数个法条规定的构成要件，但只能适用其中一个法条，排斥适用其他法条进行评价，从而只成立一罪。换言之，所要评价的行为看起来既符合 X 法条对应的犯罪，也符合 Y 法条对应的犯罪。法条的这种“同时存在”“同时出场”便是“法条竞合”。但这种竞合只是因为两个法条之间存在交叉重合关系，在适用上两个法条之间归根结底是互斥关系：适用 X 法条之后，便不能再适用 Y 法条。例如，甲在道路上压线驾驶机动车致一人死亡（甲负事故全部责任）。该行为符合《刑法》第 133 条交通肇事罪的构成要件——“违反交通运输管理法规，因而发生重大事故，致人死亡”，同时符合第 233 条过失致人死亡罪的构成要件。这两个构成要件在“过失致人死亡”这一点上呈现主、客观要素的重合，但对甲的行为只能按照交通肇事罪定罪量刑，在判决书中不需要引用第 233 条即可实现全面评价。之所以存在这种“形式上的竞合”“实质上的互斥”，是因为第 233 条明文规定“本法另有规定的，依照规定”，第 133 条便是第 233 条在交通领域的“特殊规定”，即便交通肇事罪的量刑偏轻，也要适用该特别法条。这是法条竞合的典型特征。因此，法条之间最终“相互排斥”“择一而存”的关系决定了“法条竞合”只能是“本来的一罪”。

（二）法条竞合的特征

所谓“竞合”即两个以上的事物同时存在于同一场合，有竞争、对垒之意。对于法条竞合，既然法官只需依照其中一个法条进行评价，而无须提及另一法条，那么它本质上是一种“表面竞合”（Scheinkonkurrenz）、“不真正竞合（假竞合）”（unechte Konkurrenz），或者直接称“法条单数”（Gesetzseinheit）。[①] 法条竞合的原因与待决案件中的具体犯罪事实无关，它因立法者业已订立的刑法条文之间存在某种逻辑关系而产生。例如，《刑法》第 335 条医疗事故罪的构成要件是“医务人员由于严重不负责任，造成就诊人死亡或者严重损害就诊人身体健康”，与第 233 条过失致人死亡罪、第 234 条过失致人重伤罪之间存在交叉关系。医疗事故罪是特殊主体在特殊场合以特殊行为方式实施的过失致人死亡罪、过失致人重伤罪[②]，对法条之间的关系不需要结合任何案情即可知晓。

法条之间存在何种逻辑关系时才属于法条竞合？这是法条竞合论的中心问题。德、日刑法学者一般将法条竞合关系划分为“特别关系”“补充关系”“吸收关系”“择一关系”等[③]，这也被引入国内的竞合论或罪数论。但是，法条竞合关系的分类只能根据本国刑法，它本质上是构成要件解释问题。采用的标准越松散，两个法条规定的构成要件之间“纠缠”的可能性越大，从而会将更多更复杂的法条关系引入法条竞合，造成法条竞合论的臃肿化，反而不利于区分这种本来的一罪。在本书看来，法条竞合涉及的法条

---

① Vgl. Rudolf Rengier, Strafrecht Allgemeiner Teil, 13. Aufl., 2021, §56, Rn. 26.

② 医疗过失罪与交通肇事罪一样，在法条上包含了两个以上的法益侵害事实，对应相互独立的犯罪构成，只不过最高司法机关用同一个罪名予以概括。法条竞合是犯罪构成要件之间的竞合，而不是“罪名”之间的竞合。

③ Vgl. Urs Kindhäuser Zimmermann, Strafrecht Allgemeiner Teil, 11. Aufl., 2024, §46, Rn. 5ff.

关系只有一类即“特别关系”。

特别关系，是指X法条与Y法条规定的犯罪构成要件之间存在一般与特殊的关系（Y罪是特殊的X罪），从而在法条的适用上引起了“同时符合X与Y”的“表面竞合”。特别关系也是一种从属关系：X法条所记载的构成要件包含了Y法条记载的全部构成要件，在X法条这个一般法条的基础上，Y法条进一步明确设定了特殊要素。例如，《刑法》第266条诈骗罪与第192条至第198条规定的集资诈骗罪、票据诈骗罪、信用卡诈骗罪、保险诈骗罪等金融诈骗犯罪及第224条合同诈骗罪之间便是从属关系。诈骗罪的行为逻辑是，行为人虚构事实、隐瞒真相致使对方陷入认识错误，对方基于认识错误而处分财物，行为人获得财物，对方受有财产损失。上述特殊的诈骗犯罪与诈骗罪具有完全相同的行为逻辑，只不过这些特殊的诈骗犯罪在犯罪主体、诈骗方式、诈骗对象、诈骗场景等方面不同于普通诈骗。诸如“以非法占有为目的，使用诈骗方法非法集资”（集资诈骗罪）、“冒用他人的汇票、本票、支票”进行金融票据诈骗（票据诈骗罪）、“恶意透支”进行信用卡诈骗活动（信用卡诈骗罪）、“投保人故意虚构保险标的，骗取保险金”（保险诈骗罪）等诈骗行为，均是在第266条诈骗罪范围之内划定的多个特殊诈骗，这些构成要件完全包容于诈骗罪的构成要件。① 因此，诈骗罪是“普通诈骗罪”，集资诈骗罪、合同诈骗罪等是“特殊诈骗罪”，二者是典型的一般法条与特别法条的从属关系。再如，盗窃罪的对象是“公私财物”，枪支、弹药、爆炸物、危险物质是特殊财物，可以成为盗窃罪的对象，因而盗窃枪支、弹药、爆炸物、危险物质的行为当然包含于盗窃罪中，第264条盗窃罪是“普通法条”，第127条第1款盗窃枪支、弹药、爆炸物、危险物质罪（选择性罪名）是特别法条。

具有特别关系的法条竞合还有第267条抢夺罪与第127条第1款抢夺枪支、弹药、爆炸物、危险物质罪；第263条抢劫罪与第127条第2款抢劫枪支、弹药、爆炸物、危险物质罪；第275条故意毁坏财物罪与第116条破坏交通工具罪，第117条破坏交通设施罪，第118条破坏电力设备罪、破坏易燃易爆设备罪，第124条破坏广播电视设施、公用电信设施罪；第264条盗窃罪、第267条抢夺罪、第275条故意毁坏财物罪，与第280条第1款盗窃、抢夺、毁灭国家机关公文、证件、印章罪（选择性罪名）；第140条生产、销售伪劣产品罪与第141条第1款、第142条第1款至第148条规定的生产、销售假药、劣药、不符合卫生标准的化妆品等特殊伪劣产品犯罪；第133条交通肇事罪与第131条重大飞行事故罪、第132条铁路运营安全事故罪；第279条招摇撞骗罪与第372条冒充军人招摇撞骗罪；第308条之一第3款披露、报道不应公开的案件信息罪与第308条之一第1款泄露不应公开的案件信息罪；第364条第1款传播淫秽物品罪与第363条第1款传播淫秽物品牟利罪；第397条滥用职权罪与第399条第1款徇私枉法罪、第400条私放在押人员罪；等等。

如果法条之间不是特别关系，在构成要件上是明显的互斥关系，则这两个法条所划定的“犯罪圈”缺少从属关系，不能称为法条竞合。首先，“补充关系”不是法条竞合。

---

① 这些特殊诈骗罪侵犯的法益除了财产之外，还包括市场经济秩序，在法益范围上这些特殊诈骗罪大于诈骗罪，但法益不是构成要件要素，而是构成要件指向的实质违法性内容，因而不影响法条从属关系的认定。

所谓补充关系，是指两个法条之间存在一个主法条和一个次法条，后者在犯罪构成要件上补充前者，进而形成了一种兜底关系。比如，以危险方法危害公共安全罪与放火罪、决水罪、爆炸罪、投放危险物质罪是补充关系，它与后四个犯罪不存在竞合，因为根据《刑法》第 114 条，以危险方法危害公共安全罪是“放火、决水、爆炸以及投放毒害性、放射性、传染病病原体等物质”以外的“以其他危险方法危害公共安全”的行为，它在构成要件上与后四个犯罪没有交集，一个行为不可能同时符合放火罪和以危险方法危害公共安全罪。其次，“吸收关系”不是法条竞合。所谓吸收关系，是指实施一个行为通常会发展出另一个行为，两个行为符合两个犯罪的构成要件，其中一个犯罪被另一个犯罪吸收，进而只定一罪。对于这种吸收关系，要么没有必要依罪数论加以讨论，如犯罪既遂吸收犯罪预备、犯罪未遂，放火罪的实害犯（第 115 条）吸收放火罪的危险犯（第 114 条），要么属于“概括的一罪”（两个以上的行为触犯两个以上的罪名），而不是本来的一罪。最后，“择一关系”也不是法条竞合。所谓择一关系，是指两个犯罪的构成要件之间彼此矛盾、相互排斥，因而最终只可能成立一罪（“本来的一罪”）。对法条之间的这种关系没有必要认定为法条竞合，如盗窃罪与侵占罪、故意伤害罪（致人死亡）与过失致人死亡罪。

（三）法条竞合的处理规则

法条竞合属于本来的一罪，只能适用其中一个法条。基于充分全面评价和避免重复评价原则，处理规则无非是“特别法条优先”或者“重法条优先”。

1. 在一般情况下，法条竞合应当遵循“特别法条优于一般法条”的原则

在法条竞合的场合，两个法条之间是从属关系，特别法条除规定了一般法条规定的通用要件之外，还描述了本罪某个要素的特征。如果一律适用一般法条（如诈骗罪），那么在行为人实施特别法条规定的构成要件行为（如合同诈骗）时，一般法条就难以凸显行为的特殊性。只有适用特别法条，才能精准评价该行为。

许某等集资诈骗案。① 许某与陆某（案发时在逃）成立公司合作推广“起霸饮料”，以给予商品及积分、每天 2%的分红、炒卖积分等三种获利方式为诱饵，向社会不特定公众吸引投资，投资人最终未获得饮料、分红等利益，公司工作人员“跑路”。广东省深圳市中级人民法院一审认定许某的上述行为构成诈骗罪，广东省高级人民法院改判集资诈骗罪。二审判决书指出：“由于诈骗行为可能发生在社会生活各个领域，发生在不同领域的诈骗行为又有不同的特点，所以刑法对某些发生在特殊领域的诈骗行为，另行规定为其他犯罪如集资诈骗罪、贷款诈骗罪、保险诈骗罪等。在这种刑法另有规定的情况下，应当依据法条竞合关系的适用原则，应当依照特别法条定罪量刑……原判认定该单事实系诈骗行为，违反了法条竞合关系的适用原则，定性不准，应予纠正。”

分析： 虽然一审法院适用诈骗罪（一般法条）也能够反映行为的诈骗性质，但只有认定为集资诈骗罪才更符合诈骗犯罪的特殊案情。如果遇到诈骗案件均只适用诈骗罪，那么集资诈骗罪等特殊诈骗罪也就被架空。如上所述，《刑法》第 266 条诈骗罪、第 233 条过失致人死亡罪、第 235 条过失致人重伤罪都规定了“本法另有规定的，依照规定”，

---

① 参见（2020）粤刑终 519、520、521 号刑事判决书。

指示适用特别法条。这是成文的法条竞合处理规则。在法条没有明文规定此种规则的情况下，只要能够确定法条之间属于法条竞合关系，也应当遵循此种规则。

2. 在刑法有例外规定时，遵循“重法条优于轻法条”的原则

例如，《刑法》第 140 条规定，“生产者、销售者在产品中掺杂、掺假，以假充真，以次充好或者以不合格产品冒充合格产品，销售金额五万元以上不满二十万元的”，构成生产、销售伪劣产品罪。在生产、销售伪劣产品罪之后，《刑法》分则第三章第一节还规定了生产、销售其他特殊伪劣产品的犯罪，这些特殊犯罪各自有不同的立案追诉标准，它们与第 140 条系法条竞合关系，某一犯罪行为同时触犯普通法条和特别法条时本应优先适用特别法条，但是，第 149 条第 1 款规定，“生产、销售本节第一百四十一条至第一百四十八条所列产品，不构成各该条规定的犯罪，但是销售金额在五万元以上的，依照本节第一百四十条的规定定罪处罚”；第 2 款规定，“生产、销售本节第一百四十一条至第一百四十八条所列产品，构成各该条规定的犯罪，同时又构成本节第一百四十条规定之罪的，依照处罚较重的规定定罪处罚”。换言之，若生产、销售特殊伪劣产品（如口罩、防护服等医用器材）未达到立案追诉标准，但销售金额在 5 万元以上的，可以“退一步”适用第 140 条（普通法条），而非认定无罪；若生产、销售特殊伪劣产品达到了立案追诉标准，且销售金额在 5 万元以上，同时构成第 140 条和第 141 条至第 148 条规定的特殊犯罪，则按照“从一重处断”的规则予以处理，不再执着于“特别法条优于一般法条”。

3. 未达到特别法条定罪标准的，认定为无罪

在缺少刑法规定，行为符合特别法条规定的构成要件却未达到入罪标准时，不能再适用一般法条进行处罚，而应认定为无罪。

比如，甲集资诈骗 9 万元，未达到集资诈骗罪入罪标准①（10 万元以上），但该数额达到了诈骗罪的入罪标准（3 000 元至 1 万元以上），那么，能否按照诈骗罪追究其刑事责任？有观点认为，对甲的行为完全可以按照诈骗罪定罪处罚，因为只有当集资诈骗的数额达到入罪标准时，集资诈骗罪与诈骗罪才是法条竞合，否则，集资诈骗行为不符合集资诈骗罪的客观要件，也就不存在“一行为同时符合两个法条”，只能适用诈骗罪。②这种“诈骗罪候补说”实际上将法条之间的竞合关系理解为有条件的想象竞合。

然而，此观点值得商榷。首先，立法者在诈骗罪之外订立集资诈骗罪等多个特殊诈骗罪，恰恰是基于相关经济活动的交易特殊性以及其行为的特定化，以区分市场投资领域和日常生活领域不同类型的诈骗犯罪。如行为人向不特定公众集资时，利用“投资人”的逐利心态，集资数额达几十万元甚至上千万元的情况极为常见，最高司法机关对该类涉众型犯罪设定远高于诈骗罪的立案追诉标准，完全符合立法目的。若设定与诈骗罪相同的入罪标准（如 5 000 元），不仅会造成刑法打击范围过大，而且使集资诈骗罪等特殊诈骗罪形同虚设。因此，不按照普通法条论处，不是处罚漏洞，而是对立法体现的刑事

① 集资诈骗罪现在采用同一立案追诉标准，在入罪数额上不区分自然人犯罪和单位犯罪。关于各金融诈骗罪、合同诈骗罪的入罪标准，参见 2022 年 5 月 15 日施行的“高检”、公安部《关于公安机关管辖的刑事案件立案追诉标准的规定（二）》第 44～51 条、第 69 条。

② 参见张明楷：《诈骗犯罪论》，北京，法律出版社，2021，446 页及以下。

政策考量的尊重。其次，诈骗罪与集资诈骗罪之间的法条竞合关系和具体案情无关。我国刑法对犯罪概念采用了“定性+定量”模式，诈骗罪与其他特殊诈骗罪在客观行为和主观罪责方面呈现从属关系，尽管入罪数额差异很大，也并不影响对法条竞合的判断。集资诈骗罪、合同诈骗罪与诈骗罪完全符合“Y罪是特殊的X罪”这种类型，对法条之间“特殊与一般”的关系仅从构成要件行为上就可以确认。再次，上述观点无法合理解释《刑法》第266条诈骗罪中的“本法另有规定的，依照规定”。无论从文义解释还是目的解释上看，“本法另有规定的，依照规定”意为：本刑法典另行规定了集资诈骗罪、合同诈骗罪等犯罪条文，应依照该特别法条定罪量刑，不再适用第266条诈骗罪。不能将本规定拆分为如下两部分：当集资诈骗数额达到10万元时，集资诈骗罪与诈骗罪是法条竞合，适用集资诈骗罪（特别法条）；当集资诈骗数额未达到10万元时，集资诈骗罪与诈骗罪便不是法条竞合而转变为想象竞合，适用诈骗罪（“从一重处断”）。最后，将集资诈骗等特殊诈骗行为认定为诈骗罪，也会造成罪刑严重不均衡。例如，甲集资诈骗9万元，乙集资诈骗99万元，丙普通诈骗99万元。按照“诈骗罪候补说”，对甲的行为可以适用诈骗罪（数额巨大），主刑的量刑幅度为“三年以上十年以下有期徒刑”；乙的行为同时达到诈骗罪、集资诈骗罪的立案追诉标准，此时属于法条竞合，适用集资诈骗罪（数额较大）①，主刑的量刑幅度为“三年以上七年以下有期徒刑”；丙的行为属于纯粹的一罪，只构成第266条诈骗罪（数额特别巨大），主刑的量刑幅度为“十年以上有期徒刑或者无期徒刑”。将甲、乙对比，乙的集资数额是甲的11倍，但存在“数额大、量刑更轻”的可能；将乙、丙对比，二者的诈骗数额相同，但乙的最高刑为7年有期徒刑，丙的最低刑为10年有期徒刑、最高刑为无期徒刑，刑罚差也悬殊。按照“诈骗罪候补说”，以下疑问无可避免：既然对甲可以适用诈骗罪，那么对乙岂不是更可以适用诈骗罪？既然对丙适用诈骗罪，那么对乙为何不“同罪同罚”？总之，若追求罪刑绝对均衡，曲解明显的“法条竞合”标志，忽视特别法条的犯罪类型化，司法上最终只有一条路——一律适用重法条（诈骗罪）。由此，在立法上的选择只能是：废除一切特别法条，或者将特别法条全部修改为普通法条的加重犯（此时，特别法条优先=重法条优先）。

4.法条竞合的范围不能扩大化

由于刑法中用语的相同或相似，不同法条之间难免使用同义词，但不能据此就认定法条之间存在竞合，进而一律采用“特别法条优先”的处理规则。比如，《刑法》第279条规定的招摇撞骗罪的构成要件是“冒充国家机关工作人员招摇撞骗”，这里的“骗”与第266条中的“诈骗”共用了一个“骗”字，但招摇撞骗罪不是“特殊的诈骗罪”，理由在于：其一，招摇撞骗罪的目的既可能是骗财物，也可能是骗感情、骗职务、骗荣誉等。其二，招摇撞骗罪侵害的法益是“公众对国家机关的信赖”，从构成要件解释上完全可以得出：犯罪既遂的标准不要求实际获得财物或其他利益。如果行为人招摇撞骗他人财物100万元，则属于“一个行为侵害两个法益”，应理解为想象竞合，认定为诈骗罪（最高刑为无期徒刑）。质言之，招摇撞骗罪不是诈骗罪的特别法条，二者之间不是法条竞合关

① 集资诈骗罪“数额较大”的幅度是“10万以上不满100万元”。参见2022年3月1日“高法”《关于审理非法集资刑事案件具体应用法律若干问题的解释》第8条。

系，自然不需要适用“特别法条优先”，不受第 266 条之“本法另有规定的，依照规定”的限制。如此，案件的处理既符合罪刑法定原则，也符合罪刑均衡原则，最大限度避免了刑罚的不充分、不全面。

三、继续犯

继续犯，又称持续犯，是指犯罪着手之后，法益侵害行为在一定时间内始终处于持续状态。这种持续状态必须是行为的持续，无论行为持续时间多长，它始终是一个行为，因而只能被认定为“本来的一罪”。例如，《刑法》第 238 条非法拘禁罪是典型的继续犯，这是因为非法剥夺他人行动自由的行为不是即时完成、即时结束的，该罪不是“即成犯”，法益侵害状态持续是由于非法拘禁行为持续。因此，在犯罪既遂上，非法拘禁罪要求剥夺他人行动自由持续了一定时间（如 24 小时），而不是行为人将他人非法拘禁在某场所便犯罪立刻既遂。根据《刑法》第 89 条，继续犯的追诉时效期限从犯罪行为终了之日起计算，这里的“犯罪行为终了之日”即法益侵害行为的持续状态结束之日。

继续犯具有如下特征：

1. 继续犯只有一个行为，属于构成要件上行为单数

以持有型犯罪为例，持有行为无论持续多长时间，始终只是一个行为。例如，黄某从境外网站下载宣扬恐怖主义、极端主义的视频资料，并将该资料存储到移动硬盘。八个月后案发。黄某的行为构成《刑法》第 120 条之六非法持有宣扬恐怖主义、极端主义物品罪。在这八个月中，持有行为始终处于持续状态，且持有行为只有一个。

2. 法益侵害行为在持续，导致法益侵害状态在持续

如果法益受侵害的状态持续存在，但法益侵害行为已经结束，那么，该犯罪属于“状态犯”。行为的持续并不意味着接连实施数次行为。例如，甲非法将同事乙捆绑并关押在自己的出租屋。无论甲是否在场，是否作出了其他身体动作，只要甲没有让乙恢复行动自由，非法拘禁行为就始终在持续。而在状态犯的场合，行为已经完成，行为人后续的不管不顾、毫不作为，不影响犯罪既遂，只影响法益侵害状态的继续。比如，丙在火车上成功盗窃乘客的行李。盗窃行为从着手到既遂，持续时间可能仅有几分钟甚至几秒钟，但乘客对行李的失控状态（被侵害状态）会持续到案发，甚至失窃的行李永远无法被追回。究竟是侵害行为在持续还是只有法益侵害状态在持续，是继续犯和状态犯的根本区别。

3. 一个构成要件行为针对同一对象、侵害同一个法益

例如，丙一周内每天拘禁一人，每人的拘禁时间持续一个月。丙先后非法拘禁 7 人，直至案发。每个非法拘禁罪都是继续犯，但整体上看，丙的七个非法拘禁行为构成的是连续犯（概括的一罪）而非继续犯（本来的一罪）。再如，丁非法拘禁他人 72 小时，在拘禁过程中因心怀怨恨而故意杀死了该被害人。丁的杀人行为侵害了他人的生命法益，先后两个行为侵害了两个法益，应数罪并罚，而不是按继续犯处罚。

继续犯属于本来的一罪，无论侵犯行为持续时间长短，最终只能是一行为一罪一罚。是否准确认定为继续犯除了影响计算追诉时效，还影响共犯的认定。由于继续犯的法益侵害行为一直在持续，因而存在“事中参与的共犯”。相反，状态犯只是法益侵害状态的

继续，实行行为已经实施完毕，因而在该状态持续过程中不存在共犯参与的可能。例如，甲非法将同事乙捆绑并关押在自己的出租屋。在关押过程中，丙鼓动甲将乙多关两天，丙构成非法拘禁罪的共犯。又如，A 盗窃他人的摩托车，在得手后，B 与 A 联络，B 将该摩托车售卖，得款后二人按比例分成。由于盗窃罪是即成犯、状态犯，B 不构成盗窃罪的共犯，只能构成《刑法》第 312 条规定的掩饰、隐瞒犯罪所得、犯罪所得收益罪。

四、徐行犯

在本来的一罪中，还有徐行犯，也称接续犯，是单次行为实施完毕后不构成犯罪，只有在相同行为接连多次实施之后，每一次的法益侵害风险累积并形成一个完整的法益侵害结果，进而构成一个犯罪。例如，行为人意图故意杀害妻子，连续一年每天往妻子的水杯中投放慢性毒药，最终导致妻子中毒，成为植物人。如果单独看每一次行为，皆没有致人死亡的危险，表面上分别属于“不能犯”，但在 365 个行为累加之后，接连实施的投毒行为产生了致人死亡的危险，构成一个故意杀人罪（未遂）。因此，徐行犯本来就是一个罪：基于一个犯罪故意，徐徐进行一个犯罪，最终量变引起质变。

第三节　概括的一罪

概括的一罪，也称“包括的一罪”，是将数个法益侵害事实概括在一起进行评价，简言之，即“笼统的一罪”“打包在一起的一罪”。

一、连续犯

连续犯，是指基于同一犯罪故意，连续数次实施性质相同的构成要件行为，数次行为均只触犯同一罪名。连续犯的数次行为中的每一次行为都可被单独评价为犯罪（包括犯罪既遂、未遂、中止），由此区别于徐行犯。

连续犯的基本特征是：

（1）行为人基于同一犯罪故意。“连续犯”不等于“连续犯罪”，如果连续实施的行为是基于不同犯罪故意，则不是“连续犯”。比如，甲在周一实施了妨害安全驾驶罪，在周二实施了抢劫罪，在周三实施了高空抛物罪，在周四实施了冒名顶替罪，只能说甲“连续犯罪”“连续犯了数个罪”，属于并罚的数罪而无法概括为一罪。

（2）实施了性质相同的数行为，也即同一构成要件行为（同一罪名）的多次重复。这是它被概括评价为一罪的根本原因。行为人重复实施的同一个犯罪构成要件行为，在自然意义上的行为个数上是复数，在构成要件行为的意义上可以被视为单数。连续犯的数次行为中的每一次行为都可被单独评价为犯罪（包括犯罪既遂、未遂、中止），由此区别于徐行犯。比如，甲一个月内连续实施五次抢劫（既遂），每一次行为都构成抢劫罪，这属于连续犯。其中一次抢劫构成犯罪未遂，也不影响连续犯的认定（多次抢劫＝抢劫罪的加重犯）。

（3）数次同一构成要件行为具有实施的连续性。连续性的判断既要看多次行为在客观上的间隔时间、侵害对象、作案方式，也要看行为人主观上是否具有连续实施某种犯罪的故意、计划、动机、目的等。

对于连续犯，应以一罪论处，不实行数罪并罚。连续犯的每次行为都可以被评价为同一个犯罪，这种“一罪”不是“本来的一罪”，而是被概括评价为一罪。

与连续犯近似的是，我国刑法分则还规定了“多次犯”，有的“多次犯”属于连续犯，有的“多次犯”不属于连续犯。比如，《刑法》第347条第1款规定“走私、贩卖、运输、制造毒品，无论数量多少，都应当追究刑事责任，予以刑事处罚”，第7款规定“对多次走私、贩卖、运输、制造毒品，未经处理的，毒品数量累计计算”。据此，行为人连续多次实施上述涉毒行为的，每一次都独立构成一个犯罪。若长期实施上述行为而未经处理，毒品数量累计计算。这种“多次犯”等于“连续犯”。与之相同的是“多次抢劫”：每一次抢劫行为都独立构成犯罪，行为人多次抢劫的，以抢劫罪判处10年以上有期徒刑、无期徒刑或者死刑，并处罚金或者没收财产。此外，刑法还规定了“多次盗窃”“多次抢夺”“多次敲诈勒索”，分别作为盗窃罪、抢夺罪、敲诈勒索罪在“数额较大”之外的独立入罪标准，由于这种“多次犯”是以“多次实施”为入罪条件，对每次行为不能拆开评价，因而其不属于连续犯。

邝某生产、销售伪劣产品案。[①] 邝某多次从他处购入0号柴油以及轻质循环油、粗白油，并将其混合后对外出售。经检测，该类掺杂柴油系不合格产品。邝某的生产、销售数额合计42万余元。一审法院以生产、销售伪劣产品罪判处邝某有期徒刑2年，并处罚金人民币25万元。邝某以“初犯、偶犯”“主观恶性小”“原判量刑过重”为由提起上诉，请求适用缓刑。二审法院认定，本案是连续犯，持续时间长，并非偶犯，对上述请求不予支持，遂裁定驳回上诉、维持原判。

分析：本案中邝某在一年半时间内连续生产、销售不合格柴油，可见，邝某是基于同一个生产、销售伪劣产品的故意，连续实施了多次性质相同的构成要件行为（在产品中掺杂、掺假，以假充真，以次充好或者以不合格产品冒充合格产品），每一次行为都可以被评价为生产、销售伪劣产品罪，故属于连续犯。连续犯的犯罪数额累计计算，如《刑法》第383条规定“对多次贪污未经处理的，按照累计贪污数额处罚”。2001年4月10日施行的“两高”《关于办理生产、销售伪劣商品刑事案件具体应用法律若干问题的解释》第2条第4款规定，“多次实施生产、销售伪劣产品行为，未经处理的，伪劣产品的销售金额或者货值金额累计计算”。连续犯属于一罪，但并不意味着行为人的主观恶性比实施数罪时更小，由于它是“概括的一罪”，行为人连续实施同一犯罪，不属于初犯、偶犯。根据《刑法》第89条，连续犯的追诉时效从犯罪行为终了之日起计算，本案的追诉时效期限从最后一次生产、销售行为实施完毕之日起计算。

二、集合犯

集合犯，是指犯罪构成要件本身已经预设了数个同种类行为，行为人反复实施该类行为的，只构成一罪。如《刑法》第303条第1款赌博罪规定，“以营利为目的，聚众赌博或者以赌博为业的，处三年以下有期徒刑、拘役或者管制，并处罚金”。其中，作为犯罪成立要件的“以赌博为业”，表明它预设了特殊的犯罪类型——行为人将反复实施赌博

---

① 参见（2021）粤06刑终590号刑事裁定书。

行为作为一种营收业务或者收入来源，而且这种反复性不要求无间断地实施此一行为。这种类型的赌博罪也被称为“营业犯”“职业犯”“常业犯”，无论将赌博作为“主业”还是“副业”，均不影响本罪的认定。《刑法》第 336 条第 1 款规定“未取得医生执业资格的人非法行医，情节严重的，处三年以下有期徒刑、拘役或者管制，并处或者单处罚金”，其中的“非法行医”本身也预设了多次非法从事诊疗活动，而非每次非法诊疗行为均构成一个犯罪，因此，非法行医人也是将非法行医作为职业或者业务反复实施。概言之，这些反复实施的行为被概括到一个犯罪构成要件中，最终被认定为概括的一罪。

三、吸收犯

吸收犯，是指行为人实施的行为符合数个构成要件，本应构成数罪，但因某种评价上的原因，其中一个犯罪行为吸收了其他犯罪行为，被吸收的犯罪不再被单独评价，最终只被认定为一罪。由于这种概括的一罪实际上是数行为数罪，若按照一罪论处的话，等于凭空“蒸发”了一个罪，直接影响刑法评价的充分全面性，因而吸收犯的存在范围应受限制，否则，即便是极重罪吸收了极轻罪，极轻罪的评价阙如，也有损罪刑均衡原则。由此，刑法理论上出现了取消吸收犯的观点。本书认为，吸收犯的概念可以保留，但应被限缩在一定范围内，具体包括“附随犯”和“不可罚的事后行为”两类。

所谓附随犯，是指一个行为引起了数个法益侵害结果，本应构成数罪，但是其中一个次要法益侵害行为常常是紧随主法益侵害行为而发生的，在社会观念上只评价主法益侵害行为，概括认定为一罪，不会冲击罪刑均衡原则。典型的附随犯是，行为人以杀人的故意开枪射击他人的胸部，同时导致被害人身穿的名贵衣服被子弹毁坏。此时，因杀人的故意涵盖了毁坏财物的故意，仅评价为一个故意杀人罪，不评价为故意毁坏财物罪，符合社会的习惯认知，不违背公众的法感情，也能够实现罪刑相适应。这种一个杀人行为触犯两个罪名，近似于想象竞合犯，但它与想象竞合犯的最大不同在于，在起诉书和判决书中仅评价为故意杀人罪一罪即可，不需要同时评价为两个罪。因此，附随犯属于概括的一罪，想象竞合犯属于处罚上的一罪。

所谓事后不可罚的行为，也称“共罚的事后行为”，是指行为人的前一个犯罪行为实施完毕之后，又实施了另一个犯罪构成要件行为，这两个行为在形式上貌似构成两罪，但基于实质犯罪论的总体评价，对后一行为不再予以定罪处罚。事后不可罚的行为表现在两个层面：一是，经过实质违法性（法益侵害论）的评价，对事后行为不再定罪处罚。例如行为人先盗窃财物后毁坏该财物，由于前后两个行为针对的法益具有同一性，只定盗窃罪即可实现充分评价；二是，经过实质有责性（规范责任论）的评价，事后行为不具有可责难性。例如行为人实施盗窃之后的销赃行为、实施故意杀人后的毁灭证据行为，属于不具有期待可能性的事后不可罚行为。

除上述两类之外，若数个行为构成数个犯罪，都不应采取“重罪吸收轻罪”的处理方式，不能因为行为人实施的两个犯罪之间的刑罚悬殊，就直接按照重罪一罪论处。例如，甲因故意杀人罪既遂应被判处死刑，因杀人后醉酒驾驶机动车应当被判处拘役 3 个月，不能因为死刑与拘役之间的极大落差而直接采用“故意杀人罪吸收危险驾驶罪”，对甲仍然应当数罪并罚，只不过最终在宣告刑上让“死刑吸收拘役”。

第四节 法定的一罪

在“法定的一罪”的场合，行为人实施了数个行为，侵害了数个法益，本应当数罪并罚，只不过由于刑法的特殊规定，两个法益侵害行为最终合为一罪，适用一个罪名。在起诉书和判决书中，司法工作人员只需按照该特殊规定评价为一罪，按照一罪定罪量刑。由于我国刑法在很多犯罪类型上作出了特别设定（如法律拟制），且罪名皆由“两高”以司法解释的方式予以规定，故“法定的一罪”是最能体现我国刑法特色的一罪类型。

一、包容犯

包容犯，是指行为人在实施一个犯罪行为的过程中或者行为结束之后，又实施了另一个构成要件行为，本应当数罪并罚，但刑法特别规定，两个构成要件合二为一，只按照其中一个犯罪加重处罚。包容犯可简化为：A 罪＋B 罪＝A 罪。

我国刑法中的包容犯均设立在 A 罪的法定刑升格条件中。比如，《刑法》第 240 条规定，“拐卖妇女、儿童的，处五年以上十年以下有期徒刑，并处罚金；有下列情形之一的，处十年以上有期徒刑或者无期徒刑，并处罚金或者没收财产；情节特别严重的，处死刑，并处没收财产：……（三）奸淫被拐卖的妇女的；（四）诱骗、强迫被拐卖的妇女卖淫或者将被拐卖的妇女卖给他人迫使其卖淫的……”。拐卖妇女的行为构成拐卖妇女罪，强奸妇女的行为构成强奸罪，先拐卖妇女后实施强奸的，本就是两个行为，本当构成两罪，数罪并罚，但第 240 条专门规定，该两个行为只构成一个拐卖妇女罪。强奸罪被包容在了拐卖妇女罪中，强奸行为变成了拐卖妇女罪的加重情节。同理，拐卖妇女罪也包容了第 359 条引诱卖淫罪、第 358 条强迫卖淫罪。

再如，绑架罪包容故意伤害罪、故意杀人罪（第 239 条），抢劫罪包容故意伤害罪、故意杀人罪（第 263 条），组织他人偷越国（边）境罪包容妨害公务罪、非法拘禁罪（第 318 条），运送他人偷越国（边）境罪包容妨害公务罪（第 321 条），走私、贩卖、运输、制造毒品罪包容妨害公务罪（第 347 条）。

包容犯的模式是“A 罪＋B 罪＝A 罪”，这也被认为是“结合犯”，但本书认为，我国刑法没有结合犯的立法例。《日本刑法典》第 177 条规定了强制性交罪（5 年以上有期惩役），第 236 条规定了强盗罪（5 年以上有期惩役），第 241 条规定犯强盗罪而又犯强制性交罪或者犯强制性交罪而又犯强盗罪的，构成强盗强制性交罪（处无期惩役或 7 年以上惩役）。也即，A 罪＋B 罪＝AB 罪，这是完整的结合犯。我国《刑法》中 A 罪与 B 罪所谓“结合”的结果是 B 罪在形式上消失，因而更宜称为包容犯。

二、转化的一罪

转化的一罪，是指行为人实施了一个轻罪，又额外实施了其他构成要件行为，本可以构成数罪，但刑法明文规定转化为一个重罪，按照转化后的罪名定罪量刑，不实行数罪并罚。例如，《刑法》第 269 条规定“犯盗窃、诈骗、抢夺罪，为窝藏赃物、抗拒抓捕或者毁灭罪证而当场使用暴力或者以暴力相威胁的，依照本法第二百六十三条的规定定罪处罚”，这是“转化型抢劫罪”（事后抢劫）。在行为人“当场使用暴力”的场合，会涉及罪数认定：甲先实施了盗窃行为，在盗窃过程中或者盗窃完毕之后，基于上述三种目的而当场使用暴力将财物所有人打成轻伤。此时不按照盗窃罪和故意伤害罪并罚，而直接认定为抢劫罪一罪。如果甲不是基于上述三种目的或者不是当场使用暴力，那么就需要按照盗窃罪和故意伤害罪数罪并罚。

又如，《刑法》第 238 条第 2 款规定，实施非法拘禁行为，“致人重伤的，处三年以上十年以下有期徒刑；致人死亡的，处十年以上有期徒刑。使用暴力致人伤残、死亡的，依照本法第二百三十四条、第二百三十二条的规定定罪处罚”。该款的第一句规定的是结果加重犯，第二句规定的便是“转化的一罪”。例如，乙实施非法拘禁行为，使用暴力致使该被拘禁人死亡。即使乙对死亡结果仅有过失，对该非法拘禁行为的认定也要转化为故意杀人罪一罪（法律拟制），不再按照非法拘禁罪和故意伤害致人死亡罪数罪并罚。

再如，《刑法》第 241 条第 5 款规定的也是转化的一罪：“收买被拐卖的妇女、儿童又出卖的，依照本法第二百四十条的规定定罪处罚。”显然，该款中的“收买”只是单纯的收买行为，若是以出卖为目的而收买妇女、儿童，直接按照第 240 条第 2 款认定为“拐卖”。该款将“先收买后出卖”的行为认定为拐卖妇女、儿童罪，属于法定的一罪。

杨某拐卖妇女案。[①] 20××年春节后，杨某以 1 500 元收买了一名妇女给其儿子做媳妇。由于该女子没有生活自理能力，在数月后杨某便以 900 元将她出卖给他人。

分析：一审法院、二审法院认定杨某收买被拐卖的妇女后又出卖，构成拐卖妇女罪，并判处有期徒刑 5 年 6 个月，并处罚金 3 000 元。本书认为：本案中杨某在收买妇女时无出卖目的，其收买行为只构成收买妇女罪。之后杨某将该妇女出卖。也即针对同一对象杨某先实施了一个轻罪，后实施了出卖行为，本应数罪并罚，但根据刑法的特别规定，只按照拐卖妇女罪一罪论处。这也可以被视为一种转化的一罪。

我国刑法理论上存在“转化犯”概念，“转化的一罪”是“转化犯”的其中一类，二者的范围并不相同。所谓“转化犯”，是指实施一个犯罪，当出现特定条件时，刑法规定该罪转化为另一个罪。“转化犯”并不都是“转化的一罪”，如我国《刑法》第 267 条规定，携带凶器抢夺的，转化为抢劫罪，但该“转化型抢劫”不属于“转化的一罪”。这是因为“携带凶器”不是犯罪构成要件该当行为，“携带凶器＋抢夺”原本就构成抢夺罪一罪（一个构成要件行为），将它转化为抢劫罪，属于“从一罪到一罪”，只需按照法律拟制定罪量刑即可，不涉及罪数的区分问题，没有必要纳入罪数讨论范围。相同的立法还如：实施第 247 条（刑讯逼供罪、暴力取证罪）、第 248 条（虐待被监管人罪）规定的行为，致人伤残、死亡的，转化为故意伤害罪、故意杀人罪；实施第 292 条（聚众斗殴罪）规定的行为，致人重伤、死亡的，转化为故意伤害罪、故意杀人罪。

因此，“转化的一罪”实际上是“转化犯”的一种特殊类型。之所以将它纳入罪数讨论，是因为在具体案件中它是“数罪”（构成要件行为复数）转化为“一罪”，是“法定的一罪”，不进行数罪并罚。

---

① 参见（2016）皖 12 刑终 194 号刑事判决书。

第五节　处罚的一罪

处罚的一罪，也称科刑的一罪，是指行为侵犯了数个法益，符合数个犯罪的构成要件，可以被认定为数罪，但基于处罚（量刑）上的考量，只按照其中一个重罪论处。因此，“从一重处断”是“处罚的一罪”的处理规则，其中，对想象竞合犯原则上从一重罪论处，对牵连犯只有在刑法有明文规定时从一重罪论处（原则上数罪并罚）。因此，本节只讨论想象竞合犯。

一、想象竞合犯的概念

想象竞合犯，是指行为人实施了一个行为，侵犯了数个法益，触犯了数个罪名，应逐一评价每一个行为的构成要件该当性，只不过为了避免重复、过度处罚，最终仅选择适用其中刑罚最重的罪名。例如，行为人使用暴力盗窃电力设备零部件，导致该设备毁损，危害公共安全的，属于一个盗窃行为同时触犯了盗窃罪、故意毁坏财物罪、破坏电力设备罪，这三个犯罪同时成立，因而形成“犯罪的竞合”，本质上是数罪，只是从量刑的角度视为一个重罪。此时，不是重罪吸收轻罪，在定罪层面仍要同时评价所有犯罪，因而属于“处罚的一罪”。

二、想象竞合犯的特征

想象竞合犯的特征是，行为人只实施了一个行为，并且一个行为造成了多个法益侵害结果，触犯了数个罪名。

1. 行为人只实施了一个行为

如前所述，行为的单数有自然意义上的行为单数和构成要件上的行为单数。想象竞合犯是“一行为数罪”，所谓的“一个行为”不是构成要件的一行为而是自然意义上的一行为，是从行为人的角度看，基于一个直接犯意或主要目的而实施一个行动。例如，甲意图枪杀乙，导致乙死亡、丙重伤。甲的开枪行为属于一个自然意义上的行为，但在构成要件层面，由于开枪行为同时侵害乙的生命权和丙的身体健康权，法益侵害的复数决定了构成要件行为的复数。自然意义上的一行为决定了想象竞合时不能数罪并罚，如果行为人实施了两个以上的行为，不能认定为想象竞合犯，数个自然意义上的行为触犯数个犯罪的，只能数罪并罚。

A 故意伤害、危险驾驶案。[①] A 与 B 因琐事产生矛盾，当晚，A 醉酒后邀约 B 在加油站见面，并扬言“弄死”B。A 从家中驾驶机动车到达加油站，下车后与 B 发生争执，B 站在 A 的汽车前面，A 上车踩住油门故意将车撞向 B，致其抢救无效死亡。

分析：公诉机关指控 A 的行为构成故意伤害罪和危险驾驶罪，应当数罪并罚。辩护人提出：A 酒后驾车和开车撞人的行为之间有竞合关系，应只成立故意伤害罪。法院经审理后认为，A 开车撞人的行为构成故意伤害罪（判处无期徒刑），醉酒驾驶机动车的行为构成危险驾驶罪（判处拘役 4 个月），数罪并罚，决定执行无期徒刑。本书认为：本案

① 参见（2019）赣 08 刑初 28 号刑事附带民事判决书。

中是否对A的行为进行数罪并罚，争议的焦点在于A究竟实施了一个行为还是两个行为。从案情来看，A醉酒驾驶机动车前往加油站，之后又醉酒驾驶机动车直接撞倒站在汽车前面的B，先后两个行为之间存在时间和空间上的间隔，应当区分为两个自然意义上的行为，这两个行为对应两个法益侵害、符合两个犯罪构成要件，应当数罪并罚。行为人究竟实施了一个行为还是多个行为，要看案件中的危害行为是否可分。如果A醉酒驾驶机动车直接故意撞向百米之外的B，致其死亡，由于醉酒驾驶机动车在外观上就是一个连贯的驾驶行为，它既是危险驾驶罪的实行行为，也是故意伤害罪的实行行为，行为人A的犯意明确，醉酒驾驶机动车的距离较短，可以理解为一个自然意义上的行为。再如，甲非法持有枪支一把，半个月后携带该枪支故意杀害了乙。对此完全可以将非法持有枪支理解为一个行为，将枪杀乙的行为理解为另一个行为，“持有枪支”和“故意杀人”是可分的二行为，甲之行为同时构成非法持有枪支罪和故意杀人罪，应数罪并罚。

2.一个行为造成了多个法益侵害结果，触犯了数个罪名

我国刑法通说主张，想象竞合犯不是处罚的一罪（处断的一罪），它是“一个行为在形式上或外观上同时符合刑法规定的数个犯罪构成”，与继续犯同属“实质的一罪”①。然而，这种认识值得商榷：一方面，非法拘禁罪等继续犯属于本来的一罪，无论一个非法拘禁行为持续多久，它原本就是一个行为、侵害一个法益、触犯一个罪名。想象竞合犯与继续犯完全不同，虽然二者都是行为人实施了一个行为，但在想象竞合的场合，一个行为同时引起了数个法益侵害结果、触犯了数个罪名且数个罪名同时成立，认为想象竞合犯是“实质的一罪”，会因法益侵害的评价不足而引起定罪的不充分。因此，想象竞合犯是自然意义上的行为单数、构成要件上的行为复数、定罪上的数罪，是真正的“犯罪竞合”。另一方面，想象竞合犯不是“形式上或外观上”触犯数罪，它在“实质上”也是数罪，因为行为已经造成了多个法益侵害事实（如同时危害公共安全和个体生命），符合数个犯罪构成，且数个犯罪均成立。想象竞合犯被划分为“一罪”，且不是“形式上的数罪、实质上的一罪”，是出于处罚上的考虑②，由此能彻底区别于继续犯等本来的一罪。

三、想象竞合犯的处理规则

我国刑法总则中对想象竞合犯缺少规定，想象竞合犯是学理上的分类。对这种“处罚的一罪”最终按照“从一重处断”的规则处理，得到我国刑法理论和实务的普遍认同。之所以要选择适用其中一个重罪而不是数罪并罚，是因为行为人在事实层面只实施了一个行为，而“构成要件复数”“行为触犯数罪”属于规范评价层面的结论，若予以数罪并罚，便形成了对“一个行为”的重复评价、重复处罚。选择其中一个最重的法益侵害进行“一罪评价”，可以对“一行为”的刑罚后果实现充分评价。就此而言，“从一重处断”意味着在刑罚上存在“重罚吸收轻罚”的关系，这也可谓是罪数论中的“量刑反制定

① 高铭暄、马克昌主编：《刑法学》，10版，北京，北京大学出版社、高等教育出版社，2022，183～186页。

② 我国刑法学通说认为，对牵连犯原则上从一重罪论处，牵连犯属于“处断的一罪”。就此而言，想象竞合犯应当与通说中的牵连犯同属“处断的一罪”。但是，通说主张的“处断的一罪”包括牵连犯、连续犯、吸收犯，不包括想象竞合犯。可见通说的划分标准并不统一。

罪”。

虽然对想象竞合犯是按照一罪论处，但公诉人和法官在对行为进行评价时，应当列明行为的所有法益侵害内容，指明行为同时构成哪些犯罪，从而让被告人和公众知晓行为人的全部不法行为。这便是想象竞合犯的明示机能，也是“处罚的一罪”区别于其他一罪的特点所在。换言之，不能因为在最终处罚上要选择重罪，便在定罪评价上忽视轻罪。想象竞合时不是只适用一个法条，而是同时适用行为触犯的多个法条。所谓的“一罪”也仅仅是量刑的一罪、处罚的一罪，在定性上仍是数罪（数罪一罚）。

胡某放火案。[①] 胡某听闻张某道其是非，便心生怨恨，决意烧毁张某的车辆，以泄私愤。为此，胡某使用汽油、火柴、供香、矿泉水瓶等物品制作了简易延时点火装置，于某日夜晚来到张某居住的小区，将该装置放到张某的汽车的挡风玻璃处。时隔不久，点火装置起火，引燃该汽车。张某的妻子发现后及时报警，消防队员赶到现场将火扑灭。经鉴定，汽车损失 1.6 万余元。

分析：本案中胡某基于故意毁坏他人财物的故意点燃了张某的汽车，行为触犯了故意毁坏财物罪，但同时该行为对小区多数人的生命、财产法益产生了危险，也触犯了放火罪。胡某的一个点火行为侵害了两个法益、触犯了两个罪名，属于想象竞合犯。在该犯罪场合，如果按照故意毁坏财物罪和放火罪进行并罚，则意味着一个行为被科处了两次处罚。对一个放火烧毁汽车的行为按照两个罪名中最重的一个罪名进行处罚，能够充分涵盖行为的法益侵害，能够达到罪责刑相适应。本案的审理法院在判决书中也明确提出：被告人的行为“同时构成故意毁坏财物罪、放火罪”，“实施一个犯罪行为，触犯两个罪名，属于想象竞合犯，应从一重罪”。最终，法院以放火罪判处胡某有期徒刑 3 年。

我国刑法分则中广泛存在“有前款行为，同时构成其他犯罪的，依照处罚较重的规定定罪处罚”等规定，这是“一个行为同时构成多个犯罪”的想象竞合犯，是“从一重处断”规则在刑法分则中的体现。例如，《刑法》第 133 条之二第 1、2 款规定了两类妨害安全驾驶的犯罪行为，第 3 款规定，“有前两款行为，同时构成其他犯罪的，依照处罚较重的规定定罪处罚”。甲在乘坐公共汽车时，突然对司机进行殴打，造成司机轻伤，妨害公共汽车正常行驶[②]，甲的殴打行为构成妨害安全驾驶罪，同时构成故意伤害罪、寻衅滋事罪，属于一个殴打行为同时触犯数个罪名，应理解为想象竞合犯，从一重罪论处。在判决书中，法官应当逐个评价行为同时构成的数个犯罪，最终根据各罪的刑罚轻重选择处罚最重的一罪。再如，《刑法》第 291 条之二第 1 款规定，“从建筑物或者其他高空抛掷物品，情节严重的，处一年以下有期徒刑、拘役或者管制，并处或者单处罚金”；第 2 款规定，“有前款行为，同时构成其他犯罪的，依照处罚较重的规定定罪处罚”。乙酒后从 9 楼阳台往楼下有大量人员聚集的广场抛掷一个不锈钢盆、一个铸铁火炉，造成一人轻伤[③]，乙的行为构成高空抛物罪，同时还构成以危险方法危害公共安全罪，应当按照想象竞合犯从一重罪论处。

---

① 参见（2020）津 02 刑初 39 号刑事判决书。

② 参见（2020）湘 1202 刑初 445 号刑事判决书。

③ 参见（2020）云 0722 刑初 90 号刑事判决书。

四、想象竞合与法条竞合的区别

法条竞合的处理规则是“特别法条优于一般法条”（特别法条很可能是轻罪法条），除非刑法有特殊规定。与此相对，想象竞合时的处理规则是“从一重处断”，即一律适用重罪法条。本章第二节已经对“特别法条优先”的理由进行了论述，尤其主张：在法条竞合的场合，行为没有达到特别法条规定之罪的立案追诉标准的，不能再退一步适用一般法条。按照特别法条无法定罪处罚，不属于罪刑不均衡，不是处罚漏洞。相反，为了处罚特定行为，而将法条竞合理解为想象竞合，或者直接倡导不区分法条竞合与想象竞合，都是重罚主义的体现。因此，二者的区分对于维护犯罪构成要件的类型化和定型化、贯彻罪刑法定原则，具有重要意义。本书认为，对想象竞合与法条竞合进行区分时应当注意以下两点：

1.想象竞合是真正的竞合，法条竞合是不真正的竞合

想象竞合是一个行为侵害数个法益，行为人对每一个“不法”均具有罪责，因而“同时触犯数个罪名”，“数个罪名同时成立”，因而它是真正的“犯罪竞合”，在犯罪构成上是真正的、实质的数罪，而不是形式上、外观上的数罪。比如，《刑法》第307条之一规定了虚假诉讼罪，该条第3款还规定，“有第一款行为，非法占有他人财产或者逃避合法债务，又构成其他犯罪的，依照处罚较重的规定定罪从重处罚”。虚假诉讼罪是以捏造的事实提起民事诉讼，妨害司法秩序或者严重侵害他人合法权益的行为。按照2022年5月15日施行的“高检”和公安部联合颁布的《关于公安机关管辖的刑事案件立案追诉标准的规定（二）》第78条，虚假诉讼致使人民法院开庭审理，干扰正常司法活动的，即可立案追诉。若虚假诉讼胜诉，法院会依据生效判决强制执行对方财产。此时一个虚假诉讼行为同时构成虚假诉讼罪和诈骗罪（三角诈骗），属于想象竞合。在这种场合，“提起虚假诉讼”既是虚假诉讼罪的正犯行为，也是诈骗罪的正犯行为，且行为人对这两个法益侵害行为均具有犯罪故意，两个犯罪同时成立。与此相反，法条竞合是表面的竞合，一个行为在形式上、外观上符合数个法条，但只有其中一个法条被适用，数个法条规定的犯罪不可能同时成立，法条之间是非此即彼的排斥关系。比如，通过经济合同的方式诈骗对方的财产，只能构成合同诈骗罪而不再构成诈骗罪，第266条诈骗罪中的“本法另有规定的，依照规定”正是对法条互斥关系的明文规定。所以，法条竞合是“本来的一罪”，严格来说，它只是“法条单数”“犯罪单数”，而不存在所谓的“竞合”。或言之，这里的“竞合”是“假竞合”。

2.想象竞合是因具体案件事实而产生的犯罪竞合（动态），法条竞合是刑法中法条之间自然存在的从属关系（静态）

法条竞合是法条之间存在的“一般与特别”的关系，这能够直接根据法条内容进行判断，与待决的案件事实无关。例如，《刑法》第266条诈骗罪的构成要件是“诈骗公私财物，数额较大”，第192条集资诈骗罪的构成要件是“以非法占有为目的，使用诈骗方法非法集资，数额较大”。从静态条文来看，对两个法条之间的关系完全可以判定为：第192条是第266条诈骗罪在集资领域的特别规定，第192条在诈骗罪的范围之内规定了更为具体的构成要件要素。与法条竞合不同，想象竞合不是法条之间的竞合关系，而是具

体行为所触犯的罪名之间的关系，必须结合具体案件事实予以确定。例如，《刑法》第279条招摇撞骗罪的构成要件是“冒充国家机关工作人员招摇撞骗”，这种罪状似乎是“诈骗公私财物”的具体化，但该条中的“骗”既可以是诈骗财物，也可以是骗取荣誉、感情等其他利益。所以，第279条不是第266条诈骗罪的特别法条。一个招摇撞骗行为是否触犯诈骗罪，取决于具体案件中的行为人冒充国家机关工作人员骗取的是财物还是其他利益。如果实施招摇撞骗的行为人骗取的是他人财物，则属于一个行为同时触犯两个罪名的想象竞合；如果骗取的是感情，则待决行为只构成招摇撞骗罪一罪，与诈骗罪不发生任何关系。再如，两个看起来没有任何关系的法条，也可能由于具体案情而产生想象竞合关系：甲在仇人乙心脏病发作时，趁机扒窃了乙的速效救心丸，甲的行为同时构成盗窃罪和故意杀人罪。两个罪名只是因为作案行为而联系在一起。抛开具体案情，故意杀人罪和盗窃罪不仅没有“一般与特别”的关系，也没有任何交叉、重叠关系。

第六节　并罚的数罪

一、牵连犯

（一）牵连犯的概念

牵连犯，是指行为人实施了数个犯罪，这些犯罪之间存在“手段与目的”或者“原因与结果”的牵连关系。我国刑法总则中没有规定牵连犯，刑法学通说向来承认这一概念，它在司法实务中也被接受。牵连犯原本是数个犯罪，最充分、全面的刑罚评价是数罪并罚，但我国刑法理论和司法实务一直主张对牵连犯“从一重”。

曾某、王某破坏计算机信息系统案。①曾某与王某冒充年轻女性与人网上聊天，并通过欺骗方式诱使他人代为登录苹果手机“iCloud”（云存储），从而利用登录规则远程锁定他人的手机，二人再以解锁为条件索要钱财。

分析：法院认定上述行为构成符合《刑法》第286条破坏计算机信息系统罪的构成要件中“对计算机信息系统功能进行修改、干扰”“后果严重”的情形，构成破坏计算机信息系统罪。

本案被“高检”遴选为指导性案例，裁判理由指出：行为人远程锁定被害人的智能手机设备，构成破坏计算机信息系统罪；采用非法手段锁定手机后以解锁为条件，索要钱财，在数额较大或多次敲诈的情况下，其目的行为又构成敲诈勒索罪。“在这类犯罪案件中，手段行为构成的破坏计算机信息系统罪与目的行为构成的敲诈勒索罪之间成立牵连犯。（对）牵连犯应当从一重罪处断”。可见，最高司法机关认可牵连犯概念并采用“从一重处断”规则，在认定牵连犯时，也已逐个列明各行为同时构成的数个罪名（明示机能）。

（二）牵连犯的特征

牵连犯具有三个特征，即以实施一个犯罪为整体目标，行为人实施了数个犯罪行为，数个犯罪行为之间具有牵连关系。

（1）以实施一个犯罪为整体目标。比如，甲意图夜晚进入仇人家中杀人，整体目的

---

① 参见《最高人民检察院公报》，2017年第6期，21～23页。

是故意杀人，夜晚入户的行为必然会触犯非法侵入住宅罪。由于甲非法侵入住宅时，既有杀人故意，也有侵入住宅的故意，因而只能说甲只有一个整体的犯罪目标，主观上具有两个犯罪故意。

（2）行为人实施了数个犯罪行为。如甲实施的故意杀人可谓“目的行为”（本罪），非法侵入住宅可谓“手段行为”（他罪），前后两个罪名均成立。

（3）数个犯罪行为之间具有牵连关系。何谓牵连关系？这是牵连犯面临的最大疑问。主观说主张以行为人的认识为标准：行为人认为数个犯罪之间具有目的与手段的关联关系即可。客观说主张依数行为的客观性质进行分析：行为之间具有不可分离的目的与手段联系的，即为牵连关系。折中说则主张兼顾主、客观两个方面。

刑法理论和司法实务对“牵连关系”的认识不同，导致行为人实施数罪时，究竟是否构成牵连犯、应当数罪并罚还是从一重罪论处，理论上始终存在争议。有观点主张：只有当某种手段通常用于实施某种犯罪，或者某种原因行为通常导致某种结果行为时，才宜认定为牵连犯（类型说）。[①] 这种观点属于客观说。所谓“手段与目的”“原因与结果”的通常性，实际上是所有已发案件中数罪之间上述关系的常见性，属于经验范畴。这种观点并不可靠，因为“通常性”并非固定不变。比如，甲盗窃枪支后故意杀人，由于盗窃枪支罪与故意杀人罪之间的“手段与目的”关系并不常见，因而不成立牵连犯。但是，当“盗窃枪支后故意杀人”的案件增多时，这种“手段与目的”关系便会更加常见，两罪之间就会具有牵连关系。这同时也引发了一个悖论：当“盗窃枪支”与“故意杀人”不存在牵连关系时，应予两罪并罚，刑罚会更重。但当该类案件发生率升高时，两罪之间的关系变为牵连关系，最终被“从一重处断”，预防必要性更大的“两罪组合”反而被轻罚。所以，当行为人实施数罪时，能否被认定为牵连犯，决定了被告人刑罚的轻重，故这往往成为数罪案件的焦点问题。

李某明受贿、帮助犯罪分子逃避处罚案。[②] 李某明在担任某市公安局法制室主任期间，在明知吴某明（已判决）系某犯罪团伙成员的情况下，接受吴某明的朋友欧某文之请托，帮助吴某明逃避处罚，在此过程中收受吴某明人民币 140 万元，同时收受欧某文的“感谢费”10 万元。

分析：一审法院认定李某明的行为同时构成受贿罪和帮助犯罪分子逃避处罚罪，数罪并罚。李某明上诉称，上述两罪属于牵连关系，应当按一罪论处。二审法院裁定驳回上诉，维持原判。本书认为本案中受贿罪与帮助犯罪分子逃避处罚罪之间是否具有牵连关系引发争议，对立双方都可以找到各自的理由。（1）肯定牵连关系的理由是：受贿罪是指国家工作人员利用职务上的便利，非法收受他人财物，为他人谋取利益的行为。虽然对“为他人谋取利益”可以只理解为“许诺”，但不可否认，行为人受贿后为他人实际谋取利益的情况极为常见。可以说，受贿是手段（结果）行为，帮助犯罪分子逃避处罚是目的（原因）行为，无论按照主观说、客观说还是折中说，受贿罪与受贿后所犯的其他罪，具有牵连关系，可以理解为牵连犯。（2）否定牵连关系的理由是：实践中，受贿

① 参见张明楷：《刑法学》（上），6 版，北京，法律出版社，2021，651 页。

② 参见（2018）粤刑终 1006 号刑事裁定书。

后并未实际为他人谋取利益的情况也很常见，如受贿后未徇私枉法、未滥用职权，或者行为人徇私枉法、滥用职权未必要先受贿，受贿罪并不是帮助犯罪分子逃避处罚罪等其他犯罪的通常手段或者通常原因。

可见，牵连关系的判断标准非常含糊，肯定说与否定说都具有充足的理由。既然如此，基于刑法的明确性，对于牵连犯，本书的基本观点是，与其纠缠于混乱的牵连关系，莫不如直接取消牵连犯的概念。在罪数论中取消牵连犯，不会导致重复评价，相反，采用“从一重处断”的规则，恰恰会导致罪刑评价不充分、不全面。当然，考虑到牵连犯已有一定接受度，即便形式上继续使用此概念，也应当明确“原则上数罪并罚”。

（三）牵连犯的处理规则

我国的牵连犯概念多受日本刑法学的影响，《日本刑法典》第54条第1款规定，“一行为触犯两个以上的罪名，或者犯罪手段或结果之行为触犯其他罪名的，按照最重的刑罚论处”。该条前半句规定的是想象竞合，后半句规定的是牵连犯。我国刑法并未规定对牵连犯的整体处理规则，刑法理论和司法实务采用的却是诸如《日本刑法典》的“从一重处断”规定，这显得极为牵强。

牵连犯是“本来的数罪”，数行为数罪时最恰如其分的刑罚是数罪并罚。“从一重处断”不仅违背我国《刑法》第5条规定的罪刑均衡原则，也缺少立法上的支持。在前述曾某、王某破坏计算机信息系统案中，法院认定破坏计算机信息系统罪与敲诈勒索罪之间存在紧密的牵连关系，但这种关系不能证明牵连犯的法益侵害性更小（同时侵害两个法益）、主观罪责更小（具有计划周密的两个犯罪故意），更不能说明预防必要性更小。既然两罪相互牵动，破坏计算机信息系统罪是敲诈勒索罪的手段，故意实施一个犯罪通常也要故意实施另一个犯罪，那么这种犯罪类型的预防必要性反倒更大。

温某非法采矿、非法储存爆炸物案。[①] 温某承包了某公司的煤炭洞采作业，在未取得采矿许可证的情况下，雇用他人实施采煤工作，造成矿产资源破坏达146 158吨，价值人民币3 900多万元。为了满足采矿需要，温某购买工业电雷管和乳化炸药储存于矿井下，公安机关依法从井下提取乳化炸药21吨、工业电雷管1.2万发。

分析：一审法院认定被告人的行为构成非法储存爆炸物罪（判处有期徒刑14年）和非法采矿罪（判处有期徒刑4年），数罪并罚，决定执行有期徒刑16年。温某上诉称，两个犯罪属于牵连犯，应择一重罪处罚。二审法院对上述辩护意见予以采纳，最终以非法储存爆炸物罪判处温某有期徒刑13年。本书认为：本案中被告人非法储存爆炸物的目的是非法采矿，两个行为确实具有“手段与目的”的关联性。但是，两罪的法益侵害、主观犯意、既遂时间完全独立，没有理由“从一重处断”。被告人非法储存乳化炸药21吨、工业电雷管1.2万发，对公共安全构成严重威胁，且属于《刑法》第125条中的“情节严重”，应在最高幅度（10年以上有期徒刑、无期徒刑或者死刑）内量刑；非法采矿所造成的矿产资源破坏后果也属于《刑法》第343条中的“情节特别严重”，也应在最高幅度（3年以上7年以下有期徒刑）内量刑。换言之，被告人的两个行为分别侵犯了两个法益，且法益侵害程度达到顶格，论罪均属于重罪，不因两罪之间具有“牵连关系”

① 参见（2019）陕刑终106号刑事判决书。

就表明客观危害、主观罪责和预防必要性减弱，不存在处罚上从宽的当然理由。以牵连犯的名义“从一重处断”，实际上是“次重罪”（非法采矿罪）的刑罚被“重罪”（非法储存爆炸物罪）吸收，这存在宽纵犯罪之嫌。而且，从本案一、二审的状况看，引入“牵连犯”也会因牵连关系的判断标准模糊而导致司法裁判的不统一、不稳定。

本书主张，应当将牵连犯划入并罚的数罪，原则上数罪并罚，除非刑法分则有特别规定。当前应先放弃“从一重处断”规则，后逐步废止牵连犯概念。若执意用“牵连犯”去解读现行刑法条文的话，对如下规定只能理解为注意规定：第157条第2款“以暴力、威胁方法抗拒缉私的，以走私罪和本法第二百七十七条规定的阻碍国家机关工作人员依法执行职务罪，依照数罪并罚的规定处罚”、第198条（保险诈骗罪）第2款“有前款第四项、第五项所列行为，同时构成其他犯罪的，依照数罪并罚的规定处罚”。如下规定则是特别规定：第399条第4款“司法工作人员收受贿赂，有前三款行为的，同时又构成本法第三百八十五条规定之罪的，依照处罚较重的规定定罪处罚”。该款可以被理解为数罪并罚的例外：对受贿后又实施第385条规定的徇私枉法罪等犯罪的，从一重罪论处（处罚的一罪）。刑法中的例外规定还有：第171条（出售、购买、运输假币罪）第3款“伪造货币并出售或者运输伪造的货币的，依照本法第一百七十条的规定定罪从重处罚”、第229条（提供虚假证明文件罪）第2款“有前款行为，同时索取他人财物或者非法收受他人财物构成犯罪的，依照处罚较重的规定定罪处罚”、第253条（私自开拆、隐匿、毁弃邮件、电报罪）第2款“犯前款罪而窃取财物的，依照本法第二百六十四条的规定定罪从重处罚”、第280条之一（使用虚假身份证件、盗用身份证件罪）第2款“有前款行为，同时构成其他犯罪的，依照处罚较重的规定定罪处罚”，等等。

二、其他并罚的数罪

并罚的数罪，是指行为人实施数个构成要件行为，侵害数个法益，具备数个罪过，触犯数个罪名，应当进行数罪并罚的犯罪形态。刑法评价的中心是行为，犯罪行为是刑罚的起因，刑罚是犯罪行为的后果，按照“一行为一罪一罚”的科刑原则，在数个行为构成数个犯罪的场合，数罪并罚是常态。

一般而言的“数罪”是异种数罪，即行为人实施了数个性质不同的行为，触犯了不同的罪名。例如，丙与丁（女）因相亲问题发生矛盾，某日丙闯入丁家将丁强奸后杀害，并在离开丁家时将丁的弟弟打成重伤。丙的先后行为分别构成强奸罪、故意杀人罪、故意伤害罪，对该异种数罪，毫无疑问应当按照《刑法》第69条数罪并罚。

刑法理论上还存在“同种数罪”概念，若承认该特殊“数罪”类型，则一般不需要并罚。所谓同种数罪，是指行为人实施了数个性质相同的行为，重复触犯了同一个罪名。例如，甲因琐事与乙产生矛盾，5年内7次入户盗窃乙家中财物，总计价值3万元。甲实施的7次盗窃行为均构成盗窃罪，这属于同种数罪，对此仅按照一个盗窃罪累计计算犯罪数额，无须数罪并罚。

卢某故意伤害案。[①] 2013年12月13日晚，卢某因工作原因与客户林某发生言语冲

---

① 参见（2020）云刑终42号刑事裁定书。

突，卢某伙同他人砍伤林某，致其轻伤；2016 年 9 月 8 日晚，卢某因琐事与他人产生矛盾，用刀追砍王某、朱某，分别造成二人轻伤、轻微伤；2017 年 11 月 24 日凌晨，卢某在某酒吧门口与李某等人相撞引发口角，卢某的朋友熊某在卢某帮助下将李某砍伤，致李某经抢救无效死亡，后两人自动投案。

分析：一审法院以故意伤害罪判处熊某无期徒刑，剥夺政治权利终身；以故意伤害罪判处卢某有期徒刑 15 年。两人提起上诉。二审法院裁定驳回上诉、维持原判。本书认为：本案中卢某实施了三次故意伤害行为，三次行为均达到致人轻伤以上的入罪标准。该三次行为的时间跨度大、事发偶然，难以被认定为“连续犯”（概括的一罪），可以被理解为“同种数罪”，无须分别认定成立三个故意伤害罪，仅按照一个故意伤害罪定罪即可。对此，二审法院也指出：卢某所涉三起案件均为故意伤害，不适用数罪并罚的规定，不需要分别对三起案件量刑，犯罪次数可作为量刑的考量。

但是，当“同种数罪”符合《刑法》第 70、71 条的规定时，应当并罚。比如，按照第 70 条，甲因故意毁坏财物罪被判决以后，刑罚执行完毕以前，被发现在判决宣告以前有一起故意毁坏财物罪没有判决（漏罪）的，应当对新发现的故意毁坏财物罪作出判决，把前后两个判决所判处的刑罚，依照第 69 条的规定进行并罚，已经执行的刑期，应当计算在新判决确定的刑期以内。按照第 71 条，乙因盗窃枪支罪被判决以后，刑罚执行完毕以前，乙又盗窃狱警的枪支（新罪）的，应当对新犯的盗窃枪支罪作出判决，把前罪没有执行的刑罚和后罪所判处的刑罚，依照第 69 条的规定进行并罚。

第三编

责任论

第十四章　刑事责任概说

第一节　刑事责任的概念与特征

一、刑事责任的概念

行为人实施了犯罪行为，危害了社会，就应当对自己的罪行负责。这既是满足公民报应犯罪情感的感性需要，也是社会预防犯罪的理性需要。为了实现有罪必罚，确保罪责难逃，刑事责任应运而生。刑法中有关犯罪和刑罚的规定，都是围绕“是否追究刑事责任”以及“如何追究刑事责任”而展开的。尽管刑事责任是刑法学的基本范畴之一①，但在我国，刑事责任是一个尚存在争论的概念。

在我国有学者通过收集现代汉语“责任”的用语例并加以分析后认为，在现代汉语中，“责任”一词是在三种意义上被使用的，即“义务”“过错·谴责”“处罚·后果”②。一些法理学学者也认为，“责任”一词有三个相互联系的基本语义③：(1) 职责，分内应做的事。这种责任实际上是一种角色义务。每个人在社会中扮演一定角色，即有一定的地位或职务，相应地，也就必须而且应当承担与其角色相适应的义务。这种责任具有积极的意义：负责任是褒义的，应受到表扬，至少不应受到指责，而不负责任则应受到批评或谴责。(2) 特定的人对特定事项的发生、发展、变化及其后果负有积极的助长义务。(3) 因没有做好分内的某事（没有履行角色义务）或没有履行助长义务而应承担的不利后果或强制性义务。这是消极意义上的责任。正是因为“责任”一词有多重含义，而且在法律文献中时常被按照不同的语义来使用，刑法学界对刑事责任的界定具有一定的困难。关于刑事责任的界定，刑法理论界存在多种学说，主要有以下几种观点。

（一）义务说

此说认为刑事责任是犯罪分子因犯罪行为而必须承担的刑事法律义务。如有学者认为“刑事责任是指犯罪分子根据法律规定，因其犯罪行为向国家承担实体性刑事义务的总和”④。该说指出了犯罪人与国家之间的特殊关系，这是应予肯定的，但将刑事责任归结为刑事法律义务有欠妥当。虽然“责任”在某些场合可被理解为“义务”，但从内涵上

① 参见 Rengier, Strafrecht Allgemeiner Teil, 13. Aufl., 2021, § 24, Rn. 2；马克昌主编：《刑法学》，5 版，北京，高等教育出版社，2022，160 页。

② 冯军：《刑事责任论》，修订版，北京，社会科学文献出版社，2017，13 页。

③ 参见张文显：《法理学》，5 版，北京，高等教育出版社，2018，164 页。

④ 赵廷光主编：《中国刑法原理（总论卷）》，武汉，武汉大学出版社，1992，340 页。

说法律责任并不等同于法律义务。刑事法律义务只是承担刑事责任的前提，而不是刑事责任本身。“刑事义务是行为正当化的根据。行为人的行为在刑法上是否正当，应当根据行为人是履行了还是违反了其负有的刑事义务来决定。一个行为如果没有违反刑事义务，它就是正当的，哪怕该行为在客观上造成了损害的后果。正是由于行为违反了刑事义务，才引发了刑事责任的问题。”① 责任是违反义务的结果，把刑事责任归结为义务容易造成概念上的混乱，也无法揭示出刑事责任的本质。

（二）谴责说

该说也被称为“否定评价说”或“责难说”，认为刑事责任是指国家根据刑事法律对犯罪人及其犯罪行为所作出的否定评价或谴责。如有些学者认为，刑事责任是指行为人因其犯罪行为所应该承受的，由代表国家的司法机关根据刑事法律对该行为确定的否定性法律后果及对行为人进行的谴责。② 该说突出了刑事责任所体现的国家通过其代表法院对犯罪行为以及实施该行为的犯罪人的否定性评价，指明了刑事责任中的法律价值判断，较为深入地揭示出刑事责任的内在实质，具有一定的合理性。但是这种否定性的评价或谴责仅仅是刑事责任的内容，不能作为刑事责任的本身。刑事责任不仅仅是对犯罪人及其犯罪行为的否定评价，更要明确这种否定性的评价和谴责在法律上起到一种什么样的效果。该说并没有解决这样的问题。

（三）后果说

该说认为：法律后果是指法律对具有法律意义的行为所赋予的结果。刑法是规定犯罪及其法律后果的规范，犯罪的法律后果属于否定性法律后果，表现为对犯罪人的惩罚，即对犯罪人的生命、自由、财产、政治权利的剥夺或限制，以及在生活上、名誉上的不利反应。其认为我国刑法一般是在犯罪的法律后果意义上使用刑事责任概念的，因此，刑事责任是指“行为人因其犯罪行为所应承受的，代表国家的司法机关根据刑事法律对该行为所作的否定评价和对行为人进行的谴责的责任……本书将刑事责任与犯罪的法律后果作为大体等同的概念使用”③。该说将刑事责任归结为犯罪人必须承担的法律后果，阐释了犯罪行为与刑事责任之间的因果关系，具有一定合理的因素，但是忽略了“法律后果”一词的含义：由犯罪行为所引起的法律后果，应当既有实体法上的后果也有程序法上的后果，既有刑事法方面的后果还有民事、行政、经济等方面的后果。而实体法的后果又包括评价性法律后果和实体性法律后果两部分。评价性法律后果是一种应然的后果，表明犯罪人所处的应当就犯罪行为承受国家刑事法律具体评价的状态。实体性法律后果则是一种实然性的后果，表明国家经过刑事责任的评价而决定对犯罪人施加的具体惩罚措施。把刑事责任的实质归纳为“法律后果”，容易把实施犯罪行为引起的结果与对行为人的犯罪行为进行否定评价和对犯罪人进行谴责的结果混为一谈。这样无形中就扩大了刑事责任概念的外延。因此，后果说也不够妥当。

（四）综合负担说

该种学说认为“刑事责任是刑事法律规定的，因实施犯罪行为而产生的，由司法机

---

① 冯军：《刑事责任论》，修订版，北京，社会科学文献出版社，2017，17页。

② 参见付立庆：《刑法总论》，北京，法律出版社，2020，335页。

③ 张明楷：《刑法学》（上），6版，北京，法律出版社，2021，660页。

关强制犯罪者承受的刑事惩罚或单纯否定性法律评价的负担”①，或者“刑事责任应被定义为犯罪人基于刑事法律的规定而应当为自己实施的犯罪行为所承受的，代表国家的司法机关以刑事处罚、非刑罚方法的处理或者单纯宣告有罪的方式对其行为进行否定评价的负担”②。该说实际上可以被看作是一种更加具体、细化的“后果说”，也就是说，将犯罪人实施犯罪行为后承担的法律后果具体化为刑事处罚、非刑罚的处理或者单纯宣告有罪的方式，并突出了其强制性。这种定义显然具有相当的合理性，因此也得到了大多数学者的赞同。唯一不足之处在于，该说把这种承担具体法律后果归为一种“负担”，这显然是不妥当的，因为“负担”一词并不能真正体现刑事责任的本质，用“负担”来解释刑法中的“责任”不具有确定性。

正确理解刑事责任的概念，应当从以下几个方面着手：

第一，刑事责任是一种法律责任。法律责任不同于道德责任、纪律责任，它是以法律的强制性规定为依据的。刑事责任作为法律责任之一，与犯罪一样，是否承担以及如何承担，都由刑法作了明文规定。行为人实施了犯罪行为，就必须承担这种责任，司法机关也必须追究行为人的刑事责任。同时行为人承担刑事责任和司法机关追究刑事责任的活动也必须依照刑法来进行，否则犯罪人的刑事责任就不能实现。

第二，刑事责任是由于行为人实施了犯罪行为而产生的。犯罪是刑事责任产生的前提，刑事责任则是在法律上为犯罪设定的后果，犯罪与刑事责任之间的这种必然因果关系，是刑事责任区别于其他类型法律责任的重要标志。

第三，刑事责任是犯罪人向国家承担的法律责任，它表明了犯罪人与国家之间的关系。从犯罪人的角度而言，由于刑法坚持罪责自负，反对株连的原则，因此刑事责任只能由实施了犯罪行为的人承担。从国家的角度而言，只能由代表国家的司法机关追究犯罪人的刑事责任，其他一切机关和个人都无权任意出入人罪，追究犯罪人的刑事责任。

第四，刑事责任的内容是否定评价和谴责。犯罪是一种社会现象，它严重侵害了法益。为了保障正常的法律秩序和社会秩序，国家必然对犯罪行为和犯罪人持非难的基本态度。刑事责任作为犯罪的必然结果，自然以否定的法律评价以及惩罚为核心内容。即使是以单纯宣告有罪的方式来实现刑事责任，也表明国家和社会对犯罪行为与犯罪人的否定评价和谴责态度。

基于以上几点的考虑，刑事责任的概念应当采取限定的后果说，即刑事责任是刑事法律规定的，基于犯罪行为而产生并由司法机关代表国家依法追究，犯罪人依法必须承担的刑事惩罚、非刑罚处罚或者单纯宣告有罪等法律后果。

把刑事责任认定为限定的法律后果，具有合理性。从世界上其他国家的刑事立法来看，无论是在 1975 年《德国刑法典》中，还是在 1998 年《德国刑法典》中，其“总则”第二章是“犯罪”，第三章便是“犯罪的法律后果”。此种犯罪的法律后果，其实就是有关刑事责任的规定。换言之，刑事责任就是指对犯罪的制裁措施，即法律后果。③ 尽管

---

① 高铭暄、马克昌主编：《刑法学》，10 版，北京，北京大学出版社、高等教育出版社，2022，200 页。

② 马克昌主编：《刑法学》，5 版，北京，高等教育出版社，2022，161 页。

③ Vgl. Grube，in：Leipziger Kommentar，2019，§ 38，Rn. 1，SS.13 - 15.

犯罪行为所引起的法律后果的范围十分广泛，不仅可以引起刑法上的法律效应，同时还可以引起刑事诉讼法上的甚至民法上的法律效应，但是如果对法律后果进行限定，即刑事责任是一种以刑罚为主要实现方式的否定性刑事法律后果，就不会有任何妨碍人们正确认识刑事责任的本质的疑问。刑事责任有一个从产生、确认、实现到终结的动态发展过程。犯罪之后，即出现刑事法律后果，这就是刑事责任的产生。此时，行为人即应负刑事责任。应负刑事责任，并不代表行为人实际负刑事责任，还需要司法机关去追究行为人的刑事责任。当刑事法律后果真正需要行为人承担的时候，就是刑事责任得到了实现的时候。刑事法律后果被行为人实际承担完毕之后，刑事责任自然终结。将刑事责任理解为刑事法律后果，并认为这种后果包括判处刑罚、作出非刑罚处罚或作单纯的有罪宣告三种形态，可以赋予刑事责任以实质性内容，能够使刑事责任获得独立实体地位。

二、刑事责任的特征

根据刑事责任的概念，刑事责任具有以下特征：

（1）强制性。刑事责任是由犯罪行为所引起法律效应，是一种强制犯罪人向国家承担的法律责任。但刑事责任的这种强制性具有特殊性，其程度远超民事责任与行政责任。原因在于，它直接以国家强制力作为实现的动力，由特定的国家机关追究，且确定追究刑事责任的判决一经生效，必须执行。此外，强制性还表现在刑事责任必须由司法机关依据刑事法律加以确认。这里有两层含义：一是对刑事责任必须依法确认。刑事责任是一种法定责任，行为人对其行为应否负刑事责任以及负刑事责任的方式和程度，都必须由刑法进行明文规定。二是刑事责任只能由司法机关加以确认。为了保证刑事追究的权威性、公正性与合理性，只能由司法机关依据刑法和刑事诉讼法的有关规定来确认行为人应否负刑事责任以及负刑事责任的方式和程度。

（2）严厉性。刑事责任是一种性质最为严重、否定评价最为强烈、制裁后果最为严厉的法律责任。刑事责任通常具有惩罚的属性，并以刑罚为最基本的表现形式。它限制或剥夺犯罪人的财产权、政治权、人身自由权，甚至可以剥夺犯罪人的生命权，严厉性自不待言。

即使仅给予犯罪人以非刑罚处罚，实际上所带来的不利影响也远比其他法律责任严重。刑事责任之所以是一种最为严厉的法律责任，原因就在于犯罪是一种最为严重的危害社会行为。民事责任与行政责任之补偿性的存在削弱了其惩罚的严厉性。

（3）专属性。刑事责任只能由犯罪的个人和单位承担，具有专属性，不可转嫁，不可替代。也就是说，刑事责任的承担者只能是犯罪人自身。这是刑事责任区别于民事责任的重要特征。民事责任的承担者虽然多数情况下是不法行为人，但法律允许与其具有一定身份关系等的其他人代为承担。

（4）准据性。刑事责任是犯罪事实的综合反映，也是刑法规范的现实化，因而刑事责任为确定刑罚提供根据，即刑事责任是基于行为人的犯罪行为而产生的一种法律责任。只有犯罪行为才产生刑事责任；而且，只要有犯罪行为，就必然产生刑事责任。不仅如此，罪重则刑事责任重，罪轻则刑事责任轻。可见，犯罪与刑事责任之间具有质和量的统一性。刑事责任一经确定，就不允许当事人私自变更。

（5）合理性。刑事责任的轻重应与犯罪行为的客观危害和犯罪人的人身危险程度相当。犯罪人仅应承担与其犯罪行为的客观危害和其人身危险程度相当的刑事责任。这是报应与预防犯罪的基本要求。如使重罪之人承担较轻的刑事责任，则报应不足，犯罪有利可图，不利于预防犯罪。如使轻罪之人承担较重的刑事责任，则报应过度，无异于变相鼓励犯罪人实施重罪，因为仅仅犯轻罪是不划算的。只有刑事责任的轻重与犯罪行为的客观危害和犯罪人的人身危险程度相当，才能使犯罪人认罪服法，接受教育改造。

三、刑事责任的地位

（一）刑事责任在刑法学中的重要性

传统刑法理论中，犯罪与刑罚是刑法的两大支点，几乎所有的规定都是围绕着这两个方面展开的。虽然刑法条文中也有“刑事责任”的字样，但是刑事责任并未真正地受到重视。一般认为，刑法学是研究刑法及其所规定的犯罪、刑事责任和刑罚的科学。[①]也就是说，刑事责任在刑法理论中不具有独立的意义，整个刑法体系呈现出犯罪—刑罚的格局，有犯罪必有刑罚，刑事责任则是可有可无的。而事实上，刑事责任是整个刑法关系的核心，全部的刑事立法和刑事司法活动无不围绕着解决行为人的刑事责任问题来进行。即便是刑罚，也是为了实现刑事责任而在刑法中设置的。正因为如此，刑事责任与刑罚在量上具有统一性。司法机关在决定刑罚轻重的时候，应当首先考虑行为人对犯罪应负刑事责任的程度，然后再决定刑事责任的实现方式。如果应当判处刑罚，刑事责任大则刑罚重，刑事责任小则刑罚轻。因此，刑事责任的存在决定了刑罚适用的现实可能性，刑事责任的大小是判处刑罚轻重的标准，将传统的罪刑相适应的原则改为罪责刑相适应的原则，即应由与罪行相当的责任程度决定合适的刑罚。

刑事责任不但是刑事立法与刑事司法的核心问题，也是刑法理论的基础问题。“刑事责任关系到刑法理论的全局，几乎所有的刑法问题都与刑事责任密切相关”[②]。这样一来，就将刑事责任置于与犯罪、刑罚同等的地位，丰富和发展了刑法理论。

（二）刑事责任在刑法学中的应有地位

关于刑事责任在刑法学体系中居于何种地位，理论上争议很大，代表性的观点有以下几种：

（1）罪—责—刑平行说。该说认为：刑事责任是介于犯罪和刑罚之间的桥梁、纽带。刑事责任的功能就在于对犯罪和刑罚的关系起着调节的作用：犯罪的实施与否决定刑事责任的存在与否，犯罪事实综合反映出的社会危害程度决定着刑事责任的程度。可见，刑事责任产生于犯罪，是犯罪引起的必然后果。刑事责任既是犯罪的后果，又是刑罚的先导。罪—责—刑的逻辑结构乃是整个刑法内容的缩影。认定犯罪—确定责任—决定刑罚，完整地反映了办理刑事案件的步骤和过程。[③] 该说是目前刑法学界的主流学说。但该说认为刑事责任与刑罚是并列、平行关系，这在逻辑上是不能成立的。刑罚与刑事责

---

① 参见高铭暄、马克昌主编：《刑法学》，10版，北京，北京大学出版社、高等教育出版社，2022，绪言，1页。

② 冯军：《刑事责任论》，修订版，北京，社会科学文献出版社，2017，序言，Ⅺ页。

③ 参见高铭暄、马克昌主编：《刑法学》，10版，北京，北京大学出版社、高等教育出版社，2022，203～204页。

任的关系是确立刑事责任地位的关键。从刑事责任与犯罪的关系来看，犯罪与刑事责任具有内在的统一性，二者是平行的概念，刑法典“总则”第二章第一节“犯罪和刑事责任”的标题即为明证。从刑事责任与刑罚的关系来看，刑罚不过是刑事责任的一种最主要的实现方式，除了刑罚刑事责任还有其他实现方式，因此刑罚只是刑事责任的下位概念。由此可见，刑罚和犯罪之间不可能是并列关系。该说视刑事责任为犯罪与刑罚的中介，就使刑事责任失去了实质性内容，使其变成了一种空洞的理论。

（2）责—罪—刑说。该说又被称为基础理论说，认为：刑事责任在价值功能上具有基础理论的意义，是刑法中一个带有根本性的概念。它所揭示的是刑法的基本原理，其具体内容应当有犯罪论、刑罚论和罪刑各论。从整个刑法特别是刑事立法的角度看，总是刑事责任在先犯罪在后，没有刑事责任就不存在犯罪；而刑事责任又是刑罚的前提，没有刑事责任，也就不应当受到刑罚处罚。因此，在体系上不能把刑事责任作为犯罪之后果和刑罚之先导而插入犯罪论和刑罚论之间，而应作为刑法学的基本理论置于犯罪论之前，并作为刑法学的基本原理。① 该说虽然具有一定道理，但仅在刑事立法学上才能成立。从刑事司法的角度看，此说颠倒了犯罪和刑事责任的关系：就司法而言，是因为有了犯罪，所以才有刑事责任，而不是先有刑事责任后有犯罪，后者在逻辑上是有问题的。

（3）罪—责说。该说认为，犯罪是刑事责任的前提，刑事责任是犯罪的法律后果；刑罚只是刑事责任的基本实现方式，而不是刑事责任的唯一实现方式，刑事责任还有其他实现方式，刑罚与非刑罚处罚方法一样，是刑事责任的下位概念，因此，犯罪—刑罚的体系应改变为犯罪—刑事责任的体系，这样才能澄清犯罪与刑事责任的关系。② 相比之下，该说理顺了犯罪、刑事责任与刑罚的关系，突出了刑事责任的独立实体地位，正确地反映了刑事责任在刑法学中的重要地位。犯罪的法律后果，除刑罚之外，还有非刑罚处罚以及单纯有罪宣告。因此，必须概括出一个上位概念来涵盖这三种情形。这一上位概念自然就是刑事责任。因此，有必要以刑事责任论取代刑罚论，只有这样才是合乎逻辑的。这样，不仅摆正了刑事责任与刑罚的关系，而且可以使原刑罚论中的某些范畴在刑法学体系中找到其应有的归宿和位置。如关于非刑罚处罚方法的内容，学界一般都是放在“刑罚的体系和种类”一章中附带论述。这种处理方法是不合适的。如下文所述，根据我国刑法的规定，刑事责任的实现有多种方式，而且在多数情况下都追究了行为人的刑事责任，故非刑罚处罚方法作为刑事责任的实现方式是与刑罚相并列的，二者之间不存在包容关系。刑罚固然是犯罪人承担刑事责任的最为主要的方式，是刑事责任的核心，但不是刑事责任的全部，而是刑事责任的下位概念。③ 只有在刑事责任论中，非刑罚处罚方法才可找到自己的本来位置。因此，本书赞同罪—责说，并主张采用犯罪论—刑事责任论的新体系。这对于重新正确认识刑法的性质、完善刑事立法、更新刑事司法观念等，都具有十分重要的意义。

---

① 参见张智辉：《刑事责任通论》，北京，警官教育出版社，1995，15页。

② 参见张明楷：《刑法学》（上），6版，北京，法律出版社，2021，659～660页。

③ 参见冯军、肖中华主编：《刑法总论》，3版，北京，中国人民大学出版社，2016，403页。

第二节 刑事责任的根据与原则

一、刑事责任的根据

关于刑事责任根据的含义，长期以来刑法学界众说纷纭。由于缺乏统一认可的前提，对于刑事责任的根据究竟是什么，一直争论不休。要明确刑事责任根据的含义，首先应弄清什么是根据。按照《现代汉语词典》的解释，根据是指“作为论断的前提或言行基础的事物”。可见，根据与前提、基础是共通的。在此意义上讨论刑事责任的根据，从刑事立法的角度看，就是国家设定刑事责任的根据，它回答国家为什么可以设定刑事责任的问题，以求得设定刑事责任的正当性；从刑事司法的角度看，就是犯罪人承担刑事责任的根据，它回答为什么犯罪人应对其罪行承担刑事责任，或者说司法机关为什么可以追究犯罪人的刑事责任，以求得司法机关追究刑事责任的正当性。就刑事责任的根据而言，刑事责任设定的根据与刑事责任追究的根据完全一致。

（一）刑事责任设定的根据

刑事责任以刑罚为主要实现方式，可以限制或剥夺犯罪人的生命、自由与财产，具有强制性和严厉性，同时还具有专属性。那么，国家在刑法中设定刑事责任的根据是什么？这种根据是否正当？这就涉及刑事责任设定的根据。这种根据也可以被看作刑事责任正当化的根据。对此，刑法理论界存在以下三种不同观点。

1. 报应刑论

报应刑论认为，刑事责任是对犯罪的报应，由此刑事责任获得了正当性。报应刑论是近代刑事古典学派的产物。刑事古典学派试图从刑罚的功能上回答刑事责任的正当化根据。报应刑论主张，对犯罪科处刑罚，是基于报应的原理：犯罪是一种恶害，刑罚的内容是痛苦或恶害，对犯罪科处刑罚，就是以恶害报应恶害。对犯罪以恶害进行报应就是刑事责任的正当化根据。

2. 目的刑论

目的刑论主要是刑事实证学派的主张，是从刑罚目的的正当性来论证刑事责任的正当化根据的。该种理论认为，刑事责任并非对犯罪的报应，而是预防犯罪、保护社会的手段。正因为设立刑事责任能够防卫社会，所以设定刑事责任是正当的。在目的刑论中，存在一般预防论与特别预防论的对立。一般预防论认为，对犯罪人科处刑罚，是为了威慑、警戒社会上的一般人，预防他们将来犯罪。① 19 世纪后期欧洲不断上升的犯罪率，使人们对一般预防论产生了怀疑，于是提出了特别预防论。该说的主要提倡者德国刑法学者李斯特于 1882 年在德国马堡以“刑法的目的思想” （Der Zweckgedanke im Strafrecht）为题发表了演说，其中提及，真正的刑罚是指“有需要的刑罚”，因此，改善、吓阻及使不能危害社会等具有保护法益效果的刑罚，才符合刑罚的目的与刑法的正义。②

---

① Vgl. Feuerbach，Lehrbuch des Gemeinen in Deutschland GüLtigen Peinlichen Rechts，1847，S.38f.

② Vgl V. Liszt，Der Zweckgedanke im Strafrecht，1882，S.4f.

3.综合主义

综合主义又被称为综合理论或统一理论（Vereinigungstheorien），是一种折中的观点，认为刑事责任的正当化根据一方面是满足恶有恶报的正义要求，另一方面是防止犯罪，应当在报应刑的范围内实现一般预防与特殊预防的目的。由于此种理论是报应刑论与预防刑论的折中，故此时究竟何种思想应该优先？学界仍然存在一定争议：报应的综合理论主张，刑罚不管如何调和，仍必须建立在责任刑法的基础上，亦即依行为人过去所为不法行为来衡量其刑罚轻重，不能任由预防思想侵夺罪责原则。而预防的综合理论则主张，刑罚不是单纯的报应与赎罪，应该同时追求一般预防与特别预防，且在二者发生冲突时，必须优先采取特别预防的观点。①

虽然存在上述争议，但有一点是无可置疑的，即没有犯罪，就没有刑事责任，单纯的报应本身不能完整地表明刑事责任的正当性。此外，刑事责任的目的还在于预防犯罪，以维护社会的有序与安全。由此刑事责任才获得了完全的正当性。因此，综合主义的观点是妥当的。

（二）刑事责任追究的根据

司法机关追究刑事责任是否正当，就涉及刑事责任的追究根据问题。刑事责任的追究根据有实质根据与形式根据之分：实质根据回答为什么行为人实施犯罪行为以后就应承担刑事责任，形式根据则回答如何从形式上保证司法机关追究刑事责任的正当性。

1.追究刑事责任的实质根据

对于追究刑事责任的实质根据，德日刑法学中存在道义责任论与社会责任论之争。道义责任论是刑事古典学派的理论，它以唯心主义的非决定论（意思自由论）为基础，认为：人是具有自由意志的主体，凡达到一定年龄而精神健全者，都具有根据理性而行动的自由。如果他基于自由意志的决定，应当选择合乎法律要求的行为，却选择实施了违反道义的犯罪行为，即具有责任非难的根据。所谓责任，可理解为对实施“恶的”行为所进行的“道义上或者道德上的非难”。故该理论又被称为道义责任论。但是，绝对的意志自由是不存在的，不可能存在不受任何东西决定的自由意志，如果承认绝对的意志自由，刑罚也就不具有犯罪预防的效果。故这种理论的缺陷显而易见。②

社会责任论是近代学派的理论，它以实证主义的决定论（意志决定论）为基础，认为：人的意志是不自由的，犯罪是人的反社会的危险性格即人身危险性的外部表现，为了防卫社会，犯罪人必须承受社会防卫措施，责任也就使具有危险性的人处于应受社会防卫措施处分的地位。由于该种责任不具有“非难”的意义，一般称该种理论为社会责任论。但是，决定人的意志的因素中，当然包含了行为规范的意义或者价值，而刑事责任非难的目的之一便在于，通过促进行为的主体性，影响基于这些价值因素的意志决定。若人完全不具有自由意志，命中注定要实施犯罪，不能回避这一点的话，则施加刑罚也就不具有任何意义。该理论完全否定人的自由意志，也是不正确的。③

---

① Vgl. Roxin/Greco, Strafrecht Allgemeiner Teil, Bd. Ⅰ, 2020, §3, Rn. 33ff.

② 参见［日］松宫孝明：《刑法总论讲义》，5版，东京，成文堂，2018，168～169页。

③ 参见［日］平野龙一：《刑法的基础》，黎宏译，北京，中国政法大学出版社，2016，3页。

尽管在后来又形成了几种具有折中或综合主义色彩的责任理论，如人格责任论、规范责任论，但这些刑事责任理论都不能科学地说明一个人犯了罪为什么要负刑事责任，国家又为什么可以追究其刑事责任。可以根据辩证唯物主义的决定论即相对的意志自由论来回答这一问题。M. E. 迈耶指出：人类“命中注定是依循非决定论的”① (zum Indeterminismus determiniert)，因此，要肯定所谓的责任，就必须采用非决定论。但同时需要注意的是，人具有的意志自由并非漫无边际，而“意志自由只是借助于对事物的认识来作出决定的能力”②，“自由不在于幻想中摆脱自然规律而独立，而在于认识这些规律，从而能够有计划地使自然规律为一定的目的服务”③。因此，人具有的意志自由同时受客观必然性决定和制约，表明人能够认识客观事物的发展规律，并能够利用客观规律为自己服务。人的这种主体性特征，就使归责具有了合理性。在具有相对意志自由的前提下，如果行为人选择了实施犯罪行为，其自由意志就体现出了主观恶性，并且该行为侵害了社会，因而行为人应当对此承担刑事责任。此时，要求行为人承担刑事责任是合理的，也是正当的。

2. 追究刑事责任的形式根据

为了确保司法机关追究刑事责任的正当性，必须对司法机关的刑事司法活动从形式上作出限制。司法机关的刑事司法活动必须在形式上存在根据，应当注意以下三个方面：

(1) 只有确实存在犯罪事实，司法机关才能依法定程序追究刑事责任。《刑事诉讼法》第 110 条第 1 款规定，任何单位和个人发现有犯罪事实或者犯罪嫌疑人，有权利也有义务向公安机关、人民检察院或者人民法院报案或者举报。第 109 条规定，公安机关或者人民检察院发现犯罪事实或者犯罪嫌疑人，应当按照管辖范围，立案侦查。这就表明，只有在客观上有一定的证据表明有犯罪发生的情况下，司法机关才可启动刑事诉讼程序追究刑事责任。这时司法机关启动刑事诉讼程序才是正当的。

(2) 只有行为人的行为符合犯罪构成，司法机关才能确认行为人应负刑事责任。犯罪是刑事责任的前提，刑事责任是犯罪所引起的法律后果，因此，在人民法院最终确认行为人是否应负刑事责任时，应以行为人的行为是否构成犯罪为根据。行为人的行为是否符合犯罪构成，是判断行为人应否负刑事责任的唯一标准。

(3) 司法机关所确认的刑事责任，应当与犯罪行为的客观危害和犯罪人的人身危险程度相当。罪刑相适应原则要求刑事责任的轻重与犯罪行为的客观危害和犯罪人的人身危险程度相当。行为人的行为符合犯罪构成对于确定刑事责任的轻重来说，只是主要根据，而不是唯一根据，因为影响刑事责任轻重的因素除犯罪构成这一因素以外，还有其他诸如自首、累犯等法定情节，以及诸如犯罪的动机、犯罪人平时的一贯表现等酌定情节，这些法定情节和酌定情节也能够影响刑事责任的轻重。所以，确定刑事责任轻重时，应以行为所符合的犯罪构成为主，同时考虑一切能够说明犯罪行为的客观危害和犯罪人的人身危险程度的事实、情节，以做到犯罪人所承担的刑事责任与其犯罪行为的客观危害和犯罪人的人身危险程度相当。只有这样，司法机关追究犯罪人的刑事责任才是完全正当的。

---

① M. E. Mayer, Die Handlung und ihre Arten im Strafrecht: drei Begriffsbestimmungen, 1901, S.100.

②③ 《列宁选集》，第 2 卷，3 版修订版，北京，人民出版社，2016，150 页。

二、刑事责任的原则

（一）主客观相统一原则

主客观相统一原则是指对犯罪的认定和追究刑事责任，必须主客观相一致。认定一个人的行为构成犯罪，应该确认主观上有罪过、客观上有危害行为，并且这种主观上的罪过、客观上的危害行为和结果之间有必然的因果关系。

主客观相统一原则克服了主观主义所主张的只强调人的意志自由而忽视客观必然性的意志自由论的缺陷，同时又避免了客观主义所主张的仅注重客观必然性而否定意志自由的行为决定论的不足。它是以人的相对意志自由论为理论基础，以唯物辩证论为逻辑起点，建立起来的一种科学的刑法观。犯罪的本质特征在于行为人的主观恶性与行为的客观危害的统一，对行为犯罪化认定所依据的事实，也要从行为人的主观方面和行为的社会危害性等客观方面去把握。

主客观相统一原则不但体现了刑法的目的，而且体现了现代刑法的价值取向：限制国家的刑罚权，防止其过分扩张，以保护人权。如果只注重行为人的主观恶性而不论行为的客观社会危害性，就会导致主观归罪：这种情况下，由于推定行为人主观恶性的客观事实被忽略，裁判者可完全依照自己的主观臆想任意出入人罪，从而失去公平、正义的标准。同理，仅看重客观的损害结果而忽略行为人的主观恶性，则会导致客观归罪。无论是主观归罪还是客观归罪，都是国家刑罚权恣意行使的表现，这种恣意行使必然会造成对公民权利的侵夺。

主客观相统一原则是我国刑法中的基础性原则，不仅因为它在定罪过程中具有指导意义，还因为它在量刑过程中具有指导意义。量刑中，司法机关不仅要遵循罪刑相适应的基本原则，而且要遵循刑罚个别化原则，这两个原则都要求对行为人的主观恶性和行为造成的客观危害进行考察，忽视其中任一方面都有可能造成或枉或纵。我国刑法在总则、分则和刑罚上都贯彻和体现了主客观相统一的刑事责任原则，对犯罪中故意、过失、意外事件、责任年龄、责任能力和正当防卫等的规定，对刑罚中从重、从轻、减轻等情节的规定等，都体现了主客观相统一的刑事责任原则。

（二）罪责自负原则

罪责自负原则是指行为人只对自己所实施的犯罪行为承担刑事责任，不能因该犯罪事实对实施犯罪的行为人以外的任何人追究刑事责任，反对团体性责任或连带责任。这一原则强调所有的犯罪都只能由犯罪分子本人负责、承担所有的不利法律后果，而不得连累那些与犯罪分子仅有家属、亲戚、朋友、邻里关系而没有实施该犯罪行为的公民。罪及旁人，株连无辜，是封建社会或者人治社会司法实践的一个重要表征，但在法治社会，罪刑法定原则的落实，就必须依靠“一人犯罪一人当”这种罪责自负等原则与制度的支持，而且罪刑法定原则的规定，也意味着“刑罚止于一身”，而这正体现了罪责自负原则的本质。

罪责自负原则要求，犯罪的主体只能是实施了犯罪行为的人，对于没有实施犯罪行为的人，不能对其定罪；承担刑事责任者只能是犯罪分子本人，对于没有参与犯罪的人，不能追究刑事责任。无论是在刑事案件的侦查、审查起诉、审判阶段，还是在审判后阶段，必须做到防止错拘、错捕、错判无辜，如果出现了错案，必须立即纠正，切实保障无罪者不受无辜的刑事追究。

（三）人道原则

人道原则是指刑事责任的认定与实现，必须符合人道主义。任何的法律，都必须符合一定的正向的价值取向，如博登海默就指出，“任何值得被称为法律制度的制度，必须关注某些超越特定社会结构和经济结构相对性的基本价值……一种完全无视或根本忽视基本价值中任何一个价值或多个价值的社会秩序，不能被认为是一种真正的法律秩序”①。刑法作为“最后的防线”，具有暴力性与强制性，其适用结果就是直接剥夺或限制公民的财产、人身自由甚至生命。因此，如果刑法是不公正和不人道的，那么这个国家的整个法律体系也是缺乏公正和人道的。

按照现代法的理论，任何法律的规定，都必须符合人类本性，对于直接剥夺或限制人类个体的财产、人身自由甚至生命的刑罚，更要慎之又慎，必须要具有人道性，保障人类最基本的权利。刑事责任的确定与实现，直接关系到对犯罪人施以何种刑罚，这种刑罚是不是公正与合理、是不是具有人道性。因此，刑事责任的确定与实现，都必须以人为本，充分尊重人的自由意志，体现人文关怀，尊重人的理性发展，实现公正与功利的统一，从而更好地实现预防犯罪的刑罚目的，最终实现法治正义。刑事责任人道化所表现的人性是合法基础上的人性，它并不是“法外开恩”的代名词。刑事责任的确定与实现应以人权为核心，在遵循法定程序的基础上，充分关心人、尊重人。这包含两个方面的内容：一方面，在刑事立法上，应当充分考虑符合人道性，充分保障人权；另一方面，在刑事司法上，在确定刑事责任的时候，必须按照法定程序，按照犯罪构成严格确定，必须尊重犯罪嫌疑人的各种权利。

第三节　刑事责任的实现

刑事责任的实现是指犯罪人承担刑事责任的应然状态变为突然状态，实际承担刑事责任，即刑事法律后果被实际强加于犯罪人。只有使犯罪人实际承担刑事法律后果，才能实现刑事责任的双面预防目的。如果没有刑事责任的实现，刑事法律规范的效力便不能实现，刑事法律本身也就无法有效地运行。

一、刑事责任的实现阶段

一般认为，刑事责任始于实施犯罪行为之时，即在行为符合犯罪构成之际，行为人就应当承担刑事责任。但是刑事责任从应然状态变为实然状态并不是一蹴而就的，其实现有一个过程。在这一过程中，刑事责任的实现呈现出阶段性，具体可分为以下三个阶段：

一是刑事责任的产生阶段，即从行为构成犯罪时起，到公安、司法机关立案侦查时止。刑事责任是相伴于犯罪行为而产生的，因此行为构成犯罪，也就标志着刑事责任的

① ［美］E. 博登海默：《法理学：法律哲学与法律方法》，邓正来译，北京，中国政法大学出版社，2017，作者致中文版前言，4～5页。

产生。即使未经公安、司法机关的确认和追究，刑事责任也作为一种客观事实而存在。追诉时效制度即从反面印证了这一点。所谓追诉时效，是指对犯罪人追究刑事责任的有效期限。如果客观上根本不存在刑事责任，追诉时效便无从谈起。

二是刑事责任的确定阶段，即从公安、司法机关立案侦查时起，到人民法院作出的有罪判决生效时止。在这一阶段，公安、司法机关通过对案件的侦查、审理，确认行为人的行为是否构成犯罪、行为人应否负刑事责任以及负多大的刑事责任，并依据法律规定决定对行为人如何惩罚，从而为刑事责任有可能变为现实创造条件。刑事案件的全部诉讼过程，一般也就是刑事责任的确定阶段。应当注意的是，在确认和追究刑事责任的过程中，有时会采取必要的强制措施，但这些强制措施并不代表刑事责任本身，因为经过侦查、审判，也可能确认被告人无罪。故不能因为曾采取过强制措施，就认为被告人被追究了刑事责任。

三是刑事责任的承担阶段，即从人民法院的有罪判决生效时起，到刑罚执行完毕或者其他刑事强制措施执行完毕时止。在一般情况下，刑事责任随着判决书中所确定的内容得到实现而终结，即意味国家对犯罪人的否定性评价和谴责活动结束。

与刑事责任的实现密切相关的，是刑事责任的终结。所谓刑事责任的终结，一般是指刑事责任存在和发展进程的最终结束，从而导致刑事责任最终不复存在。刑事责任既可以因其实现而终结，也可以由于出现必须终结的情形而终结。在因刑事责任的实现而终结的情形，终结时间由于刑事责任实现的方式不同而不同：以刑罚处罚为实现方式的，终结时间是刑罚执行完毕或赦免之时；以非刑罚处罚方法为实现方式的，终结时间为非刑罚处罚方法执行完毕之时；以单纯定罪而免予刑罚处罚为实现方式的，终结时间为法院的有罪判决发生法律效力之时。因刑事责任的消灭而终结，主要表现为犯罪人死亡、犯罪已过追诉时效期限、对于告诉才处理的犯罪没有告诉或撤回告诉。上述情形中，犯罪人并没有实际承担刑事责任，但刑事责任已经实际消灭而终结。此时刑事责任的终结时间即为这些情形出现之时。特殊情况下，刑事责任可能因法定事由的出现而未能被实际追究或未全部实现。例如，被宣告缓刑或者假释后在缓刑或假释考验期内未再犯新罪、未发现漏罪、未违反监督管理规定且考验期满，犯罪人死亡，超过追诉时效期限，赦免等，都属于这类情况。

二、刑事责任的实现方式

刑事责任的实现离不开一定的方法和手段。刑事责任的实现方式必须是刑事法律明文规定可以适用于刑事责任承担主体的方式。这是刑事责任法定原则的基本要求。司法机关不能随意确定刑事责任的实现方式。在我国，刑事责任的实现方式有以下几种。

1. 基本实现方式——定罪判刑方式

从古到今，刑罚都是刑事责任的主要内容。根据《刑法》第 13 条，应受刑罚处罚性是任何犯罪的属性，故绝大多数犯罪人都实际承担了刑罚。这就决定了刑罚是最为主要的刑事责任实现方式。在我国，刑罚分为主刑和附加刑两大类。管制、拘役、有期徒刑、无期徒刑和死刑属于主刑，罚金、剥夺政治权利、没收财产和驱逐出境属于附加刑。无论是主刑还是附加刑，都明显体现出国家对犯罪行为的否定评价和对犯罪人的责难。

2. 辅助实现方式——适用非刑罚处罚方法

《刑法》第37条规定，“对于犯罪情节轻微不需要判处刑罚的，可以免予刑事处罚，但是可以根据案件的不同情况，予以训诫或者责令具结悔过、赔礼道歉、赔偿损失，或者由主管部门予以行政处罚或者行政处分。”这里规定的几种非刑罚处罚方法，也是由犯罪行为所导致的刑法上的法律后果，是人民法院了结刑事案件的处理方法。对犯罪人适用非刑罚处罚，同判处犯罪人刑罚一样，也能实现刑事责任的双面预防目的，故非刑罚处罚方法也属于实现刑事责任的方式。当然，与刑罚处罚相比，非刑罚处罚的适用范围相对有限，是辅助性的，故它被称为刑事责任的辅助实现方式。

根据《刑法》第37条的规定，实现刑事责任的非刑罚处罚方法有以下五种：(1) 训诫，是指人民法院当庭对犯罪分子进行训斥和告诫：训斥犯罪分子的行为已经构成了犯罪，给社会造成了危害，并告诫犯罪分子应当改邪归正，以后不得再犯。(2) 具结悔过，是指人民法院责令犯罪分子深刻反思自己的犯罪行为，并用书面方式保证悔改，不再犯罪。(3) 赔礼道歉，是指人民法院责令犯罪分子向被害人赔罪认错，表示歉意，以求得被害人的谅解。以上三种方法可谓刑事教育措施，非常明显地体现了刑事责任的教化功能。(4) 责令赔偿损失，是指人民法院根据犯罪行为给被害人造成的经济损失情况，责令犯罪分子给予被害人一定的经济赔偿。(5) 由主管部门予以行政处罚或者行政处分，是指人民法院根据案件的具体情况，向犯罪人所在单位提出予以行政处分的司法建议，由主管部门给予适当的行政处罚或者行政处分。此外，2015年8月通过并自同年11月1日起施行的《刑法修正案（九）》增加规定了从业禁止制度（《刑法》第37条之一）。这也是一种非刑罚处罚方法。

3. 特殊实现方式——单纯宣告行为人有罪但免刑

如果犯罪情节轻微、社会危害性较小，行为人可能不仅被免除刑罚处罚，而且被免除非刑罚处罚，仅被作单纯有罪宣告。这首先在逻辑上是存在的，因为，在免除刑罚处罚的情形下，《刑法》第37条仅规定“可以”，而不是“应当”根据案件的不同情况予以训诫等非刑罚处罚。类似条款还包括我国《刑法》第10、19～22、24、27、28、68、383、390、392条等。单纯宣告有罪自然意味着存在刑事责任，故它也是犯罪行为所可能产生的法律后果之一，它本身就属于对犯罪行为的否定和对犯罪人的谴责，也体现了国家对犯罪行为的否定评价和对犯罪人的责难，具有刑事责任的实质内容，因此，定罪免刑也就属于实现刑事责任的一种方式。① 正因为如此，如果行为人对单纯宣告有罪不服，有权提起上诉与申诉。当然，单纯宣告有罪仅适用于极其轻微之罪，是比较特殊的，故属于刑事责任的特殊实现方式。

4. 消灭处理方式

刑事责任的消灭处理，是指行为人的行为已构成犯罪，应受刑罚处罚，但由于法定的阻却刑事责任事由的存在，刑事责任归于消灭，行为人不再承担刑事责任。例如，犯罪已过追诉时效期限，犯罪人死亡，其刑事责任都基于一定的事实而终结，因而司法机关不能再予以刑事追究。依照刑法规定告诉才处理的犯罪，没有告诉或者撤回告诉的，

---

① 参见齐文远主编：《刑法学》，3版，北京，北京大学出版社，2016，223页。

刑事责任即告消灭，司法机关也不应当追究行为人的刑事责任。

5. 转移处理方式

刑事责任的转移处理，是指行为人的刑事责任不由我国司法机关解决，而通过外交途径解决。《刑法》第 11 条对此作了规定，但此种方式只对享有外交特权和豁免权的外国人适用。

三、单位犯罪刑事责任的实现

我国《刑法》第 30 条规定，单位犯罪的，应当负刑事责任。诚然，单位虽然也是法律上的人，但毕竟不是生理意义上的人，在单位犯罪的场合，要肯定其也具有相对的自由意志，是较为勉强的。对于单位为何能够承担刑事责任这一问题，如今的主流学说认为，单位虽然不存在与自然人同样的意思决定能力，但在单位的内部组织中，其意思是被决定的。换言之，对单位而言，肯定其作为单位的意思决定是可能的，因此从社会方面对其施加非难也是可能的。[①] 同时，考虑到单位犯罪的破坏性能量大于自然人犯罪的破坏性能量，为了维护社会秩序，社会要求单位对其罪行承担刑事责任。

关于单位刑事责任的实现，世界各国大体上存在三种立法例：第一种是双罚制，即单位犯罪的，单位和单位的直接责任人员（代表人、主管人员及其他有关人员）同时承担刑事责任，均受到刑罚处罚。第二种是转嫁制，即单位犯罪的，只处罚单位而对直接责任人员不予处罚。第三种是代罚制，即单位犯罪的，只处罚直接责任人员而不处罚单位。转嫁制和代罚制被统称为单罚制。

我国刑法对单位犯罪的处罚，以双罚制为主，以单罚制为辅。我国《刑法》第 31 条规定，单位犯罪的，对单位判处罚金，并对其直接负责的主管人员和其他直接责任人员判处刑罚。本法分则和其他法律另有规定的，依照规定。因此，对单位犯罪，一般采取双罚制，即对单位判处罚金，同时对单位直接负责的主管人员和其他直接责任人员判处刑罚。刑法分则和其他法律规定不采取双罚制而采取单罚制的，属于例外。

我国刑法对单位犯罪主要实行双罚制，其根据在于单位是一个具有整体性和组织性的主体，应当对其意志支配下的犯罪活动承担刑事责任，而不能将这个责任完全归于某个自然人。我国刑法对单位犯罪辅以单罚制，是因为单位毕竟是自然人的组合体，单位的行为总是由一定的自然人具体决定、实施的，这些自然人对单位的行为负有不可推卸的责任。兼顾二者时，就形成了双罚制。需要侧重考虑其中一个方面时，就形成了单罚制。我国刑法分则中，只有少数几个罪名采取单罚制，如第 161 条规定的违规披露、不披露重要信息罪，第 162 条规定的妨害清算罪，都只处罚直接负责的主管人员和其他直接责任人员。在采取双罚制时，处罚的对象是两个，既处罚单位，又处罚责任人，但是，犯罪和刑事责任的主体仍然只有一个，这就是单位，而不是两个。单位中的责任人受到处罚不过是对单位刑事责任的分担，分担刑事责任的依据是其行为在单位犯罪中所起到的实际作用。

---

① 参见［日］高桥则夫：《刑法总论》，李世阳译，北京，中国政法大学出版社，2020，85 页。

第十五章　刑罚概说

第一节　刑罚和刑罚权

一、刑罚的概念与特征

刑法的目的是维护社会秩序，保护法益。为了实现这一目的，刑罚就是绝对必要的制度。为实现上述目标，就必须承认国家可以对实施犯罪的人施以刑罚。由此，我们可以认为，刑罚是指统治阶级通过国家权力的正当行使，对犯罪行为予以打击，对犯罪分子的权益和自由予以限制或剥夺，防止公民的合法权益被侵犯的一种强制方式。

刑罚是刑法对犯罪人施加的严厉法律后果，是一把双刃剑。为了防止刑罚适用的泛滥，必须明确刑罚适用的限制性条件。这也是刑罚的特征所在。

第一，刑罚的制定和适用主体具有特定性。在我国，全国人民代表大会及其常务委员会作为最高国家立法机关拥有制定刑事法律、确立刑罚的权力。刑罚的行使主体是审判机关等国家专门机关，任何个人和其他机关无法成为刑罚适用的主体，即只要是由法律所授权施行刑罚的机关就有权力施行刑罚，没有法律授权施行刑罚的机关，无权施行刑罚。国家刑罚权是公权力，因此，“只有法律才能为犯罪规定刑罚”，“任何司法官员（他是社会的一部分）都不能自命公正地对该社会的另一成员科处刑罚”。刑罚的效果“很大程度上取决于它的适用程序和方式，就像一种力在不同的条件下会产生不同的作用一样。刑罚不应当依靠一些令人毛骨悚然的恐怖形象威吓人的心灵，而应当依靠自身的层次性、精确性、适时性和肯定性，去影响人们对利弊得失的计算，从而制止他们去实施于人于己均无益的犯罪”①。只有以刑法对刑罚的规定为准绳，同时又严格按照刑事诉讼法规定的程序对犯罪分子施以刑罚，才能确保刑罚的权威和公正等效果。

第二，刑罚的发动以犯罪成立为前提。刑罚是犯罪的后果，刑罚是对犯罪的惩罚性否定评价。格劳秀斯认为，“惩罚是指由于实施犯罪行为而被迫承受的痛苦”②。从格劳秀斯的观点可以看出，报应刑论关于刑罚的规诫可以归纳为以下内容：刑罚的本质属性是惩罚性，刑罚蕴含了痛苦的施加。并非所有的惩罚都是刑罚，但所有的刑罚都是惩罚，痛苦的感受和权益的丧失都是刑罚的直接反映；刑罚因其依附性而以犯罪为前提，在犯罪与刑罚的质的联结中架设了责任的“桥梁”，奠定了近现代罪刑法定主义的理论基础，

---

① ［意］切萨雷·贝卡里亚：《论犯罪与刑罚》，增编本，黄风译，北京，北京大学出版社，2014，14、210页。

② ［荷］格劳秀斯：《战争与和平法》，第2卷，马呈元、谭睿译，北京，中国政法大学出版社，2016，393页。

即行为人不实施犯罪就不能对其适用刑罚。但刑罚制度并非一成不变，其随着时代政治、经济和文化的变迁而改变。

第三，刑罚的客体是犯罪分子。康德曾言："惩罚在任何情况下，必须由于一个人本人已经犯了一种罪行才被施加于他。"① 刑罚的适用对象是违反刑事法律的犯罪分子。倘若公民并未违反刑事法律，而仅仅违反了行政法规、民事法规，尚未构成犯罪，就无法对其适用刑事法律。

第四，刑罚的措施具有严厉性。刑罚作为一种最严厉的强制方法，不仅能够限制或剥夺犯罪分子的人身自由和财产，而且可以剥夺犯罪分子的生命。"在所有用于维护法秩序的国家权力的不同手段中，最严厉的手段便是刑罚。只有当国家使用其他的手段难以抑制违法行为，实现国家目的（时），适用刑罚才是正义的。"② 在民事制裁、行政制裁和刑事制裁这三种制裁方式中，前两种制裁方式较之刑罚而言，制裁强度低而且持续时间短。需要说明的是，刑罚的严厉性并不意味着其本身比其他制裁方式更为严厉。就严厉程度来讲，一些行政制裁并不一定比刑罚轻。之所以突出刑罚的严厉性特征，是因为刑罚这种制裁方式是以社会危害性极大的犯罪行为为前提的，而与违法行为相比较，犯罪行为的不法和责任内涵要重。刑罚以严厉性为基本标志，是以犯罪行为为前提使然，并非刑罚自身特点造就的。

第五，刑罚的适用以实现特定目的为归宿。无论是报应刑论还是预防刑论，都强调刑罚必须为特定的目的服务。康德、黑格尔作为报应刑论的代表，提倡刑罚的目的是给犯罪分子以应有的惩罚，即刑罚是为惩罚而惩罚；认为人是目的而不是手段，人生来便具备人之为人的尊严，而尊重人之为人的尊严便体现在将人本身作为目的，而不作为实现任何目的的手段。报应要求刑罚必须和犯罪相当，而罪刑相当要求犯罪的严峻性与刑罚的轻重相适应，犯罪的严峻性是对客观因素的评价。预防刑论以预防犯罪为目的，注重对社会秩序的维护，强调人是目的固然有其合理性，但人为社会中的一员，在为了预防犯罪等特殊情况下，将人作为维护社会秩序的手段也有正当性。

二、刑罚权

刑罚权即科处刑罚的权限，是指国家以犯罪人实施了犯罪行为为依据，能够对他进行处罚的权能。对于满足犯罪构成要件的人，需要科处刑罚。从国家的维度来看，科处刑罚的行为，可以说就是具体地行使刑罚权。这以国家对犯罪人拥有刑罚权为前提。"现代法治国家中，刑罚权是国家所独有（的），刑法正是以此刑罚权为基础，明确犯罪构成要件，对于满足该要件者发动刑罚权。"③

刑罚权，首先是一种抽象层面上的刑罚权，即在有犯罪行为时，国家拥有一般意义上的处罚权能，可以对实施该犯罪行为的人进行处罚。这就是一般刑罚权。一般刑罚权不过是一种资格或者权能，在犯罪行为被现实、具体地实施了之后，必须承认国家拥有

① ［德］康德：《法的形而上学原理》，沈叔平译，北京，商务印书馆，1991，98～100页。
② ［德］冯·费尔巴哈：《德国刑法教科书》（第十四版），徐久生译，北京，中国方正出版社，2010，33页。
③ ［日］山中敬一：《刑法总论》，3版，东京，成文堂，2015，1091页。

具体的处罚权能，即对实施该犯罪行为的具体犯罪人能够进行处罚。这就是具体的刑罚权。[①] 即便承认国家的具体的刑罚权，也存在对具体的犯罪人无法实际进行处罚的情形。这是因为在刑法中还存在有客观处罚条件的犯罪，这种犯罪的成立以不存在处罚阻却事由为前提。比如我国的逃税罪中的“有第一款行为，经税务机关依法下达追缴通知后，补缴应纳税款，缴纳滞纳金，已受行政处罚的，不予追究刑事责任”，以及信用卡诈骗罪中的“经发卡银行催收仍不归还”等规定，均是对国家的具体的刑罚权发动的限制性条件。

刑罚权还指国家对犯罪分子运用刑罚的权力，分别体现为制刑权、求刑权、量刑权与行刑权。（1）制刑权，指的是国家立法机关即全国人民代表大会及其常务委员会制定刑罚的权力。（2）求刑权，指的是请求人民法院对犯罪分子予以刑罚处罚的权力。检察机关在公诉案件中行使求刑权，部分自诉人在自诉案件中行使求刑权。（3）量刑权，是指人民法院决定是否对犯罪分子科处刑罚以及科处何种刑罚的权力。（4）行刑权，是指国家机关对犯罪分子执行刑罚的权力。

第二节 刑罚正当化的根据

刑罚的意义或者说刑罚的根据是什么？科处刑罚的目的是什么？这些都是根源于刑罚合理性、正当性的追问。它们既是在刑罚发展过程中被反复讨论的话题，也是今后必须不断反思的命题。并且，它们暗含着法哲学的思潮变迁。正因如此，我们很难给出一份确定的答案。自古至今，对刑罚正当化的根据的解答，主要有报应刑论、预防刑论和一体化的并合主义刑罚理论三个理论阵营。

一、报应刑论

“以眼还眼，以牙还牙”，是人类社会长久存在的观念，也是所谓报应思想的写照，所以说刑罚的报应思想，已经有相当长久的历史。可以说，报应刑论随刑罚的产生而产生，且一直伴随着刑罚制度而存在。从《汉穆拉比法典》到《摩奴法典》都体现着古时同态复仇的观念。但复仇与报应刑有极大的差异：复仇是一种趋于人性的野性的正义，而报应刑是理性正义；从辩证法角度予以思辨，不难发现，复仇实现的是个体“自在地而且也是自为地自由的意志”，报应刑实现的是“共同意志”即“不是自在自为地普遍的意志”。刑罚是对犯罪的扬弃，“侵犯了具体意义上的自由的定在，侵犯了作为法的法，这就是犯罪”。犯罪是对法的否定，刑罚是对犯罪的否定，“现实的法就是对那种侵害的扬弃，正是通过这一扬弃”[②]，通过否定之否定，实现对法的肯定和维护，法才显示出有效性。复仇也体现出深厚的报应刑思想，从性质上说，它是对犯罪的扬弃，是对侵害的侵害——“复仇由于它是特殊意志的肯定行为，所以是一种新的侵害”[③]，只不过，复仇是私力救济，是利己的、不受法律的制约、不以犯罪为起因的个人恩怨的单纯发泄，而

① 参见［日］关哲夫：《讲义刑法总论》，东京，成文堂，2015，527页。

② ［德］黑格尔：《法哲学原理》，范扬、张企泰译，北京，商务印书馆，2017，34、94、113、115页。

③ ［德］黑格尔：《法哲学原理》，范扬、张企泰译，北京，商务印书馆，2017，123页。

报应刑是公力救济，它以刑法的规定为前提，刑罚权是受法律制约的对犯罪进行报复的公权力。

报应刑论从等害报应论升华到等价报应论。康德是主张等害报应论的代表性学者。在刑罚的正当化根据上，康德主张绝对的报应刑论，“甚至假定有一个公民社会，经过它所有成员的同意，决定解散这个社会，并假定这些人是住在一个海岛上，决定彼此分开散居到世界各地，可是，如果监狱里还有最后一个谋杀犯，也应该处死他以后，才执行他们解散的决定。应该这样做的原因是让每一个人都可以认识到自己言行有应得的报应，也认识到不应该把有血债的人留给人民。如果不这样做，他们将被认为是参与了这次谋杀，是对正义的公开违犯”①。换言之，任何原因都不能阻止对犯罪行为的报应或者说惩罚。在绝对报应刑的基础上，康德对刑罚的量的尺度主张等害报应论，他指出，“如果你诽谤别人，你就是诽谤了自己；如果你偷了别人的东西，你就是偷了你自己的东西；如果你打了别人，你就是打了你自己；如果你杀了别人，你就杀了你自己”。可见，康德对刑罚认定是从量的绝对相等性角度来分析的。依此，康德认为刑罚的轻重是对犯罪同等恶害的报复，是量上的绝对等同，是“以牙还牙的惩罚”②。所以他的等害报应论也可以被称为等量报应论。由于等害报应论只着眼于犯罪和刑罚在客观损害状态上的等同，而罔顾犯罪分子的主观恶性和刑罚相适应，故与公正的社会价值观念背道而驰。

为了克服等害报应论的缺陷，黑格尔构建了被奉为近现代报应刑论精髓的等价报应论，该理论克服了等害报应论仅仅以犯罪客观危险形态决定刑罚的片面性。黑格尔指出，“犯罪的扬弃是报复，因为从概念说，报复是对侵害的侵害，又按定在说，犯罪具有在质和量上的一定范围，从而犯罪的否定，作为定在，也同样具有在质和量上的一定范围。但是这一基于概念的同一性，不是侵害行为特种性状的等同，而是侵害行为自在地存在的性状的等同，即价值的等同”③。同害复仇不符合人类文明社会对刑罚进步的要求，导致刑罚的种类野蛮落后，以及刑罚的执行不切实际。等价报应论，使报应刑论获得新生：刑罚应与犯罪行为的应受谴责性相对称，即作为谴责犯罪手段的刑罚的严厉性应当与作为谴责对象的犯罪的严重性相当，且刑罚的严厉性能够挫败犯罪。刑罚具有预防犯罪的目的，刑罚应该以犯罪的恶害为基础，同时在刑罚上只要求与犯罪行为的应受谴责性相均衡，重罪重刑，轻罪轻刑。

报应刑论作为重要的刑罚根据论，以犯罪为前提，以犯罪人为对象，专门为惩罚犯罪而存在，因此刑罚的严厉程度理应与犯罪的严重性相适应。报应刑论认为之所以存在刑罚，原因不在于刑罚可以带来对社会有益的结果，而在于作为刑罚前提的犯罪行为本身是一种道德上或法律上错误且值得谴责的行为。报应刑论主张刑罚的正当性依据在于惩罚本身即“为惩罚而惩罚”。因时代不同，报应刑论经历了神意报应论、道义报应论和法律报应论三个阶段。

（一）神意报应论

从中国远古法史上的重要文献《尚书》到埃及的圣经《出埃及记》到古希伯来法中

---

① ［德］康德：《法的形而上学原理》，沈叔平译，北京，商务印书馆，1991，167页。

② ［德］康德：《法的形而上学原理》，沈叔平译，北京，商务印书馆，1991，201页。

③ ［德］黑格尔：《法哲学原理》，范扬、张企泰译，北京，商务印书馆，2017，120页。

的刑罚神授观念，再到古希腊悲剧作家索福克勒斯《安提戈涅》提到最高的法律是主神宙斯向人类宣布的观点，无不体现着刑罚神授观念。

神意报应论把罪和刑的因果报应解释为虚无缥缈的神意，其逻辑为：上天或神明是万物的主宰，国家制定法律惩治犯罪是遵循神意，君主是神意的传递者，犯罪因为违反神意所以违背律法，理应受到惩罚。神明或者上帝是惩罚罪人的主体，上帝为了惩罚有罪之人，便制定了刑罚，用来惩罚罪人，“上帝因这一切事值得赞美：他给了我们从这起点开始达到至善的权力，在路上扶助我们，使上进者得实现，规定那些罪人，即拒绝从起点进步或进步后又倒退的人，受最公正的惩罚”①。神意报应论将对犯罪人施以刑罚认为是“奉将天罚”②，“今予惟恭行天之罚”③。古代社会的刑罚通过这种方式彰示法律的神圣不可侵犯，表明法律的权威。现在来看，神意报应论虽然不是对刑罚正当性的合理解释，但其中宗教赎罪论的精髓，即利用刑罚惩治罪犯是为了增强罪犯的有罪感，帮助其赎罪这一观点有罪责刑相适应的影子，对刑罚的发展有极大的促进作用。

（二）道义报应论

刑罚论中，恶性论具有一定的积极作用：它注重犯罪分子的内心动机，即犯罪分子自由意志下的趋善避恶心理。它意味着对犯罪的认识已经不局限于感性认识，而是已经上升到对心理和行为之间的因果关系的理智判断。恶性论也因此成为近现代主观责任制度的源头。恶性论将犯罪分子自身的恶作为刑罚处罚的正当化根据，到犯罪的道德恶性中寻求刑罚存在和适用的必然性，强调刑罚的轻重理应以犯罪展示的恶为依据：“在身体的恶之中，受到谴责的是由我们自己的原因造成的恶而不是我们不能对它负责任的那些恶。如若这样，我们所谴责的其他的恶就也是在我们能力之内的。无论答案是何者，恶都像德行一样地是出于意愿的，因为在坏人身上，尽管不是在他对目的的选择中，同样存在着行为的原发性。”④ 通过对犯罪分子恶性的谴责，通过好与坏、善与恶赋予犯罪行为道德层面的评价，恶性论演变转化为道义报应论。

道义报应论认为犯罪和刑罚的关系不仅是一种法律上的因果关系，而且是一种道德上的因果关系。具有控制能力之人实行的行为才是过错行为，应当在道义上遭受谴责。道义报应论尝试将一切法定的犯罪都归为道德罪过行为，认为刑罚是对道德罪过谴责的法律化的手段：犯罪之所以应当承受刑罚的惩罚，是因为其应受道德谴责。将日常的道德标准视为刑罚的主要依据，是对道德和刑罚关系的正当揭示。但仅从道德视角对刑罚存在的正当性的解释并不是完整的解释。对于自然犯而言，道义报应论有极强的说服力，因为犯罪分子有很大的道德上的罪过，但有很多法定犯，比如破坏社会主义市场经济秩序的犯罪、破坏社会管理秩序的犯罪等并不触及道德罪过却在刑法上被视为犯罪行为。道义报应论认为犯罪的轻重判定应以犯罪的道德罪过为中心，道德罪过理应为衡量犯罪严峻性和刑罚严重性的重要标准。然而，道德是一种主观因素，本就无法精准具体衡量，将其作为刑罚衡量的唯一标准，定会使刑罚变得十分随意。这也使道义报应论受到一定

① ［古罗马］奥古斯丁：《论自由意志：奥古斯丁对话录二篇》，成官泯译，上海，上海人民出版社，2010，180页。
② 《尚书·夏书·胤征》。
③ 《尚书·夏书·甘誓》。
④ ［古希腊］亚里士多德：《尼各马可伦理学》，廖申白译注，北京，商务印书馆，2017，79～81页。

的质疑。

（三）法律报应论

刑罚是惩罚犯罪的法定手段，犯罪由于违反了法律而侵扰了法律秩序，且刑罚作为制裁犯罪的手段施加于犯罪人使犯罪所违反的法律得到强化。刑罚是一种法律制度，应从法律中寻求刑罚的依据，依照法律谈法律。黑格尔的法律报应论便是以既存刑事法律规范的正当性为前提的。然而，假设法律原本就是不正当的，其规定的刑罚是不是正当的？无正当的前提，何来正当的理论？报应刑论本身就蕴含着恶法亦法和恶法非法的冲突，这无疑是报应刑论的一大悖论。报应刑所遵照的规范倘若不合乎正义，将会导致对报应主义的盲目追求，从而导致不公正的结果。

黑格尔指出，“刑罚既包含着犯人自己的法，所以处罚他，正是尊敬他的理性的存在”①。其中所谓的“犯人自己的法”表明对犯罪人予以惩罚是对其自由意志的承认：人是目的而不是手段，对无辜的人予以刑罚惩罚即使有益于社会，也不能牺牲公民个人的尊严来成全全社会的利益，不能将人作为实现社会目的的手段。基于行为主体和惩罚对象的一致性、刑不及他人的刑罚止于一身，以及无辜者并不具备作为刑罚对象的资格而不应对其予以处罚的原理，无疑都为罪责自负原则奠定了坚实的理论基础。

报应刑论追求的是刑罚对已然犯罪的惩罚，拒绝把刑罚当作预防犯罪的唯一手段。康德提倡的道义报应论追求维护道德秩序，黑格尔的法律报应论主张维护法律秩序。报应刑论认为：刑罚只能针对已然的犯罪事实，无法针对未然的犯罪事实予以惩罚；刑罚的严峻性只可以和犯罪的严重性相协调，并不能以改变犯罪分子以及剥夺其拥有的犯罪能力为需要。报应刑论并不排斥对社会秩序的保护，但是不容置疑的是正义是报应刑论中最重要的价值，而维护社会秩序则是次要价值。相对于预防刑论，报应刑论在对社会秩序的保护方面确实不够有力。对于正义价值而言，罪责刑相适应原则是报应刑论对刑罚的限制，因此报应刑论者主张刑罚和犯罪在均衡性上理应完全一致。由于报应刑论和作为正义重要特征的均衡刑不谋而合，所以其对于正义实现的价值不言自明。总之，我们在追求报应正义的前提下，理应认识到社会秩序的牺牲是必然的代价。由于报应正义对犯罪分子个人自由的剥夺受到宽容理念的限制，所以我们探求的报应正义只能是经宽容缓和之后的正义。

二、预防刑论

预防刑论是指，将行为人的危险性以及犯罪可能性的防制，作为刑罚的主要目的。预防刑论与报应刑论在理念上相互对立，它将行为人责任的问题置于一边，而将社会防范的问题放大；认为刑罚存在的意义不在于惩罚本身具备的价值，而在于其拥有有益于社会目的的价值。所以大陆法系的刑法学者将预防刑论也称为目的刑论或相对主义。

国家为了实现预防犯罪的目的，可以依据行为人的危险状态、视其复归社会的可能性而设定多种适当的刑罚方法或者刑罚幅度。由于刑罚本身是一种给予人损害的措施，因而其正当性需要阻止更大的损害来证成，而阻止更大的损害需通过预防犯罪来实现。

① ［德］黑格尔：《法哲学原理》，范扬、张企泰译，北京，商务印书馆，2017，119页。

立足于预防刑论，正当的刑罚应皆为符合预防犯罪目的的刑罚，即刑罚的正当性需要借助预防犯罪的目的来实现，刑罚的目的就是预防犯罪。因此，预防刑论是立足于功利主义立场的。

预防刑论者认为，刑罚的正当性依据有两个：一个是确定的刑罚目的是否正当，另一个是刑罚与所确定的目的是否相吻合。预防刑论分为一般预防论与特殊预防论。一般预防论认为，“人的放纵会危及市民社会，用刑罚对社会的所有成员施加影响，并防止他们实施犯罪行为”；特殊预防论认为，通过对犯罪人施加刑罚来“改变违法者的不法意识”，从而“防止危险的犯罪人再次实施犯罪行为”①。简言之，特殊预防论通过对犯罪分子的改造来达到预防其再次犯罪的目的。刑罚是对犯罪的反作用，是对犯罪分子科处的制裁，以此来实现抑制犯罪分子自己或者其他人实施犯罪的目的。一般预防和特殊预防的共同作用，在于实现刑法维护社会秩序和保障人权的价值。

（一）一般预防论

一般预防论包括立法威吓论、司法威吓论、积极的一般预防论即重刑威吓论、古典功利论。

立法威吓论是指通过立法将刑罚作为犯罪的代价，使公众出于对刑罚的恐惧而不敢犯罪。

司法威吓论是指通过对犯罪分子的惩罚使一般人望而生畏，远离犯罪。

重刑威吓论作为一般预防论的初始形态，以我国古代法家商鞅和韩非子及古希腊执政官德拉古为代表。商鞅提倡刑罚的目的是重刑威吓，其主张以刑去刑，以重刑消灭犯罪。韩非子提倡杀一儆百：“以刑去刑，国治；以刑致刑，国乱。故曰：行刑重轻，刑去事成，国强；重重而轻轻，刑至事生，国削。”② 古希腊执政官德拉古认为立法应以重刑威吓为准则。他们对重刑威吓的提倡意味着对刑罚正当性根据及威吓作用的笃信。“据说有人问过德拉古，为什么他对大多数的犯罪都采用死刑。他答复说，在他看来，轻罪理当处死，至于更大的罪，还找不到比死刑更重的刑罚。”③ 重刑威吓论着重对刑罚效果的追求，和只追求单纯的刑罚而不追求效果的同害报复相比，其将刑罚运用和效果联系起来，使人的主观能动性被认识，实现了从对犯罪的单纯机械反应到将刑罚对象作为积极的遏制对象的飞跃。但重刑威吓论也有众多不合理之处：由于极为严苛，难有公平性可言，一定程度上会导致罪刑擅断和刑及无辜，且其威吓效果难以衡量，以其作为刑罚的根据，必然会导致刑罚的主观随意和盲目，有违以最小的成本换取最大的收益的法则。

以立法威吓为核心的古典功利论的主张者主要有贝卡里亚、边沁和帕克等人。贝卡里亚主张：刑罚应当以保护社会利益及遏制犯罪为限，公正刑罚的强度需能够阻止人们犯罪，倘若超过保护公共利益的需求，刑罚本质上便是不公正的；刑罚的政治目的是对他人的威慑，其目的只在于规诫他人不再犯罪和阻止犯罪人重新侵害公民。边沁认为刑罚的主要目的是控制他人的行为，即不只是控制因违法被判刑后正在服刑的人的行为

① ［德］冯·费尔巴哈：《德国刑法教科书》（第十四版），徐久生译，北京，中国方正出版社，2010，25～26页。

② 《商君书》，石磊译注，北京，中华书局，2011，44页。

③ 吴于廑主编：《普鲁塔克〈传记集〉选》，北京，商务印书馆，1962，25页。

(个别预防)，而且控制一旦违法便应受惩罚的人的行为(一般预防)。但其主张刑罚的真正目的是一般预防。帕克认为刑罚之所以被证明是正当的，是因为它提供了对情绪的一种有序的发泄，否定它，便会以某种更难以为社会所接受的方式表达自身。古典功利论强调立法威吓，反对罪刑擅断，同时支持罪刑法定，对重刑威吓论予以扬弃。其注重研究对刑罚的投入产出比，立足于效益观念对刑罚权予以限制，对刑罚的严厉性予以宽缓。古典功利论最主要的特点在于以假定人的理性为前提，认为人具有趋利避害的本能，人犯罪的原因在于追求犯罪给自己带来利益、快乐或者减轻不必要的压抑和痛苦，而刑罚能够给犯罪人输入两害相权取其轻的权衡意念，从而抑制其犯罪行为。与重刑威吓论相比，古典功利论是一般预防论的一大进步，但也存在一定的理论缺陷：首先，古典功利论将所有的犯罪人都视为理性人难免会很片面，因为诸如过失犯罪、激情犯罪等不过是犯罪人疏于注意或者一时冲动的产物；其次，古典功利论脱胎于重刑威吓论，因此其无法完全摆脱严刑峻罚的烙印；最后，刑罚的一般预防效果无法精确衡量，刑罚效果的实现缺乏可靠判断标准，因此，古典功利论有很大的随意性和盲目性。

积极的一般预防，是当下各国刑罚一般预防的主要形态，它的作用并不在于威吓公民，而在于使公民形成对规范的强化和信赖，使公民形成守法的意识，从而加强道德禁忌。一般预防体现为刑罚的直接作用和间接作用。刑罚的直接作用在于威吓，即通过使犯罪分子付出遭受痛苦的代价使想要犯罪的人不敢犯罪；刑罚的间接作用在于使公民因恐惧惩罚而不敢犯罪以及强化人们的守法意识，促使公民形成守法习惯。积极的一般预防强调刑罚的间接作用，其不排斥报应刑论作为刑罚正当性的根据之一，不将一般预防的对象限于潜在犯罪人，而是扩充到包括其他的守法者，故其有极大的时代价值。

一般预防论的首要价值取向是对社会秩序的保护，它对秩序价值的重视使其克服了报应刑论忽视秩序保护的缺陷。对秩序的重视使一般预防论将刑罚的依据置于法律和道德规范之外，因此其在相当程度上克服了报应刑论因以承认既存规范为前提而具有的保守性以及可能遭到的“恶法亦法”之类的责难。预防刑论的最大优势在于规范可以依照社会的要求而变更，但是，预防犯罪的需要很难准确衡量，这使刑罚的适用和分配没有可靠的根据。因此，对一般预防的过分关注会导致刑罚的滥用。

(二) 特殊预防论

特殊预防论包括剥夺犯罪能力论、矫正论(改造论/教育刑论)和综合论。剥夺犯罪能力论认为，应当将犯罪分子与广泛的社会相隔离，从而防止其在社会中实施犯罪。矫正论认为，刑罚的目的并不在于通过消极的物理强制作用使特定的人丧失犯罪能力，相反，应当通过积极的教育、矫正使犯罪人放弃犯罪。此观点亦被称为改造论或教育刑论，即通过改造犯罪分子的人格使其之后遵守法律，来预防犯罪。综合论则主张，应该将对犯罪分子犯罪能力的剥夺和教育矫正相结合，从根本上预防行为人再犯罪。

一般预防是防止尚未犯罪的人犯罪，特殊预防是防止已经犯罪的人再犯罪；一般预防是防患于未然，特殊预防是亡羊补牢。无论是刑法理论上还是司法实践中，刑罚的目的都是以一般预防为主，以特殊预防为辅。在任何时代，一般预防的对象即未犯罪人的总量都要比特殊预防的对象即犯罪分子的总量更大。但特殊预防也有很重要的价值，应用得当，会有效降低犯罪率。

剥夺犯罪能力论的代表人物有贝卡里亚、加罗法洛等人。贝卡里亚将阻止罪犯再次侵害公民作为刑罚的目的之一，而且肯定了剥夺再犯能力是实现刑罚个别预防目的的主要途径。龙勃罗梭的剥夺犯罪能力论得到了加罗法洛的继承与光大，后者主张通过将犯罪人与社会隔离，剥夺其再犯能力来实现个别预防。加罗法洛反对报应刑论、一般预防论和矫正论，但是其将剥夺犯罪能力作为刑罚正当化的唯一根据，使剥夺犯罪能力论明显存在片面之处：首先，剥夺犯罪能力论将剥夺犯罪能力作为刑罚正当化的唯一根据，要求刑罚只适用于有再犯可能性的人，从而无法为刑罚的适用提供形成完整的解释的刑罚正当化根据论。其次，立足于剥夺犯罪能力论，刑罚的严厉性应该取决于犯罪人的人身危险性，然而犯罪人的人身危险性通常难以判断。最后，剥夺犯罪能力论无法有效适用于精神或生理异常而自控能力差以至于犯罪成瘾的人。这些人群是最容易重复实施犯罪的人，也是最需要剥夺犯罪能力的人，然而对这种人剥夺犯罪能力与社会固有的道德观念相冲突。

矫正论的代表人物有柏拉图、格劳秀斯和菲利等人。柏拉图认为法律不应为了损害，而应为了改善受惩罚者，或者使其比在没有惩罚的情况下更少为恶而施加惩罚。柏拉图的特殊预防论的核心在于利用刑罚净化罪犯的心灵，使其精神健康。其观点为近现代矫正论奠定了思想基础。柏拉图指出："一个人做了坏事没被发现因而逃避了惩罚对他能有什么益处呢？他逃避了惩罚不是只有变得更坏吗？如果他被捉住受了惩罚，他的兽性部分不就平服了驯化了吗？他的人性部分不就被释放了自由了吗？他的整个心灵不就在确立其最善部分的天性时，获得了节制和正义（与智慧一起），从而达到了一种难能可贵的状态吗？虽然人的身体在得到了力和美（和健康结合在一起的）时，也能达到一种可贵的状态，但心灵的这种状态是比身体的这种状态更为可贵得多的，就像心灵比身体可贵得多一样。是吗？"① 格劳秀斯认为惩罚别人不是因为他犯过的错误，而是为了让他今后不再犯错误。格劳秀斯指出，"如果一个人对另一个人实施某种行为只是为了从对方遭受的痛苦中获得满足，他的行为就是违反自然法的。根据自然法，每个人都可以为挽救犯罪人而对其实施惩罚"②。作为实证派犯罪学奠基人的菲利认为，不是犯罪人本人选择了犯罪，而是生理、地理与社会等外在因素决定了犯罪人不得不犯罪，相应地，应当承担刑事责任的不是本人而是社会。菲利指出，"考虑到人类行为，无论是诚实的还是不诚实的，是社会性的还是反社会性的，都是一个人的自然心理机制和生理状况及其周围生活环境相互作用的结果，我特别注意犯罪的人类学因素或称个人因素、自然因素和社会因素"，"社会责任是唯一适用于所有罪犯的责任，也适用于精神不健全的罪犯"③。菲利摧毁了道义报应论的理论基础，否定了将威吓作为刑罚正当化主要根据的一般预防论。菲利将犯罪人分为天生犯罪人、精神病犯罪人、习惯性犯罪、偶犯和情感犯五类，认为处罚犯罪人的过程不应该是惩罚的过程，而应当是治疗的过程，应当对犯罪人进行关心、感化、抚慰与治疗。矫正罪犯，无论是为了使犯罪人改恶从善，使社会免遭其害，还是

---

① ［古希腊］柏拉图：《理想国》，郭斌和、张竹明译，北京，商务印书馆，2017，388页。

② ［荷］格劳秀斯：《战争与和平法》，第2卷，马呈元、谭睿译，北京，中国政法大学出版社，2016，401、404页。

③ ［意］恩里科·菲利：《犯罪社会学》，郭建安译，北京，商务印书馆，2017，49、27页。

为了改善犯罪人的境况以方便其生活，都有一定的正当性。矫正论以否定刑罚的惩罚性为前提，但不具有惩罚性的矫正措施决定了矫正论是一种难以自圆其说的理论，也就是说矫正论不把罪犯视为罪犯，而是视为病人，这对于缓和对犯罪人的憎恨情绪，保障其权益具有意义。但是，正如我们的正义感不允许我们将作为受害人的病人视为罪犯而予以憎恨一样，我们基于人的本性与千百年来的传统而形成的正义感也不容许我们将作为加害人的罪犯视为不幸的病人予以同情。由此可见，矫正论所主张的将罪犯视为病人而予以矫正的理念是无法实现的，但其欲将罪犯再社会化，并希望其经由刑事矫正后，可以适应社会生活不再犯罪的理念仍然值得采纳。

综合论的支持者是边沁和李斯特。边沁认为特殊预防应该包括改造与剥夺犯罪能力两方面："刑罚方法（惩罚）同样是有用的，尽管犯罪已被制止，被害人也得到补偿，但仍然需要防止出于同一罪犯或者其他罪犯的类似的犯罪。有两种途径达到这一目的。一种是制止犯罪意图，另一种是消除行为能力。消除其再犯意图（被）称作改造，消除其行为能力（被）称作剥夺能力。通过造成恐惧而起作用的纠正措施被称为惩罚，无论这种惩罚根据其具体性质导致还是不导致剥夺能力。"① 在此，边沁主张通过改造来制止犯罪意图，通过消除行为能力来剥夺犯罪能力。不过，综合论的严格意义上的提倡者李斯特主张的是兼顾个别威吓、矫正和剥夺犯罪能力于一体的三元综合论。李斯特指出：刑罚的强制力表现为，通过威慑力量抑制犯罪倾向，通过反复、日益强烈的责难强化和稳定公民的法律意识，这是刑罚的一般预防作用；与此同时，对于犯罪人而言，刑罚的任务是将它改造成为对社会有用之才，或于一定期限内，从身体上剥夺那些对社会无用的罪犯继续犯罪的可能性，这是刑罚的特殊预防作用。② 无疑，集矫正论和剥夺犯罪能力论于一体的综合论具有很强的合理性，其实现了刑罚个别预防功能的内部互补，提倡"矫正可以矫正者，（对）不可矫正者不使为害"，从而克服了矫正论和剥夺犯罪能力论的缺陷。但综合论也有众多片面性：它对报应刑论的否定和社会公平正义的价值观念相冲突，而且它主张个别预防是刑罚的主要甚至唯一目的，这无疑是一种舍大取小的与功利观念相违背的选择。从犯罪黑数上讲，综合论也难以执行，因为有很多犯罪人并未被追诉以及执行刑罚，早已成为累犯或者习惯犯，但在刑事追诉中被当作机会犯或者偶犯处理，因此其人身危险性大小难以衡量。

三、并合主义刑罚理论

并合主义刑罚理论，是剥夺犯罪能力论和矫正论的综合。该理论主张对可以改造的罪犯予以改造，对无法改造的罪犯限制或剥夺其犯罪能力，即"（对）能矫正的罪犯应当予以矫正"，"（对）不能矫正的罪犯应使其不致再危害社会"③。简言之，矫正可以矫正者，（对）不可矫正者不使其为害。它是将报应刑论与预防刑论折中调和而形成的一体化

① ［英］边沁：《立法理论》，李贵方译，北京，中国人民公安大学出版社，2004，321～322页。

② 参见［德］李斯特著，［德］施密特修订：《李斯特德国刑法教科书》，徐久生译，北京，北京大学出版社，2021，8页。

③ ［德］李斯特著，［德］施密特修订：《李斯特德国刑法教科书》，徐久生译，北京，北京大学出版社，2021，13页。

刑罚理论，也是刑事一体化思想[1]在刑罚论中的体现。此理论已然取代报应刑论和预防刑论成为刑罚正当化根据论的主流观点。

报应刑论不承认犯罪的可变更性，只一味地追求固定的正义价值，但是对任何犯罪都不是可以一劳永逸解决的，而是依情势变更的。在以惩罚犯罪分子为目的的报应刑论看来，报应是犯罪的一种代价，是守法者的一种公平，守法者本可以通过违法犯罪的手段实现个人意志，由于他们遵守法律，所以才不会肆无忌惮地去实现个人意志；犯罪分子却为了实现个人的意志去违法犯罪，如果不对犯罪分子予以刑罚处罚将会使守法者深感欺骗，感受不到刑罚的公平，所以必须对犯罪分子予以刑罚处罚。惩罚并不会给人带来利益，其本身并不是价值，其价值在于报应是预防犯罪的必要前提，但报应刑论主张发动刑罚以有道义责任为前提，无道德罪过或者拥有免责事由将不会被刑罚处罚。报应刑论因此将道义责任和刑罚有机联系起来，即惩罚是犯罪的必然逻辑后果，因此其在很大程度上会彰显刑罚的公正，避免刑及无辜。而且，报应刑论注重罪过和刑罚之间的联系，不仅强调犯罪分子在应受惩罚的时候是一个人，并且规定了国家的刑罚权不能超出罪过的范畴，即国家刑罚权的行使有其范围。所以报应刑论有其可取之处。

预防刑论的缺陷在于，它忽视了道义责任和刑罚之间的关系，可能会基于社会预防犯罪的需要，将国家的刑罚权予以无限地扩大，极有可能造成严刑峻罚。预防刑论排斥以道义责任为基础的刑罚，有可能导致不公正的刑罚，而最终不公正的刑罚将是无用的刑罚。

刑罚并非一劳永逸、僵死不变的，而是在不断变化的。将报应刑论和预防刑论有机结合起来便是对刑罚正当化根据的完整解释。尽管报应刑论和预防刑论在司法实践中经常对抗，但它们并不相互排斥，相反，在很多体制下需要将两者结合起来，但由于刑罚产生和适用的阶段有异，所以，立法、司法和执法不同阶段对报应刑论和预防刑论的重视程度、依赖程度也不尽相同，而且在刑事审判的不同阶段，惩罚与正义、惩罚与功利的着重点也有所差异。可见，报应刑论和预防刑论有着不可分割的联系，故两者可以并行作为刑罚的正当化根据论而存在。

在刑罚制定即刑事立法阶段，刑罚的正当化根据论应当以报应刑论和一般预防论为主。[2] 立法者对于轻重不同的犯罪规定的是轻重不同的刑罚，说明刑罚的制定过程中具有报应的意味，即通过对罪犯执行刑罚来对罪犯予以改造教育。但在刑罚的制定阶段，法定刑的确定理应受到罪责刑相适应原则的限制，即刑罚的严厉程度不得超过所犯罪行和所应承担的刑事责任的限度。刑事立法的根本目的就是预防一般民众犯罪，使民众树立遵纪守法的意识，因此，刑事立法阶段中刑罚的目的应当以报应和一般预防为主。

在审判阶段即刑事司法阶段，刑罚的正当化根据论应当以报应刑论和特殊预防论为主：在此阶段司法工作人员判断受指控的行为是否构成犯罪以及如何定罪量刑根据的是立法机关依据报应刑论确定的刑罚，但在审判阶段刑罚的适用对象又是具体的犯罪人，

---

① 参见张文：《刑事科学思想家的魅力》，载梁根林主编：《刑事一体化：源流、传承与发展——储槐植先生九秩华诞祝贺文集》，北京，北京大学出版社，2022，4页。

② 参见张明楷：《刑法学》（上），6版，北京，法律出版社，2021，675页。

因此又应以特殊预防为前提对犯罪人予以量刑。无论是报应还是特殊预防都不能超出罪责刑相适应原则确定的限度，但可以低于这一限度。

在刑罚的执行阶段，刑罚的正当化根据论应当以特殊预防论为主。[①] 在此阶段执法机关将根据法律和政策对犯罪人予以教育改造，以使其更快复归社会。且执行刑罚意味着进入了采取最合适的刑罚处罚，从而制止犯罪人再次犯罪的阶段，因此该阶段刑罚的特殊预防功能尤为重要。

并合主义刑罚理论对刑事立法有着至关重要的作用。其一，使刑罚的目的多元化。依并合主义刑罚理论，刑罚的目的不仅仅是特殊预防，还包括报应和一般预防。其二，罪刑法定原则得到贯彻。特殊预防论重视社会正义而非法律正义，所以，特殊预防论对罪刑法定原则予以摒弃。但罪刑法定原则是报应刑论和一般预防论的要求，报应刑论强调法律正义，一般预防论追求刑罚的通晓性和确定性。并合主义刑罚理论使在罪刑法定原则被重视的情况下报应刑论和一般预防论进一步融合。其三，罪刑均衡化和罪刑个别化折中。报应刑论和一般预防论注重罪责刑相适应，而特殊预防论强调刑罚的判处应注重犯罪分子的人身危险性，它提倡的是刑罚个别化。可见并合主义刑罚理论实现了罪刑均衡化和罪刑个别化的折中。[②]

并合主义刑罚理论对司法有着极为重要的意义和价值。（1）并合主义刑罚理论使法官成为真正的审判主体。特殊预防论下刑罚的种类与程度、对犯罪分子的判刑，并不决定于对法律的破坏程度或行为人的罪责轻重，而决定于行为人的矫治需要性与矫治可能性；犯罪分子被看作病人，法官要带着医生的身份去考量刑罚，“法官在定罪量刑时需要参考心理学、精神病学或犯罪学的各种专家意见，以确定行为人的责任能力、人身危险性以及干预措施等”[③]。并合主义刑罚理论恢复了惩罚犯罪分子的目的，那就是使其恶行受到惩罚，惩恶扬善，恢复正义。虽然法官也要考虑犯罪分子的主观危险性，但前提是考虑行为与罪责，然后经综合考虑决定犯罪分子的刑罚。这使法官成为真正的审判主体而不是医治病人的医生。（2）并合主义刑罚理论使刑罚的确定性加强。特殊预防论推行的是不定期刑，但是，过于强调特别预防的刑罚个别化和社会防卫论是不可行的。比如，对过重和过轻的犯罪，归根结底还是依据行为的危害性来判处刑罚的，“在刑事政策上，既不可能对于违犯重罪的行为人，因其无再社会化的需要而免予刑罚；相反，也不能对于违犯轻微罪者，因其系危险的习惯犯，而处以长期的自由刑”[④]。因此相对确定的刑罚成为报应刑论和预防刑论共同的要求，由此并合主义刑罚理论能够弥补特殊预防论的不足，强化刑罚的确定性。（3）禁止自由裁量。刑事审判阶段的主要目的，乃在于通过针对个案的刑罚裁量所做成的宣告刑，具体落实法定刑的刑罚目的。特殊预防论主张主要依据人身危险性来裁量刑罚，从而导致法官在定罪量刑时有着较强的主观随意性。报应刑论主张主要依据犯罪行为来裁量刑罚，强调罪责刑相适应。并合主义刑罚理论有效地限制了法官的自由裁量权。

---

① 参见张明楷：《刑法学》（上），6版，北京，法律出版社，2021，675页。

② 参见邱兴隆：《关于惩罚的哲学——刑罚根据论》，北京，法律出版社，2000，283～288页。

③ 周遵友：《德国犯罪学的最新发展》，载《犯罪研究》，2022年第3期，34页。

④ 林山田：《刑法通论》（下册），增订10版，北京，北京大学出版社，2012，299页。

总之，报应刑论是为了实现法律的公正价值并赋予刑罚正当性，预防刑论是为了实现法律的效益目的并从预防角度赋予刑罚正当性，二者融合起来形成一体化的并合主义刑罚理论具有必要性。① 采并合主义刑罚理论能够维护法律秩序，满足社会大众的正义需求，并进而确保法益不被侵犯；同时，经由公正的刑罚，也能够对社会大众与罪犯产生警诫或说服的作用，并在可能范围内对罪犯施以再社会化措施。

综上，并合主义刑罚理论具有很强的可行性。报应刑论和预防刑论相统一的可行性在于，人既可以作为实现社会目的之手段，亦可以作为目的本身而受到尊重。人究竟应当作为目的还是手段，是报应刑论和预防刑论的重大分歧。一体化的并合主义刑罚理论认为人既可以作为目的又可以作为手段：人为社会中的一员，其有获得社会其他成员尊重的权利，也有尊重其他社会成员的义务，对其权利的尊重意味着将人作为目的，尊重社会其他成员则是实现他人权利的手段。由此，报应刑论和预防刑论相统一的哲学难题迎刃而解。

第三节 刑罚的功能

刑罚的功能，是指国家机关制定、适用和执行刑罚所能产生的对犯罪人以及其他成员的社会效应。忽视刑罚的社会效应，刑罚的目的将无法实现。刑罚的功能是实现刑罚目的的前提，也是实现刑罚目的的必要因素。

一、限制和剥夺罪犯再犯能力的功能

限制和剥夺罪犯再犯能力的功能是刑罚功能的外在直观表现，是实现其他刑罚功能的前提。犯罪分子实施犯罪行为不仅侵犯了社会以往的法益，也对社会将来的法益具有极大的威胁，因此，通过刑罚对犯罪分子予以限制，例如，对可能的再犯予以人身自由限制或者物质条件制约，剥夺其政治权利，适用死刑，从而剥夺其生命等，能使其在一定时期内或者永久无法犯罪。犯罪分子实施犯罪之后，对其权益进行限制和剥夺是制止犯罪的应有之义。但基于罪刑法定原则，从刑法保障人权和保护法益相均衡的视角出发，对犯罪分子权益的限制或剥夺理应遵循比例原则，被剥夺和限制的权益应尽可能地与犯罪分子的犯罪行为所侵犯的权益、因社会秩序被侵扰而造成的损失相适应，比如对情节十分恶劣的自然犯设置剥夺生命的刑罚抑或设置较严厉的自由刑，对情节轻微的犯罪设置较为轻缓的刑罚。总之，限制和剥夺罪犯再犯能力的功能应建立于报应功能之上。

二、威慑功能

刑罚天然具有威慑功能，中国古代法家的严刑峻罚思想和近代古典自然法思想家的学说都阐述了刑罚的威慑功能。“法律不随之以刑罚的威慑，便不成其为法律，而只是空洞的言辞。”② 对犯罪分子适用刑罚，使其感受到刑罚之苦，在一定程度上会使犯罪分子将犯罪动机予以消除、将犯罪意念加以抑制。犯罪分子以外的人通过目睹犯罪分子遭受

---

① 参见林山田：《刑法通论》（下册），增订10版，北京，北京大学出版社，2012，303～306页。

② ［英］霍布斯：《利维坦》，黎思复、黎廷弼译，北京，商务印书馆，2017，228页。

的严刑峻罚，得以警戒，远离犯罪。刑法通过详细的规定，使知法欲犯者望而却步，打消犯罪念头。对犯罪分子的自由、财产、政治权利或者生命予以限制或剥夺，可使犯罪分子通过刑罚的限制与剥夺体会到刑事法律的严峻与公正。发挥刑罚的威慑功能并不意味着刑罚越重越好，过重的刑罚与刑法谦抑性原则相违。“用法律管制人类，不该用极端的方式，对自然给予的统帅民众的种种手段的使用应该是谨慎的，如果追究人类放纵的原因就会发现，它来自对犯罪的不加惩罚，而不是对犯罪的严厉惩罚。”① 切不可把刑罚的威慑性和过分的严厉性等同起来，“一切人都赞助公正的和温和的法律；一切人都反对残酷的法律。犯罪行为所激起的愤恨常被极端严厉的刑罚所引起的同情所抵消。”② 过轻的刑罚也有碍于刑罚威慑功能的发挥。为了预防犯罪，抑制犯罪的力量必须与犯罪本身的破坏性相当，甚至一般情况下是略微超过的。边沁就主张，“作为一个恐惧物的刑罚必须超过作为诱惑物的罪行。一个不足的刑罚比严厉的刑罚更坏，因为一个不足的刑罚是一个纯粹的恶，从中不能得到任何好结果”③。刑罚只有和犯罪行为相适应，遵守罪刑相适应原则，才能充分发挥其威慑功能。

三、特殊教育和一般教育功能

（一）特殊教育功能

人是自然和社会的产物，人的思想从来就不是头脑中固有的和天生的，人的意识来自社会实践，因此人是可以被改造的，比如在我国判处犯罪分子自由刑就是将犯罪分子关押起来进行改造。④ 在执行刑罚的过程中，犯罪分子可以从中受到教育感化，培养较好的规范意识，从而成为遵纪守法的公民。

贝卡里亚认为：预防犯罪的最可靠也最艰难的措施是完善教育。教育在任何时代都能起到正本清源的作用。⑤ 实证主义学派学者龙勃罗梭和菲利以及古典主义学派的边沁和费尔巴哈都展开了对刑罚教育功能的研究，如龙勃罗梭认为：“所有人都应当被逐个地加以监督，接受真正称职的领导和老师的指导，这些人应当从事布道者的工作。我认为，与其徒劳无功地制定大量针对恶行的条例，不如去研究一下塑造、发掘和改造这些孩子的办法。”⑥ 菲利说，“在人类处于最野蛮的状态下流行只有惩罚规定而没有关于矫正罪犯规定的刑法典。人类文明的逐渐进步将导致与此相反的只有矫正而没有惩罚的观念”⑦。边沁指出，“在下列情况下惩罚无必要：用较小的代价便可以有效地防止犯罪行径的目的，例如教育，就像依靠恐惧一样有效；依靠晓之以理，就像依靠直接影响意愿一样成功”⑧。这些学者的言语无疑都流露出对刑罚之教育教化改造功能的赞扬，但无人使刑罚的教育功能横贯于整个刑罚理念。于是李斯特的教育刑理论顺应时代潮流脱颖而

---

① ［法］孟德斯鸠：《论法的精神》，袁岳编译，北京，中国长安出版社，2010，34～35 页。
② ［法］罗伯斯比尔：《革命法制和审判》，赵涵舆译，北京，商务印书馆，2017，77、104 页。
③ ［英］边沁：《立法理论》，李贵方译，北京，中国人民公安大学出版社，2004，376 页。
④ 参见陈兴良：《规范刑法学》（上册），4 版，北京，中国人民大学出版社，2023，414 页。
⑤ 参见［意］贝卡里亚：《论犯罪与刑罚》，黄风译，北京，中国法制出版社，2002，75 页。
⑥ ［意］龙勃罗梭：《犯罪人论》，黄风译，北京，中国法制出版社，2005，349 页。
⑦ ［意］菲利：《实证派犯罪学》，郭建安译，北京，中国人民公安大学出版社，2004，126 页。
⑧ ［英］边沁：《道德与立法原理导论》，时殷弘译，北京，商务印书馆，2006，223 页。

出。李斯特根本性地转变了刑罚本质是恶的传统认识，把刑罚与教育的内在机能对接起来，认为刑罚的本质是教育而非惩罚。他说，“刑事政策是针对个人而非社会的，以对个人的改善教育为己任”，而以改善教育为内容的刑罚个别化是目的刑的根本要求，目的刑即教育刑。因而在李斯特的理论构架中，传统的刑罚已经不合时宜。为了与新的目的刑论即教育刑理论相一致，需要里里外外地解构传统刑罚，即为了获得行刑中的教育效果，就应该依照教育的规律区别对待罪犯，并运用多样的教育手段达到使罪犯改恶从善、不致再犯的目的。

刑罚功能中，教育功能极为可贵之处在于，公民个人素质的提高，使公民能够提早消除潜在的犯罪动机、排除外在因素的干扰，有意识地规避内在的犯罪原因，从而能够自主地削减主观恶性，强化规范意识，并使自身的行为符合教育内容。

教育刑论作为刑罚的理论之一，表明刑罚的目的是教育罪犯弃恶从善，回归社会。在我国传统的刑罚教育功能是指在刑罚执行的过程中有计划、有组织地对罪犯进行教育，使罪犯转变思想，使罪犯的恶习得到矫正，进而使他们改过自新。一定程度上，刑罚教育功能的发挥可以使犯罪分子在具体犯罪实施过程中避重就轻，边沁有言：“在两项罪过彼此竞争的场合，对那项较大的罪过予以惩罚，必然会诱导一个人宁愿去触犯那一项较小的处罚。”① 果如此，那么这种教育担当的不是积极禁止犯罪的角色，而是行为人犯意的惹起者或者犯罪行为的教唆者的角色，即教唆行为人尽可能地犯轻罪而不要实施重罪，而非告诫行为人不要犯罪。显然，这不是教育刑的最初旨趣所在。立法机关应当通过制定、颁布与适用刑事法律，向犯罪分子以及潜在的犯罪分子宣告，法律神圣不可侵犯，谁触犯刑事法律，侵犯他人法益，谁必将受到严厉的刑事制裁。

（二）一般教育功能

众所周知，一个国家的犯罪率高低同该国公民的文化素养和法律观念有极大的关系。法律意识淡薄的公民可能由于法律认识错误而会在毫无意识的状态下走上违法犯罪的道路。此刻，引导广大公民增强法律意识就尤为必要。因此，要在法律的制定、适用和执行的各个阶段将法律公开化、透明化宣传，使广大公众对法律予以知晓，无疑能够通过刑罚的教育功能减少犯罪率。倘若说，刑罚对犯罪分子所发挥的作用是限制或剥夺，对潜在犯罪人所发挥的作用是威慑，那么刑罚对于守法的公民所发挥的作用是鼓励，强化守法公民的规则意识。

四、安抚和缓和补偿功能

现在社会已处于大数据时代，信息数据传播速度极快，轰动性的犯罪案件一旦出现，不免对公众的道德直觉造成冲击，使公众因社会秩序被破坏而产生不安、躁动或愤慨。

唐山打人案。② 2022 年 6 月 10 日 2 时 40 分许，陈某某等人在唐山市某烧烤店吃饭时，来到正在店内用餐的王某某等的桌旁，对王某某、李某骚扰遭拒后殴打王某某，王某某等进行反抗。陈某某与其数位同伙分别在烧烤店内、店外便道及店旁小胡同内，对

---

① ［英］边沁：《道德与立法原理导论》，时殷弘译，北京，商务印书馆，2006，227 页。

② 参见肖俊林：《“唐山烧烤店打人案”一审公开宣判》，载《检察日报》，2022－09－24，第 2 版。

王某某等持椅子、酒瓶击打或拳打脚踢。经鉴定，王某某等二人的损伤程度构成轻伤二级；李某等二人的损伤程度构成轻微伤。

分析：廊坊市广阳区人民法院判决，陈某某的打人行为构成寻衅滋事罪。本书认为：本案中法院的判决和刑罚的适用，可以对犯罪人的恶行发挥良好的惩戒作用，将会使社会公众的道德直觉得到满足，使民众的愤怒得到平息，使社会公众的报复心理得到满足，使被犯罪行为所侵扰的社会公众心理秩序得到恢复，使社会秩序趋于稳定，使刑罚的安抚功能得到实现。

秦某强奸、猥亵儿童案。[①] 秦某利用教学便利条件，长期多次对女学生柴某某、李某某实施强奸，长期对袁某某、刘某某实施猥亵行为。

分析：法院判决秦某犯强奸罪，判处无期徒刑，剥夺政治权利终身；犯猥亵儿童罪，判处有期徒刑10年，应数罪并罚，决定执行无期徒刑，剥夺政治权利终身。本书认为：秦某的行为给被害人造成极大的身心健康伤害，使多名女学生产生心理恐慌，出现辍学和逃学等严重情形。此外，秦某身为人民教师，违背师德，严重挑战社会伦理道德底线，影响极其恶劣。对其处以无期徒刑以及剥夺政治权利终身这一判决回应了公众关切，使民众的愤怒得到平息，使社会公众的报复心理得到满足，使刑罚的安抚功能得到实现。

犯罪行为往往会对被害人及其家庭造成极大的创伤，此刻，犯罪分子如果能对被害人真诚赔礼道歉，予以经济补偿，将会避免被害人及其家属由于愤慨产生冲动，从而走上“同态复仇”之路，破坏新的社会秩序，导致新的违法犯罪产生。刑罚具有缓和、宽慰被害人及其家属的报复情感之功能。[②]《刑事诉讼法》第101条规定：被害人由于被告人的犯罪行为而遭受物质损失的，在刑事诉讼过程中，有权提起附带民事诉讼。被害人死亡或者丧失行为能力的，被害人的法定代理人、近亲属有权提起附带民事诉讼。如果有国家财产、集体财产遭受损失，人民检察院在提起公诉的时候，可以提起附带民事诉讼。

五、感化功能

从一般预防角度来说，对犯罪分子予以刑罚处罚，能使社会一般人产生恐惧之心，增强法律规范意识。从特殊预防角度来说，犯罪分子遭受刑罚处罚之后，能深刻反思自身行为，从而远离犯罪的泥潭。但近些年来，随着社会文明程度的提高，刑罚越来越轻缓，法院对犯罪分子根据其行为的社会危害性和自身的人身危险性予以区别对待，且更加关注犯罪分子的心理，对犯罪分子予以更多人文关怀。宽严相济的刑事政策也使法院在对犯罪分子予以处罚时分情况区别对待，缓刑、假释、死缓、减刑和自首等制度都体现出对犯罪分子宽大处理的精神，从而使犯罪分子心怀感恩，好好改造，重新做人。[③]在行刑过程中，国家专门机关工作人员也很注重对犯罪分子予以人文关怀，在对其进行改造的同时动之以情、晓之以理，启迪其心智。因此，宽严相济的刑罚处罚有助于感化

① 参见（2017）最高法刑抗1号刑事判决书。
② 参见陈兴良：《规范刑法学》（上册），4版，北京，中国人民大学出版社，2023，418页。
③ 参见陈兴良：《规范刑法学》（上册），4版，北京，中国人民大学出版社，2023，414～415页。

犯罪分子，鼓励其好好改造，从而尽快回归社会。

索某非法猎捕、杀害珍贵、濒危野生动物案。①2015年7月中下旬，索某和家人在西藏自治区夏季牧业点放牧，由于放牧的羊多次失踪、被咬，索某使用铁夹并夹住了一只雪豹，并用石块将雪豹杀死。放牧结束后，索某将雪豹皮带回家中，将雪豹骨架带到同村的一位亲戚家中。经村委会委员举报，索某被抓获。归案后，索某对猎捕、杀害雪豹的犯罪事实供认不讳，并主动上交了雪豹皮和骨架。经鉴定，索某猎杀的雪豹是国家一级保护野生动物。

分析：索某非法猎捕、杀害国家一级保护野生动物雪豹一只的行为已构成非法猎捕、杀害珍贵、濒危野生动物罪，依法本应判处10年以上有期徒刑。考虑到其系在羊群被野生动物侵害且使用一定方法阻止无效的情况下放置铁夹，并非针对某种特定的珍贵、濒危野生动物，且雪豹凶猛无法靠近将其杀死，主观恶性和社会危害性均较小，归案后如实供述罪行并积极配合追缴雪豹皮和骨架，认罪悔罪，可在法定刑以下判处刑罚。经阿里地区中级人民法院、西藏自治区高级人民法院和“高法”复核，对其以非法猎捕、杀害珍贵、濒危野生动物罪判处有期徒刑3年，并处罚金2 000元。本书认为：本案中，司法机关在处理时坚持以人民为中心，结合具体情况，对被告人索某判处法定刑以下的处罚，予以更多人文关怀，体现出对犯罪分子宽大处理的精神，从而使犯罪分子心存感恩，好好改造，重新做人。

六、社会保障功能

刑罚具有社会保障功能。刑罚惩治对社会有危险的犯罪分子：对于穷凶极恶、无改造可能性的罪犯判处死刑；对于通过改造可以回归社会的罪犯判处自由刑，将其进行暂时性的社会隔离，直到可以达到预防犯罪的目的方将其予以释放。显然，正确运用刑罚的社会保障功能可以安抚社会公众的内心，稳定社会秩序。

陈某某开设赌场罪。②某科技教育公司成立后，负责为A网站客户提供培训、客户维护和客户发展等服务。该公司幕后实际控制人为周某某。A网站以经营二元期权交易为业，通过招揽会员以“买涨”或“买跌”的方式参与赌博。陈某某被周某某聘请为顾问、市场总监，帮助其从事开设赌场的活动。

分析：法院经审理认为，陈某某违反法律规定，利用互联网开设赌场，情节严重，其行为已构成开设赌场罪。本书认为：本案中开设赌场的行为会让社会民众沾染上赌博的恶习，导致家庭财产一夜蒸发，造成无数家庭妻离子散，有碍社会秩序稳定。正因如此，《刑法修正案（十一）》将开设赌场罪的法定刑进行了提升，将原来的“处三年以下有期徒刑、拘役或者管制，并处罚金；情节严重的，处三年以上十年以下有期徒刑，并处罚金”，修改为“处五年以下有期徒刑、拘役或者管制，并处罚金；情节严重的，处五年以上十年以下有期徒刑，并处罚金”。前述对触犯开设赌场罪的陈某某予以严厉的刑罚处罚有利于保障社会秩序，安抚社会公众。

---

① 参见（2019）藏25刑终1号刑事判决书。

② 参见（2018）赣08刑初21号刑事判决书。

第四节 预防刑论与象征性立法

一、象征性立法：现代风险社会刑法的应对趋势

预防刑论是刑罚的正当化根据理论之一，但预防刑法理论是对刑法整体发展方向予以阐释的一种学说理论，其内涵不限于刑罚论。预防刑法理论产生于风险社会及由此衍生的风险刑法理论。与风险社会相伴而生的预防刑法理论使刑法日益工具化，因为“预防刑法将刑罚定位于避免未来的犯罪行为以保护第三人而设立的，而这正是宪法禁止的将行为人工具化之行为”①。工业社会到风险社会的变迁，传统刑法到风险刑法的迭进，使刑法逐步成为事先预防而非仅仅事后惩罚的工具，刑事立法日益活性化，积极的一般预防理念逐步转化为立法实践，刑法与道德的界限愈发模糊。

随着上述理念对刑法的不断影响，刑法领域中的危险/风险概念不断扩张，造成刑事立法日益凸显象征性。

象征性立法（symbolishche Gesetzgebung）概念可追溯到20世纪80年代德国及瑞士学者关于立法理论的分析。德国学者克雷姆斯（Krems）指出，如果立法只是为了做一份“规范申明（Deklaration der Normen），其规范的目的只是国家期待在社会大众之间形成一定的合法与不法意识，实质上并不想影响任何个人的行为取向”，那么这样的立法就是“象征性立法”②。可见，象征性立法传递的是立法者在特定时空与社会背景下对于社会问题的情绪或者价值偏好，而并不发挥“实质的规制效果”。在此，对于立法者而言，某项立法的颁布，重要的不是实际有效地控制某种犯罪，而只是出于政治或政策层面的考虑，对国民所关切的某个领域的安全问题作出必要的应急反应。它们体现的是立法者对国民渴望安全心态的安抚，以及通过快速反应体现出的国家与民众同在的姿态，这种姿态会在短时间内迅速取得国民认同的心理效果，并为国民营造出安全感。每当社会中产生风险，立法者即快速动用立法资源，跟进风险推动立法制造新罪名，于是立法者的惩恶扬善情绪得到表达，捍卫国民安全之态度得到传递。风险社会中的风险具有不确定性，这决定了象征性立法都是建立在“此种立法或许可以消除或者控制可能发生的风险”这一逻辑基础之上的，因此，象征性立法重视的是对犯罪的积极预防，通过刑事立法拦截风险以防患于未然；是事先预防，而不是针对法益侵害行为造成的危害后果进行惩罚。可见，象征性立法最大的特点是，一种对犯罪施以威胁的姿态或情绪。象征性立法之所以是象征性的，是因为此种立法不追求刑罚规范的实际效果，而更多的是为了表达立法者的某种姿态与情绪、态度与立场。如《德国刑法典》扩大第130条煽动罪的处罚范围，规定，对纳粹整体的国际刑法上的罪行公开地或者在集会上予以赞同、否认或者粉饰的，构成煽动罪。这被认为是象征性立法的典型例子。③ 一直以来，日本刑法

---

① Vgl. Georg Freund und Frauke Rostalski, Strafrecht All gemeiner Teil, 3. Aufl., Berlin: Springer, 2019, § 1, Rn. 41.

② Krems, Grundfragen der Gesetzgebungslehre, Dunker&Humblot, Berlin, 1979, S.34.

③ Vgl. Roxin, Rechtsgüterschutz als Aufgabe des Strafrechts, in: Hefendehl (Hrsg.), Empirische und Dogmatische Fundamente, Kriminalpolitischer Impetus: Symposium für Bernd Schünemann zum 60, Geburtstag, 2005, SS.142 - 143.

只以处罚法益侵害行为为基本原则，“但是，近（些）年来刑事立法的一个特征是，将国民存在不安的行为，广泛地作为刑罚处罚的对象，存在给予国民安心感的倾向”，①从而也开始向象征性立法的方向发展。2013 年 12 月 13 日通过的《特定秘密保护法》即为适例。

象征性立法对国民精神创伤的安抚性功效，在功利主义社会之中日益受立法者与民众双方青睐，由此象征性立法更加活跃。通过这样的立法，国民获得的印象是“采取一些今天能满足公民控制需要的措施就是进行了控制，而不是只有控制的结果才是最重要的”。这种状况导致“把刑法和警察法进行的犯罪控制作为纯粹的安慰剂来接受，完全不取决于控制的有效性”②。通过象征性立法，国家和民众似乎寻找到了满足安全感的共同途径。

象征性立法之所以被频繁运用，原因在于风险社会中公众对风险的心理态度。风险的不确定和难以预测，尤其是诸如恐怖犯罪这样杀伤力大、计划隐秘、行动迅速的风险，令人们生活在一种不安全与不确定感之中，从而产生一种极大的恐慌心理。这种恐慌被美国学者戴维·丹尼（David Denny）称为“道德恐慌”，这种恐慌“经由媒体不断传播，造成一些明显不相当或夸大的社会反应，因而形成一种全社会性的不安全感下的道德恐慌，它包含疑虑、敌意、舆论、不对称与反复无常”③。作为回应民众的恐慌和不安的举措，象征性立法起到了公众情绪安抚作用、国家风险控制的表态作用，由此象征性立法似乎寻找到了正当性。

二、象征性立法：20 多年来中国刑事立法之具体体现

象征性立法是立法者在特定时空与社会背景下对社会问题或者价值偏好的情绪化表达，并无实证成效。这种立法以犯罪化为主，而不服务于法益保护并“招致保护法益的稀薄化”④。它以预防犯罪为倾向，是风险预防在法律上的制度化，是风险预防措施的立法构建。对照分析，我国数个刑法修正案都体现了这种象征性立法。

象征性立法之一：恐怖犯罪立法。我国恐怖犯罪立法从一开始就建立于回应国际国内恐怖犯罪打击需求的基础之上，同时也是对国内外反恐呼声高涨的回应。它们向国际社会表达了中国政府坚定的反恐立场和态度，向国内民众有效传达了政府反恐的信心和决心。在当下极为复杂的国内外恐怖犯罪态势下，打击恐怖犯罪立法对于凝聚人心、聚力反恐无疑有正面促进作用，至少，它们可以起到类似于“安定”药的作用，让民众的心理创伤得到安抚、不安感得到缓解。然，恐怖犯罪具有准战争的性质，它们多采用武装袭击或者自杀式爆炸袭击的方式，事先布置周密，事后恐怖分子或死亡或逃亡，极难抓获，将其绳之以法的概率很低。这决定了各国打击恐怖犯罪刑事立法的效果非常有限。自 20 世纪六七十年代开始，联合国即针对恐怖主义犯罪的滋生和蔓延制定了有关惩治恐

① ［日］松原芳博：《国民の意識が生み出す犯罪と刑罰》，《世界》2007 年 2 月号，53 页。

② ［德］哈塞默尔：《面对各种新型犯罪的刑法》，冯军译，载中国人民大学刑事法律科学研究中心编：《刑事法学的当代展开》，北京，中国检察出版社，2008，67 页。

③ ［美］David Denny：《面对风险社会》，吕奕欣、郑佩岚译，韦伯文化国际出版有限公司，2009，130 页。

④ ［日］松原芳博：《刑法总论重要问题》，王昭武译，北京，中国政法大学出版社，2014，17 页。

怖犯罪的国际公约。但是，伴随着几十年国际社会反恐立法的是频发甚至愈演愈烈的恐怖犯罪袭击。这从另一个角度表明通过刑事法治手段反恐可能难以达到预期的实质效果。

象征性立法之二：网络犯罪立法。网络犯罪实际上是恐怖犯罪的外围罪名，即除刑法典中含有“恐怖”二字的罪名之外的恐怖犯罪相关罪名；同时，我国网络犯罪立法同前述恐怖犯罪立法一样，是刑法适应犯罪形势变化及其应对的需要，加强对恐怖主义、极端主义犯罪和网络犯罪的惩治的结果。为了配合打击恐怖犯罪，在恐怖犯罪网络化背景之下的网络犯罪刑事治理，选择了同恐怖犯罪刑事治理一样的立法路径，即降低入罪门槛，扩大处罚范围，加强网络安全治理。因此，我国网络犯罪立法和恐怖犯罪立法一样，是立法回应社会关切之体现。不同于网络犯罪立法的异常活跃，我国司法实务中网络犯罪罪名适用情况并不乐观。从 1997 年至今，我国网络犯罪罪名适用率极低。在立法层面上，象征性立法重视的是对犯罪的积极预防。从此角度看，网络犯罪立法起到了向社会民众宣示的作用，通过明确的法规范的讯息传达，以期达到预防犯罪的效果。

象征性立法之三：环境犯罪立法。环境犯罪立法都是立法者在日益严重的环境污染背景之下，以立法手段抗制生态风险的姿态之体现，但于环境犯罪的治理难以发挥实效。在生态风险面前，我国环境犯罪立法还停留在应急层面，立法者急于通过刑法手段抗制生态风险的情绪表露无遗，治理生态风险的姿态明确。然而，象征性立法对生态风险的治理效果欠佳。生态环境是一种没有任何自我意识的客观存在，从被害者角度分析极易遭受侵害，而且，此类侵害行为在发生之前又不易为外界所察觉，等到结果发生之后污染又已造成，且危害难以短时间内消除。这也是刑事立法对环境犯罪的规制越来越严，而现实生活中严重的环境污染未有大量减少的原因之一。立法与司法解释的修改，意味着我国刑法中治理环境污染最重要的罪名污染环境罪从结果犯变成了彻底的抽象危险犯。事实上，工业社会的破坏力导致全球气候变暖、石油资源遭破坏性开发、海洋受到污染等一系列全球性的环境污染，如果人类不停止破坏性开采，并反思工业社会对生态资源的无限制索求，未来世界的各种巨大环境风险将会更加难以预期。抗制生态风险，最为有效的手段应该是朝着理性行政的方向，制定有效的产业、行业、企业生产标准体系，从源头而非从末端抓起。

三、过多运用象征性立法有损刑法的功能

以抗制风险为己任的象征性刑事立法日益增多，固然与风险全球化息息相关，“但更重要的是，国际条约下的折中妥协及实现国内政策目标等政治性的考量，主导着各国刑事立法的整体走向”①。如果各法治国的理念和目标不变，对这种走向必须予以反思。当今象征性刑事立法已经损害了刑法的法益保护功能、人权保障功能和实用功能，如同哈塞默尔指出的那样，它使刑法最大的功能在于象征性的功能，而这种象征性的功能成为现代刑法（相对于刑法固有的古典性预测）的共通（且独立、重要的）内涵，亦可称为现代刑法的主要功能。这也成为现代刑法的特征与危机。②

① ［日］高山佳奈子：《“政治”主导下近年日本刑事立法》，谢煜伟译，载《月旦法学》，2009 年第 9 期，138 页。

② Vgl. Hassemer，Das Symbolische am Symbolischen Strafrecht，FS-Roxin，2001，S.1010ff.

首先，象征性刑事立法服务于安全目的而损害了刑法的法益保护功能。象征性立法服务于国家的政治安全目标，而不服务于具体的法益，从而使法益概念丧失了其本该具有的“告诉立法者合法刑罚处罚的界限”，即合理限定刑罚处罚范围的作用。

象征性立法使法益抽象化。出于风险防范的目的，象征性立法所保护的都是弥散性或集体性法益，如恐怖犯罪立法保护的社会安全、网络犯罪立法保护的网络安全、环境犯罪立法保护的生态环境等。这些法益是普遍性的社会利益，故又被称为超个人法益或者普遍法益。弥散性法益的特点在于，其具有高度的广泛性、扩散性和蔓延性。如此一来，法益不再以某种具体客体的存在为前提，只要有抽象的客体（如“安全”）存在就可以动用刑法；为了保障社会的安全，刑法不再是在发生了法益侵害的危险或者威胁的情况下才介入，只要有抽象的危害公共安全的危险存在就可以介入，有时甚至连这种危险都不必存在，只要有某种行为，就可以推定侵犯了抽象的安全法益。与此相适应，刑法中出现了越来越多的抽象危险犯，实害犯渐渐退居其后。面对大量的不需要判断结果的抽象危险犯，刑法的可罚性界限前移，自由刑法以结果或实害为前提的惩罚机制以及行为与结果之间的因果联系性，在有效捍卫社会安全防卫风险面前都不再重要，法益保护由此日益早期化和前置化。其结果就是，“法益保护原则”也就不复存在并不再适用，而是直接由“政策上是否该罚”来决定，这样做的后果可想而知。

其次，象征性刑事立法因谦抑不足而损害了刑法的人权保障功能。刑法的价值应该受宪法的约束，或者说刑法的价值应该与宪法的一致。宪法的价值是保障公民基本权利，刑法的价值自然也应如此，人权保障是刑法在任何时候都不可动摇的重要功能。在古典刑法时代，以社会契约论与“三权分立”理论为基础建立起来的自由刑法，对于当今各类刑事立法与刑法理论的构建仍具坐标性的引领作用。刑法与其他法之间的关系应该是“被动式”的，在站位问题上，属于最后序列。因此，刑法的价值在以往是人权保障，在当今所谓的风险社会，仍然是人权和自由保障。犯罪化、入罪早期化、法益抽象化、重罚化等特征，均表明象征性立法没有遵守刑法的谦抑原则，从而损害了刑法的人权保障功能。风险全球化促进各国反思对全球化的风险是否一定可以用全球化的法律手段来治理，即便答案是肯定的，也应该认识到的是，全球化的法律是不存在的，其背后起作用的仍然是一国的意识形态。当今世界各国迎合风险社会的风险治理理论，大量进行象征性刑事立法，也许得不偿失。

最后，象征性刑事立法因执行不足而损害了刑法的实用主义功能。法律的价值在于实用性与实效性，立法的实用性与法的适用紧密相连，立法的实效性与法的效益或者效果紧密相关。象征性刑事立法所产生的新罪名，在司法实践中适用率非常低，这使刑事立法成为徒具形式的象征，远离了法律的实用性。如果法律的实施持续保持低适用率，比如《刑法修正案（九）》增加的系列恐怖犯罪新罪名，在未来几年里仍如目前一样未能适用，那么，刑法作为最实用的法其实用性价值无疑会饱受质疑。“法律不能被执行，即等于没有法律。”① 当立法无法落到实处时，象征性立法便只剩下了文字，这对法律的权威无疑是一种折损。

---

① ［英］洛克：《政府论》（下篇），叶启芳、瞿菊农译，北京，商务印书馆，2009，138页。

象征性立法欠缺实效性，这导致象征性立法的正当性是存在问题的。通过“安抚”与“被安抚”，象征性立法快速营造了国民的安全感，立法者与国民皆大欢喜。但是，如果立法无法使立法者获得真正的物质性利益，比如未如立法者所期待的那样减少或者防范了社会风险的发生，那么，立法的实效性将受到怀疑。而且，象征性立法带来的精神利益也只是一种精神麻痹而已，它会使立法者在追求象征性立法的道路上愈行愈远，从而使立法越来越远离实效性。此外，这种麻痹也可能使国家和政府因沉浸于其中而疏于寻找理性而有效的风险抗制途径，从而坐失抗制风险的良机。动用国家成本最高昂的刑事立法资源，不应该只满足于精神利益的获得，而应该追求在风险抗制方面的物质利益。如果物质利益无法企及，则须反思此种立法的有效性，并努力寻找风险抗制的合理手段。

安全、稳定和繁荣，是国家政治的核心价值；自由与人权保障，是刑事法治的核心价值。日益增多的象征性刑事立法提醒人们：刑法的价值不应等同于国家政治的价值。刑事立法与司法，都应防范国家过度追求安全稳定与社会保护，防止国家频频发动制刑权。象征性刑事立法是一种人类对于恶害“古老、原始、直觉式的反应，虽快速但是情绪化的”，同时也可能是非理性的。在人类社会当今所面临的前所未有的巨大风险面前，人类必须寻求更为有效和理性的风险抗制手段。

第十六章　刑罚的体系

第一节　刑罚体系概述

一、刑罚体系的概念

我国刑法学界对刑罚体系给出的通说概念是，“刑法所规定的，按照一定次序、原则进行系统科学排列的各种刑罚方法的总和”①。以上的概念包括两个基本要素：一个为刑罚种类，另一个是刑罚体系的逻辑架构。刑罚种类简称“刑种”，是指按照一定的标准将具备某种相同性质的刑罚进行分类而获得的整体。刑罚种类是组成刑罚体系的基本要素，但刑罚体系并不是对不同种类的刑罚进行简单的堆砌，其内部存在一定的逻辑架构。刑罚体系的逻辑架构是指构建刑罚体系时所遵循的原则和标准。“刑罚结构是指各种刑罚种类的搭配与架构，是刑罚实际运作中历史形成并且由法律明文规定的刑罚的规模与强度。”② 各种刑罚按照一定的逻辑架构进行排列组合方能形成一个科学的刑罚体系。“科学的刑罚体系，以其刑种数量和刑质宽严的适度性、各刑种法律分类地位的合理性，以及彼此之间的严谨的衔接性，使审判机关得以按照不同案件和不同犯罪人的具体情况合理适用，从而有效地实现刑罚目的。”③

总而言之，刑罚的体系，是指由刑法所规定的各种刑罚，以其种类为划分标准，以其轻重为排序准则，以发挥其作用、落实其意义、完成其目标为指导思想，而形成的有机统一的整体。

首先，刑罚体系是由法律明确规定的。罪刑法定原则作为世界通行的刑法原则，不仅在犯罪论中影响重大，在刑罚论中也有着举足轻重的地位。法外之刑在倡导人权主义的今天已经毫无生存之地。因此，我国刑事立法既明文规定了各种刑罚，又明确规定了刑罚体系，按照由轻到重的顺序将各类刑罚依次划分，不仅体现了我国刑法宽严相济的价值取向，而且体现了预防与惩罚犯罪的刑罚目的。④

其次，刑罚体系是有机统一的整体，其基本的组成部分是不同种类的刑罚方法。而“刑种”作为刑罚体系的基本要素其存在有独立的划分标准，依据不同的标准可以从不同的角度划分刑罚。目前，世界各国刑罚依所使用的划分标准主要有以下三种分类：第一，

---

① 高铭暄、赵秉志主编：《刑罚总论比较研究》，北京，北京大学出版社，2008，5页。

② 陈兴良：《本体刑法学》，北京，商务印书馆，2001，654～655页。

③ 张明楷：《刑法原理》，2版，北京，商务印书馆，2017，489页。

④ 参见张明楷：《刑法学》（上），6版，北京，法律出版社，2021，686页。

按照刑罚所剥夺的犯罪人权利为标准将刑罚分为生命刑、身体刑、自由刑、财产刑、资格刑。其中，生命刑是指剥夺犯罪人生命权的刑罚，即死刑。虽然现今世界各国刑法学界对于死刑的存废问题存在较大的争议，但仍有许多国家规定了死刑。现今执行死刑的方式主要包括注射和枪决两种。身体刑又叫肉刑，是指剥夺犯罪人部分身体权益的刑罚，例如我国封建时期曾经存在的“墨、劓、剕”等刑罚。身体刑因较为残忍现已经为绝大多数国家所废弃。自由刑是指短期或长期限制或剥夺犯罪人自由的刑罚，例如我国的无期徒刑、有期徒刑、拘役等。财产刑是剥夺犯罪人部分或全部财产权益的刑罚，主要包括没收财产和罚金两种类型。资格刑由名誉刑演变而来，其以剥夺犯罪人享有或行使一定资格的权利为内容。第二，按照刑罚的作用和地位为标准可以划分为主刑、附加刑。这种划分方式以中国、德国等国家为代表，是现如今世界上最为通行的划分标准。主刑是指在刑罚体系中占据主要地位、承担主要作用、能够单独适用的刑罚，在我国体现为死刑、无期徒刑、有期徒刑、拘役、管制。附加刑是指辅助主刑，在刑罚体系中占据次要地位、承担次要作用的刑罚，在我国体现为罚金、没收财产、剥夺政治权利、驱逐出境。一般来说附加刑不可以单独适用，但是在某些例外情况下也可以单独适用。第三，按照刑罚的轻重可以将刑罚划分为轻罪刑罚、重罪刑罚、违警罪刑罚。这是以法国刑法典为代表的划分方式。

最后，刑罚体系应当充分体现其对预防和惩罚犯罪这一刑罚目的的积极作用。刑罚体系并不是各类刑罚简单地相加，而是依据一定的指导思想将各类刑罚分门别类、排列组合而形成的体系。因此，积极发挥自身的作用，实现预防与惩罚犯罪目的的指导思想是刑罚体系的核心要素。综观我国刑罚体系，无论是刑种的选择还是刑种的分类抑或刑种的排列，都是立法者从有利于刑罚功能的发挥和刑罚目的的实现而确定的。[①]

二、刑罚体系建立的依据

任何事物都不是凭空而来的，均有自己的立身之本，刑罚体系也不例外。刑罚体系是思想观念和时代特征相互结合的产物，因此，刑罚体系既要有一定的思想基础又要有一定的时代特征。我国刑罚体系主要是基于我国公民的基本价值取向以及保障人权的基本思想，在考虑我国基本国情基础之上借鉴人类法治文明成果的体现。

（1）基于现今我国公民的基本价值取向。刑罚是国家机关对犯罪人所采取的、限制或剥夺其一定权利的、最严厉的惩罚措施。刑罚相较于其他的惩罚措施具有最严厉的性质，只有最严厉性才能体现出刑罚对犯罪人的强烈谴责与非难，而最严厉性体现在刑罚通过剥夺犯罪人的权利使其受到剥夺性痛苦。刑罚体系内部各类别的刑罚之间的严厉程度存在高低位阶，而刑罚之间的高低位阶也不是一成不变的。这里的最严厉性与高低位阶属于主观层面的问题，需要对它进行价值判断。此外每个不同的历史阶段的人们对特定刑罚是否具备最严厉性以及刑罚的高低位阶的观念各不相同，可能此时的普罗大众认为的最严厉、剥夺性痛苦极其强烈的刑罚到了下一个时代就成了民众可以接受的处罚。因此，立法者确立刑罚体系时并不能随心所欲，相反，必须以一定时期的社会普遍价值

① 参见高铭暄、马克昌主编：《刑法学》，10版，北京，北京大学出版社、高等教育出版社，2022，227页。

观念为基础。

（2）基于体现保障人权的基本考量。进入21世纪后，世界各国逐渐承认了人权的基础性与必要性。刑罚作为国家的制裁手段，在惩罚、教育犯罪分子的同时更加应当以人权作为最低限度的标准。简而言之，刑罚固然具有限制或剥夺犯罪人的权利的属性，但必须尊重犯罪人的基本人权，将其当作人，因此，并不是所有让犯罪人感受到剥夺性痛苦的处罚方式都被纳入刑罚之中。以肉刑为例：相较于自由刑、财产刑、资格刑来说，肉刑的惩罚性显然更为严厉，但肉刑侵犯了人的身体健康、基本尊严，因此，为我国刑法所摒弃。“虽能有效地预防犯罪但侵害人权、侵犯人的尊严的措施，不可以成为刑罚。”①

（3）基于对我国基本国情的考虑。经济基础决定上层建筑，法律作为上层建筑的一种也以经济为基础，因此，刑罚体系的建立要结合一国的基本国情。例如，我国的刑罚体系就是以中国特色社会主义经济制度为依托，形成了以管制、拘役、有期徒刑、无期徒刑、死刑作为主刑，以罚金、没收财产、剥夺政治权利、驱逐出境作为附加刑的刑罚体系。

（4）基于对人类法治文明成果的借鉴。在当今世界，全球化已经成为时代的主题，法律全球化也势在必行。虽然刑罚体系是立法者结合一国之基本国情而建立的，但是不难发现，总有一些刑罚方法具有与时代贴合的属性，其本身就属于人类法治文明的结晶。对于这样的刑罚方法，国家在建立刑罚体系时应该以“扬弃”的态度进行吸收。

三、我国的刑罚体系

大陆法系国家和地区的刑罚体系一般都由主刑与附加刑组成，比如，日本刑法规定的主刑包括死刑、拘禁、罚金、拘役及科料，而附加刑则为没收。德国刑法基本上将自由刑、罚金刑作为主刑，同时还包括禁止驾驶的附加刑和剥夺公权。

我国的刑罚体系也由主刑与附加刑结合组成，其中主刑包括管制、拘役、有期徒刑、无期徒刑、死刑，附加刑包括罚金、没收财产、剥夺政治权利、（对外国人）驱逐出境。我国刑罚体系的特点在于：

第一，严而不厉，有机统一。我国的刑罚体系中既有较重的主刑，又有较轻的附加刑。主刑中既有较重的死刑、无期徒刑、有期徒刑，又有较轻的管制、拘役，并且每一种刑罚方法本身也有轻重之别，由此形成了一张严密的法网。由于受到人道主义思想的影响，我国的刑罚以自由刑为主，体现了刑罚的宽缓化。这表明我国的刑罚体系严而不厉。同样我国的各种刑罚方法虽然有轻重之别，却并不杂乱无章，相反，其衔接紧密，例如，拘役的最长期限是6个月，有期徒刑的最短期限是6个月。主刑之间、主刑与附加刑之间相互衔接，形成了一个统一的整体。

第二，内容合理，方法人道。我国刑罚体系的建立以中国特色社会主义的基本国情为基础，又吸收、借鉴了人类法治文明的优秀成果，将惩罚与教育相互结合。这体现了其内容的合理性。我国的刑罚虽然限制或剥夺犯罪人的权益，是最严厉的制裁方式，但

---

① 张明楷：《刑法学》（上），6版，北京，法律出版社，2021，687页。

并不为了制裁罪犯而制裁罪犯。其摒弃了封建时代的各种残酷刑罚，在坚持人权主义的基础上惩罚罪犯。这体现了其制裁方法的人道性。

第三，体系完整，结构紧密。从适用上看，我国刑罚体系以主刑为主要的惩罚手段，以附加刑作为辅助。主刑只能单独适用，不能附加适用；附加刑既可以单独适用，又可以配合主刑适用。对一个罪只能判处一个主刑。这样的适用方式体现了我国刑罚体系内在逻辑的严密性、结构的紧密性。从刑罚方式的多样性看，有针对生命权益的死刑，针对自由权益的无期徒刑、有期徒刑、拘役、管制，针对财产权益的罚金、没收财产，针对资格的剥夺政治权利。从刑罚的主体看，既有针对我国公民适用的刑罚，也有针对外国人适用的驱逐出境。这体现了体系的完整性。

第二节 主 刑

一、管 制

（一）管制的概念

管制是指对犯罪分子不予关押，但限制其一定期限的人身自由，实行社区矫正的刑罚方法。

（二）管制的特点

（1）对犯罪分子不予关押，即不剥夺其人身自由。这是管制与其他自由刑之间的区别。不予关押是指在服刑期间不需要将犯罪分子关押在看守所、监狱等执行场所，犯罪分子仍留在原居住地或工作单位生活、工作。

（2）限制犯罪分子的人身自由。这是管制与免予处罚之间的区别。《刑法》第 39 条规定了对被判处管制的犯罪分子的限制。被判处管制的罪犯，在执行期间，应当遵守下列规定：遵守法律、行政法规，服从监督；未经执行机关批准，不得行使言论、出版、集会、结社、游行、示威自由的权利；按照执行机关规定报告自己的活动情况；遵守执行机关关于会客的规定；离开所居住的市、县或者迁居，应当报经执行机关批准。

（3）被判处管制的犯罪分子，在劳动中应当同工同酬。

（4）在一定期限内限制犯罪分子的自由。管制属于短期执行的刑罚，具有一定的期限。《刑法》第 38 条规定，“管制的期限，为三个月以上二年以下。”依第 69 条，管制数罪并罚不超过 3 年。第 41 条规定，“管制的刑期，从判决执行之日起计算；判决执行以前先行羁押的，羁押一日折抵刑期二日”。

（5）对于被判处管制的犯罪分子，应当进行社区矫正。社区矫正是指专门机关和社会力量相互结合，共同对被判处管制、宣告缓刑、假释和暂予监外执行的罪犯实施的身体、心理教育与矫正，从而促使其顺利地融入社会，达到预防和减少犯罪目的的非监禁刑罚执行活动。《社区矫正法》第 23 条规定，社区矫正对象在社区矫正期间应当遵守法律、行政法规，履行判决、裁定、暂予监外执行决定等法律文书确定的义务，遵守国务院司法行政部门关于报告、会客、外出、迁居、保外就医等监督管理规定，服从社区矫正机构的管理。第 27 条规定，社区矫正对象离开所居住的市、县或者迁居，应当报经社区矫正机构批准。社区矫正机构对于有正当理由的，应当批准；对于因正常工作和生活需要经常性跨市、县活动的，可以根据情况，简化批准程序和方式。因社区矫正对象迁居等原因需要变更执行地的，社区矫正机构应当按照有关规定作出变更决定。社区矫正机构作出变更决定后，应当通知社区矫正决定机关和变更后的社区矫正机构，并将有关法律文书抄送变更后的社区矫正机构。变更后的社区矫正机构应当将法律文书转送所在地的人民检察院、公安机关。第 29 条规定，社区矫正对象有下列情形之一的，经县级司法行政部门负责人批准，可以使用电子定位装置，加强监督管理：1）违反人民法院禁止令的；2）无正当理由，未经批准离开所居住的市、县的；3）拒不按照规定报告自己的活动情况，被给予警告的；4）违反监督管理规定，被给予治安管理处罚的；5）拟提请撤销缓刑、假释或者暂予监外执行收监执行的……对于不需要继续使用的，应当及时解除；对于期限届满后，经评估仍有必要继续使用的，经过批准，期限可以延长，每次不得超过 3 个月。第 59 条规定，社区矫正对象在社区矫正期间有违反监督管理规定行为的，由公安机关依照《治安管理处罚法》的规定给予处罚；具有撤销缓刑、假释或者暂予监外执行收监情形的，应当依法作出处理。第 60 条规定，社区矫正对象殴打、威胁、侮辱、骚扰、报复社区矫正机构工作人员和其他依法参与社区矫正工作的人员及其近亲属，构成犯罪的，依法追究刑事责任；尚不构成犯罪的，由公安机关依法给予治安管理处罚。第 61 条规定，社区矫正机构工作人员和其他国家工作人员有下列行为之一的，应当给予处分；构成犯罪的，依法追究刑事责任：1）利用职务或者工作便利索取、收受贿赂的；2）不履行法定职责的；3）体罚、虐待社区矫正对象，或者违反法律规定限制或者变相限制社区矫正对象的人身自由的；4）泄露社区矫正工作秘密或者其他依法应当保密的信息的；5）对依法申诉、控告或者检举的社区矫正对象进行打击报复的；6）有其他违纪违法行为的。

（三）管制的适用

与其他刑罚方法不同，管制的适用不以将犯罪分子关押为必要，只限制其人身自由。这是我国独创的刑罚方法。管制在设立之初并不是一种刑罚方法，而是针对已经不需要进行逮捕的历史反革命分子所采取的行政措施，颇具政治色彩。1979 年刑法在制定时，为了顺应轻刑、轻罚、人权、人道的刑罚改革潮流，将管制作为刑罚方法纳入刑罚体系中。在司法实践中管制的适用率并不高，从 2012 年至 2022 年被判处刑罚的犯罪分子中适用管制的比例如表 16－1 所示①：

表 16－1　2012—2022 年管制的适用比例

年份	2012	2013	2014	2015	2016	2017	2018	2019	2020	2021	2022
比例	1.09%	1.20%	1.00%	0.95%	0.78%	0.58%	0.52%	0.35%	0.25%	0.18%	0.17%

从表 16－1 我们不难发现两个问题：首先，在我国近十年来管制的适用比例呈逐年递减的趋势。其次，近五年来被判处管制的犯罪人不足被判刑总人数的 1%，而我国刑法分则中规定可以判处管制的罪名有 137 个。这两者之间的极大反差也表明了管制在司法实践中不经常适用。其主要原因包括以下几点。

---

① 参见《最高人民法院公报》2012 年至 2023 年各期。

（1）尚刑思想尚未完全纠正。从社会生活、司法实践以及立法活动中不难看出公民、司法工作人员、立法者更加依赖剥夺自由类的监禁刑，管制的作用被极大忽视，直接导致了管制的适用减少。

（2）管制本身具备一定的缺陷。刑罚执行难度大、刑罚执行后法律效果不理想等缺陷导致了管制被忽视。刑罚执行难度大是因为管制的执行采取的是社区矫正方式，更多的时候需要公众对罪犯进行监督和教育。但是在现今这个科学技术高速发展、交通极为方便的社会，人员流动性巨大，从而无形中加大了管制的执行难度。此外，现代文明增强了人们对个人价值和自由的追求，这种价值导向致使公众不太愿意了解“他人的事”，对罪犯的监督和教育更加无从谈起。而刑罚的执行效果不理想又与管制执行难度大之间存在因果关系，管制的执行难度大导致罪犯实际上受到的监督、教育同理论上的效果存在一定的差距，从而使管制的刑罚执行效果并不理想，最终导致管制的适用比例越来越低。

鲁某某寻衅滋事案。[①] 2013 年 12 月 9 日，法院以寻衅滋事罪判处鲁某某有期徒刑 1 年，宣告缓刑两年。在接受社区矫正期间，罪犯鲁某某于 2014 年 6 月至 12 月，以更换手机号等方式，连续两个月脱离司法所监管。为此，当地司法局曾两次给予罪犯鲁某某警告处分。然而 2014 年 12 月 29 日以后，罪犯鲁某某再次无故脱离监管，当地矫正机构工作人员寻找无果。在公安机关的协助下，直到 2015 年 4 月 22 日，工作人员才在某宾馆找到罪犯鲁某某，并查获其私藏的五把管制刀具。后法院对鲁某撤销缓刑，收监执行原判刑罚。

在现代刑法注重刑罚轻缓化的趋势下，提高管制的适用率是有必要的，因此必须解决管制面临的问题。首先，需要避免尚刑思想的影响，正视管制的重要作用，把管制提到同监禁刑一样的高度；其次，将管制作为整个社会共同参与的对罪犯进行监督、教育的刑罚，将社区矫正的范围扩大以确保对罪犯的监督、教育足以达到设立刑罚时的理论标准，解决管制执行难、执行效果不佳的问题。

二、拘　役

（一）拘役的概念

拘役是指短期剥夺犯罪人的人身自由，就近实行劳动改造的刑罚方法。拘役属于短期自由刑的一种。

（二）拘役的特点

（1）拘役是剥夺犯罪人人身自由的刑罚。与管制不同，拘役剥夺罪犯的人身自由；与有期徒刑不同，拘役由公安机关对罪犯就近进行关押。

（2）拘役是短期剥夺罪犯人身自由的刑罚。《刑法》第 42、44、69 条规定：拘役的期限，为 1 个月以上 6 个月以下，数罪并罚不能超过 1 年。拘役的刑期，从判决执行之日起计算；判决执行以前先行羁押的，羁押 1 日折抵刑期 1 日。

（3）将被判处拘役的犯罪交由公安机关就近执行。《刑法》第 43 条规定，“被判处拘

① 参见（2015）景刑收执字第 1 号刑事裁定书。

役的犯罪分子，由公安机关就近执行。在执行期间，被判处拘役的犯罪分子每月可以回家一天至两天；参加劳动的，可以酌量发给报酬。”

（4）拘役的对象是罪行较轻但又需要短期关押的犯罪人。首先，拘役适用于罪行较轻的犯罪。我国刑法中对过失犯除过失致人死亡罪以外均规定了拘役的刑罚方式。同样，据不完全统计，在我国司法实践中适用拘役最多的是犯罪性质较为轻微的渎职罪，适用最少的是犯罪性质较为严重的危害国家安全罪、危害公共安全罪。其次，拘役适用于需要短期关押的犯罪人。拘役的适用包括以下几种情况：可适用于情节轻微、不需要判处有期徒刑的犯罪；可适用于本应判处短期徒刑，但具有从轻情节的犯罪；可适用于本应判处管制，但具有从重情节的犯罪；以短期徒刑为最低法定刑的犯罪中，如果具有减轻处罚情节，也可以判处拘役。①

（三）拘役与管制的衔接

拘役通过采取短期关押并实行强制劳动改造的方法实现特殊预防，而管制通过采取长期的限制自由并进行社区矫正的方法实现特殊预防。从二者的执行手段上看拘役在严厉程度上高于管制，但从两者的刑罚期限来看管制要长于拘役。我国刑法中对何种情形下应该判处管制或拘役规定得并不明确，分则中共有127个罪名规定了管制或拘役的刑罚方式。例如《刑法》第109条规定：国家机关工作人员在履行公务期间，擅离岗位，叛逃境外或者在境外叛逃的，处5年以下有期徒刑、拘役、管制或者剥夺政治权利；情节严重的，处5年以上10年以下有期徒刑。对这类犯罪采取管制还是拘役，张明楷教授认为，“比较两种刑罚的特点可以看出，拘役是具有诸多明显弊害的刑种，而管制并不存在明显缺陷。既然如此，一般来说，在难以做出决定的场合，选择判处管制或许较为合适”②。

（四）拘役的适用

我国近十年的司法实践中被判处拘役的罪犯所占的比例在逐年上升。根据《最高人民法院公报》公布的数据，从2011年到2022年每年被判处拘役的罪犯占全国总被判刑人数的百分比分别为7.19％、9.60％、11.48％、12.24％、12.81％、13.53％、12.50％、13.88％、15.54％、14.06％、16.05％、16.02％。从该组数据来看，司法机关在量刑的过程中逐渐地重视拘役的适用。

三、有期徒刑

（一）有期徒刑的概念

有期徒刑是剥夺犯罪分子一定期限的人身自由，并对其强制实行劳动改造的刑罚方法。有期徒刑是我国名副其实的主刑，是自由刑的代表。我国刑法分则中除第133条之一、第280条之一、第284条之一第4款规定的犯罪之外，其他的犯罪均规定了有期徒刑的刑罚方法。而根据《最高人民法院公报》公布的数据，2017年全国被判处刑罚的犯罪人中有55.94％的人被判处有期徒刑，2018年全国被判处刑罚的犯罪人中有55.60％的人被判处有期徒刑，2019年全国被判处刑罚的犯罪人中有57.41％的人被判处有期徒刑，

① 参见周光权：《刑法总论》，4版，北京，中国人民大学出版社，2021，428页。

② 张明楷：《数罪并罚的新问题——〈刑法修正案（九）〉第4条的适用》，载《法学论坛》，2016年第2期，4页。

2020 年全国被判处刑罚的犯罪人中有 57.97％的人被判处有期徒刑，2021 年全国被判处刑罚的犯罪人中有 56.95％的人被判处有期徒刑，2022 年全国被判处刑罚的犯罪人中有 55.08％的人被判处有期徒刑。可见从 2017 年到 2022 年间平均每年被判刑的犯罪人中有一半以上被判处有期徒刑。这说明了有期徒刑在我国刑罚体系中所具有的核心地位。

（二）有期徒刑的特点

（1）剥夺犯罪分子的人身自由。对于被判处有期徒刑的犯罪分子需要关押在监狱或者其他的执行场所，剥夺其人身自由。剥夺犯罪分子人身自由是有期徒刑同管制、没收财产、罚金、剥夺政治权利、驱逐出境之间的本质区别。

（2）具有一定的期限。与拘役不同，有期徒刑的期限更长、时间跨度更大、适用范围更广。我国《刑法》第 45 条、第 47 条、第 69 条规定：有期徒刑的期限，为 6 个月以上 15 年以下，数罪并罚时有期徒刑总和刑期不满 35 年的，最高不能超过 20 年，总和刑期在 35 年以上的，最高不能超过 25 年。有期徒刑的期限从判决执行之日起计算；判决执行以前先行羁押的，羁押 1 日折抵刑期 1 日。有期徒刑时间跨度较大是其优点，但也是其缺点，因为较大时间跨度的刑罚期限赋予法官的自由裁量权就非常大，这样就可能会导致司法实践中出现类案结果差距巨大的情形。为了防止这种情况发生，我国刑法分则对有期徒刑的限度作了更加具体的规定，以明确其刑罚幅度，限制法官自由裁量权。以交通肇事罪为例，《刑法》第 133 条规定：违反交通运输管理法规，因而发生重大事故，致人重伤、死亡或者使公私财产遭受重大损失的，处 3 年以下有期徒刑或者拘役；交通运输肇事后逃逸或者有其他特别恶劣情节的，处 3 年以上 7 年以下有期徒刑；因逃逸致人死亡的，处 7 年以上有期徒刑。

（3）对犯罪分子强制实行劳动改造。《刑法》第 46 条规定：被判处有期徒刑的犯罪分子，在监狱或者其他执行场所执行；凡有劳动能力的，都应当参加劳动，接受教育和改造。《监狱法》第 3 条、第 4 条、第 69 条规定：监狱对罪犯实行惩罚和改造相结合、教育和劳动相结合的原则，将罪犯改造成为守法公民。监狱对罪犯应当依法监管，根据改造罪犯的需要，组织罪犯从事生产劳动，对罪犯进行思想教育、文化教育、技术教育。有劳动能力的罪犯，必须参加劳动。

（三）有期徒刑的刑期折抵

刑期的折抵是指对被判处有期徒刑的犯罪分子，因其在执行刑罚之前被先行羁押，为了保障其人权，避免“一事二罚”而实施的将先行羁押的期限折抵刑期救济措施。以先行羁押的期限折抵刑期是国际通行的刑事规则。司法实践中这种刑事规则的落实往往会有一定的误差，因为对于某些问题刑法没有明确规定。其中最为重要的两个问题是：其一，在境外羁押的期限能否折抵刑期？其二，因同一行为被先行行政拘留的期限能否折抵刑期？

关于第一个问题，本书认为，部分的境外羁押的期限可以折抵刑期。我国《国际刑事司法协助法》第 38 条、第 64 条规定：外国请求移交在押人员出国作证或者协助调查……在押人员在外国被羁押的期限，应当折抵其在中华人民共和国被判处的刑期；被判刑人回国服刑前被羁押的，羁押 1 日折抵转换后的刑期 1 日。除此之外“应司法机关请求在境外被羁押”的期限也可以折抵刑期。

郭某某等诈骗案。[①] 2016 年郭某某伙同其他 29 人在西班牙马德里组织建立诈骗集团冒充国家工作人员对境内实施电信诈骗，先后骗取吴某均、孙某平等 14 名被害人钱款共计人民币 617 万余元。同年，应我国司法机关请求西班牙警方将郭某某等人抓获归案。郭某某因法律手续的原因，经西班牙法院裁定释放后，于 2017 年过境西班牙时再次被抓获。上述 29 名被告人于 2019 年被陆续引渡回中国。北京市中级人民法院认为，“应司法机关请求在境外被羁押”也可以折抵刑期。

分析： 本案中人民法院认为犯罪分子在外国的羁押期限折抵刑期有正当依据，理由是：一方面，应我国司法机关请求被外国羁押的被告人在境外被羁押的期限折抵刑期，符合立法本意和精神，本案虽与《国际刑事司法协助法》第 38 条、第 64 条规定的两种情形稍有不同，但是体现了该法规定的折抵刑期情形的实质——我国认可外国羁押的法律效力。另一方面，应我国司法机关请求本案各被告人被外国羁押后经历了漫长的司法程序才回中国，如对境外羁押的时间不予折抵，势必造成因同一犯罪事实在境外同时被羁押的被告人之间，因不可归责于己的原因，在判处刑期相同的情况下，实际执行的刑期出现较大差异。

本书赞同法院的裁判要旨，按照罪责刑相适应原则的要求，犯罪人受到的刑罚应当与其罪行相适应，非因犯罪人的过错实际上增加犯罪人的刑期显然是不合理的。

关于第二个问题，因同一行为被先行行政拘留的期限可以折抵刑期。1981 年“高法”《关于罪犯在判刑前被公安机关收容审查、行政拘留的日期仍应折抵刑期的复函》中说道：关于罪犯在判刑前被公安机关收容审查和因同一犯罪行为被行政拘留的日期是否继续折抵刑期的问题，仍应按照我院 1978 年 7 月 11 日《关于罪犯在公安机关收容审查期间可否折抵刑期的批复》、1979 年 1 月 19 日《关于罪犯在公安机关收容审查期间折抵刑期两个具体问题的批复》和 1957 年 9 月 30 日《关于行政拘留日期应否折抵刑期等问题的批复》的规定，予以折抵刑期。从文义上看“羁押”是指对犯罪分子限制自由的状态，而行政拘留是一种短期限制违法者自由的措施。两者都强调对人身自由的限制。同时，在司法实践中某些违反治安管理的行为同犯罪行为极为相似，对于实施这些行为的特定的违法人必须先行行政拘留。

王某文故意毁坏财物案。[②] 2015 年 5 月 5 日，王某文因其妻子与邻居王甲发生争执，遂使用羊角锤毁坏王甲家的铁门和门口停的两辆轿车，并用砖头砸王甲家的防盗网，然后将自己家废弃的三合板扔到王甲家的院中，造成了 5 260 元的车辆损失。一天后王某文得知其被拘传后到王寺派出所投案自首，随即被行政拘留。5 月 13 日王某文被刑事拘留。5 月 22 日，王某文被依法逮捕。

分析： 本案中公安机关需要先对涉案金额进行鉴定，然后确定王某文的行为是属于违法行为还是犯罪行为，因此只能对王某文采取行政拘留。如果涉案金额达到刑事案件的立案标准，则变更为刑事拘留。如果涉案金额没有达到刑事案件的立案标准，则依《治安管理处罚法》进行处罚。这样不仅可以防止违法犯罪者逃避法律的制裁，也可以防

---

① 参见（2020）京 01 刑初 58 号刑事判决书。

② 参见（2015）长安刑初字第 00244 号刑事判决书。

止将治安违法案件误当作刑事案件处理。因此，在因同一行为被先行行政拘留的情况中，公安机关的行政拘留可以认为是刑事拘留的先行为，先行拘留也属于“羁押”的一部分，其期限可以折抵刑期。

四、无期徒刑

（一）无期徒刑的概念

无期徒刑是指剥夺犯罪分子终身自由，并强制实行劳动改造的刑罚方法。无期徒刑是最严厉的自由刑，其对象是罪行非常严重但不需要判处死刑的罪犯。

（二）无期徒刑的特点

（1）无期徒刑剥夺犯罪分子的终身自由。无期徒刑与有期徒刑、拘役等其他自由刑一样，都会剥夺犯罪分子的人身自由。但是与其他自由刑不同的是，无期徒刑剥夺犯罪分子的终身自由，这体现了无期徒刑作为自由刑的最严厉性。

（2）被判处无期徒刑的犯罪分子也需要接受劳动改造。无期徒刑与有期徒刑一样，强制服刑的犯罪分子进行劳动，接受教育改造。

（3）判处无期徒刑的同时必须判处剥夺政治权利终身。无期徒刑不会单独适用，判处无期徒刑的同时会判处剥夺政治权利终身。《刑法》第 57 条规定，“对于被判处死刑、无期徒刑的犯罪分子，应当剥夺政治权利终身。”

（4）无期徒刑不存在先行羁押的期限折抵刑期的问题。无期徒刑剥夺的是犯罪分子的终身自由，因此，在判决生效时并不存在刑期的概念，对于被判处无期徒刑的犯罪分子，即使其存在先行羁押的情况，也不能折抵刑期。

（三）无期徒刑的限制

2006 年 1 月 11 日起施行的“高法”《关于审理未成年人刑事案件具体应用法律若干问题的解释》第 13 条规定，未成年人犯罪只有罪行极其严重的，才可以适用无期徒刑。对已满 14 周岁不满 16 周岁的人犯罪一般不判处无期徒刑。

五、死　刑

死刑是剥夺人的生命的终极刑罚。虽然很多国家已经开始了废除死刑的运动，但是仍然有不少国家保留着死刑，比如日本在刑法典中就对杀人罪、抢劫致死罪等 12 种犯罪规定了死刑，除此之外在特别法中也有 7 种罪名的刑罚含有死刑。① 我国刑法一方面在逐渐减少死刑罪名，另一方面在司法层面坚定落实“少杀慎杀”的刑事政策，但是截至目前，我国刑法中仍然有 46 个设置了死刑的罪名。因此，死刑是刑罚体系中一个值得高度重视的刑罚种类。

（一）死刑的概念

死刑是指剥夺犯罪分子生命权的刑罚方法，包括死刑立即执行和死刑缓期二年执行两种。生命权具有基础性、不可替代性的特点，所以死刑被视为刑罚体系中最严厉的刑罚。

---

① 参见［日］西田典之著，［日］桥爪隆补订：《日本刑法总论》，3 版，东京，弘文堂，2019，10 页。

（二）死刑的特点

（1）死刑剥夺的是犯罪人的生命权。与其他的刑罚方法不同，死刑属于生命刑，剥夺的是犯罪人的生命权。在我国死刑的执行主要有两种方式：注射和枪决。

（2）死刑不单独适用。与无期徒刑相同，判处死刑的同时也会判处剥夺犯罪人政治权利终身。

（3）死刑的适用对象特殊。《刑法》第 48 条规定，“死刑只适用于罪行极其严重的犯罪分子”。理解“罪行极其严重”时必须结合具体罪名，而不能仅仅作形式上的理解，并且在理解时只能从客观的角度剖析，而不能将主观因素带入。以故意杀人罪为例：故意杀人罪中的“罪行极其严重”是指采取非常残忍的手段杀害他人。通常在司法实践中将残忍手段理解为在杀害被害人的过程中采取残忍的方式不断折磨被害人，致使被害人受到身体或精神上极大的痛苦。犯罪人的动机、犯罪人与被害人的关系等要素并不能作为认定罪行是否极其严重的依据。例如，外孙因对外婆怀恨在心趁父母不在家时将外婆从二楼推下致死，事后又将尸体肢解，藏于冰箱当中。此时，犯罪分子实施的杀害行为是将被害人从二楼推下，该行为本身并没有使被害人受到极大的痛苦，而犯罪分子与被害人之间的亲属关系以及犯罪分子在被害人死后将其尸体肢解的行为并不能影响对故意杀人行为之手段是否残忍的认定。因此，不能将本案中犯罪分子的行为认定是罪行极其严重。

（三）死刑的限制

1. 死刑适用对象的限制

《刑法》第 49 条规定，犯罪的时候不满 18 周岁的人和审判的时候怀孕的妇女，不适用死刑。对该条可作如下理解：首先，该条所规定的“死刑”是广义上的死刑，包括死刑立即执行和死刑缓期二年执行。其次，“犯罪时不满 18 周岁”对于即成犯和状态犯是依犯罪结果发生时计算，而对持续犯是依犯罪终了时计算。“18 周岁”的认定以行为人的身份证件为准，行为人经过 18 周岁生日的第二天才属于年满 18 周岁。将不适用死刑的年龄设置为 18 周岁，是因为我国刑法认为未满 18 周岁的人属于未成年人，和成年人相比，未成年人的辨认和控制能力要更弱，主观恶性要更小，并且可改造性更强。最后，“审判时怀孕的妇女”是指从羁押开始到审判结束的整个时间段内怀孕、怀孕后流产的妇女。出于人道主义考虑，对于怀孕的妇女不判处死刑是为了保护其胎儿。因此妇女无论采取何种方式使自己怀孕，都不会被判处死刑。同时，为了防止在司法实践中出现为判处死刑而对妇女强制进行人工流产的事件发生，将审判时怀孕后流产的妇女视为怀孕妇女，不得判处死刑。

韩某某贩卖毒品案。① 韩某某于 1993 年 12 月 15 日因贩卖毒品第一次被抓获后第二天即脱逃。1994 年 4 月被再次抓获，因怀孕做流产手术后再次脱逃，被通缉。至 2001 年 4 月被第三次抓获。

分析： 对于本案，法院经审理认为原本具有的法定的“不适用死刑”的条件早已灭失，故判处死刑。后韩某某上诉。二审法院认为，韩某某因涉嫌贩卖毒品被抓获，在做

① 参见（2002）陕刑一终字第 204 号刑事判决书。

流产手术后脱逃至2001年4月被再次抓获并交付审判，因其贩卖毒品的犯罪均系脱逃前的犯罪事实，仍应视其为审判时怀孕的妇女，不适用死刑的规定，最终改判韩某某无期徒刑。

《刑法》第49条还规定，审判的时候已满75周岁的人，不适用死刑，但以特别残忍手段致人死亡的除外。设置本款有两个层面的原因：一方面，继承我国矜老恤幼的法律传统；另一方面，刑法认为已满75周岁老年人即使不被判处死刑也时日无多，而判处死刑是为了从肉体上消灭犯罪分子，防止其再犯极为恶劣之罪行，而判处已满75周岁的老人死刑并不能达到这样的目的。

如何理解其中的“审判的时候”与“特别残忍手段”呢？

尹某故意杀人案。① 尹某因粪堆及栅栏占道问题与吴某厮打，尹某以柳树棒击打吴某面部数下致其死亡。之后尹某又与吴某妻子王某厮打，同样以柳树棒击打王某面部数下致其死亡。当日，尹某委托其表弟尹乙代为报案。后尹某在家中被公安机关抓获。

分析：对于本案，一审法院经审理认为，尹某的行为构成故意杀人罪，虽有自首情节，但其连续杀害两名被害人，后果特别严重，不予从轻处罚，遂判处死刑。尹某上诉。后辽宁省高院以上诉人因邻里纠纷而故意杀人，犯罪手段残忍，致二人死亡，犯罪后果和罪行极其严重为由维持原判。“高法”经复核认为：尹某仅因邻里纠纷，连续杀死二人，犯罪情节恶劣，后果和罪行极其严重，依法应当严惩。鉴于尹某有自首情节，且在本院复核期间已年满75周岁，依法对其可不判处死刑立即执行。遂裁定不予核准并撤销原判、发回重审。

对于本案，“高法”认为：首先：死刑案件除一审、二审之外还有复核程序，因此无论是在一审、二审还是复核程序中犯罪分子年龄已满75周岁的，都认为属于“审判的时候已满七十五周岁”；其次，“特别残忍手段”是指给被害人造成特别严重的精神和身体上的痛苦与折磨，并且一般公众心理上难以接受的作案手段。对“特别残忍手段”不可以泛化。

2. 死刑适用程序的限制

《刑法》第48条规定：死刑除依法由最高人民法院判决的以外，都应当报请最高人民法院核准。死刑缓期执行的，可以由高级人民法院判决或者核准。同时《刑事诉讼法》第247条、第248条、第249条规定：中级人民法院判处死刑的第一审案件，被告人不上诉的，应当由高级人民法院复核后，报请最高人民法院核准。高级人民法院不同意判处死刑的，可以提审或者发回重新审判。高级人民法院判处死刑的第一审案件被告人不上诉的，和判处死刑的第二审案件，都应当报请最高人民法院核准。中级人民法院判处死刑缓期二年执行的案件，由高级人民法院核准。最高人民法院复核死刑案件，高级人民法院复核死刑缓期执行的案件，应当由审判员三人组成合议庭进行。对死刑案件必须依照上述程序进行核准。程序的严密性体现了我国防止错杀、坚持少杀的死刑态度。

3. 死刑执行方式的限制

《刑事诉讼法》第263条规定，“死刑采用枪决或者注射等方法执行”。相较于我国古

① 参见（2014）辽刑一终字第96号刑事附带民事裁定书。

代的各种残酷的死刑执行方式如炮烙、凌迟、醢、脯等，该规定体现了现代死刑的人道主义精神。

（四）死刑缓期执行

1.死刑缓期执行之概念

根据《刑法》第48条的规定，死刑缓期执行是指“对于应当判处死刑的犯罪分子，如果不是必须立即执行的，可以判处死刑同时宣告缓期二年执行”。死刑缓期执行是我国独创的一种死刑执行制度，并不是独立的刑罚。死刑缓期执行需要同时满足两个条件：罪应致死和不必须立即执行。首先，“罪应致死”，是指犯罪分子具有极其严重的罪行，应当判处死刑。其次，“不必须立即执行”，是指犯罪分子虽然罪大恶极，但是再犯极其严重罪行的可能性不大，基于慎杀、少杀的死刑人道主义思想不对其立即执行死刑。这里需要明确的是，对于是否必须立即执行并没有法律规定，只能在司法实践中由法官自由裁量。“罪应致死”是死刑立即执行和死刑缓期执行同时必备的条件，而“是否必须立即执行”是死刑立即执行与死刑缓期执行之间的界限。在防止多杀、错杀的趋势下，“不必须立即执行”应当作为限制死刑立即执行的条件而并不是限制死刑缓期执行的条件。换句话说，对被判处死刑的犯罪分子需要判处立即执行的，必须提供相应的证据证明犯罪分子有再犯极其严重罪行的可能，如不能提供证明，则必须判处死刑缓期执行。

2.死刑缓期执行之结果

《刑法》第50条规定：判处死刑缓期执行的，在死刑缓期执行期间，如果没有故意犯罪，2年期满以后，减为无期徒刑；如果确有重大立功表现，2年期满以后，减为25年有期徒刑；如果故意犯罪，情节恶劣的，报请最高人民法院核准后执行死刑；对于故意犯罪未执行死刑的，死刑缓期执行的期间重新计算，并报最高人民法院备案。

上述法条规定的第三种情形与第四种情形下犯罪分子均在考验期内故意犯罪，结果却相差甚远，其决定性因素是犯罪分子的故意犯罪行为是否属于“情节恶劣”的行为。

高某某故意伤害案。① 高某某因犯故意杀人罪被判处死刑，缓期两年执行。在服刑期间，2014年8月23日高某某被同监狱罪犯张某某打骂。2014年8月24日高某某将开水倒在趴在床上睡觉的张某某的面部、颈部、肩部、背部等处，致张某某被烫伤。经鉴定，张某某的损伤程度为轻伤一级。

分析： 对于本案，法院经审理认为，高某某在死刑缓期执行考验期内故意犯罪致他人轻伤，情节恶劣，遂判决高某某死刑立即执行。逐级上报到“高法”核准后，“高法”认为高某某的行为虽然构成故意犯罪，但鉴于被害人在本案起因上具有明显过错等情节，高某某故意犯罪尚未达到情节恶劣的程度。遂对高某某死刑立即执行的判决不予核准。

人民法院在本案的判决理由中指出：“我们认为（对）这里的情节恶劣，既不能与其他法条中的情节恶劣做同一理解，也不能单纯依据故意犯罪所判处的刑罚为准，而应当根据犯罪的动机、手段、造成的危害后果等犯罪情节，并结合罪犯在缓期执行期间的改造、悔罪表现等，综合作出判断。”

---

① 参见（2015）许刑初字第10号刑事判决书，（2015）豫法刑四复字第16号刑事复核书，（2015）刑监复29246554号刑事复核书，（2017）豫10刑初28号刑事判决书。

具体来说，判断是否属于“情节恶劣”可以从四个方面衡量：(1) 从犯罪原因上看，如果死刑缓期执行罪犯所犯新罪事出有因，被害人有一定的过错或者责任，或者说新罪系受被害人刺激而为，则说明该罪犯主观上并没有积极地对抗改造。(2) 从犯罪手段及后果上看，如果犯罪手段节制，未造成特别严重后果，说明其内心对法律尚有敬畏之心，仍有改造余地。(3) 从死刑缓期执行罪犯在缓期执行期间的整体表现来看，如果其在考验期内一贯表现良好，积极接受改造，则认定其故意犯罪是否属于情节恶劣时也应当结合其平时表现，从宽对待。(4) 死刑缓期执行罪犯新犯故意犯罪被判处 3 年有期徒刑以上刑罚或者 5 年有期徒刑以上刑罚的，可以作为判断“情节恶劣”的重要参考，但不能一概而论。

3. 死刑缓期执行之限制减刑

《刑法》第 50 条规定，对被判处死刑缓期执行的累犯以及因故意杀人、强奸、抢劫、绑架、放火、爆炸、投放危险物质或者有组织的暴力性犯罪被判处死刑缓期执行的犯罪分子，人民法院根据犯罪情节等情况可以同时决定对其限制减刑。

由上述条文可知，法院作出限制减刑的决定需要一个前提条件，即犯罪分子是累犯或者因故意杀人、强奸、抢劫、绑架、放火、爆炸、投放危险物质或者有组织的暴力性犯罪被判处死刑缓期执行的人。

“累犯”就是指《刑法》第 65 条、第 66 条规定的一般累犯与特殊累犯，即：被判处有期徒刑以上刑罚，刑罚执行完毕或者赦免以后，在 5 年以内再犯应当判处有期徒刑以上刑罚之罪的犯罪分子；实施危害国家安全犯罪、恐怖活动犯罪、黑社会性质的组织犯罪，在刑罚执行完毕或者赦免以后，在任何时候再犯上述任一类罪的犯罪分子。

限制减刑制度设立的初衷就是让行为的社会危害性严重、行为人的主观恶性大的犯罪分子接受更长时间的教育、改造。基于这样的目的我们应当将“故意杀人、强奸、抢劫、绑架、放火、爆炸、投放危险物质”理解为杀人、强奸、抢劫、绑架、放火、爆炸、投放危险物质的犯罪行为，例如在交通工具上放爆炸物，造成严重后果的行为，而不是具体的罪名。

《刑法修正案（八）》第 4 条提出了“有组织的暴力性犯罪”的概念，根据该条前半段的规定，这里的有组织的暴力性犯罪，不是具体的罪名，即不是刑法分则中的恐怖犯罪、黑社会性质的有组织犯罪或邪教组织犯罪等，只要是“故意杀人、强奸、抢劫、绑架、放火、爆炸、投放危险物质”这几种行为之外的其他具有一定组织性的暴力犯罪，均属于有组织的暴力性犯罪。

4. 死刑缓期执行之终身监禁

终身监禁是 2015 年 8 月 29 日由《刑法修正案（九）》新增的刑罚的最新执行措施，并从此正式进入中国腐败犯罪刑事治理机制，成为专门针对特别重大贪污受贿犯罪的处遇措施。终身监禁的对象是重大贪污、受贿的犯罪分子，是指对因贪污、受贿数额特别巨大并使国家和人民利益遭受特别重大损失而被判处死刑缓期两年执行的犯罪分子，人民法院根据犯罪情节等情况可以同时决定在其死刑缓期执行两年期满依法减为无期徒刑后，终身监禁，不得减刑、假释。

终身监禁并不是一种独立的刑罚方法，而是死刑缓期执行的附带措施。终身监禁是为了限制死刑适用的从宽刑罚。终身监禁产生于中国社会转型深化时期，全面从严治党和反腐斗争的深入与死刑立法改革的不断推进，是创设终身监禁制度的时代背景，也是准确定位其反腐功能的客观基础。贪污受贿犯罪作为腐败犯罪最极端的表现形式，是腐败治理之首重。反贪污受贿犯罪是治理机制创新的重中之重。与此同时，作为21世纪以来中国刑罚改革的重点，死刑改革正在全面深化与推进中，缩小死刑法网、保留死刑并严格控制死刑的政策，大幅压缩了死刑适用的空间，对贪污受贿犯罪在立法上是否应当继续保留死刑面临越来越多的拷问。在当前无论是基于民意，还是基于国家腐败治理的需要，对死刑尚难以在立法上直接废除的情况下，终身监禁作为对特别重大贪污受贿犯罪的专门处遇措施，既能发挥死刑对腐败从严治理的宣示与惩治功能，又能进一步推进现阶段我国保留死刑并严格控制死刑适用的政策在司法层面得到贯彻实施。

《刑法修正案（九）》在规定终身监禁的同时修改了之前刑法的规定，将对贪污贿赂犯罪适用死刑的标准从“数额十万元以上，情节特别严重”更改为“数额特别巨大，并使国家和人民利益遭受特别重大损失”。依2016年4月18日“两高”《关于办理贪污贿赂刑事案件适用法律若干问题的解释》，死刑立即执行只适用于犯罪数额特别巨大、犯罪情节特别严重、社会影响特别恶劣、造成损失特别重大的贪污受贿犯罪分子。《刑法修正案（九）》在提升死刑的适用标准的同时规定了终身监禁，体现了限制死刑的潮流。此外，从司法实践层面看，判处死刑缓期执行并终身监禁也可体现出终身监禁从宽刑罚的性质。

白某贪污贿赂案。[①] 从2000年至2013年，白某利用职务之便非法收受财物人民币2亿多元，并有巨额财产明显超过合法收入，不能说明来源。2015年白某被抓捕。2016年9月，安阳市中级人民法院经审理认为，被告人白某的行为构成受贿罪和巨额财产来源不明罪，应数罪并罚，最终判处白某死刑缓期执行两年期满依法减为无期徒刑后，终身监禁。

分析： 白某贪污贿赂案是我国终身监禁制度司法化的首案，彰显了国家反腐的基本立场，具有积极的法治示范意义。本案中白某的犯罪行为发生于2000年至2013年，审理案件的时间是2016年，故法院需要先确定法律的适用。若依《刑法修正案（九）》之前的刑法规定，白某受贿2亿多元，被判处死刑立即执行的概率极大。但是，白某如实供述了自己的罪行，主动交代了办案机关尚未掌握的大部分受贿犯罪事实，且认罪悔罪，赃款赃物已全部追缴，有效降低了国家和人民的利益损失，判处死刑立即执行显然过重；白某受贿总数额高达两亿多元，社会危害性极其严重，判处死刑缓期执行又显然偏轻。按照从旧兼从轻原则，依照《刑法修正案（九）》的规定，对白某适用终身监禁，充分实现了刑法的罪刑相适应原则；同时，在严格控制死刑的大背景下，判处白某终身监禁，有效实现了贯彻少杀慎杀的死刑政策与打击贪腐犯罪之间关系的平衡，具有良好的法律效果、社会效果和政治效果。

终身监禁具有现实的、多元化的腐败治理功能。作为一项法定的死刑缓期执行措施，终身监禁对特别重大腐败犯罪首开先河，其在腐败刑事治理中的作用显而易见：除最为

---

① 参见（2016）豫05刑初18号刑事判决书。

直接的刑罚特殊预防作用之外，还突出表现在，在犯罪预防上释放出坚定的严惩腐败重罪导向，在社会观念上释放出积极的尊重民众反腐意愿的导向。应当将终身监禁作为腐败积极治理的一种措施，合理调适、规定其适用条件，积极推进其在特别重大腐败犯罪审判中的适用，提升其刑罚威慑功能，切实扩大腐败治理的积极成果。

在司法适用中，要准确把握终身监禁的适用条件，充分发挥其作为刑罚执行措施的特有功能。

终身监禁产生于特别重大腐败犯罪治理的转型时期，具有明确的刑事政策导向，存在适用范围选择、刑罚改革价值选择，以及现实执行中忽视罪犯人权保障的现实问题。这是不容忽视的方面。为此，亟须明确其适用目标，严格其适用条件，坚持规范化适用，尽量消除其在刑罚执行中所可能存在的负面影响。一方面，终身监禁在司法适用中的积极尝试方向不能改变；另一方面，使终身监禁的整套执行制度不断规范、完善，扬长避短，更好地发挥刑罚特殊预防与一般预防的功能，真正提升其在特别重大腐败犯罪治理中的积极作用。切不可因为在执行过程中对罪犯不能减刑、假释而忽视对他的思想教育和人权保障。同时，基于“死罪可免活罪难逃”的终身监禁所倡导的限制死刑与加重打击巨贪巨腐的双重理念，也必须在司法实践中把握好适用尺度，杜绝对本应判处死刑的腐败犯罪分子判处终身监禁，杜绝该种刑罚成为巨贪巨腐的“免死金牌”。最高司法机关如能出台相关司法解释进一步明确终身监禁的适用条件，可进一步推动终身监禁在我国的适用。

（五）死刑的存废

只要提到死刑，就永远绕不开争论了两百多年的死刑存废问题。自启蒙运动时期部分思想家提出废除死刑以来，死刑的存废就成为刑法学界的重大争议问题。

废止论与存置论就死刑的人道性、威慑性、合目的性等内容各抒己见。废止论认为应当废除死刑，理由有六：(1) 死刑作为生命刑的代表，其剥夺的是犯罪分子的生命权，而生命权又是最基本的人权，因此死刑冲击了基本人权的思想。(2) 国家权力来源于公民的权利，但是任何公民都不会允许他人用自己赋予的权力侵害自己的生命，国家判处死刑没有法理基础，因此国家无权执行死刑。(3) 死刑将犯罪分子的肉体消灭，具有不可逆性，一旦判处死刑时出现错误，无法改正。(4) 刑罚设立的目的是对犯罪分子进行教育和惩戒，而死刑剥夺犯罪分子的生命权，只有惩戒并没有教育。(5) 死刑是否具备威慑力尚未可知，因此适用死刑能否达到预防犯罪的目的也无从可知。(6) 死刑剥夺了犯罪分子的生命权，导致了劳动力的减少，而社会发展的前提是劳动力充足，因此死刑是不利于社会经济发展的。

存置论认为应当保留死刑，理由亦有六点：(1) 按照报应刑论的思想，针对罪大恶极的人就应该判处死刑，这样才能做到罪责刑相适应，从而维护国家稳定、社会和谐。(2) 现今世界上存在的认为死刑属于不人道的刑罚的理论都是站在犯罪分子的角度进行的。但是站在被害人的角度来看，此时被害人已经失去生命，如果对犯罪分子不判处死刑，会是更大的不人道。(3) 虽然死刑存在很多的弊端，但是我们在适用死刑时可以进行适当的改正，而不需要废除死刑。(4) 生命权是最基本的人权，任何人在生与死中都会选择生，因此死刑的威慑性不言自明。(5) 在适用死刑时，我们可以采取一系列的方式对死刑进行限制，从而减少死刑误判的可能。(6) 保留死刑更加符合我国现阶段的基本国情。

相较于两个学派之间的针锋相对，折中派更加倾向于这样一种观点："我国目前虽然不能废除死刑，甚至在相当长的时间内仍将保留死刑，但限制死刑是完全应当的，这也是大势所趋。从限制死刑逐渐走向废除死刑，是我国死刑演变的必由之路。"① 从纵向来看，死刑必将被废止，但是从横向来看根据我国现阶段的基本国情，短期内无法完全废除死刑。

从理论上看废除死刑是社会发展的必然结果。从奴隶社会到封建社会到资本主义社会，再到社会主义社会，随着社会的发展，社会的文明程度逐渐提升，刑罚也逐渐从残酷、野蛮转变为人道、文明。这样一种由重到轻的刑罚发展趋势预示着死刑废止的命运。如果只从功利论的角度看待死刑，其存在具有合理性是毋庸置疑的，因为死刑直接剥夺生命权，具有绝对的威慑力，判处死刑获得的预防和惩戒的收益也是巨大的。但是对于刑罚如果只采取唯威慑力论，那就会陷入"只看目的，不看手段"的漩涡，最典型的例子就是我国秦朝的"连坐法"。废除肉刑、消灭残酷的刑罚方法等史实无不反映出唯威慑力论的弊病，故刑罚还是需要将人道主义思想同威慑力相互结合。人道主义思想随着社会的发展而发展，正是人道主义思想的发展壮大，致使死刑曾经因其正当、权威而受到认可，但到了今日因其残酷、野蛮而受到质疑。因此不难预见死刑最终被废除的命运。

但是从实际来看死刑的废除并不是一蹴而就的，需要结合本国的具体国情。"死刑作为理念需要废除，然而抽象地论述死刑是保留还是废除没有多大意义。关键在于重视历史的社会的现实，根据该社会的现状、文化水平的高下等（予以）决定。"② 基于现阶段我国的基本国情，死刑的存在还是有必要的：首先，我国仍是发展中国家，处于不断发展的状态，总有一些穷凶极恶的犯罪分子想要突破法律的底线。保留死刑有助于维护社会稳定；其次，我国的大部分公民对于死刑的存在并不排斥，并且认同死刑的合理性。

虽然现阶段我国没有废除死刑，但是秉持着防止多杀、错杀的原则对死刑进行了逐步的限制，以设置了死刑的罪名的数量为例：1979 年刑法规定了 28 个可适用死刑的罪名；1997 年以前可以适用死刑的罪名有 71 个；1997 年刑法删除了 3 个罪名的死刑；《刑法修正案（八）》颁布后保留了 55 个可适用死刑的罪名；《刑法修正案（九）》颁布后保留了 46 个可适用死刑的罪名。

第三节　附加刑

一、罚　金

（一）罚金的概念

罚金属于财产刑的一种，是指剥夺犯罪分子的财产权，强制其向国家上缴一定数额的金钱的刑罚。

---

① 陈兴良：《本体刑法学》，3 版，北京，中国人民大学出版社，2017，551 页。

② 马克昌：《比较刑法原理》，武汉，武汉大学出版社，2002，844 页。

《刑法》第52条规定，判处罚金，应当根据犯罪情节决定罚金数额。2000年12月19日起施行的“高法”《关于适用财产刑若干问题的规定》第2条规定，人民法院应当根据犯罪情节，如违法所得数额、造成损失的大小等，并综合考虑犯罪分子缴纳罚金的能力，依法判处罚金。刑法没有明确规定罚金数额标准的，罚金的最低数额不能少于1 000元。对未成年人犯罪应当从轻或者减轻判处罚金，但罚金的最低数额不能少于500元。

（二）罚金的适用方式

我国刑法分则规定了罚金刑的四种适用方式，即单科式、选科式、并科式和复合式。

单科式，是指单独适用罚金的方式，在刑法分则中的表述一般为“判处罚金”，例如《刑法》第128条第4款规定，“单位犯第二款、第三款罪的，对单位判处罚金”。《关于适用财产刑若干问题的规定》第4条规定，犯罪情节较轻，适用单处罚金不致再危害社会并具有下列情形之一的，可以依法单处罚金：（1）偶犯或者初犯；（2）自首或者有立功表现的；（3）犯罪时不满十八周岁的；（4）犯罪预备、中止或者未遂的；（5）被胁迫参加犯罪的；（6）全部退赃并有悔罪表现的；（7）其他可以依法单处罚金的情形。

选科式，是指将罚金与其他刑罚方法并列，选择其中一个适用。此时将罚金作为一种可供选择的对象。例如《刑法》第270条规定，将代为保管的他人财物非法占为己有，数额较大，拒不退还的，处2年以下有期徒刑、拘役或者罚金。

并科式，是指在判处其他主刑的同时判处罚金。此时的罚金是作为辅助主刑的刑罚方法而适用的，在刑法分则中的表述一般为“并判处罚金”，例如《刑法》第143条规定，生产、销售不符合食品安全标准的食品，足以造成严重食物中毒事故或者其他严重食源性疾病的，处3年以下有期徒刑或者拘役，并处罚金。

复合式，是指分则条文中同时规定了单处罚金和并处罚金，选择其中的一种进行适用，例如《刑法》第152条第2款规定，逃避海关监管将境外固体废物、液态废物和气态废物运输进境，情节严重的，处5年以下有期徒刑，并处或者单处罚金。

（三）罚金的缴纳方式

《刑法》第53条规定：罚金在判决指定的期限内一次或者分期缴纳。期满不缴纳的，强制缴纳。对于不能全部缴纳罚金的，人民法院在任何时候发现被执行人有可以执行的财产，应当随时追缴。由于遭遇不能抗拒的灾祸等原因缴纳确实有困难的，经人民法院裁定，可以延期缴纳、酌情减少或者免除。由此可见，罚金的缴纳方式共有以下五种：

一次缴纳，是指在罚金数额不大、能够一次缴清的情况下，要求犯罪分子一次缴清罚金的方式。

分期缴纳，是指罚金数额较大或者其他原因导致犯罪分子不能一次缴纳罚金时，要求犯罪分子分期限进行缴纳。

强制缴纳，是指犯罪分子在缴纳期限内有能力履行而不履行缴纳罚金义务且已经期满的，人民法院强制查封、扣押其财产。

随时追缴，是指对于不能完全缴纳罚金的犯罪分子，人民法院发现其存在财产时，可以随时向其要求缴纳罚金。

延期、减少、免除缴纳，是指出于人道主义人民法院对于因重大事故而确实无法缴纳罚金的犯罪分子裁定延期、减少、免除缴纳罚金。

二、剥夺政治权利

（一）剥夺政治权利的概念

剥夺政治权利是指剥夺犯罪分子参与国家管理和政治活动的权利的刑罚方法。

（二）剥夺政治权利的内容

关于剥夺政治权利的内容，我国《刑法》第54条规定，剥夺政治权利是剥夺下列权利：（1）选举权和被选举权；（2）言论、出版、集会、结社、游行、示威自由的权利；（3）担任国家机关职务的权利；（4）担任国有公司、企业、事业单位和人民团体领导职务的权利。

（三）剥夺政治权利的适用

刑法对剥夺政治权利规定了附加适用和单独适用两种方式。

1.附加适用剥夺政治权利

（1）应当附加适用剥夺政治权利。刑法规定了两种应当附加适用剥夺政治权利的犯罪。一种是危害国家安全的犯罪。对于危害国家安全的犯罪分子无论判处何种刑罚，都应当附加剥夺政治权利。但有一种情况例外：当人民法院对危害国家安全的犯罪分子只单处剥夺政治权利时，不再附加剥夺政治权利。从法理上看，政治权利包括参与国家管理的权利，而危害国家安全的犯罪侵犯的客体就是国家安全与领土完整，因此对于实施危害国家安全行为的犯罪分子，无论其行为危害性的大小，无论判处何种刑罚，都应当剥夺其政治权利，进行教育和改造，以防止其再次实施危害国家安全行为。另一种是被判处死刑、无期徒刑的犯罪。被判处无期徒刑、死刑的罪行都是极其恶劣的，因此对被判处无期徒刑、死刑的犯罪分子，无论其所犯罪行的性质与类别如何，均应当同时附加剥夺政治权利。这既是在政治层面对这些犯罪分子的否定，又可以更好地防止这类的犯罪分子被特赦或者假释后利用政治权利再次进行犯罪，还有利于处理与他们有关的某些民事法律关系。①

（2）可以附加适用剥夺政治权利。在可以判处剥夺政治权利的情形下法官在作出判决时是否附加剥夺政治权利是法律赋予的自由裁量权，《刑法》第56条规定，对于故意杀人、强奸、放火、爆炸、投毒、抢劫等严重破坏社会秩序的犯罪分子，可以附加剥夺政治权利。该条是一个开放性的条文，除列举的故意杀人、抢劫等的犯罪分子之外也包括了其他严重破坏社会秩序的犯罪分子。例如“高法”《关于对故意伤害、盗窃等严重破坏社会秩序的犯罪分子能否附加剥夺政治权利问题的批复》提道，对故意伤害、盗窃等其他严重破坏社会秩序的犯罪，犯罪分子主观恶性较深、犯罪情节恶劣、罪行严重的，也可以依法附加剥夺政治权利。

2.单独适用剥夺政治权利

《刑法》第56条第2款规定，独立适用剥夺政治权利的，依照本法分则的规定。

---

① 参见张明楷：《刑法学》（上），6版，北京，法律出版社，2021，708页。

（四）剥夺政治权利的期限

根据刑法规定，剥夺政治权利的期限分为以下四种：

（1）对于判处死刑或者无期徒刑的犯罪分子应当剥夺政治权利终身。在死刑缓期两年执行减为有期徒刑或者无期徒刑减为有期徒刑的时候，应当把附加剥夺政治权利的期限改为3年以上10年以下。

（2）对于判处有期徒刑、拘役同时附加剥夺政治权利的，附加剥夺政治权利的期限为1年以上5年以下。

（3）对于单独适用剥夺政治权利的，剥夺政治权利的期限为1年以上5年以下。

（4）对于判处管制并附加剥夺政治权利的，附加剥夺政治权利的期限与管制本身的期限相等。

（五）剥夺政治权利的期限起算点

剥夺政治权利的期限起算点包括以下几种情形：

（1）判处死刑、无期徒刑附加适用剥夺政治权利终身的，从法院的判决执行之日起开始执行剥夺政治权利。

（2）死刑、无期徒刑减为有期徒刑的，剥夺政治权利的期限从终身减为3到10年，此时剥夺政治权利的期限从有期徒刑执行完毕或者被假释之日起开始计算。

（3）判处有期徒刑、拘役同时附加剥夺政治权利的，剥夺政治权利的期限从主刑执行完毕或被假释之日起开始计算。必须要明确：虽然判处有期徒刑、拘役同时附加剥夺政治权利的，剥夺政治权利的期限起算点为主刑执行完毕，但是在主刑执行期间同时执行剥夺政治权利。

蒙某贩卖毒品案。① 2015年1月24日至2015年2月3日之间，蒙某以居间介绍的方式，共计三次将刘某的毒品贩卖给刘某、欧某，并在第三次交易时被当场抓获。

分析：法院经审理认为蒙某犯贩卖毒品罪，遂判处有期徒刑15年，并处没收财产人民币10万元、剥夺政治权利3年。实际上蒙某在18年内不能享有政治权利。

（4）被判处管制同时剥夺政治权利的，从管制开始执行之日起同时计算剥夺政治权利的期限，两者的执行期限相等。但是，管制是存在以羁押期限折抵刑期的情况的，在这种情况下管制与剥夺政治权利同时执行、执行期限相等应当如何理解呢？学界存在“有始有终说”与“有始无终说”两种观点。“有始有终说”认为，“同时执行”是指管制与剥夺政治权利两者同时开始、同时结束。剥夺政治权利的期限应当以管制的期限为基础，两者的时间长短完全一致，即剥夺政治权利的期限与管制的期限同时起算，由于刑期的折抵而管制实际执行的期限缩短时，剥夺政治权利的期限也随之缩短。“有始无终说”认为，管制与剥夺政治权利的期限应当同时开始，但并不一定同时结束，也就是说，在管制执行完毕后剥夺政治权利仍可能继续执行。② 本书较为赞同“有始有终说”的观点，认为：当“同时执行”与“期限相等”相互冲突时应当优先坚持“期限相等”。例如，某犯罪分子被判处管制6个月并附加剥夺政治权利，其被先行羁押1个月，此时对

---

① 参见（2018）粤刑再19号刑事判决书。

② 参见孟庆华：《剥夺政治权利的刑期若干适用问题探讨》，载《河北法学》，2009年第11期，121～122页。

该犯罪分子应当实际执行4个月的管制和4个月的剥夺政治权利。

(5) 单处剥夺政治权利的，剥夺政治权利的期限从判决执行之日起计算。

三、没收财产

（一）没收财产的概念

没收财产是指将犯罪分子所有财产的一部或者全部强制无偿地收归国有的刑罚方法。没收财产与罚金都属于财产刑的一种，但是没收财产一般比罚金更重。

（二）没收财产的特点

(1) 按照罪刑法定原则，只有对刑法规定了没收财产的犯罪才可以适用没收财产。经过统计刑法分则规定了70多个可以适用没收财产的犯罪，分别分布在危害国家安全犯罪、危害社会主义经济秩序犯罪、贪污贿赂犯罪和其他类型的犯罪中。

(2) 没收财产时只能没收犯罪分子现今的财产，不能没收犯罪分子将来的财产，也不能没收其他人的财产。

(3) 没收财产包括没收全部财产和没收部分财产。根据罪责刑相适应原则的要求，没收财产的范围应当与犯罪分子罪行的轻重相适应。

（三）没收财产的范围

(1)《刑法》第59条规定，“没收财产是没收犯罪分子个人所有财产的一部或者全部”。这里需要明确“犯罪分子个人所有的财产”的含义。首先，“犯罪分子个人所有的财产”是犯罪分子本人现在所有的财产，故要从时间上和主体上对没收财产进行限制：从时间上看，没收财产的对象是犯罪分子现在拥有的财产，而不能是其将来拥有的财产；从主体上看，只能没收犯罪分子本人的财产，不得没收犯罪分子家属所有或者应有的财产。其次，“犯罪分子个人所有的财产”是指犯罪分子通过合法手段获得并与本案无关的财产，而不是本案的违法所得、违禁物品或与案件有关的其他财物。不能将没收财产同没收违法所得、没收违禁物品、没收与案件有关的财产相互混淆。

(2)《刑法》第59条同样规定，“没收全部财产的，应当对犯罪分子个人及其扶养的家属保留必需的生活费用”。

2014年10月30日“高法”《关于刑事裁判涉财产部分执行的若干规定》指出，这里的“保留必需的生活费用”是指“判处没收财产的，应当执行刑事裁判生效时被执行人合法所有的财产。执行没收财产或罚金刑，应当参照被扶养人住所地政府公布的上年度当地居民最低生活费标准，保留被执行人及其所扶养家属的生活必需费用”。该解释从侧面反映了刑罚的教育和惩罚相结合的功能。首先，通过没收财产的刑罚手段剥夺犯罪分子部分或者全部的财产，对犯罪分子进行惩罚；其次，在没收财产的同时参照被扶养人住所地政府公布的上年度当地居民最低生活费标准保留犯罪分子及其所扶养家属的生活必需费用，由此对犯罪分子进行惩罚的同时又不超过相应的限度，给犯罪分子改过自新的机会。

(3)《刑法》第60条规定，“没收财产以前犯罪分子所负的正当债务，需要以没收的财产偿还的，经债权人请求，应当偿还”。

首先，“没收财产以前犯罪分子所负的正当债务”，是指犯罪分子在法院作出的判决生效前所设立的合法债务。这里包括两方面的限制：一方面，从时间来看该债务的设立必须要在法院作出的判决生效前，因此刑事附带民事赔偿无法成为该条所规定的“债务”；另一方面，从性质来看该债务必须是合法设立的正当债务而不能是不正当的债务。

其次，“经债权人请求”，是指债权人向法院请求还是向犯罪分子本人请求呢？本书认为这里的请求是向法院请求，因为该条规定的偿还债权是以没收财产为基础的，用没收的财产进行偿还。如果法院没有没收财产，则不需要适用该条的规定。既然以实际没收财产为基础，那么此时的财产应该已经被法院执行或者正在执行，因此债权人应当向法院提出请求，由法院代替犯罪分子进行偿还。

四、驱逐出境

（一）驱逐出境的概念

驱逐出境是指强迫犯罪的外国人离开我国国（边）境的刑罚方法。《刑法》第35条规定，“对于犯罪的外国人，可以独立适用或者附加适用驱逐出境”。

（二）驱逐出境的适用对象

驱逐出境适用的对象是外国人。这里所指的外国人既包括其他国家的人也包括无国籍人。因此驱逐出境的适用对象并不像其他刑罚的适用对象一样具有普遍性。

（三）驱逐出境的适用

驱逐出境作为针对外国人的特殊刑罚方法，其适用也有特殊性：在适用驱逐出境时应当考虑本国与其他国家之间的交往情况以及国际形势。

第四节　非刑罚法律后果

一、非刑罚法律后果概述

（一）非刑罚法律后果的概念

非刑罚法律后果，是指刑罚以外的法律后果。行为人的行为构成犯罪，就产生一定的刑事责任，行为人就需要承担一定的法律后果。但出于预防犯罪的需要以及刑事政策的考量，在实践中并不需要对所有犯罪人都通过刑罚来进行制裁，如我国《刑法》第37条规定，对于犯罪情节轻微不需要判处刑罚的，可以免予刑事处罚，但是可以根据案件的不同情况，予以训诫或者责令具结悔过、赔礼道歉、赔偿损失，或者由主管部门予以行政处罚或者行政处分。这些刑罚以外的惩罚措施，就属于非刑罚的法律后果。

根据我国刑法规定，非刑罚的法律后果有以下三种：（1）单纯宣告有罪。这是指法院作出判决，宣告行为人的行为构成犯罪，但不给予行为人处罚（包括刑罚处罚与非刑罚处罚）。（2）非刑罚处罚方法（是指刑罚以外的处罚方法的总称），适用该措施的前提是对罪犯免予刑事处罚。（3）保安处分（如职业禁止和强制医疗）。与上述两种方法不同的是，保安处分既可以适用于其行为构成犯罪、需要承担责任的行为人，也可以适用于其行为符合客观构成要件但主观上没有责任的行为人。

结合上述非刑罚法律后果的规定可知，一个人的行为构成犯罪后，可能会出现以下几种情形：（1）法院判决行为人的行为构成犯罪，并给予相应的刑罚处罚。（2）法院判决行为人的行为构成犯罪，判处相应的刑罚处罚，同时给予保安处分。（3）法院单纯对行为人作出有罪宣告，不给予任何处罚措施。(4) 法院对行为人作出有罪宣告，同时给予非刑罚处罚。(5) 法院对行为人作出有罪宣告，同时给予保安处分。(6) 法院对行为人作出有罪宣告，同时给予非刑罚处罚和保安处分。(7) 法院不对行为人作出有罪宣告，但认为行为人的行为符合犯罪的客观构成要件，具有法益侵害性，给予其保安处分（如将精神病人送强制医疗）。

（二）非刑罚法律后果的意义

非刑罚法律后果与刑罚性质不同，其不具有刑罚的效果，但这并不代表其毫无意义。在整个刑罚体系中，非刑罚法律后果有其独特的作用。

首先，非刑罚法律后果能够限制刑罚的适用范围，保证轻微犯罪行为不受刑罚处罚。对于部分轻微犯罪而言，最重要的应当是防止犯罪人再犯而不是惩罚，故需要相应的措施使犯罪人能吸取教训而又不会觉得处罚过于严苛，非刑罚法律后果恰好能实现该目标。

其次，非刑罚法律后果是惩办与宽大相结合这一基本刑事政策的具体体现。我国一贯坚持“重罪重罚，轻罪轻罚”，根据犯罪的情节和法益侵害程度等因素来确定相应的刑罚。对重罪适用刑罚，对轻罪适用非刑罚的处置措施。实践中刑罚法律后果与非刑罚法律后果的有机结合，正是这一刑事政策的体现。

再次，对于部分犯罪人而言，其行为虽然构成犯罪，但其本身缺乏特殊预防的必要性。此时如果单纯宣告无罪，就无法发挥刑法惩罚犯罪的作用；如果科处刑罚，又违背了刑罚特殊预防的目的。这时就可以通过非刑罚法律后果，采取单纯宣告行为人有罪或者责令其赔礼道歉等措施。采用这种做法既可以使行为人承担一定的刑事责任，罚当其罪，也可以修复行为人与被害人之间的关系，以此来化解矛盾，维系社会稳定。

最后，对于部分其行为不符合犯罪构成要件的行为人（如不负刑事责任的精神病人）而言，因其主观上不具有责任，不能对其判处刑罚。但如果对其放任自流就会有再次侵害法益的可能性。此时就需要采取保安处分措施，对其进行强制医疗，防止其再次作出侵害法益的行为。

由此可知，非刑罚法律后果作为刑罚方法的必要补充，不仅可以限制刑罚的适用范围，以此来保护犯罪人，而且可以在预防犯罪这一环节起到重要作用。

二、单纯宣告有罪

（一）单纯宣告有罪的概念

单纯宣告有罪，是指人民法院只对罪犯的行为作出有罪宣告，而不判处刑罚，也不要求其接受非刑罚处罚措施和保安处分。

单纯宣告有罪，意味着行为人的行为在客观上已经符合犯罪的构成要件，行为人也应当承担一定的刑事责任，但因为犯罪情节轻微，所以法院既不判处刑罚处罚，也不给予非刑罚处罚措施和保安处分，仅作出判决，公开宣告行为人的行为构成犯罪。

单纯宣告有罪，并不意味着免除了行为人的刑事责任，也不意味着放纵犯罪。我国《刑事诉讼法》第 202 条规定，“宣告判决，一律公开进行。”公开宣告行为人的行为构成犯罪，实质上是公开对行为人的行为作出否定性评价和对行为人进行谴责。在现如今的信息化社会，即便只是对行为人的行为宣告有罪，也势必会对行为人的正常工作和生活产生一定的影响。这实质上也是对行为人的惩罚，是一种刑事责任的承担方式。

（二）单纯宣告有罪的意义

单纯宣告有罪，是对犯罪情节极其轻微的犯罪所适用的一种处理方式。对该部分罪犯而言，因犯罪情节轻微、主观恶性较小、特殊预防的必要性少，对其免除刑罚和非刑罚处罚以及保安处分，仅宣告有罪，是罪责刑相适应原则的体现。同时，单纯宣告有罪减少了该部分罪犯的实刑，避免罪犯与其他罪犯交叉感染，也有利于该部分罪犯改过自新，更好地实现预防犯罪的目的。

（三）单纯宣告有罪的适用

1.单纯宣告有罪的主体

我国《刑事诉讼法》第 12 条规定，“未经人民法院依法判决，对任何人都不得确定有罪”。单纯宣告有罪的前提是行为人的行为构成犯罪，故在我国只有人民法院才能依照法定程序宣告行为人的行为构成犯罪。但同时我国《刑事诉讼法》第 177 条第 2 款规定，“对于犯罪情节轻微，依照刑法规定不需要判处刑罚或者免除刑罚的，人民检察院可以作出不起诉决定”。从实质而言，人民检察院作出不起诉决定，也可以被看作是单纯宣告有罪的一种。① 故作出单纯宣告有罪的主体原则上只能是人民法院，但在例外的情况下也可以是检察院。

人民检察院作出不起诉决定，虽然可以被看作是单纯宣告有罪的一种，但二者之间仍然存在一些差异：

首先，主体不同。不起诉决定是由人民检察院作出的，而单纯宣告有罪只能由人民法院通过法定程序依法作出判决。

其次，对象不同。根据我国刑事诉讼法的规定，不起诉决定适用的对象的行为不构成犯罪，而法院作出的单纯宣告有罪判决只能适用于其行为构成犯罪但情节轻微不需要判处刑罚的行为人。

最后，法律效果不同。针对法院单纯宣告有罪的判决，行为人可以提起上诉；对于人民检察院作出的不起诉决定，行为人只可以向上一级检察院申诉。

2.单纯宣告有罪的适用条件

单纯宣告有罪，以行为构成犯罪但情节轻微为前提，在此基础上，还需要满足存在法定免除处罚的情节以及不需要给予非刑罚处罚措施和保安处分的条件。同时具备上述条件，人民法院才能对该行为单纯宣告有罪。因此，一方面，如果某项犯罪不具有法定免除处罚的情节，无论如何都不能适用单纯宣告有罪；另一方面，即使该犯罪具有免除处罚的情节，但如果需要适用非刑罚处罚措施或保安处分，那么人民法院也不能对该犯罪作出单纯宣告有罪的判决。

三、非刑罚处罚措施

（一）免除刑罚

通常而言，法院给予罪犯非刑罚处罚措施的前提是免除了刑罚，故在讨论非刑罚处

---

① 参见张明楷：《刑法学》（上），6 版，北京，法律出版社，2021，812 页。

罚措施的相关问题之前，先明晰免除刑罚。

1. 免除刑罚概说

（1）免除刑罚的概念。

免除刑罚，又称免除刑事处罚，是指人民法院认定行为构成犯罪，对该行为作有罪宣告，但免除对行为人的一切刑罚处罚。与单纯宣告有罪不同，免除刑罚并不意味着行为人只承担法律的否定性评价这一不利后果，被免除刑事处罚的行为人依然要根据犯罪情节的轻重承担相应的非刑罚法律后果。

（2）免除刑罚的前提。

与单纯宣告有罪相同的是，免除刑罚的一个重要前提也是行为人的行为构成犯罪，同时具备法定的免除刑罚的情形。具备这种情节表明行为人的犯罪行为情节轻微，不需要判处刑罚。

需要明确的一点是，《刑法》第 37 条所说的“情节轻微”与《刑法》第 13 条但书规定的“情节显著轻微”存在明显差异：前者规定的情节轻微，以行为构成犯罪为前提，是在犯罪成立的基础上讨论是否需要对行为人判处刑罚来实现行为人的刑事责任，可以被看作是一种“刑罚阻却事由”；后者所说的情节显著轻微则是指行为人的行为根本不构成犯罪，可以被看作是一种犯罪阻却事由。故对后者所述情况既不能宣告有罪，也不能判处刑罚和给予非刑罚处罚措施。两者的本质区别在于：《刑法》第 13 条但书中的情节显著轻微是指行为看似符合犯罪构成要件，但实质上该行为的法益侵害程度根本没有达到构成犯罪的标准，例如部分盗窃行为虽然表面上符合刑法对盗窃罪的规定，但实际上行为人偷盗的数额极小，对其只能依据《治安管理处罚法》进行处罚。而《刑法》第 37 条的情节轻微则是指该行为已经符合犯罪的构成要件，也达到了一定的法益侵害程度，只是因具备免除刑罚情节而被免予刑事处罚。例如盗窃了价值3 000 元的物品的行为已经构成犯罪，但犯罪人具备自首、积极退赃和初犯等条件，就可以对该犯罪人免除刑罚。

2. 免除刑罚的事由

我国《刑法》除在第 37 条规定了可据以免除刑罚的一般事由以外，还规定了以下几种可据以免除刑罚的事由：（1）应当免除刑罚的事由，如没有造成损害的中止犯（《刑法》第 24 条第 2 款）。（2）应当减轻或者免除刑罚的事由，如防卫过当造成损害（《刑法》第 20 条第 2 款、第 21 条第 2 款、第 28 条）。（3）应当从轻、减轻或者免除刑罚的事由，如从犯（第 27 条第 2 款）。（4）可以免除刑罚的事由，如自首（第 67 条第 1 款、第 351 条第 3 款）。（5）可以减轻或者免除刑罚的事由，如立功（第 10 条、第 68 条、第 164 条第 4 款、第 276 条之一第 3 款、第 390 条第 3 款、第 392 条第 2 款）（6）可以从轻、减轻或者免除刑罚的事由，如又聋又哑或盲人犯罪（第 19 条、第 22 条 2 款、第 383 条 3 款、第 386 条）。

除刑法中的上述规定以外，司法解释也对各类具体案件中如何适用免除刑罚作了规定，例如“两高”《关于办理破坏野生动物资源刑事案件适用法律若干问题的解释》第 2 条、“高法”《关于审理非法集资刑事案件具体应用法律若干问题的解释》第 6 条第 2 款、“两高一部”《关于办理电信网络诈骗等刑事案件适用法律若干问题的意见（二）》第 16 条、“高法”《关于审理掩饰、隐瞒犯罪所得、犯罪所得收益刑事案件适用法律若干问题的解释》第 2 条、“两高”《关于办理妨害信用卡管理刑事案件具体应用法律若干问题的解释》第 10 条、“两高”《关于办理非法利用信息网络、帮助信息网络犯罪活动等刑事案件适用法律若干问题的解释》第 15 条、“两高”《关于办理侵犯公民个人信息刑事案件适用法律若干问题的解释》第 10 条、“两高”《关于办理环境污染刑事案件适用法律若干问题的解释》第 5 条、“高法”《关于审理毒品犯罪案件适用法律若干问题的解释》第 6 条等，对各类具体案件中免除刑罚如何适用作了详细规定。

应当明确的是，免除刑罚具有例外性，对犯罪分子判处刑罚才是犯罪分子承担刑事责任的主要方式。只有行为人的犯罪情节轻微且满足前述刑法或司法解释规定的情形时，才有可能对行为人免除刑罚，因此，司法机关不能滥用免除刑罚的方式。

有关免除刑罚的情节，需要讨论的另一个问题是：我国《刑法》第 37 条规定的免除刑罚的事由，是否可以独立适用？也即是否只要满足“犯罪情节轻微不需要处罚”这一条件，即使行为不符合除《刑法》第 37 条规定以外的免除刑罚的情形，也可以对行为人免除刑罚。换言之，《刑法》第 37 条究竟是对独立的免除刑罚事由的规定，还是对其他具体的免除刑罚事由的概括性规定？

本书认为，《刑法》第 37 条既是对独立的免除刑罚的事由的规定，也是对其他具体的免除刑罚事由的概括性规定。

第一，认为《刑法》第 37 条既是对独立的免除刑罚的事由的规定，又是对其他具体免除刑罚事由的概括性规定，并不会产生矛盾。如《刑法》第 140 条规定的生产、销售普通伪劣产品犯罪与《刑法》第 141 条至第 148 条规定的生产、销售特殊伪劣产品犯罪之间，存在法条竞合关系。构成《刑法》第 141 条至第 148 条规定的犯罪，也一定构成《刑法》第 140 条规定的犯罪，只不过根据特别法条优于普通法条的法条竞合处理规则，要优先适用特别法条而已。《刑法》第 37 条的规定与其他免除刑罚的规定之间的关系就与上述关系相似：当刑法其他条文具体规定了免除刑罚的事由时，应当优先适用该条文免除行为人的刑罚。但是无论适用哪一具体条文，都可以直接适用《刑法》第 37 条的规定来免除犯罪人的刑罚。

第二，《刑法》第 63 条第 2 款规定，犯罪分子虽然不具有法定的减轻处罚情节，但是根据案件的特殊情况，经“高法”核准，也可以在法定刑以下判处刑罚。有学者指出：如果认为《刑法》第 37 条规定的是独立的免除刑罚事由，就会产生极大的不协调：不具有刑法规定的减轻处罚情节的，需要“高法”核准才能在法定刑以下判处刑罚；不具有刑法规定的免除刑罚的情节，却可以由任一级别的法官依上述第 37 条免除刑罚。这既不符合逻辑也会造成刑罚体系的混乱。①

这种现象乍看上去显得不协调也不均衡，但从实质上而言，减轻刑罚与免除刑罚是两个不同的问题。首先，二者适用的前提不同。减轻刑罚的前提是有对行为人判处刑罚的必要，免除刑罚的前提是没有对行为人判处刑罚的必要。换言之，《刑法》第 37 条实质上是《刑法》第 63 条第 2 款的前提条件，各级法院只有在确定行为人的犯罪行为既不存在免除刑罚的情节又不存在减轻刑罚的情节时，才需要向“高法”申请，适用《刑法》

---

① 参见张明楷：《刑法学》（上），6 版，北京，法律出版社，2021，815 页。

第 63 条第 2 款来减轻行为人的刑罚。二者的适用条件不同，本就无法比较。其次，根据当然解释的原理，如果行为人具有免除刑罚的情节，那么其行为就一定具有减轻刑罚的情节，因为可以将免除刑罚的情节看作减轻刑罚情节的一种。当行为人具备《刑法》第 37 条规定的免除刑罚的情节时，其行为当然具备《刑法》第 63 条第 2 款规定的减轻刑罚的情节，那么此时各级人民法院就可以径直适用该条来免除刑罚而不需要向“高法”申请适用。[①] 最后，相较于满足减轻刑罚条件的罪犯而言，能够满足免除刑罚条件的罪犯，其人身危险性和特殊预防的必要性本就较小，免去法官向“高法”申请的程序，给予其程序和实体上的便利，从有利于罪犯的角度考虑，本就无可厚非。

第三，有学者认为，如果认为《刑法》第 37 条规定的是独立的免除刑罚的事由，会导致对任何犯罪而言，法官都可以免除刑罚，这会使法官的自由裁量权过大，可能会出现适用刑罚不平等的现象。同时，该种做法不仅违反了罪责刑相适应原则，也与罪刑法定原则相抵触。[②] 如果将《刑法》第 37 条规定的“犯罪情节轻微……可以免予刑事处罚”看作是独立的规定而直接适用，那么该条确实有规定不明确、适用范围不明的嫌疑。但是从有利于犯罪分子的角度考虑，对这种给予犯罪分子较大宽宥的制度并不需要全盘否定。只要从立法和司法上对该条的具体适用范围加以限定，同时在实践中适当地限缩法官的自由裁量权，让法官在刑法的框架内根据案件的具体情况适用该条，还是可以保证司法的公平公正，也不会违反刑法的三大基本原则。事实上，这种观点在实践中也得到了相关法院的支持。

凌某受贿案。[③] 自 2004 年 4 月起，凌某在受聘担任某市职业能力考试院认证部部长期间，利用负责学历认证的职务便利，先后收受多家公司给予的人民币共计 9 500 元。案发后，凌某主动交代了上述受贿犯罪事实，并退缴了全部赃款。

分析：法院认为，其行为已构成受贿罪，但鉴于犯罪后有悔改表现，积极退赃，且系自首，可以免予刑事处罚。对于本案，某高级人民法院的法官指出，“就免予刑事处罚与免除处罚之间的关系，我们可以作出这样的归纳：相同点表现在适用的效果上，都导致刑罚惩罚的不适用。不同点表现在适用的具体事由上，存在一般与特别、总括与具体的关系……由于总则第三十七条中的免予刑事处罚是总括性、原则性规定，可以适用于分则各条具体规定。”[④] 由此可看出《刑法》第 37 条既是其他条款的适用标准，又是可以在实践中独立适用、用于免予犯罪人刑事处罚的条款。

综上而言，《刑法》第 37 条规定的既是独立的免除刑罚事由也是概括性的免除处罚事由。当行为人的行为具备刑法规定的其他免除刑罚的具体事由时，应当适用相应的具体条款来免除行为人的刑罚；当行为人的行为不具备刑法规定的其他免除处罚的具体事由，但犯罪情节轻微、危害不大时，法官就可以行使自由裁量权，结合案件具体情况，判断是否可以适用《刑法》第 37 条的规定来免除刑罚。

---

① 参见曾文科：《免除刑罚制度的比较考察》，载《法学研究》，2017 年第 6 期，160 页。

② 参见张明楷：《刑法学》（上），6 版，北京，法律出版社，2021，815 页。

③ 参见（2007）黄刑初字第 690 号刑事判决书。

④ 朱铁军：《免除处罚情节与免予刑事处罚情节并存时的适用》，载《人民司法》，2008 年第 6 期，15 页。

3.免除刑罚的适用

（1）免除刑罚在实务中的适用。

本书作者对2011年到2022年间《最高人民法院公报》记载的刑事案件的判决结果进行了整理和分析，总结了该期间我国刑事案件中无罪判决和免除刑事处罚判决的适用情况，得出如下结论：

1）总体而言，该期间无罪和免除刑事处罚的判决占总判决数的比例比较稳定：适用无罪判决的人数占总判决人数的比例在0.04%至0.09%之间，被免除刑事处罚的人数的比例在0.29%至1.66%之间，适用免除刑事处罚判决的人数一直比适用无罪判决的人数多。

2）该期间无论是无罪判决还是免除刑事处罚判决，所占的比例都呈下降趋势，免除刑事处罚判决所占比例下降得更加明显。2019年被判决免除刑事处罚判决所占比例的人数占总判决人数的比例为1.30%，2022年该比例就下降到了0.29%。

3）该期间无罪判决和免除刑事处罚判决所占比例的差距在逐渐缩小，2011年二者相差1.66%，2022年二者就仅相差0.25%。

（2）免除刑罚在实践中适用的问题。

上述数据表明，无罪判决和免除刑事处罚判决所占比例在逐年降低，尤其是免除刑事处罚判决，其所占比例从以往接近2%，下降到2022年的不足1%。这表明了，在司法实践中对于被提起公诉的案件，法官一般倾向于对被告人判处实刑，而不是适用较轻的免除刑事处罚。除此之外，对免除刑事处罚制度的运用，司法实践中还产生了如下问题：

1）由于免予刑事处罚的具体适用标准不够明确，免除刑事处罚在适用方式与内容上均有很大的局限性，且无法结合具体案件的特点与行为人的人格特征进行有针对性的非刑罚化制裁，导致司法实践中出现了减少适用免除刑事处罚的趋势。①

2）免除刑事处罚成为有些司法机关和稀泥的方式。② 在实行“案件终身责任制”的今天，司法机关极力避免办错案件。此外，司法机关在办理案件时，总会不可避免地考虑如何安抚被害人及其家属，以此来维系社会稳定。这种思维方式带来的结果就是法院往往会采取一种折中的方案，即宣告行为人的行为构成犯罪，但是免除刑事处罚，这就导致了许多本应判决无罪的案件中被告人最后被宣告有罪。这种做法无疑是饮鸩止渴，它既侵犯了被告人的权利也不利于实现司法公正。

因此，对于免除刑事处罚制度，一方面，要明确免除的刑法标准，给予司法工作人员明确的操作指南。另一方面，司法机关在实际办案时，也要摒弃和稀泥的方式，不能将“定罪免刑”当作是解决问题的灵丹妙药，而要根据行为人的犯罪情节、行为的法益侵害程度以及预防犯罪的需要来考量要对行为人适用哪种判决：定罪判刑还是定罪免刑抑或直接宣告无罪？总之，无论是哪种判决，司法机关都必须依照事实和法律，公正地作出。

---

① 参见周永年、杨兴培、谢杰：《非刑罚处罚方法的现实化路径》，载《法学》，2010年第2期，154页。

② 参见姜涛：《从定罪免刑到免刑免罪：论刑罚对犯罪认定的制约》，载《政治与法律》，2019年第4期，18页。

（3）免除刑罚的一般适用条件。

当犯罪人满足何种条件时，人民法院会对其判处免除刑事处罚？一般而言，主要是根据犯罪情节是否轻微以及是否有法定的免除刑罚的情节。这里有两个案例可以说明。

童某危险驾驶案。① 2017年11月15日凌晨1时许，童某醉酒后在某酒吧与酒店之间的通道挪动车辆时，剐擦到钟某停放在此处的电动自行车，造成两车轻微受损的交通事故。经鉴定，童某血样中乙醇含量为147.4mg/100ml。案发后，童某明知他人报警而在现场等候处理，归案后如实供述犯罪事实。2017年12月5日，童某与钟某达成和解协议，赔偿钟某电动车损失200元。

分析：对于本案，法院在裁判理由中指出："童某酒后驾驶车辆目的是挪车，挪车时间在凌晨1时许，地点在饭店门口停车场，车辆及行人相对较少，车辆行驶非常缓慢，行驶距离较短，该行为的危险性明显小于醉酒驾驶机动车在人车较多的路段高速行驶、长距离行驶的情形。虽然童某醉驾行为发生了实际危害结果，但只是轻微的车辆碰撞，且其积极赔偿车主损失200元，本案依法可以认定为'犯罪较轻'，结合童某具有自首情节，给予其免予刑事处罚更能体现宽严相济的刑事政策。"本书认为：在本案中，结合童某的轻微犯罪结果以及自首、赔偿等情节，对其免予刑事处罚是合理的。

郝甲盗窃案。② 某日，郝甲到其亲戚郝乙家串门。其间郝甲见郝乙家无人，遂将郝乙家写字台的抽屉撬开，盗走现金人民币53 000元，然后将其中49 000元存入银行，将剩余4 000元还债。当日下午，郝甲被公安人员抓获。破案后，郝甲存入银行的赃款49 000元被全部追回退还失主，剩余4 000元由郝甲父亲代为赔偿给郝乙。

分析：对于本案，法院审理认为，郝甲以非法占有为目的，秘密窃取他人财物，数额特别巨大，其行为构成盗窃罪，遂判处其5年有期徒刑。一审宣判后，郝甲没有上诉，检察院也没有抗诉。但因为本案属于在法定刑以下判处刑罚的案件，最终被上报到"高法"由其复核，"高法"经复核后认为对郝甲可以从宽处理，原判对郝甲在法定刑以下判处的刑罚仍然过重，遂裁定撤销一审法院判决，发回重审。一审法院重审后，判决免除郝甲的刑事处罚。

对于本案，法院在裁判理由中指出：判断行为人的犯罪行为是否轻微，应根据犯罪情节存在的不同场合和时间，综合考虑行为人的罪前、罪中及罪后的各种情况进行认定。罪前情况包括犯罪人的一贯表现、前科情况等；罪中情况包括行为人的犯罪动机、手段、犯罪对象及具体损害结果等；罪后情况包括犯罪人对已实施的犯罪行为的态度，包括自首、坦白、退赃等。只有综合案件的各种情况才能准确认定犯罪是否属于情节轻微。在本案中，虽然郝甲盗窃的数额特别巨大，但考虑其盗窃的是近亲属且近亲属明确对其表示原谅等情节，不应当认定其犯罪情节严重。

从上述两个案件可以看出，人民法院在司法实践中，一般会根据以下几个标准来决定是否对行为人免除刑事处罚。

首先，犯罪人的犯罪情节轻微。一般而言，这里的情节轻微是指犯罪人的行为没有

① 参见（2018）苏0891刑初103号刑事判决书。

② 参见（2008）府刑初字第103号刑事判决书，（2010）府刑初字第27号刑事判决书。

造成严重的法益侵害结果，例如在故意伤害罪或抢劫罪中，如果已经造成被害人重伤，那么无论如何都不能对该犯罪人适用免除刑事处罚。但在特殊情况下，如果犯罪人存在特殊情况且具有法定免除刑罚情节，则即使造成了较为严重的法益侵害结果，依然存在适用免予刑事处罚的余地。

其次，犯罪人具备法定的免除刑罚情节。目前理论界对《刑法》第 37 条规定的性质还存在争议，在实践中很少有法院会径直适用该条来免除犯罪人的刑事处罚，只有当犯罪人具有具体的免除刑罚情节，如从犯、自首和中止犯等时，法院才有可能免除犯罪人的刑罚。

上述两个条件是并列适用、缺一不可的，犯罪人只具备其中一个条件时，人民法院是一般不会适用免除刑事处罚的。

（二）非刑罚处罚措施概说

非刑罚处罚措施，是指人民法院根据案件的不同情况，免除行为人的刑事处罚，但对其适用《刑法》第 37 条规定的各种非刑罚处罚方法的总称。①

非刑罚处罚措施是犯罪的非刑罚法律后果之一。不同于刑法条文的“死板”，现实生活中的犯罪千姿百态，各个犯罪的法益侵害程度各不相同，每个犯罪人的一般预防和特殊预防的必要性程度也不同。刑罚是犯罪的主要法律后果，但并不是唯一的法律后果。在实践中根据案件的具体情况，司法机关也可以通过对犯罪人采取刑罚以外的惩罚措施来实现其刑事责任。

有学者认为，目前我国的司法体系似乎不需要非刑罚处罚措施。② 其指出：其一，适用非刑罚处罚措施会造成法律体系上的矛盾。非刑罚处罚措施中包含了行政处罚和行政处分，但是刑罚处罚是比行政处罚更为严苛的制裁措施，既然法院免除了更为严厉的制裁措施，那么更轻的行政处罚措施就不应该被适用。其二，我国刑法规定的犯罪的一个重要特征是应受刑罚惩罚性，如果法院对一个行为既宣告其构成犯罪又免除刑罚，就说明该行为不是犯罪，会造成自相矛盾的结果。其三，非刑罚处罚措施无助于刑罚目的的实现。一方面，非刑罚处罚措施并不具有威慑力，这种处理对犯罪人的影响太小，并不能形成所谓的威慑效应；另一方面，定罪免刑也无助于实现特殊预防，因为犯罪人正是没有预防的必要性才会被免除刑罚的。

上述说法有一定道理，但存在可商榷的空间。

首先，非刑罚处罚措施确实包含了责令赔礼道歉、行政处罚等表面上的民事责任和行政责任承担方式，但是并不能由此认为，上述几种承担责任的措施，是专属于行政责任和民事责任的实现方式。既然立法机关规定了上述措施为承担刑事责任的方式之一，那么就应当认为其也是犯罪的法律后果。同时，行政法规定的行政处罚措施与《刑法》第 37 条规定的行政处罚措施性质不同，适用前提也不同，并不是一个领域的问题，因此也不存在所谓的位阶适用，不会造成刑罚体系的混乱。

其次，刑罚并不是承担刑事责任的唯一方式，不管是人民法院单纯宣告行为人的行

① 参见陈兴良：《规范刑法学》（上册），4 版，北京，中国人民大学出版社，2023，458 页。

② 参见姜涛：《从定罪免刑到免刑免罪：论刑罚对犯罪认定的制约》，载《政治与法律》，2019 年第 4 期，19 页。

为构成犯罪，还是给予行为人非刑罚处罚，都会给行为人的社会生活带来不利的影响，事实上也是对行为人的惩罚。

最后，虽然非刑罚处罚并没有刑罚严厉，但是其给行为人带来的不利影响并不比刑罚带来的不利影响弱。同时，对于有些犯罪分子而言，免除了刑罚并不代表其没有特殊预防的必要，只不过是其特殊预防的必要性相较于其他严重的犯罪分子低，对其适用较轻的非刑罚处罚措施，做到罚当其罪，反而更有利于其改过自新，实现特殊预防的目的。

非刑罚处罚措施作为犯罪的法律后果之一，本身就是我国刑罚体系的重要组成部分，其重要性不言而喻。同时，随着社会的不断发展，刑罚总是由重向轻发展，非刑罚化是当今世界刑罚改革的重要方向，我国《刑法》第 37 条规定的各项非刑罚处罚措施也体现了这一点。① 对于非刑罚处罚措施，我们首先应当肯定的是其属于犯罪的法律后果，有着不同于刑罚的重要作用。其次，在该基础上也要不断完善非刑罚处罚制度，明确各项措施的具体适用标准，以确保司法机关能够在实践中正确适用：一方面，对于其行为构成犯罪并免除刑罚的行为人，如果需要给予非刑罚处罚措施，就应当正确并及时地适用。另一方面，对于其行为构成犯罪但需要判处刑罚的行为人，无论如何也不能仅适用非刑罚处罚措施。

（三）非刑罚处罚措施的种类

根据《刑法》第 37 条的规定，非刑罚处罚措施包括训诫、责令具结悔过、责令赔礼道歉、责令赔偿损失以及由主管部门给予行政处罚或者行政处分五种方式。

1. 训诫

训诫，是指人民法院对犯罪情节轻微不需要判处刑罚的人，当庭对其进行公开谴责、批评，要求其改正并保证不再犯罪的教育方法。训诫的意义在于人民法院公开批评罪犯，在表明国家对其犯罪行为的否定性评价的同时，使罪犯受到国家司法机关的谴责，促使其认识到自己行为的违法性，并保证以后不会犯罪，实现预防犯罪的目的。

1964 年 1 月 18 日“高法”《关于训诫问题的批复》（现已失效）曾指出：人民法院对于情节轻微的犯罪分子，认为不需要判处刑罚，而应予以训诫的，应当用口头的方式进行训诫。在口头训诫时，应当根据案件的具体情况，一方面严肃地指出犯罪人的违法犯罪行为，分析其危害性，并责令他努力改正，今后不再重犯；另一方面也要讲明犯罪人的犯罪行为尚属轻微，可不给予刑事处分。据此可知，训诫主要由人民法院以口头方式进行，但也可以进行书面训诫。从实用性和严肃性角度来看，书面训诫的惩罚性和效果可能更好：一方面，从严肃性的角度分析，书面训诫的正式性更强，其严肃性程度也就越高，也就越能起到对犯罪人的教育作用。对于那些不需要判处刑罚，但是有一定社会影响力的案件，人民法院应当出具书面训诫意见，以正式而严肃的方式对犯罪人进行教育，使其充分认识到自己行为的违法性，保证以后不再犯罪。另一方面，从实用性的角度考量，口头训诫的有效期有限，可能只在人民法院进行口头训诫的当时有效，这使训诫的严肃性大打折扣。书面训诫会留下固定的档案资料，这就对犯罪人起到了较强的警示作用。不过这种书面训诫方式是否会对犯罪人造成额外的惩罚和负担，还有值得探讨

① 参见梁根林：《非刑罚化——当代刑法改革的主题》，载《现代法学》，2000 年第 6 期，50 页。

的空间。综上所述，训诫应当以口头训诫方式为主，但必要情况下也可以使用书面训诫。

2.责令具结悔过

责令具结悔过，是指人民检察院、人民法院要求犯罪人出具书面形式的保证书，以书面的方式保证悔改、不再犯罪的非刑罚处罚措施。犯罪人自己出具书面悔过书，能使犯罪人深刻地认识到自己行为的违法性和法益侵害程度，同时也能使其更深刻地认识到自己的主观责任，从而促使犯罪人不再犯罪，达到预防犯罪的目的。

我国刑法没有明确规定责令具结悔过的形式，但实践中大多采用书面的形式。除适用形式以外，该项措施的适用时间也比较灵活：法官既可以在适用免予刑罚之前要求犯罪人写好悔罪书，将具结悔过作为免予刑罚的前提条件，也可以要求犯罪人在被免除刑罚后的一定期限内写下保证书，以此来确保犯罪人已经改过自新。同时，人民法院可以视情况，将犯罪人的具结悔过书打印出来，在当事人所在的社区和工作单位进行发放，以起到教育和警示的作用。但是，这种措施是否妥当还值得讨论：将犯罪人的具结悔过书在其生活和工作的地点发放，实际上并不能起到预防犯罪的作用，反而会给犯罪人打上犯罪的标签，不仅侵犯了犯罪人的隐私，也不利于犯罪人改过自新、回归社会。

3.责令赔礼道歉

责令赔礼道歉，是指法院责令犯罪人公开向被害人承认错误，表达歉意，并表明以后不会再实施犯罪行为、侵害被害人法益的教育方法。非刑罚处罚措施中的责令赔礼道歉不同于一般的赔礼道歉，该惩罚措施是在法院的介入下进行的，具有强制执行力。一方面，法院责令犯罪人赔礼道歉，表明了国家对该行为的否定性评价和谴责，表明了国家对犯罪行为绝不姑息的态度。另一方面，法院介入表面上是民事责任承担方式的赔礼道歉，赋予该项措施以强制执行力，保证了犯罪人能够切实执行该项措施，使原本的民事责任承担行为具有了刑事制裁的特征，让犯罪人得到了应有的惩罚。责令赔礼道歉在缓解被害人的愤怒、平复被害人的心情、促进犯罪人与被害人和解、维系社会稳定等方面都有着重要的意义。

赔礼道歉可以以口头方式进行，也可以用书面方式进行，但无论采何种方式，最重要的是道歉要公开，即犯罪人必须以公众能够知悉的方式向被害人赔礼道歉，这样才能使犯罪人充分认识到自己行为的违法性，才能使被害人的愤怒平息。

4.责令赔偿损失

责令赔偿损失，是指由于犯罪人的行为侵害了被害人的法益，人民法院要求其向被害人支付一定的赔偿金的处罚措施。责令赔偿损失以免除刑罚为前提，是具有民事责任性质的非刑罚处罚方法。①

我国《刑法》第36条规定，“由于犯罪行为而使被害人遭受经济损失的，对犯罪分子除依法给予刑事处罚外，并应根据情况判处赔偿经济损失。”要明确的是，该条规定的赔偿损失与《刑法》第37条规定的赔偿损失不同。《刑法》第36条适用的前提是对犯罪人判处刑罚。《刑法》第37条适用的前提是对犯罪人免予刑罚，其适用范围更加宽泛。如果将二者混同，就会导致许多案件中被害人的损失无法得到赔偿，不利于案件的解决，

---

① 参见周光权：《刑法总论》，4版，北京，中国人民大学出版社，2021，439页。

也不利于社会稳定。

不同于刑事附带民事诉讼将赔偿范围严格限定在由犯罪人的犯罪行为造成的直接物质损失，在责令赔偿损失中，精神损害也属于犯罪人的赔偿范围。而对于精神损害的赔偿范围，法院可以依据案件的具体情况，根据犯罪给被害人造成的实际损失，参考民法的相关规定来确定。

责令赔偿损失并不以被害人提起民事诉讼为前提，当犯罪人被免除刑罚时，即使被害人没有提起民事诉讼，人民法院也可以根据案件情况要求犯罪人赔偿损失。

5.行政处罚和行政处分

行政处罚和行政处分，是指人民法院根据案件情况，向特定的行政主管部门提出司法建议，由该行政主管部门决定给予犯罪人一定的行政制裁或者内部纪律处分的惩罚措施。

该种制裁方法的特点在于，并不是由人民法院直接给予犯罪人行政处罚或者行政处分，而是人民法院根据案件的具体情况，寻找相关的行政主管部门，由其决定给予何种处罚或者处分。这是由行政处罚和行政处分的性质决定的。首先，行政处罚和行政处分的种类繁多，人民法院对很多具体的惩戒措施缺乏足够深入的了解，如果由人民法院直接作出具体的决定，可能造成处罚或处分的不适当。其次，人民法院如果作出行政处罚或处分的决定，等于代行了行政主管部门的管理职能，可能受到质疑。

人民法院不能直接决定处罚或处分内容，不代表其就“毫无作为”。人民法院仍然应当根据案件的具体情况，向行为人所属的行政主管部门提出较为具体的建议。例如需要给予犯罪人行政处分的，人民法院就应当向犯罪人所属的主管部门提出给予犯罪人纪律处分的具体的司法建议。

四、保安处分

（一）保安处分概说

1.保安处分的概念

根据古典刑事学派的理论，刑罚就是对犯罪的报应和非难。因此，在行为人实施犯罪行为的时候，只有其有选择实施合法行为的可能时，刑法才会对该行为人予以非难。基于这一原理，如果实施犯罪行为的是无法对自己行为的是非善恶予以判断的重度精神病患者等无刑事责任能力人，刑法就不能对其处罚。与古典刑事学派相对应，近代刑事学派提倡在行为人危险性的基础上，需要有作为社会防卫武器的刑罚。尽管古典学派对近代学派的这一观点予以反驳，但是实际上，我们无法对实施犯罪的精神患者的危险性熟视无睹。作为妥协之策，与刑罚制度不同的保安处分制度被引入。德国通过1933年刑法修正新设定了保安处分，现在将精神患者收容到精神病院，将酒精中毒者收容到相关戒除场所，都是被《德国刑法典》第61条认可的。①

一般而言，最广义的保安处分是指国家为预防犯罪、保卫社会安全、避免和消除对社会的危险因素而采取的强制措施的总称。在此意义上，任何能够预防犯罪、保卫社会

---

① 参见［日］西田典之著，［日］桥爪隆补订：《日本刑法总论》，3版，东京，弘文堂，2019，29页。

安全的措施都可以被叫作保安处分，其并不以行为人存在犯罪行为为前提。广义的保安处分，是指在狭义的保安处分的基础上，包含了对物处分的措施，如我国刑法规定的特别没收制度就属于对物的保安处分。我国刑法采用的是广义的保安处分的概念。狭义的保安处分，是指法院依照法定程序，对实施了危害社会的行为但无刑事责任的行为人采取的与其社会危险性相当的矫正、改善或限制人身自由的处置措施。该项措施的旨趣在于通过将具有危险性格的行为人隔离、教育，预防犯罪和保护社会。

除保安处分以外，还有一种专门针对未成年人犯罪的教育处分，叫作保护处分，它包含在最广义的保安处分概念之中。保护处分，是指未成年人犯罪检察部门依据相关未成年人刑事司法法律，以保护犯罪的未成年人的利益为主要目的，对其作出的强制性教育矫正措施。其优先于刑罚而适用。[①] 保护处分的重点在于教育。未成年人具有很大的可塑性，对违法犯罪的未成年人，更应当注重教育、改造而不是以惩罚为主。传统的保安处分的部分措施，事实上带有相当的惩戒性质，从实质上而言并不利于犯罪的未成年人改过自新，从这个角度考虑，以教育为主的保护处分措施可能更有利于未成年人的发展。目前我国还没有规定相应的保护处分措施，但相信随着 2020 年《预防未成年人犯罪法》的出台，针对未成年人犯罪的保护处分制度会逐步建立并完善。

2.保安处分的意义

保安处分着眼于人的危险性格，通过改善行为人的危险行为来达到特殊预防和保护社会的目的。其对于减少犯罪有着重要的意义。刑罚并不是治理犯罪的万能灵药，指望通过对所有犯罪行为施加刑罚来抑制犯罪是不可能的，更何况也不是对所有犯罪都能够通过刑罚来进行处罚[②]，例如，对于无刑事责任能力的人，无论其行为的法益侵害程度有多高，法院都无法对判处刑罚。但此时也不能对其放任自流，因为行为人的人身危险性依然客观存在，该行为人依然有侵害他人法益的可能。此时就凸显了保安处分的必要性。对该部分行为人，法院就可以采取保安处分措施，对其进行教育改造或者将其与社会上其他人隔离开来，以起到保护社会的作用。又例如，对于某些实施了与食品行业有关的犯罪的行为人而言，仅仅对其判处刑罚是不够的，还需要在其刑罚执行完毕后，禁止其在一定期限内从事与食品有关的行业。这种保安处分措施能够防止有前科的人再进入相关的行业，从而保护社会安全。

保安处分制度对于保护社会安全、预防犯罪有着不可或缺的作用，它与刑罚、非刑罚处罚措施一样，是我国刑罚体系的重要组成部分。

3.保安处分的特征

保安处分作为我国刑罚体系的组成部分，具有以下几个特征：

（1）保安处分以预防犯罪和保护社会为目的。保安处分通过对行为人实施教育和监禁措施，来消除行为人的危险性格，实现特殊预防。这是保安处分的直接目的。保安处分的最终目的在于通过上述措施来减少犯罪，达到保护社会的效果。

（2）保安处分的适用基础是行为人的危险性。这里的危险性并不是指行为人的危险

---

① 参见盛长富、郝正天：《论保护处分及对我国的借鉴》，载《法律适用》，2015 年第 4 期，63 页。

② 参见陈康：《我国保安处分立法化的根据》，载《河北法学》，2004 年第 5 期，95 页。

性格，而是指行为人有实施或再次实施侵害他人法益行为的可能性。故对于尚未实施犯罪行为但有实施该行为危险性的行为人或者已经实施犯罪但有再犯危险性的行为人，都可以适用保安处分。

(3) 保安处分措施的轻重以行为人的人身危险性而不是犯罪行为的法益侵害程度为衡量基准。行为人人身危险性的大小、危害社会行为的严重性与保安处分措施之间的具体关系，以及保安处分措施的具体期限，通常由刑法事前予以规定。法官在审理案件时，一般以刑事法律为依据，再结合案件事实的具体情况来决定给予行为人何种保安处分。

(4) 与刑罚不同，保安处分强调的是教育、感化行为人，所以保安处分并不具有刑罚所强调的惩戒和谴责的特征，其在很多情况下只是刑罚替代措施。在实践中法院不能将其当作与刑罚相同的处罚措施，而忽略了保安处分以教育为主的初衷。

(5) 保安处分具有刑事司法处分的特征，故对于保安处分，应当由法院依照法律规定，按照法定程序对符合条件的行为人宣告适用。其他任何组织或者个人不得以任何理由适用保安处分。

4.保安处分的种类

从适用对象上而言，保安处分可以分为两种：一种是对人的保安处分，另一种是对物的保安处分。①

对人的保安处分可以分为两种：一种是限制行为人一定自由的保安处分。例如法院颁布的禁止令，其效果是禁止行为人出入一定的场所和接触特定的人等。另一种是剥夺人身自由的保安处分。例如针对精神病人的强制医疗和针对未成年罪犯的专门教育改造，都是通过将行为人限制在一定场所，来剥夺其人身自由的保安处分措施。

我国刑法规定的对物的保安处分只有一种，其内容是没收犯罪分子与犯罪有关的物品，包括违法所得、违禁品以及犯罪工具。

(二) 保安处分的性质

1.保安处分的思想基础

保安处分的刑事理论基础是20世纪初兴起的刑事实证学派即新派和二战后兴起的新社会防卫论。要理解这两个学派的理论，首先要了解的是与刑事实证学派息息相关的实证主义哲学。实证主义哲学产生于19世纪上半期，其创始人是法国哲学家奥古斯特·孔德。孔德尊重科学，反对宗教和形而上学。他坚持认为人类必须从直接得自经验的东西开始探索，而不要进入现象背后。这是实证主义最初的由来。② 实证主义讲究用科学的方法来研究社会，提倡用观察和实验的基础方法来研究社会现象。实证的科学是经验的、客观的和无思辨的，它主张对事物现象的研究，而放弃去探究事物背后的本质。实证主义者往往认为，科学规律只不过是确立了不同现象之间联系的一种恒定性法则，所以人们只要客观地去反映事物之间的秩序或者固有联系就可以了。20世纪初受实证主义哲学影响而产生的刑事实证学派，其基本立场就是反对刑事古典学派形而上学的观念和研究方法。他们试图摒弃古典学派将犯罪看作抽象的事物而进行研究的观点，主张：科学实

---

① 参见张明楷：《刑法学》(上)，6版，北京，法律出版社，2021，819页。

② 参见［英］伯特兰·罗素：《哲学简史》，张小默译，北京，理工大学出版社，2020，328页。

证、具体地研究每一个犯罪，从现实的案件材料出发得出准确的结论；在研究犯罪与刑罚之间的关系时，不再拘泥于犯罪的情节和法益侵害程度，而是将视角转移到犯罪人本身，研究影响犯罪人实施犯罪行为的各种因素。新派否认了古典学派奉为圭臬的“人具有绝对的意志自由”的观点，认为人不具有意志自由，犯罪行为也不是在其意志主导下自主作出的决定，犯罪是其他因素所导致的。例如，新派的代表人物菲利就提出了“犯罪原因三要素相互作用论”，他认为犯罪是在犯罪人本身、自然因素以及社会因素三者共同作用下而产生的。① 在新派理论的影响下，对刑罚的研究重点从古典派提倡的报应刑为主转向了专注犯罪人本身和以预防犯罪为主。刑罚观的改变也引起了立法机关理念的改变，各国立法机关越来越意识到预防犯罪的重要性，这便促进了保安处分理论的崛起与发展。

二战后，刑事新派日渐衰微，但其注重预防犯罪的理念和保安处分的理论留存了下来。二战后兴起的新社会防卫论，承袭和吸收了刑事新派有关保安处分制度的部分理论，认为事先预防犯罪比事后惩罚犯罪更有利于减少犯罪的发生，而这个预防的实质在于社会预防而不是个人预防。新社会防卫论的代表人物、意大利法学家格拉马蒂卡就提出，社会防卫的重心是个人的权利和利益，而不应该仅仅出于保障社会安全这一客观目的。他认为，社会防卫的最重要、最本质的目的是改善反社会的人使之复归社会，社会不应以牺牲个人来保全社会，而应通过保护个人来保卫社会。② 新社会防卫论与刑事新派有关预防犯罪的理论一起，成为现今保安处分制度的重要思想和理论基础。

2.保安处分与刑罚之间的关系

保安处分与刑罚是相同的事物，只是表现形式不同，还是保安处分与刑罚实质上是两种完全不同的事物？对该问题的争议就产生了一元论和二元论的区分。

一元论者认为：保安处分与刑罚在手段和目的上并没有本质上的差异，二者的目的都是预防犯罪，手段上也都具有一定的强制性；二者只是在处罚程度上有所差别，即保安处分处罚更轻而刑罚处罚更重。③ 一元论者通常主张取消刑罚与保安处分之间的差别，这一观点在立法中的具体体现就是在刑法中只规定保安处分，将传统的刑罚融入保安处分之中，取消传统的刑罚。1921 年菲利草拟的意大利刑法典草案就贯彻了这一观点，在当时也得到了大部分人的支持，但由于一战爆发，法西斯政权上台，该刑法典草案最终没有被当局采纳。

与一元论者不同，二元论者则认为：刑罚与保安处分不同，二者在许多方面都存在差异。其具体差别在于：其一，适用对象不同。刑罚方法只适用于犯罪人；保安处分既可以适用于犯罪人，也可以适用于非犯罪人。其二，适用条件不同。适用刑罚以行为人的行为构成犯罪为必要条件。适用保安处分则以受处分者具有一定程度的人身危险性为决定性要件。至于行为的违法性和行为人的刑事责任能力，一般情况下并不影响保安处分的适用。其三，适用原则不同。适用刑罚必须坚持罪刑法定和罪刑均衡的原则，严格

① 参见［意］恩里科·菲利：《实证派犯罪学》，郭建安译，北京，商务印书馆，2016，34 页。
② 参见徐松林：《保安处分及我国刑法制度的完善》，载《现代法学》，2001 年第 4 期，132 页。
③ 参见王振生：《保安处分在我国的法律命运》，载《河北法学》，2007 年第 8 期，94 页。

依照法律规定的刑种、刑名、量刑幅度，根据犯罪的轻重判处相应的刑罚。适用保安处分并不以行为人的行为构成犯罪为前提，处分的种类和轻重应与行为人的人身危险性大小相适应，处分期限的长短应视教育改善的效果而变更，故不定期原则成为保安处分适用的基本原则。其四，预防时间不同。刑罚对犯罪的预防是一种消极的、事后的处置，是国家对已犯罪者的惩罚。保安处分对犯罪的预防是一种积极的、事前的预防，是国家对犯罪的超前干预。其五，预防手段不同。刑罚对犯罪的预防重在制裁和惩罚，保安处分对犯罪的预防强调教育改善。故二元论者主张，在刑罚与保安处分存在如此之多差别的情况下，如果贸然取消二者之间的界限，会导致刑罚体系的混乱，反而不利于预防犯罪，无法达到保卫社会的目的。

本书认为，应当采取二元论，这一点没有争议。事实上大部分国家采取的都是二元制立法例，我国刑法也采取了二元主义。不过对于我国现行保安处分的性质，目前理论上还存在争议。有学者认为我国规定的保安处分原则上是一种行政处分①，也有学者认为保安处分是非刑罚预防措施中的一种②，还有学者认为保安处分属于刑事制裁措施。本书认为，我国现行法律规定的保安处分是一种刑事制裁措施，但更强调教育和预防。理由如下：

首先，保安处分轻于刑罚但重于一般的行政制裁。部分保安处分措施的内容是剥夺行为人的一定权利，甚至剥夺行为人长期的自由。这远比普通的行政制裁措施严厉。

其次，保安处分适用的对象与行政制裁措施适用的对象不同。部分保安处分措施适用的对象是犯罪人，它是犯罪人承担刑事责任的一种方式。行政制裁适用的对象是违反行政法的行为人，它是承担行政责任的方式，故二者在本质上不能等同。

最后，如果认为保安处分是一种行政制裁而非刑事制裁，那么剥夺行为人长期人身自由的保安处分也可以由行政机关作出决定，这明显违背了宪法的规定。反之，如果认为保安处分是刑事制裁，那么任何涉及行为人重大权利的保安处分措施，都应当由人民法院依照法律规定、通过法定程序来作出，这才是对犯罪人权利最好的保障，也更有利于人权的保障。

（三）保安处分的适用

1.保安处分的适用原则

适用刑罚时要遵循刑法的三大基本原则，而保安处分虽然属于刑事制裁，但其在本质上与刑罚存在差异，故对于保安处分，不能直接适用刑法的三大基本原则。由于保安处分与行政制裁有相似之处，故对于保安处分的适用，可以借鉴行政法中的比例原则来进行约束。③

行政法意义上的比例原则，是指行政机关实施行政行为应兼顾行政目标的实现和保护相对人的权益，假如为了实现行政目标可能对相对人的权益造成某种不利影响，应将这种不利影响限制在尽可能小的范围和限度内，使二者处于适度的比例关系。广义的比

① 参见张明楷：《刑法学》（上），6版，北京，法律出版社，2021，820页。

② 参见王振生：《保安处分在我国的法律命运》，载《河北法学》，2007年第8期，94页。

③ 参见刘夏：《德国保安处分制度中的适当性原则及其启示》，载《法商研究》，2014年第2期，136页。

例原则中还包含适当性原则、必要性原则和狭义比例原则等三个子原则。具体到保安处分而言，人民法院在对行为人适用保安处分时，除要符合我国刑法对保安处分的规定以外，还必须满足比例原则的基本要求，即该项保安处分措施对行为人而言是“适当”且“合理”的。将比例原则作为保安处分适用的指导性原则，要求人民法院在对行为人适用保安处分时，必须遵循以下几个子原则：

（1）适当性原则，又称妥当性原则，在保安处分中具体是指人民法院所采取的保安处分措施必须是能够实现预防犯罪目的，至少有助于社会防卫的正确的手段。也就是说，由于保安处分针对的是行为人的危险性格，所以适用保安处分的前提是行为人具有一定的危险性。然而这个危险性的判断标准并不是随意的，应当由法律作出明确的规定。我国司法实践中采取了立法加司法的双重判断模式：首先，立法者在立法时明确相关行为的危险性；其次在具体案件中，由法官根据案件的具体情况，从行为人业已实施的行为的危险性和行为人再次实施危险行为的可能性两个角度进行判断，来决定是否要对行为人适用保安处分措施。

（2）必要性原则，是指法官在判处保安处分措施时必须明确一个事实，即已经不存在其他更加缓和的措施，对该行为人适用保安处分是必不可少的。例如，对于不负刑事责任的精神病人而言，并不是所有不负刑事责任的精神病患者都需要强制医疗，只有那些有继续危害社会可能的精神病患者才会被法院判处强制医疗。在能够做到不侵犯精神病患者太多权利时，就应当选择对精神病患者侵害最小的保安处分措施。

（3）狭义比例原则，是指法官所采取的保安处分措施必须与其期望达到的目的相称。法官在作出判决时，必须根据行为的严重程度、保安处分措施对行为人权利的侵害程度与时间长短等因素作综合衡量，从中选择一个对行为人权利侵害最小但又能实现预防犯罪目的的手段。①

2.保安处分的适用条件

保安处分作为一种刑事制裁，会对行为人的权利产生重要的影响，故人民法院在对行为人适用保安处分时，必须满足以下条件：

（1）人民法院在判处和执行保安处分时必须遵循比例原则的要求。如果对行为人适用保安处分无法达到预防犯罪、保护社会的目的或者有其他措施可以适用，则人民法院就不应当适用保安处分，而应当采取其他能够达到目的的措施。

（2）保安处分的适用对象应当是具有一定人身危险性的行为人，且行为人的危险性必须已经通过一定的方式表现出来。保安处分虽然带有部分提前预防的特征，但这并不代表人民法院可以基于社会防卫的目的而随意适用保安处分，保安处分的适用对象必须是业已实施违法行为的行为人。换言之，不能为了减少犯罪而随意侵犯公民的自由。

（3）保安处分作出的主体只能是人民法院。应当明确的是，虽然保安处分在性质以及功能上都与刑罚不同，但二者都具有一定的制裁性，同属于刑事制裁措施。有些保安处分措施对犯罪人权利的剥夺程度不比刑罚低。对于保安处分，必须纳入刑法的框架之内，将保安处分看作与刑罚一样的“最后的手段”，以最大限度地减少对公民权利的

---

① 参见刘夏：《德国保安处分制度中的适当性原则及其启示》，载《法商研究》，2014年第2期，137页。

侵害。

（4）保安处分的作出必须依照法定的程序。保安处分属于刑事制裁，会对行为人的各种权利产生不利的影响，故保安处分只能由人民法院依照法定的程序作出。这样才能使整个程序公开、透明，方便大众监督，既能够保障行为人的权利也能实现司法公正。

（四）我国保安处分的类型

根据我国刑法以及相关法律的规定，保安处分可以分为以下类型。

1. 强制医疗

强制医疗，在刑事诉讼法中被称为依法不负刑事责任的精神病人的强制医疗程序，是指公安机关、检察机关和审判机关对不负刑事责任且有社会危险性的精神病人采取强制性的医疗措施的特别诉讼程序。对于该类行为人，虽然其实施了具有构成要件该当性与违法性的行为，但因为其不具备责任能力，所以不能判处刑罚。精神病人，尤其是具有暴力倾向的精神病人，具有较大的人身危险性，其再次实施危害社会的行为的可能性大，故应当对该部分精神病人采取医疗救治措施，以保障其健康，同时也保障他人的人身、财产安全。

依照《刑事诉讼法》第 302 条和第 303 条的规定，是否对精神病人适用强制医疗程序，由人民法院作出决定，由公安机关送交执行。适用强制医疗程序，必须满足以下条件：（1）行为人实施了暴力行为，且该行为已经危害公共安全或者严重危害公民人身安全。这是强制医疗程序适用的前提条件。（2）行为人是经法定程序鉴定依法不负刑事责任的精神病人。这是强制医疗程序适用的医学条件。（3）行为人有继续危害社会的可能。这是强制医疗程序适用的社会危险性条件。以上三个条件缺一不可。在司法实践中，人民法院如要对行为人适用强制医疗程序，需要对上述三个条件作实质性理解。

叶某被强制医疗案。① 叶某在公司工作期间，认为班长夏某对自己过于严厉，并幻想有人要害自己。某日晚，叶某幻想夏某会对自己动手，便产生了先杀死夏某的想法。次日中午，叶某拿出羊角锤走到夏某身后，朝其后脑勺砸了两下，致夏某后脑勺受伤。经鉴定，夏某的损伤程度为轻微伤；叶某患有“偏执型精神分裂症”，案发时处于发病期，其故意杀人（未遂）行为是在其精神病症状支配下实施的，事发时无刑事责任能力。

分析：本案中若认为根据刑法的规定，应当依据精神病人所实施行为的社会危害来认定该行为是否达到犯罪程度，那么，本案中叶某的行为只造成夏某轻微伤，未产生严重的法益侵害结果，故其不符合强制医疗程序的适用条件。司法实践中认为，对于强制医疗程序适用的条件，应当作实质性理解：“在认定被申请人的行为是否达到犯罪的程度时，既不能简单以是否达到重伤、死亡后果进行判断，也不能简单认为凡是仅造成轻微伤后果的都属于没有达到犯罪的程度，而应当从一个正常具备刑事责任能力的人实施相应的行为是否应当承担刑事责任的层面进行分析、判断。”② 本案中，应当按照正常人的标准，结合案件的具体情况来判断叶某的行为是否达到了犯罪的程度。从案件事实来看，

① 参见（2020）皖 0291 刑医 1 号强制医疗决定书。

② 最高人民法院刑事审判第一、二、三、四、五庭主办：《刑事审判参考》，总第 93 集，北京，法律出版社，2014，106 页。

叶某持羊角锤这一足以威胁夏某生命的武器，砸夏某的后脑勺多次，从社会一般人的角度来看，其行为已经构成犯罪。

公安机关发现精神病人符合强制医疗条件的，应当写出强制医疗意见书，移送人民检察院。对于公安机关移送的或者在审查起诉过程中发现的精神病人符合强制医疗条件的，人民检察院应当向人民法院提出强制医疗的申请。人民法院在审理案件过程中发现被告人符合强制医疗条件的，可以作出强制医疗的决定。对于实施了暴力行为的精神病人，在人民法院决定强制医疗前，公安机关可以采取临时的保护性约束措施。

2. 专门矫正教育

对于未达到刑事责任年龄的人，人民法院不会给予其刑事处罚，但这并不代表着对犯罪行为的姑息。我国《刑法》第 17 条第 5 款规定，“因不满十六周岁不予刑事处罚的，责令其父母或者其他监护人加以管教；在必要的时候，依法进行专门矫治教育。”上述条文中规定的专门矫正教育，就属于专门针对未成年人犯罪的保安处分措施。

我国 2020 年新修订的《预防未成年人犯罪法》系统地规定了针对未成年人犯罪的处遇措施：（1）针对不良行为学校可以采取一定的教育措施；（2）针对严重不良行为公安机关可采取一定的矫治教育措施；（3）针对严重不良行为，父母、其他监护人、学校无力管教行为人或管教无效的，教育行政部门可决定是否对行为人进行专门教育；（4）针对实施刑法规定的行为、因不满刑事责任年龄不予刑事处罚的，教育行政部门会同公安机关可决定是否对行为人进行专门矫正教育。[①] 其他法律条文虽然也规定了相关的处遇措施，例如责令未成年犯罪人赔礼道歉、具结悔过，由司法机关对未成年犯罪人进行训诫等，但这些措施缺乏刑事制裁的强制性和惩戒性，实质上并不属于保安处分。

严格来说，只有上述第三项与第四项列举的专门教育和专门矫正教育才属于保安处分中的专门矫治教育，而且上述两项列举的专门教育措施适用的范围也有明显限制：其只适用于行为特别严重的未成年犯罪人，如未满 14 周岁的未成年人实施故意杀人、故意伤害致人重伤或者死亡、抢劫、强奸、贩卖毒品、放火、爆炸、投放危险物质行为的。[②] 对于该部分未成年犯罪人，才能适用较为严厉的保安处分措施。这也符合保安处分适用的比例性原则。

3. 禁止令

（1）禁止令的概念。

2011 年 2 月 25 日出台的《刑法修正案（八）》对禁止令作了详细规定。自此禁止令开始成为我国非刑罚处罚的组成部分。我国《刑法》第 38 条第 2 款规定，判处管制，可以根据犯罪情况，同时禁止犯罪分子在执行期间从事特定活动，进入特定区域、场所，接触特定的人。《刑法》第 72 条规定，宣告缓刑，可以根据犯罪情况，同时禁止犯罪分子在缓刑考验期限内从事特定活动，进入特定区域、场所，接触特定的人。除上述刑法规定以外，“两高一部”和“高法”还分别出台了《关于生态环境侵权案件适用禁止令保全措施的若干规定》和《关于对判处管制、宣告缓刑的犯罪分子适用禁止令有关问题的

---

① 参见孙谦：《中国未成年人司法制度研究》，北京，中国检察出版社，2021，69 页。

② 参见孙谦：《中国未成年人司法制度研究》，北京，中国检察出版社，2021，127 页。

规定（试行）》，这两部司法解释对禁止令的概念和适用作出了详细规定。

（2）禁止令的性质。

在讨论禁止令的相关问题之前，首先要明确的是禁止令的法律性质。关于禁止令的性质，理论界有不同的看法。有学者认为，禁止令是管制与缓刑的执行方式或者执行内容；有学者认为，禁止令属于独立的刑罚制裁措施。本书认为，禁止令既不是管制与缓刑的附属措施，也不属于独立的刑罚制裁措施，而应当属于保安处分措施。理由如下：

首先，一方面，从刑法的规定不难看出，禁止令的主要内容是对犯罪人的人身自由进行一定的限制，具有明显的预防和惩戒性质。另一方面，从禁止令的适用条件也可以看出，禁止令以犯罪人被判处管制和宣告缓刑为适用前提，不能单独适用，其作为刑罚补充手段的性质十分明显。

其次，禁止令的内容是根据犯罪人的犯罪情节，禁止犯罪人进入特定的场所、从事特定的活动和接触特定的人。其根本目的在于防止犯罪人再次犯罪，从而实现社会防卫的目的。从该角度看，禁止令以特殊预防为直接目的，具有明显的保安处分的性质。

综上，禁止令应当属于独立的保安处分措施，人民法院在适用时应当根据案件具体情况，以适用保安处分的基本原则为指引，在具体案件中确定是否要对犯罪人适用禁止令。

（3）禁止令的适用。

禁止令作为限制犯罪人一定人身自由的保安处分措施，其适用应当遵循以下几个准则。

其一，适用禁止令以犯罪人被判处管制和宣告缓刑为前提，但并不是对所有被判处管制和宣告缓刑的犯罪人都必须适用禁止令。人民法院在审理案件时，必须结合案件的具体情况，认为判处禁止令能够更好地教育和矫正犯罪人、维护社会秩序稳定以及实现特殊预防的目的时，才能对犯罪人适用禁止令。①

其二，禁止令的内容必须与犯罪人所犯罪行具有关联性。禁止令的作用机制是禁止犯罪人与实施犯罪相关的场所、活动或者人物相接触，避免其再次犯罪，从而实现预防犯罪的目的。故禁止令的内容必须与犯罪人的具体犯罪相关联，例如对于犯罪人经常在酒吧等娱乐场所寻衅滋事的，如果犯罪人被判处管制或者宣告缓刑，可以禁止犯罪人在一定期限内进入酒吧等娱乐场所。②

其三，禁止令的内容必须明确且具有可执行性。一方面，人民法院在对犯罪人适用禁止令时，必须结合案件的具体情况作出明确规定，尽量减少比较笼统和模糊的词语。如所谓的“公共场所”“娱乐场所”“经营活动”等，都属于需要进一步明确的概念，在判决中应当尽量不使用或者减少使用的频率。另一方面，禁止令的内容必须具有可执行性。例如，对于某些实施“医闹”的犯罪人，有的人民法院对其适用的禁止令的内容是禁止其在一定时间内进入医院，这明显就不合常理。再比如，对于部分酗酒闹事或者家暴的犯罪人，人民法院对其发出的禁止令是禁止其在一定时间内饮酒。该禁止令就不具

① 参见余剑、邵旻：《论刑法禁止令制度的司法适用》，载《法学》，2011年第11期，157页。

② 参见李洪杰：《刑事禁止令适用状况实证研究》，载《法商研究》，2017年第4期，142页。

有可执行性，因为司法机关无法时刻监督犯罪人是否饮酒。①

禁止令只能由人民法院对被判处管制和宣告缓刑的犯罪人适用，由司法行政机关指导管理的社区矫正机构负责执行。

关于禁止令的期限，根据《关于对判处管制、宣告缓刑的犯罪分子适用禁止令有关问题的规定（试行）》第 6 条的规定可知，禁止令的期限，既可以与管制执行、缓刑考验的期限相同，也可以短于管制执行、缓刑考验的期限，但判处管制的，禁止令的期限不得少于 3 个月，宣告缓刑的，禁止令的期限不得少于 2 个月。判处管制的犯罪分子在判决执行以前先行羁押以致管制执行的期限少于 3 个月的，禁止令的期限不受前款规定的最短期限的限制。禁止令的执行期限，从管制、缓刑执行之日起计算。

（4）违反禁止令的后果。

违反禁止令的，视情况不同有如下后果：

1）人民检察院对社区矫正机构执行禁止令的活动实行监督，发现有违反法律规定的情况时，应当通知社区矫正机构纠正。

2）被判处管制的犯罪分子违反禁止令，或者被宣告缓刑的犯罪分子违反禁止令，尚不属情节严重的，由负责执行禁止令的社区矫正机构所在地的公安机关依照《治安管理处罚法》第 60 条的规定处罚。

3）被宣告缓刑的犯罪分子违反禁止令，情节严重的，应当撤销缓刑，执行原判刑罚。原作出缓刑裁判的人民法院应当自收到当地社区矫正机构提出的撤销缓刑建议书之日起 1 个月内依法作出裁定。人民法院撤销缓刑的裁定一经作出，立即生效。违反禁止令，具有下列情形之一的，应当认定为“情节严重”：第一，三次以上违反禁止令的；第二，因违反禁止令被治安管理处罚后，再次违反禁止令的；第三，违反禁止令，发生较为严重危害后果的；第四，其他情节严重的情形。②

4. 职业禁止

（1）职业禁止概述。

职业禁止被规定在我国《刑法》第 37 条之一，即因利用职业便利实施犯罪，或者实施违背职业要求的特定义务的犯罪被判处刑罚的，人民法院可以根据犯罪情况和预防再犯罪的需要，禁止其自刑罚执行完毕之日或者假释之日起从事相关职业，期限为 3 年至 5 年。可见，职业禁止是刑法对公民职业自由的一种限制。

在讨论职业禁止的相关问题之前，首先要明确的是职业禁止的性质。职业禁止被规定在我国刑法中“刑罚”这一章，同时职业禁止是对行为人从业资格的限制，所以职业禁止看似是我国刑罚体系中的附加刑。然而，这只是《刑法》第 37 条之一规定的表象，透过现象看本质，职业禁止既不是附加刑也不是非刑罚处罚措施，而是以预防犯罪为主要目的的保安处分措施。理由在于以下几点：

首先，我国刑法规定，人民法院可以根据犯罪情节和预防再犯罪的需要对犯罪人适

---

① 参见王迪生、袁登明：《刑事禁止令适用疑难问题研究——基于刑事审判的观察》，载《法律适用》，2017 年第 9 期，56 页。

② 参见 2011 年 4 月 28 日“两高两部”《关于对判处管制、宣告缓刑的犯罪分子适用禁止令有关问题的规定（试行）》第 12 条。

用职业禁止。由此可以看出，职业禁止以犯罪人有再犯罪的危险为适用前提，以预防犯罪为主要目的，而这与保安处分的特征相契合。

其次，职业禁止的适用时间为犯罪人获得自由之后。其既是对行为人的一定自由的限制，又是以改造行为人、防止行为人再犯罪为目的的预防措施。与刑罚注重惩罚的特质不同，职业禁止对行为人的自由给予一定限制的目的是帮助行为人充分认识自己行为的过错，帮助行为人改过自新，以强制的手段防止行为人再犯罪，以此来预防犯罪、维系社会稳定。

再次，如果将职业禁止看作刑罚，可能会动摇罪刑法定原则。《刑法》第 37 条之一第 3 款规定，其他法律、行政法规对其从事相关职业另有禁止或者限制性规定的，从其规定。该款表明，人民法院在对行为人适用职业禁止时，可以参照其他法律的规定。如果认为职业禁止属于刑罚的一种，那么就会使许多行政制裁措施具有刑罚的特征，而这不仅会冲击我国的刑罚体系，也会影响罪刑法定原则的适用。

最后，我国刑法中有关假释的规定也佐证了职业禁止属于保安处分措施。根据我国《刑法》第 81 条第 1 款的规定，假释的适用条件之一是被判处有期徒刑或者无期徒刑的犯罪分子没有再犯罪的危险；《刑法》第 37 条之一规定，根据预防犯罪的需要，可以禁止犯罪人自假释之日起从事相关职业。这就产生了矛盾：既然假释的前提是行为人没有再犯罪的危险，那为何对假释的犯罪人又可以根据预防犯罪的需要适用职业禁止？如果将职业禁止看作刑罚的一种，那么该矛盾就无法解决。但如果将职业禁止看作保安处分措施的一种，该问题就可以迎刃而解：《刑法》第 81 条第 1 款所说的没有再犯罪的危险是指对于行为人没有以刑罚来预防其犯罪的必要，但这并不代表不可以适用保安处分来防止犯罪人再犯罪。对于被假释的犯罪人，不可以对其适用刑罚，但可以适用程度更轻、更加注重预防的职业禁止来防止其犯罪。①

从刑法的规定来看，职业禁止具有以下几个特征：

第一，选择性。根据《刑法》第 37 条之一的规定，人民法院对于职业禁止是“可以”适用而不是“应当”适用。对犯罪人是否适用职业禁止，需要人民法院根据案件具体情况结合预防犯罪的需要来自由裁量。对该项措施的适用，人民法院享有较大的自由裁量权。

第二，针对性。职业禁止的适用对象是“因利用职业便利实施犯罪，或者实施违背职业要求的特定义务的犯罪被判处刑罚的”。对于不满足上述条件的犯罪人，人民法院无论如何都不能适用职业禁止。

第三，附属性。从《刑法》第 37 条之一的规定来看，职业禁止以行为人被判处刑罚为前提，适用时间是犯罪人刑罚执行完毕或者假释之后，故职业禁止属于刑罚的附属措施，不具有独立性，不存在独立适用的空间。②

第四，强制性。职业禁止属于保安处分措施，由人民法院宣告并以国家强制力保证

---

① 参见张明楷：《刑法学》（上），6 版，北京，法律出版社，2021，822 页。

② 参见齐文远、李江：《论〈刑法修正案（九）〉中的“从业禁止”制度——以证券犯罪为考察视角》，载《法学论坛》，2017 年第 5 期，84 页。

实施。与违反一般的行政制裁措施不同，违反职业禁止的，视情况可能会构成拒不执行判决、裁定罪。

（2）职业禁止的适用。

职业禁止只能适用于利用职业便利实施犯罪，或者实施了违背职业要求的特定义务的犯罪人。利用职业便利是指行为人将职业作为犯罪的便利手段，例如证券从业人员利用其从业时得到的内幕消息进行内幕交易。实施了违背职业要求的特定义务的犯罪人，是指犯罪人违背了其职业规定的特定义务，如邮递员私自拆开包裹和邮件，就属于犯罪人违反了相关职业的特定义务。上述两种犯罪人，如果允许其在刑罚执行完毕或者假释之后再次从事相关职业，其再犯的可能性相较于其他犯罪人更高。此时就需要人民法院通过职业禁止来限制犯罪人再从事与其已犯罪行有关的职业，以实现预防犯罪的目的。职业禁止有必要也只能适用于该部分犯罪人。

毫无疑问的是，对于被判处有期徒刑和拘役的犯罪分子，在其刑罚执行完毕之后可以适用职业禁止。但对于被判处其他刑罚的犯罪人，人民法院能否适用职业禁止就是一个值得讨论的问题。首先，对于被判处无期徒刑和死刑的犯罪人，原则上不能宣告职业禁止。对该部分犯罪人而言，其已经丧失了实施犯罪的可能性，故不需要对其适用职业禁止来防止其再犯罪。但如果被判处无期徒刑和死刑缓期两年执行的犯罪分子经过减刑或假释后，能够满足宣告职业禁止的条件，人民法院也可以依照法律规定对其适用职业禁止。① 其次，对于被判处管制的犯罪人，原则上不应当适用职业禁止。这是因为对于被判处管制的犯罪人，一般会对其适用禁止令，这本身就是对其自由的一定限制。不过，如果其他法律、行政法规有所规定，在确有预防犯罪的必要时，人民法院也可以对其宣告职业禁止。最后，对于被宣告缓刑的犯罪人，由于缓刑并不属于刑罚的种类，而属于刑罚的执行方式，对犯罪人适用缓刑意味着犯罪人正在执行刑罚，缓刑未结束意味着犯罪人的刑罚尚未执行完毕，故不能适用职业禁止。②

根据《刑法》第 37 条之一的规定，职业禁止的期限为 3 年至 5 年，自刑罚执行完毕之日或者假释之日起开始计算，但“其他法律、行政法规对其从事相关职业另有禁止或者限制性规定的，从其规定”。这里的“从其规定”包括从其对职业禁止期限的规定，故职业禁止的期限，既可以少于 3 年，也可以突破 5 年的限制。例如，我国《证券法》第 221 条规定，“违反法律、行政法规或者国务院证券监督管理机构的有关规定，情节严重的，国务院证券监督管理机构可以对有关责任人员采取证券市场禁入的措施”。“前款所称证券市场禁入，是指在一定期限内直至终身不得从事证券业务、证券服务业务，不得担任证券发行人的董事、监事、高级管理人员，或者一定期限内不得在证券交易所、国务院批准的其他全国性证券交易场所交易证券的制度”。上述条文中的职业禁止就包含终身适用的情形。但需要注意的是，职业禁止的开始时间只能是刑罚执行完毕或者被假释之日，因为在执行刑罚期间，犯罪人本就被剥夺了人身自由，无法从事相关的职业。

人民法院在对犯罪人宣告职业禁止时，应当结合犯罪的具体情况和预防犯罪的必要，

---

① 参见张明楷：《刑法学》（上），6 版，北京，法律出版社，2021，823 页。

② 参见卢建平、孙本雄：《刑法职业禁止令的性质及司法适用探析》，载《法学杂志》，2016 年第 2 期，26 页。

确定禁止犯罪人从事的职业的范围。人民法院在适用职业禁止时不能漫无边际，禁止犯罪人从事的职业必须与其犯罪时利用的职业便利紧密关联。[①] 例如，对于实施内幕交易的证券从业人员，人民法院可以禁止其从事与证券有关的职业，但不能禁止其从事快递员、保安等与证券毫不相干的职业。

另外，需要明确的是，《刑法》第 37 条之一第 3 款规定的“其他法律、行政法规对其从事相关职业另有禁止或者限制性规定的，从其规定”，是指人民法院在发现其他法律、行政法规对行为人的职业禁止作出了详细规定时，应当依照其他法律和行政法规的规定来对行为人适用职业禁止，而不是由行政机关对行为人宣告和适用职业禁止。否则就会出现刑事制裁措施交由行政机关宣告的状况，也会造成我国处罚体系的极度不协调。

（3）违反职业禁止的后果。

《刑法》第 37 条之一第 2 款规定，“被禁止从事相关职业的人违反人民法院依照前款规定作出的决定的，由公安机关依法给予处罚；情节严重的，依照本法第三百一十三条的规定定罪处罚。”据此，一方面，对于违反职业禁止情节轻微的，由公安机关给予警告，罚款，没收违法所得、没收非法财物，责令停产停业，暂扣或者吊销许可证、暂扣或者吊销执照，行政拘留等行政处罚。另一方面，如果行为人违反职业禁止情节严重，构成犯罪，应当以拒不执行判决、裁定罪定罪处罚。需要注意的是，如果行为人再次利用职业便利实施犯罪，那么其行为就属于想象竞合，既构成利用职业便利实施的具体犯罪又构成拒不执行判决、裁定罪，法院在判决时应当按照想象竞合犯的处理规则，择一重罪论处。

5.没收

（1）没收的概念、性质和种类。

我国《刑法》第 64 条规定，“犯罪分子违法所得的一切财物，应当予以追缴或者责令退赔；对被害人的合法财产，应当及时返还；违禁品和供犯罪所用的本人财物，应当予以没收。没收的财物和罚金，一律上缴国库，不得挪用和自行处理”。理论上将该条规定的没收与犯罪人犯罪有关的财物称为特别没收。[②]

根据《刑法》第 64 条的规定，作为保安处分措施的特别没收包括以下几种：1）没收违法所得的财物。2）没收“违禁品”。3）没收“犯罪工具”。

关于特别没收的性质，理论界一直有不同的看法，大概有“刑罚说”“保安处分说”“独立法律政策说”三种观点。持“刑罚说”的学者认为：特别没收由人民法院宣告适用，已涉及对犯罪人财产的处分，没收犯罪人的财产会给犯罪人带来较大的痛苦，具有明显的惩罚性质。同时我国刑法中的附加刑也规定了没收财产，故应当认为特别没收属于刑罚措施。持“独立法律政策说”的学者则认为，特别没收既不是刑罚也不是保安处分，而是一种独立的法律政策，其视情况不同而具有不同的性质。[③] 如果其属于附加刑中规定的没收，那么其就属于刑罚措施；如果其属于《刑法》第 64 条规定的特别没收，

① 参见敦宁、任能能：《禁止令适用的合理化问题》，载《法律适用》，2014 年第 5 期，104 页。

② 参见王莉：《我国刑法第 64 条“特别没收”相关制度适用辨析》，载《中国人民公安大学学报（社会科学版）》，2022 年第 5 期，81 页。

③ 参见万志鹏：《论犯罪所得之没收》，载《法商研究》，2018 年第 3 期，130～131 页。

其就具有保安处分措施的特征。

本书认为，我国《刑法》第 64 条规定的特别没收制度应当属于保安处分措施，理由如下：

首先，没收违禁品以及没收犯罪工具，毫无疑问具有明显的预防犯罪的特征。其本质上是以没收与犯罪有关的物品为手段来防止行为人犯罪或者犯罪人再犯罪。

其次，没收违法所得的财物带有明显的预防目的。有学者指出，没收犯罪分子违法所得的财物，是将犯罪分子的财产予以没收，带有明显的惩戒性，应当属于刑罚措施。但其实不然：违法所得本就不是犯罪分子应得的财物，其并不属于犯罪分子所有。同时，国家将犯罪分子的一切违法所得（包括间接收益）一并没收，体现了国家对犯罪行为的否定态度，具有教育一般人不要犯罪的作用，具有明显的预防犯罪的目的。

最后，特别没收不可能是刑罚。“有犯罪才有刑罚”，刑罚只能适用于犯罪人。特别没收中的没收违禁品，针对的不仅仅是犯罪人，对没有犯罪的人也可以适用。如果认为特别没收是刑罚措施，那么就意味着对没有犯罪的人也可以适用刑罚措施，这明显违背了罪刑法定原则。

综上，将特别没收看作保安处分措施更具有合理性。①

（2）没收的适用。

1）没收犯罪所得。

没收犯罪所得，是指没收犯罪分子违法所得的一切财物，包括因犯罪直接获得的财物和间接获得的收益。违法所得的财物，大概可以分为以下三种：

第一，通过实施犯罪行为获得的财物，包括直接所得和间接所得。直接所得是指犯罪行为直接指向的或者通过犯罪行为直接带来的物品或者财产性利益。例如抢劫犯抢劫来的财物，受贿犯所收受的贿赂等，都属于犯罪行为的直接所得。间接所得就是通过犯罪行为所获得的间接收益，例如贪污罪的犯罪人将贪污得来的赃款用来投资，该投资所获得收益也属于犯罪所得。我国《刑法》第 312 条明文规定，“明知是犯罪所得及其产生的收益而予以窝藏、转移、收购、代为销售或者以其他方法掩饰、隐瞒的，处三年以下有期徒刑、拘役或者管制，并处或者单处罚金；情节严重的，处三年以上七年以下有期徒刑，并处罚金”。从该条看，我国刑法明确规定了犯罪所得及其间接收益的违法性，如果认为犯罪行为的间接收益不属于犯罪所得，不仅会放纵犯罪，也违背了我国刑法的相关规定。

第二，实施犯罪行为所获得报酬，例如被雇用杀人者因实施杀人行为而获得的酬金。

第三，实施犯罪行为而直接或间接产生的物品。例如，实施毒品犯罪制造的毒品，实施枪支犯罪而制造的枪支，都属于犯罪行为的产物，同时该类物品又具有违禁品的特征，在实践中应当属于重点关注的对象。

有关经济犯罪所得没收的范围，理论上有净利主义和总额主义的争论。净利主义认为，对犯罪分子所得的财物的没收应当扣除犯罪分子投入的成本，因为从文义解释的角

---

① 参见万志鹏：《比较法视野中的保安没收——兼论我国刑法中保安没收的缺陷及其改正》，载《海南大学学报（人文社会科学版）》，2011 年第 3 期，29 页。

度考虑，将成本一词解释为收益，从理论上而言是说不通的。总额主义主张，对犯罪分子因犯罪行为的所得应当全部没收，不扣除所谓的成本。若采取总额主义，则会存在如下几个问题：其一，没收违法所得属于保安处分措施，若采取总额主义，则会对犯罪人的合法财产造成损害，使原本的保安处分措施带有刑罚的惩戒特征，与保安处分注重预防的特质不符。其二，总额主义违背了比例原则。比例原则要求司法机关以对犯罪人侵害最小的方式来达成预防犯罪的目的，没收违法所得的数额应当和犯罪分子的人身危险性与再犯可能性相当。不立足于案件具体情况，一律采取总额主义违背了比例原则的要求。其三，我国的立法现状决定了不宜采取总额主义。德国在采取总额主义的同时，还设立了过苛调节条款来对没收的数额加以限制。我国刑法并没有设立该条款，如果采取总额主义，则很可能会导致没收的数额没有上限，使犯罪人的权益遭到严重侵害。①

本书认为，现阶段我国应当采取净利主义，理由在于：

首先，扣除犯罪成本符合比例原则，能够在给犯罪人带来最小损害的前提下，实现预防犯罪的目的，有利于减轻犯罪分子的负担。

其次，采净利主义符合特别没收的本质特征。就没收犯罪分子所得而言，该行为并不具有惩罚性或者说并不以惩罚为主，只是国家将犯罪人的该部分违法所得去除，本意是告诫犯罪人与一般人，通过犯罪行为无法获得收益，期望以该项措施来实现一般预防和特殊预防的目的。如果将犯罪分子的成本予以没收，就带有了明显的惩戒性质，使没收成为与刑罚相同的注重惩罚的手段。

对于共同犯罪，法院在没收违法所得时，是对所有犯罪人"连带追缴"，还是根据每个共犯人的责任具体确定追缴的数额？该问题有待确认。在我国司法实践中，人民法院一般会根据共犯的"部分实行，全部责任"的原则，对共同犯罪中犯罪人的违法所得进行连带追缴。

常某某、王某某等盗窃案。② 2015年7月至8月期间，常某某伙同祁某某、王某某、张某某共同盗窃浓度为50%左右的液碱11车，每车重约30吨，价值约329 340元。其中祁某某获利5 000元，王某某获利3 000元。

分析：对于本案，法院经审理认为常某某、祁某某、王某某等的行为已构成盗窃罪，并责令常某某、祁某某、王某某共同退赔被害单位国家电投集团山西铝业有限公司329 340元。

本书认为：案情说明中虽然没有说明常某某的获利数额，但从常某某的供述"50%左右碱液的售价900元/吨"可知，其获利了大部分利润。法院判处三人共同退赔的做法值得商榷：首先，"部分实行，全部责任"应当是客观归责，其中的"全部责任"既不是犯罪人的主观责任，也不是作为法律后果的刑事责任，而是指因各共犯人的行为对结果的客观归责。③ 换言之，即使各共犯人要因其部分实行行为对全部结果负责，在具体审理时，人民法院仍应当根据案件的具体情况和行为人的主观责任来确定所判刑罚和保安

① 参见何鑫：《刑事违法所得数额的司法认定问题研究——以特别没收为视角》，载《法律适用》，2020年第11期，45～46页。

② 参见（2020）晋09刑终40号刑事裁定书。

③ 参见张明楷：《刑法学》（上），6版，北京，法律出版社，2021，547页。

处分措施的轻重。其次，根据比例原则的要求，保安处分措施的轻重应当与犯罪人所犯罪行和人身危险性相当。如果在共同犯罪中某个犯罪人获利较少或者作用较小，那么其刑事责任和预防的必要性就都比较小。如果要求其对共同犯罪的全部数额负责，会给其造成额外的负担，既不利于预防犯罪，也违背了特别没收制度的设立初衷。对于共犯人的违法所得，应当按照罪责刑相适应和罪责自负的原则，按照各个共犯人在共同犯罪中的作用、获利数额以及预防犯罪的必要，设立个人追缴制度，而不是无条件地追缴全部违法所得。①

2）没收违禁品。

违禁品，是指根据我国相关法律规定不允许私自制造、储存、购买、运输、使用和进出口的物品，例如毒品、弹药、枪支和武器等。该类物品具有危害公共安全和社会秩序的特征。违禁品可能是犯罪行为的直接产物和间接产物，例如实施毒品犯罪者所制造的毒品；也可能是犯罪分子用来犯罪的工具，例如犯罪分子用来抢劫的枪支。在司法实践中，不论该违禁品是由犯罪分子所有还是由一般人所有，都应当予以没收。不能因为某项违禁品由一般人持有，就认为其属于该行为人的合法财产。这是因为违禁品本身就是法律禁止一般人持有的物品，其持有本身就是一种犯罪。② 同时，在实践中还要根据违禁品的特征对犯罪分子的物品加以甄别，不能不加区分地将犯罪分子所有的物品都认为是违禁品而予以没收。

3）没收供犯罪所用的本人财物。

供犯罪所用的本人财物，包括犯罪分子为实行犯罪而准备使用或已经使用的财物，例如犯罪分子为抢劫而使用的刀具；也包括属于犯罪构成要件要素的财物，例如行贿人用于行贿的财物。在实践中，司法机关对“供犯罪所用的本人财物”的概念采取了文义解释的方法，即只要是与犯罪有关的财物，即使是犯罪分子日常使用的，只要其在犯罪中使用，司法机关都会予以没收。例如，犯罪人在某次盗窃罪中偶然使用了自己的汽车用于运输赃物，该汽车最后也被法院没收。但这明显是不合理的：其不仅加重了犯罪人的负担，也不利于保障犯罪人的合法权益。实际上，早在2003年，我国部分实务部门就已经重视对“供犯罪所用本人财物”加以限制。③ 近几年也有相关案例对该问题进行了重申：

郗某某等盗窃案。④ 林某驾驶轿车载郗某某等前往某市某区几个网吧，分别盗窃郭某、张某以及雷某放置于电脑桌上的手机3部，共计9 041元。后蒋某某驾驶其所有的轿车载郗某某等人先后前往某市某区4个网吧，盗窃余某等4人放置在电脑桌上的手机4部，价值共计12 097元。

分析：对于本案，法院经审理认为郗某某等四被告人的行为构成盗窃罪，遂分别判处四被告人有期徒刑，并将两辆涉案轿车依法予以没收，上缴国库。后蒋某某、林

① 参见何鑫：《刑事违法所得数额的司法认定问题研究——以特别没收为视角》，载《法律适用》，2020年第11期，49～51页。

② 参见蒋为杰：《刑事涉案财物没收的规制》，载《法律适用》，2020年第11期，55页。

③ 参见（2003）佛刑终字第420号刑事判决书。

④ 参见（2017）陕01刑终911号刑事判决书。

某不服，提起上诉，认为一审将其贷款购买的车辆予以没收不当，并提交了车辆贷款购买合同等证据材料。二审法院经审理后认为一审法院没收涉案车辆的判决有误，遂予以改判。

本书认为：对《刑法》第64条规定的应当予以没收的“供犯罪所用的本人财物”，应结合财物与犯罪的关联程度、是否损害他人合法民事权利等因素，综合衡量财物价值与犯罪情节的相当性作出认定。人民法院在适用特别没收制度，没收“供犯罪所用的本人财物”时，应当根据案件具体情况、结合比例原则对犯罪工具的概念进行实质解释，对范围进行限制。

根据上述原则，人民法院在判处没收犯罪工具时，应该做到如下几点：

首先，没收的财物应当是与犯罪行为直接关联并对犯罪实施具有重要作用的工具。[①] 所谓直接关联，应当从以下两个方面判断。第一，该财物应当与犯罪存在直接联系或者密切联系。例如，对于赌博罪的犯罪人而言，其经常用来赌博的赌具就与犯罪有着直接的联系，应当被看作犯罪工具，予以没收。用汽车故意伤害他人的，如果该汽车平常只是用于日常生活，只是本次或者偶尔被用于犯罪，那么该汽车就与犯罪不存在直接联系。第二，行为人有将该财物用于犯罪的主观认识，即行为人主观上就是将该财物用于犯罪，如将汽车经常用于运输毒品，可认为行为人主观上就是将该汽车作为犯罪的工具，对于在犯罪中使用汽车具有主动性和正确认识，使用该汽车是为了实现其犯罪目的。

其次，没收的财物应当符合特殊预防和比例原则的需求。一方面，对于部分财物而言，其具有生活用途，行为人只是偶然将其用于犯罪。将该类物品予以没收，并不能起到预防犯罪的作用。但是，对于某些通常具有生活用品特征的物品而言，如果行为人经常将其用于犯罪，那么就具有了特殊预防的必要性和合理性，人民法院一般可以予以没收。例如手机属于正常交流的工具，具有生活用品的特征，但如果犯罪人专门购买一部手机用于实行犯罪，那么对该手机就可以予以没收。另一方面，特别没收制度虽然不属于刑罚措施，但其仍具有惩罚的特征，法院在判决时也应当遵循罪刑均衡的原则，即法院没收的财物的价值应当与犯罪人的罪行相当，不能超过必要范围。

最后，没收的财物应当专属于犯罪人个人所有且不会引发民事权益纠纷。在实践中，有些财物的权属关系复杂，如夫妻共有、按份共有等。对该类财产，如果将其没收，则会侵害其他人的合法权益，使没有犯罪的人也受到了刑事制裁，有损罪刑法定原则。

第五节　刑法修正案中刑罚的轻缓化

2023年12月29日第十四届全国人民代表大会常务委员会第七次会议通过并发布《刑法修正案（十二）》。至此，我国现行刑法一共经历了12次修改，发布了12部刑法修正案。刑法修正案的不断出台，也带来了刑罚的演变和完善，使我国刑罚体系越发符合现代刑法治理的趋势。以《刑法修正案（八）》为例：对照《公民权利和政治权利国际公约》（以下简称《权利公约》）分析我国刑事立法在死刑改革方面的成效，可以发现，我国对未成年人、老年人犯罪适用刑罚增加了从宽处理的规定，实现了对弱者的人权保障，

① 参见张明楷：《论刑法中的没收》，载《法学家》，2012年第3期，63页。

充分体现了中国式现代化所要求的以人民为中心以及重视公民人权保障的要求。①

与其他 11 部刑法修正案相比，《刑法修正案（八）》的最大亮点当属以减少死刑罪名为代表性内容的刑罚轻缓化。此次刑法修正是我国立法机关自 1997 年刑法施行以来第一次减少死刑罪名。我国刑法长期以来“迷恋重刑的作用……当代中国刑法理念的研究应当彻底清算传统刑法落后观念，这既是刑法理念研究的重要路径，也是其必须实现的目标”②。因此，以推动刑罚轻缓、实现人权保障为重要内容的《刑法修正案（八）》，在其草案面世之初，就引发了社会各界的关注热潮。该部修正案在推动中国人权事业发展历程中所具有的里程碑式的意义由此可见一斑。

以实现刑罚轻缓、推动人权保障为视角分析《刑法修正案（八）》，可以发现，其努力主要体现在三个方面：死刑改革，完善未成年人、老年人犯罪从宽处理规定，完善非监禁刑。此修正案在废除死刑罪名等实现人权保障方面迈出如此重要的步伐，国内经济发展和社会文明进步当然是内在的、主要的原因，而国际背景亦是重要因素。我国已加入或签署《世界人权宣言》《权利公约》等诸多国际人权公约，在推动刑事立法以保障公民生命自由等人权方面自然不可懈怠。

《刑法修正案（八）》通过之前我国刑法中死刑罪名过多、罪名不合理，一直以来备受批评。自 1998 年 10 月中国正式签署《权利公约》以来，如何进一步改善人权状况一直是我国政府和全社会关注的焦点。进入 21 世纪以来，学界广泛呼吁大力限制死刑乃至局部废除死刑，但并未得到刑事立法上的积极反应。《刑法修正案（八）》直面死刑这一目前中国社会敏感且重大的问题，取消了 13 个罪名的死刑，新增 75 周岁以上老人犯罪附条件不适用死刑的规定，从而使死刑改革取得了实质性进展，推动了中国人权事业的进步。

一、实现《权利公约》逐步限制死刑适用的目标

1. 取消了 13 个经济性非暴力犯罪的死刑

《刑法修正案（八）》取消了 13 个经济性非暴力犯罪的死刑，占全部设立了死刑的犯罪的 19.1%。此前，设立了死刑的犯罪共计 68 个，其罪名设置存在着类罪名与具体罪名设置均不合理的现象：前者体现在设立了死刑的类罪名种类过多，尤其是经济犯罪（狭义）和侵财犯罪中设立了死刑的罪名过多，后者体现在对诸如传授犯罪方法罪等犯罪设立了不应设立的死刑。以经济犯罪为例：1979 年刑法中只有一个犯罪设置了死刑，即贪污罪。随后的单行刑法中增加到 14 个。后来经济犯罪中的死刑罪名非但没有减少，反而增加到 19 个。根据《权利公约》关于“判处死刑只能作为对最严重的罪行的惩罚”之规定，仅仅罪行严重并不足以适用死刑，在所有犯罪中，只有罪行极其严重的那些犯罪才应被配置死刑。《刑法修正案（八）》直面这一重大问题，首次大幅度削减了经济犯罪与侵财犯罪中的死刑罪名。

---

① 参见习近平：《高举中国特色社会主义伟大旗帜 为全面建设社会主义现代化国家而团结奋斗》，载《人民日报》，2022-10-26，第 3 版。

② 高铭暄、曹波：《当代中国刑法理念研究的变迁与深化》，载《法学评论》，2015 年第 3 期，8 页。

具体而言，其修改的内容包括五个方面：(1) 在走私犯罪方面，取消了走私文物罪，走私贵重金属罪，走私珍贵动物、珍贵动物制品罪，走私普通货物、物品罪的死刑。同时，为了做到罪刑相适应，对于被取消了死刑的这些走私犯罪，适当提升了法定刑，从而确保在取消了死刑的情况下能使这几个走私犯罪中情节特别严重的行为受到相应惩处而不至于放纵犯罪。(2) 在金融诈骗罪方面，取消了《刑法》第 194 条第 1 款票据诈骗罪、第 194 条第 2 款金融凭证诈骗罪、第 195 条信用证诈骗罪三个罪名的死刑。自此，刑法分则第三章“破坏社会主义市场经济秩序罪”第五节“金融诈骗罪”中的 8 个罪名只有集资诈骗罪一个死刑罪名，该节中的死刑罪名基本削减至最低限度。(3) 在发票犯罪方面，取消了虚开增值税专用发票、用于骗取出口退税、抵扣税款发票罪，伪造、出售伪造的增值税专用发票罪的死刑。由此一来，我国《刑法》第六章第六节“危害税收征管罪”彻底去死刑化。(4) 取消盗窃罪的死刑。1979 年刑法对盗窃犯罪并没有配置死刑。但自 1982 年全国人大常委会《关于严惩严重破坏经济的罪犯的决定》实施后，盗窃罪被配置了死刑。1997 年刑法虽然对盗窃罪的死刑适用范围作了很大限缩，但并没有取消该罪的死刑。盗窃罪的死刑问题一直广受争议、备受指责。《刑法修正案（八）》取消盗窃罪的死刑，是回归刑法理性之举。(5) 取消三个非暴力犯罪，即传授犯罪方法罪，盗掘古文化遗址、古墓葬罪，盗掘古人类化石、古脊椎动物化石罪的死刑。1997 年刑法修订过程中，学者一再提议废除传授犯罪方法罪的死刑，然而，非常遗憾的是，立法者并没有采纳这一意见，而是保留了该罪的死刑。可以说，对该罪设立死刑是我国刑法死刑设置不合理的最突出表现。1997 年刑法颁行之后，司法实践中根本没有一例针对传授犯罪方法罪判处死刑的案件。这也从侧面印证，对该罪设置死刑纯属多余。[①] 盗窃古文化遗址、古墓葬罪和盗掘古人类化石、古脊椎动物化石罪，侵犯的法益包括国家的文物管理秩序和国家对文物的财产权利。对侵犯这两种权利的犯罪显然不应视为《权利公约》所要求的“最严重的罪行”：一方面，对社会管理秩序的侵犯，其危害性远小于对国家安全的侵犯；另一方面，对文物财产权利的侵犯，在危害性上与数额巨大或特别巨大的盗窃罪并无不同。所以，对此两罪设置死刑原本就不符合刑法人权保障的精神。《刑法修正案（八）》废除这三个非暴力犯罪的死刑，应当受到积极肯定。

2. 增加了已满 75 周岁的人犯罪附条件不适用死刑的规定

《刑法修正案（八）》第 3 条规定，“审判的时候已满七十五周岁的人，不适用死刑，但以特别残忍手段致人死亡的除外”。这意味着，限制适用死刑的对象由以往的犯罪的时候不满 18 周岁的人和审判的时候怀孕的妇女两种人，扩张至包括审判的时候已满 75 周岁的人。

那么，该条的修改是否会放纵老年人犯罪？该条所体现的限制死刑适用、保障公民人权的意义远大于打击犯罪的意义。如前所述，对于仍保留死刑的国家，《权利公约》要

---

① 事实上关于取消传授犯罪方法罪的死刑的呼吁自该罪设定死刑之日起就一直没有停止过，但是，立法机关对此一直没有采取行动（参见王龙、黎宏：《对我国刑法中死刑制度的反思》，载《法学评论》，1990 年第 5 期，21 页）。《刑法修正案（八）》终于正视了这一罪名的死刑，对此应予肯定。事实上，传授犯罪方法罪作为独立罪名其所具有的价值也是值得怀疑的，理论上早有学者指出应该废除传授犯罪方法罪。参见卢勤忠：《论教唆罪的设立》，载《现代法学》，1996 年第 6 期，92～93 页。

求在适用死刑时进行严格的限制，并通过逐步的限制达到最后废除死刑。为此，《刑法修正案（八）》在现行刑法规定对犯罪时候的未成年人和审判时候的孕妇不得适用死刑的基础上，又增加规定对审判的时候已满75周岁的老年人不适用死刑。这实则是对死刑的适用对象作了进一步的限制。对审判的时候已满75周岁的老年人虽然不适用死刑，但是，通过适用较长刑期的有期徒刑或者无期徒刑，既可以实现死刑的威慑效果，也可达到犯罪预防目的。此外，废除审判的时候已满75周岁老年人的死刑，也与我国尊老爱老的历史传统以及世界各国宽恤老者的做法相一致。

二、我国刑事立法废除死刑与《权利公约》要求间的距离

以《权利公约》的精神为标准，对《刑法修正案（八）》《刑法修正案（九）》修改后仍然保留的死刑罪名进行分析，可以看出，我国刑事立法在死刑罪名的废除上仍有可进一步努力之处。

首先，《权利公约》第6条第2款明确规定“判处死刑只能作为对最严重的罪行的惩罚”。虽然《权利公约》对什么是“最严重的罪行”这一实质性条件没有进一步详细解释，但其他相关公约明确指出，对“‘最严重的罪行’一词必须作狭义解释，仅限于涉及故意杀人的极严重罪行。在第六条的框架内，未直接和故意导致死亡的罪行，如谋杀未遂、腐败及其他经济和政治罪行、武装抢劫、海盗活动、绑架以及毒品和性犯罪尽管具有严重性质，但绝不能作为判处死刑的理由”①。显然，《权利公约》所针对的都是类似于故意杀人罪等其结果为侵犯他人生命权利的犯罪。所以，对于故意杀人罪、故意伤害罪、绑架罪、强奸罪等严重侵犯公民人身权利的犯罪，我国刑法仍保留死刑，是具有合理性的。联合国经社理事会于1984年5月25日批准的《关于保护死刑犯权利的保障措施》第1条亦指出，死刑的范围是限于“（前述）或”“其他极端严重后果的罪行”，依照国际惯例，一般都是指那些严重危害国家安全、公共安全的犯罪以及某些军事犯罪。因此，在目前形势下，保留诸如分裂国家罪，武装叛乱、暴乱罪，放火罪，爆炸罪，投降罪，战时造谣惑众扰乱罪等危害国家安全犯罪、危害公共安全犯罪和军事犯罪的死刑，基本上也是合理的。但是，对于一些本质上只为图财谋利的经济犯罪，似乎不应再保留其死刑。我国经济犯罪中死刑罪名过多，可以说是死刑设置上的一个最需检讨之处。对经济犯罪设置过多的死刑罪名，有悖于国际社会主流价值观念。例如，联合国人权事务委员会认为，在《权利公约》第6条的框架下，经济和政治罪行等绝不能作为判处死刑的理由。② 我国要郑重地面对这一问题。目前如果能够做到前述所说的只对严重的危害国家安全犯罪等三类犯罪适用死刑无疑更好。但是，考虑到这一目标在现阶段实现的可能性不大，大幅度削减经济犯罪中的死刑罪名个数不仅迫切而且现实。只有这样，才能改变死刑适用范围过大的现状。《刑法修正案（八）》《刑法修正案（九）》削减了经济犯罪、侵财犯罪中的二十余个死刑罪名，是对《权利公约》之“判处死刑只能作为对最严

① 联合国人权事务委员会：《第36号一般性意见》，CCPR/C/GC/36（2018），para. 35。

② 参见联合国人权事务委员会：《死刑和保护死刑犯权利的保障措施的执行情况》，A/HRC/42/28（2019），para. 8。

重的罪行的惩罚”的回应，体现了我国对基本人权的重视。

其次，世界上保留并执行死刑的国家日益减少，我国作为其中之一，理应在减少死刑罪名的数量上有更多的作为。自《权利公约》起草至今，世界各国对死刑的态度以及实践发生了巨大的变化。2020年9月14日至2020年10月2日联合国人权理事会第四十五届会议通过的《联合国人权事务高级专员的年度报告》以及《高级专员办事处的报告和秘书长的报告》显示，在全世界224个国家和地区中，目前大约170个国家已废除死刑，或在法律上或实践中暂停执行死刑，或已中止处决死刑犯超过10年，占比接近80%。其中，美国有32个州或废除了死刑，或超过10年未执行死刑。同时，截至2020年5月31日，有88个国家批准了禁止适用死刑的主要国际条约——《第二项任择议定书》。① 在我国《刑法修正案（八）》《刑法修正案（九）》连续废除22个罪名的死刑确实标志着中国向控制死刑迈进了一步。

综观我国12部刑法修正案，从《刑法修正案（八）》开始，刑法的修改逐渐向轻刑化靠拢，每一部修正案都结合当时基本国情的同时又适应社会的变化。就像是死刑的废止一样，刑罚的轻缓化从理论上说是一个必然的趋势，但是从实践层面看刑罚轻缓化仍任重而道远。在当今世界各类危险不断发生，刑法是防范和治理风险的利器，但并不是遏制危险的良药，也不是预防犯罪的有力武器。为了追求有效的风险预防，刑法中的法益保护日益早期化、抽象化，保护个人法益的传统日益向保护集体法益转移，构成要件越来越前置化、扩大化。然而，所有“此类前置性构成要件不会被描述得非常精确”，法律适用者不可避免地会走上以司法解释为依托、以刑事政策为导向确定集体法益保护范围的道路。但此种做法势必将“保护集体法益”这一构成要件的法定目的置换为刑事政策（法律适用）目的，无法为将刑法适用于预防目的的追求提供内在规范限度，容易导致集体法益保护范围乃至刑法处罚范围的恣意扩张。各类违法行为的犯罪化，也将使监狱等刑罚执行场所日益人满为患，司法成本将无限增加。以《刑法修正案（十一）》为例，该部修正案是积极预防型刑法观的立法实践，也是刑法物化的进一步体现。未来我国刑事立法要反思积极预防型刑法观，并防止其演变为激进式刑法观，防止刑法物化的加剧；刑事立法应该秉承理性主义并恪守核心刑法的边界，以防止不断扩大的刑法处罚范围最终消损刑法自身的权威。

---

① 参见联合国人权理事会：《秘书长的报告：死刑问题》，A/HRC/45/20（2020），paras. 5 - 12。

第十七章　刑罚的裁量

第一节　量刑概述

一、量刑的概念

刑法分则各罪条文中对应构成要件所规定的刑罚，就是法定刑。刑法分则规定法定刑，有三种方式：第一种是在法定刑范围内，就刑罚的适用赋予法官裁量权。这就是相对的法定刑主义。第二种是规定严格的刑种与刑罚幅度，不承认法官有裁量的幅度。这是绝对的法定刑主义。第三种则是将刑罚的适用完全委任于法官的裁量。这就是绝对专断刑主义。[①] 我国采取的是相对的法定刑主义，在刑法中，因为法定刑限定了刑种，所以在规定的刑罚的上限和下限的范围之内，要赋予法官一定的裁量权力。法官就量刑问题发挥裁量权的过程就是量刑的过程。所谓量刑，是指由人民法院根据刑法规定，在认定构成犯罪的前提下，决定对犯罪人进行刑罚裁量的审判活动。

量刑的特征主要有以下四点：

第一，量刑的主体是人民法院。根据宪法及相关法律的规定，人民法院是国家审判机关，依法行使刑事审判权，加之量刑权是审判权的重要内容之一，因而由人民法院依法行使量刑权。

第二，量刑的前提条件是认定构成犯罪。刑事审判有两大环节，包括定罪环节和量刑环节。定罪环节是量刑环节的前提。法院只有查明了犯罪事实认定构成犯罪，确定了具体案件中应当适用的法律条文，才能进入量刑环节。

第三，量刑的对象是犯罪人。量刑是在认定构成犯罪的前提下，进一步解决刑罚的有无、种类和轻重的问题，因此，量刑的对象是其行为已经构成犯罪的人。

第四，量刑的内容是裁量刑罚。在裁量刑罚的过程中，法官需要从逻辑层面解决四个问题：首先，《刑法》第 37 条规定，“对于犯罪情节轻微不需要判处刑罚的，可以免予刑事处罚”。这表明即使法院认定了犯罪人的犯罪性质，也不一定导致犯罪人承担刑罚处罚的法律后果。其次，法院在认定犯罪人承担刑罚处罚的基础上，进一步确定刑罚种类和刑罚轻重。再次，量刑内容包括所判刑罚是否立即执行。《刑法》第 72 条规定，“对于被判处拘役、三年以下有期徒刑的犯罪分子，同时符合下列条件的，可以宣告缓刑，对其中不满十八周岁的人、怀孕的妇女和已满七十五周岁的人，应当宣告缓刑”。《刑法》

---

① 参见［日］山中敬一：《刑法总论》，3 版，东京，成文堂，2015，1106 页。

第 48 条规定，“死刑只适用于罪行极其严重的犯罪分子。对于应当判处死刑的犯罪分子，如果不是必须立即执行的，可以判处死刑同时宣告缓期二年执行”。由此可见，我国刑法已经明文规定了拘役、3 年以下有期徒刑的缓刑制度和死刑缓期执行制度。因此法官需要考虑刑罚是否应当立即执行的问题。最后，如何对一人的数罪进行并罚。

二、量刑的原则

量刑的原则，是指人民法院在裁量刑罚的过程中必须遵循的，贯穿于量刑始终的指导思想和基本准则。我国《刑法》第 61 条规定，“对于犯罪分子决定刑罚的时候，应当根据犯罪的事实、犯罪的性质、情节和对于社会的危害程度，依照本法的有关规定判处”。通说认为上述规定即我国的量刑原则，并将其概括为以犯罪事实为根据、以刑事法律为准绳的量刑原则。① 然而，通说承继了刑事古典学派的报应理论，而没有体现新派的预防刑论，忽视了实施犯罪行为的人，从而未能充分体现量刑的特征，故缺乏科学性和合理性。对具体犯罪的量刑，取决于对刑罚的功能、本质与目的的认识。刑罚的正当化依据是报应刑论和预防刑论的并合，在量刑原则的构建中，倘若单方面地强调其中的任意一方，都会得出不合理的量刑结论。

为了进一步提高预防刑论的地位，规范刑罚裁量权，应结合《刑法》第 5 条和 2021 年 6 月 16 日“高法”《关于常见犯罪的量刑指导意见（试行)》（以下简称《2021 年量刑指导意见》）的规定，分析我国的量刑原则，并进一步落实宽严相济的刑事政策。首先，我国《刑法》第 5 条规定，“刑罚的轻重，应当与犯罪分子所犯罪行和承担的刑事责任相适应”。这表明刑罚轻重不仅与客观的法益侵害程度有关，而且与案件外的影响行为人刑事责任的事实有关。其次，《2021 年量刑指导意见》取代 2013 年 12 月 23 日“高法”《关于常见犯罪的量刑指导意见》。《2021 年量刑指导意见》规定了量刑的指导原则，明确指出：（1）量刑应当以事实为根据，以法律为准绳，根据犯罪的事实、性质、情节和对社会的危害程度，决定判处的刑罚。（2）量刑既要考虑被告人所犯罪行的轻重，又要考虑被告人应负刑事责任的大小，做到罪责刑相适应，实现惩罚和预防犯罪的目的。（3）量刑应当贯彻宽严相济的刑事政策，做到该宽则宽、当严则严，宽严相济、罚当其罪，确保裁判政治效果、法律效果和社会效果的统一。（4）量刑要客观、全面把握不同时期不同地区的经济社会发展和治安形势的变化，确保刑法任务的实现；对于同一地区同一时期案情相似的案件，所判处的刑罚应当基本均衡。据此，我国的量刑原则主要有三种：第一，以犯罪事实为依据；第二，以刑事法律为准绳；第三，坚持宽严相济的刑事政策。

（一）以犯罪事实为依据

犯罪事实是量刑的基础，没有犯罪事实，量刑就失去了客观依据。犯罪事实包括广义的犯罪事实和狭义的犯罪事实，这里的犯罪事实指的是广义的犯罪事实。广义的犯罪事实包括狭义的犯罪事实（犯罪的基本事实），以及犯罪的性质、情节和社会危害程度。这一原则包括以下几个方面的基本内容。

---

① 参见高铭暄、马克昌主编：《刑法学》，10 版，北京，北京大学出版社、高等教育出版社，2022，250 页。

1. 以犯罪事实为根据

这里的犯罪事实，是指狭义的犯罪事实，具体来说，是指符合刑法规定的主客观构成要件和构成要件之外影响行为人刑事责任的各项基本事实情况。认清、查清犯罪事实是正确量刑的基础和关键。

2. 正确认定犯罪性质

这里的犯罪性质，是指法律事先规定的某一法益侵害行为的性质。通常从形式上以罪名作为认定犯罪行为性质的判断标准。不同的罪名表现了犯罪行为在法律性质层面的差别，受侵害法益种类的不同会导致法定刑幅度的不同，法益受侵害程度的不同会导致刑罚处罚轻重的不同。只有正确认定犯罪性质，才有可能在规定的法定刑幅度以内确定合理的刑罚量，做到量刑的基本公平。

3. 全面掌握犯罪情节

犯罪情节是指犯罪构成要件以外的事实情况，分为定罪情节和量刑情节。（1）定罪情节，即关于行为性质的情节，例如，《刑法》第 213 条规定，“未经注册商标所有人许可，在同一种商品、服务上使用与其注册商标相同的商标，情节严重的，处三年以下有期徒刑，并处或者单处罚金”。这里的“情节严重”就属于定罪情节，因为这里的情节严重是犯罪成立条件。（2）量刑情节，是指定罪情节以外的其他影响行为人刑事责任的事实情况。例如，《刑法》第 202 条规定，“以暴力、威胁方法拒不缴纳税款的，处三年以下有期徒刑或者拘役，并处拒缴税款一倍以上五倍以下罚金；情节严重的，处三年以上七年以下有期徒刑，并处拒缴税款一倍以上五倍以下罚金”。这里的“情节严重”指的是量刑情节，在该规定中对不同的情节设置了不同层级的法定刑。掌握量刑情节之后才能找到对应的法定刑。不同的犯罪情节表明行为的法益侵害程度和行为人的人身危险性不同，因而量刑时所判处的刑罚存在差异。

4. 综合评价犯罪的社会危害程度

犯罪的社会危害程度是指犯罪行为对社会造成危害结果的程度或可能造成的危害结果的程度。犯罪的社会危害程度是由犯罪的一系列主观和客观因素交织形成的，包括犯罪事实、犯罪性质、犯罪情节，以及犯罪人的主观恶性和人身危险性。在查清犯罪事实、确定犯罪性质之后，还需要综合评价犯罪的社会危害程度。如此，才能得出合理的量刑结论。

（二）以刑事法律为准绳

《刑法》第 3 条规定，“法律明文规定为犯罪行为的，依照法律定罪处刑；法律没有明文规定为犯罪行为的，不得定罪处刑”。以刑事法律为准绳是量刑的原则之一，是贯彻罪刑法定原则的应有之义。此原则通常包括以下三方面的内容。

1. 裁量刑罚，应该依据刑法总则关于刑罚体系的规定

裁量刑罚应依据刑法总则中关于五种主刑和四种附加刑的规定，例如，对于犯罪的时候不满 18 周岁的人和审判的时候怀孕的妇女，不适用死刑。又如，主刑只能独立适用，而附加刑既可以随主刑附加适用，也可以独立适用。

2. 裁量刑罚，应该依据刑法总则和分则关于量刑情节的规定

裁量刑罚应依据刑法总则中关于预备犯、未遂犯、中止犯、未成年人犯罪、共同犯

罪中的犯罪人分类的处罚规定，刑法分则中各个罪名中的从重、从轻、减轻或免除处罚的具体情节的处罚规定，以及刑法分则中关于应当型情节和可以型情节的处罚规定。

3. 裁量刑罚，应该依据刑法总则关于各种量刑制度的规定

裁量刑罚应依据刑法总则中关于累犯、自首、立功、数罪并罚等的规定。

（三）坚持宽严相济的刑事政策

宽严相济的刑事政策是指对具体犯罪事实具体分析，实行结果上的区别对待，做到该宽则宽、当严则严，宽严相济、罚当其罪。

宽严相济在中国法律制度史上源远流长，如《尚书·吕刑》《周礼·秋官·大司寇》《左传》《晋书·刑法志》《明史·刑法志》等历史文献中都有体现宽严相济精神的文字表述。[①] 中国传统文化强调和谐与和睦、中庸与中道，宽严相济既不过于严厉也不过于宽松，它正是“利用本土资源，关注本国法律传统”而形成的具有中国特色的刑法概念。某种程度上，该概念有助于“超越和开创传统，建立与现代中国相适应的法治”[②]，对于中国刑事治理模式与概念体系的形成，具有指导性的意义。

宽严相济的刑事政策有其演进进程，它由镇压与宽大两个政策—镇压与宽大相结合—惩办与宽大相结合逐渐演变而来。从抗日战争时期的“镇压与宽大”两个政策到新中国成立初期的“镇压与宽大相结合”，再到社会主义改造基本完成后的“惩办与宽大相结合”，都带有浓厚的阶级斗争色彩。抗日战争时期，1940 年毛泽东主席在“锄奸政策”中指出，为了保卫抗日的革命势力，对反动派中的动摇分子和胁从分子，进行宽大处理，对坚决的汉奸分子，应该坚决地镇压。[③] 之后，为了纠正指导意见的偏差，1942 年 11 月中共中央作出《关于宽大政策的解释》，具体内容是宽大和镇压是两个政策，缺一不可。在新中国成立初期，面临镇压反革命、巩固新生政权的双重任务。根据当时的社会任务，毛泽东主席在“肃反”问题上提出“镇压与宽大相结合”的政策，主张：一方面必须坚决肃清一切危害人民的土匪、恶霸及其他的反革命分子，另一方面要区分首恶者必办、胁从者不问、立功者受奖的具体情形。在社会主义改造时期，阶级矛盾还是社会的主要矛盾，工人阶级和广大人民群众的根本任务是发展生产力、巩固新生的人民政权。1956 年 9 月党的第八次全国代表大会的报告指出，对于反革命分子和其他犯罪分子一贯实行惩办与宽大相结合的政策，凡是坦白的、悔过的、立功的，一律给以宽大处理。2005 年 12 月罗干同志在全国政法工作会议上首次提出宽严相济的刑事政策，指出其具体内涵是“对刑事犯罪区别对待，做到既要有力打击和震慑犯罪，维护法制的严肃性，又要尽可能减少社会对抗，化消极因素为积极因素，实现法律效果与社会效果的统一”[④]。宽严相济刑事政策的出台，在一定程度上改变了我国刑事司法重打击轻保护的观念，它对于最大限度地预防和减少犯罪、化解社会矛盾、维护社会和谐稳定，发挥了积极的作用。2010 年 2 月 8 日“高法”《关于贯彻宽严相济刑事政策的若干意见》指出，贯彻宽严相济刑事政策的总体要求是“切实做到该宽则宽，当严则严，宽严相济，罚当其罪，确保裁判法

① 参见马克昌：《宽严相济刑事政策刍议》，载《人民检察》，2006 年第 19 期，15 页。

② 苏力：《法治及其本土资源》，4 版，北京，北京大学出版社，2022，132～133 页。

③ 参见《毛泽东选集》，第 2 卷，2 版，北京，人民出版社，1991，767 页。

④ 马克昌：《宽严相济刑事政策研究》，北京，清华大学出版社，2012，74 页。

律效果和社会效果的高度统一”。

宽严相济的刑事政策作为我国基本的刑事政策，是刑事立法和刑事司法的指导思想。比如，我国《刑法》第四章刑罚的具体运用第一节“量刑”中的累犯、自首、立功规定，尤其是其中的减刑、假释规定等，是根据犯罪分子的不同情况而设立的刑罚制度，都是宽严相济的刑事政策在立法上的体现。作为刑事司法组成部分的刑罚裁量也不能例外，比如，我国当前的减刑制度体现了宽严相济的刑事政策，凸显报应刑论与预防刑论并重的刑罚正当化依据。在以犯罪事实为依据和以刑事法律为准绳的前提下，必须以宽严相济的刑事政策为导向，处理好刑事政策与刑事法律之间的关系。一直以来，宽严相济的刑事政策在司法实践中起到积极的指导作用。

张某等 16 人开设赌场案。① 2017 年，张某等人在菲律宾共同成立“风云国际”赌博网站，通过网络组织赌博活动。后又在国内某市设立客服推广平台。由吕某负责赌博网站管理，由张某超负责网络设备维护，由张某霞、刘某等 9 人负责网站推广、充值、兑换筹码等，由梁甲、梁乙负责将该赌博网站非法所得提现，提现后将现金交给张某及冯某保管使用。从 2018 年至 2019 年，该赌博网站违法运营获利共计人民币 685.84 万元。

分析：检察机关经过调查取证，将涉案人员分为主犯（张某、李某、吕某）、从犯（张某超等 11 人）及其他情节较轻人员（梁甲等 2 人）。法院对张某等 3 名主犯判处有期徒刑 3 年至 5 年 6 个月不等；对冯某等 11 名从犯判处有期徒刑 10 个月至 1 年 8 个月不等；对梁甲等 2 人判处有期徒刑 1 年，缓刑 1 年。

本书认为：本案中法院与检察院即以宽严相济的刑事政策和少捕慎诉慎押的刑事司法政策为指导，围绕网络赌博犯罪的内容、方式以及参与人员情况等，结合犯罪事实、犯罪嫌疑人的地位作用及认罪悔罪表现进行了分层、分策的科学处置：对赌博网站的搭建和组织管理者依法进行严惩；对具有初犯、偶犯、自首等情节的一般参加人员和在校学生等，则是以教育、挽救、警示为主，从而既体现了对共同犯罪中危害严重、社会危险性大、作用突出的主犯从严逮捕、起诉、惩治的政策取向，也体现了对罪行较轻的从犯从宽取保候审、从宽追究刑事责任的态度。在案件侦办期间，11 名同案犯在得知本案从犯未被逮捕羁押且获得从宽处理后，受政策感召回国投案自首。同时，被告人及其家属为争取宽大处理，积极配合侦查，主动退赃退赔，共上交违法所得 415.2 万元，缴纳罚金 45 万元，从而最大限度地挽回了被害人的损失。可见宽严相济的刑事政策在本案中取得了案件处理与社会效应双重积极效果。

三、量刑的基准

（一）量刑基准概述

量刑基准是指排除法定和酌定的量刑情节后，对某个犯罪的既遂状态所应该确定的刑罚。在我国，学者在不同意义上使用“量刑基准”，导致其在刑罚理论上和司法实践中是一个十分模糊的概念。代表性观点大致有以下三种。

（1）“量刑原则”说。该观点认为量刑基准是量刑所遵循的原则，如“量刑的基本准

① 参见 2021 年 12 月 3 日检察机关贯彻少捕慎诉慎押刑事司法政策典型案例（第一批）案例 4。

则，简称量刑基准，是指量刑时应当加以考虑的各种相关因素”①。根据这种观点，针对不同罪名的基本犯罪构成事实所确定的量刑起点是相对确定的。抢劫罪的基本犯为 3 年以上 10 年以下有期徒刑，而加重犯为 10 年以上有期徒刑。确定抢劫罪的量刑基准取决于是否具有加重情节。

（2）“具体个罪”说。该观点认为量刑基准是“对已确定适用法定刑幅度的个罪，对应于既遂状态下反映该罪特点或者犯罪实害程度的事实所预定的刑量”②。根据这种观点，只能针对特定的抢劫罪确定量刑基准。

（3）“量刑根基”说。该观点认为量刑基准是“处理刑罚正当化根据的二律背反的理论，亦即，在肯定了只能在责任刑的限度内考虑预防目的的前提下，是在责任刑的点之下考虑预防目的，还是在责任刑的幅度内考虑预防目的”③。根据这种观点，刑罚首先需要与罪行相适应，其次才考虑犯罪人的人身危险性。这个意义上的量刑基准，强调了报应刑论和预防刑论之间的互动关系是以报应刑论限制预防刑论。在我国大多数学者主张这一观点。

本书所称的量刑基准，以第三种观点为依据，即联系刑罚的正当化依据、报应刑与预防刑论的关系，处理刑罚正当化根据内部二律背反的量刑基准论。幅的理论和点的理论是处理报应刑论与预防刑论之关系的两种观点。

（二）幅的理论

幅的理论认为，量刑基准具有一定幅度，而不是一个点。无论怎么把握量刑基准，从各个具体的案件中都不能推导出绝对的唯一刑罚量。幅的理论内部对于客观上是否存在与责任相适应的确定的点以及能否突破责任刑的上限和下限量刑，还存在不同见解。④

幅的理论的支持者主要考虑以下四个方面：

（1）法益侵害的具体情形从事后来看是确定的，但量刑是法官对法益侵害进行价值评价，然，价值评价因人而异，量刑时对法益侵害的评价天然具有一定幅度。

（2）道义责任论的主导思想是：基于是非辨认能力对法的道义性具有认识，基于意志自由能力对行为具有支配力；并且，行为人对具体的犯罪事实具有故意和过失。由此，法律根据以上因素裁量行为人的可谴责性程度，这种裁量无须精确，只需要大致相当即可。

（3）社会公众的心理是多样的，量刑需要考虑社会公众的心理预期。具体来说，量刑的足够空间促使报应刑的确定符合国民的期待。

（4）事实上的点是一种理论模型，在现实中难以确定。认为存在事实上可以被判断的点，是对法学作为科学的迷思，是实证主义而非理性主义的产物。⑤

（三）点的理论

点的理论认为，与责任相当的具体刑罚只能是一个点，而不能是一个幅度。只有在

---

① 陈兴良：《规范刑法学》（上册），4 版，北京，中国人民大学出版社，2023，470 页。

② 张明楷：《责任主义与量刑原理——以点的理论为中心》，载《法学研究》，2010 年第 5 期，141 页。

③ 张明楷：《刑法学》（上），6 版，北京，法律出版社，2021，716 页。

④ Vgl. Frister, Strafrecht Allgemeiner Teil, 10. Aufl., 2023, § 6, Rn. 17.

⑤ 参见周光权：《刑法总论》，4 版，北京，中国人民大学出版社，2021，449～450 页。

确定了责任刑之后，法官才能在责任刑的最高限度下根据预防刑情节确立宣告刑。例如，盗窃罪数额巨大的法定刑为 3 年以上 10 年以下有期徒刑，倘若根据行为人的盗窃行为、盗窃数额等犯罪基本事实认定其责任刑为 5 年有期徒刑，那么，各种影响预防刑的量刑情节就只能在 3 年至 5 年的区间范围以内发挥作用。即使被告人具有两个以上的从重处罚的预防刑情节，宣告刑也不能突破 5 年有期徒刑的范围。

本书赞同点的理论，理由有以下几点：

（1）刑罚正当化根据可以为点的理论提供充分依据。根据并合主义刑罚理论的要求，责任刑是预防刑的限度；在责任刑之下，考虑预防刑的情节是并合主义刑罚理论在量刑上的要求。

（2）点的理论体现了在量刑阶段如何认识和处理法益保护机能与人权保障机能的关系。“刑法的天然属性当然是社会保护，然而，现代各法治国家的刑法莫不强调保障无辜的人不受刑事责任追究和被告人的合法权利不受侵犯的人权保障思想，换言之，人权保障机能是刑法的重要机能。”① 因此，刑法应该在人权保障的框架内实现法益保护机能。

（3）点的理论是消极的责任主义在量刑环节的体现。在最初发展阶段，责任主义是“积极的责任主义”，即“有责任就有刑罚”。但这一观点遭到了学者的批判，例如，“对法律明文规定为犯罪行为的”，单纯宣告有罪而不判处刑罚也符合法律规定，与“积极的责任主义”的逻辑背离。② 于是，责任主义发展到了今天，学界通说采取的是“消极的责任主义”，即“没有责任就没有刑罚”。

（4）点的理论可以防止预防刑的任意扩大导致的不必要的重刑。法官在确立宣告刑之前先设置一个责任刑点，在责任刑之下考虑预防刑。本书主张刑罚目的一体化说：在立法阶段，刑罚目的以报应和一般预防为主；在刑事司法阶段，刑罚目的应当是报应与特殊预防的统一。法官首先根据基本定罪事实确定报应刑，再通过特殊预防目的对罪犯适用具体的刑罚，利用刑罚的威吓力减少犯罪。但是，过分强调特殊预防，也有超越罪责刑相适应原则的嫌疑。

（四）预防刑的裁量

在刑事司法阶段，刑罚的正当化根据应当以报应刑论和特殊预防论为主，所以这里的预防刑是指在确定责任刑的前提下需要考虑的影响特殊预防必要性的情节。与犯罪人紧密关联的特殊预防情节主要有：（1）犯罪人属性的再犯危险性，如犯罪人的年龄（少年、青年、老年）、经历（职业状况、家庭情况、惯犯、累犯）、性格（品行较好、劣迹斑斑）等；（2）犯罪人行为的再犯危险性，如是否自首、立功，以及是否认罪认罚等。特殊预防情节既有法定量刑情节，又有酌定量刑情节。这些情节影响到行为人的人身危险性，在裁量预防刑时必须予以重视。

区分责任刑与预防刑，在司法实践中意义重大。有责的不法事实和主观罪责的轻重是影响责任刑的因素，同时在极大程度上左右量刑的最终结果，但由于特殊预防必要性的存在，又可以实现刑罚个别化。法官应当认识到两个量刑环节各自的功能和作用，不

① 刘艳红：《实质犯罪论》，2 版，北京，中国人民大学出版社，2022，89 页。

② 参见张明楷：《责任主义与量刑原理——以点的理论为中心》，载《法学研究》，2010 年第 5 期，128 页。

能因为特殊预防必要性大，就超出责任刑的范围对行为人施以重刑。

黄某交通肇事案。[①] 黄某驾驶小型汽车时因误踩油门致车辆加速失控撞上了行人傅某、廖甲、廖乙。而后，黄某的小型汽车又失控撞上了魏某驾驶的两轮摩托车、彭某驾驶的小型汽车和徐某驾驶的出租车。两次失控造成四车车损及傅某、廖甲当场死亡，廖乙受伤后经送医院抢救无效死亡，魏某、彭某、徐某、高某、杨某受伤的重大交通事故。

分析：本案中黄某违反交通运输管理法规发生重大交通事故，构成情节特别恶劣的交通肇事罪，法定最低刑为3年以下有期徒刑。但是，事故发生之后，被告人因受伤在医院治疗，其间接受公安机关调查，如实供述了上列犯罪事实。案发后，被告人家属已代为赔偿被害人魏某、彭某、徐某、高某、杨某的所有经济损失，取得被害人魏某、彭某、徐某、高某、杨某的谅解，并赔偿死者家属部分经济损失。此外，在本案审理期间，黄某的家属与死者家属达成赔偿协议，死者家属对被告人黄某表示谅解。法院根据被告人自首（法定量刑情节）、犯罪后的态度（酌定量刑情节）认定被告人主观恶性小、特殊预防性小。为实现个案公正，法院对被告人处有期徒刑3年，缓刑4年。

第二节　量刑情节

一、量刑情节的概念

量刑情节，是指在犯罪构成事实之外，能够体现犯罪的社会危害程度和行为人的人身危险性，人民法院据以决定是否判处刑罚、判处何种刑罚以及所判刑罚是否立即执行的各种事实情况。

量刑情节具有以下三个特征：

（1）量刑情节是犯罪构成事实之外的各种事实情况。犯罪构成事实是具有定罪意义的事实。量刑情节只能影响刑罚裁量结果，与定罪无关。例如，《刑法》第275条规定，“故意毁坏公私财物，数额较大或者有其他严重情节的，处三年以下有期徒刑、拘役或者罚金”。这里的“数额较大”或“情节严重”是构成要件事实而非量刑情节。

（2）量刑情节能够体现犯罪行为的社会危害程度和行为人的人身危险性。法官以犯罪行为的社会危害程度和行为人的人身危险性为刑罚裁量依据。不影响犯罪行为的社会危害程度和行为人的人身危险性的事实，当然不能成为量刑情节。

（3）量刑情节是人民法院决定是否判处刑罚、判处何种刑罚以及所判刑罚是否立即执行时必须考虑的各种事实情况。在一个犯罪中通常设置不同层次的法定刑，应该根据不同的量刑情节决定刑罚裁量结果。例如，《刑法》第266条规定，诈骗公私财物，数额较大的，处3年以下有期徒刑、拘役或者管制，并处或者单处罚金；数额巨大或者有其他严重情节的，处3年以上10年以下有期徒刑，并处罚金；数额特别巨大或者有其他特别严重情节的，处10年以上有期徒刑或者无期徒刑，并处罚金或者没收财产。可见是否达到数额巨大、有其他严重情节或者其他特别严重情节，是诈骗罪的量刑情节。

---

① 参见（2017）闽0211刑初513号刑事判决书。

二、量刑情节的分类

（一）概述

根据不同标准从不同的角度，量刑情节可以分为以下几类。

以刑法有无明文规定为标准，量刑情节可分为法定情节和酌定情节。法定情节是指刑法明文规定的，在量刑时必须要考虑的各种事实情况，既包括刑法总则所规定的一般性量刑情节，又包括刑法分则所规定的具体量刑情节。酌定量刑情节，是指刑法没有明文规定的，法官在量刑时在立法精神和刑事政策的指引下酌情决定是否适用的情节。

以量刑时是否必须考虑为标准，量刑情节可分为应当型情节和可以型情节。应当型情节，是指量刑时必须予以考虑和适用的各种事实情况。可以型情节，是指量刑时可以予以考虑和适用的各种事实情况。例如，《刑法》第 17 条之一规定，"已满七十五周岁的人故意犯罪的，可以从轻或者减轻处罚；过失犯罪的，应当从轻或者减轻处罚"。其中，"已满七十五周岁的人故意犯罪"是法官在量刑时可以考虑的从轻或减轻处罚的事实情况，为可以型情节；"已满七十五周岁的人过失犯罪"是法官在量刑时应当考虑的从轻或减轻处罚的事实情况，为应当型情节。通常，具备可以型情节时就应当予以适用，但当案件有特殊情况时，法官也有一定的自由裁量权裁定不适用该情节。

以量刑结果是否对行为人有利为标准，量刑情节可分为从严情节和从宽情节。从严情节，是指对行为人的量刑结果产生不利影响的各种事实情况。例如，《刑法》第 65 条规定，"被判处有期徒刑以上刑罚的犯罪分子，刑罚执行完毕或者赦免以后，在五年以内再犯应当判处有期徒刑以上刑罚之罪的，是累犯，应当从重处罚，但是过失犯罪和不满十八周岁的人犯罪的除外"。值得注意的是，行为人具有从重处罚情节的，也需要在法定刑幅度以内判处刑罚，否则就违背了罪刑法定原则。从宽情节，是指对行为人的量刑结果产生有利影响的各种事实情况。从宽情节包括从轻处罚情节、减轻处罚情节和免除处罚情节。从轻处罚是指在法定刑幅度以内对行为人判处较轻的刑罚，减轻处罚是指在法定刑幅度以下判处刑罚。例如，《刑法》第 18 条第 3 款规定，"尚未完全丧失辨认或者控制自己行为能力的精神病人犯罪的，应当负刑事责任，但是可以从轻或者减轻处罚"。免除处罚是指对行为人单纯作有罪宣告，而不判处刑罚。例如，《刑法》第 19 条规定，"又聋又哑的人或者盲人犯罪，可以从轻、减轻或者免除处罚"。

以情节与犯罪行为在时间上的关系为标准，量刑情节可分为案中情节和案外情节。案中情节是指在犯罪过程中影响量刑结果的各种事实情况，如犯罪结果、犯罪手段、犯罪目的、犯罪动机等。案外情节是指犯罪实施以前或犯罪实施以后影响量刑结果的各种事实情况，如犯罪实施以前行为人的一贯行为表现、前科等，犯罪实施以后行为人的自首、立功等。

以同一量刑情节对量刑结果的影响是否确定为标准，量刑情节可分为单功能情节和多功能情节。单功能情节，是指对量刑结果的影响只有一种可能性的事实情况。例如，《刑法》第 29 条第 1 款规定，"教唆他人犯罪的，应当按照他在共同犯罪中所起的作用处罚。教唆不满十八周岁的人犯罪的，应当从重处罚"。如果行为人是教唆犯，就要承担从重处罚的法律后果。这里的教唆犯情节是单功能情节。多功能情节，是指对量刑结果的影响有两种以上可能性的事实情况。例如，《刑法》第 20 条第 2 款规定，“正当防卫明显超过必要限度造成重大损害的，应当负刑事责任，但是应当减轻或者免除处罚”。防卫过当的情节是多功能情节，因为这种情节会造成应当减轻处罚或者免除处罚两种后果。

（二）法定情节

我国刑法明文规定的量刑情节数量繁多，分布在刑法总则和刑法分则中。根据划分标准的不同，既可以将其分为应当型情节和可以型情节，又可以将其分为从宽情节和从严情节。具体而言，包括以下类型。

1. 应当从宽情节

（1）应当减轻处罚的情节：造成损害的中止犯（《刑法》第 24 条第 2 款后半句）。

（2）应当从轻或者减轻处罚的情节：已满 12 周岁不满 18 周岁的人犯罪；已满 75 周岁的人过失犯罪（《刑法》第 17 条第 4 款、第 17 条之一后半句）。

（3）应当免除处罚的情节：没有造成损害的中止犯（《刑法》第 24 条第 2 款前半句）。

（4）应当减轻或者免除处罚的情节：防卫过当（《刑法》第 20 条第 2 款）、避险过当（《刑法》第 21 条第 2 款）、胁从犯（《刑法》第 28 条）。

（5）应当从轻、减轻或免除处罚的情节：从犯（《刑法》第 27 条）。

2. 可以从宽情节

（1）可以从轻处罚的情节：犯罪后如实供述自己罪行的（《刑法》第 67 条第 3 款）；收买被拐卖的儿童后，对被收买儿童没有虐待行为，不阻碍对其进行解救的（《刑法》第 241 条第 6 款）；个人贪污、受贿数额巨大或者有其他严重情节，以及数额特别巨大或者有其他特别严重情节，在提起公诉前如实供述自己罪行、真诚悔悟、积极退赃，避免、减少损害结果发生的（《刑法》第 383 条第 3 款后半句）。

（2）可以从轻或者减轻处罚的情节：已满 75 周岁的人故意犯罪的（《刑法》第 17 条之一前半句）；尚未完全丧失辨认或者控制自己行为能力的精神病人犯罪的（《刑法》第 18 条第 3 款）；被教唆的人没有犯被教唆的罪时的教唆犯（《刑法》第 29 条第 2 款）；自首（《刑法》第 67 条第 1 款第二句）；立功（《刑法》第 68 条前半句）；非法吸收公众存款但在提起公诉前能够积极退赃退赔，减少损害结果发生的（《刑法》第 176 条第 3 款）；收买被拐卖的妇女后，按照被收买妇女的意愿，不阻碍其返回原居住地的（《刑法》第 241 条第 6 款后半句）；挪用资金但在提起公诉前将挪用的资金退还的（《刑法》第 272 条第 3 款）；行贿人在被追诉前主动交代向国家工作人员行贿行为的（《刑法》第 390 条第 2 款前半句）。

（3）可以免除处罚的情节：犯罪较轻且自首的（《刑法》第 67 条第 1 款后两句）；非法种植毒品原植物在收获前自动铲除的（《刑法》第 351 条第 3 款）。

（4）可以减轻处罚的情节：犯罪后能够如实供述，避免特别严重后果发生的（《刑法》第 67 条第 3 款后半句）。

（5）可以减轻或者免除处罚的情节：重大立功的（《刑法》第 68 条后半句）；在被追诉前主动交代向非国家工作人员等行贿行为的（《刑法》第 164 条第 4 款）；挪用资金犯罪较轻并且能够在提起公诉前将挪用的资金退还的（《刑法》第 272 条第 3 款）；拒不支

付劳动报酬，尚未造成严重后果，在提起公诉前支付劳动者的劳动报酬，并依法承担相应赔偿责任的（《刑法》第276条之一第3款）；在被追诉前主动交代向国家工作人员行贿事实，行贿情节较轻，对于调查突破、侦破重大案件起关键作用，或者有重大立功表现的（《刑法》第390条第2款）；介绍贿赂人在被追诉前主动交代贿赂行为的（《刑法》第392条第2款）。

（6）可以免除或者减轻处罚的情节：在国外犯罪，已在外国受过刑罚处罚的（《刑法》第10条）。

（7）可以从轻、减轻或者免除处罚的情节：又聋又哑的人或者盲人犯罪的（《刑法》第19条）；预备犯（《刑法》第22条第2款）；个人贪污、受贿数额较大或者有其他较重情节，在提起公诉前如实供述自己罪行、真诚悔悟、积极退赃，避免、减少损害结果发生的（《刑法》第383条第3款半句）。

3.应当从严情节

（1）刑法总则规定应当从重处罚的情节：教唆不满18周岁的人犯罪的（《刑法》第29条第1款第二句）；累犯（《刑法》第65条第1款）。

（2）刑法分则规定应当从重处罚的情节：策动、胁迫、勾引、收买国家机关工作人员、武装部队人员和人民警察、民兵进行武装叛乱或者武装暴乱（《刑法》第104条第2款）；与境外机构、组织、个人相勾结，犯《刑法》第103条、第104条、第105条规定之罪（《刑法》第106条）；掌握国家秘密的国家工作人员犯叛逃罪（《刑法》第109条第2款）；武装掩护走私（《刑法》第157条第1款）；国有公司、企业、事业单位的工作人员，徇私舞弊，犯《刑法》第168条第1款与第2款之罪（《刑法》第168条第3款）；伪造货币并出售或者运输伪造的货币（《刑法》第171条第3款）；银行或者其他金融机构的工作人员利用职务上的便利，窃取、收买或者非法提供他人信用卡信息资料（《刑法》第177条之一第3款）；银行或者其他金融机构的工作人员违反国家规定，向关系人发放贷款（《刑法》第186条第2款）；奸淫幼女（《刑法》第236条第2款）；非法拘禁，具有殴打、侮辱情节（《刑法》第238条第1款第二句）；国家机关工作人员利用职权，犯《刑法》第238条前3款规定之罪（《刑法》第238条第4款）；国家机关工作人员犯诬告陷害罪（《刑法》第243条第2款）；司法工作人员滥用职权，犯非法搜查罪或非法侵入住宅罪（《刑法》第245条第2款）；刑讯逼供或暴力取证致人伤残、死亡（《刑法》第247条）；虐待被监管人，致人伤残、死亡（《刑法》第248条第1款）；邮政工作人员私拆、隐匿、毁弃邮件、电报而窃取财物（《刑法》第253条第2款）；将在履行职责或者提供服务过程中获得的公民个人信息出售或者提供给他人（《刑法》第253条之一第2款）；冒充人民警察招摇撞骗（《刑法》第279条第2款）；组织、指使他人实施冒名顶替罪（《刑法》第280条之二第2款）；引诱未成年人参加聚众淫乱活动（《刑法》第301条第2款）；司法工作人员犯妨害作证罪或帮助毁灭、伪造证据罪（《刑法》第307条第3款）；提起虚假诉讼，非法占有他人财产或者逃避合法债务，又构成其他犯罪的（《刑法》第307条之一第3款）；司法工作人员利用职权，与他人共同实施虚假诉讼行为，以及同时构成其他犯罪的（《刑法》第307条之一第4款）；盗伐、滥伐国家级自然保护区内的森林或者其他林木（《刑法》第345条第4款）；利用、教唆未成年人走私、贩卖、运输、制造毒品，或者向未成年人出售毒品（《刑法》第347条第6款）；缉毒人员或者其他国家机关工作人员掩护、包庇走私、贩卖、运输、制造毒品的犯罪分子（《刑法》第349条第2款）；引诱、教唆、欺骗或者强迫未成年人吸食、注射毒品（《刑法》第353条第3款）；组织、强迫运动员使用兴奋剂参加国内、国际重大体育竞赛（《刑法》第355条之一第2款）；因走私、贩卖、运输、制造、非法持有毒品罪被判过刑，又实施毒品犯罪（《刑法》第356条）；组织、强迫未成年人卖淫（《刑法》第358条第2款）；旅馆业、饮食服务业、文化娱乐业、出租汽车业等单位的主要负责人利用本单位的条件，组织、强迫、引诱、容留、介绍他人卖淫（《刑法》第361条第2款）；制作、复制淫秽的电影、录像等音像制品组织播放（《刑法》第364条第3款）；向不满18周岁的未成年人传播淫秽物品（《刑法》第364条第4款）；战时犯破坏武器装备、军事设施、军事通信罪或过失损坏武器装备、军事设施、军事通信罪（《刑法》第369条第3款）；挪用用于救灾、抢险、防汛、优抚、扶贫、移民、救济款物归个人使用（《刑法》第384条第2款）；索取贿赂（《刑法》第386条第二句）；徇私舞弊犯食品、药品监管渎职罪（《刑法》第408条之一第2款）；战时阻碍军人执行职务（《刑法》第426条第二句）。

（三）酌定情节

酌定情节虽然不是刑法明文规定的情节，但对量刑产生重要影响。酌定的量刑情节难以穷尽，只要影响了预防刑和责任刑，就可以成为酌定的量刑情节。

常见的酌定情节有以下数种：

1. 犯罪的手段

犯罪手段既可以是犯罪成立条件，又可以是量刑情节。不同的犯罪手段能够体现出不同的社会危害程度和行为人的人身危险性。例如，在强奸罪中，采用的是语言胁迫手段还是暴力强制手段社会危害程度显然不同。

2. 犯罪的时间和地点

犯罪的时间、地点，在一定程度上影响行为的社会危害性。例如，在发生严重自然灾害时期，对灾区的人民实施盗窃，就比在一般时期一般地区的盗窃，社会危害程度更高，因此量刑结果应更重。

3. 犯罪的对象

犯罪对象也是影响量刑结果的重要因素。例如，强奸病妇、老妇、孕妇，造成严重伤害的，比强奸一般女性，社会危害更大。又如，盗窃生活、医疗急需款物比盗窃一般款物社会危害性更大。

4. 犯罪造成的结果

这里说的结果，是指犯罪构成要件以外的结果，它直接表明犯罪行为对法益的侵害程度，因而是量刑酌定情节。例如，盗窃公私财物，数额巨大的行为，在对财产法益的侵害程度上要高于盗窃公私财物较大数额的行为。

5. 犯罪的动机

犯罪动机能够体现行为人的主观恶性。例如，出于享乐动机而贪污受贿和因天灾人祸、生活所迫而贪污受贿相比较，前者的主观恶性程度高于后者的，因而对前者的刑罚裁量结果更重。

6. 犯罪后的态度

犯罪后的态度表明了行为人回归社会的愿望，是行为人人身危险性的直接体现。例如，行为人的反省、悔罪、赔礼道歉和积极赔偿被害人及其家属的经济损失等行为，虽然不是法定量刑情节，但是法官在裁量预防刑时也要予以考虑。

7. 犯罪人的一贯表现

犯罪人的一贯表现可以分为良好的一贯表现和不良的一贯表现。具备良好的一贯表现能够说明行为人日常表现好，遵守法律法规，也意味着其人身危险性较低；具备不良的一贯表现则意味着其人身危险性较高。

8. 前科

前科是指依法受过刑事处罚的事实。行为人有前科说明行为人的再犯危险性高，对其处以较重的刑罚有助于实现特殊预防目的。

三、累　犯

（一）累犯的概念

累犯是指因犯罪被判处一定刑罚，在刑罚执行完毕或者被赦免以后，在法定期限内又犯一定之罪的犯罪人。累犯和再犯不同，再犯是二次犯罪的犯罪人，而累犯的成立条件更加严格。

对累犯的特别对待，可以追溯至古罗马时期。在19世纪的欧洲累犯激增，将累犯作为刑罚加重事由的立法例延续至今。刑事古典学派一般认为，对累犯加重处罚的原因在于行为的责任加重，即行为人已经接受过刑事处罚，但不吸取教训仍然选择犯罪，非难可能性相对于初犯、偶犯更大。刑事实证学派则认为，之所以对累犯加重处罚，是因为符合特殊预防的目的。犯罪人在刑罚执行完毕或被赦免之后的一段时间内仍然选择犯罪，表现出比初犯、偶犯更大的人身危险性。因此，从重处罚累犯不是对其之前犯罪行为的重复评价。[①]

（二）累犯的分类和成立条件

我国刑法规定的累犯可以分为一般累犯和特别累犯。根据《刑法》第65条的规定，一般累犯是指被判处有期徒刑以上刑罚的犯罪分子，刑罚执行完毕或者被赦免以后，在5年以内再犯应当判处有期徒刑以上刑罚之罪的犯罪人。根据《刑法》第66条的规定，特别累犯是指犯危害国家安全犯罪、恐怖活动犯罪、黑社会性质的组织犯罪的犯罪分子，在刑罚执行完毕或者被赦免以后，在任何时候再犯上述任一类罪的犯罪人。

1. 一般累犯的成立条件

（1）主观条件：前罪和后罪都是故意犯罪。我国刑法规定加重处罚累犯的原因之一是累犯的主观恶性大。一般认为，过失犯罪的有责性比故意犯罪的有责性小。因此，过失犯罪不构成累犯是符合立法原意的。如果前罪和后罪都是过失犯罪或者有一罪属于过失犯罪，就不能构成累犯。

（2）责任年龄条件：犯罪人在实施前一犯罪时已满18周岁。首先，犯罪人未满18

① 参见张明楷：《外国刑法纲要》，3版，北京，法律出版社，2020，367页。

周岁的，其认识能力和辨认、控制能力低于成年人，从客观上降低了行为的非难可能性。其次，未成年犯不成立累犯符合保护未成年人的刑事政策，现行刑法和相关法律的基本精神都强调对未成年人的保护。例如，2024 年修正的《未成年人保护法》第 4 条规定，“保护未成年人，应当坚持最有利于未成年人的原则……”。这条规定的延续和明确，落实了最有利于未成年人的立场，对保护未成年人权利的紧张与调和状态作出了应有的回应，也对未成年人相关的赋权与保护作出了积极的规范。对未成年犯罪人的保护并不是一味地强调压制性惩戒措施，更重要的是对其违法犯罪行为进行一种处遇保护，通过各种教育方式，将罪错未成年人带入社会，对其进行社会引导。从社会未成年人犯罪治理的总体视角看，要加强家庭保护、学校保护、社会保护之间的合作与联系，推动社会化治理发挥积极有效的作用。

（3）刑度条件：前罪和后罪都被判处有期徒刑以上刑罚。在我国，主刑包括管制、拘役、有期徒刑、无期徒刑和死刑。其中，管制和拘役，刑期较短，处罚较轻，适用于社会危害性小、主观恶性程度低的犯罪人。累犯制度的意义在于惩治社会危害性大、主观恶性程度高的犯罪人。因此，累犯的成立条件要求犯罪人的前罪和后罪都被判处有期徒刑以上刑罚。前罪被判处有期徒刑以上的刑罚是指有期徒刑以上的宣告刑，包括有期徒刑、无期徒刑和死刑缓期两年执行；后罪应当被判处有期徒刑以上的刑罚是指人民法院根据后罪罪责程度所判处的宣告刑。

（4）时间条件：后罪必须在前罪刑罚执行完毕或被赦免后 5 年以内实施。犯罪人在前罪刑罚执行期间犯后罪的，不成立累犯；犯罪人在前罪刑罚执行完毕或者赦免以后，在 5 年之后再犯后罪的，也不能成立累犯。赦免包括大赦和特赦，这里的赦免，仅指特赦，即国家元首或最高国家权力机关对已受罪刑宣告的特定犯罪人免除其全部或者部分刑罚。

值得注意的是：如何计算这里的“刑罚执行时间”？首先，如何认定“5 年之内”的起始日期？在司法实践中，一般来说都是在受刑期的最后一天释放犯罪人。依最高人民检察院《关于认定累犯如何确定刑罚执行完毕以后“五年以内”起始日期的批复》，“5 年之内”的起始点为刑罚执行完毕的后一天，那么犯罪人在受刑期最后一天犯罪的，就不构成累犯。① 这一司法解释与刑法关于假释的规定相互冲突。《刑法》第 86 条规定，“假释的犯罪分子在考验期内犯新罪的，应当撤销假释”。这意味着，在假释考验期满的当日即最后一日犯罪人犯新罪的，也应当撤销假释，而不成立累犯。其次，如何认定“5 年之内”的最终日期？这涉及如何认定数罪并罚中的刑罚执行完毕日期。这通常又可以分为两种情形：第一种情形是在数罪并罚中异种有期自由刑的场合下如何认定前罪刑罚执行完毕。例如，犯罪人被判处有期徒刑和管制的并罚，管制的执行期限是在有期徒刑执行完毕之后起算，所以，当前罪的有期徒刑执行完毕之后管制才开始执行。这里前罪“刑罚执行完毕或赦免以后”中的刑罚是否包括管制？一般认为，此种情形下前罪的刑罚

---

① 2018 年 12 月 28 日“高检”《关于认定累犯如何确定刑罚执行完毕以后“五年以内”起始日期的批复》指出：“刑法第六十五条第一款规定的‘刑罚执行完毕’，是指刑罚执行到期应予释放之日。认定累犯，确定刑罚执行完毕以后‘五年以内’的起始日期，应当从刑满释放之日起计算。”

执行完毕应当从有期徒刑执行完毕或者被赦免之日起开始计算，而不从管制执行完毕或被赦免之日起开始计算。如果甲在管制执行期间再犯罪，不仅成立累犯，而且应当依照《刑法》第71条的规定，将管制与新罪实行数罪并罚。[①] 第二种情形是在数罪并罚中主刑与附加刑同时适用的场合下应该如何认定前罪执行完毕。我国的刑罚分主刑和附加刑，其中主刑包括管制、拘役、有期徒刑、无期徒刑、死刑，附加刑包括罚金、剥夺政治权利、没收财产。主刑和附加刑的执行存在时间差，尤其是财产刑的执行时间一般会延后于主刑的执行时间。本书认为，此种情形下前罪刑罚执行完毕应当为主刑执行完毕，而非附加刑执行完毕。如果将此处的前罪"刑罚执行完毕"中的刑罚理解为包括附加刑，那么在附加刑执行期间再犯新罪的，不能认定为累犯，便不能从重处罚；即使主刑已经执行完毕，也不能在主刑上实行数罪并罚，便不符合刑法上对累犯从重处罚的立法本意。例如，财产刑的执行效率经常受到多种因素的影响，包括司法机关的衔接力度、执法机关的重视程度以及犯罪人的执行能力等。换言之，不同的地区或不同的犯罪人针对同一量刑结果的执行效率并不是完全相同的。那么就会造成两种后果：一是对未完成罚金刑的犯罪人5年内再次犯罪，不按照累犯处理，对其新罪适用数罪并罚；二是对已完成罚金刑的犯罪人，对其新罪应当按照累犯制度加重处罚。比较这两种不同的后果可以得出以下结论：如果将此处的前罪刑罚执行完毕理解为附加刑的执行完毕，则会导致对未完成罚金刑的犯罪人所犯后罪的刑法评价力度降低，从而违背了累犯的立法精神。这一结论在司法实践中可以得到印证。

杨某盗窃、贩卖毒品案。[②] 杨某曾因犯盗窃罪于2008年12月19日被法院判处有期徒刑7个月，并处罚金2 000元。2009年3月28日杨某刑满释放。刑满释放后，杨某始终未向法院缴纳前罪被判处的罚金。2014年2月24日，杨某伙同他人撬锁入户，盗走被害人的黄金戒指一个（价值601.7元）、手链一条（无法估价）等物及现金500元。同年6月21日晚，杨某在某地贩卖0.46克甲基苯丙胺给李某后，被公安人员抓获。

分析：本案中争议问题是，主刑执行完毕附加刑（罚金刑）未执行完毕的，是否构成累犯。对此，法院认为，杨某"在前罪刑罚执行完毕后5年内再犯罪，是累犯，应从重处罚"。本书认为：根据《刑法》第65条的规定，一般累犯是指被判处有期徒刑以上刑罚并在刑罚执行完毕或者被赦免以后，在5年内再犯应当判处有期徒刑以上刑罚之罪的犯罪分子。一般累犯的构成除必须具备"刑罚执行完毕或者被赦免以后，在五年以内再犯"这一时间条件和前后罪都是故意犯罪这一主观条件外，还必须具备前罪被判处的刑罚与后罪应当判处的刑罚都是"有期徒刑以上刑罚"这一刑种条件。没有这一条件或者具备这一条件而该刑罚没有执行完毕的，均不能构成累犯。因此，对《刑法》第65条中的"刑罚"应当理解为"有期徒刑以上刑罚"，不能扩大理解为包括"主刑和附加刑"。被告人杨某因犯盗窃罪于2008年12月19日被人民法院判处有期徒刑7个月，并处罚金人民币2 000元，在有期徒刑执行完毕以后、附加刑执行完成以前，又分别于2014年2月24日、6月21日犯应当判处有期徒刑以上刑罚的盗窃罪和贩卖毒品罪，符合刑法规定

① 参见张明楷：《刑法学》（上），6版，北京，法律出版社，2021，732页。

② 参见（2015）狮刑初字第156号刑事判决书。

的累犯构成条件。因此，杨某在有期徒刑执行完毕以后、附加刑执行完成前，在5年以内又犯应当判处有期徒刑以上刑罚之罪，构成累犯。

2. 特别累犯的成立条件

（1）罪名条件：前罪和后罪都必须是危害国家安全犯罪、恐怖活动犯罪、黑社会性质的组织犯罪。前罪和后罪只需要是以上列举的三类罪名之一就满足特别累犯成立的罪名条件，否则只能成立一般累犯。危害国家安全犯罪，是指刑法分则第一章“危害国家安全罪”中的全部犯罪。恐怖活动犯罪，不仅包括《刑法》第120条（组织、领导、参加恐怖组织罪）至第120条之六（非法持有宣扬恐怖主义、极端主义物品罪）的7个罪名，还包括恐怖组织实施的杀人、爆炸、绑架等犯罪。黑社会性质的组织犯罪，不仅包括《刑法》第294条规定的组织、领导、参加黑社会性质组织罪，入境发展黑社会组织罪，包庇、纵容黑社会性质组织罪，还包括黑社会性质组织实施的其他犯罪，如杀人、绑架、敲诈勒索、洗钱等犯罪。

（2）时间条件：必须是在前罪的刑罚已经执行完毕或者被赦免之后。换言之，单纯宣告有罪而不判处刑罚，不成立特别累犯。与一般累犯不同的是，前罪和后罪间隔的时间不会影响到特别累犯的成立。

钭某某等参加黑社会性质组织案。[①] 胡某某组织、领导黑社会性质组织，钭某某等人积极参加该黑社会性质组织。自2007年以来，该组织以暴力、威胁手段，损害人民群众的人身、财产安全，破坏社会秩序，甚至染指农村基层组织选举，插手建房、婚恋等民间纠纷，涉嫌实施暴力违法犯罪案件30起，造成重伤1人、轻伤6人、轻微伤2人，另有多名被害人的伤势无法鉴定。其中，钭某某曾因犯参加黑社会性质组织罪、协助组织卖淫罪、寻衅滋事罪于2009年4月15日被法院判处有期徒刑1年3个月，并处罚金人民币10 000元。

分析：对于本案，法院经审理认为，被告人钭某某曾因黑社会性质组织犯罪被判处刑罚，在刑罚执行完毕以后，再犯黑社会性质组织犯罪，系特别累犯，遂依法从重处罚。

（三）累犯的法律后果

根据《刑法》第65条、第66条的规定，对于累犯应当从重处罚。另外，由于累犯有较高的人身危险性，根据《刑法》第74条、第81条的规定，对于累犯不适用缓刑和假释。根据《刑法》第50条的规定，对于被判处死刑缓期两年执行的累犯，人民法院根据犯罪情节等情况可以同时决定对其限制减刑。

邱某某等走私、运输毒品案。[②] 2003年4月18日邱某某因犯抢劫罪被判处有期徒刑4年，并处罚金人民币2 000元。2006年12月5日邱某某刑满释放。2010年12月16日邱某某因涉嫌走私、运输毒品罪被逮捕。经查明，此前邱某某和吉某某为他人到缅甸走私、运输毒品海洛因。2010年11月7日邱某某等5人携带毒品步行进入我国云南省临沧市永德县永甸镇。3名彝族男子在前探路，邱某某、吉某某将毒品海洛因捆绑在身上乘坐8日永德发往昌宁的客车。当日14时许，邱某某、吉某某途经保山市公安局边防支队

---

① 参见（2019）浙11刑终330号刑事裁定书。

② 参见（2011）刑四复64677027号刑事裁定书。

在昌宁县卡斯镇“××温泉”的执勤点时，邱某某身上当场被查获毒品海洛因8块，净重2 825克；吉某某身上被查获毒品海洛因8块，净重2 820克。

分析：本案属于对累犯加重处罚的情形。对此“高法”在裁判要旨中指出：被告人邱某某走私、运输海洛因入境，其行为构成走私、运输毒品罪。走私、运输毒品数量大，且系累犯，依法应当从重处罚。鉴于邱某某受雇佣走私、运输毒品，在共同犯罪中的地位和作用小于在逃同案犯，归案后认罪态度好，对邱某某判处死刑，可不立即执行。①

四、自　首

（一）自首的概念

《刑法》第67条第1款规定，犯罪以后自动投案，如实供述自己的罪行的，是自首。《刑法》第67条第2款规定，被采取强制措施的犯罪嫌疑人、被告人和正在服刑的罪犯，如实供述司法机关还未掌握的本人其他罪行的，以自首论。由此得出结论：我国的自首包括一般自首和准自首。

对自首从宽处罚在于两方面的原因：一方面，通过鼓励犯罪分子自动投案，降低其继续犯罪的可能性；另一方面，使办案机关能够及时侦破案件，进而减少司法资源的耗费。

（二）自首的分类

1. 一般自首

《刑法》第67条第1款规定了一般自首，即犯罪分子在犯罪之后自动投案并且如实供述自己的罪行。一般自首的成立条件是：

（1）自动投案。

自动投案是指犯案之后的犯罪分子在归案之前，出于个人意志向有关机关或个人说明自己的罪行，并将自己置于司法机关，其他相关组织或个人的合法控制下的行为。认定自动投案的关键在于以下几个方面。

首先，犯罪分子必须在犯罪行为发生之后归案之前自动投案。

自动投案具体而言有以下情形：犯罪事实尚未被司法机关发觉时自动投案的；犯罪事实虽然被发觉，但办案机关尚未查清犯罪人时自动投案的；犯罪事实和犯罪嫌疑人都被发觉，但尚未受到讯问和尚未被采取强制措施，主动到案的；在投案途中，被相关机关抓获但能够证明自己正在投案的；犯罪后逃跑，但是在追缉过程中自动投案的；虽已经被采取强制措施，在逃跑的过程中自动投案，对前罪不成立自首，但如果有新犯之罪，对于新罪能够成立自首。

其次，犯罪分子必须向有关机关、组织或个人投案。

根据相关司法解释的规定，犯罪嫌疑人向其所在单位、城乡基层组织或者其他有关负责人员投案的；犯罪嫌疑人因病、伤或者为了减轻犯罪后果，委托他人先代为投案，或者先以信电投案的；罪行未被司法机关发觉，仅因形迹可疑被有关组织或者司法机关盘问、教育后，主动交代自己的罪行的；犯罪后逃跑，在被通缉、追捕过程中，主动投

---

① 参见（2011）云高刑终重字第802—1号刑事判决书。

案的；经查实确已准备去投案，或者正在投案途中，被公安机关捕获的，应当视为自动投案。并非出于犯罪嫌疑人主动，而是经亲友规劝、陪同投案的；公安机关通知犯罪嫌疑人的亲友，或者亲友主动报案后，将犯罪嫌疑人送去投案的，也应当视为自动投案。[①]简而言之，犯罪分子应当向公安、检察、审判、监察等专门机关投案。特殊情况下，犯罪分子向其他有关机关、组织或个人投案的，也符合一般自首的对象要求。

张某故意杀人案。[②] 1997年12月4日20时许，王某回家后见其妻不在家，便去张某住处寻找，并在张家的院门外遇见张某，双方发生口角并厮打。王某跑回自己家院内，张某追赶而至并用拳猛击王某头部，将王某打倒后又用手扼其颈部，致王某被扼颈窒息死亡。张某恐被王某的家人发现，将王某尸体拖至距现场200米处的一空院中。作案后，张某逃至外地，后于1997年12月6日由其兄领至外地派出所投案自首。

分析：当地检察院在该案一审宣判后向人民法院提出抗诉：张某由亲属送至公安机关，不是自己投案；审讯时没有如实供述自己的犯罪事实，避重就轻，推卸责任，自首情节不能成立。对此，法院认为，犯罪后由亲属送公安机关归案并在一审宣判前如实供述罪行的，应认定为自首。

再次，犯罪分子的投案行为需要基于个人意志，具有自动性。

有以下几种情形的，也应认定为犯罪分子基于个人意志投案：犯罪事实尚未被公安、司法机关发觉，因形迹可疑被有关机关盘问、教育后，如实交代自己罪行的，但有关机关在其身上、随身携带的物品、乘驾的交通工具等处发现与犯罪的相关物品的除外；经过亲友规劝、陪同但非出于犯罪分子本意主动投案的；亲友主动报案后，将犯罪分子送案的，但若亲友采取强制手段让犯罪分子被动归案的除外。

另外，司法实践中犯罪分子自动投案的动机是多样的，如真诚悔罪、慑于法律威严、争取宽大处理、在外潜逃生活困难等，但都不影响自动性的成立。

彭某等组织、领导传销活动案。[③] 权健公司以火疗养生为幌子，在各地建立火疗养生馆，以帮助他人疗养身体为名吸引客户体验火疗，又以拿货半价、高获利为诱饵吸引客户缴纳会费发展成为下线，并采取多层次、多形式支付奖金骗取他人继续参与的销售模式实施传销活动。彭某等人经人介绍先后参加该公司，并以上述方式发展会员，骗取财物。某日，彭某等人因经济纠纷在某县人民法院门口发生争吵，杨甲遂要凌某打电话举报二人涉嫌组织、领导传销活动。随后彭某等人被移送至县公安局某派出所处理，后被刑事拘留。

分析：本案中行为人因纠纷而发生争吵后举报同案犯并如实交代自己参与共同犯罪的事实，应否认定为符合自首的自动性？对此，法院经审理认为，彭某等人的行为已构成组织、领导传销活动罪，其中杨甲在向公安机关举报同案犯时，如实供述了自己参与共同犯罪的事实，属自首。最终，法院对彭某等人从轻判处刑罚。

最后，犯罪分子的投案行为需要具有彻底性。

---

① 参见1998年4月17日“高法”《关于处理自首和立功具体应用法律若干问题的解释》（法释〔1998〕8号）。

② 参见（1998）刑复字第258号刑事判决书。

③ 参见（2020）赣09刑终199号刑事裁定书。

不具有彻底性的行为主要有：先投案如实供述自己的罪行又潜逃的；以匿名方式将相关犯罪事实邮寄给办案机关或报社、杂志社的。

（2）如实供述自己的罪行。

如实供述，是指犯罪分子自动投案后，如实交代自己的主要犯罪事实，以及同案犯的相关犯罪事实。

如实供述的内容具体包括以下几项：一是犯罪分子的姓名、年龄、职业、住址、前科等情况。需要注意的是：供述的犯罪分子的身份等情况与真实情况有差别且影响定罪量刑的，不属于如实供述。二是犯罪分子的犯罪事实。如实供述自己的罪行不要求供述全部的罪行，只要求供述主要的犯罪事实。只要犯罪分子供述的犯罪事实足以使司法机关查明真实的犯罪事实就可以被认定为供述了自己的犯罪事实。这里的“如实”是指犯罪人对自己犯罪事实的交代与真实发生的犯罪事实近似，既不夸大也不缩小；不要求两者完全等同。需要注意的是一人犯有数罪和共同犯罪的场合。第一，犯罪分子犯有数罪的，应当严格区分已交代的犯罪事实和未交代的犯罪事实，只对其中已交代的犯罪事实认定为自首。这里分为两种情形，即犯有同种数罪并罚的情形和犯有同种数罪不并罚的情形：在犯有同种数罪的情形下，如果同种数罪不并罚，虽然犯罪分子投案后没有交代全部的犯罪事实，但如实交代的犯罪事实重于未交代的犯罪事实，一般可就全案成立自首。在犯有同种数罪且实行并罚的情形下，只将其如实供述部分犯罪的行为认定为自首。第二，共同犯罪中的犯罪分子所需要供述的犯罪事实范围大于一般犯罪中的犯罪分子所需供述的犯罪事实范围：除了需要供述自己所犯罪行之外还需要供述其他同案犯的共同犯罪事实。共同犯罪中的犯罪分子的供述范围与其在共同犯罪中所起的作用有关，如主犯需要供述其所知的同案犯的所有犯罪事实。

犯罪分子自动投案时虽然没有交代自己的主要犯罪事实，但在司法机关掌握其主要犯罪事实之前主动交代的，应认定为如实供述自己的罪行。

2.准自首

《刑法》第 67 条第 2 款规定了准自首，即被采取强制措施的犯罪嫌疑人、被告人和正在服刑的罪犯，如实供述司法机关还未掌握的本人其他罪行的行为。

成立准自首的条件是：

（1）主体是被采取强制措施的犯罪嫌疑人、被告人和正在服刑的罪犯。根据《刑事诉讼法》的规定，“强制措施”包括拘传、拘留、取保候审、监视居住、逮捕以及监察机关采取的留置措施。有争议的是，这里的“强制措施”是否包括行政、司法强制措施。因特定一般违法行为被采取行政拘留、司法拘留、强制隔离戒毒等剥夺人身自由措施期间，主动向执行机关交代尚未被掌握的其他犯罪行为的，应如何处理？本书认为，这里的强制措施不包括行政、司法强制措施。2010 年 12 月 22 日“高法”《关于处理自首和立功若干具体问题的意见》（以下简称《2010 年自首立功意见》）规定，在因特定违法行为被采取行政拘留、司法拘留、强制隔离戒毒等行政、司法强制措施期间，主动向执行机关交代尚未被掌握的犯罪行为的，属一般自首。

（2）如实供述司法机关尚未掌握的本人的其他罪行。“本人的其他罪行”具有两点特征：第一，是犯罪人本人的罪行，不能是其他人的罪行；第二，是司法机关尚未掌握的罪行。

如实供述司法机关还未掌握的本人其他同种罪行的，是否成立自首？根据相关司法解释的规定，被采取强制措施的犯罪嫌疑人、被告人和正在服刑的罪犯，如实供述司法机关尚未掌握的罪行，与司法机关已掌握的或者判决确定的罪行属不同种罪行的，以自首论。司法机关一般通过罪名区分同种罪行和异种罪行。但是，如果犯罪人如实供述的其他罪行与司法机关已掌握的罪行在法律、事实上存在高度关联性，即使罪名不同，也应当认定为同种罪行。

“司法机关尚未掌握的罪行”是指司法机关尚未发觉、立案、侦破，或者无确切证据证明的罪行。根据《2010年自首立功意见》的规定，判断司法机关是否掌握其罪行，应根据不同的情形采用不同的标准：第一，如果犯罪嫌疑人、被告人已被通缉，一般依罪行是否在通缉令发布范围内进行判断。如果罪行不在通缉令发布范围内，应当认定为尚未掌握其罪行，否则应当认定为已经掌握其罪行。如果该罪行已被录入全国公安信息网络在逃人员信息数据库，应当视为司法机关已经掌握。第二，如果犯罪嫌疑人、被告人尚未被公安机关通缉，其罪行也没有被录入全国公安信息网络在逃人员信息数据库，就需要根据司法机关掌握的实际情况具体判断。

（三）单位犯罪的自首

单位犯罪符合自首条件的，也可以成立自首。单位犯罪案件中，单位集体决定或单位负责人决定而自动投案，如实交代单位犯罪事实，或单位直接负责的主管人员自动投案，如实交代单位犯罪事实的，应当认定为单位自首。单位自首，直接负责的主管人员和直接责任人员未自动投案，但如实交代自己知道的犯罪事实的，可以视为自首；拒不交代自己知道的犯罪事实或者逃避法律追究的，不应当认定为自首。单位没有自首，直接责任人员自动投案并如实交代自己知道的犯罪事实的，对该直接责任人员应当认定为自首。

潘某非法吸收公众存款案。[①] 潘某与他人一起成立了A公司，潘某担任该公司法定代表人。A公司成立后首先开发了多个项目，投入资金4 000多万元，后因拆迁问题多个项目停止。A公司成立后的5年多内，潘某以经营需要资金为由，以向他人承诺高息回报作诱饵，先后向王某等135名不特定对象非法吸收存款1.5亿多元，付本还息7 300余万元外，实际造成集资参与人8 600多万元的资金至案发时没有归还。2017年10月30日，潘某主动到公安局投案。2020年7月8日，A公司和潘某自愿签订了“认罪认罚具结书”。

分析：本案之争议焦点是，对于单位犯罪，应该如何认定自首问题。对此，法院经审理认为，“被告人潘某为A公司的法定代表人，其主动投案后如实供述了原审被告单位的全部犯罪事实，应认定原审被告单位自首，依法可以对A公司从轻处罚。原审被告单位A公司、上诉人潘某均自愿认罪认罚，依法可以从宽处理”。

（四）自首的法律后果

《刑法》第67条第1款规定，“……对于自首的犯罪分子，可以从轻或者减轻处罚。

① 参见（2020）湘03刑终315号刑事裁定书。

其中，犯罪较轻的，可以免除处罚”。

自首是法定可以从宽处罚的量刑情节。一方面，自首是从宽处罚情节。犯罪分子的自首行为表明其人身危险性程度较低，所以法律规定自首时从宽处理。另一方面，自首只是可以从宽处罚的量刑情节。如果犯罪情节特别恶劣、犯罪后果特别严重，犯罪分子主观恶性极大或有其他严重情节，法院可以不对自首的犯罪人从宽处理。①

王某故意杀人案。② 王某和其弟到工地施工队队长吴某的住处，向其索要生活费。双方发生争吵。吴某打电话让工地技术员武某过来劝走王某兄弟。武某接电话后，告知了岳父苏甲、妻兄苏乙、妻子苏丙。苏乙先赶到吴某的住处，劝王某兄弟离开。武某、苏甲、苏丙随后赶到。王某与苏甲、苏乙却因其他琐事发生争吵，苏甲打了王某一耳光。王某掏出随身携带的水果刀先后将苏乙、苏甲、吴某、苏丙捅倒在地，将吴某妻子汤某捅成重伤。王某发现吴乙在场，持刀追赶未果后，返回现场再次对被刺倒在地的苏乙等人连捅数刀，致苏甲、苏乙、吴某、苏丙当场死亡。王某逃离现场后于当夜自首。

分析：对于本案，法院经审理认为：对于事出有因，被害方有过错的案件，一般情况下可从轻处罚，但并非不论情节、后果一律从轻处罚。王某犯罪以后能自动投案，如实供述自己的罪行，其行为构成自首，可以从轻或者减轻处罚，但并非不论罪行轻重，应无条件从轻或者减轻处罚。王某无视他人的生命权利，不听其弟劝阻，持刀连续捅刺五人，杀害无辜；特别严重的是，王某在追杀吴乙未果返回现场后，又对已倒在血泊中的被害人连续补刺，前后共刺中被害人 48 刀，必欲置被害人于死地，造成 4 人当场死亡、1 人重伤。王某杀人手段极其残忍，情节特别恶劣，犯罪后果极其严重，虽具有可以从轻处罚情节，但不足以从轻处罚。最终，法院获核准以故意杀人罪判处王某死刑并剥夺政治权利终身。

五、坦　白

坦白，是指犯罪人被动归案后，如实供述自己罪行的行为。例如，贪污受贿案中，犯罪人被动归案后，在监察机关调查、检察机关审查起诉阶段能够如实供述自己行为的，应当认定为坦白。在刑法理论上，广义的坦白包括自首，是指犯罪人实施了犯罪行为，在归案后能够主动供述自己的罪行；狭义的坦白不包括自首，是指犯罪嫌疑人被动投案后能够如实供述自己的罪行。一般自首和狭义的坦白的区分关键在于是否自动投案。本书此处的坦白是狭义的坦白概念。

《刑法》第 67 条第 3 款规定，犯罪嫌疑人虽不具有前两款规定的自首情节，但是如实供述自己罪行的，可以从轻处罚；因其如实供述自己罪行，避免特别严重后果发生的，可以减轻处罚。由此可以看出，坦白分为普通坦白和特殊坦白。普通坦白的，可以从轻处罚；特殊坦白的，可以减轻处罚。坦白的减轻处罚需要具备三个条件：(1) 行为人如实供述；(2) 严重结果未发生；(3) 行为人的如实供述与未发生严重结果之间具有刑法

① 2010 年“高法”《关于处理和自首立功若干具体问题的意见》指出，“对具有自首、立功情节的被告人是否从宽处罚、从宽处罚的幅度，应当考虑其犯罪事实、犯罪性质、犯罪情节、危害后果、社会影响、被告人的主观恶性和人身危险性等。自首的还应考虑投案的主动性、供述的及时性和稳定性等”。

② 参见（2005）宁刑终字第 97 号刑事裁定书。

上的因果关系。

金某某受贿案。[①] 金某某在担任安徽省某医院党委书记、院长期间，利用职务上的便利，为请托人在承建工程项目、销售医疗设备、销售药品、支付货款、结算工程款、职务晋升等事项上提供帮助，非法收受他人财物共计人民币 1 161.1 万元、4 000 欧元。金某某到案后，不但如实交代了监察机关已经掌握的受贿 170 余万元的犯罪事实，还主动交代了监察机关尚未掌握的受贿 980 余万元的犯罪事实。

分析：本案中金某某具有普通坦白的量刑情节，对此检察院的量刑建议指出，“金某某虽然犯罪持续时间长、犯罪数额特别巨大，但其自监委调查阶段即自愿如实供述自己的罪行，尤其是主动交代了监察机关尚未掌握的大部分犯罪事实，具有法定从轻处罚的坦白情节；且真诚悔罪，认罪彻底稳定，全部退赃，自愿表示认罪认罚，应当在法定刑幅度内相应从宽”。

六、立　功

（一）立功的概念

立功制度是我国刑法制度的重要组成部分，我国刑法涉及立功制度的条款共 6 个，分别是《刑法》第 50 条、第 68 条、第 78 条、第 79 条、第 390 条第 2 款以及第 449 条。将这些规定归纳起来，可以将刑法中的立功分为三类，分别是量刑立功（《刑法》第 68 条、第 390 条第 2 款）、行刑立功（《刑法》第 50 条、第 78 条）、戴罪立功（《刑法》第 449 条）。本书此处讲的立功是量刑中的立功，即《刑法》第 68 条规定：犯罪分子有揭发他人犯罪行为，查证属实的，或者提供重要线索，从而得以侦破其他案件等立功表现的，可以从轻或者减轻处罚；有重大立功表现的，可以减轻或者免除处罚。量刑立功适用于法院的量刑过程，是刑罚裁量时必须考虑的一个法定量刑情节。[②]

刑法规定立功制度，一般认为是基于功利主义的考量，其实质根据主要有两点：一方面，立功制度能够产生预防犯罪、惩罚犯罪最佳的社会效果。立功制度能够激励犯罪分子悔过自新，并且检举揭发其他犯罪分子的犯罪活动，有利于提高刑事司法的工作效率；另一方面，犯罪分子检举揭发等活动有利于分化、瓦解犯罪势力，能够为抑制犯罪、维护国家治安、保持安定的社会秩序发挥一定的作用，实现贝卡里亚所说的“最大多数人的最大幸福”。

（二）立功的成立条件

立功的成立需要具备以下条件：（1）主体条件。立功的主体是犯罪分子，即已经实施了危害社会的行为依法应承担刑事责任的人。立功制度对主体所犯罪行的性质和法律后果没有特殊的限定，凡是其行为构成犯罪的人，无论所犯罪行性质如何，应被判处何种刑罚，都可成为立功的主体。但立功必须由犯罪分子本人实施，犯罪分子亲友直接向有关机关揭发他人犯罪行为或提供侦破其他案件的重要线索，从而得以侦破其他案件的，

---

① 参见（2019）皖 06 刑初 4 号刑事判决书。

② 参见莫湘益、叶思嘉：《刑事速裁案件宜实行有限二审制——基于 1055 份裁判文书的实证分析》，载《浙江大学学报（人文社会科学版）》，2021 年第 4 期，134 页。

不成立犯罪分子的立功。(2) 时间条件。立功的时间是犯罪分子实行犯罪后、刑事裁判结束之前。立功的时间是区分量刑立功与行刑立功的重要标志。(3) 前提条件。立功的内容应当真实有效。所谓真实是指犯罪分子揭发、检举本人罪行以外的其他罪行，为司法机关提供侦破案件的线索的内容本身客观属实。所谓有效，是指犯罪分子的立功具有实质意义，即对于及时、准确地抓捕罪犯，侦破案件起到了实质作用。换言之，对于是否具有立功情节，不仅要从形式上或者类型上进行区分，还要从实质上进行把握。不能简单援引相关规范性文件规定的行为类型一律认定为立功，对于没有实质意义的行为，不能认定为立功。

张某、曲某等故意杀人案。[①] 张某（男）与杨某（女）系同居情侣。因杨某吸食毒品，二人发生矛盾，张某起意杀害杨某。某日，张某提出让王某某找人杀害杨某，王同意，并纠集高某某、孟某某、曲某，一起杀害了杨某。事后欲驾车逃跑时，不料车轮卡在路面。曲某的亲友刘某某报警称有人打架受伤，曲某未离开现场。公安人员赶来后，曲某指认正在清理障碍准备逃走的张某、王某某涉案，公安人员遂将张、王二人抓获。曲某归案后给高某某打电话，得知高某某在工作单位后，带领公安人员到高某某单位将其抓获。途中，曲某又将孟某某的工作单位告诉公安人员，公安人员到孟某某单位将其抓获。

分析：本案中虽然曲某在公安人员抓获张某和王某某时有现场指认这一协助行为，但当时现场的情况是，曲某的亲友刘某某已打电话报警，公安人员赶到现场时已有明确抓捕对象。当时系凌晨，现场除张某、王某某、曲某及曲某亲友外，并无他人。被害人的尸体在王某某驾驶的轿车内。张某和王某某正在用铁锹清理障碍准备驾车逃走。在当时特定的时空环境下，即便没有曲某的指认，公安人员也很容易辨识并抓获张某、王某某。因此，曲某的指认行为对于抓获同案犯不具有实质作用，不宜认定其有立功表现。

（三）立功的形式

根据《刑法》第 68 条和 1998 年 4 月 17 日“高法”《关于处理自首和立功具体应用法律若干问题的解释》（以下简称《1998 年自首立功解释》）第 5 条，立功有以下几种形式。

(1) 检举、揭发他人犯罪行为，且查证属实。

首先，犯罪分子所检举、揭发的犯罪事实应当是他人的犯罪行为，包括共同犯罪案件中的犯罪分子揭发同案犯共同犯罪以外的其他犯罪的情形。如果坦白的是自己的罪行，即使是尚未被司法机关掌握的罪行，也不构成立功。

其次，犯罪分子所揭露的他人犯罪行为，必须经过查验后被证明是真实存在的犯罪事实。揭发内容虚假的，揭发内容有失具体、明确的，揭发内容无法查证的，揭发内容不属于犯罪的，或揭发的内容与实际查明的犯罪事实之间缺乏关联性的，不能认为犯罪分子有立功表现。

需要说明的是，对于犯罪分子检举揭发的“犯罪行为”，因法定事由不追究刑事责任、不起诉、终止审理的，不影响对犯罪分子立功表现的认定。结合我国《刑事诉讼法》

---

① 参见（2014）长刑一初字第 8 号刑事判决书。

第16条，犯罪分子检举揭发的“犯罪行为”具有以下情形的，不影响立功表现的成立：1）检举揭发的犯罪行为已过追诉时效期限的。2）检举揭发的犯罪行为经特赦令免除刑罚的。3）检举揭发属于告诉才处理的犯罪行为，没有告诉或撤回告诉的。4）检举揭发的犯罪嫌疑人、被告人死亡的。5）检举揭发的犯罪符合其他法律规定免予追究刑事责任的情形的。犯罪分子在揭露他人的犯罪行为时，可能会出现自首、坦白与立功竞合的情况。例如，甲将自己曾向作为国家工作人员的乙行贿的事实向司法机关报告。此时，甲既因为向司法机关陈述自己的罪行而成立自首或坦白，又因为揭露了乙的犯罪行为而有立功表现。由于在整体上甲只实施了一个陈述罪行的举止，所以对其行为也只能作一次法律评价；成立自首、坦白抑或认为有立功表现，应当根据具体的犯罪事实，选择对犯罪分子最有利的从宽处罚情节。

（2）提供侦破其他案件的重要线索，经查证属实。

首先，重要线索，是指尚未被司法机关掌握的、对案件的侦破有实际作用的信息。重要线索必须由犯罪分子亲自掌握和提供，既不得通过职务上的便利获得，也不能为了达到从宽处罚的目的而以非法手段获得。根据《1998年自首立功解释》的规定，犯罪分子通过贿买、暴力、胁迫等非法手段，或被羁押后与律师、亲友会见过程中违反监管规定，获取他人犯罪线索并“检举揭发”的，不能认定为有立功表现。犯罪分子将本人以往查办犯罪的职务活动中掌握的，或从负有查办犯罪、监管职责的国家工作人员处获取的他人犯罪线索予以检举揭发的，不能认定为有立功表现。犯罪分子亲友为使犯罪分子“立功”向司法机关提供他人犯罪线索的，也不能认定为立功表现。

其次，客观上必须已经破获了其他案件或者重大案件。如果犯罪分子虽提供了重要线索，但由于犯罪分子在逃，长期不能破获案件，则不能够认定为立功。

（3）阻止他人的犯罪活动，协助司法机关抓捕其他犯罪嫌疑人（包括同案犯）。

以下情况属于“协助司法机关抓捕其他犯罪嫌疑人”：第一，按照司法机关的安排，以打电话、发信息等方式将其他犯罪嫌疑人（包括同案犯）约至指定地点的；第二，按照司法机关的安排，当场指认、辨认其他犯罪嫌疑人（包括同案犯）的；第三，带领侦查人员抓获其他犯罪嫌疑人（包括同案犯）的；第四，提供司法机关尚未掌握的其他案件犯罪嫌疑人的联络方式、藏匿地址的。犯罪分子提供同案犯的姓名、住址、体貌特征等基本情况，或提供犯罪前、犯罪中掌握、使用的同案犯的联络方式、藏匿地址，司法机关据此抓捕同案犯的，不能认定为协助司法机关抓捕同案犯。犯罪分子亲友为使犯罪分子“立功”而协助司法机关抓捕犯罪嫌疑人的，也不能认定犯罪分子有立功表现。协助抓获的人的行为构成犯罪，但因法定事由不追究刑事责任、不起诉、终止审理的，不影响对立功表现的认定。

（4）具有其他有利于国家和社会的突出表现的行为。

关于“其他有利于国家和社会的突出表现”的实质含义，理论上存在不同的观点：一种观点认为，犯罪分子的行为只有与抑制、预防、查获、制裁犯罪有关，才能够成立立功。① 另一种观点认为，《1998年自首立功解释》第5条将“其他有利于国家和社会的

① 参见张明楷：《刑法学》（上），6版，北京，法律出版社，2021，740页。

突出表现”作为兜底款项，意在拓宽立功成立的范围——既可以是与刑事案件有关的行为，如在羁押期间及时报告其他在押罪犯预谋脱逃的，也可以是与刑事案件无关的行为，如在生产中有发明创造、重大技术革新并取得重大成果。本书采纳后一种观点。司法实践中的做法也是如此。

魏某某等走私运输毒品案。① 2009 年 7 月初，王某到缅甸与吴某商定购买毒品后，吴某找到魏某某等运送毒品。同年 8 月 1 日，魏某某等携毒品到达我国云南省某县城河边时被民警例行盘查，二人主动承认携带的黑色拎包内装有毒品。民警当场从该包内查获毒品甲基苯丙胺 14 包，重 2 712 克。同年 12 月 4 日，魏某某提供线索并协助民警在某山洞内查获甲基苯丙胺一包，重 9 643 克。

分析：本案中争议的主要问题在于：对魏某某提供线索并协助公安机关查获案外 9 643 克毒品的行为如何定性？是否可认定为立功？在审理过程中，主要存在两种意见。一种意见认为，魏某某的行为不构成立功，因为魏某某不能提供该批毒品持有人的详细信息，不属于《1998 年自首立功解释》第 5 条所列举的构成立功的几种情形，但可作为酌情从轻处罚情节。另一种意见认为，魏某某提供线索协助公安机关缴获数量巨大的毒品，虽未能查获该批毒品的持有人，但毕竟使数量巨大的毒品及时被缴获，没有流入社会，因此魏某某的行为属于有利于国家和社会的行为。根据《1998 年自首立功解释》第 5 条，应当认定为“具有其他有利于国家和社会的突出表现”，构成重大立功。云南省高级人民法院经审理认为：对“有利于国家和社会的突出表现”的认定，需要从两个方面分析：一是从行为性质上看，是“有利于国家和社会的”；二是从行为的程度上看，是“突出表现”，而不是一般的表现。虽然魏某某的行为不属于《1998 年自首立功解释》第 5 条规定的前四种立功情形之一，但只要是属于有利于国家和社会的突出表现，就可以认定为《1998 年自首立功解释》第 5 条规定的第五种立功情形。魏某某的行为有效防止了该批数量巨大的毒品流入社会、危害社会，同时从源头上阻止了该批毒品的实际控制人继续实施以该批毒品为对象的犯罪的可能性。因此，魏某某提供 9 643 克毒品线索的行为完全符合立功的成立要件，应当构成立功。

基于上述分析，不难得出如下结论：立功主要表现为协助查获案件、抓获犯罪人、阻止他人犯罪，但并不限于查获案件、抓获犯罪嫌疑人和阻止他人犯罪，而是包括其他有利于国家和社会的突出表现。

（四）立功的种类

根据《刑法》第 68 条的规定，作为量刑制度的立功可以具体分为一般立功和重大立功。

一般立功包括以下情形：揭露他人犯罪行为，包括共同犯罪案件中的犯罪分子揭发同案犯共同犯罪以外的其他犯罪，查证属实的；提供重要线索，从而得以侦破其他案件的；阻止他人犯罪活动的；协助司法机关抓捕其他犯罪嫌疑人（包括同案犯）的；具有其他有利于国家和社会的突出表现的。

重大立功，根据《1998 年自首立功解释》第 7 条，包括以下情形：犯罪分子检举、

---

① 参见（2010）云高刑终字第 955 号刑事裁定书。

揭发他人重大犯罪行为，查证属实的；提供侦破其他重大案件的重要线索的；阻止他人重大犯罪活动的；协助司法机关抓捕其他重大犯罪嫌疑人（包括同案犯）的；对国家和社会有其他重大贡献等表现的。认定“重大犯罪”、“重大案件”和“重大犯罪嫌疑人”的标准，一般是犯罪嫌疑人、被告人可能被判处无期徒刑以上刑罚，或者案件在本省、自治区、直辖市或全国范围内有较大影响等情形。犯罪分子检举揭发或协助抓获的人的行为应被判处无期徒刑以上刑罚，但因具有法定、酌定从宽情节，宣告刑为有期徒刑或更轻刑罚的，不影响对犯罪分子重大立功表现的认定。依法应当判处死刑立即执行的被告人，如果有重大立功表现，可以不立即执行死刑。

熊某某故意杀人案。①熊某某为报复盛甲，携带刀具至其家中，翻窗进入二楼房间内，被回到家中的盛乙（盛甲之母）发现，熊某某遂持木凳击打盛乙的头部，又持刀连续捅刺盛乙的头面部、颈部、胸腹部等部位，后又持刀连续捅刺随后赶来的盛甲的头颈部、胸腹等部位，致盛乙、盛甲当场死亡。熊某某翻窗逃离现场。

分析：本案中，针对熊某某的行为，江苏省苏州市中级人民法院认为：罪行极其严重，论罪当处死刑，但综合考虑其具有重大立功及坦白情节、认罪悔罪、被害人盛甲对案件的引发具有一定责任，对其判处死刑，可不立即执行，同时鉴于其故意杀人行为造成二人死亡的特别严重后果，本院决定对被告人熊某某限制减刑。

（五）立功的法律后果

根据《刑法》第 68 条的规定，对有一般立功表现的犯罪分子可以从轻或减轻处罚，对有重大立功表现的犯罪分子可以减轻或免除处罚。

根据《2010 年自首立功意见》的规定，对具有立功情节的被告人是否从宽处罚、从宽处罚的幅度，除应考虑其犯罪事实、犯罪性质、犯罪情节、危害后果、社会影响、主观恶性和人身危险性等因素外，还应考虑检举揭发罪行的轻重、被检举揭发的人可能或已经被判处的刑罚、提供的线索对侦破案件或协助抓捕其他犯罪嫌疑人所起作用的大小等。虽然被告人具有立功表现，但犯罪情节特别恶劣、犯罪后果特别严重、主观恶性大、人身危险性大，或在犯罪前即为规避法律、逃避处罚而准备立功的，可以不从宽处罚。对于被告人具有立功表现，同时又有累犯、毒品再犯等法定从重处罚情节的，既要考虑立功的具体情节，又要考虑被告人的主观恶性、人身危险性等因素，综合分析判断，确定从宽或从严处罚。这一理论在金某、李某贩卖毒品案中有所体现。

金某、李某贩卖毒品案。②金某以贩卖鸦片为目的，与全某某（已判刑）等人到崔某（另案处理）家中取走 70 505 克鸦片，到图们市藏在全某某家，后又将鸦片转移到金某的别墅围墙角下。后金、李二人商量共谋贩卖鸦片，并由李某到金某家取走鸦片 8 300 克，在某旅店贩卖时，被公安人员当场抓获。当日下午，金某也被抓获。根据金某的交代，公安机关查获并收缴了其埋藏在自家别墅里的 62 205 克鸦片。次日，全某某也被抓获归案。经鉴定，鸦片的吗啡含量为 16.3%。

分析：本案的争议问题在于，对于有立功表现的毒品犯罪分子应该如何适用刑罚。

---

① 参见（2019）苏 05 刑初 10 号刑事判决书。

② 参见（1996）延中刑初字第 147 号刑事判决书，（1996）吉刑核字第 356 号刑事裁定书。

法院经审理认为，金某非法销售鸦片，其行为已构成贩卖毒品罪，且贩卖毒品的数量特别巨大，依法应予严惩；金某揭发全某某窝藏毒品，属于立功表现，对二被告人可从轻处罚。

在共同犯罪案件中，根据《全国部分法院审理毒品犯罪案件工作座谈会纪要》的规定，对具有立功表现的被告人的处罚，应注意共同犯罪人以及首要分子、主犯、从犯之间的量刑平衡。犯罪集团的首要分子、共同犯罪的主犯检举揭发或协助司法机关抓捕同案中地位、作用较次的犯罪分子的，从宽处罚与否应当从严掌握：如果从轻处罚可能导致全案量刑失衡，一般不从轻处罚；如果检举揭发或协助司法机关抓捕的是其他案件中罪行同样严重的犯罪分子，一般应依法从宽处罚。对于犯罪集团的一般成员、共同犯罪的从犯有立功表现，特别是协助抓捕首要分子、主犯的，应当充分体现宽严相济的刑事政策，依法从宽处罚。

第三节　量刑制度

一、从重处罚与从轻处罚

（一）从重处罚与从轻处罚的含义

《刑法》第 62 条规定，犯罪分子具有本法规定的从重处罚、从轻处罚情节的，应当在法定刑的限度以内判处刑罚。依此，从重处罚，是指在法定刑幅度范围内，对具有从重处罚情节的人，判处较重的处罚。从轻处罚，是指在法定刑幅度范围内，对具有从轻处罚情节的人，判处较轻的刑罚。

那么从重处罚、从轻处罚的参照标准是什么呢？对此，一种观点是“中间线论”，认为：相对确定的法定刑具有明确的上下限（法定最高刑与最低刑），在法条没有例外规定和相关立法解释的情况下，“应判处的刑罚是在法定刑中间线对应的刑罚量的基础上，再加上（从重积分情况下）或减去（从宽积分情况下）情节总积分对应的刑罚量”①。如《刑法》第 263 条规定，“以暴力、胁迫或者其他方法抢劫公私财物的，处三年以上十年以下有期徒刑，并处罚金”。倘若行为人的行为构成此种类型的抢劫罪，且具有从重处罚情节，那么应当在 6 年 6 个月以上 10 年以下对行为人进行量刑。如果行为人具有从轻处罚情节，应当在 3 年以上 6 年 6 个月以下对行为人进行量刑。另一种观点是“量刑基准说”，认为：不应当以“中间线”作为判断从重、从轻处罚的参照标准。从重处罚并不意味着在法定刑“中间线”以上判处刑罚，从轻处罚也不意味着在法定刑“中间线”以下判处刑罚。② 本书采纳后一种观点，因为“中间线论”“没有把量刑的某个情节与整个案件的罪行联系起来，而是孤立地看待或者过高地估计单个量刑情节对于刑罚裁量的作用”③。本书认为，从重处罚是指对具有从重处罚情节的犯罪人，相对于没有从重处罚情节的犯罪人而言判处较重的刑种和刑度。但从重处罚不得超过法定刑幅度，超过法定刑

---

① 王联合：《量刑模型与量刑规范化研究》，北京，中国政法大学出版社，2015，45 页。

② 参见张明楷：《刑法学》（上），6 版，北京，法律出版社，2021，751 页。

③ 马克昌：《刑罚通论》，武汉，武汉大学出版社，1999，341 页。

幅度的是加重处罚，而我国刑法当中没有加重处罚的规定。因此，突破法定刑的加重处罚是违反罪刑法定原则的。从轻处罚是在法定刑幅度范围之内，对具有从轻处罚情节的犯罪人，较之于没有从轻处罚情节的犯罪人而言，判处较轻的刑种和刑度。同样，从轻处罚同样受最低法定刑（这里的最低法定刑是指对犯罪行为应当适用的具体法定刑幅度内的最低刑）的限制。

（二）从重处罚与从轻处罚的适用

对于从重（轻）处罚的情节可以分为影响责任刑的从重（轻）处罚情节和影响预防刑的从重（轻）处罚的情节。影响责任刑的从重（轻）处罚情节与影响预防刑的从重（轻）处罚情节，分别对责任刑的裁量和预防刑的裁量起作用，不可混淆。

张某故意杀人案。[①] 2021 年 5 月 22 日，张某在网吧上网，因误以为陶某在骂自己，其与陶某发生争执。张某对此怀恨在心，事后几次随身携带一把剔骨刀到网吧寻找陶某。5 月 28 日，张某走到陶某所在机位，和陶某搭话后掏出剔骨刀向陶某胸部扎刺一刀，陶某随即抓张某持刀的手，张某再次举刀，扎到陶某右侧肩部。这时与陶某一起上网的周某、孙某立即上前制止，在众人的控制下张某未能继续实施暴力。陶某趁机手捂胸口跑出网吧。张某走出网吧后打车回家，在其母亲曹某的劝说下，投案自首。

分析：本案中张某具有两个从轻处罚的情节：一个是犯罪未遂，可以比照既遂犯从轻处罚；另一个是自首，可以从轻处罚。犯罪未遂是影响责任刑的情节，自首是影响预防刑的情节，两者分别对责任刑的裁量和预防刑的裁量起作用。

根据我国刑法有无明文规定，可以将从重（从轻）情节分为法定从重（从轻）情节和酌定从重（从轻）情节。法定情节又可以分为应当型情节和可以型情节。

首先，法定量刑情节，如《刑法》第 29 条第 1 款第二句对于教唆不满 18 周岁人犯罪的规定，属于应当从重处罚的情节。《刑法》第 67 条第 3 款后半句对于犯罪后如实供述自己的罪行、避免特别后果发生的规定，属于可以减轻处罚的情节。对于法定量刑情节当中的应当型情节，法官在进行量刑时必须予以考虑和适用。可以型情节，并不是指通常意义所理解的只是具有适用的可能性，即法官在量刑时可以随意决定是否适用，既可以适用，也可以不适用。对于可以型量刑情节，法官在裁量刑罚时，原则上应当予以适用，除非法官有特殊的情况。如果不适用可以型量刑情节，法官就应当说明理由，因为在刑事立法中既然规定了可以型量刑情节，就表明了立法者的一种立法倾向和立法态度，对于该立法倾向，司法工作人员在没有例外的情况下，就应当予以遵守。

其次，酌定情节，是指刑法没有明文规定，但能够反映行为人罪行的轻重和特殊预防必要性大小的因素。例如，为了给病危的母亲治病而盗窃他人财物时，行为人的行为虽然构成盗窃罪，但由于犯罪动机值得宽恕，其非难可能性降低，导致罪行变轻的，该犯罪动机便是酌定从轻处罚情节。又如，犯罪人犯罪后积极悔罪并赔礼道歉，即使赔礼道歉并不是法定量刑情节，但该犯罪人通过事后悔罪和赔礼道歉所表明的特殊预防必要性较小的此种情节便属于酌定的量刑情节。对于酌定量刑情节，法官在量刑时应当予以重视，对于行为人具有酌定从轻处罚的情节的，法官原则上应当进行从轻处罚；对于行

① 参见（2022）辽 09 刑终 119 号刑事附带民事裁定书。

为人具有酌定从重处罚的情节的，法官原则上应从严把握。

二、减轻处罚

减轻处罚是指在法定刑以下判处刑罚，其又可以分为一般减轻和特殊减轻。

（一）一般减轻

1. 一般减轻的概念

对于一般减轻，《刑法》第 63 条第 1 款规定：犯罪分子具有本法规定的减轻处罚情节的，应当在法定刑以下判处刑罚；本法规定有数个量刑幅度的，应当在法定量刑幅度的下一个量刑幅度内判处刑罚。对于前半句，可以理解为减轻处罚的原则性规定，即对具有减轻处罚情节的犯罪分子，应当在法定最低刑以下判处刑罚；对于后半句，可以理解为是为了进一步明确减轻处罚的幅度，防止毫无限制地减轻处罚而作的规定，旨在防止随意跨越“刑格”而导致量刑畸轻的现象。①

2. 一般减轻的适用

一般认为，当对某种犯罪只规定了一个法定刑或者一个量刑幅度（如《刑法》第 359 条第 2 款规定：引诱不满 14 周岁的幼女卖淫的，处 5 年以上有期徒刑，并处罚金），且犯罪分子具有减轻处罚的情节时，应当在法定最低刑（5 年）以下判处刑罚。但当对某种犯罪规定了两个或两个以上量刑幅度时，应当如何确定法定刑？对此理论上有争议。“罪名说”认为应当以罪名来确定法定刑，即使对某一犯罪在刑法分则条文中规定了数个量刑幅度，应当将其视为一个整体，即当犯罪分子具有减轻处罚的情节时，应当在数个量刑幅度中最低的那个量刑幅度以下判处刑罚。而“罪行说”认为：法定刑应当以具体罪行为基础而确定。某一罪名的法定刑分设了几个刑罚档次，这些不同层次的刑罚幅度，分别是针对危害后果、犯罪情节、犯罪数额等表明社会危害程度不同的犯罪行为而设立的，因而是具体的……对任何一个具体的犯罪行为而言，只有该行为所该当的具体刑罚幅度才是它的法定刑，而不可能是整个罪名的刑罚幅度。② 本书采取后一种观点。例如，《刑法》第 144 条生产、销售有毒、有害食品罪规定，“在生产、销售的食品中掺入有毒、有害的非食品原料的，或者销售明知掺有有毒、有害的非食品原料的食品的，处五年以下有期徒刑，并处罚金；对人体健康造成严重危害或者有其他严重情节的，处五年以上十年以下有期徒刑，并处罚金；致人死亡或者有其他特别严重情节的，依照本法第一百四十一条的规定处罚”。依此在行为人所犯之罪对人体健康造成了严重危害，同时具有减轻处罚的情节时，那么就应当在“五年以下有期徒刑，并处罚金”的幅度内量刑。

（二）特殊减轻

特殊减轻，又被称为酌定减轻。根据《刑法》第 63 条第 2 款的规定，特殊减轻是指犯罪分子虽不具有刑法规定的减轻处罚情节，但根据案件的特殊情况，经“高法”核准，也可以在法定刑以下判处刑罚。但何谓“案件的特殊情况”？刑法和相关的司法解释中均

---

① 参见周光权：《刑法总论》，4 版，北京，中国人民大学出版社，2021，444～445 页。

② 参见程宗璋：《浅探量刑情节与法定刑——兼与吴学斌、王声同志商榷》，载《青海民族学院学报》，2001 年第 1 期，81～82 页。

没有明确的界定，理论上也有不同的见解。一种观点认为，“特殊情况”是指案件涉及政治、外交、国防、宗教、民族、统战等国家利益的情况。[①] 另一种观点认为，对“案件的特殊情况”应当理解为除包括上述涉及国家利益的情况外，还包括对个案量刑产生重大影响的其他情况，如犯罪的手段、犯罪的时空及环境条件、犯罪的动机、犯罪后的态度、犯罪人的一贯表现等可以表明犯罪行为的社会危害性和犯罪分子的再犯可能性大小的因素。[②] 本书持后一种观点，司法实务中相关判决也支持这种观点。

许某盗窃案。[③] 2006 年 4 月 21 日 21 时，许某持其不具有透支功能、账户余额为 176.97 元的银行卡到广州市商业银行某自动柜员机处准备取款 100 元。许某无意中输入取款 1 000 元的指令后，自动柜员机竟随即出钞 1 000 元。于是，他于当晚三个时间段内持其银行卡在该自动柜员机以同样的方法取款 170 次，共计取款 174 000 元。2006 年 4 月 24 日下午，许某携款逃匿。银行方面在要求许某退赔未果后于 2006 年 4 月 30 日向公安机关报案。2007 年 5 月 22 日，许某被抓获归案。

分析：一审法院广州市中级人民法院认定许某的行为属于盗窃金融机构且数额特别巨大，因此以盗窃罪判处许某无期徒刑，剥夺政治权利终身，并处没收个人全部财产。二审法院广东省高级人民法院裁定发回重审。重审时，广州市中级人民法院在该案的定性上仍未作任何改变，但在量刑时认为许某虽没有法定的减轻处罚情节，根据案件的特殊情况，可以依据《刑法》第 63 条第 2 款有关特殊减轻处罚的规定减轻处罚，遂改判许某有期徒刑 5 年，并处罚金 20 000 元。随后，广东省高级人民法院的终审裁定维持了一审法院的重审判决，“高法”也核准了广东省高级人民法院关于该案的终审裁定。“高法”在核准裁定中指出：许某在发现自动柜员机发生故障的情况下临时起意盗窃，其行为具有一定的偶然性，与有预谋、有准备盗窃金融机构的犯罪相比主观恶性相对较小；许某是趁自动柜员机发生故障之机采用输入指令取款的方法窃取款项，与采取破坏手段盗取钱财相比犯罪情节相对较轻。易言之，“高法”也是从犯罪行为的社会危害性和犯罪分子的再犯可能性角度来理解“案件的特殊情况”的。

（三）减轻处罚的幅度

刑法条文本身只是规定了减轻处罚的一般原则，并未对减轻处罚是否具有限度作出规定。因此，减轻处罚可以减轻到何种程度？是否可以无限制地减轻？对此理论上有不同观点。第一种观点认为，减轻处罚，既包括刑期的缩短也包括刑种的减轻，还可以减至免除处罚。第二种观点认为，减轻处罚仅仅限于刑期的缩短。第三种观点认为，减轻处罚可以是刑期的缩短，也可以是刑种的减轻，但只能是有限的减轻，不能跨“格”减轻，也不能减至免除处罚。本书认为：第一种意见认为减轻处罚可以减至免除处罚，实际上是把免除处罚看成减轻处罚的一部分。这种认识是不妥的，因为在我国刑法中减轻处罚和免除处罚是两个不同的概念，具有各自独立的含义。当案件中只有减轻处罚情节而没有免除处罚情节时，不能免除处罚。第二种观点把减轻处罚仅仅理解为刑期的缩短

---

① 参见陈兴良主编：《新旧刑法比较研究——废·改·立》，北京，中国人民公安大学出版社，1998，70 页。

② 参见李玉萍：《适用酌定减轻处罚的几个问题》，载《人民法院报》，2019-06-10，第 6 版。

③ 参见（2007）穗中法刑二初字第 196 号刑事判决书，（2008）粤高法刑一终字第 5 号刑事裁定书，（2008）穗中法刑二重字第 2 号刑事判决书，（2008）粤高法刑一终字第 170 号刑事裁定书，（2008）刑核字第 18 号刑事裁定书。

同样是不妥的，因为减轻处罚是指刑的减轻，而刑罚的减轻自然包括刑期的缩短和刑种的减轻。第三种意见是正确的，因为对于一些严重犯罪而言，如抢劫致人死亡，其最低刑为10年以上有期徒刑，如果减轻不受“格”的限制，就会导致其宽大无边。因此，在现行立法条件下，减轻处罚宜采取“格”的方法。根据我国刑法分则的规定，法定最低刑共有10个“格”，即无期徒刑、10年有期徒刑、7年有期徒刑、5年有期徒刑、3年有期徒刑、2年有期徒刑、6个月有期徒刑、拘役、管制和附加刑，具有减轻处罚情节的法定最低刑为无期徒刑的，可以在无期徒刑以下10年有期徒刑以上判处刑罚。

三、免除处罚

免除处罚，是指对犯罪分子免除刑事处罚，即仅对犯罪分子作有罪宣告，而不判处刑罚。但是对犯罪分子免除刑事处罚，并不意味着不进行任何处罚，根据《刑法》第37条的规定，对犯罪分子免予刑事处罚的，可以根据案件的不同情况，予以训诫或者责令具结悔过、赔礼道歉、赔偿损失，或者由主管部门予以行政处罚或者行政处分。我国刑法总则共规定十种免除处罚的情节：(1) 中止犯；(2) 自首；(3) 防卫过当；(4) 避险过当；(5) 胁从犯；(6) 在国外犯罪已经受过刑事处罚的；(7) 有重大立功表现的；(8) 从犯；(9) 又聋又哑的人或者盲人犯罪的；(10) 预备犯。

需要注意的是，免除处罚不是我国刑法规定的免除处罚情节的唯一功能。刑法还规定了从轻或者减轻处罚的情节，如《刑法》第27条第2款对于从犯，规定了三种量刑情节的适用，即应当从轻、减轻或者免除处罚。因此，对犯罪分子是否免除处罚，需要结合刑罚的本质特征以及《刑法》第37条的规定进行综合界定：(1) 行为人的行为已经构成犯罪。这是免除处罚的前提条件。该条件使其与犯罪人因无罪而不适用刑罚区别开来。如果行为人的行为根本就不构成犯罪，也就不会发生追究刑事责任的问题，更谈不上免除处罚。只有行为人的行为构成犯罪才涉及是判处一定的刑罚还是免除刑罚的问题。(2) 犯罪情节轻微。这是适用免除处罚的本质条件。只有犯罪分子所犯罪行轻微，行为的社会危害性不大，同时又具有刑法规定的免除处罚的情节，才能宣告免除处罚。如果犯罪的社会危害性较大，应当判处较重的法定刑，就不能对犯罪分子免除处罚，除非具有上述十种免除处罚的情节之一。(3) 不需要判处刑罚，是指对犯罪分子没有预防的必要性，不判处刑罚也足以实现刑罚的预防功能。如甲故意伤害致人轻伤，犯罪情节轻微，犯罪后积极悔改认罪，并妥当地赔偿因自己的伤害行为给他人造成的一切损失，其恶性已基本消失。在这种情况下，就可以认为不需要判处刑罚，而免除刑事处分。

第四节　量刑方法

量刑方法，是指审判人员依据基本犯罪事实和量刑情节对犯罪人判处刑罚时所使用的手段、方法和步骤的总和。量刑方法是审判人员的量刑工作规程，它既能体现量刑过程的规范和透明程度，又是决定量刑结果是否公正的程序性因素。因此，科学、合理的量刑方法是实现公正的量刑结果、规范法官自由裁量权和维护司法公信力的制度保证。下文对目前在刑法理论上和司法实践中有着重要影响力的量刑方法简要评介。

一、综合估量式的量刑方法（综合估量法）

综合估量法，又称经验量刑法、估堆法，其基本内容是：法官首先在掌握案情的基础上，在法定刑范围内参照司法实践经验，大致估量出应当判处的刑罚，然后再考虑各种法定从重、从轻、减轻和免除处罚的情节以及各种酌定情节，最后综合地估量出应当判处的刑罚。① 综合估量法是一种具有悠久历史传统的量刑方法，我国刑事司法实践中长期采用此法。综合估量法的优点是简单易行，符合我国传统的整体性思维方式，容易被司法工作人员接受和采纳。有充足审判经验的法官在排除外界干扰的前提下，通过对犯罪事实和犯罪分子个人情况的全面掌握、细致分析和综合判断，可以获得较为均衡的量刑结果。综合估量法有其合理性的一面，即人类认识事物总是从经验开始的，而且实践也证明，经验是正义认识的基础。② 但是这种方法过于依赖法官的个人经验，而经验本身的最大特点就是具有极大的不确定性，往往因人而异。这就导致了综合估量法容易受到法官的专业素养、业务能力和心理素质等因素的影响，使量刑结果具有较大的主观随意性；而且，即使法官能够依自身丰富的司法经验得出恰当的量刑结果，其量刑过程也会因缺乏逻辑自洽和价值贯通的理论依据与理由的支撑而缺乏科学性；另外，采用综合估量法的量刑过程不够公开透明，容易引起公众对量刑结果的质疑，进而有损司法公信力。因此，综合估量法在理论上和实践中都面临着革新的命运。

二、数量化的量刑方法

数量化的量刑方法，是运用数学方法来解决量刑问题的诸多方法的总称。基于综合估量法的缺陷，不少学者希望通过运用数学方法实现量刑过程定量化，从而确保量刑结果的客观、统一和精确。数量化的量刑方法大致包括层次分析法、数学模型法和定量分析法等方法。所谓层次分析法，是基于系统论而对非定量事件作定量分析和对人们的主观判断作客观描述的方法。具体而言，这种方法运用系统论知识，将那些通常由法官在头脑中分析和衡量的影响量刑结果的因素予以层次化和定量化。所谓数学模型法，是指建立量刑的法律系统模型，通过运用数学模型使量刑过程数量化和量刑结果精确化的方法。在这种数学模型中，犯罪各方面因素是变量，量刑结果是目标函数，准确建立变量与目标函数之间的关系是该数学模型的关键内容。所谓定量分析法，是指基于系统论而对犯罪事实情节和法定刑幅度作定量分析的方法。提出数量化的量刑方法，是为了摈除传统量刑方法的弊端，避免法官个人因素对量刑结果的影响，确保量刑的精确化，提升量刑的自动化水平。目前，尚无被理论界普遍认可和在实践中广泛应用的数量化量刑方法。虽然我们对数量化量刑方法的研究已经较为深入，但仅就效用而言，此项研究还处于初级水平。构建科学的数量化的量刑方法，一方面，要开展严谨、科学的量刑数据收集、分析和综合的实证研究工作，确保量刑系统或模型中数据的经验性、全面性和均衡性；另一方面，要以量刑基准理论为核心探索量刑方法理论，并以此为理论背景创制逻

① 参见陈兴良：《本体刑法学》，3版，北京，中国人民大学出版社，2017，615页。

② 参见［德］卡尔·拉伦茨：《法学方法论》（全本·第六版），黄家镇译，北京，商务印书馆，2020，167页。

辑自洽、结构合理、普遍可行和切合现实的量刑系统或模型。

三、电脑量刑方法

电脑量刑方法，是指将量刑的数学模型和电子计算机技术结合在一起，利用电子计算机的输入、运算和输出功能进行量刑的方法。电脑量刑方法实际上仍以数量化的量刑方法为核心内容，只是在此基础上将电脑作为便捷的操作平台。

赵廷光教授不仅在理论上论证通过电脑这种人工智能辅助量刑实践的可行性，以及利用电脑量刑方法实现量刑公正的价值，而且将电脑量刑的原理付诸实践，成功研制了辅助量刑系统。① 其工作原理是：将法定刑空间平均划分为200个刻度，并将死刑、无期徒刑、拘役和管制虚拟为有期徒刑的月数，待得出量刑结论后再把它们还原为本来性质的刑罚或刑罚量。具体的做法是：（1）将法定刑中各种刑种按数量平均分配所占的量刑空间。（2）将拘役1个月虚拟为有期徒刑1个月；将管制2个月虚拟为有期徒刑1个月；将无期徒刑虚拟为15年至20年，即60个月；将死刑虚拟为20年至25年，即60个月。（3）根据徒刑和虚拟徒刑的月数重新分配各个主刑应占的空间宽度。于是，量刑标尺中每个刻度所体现的不同性质刑罚量，便能精确无误地计算出来。其计算公式为：虚拟徒刑的总月数/法定刑空间÷200个刻度＝每个刻度所表示的不同性质的刑罚量，可称为法定刑“刻度月”。如果案件具有减轻处罚情节的话，应当向下扩展量刑空间。扩展空间的刻度＝减轻处罚范围虚拟徒刑的总月数/法定刑“刻度月”。法定刑空间刻度＋减轻处罚的空间刻度＝广义量刑的空间总刻度。依法设置量刑空间的形式，不仅是量刑公正的客观标尺，同时也是求解量刑最佳适度的必要前提。② 这种运用电脑进行科学量刑的方法，似乎实现了量刑的精确化和自动化，使量刑从传统的经验中解脱出来，但是正如有学者所指出的那样，“案件和刑罚的社会性决定了，具体案件、刑罚本身相似与相异、一般性与个别性、联系与区别的关系几乎不可能通过一套死板的数学分类方法或模型加以解决。电脑不能代替人脑，‘自动售货机’式的执法模式只能是一种无法实现的空想”③。因此，在此方法中，电脑仅具有工具意义，而不能成为量刑结果的真正裁断者。在复杂多变的社会生活中不可能存在绝对相同的案件，个案之间的差异是无法以细化数学模型的方式来克服的，电脑不可能完全替代法官的经验对个案作出评价和判断。

四、人工智能量刑方法

自1989年我国推出“电脑量刑系统”起，我国司法就开启了数字信息技术与量刑相互融合的变革道路。近年来，随着大数据和人工智能技术的进步与迭代，中国司法正在经历由信息化向智能化的结构性转变，以智能技术推进司法信息化建设已经形成了独具特色的中国经验。④ 在此背景下，采用大数据和人工智能辅助量刑也顺势成为web 3.0时代量刑的重要趋势。

---

① 参见赵廷光：《量刑公正实证研究》，武汉，武汉大学出版社，2005，59页。

② 参见赵廷光：《量刑公正实证研究》，武汉，武汉大学出版社，2005，69～70页。

③ 张天洪：《量刑公正论》，北京，法律出版社，2012，120页。

④ 参见王禄生：《智慧法院建设的中国经验及其路径优化》，载《内蒙古社会科学》，2021年第1期，104页。

随着2018年《刑事诉讼法》的修订，认罪认罚案件的数量不断攀升，成为主要的办案对象。在自愿认罪认罚的前提下，对于控辩双方来说，对定罪基本已无争议，因此如何正确从宽量刑便成为重中之重。2019年4月，全国检察机关“量刑建议精准化、规范化、智能化”网络培训要求各级检察机关加快全面提升检察官量刑建议的能力和水平，特别要求充分发挥大数据智能辅助系统的作用，通过大数据、人工智能与检察工作的结合，有效提升量刑建议的精准度，充分论证并适时组织研发可以普遍适用的量刑建议辅助系统。这一要求明确了认罪认罚案件量刑智能化的改革方向。实践中，认罪认罚案件智能辅助预测量刑办案系统陆续上线试用，如海南省的“量刑规范化智能辅助系统”、贵州省的“法镜系统”、上海市的“206智能辅助办案系统”等都具备人工智能辅助量刑的核心功能。整体而言，上述应用尽管在研发主体、应用实践上有所差别，但技术开发的底层逻辑基本一致，即法官输入案件基本信息，人工智能辅助量刑系统对案件信息进行分析、评价，进而生成量刑建议参考值，法官根据该参考值进行量刑。需要注意的是，不同于20世纪90年代推出的电脑量刑系统，人工智能辅助量刑系统依赖图谱构建、情节提取、类案识别以及模型训练等大数据与人工智能技术，可以为法官尚未裁判的案件提供量刑上的参考。① 因而，人工智能辅助量刑不再是基于小数据、部分法官经验和法律法规数据的“自动化”量刑，而是能够实现量刑预测与偏离计算的“智能化”量刑。可以预见，面向对证据与事实已无显著争议的认罪认罚案件，人工智能辅助量刑系统不仅有助于检察机关提出更为精准的司法建议，同时也能有效提升司法效率，促进“类案同判”，加速形成以大数据与人工智能驱动审判体系和审判能力现代化的创新路径。②

值得进一步注意的是，现代化的国家治理在于良法善治，其标准集内容的科学性、本质的人民性以及价值的正当性于一体。③ 在此基础上，量刑所解决的主要问题不仅仅是统计、分析和计算，除对犯罪人施加精准的报应之外，还需结合刑罚的目的，考虑预防与制止、矫正与需求等各种因素的平衡。然而，“相对于人类法官裁判而言，AI法官裁判的实践在程序、结果等方面既缺乏程序公正性，也没有显示出明显更优的实体公正性。实际上，谁来输入案件信息、输入什么信息，如何进行信息的分析，如何做出与人类法官裁判一样，甚至更好的判决，这些问题都还没有得到有说服力的回应”④。这也就意味着，在现阶段，人工智能辅助量刑的司法实践事实上并不能实现对所有因素的兼顾，针对不同案件而展开的个别化量刑是人工智能辅助量刑系统所难以做到的。面对以良法善治为准则的现代化国家治理需要，在未来阶段，人工智能辅助量刑系统需要实现由“弱形式”应用向“强实质”应用的转型，也即在消极责任主义的理论指导下，依先报应再预防的观念逐步展开人工智能与量刑之间的深度融合⑤，进而实现人工智能辅助量刑

---

① 参见王禄生：《司法大数据与人工智能开发的技术障碍》，载《中国法律评论》，2018年第2期，46页。

② 参见刘艳红：《大数据驱动审判体系与审判能力现代化的创新逻辑及其展开》，载《东南学术》，2020年第3期，122～123页。

③ 参见周佑勇：《推进国家治理现代化的法治逻辑》，载《法商研究》，2020年第4期，3页。

④ 左卫民：《AI法官的时代会到来吗——基于中外司法人工智能的对比与展望》，载《政法论坛》，2021年第5期，9页。

⑤ 参见阮晨欣：《责任主义视角下智慧量刑步骤研究》，载《广西大学学报（哲学社会科学版）》，2022年第3期，174页。

的普遍正义与个案正义、形式正义与实质正义、实体正义与程序正义的有机统一。

五、《2021 年量刑指导意见》确定的量刑方法

“高法”从 2004 年开始推行量刑规范化改革；在 2008 年制定了最初的量刑指导意见，经过试点，在 2010 年制定了《人民法院量刑指导意见（试行）》并在全国法院全面试行；在 2013 年在总结经验、修改完善的基础上制定了《关于常见犯罪的量刑指导意见》；在 2017 年又作了进一步修改完善，制定出《关于常见犯罪的量刑指导意见（二）（试行）》，开展扩大罪名和刑种试点工作，增加危险驾驶罪等 8 种罪名，同时将罚金、缓刑的适用纳入规范范围。后《2021 年量刑指导意见》出台，对认罪认罚案件中从宽的调节幅度加以明确。在此过程中，司法实践不断调整、完善量刑情节的调节幅度及各个罪名的量刑起点，修改、完善量刑方法。其最初确立了“以定量分析为主、以定性分析为辅”的量刑方法，后来修改为“以定性分析和定量分析相结合”的量刑方法，再修改为“以定性分析为基础，结合定量分析”的量刑方法，最终确立了“以定性分析为主，以定量分析为辅”的量刑方法。《2021 年量刑指导意见》在第二部分“量刑的基本方法”中规定了量刑步骤、调节基准刑的方法和确定宣告刑的方法等三方面内容，并将量刑过程分为三个步骤：(1) 根据基本犯罪构成事实在相应的法定刑幅度内确定量刑起点；(2) 根据影响犯罪构成的犯罪数额、犯罪次数、犯罪后果等其他犯罪事实，在量刑起点的基础上增加刑罚量，确定基准刑；(3) 根据量刑情节调节基准刑，并综合考虑全案情况，依法确定宣告刑。

确定量刑起点是整个量刑过程的首要步骤，确定基准刑是在量刑过程中具有承上启下意义的中间步骤，确定宣告刑意味着最终量刑结果的实现。

第一，确定量刑起点的方法。所谓量刑起点，是指根据具体犯罪的基本犯罪构成事实的一般既遂状态在相应法定刑幅度内所应判处的刑罚。量刑起点是一个刑罚点，而非一个刑罚幅度。《2021 年量刑指导意见》对交通肇事、故意伤害、抢劫、盗窃等 15 种常见犯罪的量刑起点作了原则性规定，例如构成交通肇事罪，致人重伤、死亡或使公私财产遭受重大损失的，可以在 6 个月至 2 年有期徒刑幅度内确定量刑起点。这些原则性规定是针对抽象个罪的基本犯罪构成设置的，法官在确定量刑起点时应当根据具体案件的基本犯罪构成事实在相应的法定刑幅度内寻求恰当的刑罚点。

第二，调节基准刑的方法。基准刑是根据具体犯罪的全部犯罪构成事实所应判处的刑罚，它由量刑起点和应增加的刑罚量两部分组成。增加的刑罚量是由其他影响犯罪构成的犯罪事实引起的。(1) 具有单个量刑情节的，根据量刑情节的调节比例直接调节基准刑。(2) 具有多个量刑情节的，一般根据各个量刑情节的调节比例，采用同向相加、逆向相减的方法调节基准刑；具有未成年人犯罪、老年人犯罪、限制刑事行为能力的精神病人犯罪、又聋又哑的人或者盲人犯罪，防卫过当、避险过当、犯罪预备、犯罪未遂、犯罪中止，从犯、胁从犯和教唆犯等量刑情节的，先适用该量刑情节对基准刑进行调节，在此基础上，再适用其他量刑情节进行调节。(3) 被告人犯数罪，同时具有适用于个罪的立功、累犯等量刑情节的，先适用该量刑情节调节个罪的基准刑，确定对个罪所应判处的刑罚，再依法实行数罪并罚，决定执行的刑罚。例如，构成交通肇事罪的，可以根

据责任程度，致人重伤、死亡的人数，财产损失的数额以及逃逸等其他影响犯罪构成的犯罪事实增加刑罚量，确定基准刑；构成故意伤害罪的，可以根据伤亡后果、伤残等级、手段的残忍程度等其他影响犯罪构成的犯罪事实增加刑罚量，确定基准刑；构成强奸罪的，可以根据强奸人数、次数、致人伤亡后果等其他影响犯罪构成的犯罪事实增加刑罚量，确定法定刑。

第三，确定宣告刑的方法。所谓宣告刑，即审判人员根据犯罪构成事实以外的各种法定和酌定量刑情节对基准刑进行调节之后，对犯罪人最终所宣告的刑罚。经过计量，量刑情节对基准刑的调节结果仍不能作为最终的量刑结果，因为，根据预先设定的调节比例而得出的调节结果，有可能无法满足罪刑相适应原则的要求，也有可能超出了法定最低刑或法定最高刑的限制而违背了罪刑法定原则。审判人员需要根据调节结果，综合考虑犯罪事实、犯罪性质、犯罪情节和社会危害程度以及被告人的主观恶性和人身危险性等情况，依法决定宣告刑。具体的方法是：（1）量刑情节对基准刑的调节结果在法定刑幅度内，且罪责刑相适应的，可以直接确定为宣告刑；如果具有应当减轻处罚的情节，应依法在法定最低刑以下确定宣告刑。（2）量刑情节对基准刑的调节结果在法定最低刑以下，具有法定减轻处罚情节，且罪责刑相适应的，可以直接确定为宣告刑；只有从轻处罚情节的，可以依法确定法定最低刑为宣告刑；但是根据案件的特殊情况，经"高法"核准，也可以在法定最低刑以下判处刑罚。（3）量刑情节对基准刑的调节结果在法定最高刑以上的，可以依法确定法定最高刑为宣告刑。（4）综合考虑全案情况，独任审判员或合议庭可以在20%的幅度内对调节结果进行调整，确定宣告刑。调节后的结果仍不符合罪责刑相适应原则的要求的，应提交审判委员会讨论，依法确定宣告刑。（5）综合全案犯罪事实和量刑情节，依法应当判处无期徒刑以上刑罚、管制或者单处附加刑、缓刑、免刑的，应当依法适用。例如，对于从犯，应当综合考虑其在共同犯罪中的地位、作用，以及是否实施犯罪实行行为等情况，予以从宽处罚，可以减少基准刑的20%～50%；犯罪较轻的，可以减少基准刑的50%以上或依法免除处罚。确定宣告刑，既包括以各种量刑情节调整基准刑的必要过程，也包括审判人员行使裁量权确认量刑结果的最终环节。在以量刑情节调节基准刑时，如果案件仅具有单个量刑情节，则根据量刑情节的调节比例直接对基准刑进行调节。例如，某一非法拘禁案的基准刑是5年，仅有一个自首情节，可减少20%的基准刑，那么基准刑的调节结果是：5年×(1－20%)。如果案件具有多种量刑情节，则根据各个量刑情节的调节比例，采用"同向相加、逆向相减"的方法确定全部量刑情节的调节比例，再对基准刑进行调节。例如，上述非法拘禁案同时具有累犯和自首情节，有累犯情节，可增加30%的基准刑，有自首情节，可减少20%的基准刑，那么基准刑的调节结果是：5年×(1＋30%－20%)。需要注意的是，对于具有刑法总则规定的未成年人犯罪、限制刑事责任能力的精神病人犯罪、又聋又哑的人或盲人犯罪、防卫过当、避险过当、犯罪预备、犯罪未遂、犯罪中止、从犯、胁从犯和教唆犯等量刑情节的，应先用该量刑情节对基准刑进行调节，在此基础上，再用其他量刑情节进行调节。最高司法机关将上述量刑情节视为特殊量刑情节，其相对于一般量刑情节在调节基准刑方面优先适用。由此，当案件中具有多个所谓特殊量刑情节和一般量刑情节时，调节方法就转变成"部分连乘、部分相加减"。例如，上述非法拘禁案中不仅具备累犯和自首情节，还具备从犯情节，有从犯情节可减少30%的基准刑，那么基准刑的调节结果是：5年×(1－30%)×(1＋30%－20%)。

第五节 数罪并罚

一、数罪并罚概述

《刑法》第69条、第70条、第71条规定了数罪并罚制度。数罪并罚是指人民法院对犯罪人所犯数罪分别定罪量刑后，按照刑法规定的并罚原则及刑期计算方法决定应执行的刑罚。作为一项重要的刑罚裁量制度，数罪并罚的实质在于解决行为人所犯数个罪的各个宣告刑与执行刑之间的关系。① 在此需要注意的是罪与刑的区分，行为构成一罪还是数罪，与对数罪如何判处刑罚，是两个不同的问题。

数罪并罚具有以下特征。

1. 同一行为人犯数罪

数罪并罚中，首先要解决的是同一行为人所犯之罪的数量问题，只有当行为人的行为构成数个独立的罪，即符合数个不同犯罪构成时，才存在适用数罪并罚的前提条件。此处的数罪在犯罪形式与罪过形态上没有任何限制，既可以是犯罪的完成形态即犯罪既遂，也可以是犯罪的未完成形态即犯罪预备或未遂、中止；既包括单独犯罪，也包括共同犯罪；既包括故意犯罪，也包括过失犯罪。此外，刑法理论对数罪进行同种数罪和异种数罪的区分。异种数罪在犯罪构成上具有本质的区别，对其进行并罚不存在争议。对于同种数罪是否实行并罚存在各种不同的观点，需要根据具体情况进行深入研究。

2. 所犯数罪发生在法定时间界限之内

在数罪并罚规定中存在几个重要的时间节点：数罪发生的时间、发现数罪的时间、判决宣告的时间、刑罚执行的时间。基于以上时间要素的不同，刑法具体规定了四种不同的数罪并罚情形：（1）判决宣告以前发现一人所犯数罪；（2）判决宣告以后、刑罚执行完毕以前发现漏罪即没有经过生效判决的其他犯罪；（3）判决宣告以后、刑罚执行完毕以前，被判刑的犯罪分子又犯新罪；（4）被宣告缓刑、假释的犯罪分子在缓刑考验期、假释考验期内犯新罪或被发现判决宣告以前还有其他罪没有判决。从前述规定可以看出，时间要素不仅是决定数罪并罚能否适用的关键因素，而且是区分数罪并罚不同情形的关键因素。

3. 根据法定方法确定数罪刑罚

与一人犯一罪时的刑罚裁量制度不同，数罪并罚涉及的情况较为复杂。实行数罪并罚的目标是根据以数罪为前提的数个宣告刑确定一个应执行的刑罚，但绝对不是刑罚的简单相加，必须依照法定的并罚原则、范围与刑期计算方法进行。具体而言，首先要对犯罪人所犯数罪依法逐一分别确定罪名并裁量、宣告其刑罚，在此基础上根据适用于不同情形的并罚原则以及在不同时间阶段和法律条件下的刑期计算方法，将各罪被判处的刑罚合并，确定应当执行的刑罚的种类和期限等。

---

① 参见高铭暄、马克昌主编：《刑法学》，10版，北京，北京大学出版社、高等教育出版社，2022，273页。

二、数罪并罚的原则

（一）数罪并罚的基本原则

数罪并罚原则是指对一人所犯数罪合并处罚时所依据的基本规则，是数罪并罚制度的灵魂。综观世界各国刑法规定，普遍被采用的数罪并罚基本原则有以下四种。

1. 合并原则

合并原则又称并科原则、相加原则，是指对数罪分别定罪量刑后，将各罪刑罚（包括刑种或者刑期）绝对相加、合并执行。该原则强调的是刑罚的威慑功能。在实行合并原则的国家，不设上限的简单相加在适用时会出现判处几百年有期徒刑的情况，尽管有学者认为这种判决能体现对犯罪进行否定评价的严厉程度①，但超过自然人生命极限的刑罚对犯罪人过于严苛。此外，该原则也无法适用于无期徒刑、死刑等刑罚方法。

2. 吸收原则

吸收原则是指对数罪分别定罪量刑后，由较重宣告刑吸收其他较轻的宣告刑，将最重的一种刑罚（包括最重的刑种或者最长的刑期）作为执行的刑罚，不再执行其余相对较轻的刑罚。需要注意的是，数罪并罚中的吸收仅指重刑对轻刑的吸收，与重罪吸收轻罪具有本质上的差别，后者则仅依数罪中法定刑最重的一罪判处刑罚，而前者需对全部数罪判处刑罚，只是不执行其中较轻的刑罚。吸收原则强调对犯罪人的宽恤，对于无期徒刑、死刑具有适用意义，但在适用于有期自由刑等刑罚方法时会存在重罪轻罚之嫌。

3. 限制加重原则

该原则又称限制并科原则，是指对数罪分别定罪量刑后，以数罪中法定应当判处或已判处的最重刑罚（包括刑种或者刑期）为基础，再在一定限度之内对其予以加重作为执行的刑罚。限制加重原则强调刑罚运用的灵活性，较大程度上克服了合并原则与吸收原则的缺陷，但其缺点在于只能适用于有一定期限的刑罚。

4. 混合原则

混合原则又称折中原则、综合原则，是指并不仅仅采用一种并罚原则，而是根据不同的刑罚种类分别采取不同的原则。该原则将合并原则、吸收原则、限制加重原则进行区分适用，能使数罪并罚制度更具合理性。目前，世界上大多数国家采用混合原则。

（二）我国刑法规定的数罪并罚原则

《刑法》第 69 条规定，“判决宣告以前一人犯数罪的，除判处死刑和无期徒刑的以外，应当在总和刑期以下、数刑中最高刑期以上，酌情决定执行的刑期，但是管制最高不能超过三年，拘役最高不能超过一年，有期徒刑总和刑期不满三十五年的，最高不能超过二十年，总和刑期在三十五年以上的，最高不能超过二十五年”；“数罪中有判处有期徒刑和拘役的，执行有期徒刑。数罪中有判处有期徒刑和管制，或者拘役和管制的，有期徒刑、拘役执行完毕后，管制仍须执行”；“数罪中有判处附加刑的，附加刑仍须执行，其中附加刑种类相同的，合并执行，种类不同的，分别执行”。

根据《刑法》第 69 条，我国对数罪并罚采取的是以限制加重原则为主，以合并原则

① 参见付立庆：《刑法总论》，北京，法律出版社，2020，396 页。

和吸收原则为补充的混合原则，其具体适用方法如下所述。

1. 数罪并罚中的死刑、无期徒刑

刑法明确将死刑、无期徒刑排除在限制加重原则的适用范围之外，却并未对判决宣告中有数个死刑、无期徒刑或者最重刑为死刑、无期徒刑时适用的并罚原则作出明文规定。对此刑法学界通说认为应当采取吸收原则①：数罪中有一个罪或者几个罪被判处死刑的，只执行一个死刑，其他主刑不再执行；数罪中有一个罪或者几个罪被判处无期徒刑的，只执行一个无期徒刑，其他主刑不再执行。

2. 数罪并罚中的同种有期自由刑

当对一人所犯数罪判处数个有期徒刑、数个拘役或数个管制时，采取限制加重原则。结合《刑法》第 69 条，我国刑法中的限制加重原则具有以下特点：

（1）以数个有期自由刑中的最高刑期为起点，即合并处罚后决定执行的刑期必须在数罪所被判处的最高刑期之上，并且可以超过各个有期自由刑的法定最高刑期，比如数罪并罚时有期徒刑总和刑期可以超过 15 年，拘役总和刑期可以超过 6 个月，管制总和刑期可以超过 2 年。

（2）并罚的执行刑期受到数个有期自由刑总和刑期的限制，即决定执行的刑罚必须在总和刑期以下。比如犯罪人因犯 A 罪被判处有期徒刑 5 年，因犯 B 罪被判处有期徒刑 7 年，数罪并罚时要在最高刑有期徒刑 7 年以上、总和刑期有期徒刑 12 年以下判处刑罚。

（3）当总和刑期超过法定最高刑期时，受到数罪并罚时法定最高执行刑期的限制。并罚时数个拘役最高不能超过 1 年；数个管制最高不能超过 3 年；数个有期徒刑总和刑期不满 35 年的，最高不能超过 20 年，总和刑期在 35 年以上的，最高不能超过 25 年。比如犯罪人因犯数罪分别被判处 10 年、11 年、12 年有期徒刑，由于总和刑期为 33 年、不满 35 年，并罚时要在 12 年以上 20 年以下决定执行的刑罚。在 1997 年刑法中，并罚时数个有期徒刑的最高刑期为 20 年。2011 年《刑法修正案（八）》对其进行修正。② 对于有期徒刑并罚上限的上调，有学者指出，主要是为了解决“死刑过重、生刑过轻”的问题，既能通过加大有期徒刑的惩罚力度来体现罪刑相适应原则，也能为进一步减少死刑进行必要铺垫。③

《刑法》第 69 条的内容为“应当在总和刑期以下、数刑中最高刑期以上，酌情决定执行的刑期”。对于此处的“以上”“以下”的理解也存在不同的观点。若按《刑法》第 99 条的规定，认为“以上”“以下”包括本数，那么以总和刑期作为决定执行的刑期时就等于采用了并科原则，以最高刑期作为决定执行的刑期时就与采用了吸收原则的结果没有差异。尽管将总和刑期或者最高刑期作为执行的刑期也并没有被刑法禁止，但多数学者认为这样实际上不能同时体现“加重”和“限制”的精神，有违立法本意④，司法实践中也倾向于在二者之间酌情决定执行的刑期。对此问题应以立法机关或者司法机关

① 参见陈兴良：《规范刑法学》（上册），4 版，北京，中国人民大学出版社，2023，517 页。

② 《刑法修正案（八）》第 10 条将刑法第 69 条“判决宣告以前一人犯数罪的……有期徒刑最高不能超过二十年……”修改为“判决宣告以前一人犯数罪的……有期徒刑总和刑期不满三十五年的，最高不能超过二十年，总和刑期在三十五年以上的，最高不能超过二十五年……”

③ 参见陈兴良主编：《刑法总论精释》（下），3 版，北京，人民法院出版社，2016，877 页。

④ 参见黄丽勤：《我国刑法数罪并罚规定的不足及完善》，载《同济大学学报（社会科学版）》，2022 年第 6 期，106 页。

作出的统一、有效解释为准。

3.数罪并罚中的异种有期自由刑

一人所犯数罪均被判处同种有期自由刑时，法律明确规定适用限制加重原则进行处理，但对于不同种有期自由刑的并罚，曾因长期缺乏规范上的制度性安排而存在不同的见解，具体包括以下观点：

一是换算说。该说认为在对异种有期自由刑并罚时，首先要确定一个折算比（大多参照先行羁押折抵刑期的规定），然后将异种有期自由刑折算为同种有期自由刑，再按刑法所规定的限制加重原则决定应执行的刑期。①

二是吸收说。该说认为在对异种有期自由刑并罚时，应采用重刑吸收轻刑的原则来确定最后应执行的刑罚。2006年“高法”关于徐某某盗窃抗诉一案②的答复采取了该观点。徐某某因犯盗窃罪于2005年5月被法院判处拘役6个月，缓刑6个月。在缓刑考验期内徐某某又犯盗窃罪，被法院判处有期徒刑2年，并处罚金人民币3 000元。上海市高级人民法院向“高法”请示，2006年8月“高法”研究室作出答复如下：《刑法》第69条对不同刑种如何数罪并罚没有明确规定，因此对于被告人在拘役缓刑考验期内又犯新罪被判处有期徒刑应如何并罚问题，你院可根据案件的不同情况，个案处理。就本案而言，同意你院的倾向性意见，即可以只执行有期徒刑，拘役不再执行。

三是分别执行说。该说认为对行为人所犯数罪判处数个异种有期自由刑时，应从重到轻逐个执行对其所量定的刑罚。20世纪八九十年代的一些司法解释体现了该观点。③司法实务中对于异种有期自由刑也多分别执行。

张某危险驾驶案。④ 2014年4月17日张某因犯非法处置扣押的财产罪被法院判处有期徒刑1年，缓刑2年。后张某在缓刑考验期限内犯危险驾驶罪，法院裁定撤销缓刑，将危险驾驶罪与前罪实行并罚，决定先执行有期徒刑1年，后执行拘役1个月，并处罚金人民币1 000元。

四是折中说。该说认为对异种有期自由刑不宜采用单一的并罚原则，而应依据罪刑均衡原则或具体宣告刑结构，针对有期徒刑、拘役和管制的不同组合方式分别适用不同的并罚原则。⑤

---

① 参见马克昌：《刑罚通论》，武汉，武汉大学出版社，1999，485页。

② 参见2006年8月16日“高法”研究室《关于被告人在拘役缓刑考验期内又犯新罪被判处有期徒刑应如何并罚问题的答复》（法研［2006］145号）。

③ （1）1981年“高法”《关于管制犯在管制期间又犯新罪被判处拘役或有期徒刑应如何执行的问题的批复》指出：“在对新罪所判处的有期徒刑或者拘役执行完毕后，再执行前罪所没有执行完的管制。”（2）1984年“高法”研究室《关于对拘役犯在缓刑期间发现其隐瞒余罪判处有期徒刑应如何执行问题的电话答复》指出：“需对罪犯合并执行拘役和有期徒刑时，本书认为，以先执行有期徒刑、后执行拘役为宜，即在有期徒刑执行完毕后再执行拘役。”（3）1987年“高法”《对在管制期间的反革命分子犯一般刑事罪的论罪与刑罚执行问题的批复》指出：“在对新罪所判处的有期徒刑或者拘役执行完毕后，再执行前罪所没有执行完的管制。”（4）1988年“高法”研究室《关于被判处拘役缓刑的罪犯在考验期内又犯新罪应如何执行问题的电话答复》指出：“因拘役和有期徒刑在执行方法上不完全相同，故可参照我院（81）法研字第18号批复的精神办理，即在对新罪所判处的有期徒刑执行完毕后，再执行前罪所判处的拘役。”以上解释现均已失效。

④ 参见（2015）秦开刑初字第62号刑事判决书。

⑤ 参见赵秉志主编：《〈中华人民共和国刑法修正案（九）〉理解与适用》，北京，中国法制出版社，2016，359～360页。

上述各种方案，各有其优、缺点。《刑法修正案（九）》对此作出了明确规定，在《刑法》第69条中增加一款作为第2款："数罪中有判处有期徒刑和拘役的，执行有期徒刑。数罪中有判处有期徒刑和管制，或者拘役和管制的，有期徒刑、拘役执行完毕后，管制仍须执行。"可见现行立法采取的是区别对待的折中原则：一是对有期徒刑与拘役的并罚采取吸收原则，体现出现代刑罚轻缓化的趋势；二是对有期徒刑与管制的并罚或拘役与管制的并罚采用合并原则，强调的是社区矫正对犯罪人的教育改造作用。

4. 数罪并罚中的附加刑

（1）数罪并罚中的主刑与附加刑。

因犯数罪而同时被判处主刑和附加刑时，采取合并原则，即无论决定执行的主刑种类如何，附加刑需执行，不能被主刑吸收。

（2）数罪并罚中的同种附加刑。

《刑法修正案（八）》规定，数罪中判处的数个附加刑种类相同时，应合并执行，具体如下：

1）数个罚金刑的并罚。对所犯数罪分别判处罚金的，应当实行并罚，将所判处的罚金数额相加，执行总和数额。对于总和数额的上限刑法目前暂无规定。

2）数个没收财产的并罚。当数刑均为没收部分财产时，应采取合并原则，即执行数个没收部分财产。当数个没收财产中有没收全部财产时，应采取吸收原则，即只执行一个没收全部财产。

3）数个剥夺政治权利的并罚。当数个剥夺政治权利中至少有一个剥夺政治权利终身时，因剥夺政治权利终身已达到该刑种法定最高限度，刑法理论界与司法实务界普遍认为应当采取吸收原则，即只执行一个剥夺政治权利终身。但数个剥夺政治权利均有期限时如何并罚？有观点认为由于数罪中分别适用的附加刑都必须执行，应当采用合并原则，即将每一个剥夺政治权利的刑期相加①；也有观点认为应当采用吸收原则，只执行一个最长刑期的剥夺政治权利。司法实践中则认为应当参照主刑的限制加重原则来决定应执行的刑期，以避免采用吸收原则畸轻、采用并科原则畸重的弊端。②

（3）数罪并罚中的异种附加刑。

《刑法修正案（八）》规定，数罪中判处的数个附加刑种类不同时，应分别执行。剥夺政治权利与财产刑并罚时，因性质不同，采取合并原则。罚金与没收部分财产并罚时，采取合并原则。但对罚金与没收全部财产的并罚引发争议：刑法理论通常认为应当将没收全部财产和罚金分别执行，而不得以没收全部财产吸收罚金。司法实践中所采取的则是吸收原则，如2000年11月25日"高法"《关于适用财产刑若干问题的规定》第3条明确规定，依法对犯罪分子所犯数罪分别判处罚金的，应当实行并罚，将所判处的罚金数额相加，执行总和数额。一人犯数罪依法同时并处罚金和没收财产的，应当合并执行；但并处没收全部财产的，只执行没收财产刑。

---

① 参见马克昌：《刑罚通论》，武汉，武汉大学出版社，1999，468页。

② 2009年6月10日"高法"《关于在执行附加刑剥夺政治权利期间犯新罪应如何处理的批复》（法释〔2009〕10号）指出："对判处有期徒刑的罪犯，主刑已执行完毕，在执行附加刑剥夺政治权利期间又犯新罪，如果所犯新罪也剥夺政治权利的，依照刑法第五十五条、第五十七条、第七十一条的规定并罚。"

三、数罪并罚的类型

根据现行刑法，数罪并罚的适用可以分为三种类型：典型的数罪并罚、发现漏罪的并罚、再犯新罪的并罚。

（一）判决宣告以前一人犯数罪的并罚（典型的数罪并罚）

从《刑法》第69条的规定来看，数罪并罚原则及由此而决定的适用方法，是以判决宣告前一人犯数罪的情形为标准确立的，因此对于判决宣告前发现数罪的合并处罚规则，在此不再赘述。

对行为人犯异种数罪应当实行并罚没有任何异议，问题在于行为人犯同种数罪时能否一概实行并罚。对于同种漏罪需要进行并罚，司法解释作出了明确规定。1993年4月16日“高法”《关于判决宣告后又发现被判刑的犯罪分子的同种漏罪是否实行数罪并罚问题的批复》规定，人民法院的判决宣告并已发生法律效力以后，刑罚还没有执行完毕以前，发现被判刑的犯罪分子在判决宣告以前还有其他罪没有判决的，不论新发现的罪与原判决的罪是否属于同种罪，都应当依照《刑法》第65条规定实行数罪并罚。但是，司法解释没有明文规定判决宣告前所发现的“数罪”是否包括“同种数罪”。对此，在刑法理论上存在并罚说、一罚说与折中说的交锋。并罚说主张对同种数罪一概实行并罚；一罚说主张对同种数罪一概依照一罪从重或者升格法定刑处罚；针对一罚说与并罚说的折中说内部则存在“以并罚为原则，以一罚为例外”① 和“以一罚为基础，以并罚为补充”② 的方案区分。目前司法实践中的通说认为，数罪并罚一般是针对异种数罪而言的，对于同种数罪一般不实行并罚。

陈某非法进行节育手术案。③ 陈某因犯非法进行节育手术罪A于2011年1月被检察机关提起公诉。在取保候审期间，陈某再次实施非法进行节育手术罪B并被立案侦查，公诉机关未予并案处理。2013年12月，人民法院仅就起诉的非法进行节育手术罪A判处陈某有期徒刑1年9个月，并处罚金人民币1万元。2014年2月检察机关以非法进行节育手术罪B提起公诉，法院以非法进行节育手术罪B，判处陈某有期徒刑1年6个月，并处罚金人民币9 000元，与前罪并罚，决定执行有期徒刑2年，并处罚金人民币19 000元。

分析：本案属于判决宣告前一人犯同种数罪但被分案处理的情形。对此“高法”在裁判要旨中指出：“行为人在判决宣告以前犯同种数罪的，一般应并案按照一罪处理，不实行并罚。在审理过程中，人民法院发现行为人犯有同种数罪但被人为分案处理的，可以建议检察机关起诉；检察机关不予并案处理的，应仅就起诉的犯罪事实作出裁判，在审理后起诉的犯罪事实时，可以适用刑法第七十条关于漏罪并罚的规定。对人为分案处理的同种数罪实行并罚时，决定执行的刑罚应当与并案以一罪处理时所应判处的刑罚基本相当，不得加重被告人的处罚。”

---

① 张明楷：《刑法学》（上），6版，北京，法律出版社，2021，655页。

② 黎宏：《刑法学总论》，2版，北京，法律出版社，2016，389页；高铭暄、马克昌主编：《刑法学》，10版，北京，北京大学出版社、高等教育出版社，2022，277页。

③ 参见最高人民法院刑事审判第一、二、三、四、五庭主办：《刑事审判参考》，总第109集，北京，法律出版社，2017，71～77页。

（二）判决宣告后、刑罚执行完毕前发现漏罪的并罚（发现漏罪的并罚）

在典型的数罪并罚之外，《刑法》第70条规定了发现漏罪的并罚，即“判决宣告以后，刑罚执行完毕以前，发现被判刑的犯罪分子在判决宣告以前还有其他罪没有判决的，应当对新发现的犯罪作出判决，把前后两个判决所判处的刑罚，依据本法第六十九条规定，决定执行的刑罚。已经执行的刑期，应当计算在新判决决定的刑期以内”。据此，该种并罚类型具有以下特征：

（1）“漏罪”必须是在判决宣告前就已实施且应当依法追诉的罪，既可以是一罪也可以是数罪，但“发现”漏罪的时间则必须在判决宣告以后、刑罚执行完毕以前。由于对“发现”的含义以及主体法律尚无明确的规定，主要存在以下两种对立的观点：第一种观点认为“发现”的主体仅指人民法院，其依据在于只有人民法院才能认定行为人是否有罪及作出相应判决；第二种观点认为“发现”的主体可以是司法机关中的任何一个机关，因此当侦查机关对犯罪事实立案侦查，并有相关证据证明服刑犯实施了犯罪事实，即将服刑犯明确为犯罪嫌疑人时便属于“发现”漏罪。司法实践中普遍认为，为避免因漏罪侦查进程、宣判时间的长短差异而导致法律适用的不稳定，采用第二种观点更有利于保障被告人权益以维护法律公平公正。

沈某盗窃案。[①] 沈某因盗窃罪A于2012年4月24日被判处有期徒刑7个月（2011年12月29日起至2012年7月28日止），并处罚金人民币1 000元。在刑罚执行中公安机关发现其还犯有盗窃罪B，便于2012年5月14日进行立案。同年6月4日公安机关对沈某进行审查，同年9月5日人民法院对本案进行审理。

分析：本案的关键在于：在刑罚执行期间发现漏罪事实，但对漏罪的判决作出时原判刑罚已经执行完毕的，如何处理？法院认为：第一，“发现”的主体通常是侦查机关，自诉案件中也可以是人民法院；第二，“发现”有相应的程序性要求，且需达到一定证明程度；第三，“发现”不同于“定罪”，其只是刑事追诉的初步阶段，即仅仅意味着明确或者锁定了犯罪嫌疑人。本案中公安机关于2012年6月4日进行审查这一时间符合发现漏罪的标准与要求，因为此时公安机关不仅已经立案，且已经有被害人陈述、犯罪嫌疑人供述及相应技术侦查证据，已基本可以认定犯罪嫌疑人实施了本案盗窃行为。同时由于该时间在沈某前罪刑罚执行期间，故符合发现漏罪的并罚的时间节点要求。针对漏罪，法院最终判处沈某有期徒刑6个月15日，并处罚金人民币1 000元，漏罪与前罪并罚后决定执行有期徒刑1年1个月，并处罚金人民币2 000元。

（2）不管漏罪是否与前罪性质相同，都应当对其单独定罪量刑。需要注意的是，当人民法院已经根据刑法规定对前罪以连续犯论处后，在刑罚执行过程中发现遗漏了连续犯中的部分犯罪行为的，不宜对遗漏的部分进行单独定罪量刑。此时应当通过审判监督程序撤销原判决，重新定罪量刑。[②]

（3）必须对前罪与漏罪实行并罚。问题在于：在前罪为数罪且并罚的场合该如何对

---

① 参见最高人民法院刑事审判第一、二、三、四、五庭主办：《刑事审判参考》，总第100集，北京，法律出版社，2015，57～58页。

② 参见张明楷：《刑法格言的展开》，3版，北京，北京大学出版社，2013，517页。

前罪与漏罪进行并罚？“宣告刑说”认为对于“前一个判决”不能从字面上理解为原判决决定执行的一个刑罚，而应理解为原判决所认定的数罪的刑罚即数个宣告刑[①]；“执行刑说”认为原判决已经是发生法律效力的判决，如果对漏罪所处的刑罚不与原判决决定执行的刑罚并罚，就意味着推翻前一判决和否定前一判决的法律效力。[②] 本书赞同“执行刑说”，理由在于采“宣告刑说”并非仅存在并罚时间上的差异，其可能造成最重刑期降低和总和刑期升高的现象，且不利于维护刑事裁判的严肃性。

（4）采用的是“先并后减”的刑期计算方法，即将原判决所确定的刑罚与对漏罪所判处的刑罚进行并罚，将已经执行的刑期从新判决确定的刑期中减去。如犯罪人在判决宣告前同时犯A罪、B罪、C罪，但法院只针对A罪和B罪分别判处5年、10年有期徒刑，决定合并执行12年有期徒刑。执行3年后发现了C罪，法院针对C罪判处6年有期徒刑。此时“数刑中最高刑期”为10年，法院应当在10年以上21年（5＋10＋6）以下决定应执行的刑期，但并罚时数个有期徒刑不得超过20年，故只能在10年以上20年以下的区间内量刑。假定法院决定执行13年，则犯罪人还应当执行10年。

关于《刑法》第70条的适用，还应当注意以下情形。

（1）涉及缓刑的情形。

在缓刑考验期间发现漏罪的，应按照《刑法》第77条的规定处理，即被宣告缓刑的犯罪分子，在缓刑考验期限内被发现判决宣告以前还有其他罪没有判决的，应当撤销缓刑，对新发现的罪作出判决，把前罪和后罪所判处的刑罚，依照《刑法》第69条的规定，决定执行的刑罚。缓刑考验期间不同于刑罚执行期间，因此已经执行的缓刑考验期不能折抵刑期，但判决执行前先行羁押的时间，应当在数罪并罚决定执行的刑罚之后予以折抵。[③]

（2）涉及假释的情形。

在假释考验期内发现漏罪的，应依照《刑法》第86条第2款的规定处理，即在假释考验期限内，发现被假释的犯罪分子在判决宣告以前还有其他罪没有判决的，应当撤销假释，依照《刑法》第70条的规定实行数罪并罚。

（3）涉及减刑的情形。

对于裁定减刑后发现漏罪应如何并罚，理论界存在两种观点。一种观点主张将对漏罪判决后所确定的刑期与裁定减刑后的刑期进行并罚，理由在于减刑裁定属于对原判决的适当修正，与原判决具有同等法律效力；另一种观点主张将对漏罪判决后所确定的刑期与原判决所确定的刑期进行并罚，理由在于减刑裁定是在执行阶段针对犯罪人的罪后表现作出的，不宜作为审判阶段数罪并罚时的基准。对此，2012年1月18日“高法”《关于罪犯因漏罪、新罪数罪并罚时原减刑裁定应如何处理的意见》明确规定：罪犯被裁定减刑后，因被发现漏罪或者又犯新罪而依法进行数罪并罚时，经减刑裁定减去的刑期不计入已经执行的刑期。在此后对因漏罪数罪并罚的罪犯依法减刑，决定减刑的频次、

---

① 参见张明楷：《刑法学》（上），6版，北京，法律出版社，2021，781页。

② 参见高铭暄、马克昌主编：《刑法学》，10版，北京，北京大学出版社、高等教育出版社，2022，277～278页。

③ 参见2002年“高法”《关于撤销缓刑时罪犯在宣告缓刑前羁押的时间能否折抵刑期问题的批复》（法释〔2002〕11号）。

幅度时，应当对其原经减刑裁定减去的刑期酌予考虑。2017 年 1 月 1 日实施的“高法”《关于办理减刑、假释案件具体应用法律的规定》（以下简称《减刑假释规定》）第 34 规定：罪犯被裁定减刑后，刑罚执行期间因发现漏罪而数罪并罚的，原减刑裁定自动失效。如漏罪系罪犯主动交代的，对其原减去的刑期，由执行机关报请有管辖权的人民法院重新作出减刑裁定，予以确认；如漏罪系有关机关发现或者他人检举揭发的，由执行机关报请有管辖权的人民法院，在原减刑裁定减去的刑期总和之内，酌情重新裁定。

岳某某盗窃案。① 2008 年 6 月岳某某因犯盗窃罪被判处无期徒刑，剥夺政治权利终身，并处没收个人全部财产。2011 年 1 月 28 日被减为有期徒刑 19 年，剥夺政治权利 9 年。2013 年 7 月 28 日，被裁定予以减刑 1 年 10 个月。后在刑罚执行中发现其在判决宣告前还犯有盗窃罪。

分析：本案的关键在于，无期徒刑减为有期徒刑后在执行期间发现漏罪，数罪并罚时原减刑裁定减去的刑期以及减为有期徒刑后已经执行的刑期如何处理。法院认为：第一，从刑法条文用语的字面含义来看，第 70 条中的“前后两个判决”是指前罪判决和漏罪判决而不包括减刑裁定；第二，经减刑裁定减去的刑期以及无期徒刑减为有期徒刑后已被执行的刑期，属于刑罚执行问题，虽然在数罪并罚后的新判决中无法体现，但可在新判决执行过程中予以考虑；第三，在将前罪与漏罪进行并罚作出新判决时无须撤销原减刑裁定。法院最终判处岳某某有期徒刑 3 年 6 个月，并处罚金人民币 4 000 元，与原判决确定的无期徒刑、剥夺政治权利终身、并处没收个人全部财产合并，决定执行无期徒刑，剥夺政治权利终身，并处没收个人全部财产。

（4）涉及判决宣告以后但尚未交付执行的情形。

判决已经宣告，但尚未交付执行时发现漏罪的，需要以判决是否已经发生法律效力作为处理标准。判决已经生效，只是尚未实际交付执行的，对于此时发现的漏罪应当按照《刑法》第 70 条的规定进行数罪并罚。判决虽已宣告但尚未发生法律效力的，即在一审判决作出后被告人提起上诉或者人民检察院提出抗诉，二审法院在审理期间发现原审被告人在一审判决宣告以前还有漏罪没有判决的，不能再适用《刑法》第 70 条的规定进行数罪并罚。二审法院可以裁定撤销原判，发回原审法院重新审理：如果漏罪与前罪属于异种数罪，应当按照《刑法》第 69 条的规定进行数罪并罚；如果漏罪与前罪属于同种数罪，应当以重新认定的事实为依据作出改判，而不适用数罪并罚的有关规定。

（三）判决宣告后、刑罚执行完毕前再犯新罪的并罚（再犯新罪的并罚）

除了发现漏罪的并罚情形，《刑法》第 71 条规定了再犯新罪的并罚情形，即“判决宣告以后，刑罚执行完毕以前，被判刑的犯罪分子又犯罪的，应当对新犯的罪作出判决，把前罪没有执行的刑罚与后罪所判处的刑罚，依照本法第六十九条规定，决定执行的刑罚”。

据此，该种并罚类型具有以下特征：

（1）犯新罪的时间必须在原判决宣告之后、刑罚执行完毕以前，即犯罪分子是在刑罚执行期间再次犯罪。“判决宣告之后”不包括判决虽已宣告但尚未发生法律效力的情形。关于“刑罚执行完毕以前”是否包括附加刑执行完毕以前，2017 年全国人大常委会

① 参见（2014）浙刑一终字第 64 号刑事裁定书。

法制工作委员会在《关于对被告人在罚金刑执行完毕前又犯新罪的罚金应否与未执行完毕的罚金适用数罪并罚问题的答复意见》中指出："刑法第七十一条中的'刑罚执行完毕以前'应是指主刑执行完毕以前。如果被告人主刑已执行完毕，只是罚金尚未执行完毕的，根据刑法第五十三条的规定，人民法院在任何时候发现有可以执行的财产，应当随时追缴。因此，被告人前罪主刑已执行完毕，罚金尚未执行完毕的，应当由人民法院继续执行尚未执行完毕的罚金，不必与新罪判处的罚金数罪并罚。"

（2）对于已被判刑的犯罪人所实施的新罪，不管其是否与原已判决的罪性质相同，都应当对其单独定罪量刑。刑罚执行期间再犯数个新罪的，也应当对数个新罪分别定罪量刑，而后将后判决宣告的数个宣告刑与前罪未执行的刑罚进行并罚。

（3）采用的是"先减后并"的刑期计算方法，即将前罪未执行完毕的刑罚与后罪所被判处的刑罚合并，决定执行的刑期，已执行的刑期不计算在新决定执行的刑期之内。例如，被告人因犯A罪被判处有期徒刑9年，在执行4年后，又犯新罪，应当被判处有期徒刑8年，依照"先减后并"的方法应当将没有执行的5年与8年合并，即在8年到13年的限度内决定应执行的刑罚，假设法院判决10年有期徒刑，则被告人实际执行的刑期为14年。与发现漏罪的并罚的计算方法不同，按照这种计算方法，犯罪分子实际被执行刑罚的最高期限有可能超过20年或者25年。这是由于犯罪分子在刑罚执行期间又犯新罪，说明其主观恶性及人身危险性较大，应当给予更重的处罚。

关于《刑法》第71条的适用，还应当注意以下情形：

（1）涉及缓刑的情形。

对于缓刑考验期间又犯新罪的，应按照《刑法》第77条的规定处理，即被宣告缓刑的犯罪分子，在缓刑考验期限内犯新罪的，应当撤销缓刑，对新犯的罪作出判决，把前罪和后罪所判处的刑罚，依照《刑法》第69条的规定，决定执行的刑罚。

董某故意毁坏财物案。[①] 董某因犯交通肇事罪被判处有期徒刑3年，缓刑3年。在缓刑考验期内，董某指使甲损坏乙的轿车，并为甲提供乙的住处、车牌号码等相关信息。董某的缓刑考验期满后，甲向乙的轿车泼洒漆料，致使该车车体被大面积腐蚀，造成经济损失39 150元。

分析：本案中后罪的预备行为发生在前罪的缓刑考验期内，实行行为发生在缓刑考验期满后，该如何进行并罚？法院经审理认为：第一，应当将犯罪预备行为与实行行为作为一个完整的犯罪过程来理解，而不能只考察犯罪实行行为的发生时间；第二，如果行为人在缓刑考验期限内只实施了犯罪预备行为，而没有后续的实行行为，但对该预备行为本身有必要进行刑罚处罚时，也应当撤销前罪所被判处的缓刑，与新罪的犯罪预备所被判处的刑罚实行合并。最终法院以故意毁坏财物罪判处被告人有期徒刑10个月，并撤销原判缓刑，数罪并罚后决定执行有期徒刑3年10个月。

（2）涉及假释的情形。

对于假释考验期内又犯新罪的，根据《刑法》第86条第1款的规定处理，即被假释的犯罪分子，在假释考验期限内犯新罪的，应当撤销假释，依照《刑法》第71条的规定

① 参见（2019）京0113刑初764号刑事判决书。

实行数罪并罚。

（3）涉及暂予监外执行的情形。

与缓刑、假释不同，暂予监外执行不是对犯罪人的一项鼓励性措施，而是一种对不适宜继续关押在监狱中的服刑人员采取的体现人道主义精神的特殊刑罚执行方法。暂予监外执行期间仍属于刑罚执行期间，在这一期间犯新罪的，应将新罪与前罪按照《刑法》第71条的规定并罚。关于前罪没有执行的刑罚的起算点主要存在三种计算方式：以犯新罪之日为起算点，以犯新罪被采取强制措施之日为起算点，以新罪被判决之日为起算点。由于不同的起算方式会影响到数罪并罚后的量刑结果，为避免同案不同判，有必要对其作出权威、统一的解释。[①]

田某某敲诈勒索案。[②] 2005年6月田某某因犯聚众斗殴罪被判处有期徒刑3年（先行羁押日期折抵后，刑期自2005年6月17日起至2008年3月6日止）。2007年7月13日田某某被暂予监外执行。2007年8月田某某实施敲诈勒索行为。2008年5月13日田某某因涉嫌犯敲诈勒索罪被逮捕。

分析：本案的关键在于，在暂予监外执行期间犯新罪，但新罪是在暂予监外执行期限届满后才被发现的，是否应当数罪并罚。法院经审理认为：第一，暂予监外执行本质上仍是刑罚的一种执行方式，暂予监外执行期限届满就意味着刑罚已经执行完毕；第二，《刑法》第71条不仅要求罪犯又犯新罪，更重要的是要求罪犯又犯新罪的时间、发现罪犯又犯新罪的时间均在前罪的刑罚执行完毕之前；第三，对于服刑期间犯新罪的事实可以作为酌定从重处罚情节，以充分贯彻、体现宽严相济的刑事政策。最终法院以敲诈勒索罪判处田某某有期徒刑2年。

（4）涉及再犯新罪同时发现漏罪的情形。

犯罪人在刑罚执行期间再次犯罪又发现漏罪的并罚，会同时涉及“先并后减”和“先减后并”的刑期计算方法。通说观点认为，应当采取分别判决、顺序并罚的方法[③]，具体操作如下：首先，对漏罪进行定罪量刑，然后按照《刑法》第70条所规定的“先并后减”方法，将漏罪被判决的刑罚与前罪被判决的刑罚进行并罚，决定执行的刑罚；其次，对新罪进行定罪量刑，然后按照《刑法》第71条所规定的“先减后并”方法，将对新罪判处的刑罚与前一并罚后决定执行的刑罚中尚未执行的部分并罚，最终确定应当执行的刑罚。

第六节 缓 刑

一、缓刑概述

（一）缓刑的概念

缓刑是现代社会一项非常重要的刑罚制度，起源于英国，但一般认为现代意义上的

① 参见宋红伟：《暂予监外执行罪犯又犯罪相关问题探析》，载《人民检察》，2017年第8期，33～34页。

② 参见最高人民法院刑事审判第一、二、三、四、五庭主办：《刑事审判参考》，总第87集，北京，法律出版社，2013，55页。

③ 参见黎宏：《刑法学总论》，2版，北京，法律出版社，2016，394～395页；张明楷：《刑法学》（上），6版，北京，法律出版社，2021，785页。

缓刑最早得到适用是在19世纪的美国波士顿。① 如今缓刑制度基本上已在世界各国得到确立，但由于传统与习惯的不同，英美法系国家与大陆法系国家确立了不同的缓刑制度。英美法系中的缓刑制度主要分为以下几种②：

（1）刑的暂缓宣告。这一制度是指对行为人作有罪判决而在一定期间内暂不宣告刑罚，如果行为人在规定的期间内没有发生诸如犯罪等法定事由，即免去刑罚的宣告。其目的在于将犯罪人置于社区环境中或限定在一定的区域内以更好地矫正其行为。

（2）罪的暂缓宣告。这一制度在某种意义上属于起诉犹豫，其操作形式主要是在对被告人作出有罪判决之前即暂停或者终止对被告人的刑事诉讼程序，并将其交付考验。

（3）震撼缓刑，又称休克缓刑或者不执行余刑的缓刑。在这一制度下，被告人被判有罪后会执行较短时间的监禁刑，在其认为需要长期服刑时突然宣告缓刑。其目的在于使犯罪人感受监禁生活以起到震撼作用并为其回归正常社会生活提供心理基础。与震撼缓刑相似的还有分开的判决制度。③

大陆法系国家的缓刑制度主要是刑罚的暂缓执行制度，即在对犯罪人定罪量刑的基础上，如果其符合一定的条件便在一定期限内对所判决的刑罚暂缓执行，如果在该考验期限内未再违法犯罪，则不再执行原判决宣告之刑罚。在刑罚暂缓执行中也包含着无附加义务的暂缓执行、附加一般义务的暂缓执行、附加特殊义务的暂缓执行等类型。同时有些国家会进一步规定，如果犯罪人在考验期限内表现良好，确实已得到教育改造，在免除其刑罚执行时可以判定其未曾犯罪。

在我国刑法中，缓刑是指人民法院对被判处拘役、3年以下有期徒刑的犯罪人，当符合犯罪情节较轻、有悔罪表现、没有再犯罪的危险且暂缓执行原判刑罚对其所居住的社区不会产生重大不良影响的条件时，暂缓其刑罚执行，并且规定一定的考验期限，如果犯罪人在考验期限内遵守一定规定，原判刑罚便不再执行的制度。可以说我国的缓刑就是有条件地不执行所判处的刑罚。

（二）缓刑的法律性质

缓刑制度的法律性质，关系到被判处缓刑的犯罪分子能否构成累犯。对此理论界存在着不同的观点。刑罚裁量性质说④认为，缓刑是法官在定罪后具体裁量刑罚时所宣告的内容，属于与数罪并罚等并列的量刑制度，比照我国刑法中关于缓刑与假释的规定可以发现，缓刑后若顺利通过考验期便意味着原判刑罚根本没有执行，也不再执行，因此

---

① 缓刑源于美国一名制鞋工约翰·奥古斯特斯的实践。1841年，奥古斯特斯为救助一名酗酒犯向法院申请保释并答应负责犯人狱外改过自新而取得了成功。See George Young, "John Augustus: A Centenary", *Probation*, Vol. 9: 2, 1959, p. 21.

② 参见王思杰：《论"二战"后缓刑制度的发展》，载《理论月刊》，2014年第8期，109～110页；王耀忠：《正义与功利天平上中国缓刑类型的发展方向》，载《法学评论》，2010年第1期，99～102页；刘守芬、丁鹏：《现代缓刑类型与中国的选择》，载《现代法学》，2005年第6期，27～28页。

③ 分开的判决与震撼缓刑制度的主要区别是缓刑宣告的时间不同：于前者同时宣告短期监禁与缓刑，于后者在短期监禁刑执行之后才宣告缓刑。

④ 参见高铭暄、马克昌主编：《刑法学》，10版，北京，北京大学出版社、高等教育出版社，2022，259页；刘艳红主编：《刑法学》（上），3版，北京，北京大学出版社，2023，420～422页。

缓刑犯不能成为累犯。刑罚执行制度说[①]认为，缓刑是在刑罚裁量之后解决如何执行的问题，《刑法修正案（八）》将社区矫正这种与监禁矫正相对的刑罚执行方式作为缓刑的实际后果，因此免除原判刑罚的执行不意味着定罪和判刑的客观事实不存在，缓刑犯还是能构成累犯。刑罚裁量兼执行制度说[②]认为，在裁量是否执行所判刑罚的意义上缓刑是量刑制度，在刑罚执行的意义上缓刑也可谓刑罚执行制度。独立刑种说[③]认为，缓刑是一种独立的制裁措施，体现了对犯罪的理性反应。刑罚替代措施说[④]认为，缓刑属于刑罚的替代措施，替代刑罚来更好地完成教育和改造犯罪人的任务。2020 年 1 月 17 日"两高"《关于缓刑犯在考验期满后五年内再犯应当判处有期徒刑以上刑罚之罪应否认定为累犯问题的批复》指出，"被判处有期徒刑宣告缓刑的犯罪分子，在缓刑考验期满后五年内再犯应当判处有期徒刑以上刑罚之罪的，因前罪判处的有期徒刑并未执行，不具备刑法第六十五条规定的'刑罚执行完毕'的要件，故不应认定为累犯，但可作为对新罪确定刑罚的酌定从重情节予以考虑"。结合该批复的精神，应当将缓刑理解为刑罚适用中裁量制度的重要内容。

（三）缓刑的适用根据与现状

缓刑作为对犯罪人的宽宥待遇，虽与刑罚性质迥异，但其产生、发展与刑罚理念息息相关。刑法理论经历了从报应刑论到目的刑论，再到并合主义刑罚理论的变迁过程。在刑事古典学派所主张的报应刑论占据主导地位的时期，普遍认为犯罪本身是一种恶，而刑罚则是对这种已然之恶所进行的正义的惩罚，因此并没有缓刑制度存在的空间。到 19 世纪中后期，资本主义高度发展的同时贫富差距也在不断扩大，失业、贫困等社会现象的出现进一步激化了阶级矛盾，少年犯、累犯、常习犯数量不断增加。实证研究发现，建立在报应刑基础上的自由刑不仅难以产生遏制犯罪的积极效果，而且存在诸如犯罪人在监狱中交叉感染、监禁刑执行完毕时难以复归社会等弊端。从刑罚经济的角度来看，监狱作为一种有限的司法资源也无法负荷激增的犯罪人数。基于对报应刑论的反思与批判，刑事社会学派提出了目的刑论和教育刑论。目的刑论主张刑罚是为了追求一定目的而非对犯罪的报应，这种目的就是预防再犯、防卫社会。教育刑论主张刑罚目的是对有罪者的再教育，是对犯罪人的改善。[⑤] 很明显，目的刑论与教育刑论所重视的是对未然之罪的预防，其所强调的是刑罚的功利性与预防功能而不是刑罚的正义性与报应功能。但需要注意的是，当功利失去正义的制约时刑罚要么会被滥用，要么会超过刑罚谦抑的限度，导致其权威性大打折扣。因此，当报应刑论与预防刑论各有其不足时，主张在报应刑的范围之内实现预防犯罪目的的并合主义刑罚理论应运而生。就我国缓刑制度而言，一方面，其作为代替监禁刑的刑罚制度，在有利于犯罪人回归社会和不失去正常社会生活的前提下给予其悔过自新的机会，集中体现了功利主义理念和特殊预防立场；另一方

① 参见付立庆：《刑法总论》，北京，法律出版社，2020，403 页；陈兴良：《规范刑法学》（上册），4 版，北京，中国人民大学出版社，2023，490 页。

② 参见张明楷：《刑法学》（上），6 版，北京，法律出版社，2021，788 页。

③ 参见屈耀伦：《我国缓刑制度的理论与实务》，北京，中国政法大学出版社，2012，34 页。

④ 参见冯全：《中国缓刑制度研究》，北京，中国政法大学出版社，2009，130 页。

⑤ 参见马克昌主编：《近代西方刑法学说史》，北京，中国人民公安大学出版社，2016，209～210 页。

面，在考验期限内对缓刑犯的人身权利和自由给予一定的限制也蕴含着报应的理念。[①]换言之，缓刑的适用有着预防刑论与报应刑论的双重正当化根据。

集刑罚社会化、个别化、轻缓化于一体的缓刑制度无疑符合现代刑罚发展的基本趋势，也满足了保障人权的时代要求。我国的缓刑规定经过不断发展趋于完善，但在实际适用过程中也暴露出一些问题。有学者基于对裁判文书大数据的实证研究指出，在实践中不少法官在缓刑适用时存在许多思想顾虑，例如缓刑犯再次违法犯罪、社会对打击犯罪不力的质疑等，因此基于规避这些裁判风险的“安全量刑观”法官在可以适用缓刑的情况下宁愿选择判处实刑。[②] 此外也有学者通过调查发现同一地区流动人口和本地人口被适用缓刑的概率相差较大，对系流动人口的被告人监管困难以及系流动人口的被告人赔偿能力弱等理由实际上不具有正当性，这种量刑歧视“不但违背了法律面前人人平等的原则，而且逮捕比例过高有不当剥夺系流动人口的涉案人员人身自由的嫌疑”[③]。为使这项具有诸多优点的刑罚裁量制度能够真正在实践中得到规范适用，《刑法修正案（八）》使社区矫正作为对缓刑犯的监管制度正式入刑。同时为进一步规范社区矫正工作，经过修订的《刑事诉讼法》明确规定了社区矫正制度。此外，“两高两部”于 2012 年 1 月 10 日联合发布了《社区矫正实施办法》。2020 年 7 月 1 日《社区矫正法》正式施行。法律规范的逐步完善无疑能让缓刑适用的未来图景值得期待。

（四）缓刑制度与其他制度的区别

1. 缓刑与战时缓刑

我国《刑法》第 449 条规定，“在战时，对被判处三年以下有期徒刑没有现实危险宣告缓刑的犯罪军人，允许其戴罪立功，确有立功表现时，可以撤销原判刑罚，不以犯罪论处”。战时缓刑可谓在特殊情况下适用的特殊缓刑，具有与缓刑明显不同的特点：

（1）适用时间不同。缓刑的适用没有特殊的时间限制，但战时缓刑只能发生在战时，即和平时期或非战时条件下不能适用此种缓刑。根据《刑法》第 451 条的规定，“战时”是指国家宣布进入战争状态、部队受领作战任务或者遭敌突然袭击时；部队执行戒严任务或者处置突发性暴力事件时，以战时论。

（2）适用对象不同。缓刑的适用对象是被判处拘役或 3 年以下有期徒刑的犯罪分子，而战时缓刑的适用对象只能是被判处 3 年以下有期徒刑的犯罪军人。根据《刑法》第 450 条的规定，此处的军人包括中国人民解放军的现役军官、文职干部、士兵及具有军籍的学员和中国人民武装警察部队的现役警官、文职干部、士兵及具有军籍的学员，以及文职人员、执行军事任务的预备役人员和其他人员。从立法精神来看，对于被判处拘役的犯罪军人能否适用战时缓刑？应当是可以的，但根据《刑法》第 74 条关于“对于累犯……不适用缓刑”的规定，对于构成累犯的犯罪军人不能适用战时缓刑。

（3）适用条件不同。缓刑适用的实质条件是犯罪分子不致再危害社会，而战时缓刑适用的实质条件是在战争条件下宣告缓刑没有现实危险。被适用战时缓刑的犯罪军人仍

① 参见屈耀伦：《我国缓刑制度的理论与实务》，北京，中国政法大学出版社，2012，136～137 页。

② 参见赵兴洪：《缓刑适用实质要件研究》，北京，人民出版社，2019，199～120 页。

③ 王剑波：《“城市梦”下的北京市流动人口犯罪的治理》，北京，中国政法大学出版社，2018，83 页。

然会留在部队并且执行军事任务，如果其存在危害我军的军事行动、军事利益以及军队安全的危险，就不能适用战时缓刑。

（4）适用的方法不同。宣告缓刑的同时会给犯罪分子规定一定的考验期限，考察内容是犯罪分子在考验期内是否具有《刑法》第75、77条规定的情形；战时缓刑没有考验期限，其考察内容是犯罪军人是否具有立功表现。有学者指出，出于对作战利益的整体考虑，应当将整个战时作为考验期，同时要明确以战时在军事行动中的立功作为主要标准。①

（5）法律后果不同。缓刑犯通过考验期后原判刑罚不再执行，但原判认定的犯罪仍然存在；在战时缓刑的情况下，如果犯罪军人确有立功表现，则不仅撤销原判刑罚，而且不以犯罪论处，即罪与刑同时消灭。这是战时缓刑与缓刑的根本区别。

2.缓刑与死刑缓期执行

我国《刑法》第48条规定，对于应当判处死刑的犯罪分子，如果不是必须立即执行的，可以判处死刑同时宣告缓期两年执行。

虽然死刑缓期执行同样是附条件不执行原判刑罚，但与缓刑存在根本区别：

（1）适用对象不同。缓刑所适用的对象是罪行轻微的犯罪分子，而死刑缓期执行适用的对象是罪行极其严重的犯罪分子，只是不是必须立即执行死刑。

（2）适用方法不同。对被宣告缓刑的犯罪分子要进行社区矫正，而对被宣告死刑缓期执行的犯罪人必须监禁，并强迫其进行劳动改造。

（3）考验期限不同。缓刑的考验期限会随个案情形、刑种等不同而有所区别，死刑缓期执行的考验期限一律为2年。

（4）法律后果不同。缓刑的法律后果包括不再执行原判刑罚、撤销后收监执行原判刑罚或数罪并罚，而死刑缓期执行的法律后果包括减为无期徒刑或有期徒刑、重新计算考验期限或者依法执行死刑。

3.缓刑与免予刑事处罚

我国《刑法》第37条规定，对于犯罪情节轻微不需要判处刑罚的，可以免予刑事处罚，但是可以根据案件的不同情况，予以训诫或者责令具结悔过、赔礼道歉、赔偿损失，或者由主管部门予以行政处罚或者行政处分。缓刑从某种意义而言也属于附条件地免除处罚，但其与免予刑事处罚存在以下不同之处：

（1）适用前提不同。适用缓刑以判处一定刑罚为前提，而免予刑事处罚意味着只对犯罪人作出有罪判决而不判处刑罚。

（2）适用根据不同。适用缓刑的根据是犯罪人的再犯可能性小、人身危险性小，而适用免予刑事处罚的根据是犯罪分子的犯罪情节轻微而不需要动用刑罚制裁。

（3）法律后果不同。宣告缓刑虽意味着暂缓执行，但仍然保留执行刑罚的可能性，而宣告免予刑事处罚就意味不存在就该犯罪执行刑罚的可能性。此外，缓刑犯存在适用数罪并罚的可能，而被宣告免予刑事处罚的犯罪人，即使再犯新罪或者被发现漏罪，也不存在适用数罪并罚的问题。

---

① 参见黎宏：《刑法学总论》，2版，北京，法律出版社，2016，403页。

4.缓刑与暂予监外执行

我国《刑事诉讼法》第265条规定，对被判处有期徒刑或者拘役的罪犯，有下列情形之一的，可以暂予监外执行：(1) 有严重疾病需要保外就医的；(2) 怀孕或者正在哺乳自己婴儿的妇女；(3) 生活不能自理，适用暂予监外执行不致危害社会的……缓刑与暂予监外执行存在以下不同：

(1) 性质不同。缓刑属于对犯罪分子的一项鼓励性措施，而暂予监外执行是不得已而对刑罚执行场所、方式进行变通的刑罚执行方式，其本质上还是对犯罪分子监禁刑的执行。

(2) 适用范围不同。缓刑的适用范围小于暂予监外执行的适用范围，后者适用于被判处有期徒刑或者拘役的罪犯，至于有期徒刑的刑期并无限制。

(3) 适用条件不同。暂予监外执行的适用根据是服刑人员个人存在不适合在监狱服刑的特殊身体情况，如严重疾病、怀孕等，而缓刑的适用根据并非被告人的特殊身体状况。

(4) 适用方法不同。缓刑必须在判处刑罚的同时进行宣告，而暂予监外执行在判决宣告和刑罚执行期间均可适用，并且不具有考验期限；适用暂予监外执行的条件一经消失，只要刑期未满，应当立即收监执行。

(5) 法律依据不同。缓刑的适用依据是我国刑法的相关规定，而暂予监外执行的适用依据是我国刑事诉讼法的相关规定。

二、缓刑的适用条件

依据我国《刑法》第72条、第74条的规定，适用缓刑必须同时具备下列条件。

(一) 对象条件

缓刑只适用于被判处拘役或者3年以下有期徒刑的犯罪人。此处的拘役和3年以下有期徒刑指的是宣告刑而非法定刑，即法院最终决定判处并实际宣告的刑罚。因为缓刑意味着不予关押，所以其适用对象只能是罪行较轻和人身危险性较小的犯罪分子，一般来说被判处3年以上有期徒刑就表明该犯罪分子罪行严重、法益侵害性较重、人身危险性比较大，如果对其暂缓执行监禁刑会存在较大风险。对于罪行相对较轻的被判处管制或者单处附加刑的犯罪分子，适用缓刑没有实际意义。[①] 管制本身不是监禁刑，没有固定的执行场所，只是对人身自由予以一定限制而非剥夺。单处罚金时犯罪人可能会暂缓缴纳，但也不属于这里所说的缓刑。对于适用缓刑的犯罪种类，大多数国家在刑法中都未作出限制性规定，因此原则上无论对何种刑事犯罪都能适用缓刑。但是根据司法实践经验，缓刑适用一般集中于性质不甚严重的罪名，例如过失犯罪（如交通肇事罪、重大责任事故罪等）、比较轻微的故意犯罪（如重婚罪、妨害公务罪等）、轻伤害及一般盗窃犯罪等。[②] 对于实施强奸、抢劫等严重刑事犯罪的犯罪人，如果将他们置于社区中进行改造，往往会使被害人及其亲友有不安全感，因此一般不宜适用缓刑。

---

① 参见张明楷：《刑法学》（上），6版，北京，法律出版社，2021，789页。

② 参见高铭暄、马克昌主编：《刑法学》，10版，北京，北京大学出版社、高等教育出版社，2022，282页。

需要注意的是，一罪和数罪并非决定能否适用缓刑的关键，一人犯数罪并不绝对表明其罪行严重或主观恶性大。因为犯罪有故意与过失之分，性质有轻重之别，时间间隔有长短差异，如果数罪均为过失犯罪，或各罪实施时间相距较长，在并罚后决定执行的刑罚和总和刑期符合要求，就可以适用缓刑。① 对此1998年9月17日“高检”法律政策研究室《关于对数罪并罚决定执行刑期为三年以下有期徒刑的犯罪分子能否适用缓刑问题的复函》② 也作出明确规定。

此外，对于法定最低刑高于3年有期徒刑，但经减轻处罚后判处3年以下有期徒刑的，能否适用缓刑？理论界存在着不同的观点。有学者认为：一方面，行为人所犯罪行法定基准刑较高，已经表明其犯罪情节较为严重，即无论从犯罪性质、危害后果还是从主观恶性来看，都已经达到比较严重的程度，不宜适用缓刑；另一方面，对行为人适用减轻处罚时，已经考虑到影响量刑的个别化因素，为避免重复评价量刑情节也不宜再适用缓刑。③ 但通说认为，若因具有减轻处罚情节而被判处3年以下有期徒刑的，也可能适用缓刑，例如绑架罪的法定刑很高，但如果犯罪分子本身的行为属于情节较轻，同时又具有自首、立功表现，那么减轻处罚后被判处3年有期徒刑的，同样符合适用缓刑的条件。④

（二）实质条件

在满足前述对象条件之外，适用缓刑必须符合实质条件。依据《刑法》第72条的规定，被判处拘役、3年以下有期徒刑的犯罪分子，同时符合下列条件的，可以宣告缓刑：一是犯罪情节较轻，二是有悔罪表现，三是没有再犯罪的危险，四是宣告缓刑对所居住社区没有重大不良影响。

表17-1 缓刑适用的实质条件的演变

法规范文件	缓刑适用的实质条件
1979年刑法	对于被判处拘役、三年以下有期徒刑的犯罪分子，根据犯罪分子的犯罪情节和悔罪表现，认为适用缓刑确实不致再危害社会的，可以宣告缓刑
1997年刑法	对于被判处拘役、三年以下有期徒刑的犯罪分子，根据犯罪分子的犯罪情节和悔罪表现，适用缓刑确实不致再危害社会的，可以宣告缓刑
《刑法修正案（八）草案》	对于被判处拘役、三年以下有期徒刑的犯罪分子，根据犯罪分子的犯罪情节和悔罪表现，人民法院认为其没有再犯罪的危险的，可以宣告缓刑，对其中不满十八周岁和已满七十五周岁的，应当宣告缓刑。对犯罪分子决定宣告缓刑，应当考虑其缓刑后对所居住社区的影响以及是否具备有效监管的条件

① 参见鲍遂献：《论缓刑的适用》，载《中国法学》，1992年第3期，83页。

② 1998年9月17日“高检”法律政策研究室《关于对数罪并罚决定执行刑期为三年以下有期徒刑的犯罪分子能否适用缓刑问题的复函》（[1998]高检研发第16号）指出：“根据刑法第七十二条规定，可以适用缓刑的对象是被判处拘役、三年以下有期徒刑的犯罪分子；条件是根据犯罪分子的犯罪情节和悔罪表现，适用缓刑确实不致再危害社会。对于判决宣告以前犯数罪的犯罪分子，只要判决执行的刑罚为拘役、三年以下有期徒刑，且符合根据犯罪分子的犯罪情节和悔罪表现，适用缓刑确实不致再危害社会的案件，依法可以适用缓刑。”

③ 参见左坚卫：《缓刑制度的理论与实务》，北京，中国人民公安大学出版社，2012，53页。

④ 参见付立庆：《刑法总论》，北京，法律出版社，2020，404页；陈兴良：《规范刑法学》（上册），4版，北京，中国人民大学出版社，2023，535～536页。

续表

法规范文件	缓刑适用的实质条件
《刑法修正案（八）》	对于被判处拘役、三年以下有期徒刑的犯罪分子，同时符合下列条件的，可以宣告缓刑，对其中不满十八周岁的人、怀孕的妇女和已满七十五周岁的人，应当宣告缓刑：（一）犯罪情节较轻；（二）有悔罪表现；（三）没有再犯罪的危险；（四）宣告缓刑对所居住社区没有重大不良影响

1. 犯罪情节较轻

“犯罪情节较轻”是对“根据犯罪情节”的精确化，但对于何谓犯罪情节在理论界存在着较大的分歧。刑法理论上对犯罪情节的界定视角各异、观点不同：有的是从表明犯罪的社会危害性程度的各种事实情状角度加以界定，有的则是从反映犯罪的主、客体和主、客观方面以及犯罪性质事实角度加以界定，有的是从依主观恶性和客观危害两个方面统一评价罪行的法益侵害程度角度加以界定，有的是从体现人身危险性或再犯可能性的情节角度加以界定。《刑事审判参考》刊载的指导性案例对此争议作出了回应。

谭某某非法持有枪支案。①谭某某为看护山场从同村村民处借得土枪两支后一直保管且至案发都未办理持枪证。后谭某某因年迈体弱住进当地敬老院。考虑自己长期不在家居住，枪支放在家中不安全，于是谭某某提议将枪存放至村民王某的住处。转移枪支当日因群众举报谭某某被公安机关抓获。经鉴定，谭某某持有的两支土枪均是以火药为动力的自制火药枪，能有效发射，属于法律规定的枪支。

分析：本案中谭某某违反枪支管理规定，非法持有以火药为动力发射枪弹的非军用枪支 2 支，其行为构成非法持有枪支罪。一审法院认为，谭某某的行为属情节严重，考虑自首等情节后判处其有期徒刑 2 年。谭某某以原判量刑过重，应当适用缓刑为由上诉。二审法院认为谭某某非法持有土枪 2 支确实属于情节严重，但其持有枪支主要是因为法制意识淡漠，且审判时年事已高，身患多种疾病，常年生活在敬老院，认罪、悔罪，没有再犯罪的危险，所居住的敬老院及当地乡民政办均表示愿意对其进行监管和帮教，遂撤销一审判决，对其宣告缓刑 1 年。

本书认为：二审法院充分考虑到了谭某某的人身危险性和再犯可能性，撤销一审判决并对其宣告缓刑是非常合理的。

《刑法》第 128 条第 1 款规定，“违反枪支管理规定，非法持有、私藏枪支、弹药的，处三年以下有期徒刑、拘役或者管制；情节严重的，处三年以上七年以下有期徒刑”。可见，非法持有枪支案件中的“情节严重”属于情节加重犯。本书认为：该案的关键在于，作为情节加重犯适用条件的“情节严重”与缓刑适用条件中的“犯罪情节较轻”在适用时是否相矛盾。《刑事审判参考》中的裁判意见指出：第一，二者的评价目的和参照标准不同。“情节严重”是与该罪的基本构成相比较而言的，决定是否对犯罪人适用加重法定刑；而“犯罪情节较轻”是一种能够综合反映犯罪分子所犯罪行的社会危害程度和主观恶性大小，并影响到刑罚执行方式的条件，是在确定行为已构成犯罪并应判处刑罚和确定具体刑种、刑度基础上，对刑罚执行方式的评价。第二，二者的评价内容不同。根据

① 参见（2014）宜刑终字第 00086 号刑事判决书。

罪刑法定原则，“情节严重”应当由刑法或者司法解释明确规定，没有规定的，应当结合其他刑法渊源，根据案件具体情况，从贯彻罪责刑相适应原则的角度在个案中综合分析、慎重把握；而“犯罪情节较轻”要综合评价犯罪分子的主观和客观方面，既要考虑刑法分则或者司法解释规定的量刑情节，又要在评价犯罪行为本身情节轻重的基础上，考察个案中是否还存在支撑对其选择较为轻缓的刑罚执行方式的特殊事实依据和理由。可见，对量刑情节的判断，要严格限定在法律和个案事实的框架内，而是否选择缓刑这一刑罚执行方式，还要考虑一般公众的认知和刑事政策。

2.有悔罪表现

“悔罪表现”是犯罪人的主观恶性程度和人身危险性大小的外在反映，是衡量能否适用缓刑的重要因素。对悔罪表现的判断主要着眼于犯罪人实施犯罪之后的情况，不仅要关注犯罪人对自己行为性质有无正确认识，更要看重其是否有诚心悔悟、改过自新的意识，甚至要看其是否采取具体悔改措施来补救其罪行造成的损失或者伤害。司法实践中，悔罪的表现主要包括：承认行为已经发生；承认行为是自己所为，承认自己的行为是犯罪；承认对犯罪行为负责；对自己所犯罪行表示后悔，并表示将来不再犯；等等。具体而言可以根据以下因素进行判断：是否认罪认罚，是否有自首、坦白、立功等积极表现，是否积极退赃退赔、积极向被害人道歉、取得被害人谅解等。

3.没有再犯罪的危险

“没有再犯罪的危险”是指综合上述犯罪情节和悔罪表现两个要素，判断犯罪人的人身危险性大小，预测对其不予关押时再次侵害被害人或者再次实施犯罪行为的现实可能性。“确实不致再危害社会”是世界各国刑法理论上与司法实践中适用缓刑的基本标准，而其实质就是再犯预测问题。但对再犯的预测不能仅仅依靠现有的法律条文规定以及审判人员的主观经验总结，而应当建立起科学的再犯罪危险评估制度，例如使用评估量表来进行定量评估。

4.宣告缓刑对所居住的社区没有重大不良影响

所谓“宣告缓刑对所居住社区没有重大不良影响”，包括两方面的内容：对犯罪分子适用缓刑不会对其所居住社区的安全、秩序和稳定带来恐慌、不安等负面影响，同时犯罪分子所居住社区条件、氛围良好，不会对其改造矫正产生不利影响。[①] 此处的“影响”必须是重大、现实的影响。对此应由法官结合犯罪情况、社区环境、罪行与社区的关系等因素来作出具体判断，在必要时也可以委托社区矫正机构或者有关社会组织对犯罪分子的社会危险性和对其所居住社区的影响，进行调查评估，提出意见，供决定社区矫正时参考。此项条件的设计需要结合刑法目的进行理解。作为非监禁刑的社区矫正，它所蕴含的公正价值、谦抑价值、效益价值追求等，都应依从并服务于刑法的终极价值目标，即社区矫正的实行，应在不影响社会基本秩序的前提下，力促人人，特别是被科以社区矫正的受刑人，都能够获享最大限度的自由、安全并实现其人生价值。[②]

（三）禁止条件

犯罪分子必须不是累犯和犯罪集团的首要分子。对累犯不适用缓刑是自现行刑法施

---

① 参见黎宏：《刑法学总论》，2版，北京，法律出版社，2016，400页。

② 参见胡印富：《社区矫正制度的三大根基》，载《湖南农业大学学报（社会科学版）》，2014年第4期，95页。

行以来一直存在的规定。累犯存在较大的主观恶性和人身危险性，对其适用缓刑达不到刑法对累犯科刑所追求的效果，也不利于防止社会危险的再发生。① 需要关注的是，《刑法修正案（八）》第7条对特殊累犯的规定进行修正，将其适用范围从"危害国家安全的犯罪分子"扩大到"危害国家安全犯罪、恐怖活动犯罪、黑社会性质的组织犯罪的犯罪分子"，因此相应不适用缓刑的范围也扩大了。

《刑法修正案（八）》第12条增加了对犯罪集团的首要分子不适用缓刑的规定，这是因为从审判实践来看，首要分子是犯罪集团的灵魂和核心，在犯罪集团中起着决定性作用，具有比其他主犯更大的人身危险性。

（四）特殊群体

对于一般犯罪人，当同时符合上述适用缓刑的法定条件时可以宣告缓刑，即存在着不适用的可能性，但对于犯罪的时候不满18周岁的未成年人、审判的时候怀孕的妇女以及年满75周岁的人，若其同时符合上述适用缓刑的法定条件，应当宣告缓刑，即不存在不适用的可能性。在司法实践中，刑法对未成年犯的宽容既表现为刑罚幅度的轻缓，如从轻、减轻甚至免除处罚，又表现为刑罚种类的轻缓，即主要适用以短期自由刑、非监禁刑和非刑罚处罚方法相结合的刑罚体系。② 但以往对于未成年犯在缓刑适用上并无任何从宽之处，使得一些犯轻罪的未成年人不但未享受到属于其年龄段的特殊刑事处遇，反而被投进监狱，与其他犯罪分子交叉感染，导致更为严重的犯罪人格或出狱后更为严重的罪行，因此放宽对未成年犯的缓刑适用条件，在很大程度上实现了对未成年人犯罪量刑的轻缓化，体现了未成年人司法中的人道主义精神与预防犯罪刑法宗旨的和谐统一。③ 简言之，对缓刑制度的修正是《刑法修正案（八）》的一大亮点，弱化了以往我国刑法工具主义色彩，不再以打击犯罪为唯一目的，通过加强对特殊群体的保护突出了刑法的人权保障色彩。

此外，2012年8月8日"两高"《关于办理职务犯罪案件严格适用缓刑、免予刑事处罚若干问题的意见》规定，具有下列情形之一的职务犯罪分子，一般不适用缓刑：（1）不如实供述罪行的；（2）不予退缴赃款赃物或者将赃款赃物用于非法活动的；（3）属于共同犯罪中情节严重的主犯的；（4）犯有数个职务犯罪依法实行并罚或者以一罪处理的；（5）曾因职务违纪违法行为受过行政处分的；（6）犯罪涉及的财物属于救灾、抢险、防汛、优抚、扶贫、移民、救济、防疫等特定款物的；（7）受贿犯罪中具有索贿情节的；（8）渎职犯罪中徇私舞弊情节或者滥用职权情节恶劣的；（9）其他不应适用缓刑、免予刑事处罚的情形。

三、缓刑的考验期

缓刑的考验期是指对被宣告缓刑的犯罪分子在社会上进行考察的一定期限，是缓刑

---

① 参见赵秉志主编：《外国刑法原理（大陆法系）》，北京，中国人民大学出版社，2000，311页。

② 参见郭欣阳：《从人身危险性出发正确贯彻"宽严相济"刑事政策——以未成年人犯罪为视角》，载《河北法学》，2009年第2期，48页。

③ 参见刘艳红：《刑罚轻缓、人权保障与〈刑法修正案（八）〉——以相关国际公约为蓝本的分析》，载《法学家》，2011年第3期，42页。

制度的重要组成部分。由于缓刑是附条件地不执行原判刑罚，为了考察犯罪分子是否能够遵守法定条件，法院在宣告缓刑的同时必须确定合适的考验期限。确定缓刑考验期限长短的基本原则是应当既能鼓励缓刑犯改造的积极性，又能满足对其教育和考察的需要。我国《刑法》第 73 条规定，“拘役的缓刑考验期限为原判刑期以上一年以下，但是不能少于二个月。有期徒刑的缓刑考验期限为原判刑期以上五年以下，但是不能少于一年”。可见，缓刑考验期限具有以下特点：（1）缓刑考验期的长短以原判刑期为起算点，可以和原判刑期时间相等，也可以适当长于原判刑期，但不能短于原判刑期，否则就会出现考验期已满而原判刑期未满的局面。（2）缓刑考验期有最高限和最低限，拘役的缓刑考验期限最低不能低于 2 个月、最高不能超过 1 年，有期徒刑的缓刑考验期最低不能低于 1 年、最高不能超过 5 年，在此限度内由法官依据犯罪情节和犯罪分子个人的具体情况进行自由裁量。（3）缓刑考验期应当与原判刑期保持一定的比例关系，原判刑罚越重，缓刑考验期越长，比如：判处 1 年有期徒刑，缓刑 2 年；判处 2 年有期徒刑，缓刑 3 年。如果判处 1 年有期徒刑却缓刑 5 年，判处 2 年有期徒刑却缓刑 3 年，即使形式上符合法律规定，也不具备实质上的合理性和正义性。（4）缓刑考验期限是不变期间，不能延长或者缩短。

《刑法》第 73 条第 3 款规定，“缓刑考验期限，从判决确定之日起计算”。对于“判决确定之日”存在不同的理解：第一种观点认为应以“判决宣告之日”为准，理由在于判决一经宣告其内容就已确定，非经法定程序不能更改。第二种观点认为应以“交付执行之日”为准，理由在于缓刑是对拘役、有期徒刑的一种执行方式，考验期也应当从交付考察机关执行时才开始计算。第三种观点认为应以“判决书文书日期”，即判决书盖章表明的日期或者明确写明的日期为准。第四种观点认为应以“判决生效之日”，即判决发生法律效力之日为准。这是理论界的通说。① 结合刑事诉讼法的相关规定，缓刑判决生效分为两种情况：若一审判决宣告后被告人未上诉，人民检察院也未抗诉，该判决自宣告之日起经过 10 日生效，即为判决确定之日。对于已提起上诉或抗诉的案件，如果第二审法院维持原判，则二审法院的判决宣告之日即为判决确定之日。一审法院判处缓刑的，若犯罪人在判决生效前仍处于被羁押状态，法院应当对其变更强制措施，可以取保候审或者监视居住，在上诉、抗诉期限届满或者二审判决生效后再交付执行。若二审法院改变一审法院判决，决定对犯罪人不适用缓刑，即应根据二审判决将犯罪人收押。

此外，判决以前先行羁押的时间不能折抵缓刑的考验期限。羁押期与考验期性质不同：缓刑考验期限并非刑罚执行期限，而是考验犯罪分子能否认真接受改造的期限，以犯罪分子在考验期内的整体表现来决定是否执行原判刑罚。若以先行羁押的时间折抵考验期，会影响缓刑效果。同时由于宣告缓刑不会剥夺人身自由，不允许折抵也不会对犯罪分子有明显不利影响。对此相关司法解释也明确规定②，因此不存在争议。

---

① 参见高铭暄、马克昌主编：《刑法学》，10 版，北京，北京大学出版社、高等教育出版社，2022，285 页。

② 1963 年 11 月 22 日“高法”办公厅《关于羁押日期是否可以折抵徒刑缓刑日期问题的复函》指出：缓刑是对犯罪分子的一种考验，被宣告缓刑的犯罪分子，在缓刑期限内，如果没有再犯新罪，缓刑期满，原判的刑罚就不再执行。因此，不必把判决前的羁押日数折抵缓刑日期。

四、缓刑考验期限内的考察

我国《刑法》第 75、76 条分别规定了缓刑考验期内犯罪人应当遵守的规定以及对犯罪人进行考察的主体。

1. 考察内容

《刑法》第 75 条明确规定，被宣告缓刑的犯罪分子，应当遵守下列规定：（1）遵守法律、行政法规，服从监督；（2）按照考察机关的规定报告自己的活动情况；（3）遵守考察机关关于会客的规定；（4）离开所居住的市、县或者迁居，应当报经考察机关批准。

《刑法》第 72 条第 3 款规定了缓刑犯的禁止令：宣告缓刑，可以根据犯罪情况，同时禁止犯罪分子在缓刑考验期限内从事特定活动，进入特定区域、场所，接触特定的人。禁止令实际上是对缓刑犯行为限制的细化，便于考察机关执行。

2. 考察执行机构

现行《刑法》第 76 规定：对宣告缓刑的犯罪分子，在缓刑考验期限内，依法实行社区矫正……

理论界对于社区矫正的性质存在不同的观点：第一种观点认为社区矫正属于相对于监狱矫正的非监禁刑罚执行制度，具体而言，是指将经过法院宣告缓刑和经过法院裁定假释以及由监狱等部门暂予监外执行的罪犯放在社区，在专门的国家机关、社会团体和民间组织以及社会志愿者的协助下，在判决或裁定所规定的期限内，矫正其犯罪意识和行为恶习，并促使其顺利回归社会的非监禁刑罚执行活动。① 第二种观点认为社区矫正仅是刑罚执行方式，并不是非监禁刑，对于被判处监禁刑的罪犯，经过法定程序裁定，也可以采取社区矫正的刑罚执行方式。② 第三种观点认为，社区矫正是社会综合治理的重要组成部分，并非单纯的行刑方式，对于法定类型之外的人比如问题少年、需要出狱保护的人等也可以适用社区矫正，如此才能真正整合社会资源，使社会综合治理的效果发挥到最佳状态。③ 对于社区矫正的性质的共识是其是非监禁刑执行方式。关于此观点的权威表述最早出现在 2003 年 7 月 10 日“两高”《关于开展社区矫正试点工作的通知》，此外，其他规范性文件也肯定了该观点。

根据 2020 年 7 月 1 日正式施行的《社区矫正法实施办法》的规定，社区矫正具体由县级司法行政机关负责，司法所根据委托承担对社区矫正对象的日常管理，社区矫正的内容主要是对矫正对象的监督管理以及教育帮扶，目的在于矫正犯罪人人格，培养职业技能，促进犯罪人顺利复归社会。社区矫正的入刑化，不但确立了社区矫正的法律地位，使我国今后的社区矫正工作有了充分的法律依据，也表明了我国对非刑罚化工作的重视，对于减少监狱在押人数的积极努力，并且有利于司法实践中积极推动非刑罚化工作展开。

---

① 参见吴宗宪主编：《社区矫正导论》，北京，中国人民大学出版社，2011，5 页。

② 参见刘强：《论社区矫正的社区刑罚执行性质》，载《社会科学战线》，2015 年第 8 期，230～231 页。

③ 参见苏明月、金日鑫：《构建“少年社区矫正”的独立话语权——以整合现有资源角度为出发点》，载《中国青年研究》，2016 年第 3 期，45 页。

五、缓刑的法律后果

根据《刑法》第76条、第77条的规定，缓刑的法律后果有以下两种。

（一）缓刑期满

我国《刑法》第76条规定，对宣告缓刑的犯罪分子，在缓刑考验期限内，依法实行社区矫正，如果没有本法第77条规定的情形，缓刑考验期满，原判的刑罚就不再执行，并公开予以宣告。缓刑考验期满意味着犯罪人顺利通过了缓刑考验，此所谓成功的缓刑。“原判刑罚不再执行”意味着对其刑罚的免除：一方面，犯罪人的行为仍然构成被宣判的罪名；另一方面，不能理解为刑罚已经执行完毕。所谓“公开予以宣告”就是向犯罪分子及其所在单位、居住地的居委会（村委会）及相关人员公开宣告。

（二）撤销缓刑

我国《刑法》第77条规定：被宣告缓刑的犯罪分子，在缓刑考验期限内犯新罪或者发现判决宣告以前还有其他罪没有判决的，应当撤销缓刑，对新犯的罪或者新发现的罪作出判决，把前罪和后罪所判处的刑罚，依照本法第69条的规定，决定执行的刑罚。被宣告缓刑的犯罪分子，在缓刑考验期限内，违反法律、行政法规或者国务院有关部门关于缓刑的监督管理规定，或者违反人民法院判决中的禁止令，情节严重的，应当撤销缓刑，执行原判刑罚。缓刑被撤销意味着犯罪人没有顺利通过缓刑考验。此所谓失败的缓刑，具体包括以下四种情形：

（1）被宣告缓刑的犯罪分子（以下或称缓刑犯），在缓刑考验期内犯新罪的，应当撤销缓刑，对新罪与原判之罪实行并罚。刑法对于发现新罪的时间并未作出规定，但通说认为即使是缓刑考验期满后才发现被宣告缓刑人在缓刑考验期限内犯新罪的，也应当撤销缓刑，数罪并罚。刑法使用“犯新罪”的表述本身就意味着没有对发现新罪的时间作出限制，并且何时被发现与缓刑犯是否遵守了缓刑考验期规定无关。此外，原判决宣告前犯罪分子已被先行羁押的，先行羁押的日期应当折抵刑期。

包某某危险驾驶案。[①] 2013年9月27日包某某因犯故意伤害罪被判处有期徒刑9个月，缓刑1年。2013年10月1日22时许，包某某在前罪缓刑判决尚未生效时在道路上醉酒驾驶机动车，并且发生追尾事故。11月22日包某某因涉嫌犯危险驾驶罪被逮捕。

分析：本案的关键在于被判处缓刑判决，上诉期内又犯新罪的，应如何适用法律。司法实践中有以下三种处理意见：(1) 启动审判监督程序，撤销原判刑罚，将前后两罪一并判决；(2) 不应撤销原判缓刑，而应在对行为人新犯之罪量刑时适当考虑旧罪因素，酌情从重处罚，并适用实刑；(3) 应当撤销缓刑，并实行数罪并罚。审理本案的法院最后采取了第三种意见，理由是：第一，行为人在缓刑判决生效前又犯新罪，不再符合缓刑适用的实质条件，应撤销缓刑后数罪并罚；第二，刑事审判监督程序的目的在于纠正生效裁判的错误，其无法适用于未生效的判决；第三，缓刑判决生效前又犯新罪的，应参照适用《刑法》第77条。就本案而言，包某某在缓刑判决尚未生效时又犯新罪，说明其并未从前罪中吸取教训，其主观恶性明显大于缓刑考验期内又犯新罪时的情形，对此

---

① 参见（2013）澄刑初字第2072号刑事判决书。

虽无法律明确予以规定，但结合《刑法》第 77 条关于缓刑撤销的规定及两种情形下危害性的比较，最终决定撤销包某某的缓刑，将前后两罪数罪并罚。

（2）被宣告缓刑的犯罪分子，在缓刑考验期内被发现还有未经判决的漏罪的，应当撤销缓刑，数罪并罚。多数学者认为尚有漏罪的事实表明犯罪人对自己的罪行有所隐瞒，证明其并未真正悔改，仍然存在危害社会的可能，因此不符合适用缓刑的实质条件。① 与再犯新罪不同，刑法使用“发现漏罪”的表述意味着对发现时间进行了限制，如果在缓刑考验期满后才发现漏罪，则此时既不能撤销缓刑也不能再执行原判刑罚，否则就是对被告人不利的类推适用。对于漏罪只能根据有关追诉时效的规定决定是否追究其刑事责任。

需要注意的是，因犯新罪或者发现漏罪而被撤销缓刑的，即使数罪并罚后决定执行的刑期仍然符合缓刑适用的前提条件，也不能再次适用缓刑。

（3）被宣告缓刑的犯罪分子在缓刑考验期限内，违反法律、行政法规或者国务院公安部门有关缓刑的监督管理规定，情节严重的，应当撤销缓刑，执行原判刑罚。如果缓刑犯违法违规行为情节较轻、危害不大，没有达到“情节严重”的程度，并不必然导致撤销缓刑。

孙某撤销缓刑监督案。② 社区矫正对象孙某于 2016 年 7 月 6 日因犯非法买卖枪支罪被判处有期徒刑 3 年，缓刑 4 年，缓刑考验期自 2016 年 7 月 17 日始至 2020 年 7 月 16 日止。2019 年，检察院在日常监督中发现孙某存在未经批准擅自外出、出境等应当撤销缓刑的情形，遂依法监督社区矫正机构提请人民法院对孙某撤销缓刑，收监执行原判有期徒刑 3 年。

分析：本案中孙某的行为违规情节较为严重，司法机关予以撤销缓刑是合理的。本案是“高检”第三十三批指导性案例中的案例。根据该案的指导意见，人民检察院办理撤销缓刑监督案件时，应当全面考量行为人的主客观情形，依法判断是否符合“其他违反有关法律、行政法规和监督管理规定，情节严重”的撤销缓刑情形。认定其是否达到“情节严重”时，应当全面考量社区矫正对象违反有关法律、行政法规和监督管理规定行为的性质、次数、频率、手段、事由、后果等客观事实，并在准确把握其主观恶性大小的基础上作出综合认定。本案被告人孙某利用每个月到司法所当面报到的间隔擅自外出 20 余次，最长一次达 19 天，其中违法出境两次，累计 11 天，符合“情节严重”标准。因此 2019 年 7 月 22 日人民法院作出刑事裁定，撤销孙某缓刑 4 年，收监执行原判有期徒刑 3 年。

（4）被宣告缓刑的犯罪分子在缓刑考验期限内，违反人民法院判决中的禁止令，情节严重的，应当撤销缓刑，执行原判刑罚。原作出缓刑判决的人民法院应当自收到当地社区矫正机构提出的撤销缓刑建议之日起 1 个月内依法作出裁定，该裁定一经作出立即生效。根据 2011 年 4 月 28 日“两高两部”《关于对判处管制、宣告缓刑的犯罪分子适用禁止令有关问题的规定（试行）》的通知，违反禁止令，具有下列情形之一的，应当认定

① 参见李洁主编：《刑法学》，2 版，北京，中国人民大学出版社，2014，243 页。

② 参见《最高人民检察院公报》，2022 年第 3 期，36～38 页。

为“情节严重”：三次以上违反禁止令的；因违反禁止令被治安管理处罚后，再次违反禁止令的；违反禁止令，发生较为严重危害后果的；其他情节严重的情形。

此外，根据《刑法》第 72 条第 3 款的规定，“被宣告缓刑的犯罪分子，如果被判处附加刑，附加刑仍须执行”。可见缓刑的效力并不及于附加刑，因此无论缓刑是否被撤销，附加刑都必须执行。

第十八章　刑罚的执行

第一节　概　述

一、刑罚执行的概念

宣告刑一旦被裁判确定，国家的刑罚权就要付诸行使，国家和犯罪人之间就发生了现实的刑罚法律关系。国家在取得将犯罪人作为受刑对象予以处罚的权限的同时，也对犯罪人赋予了受刑对象的法律地位。国家刑罚权的现实化过程就是刑罚的执行。刑罚的执行，是以直接实现刑罚目的为效果预期而实施的，因此，需要根据合目的性理念来准确实施，与此同时，刑罚的执行绝对不能不当地侵害受刑对象的人权。除此之外，对刑罚的执行也要作为一种法律关系来把握，所以，对裁判确定的宣告刑，也必须根据刑事诉讼法所规定的程序来执行。①

刑罚的执行是指法定的刑罚执行机关，将生效的刑事裁判所确定的刑罚内容，依照法律规定的程序付诸实施的刑事司法活动。它是国家对犯罪的侦查、审查起诉、审判和执行等刑事司法活动的最后环节，也是对犯罪分子实施刑罚惩罚的具体实施环节。刑罚执行的概念在理论上有广义和狭义之分。广义上的刑罚执行，是指包括附加刑和死刑立即执行在内的一切刑罚的执行；狭义上的刑罚执行，仅指监狱等对自由刑的执行。一般在狭义上使用刑罚执行的概念。

刑罚的执行具有以下特征：

刑罚执行的主体是国家有权行刑的司法机关。在我国，法院、公安机关、监狱都是法定的刑罚执行机关，分别执行不同的刑罚，其中，人民法院负责执行罚金、没收财产、死刑立即执行，公安机关负责执行管制、拘役、剥夺政治权利等，监狱负责执行有期徒刑、无期徒刑和死刑缓期两年执行。此外的任何机关、团体都不是刑罚执行机关。检察机关不是刑罚执行机关，而是刑罚执行的监督机关。

刑罚执行的对象是因实施犯罪行为而受到刑罚处罚的个人或单位。犯罪是刑罚启动的前提，没有实施犯罪的人不会受到刑罚的处罚，自然也不涉及刑罚的执行。

刑罚执行的依据是人民法院作出的发生法律效力的刑事裁判所确定的刑罚。发生法律效力的刑事判决和裁定包括已过法定期限没有上诉、抗诉的判决和裁定，终审的判决和裁定，“高法”核准的死刑判决和高级人民法院核准的死刑缓期两年执行的判决。人民

---

① 参见［日］大谷实：《刑法总论》，5版，东京，成文堂，2018，295页。

法院的裁判未生效一律不准交付执行。

刑罚执行的内容是将生效的刑事裁判所确定的刑罚内容付诸实施、实现。任何刑罚方法都有特定的内容，刑罚执行就是将人民法院所裁判的具有特定内容的刑罚进一步具体化的过程。

刑罚执行的目的在于最大限度地矫正罪犯，使罪犯接受教育改造，消除其再犯罪的可能性，从而达到预防犯罪的目的。在我国，惩罚并不是刑罚的目的，惩罚性是刑罚本身所固有的属性，不可能又成为刑罚的目的。同时刑罚也不以消灭犯罪为目的。犯罪行为作为一种社会现象，有着极其复杂的产生原因，既有个人的生理、心理原因，又有政治、经济、社会文化等多方面的原因。刑罚作为控制犯罪的一种手段，作用相当有限。如若将消灭犯罪作为刑罚目的，是对刑罚期望值过高的表现，也是不现实的。因此，预防犯罪才是我国刑罚执行的目的，包括特殊预防和一般预防。每个罪犯在服刑期间的表现各不相同，也反映了他们自身的恶性和再犯罪可能性也不同。刑罚执行机关应当及时、个别性地对各个罪犯进行教育改造，对于确有悔改或立功表现，再犯罪可能性明显降低的罪犯，可以依法予以减刑、假释。所以，刑罚的执行在于过程性地实现刑罚的目的，使罪犯得到规训，重新返回社会。

刑罚的执行是实现国家刑罚权的最后一个环节，刑罚执行的质量也关系到我国刑事法治的整体水平，因此，刑罚的执行绝不仅仅是机械地将刑事裁判所确定的内容予以实施，而应当灵活地加以修正和调整，通过诸如减刑、假释等一系列方式对法院的原裁判进行变通。这样可以最大限度地发挥刑罚执行的作用，使高质量的法治目标得到实现，为诉讼的结束画上圆满的句号。

二、刑罚执行的原则

刑罚执行的原则是指刑罚执行机关在执行刑罚的过程中所应当遵循的准则。为了保证刑罚目的的实现，刑罚执行需要遵循以下原则：

（1）合法性原则。刑罚的执行必须依法进行，不得侵犯罪犯的各种权利。这是罪刑法定原则的必然要求。我国《刑法》第 3 条明文规定，“法律明文规定为犯罪行为的，依照法律定罪处刑；法律没有明文规定为犯罪行为的，不得定罪处罚”。其从法律位阶上对刑罚的合法性原则予以确认，要求刑罚的执行机关必须是合法的刑罚执行机关，刑罚执行的依据必须是人民法院作出的生效裁判，刑罚执行的程序必须符合刑事诉讼法的规定，刑罚执行中的一切行为都不得超越法律的规定。

（2）教育性原则。贝卡里亚曾说过：“刑罚的目的既不是摧残折磨一个感知者，也不是消除业已犯下的罪行”。“刑罚的目的仅仅在于：阻止罪犯再重新侵害公民，并规诫其他人不要重蹈覆辙。”① 这一论述充分说明了刑罚的最终目的是教育，而不是惩罚。惩罚和教育改造一直是我国刑法中的一项重要原则，而教育的目的在刑罚执行阶段尤为重要。刑罚的执行本身就是一个生动现实的法制教育过程，能够使社会成员由此明辨罪与非罪的界限，知晓犯罪与刑罚的关系，从而择善而行。它不仅对罪犯从思想、文化、技术等

① ［意］切萨雷·贝卡里亚：《论犯罪与刑罚》，增编本，黄风译，北京，北京大学出版社，2014，36 页。

方面进行教育，而且通过刑罚的执行，教育其他公民自觉遵守法律、积极同犯罪行为作斗争。在刑罚的执行中遵循教育性原则，不仅是对罪犯人权的保护，同时也与刑罚减少犯罪，从而最终消灭犯罪的历史使命相一致。

（3）人道性原则。犯罪分子因其实施犯罪行为受到刑罚的惩罚，被限制或剥夺了部分权利，但并不等于就此丧失了所有的权利。在刑罚的执行过程中，必须尊重犯罪分子的人格，关心犯罪分子的实际困难，实行文明监管，禁止使用残酷的、不人道的刑罚执行手段。刑罚人道是社会文明进步的一个标志。在我国为消除刑罚执行中的不人道行为，不少法律都作了相关规定，诸如刑法将殴打、虐待被监管人的行为规定为独立的犯罪等。刑罚执行过程中的种种人道待遇，都会使犯罪分子充分感受到人间的温情和良善，从而唤起其良知，促使其重新回归社会。

（4）个别化原则。刑罚的个别化，是相对于刑罚的一般化而言的，主要是指针对犯罪人的人格进行刑罚价值评价，主张刑罚与犯罪人的人身危险性相适应。① 刑罚的个别化可以分为法律上的个别化、裁判上的个别化和行政上的个别化。所谓法律上的个别化是指法律预先着重以行为作为标准，细分并规定其构成要件，规定加重或减轻情节等。所谓裁判上的个别化是指法官根据犯罪人的具体情况适用不同的制裁方式。所谓行政上的个别化是指刑罚执行机关根据犯罪人的具体情况执行刑罚。刑罚个别化原则要求刑罚执行机关在犯罪人犯罪事实的基础上充分考虑犯罪人的人身危险性和其他个人情况，而不能只考虑犯罪人的犯罪事实、性质、情节和危害社会的程度。具体而言，刑罚执行机关在执行刑罚的时候，应当根据犯罪的性质、情节和对社会的危害程度以及犯罪人的年龄、性别、性格特征、生活经历、生理状况及其他个人情况给予不同的处理方式，采取不同的教育改造方法。例如，《监狱法》规定，对未成年犯和女犯的改造，应当照顾其生理、心理特点，就是个别化原则的具体体现。刑罚执行的个别化原则旨在起到良好的执行效果，达到刑罚的本质目的。

（5）社会化原则。在刑罚执行的过程中，要调动一切社会积极因素，合力救助、教育、改造犯罪分子并保证和巩固刑罚执行的效果，确保刑罚执行目的的实现。刑罚执行中，需要依靠社会力量对犯罪人进行教育、改造和防范，诸如取保候审和监视居住等强制措施的执行就是在社会监督、教育和协助下完成的。另外，犯罪人服刑期过后，重新获得公民所应有的一切权利，再就业以及重返社会后的监督，都离不开社会支持。根据犯罪的一般规律，如果犯罪人在首次犯罪后未受到一定的社会控制，就有可能再次犯罪，而刑罚的介入和社会的监督则会限制乃至消灭其再犯的条件。因此，社会化原则是刑罚执行过程中的一项尤为重要的原则。

（6）效益性原则。刑罚的执行应当以较少的实际执行成本获得较大的执行成本效果，刑法中所规定的减刑、假释等制度都是效益性原则的重要体现。

第二节　减　刑

一、减刑的概念

减刑是指对于被判处管制、拘役、有期徒刑、无期徒刑的犯罪人，因其在刑罚执行

---

① 参见陈兴良：《刑法的人性基础》，4版，北京，中国人民大学出版社，2017，390页。

期间认真遵守监规，接受教育改造，确有悔改表现或者有立功表现，而适当减轻原判刑罚的制度。减刑制度是我国在对罪犯进行教育改造的实践过程中建立并逐步完善的一种刑罚执行制度，对于激励罪犯加速改造、重新返回社会，实现刑罚的目的，具有积极的作用。

根据我国《刑法》第 78 条的规定，减刑分为可以减刑和应当减刑两种情形。可以减刑是指当具备了一定条件时，法院可以裁定减刑；应当减刑是指当有重大立功表现时，法院应当予以减刑。例如：罪犯在监狱内认真遵守监规，积极参加劳动，接受改造，表现良好，经考察确有悔改表现的，那么在监狱报请减刑后法院可以裁定对其减刑；罪犯在监狱内检举揭发重大犯罪活动，经查证属实，属于重大立功的，那么在监狱报请减刑后法院应当裁定对其减刑。从减刑的效果来分，减刑也可以分为两种情形：一种是将无期徒刑减为有期徒刑，这就导致刑种发生了变更；另一种是将管制、拘役、有期徒刑的刑期缩短，并没有变更刑种。例如：被判处无期徒刑的罪犯，在刑罚执行期间确有悔改表现，法院裁定将无期徒刑减为 20 年有期徒刑；被判处 10 年有期徒刑的罪犯，在刑罚执行期间有立功表现，法院裁定将 10 年有期徒刑减为 8 年有期徒刑。

减刑作为我国刑法中一项独立的刑罚执行制度，与改判、减轻处罚、死缓中的减刑、假释、特赦等相关制度有相似之处但也存在明显的不同，需要严格加以区分。

减刑不同于改判。改判是指原判决有错误，故依照二审程序或者审判监督程序，撤销原判决而重新作出判决。而减刑并不改变原判决，而是在肯定原判决的基础上，基于犯罪人在刑罚执行期间的表现，按照法定条件和程序，将原判决的刑罚内容予以减轻或减少。因此，改判主要是刑事诉讼程序问题，是对原判决的错误进行纠错的过程。改判并不仅限于减轻原判决确定的刑罚，也可以加重原判决确定的刑罚（只有被告人上诉的案件除外）。减刑是刑事法实体问题，是以肯定原判决为前提的刑罚执行制度，仅限于对原判决确定的刑罚内容进行减轻或减少。

减刑不同于减轻处罚。减轻处罚是法院根据犯罪人所具有的法定或酌定减轻处罚情节，依法在法定最低刑以下判处刑罚，其适用对象为判决确定前的未决犯。而减刑则是在判决确定以后的刑罚执行期间，对正在服刑的犯罪人的原判刑罚予以适当减轻。其适用对象为判决确定以后的已决犯。

减刑不同于死缓中的减刑。死缓中的减刑是指被判处死刑缓期两年执行的犯罪人，在死刑缓期执行期间，如果没有故意犯罪，就根据其具体表现予以不同程度的减刑的制度。死缓中的减刑的适用对象是被判处死刑缓期两年执行的犯罪人，时间是两年期满之后，实质条件是没有故意犯罪。其减刑幅度也被刑法所明确规定：如果没有故意犯罪，两年期满后减为无期徒刑；如果有重大立功表现，两年期满以后减为 25 年有期徒刑。而减刑的适用对象是被判处管制、拘役、有期徒刑或者无期徒刑的犯罪人，其时间、所需满足的实质条件和减刑幅度也都与死缓中的减刑存在巨大差异。因此，死缓中的减刑只是一种对于死缓犯的特殊制度，与一般意义上的减刑制度有着根本不同。

减刑不同于假释。减刑和假释虽然都是刑罚执行制度，但在适用对象、适用的实质条件等方面均存在不同，在下文中将会有详细论述。

减刑不同于特赦。特赦是由宪法所规定的一种刑罚消灭制度，一般仅针对某一类或几类犯罪人适用，适用对象具有普遍性。而减刑是针对个别的犯罪人单独适用，适用对象具有特殊性。特赦一般实行于重要的时间节点，最近的一次特赦是 2019 年对九类对象实行特赦。

减刑制度的设立，可以鼓励犯罪人积极改造，弃恶从善，化消极因素为积极因素，从而帮助其重返社会。同时，其也实现了刑罚的特殊预防的目的：犯罪人在刑罚执行期间遵纪守法，积极改造，悔罪立功，说明其再犯罪的可能性已大大降低，不需要将原判刑罚执行完毕。这体现了刑法人性的一面，也有利于司法效率的提高、良好的刑事法治效果的实现。

二、减刑的理论基础

刑罚思想或者理论，基本建立在刑罚对于犯罪人本身以及社会应该追求何种意义的问题上。这是研究整个刑事法学的关键所在。关于刑罚的意义主要有两种观点：其一是着眼于已经发生的犯罪行为，衡量这一犯罪行为在客观上所造成的损害大小，然后决定以何种相对应的刑罚来平衡这一损害。这也就是所谓的“报应刑思想”。其二是放眼于未来，考虑到刑罚对于犯罪人与其他社会大众的作用，即预防犯罪人再次犯罪以及预防社会一般大众效仿犯罪人实施犯罪行为。这也就是所谓的“预防刑思想”①。其中，“预防刑思想”根据预防对象的不同又具体分为“特殊预防思想”和“一般预防思想”。

这些不同的刑罚思想、理论，都有各自的论据，但同时也存在着不足之处。目前刑法学者大多赞同刑罚理论并不是建立在某一单纯的思想、理论基础上的，而是根据多种思想、理论依据所形成的综合性刑罚理论。本节主要探讨减刑制度的理论基础。

（一）功利主义观念

功利主义又称“效益主义”，提倡“追求最大多数人的最大幸福”，认为功利是法的目的，法是实现功利的手段。我国刑罚通过对犯罪人的惩罚，以达到教育改造罪犯、预防犯罪的目的，如果罪犯在刑罚执行期间，认真遵守监规，接受教育改造，能够认罪悔罪或者有立功表现，就说明其人身危险性已经减弱甚至消失，那么为了争取社会利益的最大化实现，原判刑罚所宣告的刑期就没有必要再继续不折不扣地执行下去，而应当予以适当减轻。这就是所谓的“以小失换大得”的功利主义观念。②

在社会功利主义的观念下，犯罪行为一旦发生，就已经构成了对社会正常秩序的破坏，国家必须投入大量的人力、物力来予以弥补，比如司法救助等。此时再继续进行无意义的资源消耗是不明智的。对那些经过改造并且已经失去社会危害性的罪犯进行减刑，不仅有利于节约国家的司法资源，还有助于激励罪犯努力改造、重返社会，充实社会力量。因此，减刑制度被认为是在刑罚执行上给予罪犯的一种条件置换，只要罪犯认真改造、真诚悔罪、改过自新，就有可能使原判刑期减少，反之，就要不折不扣地执行。

（二）报应刑观念

刑罚的报应思想是人类社会长久存在的观念，有着相当长的历史沿革，早在原始社

---

① ［德］冯·费尔巴哈：《德国刑法教科书》（第十四版），徐久生译，北京，中国方正出版社，2010，23～26 页。

② 参见［英］边沁：《道德与立法原理导论》，时殷弘译，北京，商务印书馆，2000，35 页。

会就有的“以牙还牙、以眼还眼”式同态复仇观念就是报应理论最为真实的写照。当然，这种观念只是一种对犯罪行为的极端反应，现在人们对报应刑的理解已经不局限于“复仇”，而是认为应当根据社会正义的原则，实现罪行和刑罚的相互均衡。亦即，已发生的犯罪行为，是决定刑罚的理由和尺度，刑罚的种类和尺度也应当由不法行为的社会危害性程度与责任的轻重来决定。这也是我国刑法中罪责刑相适应原则的体现。

在减刑的适用阶段，法院需要考虑减刑的幅度问题。由于犯罪人的犯罪行为对社会关系造成了损害，基于报应刑观念就必须对其行为社会危害性较大的犯罪人执行较长的刑期或者适用较重的刑罚。如果对犯罪人减刑较多，就会有违罪责刑相适应原则，无法体现公平正义，和减刑制度设立的初衷就会相违背，从而动摇人们心中的法治观念，不利于一般预防目的的实现。因此报应刑观念要求将对犯罪人的减刑限制在一定的范围内，从而也就产生了减刑的起始时间、幅度和间隔等问题。

综上所述，减刑制度的理论基础主要有功利主义观念和报应刑观念。法律不能脱离公正，也不能忽视功利，作为刑罚论中重要制度的减刑制度，对不同的社会危害行为、有不同人身危险性的犯罪人必须采取不同的减刑标准和幅度，以适应报应刑观念的要求；同时在报应的基础上，也应当根据犯罪人的悔罪表现或立功表现对其予以不同程度的减刑，以达到功利主义观念所追求之目的。因此，将报应刑观念和功利主义观念有机统一在减刑制度的适用过程中，在报应基础上和限度内对犯罪人予以不同程度的减刑，有利于犯罪人的积极改造，实现预防犯罪的刑罚目的，同时也容易取得良好的社会效果。

三、减刑的条件

根据《刑法》第 78 条的规定，减刑必须同时具备以下基本条件。

（一）前提条件

减刑的对象只能是被判处管制、拘役、有期徒刑、无期徒刑的犯罪人。可见刑法将减刑适用的对象限定于被判处限制或剥夺人身自由的刑罚，而对具体的刑种和刑期并没有任何限制。这主要是因为减刑制度的目的在于发挥激励作用，促使犯罪人积极接受改造，早日消除主观恶性和人身危险性，进而实现刑罚的特殊预防目的。因此，在适用减刑时对具体的自由刑刑种和刑期进行限制没有任何意义。亦即，只要是被判处这四种刑罚之一的犯罪人，不管其犯罪行为是出于故意或者过失，是重罪或者轻罪，只要具备了法定的减刑条件，都可以依法减刑。

关于对减刑的前提条件的理解，还应当注意以下问题：第一，被判处死缓依法被减为无期徒刑或者有期徒刑的，虽然在实质上也减轻了刑罚，但不是《刑法》第 78 条所规定的减刑。但是，对于被判处死缓的犯罪人，在根据《刑法》第 50 条依法减为无期徒刑或者有期徒刑之后，还可以根据《刑法》第 78 条的规定再次减刑。第二，根据《减刑假释规定》第 18 条的规定，对被判处拘役或者 3 年以下有期徒刑并宣告缓刑的犯罪人，一般不适用减刑。但如果犯罪人在缓刑考验期间有重大立功表现，可以依照原判刑罚予以减刑，同时相应地缩短其缓刑考验期限。第三，根据《刑法》第 50 条第 2 款，对于被判处死刑缓期执行的累犯以及因故意杀人、强奸、抢劫、绑架、放火、爆炸、投放危险物质或者有组织的暴力性犯罪被判处死刑缓期执行的犯罪人，人民法院可以根据犯罪情节同时决定对其限制减刑。这主要是考虑到有些死缓被减为无期徒刑或有期徒刑后，在执行过程中不断减刑，可能最后实际执行的刑期缩短幅度过大，从而导致罪行和刑罚不相匹配，有违公平正义。但是也需要注意：这里对故意杀人、强奸、抢劫、绑架、放火、爆炸、投放危险物质等七种犯罪并不要求以暴力手段实施，只对有组织犯罪要求以暴力手段实施；而且后果是"限制减刑"而非"不得减刑"。

（二）实质条件

减刑的实质条件因减刑的种类不同而有所不同。

1. 可以减刑的实质条件

可以减刑的实质条件是犯罪人在刑罚执行期间认真遵守监规，接受教育改造，确有悔改表现，或者有立功表现。对这一条件理解时需要注意以下几个问题：

第一，根据"高法"2016年11月14日《关于办理减刑、假释案件具体应用法律的规定》（以下简称《减刑假释规定》），罪犯符合《刑法》第78条第1款规定的"可以减刑"条件的，在办理减刑时应当综合考虑罪犯犯罪的性质和具体情节、社会危害程度、原判刑罚以及生效裁判中财产性判项的履行情况、交付执行后的一贯表现等因素。

第二，根据《减刑假释规定》第3条的规定，"确有悔改表现"是指同时具备以下条件：（1）认罪悔罪；（2）遵守法律法规及监规，接受教育改造；（3）积极参加思想、文化、职业技术教育；（4）积极参加劳动，努力完成劳动任务。对于实施职务犯罪、破坏金融管理秩序和金融诈骗犯罪、组织（领导、参加、包庇、纵容）黑社会性质组织犯罪等的罪犯，不积极退赃、协助追缴赃款赃物、赔偿损失，或者服刑期间利用个人影响力和社会关系等不正当手段意图获得减刑、假释的，不认定其"确有悔改表现"。

此外，我们也需要正确把握"认罪悔罪"与犯罪人不服法院的判决而不断申诉的关系。在司法实践中，因犯罪人在监狱中长期申诉，坚持认为自己无罪，从而被认定为顽固不化、不真心悔罪，而对其限制减刑的现象偶有发生。这种现象不仅背离了减刑制度的初衷，同时也不利于冤假错案的纠正。认罪悔罪与不服人民法院的判决而申诉之间并不是对立、排斥的关系。根据刑事诉讼法的规定，申诉是指有申诉权的人对人民法院已经发生法律效力的判决、裁定不服，向人民法院或人民检察院提出重新处理请求的诉讼活动，是法律赋予包括犯罪人在内的刑事诉讼当事人的一项重要权利。因此，对于犯罪人在刑罚执行期间提出申诉的，应当依法保护其申诉的权利，而不应该一刀切地认为，犯罪人只要申诉就是不认罪悔罪，对其申诉权利的行使附加各种隐性的限制条件。在刑罚执行期间，不管犯罪人申诉的理由在法律上或者事实上能否成立，只要其在刑罚执行期间认真遵守法律法规及监规，积极接受教育改造，就应当认为其认罪悔罪。

朱某诈骗案。①2017年8月10日，朱某因犯诈骗罪被判处有期徒刑10年6个月，并处罚金人民币200 000元，继续追缴犯罪所得人民币130 000元。

分析：对于本案，法院经审理认为，其仅缴纳罚金人民币2 500元，且在服刑期间提出申诉，不认罪悔罪，不符合法定减刑条件，因而裁定不予以减刑。本书认为：在具体的实践中，有些监狱往往认为罪犯不写悔过书、不断去申诉就是不认罪悔罪，就不予

---

① 参见（2021）闽04刑更136号刑事裁定书。

提请减刑。但是对于一些存在疑点的案件，一旦罪犯屈服于压力写了悔过书也就意味着永无翻案之可能，所以很多罪犯坚持认为自己是清白的而未能享受减刑。这就严重背离了这项制度的初衷。今后减刑制度的具体适用上，要对减刑条件中的悔罪认罪进行准确认定，从而处理好适用减刑和保护罪犯合法权益两者之间的关系。

第三，立功表现的认定。根据《减刑假释规定》第 4 条的规定，具有下列情形之一的，可以认定为有立功表现：（1）阻止他人实施犯罪活动的；（2）检举、揭发监狱内外犯罪活动，或者提供重要的破案线索，经查证属实的；（3）协助司法机关抓捕其他犯罪嫌疑人的；（4）在生产、科研中进行技术革新，成绩突出的；（5）在抗御自然灾害或者排除重大事故中，表现积极的；（6）对国家和社会有其他较大贡献的。

对于罪犯并没有认真遵守监规，接受教育改造，但是有立功表现的情形，是否可以减刑，存在争议。本书认为可以对其减刑。从《刑法》第 78 条所规定的“认真遵守监规，接受教育改造，确有悔改表现的，或者有立功表现的”这一条文的语法结构来看，“认真遵守监规，接受教育改造，确有悔改表现”与“有立功表现”是并列的择一关系，只要具备了其一，就满足了减刑的条件。罪犯能够认真遵守监规、接受教育改造往往是其具有悔改表现的客观反映，而具有悔改表现往往也是通过认真遵守监规、接受教育改造表现出来，这两者是相互统一的。有立功表现的认定通常不以认真遵守监规、接受教育改造、有悔改表现为前提，否则法条对立功的规定就显得多余了。因此，该法条的两部分相互独立，即使没有认真遵守监规、接受教育改造，也不会影响对罪犯立功表现的认定，进而影响减刑。简言之，有悔改表现而无立功表现，或者有立功表现而无悔改表现，都是可以减刑的情形之一。

2.应当减刑的实质条件

应当减刑的实质条件是犯罪人在刑罚执行期间，有重大立功表现。根据《减刑假释规定》第 5 条的规定，具有下列情形之一的，应当认定为“有重大立功表现”：（1）阻止他人实施重大犯罪活动的；（2）检举监狱内外重大犯罪活动，经查证属实的；（3）协助司法机关抓捕其他重大犯罪嫌疑人的；（4）有发明创造或者重大技术革新的；（5）在日常生产、生活中舍己救人的；（6）在抗御自然灾害或者排除重大事故中，有突出表现的；（7）对国家和社会有其他重大贡献的。这七类重大立功表现，同样不以其他悔改表现为前提。

李某交通肇事案。① 李某因犯交通肇事罪于 2018 年 7 月 26 日被判处有期徒刑 3 年，缓刑 4 年，在当地接受社区矫正，缓刑考验期自 2018 年 8 月 14 日起至 2022 年 8 月 13 日止。在社区矫正期间，李某能遵守社区矫正管理规定，积极参加矫正教育及社区服务，表现良好。2019 年 3 月 31 日 23 时左右，李某发现邻居家失火，遂报警并不顾个人安危救火救人，防止了重大事故的发生，挽回了经济损失。当月 16 日，其行为被认定为见义勇为。

分析：对于本案，法院经审理认为：罪犯李某在社区服刑期间，遵守社区矫正管理规定，见义勇为，不顾个人安危，舍身救火救人，防止重大事故发生，依法可以认定其

---

① 参见（2021）豫 05 刑更 539 号刑事裁定书。

有重大立功表现，符合减刑条件，可予减刑，同时应当依法缩减其缓刑考验期。因此，法院对罪犯李某减去有期徒刑 6 个月，缩减缓刑考验期 8 个月。

本书认为：见义勇为的确认是认定重大立功的重要基础，但见义勇为并不直接等于重大立功，对于见义勇为的核实和确认可以作为在案证据予以审查。在认定见义勇为的基础上，法院还要根据具体案情综合考量社区矫正对象行为所阻止的重大犯罪、自然灾害或重大事故可能造成的危害后果，以及其社会危害程度和后期的一贯表现等因素进行综合认定。据此，本案最终给李某减刑是合理的。

（三）限度条件

减刑的限度条件是指罪犯经过减刑之后，应当实际执行的最低刑期。也即对原判刑罚的适当减轻或减少需要有一定的限度：如果减得过多，则违背了罪刑相适应的基本原则，也有损法院判决的权威和严肃；如果减得过少，就难以对罪犯起到激励和鞭策作用，不利于发挥减刑制度的积极意义。

根据《刑法》第 78 条第 2 款的规定，减刑以后实际执行的刑期，判处管制、拘役、有期徒刑的，不能少于原判刑期的 1/2；判处无期徒刑的，不能少于 13 年；人民法院依照《刑法》第 50 条第 2 款限制减刑的死刑缓期执行的犯罪分子，缓期执行期满后依法减为无期徒刑的，不能少于 25 年，缓期执行期满后依法减为 25 年有期徒刑的，不能少于 20 年。从这一规定可以看出，减刑制度试图通过比例制或设置最低执行刑期的方式来达到有限度减刑的目的，以体现刑罚的公正。

理解减刑的限度条件时，首先需要研究的问题就是：对《刑法》第 78 条所规定的“实际执行的刑期”应当如何理解？有观点认为，实际执行的刑期是指罪犯在监狱等服刑改造的时间；也有的观点认为实际执行的刑期不仅包括在监狱等服刑改造的时间，还应当包括判决前的羁押时间。[①] 对此，本书认为，“实际执行的刑期”应当包括判决前的羁押时间。虽然判决前对犯罪嫌疑人的羁押和判决后的执行刑罚在具体措施上存在不同，但本质上都是对人身自由的限制或剥夺，而且刑法在规定管制、拘役和有期徒刑的刑期时也特意明确了应当将判决前的先行羁押时间折抵为刑期，这说明判决前的先行羁押在相当程度上可以被理解为具有自由刑的性质。因此，将判决前的先行羁押时间纳入实际执行刑罚的刑期中有助于更好地实现减刑制度的目的，帮助犯罪人早日重返社会。

四、减刑的起始时间、幅度和间隔

（一）减刑的起始时间

减刑的起始时间是指罪犯可以被初次适用减刑的最低服刑期限。减刑的实质条件是罪犯在刑罚执行期间确有悔改或立功表现，这就决定了法院只有在罪犯服刑了一段时间后才能判定其是否具备了这些条件，进而再考虑是否对其适用减刑。但是这个时间又不能拖得过长，否则会使罪犯丧失争取减刑的信心，无法达到减刑制度的目的。[②] 因此，刑法对这一重要的起始时间进行了规定。2019 年 4 月 24 日“高法”《关于办理减刑、假

---

① 参见高铭暄、马克昌主编：《刑法学》，10 版，北京，北京大学出版社、高等教育出版社，2022，292 页。

② 参见周光权：《刑法总论》，4 版，北京，中国人民大学出版社，2021，479 页。

释案件具体应用法律的补充规定》（以下简称《减刑假释补充规定》）规定：被判处 10 年以上有期徒刑，符合减刑条件的，执行 3 年以上方可减刑；被判处不满 10 年有期徒刑，符合减刑条件的，执行 2 年以上方可减刑；被判处无期徒刑，符合减刑条件的，执行 4 年以上方可减刑；被判处死刑缓期执行的，减为无期徒刑后，符合减刑条件的，执行 4 年以上方可减刑；罪犯有重大立功表现的，减刑时可以不受上述起始时间的限制。另外，依《减刑假释规定》第 21 条，被判处有期徒刑、无期徒刑的罪犯在刑罚执行期间又故意犯罪，新罪被判处有期徒刑的，自新罪判决确定之日起 3 年内不予减刑；新罪被判处无期徒刑的，自新罪判决确定之日起 4 年内不予减刑。

（二）减刑的幅度

减刑不仅有法定的总量的限制，而且应当有一定的幅度。这样，既有利于鼓励犯罪人积极改造，也可以维护法院判决的权威。《减刑假释补充规定》对减刑的幅度作了如下规定：（1）被判处 10 年以上有期徒刑，确有悔改表现或者有立功表现的，一次减刑不超过 6 个月有期徒刑；确有悔改表现并有立功表现的，一次减刑不超过 9 个月有期徒刑；有重大立功表现，一次减刑不超过 1 年有期徒刑。（2）被判处无期徒刑，确有悔改表现或者有立功表现的，可以减为 23 年有期徒刑；确有悔改表现并有立功表现的，可以减为 22 年以上 23 年以下有期徒刑；有重大立功表现的，可以减为 21 年以上 22 年以下有期徒刑。（3）被判处死刑缓期执行，确有悔改表现或者有立功表现的，可以减为 25 年有期徒刑；确有悔改表现并有立功表现的，可以减为 24 年 6 个月以上 25 年以下有期徒刑；有重大立功表现的，可以减为 24 年以上 24 年 6 个月以下有期徒刑。

（三）减刑的间隔

减刑的间隔是指对同一犯罪人减刑后间隔多长时间可以再次减刑的时间间隔。前已述及，有悔改或者立功表现是减刑的实质条件，只有在考察确认了犯罪人确实符合这些条件后才可以对其减刑。因此，两次减刑之间必须保持一定的时间间隔。如果间隔过短，无法达到考察的目的，可能会带来一系列负面效果；如果间隔过长，又会挫伤犯罪人争取减刑的积极性，故减刑的间隔需要保持在合理适当的范围内。根据《减刑假释补充规定》，被判处 10 年以上有期徒刑的，两次减刑之间应当间隔 2 年以上；被判处不满 10 年有期徒刑的，两次减刑之间应当间隔 1 年 6 个月以上。被判处无期徒刑，被减为有期徒刑后再减刑的，两次减刑之间应当间隔 2 年以上。被判处死刑缓期执行被减为有期徒刑后再减刑的，两次减刑之间应当间隔 2 年以上。但是，犯罪人有重大立功表现的，减刑时可以不受上述时间间隔的限制。

根据《减刑假释补充规定》第 1 条的规定，对拒不认罪悔罪，或者确有履行能力而不履行或不全部履行生效裁判中财产性判项的，一般不予减刑。该条所称的“财产性判项”应当是指判决罪犯承担的附带民事赔偿义务判项，以及追缴、责令退赔、罚金、没收财产等判项。[①] 考虑到要对犯罪所破坏的社会关系进行填平，经济抚慰无疑是重要的一部分。对于有缴纳罚金的能力而拒不缴纳罚金的罪犯，对其认罪悔罪的主观意愿需要保持怀疑，并严格限制减刑。对此情形，2021 年 12 月 8 日“两高一部”联合发布的《关

---

① 参见张明楷：《刑法学》（上），6 版，北京，法律出版社，2021，802 页。

于加强减刑、假释案件实质化审理的意见》第7条第1款明确规定，严格审查罪犯履行财产性判项的能力。罪犯未履行或者未全部履行财产性判项，具有下列情形之一的，不认定罪犯确有悔改表现：（1）拒不交代赃款、赃物去向；（2）隐瞒、藏匿、转移财产；（3）有可供履行的财产拒不履行。这项规定，可以倒逼一些抱有侥幸心理的罪犯对被害人及其家属进行经济赔偿，同时也能更好地达到减刑制度的目的。

张某某撤销减刑案。[①] 张某某因犯受贿罪于2012年7月27日被判处有期徒刑12年，剥夺政治权利2年，并处没收个人财产人民币40万元，将所得赃款赃物予以没收，上缴国库。判决发生法律效力后交付执行。当地中级人民法院于2014年12月20日裁定对张某某减去有期徒刑8个月；于2017年7月10日裁定对张某某减去有期徒刑8个月。该中级人民法院在审理（2019）皖01刑更3244号刑事案件中，发现本院已生效的（2014）合刑执字第09532号刑事裁定、（2017）皖01刑更970号刑事裁定均有错误，遂依据2014年4月23日“高法”《关于减刑、假释案件审理程序的规定》第21条的规定，依法另行组成合议庭审理了本案。该中级人民法院经审理查明，罪犯张某某拥有多处房产，其亲属提供的用于证明其家庭经济困难、对剩余财产刑无履行能力的证明内容不实。

分析：本案中张某某系职务犯罪罪犯，其确有履行能力而未全部履行生效判决确定的财产刑，并提供虚假证明逃避履行责任，就不能认定其确有悔改表现。法院裁定不予减刑的做法是正确的。这样有利于维护社会公平正义，体现了减刑制度的实质内涵。

五、减刑后的刑期计算与减刑程序

减刑后刑期的计算方法，因原判刑罚的种类不同而有所区别：对于原判管制、拘役、有期徒刑的，减刑后的刑期自原判决执行之日起算；原判刑期已经执行的部分，应计入减刑以后的刑期之内。对于原判无期徒刑减为有期徒刑的，刑期自裁定减刑之日起算；已经执行的刑期，不计入减为有期徒刑以后的刑期之内。对于原判无期徒刑减为有期徒刑之后，再次减刑的，其刑期的计算，应按照有期徒刑减刑的方法计算，即应当从前次裁定减为有期徒刑之日算起。对于曾被依法适用减刑，后因原判决有错误，经再审后改判为较轻刑罚的，原来的减刑仍然有效，所减刑期应当从改判后的刑期中扣除。

为了保证减刑制度的正确适用，最大限度地发挥其功效，减刑也需要按照一定的程序进行。《刑法》第79条的规定：对于犯罪人的减刑，由执行机关向中级以上人民法院提出减刑建议书。人民法院应当组成合议庭进行审理，对确有悔改或者立功事实的，裁定予以减刑。非经法定程序不得减刑。由此可见，减刑程序中有几个关键点需要注意：第一，必须由刑罚执行机关向中级以上人民法院提出减刑建议书。这意味着执行机关和基层人民法院均无权裁定减刑，只有中级以上人民法院才有权裁定减刑。第二，中级以上人民法院也无权直接裁定减刑，而需要收到刑罚执行机关提出的减刑建议书后才可以启动减刑裁定程序。第三，人民法院需要组成合议庭进行审理，不得由审判员独任审理。因此，减刑程序需要经历如下流程：刑罚执行机关提出建议——中级以上人民法院启动审理程序——组成合议庭审理——作出是否准予减刑的裁定。此外，该条只是笼统地将

---

① 参见（2020）皖01刑更监1号刑事裁定书。

有权裁定的法院规定为中级以上人民法院，至于对哪类犯罪人的减刑由中级人民法院管辖、对哪类犯罪人的减刑由高级人民法院管辖，立法和司法解释尚无明确规定。

第三节 假 释

一、假释的概念

假释是指在被判处有期徒刑、无期徒刑的罪犯执行一定的刑期之后，因其认真遵守监规，接受教育改造，确有悔改表现，没有再犯罪的危险，而附条件地将其提前释放，在假释考验期内若不出现法定的情形，就认为原判刑罚已经执行完毕的制度。假释制度是我国刑法规定的另一项重要的刑罚执行制度。正确适用假释，有利于鼓励罪犯加速改造，使其早日回归社会，实现刑罚一般预防的目的。

假释作为我国刑法中一项非常重要的刑罚执行制度，与释放、减刑、缓刑和暂予监外执行等相关制度有相似之处但也存在明显的不同，需要严格加以区分。

假释不同于释放。假释是有条件地予以提前释放，还存在着再执行的可能性，而释放无论是宣告无罪释放还是刑罚执行完毕释放抑或赦免释放，都是无条件予以释放，且不存在再次收监执行的可能。

假释不同于减刑。假释适用于被判处有期徒刑或无期徒刑的罪犯，而减刑适用于被判处管制、拘役、有期徒刑和无期徒刑的犯罪人；假释只能在有期徒刑执行原判刑期1/2以上、无期徒刑实际执行13年以上才能适用，而刑法对减刑适用的时间则没有明确的规定；假释只能适用一次，而减刑不受次数的限制，既可以减刑一次，也可以减刑数次；假释附有考验期，如果考验期内出现法定情形，就撤销假释，而减刑没有考验期，即使罪犯又犯新罪，已减的刑期也不恢复；假释的法律后果是提前释放罪犯，而减刑的法律后果是减轻原判刑罚，是否释放罪犯需要视其减刑后是否还有余刑而定。

假释不同于缓刑。假释适用于被判处有期徒刑或无期徒刑的犯罪人，而缓刑适用于被判处拘役或者3年以下有期徒刑的犯罪人；假释的根据是犯罪人在刑罚执行期间的悔改表现，而缓刑的根据是犯罪情节和判决前的悔改表现；假释必须在执行了一定时间的刑罚后才能实行，而缓刑则是在判决一定刑罚后同时宣告；假释附条件不执行的刑期是原判刑罚未执行的刑期，而缓刑附条件不执行的刑期是原判刑罚的全部刑期；在假释考验期内遵守法定条件的，认为原判刑罚已经执行完毕；在缓刑考验期内遵守法定条件的，原判刑罚就不再执行。

假释不同于暂予监外执行。假释适用于被判处有期徒刑或无期徒刑的犯罪人，但对累犯以及因故意杀人、强奸、抢劫、绑架、放火、爆炸、投放危险物质或者有组织的暴力性犯罪被判处10年以上有期徒刑、无期徒刑的犯罪人不适用，而暂予监外执行适用于被判处有期徒刑、拘役的犯罪人，在犯罪的种类上没有限制；假释适用于执行了一定刑期、认真遵守监规、接受教育改造、确有悔改表现、没有再犯罪危险的犯罪人，而暂予监外执行适用于因法定特殊情况如严重疾病不适宜在监内执行的犯罪人；假释有考验期且考验期相对固定，只有被假释的犯罪人在假释期内出现法定情形，才能撤销假释，而暂予监外执行没有固定的期限，在暂予监外执行的法定特殊情况消失且刑期未满的情况下收监执行；假释后如果没有遵守法定条件，仍需执行余刑，所经过的考验期不能计入原判刑期之内，而暂予监外执行的期间均计入原判刑期之内。

二、假释的理论基础

学界普遍认为，假释制度起源于英国 18 世纪末的流放制度。当时一般情况下英国政府将罪犯流放到远离本土的殖民地，罪犯被统一拘留在当地的监狱中，不仅生活条件较为恶劣，而且这种关押实际上也是无期限的。在这种背景下，1790 年英属殖民地澳大利亚首先对表现良好的罪犯免除其刑期的一部分，附条件地提前释放，剩余刑期不在监内继续执行。这便是假释制度的雏形。从 19 世纪中叶开始，西方国家开始了对假释制度的完善，陆续设立或制定诸如 1854 年的爱尔兰假释制度、1869 年的美国纽约州假释法以及 1950 年的海牙国际刑法及监狱会议等，各国假释制度逐渐趋向于统一。[①] 直到如今，假释制度已经成为各国刑罚执行制度中的重要组成部分，以美国、英国为首的国家建立了以假释为主、以减刑为辅的制度，而以德国、日本为首的国家则建立了单一的假释制度。假释制度能够在世界范围内普遍地存在，并表现出旺盛的生命力，是因为在其背后有着深厚的理论基础，且其发展与刑法学理论整体发展的步伐也是相一致的。

在探讨假释制度的理论基础之前，我们有必要先明确假释制度的性质。刑罚执行的目的是教育和改造罪犯，预防并减少犯罪，而假释制度无疑是实现这一目的的重要手段。但是在理论上，对于假释制度的性质仍然存在着较大的争议，焦点主要在于假释究竟是不是罪犯的权利。一种观点是奖励说，认为假释并不是罪犯的权利，而是对改造表现良好的罪犯的一种奖励和恩典，因为假释制度的目的就在于给予罪犯一定的恩典以激励罪犯在刑罚执行期间认真改造自新，忏悔自己的罪过。这是从目的论层面进行解释的。另一种观点是权利说，认为假释制度应当是每一位罪犯应当享有的权利。其理由在于假释是由刑法所明文规定的一项制度，而法律的内容从性质上而言无非规定权利和设定义务两种功能，显然假释并不是罪犯所必须履行的义务，那么就应该当然地认为其属于权利。这两种观点各有其合理性，但同时也都无法有力地回击对方。为此我们应当统一自己的立场和理念，因为对这一问题的回答直接决定了假释的适用过程中主动权在谁：如果认为假释是罪犯的权利，那么就会导致刑罚执行机关在此问题上话语权的丧失，可能会对其日常的管理造成一定的麻烦。但是如果坚持奖励说，则情况会发生变化，因为奖励是有弹性的，并不是必须给予的，刑罚执行机关可以视罪犯的具体表现而决定是否适用，进而掌握了主动权。

假释的性质到底是权利还是奖励，不仅关系到对这一制度的实际理解，也深刻地影响着该项制度在具体司法实践中的效果。本书认为，假释制度兼具权利特征和奖励特征，应当综合地加以考虑。从法理上说，将罪犯绳之以法、判处刑罚并交付执行是对罪犯的刑事惩罚，而假释本质上就是将罪犯附条件地提前释放，原本需要完整执行的刑罚此时并不需要再继续执行下去，罪犯在刑罚的执行上获得了一定的奖赏，因此具有奖励的因素。从法律规定上说，《刑事诉讼法》第 273 条规定了罪犯在刑罚执行期间确有悔改表现

---

① 参见陈兴良：《刑法适用总论》（下卷），3 版，北京，中国人民大学出版社，2017，593～594 页。

或者立功表现，应当依法予以减刑、假释的时候，由刑罚执行机关提出建议，由人民法院裁定。从这一法律条文中可以看出，对符合条件的罪犯，应当依法予以减刑、假释。既然法律规定使用的是"应当"这一用语，那么根据体系解释，假释当然地属于权利。此外，现如今假释的适用已经不是对少数人的优待，已广泛适用于大多数罪犯，而只有权利才有可能被如此大范围地适用。因此，假释既有权利的属性也有奖励的属性，两者间并不是矛盾的关系，而是可以统一起来运用到该制度的实际适用中。2018 年 4 月，"高检"《全国检察机关"监督维护在押人员合法权益专项活动"实施方案》指出，要"依法维护监狱罪犯等在押人员获得刑事奖励权"。这里的刑事奖励权实际上就是官方承认假释兼具权利和奖励性质的体现。只有真正明确了假释的性质，才能认识到假释不仅是一种奖励，同时也是罪犯的一项权利。这对于专门机关找准自己的定位，切实维护好罪犯的合法权益，真正实现假释制度的目的至关重要。

在明晰假释制度的性质后，其背后蕴含的理论基础同样值得深入探究。实际上，假释制度并非凭空而来，它有着多元的理论支撑。

（一）教育刑论

教育刑论是以主张刑罚的本质是教育而非惩罚的思想为核心而构成的刑罚学说，属于目的刑主义中特殊预防论一派。该学说的创始人李斯特认为刑罚的价值有二，分别是法益保护和教育、改造罪犯，其观点的核心就在于国家不应该惩罚作为社会环境牺牲品的罪犯，而应以改造罪犯、保卫社会为出发点，通过适用刑罚消除罪犯的人身危险性，使其得以重返社会。具体而言，应根据罪犯的社会危险性程度适用相应的刑罚，使刑罚的轻重符合改造罪犯的需要，同时根据罪犯改造的进展决定其实际执行的刑罚。由此产生了减刑、假释等刑罚执行制度。故教育刑论认为刑罚的本质是教育，作为刑罚权主体的国家是"教育国家"，刑罚的执行也是教育，教育刑论是道德的、人道的、文化的。[①]从此意义上来说，假释制度的理论根据来源于教育刑论，假释旨在通过刑罚执行上的优惠来教育、激励罪犯自新，因为罪犯最普遍的愿望是能够早日出狱、回归社会。将确有悔改表现、没有再犯罪危险的罪犯予以假释，就可以使其他人明确改造表现的好坏与行刑的奖惩密切相关，这样有助于从内在层面鞭策他们真诚自觉地接受改造。同时假释对罪犯的改造也有着明显的正反馈。对真心改造的罪犯给予肯定和奖励的方式，相较于监禁这种消极的改造方式，能够更大限度地发挥促进罪犯积极改造的功能，不失为一种积极的改造方式。

（二）目的刑主义

目的刑主义又被称为功利理论，它摒弃了刑罚的目的在于对犯罪进行报复这种观点，强调刑罚只是一种手段，最终目的在于预防犯罪、保护社会。在这一点上，目的刑主义与假释制度的理论基础保持着部分一致，因为假释使自由刑事实上具有了不定期刑的性质，即使受刑人被判处的刑期较长，甚至是无期徒刑，但只要认真遵守监规，接受教育改造，确有悔改表现，受刑人是有提前出狱的可能的。这不仅对受刑人的悔改起到鼓励作用，同时对预防其再犯罪也发挥着积极作用。此外，假释也为受刑人重返社会架起了

---

① 参见张明楷：《刑法的基本立场》，修订版，北京，商务印书馆，2019，37 页。

桥梁：长时间在监狱内服刑的受刑人突然从被限制自由的环境进入完全自由的社会，难免会遇到适应上的难题，而假释制度就为其过渡到正常生活提供了一段适应期，防止其因为不适应而出现再次犯罪的行为。[①] 在目的刑主义的视角下，只要受刑人的内心已经弃恶从善，那么刑罚的目的已经达到，就不必再继续执行。但是纯粹的目的刑主义也存在着诸多弊端，诸如强调对未然犯罪的预防，而忽视了人们对公平正义的追求，可能会导致人们对法律的信任度的降低，最终不利于社会防卫。但是，我国的假释制度没有完全秉持这种观点，因为假释作为一项刑罚执行制度，不可能完全摆脱刑罚报应主义的影响，否则其自然会失去存在的基础，也不符合我国的刑罚政策、理念。故只能说我国假释制度的理论基础部分而并非全部来源于目的刑主义。

（三）刑罚执行的经济化

刑罚执行的经济化又称行刑的经济化，起源于启蒙运动时期，受到功利主义的影响，主张刑罚的执行应趋向轻缓和注重效益。贝卡里亚在《论犯罪与刑罚》中就提出刑罚应当是“尽量轻的”，刑罚的执行需要有一定的限度，一旦其超过了必要的限度，就会对社会造成新的侵害和威胁。[②] 功利主义的代表人物边沁将刑罚的必要限度归纳为“节俭行刑原则”，即尽可能避免一切不必要的损害。他进一步主张：在刑罚的执行过程中如果没有限度的限制，不仅是对犯罪人的残酷，同时也是对公众的残酷，因为造成了社会资源的浪费。[③] 随着这一观念的发展，经济原则被纳入刑罚的适用上，用最低的刑罚措施达到最大限度的教育改造效果，尽量使犯罪人重返社会，实现社会效益的最大化，成为共识。假释制度就包含了这一行刑经济原则的思想：犯罪人实施犯罪本身是对社会的破坏，已经造成了社会资源的损失，如果再继续对犯罪人施加无限度的刑罚，那么对于社会整体而言就意味着更大的损失。社会的目的是存在并发展下去，刑罚只是国家和社会迫不得已的选择，如果有更好的措施足以弥补矫正成本那是最好不过的。因此，将服刑了一定期限、确实已经悔改、没有人身危险性的犯罪人附条件地提前释放能够有效地降低行刑成本、合理配置行刑资源，同时，让假释犯重新回归社会也可以为社会创造财富，实现社会运转的良性循环。从这个角度来看，假释制度的适用不仅关系到犯罪人个人的命运，也影响着整个社会的持续发展。

（四）刑罚执行的社会化

刑罚执行的社会化又称行刑的社会化，是指在刑罚执行的过程中，要注重社会因素的作用，调动刑罚执行机关以外的一切积极因素运用到犯罪人矫正的工作上，加强犯罪人同社会的联系，确保其改邪归正、重返社会，以实现刑罚的目的。其基础在于刑罚执行机关的行刑活动要尽量与社会发展同步，积极塑造犯罪人的“公民人格”，使全社会都承担起矫正犯罪人的责任，为犯罪人顺利回归社会创造有利条件。[④] 一般来说，犯罪人在刚出狱时最危险，也最容易再次犯罪，因为：一方面，两种生活环境和模式差异过大，容易产生适应困难；另一方面，出狱人员往往受到社会的排斥，产生心理上的痛苦，如

① 参见张明楷：《刑法学》（上），6版，北京，法律出版社，2021，806页。
② ［意］切萨雷·贝卡里亚：《论犯罪与刑罚》，增编本，黄风译，北京，北京大学出版社，2014，36页。
③ 参见［英］边沁：《道德与立法原理导论》，时殷弘译，北京，商务印书馆，2000，240页。
④ 参见丛淑萍：《预防重新犯罪一体化机制研究》，载《法学论坛》，2014年第3期，135页。

果没有适当措施的调节，其非常容易陷入再犯的泥潭。这时通过社会援助、社会帮教、社区矫正等措施就可强化犯罪人对社会主流规范的认同感和服从，从而帮助犯罪人循序渐进地重新融入社会，实现再社会化。刑罚执行社会化的思想，为假释制度的完善和发展提供了又一个强有力的理论根据：假释将处于封闭的、隔离设施内的处置转为保护观察下的社会化监督，通过社会层面的众多手段使犯罪人从监禁生活过渡到正常的社会生活，最终成为一名合格的“社会化”的人。故假释制度不仅实现了刑罚的目标，同时也做好了善后工作，促进了犯罪人的社会化，真正实现了刑罚教育和改造的目的。

三、假释适用的条件

假释是将罪犯有条件地提前释放，关系到国家法律的权威以及犯罪人的人身自由，因此，必须严格按照法律规定正确适用假释，才能发挥出其应有的作用。既不能对不符合条件的犯罪人滥用假释制度，也不能对符合条件的犯罪人拒绝假释，要准确把握刑法所规定的假释条件。这是假释制度的核心问题。根据《刑法》第 81 条的规定，对犯罪人适用假释，必须同时具备以下条件。

（一）前提条件

假释的对象是被判处有期徒刑、无期徒刑的犯罪人。对于被判处管制、拘役、死刑立即执行等刑罚的犯罪人，均不适用假释。

对于累犯以及因故意杀人、强奸、抢劫、绑架、放火、爆炸、投放危险物质或者有组织的暴力性犯罪被判处 10 年以上有期徒刑、无期徒刑的犯罪分子，不得适用假释。(1) 累犯是已经执行过刑罚又再次犯罪的人，人身危险性极大，如果将其提前释放到社会上，其仍然会有再次犯罪危害社会的可能性，故刑法规定对累犯不得假释。(2) 因故意杀人、强奸、抢劫、绑架、放火、爆炸、投放危险物质或者有组织的暴力性犯罪被判处 10 年以上有期徒刑、无期徒刑的犯罪分子，其犯罪行为属于严重暴力性犯罪，这表明犯罪人的主观恶性和再犯罪可能性都很大，将其提前释放可能会造成社会层面的恐慌和不满，也不利于对其充分地矫治，故也不得适用假释。此外，根据《减刑假释规定》第 25 条，对于累犯以及因故意杀人、强奸、抢劫、绑架、放火、爆炸、投放危险物质或者有组织的暴力性犯罪被判处 10 年以上有期徒刑、无期徒刑的罪犯。因前述情形和犯罪被判处死刑缓期执行的罪犯，即使被减为无期徒刑、有期徒刑后，仍不得假释。这项规定体现了法律对此类暴力性犯罪的严厉打击和零容忍态度，也深刻体现了假释制度的实质内涵。

关于假释的适用对象，还需要关注这一问题，即对于被判处死刑缓期两年执行的犯罪人，在两年期满后减为无期徒刑、有期徒刑的，能否适用假释制度。对此学术界有不同的观点。有观点认为：对假释适用的对象应当理解为被原判决判处有期徒刑、无期徒刑的犯罪人，死刑缓期两年执行被减为有期徒刑、无期徒刑实际上是对原判刑种的改变，不属于刑法明文规定的适用范围，若对其适用假释不符合罪刑法定的原则；此外，对于这类罪犯，在死刑缓期两年执行期满后予以减刑，已经体现了宽大处理的精神，不应该再适用具有恩典性质的假释，因此，死缓考验期满减刑后不得假释。也有观点认为，刑法没有明文规定适用假释要求原判刑罚为有期徒刑、无期徒刑，因此只要符合了形式条件，就可以假释，而无须在意被判处的刑种是原判之刑种还是变更之刑种。① 本书赞同后一观点：既然刑法没有明确规定被判处死刑缓期两年执行的犯罪人在两年考验期满减为有期徒刑、无期徒刑后不得适用假释，就应当按照有利于犯罪人的解释，在符合法律规定的情形下，对其予以假释。这样不仅体现了刑法温情的一面，也有利于对这类犯罪人的特殊预防。

（二）限制条件

假释只适用于已经执行了一部分刑罚的犯罪人。我国《刑法》第 81 条对可以适用假释的被判处有期徒刑、无期徒刑的犯罪人在执行的刑期上进行了限制：被判处有期徒刑的犯罪人，必须执行原判刑期的 1/2 以上，才能适用假释；被判处无期徒刑的犯罪人，实际执行 13 年以上，才能适用假释。刑法作出这种限制，一方面是考虑到只有对犯罪人执行期限较长的刑罚，才能较为准确地判断犯罪人是否真的具有悔改表现，从而保证适用假释的准确性；另一方面也是为了防止假释的滥用，以免损害刑罚的权威和严肃。

刑法条文对于有期徒刑使用的是“执行”一词，因此这里的“执行原判刑期的 1/2”应当被理解为包括判决前的羁押时间在内，因为有期徒刑判决作出前先行羁押的期限是可以折抵刑期的。而对于无期徒刑刑法条文使用的是“实际执行”一词，这里的“实际执行 13 年以上”就不包括判决前羁押的时间，实际执行的刑期应当从无期徒刑判决确定之日起计算②，因为无期徒刑刑期并不确定，判决前先行羁押的期限不能被视为无期徒刑的实际执行，自然也就无法折抵刑期。

此外，减刑和假释并不冲突。被减刑的犯罪人在符合假释的条件后仍然可以假释，但是在执行的刑期问题上，应当以原判决的有期徒刑刑期或无期徒刑为基准进行计算。根据《减刑假释规定》第 28 条规定，罪犯在减刑后又假释的，间隔时间不得少于 1 年；对一次减去 1 年以上有期徒刑后，决定假释的，间隔时间不得少于 1 年 6 个月。罪犯减刑后余刑不足 2 年，决定假释的，可以适当缩短间隔时间。

对罪犯的假释，如果有特殊情况，经“高法”核准，可以不受上述执行刑期的限制。根据有关司法假释的规定，这里的特殊情况是指有国家政治、国防、外交等方面特殊需要的情况。这主要是为了使假释制度的适用具备一定的灵活性，以适应多方面的现实需要。

（三）实质条件

假释适用的实质条件是犯罪人在刑罚执行期间，认真遵守监规，接受教育改造，确有悔改表现，没有再犯罪的危险，假释后对其所居住的社区没有重大不良影响。

对这一实质条件的理解应当从以下几个方面进行：(1)《减刑假释规定》第 3 条已将“确有悔改表现”规定为同时具有以下四个方面的情形：认罪悔罪；遵守法律法规及监规，接受教育改造；积极参加思想、文化、职业技术教育；积极参加劳动，努力完成劳动任务。此处“确有悔改表现”的含义应当与前述减刑制度中的含义保持一致，即认真

---

① 参见周道鸾等主编：《刑法的修改与适用》，北京，人民法院出版社，1997，222 页。

② 参见马克昌主编：《刑罚通论》，武汉，武汉大学出版社，1999，647 页。

遵守监规、接受教育改造往往是具有悔改表现的客观反映，而具有悔改表现往往也通过认真遵守监规、接受教育改造表现出来，两者是相互统一的。因此，在衡量犯罪人是否“确有悔改表现”时，只需要判断其是否具备上述司法解释规定的四种情形即可，而不需要另外考虑犯罪人是否“认真遵守监规，接受教育改造”。此外，也要正确把握“认罪悔罪”与犯罪人不服人民法院的判决而不断申诉的关系。如前所述，申诉是刑事诉讼法赋予包括犯罪人在内的刑事诉讼当事人的一项重要权利，关系到犯罪人合法权益的保障和我国法治事业的进步。对于犯罪人在刑罚执行期间提出申诉的，不应该一刀切地认为其只要申诉，就是不认罪悔罪，从而对其申诉权利的行使附加各种隐性的限制条件。要切实保障犯罪人的申诉权，只要在刑罚执行期间其认真遵守法律法规及监规，积极接受教育改造，就应当认为其认罪悔罪。（2）如果最终认定犯罪人确有悔改表现，我们还需要在此基础上进一步判断其是否“没有再犯罪的危险”。根据《减刑假释规定》第 22 条，办理假释案件，认定“没有再犯罪的危险”，除应符合《刑法》第 81 条规定的情形外，还应根据犯罪的具体情节、原判刑罚情况，在刑罚执行中的一贯表现，犯罪人的年龄、身体状况、性格特征，假释后生活来源以及监管条件等因素综合考虑。（3）根据《刑法》第 81 条第 3 款的规定，对犯罪人决定假释时，应当考虑其假释后对所居住社区的影响。这里的“对所居住社区的影响”是指“所居住社区的居民对于将犯罪人在该社区假释的主观意愿以及该社区原有的治安情况，已接受的管制犯、缓刑犯、假释犯等实行社区矫正对象的数量或规模等情况”①。对这一规定的理解应当联系“没有再犯罪的危险”来综合判断，即看犯罪人对社会有无危险性，具体而言即对其所居住的社区是否具有危险性。此规定主要是考虑假释犯罪人的社会影响。假释的适用是为了消除长期关押所带来的服刑犯罪人与社会分离、割裂产生的消极影响，但我们不能顾此失彼——因适用假释而对社会造成新的不稳定因素，否则这既是对社会大众的不公平，也完全背离了假释制度设立的初衷。因此，如果社区居民对接受拟被假释的犯罪人的反对意愿强烈，有一定程度的恐慌，或该社区原本的治安情况已经很不好，继续安置可能会导致社区环境的持续不稳定，那么就需要重新考虑对犯罪人适用假释的合理性。当然，如果影响并未达到重大程度，或者经考察犯罪人确已没有再犯罪的危险，从激励拟假释的犯罪人努力改造、帮助其尽早重返社会的角度来看，也应当认为其具备了该项假释的实质条件。总之，在适用假释时需要综合考虑实质条件的各项规定，不能盲目地依某一个单独标准来进行判定，要维护好犯罪人和社会公众的利益平衡。

此外，根据《减刑假释规定》第 26 条的规定，对下列罪犯适用假释时可以依法从宽掌握：（1）过失犯罪的罪犯、中止犯罪的罪犯、被胁迫参加犯罪的罪犯；（2）因防卫过当或者紧急避险过当而被判处有期徒刑以上刑罚的罪犯；（3）犯罪时未满 18 周岁的罪犯；（4）基本丧失劳动能力、生活难以自理，假释后生活确有着落的老年罪犯、患严重疾病罪犯或者身体残疾罪犯；（5）服刑期间改造表现特别突出的罪犯；（6）具有其他可以从宽假释情形的罪犯。罪犯既符合法定减刑条件，又符合法定假释条件的，可以优先适用假释。《减刑假释补充规定》第 1 条规定，对拒不认罪悔罪的，或者确有履行能力而

---

① 高铭暄、马克昌主编：《刑法学》，10 版，北京，北京大学出版社、高等教育出版社，2022，300 页。

不履行或不全部履行生效裁判中财产性判项的，不予假释。第6条规定，对贪污贿赂犯罪的罪犯适用假释时，应当从严掌握。

康某假释监督案。[①] 康某，1999年9月29日出生，2016年12月23日因犯抢劫罪被法院终审判处有期徒刑3年，并处罚金人民币1 000元，刑期至2018年11月13日。康某因系未成年罪犯，于2017年1月20日被交付到未成年犯管教所执行刑罚。2018年6月，未成年犯管教所在办理减刑过程中，认定康某认真遵守监规，接受教育改造，确有悔改表现，拟对其提请减刑。

分析： 本案的重点在于人民检察院在办理未成年罪犯减刑、假释监督案件时，应当比照成年罪犯依法适当从宽把握假释条件。对于既符合法定减刑条件又符合法定假释条件的，可以建议刑罚执行机关优先适用假释。审查未成年罪犯是否符合假释条件时，还应当结合犯罪的具体情节、原判刑罚情况、刑罚执行中的表现、家庭帮教能力和条件等因素综合认定。

在本案办理的过程中，未成年犯管教所于2018年6月就康某提请减刑征求检察机关的意见，检察机关经审查认为，康某符合法定减刑条件，同时符合法定假释条件，依据相关司法解释的规定可以优先适用假释。与对罪犯适用减刑相比，适用假释更有利于促进罪犯教育改造和融入社会。为了确保监督意见的准确，派驻检察室根据假释的条件重点开展了以下调查核实工作：一是对康某的改造表现进行考量。通过询问康某、监管民警及相关人员，查阅计分考核材料，认定康某在服刑期间确有悔改表现。二是对康某的原判犯罪情节进行考量。通过审查案卷材料，查明康某虽涉抢劫犯罪，但其在犯罪时系在校学生，犯罪情节较轻，且罚金刑已履行完毕。三是对康某假释后是否具有再犯罪危险进行考量。检察院结合当地司法局出具的“关于对康某适用假释调查评估意见书”，走访收集了康某居住地村支书、邻居等人的证言，证实康某在犯罪前表现良好，无犯罪前科和劣迹，且上述人员均愿意协助监管、帮教康某。四是对康某的家庭是否具有监管条件和能力进行考量。走访康某原在校班主任，其证实：康某在校期间系班干部，学习刻苦，乐于助人，无违反校规校纪情况；康某的父母职业稳定，认识到康某所犯罪行的社会危险性，对康某假释后的监管、帮教有明确可行的措施和计划。2018年6月26日，检察机关提出对康某依法提请假释的检察意见。未成年犯管教所接受检察机关的意见，于2018年6月28日向法院提请审核裁定。为增强假释的庭审效果，督促康某父母协助落实帮教措施，检察机关提出让康某的父母参加假释庭审的建议并被法院采纳。2018年7月27日，法院在未成年犯管教所开庭审理康某假释案。庭审中，检察人员发表了依法对康某假释的检察意见，对康某的成长经历、犯罪轨迹、性格特征、原判刑罚执行、假释后监管条件和帮教措施等涉及康某假释的问题进行了说明。

本案具有非常重要的指导意义。第一，罪犯既符合法定减刑条件又符合法定假释条件的，可以优先适用假释。减刑、假释都是刑罚变更执行的重要方式，与减刑相比，假释更有利于维护裁判的权威和促进罪犯融入社会、预防罪犯再犯罪。目前，在我国司法

---

① 参见《最高人民检察院公报》，2020年第4期，26～27页。

实践中，减刑、假释的适用不平衡，减刑比例一般在20%多，假释比例只有1%左右①，假释的适用率低。人民检察院在办理减刑、假释案件时，应当充分发挥减刑、假释制度的不同价值和功能，对既符合法定减刑条件又符合法定假释条件的罪犯，可以建议刑罚执行机关提请人民法院优先适用假释。第二，对犯罪时未满18周岁的罪犯适用假释时可以依法从宽掌握，综合各种因素判断罪犯是否符合假释条件。人民检察院办理犯罪时未满18周岁的罪犯假释案件，应当综合罪犯的犯罪情节、原判刑罚、服刑表现、身心特点、监管帮教等因素依法从宽掌握。特别是对初犯、偶犯和原系在校学生等罪犯，假释后其家庭和社区具有帮教能力与条件的，可以建议刑罚执行机关提请人民法院依法适用假释。对罪犯“假释后有无再犯罪危险”的审查判断，人民检察院应当根据相关法律和司法解释的规定，结合未成年罪犯犯罪的具体情节、原判刑罚情况，其在刑罚执行中的一贯表现、帮教条件（包括其身体状况、性格特征、被假释后的生活来源以及帮教环境等因素）综合考虑。第三，对犯罪时未满18周岁的罪犯假释案件，人民检察院可以建议罪犯的父母或者其他法定监护人参加假释庭审。将未成年罪犯的父母或者其他法定监护人到庭制度引入假释案件审理中，有助于更好地调查假释案件相关情况，客观、准确地适用法律，保障罪犯的合法权益，督促罪犯假释后社会帮教责任的落实，有利于发挥司法机关、家庭和社会对罪犯改造帮教的合力作用，促进罪犯的权益保护和改造教育，实现办案的政治效果、法律效果和社会效果的有机统一。第四，人民检察院应当做好罪犯监狱刑罚执行和社区矫正法律监督工作的衔接，继续加强对被假释的罪犯的社区矫正活动的法律监督。罪犯被裁定假释，实行社区矫正后，检察机关应当按照《社区矫正法》的有关规定，监督有关部门做好罪犯的交付、接收等工作，并应当做好对社区矫正机构的罪犯社区矫正活动的监督，督促社区矫正机构对罪犯进行法治、道德等方面的教育，组织其参加公益活动，增强其法治观念，提高其道德素质和社会责任感，帮助其融入社会，预防和减少犯罪。

李某不予假释案。② 李某因犯交通肇事罪和贪污罪，被判处有期徒刑6年，并处没收个人财产人民币6万元，刑期自2011年4月18日起至2017年3月11日止。判决发生法律效力后交付执行。后刑罚执行机关提出：李某自入监以来，经教育能够认罪服法，主动接受教育改造，遵守各项监规纪律等，累计获得记功奖励2次、嘉奖奖励2次，余4分，被评为2014年度监区级罪犯改造积极分子。李某现有余刑1年6个月11天，报呈对其予以假释。

分析：对于本案，法院经审理认为，罪犯李某未履行财产刑，本次假释应依法从严掌握，因而不予假释。本书认为：李某虽在服刑期间改造表现较好，但其系职务犯罪罪犯，未通过主动退赃、积极履行财产刑，消除其犯罪行为所产生的社会影响，尚不能被认定为确有悔改表现，不符合假释条件，对李某不应予假释。法院也正是这样判决的。由此可知，确有履行能力而不履行或者不全部履行生效裁判中财产性判项的，就不足以认定其确有悔改表现，法院应裁定不予假释。这也体现了假释制度的实质要求。

---

① 参见“高检”第十九批指导性案例之二（检例第71号）。

② 参见（2015）烟刑执字第1533号刑事裁定书。

四、假释的考验期

假释是将正在服刑的犯罪人附条件地提前释放，其中所附的条件就是犯罪人在一定期限内应当遵守和符合法定条件，如果没有遵守和符合法定条件，那么还有撤销假释，重新执行刑罚的危险。因此，在一定意义上，假释只是刑罚执行场所的变更，而不是刑罚本身的变更。①

要考察被假释的犯罪人在假释期间的表现以及是否存在应撤销假释的情形，就需要为其确定一个固定的考验期限，这个考验期限不宜过长也不宜过短。如果考验期限过长，不利于激励犯罪人重返社会；如果期限过短，不利于犯罪人的改造。所以，假释的考验期应当与原判刑罚的轻重相适应。根据《刑法》第 83 条的规定，有期徒刑的假释考验期限为没有执行完毕的刑期，无期徒刑的假释考验期限为 10 年。假释考验期限，从假释之日起计算。“假释之日”是指根据人民法院的裁定对犯罪人办理完假释手续，正式将其附条件释放之日。

被假释的犯罪分子，在假释考验期内应当遵守下列规定：（1）遵守法律、行政法规，服从监督；（2）按照监督机关的规定报告自己的活动情况；（3）遵守监督机关关于会客的规定；（4）离开所居住的市、县或者迁居，应当报经监督机关批准。

根据《刑法》第 85 条的规定，对假释的犯罪分子，在假释考验期限内，依法实行社区矫正。如果没有《刑法》第 86 条规定的情形，假释考验期满，就认为原判刑罚已经执行完毕，并公开予以宣告。对于被假释的犯罪分子的考察，主要是考察其在假释考验期内是否再犯新罪或者发现其是否有判决宣告以前的漏罪，以及是否违反法律、行政法规或者国务院有关部门关于假释的监督管理规定。

五、假释的程序和撤销

（一）假释的程序

根据《刑法》第 82 条、第 79 条的规定，对犯罪分子的假释，由刑罚执行机关向中级以上人民法院提出假释建议书。人民法院应当组成合议庭进行审理，对符合法定假释条件的，裁定予以假释。非经法定程序不得假释。同样，假释程序中也有几个关键点需要注意：第一，必须由执行机关向中级以上人民法院提出假释建议书，这意味着刑罚执行机关和基层人民法院均无权裁定假释，只有中级以上人民法院才有权裁定假释；第二，中级以上人民法院也无权直接裁定假释，而需要收到刑罚执行机关提出的假释建议书后才可以启动假释裁定程序；第三，人民法院需要组成合议庭进行审理，不得由审判员独任审理。因此，假释程序需要经历这样一个流程，即刑罚执行机关提出建议——中级以上人民法院启动审理程序——组成合议庭审理——作出是否准予假释的裁定。此外，《刑法》也只是笼统地将有权裁定的法院规定为中级以上人民法院，至于对哪类犯罪人的假释由中级人民法院管辖，对哪类犯罪人的假释由高级人民法院管辖，有待立法或司法解释明确规定。

---

① 参见陈兴良：《规范刑法学》（上册），4 版，北京，中国人民大学出版社，2023，551～552 页。

（二）假释的撤销

被宣告假释的犯罪人在假释考验期间必须遵守一定的条件，否则将会面临撤销假释、重新收监执行的问题。根据《刑法》第86条的规定，假释的撤销可基于以下三种事由：(1) 再犯新罪。被假释的犯罪人，在假释考验期限内再犯新罪的，应当撤销假释，依照《刑法》第71条的规定实行数罪并罚，即“先减后并”：将对新罪所判处的刑罚与前罪还没有执行的刑罚，实行并罚，已经执行的刑期不得计算在新判决确定的刑期之内。这里对所犯新罪的刑种和刑期也没有任何限制。同时，只要是在假释考验期内再犯新罪，即使在假释考验期后才发现新罪，也应当撤销假释，按照“先减后并”的方法实行并罚。(2) 发现漏罪。在假释考验期内，发现犯罪人在判决宣告前还有其他罪没有判决的，应当撤销假释，依照《刑法》第70条的规定实行数罪并罚，即“先并后减”：将对漏罪所判处的刑罚与对前罪所判处的刑罚，实行并罚，已经执行的刑期计算在新判决确定的刑期以内，但假释后所经过的考验期不得计算在新判决确定的刑期之内。如果是在假释考验期满后，才发现假释犯在判决宣告以前还有其他罪没有判决的，不需要撤销假释，而是对新发现的犯罪另行审判，不与前罪并罚。(3) 违反监督、管理规定。在假释考验期限内，有违反法律、行政法规或者国务院有关部门有关假释的监督管理规定的行为，尚未构成新的犯罪的，应当按照法定程序撤销假释，收监执行尚未执行完毕的刑罚。这种违反监督管理规定的行为并没有构成新的犯罪，所以不存在数罪并罚的问题。以上三种事由无论是再犯新罪、发现漏罪还是违反相关监督管理规定，都意味着该犯罪人并无悔改表现，没有吸取前罪的教训努力改造自己，具有一定的人身危险性。这就表明其已不具备适用假释的实质条件，故应当撤销假释，以儆效尤。

丁某撤销假释案。① 丁某于1992年8月被判处有期徒刑9年，于1997年9月被假释，假释考验期至1999年5月。后丁某于1998年6月至2001年4月期间，携带匕首、手电筒等作案工具，先后入户强奸作案近40起，对32名妇女实施强奸，其中既遂21人、未遂11人；此外丁某还抢劫作案5起，盗窃作案15起，盗抢财物价值合计1.7万余元，案发后共追回赃物价值8 800余元，其余被其挥霍。

分析：对于本案，法院经审理认为：丁某有部分行为系在假释考验期限内重新犯罪，应当撤销假释，将前罪没有执行完的刑罚和对后罪所判处的刑罚，合并计算；丁某还有部分行为系在假释考验期满后重新犯罪，构成累犯，依法应当从重处罚。

本书认为，本案的争议焦点在于丁某在假释考验期内、期满后又犯新罪，应当如何处罚，以及是否构成累犯的问题。假释是对服刑期间表现较好的罪犯附条件地提前释放。所谓的附条件就是在裁定假释的同时，为被假释的罪犯依法设定假释考验期限，被假释的罪犯在假释考验期内必须严格遵守有关法律、行政法规以及国务院有关部门有关假释的监督管理规定，服从国务院有关部门的监督。如果被假释的犯罪人在假释考验期内没有违反法律、行政法规以及国务院有关部门有关假释的监督管理规定，就认为原判刑罚已经执行完毕。反之，就应当对其撤销假释，收监执行原判未执行完毕的刑罚。如果被

① 参见最高人民法院刑事审判第一庭、第二庭编：《刑事审判参考》，总第28辑，北京，法律出版社，2003，37～39页。

假释的犯罪人在假释考验期内又重新犯罪，则应当撤销假释，对其新犯的罪作出判决并与前罪实行并罚，即“先减后并”。

此外，本书认为本案中对丁某不能作为累犯处理，因为丁某是在假释考验期满前后又犯新罪，其连续犯罪中的一部分罪行发生在假释考验期满后，而另外一部分罪行发生在假释考验期内，而假释是附条件地提前释放，犯罪人因犯新罪被撤销假释后，其前罪的余刑仍须执行，而不是刑罚已经执行完毕，因此，其整个的连续犯罪就缺乏构成累犯的前提条件，不应当以累犯论处。

第十九章　刑罚的消灭

第一节　概　述

一、刑罚消灭的概念

刑罚的消灭，是指由于法定或者事实的原因，国家对特定犯罪人的刑罚权归于消灭。这也意味着国家对犯罪人所享有的刑罚权是受到限制的，在具备特定消灭事由的情况下，刑罚权可能会消灭。

刑罚的消灭具有以下特征：

（1）刑罚消灭的前提是行为构成犯罪。没有犯罪就没有刑罚，刑罚的消灭也就无从谈起。正所谓“无犯罪则无刑罚”。行为人的行为构成犯罪，那么行为人就应当承担相应的法律后果。此时会出现三种情形，分别是应当适用刑罚、应当执行刑罚和正在执行刑罚。不论处于何种情形，都以犯罪的存在为前提。从这个意义上说，刑罚的消灭是有犯罪而无刑罚的例外情形，但刑罚的消灭必然是以行为构成犯罪为前提。

（2）刑罚的消灭以一定刑罚权的消灭为内容。广义的刑罚权包括制刑权、刑罚请求权、刑罚裁量权和刑罚执行权。制刑权是由立法机关行使的，不存在消灭的问题。刑罚的消灭只可能会造成刑罚请求权、刑罚裁量权和刑罚执行权的消灭。例如，当对犯罪人应当适用刑罚但案件已经超过追诉时效时，刑罚的消灭就意味着刑罚请求权的消灭；当司法机关已经行使了刑罚请求权但被告人已经死亡时，刑罚的消灭就意味着刑罚裁量权的消灭；当犯罪人正在被执行刑罚但经特赦被免除刑罚时，刑罚的消灭就意味着刑罚执行权的消灭。因此，刑罚的消灭并不是全部刑罚权的消灭，而是一定刑罚权的消灭。

（3）刑罚的消灭必须基于一定的事由。刑罚的消灭并不是任意适用的结果，而必须依赖一定事由的发生。引起刑罚消灭的事由可分为两类：一类是法定事由，即法律所明文规定的引起刑罚消灭的事由，诸如超过诉讼时效、赦免等；另一类是事实事由，即客观上某种特定事实的出现导致刑罚自然消灭，诸如犯罪人死亡、刑罚执行完毕等。

二、刑罚消灭的事由

刑罚消灭的事由可以分为三类，分别是刑罚请求权的消灭事由、刑罚裁量权的消灭事由和刑罚执行权的消灭事由，主要包括：（1）超过追诉时效；（2）经赦免免除刑罚；（3）告诉才处理的犯罪，没有告诉或者撤诉告诉；（4）犯罪嫌疑人、被告人死亡；（5）其他法定事由。下文仅就追诉时效和赦免两项事由进行详细论述。

第二节 时 效

一、时效概述

（一）时效的概念

刑罚的消灭事由共五种，我国刑法只对时效制度作了明确规定。时效，是指刑法规定的国家对犯罪人行使刑事追诉权和刑罚执行权的期限，超过该期限，国家就不能对该犯罪人行使刑事追诉权或者刑罚执行权。时效分为追诉时效和行刑时效两种。

追诉时效，是指刑法规定的，对犯罪人追究刑事责任的法定期限。它意味着，在该期限内，司法机关有权对犯罪人提起公诉，追究犯罪人的刑事责任。一旦超过该期限，除刑法有特别规定以外，任何机关不能追究犯罪人的刑事责任。

行刑时效，是指刑法规定的对被判处刑罚的犯罪人执行刑罚的有效期限。超过该期限，任何机关都不能对该犯罪人执行刑罚。

与世界多数国家不同，我国仅规定了追诉时效制度。这是因为从现实角度考虑，我国目前不需要规定行刑时效制度：首先，行刑时效制度不符合我国的司法实践。新中国成立以来，我国司法机关积极与犯罪分子作斗争，鲜少出现犯罪分子被判处刑罚后逃避惩罚的情况，规定行刑时效并没有现实意义。① 其次，不规定行刑时效制度，更有利于惩罚犯罪，实现预防犯罪的目的。规定行刑时效，从某种程度而言是在鼓励犯罪分子逃避惩罚，反而不利于司法机关打击违法犯罪，也无法发挥刑罚预防犯罪的作用。

（二）时效制度的根据

关于追诉时效制度的根据，在理论上有多种学说。有立足于犯罪人本身的改善推测说和准受刑说：改善推测说主张，既然犯罪人在犯罪后很长一段时间内都没有犯罪，那么就可以认为犯罪人的人身危险性已经丧失，没有了预防犯罪的必要。准受刑说认为，犯罪人在犯罪后必然会设法躲避侦查，脱离正常的社会生活，同时由于长时间忍受害怕被抓的精神压力，犯罪人精神上也受到了巨大的痛苦，而该种痛苦实际上与执行刑罚受到的痛苦一致。② 除上述两种学说外，也有从规范的角度考虑的规范感情缓和说，该说主张，随着时间的流逝，犯罪人对社会规范造成的破坏已经逐渐恢复，社会对犯罪的规范感情也已经缓和，故此时已无追诉犯罪人刑事责任的必要。③ 还有一种从刑事诉讼角度出发的证据湮灭说，该说认为，由于时间过长，犯罪人的犯罪证据已很难找到，如果司法机关执意追诉，不仅无法发现案件真相，还可能会造成冤假错案。

上述观点从不同角度出发，均有其合理性，但也都存在一定的缺陷。首先，改善推测说和准受刑说都是从主观推测的角度考虑，缺乏客观证据，二者既无法证明犯罪人在逃避惩罚后就丧失了预防犯罪的必要性，也无法证明犯罪人会受到与刑罚相同的

---

① 参见周光权：《刑法总论》，4 版，北京，中国人民大学出版社，2021，485 页。

② 参见孙强：《追诉时效的正当根据》，载《国家检察官学院学报》，2013 年第 5 期，97～98 页。

③ 参见［日］大塚仁：《刑法概说（总论）》，4 版，东京，有斐阁，2008，591 页。

精神痛苦。其次，规范感情缓和说的主张合理性不足。事实上，对于很多情节严重的犯罪而言，社会公众的情感不会因时间流逝而平复，反而会因为犯罪人得不到惩罚而愈加强烈。将规范感情缓和说当作追诉时效制度的核心依据，不仅会使刑法背后的正义价值无法实现，也无法维系社会稳定。再次，证据湮灭说的主张存在明显漏洞，并不是所有案件的证据都会因时间的流逝而灭失，如果仅因为该原因就放弃对犯罪的追诉，实质上是在放纵犯罪。最后，我国刑法和刑事诉讼法都明确规定当出现证据不足的情况时司法机关应如何对案件进行处理，不需要通过追诉时效制度来对该状况进行额外救济。

故本书认为，应当将上述几种学说结合起来，综合作为追诉时效制度的根据。

第一，刑罚的目的是预防犯罪，从而维系社会稳定。从该角度考虑，当一个犯罪人在犯罪后长时间内不再犯罪时，就可以认为该犯罪人已经丧失了特殊预防的必要性，此时再追究其刑事责任就无法实现刑罚的目的。

第二，从社会角度考虑，随着时间的流逝，因犯罪而遭到破坏的社会规范已经逐渐得到修复，人与人之间的关系也逐渐稳定。如果不规定追诉时效制度，将旧案重提，可能会激起被害人的报复心理，反而不利于社会稳定。故对于轻微的刑事案件而言，设立追诉时效制度有利于修复和稳定因犯罪而受到破坏的社会关系。

第三，从经济效率的角度而言，在案件发生后，没有在一定期限内及时侦办、审理的，随着时间的流逝，不仅是物证，就连人证也会逐渐变化或消失。司法机关如果要侦破该类案件，不仅费时费力，还容易造成冤假错案。如果不规定追诉时效制度，那么司法机关就会耗费大量时间在陈年旧案之中，使大量紧迫的案件无人处理，反而无法实现刑法打击犯罪、维系社会稳定的作用。相反，规定追诉时效制度，一方面，可以使司法机关从陈年积案中解放出来，集中力量办理现行案件；另一方面，促使司法机关抓紧时机，提高工作效率，在追诉期限内对所有犯罪分子进行追诉。①

二、追诉时效的期限

（一）法律规定

我国《刑法》第 87 条规定，犯罪经过下列期限不再追诉：（1）法定最高刑为不满 5 年有期徒刑的，经过 5 年；（2）法定最高刑为 5 年以上不满 10 年有期徒刑的，经过 10 年；（3）法定最高刑为 10 年以上有期徒刑的，经过 15 年；（4）法定最高刑为无期徒刑、死刑的，经过 20 年。如果 20 年以后认为必须追诉，须报请“高检”核准。除上述刑法条文以外，“高法”也通过司法解释对时效制度作出了规定：“对于行为人 1997 年 9 月 30 日以前实施的犯罪行为，在人民检察院、公安机关、国家安全机关立案侦查或者在人民法院受理案件以后，行为人逃避侦查或者审判，超过追诉期限或者被害人在追诉期限内提出控告，人民法院、人民检察院、公安机关应当立案而不予立案，超过追诉期限的，是否追究行为人的刑事责任，适用修订前的《刑法》第七十七条的规定。”②

① 参见周光权：《刑法总论》，4 版，北京，中国人民大学出版社，2021，485 页。

② 1997 年 9 月 25 日“高法”《关于适用刑法时间效力规定若干问题的解释》第 1 条。

（二）追诉期限的相关问题

1.法定最高刑

罪责刑相适应原则，是指犯多大的罪，就应当承担多大的刑事责任，法院亦应判处相应轻重的刑罚，做到重罪重罚、轻罪轻罚，罚当其罪、罪刑相称。而罪刑均衡原则，不仅反映在对犯罪分子所判刑罚之中，也反映在追诉期限之上：犯罪分子犯罪情节越轻，所判刑罚就轻，相应地，对其犯罪的追诉期限就越短；犯罪分子犯罪情节越重，所判刑罚就越重，相应地，对其犯罪的追诉期限也就越长。同时，由于我国对同一犯罪规定了不同的量刑幅度，在量刑时人民法院会根据案件的具体情况确定犯罪分子的刑罚，故我国《刑法》第87条所说的法定最高刑是指犯罪分子具体犯罪对应的量刑幅度的法定最高刑，而不是犯罪对应条文的法定最高刑。例如，我国《刑法》第192条规定集资诈骗罪有两个量刑幅度：数额较大的，最高刑为7年有期徒刑，那么其追诉期限就为10年；数额巨大或者有其他严重情节的，最高刑为无期徒刑，那么其追诉期限就为20年。另外，如果某个刑法条文规定了两种主刑，应当以最重主刑为标准确定追诉期限。例如，我国《刑法》第126条规定，违规制造、销售枪支，情节特别严重的，处10年以上有期徒刑或者无期徒刑。对于该条，就应当以最重主刑无期徒刑为标准来确定追诉期限：违规制造、销售枪支，情节特别严重的，追诉期限为20年。

2.单位犯罪的追诉期限

单位犯罪的追诉期限，也是理论界的一个难题。我国《刑法》第31条规定，单位犯罪的，对单位判处罚金，并对其直接负责的主管人员和其他直接责任人员判处刑罚。对单位犯罪采取双罚制，意味着对单位本身的追诉期限不同于对其直接负责的主管人员和其他直接责任人员的追诉期限，对直接负责的主管人员和其他直接责任人员应当按照所应判处的刑罚确定相应的追诉期限。对单位只能判处罚金，那么，对单位本身的追诉期限如何理解？《刑法》第53条规定，人民法院在任何时候发现被执行人有可以执行的财产，应当随时追缴。有人据此认为对犯罪单位的追诉不应受到追诉时效的限制。上述观点并不合理，我国刑法有关追诉时效的规定应当适用于我国刑法规定的一切犯罪，包括自然人犯罪和单位犯罪，认为单位犯罪不适用追诉时效制度明显违背了我国刑法的相关规定。如果认为对犯罪单位本身可以无限追责，会导致相关企业无法“改过自新”，不利于企业的恢复与发展。故本书主张，对于单位犯罪，由于法定最高刑不满5年有期徒刑，所以经过5年就不能再追究单位本身的刑事责任。①

3.共同犯罪的追诉期限

由于“犯罪是共同的，但责任是个别的”，故对于所有的共同犯罪人，不适用相同的追诉期限，而是应当按照每个共同犯罪人具体应当适用的法定刑幅度来确定相应的追诉期限。例如，甲和乙共同伤害丙，导致丙重伤。事后查明甲有伤害故意，乙有杀人故意。那么经过15年后，就只能追究乙故意杀人未遂的责任而不能追究甲故意伤害的责任。再例如，在某些共同犯罪案件中，由于主犯和从犯的责任不同，对主犯和从犯可能适用不同的量刑幅度，故对于主犯和从犯，应当按照各个具体量刑幅度的法定最高刑来确定相

---

① 参见张明楷：《刑法学》（上），6版，北京，法律出版社，2021，831页。

应的追诉期限。

4.“高检”的核准

《刑法》第87条规定，法定最高刑为无期徒刑、死刑的，经过20年。如果20年以后认为必须追诉的，须报请“高检”核准。值得注意的是，不是所有法定最高刑为无期徒刑、死刑的案件，经过20年后都必须追诉，它依然要满足一定的实质性条件，“高检”才能够核准进行追诉。

2012年8月21日“高检”《关于办理核准追诉案件若干问题的规定》第5条明确指出，报请核准追诉的案件应当同时符合下列条件：（1）有证据证明存在犯罪事实，且犯罪事实是犯罪嫌疑人实施的；（2）涉嫌犯罪的行为应当适用的法定量刑幅度的最高刑为无期徒刑或者死刑的；（3）涉嫌犯罪的性质、情节和后果特别严重，虽然已过20年追诉期限，但社会危害性和影响依然存在，不追诉会严重影响社会稳定或者产生其他严重后果，而必须追诉的；（4）犯罪嫌疑人能够及时到案接受追诉的。除司法解释外，相关案例也说明了核准追诉案件的实质条件。

丁某某等（故意伤害）核准追诉案。[①] 1991年12月21日，李某等三人上山打猎，途中借宿在丁某某家中。李某酒后因琐事与丁某某外甥常某发生争吵并殴打了常某。12月22日上午7时许，丁某某等四人为报复泄愤，对李某等三人进行殴打，并将李某等三人装进麻袋，持木棒继续殴打三人的要害部位。后丁某某等四人用绳索将李某等人捆绑并吊于房梁上和柱子上后逃离现场。李某多处受伤，经救治无效于当日死亡。案发后丁某某等四名犯罪嫌疑人潜逃，公安机关当时没有办理立案手续，也未对犯罪嫌疑人采取强制措施。2013年12月25日，丁某某等四人中的三人被抓获归案。2014年1月17日，四人中的最后一人被抓获归案。2014年4月10日，“高检”对丁某某等四名犯罪嫌疑人核准追诉。2014年6月13日，“高检”作出对丁某某等四人核准追诉决定。

分析：对于本案，“高检”指出：“涉嫌犯罪情节恶劣、后果严重，并且犯罪后积极逃避侦查，经过二十年追诉期限，犯罪嫌疑人没有明显悔罪表现，也未通过赔礼道歉、赔偿损失等获得被害方谅解，犯罪造成的社会影响没有消失，不追诉可能影响社会稳定或者产生其他严重后果的，对犯罪嫌疑人应当追诉。”在本案中，案发后四名犯罪嫌疑人即逃跑，在得知李某死亡后分别更名潜逃到黑龙江、陕西等地。其间对于死伤者及其家属该四人未给予任何赔偿且被害人家属强烈要求严惩犯罪嫌疑人。故本案造成的恶劣影响尚未消失，仍应当追诉。

蔡某等抢劫不核准追诉案。[②] 蔡某、林某二人于1991认识某男子，该男子透露莆田市多人集资14万余元赴芜湖市购买鳗鱼苗，让蔡、林二人设法将钱款偷走或抢走，自己作为内应。蔡、林遂召集陈某某等6人赶到芜湖市，并携带凶器及作案工具，于1991年3月12日上午租乘一辆面包车到林某忠租住的房屋附近，蔡某在车上等候，其余5人进入屋内抢劫14万余元现金后逃跑。2012年3月9日莆田市公安局将犯罪嫌疑人蔡、林二人抓获。2012年12月4日，安徽省人民检察院报“高检”对蔡、林二人核准追诉。2012

---

① 参见《最高人民检察院公报》，2015年第5期，26～27页。

② 参见《最高人民检察院公报》，2015年第5期，29～30页。

年 12 月 31 日，“高检”对蔡、林二人作出不予核准追诉决定。

分析：对于本案，“高检”经审查认为，案发后公安机关只发现了 3 个行为人，在追诉期内未发现两人，本案虽涉及金额巨大，但并未造成被害人人身伤亡等严重后果，且其他行为人与被害人亦达成了和解协议，赔偿了被害人的损失，被害人不再要求追究其刑事责任，而蔡、林两人在案发后，亦未再犯新罪，不具有人身危险性，因此本案中犯罪破坏的社会秩序明显恢复，不追诉不会影响社会稳定或产生严重后果，对蔡、林两人可以不再追诉。

结合上述案例与司法解释，只有满足如下条件的案件才是“高检”认为经过 20 年也应当追诉的案件：

（1）犯罪分子所犯罪行特别严重，造成了严重的法益侵害结果，如实施故意杀人、爆炸、投放危险物质等严重暴力性犯罪，并造成公私财产严重受损或者人员伤亡。对于此类案件的犯罪人，即使经过 20 年，也应当追诉。

（2）犯罪人在 20 年后再犯罪。追诉时效适用的前提是犯罪人已无特殊预防的必要，而犯罪人在 20 年后再犯罪，表明其人身危险性较大，仍有特殊预防的必要性。如果对此类犯罪人不追诉，不仅违背了追诉时效制度设立的初衷，也不利于社会的稳定。

三、追诉期限的计算

（一）追诉期限的一般计算标准

我国《刑法》第 89 条规定，追诉期限从犯罪之日起计算。这里所说的“从犯罪之日起计算”，针对的是一般犯罪，也即没有连续与继续状态的犯罪。对于“犯罪之日”的含义，我国刑法学界有多种观点：有学者认为犯罪之日是犯罪行为实施之日，有学者认为犯罪之日是犯罪行为发生之日，有学者认为犯罪之日是犯罪成立之日，还有学者认为犯罪之日是犯罪行为停止之日。[①] 上述观点在一定程度上都能解决追诉时效的问题，但对某些犯罪如隔离犯就会产生不同的起算时间。

本书认为，“犯罪之日”是犯罪成立之日，即犯罪人的行为符合犯罪构成要件之日。这是因为对犯罪人行为的判定离不开犯罪构成要件，离开构成要件讨论相关行为是否构成犯罪会违背罪刑法定原则。同时由于我国刑法规定的各种犯罪构成要件不同，对于不同犯罪的成立的认定标准也应当不同，例如：对于行为犯而言，实施犯罪行为之日就是犯罪成立之日；对于结果犯，通说认为应当以实施犯罪行为之日作为犯罪成立之日，但对于某些过失犯罪，如玩忽职守罪，如果行为人的行为没有产生危害结果，那么行为就不构成犯罪，故对于此类犯罪，应当将结果发生之日作为犯罪成立之日，结果发生之日才是计算追诉期限的起点。对于共同犯罪，则应当以整体共同犯罪行为发生之日作为犯罪成立之日。例如，甲和乙共谋抢劫，甲负责抢劫，乙负责销赃。对此案只能以甲实施抢劫行为之日而不是乙后续销赃的日期作为犯罪成立之日。

有关追诉期限的一般计算标准，需要探讨的另一个问题是，追诉期限的终点是什么。目前我国通说是立案说，即只要司法机关立案，对犯罪人的追诉就不再受期限的限制。

---

① 参见陈伟：《刑事追诉时效的实质与从旧兼从轻原则的适用》，载《政法论坛》，2022 年第 4 期，129 页。

但这种观点实质上否认了《刑法》第87条规定的追诉时效制度，使该条规定流于表面，故该观点是否正确还值得商榷。本书认为，追诉不仅仅是程序法的内容，在实体法上也意味着司法机关追究犯罪人刑事责任的过程，故追诉不仅仅指起诉，实质上其包含了侦查、审查起诉、审判的全过程，因此，只有对在审判之日没有超过追诉期限的犯罪人才能提起公诉。[①] 这种观点不仅符合我国追诉时效制度设立的初衷，也有利于对犯罪人权益的保障。

（二）连续犯、继续犯追诉期限的计算

我国《刑法》第89条规定，“犯罪行为有连续或者继续状态的，从犯罪行为终了之日起计算”。

连续犯是指基于同一的或者概括的犯罪故意，连续实施数个独立但性质相同的犯罪行为，触犯同一罪名的情形，如连续杀害数人等。连续犯属于处断的一罪，对其按一罪定罪处罚，故从其最后一次犯罪行为终了之日计算追诉期限是合理的。

继续犯是指实行行为以及法益侵害状态在一定时间内一直处于持续状态的情形。之所以规定继续犯的追诉期限应当自犯罪行为终了之日起计算，是因为继续犯的一大特点就是实行行为与法益侵害状态同步，在一定时间内同时处于持续状态，犯罪行为终了法益侵害状态也就随之结束，也即继续犯本质上属于一罪而不是数罪。

（三）追诉期限的中断

追诉期限的中断，是指在法律规定的追诉时效期间内，因发生法律规定的事由，已经经过的期限归于无效，当法律规定的事由终了时，追诉期限重新开始计算的制度。我国《刑法》第89条第2款规定，“在追诉期限以内又犯罪的，前罪追诉的期限从犯后罪之日起计算”。据该规定可知，我国刑法规定的追诉期限重新计算的事由就是犯罪人在前罪的追诉期限内再次犯罪，而重新计算的时间点就是后罪成立之日。例如，甲于2008年1月1日犯情节严重的盗窃罪，法定最高刑为10年有期徒刑，追诉期限为15年，但甲于2018年1月1日犯了一般情节的抢劫罪。此时由于甲盗窃罪的追诉期限未过，属于在追诉期限内犯罪，故盗窃罪的追诉期限已经中断，需要从2018年1月1日起重新计算，即从2018年1月1日起，还要经过15年，才不会对甲的盗窃行为进行追诉。在本案中，对于甲先前的盗窃行为，实际上要经过25年才不追诉。

对于共同犯罪人而言，如果某个共犯人在共同犯罪的追诉期限内再犯罪的，其追诉期限重新计算；对于没有在共同犯罪追诉期限内再犯罪的其他共犯人，其追诉期限不再重新计算。

在计算追诉期限时，如果后罪的法定最高刑轻于前罪的法定最高刑，当后罪的追诉期限届满而前罪的未满时，只追究前罪的刑事责任。

甲生产、销售、提供假药和盗窃案。甲于2005年1月1日犯情节严重的生产、销售、提供假药罪，法定最高刑为10年，追诉期限为15年。2008年1月1日甲犯数额较大的盗窃罪，法定最高刑为3年，追诉期限为5年。2020年1月1日甲被逮捕。此时由于甲的生产、销售、提供假药罪的追诉期限从2008年1月1日起重新计算，司法机关依

---

① 参见张明楷：《刑法学》（上），6版，北京，法律出版社，2021，833页。

然可以追究甲生产、销售、提供假药罪的刑事责任，但甲的盗窃罪已过追诉期限，司法机关就不能再追诉。

追诉期限的中断，在法理上也有根据。刑法规定追诉时效制度是要给予那些不再犯罪、缺少特殊预防必要性的犯罪人一个改过的机会，如果犯罪人在追诉期限内再犯罪，就说明该犯罪人的主观恶性大，仍然具有较大的人身危险性，已无法对其适用追诉时效制度。[①] 刑法应当保障犯罪人的合法权益，但不能成为犯罪人的避风港，对于仍有特殊预防必要的犯罪人而言，适用追诉期限中断制度，不仅能够有效地惩罚犯罪，也能够警示犯罪人不要轻易犯罪，最大限度地发挥刑法打击犯罪的功能。

（四）追诉期限的延长

追诉期限的延长，是指在法律规定的追诉时效进行期间，由于发生法律规定的事由，追诉期限停止的制度，即如果发生法定的事由，我国司法机关在追究犯罪人的刑事责任时，将不受追诉期限的限制。我国《刑法》第88条规定，“在人民检察院、公安机关、国家安全机关立案侦查或者在人民法院受理案件以后，逃避侦查或者审判的，不受追诉期限的限制”；“被害人在追诉期限内提出控告，人民法院、人民检察院、公安机关应当立案而不予立案的，不受追诉期限的限制”。据此可知，我国刑法规定的追诉期限延长的事由包括以下两种情形。

1. 犯罪人逃避侦查或审判

在该种情形下，适用追诉期限的延长，必须满足以下两个条件：（1）享有立案侦查权的人民检察院、公安机关或者国家安全机关已经立案侦查或者人民法院已经受理该案件。（2）犯罪人采取各种措施逃避侦查或审判。

有关该情形，有两个问题值得讨论。

（1）第一个条件所说的立案到底是指“对人立案”还是“对事立案”？对此，有学者提出，应当解释为“对事立案”而不是限缩为“对人立案”，解释为“对人立案”必然会限缩《刑法》第88条第1款的适用。其理由在于：第一，在司法实务中，司法机关在案发初期往往并不知道犯罪人的身份，大多以“对事立案”为主；第二，如果犯罪人知晓公安、司法机关已经立案，即使公安、司法机关没有查明犯罪人的身份，但犯罪人此时采取相关措施逃避侦查，就说明犯罪人已有和正常的法秩序对抗的心理，故此时对犯罪人适用追诉期限延长是合理的。[②] 但该观点值得商榷。其一，如果采取“对事立案”的标准，那么追诉时效制度就丧失了其存在的意义。在现代社会，很少有案件能够不被司法机关立案侦查，采取“对事立案”的标准意味着对所有的犯罪人都可以适用追诉期限延长制度，追诉时效制度就失去了其存在的意义。其二，犯罪人实施犯罪行为，表明其本身就有与正常的法秩序对抗的心理。逃避侦查和审判是犯罪人犯罪后常见的表现。追诉时效制度针对的是犯罪人的再犯危险性，只要犯罪人在追诉期限内不再犯罪，就可以不追究其刑事责任。如果要求每一个犯罪人在犯罪后都主动接受审判，明显是不合理的。综上，从保障犯罪人权益的角度考虑，应当将《刑法》第88条第1款的立案解释为“对

① 参见袁国何：《论追诉时效的溯及力及其限制》，载《清华法学》，2020年第2期，58～59页。

② 参见王钢：《刑事追诉时效制度的体系性诠释》，载《法学家》，2021年第4期，58页。

人立案”。

（2）犯罪人逃避追查或审判如何认定？本书认为，犯罪人必须是在明知其已被司法机关采取侦查措施的情况下，采取积极措施，才能被认为是逃避侦查和审判。[①] 例如，甲的行为虽然构成犯罪，但其误认为自己的行为不构成犯罪，即使他在已经知道公安机关立案的情况下前往外地，也不能认为其“逃避侦查和审判”，对甲的犯罪行为的追诉依然要受到追诉期限的限制。但在公安机关已经告知犯罪人不得逃匿的情况下，犯罪人采取积极措施逃往外地的，应当认为其是在“逃避侦查和审判”，可以适用追诉期限延长制度。

2.公安、司法机关应立案而不立案

这是指被害人在追诉期限内提出控告，符合立案条件的，不论公安、司法机关出于何种原因，不论犯罪人是否逃避侦查和审判，也不论时间长短，在任何时间都可以对犯罪人进行追诉。此时应当满足如下几个条件：

（1）不论是自诉案件还是公诉案件，必须由被害人提出控告，即被害人必须在追诉期限内，向公安、司法机关提供具体的犯罪事实和具体的犯罪嫌疑人。单纯的报警不属于控告。[②]

（2）符合立案条件是指符合刑事立案的标准。如果公安、司法机关因被害人控告的事实属于行政或民事纠纷而不予立案，则不能适用追诉期限的延长。

（3）是否应当立案应以被害人提供的证据为标准。如果被害人当时提出的事实不足以立案，即使事后查明相关行为构成犯罪的，也不属于“应立案而不予立案”。

第三节 赦 免

一、赦免的概念和种类

赦免，是指国家宣告对犯罪人免除其罪责或者刑罚的一种法律制度。

赦免制度的存在由来已久，据考证最早可追溯到上古五帝时期，《尚书·舜典》就曾记载“象以典刑，流宥五刑”。到了封建时代，赦免制度进一步实施并不断完善。但是古代的赦免都是以君王或者皇帝的名义实施的，被视为法外恩赐，赦免的时间、范围和限制条件均取决于君主的个人意志，故其本质是君权至上的体现。

现代的赦免制度通常由法律加以明文规定，赦免的时间和对象均由国家元首或最高权力机关以政令的形式颁布并由执行机关执行，不再取决于个人的意志，即已成为一项确定的法律制度，关于其适用的对象、程序和效果法律都有明确的规定。

赦免制度根据表现形式的不同，可以分为大赦和特赦两种。

大赦，是指国家对某一时期内犯有一定罪行的犯罪人免予追诉和免除刑罚执行的制度。大赦的对象既可能是国家某一时期内的各种犯罪人或特定罪行的犯罪人，也可能是某一地区的全体犯罪人，还可能是参与了某一事件的所有犯罪人。大赦的效力也很高，

---

① 参见阮齐林：《〈刑法〉第88条“不受追诉期限的限制”研究》，载《比较法研究》，2022年第3期，123页。

② 参见张明楷：《刑法学》（上），6版，北京，法律出版社，2021，835页。

不仅能免除刑罚的执行，还能使犯罪归于消灭，即既赦其刑也赦其罪。

特赦，是指国家对特定的犯罪人免除执行全部或者部分刑罚的制度。特赦的对象只能是较为特定的犯罪人，特赦的效力只能是免除刑罚的执行，而不包括免除犯罪的宣告。

大赦和特赦的主要区别在于适用的对象和实现的效果不同：大赦的对象不特定，而特赦的对象是特定的；大赦既赦刑又赦罪，特赦只赦刑不赦罪。此外，由于大赦是将犯罪人的有罪宣告在内的罪与刑都予以免除，因此大赦后行为人再次犯罪不存在累犯的问题，而特赦由于未免其罪，若犯罪人在特赦后再次犯罪则有可能构成累犯。

我国1954年宪法规定了大赦与特赦制度，将大赦的决定权赋予全国人民代表大会，将特赦的决定权赋予全国人民代表大会常务委员会；并规定大赦令与特赦令均由国家主席发布。但后来的几部宪法包括现行宪法都只规定了特赦而没有规定大赦。此外，大赦也从未实施过。这说明我国已经取消了大赦制度，《刑法》第65条和第66条所说的“赦免”即是指特赦。我国现行宪法所规定的特赦，由全国人大常委会决定，由国家主席发布特赦令，并由“高法”执行。

二、我国的赦免制度及特点

新中国成立以来，我国共实行了九次特赦：

第一次特赦于1959年在新中国成立10周年大庆前夕，对确实改恶从善的蒋介石集团和伪满洲国的战争罪犯、反革命罪犯和普通刑事罪犯实行特赦。

第二次、第三次特赦分别于1960年和1961年进行，对确实改恶从善的蒋介石集团和伪满洲国的战争罪犯实行特赦。

第四次、第五次、第六次特赦分别于1963年、1964年、1966年进行，在第二、三次特赦范围的基础上增加了伪蒙疆自治政府的战争罪犯。

第七次特赦是在1975年对经过较长时间关押和改造的全部战争罪犯实行特赦。

第八次特赦是2015年8月29日为纪念中国人民抗日战争暨世界反法西斯战争胜利70周年，体现依法治国理念和人道主义精神，第十二届全国人大常委会第十六次会议通过了《关于特赦部分服刑罪犯的决定》，对依据2015年1月1日前人民法院作出的生效判决正在服刑、释放后不具有现实社会危险性的下列罪犯实行特赦：参加过中国人民抗日战争、中国人民解放战争的；中华人民共和国成立以后，参加过保卫国家主权、安全和领土完整对外作战的，但犯贪污受贿犯罪，故意杀人、强奸、抢劫、绑架、放火、爆炸、投放危险物质或者有组织的暴力性犯罪，黑社会性质的组织犯罪，危害国家安全犯罪，恐怖活动犯罪的，有组织犯罪的主犯以及累犯除外；年满75周岁、身体严重残疾且生活不能自理的；犯罪的时候不满18周岁，被判处3年以下有期徒刑或者剩余刑期在1年以下的，但犯故意杀人、强奸等严重暴力性犯罪，恐怖活动犯罪，贩卖毒品犯罪的除外。

第九次为2019年6月29日为庆祝中华人民共和国成立70周年，对依据2019年1月1日前人民法院作出的生效判决正在服刑的下列罪犯实行特赦：（1）参加过中国人民抗日战争、中国人民解放战争的；（2）中华人民共和国成立以后，参加过保卫国家主权、安全和领土完整对外作战的；（3）中华人民共和国成立以后，为国家重大工程建设做过较大贡献并获得省部级以上“劳动模范”“先进工作者”“五一劳动奖章”等荣誉称号的；(4) 曾系现役军人并获得个人一等功以上奖励的；(5) 因防卫过当或者避险过当，被判处 3 年以下有期徒刑或者剩余刑期在 1 年以下的；(6) 年满 75 周岁、身体严重残疾且生活不能自理的；(7) 犯罪的时候不满 18 周岁，被判处 3 年以下有期徒刑或者剩余刑期在 1 年以下的；(8) 丧偶且有未成年子女或者身体有严重残疾、生活不能自理的子女，确需本人抚养的女性，被判处 3 年以下有期徒刑或者剩余刑期在 1 年以下的；(9) 被裁定假释，已执行 1/5 以上假释考验期的，或者被判处管制的。全国人大常委会的决定同时规定，上述九类对象中，具有某些特殊情形的，不得特赦。

纵观已经实行的九次特赦，可以看出我国的特赦制度具有以下几个特点：(1) 前七次特赦的对象主要限于战争罪犯，第八次、第九次特赦的对象为依据人民法院作出的生效判决正在服刑、释放后不再具有现实社会危险性的某些特定类型的罪犯。(2) 特赦的范围是一类或几类犯罪人，而不是个别犯罪人。(3) 特赦的前提是犯罪人在服刑的过程中确实有改恶从善的表现，对于尚未宣告刑罚，或者刑罚虽已宣告但尚未开始执行的罪犯，不予赦免。(4) 特赦具有严格程序，每次特赦都是由中共中央或者国务院提出建议，经全国人大常委会审议决定，由国家主席发布特赦令，并由人民法院依法作出裁定后，将被特赦罪犯予以释放。

图书在版编目（CIP）数据

刑法学总论/刘艳红著. -- 北京：中国人民大学出版社，2025. 2. --（21 世纪高等院校法学系列精品教材）. -- ISBN 978-7-300-33621-3

Ⅰ. D924. 01

中国国家版本馆 CIP 数据核字第 2025U7A905 号

21 世纪高等院校法学系列精品教材

刑法学总论

刘艳红　著

Xingfaxue Zonglun

出版发行	中国人民大学出版社		
社　　址	北京中关村大街 31 号	**邮政编码**	100080
电　　话	010－62511242（总编室）		010－62511770（质管部）
	010－82501766（邮购部）		010－62514148（门市部）
	010－62511173（发行公司）		010－62515275（盗版举报）
网　　址	http://www.crup.com.cn		
经　　销	新华书店		
印　　刷	北京宏伟双华印刷有限公司		
开　　本	787 mm×1092 mm　1/16	**版　　次**	2025 年 2 月第 1 版
印　　张	41.75 插页 2	**印　　次**	2025 年 5 月第 2 次印刷
字　　数	967 000	**定　　价**	118.00 元

《　　　　　　　》※任课教师调查问卷

为了能更好地为您提供优秀的教材及良好的服务，也为了进一步提高我社法学教材出版的质量，希望您能协助我们完成本次小问卷，完成后您可以在我社网站中选择与您教学相关的 1 本教材作为今后的备选教材，我们会及时为您邮寄送达！如果您不方便邮寄，也可以申请加入我社的**法学教师 QQ 群：436438859（申请时请注明法学教师）**，然后下载本问卷填写，并发往我们指定的邮箱（cruplaw@163. com）。

邮寄地址：北京市海淀区中关村大街 59 号文化大厦中国人民大学出版社 1202 室收

邮　　编：100872

再次感谢您在百忙中抽出时间为我们填写这份调查问卷，您的举手之劳，将使我们获益匪浅！

基本信息及联系方式：※

姓名：＿＿＿＿＿＿　性别：＿＿＿＿＿＿　课程：＿＿＿＿＿＿＿＿＿＿

任教学校：＿＿＿＿＿＿＿＿＿＿＿＿＿　院系（所）：＿＿＿＿＿＿＿＿

邮寄地址：＿＿＿＿＿＿＿＿＿＿＿＿＿　邮编：＿＿＿＿＿＿＿＿＿＿

电话（办公）：＿＿＿＿＿＿　手机：＿＿＿＿＿＿　电子邮件：＿＿＿＿＿＿

调查问卷：※

1. 您认为图书的哪类特性对您选用教材最有影响力？（　　）（可多选，按重要性排序）

   A. 各级规划教材、获奖教材　　B. 知名作者教材

   C. 完善的配套资源　　D. 自编教材

   E. 行政命令

2. 在教材配套资源中，您最需要哪些？（　　）（可多选，按重要性排序）

   A. 电子教案　　B. 教学案例

   C. 教学视频　　D. 配套习题、模拟试卷

3. 您对于本书的评价如何？（　　）

   A. 该书目前仍符合教学要求，表现不错将继续采用

   B. 该书的配套资源需要改进，才会继续使用

   C. 该书需要在内容或实例更新再版后才能满足我的教学，才会继续使用

   D. 该书与同类教材差距很大，不准备继续采用了

4. 从您的教学出发，谈谈对本书的改进建议：＿＿＿＿＿＿＿＿＿＿＿＿

＿＿＿＿＿＿＿＿＿＿＿＿＿＿＿＿＿＿＿＿＿＿＿＿＿＿＿＿＿＿＿＿

＿＿＿＿＿＿＿＿＿＿＿＿＿＿＿＿＿＿＿＿＿＿＿＿＿＿＿＿＿＿＿＿

选题征集：如果您有好的选题或出版需求，欢迎您联系我们：

联系人：黄　强　联系电话：010-62515955

索取样书：书名：＿＿＿＿＿＿＿＿＿＿＿＿＿＿＿＿＿＿＿＿＿＿

书号：＿＿＿＿＿＿＿＿＿＿＿＿＿＿＿＿＿＿＿＿＿＿＿＿＿＿

备注：※ 为必填项。